The *Povĕst' vremennykh lĕt*

Повість временних літ

ГАРВАРДСЬКА БІБЛІОТЕКА ДАВНЬОГО УКРАЇНСЬКОГО ПИСЬМЕНСТВА

Корпус текстів　　　　　　　　　　　　　　Том X, ч. 1

Повість временних літ
Міжрядкове співставлення і парадосис

склав і відредагував
Доналд Островскі

заступник редактора
Давид Дж. Бірнбаум

головний дорадник
Горас Г. Лант

Український Науковий Інститут
Гарвардського Університету

HARVARD LIBRARY OF EARLY UKRAINIAN LITERATURE

Texts   Volume X, Part 1

The *Povĕst' vremennykh lĕt*
An Interlinear Collation and Paradosis

Compiled and Edited by
Donald Ostrowski

Associate Editor
David J. Birnbaum

Senior Consultant
Horace G. Lunt

Distributed by Harvard University Press
for the
Harvard Ukrainian Research Institute

The Ukrainian Research Institute was established in 1973 as an integral part of Harvard University. It supports research associates and visiting scholars who are engaged in projects concerned with all aspects of Ukrainian studies. The Institute also works in close cooperation with the Committee on Ukrainian Studies, which supervises and coordinates the teaching of Ukrainian history, language, and literature at Harvard University.

Director of HURI
　　Roman Szporluk

Editorial Board
　　Michael S. Flier
　　George G. Grabowicz
　　Lubomyr Hajda
　　Edward L. Keenan
　　Roman Szporluk, *Chair*

Founding Editors
　　Omeljan Pritsak
　　Ihor Ševčenko

Executive Director of HURI
　　Tymish Holowinsky

Manager of Publications
　　G. Patton Wright

Editor, Harvard Library of Early Ukrainian Literature
　　Marika L. Whaley

© 2003 by the President and Fellows of Harvard College

All rights reserved

ISBN 0-916458-91-1 (pt. 1)

Printed in Canada on Acid-Free Paper by Transcontinental Printing, Inc.

*Publication of this volume has been made possible
by the generous support of Vladimir and Helena Shyprykevich*

*Цей том появляється завдяки щедрій підтримці
панства Володимира й Олени Шиприкевичів*

TABLE OF CONTENTS

PART I

Editorial Statement	IX
Usage Statement (English Frontmatter)	X
Foreword. *Omeljan Pritsak*	XI
Key to Abbreviations	XV
Introduction. *Donald Ostrowski*	XVII
Works Cited	LXVI
Principles of Transcription	LXXV
Acknowledgments	LXXXI
Text/Текст (0,1 – 92,29)	1

PART II

Від редакції	XCIII
Передмова. *Омелян Пріцак*	XCV
Ключ до скорочень	XCIX
Вступ. *Доналд Островскі*	CI
Бібліографія	CXLIX
Засади передачі тексту	CLIX
Подяка	CLXV
Текст/Text (93,1 – 171,28)	691

PART III

Sample facsimile folios from *PVL* witnesses/Вибрані факсимільні репродукції зі списків *ПВЛ*	CLXXIV
Text/Текст (172,1 – 286,7)	1373

Editorial Statement

The *Harvard Library of Early Ukrainian Literature* is one portion of the Harvard Project in Commemoration of the Millennium of Christianity in Rus'-Ukraine, which is being carried out by the Ukrainian Research Institute of Harvard University with the financial support of the Ukrainian community.

The *Library* encompasses literary activity in Rus'-Ukraine from its beginning in the mid-eleventh century through the end of the eighteenth century, and primarily contains original works. Included are ecclesiastical and secular works written in a variety of languages, such as Church Slavonic, Old Rus', Ruthenian (Middle Ukrainian), Polish, and Latin. This linguistic diversity reflects the cultural pluralism of Ukrainian intellectual activity in the medieval and early-modern periods.

The *Library* consists of a *Texts* series and an *English Translations* series. The *Texts* series publishes the original works, in facsimile whenever appropriate. Texts from the medieval period are offered either in the best available scholarly edition or in one specially prepared for the *Library,* whereas those from the later periods are reproduced from manuscripts or early printed editions. The *English Translations* series comprises translations of the original works and extensive analytical introductions, notes, and indices.

For much of the period covered by the *Library,* Ukrainian and Belarusian cultural figures were active in a shared social, intellectual, and religious milieu. Since the *Library* selects authors and works important to the Ukrainian part of this sphere, their names are rendered in Ukrainian form, even though at times they may also have been of significance in Belarusian territory. Appellations such as Rus', Rusija, Rossija, Mala Rossija, Malaja Rossija, Malorussija, Ruthenia, Malorussijskaja Ukrajina, Ukrajina, and so on, are presented according to their actual use in the given text. All of these terms have historically been used to designate Ukraine or its parts. In addition, the word "Ruthenian" is employed to translate early-modern nomenclature for "Ukrainian" and early-modern terminology describing common Ukrainian and Belarusian culture, language, and identity. Except for toponyms with already established English forms, place-names are given in accordance with the official language of the state; premodern or alternative modern forms are indicated in the indices.

Usage Note (For the English Front Matter)

The present volume uses a modified Library of Congress transliteration. Ligatures are not used in this transliteration, but primes have been retained. An exception has been made regarding the title of the compilation presented in this volume: *Pověst′ vremennykh lět*. This title has been purposefully given in its archaic, common East Slavic form, retaining the letter "jat′," which does not have a direct transliteration in the Library of Congress romanization tables for Ukrainian. Other notes on the transcription principles used in the text may be found on p. LXXV (English) and p. CLIX (Ukrainian).

Foreword

OMELJAN PRITSAK

In 1852, Poland's leading historian, August Bielowski (1806–1876), began work on his *Monumenta Poloniae Historica*. At the series' inception, he needed a Slavic philologist who could edit the *Pověst' vremennykh lět* (*PVL*), a source that contained important information for Polish medieval history. He found that there was no qualified Polish specialist available, so Bielowski invited a Ukrainian colleague from Lviv (*Pol.* Lwów), Ivan Vahylevych (Wagilewicz, 1811–1866), to take over the task.

In 1837, Vahylevych had been one of the founding members of the "Rus′ Triad" (*Rus′ka triitsia*),[1] a society devoted to the cultural revival of the Ukrainians in Galicia. He was first and foremost a romantic poet. He also was an accomplished Slavist and ethnographer. Vahylevych prepared his annotated edition of the *PVL* with a Polish translation; it was published in Lviv in 1864 in the first volume of the *Monumenta*.[2] Explaining his critical method, which was the standard modus operandi of the times, Vahylevych wrote about his edition of the *PVL*: "We took as its basis the Hypatian manuscript; as an aid in the correction of the errors of that text [i.e., the copy text] we used mainly the Laurentian MS. Only seldom did we utilize other manuscripts, namely Radziwiłł, T(roitskii), Kh(lebnikov) and P(ereiaslavl′ of Suzdal′)."[3]

The *PVL* edition in the *Monumenta* had a Polish translation side by side with the original. The annotations and commentary were in Polish as well. After its appearance, Vahylevych began work on publishing a Ukrainian translation of the same text. He died in the middle of the project, and the undertaking was halted, although the materials that he was able to prepare before his death were published posthumously, in the journal *Sioło*.[4]

In 1907, the Ukrainian poet and philologist Ivan Franko (1856–1916) began work on a monograph in which he sought to analyze and present in Ukrainian what he felt to be

---

[1] Also known as the "Ruthenian Triad." Note that here *Rus′ka* means "Ukrainian."

[2] *Monumenta Poloniae Historica*, vol. 1, ed. August Bielowski (Lviv [Lwów], 1864), viii pl. (paleographic table), pp. 521–946. The entire publication breaks down as follows: foreword/introduction (pp. 521–549); text proper (pp. 550–834); commentary to the text (pp. 835–862); the *Pouchenie* of Vladimir Monomakh (pp. 863–884); textual variants (pp. 885–886); errata (pp. 887–893); and an index (pp. 895–946).

[3] Ibid., p. 549. "Pereiaslavl′ of Suzdal′" here refers to *Letopisets Pereiaslavlia-Suzdal′skogo: Sostavlennyi v nachale XIII veka, mezhdu 1214 i 1219 godov*, ed. K. M. Obolenskii (Moscow, 1851).

[4] "Nestorowa litopys na teperiszju mowu zladzena," *Sioło* (Lviv) 1867 (1): pp. 65–78; 1867 (2): 119–134; 1867 (3): 107–168; 1867 (4): 127–133. *Sioło* was published in the Ukrainian language, in Polish transliteration.

the basic form of the *PVL*. According to Franko, the chronicle was originally passed down in poetic form, with additional prose explanations. Only a portion of Franko's work was finished and later published.[5] The next attempt at a Ukrainian translation occurred shortly before World War II in Lviv (at that time part of Poland), with a publication of selections under the editorship of Teofil Kostruba (1907–1943).[6]

By the late 1920s, the official ideology in the Soviet Union with regard to Rus′ history embraced the idea of "Appanage Rus′," which understood Rus′ history in terms of an early breakdown of the Kyivan state and the direct linear transfer of power and cultural heritage from Kyiv to Vladimir-Suzdal′ and thence to Moscow. Theories advocating a later breakdown of the Kyivan state and the passage of its traditions directly to Galicia-Volhynia, rather than Vladimir-Suzdal′, were ignored or termed "nationalist," a label that could have serious, even life-threatening, consequences for a scholar. For this reason, a large area of scholarship on the subject was suppressed or ignored throughout the Soviet period.[7]

During the Soviet era, the imperial tradition continued whereby Ukrainian scholars who focused on critical editions and serious manuscript study within the Soviet Union pursued their work mainly in Moscow or St. Petersburg. Furthermore, Russian continued to serve as the only true language of scholarship under the Soviets; thus Ukrainian-language scholarship was accorded second-class status.[8] The continued efforts to stamp out potential "Ukrainian nationalism" help explain why no Ukrainian edition or translation of the early chronicles appeared in the Soviet Union until 1982.

Even then, the 1982 edition, which bore the Ukrainian title *Povist′ mynulykh lit*, was hardly scholarly.[9] As supervising editor, the Russian specialist Dmitrii S. Likhachev made

---

[5] Ivan Franko, *Zibrannia tvoriv v p'iatdesiaty tomakh*, vol. 6 (Kyiv, 1976), pp. 7–187; commentary, pp. 519–49 [sponsor: Akademiia nauk Ukraïns′koï RSR, Instytut literatury im. T. H. Shevchenka]. Although he started the work in 1907, the preface dates from 1912, and much of the manuscript dates from then or later.

[6] Kostruba began his edition of the Galician-Volhynian Chronicle with selections taken from the *PVL* section. The edition was published in two parts (Lviv, 1936; reprinted in 1939).

[7] In the preface to *Halyts′ko-Volyns′kyi litopys*, Fedoriv discusses the circumstances surrounding his decision to publish the translation by Leonid Makhnovets′ of the Galician-Volhynian Chronicle in the magazine *Zhovten′* (no. 7, 1982). After its appearance, he was called to account by the Lviv Oblast Committee of the CPU and denounced for printing "slander" that would aid the enemies of the state (*Halyts′ko-Volyns′kyi litopys*, ed. Roman Fedoriv [Lviv, 1996], p. 3). Fedoriv states that the local Lviv censors continued to hold this incident of "Galician separatism" against him until 1989.

[8] This is not to say that there were no Ukrainian scholars involved in textological studies and preparing manuscripts for publication or study. Among others, the names of Mykola Gudzii, Serhii Buhoslavs′kyi, Anton Hens′ors′kyi, not to mention Mykhailo S. Hrushevs′kyi, come to mind. Regardless of their efforts, the centers of imperial Russian and Soviet scholarship in this area remained outside of Ukraine.

[9] *Povist′ mynulykh lit* (Kyiv, 1982); 2nd ed. (Kyiv, 1989); 3rd ed. (Kyiv, 2002).

a selection from the Primary Chronicle "for Ukraine's schoolchildren," with the guiding mandate that it present a "heroic epos of the peoples of the Soviet Union." Viktor Blyznets' (1933–1981), a Ukrainian writer, was commissioned to retell these selections in Ukrainian. The book itself was a luxurious, well-illustrated publication, which appeared three times—in 1982, 1989, and 2002—each time with a press run of 100,000 copies. This popularizing edition was highly problematic as a "Ukrainian" enterprise, given its intrinsic attempt to deemphasize Ukraine's historical heritage within the *PVL* and emphasize the Russian imperial tradition.

Leonid Makhnovets' had begun working on a more scholarly Ukrainian translation (with annotations) of the entire Hypatian Codex in 1951. According to Fedoriv, Makhnovets' suffered official repression after the *Zhovten'* affair (see note 7). The Ukrainian Academy of Sciences, through its publishing house "Naukova Dumka," refused to publish his work. Finally, in 1989, the Writers' Union provided it a home, and his *Litopys rus'kyi. Za Ipats'kym spyskom* appeared under the imprint of its publishing house "Dnipro" in a press run of 50,000 copies.[10]

It was not until 1990, however that the first annotated critical edition of the Hypatian Codex appeared in Kyiv, presenting the original Rus' text parallel to a modern Ukrainian translation. This edition, *Povist' vrem'ianykh lit: Litopys (za Ipats'kym spyskom),* was published in a press run of 115,000 copies. Vasyl' Iaremenko supplied both the translation and the annotations, although he himself noted that his commentary was not scholarly, but rather patriotically edifying.

* * *

As a scholar with a keen interest in the *PVL*, I have always lamented the regrettable state of Ukrainian chronicle studies. Soon after I was appointed director of the Ukrainian Research Institute at Harvard in 1973, I organized a special standing seminar devoted to the problems of editing and translating the *PVL*. At that time there were at Harvard several colleagues who were eager to engage in the projected edition: Slavist Horace G. Lunt, Byzantinist Ihor Ševčenko, historian Edward L. Keenan, and myself, a historian and Orientalist.[11] A number of graduate students and other guests also attended our working meetings. Since the Khlebnikov and Pogodin codices were known only from footnotes in the published editions of the Hypatian text, as the first concrete product of our work I published a facsimile edition of these sources in the same series as this present volume: *The Old Rus' Kievan and Galician-Volhynian Chronicles (The Ostroz'kyj [Xlebnikov] and Četvertyns'kyj [Pogodin] Codices* (Cambridge, Mass., 1990) [= Har-

---

[10] *Litopys rus'kyj. Za Ipats'kym spyskom,* trans. and ed. Leonid Makhnovets' (Kyiv, 1989).

[11] About this, see below, Acknowledgments, p. LXXXI.

vard Library of Early Ukrainian Literature, Texts, vol. 8].[12] I am extremely happy that one of the graduate students from that original seminar, Dr. Donald Ostrowski—who at the time was fascinated by the issues of textual criticism raised by studying the *PVL*—has now taken the next critical step: the production of an interlinear collation and paradosis. I am certain that Dr. Ostrowski's excellent critical edition will serve as the model for subsequent editions of the old Rus′ chronicles.

Wellesley, Massachusetts
July 2001

---

[12] See also my introduction there, pp. xv–xxxvii.

Key to Abbreviations

We adopted a dual system of abbreviations for referring to manuscripts. The Introduction uses a standard Roman uppercase letter (or lowercase in referring to the Trinity Chronicle, which is no longer extant). In the collation, and in specifying passages from the collation in the Introduction, an italicized shortened form of the English name of the manuscript is used.

A / *Acad*	=	Academy copy of the *PVL*
Bych	=	A. F. Bychkov (edition of 1871)
E / *Ermo*	=	Ermolaev copy of the *PVL*
H / *Hypa*	=	Hypatian copy of the *PVL*
K / *Comm*	=	Commission copy of the Novg. I
Kh / *Khle*	=	Khlebnikov copy of the *PVL*
L / *Laur*	=	Laurentian copy of the *PVL*
Likh	=	D. S. Likhachev (edition of 1950)
Ak / *NAca*	=	Academy copy of the Novg. I
Novg. I	=	Novgorod I Chronicle
Ostr	=	Proposed *paradosis* or α
P / *Pogo*	=	Pogodin copy of the *PVL*
PSRL	=	*Polnoe sobranie russkikh letopisei*
PVL	=	*Povĕst' vremennykh lĕt*
R / *Radz*	=	Radziwiłł copy of the *PVL*

S	=	Synod copy of the Novg. I
Shakh	=	A. A. Shakhmatov (edition of 1916)
T *Tols*}	=	Tolstoy copy of the Novg. I
t *Trin*}	=	[Trinity copy of the *PVL*]
TODRL	=	*Trudy Otdela drevnerusskoi literatury*

Introduction

DONALD OSTROWSKI

The compilation of chronicle entries known as the *Povĕst' vremennykh lĕt* (*PVL*) is a fundamental source for the historical study of the vast eastern European and Eurasian lands that now include major parts of Ukraine and Belarus, as well as extensive parts of the Russian Federation and Poland. It is certainly our single most important source for the study of the early Rus' principalities.[1] Containing the bulk of our written information about the area inhabited by the East Slavs from the ninth to the twelfth century, the *PVL* has been the subject of many historical, literary, and linguistic analyses.

The *PVL* may have been compiled from a number of sources initially by Sil'vestr, the hegumen of the St. Michael's Monastery in Vydubychi (Vydobichi), a village near Kyiv (Kiev), in 1116. The attribution to Sil'vestr is based on a colophon in copies of the so-called Laurentian branch of later *PVL* recensions where he declares, "I wrote down (*napisakh*) this chronicle," and asks to be remembered in his readers' prayers (286,1–286,7).[2] It is possible that Sil'vestr merely copied or edited an already existing complete work by the Kyiv Caves Monastery monk mentioned in the title, but it is also possible that this monk merely began the work that Sil'vestr finished. An interpolation in the title of the sixteenth-century Khlebnikov copy has led to a popular notion that Nestor was the

---

[1] For the most up-to-date introduction to the history of the early Rus' principalities, see Simon Franklin and Jonathan Shepard, *The Emergence of Rus, 750–1200* (London, 1996), in conjunction with my constructive criticisms in "Who Were the Rus' and Why Did They Emerge?" *Palaeoslavica*, vol. 7 (1999), pp. 307–312.

[2] Among the first scholars to advance this view of authorship were Kostomarov and Sreznevskii. See N. I. Kostomarov, *Istoricheskie monografii i issledovaniia*, 20 vols. (St. Petersburg, 1872–1889), vol. 13, pp. 4–8; and I. I. Sreznevskii, *Stat'i o drevnikh russkikh letopisiakh, 1853–1866* (St. Petersburg, 1903), p. 114. For a discussion of the sources of the *PVL*, see A. A. Shakhmatov, "'Povest' vremennykh let' i ee istochniki," *Trudy Otdela drevnerusskoi literatury* (*TODRL*), vol. 4 (1940), pp. 9–150; and Samuel Hazzard Cross, "Introduction," in *The Russian Primary Chronicle: Laurentian Text*, trans. and ed. Samuel Hazzard Cross and Olgerd P. Sherbowitz-Wetzor (Cambridge, MA, [1953]), pp. 23–30.

name of that monk and that he had completed a now-lost first redaction of the complete text.[3] But that interpolation is not reliable evidence since it may have been the result of a guess by the interpolator, which means we do not know the name of the monk or when he compiled his text. So the simplest explanation is that Sil′vestr used an earlier (perhaps unfinished) chronicle by an unknown monk of the Caves Monastery along with other sources to compile what we now know as the *PVL*. We do not have Sil′vestr's original text. The earliest copy dates to over 260 years later. Therefore, we have to try to reconstruct what Sil′vestr wrote on the basis of extant copies that are hundreds of years distant from its presumed date of composition.

Despite the importance of the PVL as a historical source, the published versions of the *PVL* that have appeared thus far either have not been based on clear and consistent principles of editing or have not always relied on sufficient textual evidence. They also contain numerous errors and normalizations in representing the manuscripts. The current edition has attempted to remedy these failings by: (1) setting forth at the beginning the principles of textual criticism according to which variants were evaluated; (2) using a stemma to help in evaluating difficult variants; (3) consulting all the chronicles and manuscript copies that testify to readings in the *PVL*; (4) utilizing computers to assist in text editing and output to minimize human error; and (5) reducing normalizations to a minimum so as to more accurately represent the orthography of the manuscripts. In this way, the present edition allows scholars to check all significant variants of any passage with relative ease and without having to have recourse to several different editions, lithographs, and photographic facsimiles of the manuscript copies, or access

---

[3] See, e.g., O. V. Tvorogov, "Nestor," "Povest′ vremennykh let," "Sil′vestr," in *Slovar′ knizhnikov i knizhnosti drevnei Rusi*, 3 vols. in 6 pts., ed. D. S. Likhachev (Leningrad, 1987–), vol. 1: *XI–pervaia polovina XIV v.*, pp. 276, 337–338, 390–391. For a discussion of this passage as interpolation, see below, p. LXI. Note that, to avoid confusion, I am using designations for the manuscript copies that are standard in American Slavistics. There is, however, much to recommend the suggestion of Omeljan Pritsak that we use the name "Ostroz′kyj" to refer to the Khlebnikov codex, as well as the name "Četvertyns′kyj" to refer to the Pogodin codex. See Omeljan Pritsak, "Ipats′kyi Litopys ta ioho rolia u restavratsiï ukraïns′koï istorychnoï pam'iaty," and idem, "The Hypatian Chronicle and Its Role in the Restoration of Ukrainian Historical Consciousness," in *Chomu katedry ukraïnoznavstva v Harvardi? Vybir stattei na temy nashoï kul′turnoï polityky (1967–1973)* (Cambridge, MA, 1973), pp. 45–51, 55–57; as well as his introduction to *The Old Rus′ Kievan and Galician-Volhynian Chronicles: The Ostroz′kyj (Xlebnikov) and Četvertyns′kyj (Pogodin) Codices*, Harvard Library of Early Ukrainian Literature, Texts, vol. 8 (Cambridge, MA, 1990) pp. xv, xxxiii–xxxvi.

to the manuscripts themselves, or without having to depend upon the idiosyncracies of an editor who decides which readings to report, as has been the case heretofore.

Interlinear Collation

The present interlinear collation includes the five main manuscript witnesses to the *PVL* (see below, p. XX), three published versions of the *PVL*,[4] the corresponding passages from the published version of the Novgorod I Chronicle,[5] and the corresponding passages from the Trinity Chronicle.[6] It also includes a paradosis (that is, a proposed best reading) based on the use of a stemma, or family tree showing the genealogical relationship of the manuscript copies, and on the principles of textual criticism as developed in Western scholarship. By the term "main witness," I mean only those copies that have independent authority to testify about the archetype. Since most copies of the *PVL* (for example, those found in the Nikon Chronicle and the Voskresenskii Chronicle) are derivative from the main witnesses, I do not include them here.[7] The five main witnesses of the *PVL* reported here are:

---

[4] A. F. Bychkov, ed., *Letopis' po Lavrentievskomu spisku* (St. Petersburg, 1872), pp. 1–274; D. S. Likhachev, ed., *Povest' vremennykh let*, 2 vols. (Moscow and Leningrad, 1950), vol. 1, pp. 9–188; and A. A. Shakhmatov, ed., *Povest' vremennykh let*, vol. 1: *Vvodnaia chast'. Tekst. Primechaniia* (Petrograd, 1916), pp. 1–374, 395–399.

[5] These passages of the Novgorod I Chronicle are taken from *Novgorodskaia pervaia letopis'. Starshego i mladshego izvodov*, ed. A. N. Nasonov (Moscow and Leningrad, 1950) and are given according to the following column and line numbers of the collation: (1) 54,16–58,10; (2) 60,1–71,23; (3) 73,20–122,9; (4) 124,6–131,5; (5) 131,27–137,9; and (6) 160,26–187,25. To date, there are no lithographs or photographic facsimiles of any manuscript of the Novgorod I Chronicle. For some of the drawbacks in presenting this information from the published version but why I decided to go ahead and do so anyway, see "Principles of Transcription" (*infra*, pp. LXXIII–LXXVIII).

[6] M. D. Priselkov, *Troitskaia letopis'. Rekonstruktsiia teksta* (Moscow and Leningrad, 1950), pp. 51–65, equivalent to (1) 0,1–5,11; (2) 8,4–14,10; and (3) 19,10–31,22 of this collation.

[7] Lur'e and Miliutenko concluded that the Pereiaslavl'-Suzdal' Chronicle derives independently from the common protograph of the Radziwiłł and Academy Chronicles. Ia. S. Lur'e, "O proiskhozhdenii Radzivilovskoi letopisi," *Vspomogatel'nye istoricheskie distsipliny*, vol. 18 (1987), pp. 64–83; N. I. Miliutenko, "Vladimirskii velikokniazheskii svod 1205 goda (Radzivilovskaia letopis')," *TODRL*, vol. 49 (1996), pp. 36–58. But their analyses concern the post-1116 part of the chronicle, in particular, the entries for 1157 to 1205. In checking those passages of the *PVL* that appear in the Pereiaslavl'-Suzdal' Chronicle, I did not find evidence of its having value as an independent witness for the pre-1116 section. See *Letopisets Pereiaslavlia-Suzdal'skogo, sostavlennyi v nachale XIII veka (mezhdu 1214 i 1219 godov)*, ed. N. M. Obolenskii (Moscow, 1851), pp. 1–52.

1. Laurentian (RNB, F.IV.2), dated to 1377 (*Laur*, L);[8]
2. Radziwiłł (BAN, 34. 5. 30), datable to the 1490s (*Radz*, R);[9]
3. Academy (RGB, MDA 5/182), dated to end of 15th century (*Acad*, A);[10]
4. Hypatian (BAN, 16. 4. 4), dated to ca. 1425 (*Hypa*, H);[11]
5. Khlebnikov (RNB, F.IV.230), dated to the 16th century (*Khle*, Kh).[12]

In addition, in a few places, I have resorted to the Pogodin Chronicle to fill in lacunae in Kh:

6. Pogodin (RNB, Pogodin 1401), dated to the early 17th century (*Pogo*, P).[13]

---

[8] See G. M. Prokhorov, "Kodikologicheskii analiz Lavrent'evskoi letopisi," *Vspomogatel'nye istoricheskie distsipliny*, vol. 4 (1972), pp. 83–104; and Ia. S. Lur'e, "Lavrent'evskaia letopis'—svod nachala XIV v.," *TODRL*, vol. 29 (1974), pp. 50–67. A lithograph of the text of the Laurentian Chronicle up through 1110 was published by the Imperial Archeographic Commission as *Povest' vremennykh let po Lavrentievskomu spisku* (St. Petersburg, 1872).

[9] See A. A. Shakhmatov, "Issledovanie o Radzivilovskoi ili Kenigsbergskoi letopisi," in *Radzivilovskaia ili Kenigsbergskaia letopis'*, Obshchestvo liubitelei drevnei pis'mennosti, vol. 118 (St. Petersburg, 1902), vol. 2, pp. 86–91; and M. V. Kukushkina, "Predislovie k izdaniiu," in *Radzivilovskaia letopis'*, 2 vols., ed. M. V. Kukushkina, vol. 1: *Faksimil'noe vosproizvedenie rukopisi. Izdanie podgotovleno po rukopisi khraniashcheisia v Biblioteke RAN*, vol. 2: *Tekst, issledovanie, opisanie miniatiur* (St. Petersburg, 1994), vol. 2, pp. 5–12. See also G. M. Prokhorov, "Radzivilovskii spisok Vladimirskoi letopisi po 6714 (1205/6) god," in ibid., vol. 2, pp. 269–279, which is a corrected and supplemented version of the same author's "Radzivilovskii spisok Vladimirskoi letopisi po 1206 god i etapy vladimirskogo letopisaniia," *TODRL*, vol. 42 (1989), pp. 53–76; and M. V. Kukushkina, "K voprosu o meste proiskhozhdeniia Radzivilovskoi letopisi v spiske XV v.," *TODRL*, vol. 50 (1997), pp. 374–383. A black-and-white photographic facsimile of the complete chronicle (with one folio containing two miniatures in color) was published as *Radzivilovskaia ili Kenigsbergskaia letopis'* (cited above). Ninety-two years later a full color facsimile of the complete chronicle was published as volume 1 of *Radzivilovskaia letopis'* (cited above). A separate edition of the Radziwiłł Chronicle appeared in 1989 as volume 38 of the series *Polnoe sobranie russkikh letopisei* (*PSRL*), with a preface by Ia. S. Lur'e (pp. 3–10).

[10] See A. A. Shakhmatov, *Obozrenie russkikh letopisnykh svodov XIV–XVI vv.* (Moscow and Leningrad, 1938), pp. 222–230; B. M. Kloss, "Predislovie k izdaniiu 1997 g.," *PSRL*, vol. 1, 2nd ed. (1997), p. J. No facsimile of the Academy Chronicle has appeared to date.

[11] See A. A. Shakhmatov, "Predislovie," *PSRL*, vol. 2, 2nd ed. (1908), pp. VI–VIII. A lithograph of the text of the Hypatian Chronicle up through 1110 was published by the Imperial Archeographic Commission as *Povest' vremennykh let po Ipatievskomu spisku* (St. Petersburg, 1871).

[12] See Shakhmatov, "Predislovie," pp. VIII–XI. A black-and-white photographic facsimile of the complete chronicle was published by the Harvard Ukrainian Research Institute in *The Old Rus' Kievan and Galician-Volhynian Chronicles*, pp. 1–393.

[13] See Shakhmatov, "Predislovie," pp. XI–XII. A black-and-white photographic facsimile of the complete chronicle was published by the Harvard Ukrainian Research Institute in *The Old Rus' Kievan and Galician-Volhynian Chronicles*, pp. 395–723.

The three copies of the published version of Novg. I from which readings are reported here are:

1. Commission (Kommissionyi) (*Comm*, K)
2. Academy (Akademicheskii) (*NAca*, Ak)
3. Tolstoi (Tolstovoi) (*Tols*, T)

None of the previous published editions has been based on a stemma or used the principles of Western textual criticism to determine primary readings. Although Shakhmatov and Likhachev did draw up stemmata, they did not use them for determining primacy of readings, but only to show a possible way of looking at the relationship of the copies. The refusal to use a stemma to edit the text derives both from traditional (mainly) Russian concepts of text editing and from an early twentieth-century controversy concerning what a stemma is supposed to do.

Previous Editions[14]

Previous editors have encountered certain problems in publishing the *PVL*. Among the most serious have been: (1) which manuscript copies to use as witnesses to the *PVL*; (2) whether to publish the *PVL* as a separate text or as part of another chronicle; (3) what principles of textual criticism to employ in editing the text; (4) which variants from other copies to put in the critical apparatus; and (5) whether to be content with a modified extant copy or to strive for a dynamic critical text. In what follows, I discuss each of these problems, suggest reasons why they have been unresolved, and propose solutions that I have incorporated into this edition.

The classicist E. J. Kenney has remarked: "The very notion of textual exactness—let alone the possibility of achieving it—is for many people a difficult one, and respect for the precise form of a text even in a literate and cultured society cannot be taken for granted: the convention must be created."[15] An apt illustration of this statement is the publication history of the *PVL*. Because all manuscript copies of the *PVL* are part of larger chronicle compilations, we find the earliest

---

[14] Earlier versions of the following sections appeared in my "Principles of Editing the *Povest' vremennykh let*," Palaeoslavica, vol. 7 (1999), pp. 5–25, which the journal's editor, Alexander B. Strakhov, has allowed me to include here; and in my "Textual Criticism and the *Povest' vremennykh let*: Some Theoretical Considerations," Harvard Ukrainian Studies, vol. 5 (1981), pp. 11–31.

[15] E. J. Kenney, *The Classical Text: Aspects of Editing in the Age of the Printed Book* (Berkeley, 1974), pp. 23–24.

publications of what we are calling the *PVL* to be part of the publications of those larger compilations. The first attempt to publish the *PVL* was in 1767 as part of an incomplete edition of the Radziwiłł Chronicle.[16] Two other attempts (in 1804 and 1812) to publish a chronicle containing the *PVL* were abandoned before completion.[17] In 1846, Ia. I. Berednikov prepared the Laurentian Chronicle for volume one of the *Polnoe sobranie russkikh letopisei* (*PSRL*).[18] Berednikov divided the text between the "Nestor Chronicle" (through 1110) and the Continuation of the Laurentian Chronicle (after 1110). He freely altered his copy text, the Laurentian copy, from each of the control texts—that is, the Radziwiłł, Academy, Hypatian, and Khlebnikov copies. Yet he presented no principles for correcting the copy text according to the control texts,[19] and the resultant edition is a jumble that besides being difficult to disentangle also contains many errors.

In 1864, Ivan Vahylevych published his text of the *PVL*, which he titled the "Chronicle of Nestor" (*Latopis Nestora*).[20] In contrast to Berednikov, Vahylevych brought the text of the *PVL* up through 1113, thus following the Hypatian line. But like Berednikov, Vahylevych created a composite text without providing the principles for his editorial decisions. He reported readings sparsely and not in any systematic way from L, R, H, Kh, the Pereiaslavl'-Suzdal' Chronicle as well as a few cases from what was known of the Trinity Chronicle.

Subsequently, S. N. Palauzov prepared an edition of H in 1871 with Kh and the Pogodin copy (P) as control texts.[21] In conjunction with Palauzov's edition,

---

[16] *Biblioteka Rossiiskaia istoricheskaia, soderzhashchaia drevniia letopisi, i vsiakiia zapiski, sposobstvuiushchiia k ob"iasneniiu istorii i geografii Rossiiskoi drevnikh i srednikh vremen*, pt. 1 (St. Petersburg, 1767).

[17] See R. P. Dmitrieva, comp., *Bibliografiia russkogo letopisaniia* (Moscow and Leningrad, 1962), p. 7, no. 12; p. 16, no. 61, and p. 26, no. 133; M. D. Priselkov, *Troitskaia letopis'. Rekonstruktsiia teksta* (Moscow and Leningrad, 1950), pp. 11–14.

[18] *PSRL*, vol. 1, 1st ed. (St. Petersburg, 1846). Berednikov, who prepared the first edition of volume 2 of the *PSRL* (the Hypatian Chronicle), typically chose to begin the Hypatian with the entry for 1111, that is, with the part that does not coincide with the Laurentian Chronicle. *PSRL*, vol. 2, 1st ed. (St. Petersburg, 1843).

[19] Note: A *copy text* is the text of the MS copy on which an edition is based. The *control texts* are the MS copies that an editor uses to edit the copy text. Readings from the control texts are usually listed in the critical apparatus as variants. An edited copy text plus critical apparatus constitute a *critical edition*.

[20] Ivan Vahylevych, "Latopis Nestora," in *Monumenta Poloniae historica. Pomniki dziejowe Polski*, 6 vols., ed. August Bielowski (Kraków, 1864–1893), vol. 1, pp. 521–946.

[21] S. N. Palauzov, ed., *Letopis' po Ipatskomu spisku* (St. Petersburg, 1871).

A. F. Bychkov prepared an edition of L in 1872 with A and R as control texts.[22] Both Palauzov and Bychkov published continuous texts without division into *PVL* and non-*PVL* parts. Neither editor described his principles for altering the respective copy texts, and neither edition is reliable in reporting variants.

In 1871 and 1872, the publication of lithographic versions of the *PVL* portion of H and L, respectively, gave rise to another approach: the publication of the *PVL* as a separate text, rather than as part of another chronicle.[23] As Berednikov did before them, the editors ended the text at 1110 because it was the last entry before the colophon of 1116 in the Laurentian copy. The lithographic versions, however, did not require editing, except for deciding where the *PVL* text ends. Significantly the titles of both publications showed they each claimed to represent the *PVL*.

The approach of treating the *PVL* as a separate text was further developed by L. I. Leibovich in 1876 as well as by A. A. Shakhmatov in 1916. Both editors attempted to publish composite versions of the *PVL* based on all the earliest witnesses,[24] and they adopted readings freely from both the Laurentian and the Hypatian lines. Although Shakhmatov sometimes presented confusing and contradictory information about the interrelation of the early copies and their relationship to the archetype, his reconstruction of the *PVL* has been the most successful one published thus far. Leibovich's attempt, on the other hand, we can classify as a spectacular failure. Not only did he exclude from his text information about matters he did not consider part of "Russian history," but he also gave preference to passages from markedly late chronicles, such as the Nikon, because he believed that somehow this information had been dropped from intermediate codices and preserved only in later ones. Therefore, while I included Shakhmatov's version in the present interlinear collation, I decided not to include Leibovich's version because it provides no insight into what the original text might have been.

In 1926 the Belarusian linguist E. F. Karskii prepared a second edition of volume one (the Laurentian Chronicle) for the *PSRL*.[25] Karskii maintained

---

[22] A. F. Bychkov, ed., *Letopis' po Lavrentievskomu spisku* (St. Petersburg, 1872).

[23] *Povest' vremennykh let po Ipatskomu spisku* (St. Petersburg, 1871); *Povest' vremennykh let po Lavrentievskomu spisku* (St. Petersburg, 1872).

[24] L. I. Leibovich, *Svodnaia letopis', sostavlennaia po vsem izdannym spiskam letopisi*, vol. 1: *Povest' vremennykh let* (St. Petersburg, 1876); A. A. Shakhmatov, *Povest' vremennykh let*, vol. 1: *Vvodnaia chast'. Tekst. Primechaniia* (Petrograd, 1916).

[25] *PSRL*, vol. 1, 2nd ed. (Leningrad, 1926). Priselkov and Valk criticized Karskii's edition for being difficult to use because he did not expand abbreviations, modernize punctuation, or provide contemporary typeface. (M. D. Priselkov, "Istoriia rukopisi Lavrent'evskoi letopisi i ee izdanii,"

Berednikov's division of the text into *PVL* and non-*PVL* parts. Since he was publishing L rather than the *PVL* per se, Karskii decided to follow Bychkov's policy and limit his control texts to A and R—that is, to those copies he thought stood closest to L. But this division created an ambiguity in what best attested to the *PVL*. It could be interpreted that L, R, and A (which represented the Laurentian line) were the true witnesses to the *PVL*, whereas the copies of the Hypatian line were not. This interpretation may have influenced Shakhmatov in his decision, in publishing the second edition of volume two of the *PSRL* in 1908, to follow the procedure of Palauzov and *not* to divide the text of H into *PVL* and non-*PVL* parts.[26] Also, at the time, Shakhmatov was of the opinion that the Hypatian line represented a derivative redaction, inferior to that of the Laurentian line. Later (by 1916) he seems to have revised this opinion, at least in practice, since he then accepted the Hypatian line as having independent value in assessing the readings of the *PVL* archetype.

In 1950, D. S. Likhachev published a new edition of the *PVL*.[27] Because of his belief that the two attempts to compile a usable composite version had failed and because of his distrust of "mechanistic textology,"[28] Likhachev adopted the procedure of Bychkov and Karskii—that is, he used L as the copy text and altered it according to the control texts A and R. Likhachev's published text is very close to Bychkov's version published in 1872. For example, in the entries for the year 1093, Bychkov made 85 alterations in the copy text (and suggested three others). Of these, 70 were based on A and R, 12 were conjectures, and only 3 were based on H. Likhachev accepted 71 of Bychkov's 85 alterations, incorporated 1 of

---

Uchenye zapiski Gosudarstvennogo pedagogicheskogo instituta im. A. I. Gertsena, vol. 19 [1939], p. 183; S. N. Valk, *Sovetskaia arkheografiia* [Moscow and Leningrad, 1948], pp. 135–137.) This criticism is unjustified, since even those who have not worked with manuscripts should have little trouble in learning to read Karskii's text. Valk also objected to Karskii's choice of control texts (A and R), because the Simeonov Chronicle, e.g., is closer to L than either A or R is. This objection of Valk's may be valid, but it is not relevant for our purposes, because the Simeonov Chronicle does not contain a version of the *PVL*. It begins with the entry for 1177. *PSRL*, vol. 18, p. 1.

[26] *PSRL*, vol. 2, 2nd ed. (St. Petersburg, 1908).

[27] *Povest' vremennykh let*, 2 vols. (Moscow and Leningrad, 1950) (hereafter *PVL* 1950). In 1978, O. V. Tvorogov reprinted Likhachev's text, without the superscript numerals indicating variants, in *Pamiatniki literatury drevnei Rusi. Nachalo russkoi literatury XI–nachalo XII veka* (Moscow, 1978), pp. 22–276.

[28] See the chapter entitled "Krizis literaturovedcheskoi mekhanicheskoi tekstologii," in D. S. Likhachev, *Tekstologiia. Na materiale russkoi literatury X–XVII vv.*, 1st ed. (Moscow and Leningrad, 1962), pp. 6–20; 2nd ed. (Leningrad, 1983), pp. 8–24.

Bychkov's 3 suggestions, and added only 1 of his own. Likhachev used A and R for 61 alterations, 7 were unattested, and 5 were based on H. By comparison, Karskii accepted only 34 of Bychkov's alterations and added none of his own. Of these alterations, 33 were based on A and R, while only 1 was based on H. These figures not only suggest a close connection between Bychkov's and Likhachev's texts but also show that Likhachev gave priority to A and R over H as a basis for modifying the copy text L.

The many efforts during a period of more than 200 years to publish the *PVL* have not succeeded in producing a single reliable edition that reports all the significant variants. E. F. Karskii's 1926 publication of volume one of the *PSRL*, for example, is generally regarded as the best edition of the Laurentian Chronicle, yet Ludolf Müller's *Handbuch zur Nestorchronik* points out thousands of readings (many of them significant) in the three witnesses Karskii used that were either not reported or reported incorrectly.[29] In fact, it is not clear on what basis variants were included or excluded in previous editions. It was necessary at times to go back to the manuscripts to obtain reliable textual evidence. Although the photographic reproduction of the Radziwiłł copy has been available since 1902, there was no separate publication or photographic reproduction of the Khlebnikov or Pogodin chronicles until the Ukrainian Research Institute at Harvard University published a facsimile edition of these codices in 1990. And one of the main witnesses, the Academy copy, still has no separate publication or photographic reproduction available. Until now, its readings appear only in lists of variants.

The first problem in publishing a satisfactory edition is the question of which manuscripts to use to determine the *PVL*. The titles of the various publications reflect the shifting positions on this question. Before 1871, the term *"Povest' vremennykh let"* was not used in any title. The 1846 edition of L used "Nestor Chronicle" to designate the *PVL* section of the text. In 1871, a lithograph of H was published under the title *Povest' vremennykh let po Ipatskomu spisku*. In 1876, Leibovich's composite version of the *PVL* used both H and L as witnesses, and was titled, simply, *Svodnaia letopis'*. In 1908, Shakhmatov published the text of H without the designation *"Povest' vremennykh let,"* although he made free use of the Hypatian line in his reconstructed version of the *PVL* in 1916. In publishing his text a decade later, Karskii decided to accept Berednikov's division of the

---

[29] See *Handbuch zur Nestorchronik*, ed. Ludolf Müller, Forum Slavicum, vol. 49 (Munich, 1977); and my review in *Harvard Ukrainian Studies*, vol. 5 (1981), pp. 270–271.

text of L into *PVL* and non-*PVL* parts, rather than Bychkov's continuous-text policy. The result was that the Laurentian line appeared to represent the *PVL* whereas the Hypatian line did not. By 1950, Likhachev did not even represent the Hypatian line in his diagram showing the relations between the compilations that include the *PVL*.[30] In short, Likhachev merged the idea of publishing the *PVL* as a separate text, as Leibovich and Shakhmatov had done, with the method of publishing it as part of the Laurentian Chronicle, as Bychkov and Karskii had done. Since H and Kh have independent authority concerning readings in the *PVL*, ignoring them is not justified.

Use of a Stemma

Another problem in publishing an adequate edition of the *PVL* is to determine the principles of textual criticism for editing a text. Here we can profitably make use of theory developed from the publication of ancient Greek and Latin texts, as well as Western medieval texts. The following discussion of fundamental principles may appear elementary to those who work with such texts, but it is exactly these principles that previous *PVL* editors have chosen not to use. The first stage of textual criticism is gathering the copies and grouping them. The *PVL* falls into two groups or families—the Laurentian and Hypatian. But can we establish a more definite relationship among the copies? That is, can we establish and use a stemma?

A stemma is a graphic representation of the relation of the extant copies to one another and of their hypothetical genealogical relationship to the archetype or author's original. The first stemma, as such, appeared in 1831.[31] The idea is inextricably linked, however, with the publication by Karl Lachmann of Lucretius' *De rerum natura* in 1850.[32] Although Lachmann did not actually draw a stemma, he described the principles of the genealogical method so clearly that he seemed to have resolved all the fundamental problems of textual criticism.

---

[30] "Skhema vzaimootnosheniia osnovnykh letopisnykh svodov, vkliuchivshikh v svoi sostav 'Povest' vremennykh let,'" *PVL*, 1950, vol. 2, following p. 554. Likhachev's preference for the term *skhema* may be an attempt to distinguish between a stemma, which may be used to determine primacy of readings, and his diagram, which he does not use in this way.

[31] Karl Gottlob Zumpt, "Prooemium," in *M. Tullii Ciceronis Verrinarum libri septem* (Berlin, 1831), p. xxxviii, fn. *.

[32] Karl Lachmann, "Commentarius," in *T. Lucretii Cari De rerum natura* (Berlin, 1850), pp. 3–15.

The basic idea of the genealogical method is that common errors or corrections that could not have been arrived at independently have a common source. Or as James Willis describes it, "if two people are found shot dead in the same house at the same time, it is indeed possible that they have been shot by different persons for different reasons, but it would be foolish to make that our initial assumption."[33] The expectation is that mistakes are passed on to other manuscripts from the one in which the mistake first appeared—that is, copyists tended to add mistakes of their own rather than to correct previous mistakes. In general, this expectation was justified, for most copyists were not well educated. Also, their mistakes tend to be mechanical and easy to figure out. A. C. Clark praised such scribes: "In a copyist there is no more blessed quality than ignorance, and it is a commonplace, rather than a paradox, to say that the best manuscripts are those written by the most ignorant scribes."[34]

The fly in the ointment, however, was the copyist who was not ignorant. He would freely make conjectures and, what is worse for the stemma, he would compare two or more manuscripts and select randomly from each. This comparison, now called contamination or confluence, occurred frequently enough to shake confidence in the genealogical method. A. E. Housman, for example, eschewed the use of a stemma in his edition of Juvenal's *Satires*: "Authors like Juvenal, read and copied and quoted both in antiquity and in the middle ages, have no strictly separated families of MSS. Lections are bandied to and fro from one copy to another, and all the streams of tradition are united by canals."[35] Then a few years later, it appeared that the death blow for the concept of the stemma was struck by a critic of medieval French texts, Joseph Bédier. Bédier pointed out that almost all the stemmata he examined had only two branches. His argument ran:

[33] James Willis, *Latin Textual Criticism* (Chicago, 1972), p. 14. Quentin improved upon the concept of common error by pointing out that "error" carries the implication of not having occurred in the archetype. Since archetypes are as prone to errors as anything else, one should probably use a neutral term, such as "common reading." See Dom Henri Quentin, *Mémoire sur l'établissement du texte de la Vulgate*, Collectanea Biblica Latina, vol. 6 (Paris, 1922), p. 231; and idem, *Essais de critique textuelle* (Paris, 1926), p. 37.

[34] A. C. Clark, *Recent Developments in Textual Criticism* (Oxford, 1914), p. 21.

[35] A. E. Housman, *D. Iunii Iuvenalis Saturae* (London, 1905), p. xxiv. Housman was not, however, opposed to the use of a stemma where applicable; see, e.g., A. E. Housman, *M. Manilii Astronomicon*, bk. 2 (London, 1912), p. xxxii (a fuller explanation appears in the smaller edition: London, 1932, p. ix).

It is natural that time, which has respected 116 copies derived from the two copies w and z of the *Roman de la Rose*, should have maliciously destroyed all those that might have derived from a third copy; and it is natural also that the same accident should have repeated itself, in similar fashion, for the *Roman de Troie*; but that it should have repeated itself, in similar fashion... for all the romances of all the romancers, and for all the chroniclers, and for all the moral tracts of all the moralists, and for all the collections of fables by all the fabulists, and for all the songs of all the song writers: there lies the marvel. One bipartite tree is in no way strange, but a grove of bipartite trees, a wood, a forest?[36]

Subsequent scholars attempted to defend this "law of bipartition" mathematically. For example, Paul Maas argued that of the twenty-two ways in which three texts could be arranged in relation to one another, only one involves a three-branch stemma.[37] Frederick Whitehead and Cedric E. Pickford published an article using the formula $\frac{(a+b+c)^n}{\Sigma^n}$ in which "a + b + c" represents the total number of members of a family of manuscripts, Σ represents the total number of manuscripts in all families, and n the number of extant manuscripts. The formula shows that a two-branch stemma is more likely to occur than a three-branch stemma.[38] These

---

[36] Joseph Bédier, "La tradition manuscrite du *Lai du l'Ombre*: Réflexions sur l'art d'éditer les anciens textes," *Romania*, vol. 54 (1928), p. 172. In this article Bédier refers to 220 manuscripts of the *Roman de la Rose* that Langlois classified. But in a subsequent separate publication of the article, the number "deux cent vingt" has been changed to "cent seize." Joseph Bédier, *La tradition manuscrite du Lai de L'Ombre: Réflexions sur l'art d'éditer les anciens textes* (Paris, 1929), p. 12. Although Langlois described over 200 manuscripts for the *Roman de la Rose*, he seems to have cataloged the readings from only 116 of them. Ernest Langlois, *Les manuscripts du Roman de la Rose: Description et classement*, Travaux et mémoires de l'Université de Lille, n.s. 7 (Lille and Paris, 1910), pp. 2, 238–239. For Bédier's earlier presentation of his reasoning about stemmata, see Joseph Bédier, *Le Lai de l'Ombre par Jean Renart* (Paris, 1913), pp. xxiii–xlv.

[37] Paul Maas, "Leitfehler und stemmatische Typen," *Byzantinische Zeitschrift*, vol. 37 (1937), pp. 289–294. The article was reproduced in subsequent editions of his *Textkritik*, 2nd ed. (Leipzig, 1950), pp. 27–31; 3rd ed. (1957), pp. 27–31; 4th ed. (1960), pp. 26–30; and in Barbara Flower's English translation, *Textual Criticism* (Oxford, 1958), pp. 42–49.

[38] F[rederick] Whitehead and C[edric] E. Pickford, "The Two-Branch Stemma," *Bulletin bibliographique de la Société Internationale Arthurienne*, vol. 3 (1951), pp. 83–90. See Edward B. Ham's critical dissection of their method in "Textual Criticism and Common Sense," *Romance Philology*, vol. 13 (1959), pp. 207–209. Whitehead and Pickford subsequently restated their argument, without directly responding to Ham's criticism. See Frederick Whitehead and Cedric E. Pickford, "The Introduction to the *Lai de l'Ombre*: Sixty Years Later," *Romania*, vol. 94 (1973), pp. 145–156; reprinted as "The Introduction to the *Lai de l'Ombre*: Half a Century Later," in *Medieval Manuscripts and Textual Criticism*, ed. Christopher Kleinhenz, North Carolina Studies in the Romance Languages and Literatures, vol. 173, Essays; Texts, Textual Studies and Translations; Symposia, no. 4 (Chapel Hill, NC, 1976), pp. 103–116 (hereafter *Medieval Manuscripts*).

"proofs," however, succeeded only in telling text critics what they already knew, not in explaining why the archetype or original of almost every text appears to have been copied only twice. Clearly, to accept this nonsensical proposition was impossible. Textual criticism went into a period of crisis, so that by 1939 the medievalist Eugène Vinaver wrote:

> Recent studies of textual criticism mark the end of an age-long tradition. The ingenious technique of editing evolved by the great masters of the nineteenth century has become obsolete as Newton's physics, and the work of generations of critics has lost a good deal of its value. It is no longer possible to classify MSS on the basis of "common errors"; genealogical "stemmata" have fallen into discredit, and with them has vanished our faith in composite critical texts.[39]

But no new method came to the fore. The critic was supposed to choose the "best" copy and edit it eclectically from other copies, an approach the biblical scholar E. K. Rand referred to as "a method of despair."[40]

The use of stemmata never fully died out because the stemma worked in many cases, even without adequate theoretical explanation for why it almost always had only two branches. Nonetheless, there may be a fairly simple explanation at hand. The prevalence of the two-branch stemma may lie in the fact that a stemma is a hypothetical construct. We know that the extant manuscripts of a given text are real, and we know that in most cases there must have been an author's original (holograph) or archetype. Between the archetype and extant copies we have only hypotheses and lost copies. But we should not confuse a hypothesis with a lost copy. In other words, the Greek sigla of a stemma do not necessarily represent lost copies, but instead may represent hypothetical stages in the transmission of the main text. In order to "locate" a reading in any hypothetical stage, we can use the method of triangulation, which requires readings from only two copies or branches. For example, given that figure 1 and figure 2 represent the reality of transmission for two different texts,

---

[39] Eugène Vinaver, "Principles of Textual Emendation," in *Studies in French Language and Medieval Literature* (Manchester, 1939), p. 351 (reprinted in *Medieval Manuscripts*, pp. 139–159). Without overdrawing the parallel, I think it not inappropriate to point out that this reaction against the standard nineteenth-century method matches attitudes of pessimism, disillusionment, and revolt apparent in post–World War I literature, music, philosophy, art, chess, and other manifestations of high culture.

[40] E. K. Rand, "Dom Quentin's Memoir on the Text of the Vulgate," *Harvard Theological Review*, vol. 17 (1924), p. 204.

Figure 1

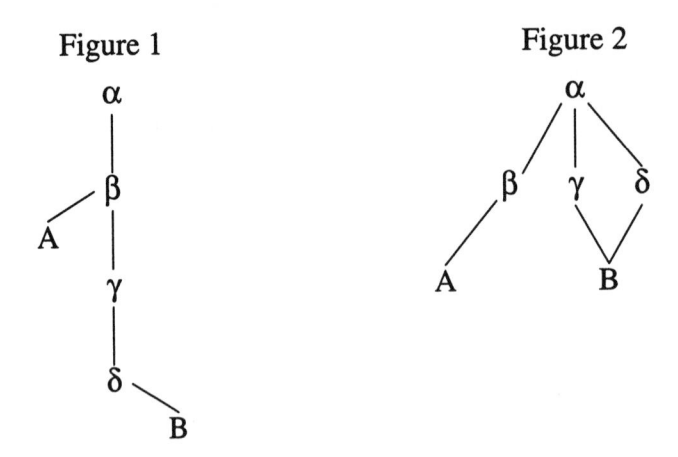

α
|
β
/ |
A |
   γ
   |
   δ ＼
      B

Figure 2

α
/ | ＼
β γ δ
/   ＼ /
A   B

the text critic represents their relationship hypothetically with figure 3, unless he or she has some good reason to propose an intervening stage.

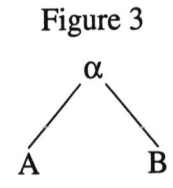

Figure 3

α
/ ＼
A   B

Both A and B have independent authority for α no matter how many stages intevene.[41] Ockham's razor applies here.

A stemma will work in cases where the transmission is closed or vertical, that is, where little or no confluence occurs among the copies. It will also work when the transmission is open, so long as the contamination is not great. It will not work when the transmission is horizontal or wild,[42] that is, where "all the streams of tradition are united by canals," as in the case of Juvenal's *Satires* (men-

---

[41] When I first made this suggestion in 1981, I thought it was an original and different explanation. Since then, I have discovered that Jean Fourquet had preempted me by some 35 years in proposing the same explanation in 1946. See his "Le paradoxe de Bédier," in *Mélanges 1945*, 2 vols. (Paris, 1946), vol. 2: *Études littéraires*, esp. pp. 4–9. Whitehead and Pickford dismissed Fourquet's suggestion as "appeal[ing] to uninstructed common sense" and criticized him for constructing a diagram that illustrated the point he was trying to make. Whitehead and Pickford, "The Introduction to the *Lai de l'ombre*," pp. 105–106.

[42] For a general discussion of open and closed transmissions, see R. Pop [Richard Pope], "Nekotorye mysli po povodu izdaniia srednevekovykh slavianskikh tekstov," *TODRL*, vol. 50 (1997), pp. 242–251.

tioned above), the plays of Aeschylus,[43] the *Ecclesiastical History* of Eusebius,[44] or Claudius Claudianus' *De Raptu Proserpinae*.[45] Otherwise, it will work as a tool if properly handled. A stemma is no substitute for thought. We set up a stemma on the basis of those significant readings of manuscripts that show clear primacy. In other words, we construct a stemma to demonstrate graphically the relationship of copies based on easily perceived primary and secondary readings. Then it can be used to help determine the better reading in instances where primacy is not so clear. This example is from the entry for 1093 (218,20–218,24):

RAHKh	L
He said, "I have about *8 hundred* of my men who can stand against them." ... But the thoughtful ones spoke: "Even if you had 8 thousand [RA: 800], it would not be enough."	He said, "I have about *700* of my men who can stand against them." ... But the thoughtful ones spoke: "Even if you had 8 thousand, it would not be enough."

From the sense of the passage it is clear that "8 hundred ... 8 thousand" is the preferred reading (unless the Rus' had a different sense of parallel construction) and that an early copyist of the L-line wrote *sem'sot"* instead of *osm'sot"* (or *vosm'sot"*) because of a mishearing in either external or internal dictation.[46]

As soon as these significant readings yield a pattern, we begin to construct a stemma. We soon discover that L is an unreliable copy not to be trusted, especially in regard to discrete or singular readings (*lectiones singulares*). Although it is possible to construct scenarios whereby the singular reading may have been in the archetype, such imaginative constructs are usually complex, convoluted, and highly unlikely, and must give way in each case to the simpler explanation. It is notable that Bychkov, Karskii, and Likhachev all persisted in maintaining the inferior "700," apparently for the sole reason that L has it. W. W. Greg calls such

---

[43] R. D. Dawe, *The Collation and Investigation of Manuscripts of Aeschylus* (Cambridge, 1964), especially pp. 1–14.

[44] Edward Schwartz, "Einleitung zum griechischen Text," in *Eusebius Werke*, vol. 2: *Die Kirchengeschichte*, Die griechischen christlichen Schriftsteller der ersten drei Jahrhunderte, vol. 9, pt. 3 (Leipzig, 1909), pp. cxliv–cxlvi.

[45] J. B. Hall, "Introduction," to Claudius Claudianus, *De Raptu Proserpinae*, ed. J. B. Hall (Cambridge, 1969), pp. 62–63; Claire Gruzelier, "Introduction," to *Claudian De Raptu Proserpiniae*, ed. and trans. Claire Gruzelier (Oxford, 1993), pp. xxix–xxx.

[46] Ihor Ševčenko has suggested a damaged manuscript might also explain the corruption—i.e., [о]смьсотъ → семьсотъ. This is possible if the copyist of the exemplar had written the number out, осмьсътъ, instead of providing a letter designation, e.g., ѿ as in AR or н̄ сот as in H.

bias "the tyranny of the copy-text."[47] Many examples of this tyranny can be found in the editing of both classical and medieval texts.

In the chronicle entry for 1093, Likhachev chose to change the copy text according to A and R 61 times. We find that H and Kh are in agreement with 34 of these changes. That is, Likhachev changed L 34 times when it has a *lectio singularis*. The entry for 1093 has at least 93 other instances where the reading of L is a *lectio singularis*—that is, where all the other main witnesses are in agreement against it—but Likhachev did not change the copy text. On what basis could he alter L 34 times when a certain situation exists, but not 93 other times when that same situation arises? The most likely explanation is that he gives greater weight to L than to all other copies combined. It is significant that Likhachev learned textual criticism during the time when Bédier's ideas of despair had their greatest popularity in the West. This helps to explain his unwillingness to use a stemma to edit the text. Since the transmission of the *PVL* is essentially a closed one, however, a stemma should be applicable for editorial purposes.

Proposed Stemmata of the PVL

A number of stemmata have been proposed to show the relationship of the copies of the *PVL* and other chronicles testifying to the *PVL*. A. A. Shakhmatov proposed the following stemma (fig. 4) in which he hypothesized three redactions of the *PVL*.[48] For him, none of the extant manuscripts testifies to the first redaction. He then prioritized the readings of LRA, on the one hand, and HKhP on the other. Thus, L, R, and A, although they have elements of third-redaction material in them, in general testify to a second redaction closer to the text of the first redaction than the third redaction that H, Kh, and P testify to. As a result, if one were to use Shakhmatov's stemma, one would prefer the common readings of LRA to the common readings of HKhP, when they differ from the former. In his compilative edition of the *PVL* published in 1916, Shakhmatov did not, however, always

---

[47] W. W. Greg, "The Rationale of Copy-Text," *Studies in Bibliography*, vol. 3 (1950–1951), p. 26; reprinted in *Bibliography and Textual Criticism: English and American Literature, 1700 to the Present*, ed. O. M. Brack, Jr., and Warner Barnes (Chicago, 1969), pp. 41–58.

[48] In an earlier version of this stemma, Shakhmatov postulated only two redactions, the first from 1116 and the second from 1118. A. A. Shakhmatov, *Razyskaniia o drevneishikh russkikh letopisnykh svodakh* (St. Petersburg, 1908), insert following p. 536.

Figure 4. Shakhmatov's Stemma

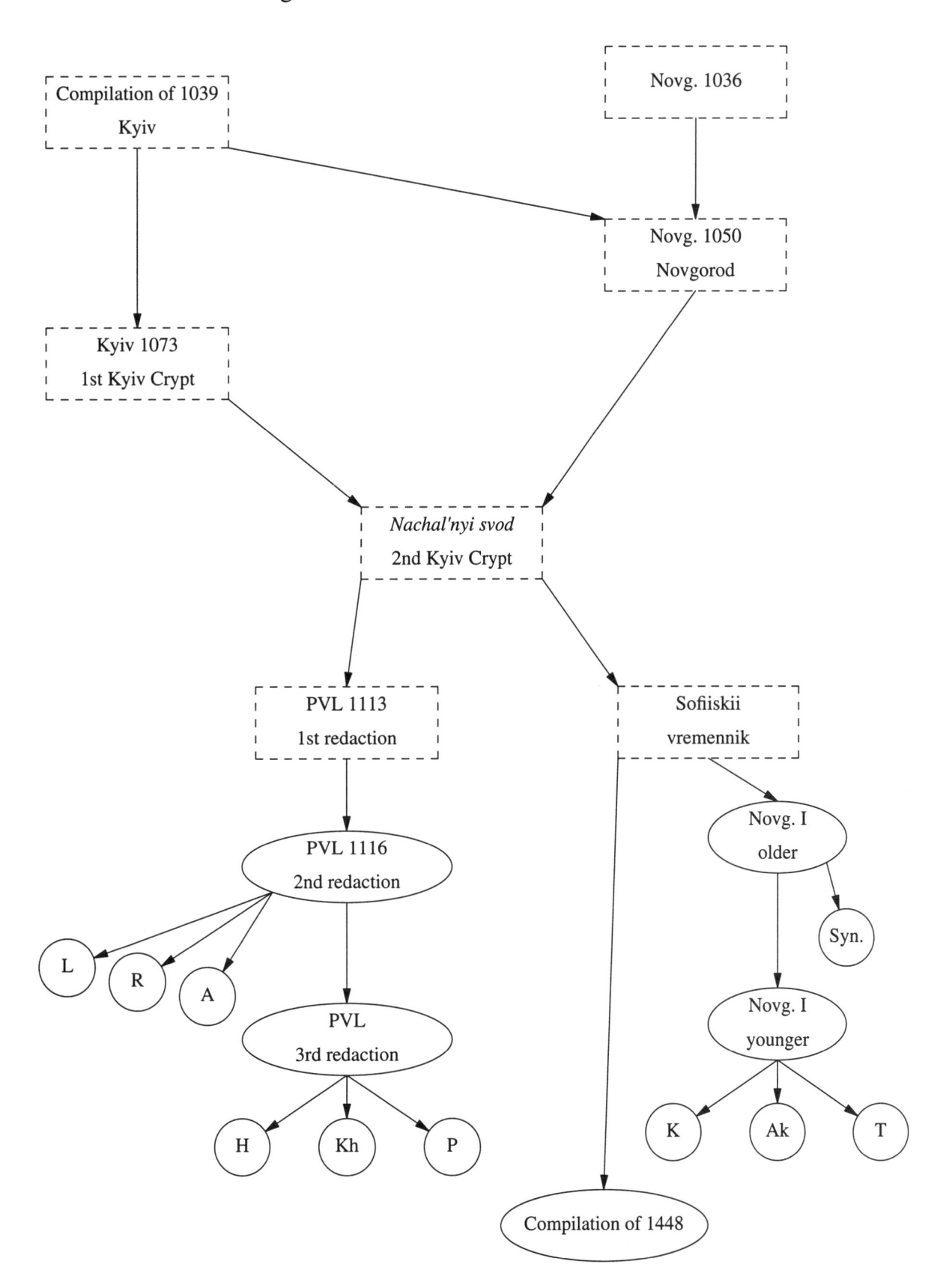

give particular preference to LRA over HKhP, choosing instead to decide readings on their individual merits. In addition, he identified passages in LRA that he thought belonged to the third redaction,[49] so the equating of the second redaction with LRA and the third redaction with HKhP was not so clear a distinction in his editing of the text as it appears in his stemma.

Another significant aspect of Shakhmatov's stemma is that it shows the extant copies of the Novgorod I Chronicle (Novg. I) and the Compilation (*Svod*) of 1448 ultimately deriving from what he termed the *Nachal'nyi svod* (lit., "Beginning Compilation"). Shakhmatov hoped that, by comparing the readings of Novg. I and the Compilation of 1448, he could determine the readings in the lost source text for the *PVL*.[50] Such a determination would allow him to approach the readings in the *PVL* not only on the basis of the extant copies of later redactions of the *PVL* but also on the basis of copies that testify to a pre-existing text. That way, when he found a disagreement among the copies of the *PVL*, he could use the readings of the *Nachal'nyi svod* as a touchstone to determine which reading was the primary one. This hope that Novg. I could give us access to the *Nachal'nyi svod*, which in turn would tell us the primary readings in the *PVL*, was one of the reasons Shakhmatov called the relationship between the *PVL* and the Novg. I Chronicle "the most important question of our historiography." In practice, his edition of the *PVL* rarely adopts a reading according to Novg. I or the Compilation of 1448, because the relationship of Novg. I to the *PVL* is more complex than Shakhmatov had hoped. The undeniable fact is that Novg. I contains a number of readings that are secondary in relationship to, and apparently derivative from, the *PVL* itself. Other readings of Novg. I may go back to a source text of the *PVL*, but these readings have to be determined individually on their merits. In brief, Novg. I does not provide the shortcut, or quick and sure determination of primary

---

[49] Shakhmatov, *Povest' vremennykh let*, p. 330 (K283,3–K283,4); p. 331 (K284,2); and p. 333 (K284,15–K285,7).

[50] Shakhmatov later backdated the Compilation of 1448 to the 1430s on the basis of a personal letter from A. V. Markov. A. A. Shakhmatov, "Kievskii Nachal'nyi svod 1095 g.," in *A. A. Shakhmatov 1864–1920. Sbornik statei i materialov*, ed. S. P. Obnorskii, *Trudy Komissii po istorii Akademii nauk SSSR*, vyp. 3 (Moscow and Leningrad, 1947), p. 135. Lur'e, after many years of accepting the 1448 date for the common protograph of the Novgorod IV and Simeonov Chronicles, in the end also backdated it to the 1430s. Ia. S. Lur'e, *Dve istorii Rusi 15 veka. Rannie i pozdnie, nezavisimye i ofitsial'nye letopisi ob obrazovanii Moskovskogo gosudarstva* (St. Petersburg, 1994), p. 113. My thanks to Charles Halperin for bringing Lur'e's change of view to my attention.

readings, that Shakhmatov initially hypothesized for it, although it still has value in helping to establish what some of those primary readings might be.[51]

S. A. Bugoslavskii (S. O. Buhoslavs′kyi) proposed another stemma (see fig. 5), and, in keeping with the principles he described in his manual, edited the text of the *PVL* according to this stemma. His edition of the *PVL* has not been published.[52] Bugoslavskii provided some of his results in an article he published in 1941.[53] His stemma does not prioritize the testimony of LRA in relation to the testimony of HKhP. What Bugoslavskii determined was that, although the archetype of HKhP (Shakhmatov's third redaction) contained a number of changes, these changes were made not from the archetype of LRA (Shakhmatov's second redaction) but more or less directly from the archetype of the *PVL*. Thus, HKhP carried equal weight with LRA in testifying to readings of the *PVL* in the uninterpolated passages. In addition, Bugoslavskii determined that the readings of the Novgorod branch and the Sofiia I Chronicle (Sof. I) do not derive from a source text of the *PVL* but from the same branch that H, Kh, and P do. This means that, barring contamination, a reading from Novg. I can be used to support a disagreement of LRA with HKhP but not vice versa. Thus, when LRA = Novg. I ≠ HKhP, then we can accept the reading of LRA because the disagreement of HKhP with the others could have occurred in the common exemplar of HKhP alone. When, however, HKhP = Novg. I ≠ LRA, then we cannot, as a matter of course, accept the reading of HKhP because that agreement could derive from the protograph of HKhP and Novg. I, and not necessarily be representative of the *PVL*.

---

[51] S. V. Alekseev has been trying to revive the notion that the Novgorod Chronicle provides direct evidence of a pre-*PVL* recension. *Nachal′naia letopis′*, ed. and trans. S. V. Alekseev (Moscow, 1999), pp. 5–7.

[52] See N. K. Gudzii, "S. A. Bugoslavskii (Nekrolog)," *TODRL*, vol. 6 (1947), p. 411. Bugoslavskii's edition was supposed to be published by Uchpedgiz. For decades the whereabouts of the typescript was unknown. Yuri Artamonov has recently located it in IMLI im. A. M. Gor′kogo RAN (f. 573, op. 1).

[53] Sergei Bugoslavskii, " 'Povest′ vremennykh let' (Spiski, redaktsii, pervonachal′nyi tekst)," *Starinnaia russkaia povest′. Stat′i i issledovaniia*, ed. N. K. Gudzii (Moscow and Leningrad, 1941), pp. 7–37 (his stemma appears on p. 34). Later, Müller drew up a slightly different stemma. See Ludolf Müller, "Die 'dritte Redaktion' der sogenannten Nestorchronik," in *Festschrift für Margarete Woltner zum 70. Geburtstag*, ed. Peter Brang et al. (Heidelberg, 1967), p. 185. A simpler version of this stemma appeared in Müller, *Handbuch*, vol. 2, p. iv. In a review of the *Handbuch*, J. L. I. Fennell stated this stemma could be used to determine "primacy of readings" (*Slavonic and East European Review*, vol. 57 [1979], p. 124).

Figure 5. Bugoslavskii's Stemma

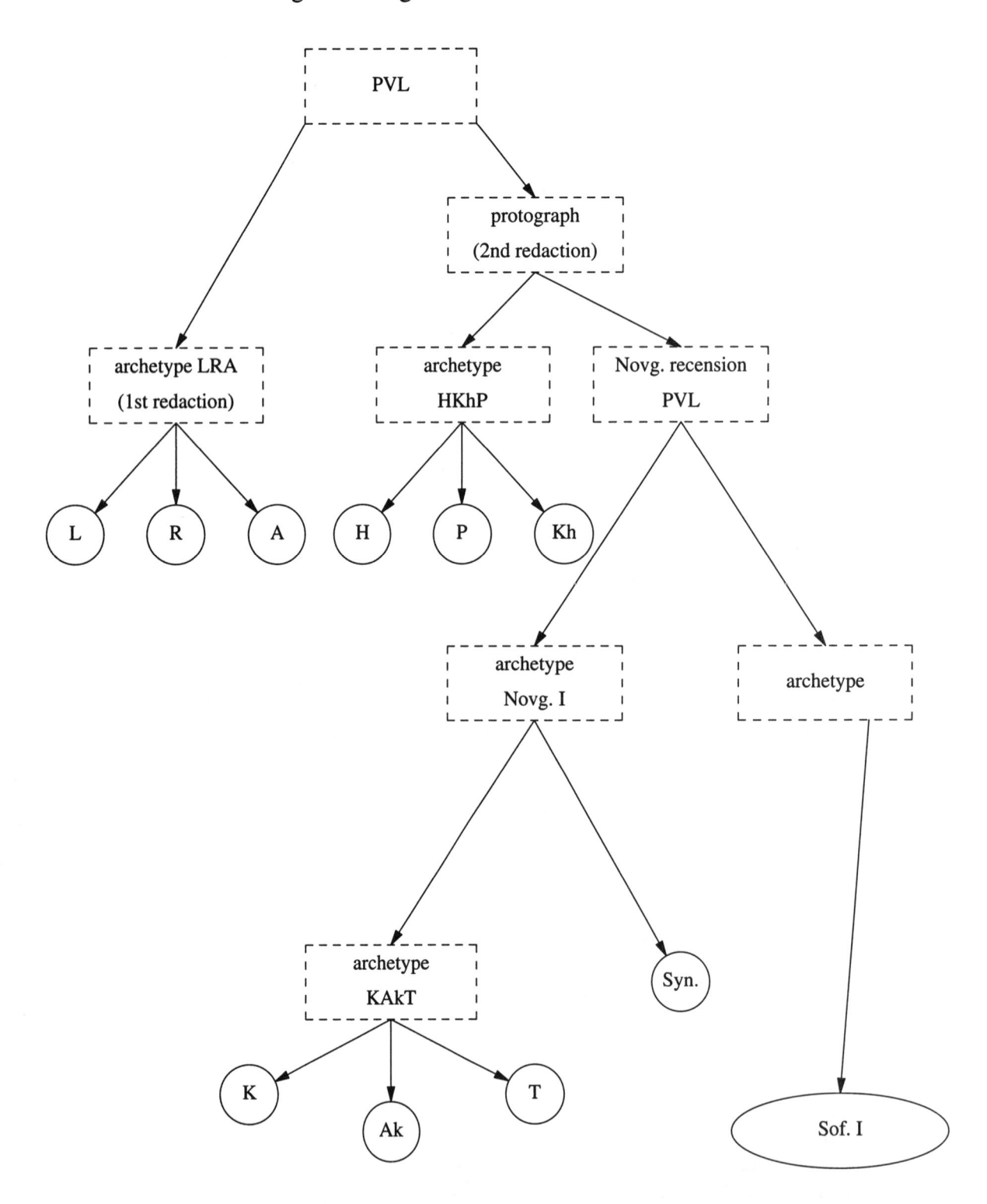

Figure 6. Likhachev's Stemma

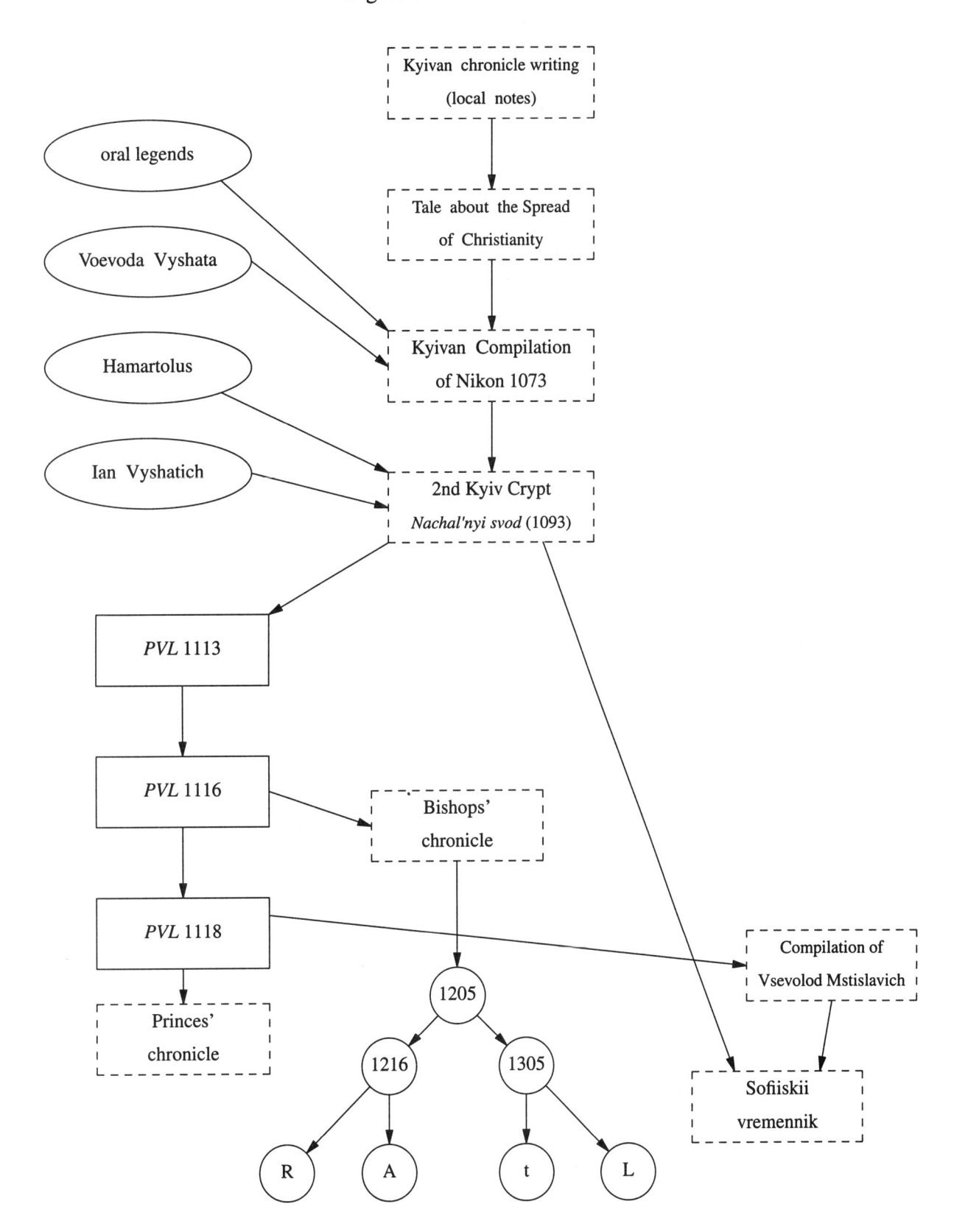

Likhachev's stemma, which I present here in a modified form (see fig. 6), accompanied his edition of the *PVL* in 1950.[54] He accepted Shakhmatov's arrangement of three redactions of the *PVL*, but he saw contamination of a later version (the Compilation of Vsevolod Mstislavich) of the third redaction on the *Sofiiskii vremennik* and, thereby, on all subsequent Novgorod chronicles. In other words, Likhachev did not accept the readings of Novg. I and the Compilation of 1448 as a touchstone for determining what was in the *PVL*. In practice, Likhachev tended to accept the reading of L as the primary reading. He resorted to A and R only when he was dissatisfied with L. When he was still dissatisfied with the result of consulting L, R, and A, then he would examine H and Kh for help. In that respect, Likhachev's practice in choosing readings corresponded closely to Shakhmatov's stemma for the relationship of these copies, but not to Shakhmatov's own practice in choosing readings.

By examining the most obvious differences of the main witnesses of the *PVL*, I feel that I have been able to improve on these stemmata. L, R, and A have similar entries that run through 1110.[55] Therefore, we can group those three together. In addition, L and those few readings of the Trinity copy (t) that are attested show a greater similarity between the two of them than with R and A,[56] which themselves seem to derive from a common ancestor.[57] H and Kh also derive from a common ancestor.[58] My stemma (fig. 7) is closer to Bugoslavskii's than it is to the other two. I define α as being as close an approximation of Sil'vestr's authorial text as possible. As Bugoslavskii did, I accept that H and Kh should be given equal weight with L, R, and A in determining the paradosis (α) of the *PVL*. I disagree, however, that P should be given any attention, except when Kh has a lacuna. The reason for this is that P is completely derivative from Kh and provides no better readings than Kh already has. In my stemma, I also included

---

[54] *Povest' vremennykh let*, ed. D. S. Likhachev, 2 vols. (Moscow and Leningrad, 1950), vol. 2: *Prilozhenie*, p. 556. I have simplified his stemma somewhat to highlight the correspondences relevant for our discussion here. I have also added in the ellipses the influences he sees on the compilations of 1073 and 1093.

[55] For a list of agreed readings of LRA against HKhP, see Bugoslavskii, "Povest' vremennykh let," pp. 26–28.

[56] For a brief discussion of this point, see Shakhmatov, *Obozrenie*, p. 40.

[57] Cf. Shakhmatov, *Obozrenie*, pp. 44–45, 65–66.

[58] Cf. Shakhmatov, *Obozrenie*, pp. 99–100, 103–104; Shakhmatov, *Povest' vremennykh let*, pp. xliv–xlv, fn. 4.

INTRODUCTION   XXXIX

Figure 7. Proposed Stemma for This Edition

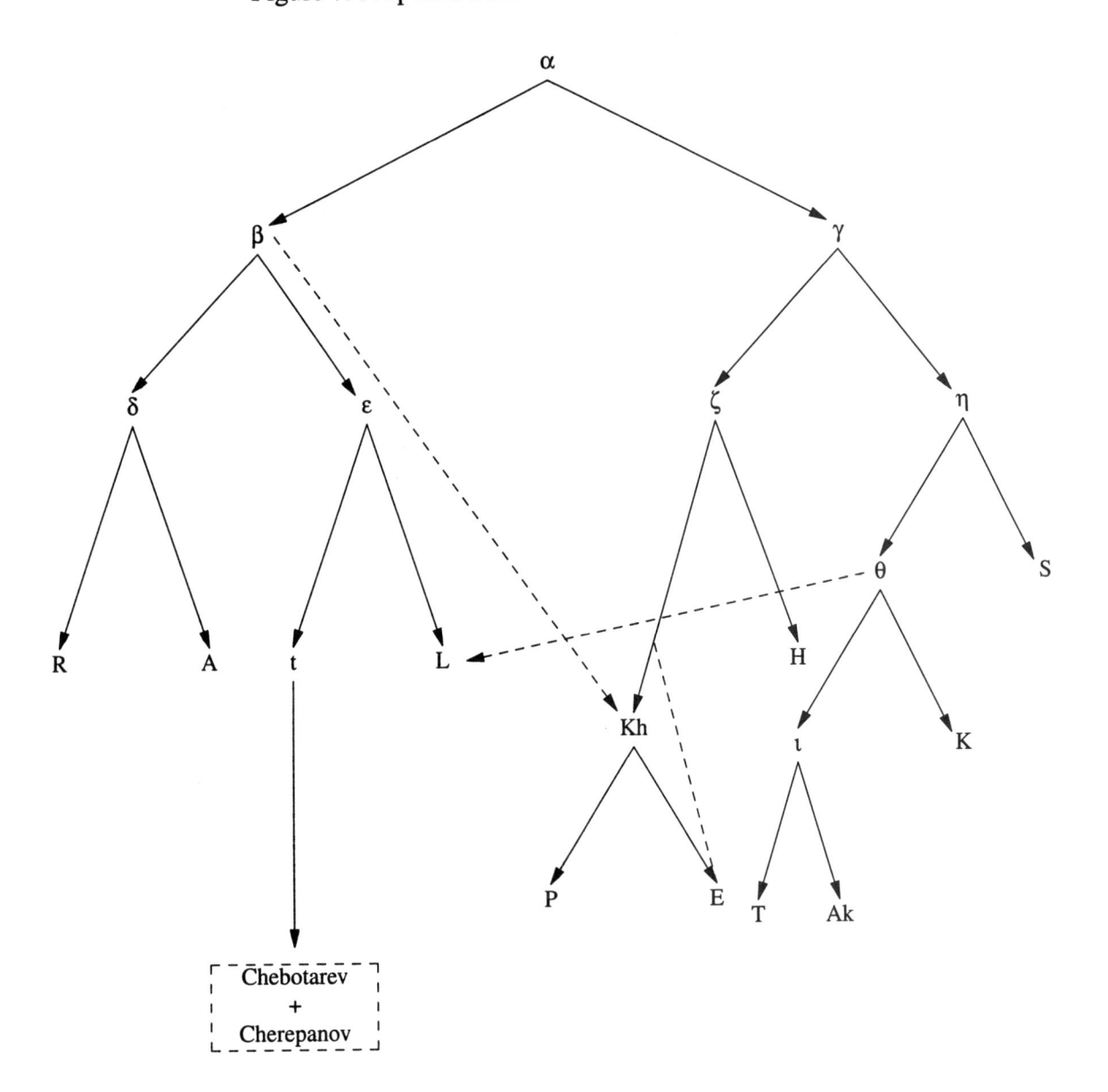

the Trinity copy (t), but not from the entirety of Priselkov's 1950 reconstruction of the text. That reconstruction, for the most part, is conjectural and needs to be tested. Instead, I have included readings from Priselkov's reconstruction only up to the entry for 906. These readings are based on the plates of the early nineteenth-century attempt by Chebotarev and Cherepanov to publish the chronicle while the manuscript was still extant. The Trinity manuscript was subsequently lost in the Moscow fire of 1812. Since Chebotarev and Cherepanov worked directly from the manuscript, the readings they present have a high probability of actually having been in the Trinity Chronicle, in contrast to the readings Priselkov has after 906, which, because they are conjectural, have a lower probability.[59]

As Bugoslavskii did, I acknowledge the importance in some places of the readings from Novg. I for deciding disagreements between LRA on one hand and HKh on the other, but only when KAkT agree with LRA. Otherwise, when KAkT agree with HKh against LRA, it testifies only to what was in γ, not what was in α. My stemma also acknowledges contamination between branches. Shakhmatov cited examples of agreement among KhRA against LH,[60] but he also cited examples of agreement between KhL against HRA.[61] He concluded that contamination is due to the so-called Vladimir *Polychronicon* of the early fourteenth century—that is, to a common source for L, R, and A.[62] Elsewhere, however, he suggests that the contamination may have come from the common source of R and A.[63] At first, I accepted the latter explanation because the agreements of Kh and L that Shakhmatov gives can be explained as coincidentals, e.g., скорописца instead of борзописца (898), перея славу/перея славъ (993), божественымъ/божественѣ (1015), имъже/иже (1051), etc. The only agreement Shakhmatov

---

[59] Priselkov's reconstruction must be used cautiously because we do not know whether he always checked his readings against the manuscripts. For example, in the entry for 1064, Priselkov assigns the reading "Всеславъ же въ се лѣто почалъ" to his reconstruction with the assertion that all the other copies arrange the phrase differently (*Troitskaia letopis'*, p. 142, fn. 3). But R has exactly that same wording (see *Radzivilovskaia ili Kenigsbergskaia letopis'*, fol. 95). This suggests that Priselkov relied on either Bychkov's or Karskii's editions, neither of which reports the variant wording in R (Bychkov, *Letopis' po Lavrentievskomu spisku*, p. 160; *PSRL*, vol. 1 [1926], col. 164). Karskii's attributing the reading "копилъ" to R is an error; it should be attributed to A. Noteworthy is the fact that Berednikov reports the variant in R correctly (*PSRL*, vol. 1 [1846], p. 71, variant *d*).

[60] Shakhmatov, *Obozrenie*, pp. 106–107.

[61] Shakhmatov, *Obozrenie*, pp. 104–105, 107–108; Shakhmatov, *Povest' vremennykh let*, p. xlv.

[62] Shakhmatov, *Obozrenie*, p. 105.

[63] Shakhmatov, "'Povest' vremennykh let' i ee istochniki," p. 18.

gives that could not be a coincidental—i.e., писмо/племя (1037)—turns out to be a typographical error, where the MSS read писмо/писмя. In editing the text for publication, however, I found too many instances of LKh agreement against RAH that Shakhmatov did not give and that cannot be explained as coincidentals. In any case, one must be cautious about instances where Kh agrees with either AR against HL or with L against RAH. The Ermolaev copy (E), on the whole, derives from Kh. But the copyist of E or of its exemplar used another Kh-type manuscript to make changes.[64] Therefore, in some places E might be used to support a reading of H against Kh. Similarly, P derives directly from Kh and can be used as a substitute where Kh has lacunae from folios lost after P was copied.[65] Thus, I indicate the influence of a β-type copy on Kh to account for cases when LRAKh ≠ HKAkT, and the influence of a θ-type copy on L to account for cases when LKAkT ≠ RAHKh. Finally, I have eliminated the hypothetical Compilation of 1448 from consideration because I found no indisputable case where it testifies to a primary reading over the copies in hand.

With this stemma in mind, we can establish certain standard situations—that is, cases when certain copies agree (=) while others provide dissident readings (≠)—and the preferred readings in each case:

Choice of Readings for the *PVL*

where	*prefer*
1. L = R = A = H = Kh	LRAHKh
2. L ≠ R = A = H = Kh	RAHKh
3. L ≠ R ≠ A = H = Kh	AHKh
4. L ≠ A ≠ R = H = Kh	RHKh
5. L = R ≠ A = H = Kh	AHKh
6. L = A ≠ R = H = Kh	RHKh

---

[64] A. A. Shakhmatov, "Predislovie," *PSRL*, vol. 2 (1908), pp. xv–xvi. Likhachev claimed that E is a reworking of P. See D. S. Likhachev, *Russkie letopisi i ikh kul'turno-istoricheskoe znachenie* (Moscow and Leningrad, 1947), p. 431; *PVL*, 1950, vol. 2, p. 159. But whenever Kh does not have the same reading as P, then E follows Kh. See, e.g., the lacuna in Kh for 969–971 (*PSRL*, vol. 2 [1908], pp. 56–58) where E also has a lacuna; and the lacuna in P for 1095–1096 (*PSRL*, vol. 2, [1908], pp. 219–221) where E again follows Kh. Likhachev also states that E was used in the edition published in 1871, but that statement is an error. B. M. Kloss, in an unpublished article, titled "Spiski Ipat'evskoi letopisi i ikh tekstologii," analyzes more in depth the relation of Kh, P, and E. My thanks to Omeljan Pritsak for making Kloss' article available to me.

[65] Shakhmatov, "Predislovie," *PSRL*, vol. 2 (1908), p. xii.

7. $R = A \neq L = H = Kh$ LHKh
8. $R \neq A \neq L = H = Kh$ LHKh
9. $R \neq A = L = H = Kh$ ALHKh
10. $A \neq R = L = H = Kh$ RLHKh
11. $L = R = A = H \neq Kh$ LRAH
12. $L \neq R = A = H \neq Kh$ RAH
13. $L \neq R \neq A = H \neq Kh$ AH
14. $L \neq A \neq R = H \neq Kh$ RH
15. $L = R \neq A = H \neq Kh$ AH
16. $L = A \neq R = H \neq Kh$ RH
17. $R = A \neq L = H \neq Kh$ LH
18. $R \neq A \neq L = H \neq Kh$ LH
19. $R \neq A = L = H \neq Kh$ ALH
20. $A \neq R = L = H \neq Kh$ RLH
21. $L = R = A = Kh \neq H$ LRAKh
22. $L \neq R = A = Kh \neq H$ RAKh
23. $L \neq R \neq A = Kh \neq H$ AKh
24. $L \neq A \neq R = Kh \neq H$ RKh
25. $L = R \neq A = Kh \neq H$ AKh
26. $L = A \neq R = Kh \neq H$ RKh
27. $R = A \neq L = Kh \neq H$ LKh   (when not the result of contamination)
28. $R \neq A \neq L = Kh \neq H$ LKh   (when not the result of contamination)
29. $R \neq A = L = Kh \neq H$ ALKh
30. $A \neq R = L = Kh \neq H$ RLKh
31. $L = R = A \neq H = Kh$?
32. $L \neq R = A \neq H = Kh$?
33. $L \neq R = A \neq H \neq Kh$?
34. $L \neq A \neq R \neq H = Kh$?
35. $L \neq A \neq R \neq H \neq Kh$?
36. $L = R \neq A \neq H = Kh$?
37. $L = R \neq A \neq H \neq Kh$?
38. $L = A \neq R \neq H = Kh$?
39. $L = A \neq R \neq H \neq Kh$?
40. $L \neq Kh = R \neq A = H$?
41. $L \neq Kh = A \neq R = H$?
42. $L = Kh \neq A = R = H$ RAH   (only when contamination of L on Kh)

43. L = Kh ≠ R ≠ A = H	AH	(only when contamination of L on Kh)
44. L = Kh ≠ A ≠ R = H	RH	(only when contamination of L on Kh)
45. A ≠ Kh = R ≠ L = H	?	
46. R ≠ Kh = A ≠ L = H	?	
47. L = Kh = R ≠ A = H	?	
48. L = Kh = A ≠ R = H	?	
49. A = Kh = R ≠ L = H	?	(if contamination is present, then LH)

Basically, when an agreement that is not a scribal coincidental occurs between any two or more separate family copies without any other agreement occurring between the other separate family copies, we should prefer the agreed reading. A problem arises when no agreement occurs between the families or one agreement is countered by another agreement between the families. Then we must start applying the principles of *selectio* that have been developed over the years in textual criticism—for example, *brevior lectio potior*, *difficilior lectio probior*, and so forth.[66] In general, we should choose the reading that explains the others. But we should also realize that each case contains its own characteristics and that these may override any given principle at any given time. Housman compares a textual critic going about his business to a dog searching for fleas: "If a dog hunted for fleas on mathematical principles, basing his researches on statistics of area and population, he would never catch a flea except by accident. They require to be treated as individuals; and every problem which presents itself to the textual critic must be regarded as possibly unique."[67] In other words, we can accept, with qualification, Bentley's maxim: "with us, good Sense and the Reason of the Thing are of more Weight than a hundred *Copies*."[68] While these are sound words of advice,

---

[66] For various discussions of these principles, see Maas, *Textkritik*; Willis, *Latin Textual Criticism*; Bruce Metzger, *The Text of the New Testament: Its Transmission, Corruption, and Restoration* (New York and London, 1964), pp. 119–246; Giorgio Pasquali, *Storia della tradizione e critica del testo*, 1st ed. (Florence, 1934), 2nd ed. (1952); Alphonse Dain, *Les manuscrits*, 1st ed. (Paris, 1949), pp. 87–171, 2nd ed. (1964), pp. 95–186, 3rd ed. (1975), pp. 95–186; M. L. West, *Textual Criticism and Editorial Technique Applicable to Greek and Latin Texts* (Stuttgart, 1973).

[67] A. E. Housman, "The Application of Thought to Textual Criticism," *Proceedings of the Classical Association*, vol. 18 (1921), p. 69; reprinted in *A. E. Housman: Selected Prose*, ed. John Carter (Cambridge, 1961), pp. 131–150 and in *The Classical Papers of A. E. Housman*, ed. J. Diggle and F. R. D. Goodyear, vol. 3 (Cambridge, 1972), pp. 1058–1069.

[68] Richard Bentley, *The Odes, Epodes, and Carmen Seculare of Horace* (London, 1712–1714), pt. 17, p. 16 (emphasis in the original). See the comment concerning this statement by Rudolf Pfeiffer, *History of Classical Scholarship from 1300 to 1850* (Oxford, 1976), pp. 153–154.

we must remember that they apply mostly to those cases where the stemma does not provide a clear preference. We constructed the stemma for very good reasons, which means that if we want to override the stemma in any particular case we must have even better reasons for doing so. An example of where I overrode the agreed testimony of all five *PVL* manuscripts in regard to a substantive reading occurs in 112,9, where I have accepted the emendation of R. F. Timkovskii that α read: "раздѣляеть бо ся нераздѣльно" instead of the testified-to "раздѣлно/а".[69] This means that I accept as more likely the occurrence here of independent parablepsis in both β and ζ, whereas γ had to maintain the fuller reading for it to be preserved in the Novg. I line.

Since the initial publication of my stemma for the *PVL* in 1981, I have further refined the general principles and made them more specific to the *PVL*. In particular, I noticed more contamination between copies of different branches than I at first thought, but only at specific sections of text, not throughout. Approximately at the point, for example, where a change of hand occurs in L, fol. 40^v (in the entry for 988), L begins to agree with copies that testify to the younger redaction of Novg. I in places where they disagree with the common reading of RAH (both Kh and P have a lacuna from 115,7 to 119,23). In particular, the change in hand occurs in 116,24 with the word пристави. Then we find the following realignments:

Place	L, Novg. I	RAH(Kh)
117,5	святого	∅
117,12	и ѿтолѣ прослу перуняна рѣнь	∅
117,13	∅	перуняна рѣнь
117,15	∅	заутра
118,1	∅	велику/а
118,7	∅	сего
118,12	∅	великыи
118,13	сия/а	свои/я
119,11	помилую	∅
119,17	∅	ты
119,19	въздаянья, възданиа, въздаания	∅

---

[69] *Letopis' Nesterova po drevneishemu spisku mnikha Lavrentiia*, ed. R. F. Timkovskii (Moscow, 1824), p. 77.

| 120,26 | възопьемъ/возопиемъ | вопиемъ |
| 161,17 | даю | ∅ |

In such cases, I have taken the agreement of L with Novg. I to be the result of contamination of L by a θ-type copy, and therefore secondary. This seems to be a better explanation than the idea that an L-type copy contaminated the common ancestor of Novg. I copies. Also, it seems to be a more likely explanation than one that proposes contamination between R and A (or δ), on one side, and H (or ζ), on the other.

The matter is further complicated by the fact that Kh is contaminated by a β-type copy. So, even though Kh in places agrees with the Laurentian family against H and Novg. I, most of those agreements must be secondary. Some of these readings may be better, but I cannot decide solely on the basis of the stemma.

Finally, the contamination of L by Novg. I may begin to occur a few lines *before* the change in hand. That is, in line 116,19 the following readings occur: LKAkT: опять whereas RAH: ∅. In addition, an agreement of L with Novg. I seems to occur in line 116,18, but that may have other causes. Since this cross-branch contamination is evident only in sections of the text, it does not affect the essential nature of the transmission of the *PVL* as a closed one.

Textual Criticism vs. Textology

Textual criticism as practiced in the West has operated on principles different from *tekstologiia* (< текстология, текстологія) as practiced in Russia and Ukraine. This latter practice I will refer to henceforth as "textology." The differences create difficulties for those outside Russia and Ukraine who are dependent on editions published on the basis of textology.[70]

Perhaps, the most striking indication that a split exists between text critics and textologists lies in the statement made by Likhachev in 1976 that Soviet textology had advanced to "first place in the world."[71] Likhachev's statement bears special consideration because it emanated from the pen of the leading scholar of

---

[70] Michele Colucci makes this point in his " 'Textual Criticism' Versus '*Tekstologija*': The Case of *Daniil Zatočnik*" (unpublished paper). I would like to thank Professor Harvey Goldblatt of Yale University for providing me a copy of this paper.

[71] D. S. Likhachev, "O nekotorykh neotlozhnykh zadachakh spetsial′nykh filologicheskikh distsiplin," *Vestnik AN SSSR*, 1976, no. 4, p. 69.

Rus' studies. At the other extreme, Western works on text criticism make little mention of Russian or Ukrainian work in the field, seemingly unaware of textology's first-place position. In what follows, I outline the development of Western textual criticism and Russian imperial, Soviet, and post-Soviet textology, define the differences between the two, and demonstrate how these differences affect the editing of the *PVL*. This discussion is not intended as a catalog of errors of textology—a task beyond the scope of this presentation and outside my inclination. Nor do I wish to leave the impression that all textology-based editorial work is flawed—there have been some excellent editions of early texts.[72] The difficulty is that one cannot tell the difference between the excellent and the flawed without resorting to the original manuscripts. This discussion then is intended to identify the flaws and to provide clear examples of the types of problems one faces in using editions of early East Slavic texts.

The development of modern textual criticism in Europe began with the Renaissance, when humanists strove to uncover the works of the ancient Greek and Roman writers, whether in poetry, philosophy, law, or history. For the humanists, it was important to determine the exact words that the ancient writers used.[73] The invention by Gutenberg of the reusable mold for making printable characters and his integration of "off-the-shelf technology" to create a practical printing press gave impetus to this task, because scholars in distant parts of Europe could then discuss the same text word for word.[74]

The importance of uncovering the exact text spread to Biblical studies. Until the dispersion of the printing press, the task of standardizing the wording of the Bible was extremely difficult. It was common practice for early Christian text critics and scribes, feeling themselves imbued with the Holy Spirit, to alter the words of their manuscript exemplars, because they "knew" what the correct wording should be.[75] With the development of printing, the Church (or other

---

[72] Nasonov's edition of the Pskov Chronicle comes immediately to mind. *Pskovskie letopisi*, 2 vols., ed. A. N. Nasonov (Moscow and Leningrad, 1941, 1955).

[73] John Anthony Scott, "Introduction," *Utopia. Sir Thomas More* (New York, 1965), pp. vi–vii.

[74] See Eugene F. Rice, Jr., *The Foundations of Early Modern Europe, 1460–1559* (New York, 1970), pp. 8–9.

[75] On intentional changes by copyists that led to error, see Metzger, *Text*, pp. 195–206. Origen, e.g., dismissed the reading "Jesus Barabbas" in favor of "Barabbas" in Mt. 27:16–17 because he believed an evil person could not be named "Jesus." Metzger, *Text*, p. 152. Early Hebrew scribes were also known to alter Biblical passages for theological reasons. See, e.g., John H. Hayes and Carl R. Holladay, *Biblical Exegesis: A Beginner's Handbook* (Atlanta, 1982), p. 33.

authorities) could more easily disseminate a normative text. Erasmus' publication of a Greek New Testament became the *textus receptus* for Protestants,[76] while the Clementine revision of the Vulgate in 1592 became standard for Catholics.[77] This split, as well as further splits within Protestantism, led to a competition of texts that eventually resulted in Westcott and Hort's version of the New Testament first published in 1881.[78] Although the Westcott and Hort text was a milestone in rational text criticism, it was another seventy years before Protestants officially accepted a version of their text as the norm in the Revised Standard Version (RSV). During the centuries between the publication of Erasmus' text and that of the RSV, humanists engaged in fierce debates concerning proper methods of editing and emendation. In the course of these debates, Biblical scholars established certain principles of textual criticism. Among these are the following:

1) The shorter reading is preferable to a longer reading, unless one can attribute the shorter reading either to scribal haplography or to some other physical cause. The rationale is that a copyist is more likely to have added his own clarification to a text than to have intentionally deleted words from an already clear text to make it less clear. Unintentional deletions through mechanical copying errors occur relatively frequently. Unintentional additions can also occur through repetition of words or phrases (dittography), but that occurs much less frequently and is more readily apparent. Thus, additions tend to be intentional; deletions, mechanical.

2) The more difficult reading is preferred to a smoother reading, except, again, where a mechanical copying error would explain the roughness. The rationale is that a copyist is more likely to have tried to make a rough reading smoother than to have made a smooth reading more difficult to understand.

3) The original may have contained mistakes. This principle, so obvious on the face of it, was not fully acknowledged until the early twentieth century with the work of Dom Henri Quentin.[79] Acceptance of this principle allows us to

---

[76] Metzger, *Text*, pp. 98–103.

[77] Metzger, *Text*, p. 78.

[78] *The New Testament in the Original Greek*, text revised by Brooke Foss Westcott and Fenton John Anthony Hort (Cambridge, 1881).

[79] Quentin's method of comparing manuscript copies by threes ("la comparaison des manuscrits par groupes de trois," *Essais*, p. 44) has been criticized by, among others, Rand, Bédier, and Severs (see "Works Cited"), and was rejected by Likhachev as "mechanical." That is not our concern here. It is, instead, how Quentin *began* his comparisons that warrants our attention, i.e.,

account for subsequent attempts by different copyists to introduce corrections at common places in the text they are copying. The corrections may take various forms and can be explained only on the basis of the recognition of error in the common exemplar.

4) Common readings in copies from diverse geographical areas are more likely to have been in the original than a reading common to copies from only one area. Again, this is a principle that text critics accepted only in the early twentieth century with the work of B. H. Streeter on the locations of Gospel manuscript copying.[80]

5) Finally, the idea arose that a stemma, a genealogical relationship of the copies of a text, could be constructed on the basis of simple variants and then used to help determine the primacy of more complex variants.

In Russia, the principles of textology developed almost exactly the reverse of those of textual criticism. Thus, longer, fuller readings tended to be accepted over shorter, elliptical readings. Smoother readings tended to be accepted over rougher readings. The editor tended to "correct" the text either with or without variant support from other copies in an attempt to create an exemplar that was without error. Preference was given to those copies of texts that originated in the Center, that is, in or near Moscow. And the stemma was seen not as a tool for editing the text, but merely as a possible way to represent the relationship of the copies.[81]

How did these differences occur and why did they develop the way they did? First, Muscovy was relatively untouched by Renaissance humanism. Although humanism did reach Ruthenian territory, research on the extent of that influence on Muscovy has shown very little evidence of any impact. What influence there was affected only a few isolated individuals. Symptomatic is the fact that the

---

not by judging whether a particular reading was "correct" or a "mistake" but by initially weighting all "variants" equally.

[80] B. H. Streeter, *The Four Gospels: A Study of Origins* (London, 1924), esp. pp. 78, 106, 108, 148.

[81] Examples abound, but, for our purposes, one might point out that neither Shakhmatov nor Likhachev used their respective stemmata (constructed to show the relationship of copies of the *PVL*) to edit the text of the *PVL*. Another example is N. A. Kazakova's editions of works attributed to Vassian Patrikeev in N. A. Kazakova, *Vassian Patrikeev i ego sochineniia* (Moscow and Leningrad, 1960), pp. 223–281 and the corresponding stemmata, pp. 146, 163, 182, and 208. In addition, in choosing a copy text for the *Slovo otvetno*, *Otvet kirillovskikh startsev*, and the *Prenie s Iosifom Volotskim*, she gave preference to copies made in or near Moscow to those made in more outlying areas.

writings of Aristotle did not begin to be translated into Russian until the eighteenth century. Second, neither in Muscovy nor in the Russian Empire was there a tradition, as such, of "lower" criticism of the Bible. When the first complete Slavonic Bible was compiled in Novgorod in 1499, it was based in part on the Latin Vulgate.[82] By invoking the Vulgate, compilers of the Slavonic Bible may have unknowingly rejected, as Bruce Metzger suggested, some superior readings from the Alexandrine tradition in Slavonic lectionaries and Apostols.[83]

The printing press did have an impact upon Muscovy by the seventeenth century when "book correcting" became both figuratively and literally a burning issue. As in the West, a split in the Church occurred, but in the West the Protestants were able to establish rival centers of learning.[84] In Muscovy and the subsequent Russian Empire, in contrast, the religious dissenters maintained an animosity toward "external learning," an attitude that proved barren for new research. To be sure, the Russian Church leaders had a broader agenda than just book correcting. In the decisions of the Church Council of 1654, the introduction to the *Sluzhebnik* of 1655, and revisions to the *Skrizhal'*, one can find the outline of a broad plan for "enlightening" society as a whole.[85] In addition, those who disagreed with particular aspects of this plan and opposed its implementation did so for a wide variety of reasons.[86] This diverse opposition was subsumed later under the rubric "schismatics" or "Old Believers." But our main concern here is not to revisit the controversies surrounding the *Raskol* but to understand the methods of text editing that developed at this time.

Book correcting in seventeenth-century Muscovy became a matter of authorizing a standard to bring the liturgy and ritual of Muscovy into greater conformity with the Orthodox Ruthenian and Greek Churches. The goal was to make

---

[82] A. Gorskii and K. Nevostruev, *Opisanie slavianskikh rukopisei Moskovskoi Sinodal'noi biblioteki*, 3 vols. (Moscow, 1855–1917), vol. 1, § 1, p. 50; E. Wimmer, "Zu den katholischen Quellen der Gennadij-Bibel," in *Forschung und Lehre. Festgruss Joh. Schröpfer 1974* (Hamburg, 1975), pp. 444–458.

[83] Bruce Metzger, "Survey of Research on the Old Slavonic Version," in his *Chapters in the History of New Testament Textual Criticism* (Leiden, 1963), p. 96.

[84] See, e.g., John Dillenberger, *Protestant Thought and Natural Science* (Notre Dame, IN, 1960).

[85] Cathy Jean Potter, "The Russian Church and the Politics of Reform in the Second Half of the Seventeenth Century," Ph.D. dissertation, Yale University, 1993, pp. 11, 137–162.

[86] Potter, "The Russian Church," pp. 162–166, 188–190.

certain readings the norm, not to determine primary or earliest readings.[87] Disputes had occurred over the issue of whose readings to accept—the Muscovite, Ruthenian, or Greek. Some Muscovites argued in favor of their texts on the basis that God had given assent to their kingdom over the other two. After all, they claimed, the Greeks had been overrun by the Turks, the Ruthenians by the Poles. In 1627, for example, Muscovite censors declared to the Ruthenian archpriest Lavrentii Zyzanii that they did not accept the new Greek texts because they had been corrupted by the Greeks living among "nonbelievers," whereas the Muscovite Slavonic texts had been translated from old Greek texts and thus had remained uncorrupted.[88] Although Patriarch Nikon declared in the 1650s that the Muscovite books were being corrected according to old Greek manuscripts,[89] he may not have been aware that the Printing Office was "correcting" according to recently published Greek service books,[90] nor does he seem to have cared. As Georges Florovsky describes it:

> The books were being "corrected" to meet practical needs and for immediate use. A "standard edition," a reliable and uniform text, had to be immediately produced. "Office" [*chin*] should also be fully and exactly defined. The concept of "correctness" implied primarily the idea of uniformity.[91]

Clerics in the Printing Office thus established a de facto standard of uniformity that prevailed in Russian textual work, initially in the editing of religious texts for publication, then in scholarly publications as well, from the seventeenth through the nineteenth centuries. This standard of uniformity was characteristically summed up in the Council of 1667's pronouncement about the Church's recently published *Sluzhebnik*:

---

[87] Georgii Florovskii, *Puti russkogo bogosloviia* (Paris, 1937), p. 63.

[88] "Prenie litovskogo protopopa Lavrentiia Zizaniia s igumenom Ilieiu i spravshchikom Grigoriem po povodu ispravleniia sostavlennogo Lavrentiem katikhizisa," in *Letopisi russkoi literatury i drevnostei*, ed. N. S. Tikhonravov, 5 vols. (Kyiv, 1859–1863), vol. 2, p. 87.

[89] Sil'vestr Medvedev, "Izvestie istinnoe pravoslavnym i pokazanie svetloe o novopravlenii knizhnom i o prochem," ed. Sergei Belokurov, in *Chteniia v Obshchestve istorii i drevnostei rossiiskikh pri Moskovskom universitete*, 1885, bk. 4, § 2, p. 6.

[90] Florovskii, *Puti*, pp. 64–65; Potter, "The Russian Church," p. 151. These Greek service books had been published, among other places, in Kyiv, Lviv, Striatyn, Venice, and Vilnius (Potter, p. 129).

[91] Florovskii, *Puti*, p. 59.

Let them print it thus in the future, and from now on let no one dare add, remove, or change anything in this sacred work. And even if an angel should say anything differently, do not believe him.[92]

As a result of this influence, rarely were variants reported. A manuscript with a full text, nicely written, preferably from Moscow (the center of Orthodoxy, from their point of view) was usually the basis for publication. Russian scholars, in turn, developed a tradition of arguing in favor of the primacy of Muscovite copies over those from outlying areas and for accepting the readings of manuscripts with fuller texts.

Parts of the Nikon Chronicle, for example, contain more text than the equivalent sections of the *PVL*. Rybakov and Zenkovsky, among others, have made the argument that the sixteenth-century compiler of the Nikon Chronicle, working in Moscow, had access to sources about the earlier period that we do not now have.[93] According to this view, the additions that the compiler of the Nikon Chronicle made constitute reliable information about the first Rus' principalities centuries earlier. The fuller text from the Center prevailed. Another example, this time of just accepting the fuller text, is P. G. Vasenko's publication of the *Stepennaia kniga* in 1913, in which he had a choice among four copies to use as the basis for the edition. He chose RGB, Piskarev 612 as his copy text, apparently for the sole reason that it contained more text than the others.[94] Although the readings of Sinod. 56/358, where it differs from Piskarev 612, are primary, the fuller but secondary readings prevailed in the publication. A third example is Nasonov's publication of the Novgorod I Chronicle (Younger Redaction) using as copy text the Commission copy, which in a number of places has more text than either the Tolstoi or Academy copies.[95] Yet, most of that additional text is made up of secondary interpolations. Once again the longer readings prevail, whereas the shorter readings are relegated to the critical apparatus as inferior variants.

In the early twentieth century, just before World War I, this textological tradition was challenged by S. A. Bugoslavskii in a small book that foreshadowed Paul

---

[92] *Deianiia moskovskikh soborov 1666 i 1667 godov* (Moscow, 1893), pt. 2, fols. 15ᵛ–16.

[93] B. A. Rybakov, *Drevniaia Rus'* (Moscow, 1963), pp. 62–173, 182–187. S. A. Zenkovsky, "Introduction," *The Nikonian Chronicle*, 5 vols. (Princeton, NJ, 1984–1988), vol. 1, p. xxxvi. Leibovich had incorporated this later information into his text of the *PVL*.

[94] See the introduction to *PSRL*, vol. 21, pt. 1, pp. III–VII.

[95] *Novgorodskaia pervaia letopis'. Starshego i mladshego izvodov*, ed. A. N. Nasonov (Moscow and Leningrad, 1950).

Maas' classic work *Textkritik* by fifteen years.[96] Bugoslavskii's book has been at times ignored and at other times ridiculed. Prevailing Russian and Soviet opinion about Bugoslavskii has been that he was completely wrongheaded.[97] Yet the principles of stemmatics he describes are within the mainstream of textual criticism. In contrast, when Likhachev began his studies of textual criticism in the 1920s and 1930s, he adopted the anti-stemmatic arguments of Bédier.[98] Anti-stemmatics, so controversial an idea in the West, was accepted without question in Russia during the Soviet period, most likely because no tradition of stemmatics existed in Russia in the first place.

For all practical purposes, this means that Russian and Soviet editions often: do not report all substantive variants;[99] provide insufficient and unclear information about the principles of editing used;[100] provide the reader no way of judging whether the editor has made the correct choices in editing the text;[101] and tend to create hypothetical exemplars, redactions, compilations (*svody*, *zvedennia*), and works in order to push back the date of composition and to create a "perfect" text.[102] Thus, although the manuscript copies may all testify to one particular reading in the common exemplar, the textologist will imagine a theoretical

---

[96] S. A. Bugoslavskii, *Neskol'ko zamechanii k teorii i praktike kritiki teksta* (Chernihiv, 1913).

[97] See, e.g., Likhachev, *Tekstologiia*, 1st ed., pp. 46, 161–162; 2nd ed., pp. 51, 176–177.

[98] For Likhachev's rejection of what he calls "mechanical methods" of text editing, see *Tekstologiia*, 1st ed., pp. 6–20; 2nd ed., pp. 8–24.

[99] Compare, e.g., Kazakova's edition of the *Prenie s Iosifom Volotskim* (in Kazakova, *Vassian Patrikeev i ego sochineniia*, pp. 275–281) with my version in Donald Ostrowski, "A 'Fontological' Investigation of the Muscovite Church Council of 1503," Ph.D. dissertation, Pennsylvania State University, 1977, pp. 493–516.

[100] See, e.g., Lur'e and Rykov's edition of the letters of Andrei Kurbskii and Ivan Groznyi where they write: "we do not provide variants according to all copies of the letters. However, we do not limit ourselves only to the correction of clearly mistaken readings of the copy texts according to other copies of those same groups and types (*vidov*), but we also provide variants that are characteristic for entire groups of copies." Ia. S. Lur'e and Iu. D. Rykov, eds., *Perepiska Ivana Groznogo s Andreem Kurbskim* (Leningrad, 1979), p. 351. In fairness to Lur'e and Rykov, one should point out this was not entirely their fault, as they were obliged to conform to the editorial policies of the "Literaturnye pamiatniki" series in which the *Perepiska* was published.

[101] The best examples of this practice are the previous editions of the *PVL* itself.

[102] See, e.g., Iu. K. Begunov, "'Slovo inoe'—novonaidennoe proizvedenie russkoi publitsistiki XVI v. o bor'be Ivana III s zemlevladeniem tserkvi," *TODRL*, vol. 20 (1964), p. 361; and N. A. Kazakova, *Ocherki po istorii russkoi obshchestvennoi mysli* (Leningrad, 1970), pp. 78–79. They hypothesize a lost *Skazanie o sobore 1503 g.*, which they say was written near the time of the Council of 1503, for no reason that I can see other than to claim that the author of a later source, *Slovo inoe*, must have had access to reliable information about the Council by borrowing from it.

archetype from which the exemplar common to all the copies derives. The postulated "correct" readings of this theoretical archetype then take precedence over the readings attested by the manuscript copies. Instead, it would be better to accept the reconstituted common exemplar as being more or less identical with the archetype, and that archetype to be more or less identical with the author's or compiler's version. As with almost any generalization in textual criticism, there are exceptions. For example, a number of ancient Latin works are maintained in copies that derive from only one or a few ninth-century manuscripts (those being preserved as the result of the innovation of Carolingian miniscule). All earlier copies have since been lost. For such texts, one may be justified in trying to reconstruct a hypothetical ideal text, since the likelihood of errors in both the copy that survived to the ninth century and the single copy or copies made in the ninth century is great. In this case, it is difficult to distinguish between errors of the copyists and errors of the author. This exception does not, however, apply to the transmission of the *PVL* (see below, p. LVII).

Western textual criticism is certainly not flawless in practice. After all, A. E. Housman made a career out of finding fault in the textual work of his contemporaries.[103] Nonetheless, Western textual criticism generally has the greater achievements to its credit. There is, for example, no definitive version of the Slavonic Bible in the East Slavic redaction, nor is there a textual history of the Bible in that redaction. Biblical work is the *sine qua non* for textual work in the medieval field, yet we have little against which to check the Biblical quotations of our sources. Work on the text of the Slavonic Bible in the Russian Empire was only beginning to get under way just before World War I, but then fell by the wayside. Recently, scholars have begun studying the Slavonic Bible again.[104] Yet, the words of Robert P. Casey and Silva Lake remain as true today as when they wrote them over 60 years ago: "the text of the Slavonic still remains one of the most obscure problems in the history of the text of the New Testament."[105]

---

[103] Housman, "Application of Thought to Textual Criticism," pp. 67–84.

[104] See, esp., Francis J. Thomson, "The Slavonic Translation of the Old Testament," in *Interpretation of the Bible*, ed. Jože Krašovec, Sheffield, 1998, pp. 605–920. An extensive bibliography of recent as well as older work can be found in Anatolii A. Alekseev, *Tekstologiia slavianskoi biblii* (St. Petersburg, 1999), pp. 234–249.

[105] Robert P. Casey and Silva Lake, "A New Edition of the Old Slavic Gospels," *Journal of Biblical Literature*, vol. 55 (1936), p. 209.

It is one thing to identify the problem; it is another to define a solution. An edition of the *PVL* based on a stemma, is, I believe, a step in the right direction. And an edition that provides as much of the textual evidence as possible is an even better step because then the reader can decide for him- or herself what reading is preferable.

Principles of Editing the PVL

As I pointed out above, the Hypatian line has been almost totally eliminated from editions of the *PVL*. Its omission is based on the argument that the Hypatian line represents an inferior, derivative redaction and that, therefore, the readings from it should not be mixed with readings from the "superior" Laurentian redaction. It is true that the Hypatian line shows clear signs of having been reworked. But most of the reworkings are in the nature of simple interpolations and expansions of detail.[106] They are easily recognizable. The reworkings do not, for the most part, affect the reliability of the Hypatian line as a witness to the archetype. In other words, the Hypatian line has independent authority. Why, then, has its reliable evidence been ignored?

The decision to eliminate one of two fairly equal traditions has been a common phenomenon in Western editorial practice. The idea is to simplify the decision-making process. The obvious error in this practice has been vividly described by Housman:

> An editor of no judgement, perpetually confronted with a couple of MSS to choose from, cannot but feel in every fibre of his being that he is a donkey between two bundles of hay. What shall he do?... He confusedly imagines that if one bundle of hay is removed he will cease to be a donkey. So he removes it. Are the two MSS equal, and do they bewilder him with their rival merit and exact from him at every other moment the novel and distressing effort of using his brains? Then he pretends that they are not equal: he calls one of these "the best MS," and to this he resigns the editorial functions which he is himself unable to discharge.[107]

---

[106] For lists of these modifications, see Bugoslavskii, "Povest' vremennykh let," pp. 26–28 and Shakhmatov, *Obozrenie*, pp. 93–94.

[107] Housman, *M. Manilii Astronomicon*, bk. 1 (London, 1903), p. xxxi. Housman elsewhere restated this idea more succinctly and with less rodomontade: "the indulgence for love for one manuscript and dislike for another inevitably begets indifference to the author himself." A. E. Housman, *M. Annaei Lucani Belli civilis* (Oxford, 1926), p. vi.

Responding directly to Housman's comment (and to Rand's criticism of Bédier's "method of despair"), Likhachev charged that neither Housman nor Rand understood the concept of copy text (*osnovnoi tekst*), and that they confused the copy text with the source itself.[108] Furthermore, he stated in his edition of the *PVL*: "we print not a 'composite text' 'according to all copies' and not a hypothetical reconstruction of the original text but a text that really has reached us in the Laurentian Chronicle."

At least three objections can be raised to Likhachev's statements on this matter. First, in matters of textual criticism it seems unlikely that Housman and Rand confused much of anything, let alone the copy text with the source. Second, the numerous alterations that Likhachev made in the Laurentian copy belie the assertion that he printed "a text that really has reached us." Not only does Karskii's edition represent the text of L better than Likhachev's, but also the lithographic version of 1872 is closer to the manuscript than either edition. And third, if we were to construct a stemma solely on the basis of Likhachev's preferred readings, we might come up with the stemma in figure 8.

Figure 8. Hypothetical Stemma for Likhachev's Edition

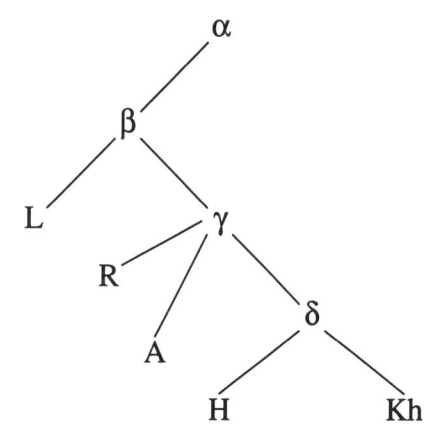

That is, in cases where L needs correction the γ reading is accepted. In the few cases when R and A do not represent γ, then the δ (i.e., H and Kh) reading is taken. Thus, the agreements of RAHKh could be theoretically assigned to γ not β. And L becomes the single most important witness for α. Clearly this stemma distorts the relationship of the copies as shown by a comparison of all their readings.

---

[108] Likhachev, *Tekstologiia*, 1st ed., pp. 495–496; 2nd ed., pp. 505–506.

It seems to me that the crux of the difference between Housman and Rand, on one side, and Likhachev, on the other, is the difference between the concept of a dynamic critical text and that of a static critical text, and the question of when to use each concept. As Angiolo Danti wrote:

> there is a widespread disdain of the problems of textual criticism, because the literary text is considered as an objective certain source, which the scholar must approach as found. This point of view is no longer acceptable.... [A] "critical" text cannot be considered "canonical," "definitive," or the fruit of a scientific process of a nomothetic kind. It is the fruit of a hypothesis based upon the entire series of data found in the manuscripts, and is recognized as reliable as long as that hypothesis is not substituted by a better conjecture.[109]

Danti's argument is generally correct with the only qualification that at times a static text based on an extant copy may be justified. Many medieval works have been relatively well transmitted through the manuscripts. For example, the subsequent discovery of the authorial copy of the *Tale about Peter and Fevroniia* showed that no primary reading had been lost in the manuscript transmission.[110] Therefore, the choice of printing an extant copy with little or no alteration, as M. O. Skripil′ had done previously, was the best decision.[111] The static text was justified.

Yet, many other medieval works and most classical texts have not been well transmitted. Classical texts often reached the Middle Ages in a trickle of a few copies or even only one faulty copy. Then the trickle turned into a torrent as texts

---

[109] A[ngiolo] Danti, "On a Dinamic [*sic*] Conception of Critical Texts," in *VIII Medjunarodni slavistički kongres Zagreb 3–9. IX 1978. Ljubljana kniga referata* (Zagreb, 1978), p. 166. See also Danti's apt comments in his "O znaczeniu tekstu krytycznego," *Slavia*, vol. 66 (1977), pp. 395–398, reprinted in his *Fra Slavia orthodoxa e Slavia romana. Studi di ecdotica*, ed. Alda Giambelluca Kossova (Palermo, 1993), pp. 189–195. Asher states a similar idea: "the reconstruction of texts, i.e., the arrival at the author's 'approved' or 'definitive' text must surely constitute the first and most fundamental step in all literary work whatsoever, classical, medieval, and modern. Literary criticism in the usual sense of the term is—at the best—an unsatisfactory exercise, and—at worst—an absurdity, if the text under discussion is itself corrupt. Not all scholars and students are aware of this obvious truth." J. A. Asher, "Truth and Fiction: The Text of Medieval Manuscripts," *Aumla*, vol. 25 (1966), p. 8. And again Maas laconically: "Aufgabe der Textkritik ist Herstellung eines dem Autograph (Original) möglichst nahekommenden Textes (constitutio textus)." Maas, *Textkritik*, 4th ed. (1960), p. 5.

[110] R. P. Dmitrieva, *Povest′ o Petre i Fevronii* (Leningrad, 1979), pp. 105, 209–223.

[111] M. O. Skripil′, "Povest′ o Petre i Fevronii (teksty)," *TODRL*, vol. 7 (1949), pp. 215–256.

were copied and recopied through the Renaissance.[112] The subsequent copies, however, were no better and often worse than the relatively late common ancestor. For textual critics to be satisfied with one of the subsequent copies or even the corrupt ancestor would be irresponsible. In the transmission of the *PVL* an apparently similar, but not identical, situation prevails. None of the extant manuscripts adequately represents the *PVL* per se. A gap of over 260 years separates the presumed time of compilation from the earliest copy. But, in the case of the *PVL*, in contrast, we can distinguish between copyist errors and author errors. Clearly, then, we must attempt, through emendation, conjecture, and educated guess, to recover the author's text (with whatever errors were in it) in a way that explains the origin of subsequent readings, rather than impose what the author should have written had he been perfect.

By using L as copy text and RA as control texts, we might come close to their common exemplar (β on my stemma), but we would have difficulty choosing between readings where RA oppose L. There would be a fifty-fifty chance of choosing the better reading, provided that we were not "tyrannized by the copy text." But the resultant text would be midway between an extant copy and β. Instead, in order to attempt to reconstruct the *PVL*, we need to prepare a dynamic critical text as the paradosis. This paradosis, in turn, must be more in accord with the manuscript relationships than previous editions have been.

How then should one proceed to create the paradosis? What criteria does one use to select a copy text? Should there be a copy text at all? Should a composite version be compiled, as Shakhmatov and Leibovich tried to do? If the *PVL* were a wild or horizontally transmitted text, then picking and choosing readings from here and there among the manuscripts by means of editorial intuition might be the best solution. The *PVL*, however, is essentially a vertically transmitted text. Therefore, we must at least consider the possibility of choosing a copy text. Likhachev seemed to suggest that a copy text be chosen according to its better "content" (*po sostavu*), which leaves the editor free to correct mechanical errors.[113]

Greg provided a better solution. His recommendation concerns early published editions of Shakespeare's plays, but it can with equal validity be applied to the publication of manuscripts. Greg suggested that we make a distinction between substantive readings—that is, those "that affect the author's meaning of

---

[112] See the description of this process by West, *Textual Criticism*, pp. 13–14.
[113] D. S. Likhachev, *Tekstologiia. Kratkii ocherk* (Moscow and Leningrad, 1964), p. 86.

the essence of his expression"—and accidentals—"such ... as spelling, punctuation, word-division"—which affect "mainly its formal presentation."[114] Greg pointed out that "it is only on grounds of expediency, and in consequence either of philological ignorance or of linguistic circumstances, that we select a particular original as our copy-text." Therefore, "it is only in the matter of accidentals that we are bound (within reason) to follow it, and that in respect of substantive readings we have exactly the same liberty (and obligation) of choice as has a classical editor...."[115] In other words, "whenever there is more than one substantive text of comparable authority, then although it will ... be necessary to choose one of them as copy-text, and to follow it in accidentals, this copy-text can be allowed no overriding or even preponderant authority so far as substantive readings are concerned."[116] The copy text takes care of the accidentals, and the editor takes care of the substantive readings.

Although L is the earliest extant copy of the *PVL*, it is idiosyncratic in regard to accidentals, because the copyists may have been trying to "archaize" the orthography. R and A are worse, because they contain late-fifteenth-century spellings. We must eliminate Kh because of its sixteenth-century spellings. But is H (around 1425) much of an improvement? Not really, since it was reworked. Yet most, if not all, of these reworkings have already been identified. If we were able to eliminate the reworked parts, then a fair copy of a good tradition would remain. If we were able to check the accidentals against the other copies in much the same way that substantive readings are compared, then a copy text might be based on H. The difference would be that in doubtful cases, the accidentals of the copy text would be left as they are. With substantive readings we would follow Greg's advice to edit the copy text as a classical editor should—that is, we would try to recover the original wording. In the end, the number of accidentals left to H to determine are fairly few. Since we have standardized the orthography, punctuation, and word division, H becomes the default only for types of accidentals not already covered, such as word order and some word endings.

Thus, I followed these principles for creating my paradosis:

- RAHKAkT are relatively uncontaminated copies.

- L is contaminated by Novg. I in places between 988 and 1054.

---

[114] Greg, "Rationale of Copy-Text," p. 21.
[115] Greg, "Rationale of Copy-Text," p. 22.
[116] Greg, "Rationale of Copy-Text," p. 29.

- Kh is contaminated by β-type copy in various places.

- The agreement of L with H is to be preferred to an agreement of RAKh.

- The agreement of RAH is to be preferred to an agreement of LKhKAkT.

- The agreement of LRAKAkT is to be preferred to an agreement of HKh because it cannot be the result of a contamination of Novg. I on L alone.

- When we have determined the readings in the branch protographs β and γ, and they agree, then, unless we have a compelling extraneous reason to think the copyists of β and γ arrived at the same reading independently, we have to accept their agreed-upon reading as having been in α. For example, in the *PVL*, St. Andrew discusses the saunas of the Novgorodians. He tells us they put something on their bodies before lashing themselves with branches (8,22). In L and t, that something is "tanning fluid" (квасъ усниянын), but in R, A, H, and Kh, it is "soap" (мытель). The stemma tells us that "tanning fluid" could not be the reading of β because it is unlikely the copyists of both δ and γ changed "tanning fluid" to "soap" independently. It is more likely the copyist of ε changed the "soap" of β to "tanning fluid." In contrast, when β and γ disagree, then the stemma cannot provide an answer. We are thrown back on our own resources to try to determine the primary from the secondary reading or whether both are secondary.

- A shorter reading is to be preferred to a longer reading, unless a clear case of a mechanical copying error that created the shorter reading can be shown. A mechanical copying error such as eyeskip occurs not infrequently in our manuscripts. For example, in 11,20–11,20a, L and t leave out the phrase "прогънавъше волохы иже бѣша преже прияли землю словѣньску" because the word immediately preceding that phrase is the word словѣньску—the same as the last word of the dropped phrase. Clearly the copyist of ε had allowed his eye to skip from the first словѣньску to the second словѣньску before continuing his copying. Another example is the phrase "и монастырѣ и села пожгоша" dropped by H and Kh in 44,16 because of *homoioteleuton* (i.e., words with similar endings). A third example is in 70,20 where LRA omit the line "и Грьци противу и съразиста ся пълка и оступиша Грьци Русь" resulting from the repetition of the word "Русь" immediately before and at the end of this line. A similar dropping of a line occurs in 177,9 where RA omit "рече има Янь то кыи есть богъ сѣдяи въ бездьнѣ" because of the appearance of the word "бездьнѣ" immediately before this line.

- A reading attested to by all the copies is to be preferred to a hypercorrect emendation. Thus, a garbled Biblical quotation that all copies attest to is preferable to a quotation corrected according to our understanding of the best Biblical reading. This principle also applies to a reading that is testified to by copies in both branches against the reading in one copy or one sub-branch only. The example cited above (p. XXXI) from 218,20–218,24 favoring the reading "eight hundred" over "seven hundred" invokes this principle. The exceptions to this rule are those cases where positive evidence exists that the change occurred independently in the branch protographs rather than in α. An example of where I accepted the probability of independent branch changes occurs in 49,12, where L reads крьнеть whereas RAHKh read кѹпнть (with у and оу as orthographical variants of ѹ). The words are synonyms, but крьнѹтн (or кртн) is much rarer than кѹпнтн.[117] Since nowhere else does L have крьнѹтн where the other MSS have кѹпнтн, we can be fairly certain that no intentional "archaizing" is occurring in L. Therefore, there is a relatively high probability that the copyists of the common exemplars of R and A, on the one hand, and of H and Kh, on the other, independently changed the rarer form to the more common form in this case.

- Wherever possible I present the paradosis in early twelfth-century Rus′ orthography. Scholars have a fairly accurate understanding of what that orthography was from surviving twelfth-century manuscripts. On occasion, we can better comprehend in what way scribes of later copies corrupted the text if we take into consideration what the orthography of the text was that they were attempting to change.

To demonstrate clearly how this procedure operates in practice, we can analyze the heading to the text that appears in each of the five main witnesses plus the existing evidence of the Trinity Chronicle:

A	R	L
Повѣсть временныхъ лѣтъ. чернорнзца феѡдосьев‹а›. манастырѧ печерьскаго. ѡкѹда ес пошла рѹс‹каѧ› земла кто в нен почаˆ первое кнѧжнтн.	повесть временныхъ лѣтъ чернорнзца феѡдосьева монастырѧ печерьскаго, ѡкоуда ес пошла роуская землѧ н кто в нен почаˆ первое кнжнтн.	Се повѣсти времѧньныхъ лѣт. ѡкѹду есть пошла рѹскаѧ землѧ. кто въ кневѣ нача первѣе кнѧ‹жнтˇ› н ѡкуду рускаѧ землѧ стала есть·

---

[117] A. S. L′vov, *Leksika "Povesti vremennykh let"* (Moscow, 1975), pp. 255–256.

t	H	Kh
се повѣсти времены лѣтъ отъкуду есть пошла руская земля кто въ неи поча первое княжити и отъкуду руская земля стала есть	повѣсть времен ны х лѣ͡т. чернори зца федосьева манастыра печерьскаго. ѿкуду есть пошла руская земля [и хто в неи почалъ пѣрвѣе княжи]· т стала есть	Пѡвѣсти времены х лѣ͡т. нестера чернори зца. фе̏ѡ̇сі͡ева манастыра пе̇рскаго. ѿкоу̇доу е͡с пошла роу̇каа ͡зе͡мла и кто в нен поч͡а пе͡рвое княже͡т. и ѿкоудоу роу̇каа ͡земла стала е͡с:

If "се," which appears in L and t, was in α (see the stemma on p. XXXIX), then one would have to explain why it was dropped in δ and γ (or ζ). There is certainly no reason to think that it was dropped independently in R, A, H, and Kh. It is more likely that "се" was added in ε. The word "Нестера" was added in Kh, and thus cannot be used as evidence for the name of the compiler of the *PVL*.

The phrase "черноризца Феодосьева монастыря печерьскаго," which appears in RAHKh, can be placed in α, β, γ, and δ, but not in ε, from which it was dropped. Haplography due to *homoioteleuton* occurs in H after the word "земля." This was corrected with the marginal gloss: "и хто в неи почаль пѣрвѣе княжити." The reading "в Киевѣ нача" appears only in L; the phrase "в неи поча(лъ)" is in the other copies. Therefore, the mutation belongs not in ε but in L. This mutation is of special interest to us because it appears in the heading of all the published versions of the *PVL*, presumably for the sole reason that L has it. Clearly, the manuscript evidence testifies to "в неи началъ" in α. Finally, RA drop the phrase "и откуду руская земля стала есть," whereas it most likely appeared in α, β, γ, and ε. Therefore, the heading best attested by the extant manuscript evidence is: "Повѣсть времеьныхъ лѣтъ чьрноризьца Феодосиева манастыря печерьскаго отъкуду есть пошьла русьская земля и кьто въ неи почалъ пьрвѣе къняжити, и откуду руская земля стала есть." When one compares this paradosis based on application of a stemma with the preferred heading in other editions, one can see a significant difference.

What Is the Text of the PVL?

This discussion of editing principles leads us to the question of what we are calling the *Povĕst' vremennykh lĕt*. How do we know which readings belong to the archetype when we see them? Not only do we have to distinguish α from the corruptions and mistakes that were introduced later, but also we have to distinguish it from its sources. The issue begins with the very title of the work. In a recent article, Horace Lunt conjectures that the phrase "повѣсть врѣменъ и лѣтъ" came to be transformed into "повѣсть врѣменьныхъ лѣтъ."[118] Yet, the existence of an earlier form of the phrase does not mean that we need to emend the text of the *PVL* itself. Since my concept of the text of the *PVL* is α, according to the stemma, then whatever preceded α is not α, but part of the text's sources. If we emend the title to read "врѣменъ и лѣтъ" in spite of the attestation of all the extant manuscript copies, then we have to explain how and why the copyists of β and γ managed to change "врѣменъ и лѣтъ" to "врѣменьныхъ лѣтъ" independently of each other. In other words, if "врѣменъ и лѣтъ" is in α, then how does "врѣменьныхъ лѣтъ" show up in both β and γ? It is possible that the copyists of these two protographs made the same change independently of each other, and we do have other instances of similar coincidence. But there must be a compelling reason for us to accept in any particular case that our copyists did so. Such a compelling reason is absent here.

Another possible explanation is that Sil′vestr wrote "врѣменъ и лѣтъ" in his authorial version. Then that authorial version was copied once and lost. The scribe of the copy changed "врѣменъ и лѣтъ" to "врѣменьныхъ лѣтъ" and all the other copies maintained the mistaken reading. At least two problems arise with this scenario. First, there is no convincing reason to think that Sil′vestr wrote anything different from what is in the common exemplar of all the other copies. Thus, the only apparent reason to suggest that Sil′vestr, in contrast to the scribal copyist, wrote "врѣменъ и лѣтъ" is for us to create a more "correct" version. This line of thought assumes that Sil′vestr was somehow more correct than the copyist, but we have no basis for making this assumption. Second, if an error occurred, the more likely place is for it to have occurred in translating the Greek phrase, καιροὺς καὶ χρόνους, into Slavonic rather than in copying the Slavonic words from one manuscript to another. In other words, it is unlikely the change occurred at the copying level. Subsequent copyists seem to have had no problem with this phrase since they do not try to correct it in any way, although in numerous other cases they do try to make corrections when they perceive their exemplar as being in error. Instead, they are comfortable with "врѣменьныхъ лѣтъ," and do not perceive it as being an error. To change "врѣменьныхъ лѣтъ" to "врѣменъ и лѣтъ" would, in my opinion, be a hypercorrection and completely unnecessary.

---

[118] Horace G. Lunt, "*Povĕst′ vrĕmennykh″ lĕt″*? or *Povĕst′ vrĕmen″ i lĕt″*?" *Palaeoslavica*, vol. 5 (1997), pp. 317–326.

A more plausible explanation than these two scenarios is that "врѣменьныхъ лѣтъ" was in α. Perhaps Sil′vestr made the change or perhaps someone before him made it. If we accept this as the case, then we need to postulate a change at only one point—that is, in α. This is simpler and explains the reading better than trying to account for how two copyists came up with the change independently or postulating a "correct" authorial version and an "incorrect" first copy. To be sure, it is interesting that, as Lunt pointed out, Karamzin seems to have proposed "врѣменъ и лѣтъ" as the correct reading, but that does not really have anything to do with what the compiler of α wrote in the early twelfth century. That is, it does not "reinforce... the plausibility of the emendation" in α, although it could help support the contention that "врѣменьныхъ лѣтъ," at some pre-α point, developed from "врѣменъ и лѣтъ," as Lunt has suggested.

Thus, I prefer Lunt's alternative proposal—that is, "leave the attested words, but... insist on accurate translation, that is either *The Tale of the Years of Time*, or *The Tale of Passing Years*." As Dom Quentin pointed out, we need to accept the possibility that authors sometimes made mistakes. We can certainly point out their mistakes and how they might have made them, but he recommends that we avoid the temptation to change the archetype to what a perfect author would or should have written.

A good example of this principle can be found in col. 5, line 22 of the text.

5,22:

Laur: племени афетва нарци еже суть словене
Radz: племени афетова нарицаеми иновѣрци еже соуть словене
Acad: племени же афетова нарицаемии норци еже сѫть словене
Hypa: племени же афетова нарѣ<ц>аемън норци иже суть словенѣ
Khle: племене афетова нарицаемїи норци иже сѫ словене

Bych: племени Афетова, Нарци, еже суть Словѣне.
Shakh: племене Афетова нарицаемии Норици, иже суть Словѣне.
Likh: племени Афетова, Нарци, еже суть словѣне.
Ostr: племени же Афетова нарицаемии Норци, иже суть Словѣне.

In that line, the Slavic tribe Noritsi is mentioned. *Laur*, however, refers to the tribe as the "Nartsi" (нарци). And both Bychkov and Likhachev follow that spelling in their published versions. *Radz* says the tribe "is called another faith" (нарицаеми иновѣрци), which does not make much sense in this context. *Acad*, *Hypa*, and *Khle* have "are called the Nortsi" (нарицаемии норци), which makes it clear that the reading of *Laur* is a parablepsis, a telescoping of нар[ицаемии нор]ци into нарци due to eyeskip from the letter р in нарицаемии to the letter р in норци. But should we then reconstruct α as containing "Норици" as Shakhmatov does?[119] If we did that, however, we would lose the reason for the parablepsis, since the eyeskip would have to be from the letter р in нарицаемни to the letter н in норици (нар[ицаемни нори]ци), which is unlikely. It also would leave unexplained how норици was transformed into норци in both branches of the stemma. In other words, because both *Acad* of the Laurentian family and the two witnesses of the Hypatian family have норци, we have to reconstruct the "incorrect" норци in α. Then we have a ready explanation both for the eyeskip in *Laur* and for the attempt at correcting the text in *Radz*.

Creating the Paradosis

In constructing the substantive readings of α, I followed, insofar as possible, the indicated reading of the stemma. When the two branches stood in disagreement, I chose readings according to the principles of textual criticism described above. When I had no critical means of deciding priority in cases of standoff, I gave both branch readings within curly brackets. In regard to orthography, I followed the lead of Shakhmatov and presented words in the standard orthography of the time. In contrast to Shakhmatov, I treat the reflexive enclitic ся as a separate word, and I expand the manuscript abbreviation ц͠рь into цьсарь instead of цѣсарь. By the early twelfth century, when Sil′vestr compiled his text, that orthography was already changing, but I resisted guessing how that particular monk may have been using transitional orthographic forms. Thus, I maintain градъ throughout although Sil′vestr may have, on occasion, used городъ. In regard to what α (as indicated by the *Ostr* line) represents, we might say that orthographically it represents a pre-Sil′vestr ideal type that never existed, since no doubt he was already transitioning to later orthographic forms. Substantively, it represents a post-Sil′vestr, pre-earliest-common-ancestor-of-all-extant-copies version since I have allowed myself conjectural emendations only when the stemma and manuscripts do not clearly attest to a preferred reading, or when independent scribal copying error in the two main branches is likely. Additionally, in proposing those emendations, I kept to the principle of trying to explain subsequent manuscript readings. I strongly resisted the temptation to try to create an ideal (i.e., without error) substantive text. The paradosis then, in these few cases, represents substantive readings in a zone somewhere between the author's text and the earliest common ancestor of the extant manuscript copies. Otherwise, it coincides with a reconstruction of that earliest common ancestor, the readings of which I equate with the

---

[119] See also Horace G. Lunt, "What the Rus′ Primary Chronicle Tells Us about the Origin of the Slavs and of Slavic Writing," *Harvard Ukrainian Studies*, vol. 19 (1995), pp. 339–340.

author/compiler's text (except in those few cases where, as I just stated, I have a specific reason to think they might differ).

Conclusion

The creation of a dynamic critical text of the *PVL* based on all the main witnesses will benefit the study of the early history of eastern Europe and Eurasia by bringing into question many of the long-accepted but inferior readings of previous editions. It will also open the door to re-editing other texts that are similar to the *PVL* in transmission, but that have been edited inadequately. I hope this edition will also lead to the input of all East Slavic chronicles and texts into machine-readable form. Finally, it should provoke debate, discussion, and new thinking about this extraordinary historical and literary source.

Since the Renaissance, the basis of humanistic studies has been the preparation of the best possible editions of primary sources. From Erasmus to Lachmann to Housman, editors of texts have made the main breakthroughs in humanistic studies. Now we are on the threshold of a new era—an era of computer-assisted scholarship. The computer can do the tedious sorting processes more quickly and accurately than any human being or team of humans. The computer, thereby, liberates us for the job we can do better—that is, thinking. Using the computer along with a stemma for editing closed-transmission texts allows us to improve on previous editions of those texts.

By providing an interlinear collation of the *PVL*, I am able to resolve the question of deciding which variants to report in a critical apparatus; the collation reports all differences. By basing my proposed paradosis on a stemma, I have provided what I believe to be the closest approximation of Sil′vestr's early twelfth-century text. By establishing at the outset my principles of text editing, I provide a clear explanation of how the paradosis was constructed. Thus, scholars have all the evidence they need to decide where they agree with my choices and where they think they can improve upon them.

Harvard University

Works Cited

Alekseev, Anatolii A., *Tekstologiia slavianskoi biblii* (St. Petersburg, 1999).

Asher, J. A., "Truth and Fiction: The Text of Medieval Manuscripts," *Aumla*, vol. 25 (1966), pp. 6–16.

Bédier, Joseph, ed., *La Lai de l'Ombre par Jean Renari* (Paris, 1913).

———, "La tradition manuscrite du *Lai de l'Ombre*: Réflexions sur l'art d'éditer les anciens textes," *Romania*, vol. 54 (1928), pp. 161–196, 321–356.

Begunov, Iu. K., "'Slovo inoe'—novonaidennoe proizvedenie russkoi publitsistiki XVI v. o bor'be Ivana III s zemlevladeniem tserkvi," *TODRL*, vol. 20 (1964), pp. 351–364.

Bentley, Richard, *The Odes, Epodes, and Carmen Seculare of Horace* (London, 1712–1714).

Bugoslavskii, S. A. [S. O. Buhoslavs'kyi], *Neskol'ko zamechanii k teorii i praktike kritiki teksta* (Chernihiv, 1913).

———, "'Povest' vremennykh let' (Spiski, redaktsii, pervo-nachal'nyi tekst)," *Starinnaia russkaia povest'. Stat'i i issledovaniia*, ed. N. K. Gudzii (Moscow and Leningrad, 1941), pp. 7–37.

Bychkov, A. F., ed., *Letopis' po Lavrentievskomu spisku* (St. Petersburg, 1872).

Casey, Robert P. and Silva Lake, "A New Edition of the Old Slavic Gospels," *Journal of Biblical Literature*, vol. 55 (1936), pp. 195–209.

Clark, A. C., *Recent Developments in Textual Criticism* (Oxford, 1914).

Colucci, Michele, "'Textual Criticism' Versus '*Tekstologija*': The Case of *Daniil Zatočnik*" (unpublished paper).

Cross, Samuel H., "The Russian Primary Chronicle," *Harvard Studies and Notes in Philology and Literature*, vol. 12 (1930), pp. 75–320.

Dain, Alphonse, *Les manuscrits*, 1st ed. (Paris, 1949); 2nd ed. (Paris, 1964); 3rd ed. (Paris, 1975).

Danti, Angiolo, "O znaczeniu tekstu krytycznego," *Slavia*, vol. 66 (1977), pp. 395–398, reprinted in idem, *Fra Slavia orthodoxa e Slavia romana. Studi di ecdotica*, ed. Alda Giambelluca Kossova (Palermo, 1993), pp. 189–195.

———, "On a Dinamic [sic] Conception of Critical Texts," in *VIII Medjunarodni slavistički kongres Zagreb 3–9. IX 1978. Ljubljana kniga referata* (Zagreb, 1978).

Dawe, R. D., *The Collation and Investigation of Manuscripts of Aeschylus* (Cambridge, 1964).

Deianiia moskovskikh soborov 1666 i 1667 godov (Moscow, 1893).

Dillenberger, John, *Protestant Thought and Natural Science* (Notre Dame, IN, 1960).

Dmitrieva, R. P., comp., *Bibliografiia russkogo letopisaniia* (Moscow and Leningrad, 1962).

Dmitrieva, R. P., *Povest' o Petre i Fevronii* (Leningrad, 1979).

Fennell, J. L. I., review of the *Handbuch zur Nestorchronik*, in *Slavonic and East European Review*, vol. 57 (1979), pp. 123–124.

Florovskii, Georgii, *Puti russkogo bogosloviia* (Paris, 1937).

Fourquet, Jean, "Le paradoxe de Bédier," in *Melanges 1945 II. Etudes Littéraires* (Strasbourg and Paris, 1946), pp. 1–16.

Franklin, Simon and Jonathan Shepard, *The Emergence of Rus 750–1200* (London, 1996).

Gorskii, A. and K. Nevostruev, *Opisanie slavianskikh rukopisei Moskovskoi Sinodal'noi biblioteki*, 3 vols. (Moscow, 1855–1917).

Greg, W. W., "The Rationale of Copy-Text," *Studies in Bibliography*, vol. 3 (1950–1951), pp. 19–36; reprinted in *Bibliography and Textual Criticism: English and American Literature, 1700 to the Present*, ed. O. M. Brack, Jr., and Warner Barnes (Chicago, 1969), pp. 41–58.

Gruzelier, Claire, "Introduction," to *Claudian De Raptu Proserpiniae*, ed. and trans. Claire Gruzelier (Oxford, 1993), pp. xvii–xxxi.

Gudzii, N. K., "S. A. Bugoslavskii (Nekrolog)," *TODRL*, vol. 6 (1947), pp. 410–413.

Hall, J. B., "Introduction," to Claudius Claudianus, *De Raptu Proserpinae*, ed. J. B. Hall (Cambridge, 1969), pp. 1–114.

Ham, Edward B., "Textual Criticism and Common Sense," *Romance Philology*, vol. 13 (1959), pp. 198–215.

Hayes, John H. and Carl R. Holladay, *Biblical Exegesis: A Beginner's Handbook* (Atlanta, 1982).

Housman, A. E., *M. Manilii Astronomicon*, 2 bks. (London, 1903, 1912).

———, *D. Iunii Iuvenalis Saturae* (London, 1905).

———, "The Application of Thought to Textual Criticism," *Proceedings of the Classical Association*, vol. 18 (1921), pp. 67–84; reprinted in *A. E. Housman: Selected Prose*, ed. John Carter (Cambridge, 1961), pp. 131–150 and in *The Classical Papers of A. E. Housman*, ed. J. Diggle and F. R. D. Goodyear, vol. 3 (Cambridge, 1972), pp. 1058–1069.

———, *M. Annaei Lucani Belli civilis* (Oxford, 1926).

Kazakova, N. A., *Vassian Patrikeev i ego sochineniia* (Moscow and Leningrad, 1960).

———, *Ocherki po istorii russkoi obshchestvennoi mysli* (Leningrad, 1970).

Kenney, E. J., *The Classical Text: Aspects of Editing in the Age of the Printed Book* (Berkeley, 1974).

Kloss, B. M., "Predislovie k izdaniiu 1997 g.," *PSRL*, vol. 1, 2nd ed. (1997), pp. G–N.

Kostomarov, N. I. [M. I.], *Istoricheskie monografii i issledovaniia*, 20 vols. (St. Petersburg, 1872–1889).

Kukushkina, M. V., "Predislovie k izdaniiu," in *Radzivilovskaia letopis'*, 2 vols., ed. M. V. Kukushkina (St. Petersburg, 1994), vol. 2, pp. 5–12.

———, "K voprosu o meste proiskhozhdeniia Radzivilovskoi letopisi v spiske XV v.," *TODRL*, vol. 50 (1997), pp. 374–383.

Lachmann, Karl, "Commentarius," in *T. Lucretii Cari De rerum natura* (Berlin, 1850).

Langlois, Ernst, *Les manuscripts du Roman de la Rose: Description et classement*, Travaux et mémoires de l'Université de Lille, n.s. 7 (Lille and Paris, 1910).

Leibovich, L. I., *Svodnaia letopis', sostavlennaia po vsem izdannym spiskam letopisi*, vol. 1: *Povest' vremennykh let* (St. Petersburg, 1876).

Letopisets Pereiaslavlia-Suzdal'skogo, sostavlennyi v nachale XIII veka (mezhdu 1214 i 1219 godov), ed. N. M. Obolenskii (Moscow, 1851).

Letopis' Nesterova po drevneishemu spisku mnikha Lavrentiia, ed. R. F. Timkovskii (Moscow, 1824).

Likhachev, D. S., *Russkie letopisi i ikh kul'turno-istoricheskoe znachenie* (Moscow and Leningrad, 1947).

———, ed., *Povest' vremennykh let*, 2 vols. (Moscow and Leningrad, 1950).

———, *Tekstologiia. Na materiale russkoi literatury X–XVII vv.*, 1st ed. (Moscow and Leningrad, 1962); 2nd ed. (Leningrad, 1983).

———, *Tekstologiia. Kratkii ocherk* (Moscow and Leningrad, 1964).

———, "O nekotorykh neotlozhnykh zadachakh spetsial'nykh filologicheskikh distsiplin," *Vestnik AN SSSR*, 1976, no. 4, pp. 64–72.

Lunt, Horace G., "What the Rus' Primary Chronicle Tells Us about the Origin of the Slavs and of Slavic Writing," *Harvard Ukrainian Studies*, vol. 19 (1995), pp. 335–357.

———, *"Pověst' vrěmennykh" lět"?* or *Pověst' vrěmen" i lět"?" Palaeoslavica*, vol. 5 (1997), pp. 317–326.

Lur'e, Ia. S., "Lavrent'evskaia letopis'—svod nachala XIV v.," *TODRL*, vol. 29 (1974), pp. 50–67.

———, "O proiskhozhdenii Radzivilovskoi letopisi," *Vspomogatel'nye istoricheskie distsipliny*, vol. 18 (1987), pp. 64–83.

———, "Predislovie," *Polnoe sobranie russkikh letopisei* (*PSRL*), vol. 38, pp. 3–10.

———, *Dve istorii Rusi 15 veka. Rannie i pozdnie, nezavisimye i ofitsial'nye letopisi ob obrazovanii Moskovskogo gosudarstva* (St. Petersburg, 1994).

——— and Iu. D. Rykov, eds., *Perepiska Ivana Groznogo s Andreem Kurbskim* (Leningrad, 1979).

L'vov, A. S., *Leksika "Povesti vremennyx let"* (Moscow, 1975).

Maas, Paul, "Leitfehler und stemmatische Typen," *Byzantinische Zeitschrift*, vol. 37 (1937), pp. 289–294.

———, *Textkritik*, 2nd ed. (Leipzig, 1950); 3rd ed. (1957); 4th ed. (1960); and *Textual Criticism*, trans. Barbara Flower (Oxford, 1958).

Medvedev, Sil'vestr, "Izvestie istinnoe pravoslavnym i pokazanie svetloe o novopravlenii knizhnom i o prochem," ed. Sergei Belokurov, in *Chteniia v Obshchestve istorii i drevnostei rossiiskikh pri Moskovskom universitete*, 1885, bk. 4, § 2, pp. 1–87.

Metzger, Bruce M., "Survey of Research on the Old Slavonic Version," in *Chapters in the History of New Testament Textual Criticism* (Leiden, 1963), pp. 73–96.

———, *The Text of the New Testament: Its Transmission, Corruption, and Restoration* (New York, 1964).

Miliutenko, N. I., "Vladimirskii velikokniazheskii svod 1205 goda (Radzivilovskaia letopis')," *TODRL*, vol. 49 (1996), pp. 36–58.

Müller, Ludolf, "Die 'dritte Redaktion' der sogenannten Nestorchronik," in *Festschrift für Margarete Woltner zum 70. Geburtstag*, ed. Peter Brang et al. (Heidelberg, 1967), pp. 171–186.

———, ed., *Handbuch zur Nestorchronik*, 5 vols., Forum Slavicum, vols. 48–52 (Munich, 1977–1983).

Nachal'naia letopis', ed. and trans. S. V. Alekseev (Moscow, 1999).

The New Testament in the Original Greek, text revised by Brooke Foss Westcott and Fenton John Anthony Hort (Cambridge, 1881).

Novgorodskaia pervaia letopis'. Starshego i mladshego izvodov, ed. A. N. Nasonov (Moscow and Leningrad, 1950).

The Old Rus' Kievan and Galician-Volhynian Chronicles: The Ostroz'kyj (Xlebnikov) and Četvertyns'kyj (Pogodin) Codices, Harvard Library of Early Ukrainian Literature, Texts, vol. 8 (Cambridge, MA, 1990).

Ostrowski, Donald, "A 'Fontological' Investigation of the Muscovite Church Council of 1503," Ph.D. dissertation, Pennsylvania State University, 1977.

——————, "Textual Criticism and the *Povest' vremennykh let*: Some Theoretical Considerations," *Harvard Ukrainian Studies*, vol. 5 (1981), pp. 11–31.

——————, "Principles of Editing the *Povest' vremennykh let*," *Palaeoslavica*, vol. 7 (1999), pp. 5–25.

——————, "Who Were the Rus' and Why Did They Emerge?" *Palaeoslavica*, vol. 7 (1999), pp. 307–312.

Palauzov, S. N., ed., *Letopis' po Ipatskomu spisku* (St. Petersburg, 1871).

Pasquali, Giorgio, *Storia della tradizione e critica del testo*, 1st ed. (Florence, 1934), 2nd ed. (1952).

Pfeiffer, Rudolf, *History of Classical Scholarship from 1300 to 1850* (Oxford, 1976).

Polnoe sobranie russkikh letopisei (PSRL), 40 vols. (St. Petersburg/Petrograd/Leningrad and Moscow, 1843–1995).

Pop, R. [Richard Pope], "Nekotorye mysli po povodu izdaniia srednevekovykh slavianskikh tekstov," *TODRL*, vol. 50 (1997), pp. 242–251.

Potter, Cathy Jean, "The Russian Church and the Politics of Reform in the Second Half of the Seventeenth Century," Ph.D. dissertation, Yale University, 1993.

Povest' vremennykh let po Ipatskomu spisku [lithograph] (St. Petersburg, 1871).

Povest' vremennykh let po Lavrentievskomu spisku [lithograph] (St. Petersburg, 1872).

"Prenie litovskogo protopopa Lavrentiia Zizaniia s igumenom Ilieiu i spravshchikom Grigoriem po povodu ispravleniia sostavlennogo Lavrentiem katikhizisa," in *Letopisi russkoi literatury i drevnostei*, ed. N. S. Tikhonravov, 5 vols. (Kyiv, 1859–1863), vol. 2, 1859, pp. 80–100.

Priselkov, M. D., "Istoriia rukopisi Lavrent'evskoi letopisi i ee izdanii," *Uchenye zapiski Gosudarstvennogo pedagogicheskogo instituta im. A. I. Gertsena*, vol. 19 (1939), pp. 175–197.

——————, *Troitskaia letopis'. Rekonstruktsiia teksta* (Moscow and Leningrad, 1950).

Pritsak, Omeljan, "Ipats'kyi Litopys ta ioho rolia u restavratsiï ukraïns'koï istorychnoï pam'iaty," in *Chomu katedry ukraïnoznavstva v Harvardi? Vybir stattei na temy nashoï kul'turnoï polityky (1967–1973)* (Cambridge, MA, 1973), pp. 42–53.

—————, "The Hypatian Chronicle and Its Role in the Restoration of Ukrainian Historical Consciousness," in *Chomu katedry ukraïnoznavstva v Harvardi? Vybir stattei na temy nashoï kul'turnoï polityky (1967–1973)* (Cambridge, MA, 1973), pp. 54–60.

Prokhorov, G. M., "Kodikologicheskii analiz Lavrent'evskoi letopisi," *Vspomogatel'nye istoricheskie distsipliny*, vol. 4, 1972, pp. 83–104.

—————, "Radzivilovskii spisok Vladimirskoi letopisi po 6714 (1205/6) god," in *Radzivilovskaia letopis'*, 2 vols., ed. M. V. Kukushkina, (St. Petersburg, 1994), vol. 2, pp. 269–279, a corrected and supplemented version of idem, "Radzivilovskii spisok Vladimirskoi letopisi po 1206 god i etapy vladimirskogo letopisaniia," *TODRL*, vol. 42 (1989), pp. 53–76.

Quentin, Dom Henri, *Mémoire sur l'établissement du texte de la Vulgate*, Collectanea Biblica Latina, vol. 6 (Paris, 1922).

—————, *Essais de critique textuelle* (Paris, 1926).

Radzivilovskaia ili Kenigsbergskaia letopis', Obshchestvo liubitelei drevnerusskoi pis'mennosti, vol. 118 (St. Petersburg, 1902).

Radzivilovskaia letopis', 2 vols., ed. M. V. Kukushkina, vol. 1: *Faksimil'noe vosproizvedenie rukopisi. Izdanie podgotovleno po rukopisi khraniashcheisia v Biblioteke RAN*, vol. 2: *Tekst, issledovanie, opisanie miniatiur* (St. Petersburg, 1994).

Rand, Edward Kennard, "Dom Quentin's Memoir on the Text of the Vulgate," *Harvard Theological Review*, vol. 17 (1924), pp. 197–264.

Rice, Eugene F., Jr., *The Foundations of Early Modern Europe, 1460–1559* (New York, 1970).

The Russian Primary Chronicle: Laurentian Text, trans. and ed. Samuel Hazzard Cross and Olgerd P. Sherbowitz-Wetzor (Cambridge MA, [1953]).

Rybakov, B. A., *Drevniaia Rus'* (Moscow, 1963).

Schwartz, Edward, "Einleitung zum griechischen Text," in *Eusebius Werke*, vol. 2: *Die Kirchengeschichte*, Die griechischen christlichen Schriftsteller der ersten drei Jahrhunderte, vol. 9, pt. 3: *Einleitung, übersichten und Register* (Leipzig, 1909), pp. xvii–cxlviii.

Scott, John Anthony, "Introduction," *Utopia. Sir Thomas More* (New York, 1965), pp. v–xxvii.

Severs, J. Burke, "Quentin's Theory of Textual Criticism," *English Institute Annual 1941* (New York, 1942), pp. 65–93.

Shakhmatov, A. A., "Issledovanie o Radzivilovskoi ili Kenigsbergskoi letopisi," in *Radzivilovskaia ili Kenigsbergskaia letopis'*, Obshchestvo liubitelei drevnei pis'mennosti, vol. 118 (St. Petersburg, 1902), vol. 2, pp. 86–91.

—————, "Predislovie," *PSRL*, vol. 2, 2nd ed., pp. III–XVI.

—————, *Razyskaniia o drevneishikh russkikh letopisnykh svodakh* (St. Petersburg, 1908).

—————, ed., *Povest' vremennykh let*, vol. 1: *Vvodnaia chast'. Tekst. Primechaniia* (Petrograd, 1916).

—————, *Obozrenie russkikh letopisnykh svodov XIV–XVI vv.* (Moscow and Leningrad, 1938).

—————, "Povest' vremennykh let i ee istochniki," *TODRL*, vol. 4 (1940), pp. 11–150.

—————, "Kievskii Nachal'nyi svod 1095 g.," in *A. A. Shakhmatov 1864–1920. Sbornik statei i materialov*, ed. S. P. Obnorskii, *Trudy Komissii po istorii Akademii nauk SSSR*, vyp. 3 (Moscow and Leningrad, 1947).

Skripil', M. O., "Povest' o Petre i Fevronii (teksty)," *TODRL*, vol. 7 (1949), pp. 215–256.

Sreznevskii, I. I., *Stat'i o drevnikh russkikh letopisiakh, 1853–1866* (St. Petersburg, 1903).

Streeter, B. H., *The Four Gospels: A Study of Origins* (London, 1924).

Thomson, Francis J., "The Slavonic Translation of the Old Testament," in *Interpretation of the Bible*, ed. Jože Krašovec, Sheffield, 1998, pp. 605–920.

Tvorogov, O. V., ed., "Povest' vremennykh let," in *Pamiatniki literatury drevnei Rusi. Nachalo russkoi literatury XI–nachalo XII veka* (Moscow, 1978), pp. 22–276.

—————, "Nestor," "Povest' vremennykh let," "Sil'vestr," in *Slovar' knizhnikov i knizhnosti drevnei Rusi*, 3 vols. in 6 pts., ed. D. S. Likhachev (Leningrad, 1987–), vol. 1: *XI–pervaia polovina XIV v.*, pp. 274–278, 337–343, 390–391.

Vahylevych, Ivan, "Latopis Nestora," in *Monumenta Poloniae historica. Pomniki dziejowe Polski*, 6 vols., ed. August Bielowski (Kraków, 1864–1893), vol. 1, pp. 521–946.

Valk, S. N., *Sovetskaia arkheografiia* (Moscow and Leningrad, 1948).

Vinaver, Eugène, "Principles of Textual Emendation," in *Studies in French Language and Medieval Literature* (Manchester, 1939), pp. 351–369; reprinted in

Medieval Manuscripts and Textual Criticism, ed. Christopher Kleinhenz, North Carolina Studies in the Romance Languages and Literatures, vol. 173, Essays; Texts, Textual Studies and Translations; Symposia, no. 4 (Chapel Hill, NC, 1976), pp. 139–159.

West, M. L., *Textual Criticism and Editorial Technique Applicable to Greek and Latin Texts* (Stuttgart, 1973).

Whitehead, F[rederick] and C[edric] E. Pickford, "The Two-Branch Stemma," *Bulletin bibliographique de la Société Internationale Arthurienne*, vol. 3 (1951), pp. 83–90.

—————, "The Introduction to the *Lai de l'Ombre*: Sixty Years Later," *Romania*, vol. 94 (1973), pp. 145–156; reprinted as "The Introduction to the *Lai de l'Ombre*: Half a Century Later," in *Medieval Manuscripts and Textual Criticism*, ed. Christopher Kleinhenz, North Carolina Studies in the Romance Languages and Literatures, vol. 173, Essays; Texts, Textual Studies and Translations; Symposia, no. 4 (Chapel Hill, NC, 1976), pp. 103–116.

Willis, James, *Latin Textual Criticism* (Chicago, 1972).

Wimmer, E., "Zu den katholischen Quellen der Gennadij-Bibel," in *Forschung und Lehre. Festgruss Joh. Schröpfer 1974* (Hamburg, 1975), pp. 444–458.

Zenkovsky, S. A., "Introduction," *The Nikonian Chronicle*, 5 vols. (Princeton, NJ, 1984–1988), vol. 1, pp. xiii–lxxxi.

Zumpt, Karl Gottlob, "Prooemium," in *M. Tullii Ciceronis Verrinarum libri septem* (Berlin, 1831).

Principles of Transcription

The present collation contains the full text of the Laurentian, Radziwiłł, Academy, Hypatian, and Khlebnikov manuscripts through the end of 6618 (=1110). This terminus in the text corresponds to: *Laur* 96a,28; *Radz* 155^r,5; *Acad* 141^r,21; *Hypa* 99d,25; and *Khle* 124^r,22. The text of the Laurentian branch contains a shorter entry for 1110, followed in LRA by the colophon of monk Sil′vestr. The text of the Hypatian branch contains a longer entry for 1110 and omits the colophon.

In addition to the five primary witnesses, the collation contains all available text from the Chebotarev and Cherpanov unfinished typeset edition of the Trinity manuscript (as given in Priselkov's 1950 reconstruction). Furthermore, selected material from the Pogodin (Chetvertyns′kyi) manuscript is given when the Khlebnikov (Ostroz′kyi), from which it derives, has lost folia. Finally, all parallel passages from the younger redaction of Novg. I are given according to Nasonov's 1950 edition, which included readings from three Novgorod Chronicle copies—that is, the Academy, Commission, and Tolstoi manuscripts (see the Introduction for the designation of corresponding places according to Nasonov's edition). To be sure, presenting the manuscript information according to this published version has its drawbacks. For example, Nasonov tacitly expands abbreviations and does not indicate variant orthographic forms. Since I was unable to acquire microfilms of these manuscripts, I was therefore left with the options of either not reporting the readings of Novg. I or reporting them in this inferior way. I chose the latter option in the hope that even this potentially distorted perspective of the manuscript copy readings of Novg. I would still be of some value.

Numberings

The numbering of this interlinear collation coincides with Karskii's 1926 edition of the Laurentian Chronicle in the *Polnoe sobranie russkikh letopisei* series. The number before the comma designates the column of the 1926 edition and the number after the comma indicates the line. Karskii's column numbering is the closest we have to a standard method of identifying the location of text in the *Povĕst vremennykh lĕt* (*PVL*), and was used both by Cross, in his translation of the *PVL* into English, and by Müller, in his *Handbuch* for the *PVL*, to key their output.

On the right hand side, about three-quarters of an inch from the end of a line of text, are indicated the folio and, where appropriate, column breaks for the manuscripts. The superscript "r" and "v" represent "recto" and "verso" respectively. When two columns appear on a recto and verso of a folio, then the letter designations correspond to the respective column, where "a" and "b" are inner and outer recto, and "c" and "d" are outer and inner verso. In order to avoid confusion, the corresponding places in the published versions is indicated only where there is a change in a Karskii column. Just as Karskii column/line designators are separated by a comma, so the corresponding designator of published versions separates page and line with a comma.

The abbreviation in italics at the beginning of each line refers to the manuscript or printed version of that particular line (see Key to Abbreviations), or, in the case of *Ostr*, the recommended best reading. In those cases where excess text in a particular manuscript or manuscripts was too large to fit on a single Karskii line, I decided to accommodate that text either by additional column-plus-line indicators with alphabetical differentiators (e.g., 192,23a; 192,23b; etc.) or by dividing the excess text within the Karskii column/line.

Normalizations

As a general guideline, distinctions among related graphic entities (allographs) whose distribution may be regulated, at least partially, by orthographic rules, such as оу/ȣ/ѫ, а/ѧ, е/ѥ, and н/ı/ї/ḯ are preserved in the transcription. Distinctions that are primarily paleographic, rather than orthographic, such as one-legged and three-legged t, are neutralized. Decisions on such matters are often subjective, but the editors believe that no information necessary for investigating the chronicle text has been lost through normalization. The governing principle has been that paleographic distinctions may be normalized, while orthographic distinctions that would have been relevant to the scribes are preserved. The exception to this is the paleographic distinction between ъı (mainly in L) and ы (mainly in the other MSS), which has been maintained.

Although the aim has been to reduce normalizations to a minimum in order to represent the manuscripts as accurately as possible, certain compromises were necessary for technical reasons. We editors decided not to represent ligated letters. We also did not represent accents or other diacritics (except for the titlo that indicates an abbreviation). In representing the text from Priselkov's publication of the Trinity Chronicle and Nasonov's publication of the Novgorod I Chronicle, we preserved none of the capitalization or punctuation from the typeset versions.

Otherwise, we followed the principle of tampering as little as possible with the data. A description of these limitations follows.

• Capitalization is used to represent large or decorative letters. We indicate only one level of capitalization. We do not distinguish alternative shapes of decorative (or capital) letters typographically. In some instances, particularly for the initial в at the beginning of a new annalistic entry, decisions about whether a letter should be considered upper or lower case are necessarily impressionistic. The letter in question is often somewhat larger than usual or of a slightly different shape, but this larger or alternative form may on occasion be found elsewhere in the same text in a position that the scribe would have had no reason to emphasize through capitalization.

• The *titlo* is represented regularly wherever it appears over in-line letters in the manuscripts and printed texts, both in abbreviations and in numerals, as well as in those places where it was used by the scribe despite the absence of any abbreviation or numerical notation. We did not represent it where a superscript letter of the same word also occurs. Only in those cases have we dropped any accompanying titlo. In contrast, the *pokrytie*, or curved line over a superscript letter, has been regularly omitted.

• Broad o and broad є are not distinguished from their narrow counterparts. It proved impossible to decide such issues with sufficient consistency and accuracy to justify including separate characters. Nor is there an attempt to represent o with a dot in the middle or wide o with two dots.

• Both reverse *zelo* and forward *zelo* are represented as s.

• Manuscript punctuation has been standardized to a relatively few marks— . · , ; : ∶ ∴ - + ∻ —even though end-of-section punctuation, in particular, can be rather decorative in some manuscripts.

Editorial Comments

We transcribed the texts character for character as they appear in the manuscripts but made the following editorial intrusions.

• Line boundaries are indicated in the transcriptions by a single vertical bar (|). Column and folio boundaries are indicated in the transcriptions by a double vertical bar (||). The place of miniatures in R, the only illuminated codex among the principal witnesses, is not marked in the transcriptions other than by the end-of-line mark, which precedes all miniatures.

- We placed spaces between words irrespective of actual spacing (or lack thereof) in the manuscripts. Where line, column, and folio boundaries fall between words, we added a space on either side of the vertical bar(s). Copyists tended to use scriptio continuo, although some may irregularly include extra space between larger syntactic units. We did not attempt to emulate the degree of such spacing, but merely represented any long or short distance as a single space.

- Whenever a word or words that appear in at least one other manuscript are not present in a particular manuscript in the collation, then we have added space equivalent to the absent word or words. This adding of space is intended solely for ease of comparison and does not signify any judgment concerning primary or secondary readings.

- Whenever the absence of words in a particular manuscript is equal to or greater than a single line of text, then we have written the word "omitted", or "omitted to 000,00" (when a substantial amount of text is not present). Again, this is not meant to signify any judgment concerning primary or secondary readings.

- Word division is usually straightforward, except for the behavior of the particle -же. We treat this particle as an integral part of relative pronouns (иже, акъже), adverbs (акоже), negative adjectives (никакъже), and pronouns (никътоже). Conversely, it is separated from preceding pronouns and adverbs when it functions emphatically rather than relatively. These decisions, particularly for adverbs, are somewhat subjective. The intransitive ("reflexive") particle ся is usually transcribed as being joined to a preceding verb, although it is represented as being separate in the paradosis. The reasoning is that when the manuscript copies were made (fourteenth through sixteenth centuries), this particle was most likely considered a part of the preceding verb, whereas in the early twelfth century it most likely was not.

- Square brackets ([ ]) in the transcriptions indicate material added in the margins of the manuscripts and not obviously in a different hand from that of the main text. Marginalia that are obviously in a different hand we omit from the transcriptions without comment. Additions inserted between lines rather than in the margins of the manuscript are usually transcribed as superscript letters, although certain long insertions may instead be given in square brackets.

- Angle brackets (< >) indicate any problematic material. This category includes illegibilities, physical damage to the manuscript, corrections, and text that has been crossed out. In such cases, we do not specify the type of problem, since the inclusion of this type of paleographic information can often require extended explanation. Corrections that are obviously in a different hand (most notably in R) are omitted from the transcription without comment.

• In those cases where one letter or reading has been changed to another, with both the correction and original clearly distinguishable, the original reading is provided in angle brackets. Where it is doubtful which letter or reading is original—and this is the most common case—the reading that is linguistically or textually expected is the one provided in angle brackets.

• In the transcription, we tried to distinguish between text omitted by the scribe and text that is missing due to damage to the manuscripts. Only the former can provide evidence for textual transmission of primary readings, whereas the latter provides evidence merely for deciding which subsequent copies may have derived from that manuscript.

• The order of presentation in the collation follows the textual order in the manuscripts with two exceptions. First, Volodimir Monomakh's testament (*Pouchenie*), preserved in L, has been moved to a more appropriate (from a chronological point of view) location:

Collation	L
beginning–234,22	beginning–78a,9
234,23–240,22	85a,18–86d,19
240,23–256,23	78a,9–85a,17 (Testament)
256,24–end	86d,20–end

Second, a small portion of text in R and A is out of place with respect to the other witnesses. This text has been rearranged in the present collation as follows:

Collation	R	A
beginning–268,13	beginning–144^v,19	beginning–133^v,8
268,14–268,22	144^r,5–145^r,11	133^v,15–133^v,23
268,23–269,1	145^r,1–145^r,5	133^v,8–133^v,14
269,2–end	145^v,1–end	133^v,23–end

Inevitably, despite the best efforts of all involved, mistakes and inconsistencies have occurred. With the text in machine-readable form, we now have other possible ways to distribute the text, such as CD-ROM or via an Internet website. With that in mind, we would like to correct the text wherever needed. We ask that those who come across such errors or who have suggestions for improvement in presentation contact Donald Ostrowski <don@wjh.harvard.edu>.

Acknowledgments

My work on this project has benefited from my being at Harvard University in a number of ways. Perhaps most importantly, I was able to consult with Professors Edward L. Keenan, Horace G. Lunt, Omeljan Pritsak, and Ihor Ševčenko. It was in their seminar on chronicles in the 1970s that this project had its genesis. As well, the Harvard Ukrainian Research Institute was a repository of photocopies of the main manuscript witnesses to the *PVL*. Pritsak had obtained microfilms of the Laurentian, Khlebnikov, Pogodin, and Ermolaev manuscripts (from the Russian National Library in St. Petersburg), and the Radziwiłł and Hypatian manuscripts (from the Library of the Academy of Sciences in St. Petersburg), while Professor Ludolf Müller graciously sent a microfilm of the Moscow Academy copy. Harvard University's computer centers, including the Office of Information Technology (OIT), the Computer Based Laboratory (CBL), and Management Information Services (MIS) of the Extension School, were extremely cooperative in providing programming assistance and computer access. In addition, the Russian Research Center (now the Davis Center for Russian and Eurasian Studies) provided initial financial support for research on the project.

The Harvard Ukrainian Research Institute provided facilities and computer use. Its Library of Early Ukrainian Literature series provided financial support for proofreading and correcting. Robert De Lossa proved to be an outstanding supervisory editor, always seeming to know when to be demanding and when to be conceding, as well as providing sound advice as needed. Marika Whaley and G. Patton Wright gave the front matter a thorough read and made excellent suggestions for improvements. A number of people who worked on translating the English-language front matter into Ukrainian for the second volume deserve thanks as well. Finally, Roman Procyk and Stephan Chemych of the Ukrainian Studies Fund have been extremely supportive and instrumental in obtaining funding to underwrite the publication of these volumes. I owe a special debt of gratitude to the donors Vladimir and Helena Shyprykevich, Maria Kryzaniwsky and her sons Bohdan and Jurij, and Dr. Paul J. and Irena Dzul, without whose generosity these volumes would not have been published.

Essential to the completion of this project have been computer use and technical assistance. Zack Deal, then a program analyst at Harvard University's Office of Information Technology, was the person who in 1979 suggested that I computerize the project and set me up on OIT's computer. He and I investigated the advantages and disadvantages of various methods for entering data, and together designed the transliteration system for inputting that has been used throughout this project. Vlad Stefura was the person who input Likhachev's text, which became the basis for all subsequent computer work on the project. Lisbet White then helped to divide the lines according to Karskii's 1926 edition. Horace Lunt designed the font we have used to represent the manuscript readings. He, along with David J. Birnbaum and William Veder, advised me on crucial decisions regarding the appearance of final output. I also owe a special debt to David for always responding to my numerous questions about Slavic historical linguistics, as well as for insisting on faithfulness to the manuscripts.

Scott Bradnor, director of the Computer Based Laboratory, provided important technical support during the early stages of the project. Gary Bisbee and Greg Crane gave freely of their UNIX programming knowledge during that time. At a later stage, when, for various reasons, the prospects of completing the project began to look bleak, the Harvard University Extension School stepped in. Michael Shinagel, Dean of the Extension School, and Henry Leitner, Director of Information Technology, gave their go-ahead for operational support. Tim Kelley, head of computer operations, allowed me access to an Extension School UNIX-based mainframe, then set me up with my own LINUX machine. Douglas Willen and Thomas Raich helped me transfer the necessary font files to that machine. Bruce Molay worked assiduously to write the programs necessary to process the files and reoperationalize the fonts, and James Peregrino, Director of the Extension School's Church Street computer center, helped to get all the component parts working together.

To minimize the data-entry errors, David J. Birnbaum undertook two complete proofreading passes against printouts of microfilms of the manuscripts. Then, Aleksei Gippius proofread the results against the manuscript copies of the five main witnesses, which are located in Moscow and St. Petersburg, and caught a number of errors as well as suggested many improvements. His contribution to the project in this respect is substantial. Thomas Rosén proofread the corresponding parts of the text against Bychkov's and Shakhmatov's published versions as well as against Nasonov's edition of the Novgorod I Chronicle. Matthew Kay went over the entire text and Introduction, making a number of suggestions for improvement. Both Francis Butler and Frank Gladney recommended specific changes, most of which I adopted. Finally, Michael Flier, the Oleksandr Potebnja

Professor of Ukrainian Philology at Harvard University, provided much-needed and timely morale boosts toward completion of the project.

For the success of the project and all that is right with it, I gratefully credit these people for their assistance and expertise. Inaccuracies that remain and any less-than-optimal decisions that have been made are my responsibility alone.

Donald Ostrowski
Harvard University

Повѣсть времєньныхъ лѣтъ

0,1:

Laur: Се повѣсти времѧньны҇х лѣ҇т. [1ᵛ]
Trin: се повѣсти времєньныхъ лѣтъ [51]
Radz: повесть времєнны҇х лѣтъ чєрнорнзуа феѡдосьѥва [1ᵛ]
Acad: Повесть времєнны҇х лѣтъ. чєрнорнзуа феѡдосьєв<а>. [1ᵣ]
Hypa: повесть времєнныхъ лѣ҇т. чєⷬнорнзуа федосьѥва [3а]
Khle: Пѡвѣсти времєнны҇х лѣ҇т. нєстєра чєрнорнзуа. І фєѡⷭієва [2ᵣ]

Bych: СЕ ПОВѢСТИ ВРЕМѦНЬНЫХЪ ЛѢТЪ,
Shakh: Се повѣсти времєньныхъ лѣтъ,
Likh: СЕ ПОВѢСТИ ВРЕМѦНЬНЫХ ЛѢТЪ,
Ostr: Повѣсть времєньныхъ лѣтъ чьрноризьца Феодосиєва

0,2:

Laur: ѿкуду єсть пошла
Trin: отъкуду єсть пошла
Radz: монастырѧ пєчєрьскаго, ѿкоуда ѥⷭ пошла І
Acad: манастырѧ пєчєрьскаго. ѿкȣда ѥⷭ пошла
Hypa: маналстырѧ пєчєрьскаго. ѿкуІду єсть пошла
Khle: манастырѧ пєⷬскаго. ѿкоудоу ѥⷭ поІшла

Bych: ОТКУДУ ЕСТЬ ПОШЛА
Shakh: отъкуду єсть пошьла
Likh: ОТКУДУ ЕСТЬ ПОШЛА
Ostr: манастыря печерьскаго, отъкуду єсть пошьла

0,3:

Laur: руская зємѧ. кто въ києвѣ нача пєрвѣє кнѧ<жн҇т>
Trin: руская земля кто въ нєи поча пєрвоє кнѧжити
Radz: роуⷭкаꙗ зємлѧ н кто в нєн почаⸯ пєрвоє кн҃жнтн. І
Acad: руⷭ<каꙗ> І зємлѧ кто в нєн почаⸯ пєрвоє кнѧжнтн.
Hypa: рускаꙗ зємлѧ І [н хто в нєн почалъ пѣрвѣє кнѧжн]∴
Khle: роуⷭкаа зѣⷨлѧ н кто в нєн почаⸯ пєрвоє кнѧжѣ҇т.

Bych: РУСКАЯ ЗЕМЯ КТО ВЪ КИЕВѢ НАЧА ПЕРВѢЕ КНЯЖИТИ,
Shakh: Русьская земля, къто въ Кыєвѣ нача пьрвѣє къняжити,
Likh: РУСКАЯ ЗЕМЛЯ КТО ВЪ КИЕВѢ НАЧА ПЕРВѢЕ КНЯЖИТИ,
Ostr: русьская земля и къто въ неи почалъ пьрвѣє къняжити,

0,4:

Laur: н ѿкуду руская зємлѧ стала єсть∴
Trin: и отъкуду руская земля стала єсть
Radz: omitted
Acad: omitted
Hypa: стала єсть
Khle: н ѿкоудоу роуⷭкаа зємлѧ стала ѥⷭ:

Bych: И ОТКУДУ РУСКАЯ ЗЕМЛЯ СТАЛА ЕСТЬ.
Shakh: и отъкуду русьская земля стала єсть.
Likh: И ОТКУДУ РУСКАЯ ЗЕМЛЯ СТАЛА ЕСТЬ
Ostr: и отъкуду Русьская земля стала єсть.

1,1:

Laur: се начнемъ повѣсть сию.
Trin: се начнемъ повѣсть сию
Radz: се начнеᵐ повѣсть сию.
Acad: се начнемъ повѣсть сию.
Hypa: се начнемъ по|вѣсть сию.
Khle: Се начнемъ | повѣсть сію.

Bych: Се начнемъ повѣсть сию.
Shakh: Се начьнемъ повѣсть сию.
Likh: Се начнемъ повѣсть сию.
Ostr: Се начнемъ повѣсть сию.

1,2:

Laur: по потопѣ.   первѣе с<нве> | ноеви. раздѣлиша
Trin: по потопѣ   трие сынове ноеви раздѣлиша
Radz: по потопѣ.   г҃ е снве ноеви.| раздѣлиша
Acad: по потопе   .г. е снве ноеви.| раздѣлиша
Hypa: по потопѣ бо .г. е.| снве ноеви роздѣлиша
Khle: Пѡ потопѣ оубо трїе снове ноеви.| раздѣлиша

Bych: По потопѣ трие сынове Ноеви раздѣлиша
Shakh: По потопѣ убо трие сынове Ноеви раздѣлиша
Likh: По потопѣ трие сынове Ноеви раздѣлиша
Ostr: По потопѣ 3-е сынове Ноеви раздѣлиша

1,3:

Laur: землю. симъ. хамъ. афетъ.| и яся въстокъ. симови
Trin: землю симъ хамъ   афетъ и яся въстокъ симови
Radz: землю. сиᵐ. хаᵐ. афетъ. и яса въстоᵏ | симови.
Acad: землю. сиᵐ. хаᵐ. афеᵗ. и яса востокъ | симови.
Hypa: земылю. симъ. хамъ. афетъ.| яса въстокъ. симови.
Khle: землю. сиᵐ. хаᵐ. и афеᵗ. <и я>са въстоᵏ | симови

Bych: землю, Симъ, Хамъ, Афетъ. И яся въстокъ Симови:
Shakh: землю, Симъ, Хамъ, Афетъ. И яся въстокъ Симови:
Likh: землю, Симъ, Хамъ, Афетъ. И яся въстокъ Симови:
Ostr: землю, Симъ, Хамъ, Афетъ. И яся въстокъ Симови:

1,4:

Laur: персида. ватрь. тоже | и до индикиа в долготу
Trin: персида ватрь даже и до индикия в долготу
Radz: персида. ватрь. доже и до инᵈикиа. в доlготоу
Acad: персїда. ватръ. доⷤи и до индикїа. в долготȣ |
Hypa: перысида. ватрь. доже и до ины|дикиа. в долготу
Khle: персида. ватръ. даже и до индикїа. въ | долготоу

Bych: Персида, Ватрь, доже и до Индикия в долготу,
Shakh: Персида, Ватрь доже и до Индикия въ дълготу,
Likh: Персида, Ватрь, доже и до Индикия в долготу,
Ostr: Персида, Ватрь доже и до Индикия въ дълготу,

Повѣсть времєньныхъ лѣтъ 3

1,5:

Laur: и в ширину ꙗко|же
Trin: и в ширину и до нирокурия якоже
Radz: и в ширинꙋ. и до нирокоурна. ꙗкож҇
Acad: и в широтꙋ. и до нирокꙋрїа. ꙗкоже
Hypa: и в широ|ту. и до ник͡урнꙗ. ꙗкоже
Khle: и широтоу. и до нирокоурїа, і ꙗкоже

Bych: и в ширину и до Нирокурия, якоже
Shakh: и въ ширину и до Нирокурия, якоже
Likh: и в ширину и до Нирокурия, якоже
Ostr: и въ широту и до Нирокурия, якоже

1,6:

Laur: рєщи ѿ въстока и до полудєньꙗ. и сурнꙗ.
Trin: рещи ѿ въстока доже и до полуденья и сурия
Radz: рєщи ѿ |встока. даже и до полꙋд͞ньа и соурнꙗ. и
Acad: рєщи ѿ встока. да|же и до полꙋдньꙗ. и сꙋрїа. и
Hypa: рє|щи ѿ въстока <д>оже и до полу|дньꙗ. и сурнꙗ. и
Khle: рєщ|и ѿ въстока и доже и до полоуд͞на. и сирїа и

Bych: рещи отъ въстока и до полуденья, и Сурия, и
Shakh: рещи отъ въстока доже и до полудьния, и Сурия и
Likh: рещи от въстока и до полуденья, и Сурия, и
Ostr: рещи отъ въстока доже и до полудьния, и Сурия, и

1,7:

Laur: инд<иꙗ>| по єфратъ рѣку. вавилонъ. кордуна.
Trin: индия по ефратъ реку вавилонъ кордуна
Radz: мидиꙗ.| и ефра҇т река. и вавил͞о. кордоуна.
Acad: мидиа. и ефратъ река.| и вавилонъ. кордꙋна.
Hypa: мидиа. и | ефратъ рѣку. и вавилонъ.| кордуна.
Khle: мєдїа и ефратъ | рѣка, и вавꙋл͞ѡ. кордоуна. и

Bych: Мидия по Ефратъ рѣку, Вавилонъ, Кордуна,
Shakh: Мидия и Ефратъ рѣка и Вавилонъ, Кордуна,
Likh: Мидия по Ефратъ рѣку, Вавилонъ, Кордуна,
Ostr: Мидия и Ефратъ рѣку и Вавилонъ, Кордуна,

1,8:

Laur: асурянє.| мисопотамиꙗ. аравиꙗ. старѣишаꙗ.
Trin: асуряне месопотамия аравия старѣишая
Radz: асꙋриане. месопо|тамїа. аравиꙗ старєншаа.
Acad: асꙋрїанє. месопотамиа. аравїа | старєншаа.
Hypa: асуриане. месопо|тамиа. аравна. старѣнша<ꙗ>. |
Khle: асирїа. и месопо|тамїа. аравїа старѣншаа

Bych: Асуряне, Месопотамия, Аравия Старѣйшая,
Shakh: Асурия, Месопотамия, Аравия Старѣишия,
Likh: асуряне, Месопотамия, Аравия Старѣйшая,
Ostr: Асуриане, Месопотамия, Аравия Старѣишая,

1,9:

Laur: елма|исъ. инди. равниа. на вса.
Trin: елмаисъ инди аравия силная колия комагини финикия вся
Radz: елоумансъ. инн. равныа силнаа. коулін. колгини. фнкиа вса:-
Acad: елȣмансъ. инн. равіа силнаа. кȣлии. колгини. фнкіа вса:·:
Hypa: елумансъ. инди. равна силнаꙗ. кулии. колгини. финникиꙗ вса·:·
Khle: елоумансь. индиа | аравіа силнаа. коулии. комагины. финикіа вса. |

Bych: Елмаисъ, Инди, Аравия Силная, Колия, Комагини, Финикия вся.
Shakh: Елумаисъ, Инди, Аравия Сильная, Кулии, Комагини, Финикия вься.
Likh: Елмаисъ, Инди, Аравия Силная, Колия Комагини, Финикия вся.
Ostr: Елумаисъ, Индия, Аравия Сильная, Кулии, Колгини, Финикия вься.

1,10:

Laur: Хамови же ꙗса. полу|деньнаꙗ страна. еюпетъ.
Trin: хамови же яся полуденьная часть еюпетъ
Radz: Хамови | же ꙗса полȣдньнаа часть. египетъ.
Acad: Хамови же ꙗса полȣденьнаа | часть. египетъ
Hypa: Хамови же ꙗс | полуденьꙗ часть. егупетъ. |
Khle: Хамови же ꙗса полоуденнаа ча̇с̇т̇ь. егѵпе̇т̇.

Bych: Хамови же яся полуденьная страна: Еюпетъ,
Shakh: Хамови же яся полудьнная страна: Егуптъ,
Likh: Хамови же яся полуденная страна: Еюпетъ,
Ostr: Хамови же яся полудьньная часть: Египтъ,

1,11:

Laur: ефивопьꙗ. прилежа|щиꙗ ко индомъ. другаꙗ же
Trin: ефиопья прилежащия ко индомъ другая же
Radz: ефȣпна. при|лежащиа ко индомъ. дрȣгаа же и
Acad: ефȣпїа. прилежащиꙗ ко индомъ. | дрȣгаа же и
Hypa: ефѡпьꙗ прилежащиꙗ къ | индомъ. другаꙗ же
Khle: еѳѡпіа | прилежащаа къ индо̇м̇. и дроугаа же

Bych: Ефивопья, прилежащия ко Индомъ, другая же
Shakh: Ефиопия, прилежащия къ Индомъ, другая же
Likh: Ефивопья, прилежащия ко Индомъ, другая же
Ostr: Ефиопия, прилежащия къ Индомъ, другая же

2,1:

Laur: ефивопьꙗ. из не|ꙗже исходить река ефиѡпьскаꙗ.
Trin: ефиопья из неяже исходить река ефиопьская
Radz: ефиѡпиа. из неꙗ|же исходи̇т̇ река еѳиѡпьскаа.
Acad: ефиѡпїа. из неꙗже исходитъ река ефи|ѡпьскаа.
Hypa: ефиѡ|пьꙗ. из неꙗже исходить ре||ка ефиѡпьскаа   [3b]
Khle: ефиѡпіа из неꙗ̇ж̇ исходи̇т̇ река ефіопскаа.

Bych: Ефивопья, из неяже исходить река Ефиопьская   [2,2]
Shakh: Ефиопия, из неяже исходить река Ефиопьская   [1,15]
Likh: Ефивопья, из нея же исходить река ефиопьская   [9,14]
Ostr: Ефиопия, из неяже исходить река Ефиопьская

2,2:

Laur: чермна те|кущи. на въстокъ. авнфаникии
Trin: чермна текущи. на въстокъ фиф<...>
Radz: черма̇ текоущныа. | на встокъ ѳнвѹлни
Acad: чермна текѹщїа. на встокъ фнвѹлїн
Hypa: черьмна те|кущиыа на въстокъ. фнва | лувн
Khle: черомна текоущаа на въ|стокь. ѳнва лѹвї҄а

Bych: Чермна, текущи на въстокъ, Ѳива, Ливия
Shakh: Чьрмьна, текущи на въстокъ, Ѳива, Ливуи,
Likh: Чермна, текущи на въстокъ, Фива, Ливия
Ostr: Чьрмьна, текущия на въстокъ, Фива, Лувуи,

2,3:

Laur: прилежащи. | до куринна. маръмарьа.
Trin: прилежащи до куриния маръмарья
Radz: прилежащи. даже ко коурннїн | мармарна.
Acad: прїлежащи. даже ко кѹрнīн. мармїа.
Hypa: прилежащи. доже до ку|риннна. мармарна.
Khle: прилежащи^ даже до кѵрнн|їа. мармарїа.

Bych: прилежащи до Куриниа, Маръмарья,
Shakh: прилежащи доже и до Куриниа, Мармариа,
Likh: прилежащи до Куриниа, Маръмарья,
Ostr: прилежащи доже до Куриниа, Мармариа,

2,4:

Laur: асуритисноу. и дру|гаіа. нумндьа. масурна.
Trin: асуритисиу и другая нумидья масурия
Radz: соурнтоу лнвѹн ноумндна масѹрна |
Acad: <с>ѹрнтѹ лнвѹн. | нѹмндна. масѹрīа.
Hypa: сурнтѣ. | лнвун. другаіа нумнднна. | масурна.
Khle: си<р>и<т>и. лнвоун. дроугаа ноумні|дїа. масоурїа.

Bych: Сурьти, Ливия другая, Нумидья, Масурия,
Shakh: Сурити, Ливуи другая, Нумидия, Масурия,
Likh: Сурьти, Ливия другая, Нумидья, Масурия,
Ostr: Сурити, Ливуи другая, Нумидия, Масурия,

2,5:

Laur: мавританьіа. протноущи гадирѣ. сущимъ же
Trin: мавританья противущи гадѣрѣ сущимъ же
Radz: мавританьа противоу соущн гадирѣ сѹщи̇ же
Acad: мавританїа. противоу соущи га|дирѣ. соущнмъ же
Hypa: мавританиа. про|тнву сущи. гадирѣ. сущни̇ꙁ | же
Khle: мавританїа, противоу сѹщи | гадирѣ. сѧщн̇ нже

Bych: Мавританья противу сущи Гадирѣ; сущимъ же
Shakh: Мавритания, противу сущи Гадирѣ; сущимъ же
Likh: Мавританья противу сущи Гадирѣ. Сущимъ же
Ostr: Мавритания, противу сущи Гадирѣ. Сущимъ же

2,6:

Laur: ко востокомъ имать | киликию. памъфилию. писндию
Trin: ко востокомъ имать киликию памъфилию писидию
Radz: къ встоко︵м︵ нматъ киликию па︵м︵филию писди<ю> ‖
Acad: ко встокомъ. нматъ киликию. | памъфилїю. писдїю.
Hypa: къ встоко︵м︵ нмать кили|кню. памфилию. писндню |.
Khle: къ въстоко︵м︵ нм<а︵т︵> кнлнкїю, | па︵м︵филїю. писндїю,

Bych: ко востокомъ имать Киликию, Памъфилию, Писидию,
Shakh: къ въстокомъ имать: Киликию, Памфилию, Писидию,
Likh: ко востокомъ имать Киликию, Памъфилию, Писидию,
Ostr: къ въстокомъ имать: Киликию, Памфилию, Писидию,

2,7:

Laur: мосню. лу<к>|ѡнню. фругню. камалню.
Trin: мосию лукаонию фругию камалию   [52]
Radz: мосню лоукашнню фроугню макалню   [2ᴦ]
Acad: мосїю. лȣкашнїю. фрȣгїю. | камалїю.
Hypa: мосню. лукашнню. фругню. | камалню.
Khle: мосїю. лукаонїю фрѵгїю | камалїю.

Bych: Мосию, Лукаонию, Фругию, Камалию,
Shakh: Мусию, Лукаонию, Фругию, Камалию,
Likh: Мисию, Луконию, Фругию, Камалию,
Ostr: Мосию, Лукаонию, Фругию, Камалию

2,8:

Laur: лнкню карню. лудью. | масню. другую троаду.
Trin: ликию карию лудью масию другую троаду
Radz: лнкню | карню лоудню масню   троѧдоу
Acad: ликїю. карїю. лȣдню. масїю.   троѧдȣ.
Hypa: ликню. карню. | лудню. масню. другую тр̊|ѧду.
Khle: лнкїю. карїю. лоудїю. масїю дрȣ|гоую троадоу.

Bych: Ликию, Карию, Лудью, Масию другую, Троаду,
Shakh: Ликию, Карию, Лудию, Масию другую, Троаду,
Likh: Ликию, Карию, Лудью, Мисию другую, Троаду,
Ostr: Ликию, Карию, Лудию, Масию другую, Троаду,

2,9:

Laur: салнду. внфунню. ста|рую фругню. и
Trin: салиду вифунию старую фругию и
Radz: солноудоу вн|фоунню староую ѳроугню н
Acad: солнȣдȣ. внѳȣнїю. старȣю. фрȣгню. н
Hypa: солнду. внфунню. ста|рую фругню. н
Khle: солндоу. внѳоунїю. староую фрȣ|гїю. н

Bych: Еолиду, Вифунию, Старую Фругию; и
Shakh: Солиду, Вифунию, Старую Фругию; и
Likh: Еолиду, Вифунию, Старую Фругию; и
Ostr: Солиду, Вифунию, Старую Фругию; и

2,10:

Laur: ѡстровъ нєкн нмать. саръдани ǁ кр͞нтъ.
Trin: островы нѣкии имать сарѣдани критъ
Radz: ѡстровы пак⟨ы⟩ нматъ | сарданню кр͞н͞т
Acad: ѡстровь пакы | нматъ. сар͞данїю. кр͞нтъ.
Hypa: ѡстровы па|кы нмать. сарданню. кр͞ї|тъ.
Khle: ѡстровы пакы нма͞т. сарданїю кр͞н͞т. |

Bych: островы неки имать: Саръдани, Критъ,
Shakh: островы пакы имать: Сарданию, Критъ,
Likh: островы неки имать: Саръдани, Критъ,
Ostr: островы пакы имать: Сарданию, Критъ,

2,11:

Laur: купръ. н рѣку гєѡну зовему ⟨----⟩
Trin: купръ и рѣку гиону зовому нилъ
Radz: коупръ н рекоу гнѡноу зовем͞ую н͞н͞л
Acad: к оупръ. н рек оу гнон оу. зовем оую ннлъ.
Hypa: купръ. н рѣку. гнѡну. | зовемую. нилу·:· |
Khle: купръ. н рѣкоу гєѡн⟨оу⟩. зовемоу͞ю нилоу. ǁ

Bych: Купръ и рѣку Гѣону, зовемую Нилъ.
Shakh: Купръ и рѣку Гиону, зовемую Нилъ.
Likh: Купръ и рѣку Гѣону, зовемую Нилъ.
Ostr: Купръ и рѣку Гиону, зовемую Нилу.

3,1:

Laur: ⟨А͞⟩фету же шаса полуношцныа ст⟨раны н⟩
Trin: афету же яшася полунощныя страны и
Radz: афетовн же полоунощнаа страна н
Acad: А фетовн же пол у ношцнаа страна. н
Hypa: ⟨А͞⟩фетовн же аса полунощнаа | страна. н
Khle: А͞ фетовн же аса полоунощнаа страна, н

Bych: Афету же яшася полунощныя страны и
Shakh: Афету же яшася полунощьныя страны и
Likh: Афету же яшася полунощныя страны и
Ostr: Афетови же яся полунощьная страна и

3,2:

Laur: ⟨западн⟩. | мндна алъваньа. арвнньа.
Trin: ⟨...⟩дняя мидия алъванья армениа
Radz: запа͞днаа мн|днa ѡлванна арменьа
Acad: зa͞пaнаа. мндїа. ѡлванїа. арменїа
Hypa: западнаа мндна. | ѡлъваннa. арменнa
Khle: запa͞наа | мндїa. ⟨о⟩лваніa. арменїa.

Bych: западныя: Мидия, Алъванья, Арменьа
Shakh: западьныя: Мидия, Алъвания, Армения
Likh: западныя: Мидия, Алъванья, Арменьа
Ostr: западьная: Мидия, Олъвания, Армения

3,3:

Laur: малаӕ и велиӏкаӕ кападокиӕ. фефлагони.
Trin: малая и великая кападокия пефлагони
Radz: малаӕ и велелнка кападоӏкиӕ фефлагони
Acad: малаа. и великаа. ӏ кападокїа. фефлагони.
Hypa: малаӏӕ. и великаӕ каподокиӕ. ӏ фефлагони.
Khle: малаа и великаа. каӏпадокїа. феѳлагони.

Bych: Малая и Великая, Кападокия, Фефлагони,
Shakh: Малая и Великая, Кападокия, Пефлагони,
Likh: Малая и Великая, Кападокия, Фефлагони,
Ostr: Малая и Великая, Каподокия, Фефлагони,

3,4:

Laur: галат⟨ъ⟩. в⟩лех⟨н|с⟩ъ. воспории. меωти. дереви.
Trin: галатиа колхисъ воспории меотии дереви
Radz: галатиӕ кольхисъ въспории меωти дереви
Acad: галатиӕ. кольхисъ. въспорїн. ‖ ⟨м⟩еωти дереви.
Hypa: галатиӕ. кольӏхысъ. воспории меωти деӏреви.
Khle: галатїа, колхы. въсп⟨о⟩рїн, ӏ меωти де⟨р⟩е⟨в⟩и.

Bych: Галатиа, Колхисъ, Воспории, Меоти, Дереви,
Shakh: Галатия, Кольхисъ, Воспории, Меоти, Дереви,
Likh: Галатъ, Колхисъ, Воспории, Меоти, Дереви,
Ostr: Галатия Кольхисъ, Воспории, Меоти, Дереви,

3,5:

Laur: гаръмати тавр⟨і⟩ӏани. снруфьӕ. фраци.
Trin: гаръмати тавриани скуфиа фраки
Radz: сармати таврилни скоуфиа и фраци ӏ
Acad: сармати. таврїани скȣфїа. и фраци
Hypa: сармати. таврианн. ӏ скуфиӕ. фраци.
Khle: сармати. таврїани. скѵфїа фраци.

Bych: Саръмати, Тавриани, Скуфиа, Фраци,
Shakh: Саръмати, Тавриани, Скуфия, Фраци,
Likh: Саръмати, Тавриани, Скуфиа, Фраци,
Ostr: Сармати, Тавриани, Скуфия, Фраци,

3,6:

Laur: макидоньӕ. алма⟨ти⟩ӕ. луеи. фесальӕ.
Trin: македония далматиа малоси фесалья
Radz: макидонна далматиӕ малоси феласиӕ
Acad: макидонїа. далматїа. малоси. феласїа.
Hypa: македоӏниӕ. далматиӕ. молоси. ӏ фесалиӕ.
Khle: македонїа. далматїа. молоси. фесалиа. ӏ

Bych: Макидонья, Далматия, Малоси, Фесалья,
Shakh: Македония, Далматия, Молоси, Фесалия,
Likh: Макидонья, Далматия, Малоси, Фесалья,
Ostr: Македония, Далматия, Молоси, Фесалия,

3,7:

Laur: локрн\[и\]а. пєлєннїа. ӕжє и полопонисъ. наречеса.
Trin: мокриа и пелиниа яже и пелеонисъ наречеся
Radz: локрна | пеленна ӕ^ж и полопони^с наречетса
Acad: локрна. | пєлєнїа. ӕжє и полопонисъ наречеть.
Hypa: локрна. пєлєннїа. ӕжє и полонописъ наре^утса.
Khle: локрїа. пєлєнїа. ӕж<є и п>олопопи^с, наре^утса,

Bych: Локрия, Пелєния, яже и Полопонисъ наречеся,
Shakh: Локрия, Пелєния, яже и Пелопонисъ наречеться,
Likh: Локрия, Пелєния, яже и Полопонисъ наречеся,
Ostr: Локрия, Пелєния, яже и Полопонисъ наречеть ся

3,8:

Laur: аркадъ. ӕпироньӕ. илюрикъ словѣне.
Trin: аркадиа ипифаниа люрикъ словѣне
Radz: аркадна ипиронна илуурикъ словене
Acad: арка^{дн}а. ипиронї\[и\]а. илȣрикъ. словѣне.
Hypa: аркаднӕ. ипирино<ри>ӕ. илурикъ. словене.
Khle: арка|дїа. ипиринод. илурикъ. словене.

Bych: Аркадиа, Япиронья, Илюрикъ, Словѣне,
Shakh: Аркадия, Ипирония, Илурикъ, Словѣне,
Likh: Аркадъ, Япиронья, Илюрикъ, Словѣне,
Ostr: Аркадия, Ипирония, Илурикъ, Словѣне,

3,9:

Laur: лухнтаӕ. анъдриѡ<кнӕ>. | ѡньдрѣӕтиньскаӕ
Trin: луритиа андреокиа андреатиньская
Radz: лухотьа андрнакиа ан^дрыӕтинска
Acad: луухнтиа. андрїакиа. ан^дрь.ӕтинска
Hypa: лухи|тнїа. аньдракнӕ. аньдрнӕтиньска
Khle: лоухнтїа. | андрїакїа, андрнатинскаа

Bych: Лухнитиа, Анъдриокия, Оньдрѣятиньская
Shakh: Лухития, Анъдриакия, Анъдриатиньская
Likh: Лухнитиа, Анъдриокия, Оньдрѣятиньская
Ostr: Лухития, Анъдриакия, Анъдриатиньска

3,10:

Laur: пучина имать же и ѡстр^овы врѣтанию
Trin: пучина имуть же островы врѣтанию
Radz: поучина има^т же и ѡстровы врнтанию
Acad: пȣчина. имать же и ѡстровы. \[вританию\]
Hypa: пучина. имать | же и ѡстровы. вританию.
Khle: поучина, има^т же и | островы, вританїю.

Bych: пучина; имать же и островы: Вротанию,
Shakh: пучина; имать же и островы: Врѣтанию,
Likh: пучина. Имать же и островы: Вротанию,
Ostr: пучина. Имать же и островы: Вританию,

3,11:

Laur: сикилаю ѩвню. родока х‹июиа› | лез‹ово›на.
Trin: сикилию авию родона хиона лѣзовона
Radz: си|келню евню родона хнюна лезвона
Acad: сикелїю. | евї родона. хиюна. лезвона.
Hypa: си||келню. евню род‹о›. хиюна. | лезвона.
Khle: сикелню. евню. родона. хиона. лезвона.

Bych: Сикилию, Явию, Родона, Хиона, Лѣзовона,
Shakh: Сикелию, Евию, Родона, Хиона, Лѣзвона,
Likh: Сикилию, Явию, Родона, Хиона, Лѣзовона,
Ostr: Сикелию, Евию, Родона, Хиона, Лѣзвона,

3,12:

Laur: кофирана вакунофа. кефали‹нью›. | ифакину.
Trin: сефирана вакунфа кефалиниа ефакину
Radz: коуфирана | закоунфа кефалиннїа ифакинү
Acad: күфирина. закүнфа | кефалинїа. ифакинү.
Hypa: куфирана. заку|ньфа. кефалиннїа. ифаки|ну.
Khle: кифvрана. закоуфа. кефа|линїа. ифаннкоу. и

Bych: Кофирана, Закунфа, Кефалинья, Ифакину,
Shakh: Куфирана, Закуньфа, Кефалиния, Ифакину,
Likh: Кофирана, Закунфа, Кефалинъя, Ифакину,
Ostr: Куфирана, Закунфа, Кефалиния, Ифакину,

3,13:

Laur: керькуру часть всауьскиꙗ ст‹раны› |
Trin: керькуру ча ... нньская страны
Radz: керкоурү и часть | всакоа страны и
Acad: керкүрү. и часть всакоа стра|ны. и
Hypa: керкуру. и часть всаꙋко|ꙗ страны. и
Khle: керкvроу. и часть всакоа | ст‹оро›ны ‹и›

Bych: Керькуру, часть Асийскыя страны,
Shakh: Керькуру и часть вьсячьскыя страны,
Likh: Керькуру, часть Асийскыя страны,
Ostr: Керькуру и часть вьсякоя страны и

3,14:

Laur: нарицаемую юнию. рѣку тигру. текущ‹и›
Trin: нарицаемую оини рѣку тигру текущю
Radz: нар‹и›цаемоу юнию и рекоу тноугрү текоущүю
Acad: нарицаемү юнию. и рекү тигрү текүщүю. |
Hypa: нарицаюмую|юнию. и рѣку тигру. те|кущюю
Khle: нарицаемоую юнїю. и рекоу тигрү. | текоущоую

Bych: нарицаемую Онию, и рѣку Тигру, текущую
Shakh: нарицаемую Онию, и рѣку Тигръ, текущю
Likh: нарицаемую Онию, и рѣку Тигру, текущую
Ostr: нарицаемую Онию, и рѣку Тигру, текущую

Повѣсть времєньныхъ лѣтъ

3,15:

Laur: <ме>|жю мндѫ <н вавнлономь   до по>нетьск<ого>
Trin: межю индиею и вавилономъ и до понтииского
Radz: межы мндѫ н вавнлоно͡м до понтьска͡г |
Acad: межн медѫ н вавнлономъ.   до понтьскаго
Hypa: межн мндѫ н вавı|лономъ.   до понетьского |
Khle: межн мндѫ, н вавvлон͡мѡ. до потен|скаго

Bych: межю Миды и Вавилономь; до Понетьского
Shakh: межю Миды и Вавилонъмь; до Понтьскаго
Likh: межю Миды и Вавилономь; до Понетьского
Ostr: межи Миды и Вавилонъмь; до Поньтьского

3,16:

Laur: <мо>|рѧ.   на полъноцıныѩ странꙑ дунан
Trin: моря оба на получныя страны дунаи
Radz: морѧ   на полуноцıныѩ страны доунан
Acad: морѧ   на | полѹноцıныѩ страны. дѹнан
Hypa: морѧ.   на полуноцıныѩ стр҇ны. дунан
Khle: морѧ.   на полоуноцıныѩ страны. доунан, |

Bych: моря, на полънощныя страны, Дунай,
Shakh: моря на полунощьныя страны: Дунаи,
Likh: моря, на полънощныя страны, Дунай,
Ostr: моря на полунощьныя страны, Дунаи,

3,17:

Laur: <дьнѣстръ>. | н кавканснскнѩ <го>рꙑ. <рекше>
Trin: днѣпръ и ...аньския горы рекше
Radz: днепръ н | кавкасı͡нскнѩ горы рѣ͡кше
Acad: днѣпръ. н кавкасı͡н|скı҇ѩ горы рекше
Hypa: днепръ. н кавы|каснскыѩ горы. рекше
Khle: днѣ<п>рь. н кавкасı͡нскыѩ горы. рекше

Bych: Дьнѣстръ и Кавкасийскиа горы, рекше
Shakh: Дьнѣстръ и Кавкасииския горы, рекъше
Likh: Дьнѣстръ и Кавкаисинския горы, рекше
Ostr: Дънепръ и Кавкасииския горы, рекъше

3,18:

Laur: <оугорьскн н ѿ>|туде   доже н до днепра. н
Trin: угорьския и оттуда   доже и до днѣпра и
Radz: оугорскыѩ н ѡтоуда   да͡ж | н до днепра н
Acad: оугорьскı҇ѩ. н ѿтѹда   даже н до днепра. н
Hypa: оу|горьскыѩ. н ѿтуда рекше | доже н до днепра. н
Khle: оугорскы͡ı | н ѿтоуд<а>   даже н до днепра. н

Bych: Угорьски, и оттудѣ доже и до Днѣпра, и
Shakh: Угорьския, и оттуда доже и до Дънепра; и
Likh: Угорьски, и оттудѣ доже и до Днѣпра, и
Ostr: Угорьския, и отътуда доже и до Дънѣпра, и

Повѣсть времеиьныхъ лѣтъ

4,1:

Laur: проч<ам> рѣкн десна <пр>|петь двина вол<х>овъ
Trin: прочая рѣка десна припеть двина волхѣвъ
Radz: прочаа рекы десна припать двина | волховъ
Acad: прочаа рекы. десна прнпе͡. двина. волховь. |
Hypa: прочаа|ıа рѣкы. десна. припеть. | двина. волховъ.
Khle: проч<а>а рѣкы, десна, | прнпе͡. двина влъховь,

Bych: прочая рѣки: Десна, Припеть, Двина, Волховъ,   [3,8]
Shakh: прочая рѣки: Десна, Припеть, Двина, Вълховъ,   [3,8]
Likh: прочая рѣки: Десна, Припеть, Двина, Волховъ,   [10,10]
Ostr: прочая рѣкы: Десна, Припеть, Двина, Вълховъ,

4,2:

Laur: волъга ıаже идет<ь на всто>|къ в часть симову.
Trin: волъга иже идеть на востокъ в части симовы
Radz: волга нже ндеть на всто͡ в ча͡ симовȣ
Acad: волга. нже ндетъ на въстокъ. в часть симовȣ.
Hypa: волга. н|же ндеть на въстокъ. въ | часть симову∵
Khle: волга. <н>же нде͡ на въ|стокъ въ часть симовоу.

Bych: Волъга, яже идеть на встокъ, в часть Симову.
Shakh: Вълга, яже идеть на въстокъ, въ часть Симову.
Likh: Волъга, яже идеть на востокъ, в часть Симову.
Ostr: Вълга, иже идеть на въстокъ въ часть Симову.

4,3:

Laur: в афетовѣ же части седа<ть> русь.   чюдь. и
Trin: в афетовѣ же части сѣдять русь   чюдь и
Radz: въ а|ѳетовѣ же части седн͡ роусь н ч͡ю͡А н
Acad: въ | афетовѣ же части. седнтъ рȣ͡с. н ч͡ю͡А н
Hypa: Въ афетовѣ| же части сѣднть русь.   чю|дь. н
Khle: Въ афетовѣ же части | сѣд<н> роу͡. ч͡ю͡А. н

Bych: В Афетовѣ же части сѣдять Русь, Чюдь и
Shakh: Въ Афетовѣ же части сѣдять Русь, Чюдь и
Likh: В Афетовѣ же части сѣдять русь, чюдь и
Ostr: Въ Афетовѣ же части сѣдить Русь, Чюдь и

4,4:

Laur: <вси ıазыци. мера. мурома весь> | моръдва. заволочьска<ıа>
Trin: вси языци меря мурома весь моръдва заволоцкая
Radz: всн ıазыцн мера | моурома ве͡с моръ͡Ава заволоцкаıа
Acad: всн ıазыцн. | мера. мȣрома ве͡с. мор͡Ава. заволоцкаа
Hypa: всн ıазыцѣ меря му|рома. всь. мордва. заволо|чь[ска]ıа
Khle: всн ıазыцн, меря. моурома. весь. | мордва. заволѡ͡ỷскаа

Bych: вси языци: Меря, Мурома, Весь, Моръдва, Заволочьская
Shakh: <вьси языци:> Меря, Мурома, <Вьсь,> Мърдва, Заволочьская
Likh: вси языци: меря, мурома, весь, моръдва, заволочьская
Ostr: вьси языци: Меря, Мурома, Вьсь, Мърдва, Заволочьская

Повѣсть времєньныхъ лѣтъ

4,5:

Laur: чюдь. ⟨пермь печера | ямь. оугра⟩
Trin: чюдь югра печера емь угра
Radz: чю̇дь пермь печера | ямь
Acad: чюдь. пермь. | печера. ямь.
Hypa: чюдь. пермь. печера. я|мь. югра.
Khle: чю̇дь, пермь. печера. я̇. ю̇гра. |

Bych: Чюдь, Пермь, Печера, Ямь, Угра,
Shakh: Чюдь, Пьрмь, Печера, Ямь, Угра,
Likh: чюдь, пермь, печера, ямь, угра,
Ostr: Чюдь, Пермь, Печера, Ямь, Югра,

4,6:

Laur: литва. зимєг⟨ола корсь. сѣтьгола | любь⟩
Trin: литва замѣгола лѣтьгола корсь тепьра пермь любь
Radz: литва зимѣгола корсь сѣ̇гола   либь
Acad: литва. зимѣгола. корсь. сѣ̇гола.   либь. |
Hypa: литва. зимнгола. | корсь. сѣтьгола.   либь.
Khle: литва, зимѣгола. корсь. сѣ̇гола.   либь.

Bych: Литва, Зимѣгола, Корсь, Лѣтьгола, Любь.
Shakh: Литъва, Зимѣгола, Кърсь, Лѣтьгола, Либь.
Likh: литва, зимѣгола, корсь, лѣтьгола, любь.
Ostr: Литъва, Зимѣгола, Кърсь, Сѣтьгола, Либь.

4,7:

Laur: ⟨ляхове же и пруси⟩ чюдь присѣдать к мор⟨ю̇ | варяжьскому⟩
Trin: ляхове же и пруси чюдь присѣдять к морю варяжьскому
Radz: ля|хове́ и проуси и чю̇ присѣ̇да к морю варя́скомоу
Acad: ляхове же и пруси. и чю̇ присѣдать к морю. варежьскому̇.
Hypa: ляхо|вѣ же и пруси. и чюдь. при|сѣдать к морю варяскому. |
Khle: ляховѣ́ | и проу⟨з⟩и и чю̇ присѣ̇да́ к морю варяскомоу.

Bych: Ляхъве же, и Пруси, Чюдь присѣдять к морю Варяжьскому;
Shakh: Ляхове же и Пруси и Чюдь присѣдять къ морю Варяжьскому;
Likh: Ляхове же, и пруси, чюдь присѣдять к морю Варяжьскому.
Ostr: Ляхове же, и Пруси и Чюдь присѣдять къ морю Варяжьскому.

4,8:

Laur: ⟨по семуже морю сѣ⟩дать вар⟨язи⟩
Trin: по семуже морю сѣдять варязи
Radz: по | семоуже морю присѣдать варази
Acad: по сему̇же морю присѣдатъ варази.
Hypa: по семуже морю сѣдать ва|рази
Khle: по | семоуже морю сѣда̇ варази.

Bych: по семуже морю сѣдять Варязи
Shakh: по семуже морю сѣдять Варязи
Likh: По сему же морю сѣдять варязи
Ostr: По семуже морю сѣдять Варязи

4,9:

Laur: <сѣмо> ко въстоку до предѣла сн̃мова. по <то|му>
Trin: ко въстоку до предѣла симова по тому
Radz: сѣмо ко встокѹ | прдѣла сн̃мова по томѹ
Acad: сѣмо ко въ|стокѹ   прдѣла сн̃мова. по томѹ
Hypa: сѣмо къ въстоку. до | предѣла сн̃мова. по тому |
Khle: сѣмо к востокоу. | до предѣла сн̃мова. по томоуж

Bych: сѣмо ко въстоку до предѣла Симова, по тому
Shakh: сѣмо къ въстоку до предѣла Симова; по тому
Likh: сѣмо ко въстоку до предѣла Симова, по тому
Ostr: сѣмо къ въстоку до предѣла Симова. По тому

4,10:

Laur: же морю сѣдать к̃ западу <до зе>млѧ агнѧн|<с>кн и
Trin: же морю сѣдять къ западу до землѣ агнѧньски и
Radz: же морю сѣдат к западоу | до земли агаӕнскы
Acad: же морю сѣдатъ. | к пападѹ до змлї аанскы.
Hypa: же морю сѣдать къ запа|ду. до земли агараньски и |
Khle: морю сѣдат к запоӯ до зѣлам агланскы. и

Bych: же морю сѣдять къ западу до землѣ Агнѧнски и
Shakh: же морю сѣдять къ западу до землѣ Аглѧньскы и
Likh: же морю сѣдять къ западу до землѣ Агнѧнски и
Ostr: же морю сѣдять къ западу до земля Аглѧньски и

4,11:

Laur: до волошьскн. афет<ово бо и то> колѣ<но варѧ̃зн>
Trin: до волошьски афетово бо и то колѣно варѧзи   [53]
Radz: до волос̃кы афетово бо ко|лѣно   то варѧзн
Acad: до воложьскы. ӓфето|во бо колѣно   то варѧзн.
Hypa: до волошькые. | ӓфетово же колѣно и то варѧ|зн.
Khle: волшскы. ӓфетово бо ко|лѣно и то варѧзн,

Bych: до Волошьски. Афетово бо и то колѣно: Варязи,
Shakh: до Волошьскы. Афетово бо колѣно и то: Варязи,
Likh: до Волошьски. Афетово бо и то колѣно: варязи,
Ostr: до Волошьскы. Афетово бо колѣно и то: Варязи,

4,12:

Laur: <св>ен. оурма<не>   русь. агнѧне галнуане
Trin: свѣе урмане готе русь ангнѧне галичане
Radz: всен оурмане   галнуанѣ
Acad: свен. оурмане.   галнуане.
Hypa: свен. оурмане. готѣ. ру||сь. аглане. галнуане.   [3d]
Khle: свен, оурмане. гте роус̃ а<гла>|не, галнуане.

Bych: Свеи, Урмане, Готе, Русь, Агняне, Галичане,
Shakh: Свеи, Урмане, Гъти, Русь, Агляне, Галичане,
Likh: свеи, урмане, готе, русь, агняне, галичане,
Ostr: Свеи, Урмане, Гъте, Русь, Агляне, Галичане

4,13:

Laur: <волъ>хва римлане немци. корла<зн>
Trin: волохове римляне немци корлязи
Radz: немцн ‖ корлязн   [2ᵛ]
Acad: немцн. корлязн.
Hypa: волохове. римлянѣ. немцн. ‖ корлязн
Khle: волохове. римлане, немцн. ‖ корлязн.   [3ʳ]

Bych: Волъхва, Римляне, Нѣмци, Корлязи,
Shakh: Волохове, Римляне, Нѣмьци, Корлязи,
Likh: волъхва, римляне, нѣмци, корлязи,
Ostr: Волохове, Римляне, Нѣмьци, Корлязи,

4,14:

Laur: веньдици ‖ фрагове н прочн доже присѣдать
Trin: венедици фрягове и прочии ти же присѣдять
Radz: венедици фрягове н прочн   приседа͞т
Acad: венедици. фрягове. н прочн   приседатъ
Hypa: венедици. фряговѣ. н прочн   присѣдать ‖
Khle: венедици. фрягове. н п<роч>н   присѣда͞т ‖

Bych: Веньдици, Фрягове и прочии, ти же присѣдять
Shakh: Венедици, Фрягове и прочии; тиже присѣдять
Likh: веньдици, фрягове и прочии, ти же присѣдять
Ostr: Венедици, Фрягове и прочии, присѣдять

4,15:

Laur: ѿ запада <къ> ‖ полуночью н съседатьса съ
Trin: отъ запада къ полунощью и съсѣдяться со
Radz: к полуд͞нью   соседать͡с со
Acad: к полуднью.   соседать͡с со
Hypa: ѿ запада къ полуденью. ‖ н съсѣдатса съ
Khle: ѿ запада къ полудню. н съсѣдат<са> съ

Bych: отъ запада къ полуденью и съсѣдяться съ
Shakh: отъ запада къ полудьнию, и съсѣдяться съ
Likh: отъ запада къ полуденью и съсѣдяться съ
Ostr: отъ запада къ полудьнью, и съсѣдять ся съ

4,16:

Laur: пл<еменемъ хамовъ>. ‖
Trin: племенемъ хамовымъ
Radz: племене͞м хамовы͞м
Acad: племенемъ хамовымъ. ‖
Hypa: племене͞м ‖ хамовомъ.
Khle: племене͞м ‖ <съ> хамовы͞м.

Bych: племянемъ Хамовымъ.
Shakh: племеньмь Хамовъмь.
Likh: племянемъ хамовым.
Ostr: племеньмъ Хамовъмь.

4,17:

Laur:	<снмъ> и Хамъ. и Афетъ раздѣлнвше [2ᵛ]
Trin:	симъ же и хамъ и афефъ раздѣливша
Radz:	снмъж ха̂ н афетъ | розделнвше
Acad:	снмь же. хамъ. н афетъ. розделнвше
Hypa:	снмъ же. н хамъ̆. | н афетъ. раздѣлнвше
Khle:	сн̂м же. хамъ. | афе̂т. раздѣлнвше

Bych: Симъ же, и Хамъ и Афетъ, раздѣливше
Shakh: Симъ же и Хамъ и Афетъ, раздѣливъше
Likh: Сим же и Хам и Афет, раздѣливше
Ostr: Симъ же и Хамъ и Афетъ, раздѣливъше

4,18:

Laur:	землю жрѣ́бьн метавше. не преступатн ннкому же.
Trin:	землю жребии метавше не преступати никому же
Radz:	землю н жребьн метавше н ннкомуж | престоупатн
Acad:	землю. н жре|бьн меташа. н нникомȢ же престȢпатн [2ʳ]
Hypa:	зе́млю. н жребнн метавше. | не переступатн ннкому же |
Khle:	зе̂млю. | н жребі<н> метавше. не престоупатн ннкомоуж |

Bych: землю, жребьи метавше, не преступати никомуже
Shakh: землю, и жребии метавъше ... не преступати никомуже
Likh: землю, жребьи метавше, не преступати никому же
Ostr: землю, и жребии метавъше, не переступати никому же

5,1:

Laur:	въ жрѣ́бнн братень. жнвахȢ
Trin:	въ жребии братень и живяху
Radz:	въ жребнн братень н жнвяx<Ȣ>
Acad:	въ жребїн бра|тень. н жнвахȢ
Hypa:	въ жребнн братень. н жн|ваху
Khle:	въ жребїн братнїн. н жнвахѫ

Bych: въ жребий братень, и живяху   [4,7]
Shakh: въ жребии братьнь, и живяху   [4,9]
Likh: въ жребий братень, и живяхо   [10,23]
Ostr: въ жребии братьнь, и живяху

5,2:

Laur:	кождо въ своен частн. бы́с | ıазыкъ еднн.
Trin:	кождо въ своеи части бысть язык великъ единъ
Radz:	кождо | въ своен частн н бы́с ıазыкъ еднн̂
Acad:	кож̊о въ своен частн. н бы́с ıазыкъ | еднн̂.
Hypa:	кождо въ своен ча|стн. н бы́с ıазыкъ еднн̂. |
Khle:	кож̊о въ своен | частн. н бы́с ıазыкь еднн̂ь.

Bych: кождо въ своей части; бысть языкъ единъ.
Shakh: къжьдо въ своеи части. И бысть языкъ единъ.
Likh: кождо въ своей части. Бысть языкъ единъ.
Ostr: къжьдо въ своеи части. И бысть языкъ единъ.

Повѣсть времеиьныхъ лѣтъ

5,3:

Laur: и оумножившемъса ѹ̃лвкомъ на | земли помыслиша
Trin: и умножившемъся человѣкомъ на земли и помыслиша
Radz: и умножившмъса | ѹ̃лкомъ на земли и помыслыша
Acad: и оумножившмса ѹ̃лкомъ на земли. и помы|слиша
Hypa: и оумноживши<вши>мса | ѹ̃лвкѡ̄ на земли. и помы|слиша
Khle: оумнѡжнившимса | ѹ̃лкѡ̄ на зе̄мли. и помыслиша

Bych: И умножившемъся человѣкомъ на земли, и помыслиша
Shakh: И умъноживъшемъся человѣкомъ на земли, и помыслиша
Likh: И умножившемъся человѣкомъ на земли, и помыслиша
Ostr: И умъноживъшимъ ся человѣкомъ на земли, и помыслиша

5,4:

Laur: создати столпъ до н̄бсе. въ | д̄ни нектана.
Trin: создати столпъ до небесе въ дни нектана
Radz: созͣати столпъ до нб͡ си |
Acad: созͣати столпъ до нб̄си.
Hypa: создати столпъ до | нб̄си. въ д̄ни нектана. |
Khle: създати столпь до | нб̄си. въ д̄ни нектана

Bych: создати столпъ до небесе, въ дни Нектана
Shakh: съзьдати стълпъ до небесе, въ дьни Нектана
Likh: создати столпъ до небесе, въ дни Нектана
Ostr: съзьдати стълпъ до небеси, въ дьни Нектана

5,5:

Laur: и фалека. и собрашаса на мѣстѣ. | сенаръ
Trin: и фалека и собрашася на мѣстѣ сенари на
Radz: omitted
Acad: omitted
Hypa: и фалека. и събравшеса | на мѣстѣ сенарь
Khle: и фалека. събравше͡ с на мѣ|стѣ сенар

Bych: и Фалека. И собрашася на мѣстѣ Сенаръ
Shakh: и Фалека. И събърашася на мѣстѣ Сенаръ
Likh: и Фалека. И собрашася на мѣстѣ Сенаръ
Ostr: и Фалека. И събьравъше ся на мѣстѣ Сенаръ

5,6:

Laur: поли здати   столпъ до н̄бсе. и градъ ѡколо
Trin: поли здати   столпъ до небесе и градъ около
Radz: и граͣ ѡколо
Acad: и граͣ ѡколо
Hypa: поле. | здати сти столпъ до нб̄се | и городъ ѡколо
Khle: полѣ. здати   столпь до нб̄си. и горѡ̄ около |

Bych: поли здати столпъ до небесе и градъ около
Shakh: поли, зьдати стълпъ до небесе и градъ около
Likh: поли здати столпъ до небесе и градъ около
Ostr: поле, зьдати стълпъ до небесе и градъ около

5,7:

Laur: е҃го вавилонъ. и созда столпъ то за .м҃. лѣ̃т
Trin: его вавилонъ и създаша столпъ то за сорокъ лѣтъ
Radz: е҃г вавилонъ и създаша столп за м҃ лѣ̃т
Acad: его ва|вилонъ. и з̾даша столпъ за .м҃. лѣ̃.
Hypa: его вави|лонъ. и здаша столпъ. за |.м҃. лѣ̃т.
Khle: его вавѵлѡ̾. и здаша стлъпь. за .м҃. лѣ̃т.

Bych: его Вавилонъ; и создаша столпъ тъ за 40 лѣтъ,
Shakh: его, Вавилонъ. И зьдаша стълпъ тъ за 40 лѣтъ,
Likh: его Вавилонъ; и созда столпъ то за 40 лѣтъ,
Ostr: его Вавилонъ. И зьдаша стълпъ за 40 лѣтъ,

5,8:

Laur: не свершеı҆нъ бы̃с. и сниде г҃ь б҃ъ видѣти
Trin: не свершенъ бысть и сниде господь богъ видѣти
Radz: и не свершенъ бы̃с и сниде г҃ь б҃ъ видѣти
Acad: и не свершенъ бы̃.| и сниде г҃ь б҃гъ видѣти
Hypa: и не свершенъ бы̃.| и сниде г҃ь б҃ъ видѣть
Khle: и не свершеı҆н̾ бы̃с. и сниде г҃ь б҃ъ видѣти

Bych: и не свершенъ бысть. И сниде Господь Богъ видѣти
Shakh: и не съвьршенъ бысть. И съниде Господь Богъ видѣти
Likh: и не свершенъ бысть. И сниде господь богъ видѣти
Ostr: и не съвьршенъ бысть. И съниде Господь Богъ видѣти

5,9:

Laur: градъ и столпъ. и ре̃ч г҃ь | се родъ единъ. и ӕзыкъ
Trin: градъ и столпъ и рече господь се родъ единъ и языкъ
Radz: гра̾д и столпъ | и ре̃ч г҃ь б҃ъ се ро̾д единъ и ӕзыкъ
Acad: гра̾д и столпъ. и рече г҃ь б҃гъ се ро̾ единъ. [и ӕзы̃к]
Hypa: горо̾д | и столпа. и ре̃ч г҃ь се родъ е|динъ. и ӕзыкъ
Khle: город<а> и стлъп<а>. и рече г҃ь | се рѡ̾ единъ, и ӕзыкь

Bych: градъ и столпъ, и рече Господь: се, родъ единъ и языкъ
Shakh: градъ и стълпъ. И рече Господь: се, родъ единъ и языкъ
Likh: градъ и столпъ, и рече господь: "Се родъ единъ и языкъ
Ostr: градъ и стълпъ и рече Господь: "Се родъ единъ и языкъ

5,10:

Laur: единъ. и съмѣси б҃ъ ӕзы|кы. и раздѣли на
Trin: единъ и расмѣси богъ языки и раздѣли на
Radz: единъ и съмѣси г҃ь б҃ъ | ӕзыкы и раздѣли на
Acad: [единъ] и съмѣси г҃ь б҃гъ ӕзыкы. и раздѣли на |
Hypa: единъ. | и смѣси б҃ъ ӕзыкы. и ра|здѣли на
Khle: единь. и смѣси б҃ъ ӕзыкы. | и раздѣли на

Bych: единъ. И съмѣси Богъ языки, и раздѣли на
Shakh: единъ. И съмѣси Богъ языки, и раздѣли на
Likh: единъ". И съмѣси богъ языки, и раздѣли на
Ostr: единъ". И съмѣси Богъ языки, и раздѣли на

5,11:

Laur: .о҃. и .в҃. ꙗзыка и расъсѣꙗ по всеи земли. по
Trin: 70 и на два языка
Radz: о҃ и в҃ ꙗзыка и рассеа по всеи | земли по
Acad: .о҃. и на .в҃. ꙗзыка. и расъсѣꙗ по всеи земли. по
Hypa: .о҃. и на два ꙗзыі|ка. и рассѣꙗ по всеи земл҃и. | по
Khle: .о҃. и на два ꙗзыка. и ра̇сѣꙗ по всеи | зе҃лн. по

Bych: 70 и 2 языка, и расъсѣя по всей земли. По
Shakh: 70 и на дъва языка, и расѣя по вьсеи земли. По
Likh: 70 и 2 языка, и расъсѣя по всей земли. По
Ostr: 70 и на дъва языка, и расъсѣя по вьсеи земли. По

5,12:

Laur: размѣшеньи же ꙗзыкъ. б҃ъ вѣтромъ | великимъ
Trin: *omitted to 8,4*
Radz: размешение же ꙗзыкъ б҃ъ вѣ<т>ро҃м велик҃ы
Acad: размѣшенїи же ꙗзы҃к. б҃гъ вѣтромъ великимъ
Hypa: размѣшеньи же ꙗзыкъ. б҃ъ вѣтромъ великомъ |
Khle: размешенїи же ꙗзыкъ. б҃ъ вѣтро҃м велик҃ы

Bych: размѣшеньи же языкъ Богъ вѣтромъ великимъ
Shakh: размѣшении же языкъ Богъ вѣтръмь великъмь
Likh: размѣшеньи же языкъ богъ вѣтромъ великимъ
Ostr: размѣшеньи же языкъ Богъ вѣтръмь великъмь

5,13:

Laur: разраши столпъ. и есть ѡстанокъ е|го промежю
Radz: разроушити столпъ повелѣ и е҃с ѡстано҃к е҃г межи
Acad: разрꙋшити | столпъ повелѣ. и е҃с ѡстанокъ его межи
Hypa: раздруши столпъ. и е|сть ѡстанокъ его межи ||
Khle: раздроуши стлъпь. и е҃с ѡстанокъ его межи

Bych: разруши столпъ, и есть останокъ его промежю
Shakh: раздруши стълпъ, и есть останъкъ его промежю
Likh: разраши столпъ, и есть останокъ его промежю
Ostr: раздруши стълпъ, и есть останъкъ его межи

5,14:

Laur: асюра. и вавилона. и есть въ высо|ту
Radz: асира | и вавилона и е҃с въ высотоу
Acad: асира. и ва|вилона. и есть в высотꙋ
Hypa: асура. и вавилона. и есть | въ высоту.   [4a]
Khle: асѵра | и вавѷлона. и е҃с въ высотоу

Bych: Асюра и Вавилона, и есть въ высоту
Shakh: Асура и Вавилона, и есть въ высоту
Likh: Асюра и Вавилона, и есть въ высоту
Ostr: Асура и Вавилона. И есть въ высоту

5,15:

Laur: и
Radz: и в ширин^{8} локо^{т} ҃є ѵ҃ л҃ г҃ локти:
Acad: и в шириноу локо^{т} ҃є.ѵ҃.л҃.г҃. | локотъ·:
Hypa: и въ ширню. | л<о>котъ ҃є.ѵ҃.л҃.г҃. локо^{т}·. |
Khle: и въ широтоу, лако^{т} ҃є.ѵ҃ | л҃г҃.

Bych: и въ ширину локоть 5433 локти, и
Shakh: и въ ширину лакътъ 5400 и 33 лакъти,
Likh: и въ ширину локоть 5433 локти, и
Ostr: и въ ширину локътъ 5433 локътъ.

5,16:

Laur: в лѣта | многа хранимъ останокъ. по размѣшеньи
Radz: В лѣта многа храни^{м} wстано^{к} по размѣшении
Acad: В лѣта многа хранимъ wстано^{к}. по размѣшеніи
Hypa: В лѣта многа хранимъ wстанокъ. по раздрушеніи
Khle: въ лѣта мнwга храни^{м} wстанокъ тъ. по раздроушеніи

Bych: в лѣта многа хранимъ останокъ. По размѣшеньи
Shakh: въ лѣта мъногa хранимъ останъкъ тъ. По раздрушении
Likh: в лѣта многа хранимъ останокъ. По размѣшеньи
Ostr: Въ лѣта мъногa хранимъ останъкъ. По раздрушении

5,17:

Laur: же | столпа. и по раздѣленьи ꙗзыкъ. приꙗша
Radz: же столпа и по раздѣление ꙗзыкъ приꙗша
Acad: же столпа и по раздѣленіи ꙗзы^{к} пріꙗша
Hypa: же столпа и по раздѣле|нии ꙗзыкъ. приꙗша
Khle: же стлъпа. и по раздѣленіи ꙗзыкъ. пріаша |

Bych: же столпа и по раздѣленьи языкъ прияша
Shakh: же стълпа и по раздѣлении языкъ прияша
Likh: же столпа и по раздѣленьи языкъ прияша
Ostr: же стълпа и по раздѣлении языкъ прияша

5,18:

Laur: сн҃ве | симови. въсточныꙗ страны. а хамови
Radz: сн҃ве | сифови встоүныꙗ страны а хамови
Acad: сн҃ве | сифови въсточныꙗ страны. а хамови
Hypa: сн҃ве | симовы въстосточныꙗ | страны [а хамовы же
Khle: сн҃ове симови въсточныꙗ страны а хамови

Bych: сынове Симови въсточныя страны, а Хамови
Shakh: сынове Симови въсточьныя страны, а Хамови
Likh: сынове Симови въсточныя страны, а Хамови
Ostr: сынове Симовы въсточьныя страны, а Хамови же

Повѣсть времеьныхъ лѣтъ

5,19:

Laur: сн҃ве по҇лу деньнъı˫а страны. афетови же
Radz: сн҃ве полоудн҃ъıа | страны афетовиж҃ сн҃ве
Acad: сн҃ве полу́денныа страны. афетови же сн҃ве
Hypa: сн҃ве полу<->нъı˫а страны] афетови же сн҃ве |
Khle: сн҃ве | полоуде҇нъıа страны. афетови же сн҃ове

Bych: сынове полуденьныя страны, Афетови же
Shakh: сынове полудьньныя страны, Афетови же
Likh: сынове полуденныя страны. Афетови же
Ostr: сынове полудьньныя страны. Афетови же сынове

5,20:

Laur: при˫аша   за|падъ. и полунощнъı˫а страны. ѿ сихъ
Radz: западнъıа страны при˫аша и | полоуденнъıа страны ѿ сн҃х
Acad: западнъıа стра|ны при˫аша. и полу́денныа страны. ѿ сн҃х
Hypa: западъ   при˫аша. и полуно|щьнъı˫а страны. ѿ сихъ
Khle: запа҄   при́аша, и полоуденныа страны. ѿ сн҃х

Bych: прияша западъ и полунощныя страны. Отъ сихъ
Shakh: прияша западъ и полунощьныя страны. Отъ сихъ
Likh: прияша западъ и полунощныя страны. От сихъ
Ostr: западъ прияша и полунощьныя страны. Отъ сихъ

5,21:

Laur: же .о҃. и .в҃. | ˫азъıку. бы҇ ˫азъıкъ. словенескъ ѿ
Radz: же о҃ и в҃ ˫азъıкоу бы҇ ˫азъıк҇ | словенескъ ѿ
Acad: же .о҃. и .в҃. | ˫азъıку. бы҇ ˫азъıкъ словенескъ. ѿ
Hypa: ж҄е | .о҃. и двѹ ˫азъı|ку. бы҇ ˫азъıкъ словенескъ. ѿ
Khle: же .о҃. и двоу | ˫азъıкоу. бы҇ ˫азъıкь слѡвенескъ. ѿ

Bych: же 70 и 2 языку бысть языкъ Словѣнескъ, отъ
Shakh: же 70 и дъвою языку бысть языкъ Словѣньскъ; отъ
Likh: же 70 и 2 языку бысть язык словѣнескъ, от
Ostr: же 70 и дъву языку бысть языкъ Словѣньскъ, отъ

5,22:

Laur: племени   афето҇ва. нар   ци еже суть словене.
Radz: племениж҃ афетова нарицаеми иновѣ|рци еже соуть словене
Acad: племени же а́фе|това. нарицаеми норци еже сѹ҇ть словене.
Hypa: племе|ни же афетова. нарѣ<ц>а|емѣи норци. иже суть | словенѣ.
Khle: племенеж҃ афе|това нарицаемӥ норци, иже сѹ҇ҭ словене.

Bych: племени Афетова, Нарци, еже суть Словѣне.
Shakh: племене же Афетова нарицаемии Норици, иже суть Словѣне.
Likh: племени Афетова, Нарци, еже суть словѣне.
Ostr: племени же Афетова нарицаемии Норци, иже суть Словѣне.

22   Повѣсть времяньныхъ лѣтъ

                              5,23:
Laur: во мнозѣхъ же времѧнѣх. сѣли суть словени
Radz: по мнозѣ же времене́х сѣли | соуть словени
Acad: по мноӡѣхъ же времене́х. сѣли сȣть словени
Hypa: по мнозѣхъ | же временѣхъ. сѣлѣ | суть словени.
Khle: по | мнѡsѣ же времене́, сѣли сѫ̃ слѡвене

Bych: По мнозѣхъ же времянѣхъ сѣли суть Словени
Shakh: По мъннозѣхъ же временѣхъ сѣли суть Словене
Likh: По мнозѣхъ же времянѣх сѣли суть словени
Ostr: По мъннозѣхъ же временѣхъ сѣли суть Словѣни

                              5,24:
Laur: по дунаеви. гдѣ есть нынѣ | оугорьска
Radz: по дунаеви гдѣ е́с̃   оугорьскаѧ
Acad: по дȣнаеви | гдѣ есть   оугорьскаѧ
Hypa: по дунае|ви. кде есть ннѣ оугорыскаѧ
Khle: по доунаеви. | где е́с̃ нн̃ѣ оугорскаѧ

Bych: по Дунаеви, гдѣ есть ныне Угорьска
Shakh: по Дунаеви, къде есть нынѣ Угърьска
Likh: по Дунаеви, гдѣ есть ныне Угорьска
Ostr: по Дунаеви, где есть нынѣ Угърьская

                              5,25:
Laur: землѧ. и болгарьска.   ѿ тѣхъ словенъ |
Radz: землѧ | и болгарскаѧ землѧ и ѿ тѣ̃ словенъ
Acad: землѧ. и болгарскаѧ землѧ. | и ѿ тѣ̃х словенъ
Hypa: землѧ. и болгары|скаѧ.   ѿ тѣхъ словенъ. |
Khle: ӡе̃млѧ, и болгарскаѧ.   ѿ тѣ̃ | слѡвеⁿ

Bych: земля и Болгарьска. И отъ тѣхъ Словенъ
Shakh: земля и Българьска. И отъ тѣхъ Словенъ
Likh: земля и Болгарьска. И от тѣхъ словенъ
Ostr: земля и Бъльгарьская. Отъ тѣхъ Словенъ

                              6,1:
Laur: разидошасѧ по землѣ. и прозвашасѧ имены
Radz: разидоша́с по земли | и прозваша́с имены
Acad: разыдошасѧ по земли.   прозвашаⁿс имены
Hypa: разидошашасѧ по земы|ли. и прозвашасѧ име|ны
Khle: разыдоша́с по ӡе̃мли. и прозваша́с имены

Bych: разидошася по землѣ и прозвашася имены   [5,7]
Shakh: разидошася по земли, и прозъвашася имены   [5,12]
Likh: разидошася по землѣ и прозвашася имены   [11,8]
Ostr: разидоша ся по земли, и прозъваша ся имены

6,2:

Laur: своимн. гдѣ сѣдше на которомъ мѣстѣ. ꙗко
Radz: своимн гдѣ сѣшн на котмо мѣстѣ | ꙗкж
Acad: своимн. гдѣ сѣше на которомъ мѣстѣ. | ꙗкоже
Hypa: своимн. кдѣ сѣдше. | на которомъ мѣстѣ. | ꙗко
Khle: своимн, где сѣдше на котормѡ мѣстѣ. ꙗкж

Bych: своими, гдѣ сѣдше на которомъ мѣстѣ; яко
Shakh: своими, къдѣ сѣдъше, на которомь мѣстѣ. Якоже
Likh: своими, гдѣ сѣдше на которомъ мѣстѣ. Яко
Ostr: своими, гдѣ сѣдъше на которомь мѣстѣ. Яко

6,3:

Laur: пришедше сѣдоша. на рѣцѣ имянемъ марава.
Radz: пршѣше сѣдоша на рѣцѣ именмѣ морава
Acad: пршѣше сѣдоша на рѣцѣ именемъ морава. |
Hypa: пршѣдше сѣдоша. | на рѣцѣ именемъ морвѣ.
Khle: пршѣше || сѣдоша на рѣцѣ именмѣ моурава. [4ᵛ]

Bych: пришедше сѣдоша на рѣцѣ имянем Марава,
Shakh: пришьдъше, сѣдоша на рѣцѣ именьмь Морава,
Likh: пришедше сѣдоша на рѣцѣ имянем Марава,
Ostr: пришьдъше сѣдоша на рѣцѣ именьмь Морава,

6,4:

Laur: и | прозвашася морава. а друзии чесн нарекошас. |
Radz: и прозваша | с морава а дроунзн чесн нарекошас
Acad: и прозваша с морава. а друⷦ҄зїн чесн нарекошаса. ||
Hypa: и прозвашася морава. а друзии чесѣ нарекошаса
Khle: и прозваша с моравⷶ. а дроуѕїн нарекоша с чесн.

Bych: и прозвашася Морава, а друзии Чеси нарекошася;
Shakh: и прозъвашася Морава, а друзии Чеси нарекошася;
Likh: и прозвашася морава, а друзии чеси нарекошася.
Ostr: и прозъваша ся Морава, а друзии Чеси нарекоша ся.

6,5:

Laur: а се ти же словѣни. хровате бѣлии. и сереь.
Radz: а се ти же словѣнⷺ хорвате бѣлии и серь
Acad: а се ти же словѣне хорвате бѣлїн. и серь. [2ᵛ]
Hypa: а се ти же словѣ<н>. хорвати бѣлии. серпь.
Khle: а се ти же слѡвени. | хорвати бѣлїн. и серби.

Bych: а се ти же Словѣни: Хорвате Бѣлии, и Сереь
Shakh: а се тиже Словѣне: Хървати Бѣлии и Сърь
Likh: А се ти же словѣни: хровате бѣлии и сереь
Ostr: А се ти же Словѣни: Хървати Бѣлии и Сърь

Повѣсть времеиьныхъ лѣтъ

24   Повѣсть времеаньныхъ лѣтъ

6,6:

Laur: и хо|рутане. волхомъ бо нашедшемъ
Radz: и хорутане воло<->о бо на|шѣшн͂
Acad: и хорутане. | волхомъ бо нашедшн͂мъ
Hypa: и хутане. волохоі|мъ бо нашедшн͂
Khle: и хобоутане. волохомъ | бѡ нашедшн͂

Bych: и Хорутане Волхомъ бо нашедшемъ
Shakh: и Хорутане. Волохомъ бо нашьдъшемъ
Likh: и хорутане. Волхомъ бо нашедшем
Ostr: и Хорутане. Волохомъ бо нашьдъшимъ

6,7:

Laur: на словѣни на | дунаискиѧ. сѣдшемъ в ни͒
Radz: на словены на доунаньскыѧ и сѣ|шн͂ в ни͒
Acad: на словены на дунаньскиѧ. | и сѣдшн͂мъ в нн͂.
Hypa: на слове||ны. на дунаньскые. и сѣ|дшн͂мъ в нихъ.   [4b]
Khle: на слѡвены на доунаньскыа. и сѣдшн͂ | въ ни͒.

Bych: на Словѣни на Дунайския, и сѣдшемъ в нихъ
Shakh: на Словѣни на Дунаискыя, и сѣдъшемъ въ нихъ
Likh: на словѣни на дунайския, и сѣдшем в них
Ostr: на Словѣны на Дунаискыя, и сѣдъшимъ въ нихъ

6,8:

Laur: и насилѧщемъ им̾. | словѣни же ѡви пришедше
Radz: и наси|лаци͂ и͂ словѣне ѡни пришѣ|ше
Acad: и насилаще имь. словене же ѡни | пришѣ͂ше
Hypa: и насилаю|щимъ имъ. словене же ѡви пришедше и
Khle: и насилацн͂ имь. слѡвене же пришѣ͂ше. | и

Bych: и насилящемъ имъ, Словѣни же ови пришедше
Shakh: и насилящемъ имъ, Словѣне же ови, прешьдъше,
Likh: и насилящем им, словѣни же ови пришедше
Ostr: и насилящимъ имъ, Словѣне же ови, пришьдъше,

6,9:

Laur: сѣдоша   на вислѣ. и || прозвашасѧ лѧхове. а ѿ   [3г]
Radz: седоше   на вислѣ и про|звашас̾ лѧхове а ѿ   [3г]
Acad: седоша   на вѣслѣ. и прозвашесѧ лѧхове. а ѿ |
Hypa: сѣдоша.   на | вислѣ. и прозвашасѧ ла|хове. а ѿ
Khle: сѣдоша ѡвн͂ на вислѣ, и прозваша͒ лѧхове. и |

Bych: сѣдоша на Вислѣ, и прозвашася Ляхове, а отъ
Shakh: сѣдоша на Вислѣ, и прозъвашася Ляхове, а отъ
Likh: сѣдоша на Вислѣ, и прозвашася ляхове, а от
Ostr: сѣдоша на Вислѣ, и прозъваша ся Ляхове, а отъ

6,10:

Laur:	тѣхъ ляховъ пр<озвашася>	поляне. ляхове друзии
Radz:	тѣ̃ ляховъ прозваша̃ поляне ля|хове дроузии
Acad:	тѣхъ ляховь прозвашеся поляне. ляхове дрүзїи
Hypa:	тѣхъ ляховъ про|звашася поляне ляховѣ.	дрүзии
Khle:	прозваша̃ поляне ляхове. дроусїи

Bych:	тѣхъ Ляховъ прозвашася Поляне, Ляхове друзии
Shakh:	тѣхъ Ляховъ прозвашася Поляне; Ляхове друзии
Likh:	тѣхъ ляховъ прозвашася поляне, ляхове друзии
Ostr:	тѣхъ Ляховъ прозваша ся Поляне, Ляхове друзии

6,11:

Laur:	лутичи. ини мазовш<ане>	ини поморяне.
Radz:	лоутичи инии мазовшане инїи помо|ряне
Acad:	лүтичи. инїи мазавшене. инїи поморяне.
Hypa:	л<ю>ти<ч>ѣ. инии ма|зовшане. а нии поморяне.	
Khle:	лютичи. литва	инїи мазовшане. а нїи поморяне.

Bych:	Лутичи, ини Мазовшане, ини Поморяне.
Shakh:	Лутичи, ини Мазовъшане, ини Поморяне.
Likh:	лутичи, ини мазовшане, ини поморяне.
Ostr:	Лютичи, ини Мазовъшане, а ини Поморяне.

6,12:

Laur:	тако же и ти словѣне пришедш<е>	и сѣдоша по
Radz:	тако̃ и тии словене пришѣ̃ше и седоша по
Acad:	такїи же словѣне пришѣ̃ше сѣдоша. по
Hypa:	тако же и тѣ же словѣне.	пришедше сѣдоша по
Khle:	тако же и ти слѡвени. пришѣ̃ше сѣдоша по

Bych:	Такоже и ти Словѣне пришедше и сѣдоша по
Shakh:	Такоже и ти Словѣне, пришьдъше, сѣдоша по
Likh:	Тако же и ти словѣне пришедше и сѣдоша по
Ostr:	Такоже и ти же Словѣне пришьдъше, сѣдоша по

6,13:

Laur:	днѣпру. и нарекошася поляне. а друзии древляне
Radz:	непрү	и нарекоша̃ поляне а дроузии деревляне
Acad:	днепрү. и нарекоша̃ поля|не а дрүзїи древляне.
Hypa:	дне|пру. и наркошася поляне.	а друзии деревляне.
Khle:	днепроу. и нарекоша̃ поляне, а дроусїи деревля

Bych:	Днѣпру и нарекошася Поляне, а друзии Древляне,
Shakh:	Дънѣпру, и нарекошася Поляне, а друзии Древляне,
Likh:	Днѣпру и нарекошася поляне, а друзии древляне,
Ostr:	Дънепру, и нарекоша ся Поляне, а друзии Деревляне,

6,14:

Laur: зане сѣдоша в лѣсѣ. а друзии сѣдоша
Radz: зане сѣдоша в лесѣ а другiи сѣдоша
Acad: зане сѣдоша в лесѣхъ. а дрȣзiи сѣдоша
Hypa: зане сѣдоша в лѣсѣхъ. а друзии сѣдоша
Khle: зане сѣдоша в лѣсѣ. а друсiи сѣдоша

Bych: зане сѣдоша в лѣсѣхъ; а друзии сѣдоша
Shakh: зане сѣдоша въ лѣсѣхъ; а друзии сѣдоша
Likh: зане сѣдоша в лѣсѣх; а друзии сѣдоша
Ostr: зане сѣдоша въ лѣсѣхъ; а друзии сѣдоша

6,15:

Laur: межю припетью и двиною. и нарекошася
Radz: межи припаю и двиною и нарекошаⷭ
Acad: межи прїпетью и двиною. и нарекошася
Hypa: межи припѣтью и двиною. и наркошаⷭ
Khle: межю припею и двиною. и нарекошаⷭ

Bych: межю Припетью и Двиною и нарекошася
Shakh: межю Припетию и Двиною, и нарекошася
Likh: межю Припетью и Двиною и нарекошася
Ostr: межи Припетью и Двиною и нарекоша ся

6,16:

Laur: дреговичи.
Radz: дрегвичи инии сѣдоша на двинѣ и нарекошаⷭ
Acad: дрегвичи. инїи сѣдоша на двинѣ и нарекошаⷭ
Hypa: дреговичи. и инии сѣдоша на двинѣ. и нарекошася
Khle: дръговичи. инїи сѣдоша на двинѣ, и нарекошаⷭ

Bych: Дреговичи; инии сѣдоша на Двинѣ и нарекошася
Shakh: Дрьгъвичи; инии сѣдоша на Двинѣ, и нарекошася
Likh: дреговичи; инии сѣдоша на Двинѣ и нарекошася
Ostr: Дрьгъвичи; инии сѣдоша на Двинѣ, и нарекоша ся

6,17:

Laur: рѣчьки ради иаже втечеть
Radz: полоуане реки раⷣ иаже течеть
Acad: полоуане. рекы ради иаже течеть
Hypa: полоуане. рѣчьки раⷣ. иаже втечеть
Khle: полоуане рѣчкы ради. иаже течеⷮ

Bych: Полочане, рѣчьки ради, яже втечеть
Shakh: Полочане рѣчькы ради, яже вътечеть
Likh: полочане, рѣчьки ради, яже втечеть
Ostr: Полочане, рѣчькы ради, яже течеть

Повѣсть времєньныхъ лѣтъ

6,18:

Laur: въ двину. именемъ полота. ѿ сеꙗ прозвашасѧ
Radz: в двиноу именѣ͞м полота | ѿ сеꙗ прозваша͞с
Acad: во двинȣ. именемь полота. ѿ сеꙗ прозваше͞с
Hypa: въ двину. именемь полота. ѿ сеꙗ прозваша͞с |
Khle: въ дви|ноу именѣ͞м полота, ѿ сеꙗ прозваша͞с

Bych: въ Двину, имянемъ Полота, отъ сея прозвашася
Shakh: въ Двину, именьмь Полота, отъ сея прозъвашася
Likh: въ Двину, имянемъ Полота, от сея прозвашася
Ostr: въ Двину, именьмь Полота, отъ сея прозъваша ся

6,19:

Laur: полочане. словѣ|ни же сѣдоша ѡколо езера
Radz: полочане словене же седоша ѡколо ѡзе|ра
Acad: полочане. словѣне же | седоша ѡколо ѡзера
Hypa: полочанѣ. словѣне же сѣд̊ша ѡколо ѡзера
Khle: полочане. сло|вени же седоша около ѡзера

Bych: Полочане. Словѣни же сѣдоша около езера
Shakh: Полочане; Словѣне же, прешьдъше съ Дуная, сѣдоша около езера
Likh: полочане. Словѣни же сѣдоша около езера
Ostr: Полочане. Словѣне же, сѣдоша около озера

6,20:

Laur: илмерѧ. прозвашасѧ <св>|имъ иманем<ъ и>
Radz: илмена и прозваша͞с сво͞и именѣ͞м
Acad: илмера. и прозвашасѧ сво͞и | именемь. и
Hypa: илмера. | и прозвашасѧ своимъ име|нем͞. и
Khle: илме<р>и. и прозваша͞с сво͞и именѣ͞м. и

Bych: Илмеря, и прозвашася своимъ имянемъ, и
Shakh: Илмеря, и прозъвашася своимь именьмь, и
Likh: Илмеря, и прозвашася своимъ имянемъ, и
Ostr: Илмеря, и прозъваша ся своимь именьмь, и

6,21:

Laur: сдѣлаша градъ. и нарекоша <и но|в>ъгородъ.
Radz: соделаша | горо̑д и нареноша новъгородъ
Acad: соделаша городъ. и нарекоша новьго|рѡдъ:·
Hypa: сдѣлаша городъ. | и нарекоша и новъгородъ. |
Khle: сдѣлаша горѡ̑. и нарекоша и | новьгорѡ̑.

Bych: сдѣлаша градъ и нарекоша и Новъгородъ;
Shakh: съдѣлаша градъ, и нарекоша и Новъгородъ;
Likh: сдѣлаша градъ и нарекоша и Новъгородъ.
Ostr: съдѣлаша градъ, и нарекоша и Новъгородъ.

6,22:

Laur: а дружн   сѣдоша по деснѣ. и по <семи по> | сулѣ
Radz: а дроузии   сѣдоша по деснѣ и по семи и по сѹлѣ
Acad: а дрѹзїи   сѣдоша по деснѣ. и по семи. | и псѹлѣ.
Hypa: а дружни же сѣдоша на де|снѣ. и по семи и по сулѣ.
Khle: а дроусїи же сѣдоша на деснѣ. и по сѐ͞м͞и, | и по соулѣ,

Bych: а друзии сѣдоша по Деснѣ, и по Семи и по Сулѣ,
Shakh: а друзии сѣдоша по Деснѣ и по Семи и по Сулѣ,
Likh: А друзии сѣдоша по Деснѣ, и по Семи, по Сулѣ,
Ostr: А друзии сѣдоша на Деснѣ, и по Семи, и по Сулѣ,

6,23:

Laur: и нарекоша сѣверъ. тако разидеса словѣ|ньскии
Radz: и наре͞к͞ша͞с сѣвера и тако разыдеса словѣньскыи
Acad: и нарекошаса сѣверо. и тако разыдеса | словѣньскїи
Hypa: и | наркошаса сѣвер<о>. и тако | разидеса словенескъ
Khle: и нарекоша с<е>͞свер<о>. и тако разыдеса | слѡвенескъ

Bych: и нарекошася Сѣверъ. И тако разидеся Словѣньский
Shakh: и нарекошася Сѣверъ. И тако разидеся Словѣньскыи
Likh: и нарекошася сѣверъ. И тако разидеся словѣньский
Ostr: и нарекоша ся Сѣверо. И тако разиде ся Словѣньскъ

6,24:

Laur: ꙗзыкъ тѣм же и грамота прозваса <сло>|вѣньскаꙗ.
Radz: ꙗзы͞к тѣ͞м | же и прозваса грамота
Acad: ꙗзыкъ. тѣм же и прозваса грамо|та.
Hypa: ꙗзыкъ. тѣмь же и прозваса | словѣньскаꙗ грамота·:· |
Khle: ꙗзыкь. тѣ͞м же и прозваса слѡве͞нскаа грамота·:·

Bych: языкъ, тѣмже и грамота прозвася Словѣньская.
Shakh: языкъ; тѣмъ же и грамота прозъвася Словѣньская.
Likh: языкъ, тѣм же и грамота прозвася словѣньская.
Ostr: языкъ, тѣмъ же и прозва ся Словѣньская грамота.

7,1:

Laur: поляномъ же живъшимъ ѡсобѣ по гор|амъ
Radz: пола͞м же живоущи͞м ѡсобь | по гора͞м
Acad: поля͞м͞ же жив͞ꙋщимъ ѡсобь. по горамъ
Hypa: Поляномъ же живущи͞м ѡсо͞б. || по горамъ   [4c]
Khle: Поляно͞м͞ же живоуще͞м ѡсобь по | гора͞м

Bych: Поляномъ же жившимъ особѣ по горамъ   [6,7]
Shakh: Полямъ же живъшемъ особѣ по горамъ   [6,13]
Likh: Поляномъ же жившимъ особѣ по горамъ   [11,26]
Ostr: Поляномъ же живъшимъ особь по горамъ

7,2:

Laur: симъ. бѣ путь из варагъ въ греки. и из
Radz: симъ и бѣ поуть из вара͡г въ грекы а из
Acad: симь. и бѣ пүть из варегъ во греки. а из
Hypa: симъ. и бѣ путь | из варагъ въ грекы. и изъ
Khle: сн͡м. и бѣ пꙋ͡т из варагъ въ грекы. и из

Bych: симъ, бѣ путь изъ Варягъ въ Греки и изъ
Shakh: симъ, бѣ путь из Варягъ въ Грькы и из
Likh: симъ, бѣ путь изъ Варягъ въ Греки и изъ
Ostr: симъ, и бѣ путь из Варягъ въ Грьки и из

7,3:

Laur: грекъ по днѣпру. и верхъ днѣпра волокъ до
Radz: грекъ по ᴀ͡непроу и верхъ днепра волокъ до
Acad: грекъ по днепрү. и верхъ днепра волокъ. до
Hypa: грекъ по днепру. и вѣрхъ днепра волокъ до
Khle: гре͡к | по днѣпроу. и верхъ днѣпра волокъ до

Bych: Грекъ по Днѣпру, и верхъ Днѣпра волокъ до
Shakh: Грькъ по Дънѣпру, и вьрхъ Дънѣпра волокъ до
Likh: Грекъ по Днѣпру, и верхъ Днѣпра волокъ до
Ostr: Грькъ по Дънѣпру, и вьрхъ Дънѣпра волокъ до

7,4:

Laur: ловоти. | по ловоти внити в ылмерь ѡзеро
Radz: ловоти и | по ловоти внити въ илмерь ѡзоро
Acad: ловоти. и по ловоти внити въ ильмерь ѡзеро
Hypa: ло|воти. и по ловоти внити въ и<л>мерь ѡзеро
Khle: волоти, | и по волоти внити въ илмерь ѡзеро

Bych: Ловоти, и по Ловоти внити въ Илмерь озеро
Shakh: Ловоти, и по Ловоти вънити в Илмерь езеро
Likh: Ловоти, и по Ловоти внити в Ылмерь озеро
Ostr: Ловоти, и по Ловоти вънити въ Илмерь озеро

7,5:

Laur: великое. из негоже ѡзера потечеть волховъ и
Radz: великое из него͡ж | ѡзера потечеть волховъ и
Acad: великое. из негоже ѡзера по|течеть волховь. и
Hypa: великое. из негоже ѡзера. потечеть | волховъ. и
Khle: великое. из негоже ѡзера тече͡т волховь. и

Bych: великое, из негоже озера потечеть Волховъ и
Shakh: великое, из негоже езера потечеть Вълховъ, и
Likh: великое, из негоже озера потечеть Волховъ и
Ostr: великое, из негоже озера потечеть Вълховъ, и

7,6:

Laur: вътечеть в озеро | великое ново. того
Radz: втечет̃ въ шзеро великое нев҃ и то͡г
Acad: втечетъ въ шзеро великое не|во. и того
Hypa: втечеть въ ш|зеро великое нево. и того
Khle: втече̃т въ зеро | великое нево. и того

Bych: вътечеть в озеро великое Нево, и того
Shakh: вътечеть въ езеро великое Нево; и того
Likh: вътечеть в озеро великое Нево, и того
Ostr: вътечеть въ озеро великое Нево, и того

7,7:

Laur: шзера внидеть устье в море | варяжьское. и по
Radz: шзера оустье вниде̃т в море варѧ̃ское и по
Acad: шзера внидетъ оустье в море варежьское и по
Hypa: шзера вниде̃ оустье в мо|ре варѧское. и по
Khle: шзера оустье вниде̃т в | море варѧ̃ское. и по

Bych: озера внидеть устье в море Варяжьское, и по
Shakh: езера вънидеть устие въ море Варяжьское; и по
Likh: озера внидеть устье в море Варяжьское. И по
Ostr: озера вънидеть устие въ море Варяжьское. И по

7,8:

Laur: тому морю ити   до рима а ѿ | рима прити по
Radz: том морю внити да̃ до рима а ѿ рима прити | по
Acad: том८ морю внити даже и до рима || а ѿ рима прӥти по　　　　　　　[3ᴦ]
Hypa: тому мо|рю внити доже и до рима. | а ѿ рима прити по
Khle: томоу морю внити даже и до ри|м‹а›. а ѿ рима прӥти по

Bych: тому морю ити до Рима, а отъ Рима прити по
Shakh: тому морю ити доже и до Рима, а отъ Рима прити по
Likh: тому морю ити до Рима, а от Рима прити по
Ostr: тому морю вънити доже и до Рима, а отъ Рима прити по

7,9:

Laur: томуже морю ко ц҃рюгороду а ѿ | ц҃рѧгорода
Radz: томѫ̃ морю ко ц҃рюградоу ѿ ц҃рѧгра̂
Acad: том८же морю ко ц҃рюград८ ѿ ц҃рѧ|города
Hypa: томуже | морю. къ ц҃рюграду. и ѿ ца|рѧгра̂
Khle: томоуже морю къ цари||граꙋ̂ и ѿ ц҃рѧграда　　　　　　　[4ᴦ]

Bych: томуже морю ко Царюгороду, а отъ Царягорода
Shakh: томуже морю къ Цѣсарюграду, а отъ Цѣсаряграда
Likh: тому же морю ко Царюгороду, а от Царягорода
Ostr: томуже морю къ Цьсарюграду, и отъ Цьсаряграда

7,10:

Laur: прнти в понотъ моря. <въ> неже втечет҃ | днѣпръ
Radz: принти въ по||нтъ море в не́ж течеть днѣпръ　　　　　　[3ᵛ]
Acad: въ понтъ море. в неже течетъ днѣпръ
Hypa: прити в понтъ мо|ре. в неже втече҃ днѣпръ |
Khle: прі҃нти в потъ море. в неже тече҃т | днѣпръ

Bych: прити в Понтъ море, въ неже втечеть Днѣпръ
Shakh: прити въ Понтъ море, въ неже вътечеть Дънѣпръ
Likh: прити в Понтъ море, в не же втечет Днѣпръ
Ostr: прити въ Понтъ море, въ неже вътечеть Дънѣпръ

7,11:

Laur: рѣка днѣпръ бо потече нз оковьскаго лѣ |
Radz: рѣка днѣпръ бо течеть | нз воковьска́г лѣса
Acad: рѣка. | днѣпръ бо течетъ нз воковьскаго лѣса.
Hypa: рѣка. днѣпръ бо течеть | нзъ воковьского лѣса.
Khle: рѣка днѣпръ бѡ тече҃т нзь шковского лѣса. |

Bych: рѣка. Днѣпръ бо потече из Волковьскаго лѣса,
Shakh: рѣка. Дънѣпръ бо потечеть из Оковьскаго лѣса,
Likh: рѣка. Днѣпръ бо потече из Оковьскаго лѣса,
Ostr: рѣка. Дънѣпръ бо течеть из Воковьскаго лѣса,

7,12:

Laur: и потечеть на полъдне. а двнна нс тогоже
Radz: и поте҃че на полоудн҃ь а двнна нс то|гоже
Acad: и потече|тъ на полꙋднѣ а двнна нс тогоже
Hypa: и | потечеть на полудн҃и. а | двнна нз тогоже
Khle: и поте҃че на полоу҃не. а двнна нз того́ж

Bych: и потечеть на полъдне, а Двина ис тогоже
Shakh: и течеть на полъдьне, а Двина ис тогоже
Likh: и потечеть на полъдне, а Двина ис того же
Ostr: и потечеть на полъдьне, а Двина ис тогоже

7,13:

Laur: лѣса | потече҃. а идеть на полунощье и внидеть
Radz: лѣса потече҃ и иде҃т на полоуноѥ҄ и вниде҃т
Acad: лѣса потечетъ. | и идетъ на полꙋноѥ҄. и внидетъ
Hypa: лѣса по|тече҃. идеть на полуно|чье. и внид҃е
Khle: лѣса потече҃. и и҃де на полоуночїе. и вниде

Bych: лѣса потечеть, а идеть на полунощье и внидеть
Shakh: лѣса потечеть, а идеть на полунощие, и вънидеть
Likh: лѣса потечет, а идеть на полунощье и внидеть
Ostr: лѣса потечеть, и идеть на полуночие и вънидеть

7,14:

Laur: в мо|ре варѧжьское. нс того же лѣса потече
Radz: в море | варѧ̑скоє нс то̑ же лѣса потьче̑т
Acad: в море варѧжьское | нс того же лѣса потечетъ
Hypa: в море варѧ̑ское. нс того же лѣса по|течеть
Khle: в море варѧзкое нз того̑ | лѣса потече̑т

Bych: в море Варяжьское; ис того же лѣса потече
Shakh: въ море Варяжьское; ис тогоже лѣса потечеть
Likh: в море Варяжьское. Ис того же лѣса потече
Ostr: въ море Варяжьское. Ис того же лѣса потечеть

7,15:

Laur: волга на | въстокъ. и втечеть семьюдесѧт
Radz: волга на всто̑к и втечеть о҃
Acad: волга. на вьсто̑к. и втечетъ .о҃.
Hypa: волга. на въстокъ. | и вътече҃ седьмьюдесѧ̑тъ
Khle: влъга на востокъ. н втече҃ се̑мїю|деса̃т

Bych: Волга на въстокъ, и вътечеть семьюдесят
Shakh: Вълга на въстокъ, и вътечеть седмиюдесятъ
Likh: Волга на въстокъ, и вътечеть семьюдесят
Ostr: Вълга на въстокъ, и вътечеть седмьюдесятъ

7,16:

Laur: жерелъ в мо|ре хвалнсьское. тѣм же и
Radz: жерелъ в море хвалнмьское тѣ̃м же
Acad: жерелъ в море хвалнмьское. тѣмъ же
Hypa: жерелъ. в море хвалі|нское. тѣмь же
Khle: жерелы в море хвалн̑ское. тѣ̃м же

Bych: жерелъ в море Хвалисьское. Тѣмже и
Shakh: жерелъ въ море Хвалисьское. Тѣмь же
Likh: жерелъ в море Хвалисьское. Тѣм же и
Ostr: жерелъ въ море Хвалисьское. Тѣмь же

7,17:

Laur: нз русн можеть нтн | в болгары н
Radz: нз роусн | можеть нтн по волзе в болгары н
Acad: н|з русн можетъ нтн. н по волзе в болгары. н
Hypa: нз русі | можеть нтн по волзѣ. | в болгары. н
Khle: нз роусн | може҃т нтн по волѕе в болгары, н

Bych: из Руси можеть ити по Волзѣ в Болгары и
Shakh: из Руси можеть ити по Вълзѣ въ Българы и
Likh: из Руси можеть ити по Волзѣ в Болгары и
Ostr: из Руси можеть ити по Вълзѣ въ Българы и

Повѣсть времєньныхъ лѣтъ   33

7,18:

Laur: въ хвалнсы наста въстокъ донтн | въ жребнн
Radz: въ хвалнсы н на вы́стъкъ донтн в жеребнн
Acad: въ хвалнсы. н на въсто͡к донтн. в жеребїн
Hypa: въ хвалнсы. | н на въстокъ донтн въ жр͡ебнн
Khle: въ хвалнсы, н | на въстокъ донтн въ жребїн

Bych: въ Хвалисы, и на въстокъ доити въ жребий
Shakh: въ Хвалисы, и на въстокъ доити въ жребии
Likh: въ Хвалисы, и на въстокъ доити въ жребий
Ostr: въ Хвалисы, и на въстокъ доити въ жеребии

7,19:

Laur: снмовъ. а по двннѣ въ варягн. нзъ | варягъ
Radz: снмовъ а по двннѣ в варя|гы   н‹дз› варягъ н
Acad: снмовь. а по двнн|ѣ в варегн. нз варегъ н
Hypa: снмовъ. а по двннѣ въ варягы. а нзъ ва|рягъ н
Khle: снмовь. а по двннѣ | въ варягы, а нз варягъ н

Bych: Симовъ, а по Двинѣ въ Варяги, изъ Варягъ
Shakh: Симовъ, а по Двинѣ въ Варягы, а изъ Варягъ
Likh: Симовъ, а по Двинѣ въ Варяги, изъ Варягъ
Ostr: Симовъ, а по Двинѣ въ Варягы, изъ Варягъ и

7,20:

Laur: до рнма. ѿ рнма   до племенн
Radz: до рнма ѿ рнма͆ж н до племене
Acad: до рнма. ѿ рнма͆ же н до пле|менн
Hypa: до рнма. ѿ рн͆мᷛ || же н до племенн   [4d]
Khle: до рнма. ѿ рнма͆ж н до пле|менн

Bych: до Рима, отъ Рима же и до племени
Shakh: до Рима, отъ Рима же и до племене
Likh: до Рима, от Рима же и до племени
Ostr: до Рима, отъ Рима же и до племени

7,21:

Laur: хамова а | днѣпръ втечеть в понетьское море
Radz: хамова | н днѣпръ втеч͡е в понѣтьское море тремн
Acad: хамова. а днѣпръ втечетъ. в понтьское мо|ре. тремн
Hypa: хамова | а днепръ втеч͡е в понтеское море. тремн
Khle: хамова. а днѣпрь втеч͡е в по͡тескоѥ море | тре͡мн͡

Bych: Хамова. А Днѣпръ втечеть в Понетьское море
Shakh: Хамова. А Дънѣпръ вътечеть въ Понтьское море трьми
Likh: Хамова. А Днѣпръ втечеть в Понетьское море
Ostr: Хамова. А Дънѣпръ вътечеть въ Поньтьское море трьми

7,22:

Laur: жереломъ. ‖ еже море словеть руское. по немуже [3ᵛ]
Radz: жерелы | нже море словеть ро͞у͡скоє по нємоуже
Acad: жерелы. нже море словеть р͞у͡сьскоє. по нємꙋже
Hypa: жералы. нже море словеть рускоє. по нємуже
Khle: жерелы. нже море слове͡т ро͡у͡скоє. по нємо͞у͡ж |

Bych: жереломъ, еже море словеть Руское, по немуже
Shakh: жерелы, еже море словеть Русьское, по немуже
Likh: жереломъ, еже море словеть Руское, по нему же
Ostr: жерелы, еже море словеть Русьское, по немуже

7,23:

Laur: оучнлъ с͞тын ѡньдрѣн братъ петровъ. ꙗкоже
Radz: оуч͡н с͞ты͡ а|ндрен бра͡ петровъ ꙗкоже
Acad: оучнлъ с͞тын андрен братъ петровъ:· | ꙗкоже
Hypa: оучн|лъ с͞тын ан͡дрѣ͡н͡ братъ | петровъ·:· | ꙗкоже
Khle: оучнль с͞тын андрен бра͡ петровъ:· ꙗкоже

Bych: училъ святый Оньдрѣй, братъ Петровъ, якоже
Shakh: училъ святыи Андрѣи, братъ Петровъ, якоже
Likh: училъ святый Оньдрѣй, братъ Петровъ, якоже
Ostr: училъ святыи Андрѣи, братъ Петровъ, якоже

7,24:

Laur: рѣша.
Radz: рекоша
Acad: рекоша
Hypa: ркоша.
Khle: рекоша, |

Bych: рѣша.
Shakh: рѣша.
Likh: рѣша.
Ostr: рекоша.

7,25:

Laur: ѡньдрѣю оучащю | въ снопнн. н пршедшю
Radz: андрею | оучащоу в снопѣ н пр͡ншешю
Acad: андрею оучащю в снопѣ. н пр|ншедъшꙋ
Hypa: андрею | оучащю в сннонопнн. | пршедшю
Khle: андрею оучащю в снопѣ, н пр͡ншешоу

Bych: Оньдрѣю учащю въ Синопии и пришедшю
Shakh: Андрѣю учащю въ Синопии, и пришьдъшю
Likh: Оньдрѣю учащю въ Синопии и пришедшю
Ostr: Андрѣю учащю въ Синопии и пришьдъшю

Повѣсть времньныхъ лѣтъ

8,1

Laur: емоу в корсун.ѣ оувидѣ ꙗко нс корсуна близъ
Radz: емоу в корѣсоунь и оувѣдѣ ꙗко нс корѣсуна близъ
Acad: емȣ в корсȣнь. и оувидѣ ꙗко нс корсȣна близъ
Hypa: ему в корсунь. оувидѣ ꙗко нс корысуна близъ
Khle: емоу в корсȣ{н}, оувѣдѣ ꙗко из корсоуна близъ

Bych: ему в Корсунь, увѣдѣ, яко ис Корсуня близь   [7,4]
Shakh: ему въ Кърсунь, увѣдѣ, яко ис Кърсуня близь   [7,11]
Likh: ему в Корсунь, увѣдѣ, яко ис Корсуня близь   [12,9]
Ostr: ему въ Кърсунь, увидѣ, яко ис Кърсуня близь

8,2:

Laur: оустье днѣпрьское. въсхотѣ поити в римъ
Radz: оустье днѣпрьское и въсхотѣ ити в ри҃м
Acad: оустье днѣпрьское и восхотѣ ити в ри҃м.
Hypa: оустье дьнѣпръское. и въсхотѣ поити в римъ.
Khle: оустье днѣпрьское. и въсхотѣ поити в ри҃м.

Bych: устье Днѣпрьское, и въсхотѣ поити в Римъ,
Shakh: устие Дънѣпрьское, и въсхотѣ поити въ Римъ,
Likh: устье Днѣпрьское, и въсхотѣ поити в Римъ,
Ostr: устие Дънѣпрьское, и въсхотѣ поити въ Римъ,

8,3:

Laur: и проиде въ вустье днѣпрьское. ѿтоле
Radz: и при҃и въ оустье днѣпрьское и ѿтоле
Acad: и приде въ оустье днѣпрьское. и ѿтоле
Hypa: и приде въ оустье днепръское и ѿтолѣ
Khle: при҃иде въ оустье днѣпрьское, и въсхотѣ

Bych: и проиде въ вустье Днѣпрьское, и оттоле
Shakh: и приде въ устие Дънѣпрьское, и отътолѣ
Likh: и проиде въ вустье Днѣпрьское, и оттоле
Ostr: и прииде въ устие Дънѣпрьское, и отътолѣ

8,3а

Laur:
Trin: по семъ же по долицѣхъ временехъ по мнозихъ лѣтехъ
Radz:
Acad:
Hypa:
Khle:

Bych:
Shakh:
Likh:
Ostr:

8,3b:

Laur:
Trin: бысть по воплощении христовѣ и по разпятии и
Radz:
Acad:
Hypa:
Khle:

Bych:
Shakh:
Likh:
Ostr:

8,3c:

Laur:
Trin: воскресении и на небеса по вознесении
Radz:
Acad:
Hypa:
Khle:

Bych:
Shakh:
Likh:
Ostr:

8,4:

Laur: поиде по днѣпру горѣ. и по приключаю. приде
Trin: и по приключаю приде святыи апостолъ андрѣи
Radz: поиде по днѣпру горѣ и по прилоучаю прїиде
Acad: поиде по днѣпру горѣ. и по прилѹчаю прїиде.
Hypa: поиде по днѣпру горѣ. и по приключаю. приде
Khle: поити по днѣпроу горѣ. и по приключаю прїиде

Bych: поиде по Днѣпру горѣ, и по приключаю приде
Shakh: поиде по Дънѣпру горѣ. И по приключаю приде,
Likh: поиде по Днѣпру горѣ. И по приключаю приде
Ostr: поиде по Дънѣпру горѣ. И по приключаю приде

8,5:

Laur: и ста | подъ горами на березѣ. заутра
Trin: и ста подъ горами на березѣ и заутра рано
Radz: и ста по̑ горами на березѣ и въста
Acad: и ста подъ горами на березѣ. и въставъ
Hypa: и ста подъ | горами на березѣ. и заоутра
Khle: и ста по̑ горами на березѣ. и заутра |

Bych: и ста подъ горами на березѣ. И заутра
Shakh: и ста подъ горами на брезѣ. И заутра
Likh: и ста подъ горами на березѣ. И заутра
Ostr: и ста подъ горами на березѣ. И заутра

Повѣсть времєньныхъ лѣтъ

8,6:

Laur: въставъ и рѣ́ к сущі́мъ с нимъ ученикомъ.
Trin: въставъ рече сущимъ с нимъ человѣкомъ
Radz: заоутра и рѣ́ к соущі́н с нимъ оученико͞
Acad: заоутра и рече к со̆щнмъ | с нимъ оу͞нкомъ.
Hypa: въставъ рече | к сущимъ с нимъ у́ченикомъ.
Khle: въставь. рѣ́ к сущи͞ с ни͞ оученико͞,

Bych: въставъ и рече к сущимъ с нимъ ученикомъ:
Shakh: въставъ, рече къ сущимъ съ нимь ученикомъ:
Likh: въставъ и рече к сущимъ с нимъ ученикомъ:
Ostr: въставъ рече къ сущимъ съ нимь ученикомъ:

8,7:

Laur: видите ли горы сиꙗ. ꙗко | на сихъ гора́х восиꙗеть
Trin: видите ли горы сия на сихъ горах возсияеть
Radz: видите ли горы сиꙗ ꙗко на си͞ | гора́х въсниꙗеть
Acad: видите ли горы сіа. ꙗко на си͞ го|ра́х въсіꙗеть
Hypa: видите | горы сиꙗ. ꙗко на сихъ го|рахъ въсниꙗеть
Khle: видите ли горы | сіа. ꙗко на си͞ гора́х въсіꙗеть

Bych: "видите ли горы сия? яко на сихъ горахъ восияеть
Shakh: "видите ли горы сия? яко на сихъ горахъ въсияеть
Likh: "Видите ли горы сия?—яко на сихъ горах восияеть
Ostr: "Видите ли горы сия? яко на сихъ горахъ въсияеть

8,8:

Laur: бл͞гдть бж͞ьꙗ. имать градъ | великъ.
Trin: благодать божья и создати имуть градъ великъ
Radz: бл͞гть бж͞ьа имат⟨ь⟩ гра́ великъ
Acad: бл͞гть бж͞ьа. имат гра́ великъ
Hypa: бл͞гть | бж͞ниꙗ. имать и городъ ве|ликъ
Khle: бл͞гть бж͞іа. има́ | горѡ великъ

Bych: благодать Божья; имать градъ великъ
Shakh: благодать Божия; имать градъ великъ
Likh: благодать божья; имать градъ великъ
Ostr: благодать Божия; имать градъ великъ

8,9:

Laur: и ц͞рквн многи б͞ъ въздвигнути имать.
Trin: и церкви многи въздвигнути
Radz: бы́т | и ц͞ркви многы имать б͞ъ воздвигноути
Acad: быти. и ц͞ркви многи. имать б͞гъ възв̆игну́ти.
Hypa: быти. и ц͞ркви мы|ногы има́ б͞ъ въздвигну|ти.
Khle: быти, и ц͞ркви мнѡгы има́ б͞ъ възвигноути,

Bych: быти и церкви многи Богъ въздвигнути имать".
Shakh: быти, и цръкъви мъногы Богъ въздвигнути имать".
Likh: быти и церкви многи богъ въздвигнути имать".
Ostr: быти и цръкъви мъногы имать Богъ въздвигнути".

37

38 Повѣсть временьныхъ лѣтъ

8,10:

Laur: въ|шедъ на горы сн҃а бл҃вн ꙗ. постави
Trin: и вшедъ на горы тѣ и благослови я и постави
Radz: и вше͋ | на горы сн҃а и бл҃гв҃н а и постави
Acad: и въше͋ | на горы и бл҃гв҃ꙇ а. и постави
Hypa: и въшедъ на горы сн҃а и бл҃гв҃н ꙗ. и постави |
Khle: и вше͋ на горы сїа и бл҃вн а. и постави

Bych: И въшедъ на горы сия, благослови я, и постави
Shakh: И въшьдъ на горы сия, благослови я, и постави
Likh: И въшедъ на горы сия, благослови я, и постави
Ostr: И въшьдъ на горы сия, и благослови я, и постави

8,11:

Laur: кр҃тъ и помоли|въса б҃у. и сълѣзъ съ
Trin: крестъ и помолися богу и сниде съ
Radz: кр҃тъ ‖ и помолⷭ҇ б҃гоу и слѣзе с
Acad: кр҃тъ:· и помолнса | къ б҃г҃у. и слѣзе з
Hypa: кр҃тъ. и помолнвса б҃у. | и слѣзе съ
Khle: кр҃тъ. | и помолнвса б҃оу и злѣзе з

Bych: крестъ, и помоливъся Богу, и сълѣзъ съ
Shakh: крьстъ, и помоливъся Богу, и сълѣзъ съ
Likh: крестъ, и помоливъся богу, и сълѣзъ съ
Ostr: крьстъ. И помоливъ ся Богу, и сълѣзе съ

8,12:

Laur: горы сеꙗ. идеже послѣже бы͋ кн|евъ. и поиде
Trin: горы   идѣже   бысть киевъ и поиде
Radz: горы сеꙗ идѣже после бы͋ кыевъ и поиде
Acad: горы сеꙗ. идѣже после бы͋ кневь ‖ и поиде
Hypa: горы сеꙗ. иде|же послѣже бы͋ кневъ. | и поиде
Khle: горы сеꙗ. идеже послѣже | бы͋ кыевъ. и поиде

Bych: горы сея, идеже послѣже бысть Киевъ, и поиде
Shakh: горы сея, идеже послѣже бысть Кыевъ, поиде
Likh: горы сея, иде же послѣже бысть Киевъ, и поиде
Ostr: горы сея, идеже послѣже бысть Кыевъ, и поиде

8,13:

Laur: по днѣпру горѣ. и приде въ словени. иде|же
Trin: по днѣпру вверхъ и приде въ словени идеже
Radz: по днепроу горѣ и принде въ словены | идеж
Acad: по непру̑ горѣ. и прінде во словены. идеже
Hypa: по днѣпру горѣ. ‖ и приде въ словены. иде|же
Khle: по днепроу горѣ. и прїнде въ сло|вены, идеже

Bych: по Днѣпру горѣ. И приде въ Словѣни, идеже
Shakh: по Дънѣпру горѣ. И приде въ Словѣни, идеже
Likh: по Днѣпру горѣ. И приде въ словѣни, идеже
Ostr: по Дънѣпру горѣ. И приде въ Словѣны, идеже

[4ᵍ]

[3ᵛ]

[5а]

Повѣсть времєньных лѣтъ

8,14:

Laur: нынѣ новъгородъ. и видѣ ту люди сущая. како
Trin: нынѣ новъгородъ великии и видѣ ту люди сущая како
Radz: нн҃ѣ новъгоро҃д и види лю҃д соушна тоу ка҃к
Acad: ны|нѣ новъгоро҃д. и видѣ люди с҃ущаа т҃у какъ
Hypa: нн҃ѣ новъгоро҃д. и ви|дѣвъ люди ту сущая. | какъ
Khle: нн҃ѣ новъгорѡ҃д. и видѣ лю҃д тоу сꙗщаꙗ ꙗ҃к

Bych: нынѣ Новъгородъ, и видѣ ту люди сущая, како
Shakh: нынѣ Новъгородъ, и видѣ ту люди сущая, како
Likh: нынѣ Новъгородъ, и видѣ ту люди сущая, како
Ostr: нынѣ Новъгородъ, и видѣ люди ту сущая, какъ

[54]

8,15:

Laur: єсть ѡбычаи имъ. и како ся мыють
Trin: есть у нихъ обычаи и како ся мыють и
Radz: и҃хъ | ѡбычаи ка҃к ся мыють и
Acad: и ѡбычаи. и како ся мыютъ и
Hypa: и҃хъ ѡбычаи и ка҃ко ся мыють. и
Khle: и҃х обычаи. ꙗк ся мыю҃т и

Bych: есть обычай имъ, и како ся мыють и
Shakh: есть обычаи имъ, и како ся мыють и
Likh: есть обычай имъ, и како ся мыють и
Ostr: ихъ обычаи, и како ся мыють и

8,16:

Laur: хвощются. и | оудивися имъ. иде въ варяги
Trin: хвощются и удивися имъ и иде в варяги
Radz: хвощоуть и удивис҃ имъ | и иде в варязи
Acad: хвощютъ. и оудивися имъ | и иде в варегы.
Hypa: хвощю|ся и оудивися имъ. и | иде въ варагы.
Khle: хвощюся и оудивися и҃м҃, и иде въ варагы.

Bych: хвощются, и удивися имъ. И иде въ Варяги,
Shakh: хвощються, и удивися имъ. И иде въ Варяги,
Likh: хвощются, и удивися имъ. И иде въ Варяги,
Ostr: хвощють ся, и удиви ся имъ. И иде въ Варяги,

8,17:

Laur: и приде в римъ исповѣда елико наоучи.
Trin: и приде в римъ и исповѣда елико научи
Radz: и прииде в ри҃м҃ и исповѣда елико наоучи
Acad: и приде в римъ и исповѣда елико | наоучи
Hypa: и приде | в римъ. исповѣда ели|ко наоучи.
Khle: и приде в ри҃м҃, исповѣда елико | научи

Bych: и приде в Римъ, и исповѣда, елико научи
Shakh: и приде въ Римъ, и исповѣда, елико научи,
Likh: и приде в Римъ, и исповѣда, елико научи
Ostr: и приде въ Римъ, и исповѣда, елико научи,

39

8,18:

Laur: и елнко внде. и рӗ имъ днвно вндехъ словеньскую
Trin: и елико виде и рече имъ дивно видехъ в земле
Radz: и елнко внде и рӗ нмъ днвно внде̄ землю
Acad: и елнко внде. и рече нмь днвно внде̄ землю
Hypa: и елнко внде. и рӗ имъ днвно внде́хъ землю
Khle: и елнко внде, и рӗн, днвно внде̄ зе̄лю

Bych: и елико виде, и рече имъ: "дивно видехъ в земле
Shakh: и елико видѣ, и рече имъ: "дивно видѣхъ землю
Likh: и елико видѣ, и рече имъ: "Дивно видѣхъ Словеньскыю
Ostr: и елико видѣ, и рече имъ: "Дивьно видѣхъ землю

8,19:

Laur: землю. идууи ми семо. видехъ
Trin: словеньстѣ идущю ми семо видехъ
Radz: словеньскоую идоущȣ ми семо и внде̄
Acad: словеньскȣю. идȣщȣ ми семо. и внде̄
Hypa: словеньску. идущю ми семо. видехъ
Khle: словеску҃ идоущоу ми семо. внде̄ [4ᵛ]

Bych: Словеньстѣ идущю ми семо; видехъ
Shakh: Словеньску, идущю ми семо; видехъ
Likh: землю идучи ми семо. Видехъ
Ostr: Словеньску идущю ми семо. Видехъ

8,20:

Laur: бани древены. и пережьгуть е рамано.
Trin: бани древяны и истопятъ зноино
Radz: бани древаны и пережьгоуть ӣ велми
Acad: бани древены. и пережгȣтъ ӣ велми
Hypa: банѣ древаны. и пережьгуть ꙗ велми.
Khle: бана древаны. и пережгȣ̄ ꙗ велми,

Bych: бани древены, и пережьгуть я рамяно,
Shakh: банѣ древяны, и прежьгуть я рамяно,
Likh: бани древены, и пережьгуть е рамяно,
Ostr: банѣ древяны, и пережьгуть я вельми,

8,21:

Laur: совлокуться и будуть нази. и ѡблеются
Trin: и разволокутся нази и облеются
Radz: и сволокȣ̄ть и боудȣ̄ть нази и ѡбольются
Acad: и сволокȣтьса. и бȣдȣ̄ нази. и ѡбольються
Hypa: и съвлекутса и будуть нази. и ѡбольютса
Khle: и сволокоутса и бꙗ̄доу нази, и ѡбл҃нюса

Bych: и совлокуться, и будуть нази, и облеются
Shakh: и съвлекуться, и будуть нази, и облеються
Likh: совлокуться, и будуть нази, и облеются
Ostr: и съвлѣкуть ся, и будуть нази, и оболють ся

Повѣсть времєньныхъ лѣтъ

8,22:

Laur:	квасомъ оуснинаnы͞мь . и возмуть на са прутьє
Trin:	квасомъ усниномъ и возмуть на ся прутье
Radz:	мытелью и возмȣть вѣтвие
Acad:	мытелью. и воз̾мȣтъ вѣтви
Hypa:	мытелью. и возмуть вѣннкы.
Khle:	мытєлїю. и възмоу͞т вѣники

Bych:	квасомъ усниномь, и возмуть на ся прутье
Shakh:	квасъмь усниянъмь, и възьмуть на ся прутие
Likh:	квасомъ усниянымь, и возмуть на ся прутье
Ostr:	мытелью, и възьмуть {вѣтви / вѣники}

8,23:

Laur:	младоє. бьють са сами. и т͞ого са добьють.
Trin:	младое и бьют ся сами толма
Radz:	и начнȣт са бити и того добью͞т
Acad:	и начнȣт͞с бити. и того са добью͞т
Hypa:	и на|чнуть хвостати͞с. и того	собѣ добью͞т
Khle:	и начноу͞ хвоста͞т͞и са.	и того са бїю͞т

Bych:	младое, и бьють ся сами, и того ся добьють,
Shakh:	младое, и биють ся сами, и того ся добиють,
Likh:	младое, и бьють ся сами, и того ся добьють,
Ostr:	и начьнуть {биють ся / хвостати ся}, и того ся добиють,

8,24:

Laur:	єгда влѣзуть ли живи. и ѡблѣютса	водою студеною.
Trin:	едва слѣзуть лѣ живи и облѣются водою студеною
Radz:	ѡдва вылезоу͞ живи соущи и ѡблнются водою стоуденою
Acad:	ѡдва вылезȣтъ лѣ живи сȣще. и ѡблнють·са во|дою ст͞ȣденою
Hypa:	ѡдва вылезуть лѣ живы. и оболью|тса водою студеною.
Khle:	одва вылѣзоу͞ єлє живы. и ѡблѣю͞са	водою стоуденою

Bych:	едва слѣзуть лѣ живи, и облѣются водою студеною,
Shakh:	едъва вылѣзуть лѣ живи, и облѣються водою студеною,
Likh:	едва слѣзуть лѣ живи, и облѣются водою студеною,
Ostr:	одъва вылезуть, лѣ живи, и облѣють ся водою студеною,

8,25:

Laur:	тако ѡжноуть. и то творать по	
Trin:	и тако оживуть и то творять по
Radz:	и тако ѡжывоу͞	и тако творать по
Acad:	и тако ѡживȣтъ. и тако твора͞	по
Hypa:	и	тако ѡживу. и тако тво|рать по
Khle:	и ѡживоу͞. и тако твора͞͞т по

Bych:	и тако оживуть; и то творять по
Shakh:	и оживуть; и тако творять по
Likh:	и тако ожиуть. И то творять по
Ostr:	и тако оживуть. И тако творять по

42 *Повѣсть времяньныхъ лѣтъ*

9,1:

Laur: вса дни. не мучими никимже. но сами са мучать.
Trin: вся дни не мучими никимже но сами мучат ся
Radz: вса дни не мучими нижже но сами са мучат.
Acad: вса дни. не мучими никимже но сами мучат са
Hypa: вса дни. не мучими никымже. но сами са мучать.
Khle: вса дни не мачими никыже, но сами са мача̅т.

Bych: вся дни, не мучими никимже, но сами ся мучать, [8,3]
Shakh: вься дьни, не мучими никымьже, нъ сами ся мучать, [8,9]
Likh: вся дни, не мучими никим же, но сами ся мучать, [12,28]
Ostr: вься дьни, не мучими никымьже, нъ сами ся мучать,

9,2:

Laur: и то творять мовенье собѣ а не мученье.
Trin: и то творять мовенье   а не мученье
Radz: и тако творять не мытву собѣ по мченье.
Acad: и тако творат не мытву собѣ но мченье.
Hypa: и твора̅т не мытву себѣ а не мученье.
Khle: и твора̅т не мытвоу себѣ но мчение,

Bych: и то творять мовенье собѣ, а не мученье".
Shakh: и то творять мъвение собѣ, а не мучение".
Likh: и то творять мовенье собѣ, а не мученье".
Ostr: и творять не мытву себѣ, не мучение".

9,3:

Laur: ты слышащѣ дивляху̅с. Ондреи же. бывъ
Trin: слышащеи же се дивляхусь андреи же бивъ
Radz: и слышавше дивлахуса. Андреи же бывъ
Acad: и слышавше дивлахуса. Андреи же бывь
Hypa: и се слышавше дивлахуса. Андреи же бывъ
Khle: и се слышавше дивлаахуса. Андреи же бывь

Bych: Слышащеи же се дивляхуся. Оньдрѣй же, бывъ
Shakh: И то слышаще дивляхуся. Андреи же, бывъ
Likh: Ты слышаще дивляхуся. Оньдрѣй же, бывъ
Ostr: И слышавьше дивляху ся. Андреи же, бывъ

9,4:

Laur: в римѣ. приде в синофию.
Trin: в римѣ приде в синопию
Radz: в римѣ и приде в синопию.
Acad: в римѣ и прииде в синопию.
Hypa: в римѣ. приде въ синопию.
Khle: в римѣ, прииде в синопию.

Bych: в Римѣ, приде в Синопию.
Shakh: въ Римѣ, приде въ Синопию.
Likh: в Римѣ, приде в Синопию.
Ostr: въ Римѣ, приде въ Синопию.

Повѣсть времєньныхъ лѣтъ

9,5:

Laur: полємъ же жившємъ ѡсобѣ и володѣю|щємъ.
Trin: поляномъ же живьшомъ особѣ и володѣющємъ
Radz: поляно͡м же живоущи͡м ѡсобѣ. и володѣющи͡м
Acad: поляномъ же жив́ущим ѡсобѣ. и володѣющим
Hypa: поляномъ | же живущи͡и ѡсобѣ. и вл҃дѣющим
Khle: поляноѡ͡м же живоущи͡и ѡ себѣ. и володѣющи͡м

Bych: Полемъ же жившемъ особѣ и володѣющемъ
Shakh: Полямъ же живъшемъ о собѣ, и владѣющемъ
Likh: Полемъ же жившемъ особѣ и володѣющемъ
Ostr: Поляномъ же живущимъ о собѣ, и володѣющимъ

9,6:

Laur: и роды своими. иже и до сєє братьє баху |
Trin: роды своими яже и до сеѣ братьє бяху
Radz: роды своими. іаже и до сеа бра͡т баху
Acad: роды своими. іаже и до сеа | братьа бах́у
Hypa: роды сво́и. іаже и до сеіа бра͡т баху ||
Khle: роды | своими. іаже и до сеа бра͡т бахж

Bych: роды своими, иже и до сее братьѣ бяху
Shakh: роды своими, иже и до сея братия бяху
Likh: роды своими, иже и до сее братьѣ бяху
Ostr: роды своими, яже и до сея братия бяху

9,7:

Laur: поляне. и живаху кождо съ своим родомъ. и |
Trin: поляне и живяху кождо с своим родом и
Radz: поляне. и живах́у кождо с ро́мъ свои͡м.
Acad: поляне. и живах́у кожо́ с родомъ свои|мъ
Hypa: поляне. и живаху кождо съ | родо͡м своим.   [5b]
Khle: поляне и живахж | кын́жо с рѡдо͡м свои͡м.

Bych: Поляне, и живяху кождо съ своимъ родомъ и
Shakh: Поляне, и живяху къжьдо съ своимь родъмь
Likh: поляне, и живяху кождо съ своимъ родомъ и
Ostr: Поляне, и живяху къжьдо съ родъмь своимь

9,8:

Laur: на своихъ мѣстѣхъ. владѣюще кождо родомъ |
Trin: на своихъ мѣстѣхъ   владѣюще кождо родомъ
Radz: на свои͡х мѣстѣ͡х и володѣіа   родо͡:-
Acad: на свои͡х мѣстѣ͡х и володѣіа   родомъ:·
Hypa: на своихъ мѣ|стехъ. володѣюще кождо | родомъ
Khle: на свои͡х мѣстѣ͡х владѣюще кън́жо родо͡м

Bych: на своихъ мѣстѣхъ, владѣюще кождо родомъ
Shakh: на своихъ мѣстѣхъ, владѣюще къжьдо родъмь
Likh: на своихъ мѣстѣхъ, владѣюще кождо родомъ
Ostr: на своихъ мѣстѣхъ, володѣюще къжьдо родъмь

43

9,9:

Laur: своимъ на своихъ мѣстѣ. Бы̑ша .г҃. братьӕ.
Trin: своимъ и быша 3 братьѣ
Radz: н быша .г҃. бра̑т |
Acad: н бы|ша .г҃. бра̑т.
Hypa: своимъ ∴ н быша .г҃. брата.
Khle: свои ᵐ ∴ н быша три бра̑т,

Bych: своимъ. И быша 3 братья,
Shakh: своимъ. И быша 3 братия,
Likh: своимъ. И быша 3 братья:
Ostr: своимь. И быша 3 брата:

9,10:

Laur: еди|ному имӕ кии. а другому щекъ. а третьему
Trin: единому имя кии а другому щекъ а третьему
Radz: едномоу има кии дроугом щекъ. а третьемоу |
Acad: едномȣ има кı҃и. дрȣгомȣ щекъ. | а третьемȣ
Hypa: ᷉единному | има кии. | а другому щекъ. | а третьему
Khle: единомоу има | кын. а дроугомоу. щекъ. а третїемоу

Bych: единому имя Кий, а другому Щекъ, а третьему
Shakh: единому имя Кыи, а другому Щекъ, а третиему
Likh: единому имя Кий, а другому Щекъ, а третьему
Ostr: единому имя Кыи, а другому Щекъ, а третиему

9,11:

Laur: хори[въ] || сестра ихъ лыбедь. сѣдӕще [4ᵍ]
Trin: хоривъ а сестра ихъ лыбедь сѣдяше
Radz: хорнвъ. и сестра и̑х лыбедь. и сѣдаше
Acad: хорївь. и сестра и̑х лыбедь. и сѣда
Hypa: хоривъ. и се|стра ихъ лыб<ѣ>дь. и сѣда|ше
Khle: хоривь. и | сестра и̑х либе̑д̑ и сѣдаше

Bych: Хоривъ, и сестра ихъ Лыбедь. Сѣдяше
Shakh: Хоривъ, и сестра ихъ Лыбедь. И сѣдяше
Likh: Хоривъ, и сестра ихъ Лыбедь. Сѣдяше
Ostr: Хоривъ, и сестра ихъ Лыбедь. И сѣдяше

9,12:

Laur: кии на горѣ гдѣ же <ны>|нѣ оувозъ боричевъ.
Trin: кии на горѣ идѣ же нынѣ есть взвозъ боричевъ
Radz: кын на горѣ гдѣ| нн҃ѣ зборичевъ.
Acad: кı҃н | на горѣ гдѣ нн҃ѣ оузборичевь.
Hypa: кии на горѣ кдѣ нн҃ѣ оу|возъ боричевъ
Khle: кын на горѣ иде же нн҃ѣ | оувозъ боричевъ.

Bych: Кий на горѣ, идѣже ныне увозъ Боричевъ,
Shakh: Кыи на горѣ, идеже ныне увозъ Боричевъ,
Likh: Кий на горѣ, где же ныне увозъ Боричевъ,
Ostr: Кыи на горѣ, где ныне увозъ Боричевъ,

Повѣсть времеиьныхъ лѣтъ   45

9,13:
Laur: а щекъ сѣдаше на горѣ. гдѣ нынѣ зовется
Trin: а щекъ сѣдяше на горѣ идѣ же ныне назовется
Radz: а щек̄ седаше на горе. ндѣж н҃нѣ
Acad: а щекь седа на горѣ. I ндѣ же н҃нѣ
Hypa: а щекъ I сѣдаше на горѣ. кдѣ   н҃нѣ I зовется
Khle: а щекъ сѣдаше на горѣ ндѣж н҃нѣ I зоветса

Bych: а Щекъ сѣдяше на горѣ, идѣже ныне зовется
Shakh: а Щекъ сѣдяше на горѣ, идеже нынѣ зоветься
Likh: а Щекъ сѣдяше на горѣ, гдѣ же ныне зовется
Ostr: а Щекъ сѣдяше на горѣ, гдѣ нынѣ зоветь ся

9,14:
Laur: щековнца. а хорнвъ на третьен I горѣ.
Trin: щековица а хоривъ на третьеи горѣ
Radz: щковнца. I а хор҃н в на .г҃. горѣ
Acad: щковнца. а хорньь на .г҃. горѣ
Hypa: щековнца. а хоIрнвъ на третьен горѣ.
Khle: щековнца. а хорнвь на третнен горѣ, I

Bych: Щековица, а Хоривъ на третьей горѣ,
Shakh: Щековица, а Хоривъ на третиеи горѣ,
Likh: Щековица, а Хоривъ на третьей горѣ,
Ostr: Щековица, а Хоривъ на третиеи горѣ,

9,15:
Laur: ѿ него же прозвася хоревнца. н створнша I
Trin: от него же прозвана бысть хоривица и создаша
Radz: ѿ негож прозваса хорнвнца. н сотворн̄ша
Acad: ѿ него же I прозваса хорнвнца. н сотворн
Hypa: ѿ I нюду же прозваса хорıвнIца.   створнша
Khle: ѿ нюдоуж прозваса хорнвнца. сътворнша

Bych: отъ негоже прозвася Хоривица; и створиша
Shakh: отъ негоже прозъвася Хоривица. И сътвориша
Likh: от него же прозвася Хоревица. И створиша
Ostr: отъ нюду же прозъва ся Хоривица. Сътвориша

9,16:
Laur: градъ во нмя брата своего старѣншаго. н нареIкоша
Trin: градъ во имя брата своего старѣишаго и нарекоша
Radz: город҃кꙋ въ нмя бра҃т х старшаго н нарекоша
Acad: городо̄к. въ нмя браIта   старѣншаго. н нарекоша
Hypa: городокъ. I во нмя брата нхъ старѣIншаго. н наркоша
Khle: город ѿк I въ нмя брата н х старѣншаго. н нарекоша

Bych: градъ во имя брата своего старѣйшаго, и нарекоша
Shakh: градъкъ въ имя брата своего старѣишаго, и нарекоша
Likh: градъ во имя брата своего старѣйшаго, и нарекоша
Ostr: градъкъ въ имя брата ихъ старѣишаго, и нарекоша

9,17:

```
Laur:  имѧ ему кневъ. баше  около
Trin:  имя ему киевъ бяше бо около
Radz:            кнєвъ:‖ И баше  ѡколо      [4ᵛ]
Acad:  и       кыєвь:‖  Баше  ѡколо      [4ᵍ]
Hypa:  и       кнєвъ. и баше ѡколо
Khle:  и       кыеᵛ. | и баше ѡколо

Bych:  имя ему Киевъ. И бяше около
Shakh: имя ему Кыевъ. И бяше около
Likh:  имя ему Киевъ. Бяше около
Ostr:  и Кыевъ. И бяше около
```

9,18:

```
Laur:  града      сѣсъ и | боръ велик. и баху ловѧща
Trin:  града киева лѣсъ и боръ великъ и     ловяху
Radz:  гра᷂        лѣсъ. и боръ великъ. и баху̑ ловаще |
Acad:  града      лѣсъ. и боръ великъ. и баху̑ ловаще
Hypa:  города     лѣсъ и боръ великъ. и ба|ху ловаще
Khle:  города     лѣсь и борь великъ. и баше | ловахѫ

Bych:  града лѣсъ и боръ великъ, и бяху ловяща
Shakh: града лѣсъ и боръ великъ, и бяху ловяще
Likh:  града лѣсъ и боръ великъ, и бяху ловяща
Ostr:  града лѣсъ и боръ великъ, и бяху ловяще
```

9,19:

```
Laur:  звѣрь  баху       мужи | мудри и смыслени
Trin:  звѣреи и бяху     мужи знатливи разумни и
Radz:  звѣрь. бахоу᷍т бо      моудри и смыслены. и
Acad:  звѣрь. баху̑тъ         мудри и смыслени. и
Hypa:  звѣрь. баху|ть бо      мудрѣ и смыслени. | и
Khle:  sвѣри. баше бо         мꙋ᷂дри и смысленни. и

Bych:  звѣрь, бяху мужи мудри и смыслени, и
Shakh: звѣрь; и бяху мужи мудри и съмысльни, и
Likh:  звѣрь, бяху мужи мудри и смыслени,
Ostr:  звѣрь, бяхуть бо мудри и съмысльни, и
```

9,20:

```
Laur:  нарицахуса поляне. ѿ ни<хж̑е> | есть поляне
Trin:  нарицахуся поляне от них же суть поляне
Radz:  нарецахоутьˢ | поляне ѿ ниˣ же соу᷍т поляне
Acad:  нарица|ху̑ся поляне. ѿ ниˣ  су̑ть поляне
Hypa:  нари[ци]хуся поляне. ѿ | нихъ же суть поляне. |
Khle:  на|рицахѫся поляне. ѿ ниˣ же сѧ᷍т поляне

Bych:  нарицахуся Поляне, отъ нихже суть Поляне
Shakh: нарицахуся Поляне, отъ нихъже суть Поляне
Likh:  нарицахуся поляне, от них же есть поляне
Ostr:  нарицаху ся Поляне, отъ нихъ же суть Поляне
```

Повѣсть времеиьныхъ лѣтъ 47

9,21:

Laur: в кневѣ и до сего дне.
Trin: в киевѣ и до сего дни
Radz: кыевъ и до се͞г дни.
Acad: кневь и до сего дн͞и. |
Hypa: киѧне и до сего дн͞и.
Khle: въ кыевѣ и | до сего дне.

Bych: в Киевѣ и до сего дне.
Shakh: Кыевѣ и до сего дьне.
Likh: в Киевѣ и до сего дне.
Ostr: Кыевѣ и до сего дьне.

9,22:

Laur: Ини же не свѣдущє рекоша. ѩко кии
Trin: нѣции же не вѣдуще рекоша яко кии
Radz: ин͞и же не ведоуще гл͞ахоу ѩко кын
Acad: инїи же не вѣдуще гл͞хȣ. ѩко кын
Hypa: и|нии же не вѣдуще рко͞ш. | ѩко кии
Khle: инїи же не свѣдоуще рекоша. ѩко кын

Bych: Ини же, не свѣдуще, рекоша, яко Кий
Shakh: Ини же, не съвѣдуще, рѣша, яко Кыи
Likh: Ини же, не свѣдуще, рекоша, яко Кий
Ostr: Ини же, не вѣдуще, рекоша, яко Кыи

9,23:

Laur: єсть перевозникъ былъ. оу кіева бо баше перевозъ
Trin: есть былъ перевозник у киева   тогда перевозник
Radz: є͞с перевозни͞к бы͞. оу кые|ва бо баше перевозъ бы͞л
Acad: єсть перевозникъ | былъ. оу кнева бо баше перевозъ бы͞
Hypa: єсть перевозни͞къ бы͞. оу кнева бо пере|возъ баше
Khle: є͞с | перевозникъ быль, оу кыева бо то͞га перевозь

Bych: есть перевозникъ былъ, у Киева бо бяше перевозъ
Shakh: есть перевозникъ былъ; у Кыева бо бяше перевозъ
Likh: есть перевозник былъ, у Киева бо бяше перевозъ
Ostr: есть перевозьникъ былъ, у Кыева бо перевозъ бяше

10,1:

Laur: тогда с оноѩ стороны днѣ<пр͞>. | тѣмь
Trin: бяше се оноя страны днѣпра тѣмь
Radz: тогда со ѡное стороны | днепра. тѣ͞м
Acad: тог͞а. со ѡное | стороны днепра. тѣмъ
Hypa: тогда съ ѡноѩ страны днѣпра. тѣмь |
Khle: бѧше съ ѡноа страны днѣпра, тѣ͞м и

Bych: тогда с оноя стороны Днѣпра, тѣмь   [9,4]
Shakh: тъгда съ оноя страны Дънѣпра; тѣмь   [9,11]
Likh: тогда с оноя стороны Днѣпра, тѣмь   [13,9]
Ostr: тъгда съ оноя страны Дънѣпра, тѣмь

10,2:

Laur: гл҃ху на перевозъ на кнєвъ. аще бо бъ
Trin: глаголаху на києвъ перевозъ аще бы былъ
Radz: гл҃ахоу на перевозъ на кыєвъ. аще бо бы |
Acad: гл҃ахꙋ на перевозъ на кнєвь. | аще бо бы
Hypa: гл҃аху на перевозъ на кн|євъ. аще бо былъ
Khle: гл҃ахж не перево҃ | на кыєвь. аще бѡ бы

Bych: глаголаху: на перевозъ на Киевъ. Аще бо бы
Shakh: глаголаху: на перевозъ на Кыевъ. Аще бо бы
Likh: глаголаху: на перевозъ на Киевъ. Аще бо бы
Ostr: глаголаху: на перевозъ на Кыевъ. Аще бо бы

10,3:

Laur: перево|зникъ кнн. то не бъ ходилъ ц҃рюгороду
Trin: кии перевозникъ то не ходилъ ко царюгороду
Radz: перевозникъ кын. то не бы ходи҃ ко ц҃рюгра҃у.
Acad: перевозникъ кын. то не бы ходилъ ко ц҃рю|градꙋ.
Hypa: перево|зникъ кын. то не бы хои҃днлъ къ ц҃рюгра҃.
Khle: кын перевозникъ бы҃. то | не бы ходи҃ къ ц҃рюградоу.

Bych: перевозникъ Кий, то не бы ходилъ Царюгороду;
Shakh: Кыи перевозьникъ былъ, то не бы ходилъ Цѣсарюграду;
Likh: перевозникъ Кий, то не бы ходилъ Царюгороду;
Ostr: перевозьникъ Кыи, то не бы ходилъ къ Цьсарюграду;

10,4:

Laur: но се кнн кна|жаше в родѣ своемь.
Trin: но се кии княжаше в родѣ своемъ
Radz: но сен кн҃ж҃аше в родоу своє҃. н
Acad: но сен кн҃жаше в родꙋ своемь. н
Hypa: но снн ‖ кнн княжаше в родоу своє҃. | н [5c]
Khle: но с҃н кын княжаше | в родоу своє҃. н

Bych: но се Кий княжаше в родѣ своемь; и
Shakh: нъ сь Кыи къняжаше въ родѣ своемь, и
Likh: но се Кий княжаше в родѣ своемь,
Ostr: нъ сь Кыи кънꙗжаше въ роду своемь, и

10,5:

Laur: прнходнвшю ему ко ц҃рю. ꙗко|же сказають.
Trin: приходившю ему и ко царю якоже сказають [55]
Radz: проходнвшю емоу ко ц҃рю не свѣмы. | но токмо ѡ се҃ вѣмы. ꙗко сказоують.
Acad: прншє҃шꙋ ємꙋ | къ ц҃рю не свѣмы. но токмо ѡ семь вѣмы. ꙗкоже | сказꙋютъ.
Hypa: приходившю емоу къ ц҃рю | не свѣмы. но токмо ѡ се҃мъ вѣмы ꙗкоже сказаю|ть.
Khle: прнх҃овшю емоу къ ц҃рю, не свѣмы ‖

Bych: приходившю ему ко царю, якоже сказають,
Shakh: приходивъшю ему къ цѣсарю, которого не съвѣмы, нъ тъкъмо о семь вѣмы, якоже съказають,
Likh: приходившю ему ко царю, якоже сказають,
Ostr: приходивъшю ему къ цьсарю, не съвѣмы, нъ тъкъмо о семь вѣмы, якоже съказають,

Повѣсть времоньныхъ лѣтъ

10,6:

Laur: ꙗко велику честь прнꙗлъ ѿ цра. при
Trin: яко велику честь приялъ есть от царя при
Radz: ꙗко велнкꙋ ч͡ть прнꙗлъ е͡ ѿ цра. которо͡м не вѣ͡м. н прн
Acad: ꙗко велнкꙋ ч͡ть прїꙗль есть ѿ цра ко҆торомъ не вѣмъ. н прї
Hypa: ꙗко велнку ч͡ть прн͞ꙗлъ есть ѿ цра. которо҆го не вѣмъ. н прн
Khle: omitted to 15,20

Bych: яко велику честь приялъ есть от царя, при
Shakh: яко велику чьсть приялъ есть от цѣсаря, при
Likh: яко велику честь приялъ от царя, при
Ostr: яко велику чьсть приялъ есть от цьсаря, которого не вѣмъ и при

10,7:

Laur: <к҇>|торомь прнходнвъ црн. ндущю же ему ѡпать.
Trin: которомъ цари приходилъ идущю же ему вспять
Radz: которо͡м прнходн͞ црн. ндꙋшоу же емꙋ ꙁа са.
Acad: которомъ прнходн црн. ндꙋщꙋ емꙋ ꙁа са. н
Hypa: которо͡м прнходн͡с црн. ндущю же емꙋ ѡпать.

Bych: которомь приходивъ цари; Идущю же ему вспять,
Shakh: которомь приходивъ цѣсари. Идущю же ему опять,
Likh: которомь приходивъ цари. Идущю же ему вспять,
Ostr: которомь приходи цьсари. Идущю же ему опять,

10,8:

Laur: прн|де къ дунаевн. въꙁлюбн мѣсто н срубн
Trin: приде к дунаю и взлюби мѣсто и сруби
Radz: прїнде к доунаевн. н полюбн| мѣсто. н срꙋбн
Acad: прїнде к дꙋнаевн. н полюбн мѣ|сто. н срꙋбн
Hypa: прнде къ ду|наевн. н въꙁлюбн мѣсто. | н срубн

Bych: приде къ Дунаеви, и възлюби мѣсто, и сруби
Shakh: приде къ Дунаеви, и възлюби мѣсто, и съруби
Likh: приде къ Дунаеви, и вьзлюби мѣсто, и сруби
Ostr: приде къ Дунаеви, и възлюби мѣсто, и съруби

10,9:

Laur: градокъ малъ | хоташе сѣстн с родомъ
Trin: городокъ малъ хотя сѣсти съ родомъ
Radz: горѻ́къ малъ. н хоташе сѣстн с родо͡м. |
Acad: городокъ малъ. н хоташе сѣстн с ро|домъ
Hypa: городокъ малъ. н | хоташе сѣстн с родомъ

Bych: градокъ малъ, и хотяше сѣсти с родомъ
Shakh: градъкъ малъ, и хотяше сѣсти съ родъмь
Likh: градокъ малъ, и хотяше сѣсти с родомъ
Ostr: градъкъ малъ, и хотяше сѣсти съ родъмь

50 Повѣсть времеиьныхъ лѣтъ

10,10:

Laur: <с>воимъ и не даша ему ту <бли>зь живущии. еже и
Trin: своимъ и не даша ему ту близь живущии еже и
Radz: своиᴹ. и не даша емȣ тоу близъ живȣщіи. еже и
Acad: своимъ. и не даша емȣ тȣ близъ живȣщіи. І еже и
Hypa: свои͞мъ. и не даша ему близъ І живущии. еже и

Bych: своимъ, и не даша ему ту близь живущии; еже и
Shakh: своимь, и не даша ему ту близь живущии, еже и
Likh: своимъ, и не даша ему ту близь живущии; еже и
Ostr: своимь, и не даша ему близь живущии; еже и

10,11:

Laur: донынѣ наречють дунц<и городі>ще киевець.
Trin: донынѣ наричють дунаици городище киевець
Radz: дон͞нѣ І наричуᵀ доунанци. городнще кыевець.
Acad: дон͞нѣ наричютъ дȣнанци. городище кіевець.
Hypa: дон͞ѣ на͞|речють дунанци. городі|ще киевець.

Bych: до нынѣ наричють Дунайци городище Киевець.
Shakh: донынѣ нарячють Дунаици городище Кыевьць.
Likh: донынѣ наречють дунайци городище Киевець.
Ostr: донынѣ наричють Дунаици городище Кыевьць.

10,12:

Laur: киеви же пришедшю въ свои гр<адъ киев>ъ.
Trin: кии же пришедъ въ свои градъ киевъ и
Radz: кыю же пришеᵈшоу въ свои гр⁽ᵃ⁾ киев. и
Acad: кыю же пришедшю въ свои гр⁽ᵃ⁾ кыевъ. и
Hypa: киеви же пр͞и|шедшю въ свои городъ киевъ.

Bych: Киеви же пришедшю въ свой градъ Киевъ,
Shakh: Кыеви же пришьдъшю въ свои градъ Кыевъ,
Likh: Киеви же пришедшю въ свой градъ Киевъ,
Ostr: Кыеви же пришьдъшю въ свои градъ Кыевъ,

10,13:

Laur: ту животъ свои сконча. а братъ его ще<къ>
Trin: ту животъ свои сконча и братъ его щекъ
Radz: тоу сконча живътъ свои. и І бра⁽ᵗ⁾ е⁽ᵍ⁾ щекъ.
Acad: тȣ ско|нча животъ свои. и братъ его щекъ
Hypa: ту и скон<ч>а животъ І свои. и брата его щекъ

Bych: ту животъ свой сконча; и братъ его Щекъ
Shakh: ту животъ свои съконьча; и брата его Щекъ
Likh: ту животъ свой сконча; и братъ его Щекъ
Ostr: ту съконьча животъ свои; и брата его Щекъ

10,14:

Laur: ⟨и хорі⟩въ и сестра и́ лыбедь ту скончаша.ⷭ ⷶ
Trin: и хоривъ и сестра их лыбедь ту скончашася
Radz: и хорнвъ. и сестра и́ⷯ лыбѣ̆. тоу скончашаⷭ:|
Acad: и хорнвь и сестра | нхъ лыбедь. тȣ скончашася.
Hypa: и | хорнвъ. и сестра нхъ лы|бедь ту скон⟨ч⟩ашася.:|

Bych: и Хоривъ и сестра ихъ Лыбедь ту скончашася.
Shakh: и Хоривъ и сестра ихъ Лыбедь ту съконьчашася.
Likh: и Хоривъ и сестра их Лыбедь ту скончашася.
Ostr: и Хоривъ и сестра ихъ Лыбедь ту съконьчаша ся.

10,15:

Laur: ⟨и по с⟩нхъ бр⟨атьн⟩ | держати. почаша родъ
Trin: и по сихъ братеницѣхъ держати почаша княженье
Radz: И по сеи браⷮи почаша держати. роⷣ
Acad: и по сеи братьи почаша | держати. роⷻⷣ
Hypa: И по сеи братьи почаша дѣ|ржати родъ

Bych: И по сихъ братьи держати почаша родъ
Shakh: И по сихъ братии дьржати почаша родъ
Likh: И по сихъ братии держати почаша родъ
Ostr: И по сеи братьи почаша дьржати родъ

10,16:

Laur: ихъ кнѧженье в полѧх⟨ъ⟩. | в деревлѧхъ
Trin: родъ ихъ в полянѣхъ а в деревлянехъ
Radz: ихъ кнѧ̆нье в полѧхъ. | а в деревеⷯ
Acad: ихъ кнѧженье в полѧⷯ. а в деревѣⷯ
Hypa: ихъ кнѧже|нье в полѧхъ. а въ дере|влѧхъ

Bych: ихъ княженье в Поляхъ, а в Деревляхъ
Shakh: ихъ къняжение въ Поляхъ, а въ Деревляхъ
Likh: ихъ княженье в поляхъ, а в деревляхъ
Ostr: ихъ къняжение въ Поляхъ, а въ Деревляхъ

10,17:

Laur: свое. а дреговичи свое. | а словѣни свое в новѣгородѣ
Trin: свое а друговичи свое а словене свое в новѣгородѣ
Radz: свое. а дрѣⷢвичи свое. а словени свое в новѣго|родѣ.
Acad: свое. а дрегвичи свое. а словѣни свое в новѣгородѣ.
Hypa: свое. а дрьгови⟨ч⟩и̋ | свое. а словѣне свое въ | новѣгородѣ.

Bych: свое, а Дреговичи свое, а Словѣни свое в Новѣгородѣ,
Shakh: свое, а Дрьгъвичи свое, а Словѣне свое в Новѣгородѣ,
Likh: свое, а дреговичи свое, а словѣни свое в Новѣгородѣ,
Ostr: свое, а Дрьгъвичи свое, а Словѣне свое в Новѣгородѣ,

10,18:

Laur: а другое на полотѣ иже полочане
Trin: а другое на полотѣ яже полочане
Radz: а дроугое на полотѣ. ж҃ полочане.
Acad: а дрȣгое на полотѣ. иже полочане.
Hypa: а друг҃е на полотѣ. иже и полоучанѣ.

Bych: а другое на Полотѣ, иже Полочане.
Shakh: а другое на Полотѣ, иже Полочане,
Likh: а другое на Полотѣ, иже полочане.
Ostr: а другое на Полотѣ, иже и Полочане.

10,19:

Laur: ѿ них|ъ же. кривичи же сѣдать на верхъ
Trin: от них же кривичи иже сѣдять на верхъ
Radz: ѿ ни х҃ же и кривичи сѣдать на верхъ
Acad: ѿ нихъ же и кр҃ивичи сѣда т҃ на верхъ
Hypa: ѿ сихъ же и кривич<и>. и|же сѣдать на в<е>рхъ

Bych: От нихъже Кривичи, иже сѣдять на верхъ
Shakh: отъ нихъже и Кривичи, иже сѣдять на вьрхъ
Likh: От них же Кривичи, иже сѣдять на верхъ
Ostr: Отъ {нихъ/сихъ} же и Кривичи, иже сѣдять на вьрхъ

10,20:

Laur: волги. а на вер<хъ> | двины и на верхъ днѣпра.
Trin: волги и на верхъ двины и на верхъ днѣпра
Radz: волгы. и на верхъ двины. и на | верхъ днепра.
Acad: волгы. и на верхъ двины. и на верхъ днѣпра. |
Hypa: во|лгы. и на верхъ двины. | и на вѣрхъ днѣпра.

Bych: Волги, и на верхъ Двины и на верхъ Днѣпра,
Shakh: Вългы и на вьрхъ Двины и на вьрхъ Дънѣпра,
Likh: Волги, и на верхъ Двины и на верхъ Днѣпра,
Ostr: Вългы, и на вьрхъ Двины и на вьрхъ Дънѣпра,

10,21:

Laur: ихже градъ есть смолен|скъ туда бо сѣдать
Trin: ихже градъ есть смоленскъ тудѣ бо сѣдять
Radz: ихже гра д҃ есть смоленьскъ:‖ Тоу бо седа т҃   [5ᵣ]
Acad: ихже гра д҃ есть смоленескъ:· И оубо седатъ
Hypa: ихъ|же и город есть смоленѣ|скъ. туда бо сѣдать   [5d]

Bych: ихже градъ есть Смоленьскъ; тудѣ бо сѣдять
Shakh: ихъже градъ есть Смольньскъ; туда бо сѣдять
Likh: их же градъ есть Смоленскъ; тудѣ бо сѣдять
Ostr: ихъже и градъ есть Смольньскъ; туда бо сѣдять

Повѣсть времєньныхъ лѣтъ

10,22:

Laur: кривичи таже с<ѣвер>ъ ѿ нихъ <н> | Бѣлѣѡзерѣ
Trin: кривичи таже сѣверъ от нихъ сѣдять на
Radz: кривн̆. тӑ жс̆ѣра ѿ нн̆х̆. на бѣлѣѡzерє
Acad: кривичи. | таже сѣвера ѿ нихъ на бѣлѣѡzере
Hypa: кри|вичи. таже сѣверо ѿ нн̆х̆. на Бѣлѣѡzерѣ

Bych: Кривичи. Таже сѣверъ отъ нихъ на Бѣлѣозерѣ
Shakh: Кривичи; таже Сѣверъ отъ нихъ. А на Бѣлѣозерѣ
Likh: кривичи. Таже сѣверъ от нихъ. На Бѣлѣозерѣ
Ostr: Кривичи. Таже Сѣверо отъ нихъ. На Бѣлѣозерѣ

10,23:

Laur: сѣдать весь а на ростовьскомъ ѡzерѣ | мера
Trin: бѣлѣ озерѣ весь а на ростовьскомъ озерѣ сѣдять меря
Radz: сѣдать весь. а на ростове ѡzере мера.
Acad: сѣдатъ весь а на || ростове ѡzере мера.   [4ᵛ]
Hypa: сѣдать | весь. а на ростовѣ ѡzе|рѣ [ме]ра.

Bych: сѣдять Весь, а на Ростовьскомъ озерѣ Меря,
Shakh: сѣдять Вьсь, а на Ростовьстѣмь озерѣ Меря,
Likh: сѣдять весь, а на Ростовьскомъ озерѣ меря,
Ostr: сѣдять Вьсь, а на Ростовѣ озерѣ Меря,

11,1:

Laur: а на клещин<ѣ> ѡzерѣ   мера же. по ѡцѣ
Trin: а на клещинѣ озерѣ сѣдять меря же о рѣцѣ по
Radz: а   клещинѣ озерѣ седӑ мерӑӂ. | а по ѡцѣ
Acad: а   клнщинѣ ѡzере седӑ мерӑӂ. | а по ѡцѣ
Hypa: а на кл<е>щинѣ ѡzерѣ. сѣдать мѣра же. а по | ѡцѣ

Bych: а на Клещинѣ озерѣ Меря же. А по Оцѣ   [10,4]
Shakh: а на Клѣщинѣ озерѣ Меря же. А по Оцѣ   [10,11]
Likh: а на Клещинѣ озерѣ меря же. А по Оцѣ   [13,26]
Ostr: а на Клѣщинѣ озерѣ сѣдять Меря же. А по Оцѣ

11,2:

Laur: рѣцѣ г<д>ᵉ | потєчє в волгу же. мурома
Trin: оцѣ кдѣ вошла в волгу сѣдить мурома
Radz: рєцѣ гдѣ втєчєть в волгоу. ꙗзыкъ
Acad: рєцѣ гᴬѣ течєтъ в волгў. ꙗзы̆ᴋ
Hypa: рѣцѣ кдє втєчєть. | въ волгу ꙗзыкъ

Bych: рѣцѣ, гдѣ втечеть в Волгу, Мурома
Shakh: рѣцѣ, къде, вътечеть въ Вългу, языкъ
Likh: рѣцѣ, где втечеть в Волгу, мурома
Ostr: рѣцѣ, где вътечеть въ Вългу, языкъ

11,3:

Laur: ꙗзыкъ свои и черемиси свои ꙗзыкъ.
Trin: языкъ свои и черемиси
Radz: свои. мурома. черемиса. свои ꙗзыкъ.
Acad: свои. мꙋрома. черемиси. свои ꙗзыкъ.
Hypa: свои мурома. и черемиси свои ꙗзыкъ. и

Bych: языкъ свой, и Черемиси свой языкъ,
Likh: языкъ свой, и черемиси свой языкъ,
Shakh: свои Мурома, и Черемись свои языкъ, и
Ostr: свои Мурома, и Черемись свои языкъ,

11,4:

Laur: морьдва свои ꙗзыкъ. се бо токмо ‖ <словѣне>скъ   [4ᵛ]
Trin: мордва   се бо токмо в руси словѣньскии
Radz: морда свои ꙗзыкъ. | се бо токмо словенскыи
Acad: морд<в>а свои ꙗзыкъ. | се бо токмо словеньскіи
Hypa: мордва свои ꙗзыкъ. се бо токмо словѣнескъ

Bych: Морьдва свой языкъ. Се бо токмо Словѣнескъ
Shakh: Мърдва свои языкъ. Се бо тъкъмо Словѣньскъ
Likh: морьдва свой языкъ. Се бо токмо словенескъ
Ostr: Мърдва свои языкъ. Се бо тъкъмо Словѣньскъ

11,5:

Laur: ꙗзыкъ в руси. поляне. деревляне.
Trin: языкъ   поляне деревляне
Radz: ꙗзы͛ в рꙋси. поляне деревляне. |
Acad: ꙗзыкъ в рꙋси. поляне де|ревляне
Hypa: ꙗзыкъ в русі. | поляне деревляне.

Bych: языкъ в Руси: Поляне, Деревляне,
Shakh: языкъ въ Руси: Поляне, Деревляне,
Likh: языкъ в Руси: поляне, деревляне,
Ostr: языкъ въ Руси: Поляне, Деревляне,

11,6:

Laur: нооуго|родьци. полочане. дреговичи. северъ
Trin: новъгородци полочане дрьговичи сѣверъ
Radz: новгорѡдци. полочане. дрегвичи. северо.
Acad: новогородци. полочане. дрегвичи. северо. |
Hypa: новъ|городьци. полочане. дырьговичи. северо.

Bych: Ноугородьци, Полочане, Дреговичи, Северъ,
Shakh: Новъгородьци, Полочане, Дрьгъвичи, Сѣверъ,
Likh: ноугородьци, полочане, дреговичи, северъ,
Ostr: Новъгородьци, Полочане, Дрьгъвичи, Сѣверо,

11,7:

Laur: бужане зане | сѣдоша по бугу послѣже
Trin: бужане зане же сѣдоша по бугу послѣде
Radz: бᴕжане зане сѣд̾ть по боугᴕ. последн
Acad: бᴕжене зане седать по бᴕгᴕ. последн
Hypa: буж̾не. заᴺ сѣдать по бугу. | послѣже

Bych: Бужане, зане сѣдоша по Бугу, послѣ же
Shakh: Бужане, зане сѣдоша по Бугу, послѣже
Likh: бужане, зане сѣдоша по Бугу, послѣже
Ostr: Бужане, зане седять по Бугу, послѣ же

11,8:

Laur: же велыняне. а се суть ннии ꙗзыци.
Trin: же велыняне а се суть инии языци
Radz: волынци:· Н се соуᵀ ннїн ꙗзыцы.
Acad: волынци:· А се сᴕть ннии ꙗзыци.
Hypa: <не> волыняне:·| Ї се суть ннии ꙗзыцѣ.

Bych: же Велыняне. А се суть инии языци,
Shakh: же Велыняне. А се суть инии языци,
Likh: же велыняне. А се суть инии языци,
Ostr: Волыняне. И се суть инии языци,

11,9:

Laur: иже дань дають руси. чюдь. меря. ве|сь. мурома.
Trin: иже дань дають руси чудь меря весь мюрома
Radz: н|же дань даюᵀ роусн. чюᴬ. вѣᶜ. мера. моурома.
Acad: иже дань дають рᴕсн. чю. | весь. мера. мрома.
Hypa: н|же дань даюᵀ русн. чюд̾. весь. мера. мурома.

Bych: иже дань дають Руси: Чюдь, Меря, Весь, Мурома,
Shakh: иже дань дають Руси: Чюдь, Меря, Вѣсь, Мурома,
Likh: иже дань дають Руси: чюдь, меря, весь, мурома,
Ostr: иже дань дають Руси: Чюдь, Вѣсь, Меря, Мурома,

11,10:

Laur: черемнсь. морѣдва. пермь. печера |
Trin: черемиси морѣдва пермъ печера
Radz: черемнса. | ꙗмъ. мордва печера.
Acad: черемесн. морва. печера. |
Hypa: че|ремнсь. мордва. пѣрмь. | печера.

Bych: Черемись, Морѣдва, Пермь, Печера,
Shakh: Черемись, Мърдва, Пьрмь, Печера,
Likh: черемись, морѣдва, пермь, печера,
Ostr: Черемись, Мѣрдва, Пермь, Печера,

11,11:

Laur: ꙗмь. литва. зимнгола. корсь. норова.
Trin: ямь литва зимѣгола корсь морава
Radz: литва зимѣгола. корсь. нерома.
Acad: ꙗмь. литва. зимѣгола. корсь. нерома.
Hypa: ꙗмь. литва. зимѣгола. корсь. ‹не›рома. |

Bych: Ямь, Литва, Зимигола, Корсь, Норова,
Shakh: Ямь, Литъва, Зимѣгола, Кърсь, Норома,
Likh: ямь, литва, зимигола, корсь, норома,
Ostr: Ямь, Литъва, Зимѣгола, Кърсь, Нерома,

11,12:

Laur: либь: си суть свои ꙗзыкъ. имуще ѿ колена
Trin: либь си суть свои языкъ имуще от колена
Radz: либь. су͡т. свои ꙗзькъ:· | Имоуще ѿ колена
Acad: либь с꙼уть свои ꙗзы꙼: Им꙼уще ѿ колена
Hypa: либь. си суть свои ꙗзыкъ имуще ѿ колена

Bych: Либь; си суть свой языкъ имуще, отъ колена
Shakh: Либь; си суть свои языкъ имуще, отъ колена
Likh: либь: си суть свой язык имуще, от колена
Ostr: Либь. Си суть свои языкъ имуще, отъ колѣна

11,13/14:

Laur: афетова. иже жи҃оуть въ странахъ полунощиыхъ.
Trin: афетова иже живуть на странахъ полунощныхъ
Radz: афетова. иже живоу͡т на страна͡х | полунощны͡х.
Acad: афетова. иже жив꙼уть на строна͡х пол꙼унощны͡х.
Hypa: афе|това. иже живуть на стра|нахъ полунощныхъ:· |

Bych: Афетова, иже живуть въ странахъ полунощныхъ.
Shakh: Афетова, иже живуть на странахъ полунощьныхъ.
Likh: Афетова, иже живуть въ странахъ полунощныхъ.
Ostr: Афетова, иже живуть на странахъ полунощьныхъ.

11,15:

Laur: словѣньску же ꙗзꙑку ꙗко же рекохом. жиоуще
Trin: словѣньску же языку яко же рекохомъ живущу
Radz: словенскоу же ꙗзы‹ку ꙗко ж͡ рекохо͡›о жи|воущи͡м
Acad: словѣньск꙼у же ꙗзык꙼у ꙗко же рекохом. жив꙼ущимъ
Hypa: Словѣньску же ꙗзыку. ꙗк͡о | рѣкох͡о живущю

Bych: Словѣньску же языку, якоже рекохомъ, живущу
Shakh: Словѣньску же языку, якоже рекохомъ, живущю
Likh: Словѣньску же языку, яко же рекохомъ, живущю
Ostr: Словѣньску же языку, яко же рекохомъ, живущю

11,16:

Laur: на дунаи. придоша ѿ скуфъ. рекше ѿ
Trin: на дунаи придоша от скуфь рекше отъ
Radz: на дунаи. принидоша ѿ скꙋ̄ ре<---->
Acad: на дунаи. | прїндоша ѿ скꙋфъ рекше ѿ
Hypa: на ду|наи. придоша ѿ скуфъ. | рекше ѿ

Bych: на Дунаи, придоша отъ Скуфъ, рекше отъ
Shakh: на Дунаи, придоша отъ Скуфъ, рекъше отъ
Likh: на Дунаи, придоша от скуфъ, рекше от
Ostr: на Дунаи, придоша отъ Скуфъ, рекъше отъ

11,17:

Laur: козаръ. рекомии болгаре | сѣдоша по дунаеви.
Trin: козаръ рекомии болгарѣ   сѣдоша по дунаеви   [5б]
Radz: <------> | рекомии болгари. и седоша по доун<---->
Acad: казарь. рекоми болгари. | и седоша по дунаеви.
Hypa: козаръ. реко|мии болгаре. и сѣдоша | по дунаеви.

Bych: Козаръ, рекомии Болгаре, и сѣдоша по Дунаеви,
Shakh: Козаръ, рекомии Българе, и сѣдоша по Дунаеви,
Likh: козаръ, рекомии болгаре и сѣдоша по Дунаеви,
Ostr: Козаръ, рекомии Бѹлгаре, и сѣдоша по Дунаеви,

11,18:

Laur: населници словеномъ бы|ша. посемь
Trin: населници словеномъ быша и посемь
Radz: <------>лнеци | словено̄ быша. посе̄
Acad: и населници словеномъ быша. | посемъ
Hypa: нас<ѣ>лници ‖ словеномъ бѣша. а посемъ | [6а]

Bych: и населници Словеномъ быша. Посемь
Shakh: и насильници Словеномъ быша. Посемь
Likh: и населници словеномъ быша. Посемь
Ostr: насильници Словеномъ быша. Посемь

11,19:

Laur: придоша оугри бѣлии. наслѣдиша
Trin: придоша угри бѣлии и наслѣдиша
Radz: прїидоша угр<---->ии. и наслѣ̋диша
Acad: прїидоша оугре бѣлии. и слѣдиша
Hypa: придоша оугре бѣлии. и на|слѣдиша

Bych: придоша Угри Бѣлии, и наслѣдиша
Shakh: придоша Угъри Бѣлии, и наслѣдиша
Likh: придоша угри бѣлии и наслѣдиша
Ostr: придоша Угъре Бѣлии и наслѣдиша

11,20:

Laur: ˝зӏмлю словѣньску.
Trin: землю словѣньску
Radz: ꙁемлю словеньскоу. прогнавшн волохы. и҃ бѣша | преж҃.
Acad: ꙁемлю словѣньскȣ. прогнавше волохы. иже бѣша преже.
Hypa: ꙁемлю словѣны|скую. прогнавше вололо|хы. иже бѣша преже

Bych: землю Словѣньску;
Shakh: землю Словѣньску, прогънавъше Волохы, иже бѣша преже
Likh: землю словѣньску.
Ostr: землю Словѣньску прогънавъше Волохы, иже бѣша преже

11,20a:

Laur: си бо оугри почаша быти.
Trin: сии бо угри почаша быти
Radz: прнꙗлн ꙁемлю словеньскȣ. сн бо угре почаша || быти   [5ᵛ]
Acad: прїꙗли ꙁемлю словеньскȣ. с҃н бо оугре почаша быти
Hypa: прнꙗлѣ ꙁемлю словеньску. сн | бо оугри почаша быти.

Bych: си бо Угри почаша быти
Shakh: преяли землю Словѣньску. Си бо Угъри почаша быти
Likh: Си бо угри почаша быти
Ostr: прияли землю Словѣньску. Си бо Угъри почаша быти

11,21:

Laur: прн ра|клнн ц҃рн. иже находнша ᴺᴬ хоꙁдроꙗ
Trin: при ираклии цари иже ходиша на хозроя
Radz: прн нраклне ц҃рн:-| Нже ходнша на хоꙁро҆ꙗ
Acad: прї | нраклнн ц҃рн:· Нже ходнша на хоꙁро҆ꙗ
Hypa: прн | ракли ц҃рн. иже ходиша | на хоꙁдроꙗ

Bych: при Ираклии цари, иже находиша на Хоздроя,
Shakh: при Ираклии цѣсари, иже находиша на Хоздроя,
Likh: пр-Ираклий цари, иже находиша на Хоздроя,
Ostr: при Ираклии цьсари, иже ходиша на Хоздроя,

11,22:

Laur: ц҃рꙗ перьскаго:· Въ сн же времана бꙑша. н
Trin: царя перьскаго в сии же времена быша и
Radz: ц҃рꙗ перскаго. в сн же времена | быша
Acad: ц҃рꙗ перьскаго. в сн же времена быша
Hypa: ц҃рꙗ перьска҃ г:·| В сн же времена [быша] н

Bych: царя Перьскаго. Въ си же времяна быша и
Shakh: цѣсаря Перьскаго. Въ сиже времена быша и
Likh: царя перьскаго. Въ си же времяна быша и
Ostr: цьсаря Перьскаго. Въ си же времена быша и

Повѣсть времѣньныхъ лѣтъ

11,23:

Laur: ѡбри ходиша на арькликѧ цр҃а. и мало
Trin: обри иже находиша на ираклия царя и мало
Radz: ѡбри. иже воеваша на цр҃а ираклиѧ. и мало
Acad: ѡбрı҃. иже воеваша на цр҃а ираклиѧ. и мало
Hypa: ѡбре иже воеваша на цр҃а ираклиѧ. и мало

Bych: Обри, иже ходиша на Ираклия царя и мало
Shakh: Объри, иже воеваша на Ираклия цѣсаря, и мало
Likh: обри, иже ходиша на Ираклия царя и мало
Ostr: Объри, иже воеваша на цьсаря Ираклия и мало

11,24:

Laur: его не ѩша. си же добрѣ воеваху на словѣнехъ.
Trin: его не яша сии же добрѣ воеваша на словѣнехъ
Radz: его не ѩша. сии же ѡбри воеваша на словены.
Acad: его не ѩша. си҃и же ѡбри воеваша на словены.
Hypa: его не ѩша. си же ѡбри воеваша на словены.

Bych: его не яша. Си же Обри воеваху на Словѣнехъ,
Shakh: его не яша. Сиже Объри воеваша на Словѣны,
Likh: его не яша. Си же обри воеваху на словѣнехъ,
Ostr: его не яша. Си же Объри воеваша на Словѣны,

12,1:

Laur: и примучиша дулѣбы. сущаѧ словѣны.
Trin: и примучиша дулѣбы суща въ словѣнехъ
Radz: и примоучиша доулѣбы соущаѧ словены.
Acad: и примȣчиша дȣлѣбы сȣщаѧ словены.
Hypa: и примучиша дулѣбы сущаѧ словены.

Bych: и примучиша Дулѣбы, сущая Словѣны,   [11,3]
Shakh: и примучиша Дулѣбы, сущая Словѣны,   [11,9]
Likh: и примучиша дулѣбы, сущая словѣны,   [14,8]
Ostr: и примучиша Дулѣбы, сущая Словѣны,

12,2:

Laur: ⟨и⟩ насильє творѧху женамъ дулѣпьскимъ. ащеє
Trin: и насилье творяху женамъ дулебьскимъ аще
Radz: и насилье творѧхоу женамъ доулѣбьскым. аще
Acad: и насилье творѧхȣ женамъ дȣлѣбьскымъ. аще
Hypa: и насилье творѧху женамъ дулѣбыскымъ. аще

Bych: и насилье творяху женамъ Дулѣбьскимъ: аще
Shakh: и насилие творяху женамъ Дулѣбьскымъ: аще
Likh: и насилье творяху женамъ дулѣбьскимъ: аще
Ostr: и насилие творяху женамъ Дулѣбьскымъ: аще

12,3:

Laur: <поѣ>хати будаше ѡбъринꙋ. не дадаше въпрачи |
Trin: поѣхати будяше обърину не даяше въпрячи
Radz: поѣхати баше ѡбрнноу. не да|ваше въпрачи ни
Acad: по|ѣхати баше ѡбрнну. не даваше въпрачи ни
Hypa: поѣхати | баше ѡбрнну. не дадаше въпра<ч>и

Bych: поѣхати будяше Обърину, не дадяше въпрячи
Shakh: поѣхати будяше Обърину, не дадяше въпрячи ни
Likh: поѣхати будяше обърину, не дадяше въпрячи
Ostr: поѣхати бяше Обърину, не дадяше въпрячи

12,4:

Laur: конѧ. ни вола. но велаше въпрачи .г̄. ли
Trin: коня ни вола но веляше   три или
Radz: конѧ ни вола | Повелаше впрачи .г̄. ли
Acad: конѧ ни | вола:· Но велаше впрачи .г̄. ли
Hypa: конѧ. ни во|лу. но велаше въпрачи. | г̄. ли

Bych: коня ни вола, но веляше въпрячи 3 ли,
Shakh: коня, ни волу, нъ веляше въпрячи 3 ли,
Likh: коня ни вола, но веляше въпрячи 3 ли,
Ostr: коня ни волу, нъ веляше въпрячи 3 или,

12,5:

Laur: .д̄. ли .е̄. ли.| женъ   в телѣгу. и повести ѡбърена.
Trin: четыре ли пять   женъ въпрячи в телѣгу и повести обрина
Radz: .д̄. или .е̄.   женъ   в телѣгоу. и повести ѡбрина.
Acad: .д̄. или .е̄.   женъ || в телѣгу. и повести ѡбрина.   [5ᵍ]
Hypa: .д̄. ли .е̄.   женъ   в телѣгу. и повести ѡбрина.|

Bych: 4 ли, 5 ли женъ в телѣгу и повести Обърѣна,
Shakh: 4 ли, 5 ли женъ въ телѣгу, и повести Обърина;
Likh: 4 ли, 5 ли женъ в телѣгу и повести обърена,
Ostr: 4 ли, 5 женъ въ телѣгу, и повести Обърина,

12,6:

Laur: тако мꙋ̆чаху ду|лѣбы. быша бо
Trin: и тако мучаху дулѣбы бѣша бо
Radz: и тако моучахоу дулѣбы. ба||хоу бо   [6ᵍ]
Acad: и тако мꙋчахꙋ дꙋлѣбы. бахꙋ бо
Hypa: и тако мучаху дулѣбы. ба|ху бо

Bych: и тако мучаху Дулѣбы. Быша бо
Shakh: и тако мучаху Дулѣбы. Быша бо
Likh: и тако мучаху дулѣбы. Быша бо
Ostr: и тако мучаху Дулѣбы. Бяху бо

Повѣсть времеиьныхъ лѣтъ

12,7:

Laur: ѡбърѣ тѣломъ велици и оумомь | г҇рди. и б҃ъ
Trin: обри тѣломъ велици и умомь горди и богъ
Radz: ѡбри тѣломъ велици. а оумомъ горди. и по҇треби
Acad: ѡбри тѣломъ велици. а оумомъ горди. | и потреби҃
Hypa: ѡбри тѣломъ велицѣ. а оумомъ горди. и по҇треби

Bych: Обърѣ тѣломъ велици и умомь горди, и Богъ
Shakh: Обри тѣлъмь велици, а умъмь гърди, и Богъ
Likh: обърѣ тѣломъ велици и умомь горди, и богъ
Ostr: Обри тѣлъмь велици, а умъмь гърди, и потреби

12,8:

Laur: потреби ıа. помроша вси. и не ѡстасѧ | ни
Trin: потреби я и помроша вси и не осташася ни
Radz: ıа б҃ъ и помроша вси. и не ѡста и҇ ни
Acad: а б҃ъ и помроша вси. и не ѡста и҇ ни
Hypa: ıа б҃ъ. и помроша вси. | и не ѡста ни

Bych: потреби я, и помроша вси, и не остася ни
Shakh: потреби я, помьроша вьси, и не остася ни
Likh: потреби я, и помроша вси, и не остася ни
Ostr: я Богъ, и помьроша вьси, и не оста ни

12,9:

Laur: единъ. ѡбъринъ. есть притъча в руси и до
Trin: единъ обринъ и есть притча в руси и до
Radz: единъ ѡбри҇, | и есть при҇тча в роуси и до
Acad: единъ. | ѡбринъ. и есть притча в ру҇си. и до
Hypa: единъ ѡбринъ. | и есть при҇тча в руси и до

Bych: единъ Объринъ, и есть притъча в Руси и до
Shakh: единъ Объринъ; и есть притъча въ Руси и до
Likh: единъ обринъ. И есть притъча в Руси и до
Ostr: единъ Объринъ. И есть притъча въ Руси и до

12,10:

Laur: сего | дне погибоша аки ѡбрѣ. их же нѣ҇с племени
Trin: сего дне погибоша аки обри их же нѣсть племене
Radz: сего д҃ни. погибоша аки ѡбре. | их же нѣ҇с ни племени
Acad: сего д҃ни. погибоша | аки ѡбри. их же нѣсть племени
Hypa: се҇го д҃ни. погибоша [аки] ѡбри. и|хъ же нѣ҇с ни племене

Bych: сего дне: погибоша аки Обрѣ; ихже нѣсть племени
Shakh: сего дьне: погыбоша акы Объри, ихъже нѣсть ни племене,
Likh: сего дне: погибоша аки обрѣ; их же нѣсть племени
Ostr: сего дьни: погыбоша акы Объри; ихъ же нѣсть племене

61

12,11:

Laur: ни | наслѣдъка. по сихъ же придоша печенѣзи.
Trin: и наслѣдка по сихъ же печенѣзи и
Radz: наслѣдокъ. по сн̅х̅ бо придоша | печенѣзѣ. и
Acad: нї наслѣдо͞к. По сн̅х̅ бо | прїдоша печенѣзи. и
Hypa: ни | наслѣдка. по сихъ бо при|доша печенизѣ. и

Bych: ни наслѣдъка. По сихъ же придоша Печенѣзи;
Shakh: ни наслѣдъка. По сихъ же придоша Печенѣзи;
Likh: ни наслѣдъка. По сихъ же придоша печенѣзи;
Ostr: ни наслѣдъка. По сихъ бо придоша Печенѣзи; и

12,12:

Laur: паки | идоша оугри чернии мимо киевъ.
Trin: паки идоша угри чернии мимо киевъ
Radz: паки идоша оугре мимо киевъ.
Acad: паки идоша оугре мимо кїевъ. |
Hypa: пакы | идоша оугри чернии. ми‖мо киевъ.   [6b]

Bych: паки идоша Угри Чернии мимо Киевъ,
Shakh: пакы идоша Угъри Чьрнии мимо Кыевъ,
Likh: паки идоша угри чернии мимо Киевъ,
Ostr: пакы идоша Угъри Чьрнии мимо Кыевъ,

12,13:

Laur: послѣже прі | ѡлзѣ.
Trin: послѣже при олзѣ
Radz: послѣ͞ж при ѡлзѣ
Acad: послеже при ѡлзѣ
Hypa: послѣже при ѡльзѣ.

Bych: послѣже при Олзѣ.
Shakh: послѣже, при Ользѣ.
Likh: послѣже при Олзѣ.
Ostr: послѣже при Ользѣ.

12,14:

Laur: поляномъ же жиоущемъ ѡсобѣ ꙗкоже |
Trin: поляномъ же живущимъ особѣ якоже
Radz: поля͞м жив̾ущи͞н особѣ:· ꙗко͞ж
Acad: поля͞м͞но жив̾ущимъ ѡсобѣ. ꙗкоже
Hypa: поляномъ живущимъ | ѡ себѣ·:· ꙗкоже

Bych: Поляномъ же живущимь особѣ, якоже
Shakh: Полямъ же жиущемъ особѣ, якоже
Likh: Поляномъ же жиущемъ особѣ, яко же
Ostr: Поляномъ живущимъ о себѣ, якоже

12,15:

Laur: рекохомъ. суще ѿ рода словѣньска. и нарекоша͡сѧ
Trin: рекохомъ живуще отъ рода словѣньска нарекошася
Radz: рекохо͞мъ ѿ рода | словѣньска соуци͞м. нарекоша͞с
Acad: рекохомъ ѿ рода словѣньска соуцимъ. на|рекошаса
Hypa: ркохомъ | сущии ѿ рода словѣньска. | и наркошаса

Bych: рекохомъ, сущимъ отъ рода Словѣньска, и нарекошася
Shakh: рекохомъ, сущемъ отъ рода Словѣньска, и нарекошася
Likh: рекохомъ, сущимъ от рода словѣньска, и нарекошася
Ostr: рекохомъ, сущии отъ рода Словѣньска, и нарекоша ся

12,16:

Laur: полѧне. а древлѧна же ѿ словѣнъ же.
Trin: поляне а древяня   словѣни же
Radz: полѧне. а деревлѧне   ѿ | словѣн͞ж
Acad: полѧне. а деревлѧне   ѿ словѣнъ же
Hypa: полѧне. а де|ревлѧне.   ѿ словѣнъ же

Bych: Поляне, а Деревляне отъ Словѣнъ же,
Shakh: Поляне, а Древляне отъ Словѣнъ же,
Likh: поляне, а деревляне от словѣнъ же,
Ostr: Поляне, а Деревляне отъ Словѣнъ же,

12,17:

Laur: и нареко|шасѧ древлѧне. радимичи бо и вѧтичи
Trin: нарекошася   радимичи же и вятичи
Radz: нарекоша͞с деревлѧне. радимичи бо и вѧтичи |
Acad: нареко|ша͞с деревлѧне. радимичи бо и вѧтичи
Hypa: и на|рекошаса древлѧне. радимичи бо и вѧтичи

Bych: и нарекошася Древляне; Радимичи бо и Вятичи
Shakh: и нарекошася Древляне; Радимичи же и Вятичи
Likh: и нарекошася древляне; радимичи бо и вятичи
Ostr: и нарекоша ся Древляне; Радимичи бо и Вятичи

12,18:

Laur: ѿ лѧхо|въ. бѧста бо .в҃. брата в лѣсѣ͞х.
Trin: от ляховъ бѣста убо 2 брата в лясѣхъ
Radz: ѿ лѧховъ. бѧста бо .в҃. бра͞т в лѧхо͞х.
Acad: ѿ лѧховъ. бѧ|ста бо .в҃. брата.
Hypa: ѿ лѧховъ. | бѧста бо два брата в лѧсѣ|хъ.

Bych: отъ Ляховъ. Бяста бо 2 брата в Лясѣхъ,
Shakh: отъ Ляховъ. Бяста бо дъва брата въ Лясѣхъ,
Likh: от ляховъ. Бяста бо 2 брата в лясѣх,—
Ostr: отъ Ляховъ. Бяста бо дъва брата въ Лясѣхъ,

12,19:

Laur: раднмъ. а дроугомү вѧ^{тко} ‖ и пришедъша. [5^г]
Trin: радимъ а другии вятко и пришедъша
Radz: ради^м а другии вѧтко. и прише^д
Acad: радимъ. а дрүгїи вѧко. и прише^д
Hypa: радимъ. а другыи. вѧт<ко>. и пришедша

Bych: Радимъ, а другий Вятко, и пришедъша
Shakh: Радимъ, а другии Вятъко; и прешьдъша,
Likh: Радим, а другий Вятко,—и пришедъша
Ostr: Радимъ, а другии Вятъко, и пришьдъша

12,20:

Laur: сѣдоста радимъ на съжю. прозв^ашасѧ
Trin: сѣдоста радимъ на съжю   прозвашася
Radz: сѣдоста. ради^м на сжю. и прозваша^с
Acad: сѣдоста. радимъ. на сжю. и прозваша^с
Hypa: сѣдоста. | радимъ на <ръшю>. и прозваша^с

Bych: сѣдоста Радимъ на Съжю, и прозвашася
Shakh: сѣдоста: Радимъ на Съжю, и прозъвашася
Likh: сѣдоста Радимъ на Съжю, и прозвашася
Ostr: сѣдоста Радимъ на Съжю, и прозъваша ся

12,21:

Laur: радимичи. а ватъко сѣде съ родомъ своимъ
Trin: радимичи а вятко сѣде съ родомъ своимъ
Radz: радимичи. а ватъко с ро^ммъ свои сѣде
Acad: радимичи. а вѧтко с родомъ своим сѣде
Hypa: радими<уи>. а вѧтко | сѣде своимъ родомъ

Bych: Радимичи, а Вятъко сѣде съ родомъ своимъ
Shakh: Радимичи, а Вятъко сѣде съ родъмь своимь
Likh: радимичи, а Вятъко сѣде съ родомъ своимъ
Ostr: Радимичи, а Вятъко сѣде своимь родъмь

12,22:

Laur: по оцѣ. ѿ него же прозвашасѧ вѧтичи. иже |
Trin: по оцѣ от него же прозвася вятичи и
Radz: по оцѣ. ѿ него   прозваша^с вѧтичи. и
Acad: по оцѣ. ѿ него   прозваша^с вѧтичи. и
Hypa: по оцѣ. ѿ него   прозвашасѧ вѧти<уи>. и

Bych: по Оцѣ, отъ негоже прозвашася Вятичи. И
Shakh: по Оцѣ, отъ негоже прозвашася Вятичи. И
Likh: по Оцѣ, от него же прозвашася вятичи. И
Ostr: по Оцѣ, отъ него прозъваша ся Вятичи. И

Повѣсть времєньныхъ лѣтъ

12,23:

Laur: бѧху в мирѣ полѧне. и деревлѧне. сѣверъ
Trin: живѧху в мирѣ полѧне и древлѧне сѣверъ
Radz: живѧхоу в мирѣ. полѧне и деревлѧне | и сѣверо.
Acad: живѧхȢ во мирѣ. полѧне и деревлѧне. | и сѣверо
Hypa: живѧхȢ в мирѣ. | полѧне и древлѧне. и севе|ро [буж<-->]

Bych: живяху в мирѣ Поляне, и Деревляне, и Сѣверъ,
Shakh: живяху въ мирѣ Поляне и Древляне и Сѣверъ
Likh: живяху в мирѣ поляне, и деревляне, и сѣверъ,
Ostr: живяху въ мирѣ Поляне, и Деревляне, и Сѣверо,

12,24:

Laur: и рад҃мичъ. вѧтичи. и хрвате. дулѣби
Trin: и радимичи и вѧтичи и хорвате дулѣби
Radz: и рамичи. и вѧтичи. и хорвати. и дȢлѣбы |
Acad: и радимичи. и вѧтичи. и хорвати. и дȢлѣбы
Hypa: и радимичи. и вѧтичи. | и хорвати. дулѣби

Bych: и Радимичи, Вятичи и Хорвате. Дулѣби
Shakh: и Радимичи и Вятичи и Хървати. Дулѣби
Likh: и радимичи, вятичи и хрвате. Дулѣби
Ostr: и Радимичи и Вятичи и Хървати. Дулѣби

13,1:

Laur: живѧху по бу҃ | гдѣ ныне велынѧне.
Trin: живѧху по бугу кдѣ ныне велынѧне
Radz: живѧхоу по бȢгу.
Acad: живѧхȢ по бȢгȢ.
Hypa: же жи|вѧху по бугу. кдѣ нн҃ѣ во|лынѧне.

Bych: живяху по Бугу, гдѣ нынѣ Велыняне,   [12,3]
Shakh: же живяху по Бъгу, къде нынѣ Велыняне,   [12,6]
Likh: живяху по Бугу, гдѣ нынѣ велыняне,   [14,26]
Ostr: живяху по Бугу, гдѣ нынѣ Волыняне,

13,2:

Laur: а оулучи тиверьци. сѣда|ху бо по днѣстру.
Trin: а лутичи и тиверци сѣдѧху по днѣстру
Radz: а оулȢчи. тиверци седахоу по бȢ҃г. и по҃непроу
Acad: а оулȢ҃ч. тиверци седахȢ по бȢгȢ. и по днепрȢ.
Hypa: а <оули>чи тиве|рци сѣдаху по бугу. и | по днѣпру. и

Bych: а Улучи и Тиверьци сѣдяху по Днѣстру,
Shakh: а Улучи и Тиверьци сѣдяху по Дънѣстру, и
Likh: а улучи и тиверьци сѣдяху бо по Днѣстру,
Ostr: а Улучи Тиверьци сѣдяху по Бугу и по Дънѣпру, и

65

13,3:

Laur: присѣдаху къ дунаеви бѣ мн͞жьство ихъ. сѣдаху
Trin: присѣдяху бо къ дунаеви и бѣ множьство ихъ сѣдяху
Radz: *omitted*
Acad: *omitted*
Hypa: при⟨при⟩сѣдаху къ дунаеви. и | бѣ множтво ихъ. сѣдаху

Bych: присѣдяху къ Дунаеви, бѣ множство ихъ, сѣдяху
Shakh: присѣдяху къ Дунаеви. И бѣ мъножство ихъ: сѣдяху
Likh: присѣдяху къ Дунаеви. Бѣ множство ихъ; сѣдяху
Ostr: присѣдяху къ Дунаеви. И бѣ мъножство ихъ, сѣдяху

13,4:

Laur: бо   по днѣстру. или до моря.
Trin: по днѣстру оли до моря
Radz: оли и до моря. и
Acad: оли и до моря. и
Hypa: бо по бугу. и по днепру. оли до моря. и

Bych: бо по Днѣстру оли до моря, и
Shakh: бо преже по Бъгу и по Дънѣпру оли до моря, и
Likh: бо по Днѣстру оли до моря, и
Ostr: бо по Бугу и Дънѣпру оли до моря и

13,5:

Laur: суть гради и͞х. и до сего д͞не. да то ся зваху ѿ
Trin: суть гради ихъ и до сего дне да то ся зваху от
Radz: су͡т гра͡и͞х и до сего д͞ни. и   зовa͡ху͞с ѿ
Acad: сꙋть гради ихъ и до сего д͞ни. и   зовахꙋса ѿ
Hypa: суть городи ихъ и до сего | д͞не. да то ся зоваху | ѿ

Bych: суть гради ихъ и до сего дне, да то ся зваху отъ
Shakh: суть гради ихъ и до сего дьне, да то ся зъваху отъ
Likh: суть гради их и до сего дне, да то ся зваху от
Ostr: суть гради ихъ и до сего дьне, да то ся зъвяху отъ

13,6:

Laur: грекъ. великая скуфь.
Trin: грькъ великая скуфь
Radz: грекъ | великаа скоуфь.
Acad: грекъ великаа скꙋфь.
Hypa: грѣкъ великая скуфь.

Bych: Грекъ Великая Скуфь.
Shakh: Грькъ Великая Скуѳь.
Likh: Грекъ Великая скуфь.
Ostr: Грькъ Великая Скуфь.

Повѣсть времеиьныхъ лѣтъ

13,7:

Laur: Имаху бо обычаи свои и законъ | ѿць свои{х}.
Trin: имяху бо обычаи свои и законъ отец своихъ
Radz: Имахоуть бо ѡбычаи | свои. и законъ ѿць свои{х}
Acad: Имахȣть бо ѡбычаи свои. и законъ ѿць свои{х}
Hypa: имѣяхуть бо ѡ|бычаıа своıа. и зако|ны оць своихъ.

Bych: Имяху бо обычаи свои, и законъ отець своихъ
Shakh: Имѣяху бо обычаи свои и законъ отьць своихъ
Likh: Имяху бо обычаи свои, и законъ отець своих
Ostr: Имяхуть бо обычая свои, и законы отьць своихъ

13,8:

Laur: и преданьıа кождо свои нравъ. поля|не бо свои{х}
Trin: и преданья и кождо свои нравъ поляне бо своихъ [57]
Radz: и преданнıа. ко{жо}{а} нравъ. по|лане бо ѡбычаи
Acad: и преданнıа. | ко{жо}{а} нравъ. поляне бо ѡбы ѡбычаи
Hypa: и пре||даннıа кождо своıа норовъ. | поляне бо своихъ [6с]

Bych: и преданья, кождо свой нравъ. Поляне бо своихъ
Shakh: и предания, къждо свои нравъ. Поляне бо своихъ
Likh: и преданья, кождо свой нравъ. Поляне бо своих
Ostr: и предания къждо свои нравъ. Поляне бо своихъ

13,9:

Laur: ѿць ѡбычаи имуть. кротокъ и тихъ. и | стыденье
Trin: отець обычаи имуть кротокъ и тихъ и стыдѣнье
Radz: ѿць свои{х} имеаху. ти{х} крото{к}. сты|ние
Acad: ѿць свои имеахȣ ти{х} кротокъ. стыдѣнїе
Hypa: ѿць ѡбычаи имаху. тихъ и крото||кокъ. и стыденье

Bych: отець обычай имуть кротокъ и тихъ, и стыдѣнье
Shakh: отьць обычаи имуть кротъкъ и тихъ и стыдѣние
Likh: отець обычай имуть кротокъ и тихъ, и стыдѣнье
Ostr: отьць обычаи имяху тихъ и кротъкъ и стыдѣние

13,10:

Laur: къ снохамъ своимъ. и къ сестрамъ. | къ
Trin: къ снохамъ своимъ и къ сестрамъ своимъ къ
Radz: ко сноха{м} и
Acad: ко снохамъ. и
Hypa: къ сно||хамъ своимъ. и къ сестр{а}мъ и къ

Bych: къ снохамъ своимъ и къ сестрамъ, къ
Shakh: къ снъхамъ своимъ и къ сестрамъ, къ
Likh: къ снохамъ своимъ и къ сестрамъ, къ
Ostr: къ снъхамъ своимъ и къ сестрамъ, къ

13,11:

Laur: мт̄рмъ   и к родителемъ своимъ. къ свекровемъ
Trin: матеремъ   и к родителемъ своимъ къ свекровемъ
Radz: мт̄рмь.   и снохы   ко свекрове̇ᵐ.
Acad: мт̄ремъ.   и снохи   ко свекромъ.
Hypa: матеремъ свои. | и снохы   къ свекровамъ | своиⱏ.

Bych: матеремъ и к родителемъ своимъ, къ свекровемъ
Shakh: матерьмъ и къ родителемъ своимъ, и снѣхы къ свекръвамъ
Likh: матеремъ и к родителемъ своимъ, къ свекровемъ
Ostr: матерьмъ и снѣхы къ свекръвамъ

13,12:

Laur: и къ деверемъ. велико стыденье имѣху.   брачнꙑи
Trin: и къ деверемъ велико стыденье имяху   брачныи
Radz: и к дѣвереᵐ велико стыдѣнїе имоуще. и брачныи
Acad: и к дѣвереᵐ великое стыденье | имуще. и брачныи
Hypa: и къ деверемъ | велико стыденье имуще. | и брачныи

Bych: и къ деверемъ велико стыденье имѣху, брачный
Shakh: и къ деверьмъ велико стыдѣние имуща; брачныи
Likh: и къ деверемъ велико стыденье имѣху, брачный
Ostr: и къ деверьмъ велико стыдѣние имуще; и брачьныи

13,13:

Laur: ѡбычаи имаху. не хоже ⁾ шеⷤ зать по
Trin: обычаи   не хожаше зять по
Radz: ѡбычаи | имеꙗхоу. не хожаше жениⷯ по
Acad: ѡбычаи имеꙗхꙋ. не хожахꙋ жениⷯ | по
Hypa: обычаи имѣа|ху. не хожаше женихъ п |

Bych: обычай имяху: не хожаше зять по
Shakh: обычаи имѣяху: не хожаше зять по
Likh: обычай имяху: не хожаше зять по
Ostr: обычаи имѣяху: не хожаше женихъ по

13,14:

Laur: невѣсту. но при|водаху вечеръ. а завътра
Trin: невѣсту но привожаху вечеръ а заутра
Radz: невѣстоу но привожа|хоу вечеръ. а тре
Acad: невѣстꙋ. но привожахꙋ вечерь. а оутре
Hypa: невѣсту. но привожаху | вечеръ. а заоутра

Bych: невѣсту, но привожаху вечеръ, а заутра
Shakh: невѣсту, нъ привожаху вечеръ, а заутра
Likh: невѣсту, но приводяху вечеръ а завътра
Ostr: невѣсту, нъ привожаху вечеръ, а заутра

13,15:

Laur: приношаху по нєи. что | вдадуче. а древлянє
Trin: приношаху по неи что вдадуче а древляне
Radz: приношахȣ по нєи что дадоуть·: | а дерєвлянє
Acad: приношахȣ || по нєи что дадȣтъ. а дерєвлянє
Hypa: прино|шаху что на нєи вдадуче. | а дерєвланн

Bych: приношаху по ней что вдадуче. А Древляне
Shakh: приношаху по неи, чьто въдадуче. А Древляне
Likh: приношаху по ней что вдадуче. А древляне
Ostr: приношаху чьто на неи въдадуче. А Деревляне

13,16:

Laur: живаху звєрнньскимъ ѡ|бразомъ. жноуще
Trin: живяху звєринымъ образомъ живуще
Radz: живахоу звѣрьскы͞м ѡбразо͞. живоуще
Acad: живахȣ звѣрьск‹н›имъ ѡбразомъ живȣще
Hypa: живаху звѣ|рьскымъ ѡбразомъ. жі|вуще

Bych: живяху звѣриньскимъ образомъ, живуще
Shakh: живяху звѣриньскъмь образъмь, живуще
Likh: живяху звѣриньскимъ образомъ, живуще
Ostr: живяху звѣриньскъмь образъмь, живуще

13,17:

Laur: скотьски. оубиваху другъ дру|га. ꙗдаху
Trin: скотьскы убиваху другъ друга ядяху
Radz: скотьскын. и оубнвахоу дроугъ дроуга. ꙗдоуще
Acad: скотьскы. и оубивахȣ др̑ȣгъ дрȣга. ꙗдȣще
Hypa: скотьскы. и оубн|ваху другъ друга. ꙗду|ще

Bych: скотьски: убиваху другъ друга, ядяху
Shakh: скотьскы, и убиваху другъ друга, ядуще
Likh: скотьски: убиваху другъ друга, ядяху
Ostr: скотьскы: и убиваху другъ друга, ядуще

13,18:

Laur: всѧ нєчнсто. и брака оу ннхъ нє бывалше.
Trin: нечисто все и бракъ у нихъ не бываше
Radz: всє нєч͡тоє. и брака оу ни͞х нє бываша
Acad: всє нєч͡тоє. и бракȣ оу ни͞х нє бывалше
Hypa: всє нєч͡то. и браченьꙗ в нихъ нє быша.

Bych: все нечисто, и брака у нихъ не бываше,
Shakh: вьсе нечисто, и брака у нихъ не бываше,
Likh: вся нечисто, и брака у нихъ не бываше,
Ostr: вьсе нечисто, и браченья въ нихъ не быша,

13,19:

Laur: но оумыкиваху оуводы дѣца. и радимичи
Trin: но умыкываху уводы дѣвица и радимичи
Radz: но оумыкахȣ уводы дѣца. а радимичи.
Acad: но оумыкахȣ. вводы дѣца. а радимичи.
Hypa: но оумыкаху оуводы дѣца. | а радимичи

Bych: но умыкиваху у воды дѣвица. И Радимичи,
Shakh: нъ умыкаху уводы дѣвиця. А Радимичи
Likh: но умыкиваху у воды дѣвиця. И радимичи,
Ostr: нъ умыкываху уводы дѣвиця. А Радимичи,

13,20:

Laur: и | ватичи. и северъ ѡдинъ ѡбычаи
Trin: и вятичи и сѣверъ единыи обычаи
Radz: и ватн̄. и сѣверо ѡдн̄ | ѡбычаи
Acad: и ватіичи. и сѣверо. ѡдинъ ѡбычаи
Hypa: и ватичи. | и северо. ѡдинъ ѡбычаӣ |

Bych: и Вятичи и Сѣверъ одинъ обычай
Shakh: и Вятичи и Сѣверъ одинъ обычаи
Likh: и вятичи, и сѣверъ одинъ обычай
Ostr: и Вятичи и Сѣверо одинъ обычаи

13,21:

Laur: имаху живахȣ | в лѣсѣ. ꙗко же   всакии
Trin: имяху живяху в лѣсѣ яко же   всякыи
Radz: имеꙗхоу. живахоу в лесѣ̄. ꙗже и всакии |
Acad: имеꙗхȣ. живахȣ | в лесѣ̄. ꙗко же и всакıи
Hypa: имаху. живаху в лѣсѣ | ꙗко же   всакыи

Bych: имяху: живяху в лѣсѣхъ, якоже и всякий
Shakh: имѣяху: живяху въ лѣсѣ, якоже всякыи
Likh: имяху: живяху в лѣсѣ, яко же и всякий
Ostr: имяху: живяху въ лѣсѣ, яко же всякыи

13,22:

Laur: звѣрь. ꙗдуще все нечисто | срамословье
Trin: звѣрь ядуще все нечистое срамословье
Radz: звѣрь. ꙗдоуще все нечс̄то. и срамословие
Acad: ѕвѣрь. ꙗдȣще все нечс̄то. | и срамословїе
Hypa: звѣрь. | ꙗдуще все нечс̄то. и сра|мословье

Bych: звѣрь, ядуще все нечисто, и срамословье
Shakh: звѣрь, ядуще вьсе нечисто, и срамословие
Likh: звѣрь, ядуще все нечисто, и срамословье
Ostr: звѣрь, ядуще вьсе нечисто, и срамословие

Повѣсть времеиьныхъ лѣтъ 71

14,1:

Laur: в нн̄ х предъ ѿьци. и предъ. снохами.|
Trin: в нихъ предъ отьци и предъ снохами
Radz: в нн̄ х пр҃е ‖ ѿци. и   снохами. и   [6ᵛ]
Acad: в нн̄ х пр҃е ѿци. и   снохами. и
Hypa: в нихъ предъ | о҃ци и пр҃е снохами. и

Bych: в нихъ предъ отьци и предъ снохами, и   [13,2]
Shakh: въ нихъ предъ отьци и предъ снѣхами, и   [13,5]
Likh: в них предъ отьци и предъ снохами и   [15,6]
Ostr: въ нихъ предъ отьци и предъ снѣхами и

14,2:

Laur: браци не бываху въ нн̄ х. и игрища межю
Trin: браци не бываху въ них но игрища межю
Radz: браци не бывають в нн̄. но игрища ме҃ж
Acad: браци не бывають в нн̄ х. но игрища межи
Hypa: быраци не бываху в нихъ. | но игрища межю

Bych: браци не бываху въ нихъ, но игрища межю
Shakh: браци не бываху въ нихъ, нъ игрища межю
Likh: браци не бываху въ них, но игрища межю
Ostr: браци не бываху въ нихъ, нъ игрища межю

14,3:

Laur: селы. схо|жахуса. на игрища на пласанье.
Trin: селы схожахуся на игрища на плясание
Radz: селы:· | Въсхожахоу с на игрища на пласанна.
Acad: селы:· Въсхожаху҂са | на игрища на плесанїа.
Hypa: селы. | и схожахуса на игрищ҃. | на пласаньꙗ.

Bych: селы, схожахуся на игрища, на плясанье
Shakh: селы, и съхожахуся на игрища, на плясания
Likh: селы, схожахуся на игрища, на плясанье
Ostr: селы. Съхожахуся на игрища, на плясания

14,4:

Laur: и на вса бѣсовьскаꙗ игрища. и ту оумыкаху
Trin: и на вся бѣсовьская игрища и ту умыкаху
Radz: и на вса бесовы|скаа пѣ҃сни. и тоу оумыкахȣ
Acad: и на вса бѣсовьскаа пѣсни. | и тȣ оумыкахȣ
Hypa: и на вса | бѣсовьскыꙗ пѣ҃сни. и ‖ ту оумыкаху   [6d]

Bych: и на вся бѣсовьская игрища, и ту умыкаху
Shakh: и на вься бѣсовьскыя пѣсни, и ту умыкаху
Likh: и на вся бѣсовьская пѣсни, и ту умыкаху
Ostr: и на вься бѣсовьскыя пѣсни, и ту умыкаху

14,5:

Laur: жены собѣ. с нею | же кто съвѣщашеса. нмаху
Trin: жены собѣ с нею　　кто свѣщався имяхутъ
Radz: жены собѣ. с нею　　кто | совещаше́ нмахоу͛
Acad: жены себѣ. с нею　　кто совещашеса. | нмахȣ͛
Hypa: жены собѣ. | с нею же кто свѣщеваше́. | нмаху͛

Bych: жены собѣ, с неюже кто съвѣщашеся; имяху
Shakh: жены собѣ, съ неюже къто съвѣщавъся; имѣяху
Likh: жены собѣ, с нею же кто съвѣщашеся; имяху
Ostr: жены собѣ, съ нею же къто съвѣщеваше ся; имяхуть

14,6:

Laur: же по двѣ н по три же|ны.　　аще кто
Trin: же и по двѣ и по три жены　　аще кто
Radz: же н по двѣ н по .г҃. жены. н аще кто |
Acad: же н по .в҃. н　.г҃. жены. н аще кто
Hypa: же по двѣ н по три | жены. н аще кто

Bych: же по двѣ и по три жены. И аще кто
Shakh: же по дъвѣ и по три жены. И аще къто
Likh: же по двѣ и по три жены. И аще кто
Ostr: же по дъвѣ и по три жены. И аще къто

14,7:

Laur: оумраше творАху трызно надъ ннı|мъ. н по
Trin: умряшеть створяху трызно надъ нимъ и по
Radz: оумнраше творАхоу трызну на̏ нн҃. н по
Acad: оумнраше | творАхȣ трнзнȣ на̏ ннмъ. н по
Hypa: оумра|ше творАху трызну на|дъ ннмь. н по

Bych: умряше, творяху тризну надъ нимъ, и по
Shakh: умьряше, творяху тризну надъ нимь, и по
Likh: умряше, творяху тризну надъ нимъ, и по
Ostr: умьряше, творяху трызну надъ нимь, и по

14,8:

Laur: семь тво̏раху кладу велнку н възложа|хуть
Trin: семь творяху кладу велику и възложахуть
Radz: се҃ творА|хоу крадȣ велнкȣ. н возложн҃
Acad: семъ творАхȣ кра|дȣ <ве>велнкȣ. н возложатъ
Hypa: семь творА̏|ху к<л>аду велнку. н възло|жать

Bych: семь творяху кладу велику, и възложахуть
Shakh: семь сътворяху краду велику, и възложаху
Likh: семь творяху кладу велику, и възложахуть
Ostr: семь творяху кладу велику, и възложать

Повѣсть времєньныхъ лѣтъ

14,9:

Laur: и на кладу мр̄твца. сожьжаху. и посємь | собравше
Trin: и на кладу мертвеца съжьжагаху и посемь собравше
Radz: на кра͡ду мртвеца. и сожнгахоу и посе̄ собравше
Acad: на крадȣ мртвеца. и сожыхахȣ. и посемъ собравше
Hypa: на д͡клȣ мртвѣца. и | съжигаху. и посемъ съ|бравше

Bych: и на кладу, мертвеца сожьжаху, и посемь собравше
Shakh: на краду мьртвьца, и съжьжаху, и посемь, събьравъше
Likh: и на кладу, мертвеца сожьжаху, и посемь собравше
Ostr: на кладу мьртвьца и съжигаху, и посемь събьравъше

14,10:

Laur: кости. вложаху в судину малу. и
Trin: кости вложаху в съсудъ
Radz: кости. влогахоу в сосо͡уд малъ | и
Acad: кости. влогахȣ в сосȣдъ малъ. и
Hypa: кос͡ти вложаху въ|въ ссудъ малъ. и

Bych: кости вложаху в судину малу, и
Shakh: кости, въложаху въ судину малу, и
Likh: кости вложаху в судину малу, и
Ostr: кости въложаху въ съсудъ малъ, и

14,11:

Laur: по||<ставля>ху на столпѣ на путе͡х. еже творять   [5ᵛ]
Trin: omitted to 19,10
Radz: поставлахȣ на столѣ на поутѣ. и͡х творѧ͡т
Acad: поставлахȣ на столѣ на пȣте͡х. иже твоіратъ
Hypa: поста|влаху на столпѣ. на пу|тѣхъ. иже творѧть

Bych: поставляху на столпѣ на путехъ, еже творять
Shakh: поставляху на стълпѣ на путьхъ, еже творять
Likh: поставляху на столпѣ на путех, еже творять
Ostr: поставляху на стълпѣ на путьхъ, иже творять

14,12:

Laur: вѧтичи | и нынѣ. си же творѧху ѡбычаѧ
Radz: вѧти͡ч н͞нѣ | сн͞и ж̄ ѡбычаа творѧ͡т и
Acad: вѧтичи и н͞нѣ. си͞н же ѡбычаи творѧ͡т и
Hypa: <ва>|вѧти<ч>и и н͞нѣ. си же ѡ|бычаи творѧху и

Bych: Вятичи и нынѣ. Си же творяху обычая
Shakh: Вятичи и нынѣ. Сиже творяху обычая и
Likh: вятичи и нынѣ. Си же творяху обычая
Ostr: Вятичи и нынѣ. Си же обычаи творяху и

14,13:

Laur: крнвнѹн. проѵнн | поганнн. не ведѹще
Radz: крнвн̆. н проѵїн поганнн. не ве҆доуще
Acad: крнвнѵн. н проѵнн поганїн. не ведѹще
Hypa: крнвїѵн. н проѵнн поганнн. не | ведуще

Bych: Кривичи и прочии погании, не вѣдуще
Shakh: Кривичи и прочии погании, не вѣдуще
Likh: кривичи и прочии погании, не вѣдуще
Ostr: Кривичи и прочии погании, не вѣдуще

14,14:

Laur: закона бж҃ѩ. но творѩще са|мн собѣ законъ.
Radz: закона бж҃на но творахѹ самн собѣ законъ ⁘
Acad: закона бж҃на но тво|рахѹ самн собѣ законь ⁘
Hypa: закона бж҃на. | но творахꙋ самн себѣ | законъ ⁘ |

Bych: закона Божия, но творяще сами собѣ законъ.
Shakh: закона Божия, нъ творяще сами собѣ законъ.
Likh: закона божия, но творяще сами собѣ законъ.
Ostr: закона Божия, нъ творяху сами себѣ закон.

14,15:

Laur: Гл҃ть георгнн в лѣтопнсаньн. | нбо комѹждо
Radz: Гл҃ть геѡргїн в лѣтопнсанїн нбо коемоужд҄о
Acad: Гл҃ть геѡргїн в лѣтоп|нсанїн. нбо коемѹжд҄о
Hypa: Гл҃ть георгнн в лѣтопн|сьцѣ. нбо комуждо

Bych: Глаголеть Георгий в лѣтописаньи: ибо коемуждо
Shakh: Глаголеть Георгии въ лѣтописании: ибо коемужьдо
Likh: Глаголеть Георгий в лѣтописаньи: "Ибо комуждо
Ostr: Глаголеть Георгии въ лѣтописьцѣ: "Ибо комужьдо

14,16:

Laur: ѩзыкѹ. ѡвѣмъ нспнсанъ законъ | есть. другнмъ
Radz: ѩзыкѹ | ѡвѣ҆м законъ нспнсанъ е҆с҄. дроугн҆м
Acad: ѩзыкѹ. ѡвѣмъ законь нспнсанъ есть. дрѹгнмъ
Hypa: ѩзы|кꙋ. ѡвѣмь законъ нспнсан҄ есть. другымъ

Bych: языку овѣмъ исписанъ законъ есть, другимъ
Shakh: языку, овѣмъ исписанъ законъ есть, другымъ
Likh: языку овѣмъ исписанъ законъ есть, другимъ
Ostr: языку овѣмъ законъ исписанъ есть, другымъ

14,17:

Laur: же обычан. зане безаконьннн|комъ
Radz: же ѡбычаѩ. зане безаконны҆м
Acad: же ѡбычаа. зане безаконны҆м |
Hypa: ж҄е҄ | ѡбычаѩ. зане безако|нным҄

Bych: же обычаи, зане законъ безаконьникомъ
Shakh: же обычаи, зане безаконьникомъ
Likh: же обычаи, зане законъ безаконьникомъ
Ostr: же обычая, зане безаконьнымъ

Повѣсть времсньныхъ лѣтъ

75

14,18:

Laur: ѿтечьствие мнится. ѿ них же первне сирнн
Radz: ѿ\u0306ествие мнтсc. ѿ нихx же первие сири
Acad: ѿтечьствїе мнӣтсѧ. ѿ нихx первое сири
Hypa: ѿт\u0361ьствнемь | мнится. ѿ нихъ же пѣрывое сирнн

Bych: отечьствие мнится. Отъ нихже первие Сирии,
Shakh: отьчьствие мьниться. Отъ нихъже пьрвии Сири,
Likh: отечьствие мнится. От них же первие сирии,
Ostr: отьчьствиемь мьнить ся. Отъ нихъ же пьрвое Сирии,

14,19:

Laur: жиоуще на конець землѧ. законъ имуть | ѿ
Radz: жи|воуще на конець землѧ. законъ имоуть ѿць
Acad: живuще на | конець землѧ. законъ имuтъ ѿць
Hypa: живущии на | коньць землѧ. законъ | имуть ѿць

Bych: живущеи на конець земля, законъ имуть отець
Shakh: живущии на коньць земля, законъ имуть отьць
Likh: живуще на конець земля, законъ имуть отец
Ostr: живущии на коньць земля, законъ имуть отьць

14,20:

Laur: своихx ѡбычаи. не любодѣѧти и прелюбодѣѧтн.
Radz: своихъ и ѡбычаи. не любодѣати. и прелюбодѣати
Acad: свои и ѡбычаи. | не любодѣѧти. и прелюбодѣѧтн.
Hypa: свои\u0306х. и ѡбычаꙗ. не любодѣꙗти. ни | прелюбодѣꙗти.

Bych: своихъ обычаи: не любодѣяти и прелюбодѣяти,
Shakh: своихъ обычаи: не любодѣяти, ни прелюбодѣяти,
Likh: своих обычаи: не любодѣяти и прелюбодѣяти,
Ostr: своихъ и обычая: не любодѣяти ни прелюбодѣяти,

14,21:

Laur: ни красти ни ѡклеветати ли оубити ли зло
Radz: ни кра|сти. ни клеветати. ли оубити ли зло
Acad: ни красти. | ни клеветати. ли оубити. ли ѕло
Hypa: ни кра\u0361сти ни клеветати. ли оубити. ли зло

Bych: ни красти, ни клеветати, ли убити, ли зло
Shakh: ни красти, ни оклеветати, ли убити, ли зъло
Likh: ни красти, ни оклеветати, ли убити, ли зло
Ostr: ни красти, ни клеветати, ли убити, ли зъло

14,22:

Laur: дѣѧти весьма   законъ же и у ктирианъ глѥми.
Radz: дѣати всема | ѿноу\u0306. законъ же   оу ктириан. гл҃емии
Acad: дѣѧти. ве\u0361ма || ѿнu:· законъ же   оу ктирїан. гл҃емїи   [6г]
Hypa: дѣѧти всеꙗма ѿнудь. законъ же и оу ктириан. гл҃емии   [7а]

Bych: дѣяти весьма. Законъ же и у Вактриянъ, глаголеми
Shakh: дѣяти вьсьма. Законъ же и у Ктириянъ, глаголемии
Likh: дѣяти весьма. Закон же и у вактриянъ, глаголеми
Ostr: дѣяти вьсьма отинудь. Законъ же и у Ктириянъ, глаголемии

15,1:

Laur: вра|хмане и ѡстровьници. еже ѿ прадѣдъ покаѦньемь.
Radz: върахмех ѡстровьници. иже ѿ предѣлъ показаниемъ
Acad: върахмех ѡстровници. иже ѿ предѣлъ показанїемь
Hypa: върахмане. и ѡстровни<ц>и. иже ѿ <прадѣдъ> покаӡаньемь

Bych: Врахмане и островьници, еже отъ прадѣдъ наказаньемъ [14,2]
Shakh: Врахмане и Островьници, еже отъ прадѣдъ показаниемь [14,6]
Likh: врахманеи островьници, еже от прадѣдъ показаньемъ [15,22]
Ostr: Върахмане и Островици, иже отъ прадѣдъ показаниемь

15,2:

Laur: блгу̑тьемь мѧс не ѩдуще ни
Radz: и блгочстьемь мѧс̑ не ѩдоуще ни
Acad: и блгоутїемь. | мѧса не ѩдо̑щи ни
Hypa: и блгоутьѥмь. мѧсъ не ѩдуще. ни|

Bych: и благочестьемь мясъ не ядуще, ни
Shakh: и благочьстиемь мясъ не ядуще, ни
Likh: и благочестьемь мяс не ядуще, ни
Ostr: и благочьстиемь мясъ не ядуще, ни

15,3:

Laur: вина пьющ<е. | ни блу>да творѧще. никакоѩ же
Radz: вина пьюще. ни блоуда творѧще. | никоеѩ же
Acad: вина пьюще. ни блуда творѧще. | никоеѩ же
Hypa: вина пьюще. ни блуда | творѧще. никакоѩ же |

Bych: вина пьюще, ни блуда творяще, никакояже
Shakh: вина пиюще, ни блуда творяще, никоеяже
Likh: вина пьюще, ни блуда творяще, никакоя же
Ostr: вина пиюще, ни блуда творяще, никакоя же

15,4:

Laur: ѕлобы творѧщѐ | страха ради многа.
Radz: ѕлобы творѧще. страха ра́д многа.
Acad: ѕлобы творѧще. стра[ха] ради̑ многа.
Hypa: ѕлобы творѧще. стра|ха ра́д многа.

Bych: злобы творяще, страха ради многа Божия
Shakh: зълобы творяще, страха ради мънога и Бо(жи)я
Likh: злобы творяще, страха ради многа божия
Ostr: зълобы творяще, страха ради мънога

15,5:

Laur: нбо ꙗвѣ̆ таче прилежащим̆ | <к> ним:
Radz: нбо   таỹ || прилежащимъ к ни. индиѡм [7ᵍ]
Acad: нбо | таче прел̑ежащимъ к нимъ. индиѡм
Hypa: нбо ꙗвѣ таче прилежащим̆ к <н>и<мъ> | индомъ.

Bych: ибо таче прилежащимъ къ нимъ Индиомъ
Shakh: вѣ(ры). Таче прилежащимъ къ нимъ Индомъ,
Likh: ибо таче прилежащимъ къ ним индиом
Ostr: ибо явѣ таче прилежащимъ къ нимъ Индомъ

15,6:

Laur: оубиистводеници. сквернотворяще. | гнѣвливи
Radz: оубиистводенцаᴹ. сквернотворящен. гнѣвливи
Acad: оубїнстводе́нцамъ. сквернотворящен. гнѣвливи
Hypa: оубнстводен|ца. сквернотворящнн | гнѣвлⁿни

Bych: убийстводѣйцамъ и сквернотворящемъ гнѣвливи
Shakh: убииствдѣици, сквьрнотворящии и гнѣвливии
Likh: убийстводѣйици сквернотворяще гнѣвливи
Ostr: убистводѣица сквьрнотворящии гнѣвливи

15,7:

Laur: и паче естьства. ли нутрьнѣншнмъ | странѣ ихъ
Radz: паᵞ еⁿства. в ноутрьнѣ|ишиⁿ странѣ иˣ.
Acad: паче естьства. в нȣтрьнѣнши же странѣ иˣ.
Hypa: паче естьствᴬ. | въ нутренѣншнн же стра|нѣ ихъ.

Bych: и паче естьства; въ внутрьнѣйши же странѣ ихъ
Shakh: паче естьства; въ нутрьнѣиши же странѣ ихъ
Likh: и паче естьства; ли внутрьнѣйши странѣ ихъ
Ostr: паче естьства; въ нутрьнѣиши же странѣ ихъ

15,8:

Laur: ч̄лв<къ> ядуще и страньствующихъ | оубиваху.
Radz: члкы ядоуще. странъствоующⁿˣ оуби|ваху.
Acad: ч̄лвкы яд̆ȣще. страны|ствȣющиˣ оубивахў.
Hypa: ч̄лвкы ядуще. | и страньствующихъ оу|биваху.

Bych: человѣкъ ядуще и страньствующихъ убиваху,
Shakh: человѣкы ядуще, и страньствующихъ убиваху,
Likh: человѣкъ ядуще и страньствующихъ убиваху,
Ostr: человѣкы ядуще и страньствующихъ убиваху,

15,9:

Laur: паче же ядать яко пси. етеръ же закⁱонъ халдѣемъ
Radz: паᵞ же ядать яко пси. етерⁿ же законъ халдѣемъ.
Acad: паче же ядатъ яко пси. етер же | законъ халѣемъ
Hypa: паче же ядать | яко пси. етеръ же зако|нъ халдѣемъ.

Bych: паче же ядять яко пси. Етеръ же законъ Халдеемъ
Shakh: паче же ядять, яко пьси. Етеръ же законъ Халдеемъ
Likh: паче же ядять яко пси. Етеръ же законъ халдеемъ
Ostr: паче же ядять яко пьси. Етеръ же законъ Халдѣемъ

15,10:

Laur: вавилонамъ. м̄три поимати. | съ
Radz: и вавилоноⁿмᴹ. м̄три поимати. со
Acad: и вавилонаномъ | м̄три поима|ти. со
Hypa: и вавилонаномъ. м̄три понмᴬти. и съ

Bych: и Вавилонямъ: матери поимати, съ
Shakh: и Вавилонямъ: матери поимати, съ
Likh: и вавилонямъ: матери поимати, съ
Ostr: и Вавилоняномъ: матери поимати, съ

15,11:

Laur: братнимн чадѣ блудъ дѣιати и оубнвати |
Radz: брат҃нимн | чады блоу͡ дѣιати. и оубнваху. и
Acad: братни чады. бл͡у дѣιати. и оубнвахȣ. и
Hypa: братнимн чаⷣы блудъ дѣιати. и оу|бнвати

Bych: братними чады блудъ дѣяти, и убивати и
Shakh: братними чады блудъ дѣяти, и убивати, и
Likh: братними чады блудъ дѣяти, и убивати. И
Ostr: братними чады блудъ дѣяти, и убивати.

15,12:

Laur: всакое б<о> студеное дѣιанье. ιако дѣтелье
Radz: б҃гостоудное всαко дѣιание. ιако дѣтелие
Acad: б҃гостȣдное всакое деιание. ιако дѣтелїе
Hypa: всако бестудьı|ное дѣιанье. ιако дѣтелье

Bych: всякое богостудное дѣянье яко добродѣтелье
Shakh: вьсяко бестудьное дѣяние, яко дѣтелие,
Likh: всякое бо студное дѣянье яко добродѣтелье
Ostr: Вьсяко бестудьное дѣяние, яко дѣтелие,

15,13:

Laur: мнѧ|ста дѣюще любо   далече страны своеιа
Radz: мнѧтсѧ дѣюще. любо аще   да|лече страны своеа
Acad: мнѧтⷭь дѣ|юще. любо аще   далече страны своеа
Hypa: мнѧтсѧ дѣюще. лю|бо аще и далече страны | своеιа

Bych: мнятся дѣюще, любо далече страны своея
Shakh: мьняться дѣюще, любо аще и далече страны своея
Likh: мнятся дѣюще, любо далече страны своея
Ostr: мьнять ся дѣюще, любо аще далече страны своея

15,14:

Laur: будуть. | ннъ же законъ гилиюмь женъı в ни͡х
Radz: боудуⷮ. инⷤъ зако҇н гилиⷨю жены и͡ |
Acad: бȣдȣⷮть. инъ | же законъ гилиⷨю жены и͡х
Hypa: буду͡. инъ же | законъ. гилиюмь. жены оу нихъ

Bych: будуть. Инъ же законъ Гилиомъ: жены в нихъ
Shakh: будуть. Инъ же законъ Гилиомъ: жены въ нихъ
Likh: будуть. Инъ же законъ гилиомъ: жены в них
Ostr: будуть. Инъ же законъ Гилиомъ: жены у нихъ

15,15:

Laur: ѡрють. зижю|ть храми   мужьскаιа дѣла
Radz: ѡрюⷮ и зижють храмы:- | И мȣжьскаιа дѣла
Acad: ѡрють и зижють храмы:· А мȣжьскаа дѣла
Hypa: ѡрють. и хо|ромы зижють. и мужыскыιа дѣла

Bych: орють, зижють храми и мужьская дѣла
Shakh: орють, и зижють храмы, и мужьская дѣла
Likh: орють, зижють храми и мужьская дѣла
Ostr: орють, и храмы зижють и мужьскыя дѣла

Повѣсть временьныхъ лѣтъ

15,16:

Laur: творѧть. но любы тв͡орѧть єлико хощеть. не
Radz: творѧть. но любы творити. єлико хощ͡е. не
Acad: творѧ͡т. но любы творѧтъ. єлико хощеть. не
Hypa: творѧть. | но и любы творить єли|ко хощеть. не   [7b]

Bych: творять, но и любы творять елико хощеть, не
Shakh: творять, нъ и любы творять, елико хотять, не
Likh: творять, но любы творять елико хощеть, не
Ostr: творять, нъ любы творити, елико хощеть, не

15,17:

Laur: въздержаєми. ѿ мужии | своихъ весьма. ли
Radz: воздержими ѿ моу͡ж свои͡х ѿн͡ю. ни
Acad: воздержими ѿ му͡жь своихъ ѿн͡ю. | ни
Hypa: въздѣр͡жаюми ѿ мужии своихъ ѡ|тинудь. ни

Bych: въздержаеми отъ мужий своихъ весьма, ни
Shakh: въздьржаеми отъ мужь своихъ вьсьма, ли
Likh: въздержаеми от мужий своихъ весьма, ли
Ostr: въздьржаеми отъ мужии своихъ отъниудь, ни

15,18:

Laur: зрѧть в нихъже суть. храбрыꙗ жены ловити
Radz: зазрѧть. | в ни͡же со͡у хоробрыа жены. ловити
Acad: зазрѧтъ. в ни͡х с͡уть хоробрыа жены. ловити
Hypa: зазрѧть в ни|хъже суть и хоробры<ꙗ>. жены ло<ви>ти

Bych: зазрятъ, в нихъже суть храбрыя жены, ловити
Shakh: зазьрять; въ нихъже суть и храбры жены, ловити
Likh: зазрятъ, в нихъ же суть храбрыя жены ловити
Ostr: зазьрять; въ нихъже суть храбры жены, ловити

15,19:

Laur: звѣрь крѣпко. владѣють же же|ны мужи
Radz: ꙁвѣрь крѣпкы. | владѣють жены моужми
Acad: sвѣ|рь крѣпкы. владѣютъ жены му͡жми
Hypa: звѣрѣ крѣпькы. владѣють жены му|жьми

Bych: звѣрь крѣпкый; владѣють же жены, мужи
Shakh: звѣрь крѣпъкы; владѣють же мужи
Likh: звѣрь крѣпкыи. Владѣють же жены, мужи
Ostr: звѣрѣ крѣпъкы. Владѣють жены, мужьми

15,20:

Laur: своими. ни добляють ими. во врѣтаиньи же
Radz: своими. и вдовляють и́ми. въ вита́нїи же
Acad: своими. и вдо|вляютъ ими. въ вита́нїи же
Hypa: своими. и въдобы́лають ими. въ вританнии же
Khle: и вдобла́ю ими: Въ вританїи же [5ᵍ]

Bych: своими и добляють ими. Во Врѣтаньи же
Shakh: своими и удобляють ими. Въ Вретании же
Likh: своими и добляють ими. Во Врѣтаньи же
Ostr: своими и въдобляють ими. Въ Вритании же

15,21:

Laur: мнози мужи. съ едино женою спать. и |
Radz: мнози жены со един́ѣ́ моужемъ | спать. тако и многиа
Acad: мнози жены со едины|мъ мужемъ. спатъ тако и многїа
Hypa: мно мужи съ едно|ю женою спать. такоже | и многыа
Khle: мnшsи м́жи | съ едною женою спа́. такоже и мnшгыа

Bych: мнози мужи съ единою женою спять, и многы
Shakh: мънози мужи съ единою женою съпять, и мъногыя
Likh: мнози мужи съ единою женою спять, и многы
Ostr: мънози мужи съ единою женою съпять, такоже и мъногия

15,22:

Laur: жены съ единымъ мужемъ похотьствують.|
Radz: моужи со едною женою по|хотьствою́. | и
Acad: м́жи со един|ою женою похотьств́ютъ. и
Hypa: жены съ един|ымъ мужемъ похоты́ствують. и
Khle: жены съ | едны́ м́ж́е похо́ствою́. и

Bych: жены съ единымъ мужемъ похотьствують:
Shakh: жены съ единѣмь мужьмь похотьствують, и
Likh: жены съ единымъ мужемъ похотьствують:
Ostr: жены съ единѣмь мужьмь похотьствують, и

16,1:

Laur: безаконьная. законъ ѡтець творять.
Radz: безаконнаа зако́ оуе творять.
Acad: безаконнаа законъ | ѿць творятъ.
Hypa: безаконьная̀ законъ ѡць творять.|
Khle: безако́наа законь | ѿь твора́.

Bych: безаконьная аки законъ отець творять [15,4]
Shakh: безаконьная законъ отьчь творять [15,5]
Likh: безаконьная яко законъ отець творять [16,3]
Ostr: безаконьная законъ отьць творять

Повѣсть времєньныхъ лѣтъ

16,2:

Laur: нєзавиістьно ни въздержаньно. амазонє же [6ᵍ]
Radz: нєзавистно н нє воздержанно·:· Н мазовнанѣ͛
Acad: нєзавистно н нє воздержаннȣ. І мазонанє же
Hypa: нєзавистьно н нє въздєржанно·:· Амазонани же
Khle: нєзавистно н нє въздержанно·: Амазона же

Bych: независтьно ни въздержаньно. Амазоняне же
Shakh: независтьно, ни въздържаньно. Амазоняне же
Likh: независтьно ни въздержаньно. Амазоне же
Ostr: независтьно и не въздръжаньно. Амазоняне же

16,3:

Laur: мужа ‹нє иму›ть но и аки скотъ бєсловєсныи. но
Radz: моужа нє ‹и›моуть. акы скотъ бєсловєсныи. но
Acad: мȣжа нє имȣть. аки скотъ бєсловєсныи. І но
Hypa: мужа нє иімуть. акы сколвєсныи. но
Khle: мꙋжа нє имоу͛. акы ско͛ бєсловєсны͛. но

Bych: мужа не имуть, но аки скотъ бесловесный
Shakh: мужа не имуть, нъ акы скотъ бесловесьныи
Likh: мужа не имуть, но и аки скотъ бесловесный
Ostr: мужа не имуть, акы скотъ бесловесьныи но

16,4:

Laur: єдиною лѣтомъ І къ вєчнымъ днемъ. ѡзємьствєни
Radz: єдиною лѣто͛ І к вешни͛ дне͛. ѡзємьствєни
Acad: єдиною лѣтомъ. ко вєшнимъ днемъ ѡзнмьствєні
Hypa: єдиною лѣто͛ к вєшнимъ днємъ. ѡзємьствєни
Khle: єдиною лѣто͛. к вєснєни͛ дне͛. ѡзє͛ствєни

Bych: единою лѣтомъ къ вешнимъ днемъ оземьствени
Shakh: единою лѣтьмь къ весньнымъ дьньмъ оземьствены
Likh: единою лѣтомъ къ вешнымъ днемъ оземьствени
Ostr: единою лѣтьмь къ вешнимъ дьньмъ оземьствены

16,5:

Laur: будуть. и сочтаіютса съ ѡкр͛нхъ. и въ
Radz: боудоуть. и сочтаютса со ѡкр͛ты͛. нбо
Acad: бȣдȣтъ. и сочтають со ѡкр͛тны͛. нбѡ
Hypa: будуть. и сꙋчтаютьса. съ ѡкрє͛стныхъ нбо
Khle: бꙋдоу͛. и съчтаютса съ окр͛тны͛. нбѡ

Bych: будуть, и сочтаются съ окрестными
Shakh: будуть, и съчьтаються съ окрьстными ихъ
Likh: будуть; и сочтаются с окрѣстными
Ostr: будуть; и съчетають ся съ окрьстныхъ ибо

16,6:

Laur: мужи ꙗко нєвтороє имъ то|ржьство. и вєлико
Radz: моужы ꙗко нєкотороє имъ торжєств‹о› | и вєлик‹о›
Acad: мѹжи || ꙗко нєко̇роє имь торжєство. и вєликоͭ [6ᵛ]
Hypa: мужи. ꙗко | нѣкоторое имъ торжеͣство и велико
Khle: мѫжи | ꙗко нѣкоторое тръжество и̇ͫ и великое

Bych: мужи, яко нѣкоторое имъ торжьство и велико
Shakh: мужи, яко нѣкоторое имъ тържьство и велико
Likh: мужи, яко нѣкоторое имъ торжство и велико
Ostr: мужи, яко нѣкоторое имъ тържьство и велико

16,7:

Laur: праздєньство врємѧ тємь | мнѧть ѿ ниͯ
Radz: празнєство врємѧ тѣͫ мнѧͭ. ѿ ниͯ
Acad: празнͣєство | врємѧ тѣмъ мнѧть. ѿ ниͯ
Hypa: празнͣество. | времѧ тѣ мнѧть. ѿ ни|хъ
Khle: празнͣѣ|ство. времѧ тѣͫ мнѧͭ. ѿ ниͯ

Bych: праздѣньство время то мнять; отъ нихъ
Shakh: праздьньство время то мьнять; отъ нихъ
Likh: праздѣньство время то мьнять. От них
Ostr: праздьньство время тѣмъ мьнять. Отъ нихъ

16,8:

Laur: зачєншимъ въ ѹрєвѣ. паки разбѣгну|тсѧ ѿсюду
Radz: зачєньшиͫ || въ оутробѣ. и паки разбѣгноутьͨ ѿсюдѹ [7ᵛ]
Acad: зачєншимь въ оутро|бѣ. и паки разбѣгнѹтьͨ ѿсюдѹ
Hypa: зачєншиͫ въ ѹревѣ. и | пакы разбѣгнутсѧ. ѿ|сюду
Khle: зачєншиͫ въ ѹревѣ. | и пакы разбѣгноутсѧ ѿсюдоу

Bych: заченшимъ въ чревѣ, паки разбѣгнутся отсюду
Shakh: зачьньшимъ въ чревѣ, пакы разбѣгнуться отъсюду
Likh: заченшимъ въ чревѣ, паки разбѣгнутся отсюду
Ostr: зачьньшимъ въ чревѣ, и пакы разбѣгнуть ся отъсюду

16,9:

Laur: вси во врємѧ же хотѧщихъ родити. аще родитсѧ
Radz: вси. въ врє|мѧ же хотѧщиͫ родити. аще родиѧтсѧ
Acad: вси. во врємѧ̇ же хо|тѧщимъ родити. аще родитсѧ
Hypa: вси. въ врѣͫ же хотѧщимъ родити. аще роди|тсѧ
Khle: вси. въ времѧ же | хотѧщиͫ роͣд ͤ ити. аще роͣд ͤ тсѧ

Bych: вси. Во время же хотящимъ родити, аще родится
Shakh: вься; въ время же хотящимъ родити, аще родиться
Likh: вси. Во время же хотящимъ родити, аще родится
Ostr: вьси. Въ время же хотящимъ родити, аще родить ся

Повѣсть времєньныхъ лѣтъ

16,10:

Laur: ѿроча погубѧть. аще дѣвоуескъ полъ
Radz: ѿроча погоубѧть. аще ли дв̃уескъ полъ
Acad: ѿроча погу̃бѧть. аще ли дв̃уескъ поль
Hypa: ѿроча погубѧть | н. аще ли дв̃уескъ полъ |
Khle: отроча погоубѧ͡те. | аще ли девн̃скъ поль

Bych: отроча, погубять; аще ли дѣвическъ полъ,
Shakh: отроча, то погубять е; аще ли дѣвичьскъ полъ,
Likh: отроча, погубять; аще ли дѣвическъ полъ,
Ostr: отроча, погубять. Аще ли дѣвичьскъ полъ,

16,11:

Laur: то въздоѧть. прилежнѣ въспѣтѣтають
Radz: то воздоать. н прилѣжно въспитають.
Acad: то воздоать. н прилѣжно воспитаютъ.
Hypa: то въздоѧть н прилѣжь || н въспитаю͡т. [7c]
Khle: въздоа͡т прилѣжно н въспитаю͡.

Bych: то въздоять и прилѣжнѣ въспитають.
Shakh: то въздоять прилѣжьно и въспитають.
Likh: то въздоять и прилѣжнѣ въспитають.
Ostr: то въздоять и прилѣжьно въспитають.

16,12:

Laur: ꙗко|же се и при насъ нꙑнѣ. половци законъ держать |
Radz: ꙗко͡ж и при на͡ н͠нѣ половци зако͡н держать
Acad: ꙗкоже и пр͠і на н͠нѣ половци законъ де|ржатъ
Hypa: ꙗко͡ж се и н͠нѣ | при насъ половци законъ | держать
Khle: ꙗкоже се и н͠нѣ и при на͡ половци зако͡ѡ дръжа͡т

Bych: Якоже се и при насъ нынѣ Половци законъ держать
Shakh: Якоже се и при насъ нынѣ Половьци законъ дьржать
Likh: Якоже се и при насъ нынѣ половци законъ держать
Ostr: Якоже се и нынѣ при насъ Половьци законъ дьржать

16,13:

Laur: ѿць свои͡х. кровь проливати а хвалѧще
Radz: ѿць свои͡х. кровь проли<вати>:- | И хвалѧще͡с
Acad: ѿць свои͡х. кровь проливати. На хвалѧще͡с |
Hypa: оц̃ь своихъ. | кровь проливати. а хва|лѧщесѧ
Khle: ѿць свои͡х. кръвь проливати. а хвалѧщесѧ

Bych: отець своихъ: кровь проливати, а хвалящеся
Shakh: отьць своихъ: кръвь проливати, а хвалящеся
Likh: отець своих: кровь проливати, а хвалящеся
Ostr: отьць своихъ: кръвь проливати, а хваляще ся

83

16,14:

Laur: ѿ снхъ. | ѧдуще мерьтвечнну. и всю нечнстоту.
Radz: ѿ се̇. и ѧдоуще мертвечнн八. и всю нечн|стотоу.
Acad: ѿ семъ и ѧд८ще мр̅твечнн८. и всю неч̇тот८.
Hypa: ѿ семъ. и ѧдуще мертвечнну. и всю неч̇тоту.
Khle: о се̇ | и ѧдоуще мръвечнноу. и всю нечнстотоу.

Bych: о сихъ, и ядуще мерьтвечину и всю нечистоту,
Shakh: о сихъ, и ядуще мьртвьчину и вьсю нечистоту,
Likh: о сихъ, и ядуще мерьтвечину и всю нечистоту,
Ostr: о семъ, и ядуще мьртвьчину и вьсю нечистоту,

16,15:

Laur: хомѣкн | и сусолы. поимають мачехн
Radz: хомекы. и соусолы. и понмаю̇ мачехн
Acad: хоме|кы. и с८солы и поимають мачехн
Hypa: хомѧкы и сусо|лы. и поимають мачех̅ы |
Khle: хомѣ|кы и сѫсолы. и поимаю̇ мачехы

Bych: хомѣки и сусолы, и поимають мачехи
Shakh: хомѣкы и сусълы, и поимають мачехы
Likh: хомѣки и сусолы, и поимають мачехи
Ostr: хомѣкы и сусълы, и поимають мачехы

16,16:

Laur: своѧ. ѧтровн и нн̅ы ѡбычаѧ ѿць своихъ.
Radz: своѧ | и ѧтровн. и нны ѡбычаѧ ѡц̅ь свон̇х:·
Acad: своѧ. и ѧтровы. | и нны ѡбычаѧ ѿць свон̇х.
Hypa: своѧ. и ѧтровн. и нны ѡбычаѧ ѡц̅ь свонхъ·:· |
Khle: своѧ. и ѧтровн. | и нны ѡбычаѧ ѡц̅ь свон̇х:·

Bych: своя и ятрови, и ины обычая отець своихъ творять.
Shakh: своя и ятръви, и ины обычая отьць своихъ творять.
Likh: своя и ятрови, и ины обычая отець своихъ творять.
Ostr: своя и ятръви, и ины обычая отьць своихъ.

16,17:

Laur: мы же хс̇ѧне елнко земль. нже
Radz: Но мы хрс̇тиѧне елнко земль. нже
Acad: Но мы хр̅с̅тиѧне елнко зе|мль. нже
Hypa: Но мы же хрс̇тиѧне елнко | земль. нже
Khle: Но <м>ы же христїѧне, | елнко земль нже

Bych: Мы же хрестияне, елико земль, иже
Shakh: Мы же хрьстияне, елико земль, яже
Likh: Мы же хрестияне, елико земль, иже
Ostr: Нъ мы же хрьстияне, елико земль, иже

Повѣсть времeньныхъ лѣтъ

16,18:

Laur: вѣрують въ стую трцю въ едино крщнье | въ
Radz: вѣроую въ стую трцю. и въ едино крщнье. въ
Acad: вѣрȣютъ во стую трцю и въ едино крщенне. во
Hypa: вѣрують въ | стую трцю. и въ едино | крщение и въ
Khle: вѣроую въ стоую трцоу. и въ едино крщенїе, и въ

Bych: вѣруть въ святую Троицю. И въ едино крещенье, въ
Shakh: вѣруть въ святую Троицю и въ едино крьщение и въ
Likh: вѣруть въ святую Троицю, и въ едино крещенье, въ
Ostr: вѣруть въ святую Троицю, и въ едино крьщение, и въ

16,19:

Laur: едину вѣру законъ имамъ единъ. елико во
Radz: единȣ вѣроу. законъ единъ. ега ели | въ
Acad: единȣ вѣрȣ. законъ имъ единъ. еда елико | въ
Hypa: едину вѣ|ру. законъ имамъ одинъ. елико в
Khle: единоу вѣроу, законъ има единъ | елико въ

Bych: едину вѣру, законъ имамы единъ, елико во
Shakh: едину вѣру, законъ имамъ единъ, елико въ
Likh: едину вѣру, законъ имамъ единъ, елико во
Ostr: едину вѣру, законъ имамъ единъ, елико въ

16,20:

Laur: Ха | крстихомся и во Ха облекохомся.
Radz: Хста крстихося. и въ Ха облекохося:·
Acad: Хта крстихомся въ Хта облекохомся:·
Hypa: Ха крестихомся и въ Ха облекохомся.
Khle: Ха крстихомся и въ Ха облекохомся.·|

Bych: Христа крестихомся и во Христа облекохомся.
Shakh: Христа крьстихомъся и въ Христа облекохомъся.
Likh: Христа крестихомся и во Христа облекохомся.
Ostr: Христа крьстихомъ ся и въ Христа облекохомъ ся.

16,21:

Laur: По сихъ же лѣ|тѣхъ по смрти братьѣ сея
Radz: По си же лѣтѣ. по смрти брати сея
Acad: По сихъ же | лѣтѣх. по смрти братии сея
Hypa: По сихъ же лѣтехъ по | смрти братья сея.
Khle: По си же лѣтѣ по смрти браа сея.

Bych: По сихъ же лѣтѣхъ, по смерти братьѣ сея
Shakh: По сихъ же лѣтѣхъ, по съмьрти братия сея,
Likh: По сихъ же лѣтѣхъ, по смерти братьѣ сея
Ostr: По сихъ же лѣтѣхъ, по съмьрти братия сея

85

16,22:

Laur: бы<ша ѡ>бидимъ древлами. иными ѡколними.
Radz: быша ѡбидими деревлани. и їными ѡколними.
Acad: быша ѡбидими деревлами. и иными ѡколными.
Hypa: быш̑ | ѡбидими деревланы. и | иными ѡколными.
Khle: быша ѡбидими | деревлане. и иними околними.

Bych: быша обидими Древлями и инѣми околними,
Shakh: быша обидими Древлями и инѣми окольними,
Likh: быша обидимы древлями и инѣми околними.
Ostr: быша обидими Деревляны и инѣми окольными.

17,1:

Laur: и наидоша ꙗ козарѣ | сѣдꙗщаꙗ на горах̑
Radz: наидоша ꙗ козаре седꙗщаꙗ на го|рах̑
Acad: наидоша ꙗ козаре сѣ|дꙗщаа на горах̑
Hypa: и на|идоша ꙗ козаре сѣдꙗщаꙗ в лѣсѣх̑
Khle: и наидоша ᷃ ко|заре сѣдꙗщаа на горах̑.

Bych: и наидоша я Козарѣ, сѣдящая на горахъ   [16,2]
Shakh: и наидоша я Козаре, сѣдящая на горахъ   [16,9]
Likh: И наидоша я козар, сѣдящая на горах   [16,20]
Ostr: И наидоша я Козаре, сѣдящая на горахъ

17,2:

Laur: сих̑ в лѣсѣх̑ и рѣша козари. пла̑тит<е> намъ
Radz: си. в лѣсѣ. и рекоша козаре платите на̑м̑
Acad: сих̑. в лѣсѣ. и рекоша козаре плати|те намъ
Hypa: на горах̑. и р̑коша козарѣ. платите на|м̑
Khle: в лѣсѣ и рекоша козаре пла|тите на̑м̑

Bych: сихъ в лѣсѣхъ, и рѣша Козари: "платите намъ
Shakh: сихъ въ лѣсѣхъ, и рѣша Козаре: "платите намъ
Likh: сихъ в лѣсѣхъ, и рѣша козари: "Платите намъ
Ostr: въ лѣсѣхъ, и рекоша Козаре: "Платите намъ

17,3:

Laur: дань. съдумавше   поляне и вдаша ѿ |
Radz: дань. зду|мавши же поляне. и вдаша ѿ
Acad: дань здумавше   поляне и вдаша ѿ
Hypa: дань. здумавше же | поляне. и вдаша ѿ
Khle: дань. здоумавше же поляне. и вдаша | ѿ

Bych: дань". Съдумавше же Поляне и вдаша отъ
Shakh: дань". Съдумавъше же Поляне, и въдаша отъ
Likh: дань". Съдумавше же поляне и вдаша от
Ostr: дань". Съдумавъше же Поляне и въдаша отъ

17,4:

Laur: дыма мечъ. и несоша козари ко кнѧзю своему.
Radz: дыма мечь:·
Acad: дыма мечь:· Внесоша козаре ко кнѕю своемȣ
Hypa: дымⷬ҇ мечъ. и несоша козарѣ къ кнѧзю своему.
Khle: дыма мечь. и несоша къ кнѧsю своемоу козарѣ.

Bych: дыма мечь, и несоша Козари ко князю своему
Shakh: дыма мечь. И несоша Козаре къ кънязю своему
Likh: дыма мечь, и несоша козари ко князю своему
Ostr: дыма мечь, и несоша Козаре къ кънязю своему

17,5:

Laur: и къ старишнымъ.   и рѣша имъ
Radz: *pages missing or damaged through 19,3*
Acad: и старѣⷲ҇шнамъ сво꙯и. и рѣша имъ.
Hypa: и къ старѣншнамъ сво꙯и. и рѣша имⷨ
Khle: и къ старѣншна̇ⷨ сво꙯ⷨ. и рѣша иⷨ,

Bych: и къ старейшинамъ своимъ, и рѣша имъ:
Shakh: и къ старѣишинамъ своимъ, и рѣша имъ:
Likh: и къ старейшиным своимъ, и рѣша имъ:
Ostr: и къ старѣишинамъ своимъ, и рѣша имъ:

17,6:

Laur: се налѣзохомъ дань ноѹу ѡни же рѣша имъ
Acad: се налезохомъ дань новȣ. ѡни же рѣша имъ
Hypa: се налѣзохомъ дань нову. ѡни же рѣша имъ
Khle: се налѣзохⷨѡ дань новоу, ѡни же рѣша и̇ⷨ

Bych: "се, налѣзохомъ дань нову". Они же рѣша имъ:
Shakh: "се, налѣзохомъ дань нову". Они же рѣша имъ:
Likh: "Се, налѣзохомъ дань нову". Они же рѣша имъ:
Ostr: "Се, налѣзохомъ дань нову". Они же рѣша имъ:

17,7:

Laur: ѿкуду. ѡни же рѣша   в лѣсѣ на горохъ.
Acad: ѿкȣда. ѡни же рѣша   в лѣсехъ на гораⷯ.
Hypa: ѿкуду. ѡни же рѣша имъ в лѣсѣ на гораⷯ
Khle: ѿкоудоу, ѡни же рѣша   в лѣсⷯѣ на гораⷯ.   [5ᵛ]

Bych: "откуду?" Они же рѣша: "въ лѣсѣ на горахъ
Shakh: "отъкуду?" Они же рѣша: "въ лѣсѣ на горахъ,
Likh: "Откуду?". Они же рѣша: "Въ лѣсѣ на горахъ
Ostr: "Отъкуду?". Они же рѣша: "Въ лѣсѣ на горахъ,

17,8:

Laur: надъ рѣкою днѣпрьскою. | ѡни же рѣша что суть
Acad: на днѣпрьскою рѣкою. и   что сѹть
Hypa: на || рѣкою днѣпрьскою. ѡні же ркоша. что суть   [7d]
Khle: надъ рѣкою днѣпрьскою. ѡни же | рѣша что сѧ

Bych: надъ рѣкою Днѣпрьскою". Они же рѣша: "что суть
Shakh: надъ рѣкою Дънѣпрьскою". Они же рѣша: "чьто суть
Likh: надъ рѣкою Днѣпрьскою". Они же рѣша: "Что суть
Ostr: надъ рѣкою Дънѣпрьскою". Они же рѣкоша: "Чьто суть

17,9:

Laur: въдали. ѡни же показаша мечь | рѣша
Acad: дали. ѡні же показа мечь. и рѣша
Hypa: вдалѣ | ѡни же показаша мечь. | и рѣша
Khle: вдали. ѡни же показаша мечь. и | рекоша

Bych: въдали?" Они же показаша мечь. И рѣша
Shakh: въдали?". Они же показаша мечь. И рѣша
Likh: въдали?". Они же показаша мечь. И рѣша
Ostr: въдали?". Они же показаша мечь. И рѣша

17,10:

Laur: старци козарьстии. не добра дань княже. | мы сѧ
Acad: старци козарьстіи | не добра дань кнже. мы доисхахомъ
Hypa: старцѣ козарьстиі. не добра дань княже | мы доисхахомъ
Khle: старци козарьстіи. не добра даⁿ княже. | мы доисхахомъ

Bych: старци Козарьстии: "не добра дань, княже! мы ся
Shakh: старьци Козарьстии: "не добра дань, къняже, мы ся
Likh: старци козарьстии: "Не добра дань, княже! Мы ся
Ostr: старьци Козарьстии: "Не добра дань, къняже. Мы доискахомъ

17,11:

Laur: доискахомъ ѡружьемь ѡдиною стороною.
Acad: сѧ ѡрѹжьемь. | ѡдиною страною
Hypa: сѧ ѡруж|ьемь ѡдиноѫ страны. |
Khle: сѧ ѡружіемь единноа страны |

Bych: доискахомъ оружьемь одиною стороною остромь,
Shakh: доискахомъ оружиемь единоя страны,
Likh: доискахомъ оружьемь одиною стороною,
Ostr: ся оружиемь единоя страны,

17,12:

Laur: рекоша саблями. а сихъ ѡружье
Acad: рекше саблями. а сиˣ ѡрѹжье
Hypa: рѣкше саблями. а сихъ | ѡружье
Khle: рекше саблями. а сиˣ ѡроужіе

Bych: рекше саблями, а сихъ оружье
Shakh: рекъше саблями, а сихъ оружие
Likh: рекше саблями, а сихъ оружье
Ostr: рекъше саблями, а сихъ оружие

17,13:

Laur: ѡбоюду ѡстро | рекше мечь. си имуть имати
Acad: ѡбоиюду ѡстро. рекше мечи си имѹть имати [7ᵍ]
Hypa: ѡбоюду ѡстро. | рекше мечи. си имуть | имати и
Khle: ѡбоюдоу ѡстро. рекше мечи. си имоуᵗ и

Bych: обоюду остро, рекше мечь; си имуть имати
Shakh: обоюду остро, рекъше мечи; си имуть имати
Likh: обоюду остро, рекше мечь. Си имуть имати
Ostr: обоюду остро, рекъше мечи. Си имуть имати

17,14:

Laur: дань на насъ. и на | инѣхˣ странаˣ. се же сбыѵса
Acad: на наˢ | дань. и на иныˣ странаˣ. се же собыˢса
Hypa: на наˢ дань. и на | инѣхъ странахъ. се жᵉ | събытьса
Khle: на наˢ дань имати. и | на инѣ. странаˣ сѣ ж събыˢса

Bych: дань на насъ и на инѣхъ странахъ". Се же сбысться
Shakh: дань на насъ и на инѣхъ странахъ". Се же събысться
Likh: дань на насъ и на инѣхъ странах". Се же сбысться
Ostr: на насъ дань и на инѣхъ странахъ". Се же събысть ся

17,15:

Laur: все не ѿ своеѩ волѩ рекᵒша но ѿ бж҃ѩ повевеленьѩ.
Acad: все. не ѿ своеѩ | волѩ рекоша. но ѿ бж҃нѩ изволенна:·
Hypa: все. не ѿ своеѩ волѩ ркоша. но ѿ бж҃ниѩ изволеньѩ.
Khle: все. не ѿ своеѩ волѩ | рекоша. но бж҃їа произволеніа.

Bych: все; не отъ своея воля рекоша, но от Божья повелѣнья.
Shakh: вьсе; не отъ своея воля рѣша, нъ отъ Божия повелѣния.
Likh: все: не от своея воля рекоша, но отъ божья повелѣнья.
Ostr: вьсе: не отъ своея воля рекоша, нъ отъ Божия изволения.

17,16:

Laur: ꙗко при фаравонѣ цр҃и || <еюпетьст>ѣмь [6ᵛ]
Acad: ꙗко и при | фараѡнѣ цр҃и егѵпетьстѣмь.
Hypa: ꙗко и прⁿ | фараѡнѣ цр҃и егупеты̋стемь.
Khle: ꙗко и при фараѡнѣ цр҃и егѵпестᵗѣᵐ,

Bych: Яко и при Фаравонѣ, цари Еюпетьстѣмь,
Shakh: Яко и при Фараонѣ, цесари Егупьтьстѣмь,
Likh: Яко и при Фаравонѣ, цари еюпетьстѣмь,
Ostr: Яко и при Фараонѣ, цьсари Егупьтьстѣмь,

17,17:

Laur: егда приведоша моисеꙗ предъ фа|равона
Acad: ега приведоша | моисеꙗ прᷠе фараѡна.
Hypa: егда приведоша моисеꙗ прᷠе фараѡн. |
Khle: ега приведоша мѡѵсеа прᷠе | фараѡна.

Bych: егда приведоша Моисѣя предъ Фаравона,
Shakh: егда приведоша Моисѣя предъ Фараона,
Likh: егда приведоша Моисѣя предъ Фаравона,
Ostr: егда приведоша Моисѣя предъ Фараона,

17,18:

Laur: и рѣша старѣишина фараѡнѧ. се хочеть
Acad: и рекоша старци фараѡни. ǀ сеи хощетъ
Hypa: и ркоша старци фараѡни. сии хощеть
Khle: и рекоша старци фараѡни. се хощеͭ ǀ

Bych: и рѣша старѣйшина Фараоня: сей хощетъ
Shakh: и рѣша старѣишины Фараоня: "сь хощеть
Likh: и рѣша старѣйшина Фараоня: се хочеть
Ostr: и рекоша старьци Фараони: "Сь хощеть

17,19:

Laur: смͤрти ѡбласть еюпетьскую. ꙗкоже и
Acad: смирити ѡбласть егупетьскꙋю. ꙗкоǀже и
Hypa: смириͭ. ǀ ѡбласть егупетьску. ǀꙗкоже и
Khle: смѣрити ѡбласть егѵпеͭскоую. ꙗкоже и

Bych: смирити область Еюпетьскую, якоже и
Shakh: съмирити область Егупьтьску". Якоже и
Likh: смирити область Еюпетьскую, якоже и
Ostr: съмирити область Егупьтьску". Якоже и

17,20:

Laur: бъͥ погибоǀша   еюптѧне ѿ моисѣꙗ. а первое
Acad: бъͥ. погибоша бо египтѧне ѿ мѡисѣꙗ. а перв ѣǀе
Hypa: бъͥс. погыбоша ǀ   егуптѧне ѿ моисѣꙗ. ǀ <а> пьрвѣе
Khle: бъͥс. ǀ погыбоша   егѵптѧне ѿ мѡѵсеꙗ. а пьрвѣе

Bych: бысть: погибоша Еюптяне отъ Моисѣя, а первое
Shakh: бысть: погыбоша Егуптяне отъ Моисѣя, а пьрвѣе
Likh: бысть: погибоша еюптяне от Моисея, а первое
Ostr: бысть: погыбоша Егуптяне отъ Моисѣя, а пьрвѣе

17,21:

Laur: быша работающǀе имъ. тако и си владѣша а
Acad: бѣша работающе имъ. тако и сеи .а҃. владѣша а
Hypa: бѣша раǀботающе имъ. тако и си. ǀ пьрвѣе владѣша. а
Khle: бѣша ǀ работающе иͫ. тако и сн҃ прьвое владѣша. а

Bych: быша работающе имъ; тако и си владѣша, а
Shakh: бѣша работающе имъ; тако и си пьрвѣе владѣша, а
Likh: быша работающе имъ. Тако и си владѣша, а
Ostr: бѣша работающе имъ. Тако и си пьрвѣе владѣша, а

17,22:

Laur: послѣже самѣмъ ǀ владѣють ꙗкоже бъͥс
Acad: послѣди самѣми владѣютъ. ꙗкоже и бъͥс
Hypa: поǀслѣдѣ самѣми владѣю.ͭ ǀ ꙗкоͦ жͤ и бъͥ.с
Khle: поǀслѣдиͥ самѣми владѣю, ꙗко и бъͥ.с

Bych: послѣже самѣми владѣють; якоже и бысть,
Shakh: послѣже самѣми владѣють; якоже и бысть,
Likh: послѣже самѣми владѣють; яко же и бысть:
Ostr: послѣди самѣми владѣють; яко же и бысть:

Повѣсть времєньныхъ лѣтъ

17,23:

Laur: володѣють козары русьскиӏи
Acad: владѣють бо козары рус̾тӏи кн͞зи и
Hypa: володѣють ӏ бо козары русьстии кн͞зи. и
Khle: владѣю͡т бо коза͡|ры, роустӏи кnаsи и

Bych: володѣють бо Козары Русьскии князи и
Shakh: владѣють бо Козары Русьстии кънязи и
Likh: володѣють бо козары русьскии князи и
Ostr: владѣють бо Козары Русьстии кънязи и

17,24:

Laur: до д͞нш<го д͞н>є.
Acad: до днешнего дне:· ӏ
Hypa: до днешнаго дне:· ӏ
Khle: до днешнаго д͞не:·

Bych: до днешняго дне.
Shakh: до дньшьняго дьне.
Likh: до днешнего дне.
Ostr: до дньшьняго дьне.

17,25:

Laur: Въ лѣ͡т ҂s.т.ҕ.:· ӏ Индикта .єӏ. д͞нь. начєншю
Acad: Въ лѣ͡т ҂s.т.ҕ. иn͠икта .н͠. Начєнш҄
Hypa: Въ лѣ͡т ҂s.т.ҕ. индикта. ӏ єӏ. начєншю
Khle: В лѣ͡т ҂s.ӏт.ҕ. инд͞икта .єӏ. Начєншоу

Bych: Въ лѣто 6360, индикта 15 день, наченшю
Shakh: Въ лѣто 6360, индикта 15, начьнъшю
Likh: Въ лѣто 6360, индикта 15 день, наченшю
Ostr: Въ лѣто 6360, индикта 15, начьнъшю

17,26:

Laur: михаилу ц͡р͡ствова͡т͡ӏ нача са прозыватн руска
Acad: михаил҄ ӏ ц͡рствовати. и нача прозывати са р҄скаѩ
Hypa: михаилу ц͡р͡ытвовати. нача са прозы‖вати рускаѩ [8а]
Khle: михаилоу ц͡р͡твова͡| нача са прозывати роукаа

Bych: Михаилу царствовати, нача ся прозывати Руская
Shakh: Михаилу цѣсарьствовати, нача ся прозывати Русьская
Likh: Михаилу царствовати, нача ся прозывати Руска
Ostr: Михаилу цьсарьствовати, нача ся прозывати Русьская

17,27:

Laur: землѧ. ѿ семь бо оувѣӏдѣхомъ. ӕко при семь ц͞рн
Acad: землѧ. ӏ ѿ семь бо оувѣдахомъ. ӕко при семь ц͞ри
Hypa: землѧ. ѿ семь бо оувѣдахо͞. ӕко пр͞и с͞є͞мс ц͞ри
Khle: землѧ: ѿ семь бо оувѣдаӏхѡ͞. ӕко при с͞є ц͞ри

Bych: земля. О семь бо увѣдахомъ, яко при семь цари
Shakh: земля. О семь бо увѣдѣхомъ, яко при семь цѣсари
Likh: земля. О семь бо увѣдахомъ, яко при семь цари
Ostr: земля. О семь бо увѣдахомъ, яко при семь цьсари

91

17,28:

Laur: приходиша русь на | цр̅ьгородъ. ꙗко пише́тсѧ
Acad: прихѡ|диша рỹс на цр̅ьгрӑ. ꙗко же пншетъ
Hypa: приходиша русь. | на цр̅ьгрӑ. ꙗко же писа́шеть
Khle: прих̅ѡ́ша роу́ на цр̅ьгрӑ. ꙗкѡ́ | пише́

Bych: приходиша Русь на Царьгородъ, якоже пишется
Shakh: приходиша Русь на Цѣсарьградъ, якоже пишеть
Likh: приходиша Русь на Царьгородъ, яко же пишется
Ostr: приходиша Русь на Цьсарьградъ, яко же пишеть

17,29:

Laur: в лѣтописаньи гречьстѣмь. тѣм же ѿселе почнем.
Acad: в лѣтописа|нїи греческомъ. тѣм же ѿселе и почнемъ
Hypa: в лѣтописании грѣ́цко́. тѣмь же и ѿселѣ | почне́.
Khle: в лѣтописанїи грецко́. Тѣ́м же и ѿсели почне́

Bych: в лѣтописаньи Гречьстѣмь. Темже отселе почнемъ
Shakh: въ лѣтописании Грьчьстѣмь. Тѣмь же отъселе почнемъ,
Likh: в лѣтописаньи гречьстѣмь. Тѣм же отселе почнем
Ostr: въ лѣтописании Грьцьскомь. Тѣмь же и отъселе почьнем

18,1:

Laur: и числа положи́мъ. | ꙗко ѿ адама до́ потопа. лѣ́т
Acad: и числа | положимъ. ꙗко ѿ адама до потопа. лѣ́т
Hypa: и числа положи́м̅. | ꙗко ѿ адама до потопа. | лѣ́т.
Khle: и числа положи́м̅. ꙗко ѿ адама до потопа, лѣ́т.

Bych: и числа положимъ; яко от Адама до потопа лѣтъ   [17,5]
Shakh: и числа положимъ. Яко отъ Адама до потопа лѣтъ   [17,15]
Likh: и числа положимъ яко "От Адама до потопа лѣт   [17,8]
Ostr: и числа положимъ. Яко отъ Адама до потопа лѣтъ

18,2:

Laur: ҂м.н.в҃. а ѿ потопа до ѡврама. лѣ́т ҂а.н.пв҃
Acad: ҂в҃.с҃.мв҃. а ѿ потопа до авраама. лѣ́т ҂а.п.в҃.
Hypa: ҂в҃.с҃.мв҃. а ѿ пото|па до аврама. лѣ́т ҂а.п.|в҃.
Khle: ҂в҃.с҃.мв҃. а ѿ потопа до авраама лѣ́т ҂а.пв҃.

Bych: 2242; а отъ потопа до Оврама лѣтъ 1000 и 82;
Shakh: 2242; а отъ потопа до Аврама лѣтъ 1000 и 82;
Likh: 2242; а от потопа до Оврама лѣт 1000 и 82,
Ostr: 2242; а отъ потопа до Аврама лѣтъ 1082;

18,3:

Laur: а ѿ аврама до исхоженьꙗ моисѣ|ева
Acad: ѿ авра|ама до исхоженїа мѡисеѡва. лѣ́т
Hypa: ѿ аврама до исхо|женнꙗ моисеева. лѣт. |
Khle: ѿ авраа́ма до исхоженїа мѡѵсеѡва. лѣ́т.

Bych: а отъ Аврама до исхоженья Моисѣева лѣтъ
Shakh: а отъ Аврама до исхождения Моисеева лѣтъ
Likh: а от Аврама до исхоженья Моисѣева лѣт
Ostr: отъ Аврама до исхождения Моисеева лѣтъ

Повѣсть времяньныхъ лѣтъ

18,4:

Laur: .⟨до⟩ д҃вда.
Acad: .у҃.л҃. а исхо|женїа мѡнсѣѡва до д҃вда.
Hypa: у҃.л҃. ѿ исхоженнїа мо|исеѡва. до д҃вда.
Khle: .у҃.л҃. а ѿ исхѡнїа | мѡѵсеѡва до д҃вда

Bych: 430; а отъ исхожениа Моисѣова до Давида
Shakh: 430; а отъ исхожения Моисѣева до Давыда
Likh: 430; а от исхожения Моисѣова до Давида
Ostr: 430; а отъ исхожения Моисѣова до Давыда

18,5:

Laur: лѣ҃т .х҃.н.а҃. а ѿ д҃вда н ѿ начала ц҃рства | соломона.
Acad: лѣ҃т .х҃.а҃. а ѿ д҃вда. | и ѿ начала ц҃рства соломона н.
Hypa: лѣ҃т .х҃.а҃. ѿ д҃вда н до начала | ц҃рства соломона.
Khle: лѣ҃т .х҃.а҃. а ѿ д҃вда н ѿ начала | ц҃рства соломона

Bych: лѣтъ 600 и 1; а отъ Давида и отъ начала царства Соломоня
Shakh: лѣтъ 600 и 1; а отъ Давыда и отъ начала цѣсарьства Соломоня
Likh: лѣт 600 и 1; а от Давида и от начала царства Соломоня
Ostr: лѣт 601; а отъ Давыда и отъ начала цьрьства Соломоня

18,6:

Laur: до плѣненьыа иарлмла. лѣ҃т .у҃.м҃н. а ѿ
Acad: до плененїа иерȣ|солнмова. лѣ҃т .у҃.м҃.н҃. а
Hypa: до плѣ|неннїа иерлмова. лѣ҃т .у҃.м҃.н҃. ѿ
Khle: до плененїа иерлнмова. лѣ҃т .у҃.м҃н. | а ѿ

Bych: до плѣненья Иерусалимля лѣтъ 448; а отъ
Shakh: до пленения Иерусалимля лѣтъ 448; а отъ
Likh: до плѣненья Иерусалимля лѣт 448: а от
Ostr: до пленения Иерусалимова лѣтъ 448; а отъ

18,7:

Laur: плѣ|неньыа до ѡлександра лѣ҃т .т҃.н҃і. а ѿ ѡлександра |
Acad: плененїа до александра. | лѣ҃т .т҃.н҃і҃. а ѿ александра
Hypa: плѣненнїа до | александра. лѣ҃т т҃.н҃і. | ѿ лександра
Khle: плененїа до алеѯандра лѣ҃т. т҃.н҃і. а ѿ алеѯандра

Bych: плѣненья до Олександра лѣтъ 318; а отъ Олександра
Shakh: пленения до Александра лѣтъ 318; а отъ Александра
Likh: плѣненья до Олександра лѣт 318; а от Олександра
Ostr: пленения до Александра лѣтъ 318; а отъ Александра

18,8:

Laur: до р҃жва х҃ва лѣ҃т. т҃.г҃і.
Acad: до х҃ва рож҃ества. лѣ҃т. | .т҃.л҃.г҃. а ѿ х҃ва
Hypa: д҃о х҃ва р҃жтв. | лѣ҃т. т҃.л҃.г҃. ѿ х҃ва
Khle: до | х҃ва р҃жтва. лѣ҃т. т҃.л҃г. а ѿ х҃ва

Bych: до рожества Христова лѣтъ 333; а отъ Христова
Shakh: до рожьства Христова лѣтъ 333; а отъ Христова
Likh: до рожества Христова лѣт 333; а от Христова
Ostr: до Христова рожьства лѣтъ 333; а отъ Христова

93

18,9:

Laur: omitted
Acad: рож̾ества до коньстантина. | лѣ͡т .т҃.и҃і.
Hypa: рожьства до костантина лѣ͡т. | т҃.и҃і.
Khle: рж̾ства до костаӏнтина, лѣ͡т .т҃.иі҃. а

Bych: рождества до Коньстянтина лѣтъ 318;
Shakh: рожьства до Костянтина лѣтъ 318;
Likh: рождества до Коньстянтина лѣт 318;
Ostr: рожьства до Костянтина лѣтъ 318;

18,10:

Laur: ѿ костантина же до михаӏила сего. лѣ͡т ф҃.м҃.в҃. а
Acad: ѿ костантина же до михаила сего. ‖ лѣ͡т. ф҃.м҃.в҃. а   [7ᵛ]
Hypa: ѿ костанти|на же до михаила сего. | лѣ͡т. ф҃.м҃ в҃.
Khle: ѿ костан҃тина   до михаила сего, ‖ лѣ͡т. ф҃.мв҃. а   [6ᴦ]

Bych: отъ Костянтина же до Михаила сего лѣтъ 542; а
Shakh: отъ Костянтина же до Михаила сего лѣтъ 542. А
Likh: от Костянтина же до Михаила сего лѣт 542." А
Ostr: отъ Костянтина же до Михаила сего лѣтъ 542. А

18,11:

Laur: ѿ перваго лета михаилова. | до перваго лѣ͡т
Acad: перваго лѣта михаила сего. до .а҃. го лѣта
Hypa: ѿ пѣры|ваго лета м<и>хаила сего. | до первого лѣ͡т
Khle: ѿ пръваго лета михаила сего. до пръваго лѣта

Bych: отъ перваго лѣта Михаилова до перваго лѣта
Shakh: отъ пьрваго лѣта Михаилова до пьрваго лѣта
Likh: от перваго лѣта Михаилова до перваго лѣта
Ostr: отъ пьрваго лѣта Михаила сего до пьрваго лѣта

18,12:

Laur: ѡлгова рускаго кназа лѣ͡т .к҃ѳ. а ѿ | перваго
Acad: ѡлга ру҇скаго кнѕа. лѣ͡т .к҃ѳ. а ѿ перваго |
Hypa: ѡлгова. | рускаго кнѕа. лѣ͡т .к҃ѳ. | ѿ перваго
Khle: ѡлгова роу҇каго кнѧѕа. лѣ͡т .к҃ѳ. а ѿ пръва͡г |

Bych: Олгова, Рускаго князя, лѣтъ 29; а отъ первого
Shakh: Ольгова, Русьскаго кънязя, лѣтъ 29; а отъ пьрваго
Likh: Олгова, рускаго князя лѣт 29; а от перваго
Ostr: Ольгова, Русьскаго кънязя, лѣтъ 29; а отъ пьрваго

18,13:

Laur: лѣ͡т ѡлгова понеже сѣде в кневѣ. до перва|го
Acad: лѣта ѡлгова. понеже сѣде в кневе до .а҃.
Hypa: лѣ͡т ѡлгова. по|нележе сѣде в кневѣ. | до перваго
Khle: лѣта ѡлгова понележе сѣде въ кыевѣ. до пръваго |

Bych: лѣта Олгова, понелиже сѣде в Киевѣ, до первого
Shakh: лѣта Ольгова, понележе сѣдѣ въ Кыевѣ, до пьрваго
Likh: лѣта Олгова, понелиже сѣде в Киевѣ, до перваго
Ostr: лѣта Ольгова, понележе сѣде въ Кыевѣ, до пьрваго

18,14:

Laur: лѣта нгорєва. лѣ͞т .л҃а. а ѿ перваго лѣ͞т нгорєва
Acad: лѣта | нгорєва. лѣ͞т .л҃а. а перваго лѣта нгорєва
Hypa: лѣта нгорє|ва. лѣ͞т .л҃а. ѿ перва͞г | лѣ͞т нгорєва.
Khle: лѣта нгорєва. лѣ͞т .л҃а. а ѿ пръваго лѣта нгорєва. |

Bych: лѣта Игорева лѣтъ 31; а отъ перваго лѣта Игорева
Shakh: лѣта Игорева лѣтъ 31; а отъ пьрваго лѣта Игорева
Likh: лѣта Игорева лѣт 31; а от перваго лѣта Игорева
Ostr: лѣта Игорева лѣтъ 31; а отъ пьрваго лѣта Игорева

18,15:

Laur: до | перваго лѣта свѧтьславлѧ. лѣ͞т .г҃і.
Acad: до .а҃. лѣ|та с҃тославлѧ. лѣ͞т .п҃г.
Hypa: до първаго || лѣ͞т с҃тославлѧ. лѣ͞т .л҃г.   [8b]
Khle: до а҃ го, лѣта стославлѧ. лѣ͞т л҃г.

Bych: до перваго лѣта Святьславля лѣтъ 33;
Shakh: до пьрваго лѣта Святославля лѣтъ 33;
Likh: до перваго лѣта Святьславля лѣт 33;
Ostr: до пьрваго лѣта Святославля лѣтъ 33;

18,16:

Laur: а ѿ перваго лѣ͞т | стославлѧ до перваго лѣ͞т
Acad: а перваго лѣта с҃тосла|влѧ до .а҃. лѣта
Hypa: ѿ | перваго лѣта с҃тославлѧ. | до перваго лѣ͞т |
Khle: а ѿ а҃ го. лѣ͞т стос|лавлѧ до а҃ го лѣ͞т.

Bych: а отъ перваго лѣта Святославля до перваго лѣта
Shakh: а отъ пьрваго лѣта Святославля до пьрваго лѣта
Likh: а от перваго лѣта Святославля до перваго лѣта
Ostr: а отъ пьрваго лѣта Святославля до пьрваго лѣта

18,17:

Laur: ӕрополча. лѣ͞т .к҃н. а ӕ|рополкъ кнѧжи. лѣ͞т .н҃. а
Acad: ӕрополча. лѣ͞т .к҃н. ӕрополк | кнѧжи лѣ͞т .н҃. а
Hypa: ӕрополча. лѣ͞т .к҃н. ӕрополкъ кнѧжи лѣ͞т. | .н҃.
Khle: ӕрополча. лѣ͞т .к҃н. а ӕропокъ | кнѧжи лѣ͞т н҃. а

Bych: Ярополча лѣтъ 28; а Ярополкъ княжи лѣтъ 8; а
Shakh: Ярополча лѣтъ 28; а Ярополкъ къняжи лѣтъ 8; а
Likh: Ярополча лѣтъ 28; а Ярополкъ княжи лѣт 8; а
Ostr: Ярополча лѣтъ 28. Ярополкъ къняжи лѣт 8; а

18,18:

Laur: володнмєръ.   лѣ͞т .л҃з. а ӕрославъ кнѧжи.
Acad: володнмєръ кнѧжи лѣ͞т .л҃з. а ӕро|славь кн҃жи
Hypa: володнмєръ кнѧжи лѣ͞т. | .л҃з. ӕрославъ кнѧжи
Khle: володнмєрь кнѧжи лѣ͞т .л҃з. а ӕро|славь кнѧжи

Bych: Володимеръ княжи лѣтъ 37; а Ярославъ княжи
Shakh: Володимеръ къняжи лѣтъ 37; а Ярославъ къняжи
Likh: Володимеръ княжи лѣт 37; а Ярославъ княжи
Ostr: Володимеръ къняжи лѣтъ 37; а Ярославъ къняжи

18,19:

Laur: лѣ̄т .м̄. тѣм же ѿ см҃рти с҃тославлѧ до см҃рти
Acad: лѣ̄т .м̄. тѣм же ѿ см҃рти с҃тославлѧ. до см҃рти
Hypa: лѣ̄т. | .м̄. Тѣмь же ѿ см҃рти с҃тославлѧ до см҃рти
Khle: лѣ̄т .м̄. Тѣ̄м же ѿ см҃рти с҃тославлѧ | до см҃рти

Bych: лѣтъ 40. Тѣмже отъ смерти Святославля до смерти
Shakh: лѣтъ 40. Тѣмь же отъ съмьрти Святославля до съмьрти
Likh: лѣтъ 40. Тѣм же от смерти Святославля до смерти
Ostr: лѣтъ 40. Тѣмь же отъ съмьрти Святославля до съмьрти

18,20:

Laur: ꙗрославлѧ. лѣ̄т пе̄. а ѿ см҃рти ꙗрославлѧ до
Acad: ꙗрославле. лѣ̄т .пе̄. а ѿ см҃рти ꙗрославлѧ. до
Hypa: ꙗрославлѧ. лѣ̄т. | .пе̄. ѿ см҃рти ꙗрославлѧ. до |
Khle: ꙗрославлѣ. лѣ̄т .пе̄. а ѿ см҃рти ꙗрославлѧ | до

Bych: Ярославли лѣтъ 85; а отъ смерти Ярославли до
Shakh: Ярославля лѣтъ 85; а отъ съмьрти Ярославля до
Likh: Ярославли лѣт 85; а от смерти Ярославли до
Ostr: Ярославли лѣтъ 85; а отъ съмьрти Ярославли до

18,21:

Laur: см҃рти с҃тополчи. лѣ̄т .ѕ̄. но мы на преженье
Acad: см҃рти с҃тополче. лѣ̄т .ѕ̄. но мы на | прежнее
Hypa: см҃рти ꙗрополчи. лѣ̄т .ѕ̄. | Но мы на прѣдлежащее
Khle: см҃рти ꙗрополчи лѣ̄т .ѕ̄. Но мы на прѣдлежащее |

Bych: смерти Святополчи лѣтъ 60. Но мы на прежнее
Shakh: съмьрти Святопълча лѣтъ 60. Нъ мы на предьнее
Likh: смерти Святополчи лѣтъ 60. Но мы на прежнее
Ostr: съмьрти Яропълчи лѣтъ 60. Нъ мы на предълежащее

18,22:

Laur: возъвратимсѧ. скажемъ што сѧ оудѣꙗло
Acad: възратимсѧ. и скажемъ что сѧ здѣꙗ
Hypa: възъ|вратимсѧ. и скажемъ что | сѧ оудѣꙗло
Khle: възвратимсѧ. И скаже̄м что сѧ оудѣꙗ

Bych: возъвратимся и скажемъ, что ся здѣя
Shakh: възвратимъся, и съкажемъ, чьто ся удѣя
Likh: возвратимся и скажемъ, што ся здѣя
Ostr: възвратимъ ся, и съкажемъ, чьто ся удѣяло

18,23:

Laur: та си | ꙗкоже преже почали бахомъ первое
Acad: в лѣта си. ꙗкоже преже почали бѣхомъ .а҃. | речеть
Hypa: в лѣта си. ꙗко|же преже почали бахомъ. | первое
Khle: въ лѣта сїа. ꙗко̄ж преже почали бѣхо̄м. Пръвое

Bych: в лѣта си, якоже преже почали бяхомъ первое
Shakh: въ лѣта си, якоже преже почали бѣхомъ пьрвое
Likh: в лѣта си, яко же преже почали бяхомъ первое
Ostr: въ лѣта си, якоже преже почали бяхомъ пьрвое

Повѣсть времеиьиыхъ лѣтъ

18,24:

Laur: лѣто мнхѧнломъ а по ряду положнмъ чнсла:·
Acad: мнханла. н   положнмь чнсла.
Hypa: лѣто мнханла. н | по ряду положнмъ чнсла. |
Khle: лѣто мнханла. | н по радоу положн҇ чнсла:·

Bych: лѣто Михаиломъ, а по ряду положимъ числа.
Shakh: лѣто Михаилъмь, а по ряду положимъ числа.
Likh: лѣто Михаиломъ, а по ряду положимъ числа.
Ostr: лѣто Михаила, и по ряду положимъ числа.

18,25:

Laur: Въ лѣ҇т ҂ѕ҃.т҃.ѯ҃а.
Acad: В лѣ҇т ҂ѕ҃.І҃.т҃.ѯ҃а.
Hypa: В лѣ҇т ҂ѕ҃.т҃.ѯ҃а. є:· |
Khle: В лѣ҇т ҂ѕ҃.т҃.ѯ҃а.

Bych: Въ лѣто 6361.
Shakh: Въ лѣто 6361.
Likh: Въ лѣто 6361.
Ostr: Въ лѣто 6361.

18,26:

Laur: Въ лѣ҇т ҂ѕ҃.т҃.ѯ҃в.
Acad: В лѣ҇т ҂ѕ҃.т҃.ѯ҃в.
Hypa: В лѣ҇т ҂ѕ҃.т҃.ѯ҃в. є:· |
Khle: В лѣ҇т ҂ѕ҃.І҇т.ѯ҃в.

Bych: Въ лѣто 6362.
Shakh: Въ лѣто 6362.
Likh: Въ лѣто 6362.
Ostr: Въ лѣто 6362.

18,27:

Laur: Въ лѣ҇т ҂ѕ҃.т҃.ѯ҃г.
Acad: В лѣ҇т ҂ѕ҃.т҃.ѯ҃г.
Hypa: В лѣ҇т ҂ѕ҃.т҃.ѯ҃г. є:· |
Khle: В лѣ҇т ҂ѕ҃.т҇ ѯ҃г.

Bych: Въ лѣто 6363.
Shakh: Въ лѣто 6363.
Likh: Въ лѣто 6363.
Ostr: Въ лѣто 6363.

18,28:

Laur: Въ лѣ҇т ҂ѕ҃.т҃.ѯ҃д. ||
Acad: В лѣ҇т ҂ѕ҃ т҃.ѯ҃д.
Hypa: В лѣто ҂ѕ҃.т҃.ѯ҃д. є:· |
Khle: В лѣ҇т ҂ѕ҃.т҃.ѯ҃д.

Bych: Въ лѣто 6364.
Shakh: Въ лѣто 6364.
Likh: Въ лѣто 6364.
Ostr: Въ лѣто 6364.

18,29:

Laur: въ лѣ︮т︯ ҂ѕ҃.т҃.ѯ҃.є҃. [7ᵍ]
Acad: В лѣ︮т︯ ҂ѕ҃.т҃.ѯ҃.є҃.
Hypa: В лѣто ҂ѕ҃.т҃.ѯ҃.є҃. є. |
Khle: В лѣ︮т︯ ҂ѕ҃.т҃.ѯ҃є. |

Bych: Въ лѣто 6365.
Shakh: Въ лѣто 6365.
Likh: Въ лѣто 6365.
Ostr: Въ лѣто 6365.

19,1:

Laur: въ лѣ︮т︯ ҂ѕ҃.т҃.ѯ҃.ѕ҃. Михаилъ црь изиде с вои
Acad: В лѣ︮т︯ ҂ѕ҃.т҃.ѯ҃.ѕ҃. Михаиль црь изыде с вои.
Hypa: в лѣто ҂ѕ҃.т҃.ѯ҃.ѕ҃. є:· | Михаилъ ц︮с︯рь изыде с вои |
Khle: Въ лѣто ҂ѕ҃.т҃.ѯ҃ѕ. Михаиль црь изынде съ вои

Bych: Въ лѣто 6366. Михаилъ царь изиде с вои [18,6]
Shakh: Въ лѣто 6366. Михаилъ цѣсарь изиде съ вои [18,18]
Likh: Въ лѣто 6366. Михаилъ царь изиде с вои [17,33]
Ostr: Въ лѣто 6366. Михаилъ цьсарь изиде съ вои

19,2:

Laur: брегомъ. и моремъ на | болгары. болгаре же
Radz: ‖ Б‹олгаре ж-› [8ᵍ]
Acad: брегомъ. и моремъ. | на болгары:· Болгаре же
Hypa: берего︮м︯. и моремъ на болъ|гары. болга︮р︯ же
Khle: берего︮м︯ | и море︮м︯, на болгары, болгары же

Bych: брегомъ и моремъ на Болгары; Болгаре же
Shakh: брегъмь и морьмь на Българы. Българе же,
Likh: брегомъ и моремъ на болгары. Болгаре же
Ostr: берегъмь и морьмь на Българы. Българе же,

19,3:

Laur: оувидѣвше. не могоша ста|ти противу. кр︮с︯титися
Radz: ‹.............................. к›р︮с︯титися
Acad: оувидѣвше. не могоша стати противу. кр︮с︯тити︮с︯
Hypa: оувидѣвъше. не могоша стат‹и› противу. кр︮с︯титися
Khle: оувѣдѣвше не мо|гоша стати противоу. кр︮с︯титися

Bych: увидѣвше, яко не могоша стати противу, креститися
Shakh: увѣдѣвъше, не могоша стати противу, крьститися
Likh: увидѣвше, яко не могоша стати противу, креститися
Ostr: увидѣвъше, не могоша стати противу, крьстити ся

Повѣсть времєньныхъ лѣтъ

19,4:

Laur: просиша. и покорити͡с | грекомъ. цр͡ь же кр͡͡сти
Radz: пр<-----------------с>а грекомъ <---> | же кр͡͡сти
Acad: просиша. и поко|ритисѧ грекомъ. цр͡ь же кр͡͡сти
Hypa: просиша. покорѧти͡с греко͞м. | цр͡ь же кр͡͡сти
Khle: просиша и по|корѧтисѧ греко͞мω. цр͡ь же кр͡͡сти

Bych: просиша и покоритися Грекомъ. Царь же крести
Shakh: просиша и покоритися Грькомъ. Цѣсарь же крьсти
Likh: просиша и покоритися грекомъ. Царь же крести
Ostr: просиша и покоряти ся Грькомъ. Цьсарь же крьсти

19,5:

Laur: кнѧзѧ ихъ. и болѧры | всѧ. и миръ створи
Radz: кн͞зѧ и͡х͡ <и боѧры всѧ. и мн>ръ сотвори
Acad: кн͞зѧ и͡х. и боѧры | всѧ. и миръ сотвори
Hypa: кнѧзѧ ихъ. | и боѧры всѧ. и миръ съ|твори
Khle: кнѧsѧ и͡х и боѧры | всѧ. и миръ сътвори

Bych: князя ихъ и боляры вся, и миръ сотвори
Shakh: кънязя ихъ и боляры вься, и миръ сътвори
Likh: князя ихъ и боляры вся, и миръ створи
Ostr: кънязя ихъ и боляры вься, и миръ сътвори

19,6:

Laur: с болгарꙑ.
Radz: со бо<----->|
Acad: со болгары:·
Hypa: съ болгары·:·
Khle: съ болгары.

Bych: с Болгары.
Shakh: съ Българы.
Likh: с болгары.
Ostr: съ Българы.

19,7:

Laur: въ лѣ͞т .ѕ҃.т҃.ѯ҃з҃.:· | маху дань варѧзи
Radz: В лѣ͞т .ѕ҃.т҃.ѯ҃з҃. имахоу дань варѧзи
Acad: В лѣ͞т .ѕ҃.т҃.|ѯ҃з҃. имахꙋ дань варѧзи
Hypa: В лѣ͞т .ѕ҃.т҃ ѯ҃з҃. имаху да|нь варѧзи. приходѧще ||
Khle: В лѣ͞т .ѕ҃.т҃.ѯ҃з҃. | имахѫ дань варѧsи приходѧще

Bych: Въ лѣто 6367. Имаху дань Варязи
Shakh: Въ лѣто 6367. Имаху дань Варязи, приходяще
Likh: Въ лѣто 6367. Имаху дань варязи
Ostr: Въ лѣто 6367. Имаху дань Варязи,

Повѣсть временьныхъ лѣтъ

19,8:

Laur: нꙁъ заморьꙗ. на чюди и на слѡвенѣ́. на
Radz: и ꙁаморнꙗ. | в чюди на словенѣ́. на
Acad: и ꙁаморїа в чюди на | словенѣ́. на
Hypa: нꙁъ заморьꙗ. на чюди. | и на словенех̑. и на [8c]
Khle: нꙁь ꙁаморїꙗ, на чю͡дн, | и на слѡвенѣ́, и на

Bych: изъ заморья на Чюди и на Словѣнехъ, на
Shakh: изъ замория, на Чюди и на Словѣнехъ и на
Likh: изъ заморья на чюди и на словѣнех, на
Ostr: из заморья, на Чюди и на Словѣнехъ, и на

19,9:

Laur: мери. и на всѣхъ кривичехъ.   а козари имаху
Radz: мера̑. и на все̑. кривиче̑.   а коꙁа|ре имахоу
Acad: мерахъ. и на все̑ кривичехъ.   а коꙁа|ре имахꙋ
Hypa: м<е>рахъ. и на всѣхъ кривичахъ. и а козаре имахуть |
Khle: мера̑. и на все̑ кривиче̑.   а козаре | имахж

Bych: Мери и на Всѣхъ, и на Кривичѣхъ; а Козари имаху
Shakh: Мери и на Вьси и на Кривичихъ; а Козаре имаху
Likh: мери и на всѣхъ, кривичехъ. А козари имаху
Ostr: Меряхъ и на вьсѣхъ Кривичехъ. А Козаре имаху

19,10:

Laur: на полѧнѣ̑. и на северѣ̑ и на вѧтиче̑хъ.
Trin: на полянѣхъ и на сѣверянѣхъ и на вятичихъ
Radz: на поле̑̑. и на севере. и на вѧтиче̑.
Acad: на полехъ. и на севере. и на вѧтичехъ. |
Hypa: на полѧнѣ̑. и на северехъ. | и на вѧтичхъ.
Khle: на полѧнѣ̑. и на север<о̑>. и на вѧтиче̑.

Bych: на Полянѣхъ, и на Сѣверѣхъ и на Вятичѣхъ,
Shakh: на Поляхъ и на Сѣверѣ и на Вятичихъ;
Likh: на полянѣх, и на сѣверѣх, и на вятичѣхъ,
Ostr: на Полянѣхъ, и на Сѣверѣхъ, и на Вятичихъ,

19,11:

Laur: има̑ху по бѣлѣ и   веверицѣ   ѿ дыма⁚
Trin: имаху по бѣ и по вѣверици   от дыма
Radz: има|хоу по бѣле и   дѣвецн   ѿ дыма:- |
Acad: имахꙋ по бѣеле и   веве[ри]ци   ѿ дыма:· ||
Hypa: имаху | по бѣле. и   веверн<цѣ>. тако ѿ дыма·· |
Khle: има̑у | по бѣле и   веверицн. ꙗко ѿ дыма.

Bych: имаху по бѣлѣй вѣверицѣ отъ дыма.
Shakh: имаху по бѣлѣ вѣверици отъ дыма.
Likh: имаху по бѣлѣ и вѣверицѣ от дыма.
Ostr: имаху по бѣлѣ и вѣверици отъ дыма.

Повѣсть времєньныхъ лѣтъ

19,12:

Laur: въ лѣ︮т︀. ҂ѕ҃.т҃.ѯ҃н..
Trin: в лѣто 6368
Radz: В лѣ︮т︀. ҂ѕ҃.т҃.ѯ҃н.
Acad: В лѣ︮т︀. ҂ѕ҃.т҃.ѯ҃н..   [8ᴦ]
Hypa: В лѣ︮т︀. ҂ѕ҃.т҃.ѯ҃н.:· |
Khle: В лѣ︮т︀. ҂ѕ҃.т҃.ѯ҃н. |

Bych: Въ лѣто 6368.
Shakh: Въ лѣто 6368.
Likh: Въ лѣто 6368.
Ostr: Въ лѣто 6368.

19,13:

Laur: въ лѣ︮т︀. ҂ѕ҃.т҃.ѯ҃ѳ.:·
Trin: въ лѣто 6369
Radz: В лѣ︮т︀. ҂ѕ҃.т҃.ѯ҃ѳ.
Acad: В лѣ︮т︀. ҂ѕ҃.т҃.ѯ҃ѳ..
Hypa: В лѣто. ҂ѕ҃.т҃.ѯ҃ѳ.:· |
Khle: В лѣ︮т︀. ҂ѕ҃.т҃.ѯ҃ѳ.

Bych: Въ лѣто 6369.
Shakh: Въ лѣто 6369.
Likh: Въ лѣто 6369.
Ostr: Въ лѣто 6369.

19,14:

Laur: Иꙁгнаша варѧги ꙁа
Trin: въ лѣто 6370   изъгнаша варяги за
Radz: В лѣ︮т︀. ҂ѕ҃.т҃.о҃.   Бы<г>ша <--> варѧгы ꙁа
Acad: В лѣ︮т︀. ҂ѕ҃.т҃.о҃.   Выгнаша варегы ꙁа
Hypa: В лѣто. ҂ѕ҃.т҃.о҃.:· | и нꙁгнаша варѧгы ꙁа
Khle: В лѣ︮т︀. ҂ѕ҃.т҃.о҃.   иꙁгнаша варѧги ꙁа |

Bych: Въ лѣто 6370. Изъгнаша Варяги за
Shakh: Въ лѣто 6370. Изгънаша Варягы за
Likh: Въ лѣто 6370. Изгнаша варяги за
Ostr: Въ лѣто 6370. Изъгнаша Варягы за

19,15:

Laur: море и не даша имъ дани. | и почаша сами
Trin: море и не даша имъ дани   почаша сами
Radz: морь<ꙗ> и не да︮м︀ дани. и почаша сами
Acad: море и не даша и︮м︀ дани. и почаша | сами
Hypa: мо|рє. и не даша имъ дани. | и почаша сами
Khle: море. и не даша и︮м︀ дани. и почаша сами

Bych: море, и не даша имъ дани, и почаша сами
Shakh: море, и не даша имъ дани, и почаша сами
Likh: море, и не даша имъ дани, и почаша сами
Ostr: море, и не даша имъ дани, и почаша сами

19,16:

Laur: въ собѣ володѣти. и не бѣ в нихъ пр҃вды. и
Trin: собѣ владѣти и не бѣ в нихъ правды и
Radz: въ собѣ володѣти. и не бѣ в нн҇ правды. и
Acad: въ собѣ володѣти. и не бѣ в нн҇ правды. и
Hypa: въ собѣ воlлодѣти. и не бѣ в нихъ | правды. и
Khle: въ собѣ володѣ͡ти | и не бѣ в нн҇ правды. и

Bych: в собѣ володѣти, и не бѣ в нихъ правды, и
Shakh: собѣ владѣти. И не бѣ въ нихъ правьды, и
Likh: в собѣ володѣти, и не бѣ в нихъ правды, и
Ostr: въ собѣ владѣти. И не бѣ въ нихъ правьды, и

19,17:

Laur: въста родъ на родъ. Быша в нн҇. усобицѣ.
Trin: въста родъ на родъ и быша в нихъ усобицѣ
Radz: во҃сташа ро҃ на ро҃. и быша в нн҇ оусобици.
Acad: во҃сташа ро҃ на ро҃. и быша в нн҇ оусобици.
Hypa: въста родъ | на ро҃. и быша оусобицѣ | в нн҇.
Khle: въста ро҃ на ро҃. и быша оусоlбици в нн҇.

Bych: въста родъ на родъ, и быша в нихъ усобицѣ,
Shakh: въста родъ на родъ, и быша въ нихъ усобицѣ,
Likh: въста родъ на родъ, и быша в них усобицѣ,
Ostr: въста родъ на родъ, и быша усобицѣ въ нихъ,

19,18:

Laur: и воlевати почаша сами на са   рѣша сами
Trin: воевати почаша сами на ся   рѣша сами
Radz: воевати по <...> || [8ᵛ]
Acad: воевати поl̇чаша҃ сами на са. и рѣша самі̇
Hypa: и воевати сами на | са почаша. и ркоша поlищемъ
Khle: и воевати сами на са почаша. и рекоша || понщемъ [6ᵛ]

Bych: и воевати почаша сами на ся. И рѣша сами
Shakh: и воевати почаша сами на ся. И рѣша сами
Likh: и воевати почаша сами на ся. И рѣша сами
Ostr: и воевати сами на ся почаша. И рѣша: "Поищемъ

19,19:

Laur: в себѣ. поlищемъ собѣ кнаѕа. иже бы володѣлъ
Trin: собѣ поищемъ собѣ князя иже бы владѣлъ
Radz: <...>   за. иже бы <в...>
Acad: в себѣ понщемъ соlбѣ кн҃за. иже бы володѣлъ
Hypa: сами в собѣ кна҃lза. иже бы володѣлъ |
Khle: сами в собѣ кна҃за. иже бы владѣлъ

Bych: в себѣ: "поищемъ собѣ князя, иже бы володѣлъ
Shakh: въ собѣ: "поищим собѣ кънязя, иже бы владѣлъ
Likh: в себѣ: "Поищемъ собѣ князя, иже бы володѣлъ
Ostr: сами въ собѣ кънязя, иже бы владѣлъ

19,20:

Laur: нами. и су|дилъ по праву. идаша
Trin: нами и судилъ по праву и идоша
Radz: <...> рядилъ по правоу | и идоша
Acad: нами. и рядилъ по правȣ. | и идоша
Hypa: нами и рядилъ. по ря|ду по праву. идоша
Khle: нами. | и рядиль по рядоу по правоу. идоша

Bych: нами и судилъ по праву". И идоша
Shakh: нами и рядилъ по праву". И идоша
Likh: нами и судилъ по праву". И идоша
Ostr: нами и рядилъ по ряду по праву". И идоша

19,21:

Laur: за море къ варягомъ к русі. | сице бо ся звахуть
Trin: за море къ варягомъ б руси иже сице бо ся зваху
Radz: за море к варяго͞<м> к ру͞<с> сице бо тїи звахоу |
Acad: за море к варягомь к рȣси. сице бо тїи звахȣся
Hypa: за | море к варяго͞м. к руси. сі҃це бо звахуть.
Khle: за море к варя|го͞м къ роуси. сн<це> бо зваху͞т

Bych: за море къ Варягомъ, к Русі. сице бо тии звахуся
Shakh: за море къ Варягомъ, къ Руси: сице бо ся зъваху
Likh: за море къ варягомъ, к руси. Сице бо ся зваху
Ostr: за море къ Варягомъ, къ Руси. Сице бо зъвахуть

19,22:

Laur: и. варязи суть. яко се друзии зо|вутся
Trin: ти варязи русью яко сии друзии зовуться
Radz: варязи роу͞<с> яко се дроузии зовоуть͞<с>
Acad: варязі р͞ȣ<с> яко се дрȣзии зовȣть͞<с>
Hypa: ты ва͞ргы русь. яко се друзии | зовутся
Khle: ты варагы роу͞<с>. яко <се> дрȣsі҇н зовоутся

Bych: Варязи Русь, яко се друзии зовутся
Shakh: ти Варязи Русь, яко се друзии зовуться
Likh: тьи варязи русь, яко се друзии зовутся
Ostr: ты Варягы Русь, яко се друзии зовуть ся

19,23:

Laur: свое. друзии же оурмане. анъгляне друзі|и
Trin: урмане агняне друзи
Radz: свне дроузии | оурмани. инъгляне. дроузии и
Acad: свїе. дрȣзїи | же оурьмани. инъгляне. дрȣзїи. и
Hypa: свее. друзии | же оурмани. аньгляне. | инѣи и
Khle: свое҆е. дроуsі҇и же оурмарн. англяне. | инїи

Bych: Свие, друзии же Урмане, Анъгляне, друзии
Shakh: Свеи, друзии же Урмане и Агляне, инии
Likh: свие, друзии же урмане, анъгляне, друзии
Ostr: Свее, друзии же Урмани, Англяне, инии и

19,24:

Laur: гъте. тако и си рѣша. русь. чюдь словени.
Trin: гъте тако и си рѣша русь чюдь словенѣ
Radz: готе. тако и си | рѣша роуси. чю͡д. и словене.
Acad: гъте. тако и си | рѣша р͠уси. чю͡. и словене.
Hypa: готе. тако и си | ркоша. русь. чюдь. словенѣ.
Khle: гте тако и с͠ин рекоша ро͡у. чюди, слѡвени, |

Bych: Гъте, тако и си. Рѣша Руси Чюдь, и Словѣни,
Shakh: Гъти, тако и си. Рѣша Руси Чюдь, Словѣне,
Likh: гъте, тако и си. Рѣша русь, чюдь, словѣни,
Ostr: Гъте, тако и си. Рѣша Русь, Чюдь, Словѣне,

20,1:

Laur: и кри|вичи. вса   земла наша велика и
Trin: кривичии вся рѣша земля наша велика и
Radz: и кривичи. и вси.   земла | наша велика и
Acad: и кр͡ивичи. и вси.   земла на|ша велика и
Hypa: кривичи. и вса | земла наша велика. и |
Khle: кривичи и вса   з͡ела наша велика. и

Bych: и Кривичи и Вси: "земля наша велика и   [19,3]
Shakh: Кривичи и Вьсь: "земля наша велика и   [19,14]
Likh: и кривичи и вси; "Земля наша велика и   [18,17]
Ostr: Кривичи и Вься: "Земля наша велика и

20,2:

Laur: ѡбилна. а нара|да в неи нѣтъ. да поидете кнѧжит
Trin: обиина а наряда в неи нѣтъ да поидете княжит
Radz: ѡбилна. а нарада в неи нѣтъ. да | поидете оу на͡с
Acad: ѡбилна. а нарада в неи нѣтъ. да поидите оу на͡с
Hypa: ѡбилна. а нарада въ ‖ неи нѣтъ. да поидете | кнѧжи͡т   [8d]
Khle: ѡбилна | а нарада в неи нѣтоу. да поидете владѣти

Bych: обилна, а наряда в ней нѣтъ; да поидете княжитъ
Shakh: обильна, а наряда въ неи нѣту; да поидете къняжитъ
Likh: обилна, а наряда в ней нѣтъ. Да поидете княжитъ
Ostr: обильна, а наряда въ неи нѣтъ. Да поидете къняжитъ

20,3:

Laur: и володѣти н͡|ми. и избрашаса .г҃.
Trin: и владѣть нами и избрашася 3
Radz: к͠нжити. и володѣти:- | И избраша͡с .г҃. є
Acad: к͠нжити и володѣти:· И избраша͡с .г҃. є
Hypa: и володѣть на|ми. и избрашаса. трие
Khle: и кнѧ|жити намн. и избраша͡с трїе

Bych: и володѣти нами". И изъбрашася 3
Shakh: и владѣтъ нами". И избрашася трие
Likh: и володѣти нами". И избрашася 3
Ostr: и владѣтъ нами". И избраша ся трие

Повѣсть временьныхъ лѣтъ

105

20,4:

Laur: братьӕ. с роды своими. поӕша по собѣ
Trin: братеники с роды своими и пояша по собѣ
Radz: браᵀа. з роды своими. и поӕша собѣ |
Acad: браІтьӕ с роды своими. и поӕша по собѣ
Hypa: брата. с рѡды своими. | и поӕша по собѣ
Khle: браᵀа с роды своими. | и поӕша по себѣ

Bych: братья с роды своими, и пояша по собѣ
Shakh: братия съ роды своими, и пояша по собѣ
Likh: братья с роды своими, пояша по собѣ
Ostr: братия съ роды своими, и пояша по собѣ

20,5:

Laur: всю русь. и придоша старѣишии рюрикъ.
Trin: всю роусь и придоша старѣишии рюрикъ
Radz: всю роу. и придоша к словеноᴹ первое. и сроубиша | горѡ̄ᴬ ладогоу.
Acad: всю рᵘ̄с̄. и приІндоша ко словеномъ первое. и срубиша горѡ̄ᴬ ладоІгу.
Hypa: всю русь. | и придоша къ словеномъ | пѣрвѣе. и срубиша горѡ̄ᴬ | ладогу.
Khle: всю роу̇ и прiидоша къ слѡвеноᴹ | прѣв<о>е. и сроубиша горѡ̄ᴬ лагодоу.

Bych: всю Русь, и придоша; старѣйший, Рюрикъ,
Shakh: вьсю Русь, и придоша къ Новугороду,
Likh: всю русь, и придоша; старѣйший, Рюрикъ,
Ostr: вьсю Русь, и придоша къ Словѣномъ. Пьрвое и сърубиша городъ Ладогу

20,6:

Laur: а другии синеоусъ на
Trin: [сѣдѣ новѣгородѣ]   а другии синеусъ на
Radz: и сѣде в ладозѣ старен рюрикъ. а дрᵘ̄гии с<и>де оу наᶜ на
Acad: и сѣде в ладозѣ старен рюрикъ. а дрᵘ̄гии синеоусъ на
Hypa: и сѣде старѣіши̇и в ладозѣ рюрикъ. | а другии синеоусъ на
Khle: и сѣде старенІши̇н в лагодѣ рюрикъ. а дроугыи синеоусь на

Bych: сѣде Новѣгородѣ, а другий, Синеусъ, на
Shakh: и сѣде старейшии Новѣгородѣ, Рюрикъ, а другыи Синеусъ на
Likh: сѣде Новѣгородѣ, а другий, Синеусъ, на
Ostr: и сѣде старейшии в Ладозѣ Рюрикъ, а другыи, Синеусъ, на

20,7:

Laur: бѣлѣѡзерѣ. а третии   изборьстѣ. труворъ.
Trin: бѣлѣозерѣ а третии во изборстѣи труворъ
Radz: бѣлѣѡзере. а третии трᵘ̄воръ въ ніз̇борьскᵘ̄.
Acad: бѣлѣѡзере. а третiи трᵘ̄воръ во изборьскᵘ̄. |
Hypa: бѣІлѣѡзерѣ. а третен труІворъ въ изборьсцѣ.
Khle: бѣлыІѡзерѣ. а третiи троуворь,   изборцѣ.

Bych: Бѣлѣ-озерѣ, а третий Изборьстѣ, Труворъ.
Shakh: Бѣлѣозерѣ, а третии Изборьстѣ Труворъ.
Likh: Бѣлѣ-озерѣ, а третий, Изборьстѣ, Труворъ.
Ostr: Бѣлѣозерѣ, а третии, Труворъ, въ Изборьсцѣ.

20,8:

Laur: ѿ тѣхъ   прозвасѧ рускаѩ
Trin: и отъ тѣхъ   прозвася русьская
Radz: и ѿ тѣ︤х︥ варагъ. прозвася роускаа
Acad: и ѿ тѣ︤х︥ варагъ прозва︤с︥а рускаѩ
Hypa: и ѿ | тѣхъ варагъ. прозва|сѧ рускаѩ
Khle: и ѿ тѣ︤х︥ варагъ прозва︤с︥а роукаа

Bych: И отъ тѣхъ Варягъ прозвася Руская
Shakh: И отъ тѣхъ Варягъ прозъвася Русьская
Likh: И от тѣхъ варягъ прозвася руская
Ostr: И отъ тѣхъ Варягъ прозъва ся Русьская

20,9:

Laur: зе|млѧ   новугородьци ти суть людье нооугородьци |
Trin: земля а новгородци
Radz: землѧ   новгоро︤д︥ тіи с︤ѹ︦т︥ лю︤е︥ новгороци
Acad: землѧ. новгоро︤д︥. | тіи сѹть людїе новогородци
Hypa: землѧ.
Khle: землѧ.

Bych: земля, Новугородьци, ти суть людье Новогородьци
Shakh: земля, Новъгородъ, ти суть людие Новъгородьстии
Likh: земля, новугородьци, ти суть людье Ноугородьци
Ostr: земля.

20,10:

Laur: ѿ рода варѧжьска. преже бо бѣша
Trin: от рода варяжьска преже бо бѣша
Radz: ѿ ро︤д︥ варѣ︤ж︥ска пре︤ж︥ бо бѣ ||
Acad: ѿ рода варѧжьска. | преже бо бѣша
Hypa: omitted
Khle: omitted

Bych: отъ рода Варяжьска, преже бо бѣша
Shakh: отъ рода Варяжьска, *преже бо бѣша*
Likh: от рода Варяжьска, преже бо бѣша
Ostr:

20,11:

Laur: словѣни. по дву | же лѣту. синеоусъ оумре.
Trin: словѣни по двою же лѣту синеус умре
Radz: По двою же лѣтоу оумре синеоусъ.   [9ᴦ]
Acad: словѣне:· По двою же лѣтѹ оумре | синеоусъ.
Hypa: по дъ|вою же лѣту. оумре синеоусъ.
Khle: по двою же лѣтѹ | оумре синеоусь.

Bych: Словѣни. По двою же лѣту Синеусъ умре
Shakh: *Словѣне*. По дъвою же лѣту Синеусъ умьре
Likh: словѣни. По двою же лѣту Синеусъ умре
Ostr: По дъвою же лѣту умьре Синеусъ

Повѣсть времены ьныхъ лѣтъ

20,12:

Laur: а братъ его труворъ. и | прша   власть рюрнкъ.
Trin: и братъ его труворъ и прия   власть рюрикъ
Radz: и братъ его трȢворъ. и прна всю власть рюрнкъ ѡднн.
Acad: и братъ его трȢворъ. и прїа всю власть | рюрнкъ ѡднн.
Hypa: и братъ его троу|воръ. и прна рюрнкъ | власть всю ѡднн.
Khle: и браͭ его троуворъ. и прїа властⸯ⟨ь⟩ | рюрнкъ всю ѡднн.

Bych: и братъ его Труворъ; и прия власть Рюрикъ,
Shakh: и братъ его Труворъ, и прея власть Рюрикъ вьсю единъ,
Likh: и братъ его Труворъ. И прия власть Рюрикъ,
Ostr: и братъ его Труворъ. И прия власть Рюрикъ вьсю единъ,

20,12a:

Laur: omitted
Trin: omitted
Radz: и прише᷃ ко илмерю. и сроубн горо᷃къ на᷃ волхоⷨво. и
Acad: и прише᷃ ко илмерю. и срȢбн городо|къ на᷃ волховомъ. и
Hypa: и | прише᷃ къ илъмерю. и | срубн горо᷃ надъ волхо|воⷨ. и
Khle: и прише᷃ къ илмерю. и сроубн | горѡ᷃ над волховѡⷨ. и

Bych:
Shakh:
Likh:
Ostr: и пришьдъ къ Ильмерю и съруби градъ надъ Волховомь и

20,12b:

Laur: omitted
Trin: omitted
Radz: проʒва новъ|горо᷃. и сѣде тоу кн҃жа.
Acad: проʒва и новьгородь и сѣде тȢ кн҃жа.
Hypa: проʒваша и новъ|горо᷃ и сѣде ту кнѧж. |
Khle: проʒваша и новьгорѡ᷃ и сѣде тоу кнѧжа.

Bych:
Shakh:
Likh:
Ostr: проꙁъваша Новъгородъ и сѣде ту къняжа

20,13:

Laur: и раздаѧ мужемъ сво[и]|мъ грады.   ѡвому полотескъ
Trin: раздая грады мужемъ своимъ   овому полотескъ
Radz: раздаа волости. моужемъ своиⷨ.   и городы роубнтн. ѡвомȢ полтескъ.
Acad: раздаѧ волости мȢжемь своимъ.   и гоⷬроды рȢбн. ѡвомȢ полтескъ.
Hypa: раздаѧ мужемъ сво|имъ волости. и городы | рубнтн. ѡвому полъ|тескъ.
Khle: и раздаа мꙋжеⷨ свои̇ⷨ волости. и | городы роубнтн ѡвомоу полтескъ.

Bych: и раздая мужемъ своимъ грады, овому Полотескъ,
Shakh: и раздая мужемъ своимъ грады, овому Полотьскъ,
Likh: и раздая мужемъ своимъ грады, овому Полотескъ,
Ostr: и раздая мужемъ своимъ волости и грады рубити, овому Полотьскъ,

108 Повѣсть времеиьныхъ лѣтъ

20,14:

Laur: ѡвому ростовъ друӶгому Бѣлоѡзеро.
Trin: овому ростовъ другому же бѣлоозеро
Radz: ѡвомоу | ростовъ. дроугомȢ Бѣлоѡзеро.
Acad: ѡвомȢ ростовь. | дрȢгомȢ Бѣлоѡзеро.
Hypa: ѡвому ростовъ. ‖ другому Бѣлоѡзеро. [8ᵛ]
Khle: ѡвомоу | ростовь. дроугомоу Бѣлоѡзеро.

Bych: овому Ростовъ, другому Бѣло-озеро.
Shakh: овому Ростовъ, другому Бѣлоозеро.
Likh: овому Ростовъ, другому Бѣлоозеро.
Ostr: овому Ростовъ, другому Бѣлоозеро.

20,15:

Laur: и по тѣмъ городо‖мъ суть находни҃ци варѧзи а [7ᵛ]
Trin: и по тѣмъ городомъ суть находници варязи а
Radz: и по тѣмъ городомъ нахо|дници соуть варѧзи. а
Acad: и по тѣмъ городомъ находнї҃ци сȢть варѧзи. а
Hypa: и | по тѣмъ городомъ суть | находницѣ. варѧзи. |
Khle: и по тѣ҇м городѡ҇м | находници сѫ варѧsи.

Bych: И по тѣмъ городомъ суть находници Варязи, а
Shakh: И по тѣмъ градомъ суть находьници Варязи, а
Likh: И по тѣмъ городомъ суть находници варязи, а
Ostr: И по тѣмъ градомъ суть находьници Варязи.

20,16:

Laur: перьвии насельници в новѣгородѣ | словѣне.
Trin: перьвии насельници новѣгородѣ словѣне
Radz: первии насельници в новѣгоро҇д꙰а словени.
Acad: первии насельници в новѣгородѣ | словени.
Hypa: перьвии наслѣдници | в новѣгородѣ словѣне. | и
Khle: пръвїи насел꙼ници в новѣ|городе словени. ⟨а⟩

Bych: перьвии насельници в Новѣгородѣ Словѣне,
Shakh: пьрвии насельници Новѣгородѣ Словѣне,
Likh: перьвии насельници в Новѣгородѣ словѣне,
Ostr: Пьрвии насельници въ Новѣгороде Словѣни,

20,17:

Laur: полотьскии кривичи. в ростовѣ мерѧ. |
Trin: а полотьстѣ кривичи ростовѣ меря
Radz: в полоцкȢ кривичи. в ростове мерѧне. |
Acad: в полоцкȢ кривичи. в ростове мерѧне. |
Hypa: в пот҇ѡскѣ кривичи. | ростовѣ мерѧне.
Khle: полотски кривичи. в ростов꙼ | мерѧне.

Bych: въ Полотьстѣ Кривичи, в Ростовѣ Меря,
Shakh: въ Полотьстѣ Кривичи, Ростовѣ Меря,
Likh: въ Полотьски кривичи, в Ростовѣ меря,
Ostr: въ Полотьскѣ Кривичи, въ Ростовѣ Меряне,

20,18:

Laur: в бѣлѣѡзерѣ весь. в муромѣ мурома. и
Trin: а на бѣлѣозерѣ весь   мюромѣ мюрома и
Radz: в бѣлѣѡзерѣ вё͡с. в муромѣ мурома. и
Acad: в бѣлѣѡзерѣ вё͡с. в муромѣ мурома. и
Hypa: ⁿᵃбѣлѣѡзерѣ весь.   муромѣ мурома. и   [9а]
Khle: в бѣлѣѡзерѣ весь, в моуромѣ моурома. |и

Bych: в Бѣлѣ-озерѣ Весь, в Муромѣ Мурома; и
Shakh: на Бѣлѣозерѣ Вьсь, Муромѣ Мурома; и
Likh: в Бѣлѣ-озерѣ весь, в Муромѣ мурома; и
Ostr: въ Бѣлѣозерѣ Вьсь, въ Муромѣ Мурома; и

20,19:

Laur: тѣми | всѣми ѡбладаше рюрикъ. и бѣста оу
Trin: тѣми всѣми обладаше рюрикъ   бяста у
Radz: тѣми всѣми ѡбладаше рюрикъ. и бѣста оу
Acad: тѣми всѣми ѡбладаше рюрикъ. и бѣста оу
Hypa: тѣми всѣми ѡбладаше рюрикъ. и бѣ|ста оу
Khle: тѣми всѣми ѡбладаше рюри͡к. и бѣста оу

Bych: тѣми всѣми обладаше Рюрикъ. И бяста у
Shakh: тѣми вьсѣми обладаше Рюрикъ. И бѣста у
Likh: тѣми всѣми обладаше Рюрикъ. И бяста у
Ostr: тѣми вьсѣми обладаше Рюрикъ. И бяста у

20,20:

Laur: него .в҃. му|жа не племени его ни боярина. и та
Trin: него мужа два не племени его ни боярина и та
Radz: него .в҃. моужа не | племени его. но боярина. и та
Acad: него .в҃. мȣжа. | не племени его. но боярина. и та
Hypa: него два мужа не | племени его. но бояри|на. и та
Khle: него | два мꙋжа. не племене его. но боярина. и та

Bych: него 2 мужа, не племени его, но боярина, и та
Shakh: него 2 мужа, не племене его, нъ болярина, и та
Likh: него 2 мужа, не племени его, но боярина, и та
Ostr: него дъва мужа, не племени его, нъ болярина, и та

20,21:

Laur: испроси͡ста ко царюгороду   ‹с р›одомъ своимъ. и поидоста
Trin: испросистася ко царюгороду   съ родомъ своимъ и поидоста
Radz: испросиста͡с с родомъ | своимъ   ко ц͠рюгороу. и поидоста
Acad: испросистаса с ро|домъ своимъ   ко ц͠рюгородȣ. и поидоста
Hypa: испросистаса | къ ц͠рюграду.   с родо͡м | своимъ. и поидоста
Khle: испро|систася къ ц͠рюградоу ѿ него с родо͡м свои͡м. и поидо|ста

Bych: испросистася ко Царюгороду с родомъ своимъ: И поидоста
Shakh: испросистася къ Цѣсарюграду съ родъмь своимь. И поидоста
Likh: испросистася ко Царюгороду с родомъ своимъ. И поидоста
Ostr: испросиста ся къ Цьсарюграду съ родъмь своимь. И поидоста

20,22:

Laur: по | днѣпру. и идуче мимо и оузрѣста
Trin: по днепру и идуче мимо и узрѣста
Radz: по^днєпр8 и^дун мимо 8зрѣ^ш
Acad: по днепр8. | ид8ун мимо и оузрѣвше
Hypa: по | дънепру. идууи мим̇. | и оузрѣста
Khle: по днепроу. идоууи мимо оузрѣста

Bych: по Днѣпру, и идуче мимо и узрѣста
Shakh: по Дънѣпру, и, идуща мимо, узьрѣста
Likh: по Днѣпру, и идуче мимо и узрѣста
Ostr: по Дънепру, идучи мимо и узьрѣста

20,23:

Laur: на горѣ градо^к | и упрашаста. рѣста
Trin: на горѣ градокъ и упрошаста и рѣста
Radz: на горѣ горо^дкъ. | въпрашаста рек8уи
Acad: на горѣ городокъ· Въпрошаста рек8уи
Hypa: на горѣ горо|докъ. и въспрошаста | ркуще.
Khle: на горѣ | городокь. и въпросиста рекоуще,

Bych: на горѣ градокъ, и упрошаста и рѣста:
Shakh: на горѣ градъкъ, и въспрашаста, рекуща:
Likh: на горѣ градок. И упрошаста и рѣста:
Ostr: на горѣ градъкъ. И въпрошаста рекуща:

20,24:

Laur: уии се градокъ. ѡни же рѣша | была сутъ
Trin: чии се есть градъ и рѣста имъ были суть
Radz: уии се горо^д. ѡни же рекоша была соу^т
Acad: уии се горо^д. ѡни же рекоша бы|ла с8ть
Hypa: уии се городъ. | ѡни же ркоша была су^т. |
Khle: уіи се горѡ. || ѡни же рекоша, была сѫ^т   [7^г]

Bych: "чий се градокъ?" Они же рѣша: "была сутъ
Shakh: "чии сь градъкъ?" Они же рѣша: "была суть
Likh: "Чий се градокъ?" Они же рѣша: "Была сутъ
Ostr: "Чии сь градъ?" Они же рекоша: "Была суть

21,1:

Laur: .г҃. братьꙗ. кии. щекъ. хоривъ. иже сдѣ|лаша
Trin: 3 братья кыи щек хоривъ иже сделаша
Radz: .г҃. бра^та. кии. ще^к. хоривъ. иже соделаша
Acad: .г҃. братиа кї҃и. ще^к. хоривь. иже соделаша |
Hypa: три братьꙗ. кии. щекъ. хоривъ. иже сдѣла|ша
Khle: три бра^та. кын. щекь. | хоривь. иже съдѣлаша

Bych: 3 братья, Кий, Щекъ, Хоривъ, иже сдѣлаша   [20,4]
Shakh: три братия, Кыи, Щекъ, Хоривъ, иже съдѣлаша   [21,6]
Likh: 3 братья, Кий, Щекъ, Хоривъ, иже сдѣлаша   [18,34]
Ostr: три братия, Кыи, Щекъ, Хоривъ, иже съдѣлаша

Повѣсть времяньныхъ лѣтъ   111

21,2:

Laur: градоко сь. и изгибоша и мы седим.   платяче
Trin: городокъ—ось и изгибоша и мы седимъ   платяче
Radz: грА̑ сєн и изгибоша. и мы седим   платАчє
Acad: грА̑ сєн и изгибоша. и мы седим   платачн
Hypa: ро̏дъ снн. и изгыбоша. а мы седим <въ го>род<ы>нхъ. и платнмы
Khle: горѡ̑ сі̑н. и измроша а мы седн̑ рѡ̑н, и платн̑

Bych: градокось, и изгибоша, и мы сѣдимъ, платяче
Shakh: градъкъ съ, и изгибоша, и мы сѣдимъ, родъ ихъ, платяще
Likh: градоко сь, и изгибоша, и мы сѣдимъ родъ ихъ платяче
Ostr: градъ сь, и изгыбоша, а мы сѣдимъ, и платимы

21,3:

Laur: дань родомъ и̑х̑ козаромъ. А̑́с̑колъдо же. и
Trin: дань родомъ ихъ козаромъ асколдъ и
Radz: дань   козаромъ | асколдъ̏ и
Acad: дань | козарѡмъ. асколдъ же и
Hypa: дань   козаро̏. аскı̊лдъ же и
Khle: дань   козарѡ̏. асколдь же и

Bych: дань родомъ ихъ Козаромъ". Асколдъ же и
Shakh: дань Козаромъ". Асколдъ же и
Likh: дань козаромъ". Асколдъ же и
Ostr: дань Козаромъ". Асколдъ же и

21,4:

Laur: днр̑. ѿстаста въ градѣ сєм. и многн варагн
Trin: диръ остависта въ градѣ своемъ и многи варяги
Radz: днр̑ ѿстаста въ градє сєм. и многы варагы и
Acad: днр̑ ѿстаста въ градє сєм. и многіа варагы
Hypa: днр̑. ѿсталста в городѣ сєм. и многы варагы
Khle: днр̑ ѿстаста в городѣ сє̏. и мнѡгы варагы

Bych: Диръ остаста въ градѣ семь, и многи Варяги
Shakh: Диръ остаста въ градѣ семь, и мъногы Варягы
Likh: Диръ остаста въ градѣ семь, и многи варяги
Ostr: Диръ остаста въ градѣ семь, и мъногы Варягы

21,5:

Laur: скупнста. и начаста владѣ̑т̑ польскою
Trin: съвокуписта и начаста владѣти полотьскою
Radz: совокоуписта. и начаста кн̄жити польскою
Acad: совокȣписта. и начаста кн̄жити польскою
Hypa: съвоку|писта. и начаста владѣти польскою
Khle: съвокоупи|ста. и начаста владѣти полскою

Bych: съвокуписта, и начаста владѣти Польскою
Shakh: съвъкуписта, и начаста владѣти Польскою
Likh: съвокуписта, и начаста владѣти польскою
Ostr: съвъкуписта, и начаста владѣти Польскою

21,6:

Laur: землею. рюрику | же кнѧжа<ста в н>овѣгородѣ:·
Trin: землею рюрику же княжащу новѣгородѣ
Radz: землею. роурнкȣ же кнѧжащю в новѣгородѣ:- ||
Acad: землею. рюрнкȣ же кнѧ|жащю в новѣгородѣ:·
Hypa: зе|млею. рюрику же кнѧ|<ж>ацю в новѣгородѣ:·|
Khle: землею. рюрн|коу же кнѧжащю в новѣгородѣ:·

Bych: землею, Рюрику же княжащу в Новѣгородѣ.
Shakh: землею, Рюрику же къняжащу Новѣгородѣ.
Likh: землею, Рюрику же княжащу в Новѣгородѣ.
Ostr: землею, Рюрику же къняжащу въ Новѣгородѣ.

21,7:

Laur: въ лѣ︮т︀. ҂s҃.т҃.о҃.а҃.
Trin: в лѣто 6371   [59]
Radz: в лѣ︮т︀ ҂s҃.т҃.о҃.а҃.   [9ᵛ]
Acad: В лѣ︮т︀. ҂s҃.т҃.оа҃.
Hypa: <-> лѣ︮т︀. ҂s҃.т҃.о а҃:·|
Khle: В лѣ︮т︀. ҂s҃.т҃.оа҃.|

Bych: Въ лѣто 6371.
Shakh: Въ лѣто 6371.
Likh: Въ лѣто 6371.
Ostr: Въ лѣто 6371.

21,8:

Laur: въ лѣ︮т︀.| ҂s҃.т҃.о҃.в҃.
Trin: въ лѣто 6372
Radz: В лѣ︮т︀. ҂s҃.т҃.о в҃.
Acad: В лѣ︮т︀. ҂s҃.т҃.|ов҃.
Hypa: <-> лѣ︮т︀. ҂s҃.т҃.о в҃:·|
Khle: В лѣ︮т︀. ҂s҃.т҃.ов҃.

Bych: Въ лѣто 6372.
Shakh: Въ лѣто 6372.
Likh: Въ лѣто 6372.
Ostr: Въ лѣто 6372.

21,9:

Laur: въ лѣ︮т︀. ҂s҃.т҃.о҃.г҃.
Trin: въ лѣто 6373
Radz: В лѣ︮т︀ ҂s҃.т҃.о г҃.
Acad: В лѣ︮т︀. ҂s҃.т҃.ог҃.
Hypa: <-> лѣ︮т︀. ҂s҃.т҃.о г҃·:·|
Khle: В лѣ︮т︀. ҂s҃.т҃.ог҃.

Bych: Въ лѣто 6373.
Shakh: Въ лѣто 6373.
Likh: Въ лѣто 6373.
Ostr: Въ лѣто 6373.

21,10:

Laur: въ лѣ̅т̅. ҂ѕ҃.т҃ о҃.д҃.:- | Иде асколдъ. и диръ
Trin: въ лѣто 6374 иде асколдъ и диръ
Radz: В лѣ̅т̅ ҂ѕ҃ о҃ д҃ | ‹и›де асколдъ и диръ
Acad: В лѣ̅т̅. ҂ѕ҃.т҃.од҃. Иде асколдъ и ді|ръ
Hypa: ‹-› лѣ̅т̅. ҂ѕ҃.т҃.о҃ д҃. | Иде скѻлдъ и диръ
Khle: в лѣ̅т̅. ҂ѕ҃.т҃.од҃. иде асколдь и диръ

Bych: Въ лѣто 6374. Иде Асколдъ и Диръ
Shakh: Въ лѣто 6374. Иде Асколдъ и Диръ
Likh: Въ лѣто 6374. Иде Асколдъ и Диръ
Ostr: Въ лѣто 6374. Иде Асколдъ и Диръ

21,11:

Laur: на греки и приде въ .д҃і. м҃ихаила
Trin: на греки и приде во 14 лѣто михаила
Radz: на грекы. и приидоша въ д҃і. михаила
Acad: на греки. и приидоша въ .д҃і. михаила
Hypa: на | грѣкы. и приде въ. д҃і. | лѣ̅т̅. михаила
Khle: на грекы. и прїиде въ д҃і. лѣто ц҃ра михаила.

Bych: на Греки, и приидоша въ 14 лѣто Михаила
Shakh: на Грькы, и приде въ 14 лѣто Михаила
Likh: на греки, и прииде въ 14 лѣто Михаила
Ostr: на Грькы, и приде въ 14 лѣто Михаила

21,12:

Laur: ц҃ра ц҃рю же ѿше|дшю на ѡгараны. дошедшю же
Trin: царя царю же отшодшю на агаряны дошедшю же
Radz: ц҃ра. ц҃рю же ѿше̑шу на агараны. и доше̑шу
Acad: ц҃ра. ц҃рю | же ѿше̑шю на ѩгараны. и доше̑шю
Hypa: ц҃ра. ц҃рю || же ѿшедъшю. на агараны. и дошедшю [9b]
Khle: михаила ц҃рю же ѿше̑шоу на агараны. и доше̑шоу |

Bych: цесаря. Цесарю же отшедшю на Огаряны, и дошедшю
Shakh: цѣсаря. Цѣсарю же отъшьдъшю на Агаряны, и дошьдъшю
Likh: цесаря. Цесарю же отшедшю на огаряны, и дошедшю
Ostr: цьсаря. Цьсарю же отъшьдъшю на Агаряны, и дошьдъшю

21,13:

Laur: ему черные рѣки. вѣсть епархъ посла |
Trin: ему черноѣ рѣки вѣсть епархъ посла
Radz: емоу | черные рекы. вѣсть епархъ посла
Acad: ем҄у черные рекы. | вѣ̑ст̅ь епархъ посла
Hypa: ему черноѥ рѣкы. вѣсть епархъ по|сла
Khle: емоу черное рѣкы. вѣсть епархь посла

Bych: ему Черные рѣки, вѣсть епархъ посла
Shakh: ему Чьрныя рѣкы, вѣсть епархъ посъла
Likh: ему Черные рѣки, вѣсть епархъ посла
Ostr: ему Чьрныя рѣкы, вѣсть епархъ посъла

21,14:

Laur: к нему. ꙗко русь на цр҃ьгородъ идеть. и
Trin: к нему яко русь на царьград идуть и
Radz: к немоу. ꙗко роу͡с. идуть на цр҃ьгра҃. и
Acad: к немꙋ. ꙗко р͡ꙋс идꙋтъ на цр҃ьгра҃. и
Hypa: ему. ꙗко русь идеть на цр҃ьгра҃. и
Khle: емоу. ꙗко ру͡с иде͞т на цр҃ьгра҃. и

Bych: к нему, яко Русь на Царьгородъ идеть, и
Shakh: ему, яко Русь на Цѣсарьградъ идуть, и
Likh: к нему, яко русь на Царьгородъ идеть, и
Ostr: ему, яко Русь идеть на Цьсарьградъ, и

21,15:

Laur: вра|тисѧ цр҃ь си же внутрь суду вшедше.
Trin: воротися царь си же внутрь суда вшедше
Radz: вратисѧ цр҃ь:- ѡни͡ж   вноутрь соуда вше͡ше. и
Acad: вратисѧ цр҃ь:- ѡни же вн꙽ꙋдра с꙽ꙋда вше҃ше. и
Hypa: воротисѧ цр҃ь. си же внутрь суда вшед꙽ше.
Khle: воротисѧ цр҃ь. си҃н же вноутрь | с‹у›да въше҃ше

Bych: вратися царь. Си же внутрь Суду вшедше,
Shakh: вратися цѣсарь. Си же, вънутрь Суду въшьдъше,
Likh: вратися царь. Си же внутрь Суду вшедше,
Ostr: врати ся цьсарь. Си же, вънутрь Суду въшьдъше,

21,16:

Laur: много оуб҃і҃нство кр͡стнмъ створиша. и въ
Trin: много убиство крестьяномъ створиша и
Radz: много оубинство хр͡стьано͞м сотвориша. и въ
Acad: мно҃го оуб҃і҃нство хр͡стьꙗномъ сотвориша. и во
Hypa: много оубинство хр͡стьꙗномъ створиша. и въ
Khle: мнѡго оубинство хр͡стиꙗнѡ͞м сътвориша. въ

Bych: много убийство крестьяномъ створиша, и въ
Shakh: мъного убииство хрьстияномъ сътвориша, и въ
Likh: много убийство крестьяномъ створиша, и въ
Ostr: мъного убииство хрьстияномъ сътвориша, и въ

21,17:

Laur: двою сотъ корабл҃ь | цр҃ьградъ ѡступиша. цр҃ь
Trin: двѣма стома корабля обступиша царьградъ царь
Radz: двоустоу кораблю. цр҃ьгра҃ ѡстоу|пиша. цр҃ь
Acad: дв꙽ꙋст꙽ꙋ кораблю. цр҃ьгра҃ ѡст꙽ꙋпиша. цр҃ь
Hypa: двою сту кораблии. цр҃ьградъ ѡступиша. цр҃ь
Khle: двою стоу кораблевь. цр҃ьгра҃ ѡстоупи|ша. цр҃ь

Bych: двою сту корабль Царьградъ оступиша. Цесарь
Shakh: дъвою съту корабль Цѣсарьградъ оступиша. Цѣсарь
Likh: двою сотъ корабль Царьградъ оступиша. Цесарь
Ostr: дъвою съту корабль Цьсарьградъ оступиша. Цьсарь

Повѣсть времєньныхъ лѣтъ

21,18:

Laur:	же едва въ градъ вниде с патреıархомъ
Trin:	же одва въ градъ вниде съ патриархомъ
Radz:	же ѡдва в гра̑ вниде. и с патриıархомъ
Acad:	же ѡдва во гра̑ внıде. и с патрıархомъ
Hypa:	же ѡдва в городъ вниде. и с па|трнарьхо̑
Khle:	же ѡдва въ гра̑ вниде. и с патрїархо̑

Bych:	же едва въ градъ вниде, и с патреярхомъ
Shakh:	же едъва въ градъ въниде, и съ патриархъмь
Likh:	же едва въ градъ вниде, и с патреярхомъ
Ostr:	же одъва въ градъ въниде, и съ патриархъмь

21,19:

Laur:	съ фотьемъ к сущеи црк҃ви ст҃ѣи [бц҃]ѣ влахернѣ
Trin:	фотиемъ къ сущеи церкви святѣи богородици влахирнѣ
Radz:	фа|тѣемъ к соущеи црк҃ви ст҃н бц҃е вла́ерна́х
Acad:	фотїемъ. к соу̑щеи црькви ст҃н бц҃н вла́лерна́х
Hypa:	фотнемъ. къ сущии церкви ст҃ии бц҃и въ лахернѣхъ.
Khle:	ѳотѣе̑м. къ сѫщен црк҃ви ст҃ѣи бц҃и влахерни.

Bych:	съ Фотьемъ приде къ сущей церкви святѣй Богородицѣ Влахернѣ,
Shakh:	Фотиемь къ сущии цьркъви святыя Богородица Влахернѣ
Likh:	съ Фотьемъ къ сущей церкви святѣй богородицѣ Влахернѣ
Ostr:	Фотиемь къ сущии цьркъви святыя Богородица Влахернѣ

21,20:

Laur:	всю нощь м[олт]ву створиша таж̑е
Trin:	и всю нощь молитву створиша таже
Radz:	и всю но̑щ҇ мл҃тву̑ сотвориша. таже
Acad:	и всю нощь мл҃тву̑ сотворı̑ша. таже [9ᴦ]
Hypa:	всю нощь мо҃литву створиша. такоже
Khle:	всю нощь мл҃твоу сътворнша. таже

Bych:	и всю нощь молитву створиша, таже
Shakh:	вьсю нощь молитву сътвориша; таже
Likh:	всю нощь молитву створиша, та же
Ostr:	вьсю нощь молитву сътвориша; таже

21,21:

Laur:	бж҃твную ст҃ы бц҃а ри<зу с ним> изнесъше
Trin:	божественную святы богородиця ризу с пѣсньми изнесъше
Radz:	божественоую ст҃ыа бц҃а ризоу. и с пѣснимн:-:-: ‖ И изнесше [10ᴦ]
Acad:	бж҃ественою ст҃ыа бц҃а в́ризу и с пѣсньми:· И изнесше
Hypa:	бж҃ественую ризу ст҃ыıа бц҃а. с пѣсньѣми изне|съше.
Khle:	бж҃твенноую ризоу ст҃ыа бц҃а с пѣсньми изнеˢше

Bych:	божественую святыя Богородица ризу с пѣсньми изнесъше
Shakh:	божьствьную святыя Богородиця ризу съ пѣсньми изнесъше,
Likh:	божественую святы богородиця ризу с пѣсними изнесъше
Ostr:	божьствьную ризу святыя Богородиця съ пѣсньми изнесъше,

21,22:

Laur: в рѣку ѡ<моунв>ше тншнн<ѣ> сущн   морю
Trin: и омочивше в рѣцѣ тишина бысть и морю
Radz: в рекоу ѡмоунвше тншнне соущн. н морю
Acad: в рекȢ ѡмоунвше. тншнне сȢщн. н морю.
Hypa: в рѣку ѡмоунша. тншнне сущн. н морю
Khle: въ море ѡмоунша. тншнн<ѣ> бывшн н морю

Bych: в рѣку омочиша, тишинѣ сущи и морю
Shakh: въ мори скутъ омочивъше, тишинѣ сущи, и морю
Likh: в мори скут омочивше. Тишинѣ сущи и морю
Ostr: въ рѣку омочивъше, тишинѣ сущи, и морю

21,23:

Laur: оукротнвшюсѧ. абье бу̅ра въста с вѣтромъ.
Trin: укротившюся и абье буря въста с вѣтромъ великимъ
Radz: оукро|тнвшю.с абне боура с вѣтро̅м въста.
Acad: оукротнвшюсѧ. абїе бу̅ра с вѣтромъ воста.
Hypa: оукро|тнвшюсѧ. абїе буря с вѣ|тро̅м въста.
Khle: оукротнвшоусѧ. абїе бȢ|ра с вѣтрѡ̅м въста.

Bych: укротившюся, абье буря въста с вѣтромъ,
Shakh: укротивъшюся, абие буря въста съ вѣтръмь,
Likh: укротившюся, абье буря въста с вѣтром,
Ostr: укротивъшю ся, абие буря съ вѣтръмь въста,

21,24:

Laur: н волнамъ вельѧмъ | въставше<мь> засобь   безбожныхъ
Trin: и волнамъ вельямъ въставшимъ засобь   безбожныя
Radz: н волнамъ велн|кнмъ въставш<н>мъ засобь. н безбожны̅х
Acad: н во|лнамъ велнкнмъ въставшнмъ засобь. н безбожны̅х |
Hypa: н волнамъ ве|лнкымъ въставшн̅м засобь. н безбожныхъ
Khle: н влъна̅м велнкы̅ въставшн̅м | засобь. н безбожны̅х

Bych: и волнамъ вельямъ въставшимь засобь, безбожныхъ
Shakh: и вълнамъ велиямъ въставъшамъ засобь, безбожьныхъ
Likh: и волнамъ вельямъ въставшемь засобь, безбожныхъ
Ostr: и вълнамъ великимъ въставъшимь засобь, и безбожьныхъ

21,25:

Laur: русн корабл<ь> | смѧте   к берегу
Trin: руси корабля смяте   к берегу
Radz: роусн корабли | смят<ѣ> н ко брегоу
Acad: рȢсн корабли смѧте. н ко брегȢ
Hypa: русн | корабля смѧте. н къ бе|регу
Khle: роусн корабля смѧте. н къ | брегоу

Bych: Руси корабля смяте, и к берегу
Shakh: Руси корабля съмяте, и къ брегу
Likh: Руси корабля смяте, и к берегу
Ostr: Руси корабля съмяте, и къ брегу

Повѣсть времєньныхъ лѣтъ 117

22,1:

Laur: привѣрже. и избиꙗ. ꙗко маѿх ѿ такѡвъıꙗ
Trin: приверже и изби я яко мало ихъ избѣгло от таковыя
Radz: привєрже и избиѧ. ꙗко мало иⷯ ѿ такoвъıѧ
Acad: привєрже и избі ѧ. ꙗко | малꙋ ѿ таковъıꙗ
Hypa: привѣрже. и избиꙗ. | ꙗко малу ихъ ѿ таковъıꙗ
Khle: поврьже, и избиѧ. ꙗко малѡмиⷯ ѿ таковъıꙗ |

Bych: приверже, и изби я, яко мало ихъ отъ таковыя   [21,7]
Shakh: привѣрже, и изби я, яко малу ихъ отъ таковыя   [22,7]
Likh: приверже, и изби я, яко мало их от таковыя   [19,19]
Ostr: привѣрже, и изби я, яко малу ихъ отъ таковыя

22,2/3:

Laur: бѣды избѣгнути. въ своꙗси в‹→›ъзъвратишас. |
Trin: бѣды   и въ свояси взвратишася
Radz: бѣды избъıти. и въ своꙗси възратишѧсѧ:-
Acad: бѣды избъıти. и во своꙗси возраⷮтишасѧ:·
Hypa: бѣды избъıти. и въ своꙗси възвратишасѧ·:· |
Khle: бѣды избъıти. и въ своꙗси възвратишаⷭ.

Bych: бѣды избѣгнути и въ свояси взъвратишася.
Shakh: бѣды избѣгнути, и въ свояси възвратишася.
Likh: бѣды избѣгнути и въ свояси возвратишася.
Ostr: бѣды избыти, и въ свояси възвратиша ся.

22,4:

Laur: въ лѣⷮ. ҂ѕ.т.‹о›.є.
Trin: в лѣто 6375
Radz: в лѣⷮ ҂ѕ.т.о є
Acad: В лѣⷮ. ҂ѕ.т.оє.
Hypa: В лѣто. ҂ѕ.т.о є·:· |
Khle: omitted

Bych: Въ лѣто 6375.
Shakh: Въ лѣто 6375.
Likh: Въ лѣто 6375.
Ostr: Въ лѣто 6375.

22,5:

Laur: въ лѣⷮ. ҂ѕ.т.о.ѕ. | [По цр҇]твовати в силѣ·:·
Trin: въ лѣто 6376 поча царствовати василии
Radz: в лѣⷮ. ҂ѕ.т.о ѕ.
Acad: В лѣⷮ. ҂ѕ.т оѕ. поча цр҇тво|вати васіліи.
Hypa: в лѣто. ҂ѕ.т.оѕ. Поча цр҇ⷭтвовати василии·:· |
Khle: В лѣⷮ. | ҂ѕ.т.оѕ. поча цр҇ⷭтвовати василіи.

Bych: Въ лѣто 6376. Поча царствовати Василии.
Shakh: Въ лѣто 6376. Поча цѣсарьствовати Василии.
Likh: Въ лѣто 6376. Поча царствовати Василии.
Ostr: Въ лѣто 6376. Поча цьсарьствовати Василии.

22,7:

Laur: въ лѣ͞т. ҂ѕ҃.т҃.о҃.з҃. ‖ р͡щна бысть вса [8ᴦ]
Trin: въ лѣто 6377 крещена бысть
Radz: в лѣ͞т ҂ѕ҃.т҃ о҃ з҃ кр͡щна бы͞с |
Acad: В лѣ͞т. ҂ѕ҃ т҃.о҃з. кр͡щена бы͞с
Hypa: в лѣто. ҂ѕ҃.т҃.о҃ з҃:·| Ккрѣщена бы вса
Khle: В лѣ͞т. ҂ѕ҃.т҃.о҃з. | кр͡щена бы͞с вса

Bych: Въ лѣто 6377. Крещена бысть вся
Shakh: Въ лѣто 6377. Крьщена бысть вься
Likh: Въ лѣто 6377. Крещена бысть вся
Ostr: Въ лѣто 6377. Крьщена бысть вься

22,8:

Laur: земла болъгарьскаꙗ·:·ь |
Trin: земля болъгарская
Radz: земла болгорьскаа
Acad: земла бо|лгарьскаа.
Hypa: земла ‖ болгарьскаꙗ·:· [9c]
Khle: земла болгарска.

Bych: земля Болъгарьская.
Shakh: земля Българьская.
Likh: земля Болъгарьская.
Ostr: земля Българьская.

22,9:

Laur: въ лѣ͞т. ҂ѕ҃.т҃.о҃.н҃.
Trin: въ лѣто 6378
Radz: В лѣ͞т ҂ѕ҃.т҃.он҃.
Acad: В лѣ͞т. ҂ѕ҃.т҃.он҃.
Hypa: В лѣ͞т. ҂ѕ҃.т҃.он҃·:·|
Khle: omitted through 22,17

Bych: Въ лѣто 6378.
Shakh: Въ лѣто 6378.
Likh: Въ лѣто 6378.
Ostr: Въ лѣто 6378.

22,10:

Laur: въ лѣ͞т. ҂ѕ҃.т҃.о҃.ѳ҃.
Trin: въ лѣто 6379
Radz: В лѣ͞т ҂ѕ҃.т҃.оѳ҃. |
Acad: В лѣ͞т. ҂ѕ҃.т҃.оѳ҃.
Hypa: В лѣто. ҂ѕ҃.т҃.оѳ҃·:·|

Bych: Въ лѣто 6379.
Shakh: Въ лѣто 6379.
Likh: Въ лѣто 6379.
Ostr: Въ лѣто 6379.

22,11:

Laur: въ лѣ̃. ҂ѕ҃.т҃.п҃.:· |
Trin: въ лѣто 6380
Radz: В лѣ̃ ҂ѕ҃.т҃.п҃.
Acad: В лѣ̃. ҂ѕ҃.т҃.і.п҃.
Hypa: В лѣто. ҂ѕ҃.т҃.п҃.:· |

Bych: Въ лѣто 6380.
Shakh: Въ лѣто 6380.
Likh: Въ лѣто 6380.
Ostr: Въ лѣто 6380.

22,12:

Laur: въ лѣ̃. ҂ѕ҃.т҃.п҃.а҃.
Trin: въ лѣто 6381
Radz: В лѣ̃ ҂ѕ҃.т҃.па҃.
Acad: В лѣ̃ ҂ѕ҃.т҃.па҃.
Hypa: В лѣто. ҂ѕ҃.т҃.па҃.:· |

Bych: Въ лѣто 6381.
Shakh: Въ лѣто 6381.
Likh: Въ лѣто 6381.
Ostr: Въ лѣто 6381.

22,13:

Laur: въ лѣ̃. ҂ѕ҃.т҃.п҃.в҃.
Trin: въ лѣто 6382
Radz: В лѣ̃. ҂ѕ҃.т҃.пв҃.
Acad: В лѣ̃. ҂ѕ҃.т҃.пв҃.
Hypa: В лѣто. ҂ѕ҃.т҃.пв҃.:· |

Bych: Въ лѣто 6382.
Shakh: Въ лѣто 6382.
Likh: Въ лѣто 6382.
Ostr: Въ лѣто 6382.

22,14:

Laur: въ лѣ̃. ҂ѕ҃.т҃.п҃ г҃.
Trin: въ лѣто 6383
Radz: В лѣ̃ ҂ѕ҃ т҃ пг҃. |
Acad: В лѣ̃. ҂ѕ҃.т҃.пг҃.
Hypa: В лѣто. ҂ѕ҃.т҃.пг҃.:· |

Bych: Въ лѣто 6383.
Shakh: Въ лѣто 6383.
Likh: Въ лѣто 6383.
Ostr: Въ лѣто 6383.

22,15:

Laur: въ лѣ͞т. | ҂ś.т̄.п҃.д҃.
Trin: въ лѣто 6384
Radz: В лѣ͞т ҂ś.т̄.п҃д
Acad: В лѣ͞т | ҂ś.т̄.п҃д.
Hypa: В лѣ͞т. ҂ś.т̄.п҃д·:· |

Bych: Въ лѣто 6384.
Shakh: Въ лѣто 6384.
Likh: Въ лѣто 6384.
Ostr: Въ лѣто 6384.

22,16:

Laur: въ лѣ͞т. ҂ś.т̄.п҃.є҃.
Trin: въ лѣто 6385
Radz: В лѣ͞т ҂ś.т̄ п҃є.
Acad: В лѣ͞т. ҂ś.т̄.п҃є.
Hypa: В лѣто. ҂ś.т̄.п҃є·:· |

Bych: Въ лѣто 6385.
Shakh: Въ лѣто 6385.
Likh: Въ лѣто 6385.
Ostr: Въ лѣто 6385.

22,17:

Laur: въ лѣ͞т. ҂ś.т̄.п҃.ś҃.
Trin: въ лѣто 6386
Radz: В лѣ͞т ҂ś т̄ п҃ś.
Acad: В лѣ͞т. ҂ś.т̄ п҃ś.
Hypa: В лѣто. ҂ś.т̄.п҃ś·:· |

Bych: Въ лѣто 6386.
Shakh: Въ лѣто 6386.
Likh: Въ лѣто 6386.
Ostr: Въ лѣто 6386.

22,18:

Laur: въ лѣ͞т. ҂ś т̄ п҃ з҃·:· | оумершю   рюрнковн   предасть
Trin: въ лѣто 6387 умре   рюрикъ и предасть
Radz: В лѣ͞т ҂ś.|т̄.п҃з. ОУмершю   рюрнковн   предасть
Acad: В лѣ͞т. ҂ś.т̄.|.п҃з. Оумершю   рюрнковн.   предасть
Hypa: В лѣто. ҂ś.т̄.п҃з·:· | Оумершю же рюрнковн.   пр҃е҃дасть
Khle: В лѣ͞т. ҂ś.т̄.п҃з. | оумръшоу   рюркоу,   предасть

Bych: Въ лѣто 6387. Умершю Рюрикови предасть
Shakh: Въ лѣто 6387. Умьръшю Рюрикови, предасть
Likh: Въ лѣто 6387. Умершю Рюрикови предасть
Ostr: Въ лѣто 6387. Умьръшю Рюрикови, предасть

22,19:

Laur: кнѧнье свое ѡлго|вн. ѿ рада нмъ
Trin: княженье свое ольгу отъ рода ему
Radz: кнѧженье | свое ѡлговн. ѿ рода емоу
Acad: кнѧженне свое | ѡлговн. ѿ рода емȣ
Hypa: кнѧженне свое ѡ|лговн. ѿ рода ему
Khle: кнѧженїе свое | ѡлговн ѿ рода емоу.

Bych: княженье свое Олгови, отъ рода ему
Shakh: къняжение свое Ольгови, отъ рода ему
Likh: княженье свое Олгови, от рода ему
Ostr: къняжение свое Ольгови, отъ рода ему

22,20:

Laur: суща. въдавъ ему с͠нъ свон на руцѣ. нгорѧ.
Trin: суща въдавъ ему сына своего на руцѣ игоря мала
Radz: соуща. вдавъ емоу на рȣцѣ с͠нъ свон нгорѧ
Acad: сȣща. вдавь емȣ на рȣцѣ с͠нъ | свон нгорѧ.
Hypa: суща. въ|давъ ему на руцѣ с͠на сво|его нгорѧ.
Khle: въдавь емоу на роуцѣ с͠на свое͡г нгорѧ. |

Bych: суща, въдавъ ему сынъ свой на руцѣ, Игоря,
Shakh: сущю, въдавъ ему сынъ свои на руцѣ, Игоря;
Likh: суща въдавъ ему сынъ свой на руцѣ, Игоря,
Ostr: сущю, въдавъ ему на руцѣ сынъ свои, Игоря;

22,21:

Laur: бысть бо дѣтескъ велмн:·ь |
Trin: бысть бо дѣтескъ велми тогда былъ
Radz: бѣ бо малъ велмн:- ||
Acad: бѣ бо малъ велмн:·
Hypa: бѧше бо мо|лодъ велмн·:· |
Khle: бѧше бо мол͠ѡ велмн:·

Bych: бѣ бо дѣтескъ вельми.
Shakh: бѣ бо дѣтьскъ вельми.
Likh: бѣ бо дѣтескъ вельми.
Ostr: {бысть / бѣ / бѧше} бо {дѣтескъ / малъ / молодъ} вельми.

22,22:

Laur: въ лѣ͞т. ҂s͞.т͞.п͞.н͞.
Trin: въ лѣто 6388
Radz: В лѣ͞т ҂s͞.т͞ п͞н.   [10ᵛ]
Acad: В лѣ͞т. ҂s͞.т͞.п͞н.
Hypa: В лѣто. ҂s͞.т͞.п͞н·:· |
Khle: В лѣ͞т. ҂s͞.т͞.п͞н. ||

Bych: Въ лѣто 6388.
Shakh: Въ лѣто 6388.
Likh: Въ лѣто 6388.
Ostr: Въ лѣто 6388.

22,23:

Laur: въ лѣ̾. ҂ѕ҃.т҃.п҃.ѳ҃.⁘ь |
Trin: в лѣто 6389
Radz: В лѣ̾ ҂ѕ҃.т҃.п҃ѳ.
Acad: В лѣ̾ |.҂ѕ҃.т҃.п҃ѳ.
Hypa: В лѣто. ҂ѕ҃.т҃.п҃ѳ⁘ |
Khle: omitted

Bych: Въ лѣто 6389.
Shakh: Въ лѣто 6389.
Likh: Въ лѣто 6389.
Ostr: Въ лѣто 6389.

22,24:

Laur: онде ѡлегъ понмъ   воӕ
Trin: поиде олегъ поимъ с собою воя
Radz: В лѣ̾ ҂ѕ҃.т҃.ү҃. Понде ѡлегъ понмъ   вон
Acad: В лѣ̾. ҂ѕ҃.т҃.ү҃. Понде ѡлегъ понмь   вон
Hypa: В лѣто. ҂ѕ҃.т҃.ү҃⁘ | Понде ѡлгъ поемъ   вон свои
Khle: Въ лѣ̾. ҂ѕ҃.т҃.ү҃. Понде ѡлегъ поеᴍ   вон   [7ᵛ]

Bych: Въ лѣто 6390. Поиде Олегъ, поимъ воя
Shakh: Въ лѣто 6390. Поиде Ольгъ, поимъ воя
Likh: Въ лѣто 6390. Поиде Олегъ, поимъ воя
Ostr: Въ лѣто 6390. Поиде Ольгъ, поимъ воя

22,25:

Laur: многи варѧги. чюдь словѣ|ни. мерю. н всѣ
Trin: многа варяги чюдь словѣне мерю   весь
Radz: многы. варѧгы. чю́ѫ словене. мерю. н всѣ
Acad: мно|ги. варѧгы. чю́ѫ. словѣне. мерю. н вси
Hypa: мнѡгы. варѧгы чюдь. | слѡвѣны. мѣрю.   вес̾ь |
Khle: многы. варѧгы. | чю́ѫ. словены. мерю.   весь,

Bych: многи, Варяги, Чюдь, Словѣни, Мерю, Весь,
Shakh: мъногы: Варягы, Чюдь, Словѣны, Мерю, Вьсь,
Likh: многи, варяги, чюдь, словѣни, мерю, весь,
Ostr: мъногы: Варягы, Чюдь, Словѣны, Мерю, Вьсь,

23,1:

Laur: кривичи. н приде къ смолены|ску   съ кривичи. н
Trin: кривичи и приде къ смоленьску   с кривичи и
Radz: кривичи. н приндє к смоленьскоу. н с кривн
Acad: кривичи. н прї|нде к смоленьскȣ. н с кривичи
Hypa: кривичи. н
Khle: кривичи. н прїнде къ | смоленскоу. н с кривичи. н

Bych: Кривичи, и приде къ Смоленьску съ Кривичи, и   [22,7]
Shakh: Кривичѣ, и приде къ Смольньску въ Кривичѣ, и   [22,20]
Likh: кривичи, и приде къ Смоленьску съ кривичи, и   [20,4]
Ostr: Кривичѣ, и приде къ Смольньску и съ Кривичи, и

Повѣсть времеиьныхъ лѣтъ

23,2:

Laur: прны градъ. и посади мужь сво͞и. ѿтуда
Trin: взя градъ и посади боярина своего
Radz: прна | гра͞д и посади мужи свои:- | ѿтоуд8
Acad: прїа гра͞д и посадї мȣжь свои:· ѿтȣд8
Hypa: прна городъ [смольньскъ] и посади в не͞м мужь свои. | ѿтуда
Khle: прна горѿ͞д. и посади в не͞м м͞ж свои. ѿтоуда

Bych: прия градъ, и посади мужь свои; оттуда
Shakh: прея градъ, и посади мужь свои. Отътуда
Likh: прия градъ, и посади мужь свои, оттуда
Ostr: прея градъ, и посади мужь свои. Отътуда

23,3:

Laur: поиде внизъ. и   взѧ любець. и посади мужь |
Trin: omitted
Radz: поиде внизъ. и   взѧ любеуь. и посади моу͞ж
Acad: поиде внїзь. и   взѧ любеуь и поса|ди мȣжь
Hypa: поиде внизъ. и | пришедъ взѧ любеуь. и посади мужь
Khle: поиде внизъ. и   взѧ любеуь, | и поса͞ди м͞ж

Bych: поиде внизъ, и взя Любець, и посади мужъ
Shakh: поиде вънизъ, и възя Любьчь, и посади мужь
Likh: поиде внизъ, и взя Любець, и посади мужь
Ostr: поиде вънизъ, и възя Любьчь, и посади мужь

23,4:

Laur: свои. придоста къ горамъ хъ киевьским.
Trin: и придоста къ горамъ   киевьскимъ   [60]
Radz: свои. | и приидоста к гора͞м   киевьским.
Acad: свои. и прїидоста к горамъ   киевьским. |
Hypa: свои. и пр͞идоста къ горамъ   киевыскымъ.
Khle: свои. и приидоста къ гора͞м   кыевскы͞и. |

Bych: свои. И придоста къ горамъ хъ Киевьскимъ,
Shakh: свои. И придоста къ горамъ Кыевьскимъ,
Likh: свои. И придоста къ горамъ хъ киевьскимъ,
Ostr: свои. И придоста къ горамъ Кыевьскимъ,

23,5:

Laur: и оу|видѣ ѡлегъ. ѧко ѡсколдъ. и диръ кнѧжита.
Trin: и увѣда олегъ яко асколдъ и диръ княжита
Radz: и оувидѣ ѡлегъ. ѧ͞к | асколдъ и диръ кн͞жита.
Acad: и оувѣда ѡлегъ. ѧко асколдъ и диръ кн͞ѧжита. |
Hypa: и оувидѣ ѡл͞гъ. | ѧко ѡскѡлдъ и диръ кн͞ѧжита.
Khle: и оувидѣ ѡлегъ ѧко аско͞д и диръ кнѧжита.

Bych: и увѣда Олегъ, яко Осколдъ и Диръ княжита,
Shakh: и увѣдѣ Ольгъ, яко Асколдъ и Диръ кънѧжита,
Likh: и увѣда Олегъ, яко Осколдъ и Диръ княжита,
Ostr: и увѣдѣ Ольгъ, яко Асколдъ и Диръ кънѧжита,

23,6:

Laur: по|хорони вои в лодьꙗ͒. а другиꙗ
Trin: и похорони вои в лодьяхъ а другия
Radz: похорони воа в лѡ̑дахъ. а дрȣгыа
Acad: похоронї воꙗ в лодьꙗхъ. а дрȣгїа
Hypa: и похорони вои въ | лодьꙗхъ. а другыꙗ
Khle: и по|хорони воꙗ в лодїа͒. а дроугыа

Bych: и похорони вои в лодьяхъ, а другия
Shakh: и похорони воя въ лодияхъ, а другыя
Likh: и похорони вои в лодьях, а другия
Ostr: и похорони воя въ лодияхъ, а другыя

23,7:

Laur: назади ѡстави. | а самъ приде нося игорѧ
Trin: назади остави и самъ поиде нося игоря
Radz: назадь ѡстави. а самъ прїидеть носа игорѧ
Acad: назади ѡста|ви. а самъ прїиде носа игорѧ
Hypa: на|зади ѡстави. а самъ ‖ при̑. носа игорѧ   [9d]
Khle: наза̑ди̑ ѡстави. а са̑м | прїиде носа игорѧ

Bych: назади остави, а самъ приде, нося Игоря
Shakh: назади остави, а самъ приде, нося Игоря
Likh: назади остави, а самъ приде, нося Игоря
Ostr: назади остави, а самъ приде, нося Игоря

23,8:

Laur: дѣтьск̑. и приплу подъ | оугорьское. похорон<ивъ>
Trin: дѣтьска и приплы подъ угорьская и похорони
Radz: дѣ|тска. и приплоу под оугорское. похорони
Acad: дѣтска. и приплȣ по̑ | оугорьское. и похонивъ
Hypa: молод<->| и приступль. по̑ оугоры|ское. похоронивъ
Khle: молода. и пристоупль по̑ оуго|рское. похоронивъ

Bych: дѣтьска. И приплу подъ Угорьское, похоронивъ
Shakh: дѣтьска. И приплу подъ Угърьское, похоронивъ
Likh: дѣтьска. И приплу подъ Угорьское, похоронивъ
Ostr: {дѣтьска / молода}. И приступль подъ Угърьское, похоронивъ

23,9:

Laur: вои своꙗ. и присла ко а|сколду и дирови
Trin: вои свои и присла ко асколду и диру
Radz: воꙗ своа. | и посла ко асколдоу. и дирови.
Acad: воꙗ своꙗ. и посла ко ѡсколдȣ и дирови
Hypa: вои | свои. и посла къ асколду. и диру
Khle: вои свои. и посла къ асколдȣ | и дироу

Bych: вои своя, и посла ко Асколду и Дирови,
Shakh: воя своя, и посъла къ Асколду и Дирови,
Likh: вои своя, и присла ко Асколду и Дирови,
Ostr: воя своя, и посъла къ Асколду и Диру,

23,10:

Laur: г͡ла. ꙗко гость єсмь.   идємъ въ
Trin: глаголѧ сице ꙗко гости єсмь и идємъ въ
Radz: г͡ла.   ꙗко гости єсмо | и идємъ въ
Acad: г͡ла.   ꙗко гости єсмы и идємъ въ
Hypa: г͡ла.   ꙗко го|стьє єсмы.   идємъ въ |
Khle: г͡ла.   ꙗко гостїє єсмы.   идє͞мъ въ

Bych: глаголѧ: "ꙗко гость єсмь, и идємъ въ
Shakh: глаголѧ, ꙗко "гостиє єсмъ, идємъ въ
Likh: глаголѧ, ꙗко "Гость єсмь, и идємъ въ
Ostr: глаголѧ, ꙗко "Гостиє єсмы, идємъ въ

23,11:

Laur: гр͞е͞кн ѿ ѡлга   и ѿ игорѧ кнѧжича. да придєта
Trin: гръки отъ олга кнѧзѧ и отъ игорѧ кнѧжича
Radz: грєкы. ѿ ѡлга   и ѿ игорѧ кн͞жича. да | приндєта
Acad: грєкї | ѿ ѡлга.   и ѿ игорѧ кн͞жича. да придєта   [9ᵛ]
Hypa: грєкы ѿ ѡлга.   и ѿ игор<а> | кнѧжн<ич>ꙗ. да прид[ѣ]|та
Khle: грєкы. | ѿ ѡлга.   и ѿ игорѧ кнѧжича. да прїидита

Bych: Грєки отъ Олга и отъ Игорѧ кнѧжича; да придѣта
Shakh: Гръкы отъ Ольга и отъ Игорѧ къняжича; да придѣта
Likh: Грєки от Олга и от Игорѧ кнѧжича. Да придѣта
Ostr: Гръкы отъ Ольга и отъ Игорѧ къняжича; да придѣта

23,12:

Laur: к на|мъ к родомъ своимъ. асколдъ жє и
Trin: omitted to 23,14
Radz: к намъ к родом<ъ> своимъ:- ‖ Асколдъ жє и   [11ᵍ]
Acad: к намъ к ро|домъ своимъ:· Исколдъ жє и
Hypa: к роду своєму к нам<ъ>. | асколдъ жє и
Khle: къ | родоу своємоу къ на͞. асколдь жє и

Bych: к намъ к родомъ своимъ". Асколдъ жє и
Shakh: къ намъ къ родомъ своимъ". Асколдъ жє и
Likh: к намъ к родомъ своимъ". Асколдъ жє и
Ostr: къ роду своєму къ намъ". Асколдъ жє и

23,13:

Laur: днръ придо|ста. выскакав жє вси прочии
Radz: днръ прі͞идоста. и выскакавшє вси прочии |
Acad: днръ прі͞идоста. и выскакавшє вси прочїи.
Hypa: днръ прид<->|ста. и выскакаша вси
Khle: днрь прїидо|ста. и выскакаша вси прочїи

Bych: Диръ придоста, и выскакаша вси прочии
Shakh: Диръ придоста, и выскакаша вьси прочии
Likh: Диръ придоста, и выскакаша вси прочии
Ostr: Диръ придоста, и выскакаша вьси прочии

23,14:

Laur:	нꙁъ лодьꙗ. и рече ѡлегъ асколду и дирови.
Trin:	и рече олегъ асколду и диру
Radz:	нꙁ лодьꙗ. и ре҃ ѡлегъ. асколдоу и дирови.
Acad:	нꙁ лодїа. рече ѡлегъ. асколдꙋ и дирови.
Hypa:	и҃ꙁ лодеи. и ре҃ ѡлгъ къ а⟨скол⟨ъ⟩дови. и дирови.
Khle:	нꙁ лодїи. и ре҃ ѡле҃г аско҄довн и дирови.

Bych:	изъ лодья, и рече Олегъ Асколду и Дирови:
Shakh:	из лодии. И рече Ольгъ Асколду и Дирови:
Likh:	изъ лодья, и рече Олегъ Асколду и Дирови:
Ostr:	из лодии. И рече Ольгъ Асколду и Дирови:

23,15:

Laur:	вы нѣста кнѧꙁѧ. ни ро҃да кнѧжа. но аꙁъ есмь
Trin:	вы нѣста князя ни рода княжа но азъ есмь
Radz:	вы нѣста кн҃ꙁѧ. и ни рода кн҃жа.
Acad:	вѣ нѣста кн҃ꙁѧ. ни рода кн҃жа.
Hypa:	в⟨ы⟩ неста кнѧꙁѧ ни роду к⟨нѧ⟩жа. но аꙁъ есмь
Khle:	вы нѣста кнѧsѧ, ни родꙋ кнѧжа. но аꙁъ есмь

Bych:	"вы нѣста князя, ни рода княжа, но азъ есмь
Shakh:	"вы нѣста кънязя, ни роду къняжа, нъ азъ есмь
Likh:	"Вы нѣста князя, ни рода княжа, но азъ есмь
Ostr:	"Вы нѣста кънязя, ни роду къняжа, нъ азъ есмь

23,16:

Laur:	роду кнѧжа. вынесоша игорѧ. и се
Trin:	роду княжа и вынесоша игоря и рекоша а се
Radz:	и вынесоша игорѧ. а се
Acad:	и вынесоша игорѧ. а се
Hypa:	роду кнѧ|жа. и вынесоша игор[ѧ]. сь
Khle:	родоу кнѧжа. и вынесоша игорѧ. а се

Bych:	роду княжа", и вынесоша Игоря: "а се
Shakh:	роду къняжа", и вынесоша Игоря, "а сь
Likh:	роду княжа", и вынесоша Игоря: "А се
Ostr:	роду къняжа", и вынесоша Игоря, "А сь

23,17:

Laur:	есть с҃нъ рюриковъ. и оубиша асколда и дира.
Trin:	есть сынъ рюриковъ и убиша асколда и дира
Radz:	е҄с с҃нъ рюриковъ. и оуби ⟨а⟩сколда. и дира:
Acad:	есть с҃нъ рюрнковь. и оубїша асколда и дира:
Hypa:	с҃нъ рюриковъ. и оубиша аскол⟨ъ⟩да. и дира.
Khle:	е҄с с҃нь рюриковь. и оубиша асколда и дира.

Bych:	есть сынъ Рюриковъ". И убиша Асколда и Дира,
Shakh:	есть сынъ Рюриковъ". И убиша Асколда и Дира,
Likh:	есть сынъ Рюриковъ". И убиша Асколда и Дира,
Ostr:	есть сынъ Рюриковъ". И убиша Асколда и Дира,

23,18:

Laur: несоша на гору и погребша и на горѣ.
Trin: и несоша на гору и погребоша и на горѣ
Radz: и несоша на гороу и погребоша.
Acad: и несоша на горѹ и погребоша.
Hypa: и несоша на гору .
Khle: и несоша на гороу и погребоша на горѣ. |

Bych: и несоша на гору, и погребоша и на горѣ,
Shakh: несъше на гору, погребоша Асколда на горѣ,
Likh: несоша на гору, и погребоша и на горѣ,
Ostr: и несъша на гору, и погребоша на горѣ,

23,19:

Laur: еже | са нынѣ зоветь оугорьское. кде нынѣ
Trin: иже нынѣ зовет ся угорьское гдѣ нынѣ
Radz: еже н҃нѣ зовет са оугорьское. идеже н҃нѣ
Acad: еже | н҃нѣ зовет са оугорьское. идеже н҃нѣ
Hypa: еже с<а> | н҃нѣ зоветь оугорьско<->. |
Khle: еже са н҃нѣ зове҃ оугорское. идеже н҃нѣ

Bych: еже ся ныне зоветь Угорьское, кде ныне
Shakh: еже ся нынѣ зоветь Угърьское, идеже нынѣ
Likh: еже ся ныне зоветь Угорьское, кде ныне
Ostr: еже ся нынѣ зоветь Угърьское, идеже нынѣ

23,20:

Laur: ѡлъминъ | дворъ. на той могилѣ поставил ц҃рквь
Trin: олъминъ дворъ на тои могилѣ поставил церковь
Radz: ѡлминъ дворъ. на той могиле по|ставил ц҃рквь
Acad: ѡлминъ | дворъ. на той могилѣ поставїл ц҃рквь
Hypa: ѡлминъ дворъ. на то<й> | могилѣ поставил [олма] <божницю> [ц҃рквь]
Khle: ѡлминь | дворъ. на той могылѣ поставил божницоу |

Bych: Олъминъ дворъ; на той могилѣ поставилъ церковь
Shakh: Олъминъ дворъ; на тои могилѣ постави Олъма църквь
Likh: Олъминъ дворъ; на той могилѣ поставилъ Олъма церковь
Ostr: Олминъ дворъ; на тои могылѣ поставилъ божницю

23,21:

Laur: с҃того н҃и|колу а дирова могила за с҃тою ѡриною.
Trin: святаго николу а дирова могила за святою ориною
Radz: с҃го николоу. а дирова могыла за с҃тою | ѡриною.
Acad: с҃го нї|колы. а дирова могила за с҃тою ѡриною.
Hypa: с҃го николы. | а дирова могила за ст<->|ю ѡриною.
Khle: с҃го николы. а дирова могыла за с҃тою ѡриною. |

Bych: святаго Николу; а Дирова могила за святою Ориною.
Shakh: святаго Николу; а Дирова могыла за святою Ириною.
Likh: святаго Николу; а Дирова могила за святою Ориною.
Ostr: святаго Николу; а Дирова могыла за святою Ориною.

23,22:

Laur: сѣде ѡлегъ кнѧжа въ кнєвѣ. и рє̆ ѡлегъ
Trin: сѣде олегъ княжа въ киевѣ   рече олегъ
Radz: и сѣде ѡлегъ кн҃жа в кнєвѣ. и рє̆ ѡлегъ
Acad: и сєдє | ѡлегъ кн҃жа в кнєвѣ. и рєчє ѡлегъ
Hypa: и сѣде ѡлегъ. кнѧжа в кыєвѣ. | и рє̆ ѡлегъ.
Khle: и сѣде ѡлегъ кнѧжа в кыевѣ. и рє̆ ѡлегъ,

Bych: И сѣде Олегъ княжа въ Киевѣ, и рече Олегъ:
Shakh: И сѣде Ольгъ, кънѧжа Кыевѣ, и рече Ольгъ:
Likh: И сѣде Олегъ княжа въ Киевѣ, и рече Олегъ:
Ostr: И сѣде Ольгъ, кънѧжа въ Кыевѣ. И рече Ольгъ:

23,23:

Laur: се буди м҃ти гра|домъ рускнм и. бѣша   оу
Trin: се буди мати градомъ русьскимъ   бѣша   у
Radz: се боу҄ | м҃ти градо̄с̄ роускимъ. и бѣша   оу
Acad: се бꙋди м҃ти | градомъ рꙋскимъ. и быша тꙋ оу
Hypa: се буди м҃т<-> | городо̄м̄с̄ рускымъ. и бѣша   оу
Khle: се бѫдн | м҃ти градовъ̄м̄ рꙋскы. и бѣша   оу

Bych: "се буди мати градомъ русьскимъ". И бѣша у
Shakh: "се, буди мати градомъ Русьскымъ". И бѣша у
Likh: "Се буди мати градомъ русьскимъ". И бѣша у
Ostr: "се, буди мати градомъ Русьскымъ". И бѣша у

23,24:

Laur: него варѧзи и словени | и проч̄и прозвашасѧ
Trin: него варяги   словени   прочии прозвашася
Radz: него варѧзи. и словене | и проч̄и прозваша̄с̄
Acad: него варѧзи и сло|вѣне. и проч̄ін прозвашесѧ
Hypa: него словени. и в<->|рѧзи. и проч̄ии прозвашасѧ
Khle: него словени | и варѧзи. и проч̄ін прозваша̄с̄

Bych: него Варязи и Словени и прочи прозвашася
Shakh: него Варязи и Словене, и прочии прозъвашася
Likh: него варязи и словени и прочи прозвашася
Ostr: него Словѣни и Варязи, и прочии прозъваша ся

23,25:

Laur: русью. се же ѡлегъ нача го|роды ставити. и
Trin: русь се же олегъ нача городы ставити и
Radz: роусью. сен же ѡлегъ нача городы ста|вити. и
Acad: рꙋ̄с̄ю. сен же ѡлегъ нача городы ставити и
Hypa: русью. се же ѡлегъ нача городы став̄т̄. | и
Khle: роусю. сен же ѡлє̄г̄ | нача городы ставити. и

Bych: Русью. Се же Олегъ нача городы ставити, и
Shakh: Русию. Сь же Ольгъ нача городы ставити, и
Likh: русью. Се же Олегъ нача городы ставити, и
Ostr: Русию. Сь же Ольгъ нача городы ставити, и

24,1:

Laur:	оустави дани словѣномъ кри‖вичемъ и ме<ри>	[8ᵛ]
Trin:	устави дани словѣномъ кривичемъ и мери	
Radz:	оустави дани словеноᵐ и кривчеᵐ и мерамъ.	
Acad:	оустави дани словеномъ. I и кривичемъ. и мерамъ.	
Hypa:	оустави дани словеноᵐ ‖ и кривичемъ. и мерамъ. I	[10a]
Khle:	оустави дани. слѡвеі‖нѡ, и кривчеᵐ. и мераᵐ.	

Bych:	устави дани Словѣномъ, Кривичемъ и Мери, [23,7]
Shakh:	устави дани Словѣномъ и Кривичемъ и Мери; [24,3]
Likh:	устави дани словѣномъ, кривичемъ и мери, [20,23]
Ostr:	устави дани Словѣномъ и Кривичемъ и Мерямъ;

24,2:

Laur:	и вараг<о>мъ. дань даяти ѿ нова<гор>ода
Trin:	и устави варягомъ дань давати с новагорода
Radz:	и оу‖стави варягоᵐ дань даати. ѿ новагорода
Acad:	и оустави варягомъ да‖нь даяти. ѿ новагорода
Hypa:	и оустави варягᵐ дань даяти. ѿ новагорода
Khle:	и оустави варягѡ ‖ дань даати. ѿ новагорода

Bych:	и устави Варягомъ дань даяти отъ Новагорода
Shakh:	и Варягомъ дань даяти отъ Новагорода
Likh:	и устави варягомъ дань даяти от Новагорода
Ostr:	и устави Варягомъ дань даяти отъ Новагорода

24,3:

Laur:	гривенъ .т. на лѣᵀ мира дѣла. еже до
Trin:	гривенъ 300 на лѣто миру дѣля еже до
Radz:	гривенъ .т. I на лѣᵀ мира дѣла. еже и до
Acad:	гривенъ .т. на лѣто мі‖ра дѣла. еже и до
Hypa:	.т. гривенъ на лѣ. мира дѣла I еже до
Khle:	.т. гривенъ. на лѣ‖то мира дѣла. еже и до

Bych:	гривенъ 300 на лѣто, мира дѣля, еже до
Shakh:	гривьнъ 300 на лѣто, мира дѣля, еже до
Likh:	гривенъ 300 на лѣто, мира дѣля, еже до
Ostr:	300 гривьнъ на лѣто, мира дѣля, еже до

24,4:

Laur:	смр҃ти ‖ ярославлѣ. даяше варягомъ.
Trin:	смерти ярославлѣ даяше варягомъ
Radz:	смр҃ти ярославлѣ. дааша ‖ варягомъ.	[11ᵛ]
Acad:	смр҃ти ярославли. дааша варя‖гомъ:·
Hypa:	смр҃ти ярославля I даяше варягᵐ:· I
Khle:	смр҃ти ярославли. ‖ даахꙋ варягѡᵐ.	[8ᴦ]

Bych:	смерти Ярославлѣ даяше Варягомъ.
Shakh:	съмьрти Ярославлѣ даяше Варягомъ.
Likh:	смерти Ярославлѣ даяше варягомъ.
Ostr:	съмьрти Ярославлѣ даяше Варягомъ.

24,5:

Laur: въ лѣ҃т. ҂ѕ҃.т҃.ч҃а. | Поча ѡлегъ воевати   деревлѧны
Trin: поча олегъ воевати   деревляны
Radz: В лѣ҃т. ҂ѕ҃.т҃.ч҃а поча ѡлегъ воевати на | деревлѧны.
Acad: В лѣ҃т. ҂ѕ҃.т҃.ч҃а. поча ѡлегъ воеватı на де|ревлѧны.
Hypa: В лѣ҃т. ҂ѕ҃.т҃.ч҃а. Поча ѡлегъ воевти на древлѧ|ны.
Khle: В лѣ҃т. ҂ѕ҃.т҃.ч҃а. поча ѡлегъ воева҃тн | на деревлѧны.

Bych: Въ лѣто 6391. Поча Олегъ воевати Деревляны,
Shakh: Въ лѣто 6391. Поча Ольгъ воевати на Древляны,
Likh: Въ лѣто 6391. Поча Олегъ воевати деревляны,
Ostr: Въ лѣто 6391. Поча Ольгъ воевати на Деревляны,

24,6:

Laur: и примучи вои | имаша на ни҃х дань.
Trin: и примучи вои имаше на нихъ дань
Radz: и примоучивъ а. и имаше на ни҃х дань
Acad: и прїму́чивь ıа и имаше на ни҃х дань
Hypa: и примучивъ ıа. поу҃ | на ни҃х дань имать.
Khle: и примжучивь а поча на ни҃х да҃н и҃мта. |

Bych: и примучивъ а, имаше на нихъ дань
Shakh: и примучивъ я, имаше на нихъ дань
Likh: и примучивъ а имаша на них дань
Ostr: и примучивъ я, поча на нихъ имати

24,7:

Laur: по чернѣ кунѣ҃.
Trin: по чернѣ кунѣ
Radz: по че|рнѣ к<у>нѣ:- |
Acad: по че|рнѣ ку́нѣ:· <и победи сѣверѧны>.
Hypa: по черы|нѣ кунѣ·:· |
Khle: по чернѣ. коунѣ.

Bych: по чернѣ кунѣ.
Shakh: по чьрнѣ кунѣ.
Likh: по чернѣ кунѣ.
Ostr: по чьрнѣ кунѣ.

24,8:

Laur: въ лѣ҃т. ҂ѕ҃.т҃.ч҃в. | Иде на сѣверане
Trin: иде   на сѣверы
Radz: В лѣ҃т. ҂ѕ҃.т҃.ч҃в иде ѡлегъ на сѣверѧны.
Acad: В лѣ҃т. ҂ѕ҃.т҃.ч҃в. | иде ѡлегъ на сѣверѧны.
Hypa: В лѣ҃т. ҂ѕ҃.т҃.ч҃в. <і>де ѡлег҃ | на сѣвары.
Khle: В лѣ҃т. ҂ѕ҃.т҃.ч҃в. иде ѡлегъ на сѣве|реаны.

Bych: Въ лѣто 6392. Иде Олегъ на Сѣверяне,
Shakh: Въ лѣто 6392. Иде Ольгъ на Сѣверъ,
Likh: Въ лѣто 6392. Иде Олегъ на сѣверяне,
Ostr: Въ лѣто 6392. Иде Ольгъ на Сѣверяны,

24,9:

Laur: и побѣди сѣверяны и възложи | на нь
Trin: и побѣди сѣверяны и возложи на нихъ
Radz: и побѣди сѣ|веряны. и възложи на нь
Acad: [и побѣди сѣверяны] и возложи на нь
Hypa: и побѣди сѣ|веры. и възложи на нихъ |
Khle: и побѣ͡ди сѣверяны. и възложи на на

Bych: и побѣди Сѣверяны, и възложи на нь
Shakh: и побѣди Сѣверъ, и възложи на ня
Likh: и побѣди сѣверяны, и възложи на нь
Ostr: и побѣди Сѣверяны, и възложи на нь

24,10:

Laur: дань легъку. и не дастъ имъ козаромъ да|ни
Trin: дань легъку и не даеть имъ козаромъ дани
Radz: легкоу. не дан имъ коза́ро͡ | дани
Acad: дань легкȣ. не да имъ козаромъ дани
Hypa: дань легъку. и не дасть | имъ козаромъ дани
Khle: дань | легкоу. и не дасть и͡ козарѿ да͡

Bych: дань легъку, и не дастъ имъ Козаромъ дани
Shakh: дань льгъку, и не дастъ имъ Козаромъ дани
Likh: дань легъку, и не дастъ имъ козаромъ дани
Ostr: дань льгъку, и не дастъ имъ Козаромъ дани

24,11:

Laur: платити рекъ азъ имъ противенъ. а вам͡ |
Trin: платити река азъ есмь имъ противенъ а вамъ есть
Radz: платити. ре͡к азъ имъ проти͡ве͡. а ва͡м
Acad: платити. рекъ | азъ имъ противенъ. а вамъ
Hypa: даяти. рекъ азъ имъ про|тивенъ. а вамъ
Khle: даяти. и рекь азъ | имъ противень. а ва͡м

Bych: платити, рекъ: "азъ имъ противен, а вамъ
Shakh: платити, река: "азъ имъ противьнъ, а вамъ
Likh: платити, рекъ: "Азъ имъ противенъ, а вамъ
Ostr: {платити / даяти}, рекъ: "Азъ имъ противьнъ, а вамъ

24,12:

Laur: не чему ·:·
Trin: не чему
Radz: не чемȣ :- |
Acad: не чемȣ ·:·
Hypa: не чему ·:· |
Khle: нѣ чемоу давати.

Bych: нечему".
Shakh: нѣ чему".
Likh: не чему".
Ostr: нѣ чему".

24,13:

```
Laur:  въ лѣ̅. ҂ѕ̅.т̅.ѵг̅·:-| П<ос>ла         къ радимнүемъ.
Trin:                         посла          къ радимичемъ
Radz:  В лѣ̅ ҂ѕ̅.т̅ ѵг̅ н посла          к радимнүе̅.
Acad:  В лѣ̅. ҂ѕ̅.І.т̅.ѵг̅.     посла          к радимїуемъ.
Hypa:  В лѣ̅. ҂ѕ̅.т̅.ѵг̅.     Посла ѡлегъ к радимнүе̅
Khle:  В лѣ̅. ҂ѕ̅.І̅т̅.ѵг̅.    Посла ѡлегь к радимнүе̅,
```

Bych: Въ лѣто 6393. Посла къ Радимичемъ,
Shakh: Въ лѣто 6393. Посъла Ольгъ къ Радимичемъ,
Likh: Въ лѣто 6393. Посла къ радимичемъ,
Ostr: Въ лѣто 6393. Посъла къ Радимичемъ,

24,14:

```
Laur:  рька камо дань даете. І <ѡ>нн же рѣша козаромъ.
Trin:  река кому дань даете они же рѣша козаромъ
Radz:  река комоу дань І даеть. ѡнн же рѣша козаромъ.
Acad:  река комȣ дань да|ете. ѡнн же рѣша козаромъ.
Hypa:  рка. І кому дань даете. ѡнн | же рѣша козаро̅.
Khle:  река. комоу | дань даете. ѡнн же рѣша козарѡ̅.
```

Bych: рька: "кому дань даете?" Они же рѣша: "Козаромъ".
Shakh: река: "кому дань даете?" Они же рѣша: "Козаромъ".
Likh: рька: "Кому дань даете?". Они же рѣша: "Козаромъ".
Ostr: рька: "Кому дань даете?" Они же рѣша: "Козаромъ".

24,15:

```
Laur:  н ре̅ нмъ ѡлег не дан|<т>е козаромъ. но
Trin:  и рече имъ олегъ не даваите козаромъ нъ
Radz:  н ре̅ нмъ ѡлегъ не да|нте козаромъ но
Acad:  н рече нмь ѡлегъ || не данте козаромъ. но         [10ᵍ]
Hypa:  н ре̅ н|мъ ѡлег. не даванте | козаромъ но
Khle:  н ре̅ нмь ѡлегь, | не даванте козарѡ̅. но
```

Bych: И рече имъ Олегъ: "не дайте Козаромъ, но
Shakh: И рече имъ Ольгъ: "не даите Козаромъ, нъ
Likh: И рече имъ Олегъ: "Не дайте козаромъ, но
Ostr: И рече имъ Ольгъ: "Не даваите Козаромъ, нъ

24,16:

```
Laur:  мнѣ данте. н въдаша ѡльговi. | п]о щьлагу.
Trin:  мнѣ даваите и въдаша ольгови по щьлягу
Radz:  мнѣ даванте. н даша ѡлгови по | щьлоьагоу
Acad:  мнѣ даванте. н даша ѡлго|вн по щьлагȣ
Hypa:  мнѣ дава|нте. н вдаша ѡлговн | по щ<е>лагу.
Khle:  мнѣ даванте. н вдаша ѡле|говн по шелагоу.
```

Bych: мнѣ дайте, и въдаша Ольгови по щьлягу,
Shakh: мънѣ даите". И въдаша Ольгови по щьлягу,
Likh: мнѣ дайте. И въдаша Ольгови по щьлягу,
Ostr: мънѣ даваите. И въдаша Ольгови по щьлягу,

24,17:

Laur: ꙗкоже козаромъ даху. и бѣ ѡбладаꙗ |
Trin: яко же козаромъ даяху и бѣ обладаꙗ
Radz: ꙗкоже и козаро͡м даꙗхоу. и бѣ ѡлегъ
Acad: ꙗкоже и козаромъ даꙗхꙋ. и бѣ ѡлегъ
Hypa: ꙗкоже и ко|заромъ даꙗху. и бѣ ѡ|бладаꙗ
Khle: ꙗкоже и козарѡ͡м даахѫ. и бѣ | ѡбладаа

Bych: якоже и Козаромъ даяху. И бѣ обладая
Shakh: якоже и Козаромъ даяху. И бѣ обладая
Likh: яко же и козаромъ даяху. И бѣ обладая
Ostr: якоже и Козаромъ даяху. И бѣ обладая

24,18:

Laur: ѡлегъ. поланꙑ. и деревланꙑ. сѣверенꙑ. |
Trin: ѡлегъ поляны и деревляны сѣверяны
Radz: ѡ|бладаа пола<ми>. и деревланы. и сѣвераны.
Acad: ѡбладаа поламн. и деревланы. и сѣвераны. |
Hypa: ѡлегъ деревла|ны. поламн.
Khle: ѡлегъ деревланы. пола͡мн.

Bych: Олегъ Поляны, и Деревляны, и Сѣверяны
Shakh: Ольгъ Поляны и Древляны и Сѣверъмь
Likh: Олегъ поляны, и деревляны, и сѣверяны,
Ostr: Ольгъ Деревляны Полями

24,19:

Laur: [и] радимичи. а с [у]личи. и тѣверци
Trin: и радимичи а по суличи и тиверци
Radz: и радимн. | а соуличи. и тиверци
Acad: и радимичи. а сꙋличи. и тиверци.
Hypa: радимн|чи. а со оуличи и тиверьци
Khle: ра͡д͡ничи. | а со оуличи. и тиверци.

Bych: и Радимичи, а съ Уличи и Тѣверци
Shakh: и Радимичи, а съ Уличи и Тиверьци
Likh: и радимичи, а съ уличи и тѣверци
Ostr: и Радимичи, а съ Уличи и Тиверьци

24,20:

Laur: имаше ра͡т. |
Trin: имаше рать
Radz: имѣаша рать:
Acad: имеꙗше рать:· |
Hypa: имѣꙗше рать·:· |
Khle: имѣаше ра͡т.

Bych: имяше рать.
Shakh: имѣяше рать.
Likh: имяше рать.
Ostr: имѣяше рать.

24,21:

Laur: въ лѣ⁽ᵗ⁾. ҂ѕ.т.ч҃д.
Trin: въ лѣто 6393   [61]
Radz: В лѣ⁽ᵗ⁾ ҂с т ч҃д. |
Acad: В лѣ⁽ᵗ⁾. ҂с.т.ч҃д.
Hypa: В лѣто. ҂с.т.ч҃д.·. |
Khle: omitted

Bych: Въ лѣто 6394.
Shakh: Въ лѣто 6394.
Likh: Въ лѣто 6394.
Ostr: Въ лѣто 6394.

24,22:

Laur: въ лѣ⁽ᵗ⁾. ҂с.т.ч҃е·. | <Ле>вонъ цр҃твова с҃нъ васильевъ.
Trin: въ лѣто 6394 леонъ царствова сынъ васильевъ
Radz: лѣ⁽ᵗ⁾ ҂с т.ч҃е. Леѡнъ цр҃твова с҃нъ васильевъ.
Acad: В лѣ⁽ᵗ⁾. ҂с.т.ч҃е. леѡнъ цр҃твова | с҃нъ васїльевъ.
Hypa: В лѣ⁽ᵗ⁾. ҂с.т.ч҃е. Леѡнъ ‖ цр҃твова с҃нъ васильевъ.   [10b]
Khle: В лѣ⁽ᵗ⁾. ҂с.т.|ч҃е. Леѡнь цр҃твова с҃нь васильевь.

Bych: Въ лѣто 6395. Левонъ царствова, сынъ Васильевъ,
Shakh: Въ лѣто 6395. Леонъ цѣсарьствова, сынъ Василиевъ,
Likh: Въ лѣто 6395. Левонъ царствова, сынъ Васильевъ
Ostr: Въ лѣто 6395. Леонъ цьсарьствова, сынъ Василиевъ

24,23:

Laur: иже   левъ <прозва⁽с⁾ | и б>ра⁽ᵗ⁾ его ѡлександръ.
Trin: иже   прозвася левъ и братъ его александръ
Radz: иже   левъ прозва⁽с⁾. и бра⁽ᵗ⁾ его александр<ъ>
Acad: иже   левь прозваса. и братъ его | александръ.
Hypa: и|же и левъ прозваса. и бра⁽ᵗ⁾ е|го александръ.
Khle: еже и левь | прозваса. и бра⁽ᵗ⁾ его алеѯандрь

Bych: иже Левъ прозвася, и братъ его Олександръ,
Shakh: иже Львъ прозъвася, и братъ его Александръ,
Likh: иже Левъ прозвася, и брат его Олександръ,
Ostr: иже Львъ прозъва ся, и братъ его Александръ,

24,24:

Laur: иже цр҃твоваста.   лѣ⁽ᵗ⁾ к҃ и <҃ѕ>. |
Trin: иже царствоваша   лѣть 20 и 6
Radz: иже цр҃ствоваста. ‖ В лѣ⁽ᵗ⁾ к҃ѕ.   [12ᵣ]
Acad: иже цр҃твоваста.   лѣ. к҃ѕ.
Hypa: иже цр҃ьствоваша   лѣ⁽ᵗ⁾. к҃ѕ·. |
Khle: иже цр҃твоваста. |

Bych: иже царствоваста лѣть 20 и 6.
Shakh: иже цѣсарьствоваста лѣть 20 и 6.
Likh: иже царствоваста лѣть 20 и 6.
Ostr: иже цьсарьствоваста лѣть 26.

Повѣсть времѣньныхъ лѣтъ

24,25:

Laur: въ лѣ︤т︥. ҂ѕ҃.т҃.ѯ҃ѕ.
Trin: въ лѣто 6395
Radz: В лѣ︤т︥ ҂ѕ҃ т҃.ѯ҃ѕ
Acad: В лѣ︤т︥. ҂ѕ҃.|.т҃.ѯ҃ѕ.
Hypa: В лѣто. ҂ѕ҃.т҃.ѯ҃ѕ·:·|
Khle: omitted

Bych: Въ лѣто 6396.
Shakh: Въ лѣто 6396.
Likh: Въ лѣто 6396.
Ostr: Въ лѣто 6396.

25,1:

Laur: въ лѣ︤т︥ ҂ѕ҃.т҃.ѯ҃з.
Trin: въ лѣто 6396
Radz: В лѣ︤т︥ ҂ѕ҃.т҃.ѯ҃з.
Acad: В лѣ︤т︥. ҂ѕ҃.т҃.ѯ҃з.
Hypa: В лѣто. ҂ѕ҃.т҃.ѯ҃з·:·|
Khle: omitted

Bych: Въ лѣто 6397.   [24,8]
Shakh: Въ лѣто 6397.   [25,3]
Likh: Въ лѣто 6397.   [21,8]
Ostr: Въ лѣто 6397.

25,2:

Laur: въ лѣ︤т︥. ҂ѕ҃.т҃.ѯ҃и.
Trin: въ лѣто 6397
Radz: В лѣ︤т︥ ҂ѕ҃.т҃.ѯ҃и
Acad: В лѣ︤т︥. ҂ѕ҃.т҃.ѯ҃и.
Hypa: В лѣто ҂ѕ҃.т҃.ѯ҃и·:·|
Khle: omitted

Bych: Въ лѣто 6398.
Shakh: Въ лѣто 6398.
Likh: Въ лѣто 6398.
Ostr: Въ лѣто 6398.

25,3:

Laur: въ лѣ︤т︥. ҂ѕ҃.т҃.ч҃ѳ.
Trin: въ лѣто 6398
Radz: В лѣ︤т︥ | ҂ѕ҃.т҃.ч҃ѳ.
Acad: В лѣ︤т︥ ҂ѕ҃.т҃.ч҃ѳ.
Hypa: В лѣто. ҂ѕ҃.т҃.ч҃ѳ·:·|
Khle: В лѣ︤т︥ ҂ѕ҃ т҃ѯ҃ѳ

Bych: Въ лѣто 6399.
Shakh: Въ лѣто 6399.
Likh: Въ лѣто 6399.
Ostr: Въ лѣто 6399.

25,4:

Laur: въ лѣ︠т︡. ҂ѕ҃.ч҃.
Trin: въ лѣто 6399
Radz: В лѣ︠т︡ ҂ѕ҃.ч҃.
Acad: В лѣ︠т︡ ҂ѕ҃.ч҃.
Hypa: В лѣто. ҂ѕ҃.ч҃.∴ |
Khle: omitted

Bych: Въ лѣто 6400.
Shakh: Въ лѣто 6400.
Likh: Въ лѣто 6400.
Ostr: Въ лѣто 6400.

25,5:

Laur: въ лѣ︠т︡ ҂ѕ҃.ч҃.а҃.
Trin: въ лѣто 6400
Radz: В лѣ︠т︡ ҂ѕ҃.т҃.ч҃а҃.
Acad: В лѣ︠т︡ ҂ѕ҃.ч҃.а҃.
Hypa: В лѣто. ҂ѕ҃.ч҃.а҃.∴ |
Khle: omitted

Bych: Въ лѣто 6401.
Shakh: Въ лѣто 6401.
Likh: Въ лѣто 6401.
Ostr: Въ лѣто 6401.

25,6:

Laur: въ лѣ︠т︡ ҂ѕ҃ ч҃ в҃. |
Trin: въ лѣто 6401
Radz: В лѣ︠т︡ ҂ѕ҃.ч҃в҃.
Acad: В лѣ︠т︡ ҂ѕ҃.ч҃.в҃.
Hypa: В лѣто. ҂ѕ҃.ч҃.в҃.∴ |
Khle: omitted

Bych: Въ лѣто 6402.
Shakh: Въ лѣто 6402.
Likh: Въ лѣто 6402.
Ostr: Въ лѣто 6402.

25,7:

Laur: в лѣ︠т︡. ҂ѕ҃.г҃.
Trin: въ лѣто 6402
Radz: В лѣ︠т︡ ҂ѕ҃ ч҃г҃
Acad: В лѣ︠т︡ ҂ѕ҃.ч҃.г҃.
Hypa: В лѣто. ҂ѕ҃.ч҃.г҃.∴ |
Khle: omitted

Bych: Въ лѣто 6403.
Shakh: Въ лѣто 6403.
Likh: Въ лѣто 6403.
Ostr: Въ лѣто 6403.

25,8:

Laur: въ лѣ༎ⷮ ҂ѕ҃.д҃.
Trin: въ лѣто 6403
Radz: В лѣ༎ⷮ ҂с︭ у҃д |
Acad: В лѣ༎ⷮ ҂ѕ҃.у҃.д҃.
Hypa: В лѣто. ҂ѕ҃.у҃.д҃.: |
Khle: omitted

Bych: Въ лѣто 6404.
Shakh: Въ лѣто 6404.
Likh: Въ лѣто 6404.
Ostr: Въ лѣто 6404.

25,9:

Laur: въ лѣ༎ⷮ у҃.є҃.
Trin: въ лѣто 6404
Radz: omitted
Acad: В лѣ༎ⷮ ҂ѕ҃.у҃є.
Hypa: В лѣто. ҂ѕ҃.у҃.є҃.: |
Khle: omitted

Bych: Въ лѣто 6405.
Shakh: Въ лѣто 6405.
Likh: Въ лѣто 6405.
Ostr: Въ лѣто 6405.

25,10:

Laur: въ лѣ༎ⷮ ҂ѕ҃.у҃.ѕ҃.ь | н‹до›ша угрн мнмо кнєвъ
Trin: въ лѣто 6405 идоша угри мимо кыевъ
Radz: В лѣ༎ⷮ ҂с︭.у҃ѕ. Ндоша оугрє мнмо кыевъ.
Acad: В лѣ༎ⷮ ҂ѕ҃.у҃ѕ. ндоша оугрє мнмо | кнєвь.
Hypa: В лѣто. ҂ѕ҃.у҃.ѕ҃.: | Їдоша оугрє мнмо кнєвъ
Khle: В лѣ༎ⷮ ҂с︭.у҃ѕ. Ндоша оугрн мнмо | кыєвь.

Bych: Въ лѣто 6406. Идоша Угри мимо Киевъ
Shakh: Въ лѣто 6406. Идоша Угъри мимо Кыевъ
Likh: Въ лѣто 6406. Идоша угри мимо Киевъ
Ostr: Въ лѣто 6406. Идоша Угъри мимо Кыевъ

25,11:

Laur: горою. єжє са ꙃовєть ‹нꙑ|нѣ› оугорьскоє.
Trin: горою єжє зовєть ся нынѣ угорьскоє и
Radz: єжє є̇ⷭ нн︭ѣ ꙃовєть | оугорьскоє. н
Acad: єжє са нн︭ѣ ꙃовєть оугорьскоє. н
Hypa: горⷪ҇ю. єжє са ꙃовєть нн︭ѣ оуго|рьскоє. н
Khle: єжє са ꙃовє༎ⷮ нн︭ѣ оугорскоє. н

Bych: горою, єжє ся зовєть нынѣ Угорьское, и
Shakh: горою, єжє ся зовєть нынѣ Угърьское, и
Likh: горою, єжє ся зовєть нынѣ Угорьское, и
Ostr: горою, єжє ся зовєть нынѣ Угърьское, и

25,12:

Laur: прншедъше къ днѣпру и ста<ша | веж>амн.
Trin: пришедше къ днѣпру   сташа вежами
Radz: прншеⷣше к днепроу   сташа вежамн.
Acad: прнше ⷣ ко | днепрȣ   сташа вежамн.
Hypa: прншедше къ | днѣпру.   сташа вежамн. |
Khle: прншеⷣшн | къ днепроу.   сташа вежамн.

Bych: пришедъше къ Днѣпру сташа вежами;
Shakh: пришьдъше къ Дънѣпру, сташа вежами;
Likh: пришедъше къ Днѣпру сташа вежами;
Ostr: пришьдъше къ Дънѣпру, сташа вежами;

25,13:

Laur: бѣ|ша бо ходѧще акн се половцн.   <прн|ше>дъ
Trin: бѣша бо ходѧще ꙗко се половци   пришедше
Radz: бѣша | бо ходѧще ꙗко и половцн. и прншеⷣше
Acad: бѣша бо ходѧще ꙗко и по|ловцн. и прїшедъше
Hypa: бѣша бо ходѧще ꙗко и поло|вцн. и прншедше
Khle: бѣша бо ходѧще | ꙗко и половцн. и прншеⷣше

Bych: бѣша бо ходяще аки се Половци. Пришедше
Shakh: бѣша бо ходяще, акы се Половьци. И пришьдъше
Likh: бѣша бо ходяще аки се половци. Пришедше
Ostr: бѣша бо ходяще, яко и Половци. И пришьдъше

25,14:

Laur: ѿ стока и оустремн<ша ⷭ чересъ горы велн|кнꙗ.
Trin: от встока и устремишасьⷭ чресъ горы великия
Radz: ѿ въстока. и оустро|мнша ⷭ ⷬ҇ѕ горы велнкнꙗ.
Acad: ѿ въстока. и оустремншасѧ | ⷬ҇ѕсъ горы велнкїа.
Hypa: ѿ въсто|ка. и оустремншасѧ чере|съ горы велнкыꙗ.
Khle: ѿ въстока   оустремнша ⷭ черезъ горы велнкыа.

Bych: отъ въстока и устремишася чересъ горы великия,
Shakh: отъ въстока, устрьмишася чересъ горы великыя,
Likh: от въстока и устремишася черезъ горы великия
Ostr: отъ въстока, и устрьмиша ся чересъ горы великыя,

25,15:

Laur: и почаша
Trin: иже прозвашася горы угорския и почаша
Radz: ꙗже прозваша ⷭ горы ꙋгорьскнꙗ. | и почаша
Acad: ꙗже прозвашасѧ горы оугоры|скыа:· и почаша
Hypa: нже прі|звашасѧ горы оугорьскыꙗ. и почаша
Khle: нже прозваша ⷭ горы оуго|рьскыа. и почаша

Bych: яже прозвашася горы Угорьскиа, и почаша
Shakh: яже прозъвашася горы Угърьскыя, и почаша
Likh: яже прозвашася горы Угорьскиа, и почаша
Ostr: яже прозъваша ся горы Угърьскыя, и почаша

Повѣсть времєньныхъ лѣтъ   139

25,16:
Laur: воєвати на жноущаıа ту. волохı҃ и словенъı.
Trin: воєвати на живущая ту волохы и словени
Radz: воєвати на жнвоущаıа тоу. волохы и словены.
Acad: воєвати на жнв🞄щаа т🞄. волохы и словены.
Hypa: воєвати на жı҃вущаıа ту.
Khle: воєвати на жнвоущаа тоу.

Bych: воевати на живущая ту Волохи и Словени.
Shakh: воевати на живущая ту Волохи и Словени.
Likh: воевати на живущая ту волохи и словени.
Ostr: воевати на живущая ту.

25,17:
Laur: сѣдаху бо ту преже словѣни. и волъ|хвє.
Trin: сѣдяху бо ту преже словѣни и волхове и
Radz: седахоу оубо тоу словене преже и волохове
Acad: седах🞄 оубо т🞄 словене. преже и волохове
Hypa: сѣдаху бо ту пре|же словене. и волохове.
Khle: сѣ|даху бо тоу преже слѡвене. и волохове.

Bych: Сѣдяху бо ту преже Словени, и Волохове
Shakh: Сѣдяху бо ту преже Словене, и Волохове
Likh: Сѣдяху бо ту преже словени, и волохове
Ostr: Сѣдяху бо ту преже Словени, и Волохове

25,18:
Laur: приıаша землю словѣньску. посемже оугрı | прогнаша
Trin: прияша землю словѣньску посемъ же угри прогнаша
Radz: пр<є>аша зе|млю словеньскоую.
Acad: приıаша землю словѣньскоую.
Hypa: пе|реıаша землю <волы>ньску|ю. посемъ же оугре прогна|ша
Khle: переаша землю слѡвенскоую. посе᷋ же оугри прогна|ша

Bych: прияша землю Словеньску; посемъ же Угри погнаша
Shakh: преяша землю Словеньску. Посемъ же Угъри прогънаша
Likh: прияша землю словеньску. Посемъ же угри прогнаша
Ostr: преяша землю Словеньску. Посемъ же Угъри прогънаша

25,19:
Laur: воху҃и. и наслѣдиша землю.   и сѣдоша |
Trin: волохи   наслѣдиша землю ту   сѣдоша
Radz: и наслѣдиша землю тоу. и седоша |
Acad: и наслѣдиша | землю т🞄. и седоша
Hypa: волохы. и наслѣдиша | землю ту. и сѣдоша
Khle: волѡхи. и насл҄ѣша землю тоу. и сѣдоша

Bych: Волъхи, и наслѣдиша землю ту, и сѣдоша
Shakh: Волохы, и наслѣдиша землю ту, и сѣдоша
Likh: волъхи, и наслѣдиша землю ту, и сѣдоша
Ostr: Волохы, и наслѣдиша землю ту, и сѣдоша

25,20:

Laur: съ словѣнъı. покорившє ıа подъ сѧ.
Trin: съ словены и покорше ю подъ ся
Radz: со словѣньми. покорившє ᾿а по̄ сѧ. и
Acad: [со] словѣнми. покорившє ıа по̄ сѧ. | и
Hypa: съ сло|вѣньми. покорившє ıа по|дъ сѧ. и
Khle: съ | слѡвєнми покорнша ᾿а по̄ сѧ. и

Bych: съ Словѣны, покоривше я подъ ся, и
Shakh: съ Словѣньми, покоривъше я подъ ся; и
Likh: съ словѣны, покоривше я подъ ся, и
Ostr: съ Словѣньми, покоривъше я подъ ся; и

25,21:

Laur: ѿтолѣ прозва|сѧ землѧ оугорьска. и начаша
Trin: оттуду прозвася земля угорска и начаша
Radz: ѿтолѣ прозвасѧ | землѧ оугорьскаа. и начаша
Acad: ѿтолѣ прозвасѧ землѧ оугорьскаа. и начаша
Hypa: ѿтолѣ прозвасѧ ‖ землѧ оугорьска. и начаша | [10c]
Khle: ѿтолѣ прозвасѧ | землѧ оугорскаа. и начаша

Bych: оттоле прозвася земля Угорьска. И начаша
Shakh: отътолѣ прозъвася земля Угърьска. И начаша
Likh: оттоле прозвася земля Угорьска. И начаша
Ostr: отътолѣ прозъва ся земля Угърьска. И начаша

25,22:

Laur: воєвати оугри на | грєки и поплѣниша землю
Trin: воевати угре на грѣки   поплѣниша землю
Radz: оугрє воєвати на грєкы. и попѣниша землю
Acad: оугрє | воєвати на грєки. и поплѣн͠иша землю
Hypa: воєвати. оугрє на грѣкы. | и пополониша землю
Khle: воєвати оугри на грє|кы. и пополониша землю

Bych: воевати Угри на Греки, и поплѣниша землю
Shakh: воевати Угъри на Гръки, и поплѣниша землю
Likh: воевати угри на греки, и поплѣниша землю
Ostr: воевати Угъри на Гръки, и поплѣниша землю

25,23:

Laur: фрачьску и макидо>‖ньску дожє и до сєлунѧ. [9г]
Trin: фрачьску и макидонску даже и до селуня
Radz: фра́ску. и макидоньскоу. дажє ‖ и до сєлоунѧ [12v]
Acad: фра́скȣ. и ма|кидоньскȣ. дажє и до сєлȣнѧ
Hypa: фрачь|скую. и македоньску. до|же и до селунѧ.
Khle: фра́скоую. и македо͠скоу. даже и до селунѧ.

Bych: Фрачьску и Макидоньску доже и до Селуня;
Shakh: Фрачьску и Макидоньску доже и до Селуня;
Likh: Фрачьску и Макидоньску доже и до Селуня.
Ostr: Фрачьску и Макидоньску доже и до Селуня;

25,24:

Laur: начаша воевати на | мараѹ и на чахи
Trin: начаша воевати на мараву. и на чехы
Radz: и начаша воевати на моравоу. и чехы.
Acad: и начаша воевати | на морав‌ѹ. и на чехы.
Hypa: и начаша | воевати на мораву и на | чехы.
Khle: и начаша воевати на || моравоу и на чехи. [8ᵛ]

Bych: и начаша воевати на Мораву и на Чехи.
Shakh: и начаша воевати на Мораву и на Чехы.
Likh: И начаша воевати на мораву и на чехи.
Ostr: и начаша воевати на Мораву и на Чехы.

25,25:

Laur: бѣ единъ ꙗзыкъ словѣнескъ. словѣни же сѣдаху
Trin: бѣ бо единъ языкъ словѣнескъ словѣни же сѣдяху
Radz: бѣ | бо единъ ꙗзыкъ словенескъ. словене иже седахоу
Acad: бѣ бо единъ ꙗзыкъ слове|нескъ. словене же иже седахѹ
Hypa: бѣ бо единъ ꙗзы|къ словенескъ. словѣне же сѣдаху
Khle: бѣ бо единъ ꙗзыкъ словенескъ. | словене же сѣдахѫ

Bych: Бѣ единъ языкъ Словѣнескъ: Словѣни, иже сѣдяху
Shakh: Бѣ бо единъ языкъ Словѣньскъ: Словѣне, иже сѣдяху
Likh: Бѣ единъ языкъ словѣнескъ: словѣни, иже сѣдяху
Ostr: Бѣ бо единъ языкъ Словѣньскъ: Словѣне, иже сѣдяху

25,26:

Laur: по дунаеви их же прiꙗша оугри и марава.
Trin: по дунаю их же прияша угри морова
Radz: по доу|наеви. их же преаша оугре и морава.
Acad: по доунаеви. их же | прiꙗша оугре и морава.
Hypa: по дунаю. | ихъ же приꙗша оугре. и мо̊рава.
Khle: по доунаю. и же прiꙗша оугре | и морава.

Bych: по Дунаеви, ихже прияша Угри, и Морава,
Shakh: по Дунаеви, ихъже преяша Угъри, и Морава
Likh: по Дунаеви, их же прияша угри, и морава,
Ostr: по Дунаеви, ихъ же преяша Угъри, и Морава

25,27:

Laur: чеси и ляхове и поляне | ꙗже
Trin: чахи ляхове и поляне яже
Radz: и чеси. и ляхове. и по|ляне иже
Acad: и чеси. и ляхове. и поляне || иже [10ᵛ]
Hypa: и чеси. и ляховѣ. | и поляне. ꙗже
Khle: и чеси. и ляхове. и поляне. ꙗже

Bych: и Чеси, и Ляхове и Поляне, яже
Shakh: и Чеси и Ляхове и Поляне, яже
Likh: и чеси, и ляхове, и поляне, яже
Ostr: и Чеси и Ляхове и Поляне, яже

26,1:

Laur: нынѣ зовомаѧ русь. снмъ бо первое преıложены
Trin: ныне зовомая русь симъ бо первая предложены
Radz: н͞нѣ зовомаѧ роусь: | Снмъ бо первое преложена
Acad: н͞нѣ зовомаа ру͟с:· Снмъ бо первое преложе͞на
Hypa: н͞нѣ зове|маѧ русь. снмъ пѣрвѣе | положены
Khle: н͞нѣ | зовомаа роу͟с. с͞н бо пръвое положены

Bych: нынѣ зовомая Русь. Симъ бо первое преложены [25,8]
Shakh: нынѣ зовомая Русь. Симъ бо пьрвое преложены   [26,1]
Likh: нынѣ зовомая Русь. Симъ бо первое преложены [21,30]
Ostr: нынѣ зовомая Русь. Симъ бо пьрвое преложены

26,2:

Laur: кннги маравѣ. ѧже презвася грамо|та
Trin: моравѣ яже прозвася грамота
Radz: кннга мъравѣ. ѧже прозвася | грамота
Acad: кннга моравѣ. ѧже прозвася грамота
Hypa: кннгы. мора|вѣ ѧже н прозвася грамота |
Khle: кннгы моравѣ. | ѧже н прозвася грамота

Bych: книги, Моравѣ, яже прозвася грамота
Shakh: кънигн, Моравѣ, яже прозъвася грамота
Likh: книги, моравѣ, яже прозвася грамота
Ostr: кънигы, Моравѣ, яже прозъва ся грамота

26,3:

Laur: словѣньскаѧ. ѧже грамота есть в русн н |
Trin: словѣньская иже грамота есть в руси и
Radz: словѣньскаа. ѧже грамота е͟с в роусн. н
Acad: словѣ|ньскаа. ѧже грамота есть в ру͞сн. н
Hypa: словѣньскаѧ. ѧже грам̊|та е в русн. н
Khle: слѡвенска. ѧже грамо|та е͟с в роусн. н

Bych: Словѣньская, яже грамота есть в Руси и
Shakh: Словѣньская, яже грамота есть въ Руси и
Likh: словѣньская, яже грамота есть в Руси и
Ostr: Словѣньская, яже грамота есть въ Руси и

26,4:

Laur: в болгарѣ͞х дунанскнх.
Trin: в болгарѣхъ дунаискихъ
Radz: в бола͞|рехъ доунанскн͞х.
Acad: в болгарѣ ду͞на|нскн͞х.
Hypa: в болгарехъ | дунанскы͞х.
Khle: в болгарѣ͞х доунанскы͞х.

Bych: в Болгарѣхъ Дунайскихъ.
Shakh: въ Българѣхъ Дунаискыхъ.
Likh: в болгарѣх дунайскихъ.
Ostr: въ Българѣхъ Дунаискыхъ.

Повѣсть времєньныхъ лѣтъ 143

26,5:

Laur: словєномъ   жноущнı̑мъ кр҃щнмъ. н кнѧзємъ
Trin: словєномъ же живущему крещоном   княземъ
Radz: словєномъ   жнвоущнᵐ кр҃щныᵐ. н кнѕ҃єᵐ
Acad: словєномъ   жнвȣщнмъ кр҃щєнымъ. н кнѧѕємъ
Hypa: словєномъ | бо жнвȣщнмъ кр҃щєныᶜ. | н кнѧзємъ
Khle: словѡенѡ | бѡ жнвоущеᵐ кр҃щенѡ н кнѧѕеᵐ

Bych: Словѣномъ живущимъ крещенымъ и княземъ
Shakh: Словѣномъ бо живущемъ крьщеномъ и кънязи
Likh: Словѣномъ живущимъ крещенымъ и княземъ
Ostr: Словѣномъ бо живущемъ крьщенымъ и кънязємъ

26,6:

Laur: нхъ ростнславъ н <с͞пкъ> | н коцєлъ. послаша
Trin: ихъ ростиславъ и святославъ и коцєл   послаша
Radz: н͡ х ростнславъ. н с͞тополкъ. н коцєлъ. н послаша
Acad: н͡ х. ростнстнславь. н с͞тополкъ. н коцєль. н по|слаша
Hypa: нхъ ростнсла|въ. н с͞тополкъ. н коцє|лъ.   послаша
Khle: н͡ х. ростнславь. | н с͞тополкъ. н <коц>ель.   послаша

Bych: ихъ, Ростиславъ, и Святополкъ и Коцелъ послаша
Shakh: ихъ, Ростиславъ и Святопълкъ и Коцьлъ, посълаша
Likh: ихъ, Ростиславъ, и Святополкъ, и Коцелъ послаша
Ostr: ихъ, Ростиславъ, и Святопълкъ, и Коцьлъ посълаша

26,7:

Laur: ко ц҃рю мнханлу гл҃ащє. зе|мла наша
Trin: ко царю   глаголѧще земля наша
Radz: ко ц҃рю мнханлȣ гл҃щє зємлѧ наша
Acad: ко ц҃рю мı̈ханлȣ гл҃щє зємлѧ наша
Hypa: къ ц҃рю мнха|нлу гл҃щє. зємлѧ наша |
Khle: къ ц҃рю мнханıлоу гл҃щє. зємлѧ наша

Bych: ко царю Михаилу, глаголюще: "земля наша
Shakh: къ цѣсарю Михаилу, глаголюще: "земля наша
Likh: ко царю Михаилу, глаголюще: "Земля наша
Ostr: къ цьсарю Михаилу, глаголюще: "Земля наша

26,8:

Laur: кр҃щна. н нѣᶜ оу насъ оучнтєла. нжє | бы ны
Trin: крещена   нѣсть у насъ учителя иже бы ны
Radz: кр҃щна. н нѣᶜ   оучнтєлѧ. н|жє бы наказалъ
Acad: кр҃щєна. | н нѣсть   оуч҃тлѧ. нжє бы наказалъ
Hypa: крєщєна. н нѣᶜ в наᶜ оучн|тєль. нжє бы наᶜ
Khle: кр҃щєна. н нѣᶜ в наᶜ оучнıтєль. нжє бы наᶜ

Bych: крещена, и нѣсть у насъ учителя, иже бы ны
Shakh: крьщена, и нѣсть у насъ учителя, иже бы ны
Likh: крещена, и нѣсть у насъ учителя, иже бы ны
Ostr: крьщена, и нѣсть у насъ учителя, иже бы насъ

26,9:

Laur: наказалъ и поучалъ насъ. и протолковалъ
Trin: наказал и поучал ны и протолковал
Radz: нӑ. и поўчилъ нӑ. и протолкова̂
Acad: насъ и пооўчалъ нӑ. и протолковалъ
Hypa: оучилъ. и казалъ.   и протолковалъ
Khle: наоучнль и наказа̂.   и протоко̂валь

Bych: наказалъ, и поучалъ насъ, и протолковалъ
Shakh: наказалъ, и поучилъ ны, и протълковалъ
Likh: наказалъ, и поучалъ насъ, и протолковалъ
Ostr: научилъ, и наказалъ, и протълковалъ

26,10:

Laur: ст҃ы҄ӕ книги. не разумѣемъ   ни греч̆ьску
Trin: святыя книги не разумѣемъ бо ни гречьску
Radz: ст҃ы҄ӕ | книгы. не разоумѣемоў   ни греческоў
Acad: ст҃ын кн҃ги. не разоумѣ|емъ   ни греческомоў
Hypa: ст҃ы҄ӕ книгы. не разоўмѣемъ бо ни греч̆ьком|оў
Khle: ст҃ыа книгы. не разоумѣ̆е̋ бо ни грецкомоў |

Bych: святыя книги; не разумѣемъ бо ни Гречьску
Shakh: святыя кънигы; не разумѣемъ бо ни Грьчьску
Likh: святыя книги. Не разумѣемъ бо ни гречьску
Ostr: святыя кънигы; не разумѣемъ бо ни Грьчьску

26,11:

Laur: ӕзыку. ни латыньску ѡни бо ны ѡнако
Trin: языку ни латыньску они бо ны онако
Radz: ӕзыкоу. ни лати|ньскоу. ѡни бо ны инако
Acad: ӕзыкоу. ни латыньскоу. ѡни | бо ны ина
Hypa: ӕзыку. ни латиньско|му. ѡны бо ны инако
Khle: ӕзыкоу. ни латн̄скоу. ѡни бо нӑс инако

Bych: языку, ни Латыньску; они бы ны инако
Shakh: языку, ни Латыньску; они бо ны инако
Likh: языку, ни латыньску; они бы ны онако
Ostr: языку, ни Латыньску; они бы ны инако

26,12:

Laur: оучат<ь>. | а <он>и бо ны и ѡнако. тѣм же не
Trin: учать а они   онако тѣм же не
Radz: оучать. а ѡни   инако. тѣм же | не
Acad: оучатъ. а ѡни   иноко. тѣм же не
Hypa: оучать. а дроузии   инако. | тѣмь же не
Khle: оучать. | а дроусїи   инако. тѣ̋ же не

Bych: учать, а они бо ны и инако; тѣмже не
Shakh: учать, а они онако; тѣмь же не
Likh: учать, а они бо ны и онако. Тѣм же не
Ostr: учать, а {они / друзии} инако; тѣмь же не

Повѣсть времеиьныхъ лѣтъ

26,13:

Laur: разумѣемъ. книІжнаго ѡбраза ни силы ихъ. и
Trin: разумѣемъ книжнаго образа ни силы ихъ а [62]
Radz: рӑзоумеемъ книжнаго ѡбраза. ни силы и̃х. да
Acad: разумѣемъ книжнаго ѡбраза. ни силы и̃х. да
Hypa: разумѣе̃м | книжнаго разума. ни си‖лы ихъ. а [10d]
Khle: разоумѣ̃ем книжнаго | разума. ни силы и̃, да

Bych: разумѣемъ книжнаго образа ни силы ихъ. И
Shakh: разумѣемъ кънижьнаго образа, ни силы ихъ; да
Likh: разумѣемъ книжнаго образа ни силы ихъ. И
Ostr: разумѣемъ кънижьнаго {образа / разума} ни силы ихъ; да

26,14:

Laur: послѣте ны үүителѧ. иже ны могуть сказати
Trin: пошлете ны учителѧ иже ны могуть сказати
Radz: послите ны | оуүитела. иже н̃а можеть сказати
Acad: послиІте ны оуүт̃ла. иже намъ можетъ сказати
Hypa: послете ны оуүиІтелѧ. иже могуть ны ска|зати
Khle: послете н̃а оуүителѧ. | иже могу̃т н̃а сказати

Bych: послѣте ны учителя, иже ны могуть сказати
Shakh: посълите ны учителя, иже ны можеть съказати
Likh: послѣте ны учителя, иже ны могуть сказати
Ostr: посълѣте ны учителя, иже могуть ны съказати

26,15:

Laur: книжнаѧ словеса | и разумъ и̃х. се слыша ц̃рь
Trin: книжная словеса и разумѣемъ ихъ се слышавъ царь
Radz: книжнаа словеса | и разоу ихъ. се слышавъ ц̃рь
Acad: книІжнаа словеса. и разу̃мъ ихъ. се слыша ц̃рь
Hypa: книжнаѧ словеса. и | разумъ ихъ. Се слыша|въ михаилъ
Khle: книжна словеса и разо̃у и̃х. | Се слышавь михаиль

Bych: книжная словеса и разумъ ихъ". Се слышавъ царь
Shakh: кънижьная словеса и разумъ ихъ". Се слышавъ цѣсарь
Likh: книжная словеса и разумъ ихъ". Се слыша царь
Ostr: кънижьная словеса и разумъ ихъ". Се слышавъ Михаилъ

26,16:

Laur: михаилъ и созва философ̃ы   всѧ. и сказа имъ
Trin: михаилъ и созва философы   вся и сказа имъ
Radz: михаилъ. созва философы | всѧ. и сказа имъ
Acad: миха|илъ. созва философы   всѧ. и сказа имь
Hypa: ц̃рь. съзы̃ва философы   всѧ. и ска|за имъ
Khle: ц̃рь. созва философы своа | всѧ. и сказа имь

Bych: Михаилъ, и созва философы вся, и сказа имъ
Shakh: Михаилъ, съзъва философы вься, и съказа имъ
Likh: Михаилъ, и созва философы вся, и сказа имъ
Ostr: цьсарь, съзъва философы вься, и съказа имъ

145

26,17:

Laur: рѣчи вса словеньскихъ | князь. и рѣша философи
Trin: рѣчи вся словѣньскыхъ князь и рѣша философы
Radz: рѣ︯ словеньски︯ кнзь. и рѣша философи. |
Acad: рѣчь словеньскихъ кнзь. и рѣша философи.
Hypa: рѣчи вса словеньскыхъ князь. и ркош̑ | философы.
Khle: рѣчи вса словенскы︯ кнѧsь, и | рекоша филѡсофи.

Bych: рѣчи вся Словѣньскихъ князь. И рѣша философи:
Shakh: рѣчи вься Словѣньскыхъ кънязь. И рѣша философи:
Likh: рѣчи вся словѣньскихъ князь. И рѣша философи:
Ostr: рѣчи вься Словѣньскыхъ кънязь. И рѣша философи:

26,18:

Laur: есть мужь в селуни и|менемъ левъ.
Trin: есть мужъ в селуни именемъ левъ
Radz: е моуже в селоуни именемъ левъ. и
Acad: есть му|жь в сел8ни именемь левь. и
Hypa: есть мужь | в селуни. именемъ ле|въ. и
Khle: е҃с мѫжь в селоуни именемь | левь. и

Bych: "Есть мужь в Селуни, именемъ Левъ, и
Shakh: "есть мужь въ Селуни, именьмь Львъ, и
Likh: "Есть мужь в Селуни, именемъ Левъ.
Ostr: "Есть мужь въ Селуни, именьмь Львъ, и

26,19:

Laur: суть оу него сн҃ве. разумни|ви ıазыıку словеньску.
Trin: суть у него сынове разумѣли языку словѣньску
Radz: со︯у оу него сн҃ве раз8|ма словеньскоу ıазыкоу. и
Acad: с8ть оу него сн҃ве ра|з8мни словеньск8 ıазык8. и
Hypa: суть оу него сн҃ве | разумниви ıазыку слове|ньску. и
Khle: сѫ︯ оу него сн҃ове разоумниви ıазыкоу слѡ|венскоу.

Bych: суть у него сынове разумиви языку Словѣньску,
Shakh: суть у него сынове разумиви языку Словѣньску,
Likh: Суть у него сынове разумиви языку Словѣньску,
Ostr: суть у него сынове разумиви языку Словѣньску, и

26,20:

Laur: хитра .в҃. сн҃а оу него философа. | се   слышавъ
Trin: хитра два сына у него философа се   слышавъ
Radz: хитра два сн҃а у него фил҃ософа.   слыша
Acad: хитра два сн҃а | оу него философа.   слыша
Hypa: хытра два сн҃а | оу него и философа⁙ | Се   слышавъ
Khle: хитра два сн҃а оу него и философа. | се же слышавь

Bych: хитра 2 сына у него философа". Се слышавъ
Shakh: хытра дъва сына у него, философа". Се слышавъ
Likh: хитра 2 сына у него философа". Се слышавъ
Ostr: хытра дъва сына у него, философа". Се слышавъ

26,21:

Laur: цр҃ь посла по на в селунь ко ѡлго<вн> гл҃а
Trin: царь и посла по ня в селунь ко лву глаголя
Radz: цр҃ь посла по на в селоунь. ко львовн гл҃а.
Acad: цр҃ь посла по на в селу͡нь. ко львовн гл҃а
Hypa: цр҃ь посла по на. в селунь къ львовн гл҃а.
Khle: цр҃ь посла по на в селоу͡н къ львовн гл҃а.

Bych: царь, посла по ня в Селунь ко Львови, глаголя:
Shakh: цѣсар, посъла по ня въ Селунь къ Львови, глаголя:
Likh: царь, посла по ня в Селунь ко Львови, глаголя:
Ostr: цьсарь, посъла по ня въ Селунь къ Львови, глаголя:

26,22:

Laur: посли к намъ въскорѣ сн҃а своѧ меф<о>дьѧ н
Trin: пошли к намъ въскорѣ сына своя мефодья и
Radz: посли к намъ:- ‖ сн҃а своа мефодьа н   [13ᴦ]
Acad: посли к намъ. сн҃а своа. мефедїа. і н
Hypa: пошли к намъ сн҃а своѧ. мефедьѧ н
Khle: пошли н͡а въскорѣ сн҃а своа. мефодїа, н

Bych: "посли к намъ въскорѣ сына своя, Мефодия и
Shakh: "посъли къ намъ въскорѣ сына своя, Мефодия и
Likh: "Посли к намъ въскорѣ сына своя, Мефодия и
Ostr: "Посъли къ намъ сына своя, Мефодия и

26,23:

Laur: костѧнтнна. се слышнвъ левъ въ<скорѣ> посла ѧ.
Trin: костянтина се слышавъ левъ въскорѣ и посла я
Radz: костѧнтнна. се слышавъ левъ. въско|рѣ посла ѩ.
Acad: костѧнтнна. се слышавъ левь. въскорѣ по|сла а.
Hypa: ко|стѧнтнна. се слышаı҃въ левъ. въскорѣ посла ѩ.
Khle: костѧ͡нтнна. се слыша левь, въскорѣ посла ѩ.

Bych: Костянтина". Се слышавъ Левъ, въскорѣ посла я,
Shakh: Костянтина". Се слышавъ Львъ, въскорѣ посъла я.
Likh: Костянтина". Се слышавъ Левъ, въскорѣ посла я,
Ostr: Костянтина". Се слышавъ Львъ, въскорѣ посъла я.

26,24:

Laur: н прндоста ко цр҃вн. н ре҃ нма.   се прнс͡лаласѧ
Trin: и придоста ко цареви и рече има   се прислалася
Radz: н прı҃ндоста ко цр҃ю. н ре҃ нмъ   се прнсла͡
Acad: н прı҃ндоста ко цр҃вн. н рече нма   се прı҃сласа
Hypa: н прндоста къ цр҃вн. ı҃ н ре҃ нма цр҃ь. се прнсла͡ласѧ
Khle: н прı҃н|доста ко цр҃вн. н ре҃ нма цр҃ь. се прнсласа

Bych: и придоста ко цареви, и рече има: "се прислалася
Shakh: И придоста къ цѣсареви, и рече има: "се, присълася
Likh: и придоста ко цареви, и рече има: "Се прислалася
Ostr: И придоста къ цьсареви, и рече има: "Се присъла ся

148   Повѣсть времєньныхъ лѣтъ

26,25:

Laur: ко мнѣ словеньска земла. просащи
Trin: ко мнѣ словеньская княжья просяще
Radz: ко мнѣ | словеньскаıа землıа. просащи
Acad: ко мнѣ словеньскаа землıа. просащи
Hypa: ко мнѣ словеньскı҃ıа землıа. просяще
Khle: къ | мнѣ слѡвенскаа землıа. просяще

Bych: ко мнѣ Словеньска земля, просящи
Shakh: къ мънѣ Словеньска земля, просящи
Likh: ко мнѣ Словеньска земля, просящи
Ostr: къ мънѣ Словеньская земля, просяще

26,26:

Laur: оучи҃тєлıа собѣ. иже бы могль имъ протолковати
Trin: учителя собѣ иже бы моглъ имъ протолковати
Radz: оучнтєлıа собѣ. и҃ж моглъ | бы имъ протолковати
Acad: оучт҃лıа | сєбѣ. иже моглъ бы имь протолковати
Hypa: оучи҃тєлıа сєбѣ. иже бы м҃глъ имъ истолковат<и>. |
Khle: оучитєлıа | сєбѣ. иже бы могль и҃м҃ исто҃ковати

Bych: учителя собѣ, иже бы моглъ имъ протолковати
Shakh: учитель собѣ, иже бы моглъ имъ протълковати
Likh: учителя собѣ, иже бы моглъ имъ протолковати
Ostr: учителя себѣ, иже бы моглъ имъ истълковати

26,27:

Laur: ст҃ыıа гн҃иги. сєго бо жєлають. оумолєна
Trin: святыя книги сего бо желають и умолена
Radz: ст҃ыа книги. сєго бо жєлаю҃т и оу҃молєна
Acad: ст҃ыıа | кн҃иги. сєго бо жєлаютъ. и оумолєна
Hypa: ст҃ыıа книгы. сєго бо | жєлаю҃т. и оумолєна
Khle: ст҃ыа книі҃гы. сєго бѡ жєлаю҃т, и оумолє҃нa

Bych: святыя книги; сего бо желаютъ". И умолена
Shakh: святыя кънигы; сего бо желають". И умолена
Likh: святыя книги; сего бо желаютъ". И умолена
Ostr: святыя кънигы; сего бо желають". И умолена

27,1:

Laur: быста цр҃е҃м | и послаша ıа въ словеньскую
Trin: быста царемъ и послаша я въ словеньскую
Radz: быста цр҃мъ. и пондоша   въ словенскоу
Acad: быста цр҃мь. ‖ и пондоша   во словеньскӱю   [11ᴦ]
Hypa: <бы>ста цр҃ємъ. и посла<ша> | ıа въ словєньскую
Khle: быста цр҃ємь. ‖ и послаша ıа въ словенскоую   [9ᴦ]

Bych: быста царемъ, и посла я въ Словеньскую   [26,9]
Shakh: быста цѣсарьмъ, и посълаша я въ Словеньскую   [27,1]
Likh: быста царемъ, и послаша я въ Словеньскую   [22,15]
Ostr: быста цьсаремъ, и посълаша я въ Словеньскую

27,2:

Laur: землю. къ рости|славу и. стплку. и   къцьлови.
Trin: землю ко ростиславу   и къ коцелови
Radz: землю. | к ростиславоу. и стополкȣ. и   коцелоу.
Acad: землю. к ростиславȣ. | и стополкȣ. и   коцелȣ.
Hypa: зе‹м›|лю. къ ростиславу и ‹сто›|полку. и   коцьлови.
Khle: землю. къ ростислаў. | и къ стополкоу. и   коцелови.

Bych: землю къ Ростиславу, и Святополку и Къцьлови.
Shakh: землю къ Ростиславу и Святопълку и Коцьлови.
Likh: землю къ Ростиславу, и Святополку и Къцьлови.
Ostr: землю къ Ростиславу и Святопълку и Коцьлови.

27,3:

Laur: сима же пришедъ|шема.   начаста съставлявати
Trin: сима же пришедъшема и начаста съставливати
Radz: симаⸯ пришешима | начаста составлявати.
Acad: сима же пришешима   начаста | составляти.
Hypa: с‹и›|ма же придъшима. н‹а›|часта съставляти   [11a]
Khle: симаⸯ пришешима| начаста съставляти

Bych: Сима же пришодъшема, начаста съставляти
Shakh: Сима же пришьдъшема, начаста съставливати
Likh: Сима же пришодъшема, начаста съставливати
Ostr: Сима же пришьдъшема, начаста съставляти

27,4:

Laur: писмена. аз‹ъ›|буковьная   словеньски. и   [9ᵛ]
Trin: азъбуки писания истолкованья словеньски и
Radz: писмена. азбуковная.   словеньскы. и
Acad: писмена азбоуковная.   словеньскы. | и
Hypa: писмена. азъбȣковная   словеньскы. и
Khle: писмена. азбоуковная | словенскы. и

Bych: писмена азъбуковьная Словѣньски, и
Shakh: писмена азъбукъвьная Словѣньскы, и
Likh: писмена азъбуковьная словеньски, и
Ostr: писмена азъбукъвьная Словѣньскы, и

27,5:

Laur: преложиста апⷭлъ и еуⷢгⷧье. | ради быша
Trin: преложиста апостолъ и еуангелье и ради быша
Radz: преложиста апⷭлъ и еуⷢе и ради быша
Acad: преложи[ста] апⷭлъ и еоугⷢлïе. и радï бы
Hypa: пр‹е›ложиста апⷭлъ и еоуалне. | и ради быша
Khle: преложиста апⷭлъ и еуⷢлïе. и ради | быша

Bych: преложиста Апостолъ и Еуангелье; и ради быша
Shakh: преложиста апостолъ и еуангелие. И ради быша
Likh: преложиста Апостолъ и Еуангелье. И ради быша
Ostr: преложиста Апостолъ и Еуангелие. И ради быша

27,6:

Laur: словѣни. ӕко слышиша вилнуьӕ | бжьӕ. своимь
Trin: словѣне яко слышаша величья божия своимъ
Radz: сло|вене. ӕко слышаша велнуье бж҃ье. свои︵м
Acad: словѣне. ӕко | слыша︵ша велнуїа бж҃ьӕ своимь
Hypa: словѣнъ. | ӕко слышаша велнуьӕ б҃нӕ своимъ
Khle: слѡвени ӕко слышаша велнуїа бж҃їа свои︵м |

Bych: Словѣни, яко слышаша величья Божия своимь
Shakh: Словѣне, яко слышаша величия Божия своимь
Likh: словѣни, яко слышиша виличья божья своимь
Ostr: Словѣне, яко слышаша величия Божия своимь

27,7:

Laur: ӕзыкомь. посем же прнложи|ста пс҃алтрь
Trin: языкомъ посем же преложиста псалтирь
Radz: ӕзыкомъ:- | Посем же преложиша прт҃л︵с.
Acad: ӕзыкомъ:· Посе︵мж преложїста п҃лтр︵съ.
Hypa: ӕзыко︵м. | посемъ же переложиста | п҃лтр︵сь.
Khle: ӕзыкѡ︵м. посе︵м же преложиста ѱ҃атырь.

Bych: языкомь. Посемь же преложиста Псалтырь,
Shakh: языкъмь. Посемь же преложиста псалтырь
Likh: языкомь. Посем же преложиста Псалтырь,
Ostr: языкъмь. Посемь же преложиста Псалтырь

27,8:

Laur: и ѡхтаикъ. и прочаӕ книги.
Trin: и октаикъ и прочая книги и всташа нѣции
Radz: и ѿ︵таикъ. и прочаа книг|ы. нѣцнн же начаша
Acad: и ѡх҃таикь. и про|чаа книги нѣцни. же начаша
Hypa: и ѡктаикъ. | и прочаӕ книгы. нѣ<ц>ни| же на︵уша
Khle: и ѡкта︵и︵к | и прочаа книгы. нѣцїн же начаша

Bych: и Охтаикъ, и прочая книги. И всташа нѣции
Shakh: и охтаикъ и прочая кънигы. Нѣции же начаша
Likh: и Охтаикъ, и прочая книги. И всташа нѣции
Ostr: и Охтаикъ и прочая кънигы. Нѣции же начаша

27,9:

Laur: гл҃ще. | ӕко не достоить ни
Trin: на ня ропщюще и глаголюще яко не достоить ни
Radz: хоулити словеньскиа книги и. | гл҃ще. ӕко не достоить ни
Acad: ху҃лити словеньскїа | книги   гл҃ще. ӕко не достоить нї
Hypa: хулити слове|ньскыӕ книгы   гл҃<ще>. | ӕко не достоить ни
Khle: хоулити слѡве|скыа книгы   гл҃ще, ӕко не досто︵ит ни

Bych: на ня, ропщюще и глаголюще: "яко не достоить ни
Shakh: хулити Словѣньския кънигы, глаголюще, яко "не достоить ни-
Likh: на ня, ропщюще и глаголюще, яко "Не достоить ни
Ostr: хулити Словѣньския кънигы, глаголюще, яко "Не достоить ни

27,10:

Laur: которому же ꙗзыку нмѣтн букъвъ свонхъ.
Trin: которому же языку имѣти буковъ своихъ рекши книгъ своихъ
Radz: которому же ꙗзыкȣ нмѣтн ⟨в⟩азъбоуковъ свонх̑.
Acad: котором̑ȣ же ꙗзыкȣ нмѣтн бȣковь свонх̑.
Hypa: котоǀрому же ꙗзыку нмѣти ǀ букъвъ свонхъ.
Khle: котороумоу же ǀ ꙗзыкоу нмѣтн боуковь свон х̑. ǀ

Bych: которому же языку имѣти букъвъ своихъ,
Shakh: которомуже языку имѣти букъвъ своихъ,
Likh: которому же языку имѣти букъвъ своихъ,
Ostr: которому же языку имѣти букъвъ своихъ,

27,11:

Laur: развѣ еврѣн. н грекъ. латннъ ǀ по пнлатоѹ
Trin: развѣе еврѣи и грекъ латынъ по пилатову
Radz: разъвѣе. еврѣн. н грекъ. н лаǀтынъ. по пнлатовоу
Acad: разъвѣе еврѣн. н греᷦ. ǀ н латынь по пнлатовȣ
Hypa: разъǀвѣ еврѣн н грекъ. н лаǀтнны. по пнлатову
Khle: развѣ еврѣн. н греᷦ, ǀ н латннь. по пнлатовоу

Bych: развѣ Еврѣи, и Грекъ и Латинъ, по Пилатову
Shakh: развѣ Еврѣи и Грькъ и Латинъ, по Пилатову
Likh: развѣ еврѣи, и грекъ и латинъ, по Пилатову
Ostr: развѣ Еврѣи и Грькъ и Латинъ, по Пилатову

27,12:

Laur: пнсанью. еже на крⷭ҇тѣ гⷭ҇нн напн. ǀ се
Trin: писанью еже на крестѣ написа и се
Radz: пнсаннɪю. еже на крⷭ҇тѣ г҃нн напнǀса. се
Acad: пнсанїю еже на крⷭ҇тѣ г҃нн. ǀ напнса. се
Hypa: пнǀсанню. еже на крⷭ҇тѣ г҃нⷩ҇. ǀ напнса. се
Khle: пнсанїю. еже на крⷭ҇тѣ ǀ г҃нн напнса. сеж҇

Bych: писанью, еже на крестѣ Господни написа". Се
Shakh: писанию, еже на крьстѣ Господьни написа". Се
Likh: писанью, еже на крестѣ господни написа". Се
Ostr: писанию, еже на крьстѣ Господьни написа". Се

27,13:

Laur: же слышавъ папежь рнмьскнн. похулн тѣх̑. ǀ нже
Trin: же слышавъ папежь римьскыи похули тѣхъ иже
Radz: же слышавъ папа рнмьскын похоулн. тѣх̑ нже
Acad: слышавь папа рнмьскїн похȣлн. тѣх̑ ǀ нже
Hypa: же оуслышаǀвъ папежь рнмьскын. ǀ похулн тѣхъ. нже
Khle: оуслышавь папеж҇ рнмскын. похоулн тѣ х̑ г҃ла. нже

Bych: же слышавъ папежь Римьский, похули тѣхъ, иже
Shakh: же слышавъ папежь Римьскыи, похули тѣхъ, иже
Likh: же слышавъ папежь римьский, похули тѣх, иже
Ostr: же слышавъ папежь Римьскыи, похули тѣхъ, иже

27,14:

Laur: ропьщють на книги словеньскиѧ. река | да сѧ
Trin: ропчють на книги словѣньскыя река да ся
Radz: ро|пшоуть на книги словеньскыи. рѣ͡к да сѧ
Acad: ропш͡ть на кн͡иги словѣньскы. река да сѧ
Hypa: ро|пьщю͡т на кникы слове|ньскыѧ. рька да сѧ |
Khle: ропшоу͡т на книгы слѡвенскыѧ. | река да сѧ

Bych: ропьщуть на книги Словеньския, река: "да ся
Shakh: рѣпъщють на кънигы Словеньскыя, река: "да ся
Likh: ропьщуть на книги словеньския, река: "Да ся
Ostr: рѣпъщуть на кънигы Словеньскыя, река: "Да ся

27,15:

Laur: исполнить книжное слово. ѩко въсхвал͡ть б͡а
Trin: исполнить книжное слово яко въсхвалять бога
Radz: исправить кн͡и͡жное сл͡во. ѩко восхвалѧт б͡га
Acad: исправ|ить книжное слово. ѩко восхвалѧт б͡га
Hypa: исполн͡и книжное сло͡в. | ѩко въсхвалѧт б͡га
Khle: исполн͡и книжное слѡво. ѩко въсхвал͡ѧ б͡га

Bych: исполнить книжное слово, яко "въсхвалять Бога
Shakh: испълнить кънижьное слово, яко въсхвалять Бога
Likh: исполнить книжное слово, яко "Въсхвалять бога
Ostr: испълнить кънижьное слово, яко въсхвалять Бога

27,16:

Laur: вси ѩзыци. другое же вси възг͡л͡ть ѩзыки |
Trin: вси языци другое же вси възглаголють языки
Radz: вси ѩзыци. др͡ѹгое же | вси возг͡л͡ть ѩзык͡ъ
Acad: вс͡и ѩзы|ци. др͡ѹгое же вси возг͡л͡ть
Hypa: вь|си ѩзыци. другое же | вси възглють ѩзыкы | различными
Khle: вси ѩзыци. дроугое же. вси възглю͡т ѩзыкы | различными

Bych: вси языци; другое же: вси възглаголють языки
Shakh: вьси языци; другое же: вьси възглаголють языки различьны
Likh: вси языци"; другое же: "Вси възглаголють языки
Ostr: вьси языци; другое же: вьси възглаголють языки

27,17:

Laur: величьѩ б͡жьѩ. ѩкоже дасть имъ с͡тыи д͡х͡ъ
Trin: величья божия якоже дасть имъ святыи духъ
Radz: величьѧ б͡жьѧ. ѩкоже дасть и͡м | с͡тыи д͡х͡ъ
Acad: величїа б͡жьѧ. ѩкоже да|сть имь с͡тыи д͡х͡ъ.
Hypa: величьѩ б͡нѩ. ѩко͡ж дасть и͡м | с͡тыи д͡х͡ъ
Khle: величїа б͡жіа. ѩко͡ж дасть и͡м с͡тыи | д͡х͡ъ

Bych: величья Божья, якоже дасть имъ Святый Духъ
Shakh: величия Божия, якоже дасть имъ Святыи Духъ
Likh: величья божья, яко же дасть имъ святый духъ
Ostr: величия Божия, якоже дасть имъ Святыи Духъ

27,18:

Laur: ѿвѣщеватн. да аще хто хулнть словеньскую
Trin: отвѣщевати да аще кто хулить словеньскую
Radz: ѿвещеватн. да аще хто хоулнть словеньскую
Acad: ѿвещеватн. аще кто хулнтъ словеньскую
Hypa: ѿвѣщеватн. да аще кто хулнть словеньскую
Khle: ѿвѣщеватн. да аще кто хоулн҄ слѡвенскѹ

Bych: отвѣщевати; да аще хто хулить Словеньскую
Shakh: отъвѣщавати. Да аще къто хулить Словеньскую
Likh: отвѣщевати". Да аще хто хулить словеньскую
Ostr: отъвѣщевати. Да аще къто хулить Словеньскую

27,19:

Laur: гр҄амоту да будеть ѿлученъ ѿ цр҃кве. донде ся
Trin: грамоту да боудеть отлоученъ от церкве дондѣ же
Radz: грамотоу. да будеть ѿлученъ ѿ цр҃квн. донде же ся
Acad: грамотѹ. да бѹдеть ѿлѹченъ ѿ це҄рквн. дон же ся
Hypa: грамотоу да бу҄ть ѿлученн ѿ цр҃кве. до҄нде же   [11b]
Khle: грамоту. да бѧдоу҄ ѿлоученн ѿ цр҃квн. дондѣ҄ж

Bych: грамоту, да будеть отлученъ отъ церкве, донде ся
Shakh: грамоту, да будеть отълученъ отъ цьркъве, доньде ся
Likh: грамоту, да будеть отлученъ от церкве, донде ся
Ostr: грамоту, да будеть отълученъ отъ цьркъве, доньде же

27,20:

Laur: нсп<р҄>вать тн бо суть волцн а не ѡвца. ꙗже
Trin: исправить ся ти бо ся наричють волци а не овци сия же
Radz: нсправнть. тн бо соу҄т волцн а не ѡвцн. аже
Acad: нсправнтъ. тн бо сѹть волцн а не ѡвца. ꙗже
Hypa: нсправат са. тн бо суть волцн а не ѡвцѣ. ꙗ҄же
Khle: нсправат са. тн бо сѫ҄ волцн а не ѡвцн. ꙗже

Bych: исправить; ти бо суть волци, а не овца, яже
Shakh: исправить; ти бо суть вълци, а не овьца, яже
Likh: исправить; ти бо суть волци, а не овца, яже
Ostr: исправять ся; ти бо суть вълци, а не овьци, яже

27,21:

Laur: достонть ѿ плода знатн ꙗ. хранитнся
Trin: достоить от плода познати я и хранитися
Radz: достонть ѿ плода знатн а. н хранн҄ти
Acad: достонть ѿ плода знатї а. н хранї҄тї҄ся
Hypa: достостонть ѿ плодъ познатн ꙗ. н хранитн҄ся
Khle: достон҄ ѿ плѡ познатн а. н хранитнся

Bych: достоить отъ плода знати я и хранитися
Shakh: достоить отъ плодъ знати я и хранитися
Likh: достоить от плода знати я и хранитися
Ostr: достоить отъ плодъ познати я и хранити ся

27,22:

Laur: нхъ. вы же чада бжьꙗ послушанте оученьꙗ н
Trin: ихъ вы же чада божия послушаите ученья и
Radz: й. вы ж ꙋада бж҃ьꙗ по|слоушанте оуѵенниа. н
Acad: нхъ. вы же ѵада бж҃їа послꙋшанте оуѵенїа. н
Hypa: нхъ. вы же ѵада бож҃ньꙗ послꙋшанте оуѵеннꙗ. н
Khle: й. вы ж | ѵада бж҃їа. послоушанте оуѵенїа. н

Bych: ихъ. Вы же, чада Божья, послушайте ученья и
Shakh: ихъ. Вы же, чада, Божия послушаите учения, и
Likh: ихъ. Вы же, чада, божья послушайте ученья и
Ostr: ихъ. Вы же, чада, Божия послушаите учения, и

27,23:

Laur: не ѿрнннте наказа|ньꙗ црк҃внго. ꙗко же вы наказалъ
Trin: не отрините ученья церковнаго яко же вы научи
Radz: не ѿрнните наказанниа цр҃квна | ꙗко вы наказалъ
Acad: не | ѿрнните наказанїа цр҃квьнаго. ꙗко же вы нака|залъ
Hypa: не ѿрннете наказаннна цр҃ковнаго. ꙗко же | вы наказалъ
Khle: не ѿрнни|те наказанїа цр҃квънаго. ꙗко҆ вы наказа҄л

Bych: не отрините наказанья церковнаго, якоже вы наказалъ
Shakh: не отъринѣте наказания цьркъвьнаго, якоже вы наказалъ
Likh: не отрините наказанья церковного, яко же вы наказалъ
Ostr: не отринѣте наказания цьркъвьнаго, яко же вы наказалъ

27,24:

Laur: мефоднн оуѵ҄нтель вашь. костантннъ
Trin: мефодии учитель вашь костянтин
Radz: мефоднн. оуѵтель вашь. коста|нтннъ҄ж
Acad: мефодїн оуѵт҃ль вашь. костантннъ
Hypa: мефеднн | оуѵнтель вашь. костаны|тннъ
Khle: мефе|дїн оуѵнтель вашь. костантн҃н

Bych: Мефодий, учитель вашь". Костянтинъ
Shakh: Мефодии, учитель вашь". Костянтинъ
Likh: Мефодий, учитель вашь". Костянтинъ
Ostr: Мефодии, учитель вашь". Костянтинъ

27,25:

Laur: же възратн сѧ въ|спать. н нде оуѵ҄нт болгарьскаго
Trin: же възврати ся въспять и иде учить болгарьского
Radz: възратн сѧ въспа҄т. н нде оуѵнтн болгарьска |
Acad: же возра҄тн сѧ воспать. н нде оуѵнтн больгарьска
Hypa: же възвратн сѧ въ|спать. н нде оуѵнт болгарьска
Khle: же възвратн | сѧ въспа҄т. н нде оуѵнтн болгарска

Bych: же възвратися въспять, и иде учитъ Болгарьскаго
Shakh: же, възративъся въспять, иде учитъ Българьска
Likh: же възративъся въспять, и иде учитъ болгарьскаго
Ostr: же, възрати ся въспять, и иде учити Българьска

28,1:

Laur: ꙗзыка. а ме|ѳодии ѡста в мораве. посем
Trin: языка а меѳодии оста в мораве посемь
Radz: ꙗзыка. а меѳоден ѡста в мораве. посе͞м
Acad: ꙗзыка. | а меѳодїн ѡста въ мораве. посемъ
Hypa: ꙗзыка. а ме|ѳеднн ѡста въ мораве. | посемь
Khle: ꙗзыка. а ме|ѳедїн ѡста в мораве. посе͞м

Bych: языка, а Мефодий оста в Мораве. Посемь   [27,9]
Shakh: языка, а Мефодии оста въ Мораве. Посемь   [27,20]
Likh: языка, а Мефодий оста в Мораве. Посем   [22,34]
Ostr: языка, а Мефодии оста въ Мораве. Посемь

28,2:

Laur: же коцелъ кнѧзь | постави меѳедьꙗ еп͡па
Trin: же коцелъ князь постави меѳодья епископомь
Radz: же колець кн͞ѧ | постави меѳодна еп͡па.
Acad: же коцелъ | кнѧзь. постави меѳодїа еп͡па.
Hypa: же коцелъ кнѧзь | постави меѳедьꙗ еп͡па |
Khle: же коцель кнѧsь поста|вн меѳедїа еп͡кпа

Bych: же Коцелъ князь постави Мефодья епископа
Shakh: же Коцьлъ кънязь постави Мефодия епископа
Likh: же Коцелъ князь постави Мефодья епископа
Ostr: же Коцьлъ кънязь постави Мефодия епископа

28,3:

Laur: въ панни на столе. с͡того | ѡнъдроника ап͡ла
Trin: на столъ святаго андроника апостола
Radz: въ панїн на столе. с͡того а|ндроника. ап͡ла
Acad: въ панїн на столе. || с͡того андроника. ап͡ла   [11ᵛ]
Hypa: въ паннн. на месте с͡того | ап͡ла андроника.
Khle: въ панїн, на месте с͡того ап͡ла | андроника.

Bych: въ Пании, на столе святаго Онъдроника апостола,
Shakh: въ Панонии, на столе святаго Андроника апостола,
Likh: въ Пании, на столе святого Онъдроника апостола,
Ostr: въ Панонии, на {столе / месте} святаго апостола Андроника,

28,4:

Laur: единного ѿ .о҃. оучн͡ка с͡того ап͡ла | павла. меѳодии
Trin: единого отъ семидесятъ ученикъ святаго апостола павла мефоди
Radz: еднно͞г ѿ о҃. оученика с͡того ап͡ла павла:- | Меѳоде͞ж
Acad: единого ѿ .о҃. оученїка с͡того | ап͡ла павла:· Меѳодїн
Hypa: едино|го ѿ .о҃. оучн͡ка с͡того ап͡ла | павла. меѳеднн
Khle: еднна͡го ѿ .о҃. оученнка с͡того ап͡ла па|вла. меѳедїн

Bych: единого отъ 70, ученика святаго апостола Павла. Мефодий
Shakh: единого отъ 70, ученика святаго апостола Павьла. Мефодии
Likh: единого от 70, ученика святого апостола Павла. Мефодий
Ostr: единого отъ 70, ученика святаго апостола Павьла. Мефодии

28,5:

Laur: же посади .в҃. попа скорописца | ѕѣло.
Trin: же посади два попа скорописця
Radz: посади два попа борзописца зѣло.
Acad: же посади два борзописца | ѕѣло.
Hypa: же по|сади .в҃. попа борзописца. | вельми.
Khle: же поса^{ди} два попа скорописца ве̂ми. ||

Bych: же посади 2 попа скорописца зѣло,
Shakh: же посади 2 попа скорописьца зѣло,
Likh: же посади 2 попа скорописца зѣло,
Ostr: же посади 2 попа борзописьца {зѣло / вельми},

28,6:

Laur: и преложи вса книги исполнь. ѿ гречьска |
Trin: преложи вся книги исполнь от гречьска
Radz: и пре|ложиста вса книгы исполнь. ѿ греческа
Acad: и преложиста вса кн҃ги исполнь ѿ греческа |
Hypa: и преложи вса кы|ныгы исполнь ѿ грецька |
Khle: и преложи вса книгы испл҃^н. ѿ грецка   [9ᵛ]

Bych: и преложи вся книги исполнь отъ Гречьска
Shakh: и преложи вься кънигы испълнь отъ Грьчьска
Likh: и преложи вся книги исполнь от гречьска
Ostr: и преложи вься кънигы испълнь отъ Грьчьска

28,7:

Laur: ꙗзыка въ словѣнескъ .ѕ҃. ю мц҃ь. начен҃ъ
Trin: языка въ словѣнескъ 6-ю мѣсяць наченше
Radz: ꙗзыка во слове|нескъ. а҃ мц҃^сь наченше
Acad: ꙗзыка въ словѣнескъ .а҃. мц҃^сь наченше
Hypa: ꙗзыка въ словѣнескъ. | шестью мц҃^сь. начен҃ъ
Khle: ꙗзыка въ сло|венескъ, шестью мц҃^сь. наче̂^н

Bych: языка въ Словѣнескъ 6-ю мѣсяць, наченъ
Shakh: языка въ Словѣньскъ шестию мѣсяць, начьнъ
Likh: языка въ словѣнескъ 6-ю мѣсяць, начен
Ostr: языка въ Словѣньскъ шестию мѣсяць, начьнъ

28,8:

Laur: ѿ марта | мц҃^са до двудесату и .ѕ҃. ю дн҃ь ѡктабра
Trin: отъ марта мѣсяца до дводесять и шестью дни октямбря
Radz: ѿ марта мц҃^са. до .в҃і. октабра |
Acad: ѿ марта | мц҃^са до .в҃і. ѡктебра
Hypa: ѿ | марта мц҃^са до дву<на>деса|ту. и .ѕ҃. дн҃ии ѡктабра |
Khle: ѿ марта мц҃^са. до двою|надеса^т и .ѕ҃. дн҃ь. ѡктабра

Bych: отъ Марта мѣсяца до двудесяту и 6-ю день Октября
Shakh: отъ марта мѣсяца до дъвоюдесяту и шестию дьнь октября
Likh: от марта мѣсяца до двудесяту и 6-ю день октября
Ostr: отъ марта мѣсяца до дъвоюдесяту и шестию дьнь октября

28,9:

Laur: мⷭца. ѡкоⷩньчавъ же достоӥно хвалу и
Trin: мѣсяця окончавше же достоино хвалу и [63]
Radz: мⷭца ѡкончав же. достоӥно хвалоу
Acad: мⷭца. ѡкончавшеⷤ. достоӥнно хвалȣ
Hypa: мⷭца. ѡкончавъ же достоӥнную хвалу. и
Khle: мⷭца. ѡкончав же доⷭстонноую хвалоу и

Bych: мѣсяца. Оконьчавъ же, достойну хвалу и
Shakh: мѣсяца. Оконьчавъ же, достоиную хвалу и
Likh: мѣсяца. Оконьчавъ же, достойну хвалу и
Ostr: мѣсяца. Оконьчавъ же, достоиную хвалу и

28,10:

Laur: славуᵇᵞ въздасть. даюющему таку блⷢадть
Trin: славу богу въздаша дающему таку благодать
Radz: бⷢгоу въздасть. даюӥщоу такѹю блⷢгть
Acad: бⷢȣ воздасть. даюющȣ такȣ блⷢгть. |
Hypa: славу бⷢу | въздасть. даюющему таӥку блⷢгть.
Khle: славоу въздасть гⷭвн. даюӥщемоу такоу блⷢгтъ

Bych: славу Богу въздасть, дающему таку благодать
Shakh: славу Богу въздасть, дающему такову благодать
Likh: славу богу въздасть, дающему таку благодать
Ostr: славу Богу въздасть, дающему таку благодать

28,11:

Laur: епⷭпу мефодью. настольннӥку анъдроннку. тѣм же
Trin: епископу мефодью настольнику андроничю тѣм же
Radz: епⷭпоу меѳднію настолнкоу андронӥнковоу. тѣм же [14ᴦ]
Acad: епⷭпȣ мефодію настолнӥкȣ андронӥковȣ. тѣмъ | же
Hypa: епⷭпу мефедьюю наст<ол>нку андроннӥковоу. тѣмь же
Khle: епⷭкпоу мефедію намѣстнккⷭ | андроннковоу. тѣⷨ же

Bych: епископу Мефодью, настольнику Анъдроникову. Тѣмже
Shakh: епископу Мефодию, настольнику Андроникову. Тѣмь же
Likh: епископу Мефодью, настольнику Анъдроникову. Тѣм же
Ostr: епископу Мефодию, настольнику Андроникову. Тѣмь же

28,12:

Laur: словѣньску ӕзыку. оуӥчитель есть анъдроннгъ
Trin: словѣньску языку учитель есть андроникъ и
Radz: словеньскоу ӕзыкоу оучтеле есть. | андроннкъ
Acad: словѣньскȣ ӕзыкȣ оуччⷮль есть .а҃. андроннкъ
Hypa: словѣныӥску ӕзыку есть оуччӥтель андроннкъ [11c]
Khle: слѡвенскоу ӕзыкоу еⷭ оуччнⷮтеⷢ андроннкъ

Bych: Словѣньску языку учитель есть Анъдроникъ
Shakh: Словѣньску языку учитель есть Андроникъ
Likh: словѣньску языку учитель есть Анъдроникъ
Ostr: Словѣньску языку есть учитель Андроникъ

28,13:

Laur: апс҃лъ. в моравы бо ході҇лъ и апс҃лъ павелъ
Trin: апостолъ   в моравы бо ходилъ и апостолъ паулъ и
Radz: апс҃лъ. въ моравы бо доходилъ и апс҃лъ павелъ | и
Acad: апс҃лъ. въ моравы бо ходилъ и апс҃лъ павелъ
Hypa: апс҃лъ.   мо|равы бо доходилъ. и апс҃лъ | павелъ и
Khle: апс҃лъ. и в моравы бѡ доходилъ. и | апс҃лъ паве҃ и

Bych: апостолъ, в Моравы бо ходилъ: и апостолъ Павелъ
Shakh: апостолъ, въ Моравы бо доходилъ и апостолъ Павьлъ, и
Likh: апостолъ. В Моравы бо ходилъ и апостолъ Павелъ
Ostr: апостолъ, въ Моравы бо доходилъ и апостолъ Павьлъ, и

28,14:

Laur: оучилъ ту. ту бо есть илюрикъ. ||
Trin: училъ   ту бо есть илюрикъ его же доходилъ и апостолъ
Radz: оучилъ тоу. тоу бо е҇ илюрикъ его же дошѐ апс҃лъ
Acad: оучилъ | тȣ. тȣ бо есть илюрикъ его же доходилъ апс҃лъ |
Hypa: оучилъ ту. ту бо | е илурикъ его же хо҇до҇дилъ | апс҃лъ
Khle: оучиль тоу. тоу бо е҇ илюрикъ. его же | доходилъ апс҃лъ

Bych: училъ ту; ту бо есть Илюрикъ, его же доходилъ апостолъ
Shakh: училъ ту; ту бо есть Илурикъ, егоже доходилъ апостолъ
Likh: училъ ту; ту бо есть Илюрикъ, его же доходилъ апостолъ
Ostr: училъ ту; ту бо есть Илюрикъ, егоже доходилъ апостолъ

28,15:

Laur: *omitted to 43,10 (missing folia)*
Trin: паулъ ту бо бѣша словѣни
Radz: павелъ | тоу бо бѣша словене
Acad: павелъ. тȣ бо бѣша словѣне
Hypa: павелъ. ту бо бѧша | словѣни
Khle: павель. тоу бо бѣша слѡвени

Bych: Павелъ; ту бо бѣша Словене
Shakh: Павьлъ; ту бо бѣша Словѣне
Likh: Павелъ; ту бо бѣша словене
Ostr: Павьлъ; ту бо бѣша Словѣни

28,16:

Trin: первие тѣм же   словѣньску языку
Radz: первое тѣм же и словеньскȣ ꙗзыко|у
Acad: первое. тѣм же и | словеньскȣ ꙗзыкȣ
Hypa: пьрвѣе. тѣмь | же   словѣньску ꙗзыку
Khle: пръ҇вое. тѣ̑м же   слѡвенскоу ꙗзыкоу

Bych: первое. Тѣмже и Словеньску языку
Shakh: пьрвое. Тѣмь же и Словѣньску языку
Likh: первое. Тѣм же и словѣньску языку
Ostr: пьрвое. Тѣмь же Словѣньску языку

28,17:

Trin: учитель есть паулъ отъ него же языка и мы
Radz: оу͞чтель е҃с павелъ. ѿ него же ꙗзыка и мы
Acad: оу͞чтель есть павелъ. | ѿ него же ꙗзыка и мы
Hypa: оу͞чтель есть павелъ. ѿ | него же ꙗзыка и мы
Khle: оу͞чтель е҃с паве͠. | ѿ него͛ ꙗзыка и мы

Bych: учитель есть Павелъ, отъ негоже языка и мы
Shakh: учитель есть Павьлъ, отъ негоже языка и мы
Likh: учитель есть Павелъ, от него же языка и мы
Ostr: учитель есть Павьлъ, отъ негоже языка и мы

28,18:

Trin: есмь русь тѣм же и намъ руси учитель есть паулъ
Radz: есмо роу҃с | тѣм͛ж ӣна роу҃с оу͞чтель е҃с павелъ.
Acad: есмо ру҃с. тѣм же и намъ ру|си оу͞чтель есть павель.
Hypa: есме | русь. тѣм же и намъ ру|си оу͞чтель есть. павелъ | ап͞лъ.
Khle: есмь роу҃с. тѣм же и на͞ роуси | оу͞чте͠ е҃с павель ап͞лъ.

Bych: есмо, Русь, тѣмъже и намъ Руси учитель есть Павелъ,
Shakh: есмъ, Русь; тѣмь же и намъ, Руси, учитель есть Павьлъ,
Likh: есмо Русь, тѣмъ же и нам Руси учитель есть Павелъ,
Ostr: есмъ, Русь; тѣмь же и намъ, Руси, учитель есть Павьлъ,

28,19:

Trin: языку словеньску и
Radz: поне͞ж оу͞ч е҃с. ꙗзыкъ | словескъ. и
Acad: понеже оу͞члъ есть ꙗзы|кь словенескъ. и
Hypa: понеже оу͞члъ есть | ꙗзыкъ словенескъ. и
Khle: понеже оу͞члъ е҃с ꙗзыкь | слѡвенескъ. и

Bych: понеже училъ есть языкъ Словѣнескъ и
Shakh: понеже училъ есть языкъ Словѣньскъ, и
Likh: понеже учил есть язык словенескъ и
Ostr: понеже училъ есть языкъ Словѣньскъ, и

28,20:

Trin: поставилъ есть епискупа и намѣстника   собѣ
Radz: поставилъ е҃с еп͞па. и намѣсника въ себѣ
Acad: поставиль есть еп͞па и намѣ|стника въ себе
Hypa: по|ставилъ есть еп͞па и намѣ|стника по себѣ.
Khle: поставиль е҃с еп͞кпа и намѣстника | по себѣ

Bych: поставил есть епископа и намѣсника по себѣ
Shakh: поставилъ есть епископа и намѣстьника по собѣ
Likh: поставилъ есть епископа и намѣсника по себѣ
Ostr: поставилъ есть епископа и намѣстьника по себѣ

28,21:

Trin: ондроника словеньску языку а словенескъ
Radz: анд̊ро́ника словеньскоу ıазыкȣ. а словеньскыи
Acad: андронїка. словеньскȣ ıазыкȣ. | а словеньскїи
Hypa: андро́ника словеньску ıазыку. | а словенескъ
Khle: андроника слѡвенскоу ıазыкоу. а словенеєскь

Bych: Андроника Словеньску языку. А Словеньскый
Shakh: Андроника Словѣньску языку. А Словѣньскъ
Likh: Андроника словеньску языку. А словеньскый
Ostr: Андроника Словѣньску языку. А Словѣньскъ

28,22:

Trin: языкъ и русьскои едино есть от варягъ
Radz: ıазыкъ и роу́скыи. | ѡдно. є̇с̇ ѿ варѧгъ
Acad: ıазыкь рȣсьскии ѡдно есть. ѿ ва|рѧгъ
Hypa: ıазыкъ и | рускыи ѡдинъ. ѿ варѧ|гъ
Khle: ıазыкь и роускыи єдинь. ѿ варѧгь

Bych: языкъ и Рускый одно есть, отъ Варягъ
Shakh: языкъ и Русьскыи единъ есть, отъ Варягъ
Likh: языкъ и рускый одно есть, от варягъ
Ostr: языкъ и Руськыи единъ. Отъ Варягъ

28,23:

Trin: бо прозвася русью а первое быша
Radz: бо прозва́ша̇ роу́ю. а первое бѣша
Acad: прозвашасѧ рȣ́ю. а первое быша
Hypa: бо прозвашасѧ русью. | а пьрвѣе бѣша
Khle: бо прозва́ша̇ ро́ую. а прьвѣе бѣша

Bych: бо прозвашася Русью, а первое бѣша
Shakh: прозъвашася Русию, а пьрвѣе бѣша
Likh: бо прозвашася Русью, а первое бѣша
Ostr: бо прозъвашася Русию, а пьрвѣе бѣша

28,24:

Trin: словѣни аще и поляне звахуться но словѣньская
Radz: сло|венє аще. и полѧне звахȣсѧ но словеньскаа
Acad: словене аще. | и полѧне звахȣсѧ но словеньскаа
Hypa: словенє аще. | и полѧне звахусѧ. но̊ | словеньскаıа
Khle: слѡвене аще. и полѧне | звахоусѧ. но словенскаа

Bych: Словене; аще и Поляне звахуся, но Словеньскаа
Shakh: Словѣне; аще и Поляне зъвахуся, нъ Словѣньска
Likh: словене; аще и поляне звахуся, но словеньскаа
Ostr: Словѣни. Аще и Поляне зъваху ся, нъ Словѣньска

28,25:

Trin: речь бѣ в нихъ по сему же прозвани быша полемъ
Radz: рѣ́ бѣ. поляни же прозвани бышн.
Acad: рѣчь бѣ. | поляни же прозваnі быша.
Hypa: рѣчь бѣ. по̊ляни же прозвашася.
Khle: рѣ́ бѣ. поляни же прон̅звашаc̅.

Bych: рѣчь бѣ. Полями же прозвани быша,
Shakh: рѣчь бѣ; Полями же прозъвашася,
Likh: рѣчь бѣ. Полями же прозвани быши,
Ostr: рѣчь бѣ. Полями же прозъваша ся,

29,1:

Trin: зане в полѣ сѣдяхуть языкъ словѣнескъ бысть имъ
Radz: зане в поли седахоу а язык̅ словѣ́скі
Acad: зане в поли седахȣ. | а языкъ словѣньскіи
Hypa: за|не же в полѣ сѣдаху. языкъ словѣньскын бѣ нм |
Khle: зане же в поли сѣдахж а языкъ словѣ́скын̅ | бѣ н̅

Bych: зане в поли сѣдяху, а языкъ Словенски имъ   [28,9]
Shakh: зане въ поли сѣдяху, а языкъ Словѣньскъ бысть имъ   [29,1]
Likh: зане в поли сѣдяху, а язык словенски   [23,18]
Ostr: зане въ поли сѣдяху, а языкъ Словѣньскыи бѣ имъ

29,2:

Trin: единъ
Radz: един̅:- |
Acad: еднnъ:·
Hypa: еднnъ·:· |
Khle: еднnь·:·

Bych: единъ.
Shakh: единъ.
Likh: единъ.
Ostr: единъ.

29,3:

Trin: въ лѣто 6406
Radz: В лѣт̅ ҂s̅.у̅.з̅.
Acad: omitted
Hypa: В лѣто. ҂s̅.у̅.з̅.·:· |
Khle: В лѣт̅.҂s̅.у̅ з̅.

Bych: В лѣто 6407.
Shakh: Въ лѣто 6407.
Likh: В лѣто 6407.
Ostr: Въ лѣто 6407.

29,4:

Trin: въ лѣто 6407
Radz: В лѣ̅ͭ ҂s̅.у̅.н̅.
Acad: В лѣ̅ͭ. ҂s̅.ун̅.
Hypa: В лѣто. ҂s̅ у̅.н̅.:· |
Khle: В лѣ̅ͭ. ҂s̅.у̅ н̅.

Bych: В лѣто 6408.
Shakh: Въ лѣто 6408.
Likh: В лѣто 6408.
Ostr: Въ лѣто 6408.

29,5:

Trin: въ лѣто 6408
Radz: В лѣ̅ͭ ҂s̅.у̅.ѳ̅.
Acad: В лѣ̅ͭ. | ҂s̅.уѳ.
Hypa: В лѣто. ҂s̅.у̅.ѳ̅.:· |
Khle: В лѣ̅ͭ. ҂s̅ у̅ ѳ̅. |

Bych: В лѣто 6409.
Shakh: Въ лѣто 6409.
Likh: В лѣто 6409.
Ostr: Въ лѣто 6409.

29,6:

Trin: въ лѣто 6409   леонъ царь ная угры на
Radz: В лѣ̅ͭ ҂s̅ у̅.і̅. | Н леѡнъ ц҃рь наӕ оугры на
Acad: В лѣ̅ͭ. ҂s̅.уі̅. леѡнъ ц҃рь наӕ оугры на
Hypa: В лѣто. ҂s̅.у̅.і̅.:· | Леѡнъ ц҃рь наӕ оугры на |
Khle: В лѣ̅ͭ ҂s̅.у̅ і̅. Леѡнь ц҃рь. наӕ оугры на

Bych: В лѣто 6410. Леонъ царь ная Угры на
Shakh: Въ лѣто 6410. Леонъ цѣсарь ная Угъры на
Likh: В лѣто 6410. Леон царь ная угры на
Ostr: Въ лѣто 6410. Леонъ цьсарь ная Угъры на

29,7:

Trin: болъгары угри же нашедъше всю землю болгарьскую
Radz: болгары. оугре же нашѣ̈ше всю | землю болгарьскоу.
Acad: болгары. оугре же нашѣ̈ше всю землю болгарьскȣ.
Hypa: болгары. оугре же нашеⷣше всю землю болгарьскую. [11d]
Khle: болгары. | оугре же нашѣ̈ше всю землю болгарскоую

Bych: Болгары, Угре же, нашедше, всю землю Болгарьску
Shakh: Българы. Угьри же, нашьдъше, вьсю землю Българьскую
Likh: болгары. Угре же, нашедше, всю землю Болгарьску
Ostr: Българы. Угъре же, нашьдъше, вьсю землю Българьскую

29,8:

Trin: попл҃ниша семеонъ же увидѣвъ
Radz: пленовахоу. семиѡнъ же оувидѣвъ
Acad: плено|вахȣ. семиѡн же оувидѣвь
Hypa: плѣноваху. сем҄и҇нъ же оувѣдавъ.
Khle: плѣнова|хѫ. Семеѡ҇н же оувѣдавь

Bych: плѣноваху; Семионъ же увѣдѣвъ,
Shakh: плѣноваху. Семеонъ же, увѣдѣвъ,
Likh: плѣноваху. Семионъ же увѣдѣвъ,
Ostr: плѣноваху. Семеонъ же, увѣдѣвъ,

29,9:

Trin: на угры възвратись и   поидоша
Radz: на оугры в҃ратнса. и оугре противȣ
Acad: на оугры возратнса. ‖ и оугре протївȣ   [12ᴦ]
Hypa: на оу|гры възвратнса. оугрн | противу
Khle: на оугры възвратнса. | оугрн противоу

Bych: на Угры возвратися, и Угре противу
Shakh: на Угъры возвратися, и Угъри противу
Likh: на угры возвратися, и угре противу
Ostr: на Угъры возврати ся, и Угъри противу

29,10:

Trin: противу и побѣдиша болгары яко едва
Radz: поидоша. и | победнша болгары. ꙗко ѡдва
Acad: поидоша. и победнша болгары. | ꙗко ѡдва
Hypa: поидоша. и побѣ|днша болгары. ꙗко ѡдъ|ва
Khle: поидоша, и побѣ҇д҇ніша болгары. ꙗ҇к | ѡдва

Bych: поидоша и побѣдиша Болгары, яко одва
Shakh: поидоша, и побѣдиша Българы, яко одъва
Likh: поидоша и побѣдиша болгары, яко одва
Ostr: поидоша, и побѣдиша Българы, яко одъва

29,11:

Trin: симеонъ царь въ градъ въ дерестовъ бѣжа
Radz: семиѡнъ   въ деръстръ ȣбѣ҇ж:- ‖
Acad: семиѡнъ   въ деръстръ оубѣжа:·
Hypa: семеѡнъ.   въ деръсте|ръ оубѣжа:·|
Khle: семеѡ҇н   в дерстерь оубѣжа.

Bych: Семионъ въ Деръстръ убѣжа.
Shakh: Семеонъ въ Дерестръ убѣжа.
Likh: Семионъ въ Деръстръ убѣжа.
Ostr: Семеонъ въ Дересьтръ убѣжа.

164 Повѣсть времеиьныхъ лѣтъ

29,12:

Trin: въ лѣто 6410 игореви же възрастъшю
Radz: В лѣ͞т ҂ѕ҃.у҃.а҃і. Нгоревн же възрастъшю.   [14ᵛ]
Acad: В лѣ. ҂ѕ҃.у҃.а҃і. Нгоревн же възрастъшȣ.
Hypa: В лѣто. ҂ѕ҃.у҃.а҃і.:· | Нгорѐвн възрастъшю.
Khle: В лѣ͞т ҂ѕ҃.у҃.а҃і. | Нгоревн възрастъшоу.

Bych: В лѣто 6411. Игореви же възрастъшю,
Shakh: Въ лѣто 6411. Игореви же възрастъшю,
Likh: В лѣто 6411. Игореви же възрастъшю,
Ostr: Въ лѣто 6411. Игореви възрастъшю,

29,13:

Trin: и хожаше по олзѣ и слушаше его и приведоша
Radz: н хожаше | по ѡлзѣ н слоушаша е͞г. н привєдоша
Acad: н хожаше | по ѡлзѣ. н слȣшаше его. н привєдоша
Hypa: н хо|жаше по ѡлзѣ н сл̾ꙋше его. | н привнвєдоша
Khle: н хожаше по ѡлзѣ. н слоу|шаше его. н привєдоша

Bych: и хожаше по Олзѣ и слушаше его, и приведоша
Shakh: и хожаше по Ользѣ, и слушаше его, и приведоша
Likh: и хожаше по Олзѣ и слушаша его, и приведоша
Ostr: и хожаше по Ользѣ, и слушаше его, и приведоша

29,14:

Trin: ему жену отъ пльскова именемъ
Radz: емȣ женоу ѿ пы|сковa. нменемъ
Acad: емȣ женȣ | ѿ пьсковa. нменемъ
Hypa: ему жену | ѿ плєсковa. нменемь |
Khle: емоу женоу ѿ плєсковa. н|менѐ͞м

Bych: ему жену отъ Пьскова, именемъ
Shakh: ему жену отъ Пльскова, именьмь
Likh: ему жену от Пьскова, именемъ
Ostr: ему жену отъ Пльскова, именьмь

29,15:

Trin: олгу
Radz: ѡлєнȣ.
Acad: ѡлгȣ:·
Hypa: ѡльгу:· |
Khle: ѡлгоу.

Bych: Олгу.
Shakh: Ольгу.
Likh: Олгу.
Ostr: Ольгу.

Повѣсть времєньныхъ лѣтъ   165

29,16:

Trin: въ лѣто 6411
Radz: В лѣ̃ᵀ ҂s̄.ỹ.в҃ı.
Acad: В лѣ̃ᵀ. ҂s̄.ỹ.в҃ı.
Hypa: В лѣто. ҂s̄.ỹ.в҃ı·:· |
Khle: omitted

Bych: В лѣто 6412.
Shakh: Въ лѣто 6412.
Likh: В лѣто 6412.
Ostr: Въ лѣто 6412.

29,17:

Trin: въ лѣто 6412
Radz: В лѣ̃ᵀ ҂s̄ ỹ г҃ı. |
Acad: В лѣ̃ᵀ. | ҂s̄.ỹ.г҃ı.
Hypa: В лѣто. ҂s̄.ỹ.г҃ı·:· |
Khle: omitted

Bych: В лѣто 6413.
Shakh: Въ лѣто 6413.
Likh: В лѣто 6413.
Ostr: Въ лѣто 6413.

29,18:

Trin: въ лѣто 6413
Radz: В лѣ̃ᵀ ҂s̄.ỹ д҃ı.
Acad: В лѣ̃ᵀ. ҂s̄.ỹ.д҃ı.
Hypa: В лѣто. ҂s̄.ỹ.д҃ı·:· |
Khle: В лѣ̃ᵀ ҂s̄.ỹ.д҃ı.

Bych: В лѣто 6414.
Shakh: Въ лѣто 6414.
Likh: В лѣто 6414.
Ostr: Въ лѣто 6414.

29,19:

Trin: въ лѣто 6414 иде олегъ на грекы а игоря
Radz: В лѣ̃ᵀ ҂s̄ ỹ є҃ı. Иде ѡлегъ на грекы. нгорѧ
Acad: В лѣ̃ᵀ. ҂s̄.ỹ.є҃ı. Иде ѡлегъ на грекн. нгорѧ
Hypa: В лѣто. ҂s̄.ỹ.є҃ı·:· Иде ѡлег<л>ъ на грѣкы. нгорѧ
Khle: В лѣ̃ᵀ ҂s̄.ỹ.є҃ı. нде ѡлегъ || на грекы. нгорѧ   [10ᵣ]

Bych: В лѣто 6415. Иде Олегъ на Грекы, Игоря
Shakh: Въ лѣто 6415. Иде Ольгъ на Грькы, Игоря
Likh: В лѣто 6415. Иде Олегъ на Грекы, Игоря
Ostr: Въ лѣто 6415. Иде Ольгъ на Грькы, Игоря

29,20:

Trin: оставивъ киевѣ поя же множьство
Radz: ѡставнв кневѣ. поѧ множество
Acad: ѡставнвь в кїевѣ. поѧ множество
Hypa: ѡставнвъ кыевѣ. І поѧ же множьство
Khle: ѡставнвъ кыевѣ. поѧ же мнѡ҇жство

Bych: оставивъ Киевѣ; поя же множество
Shakh: оставивъ Кыевѣ; поя же мъножьство
Likh: оставив Киевѣ, поя же множество
Ostr: оставивъ Кыевѣ; поя же мъножьство

29,21:

Trin: варягъ и словѣне чюдь кривичи
Radz: варѧ҇г. н словен. н т҇дю. н словене. н крнвнчн.
Acad: варегъ. н словенъ. н т҇дю. н словене. н крївнчн.
Hypa: варѧ҇гъ. н словенъ. н чюдн. І н крнвнчн.
Khle: варѧгъ. н слѡвень. н т҇дю. н крнвнчн.

Bych: Варяг, и Словенъ, и Чюдь, и Кривичи,
Shakh: Варягъ и Словенъ и Чюдь и Кривичѣ
Likh: варяг, и словенъ, и чюдь, и словене, и кривичи,
Ostr: Варягъ и Словенъ и Чюдь и Кривичѣ

29,22:

Trin: меря поляне сѣверъ
Radz: н мерю. н древлѧІны. н раднмнчн. н
Acad: н мерю. І н древлѧны. н древлѧны. н раднмнчї. н
Hypa: н мерю. н І полѧны. н сѣверо н
Khle: н мерю. І н полѧны. н с<ѣ>веро. н

Bych: и Мерю, и Деревляны, и Радимичи, и
Shakh: и Мерю и Поляны и Сѣверъ и
Likh: и мерю, и деревляны, и радимичи, и
Ostr: и Мерю и Поляны и Сѣверъ и

29,23:

Trin: деревляны радимичи вятичи и хорвяты
Radz: полѧны. н сѣверо. н вѧт҇ч. н хо|рваты. н
Acad: полѧны. І н сѣверо. н вѧтнчн. н хорваты. н
Hypa: де|ревлѧны. н раднмнчн. І н хорваты. н
Khle: деревлѧны. н ра҇д҇мнчн. н хо|рваты. н

Bych: Поляны, и Сѣверо, и Вятичи, и Хорваты, и
Shakh: Деревляны и Радимичѣ и Хърваты и
Likh: поляны, и сѣверо, и вятичи, и хорваты, и
Ostr: Деревляны и Радимичѣ и Хърваты и

Повѣсть времєньныхъ лѣтъ

29,24:

Trin: дулѣбы и тиверьць яже суть толковины
Radz: доулѣбы. и тиверци. ıаже соу͞т толкоⷡины.
Acad: дȣлѣбы. и тивеⷬци. ıаже сȣть толковїны.
Hypa: дулѣбы. | и тиверци. ıаже суть толковины.
Khle: доулѣбы. и тиверци. иже сѫ толковнı҃ы.

Bych: Дулѣбы, и Тиверци, яже суть толковины:
Shakh: Дулѣбы и Тиверьцѣ, иже суть тълковины:
Likh: дулѣбы, и тиверци, яже суть толковины:
Ostr: Дулѣбы и Тиверьцѣ, яже суть тълковины:

29,25:

Trin: си вси звахуся отъ грькъ великая скуфь
Radz: си вси звахоутⸯⷭ ѿ грекъ великаıа скоу͒.
Acad: си вси звахȣтса ѿ грекъ великаа скȣѳь.
Hypa: си вси звахутⸯⷭ   великаıа скуфь.
Khle: си вси звахѫса   великаа скѵ͒.

Bych: си вси звахуться отъ Грекъ Великая Скуѳь.
Shakh: си вьси зъвахуться отъ Грькъ Великая Скуѳь.
Likh: си вси звахуться от грекъ Великая скуфь.
Ostr: си вьси зъвахуть ся Великая Скуѳь.

29,26:

Trin: и съ сими   всѣми поиде олегъ на конехъ
Radz: с сими | со всѣми поиде ѡлегъ на конеⷯ
Acad: с сими со всѣми поиде ѡлегъ на | конехъ.
Hypa: и | съ сими   всѣми поиде ѡлегъ. на конѣхъ
Khle: и съ сими всѣⸯⷨⷩ | поиде ѡлегъ на кониⷯ.

Bych: И съ сими со всѣми поиде Олегъ на конехъ
Shakh: И съ сими со вьсѣми поиде Ольгъ на конихъ
Likh: И съ сими со всѣми поиде Олегъ на конех
Ostr: И съ сими вьсѣми поиде Ольгъ на конихъ

29,27:

Trin: и в кораблѣхъ и бѣ числомъ 2000 кораблевъ
Radz: и на корабле͓ⷯ. и бѣ | числомъ кораблеи ҂в҃.
Acad: и на корабле͓ⷯ. и бѣ числомъ корабль ҂в҃. |
Hypa: и в кора|блѣ͓ⷯ. и бѣ числомъ корⷶабли ҂в҃.
Khle: и в корабли͓ⷯ. и бѣ числомь | кораблеи двѣ тысѧщи.

Bych: и на кораблехъ, и бѣ числомъ кораблей 2000,
Shakh: и въ кораблихъ, и бѣ числъмь корабль 2000.
Likh: и на кораблех, и бѣ числомъ кораблей 2000.
Ostr: и въ кораблихъ, и бѣ числъмь корабль 2000.

167

30,1:

Trin:	и приде ко царюгороду и грьци замкоша	[64]
Radz:	прйнде къ црюгра́у. н грецй	zамкоша	
Acad:	прйнде ко црюгра́у. н грецй zамкоша	
Hypa:	н прнде къ црю̃|гра̑. н грецн zамкоша	[12a]
Khle:	н прйнде къ црюградоу. н грецн zамкоша	
Bych:	и прииде къ Царюграду; и Греци замкоша	[29,8]
Shakh:	И прииде къ Цѣсарюграду, и Грьци замъкоша	[24,3]
Likh:	И прииде къ Царюграду; и греци замкоша	[24,3]
Ostr:	И прииде къ Цьсарюграду, и Грьци замъкоша	

30,2:

Trin:	судъ а градъ затвориша и вылезе олегъ на
Radz:	со́у. а гра́ zатворнша:-	Н вынде ѡлегъ на
Acad:	сѹ. а гра́ zатвоiрнша:· Н вынде ѡлегъ на
Hypa:	су|дъ. а городъ zатворнша.	н вылѣzе ѡлегъ на
Khle:	сѹж. а горѡ zатворнша. н вылѣzе	ѡлегь на
Bych:	Судъ, а градъ затвориша. И выиде Олегъ на
Shakh:	Судъ, а градъ затвориша. И вылѣзе Ольгъ на
Likh:	Судъ, а градъ затвориша. И выиде Олегъ на
Ostr:	Судъ, а градъ затвориша. И вылѣзе Ольгъ на

30,3a:

Trin:	брегъ
Radz:	брегъ.
Acad:	брегъ.
Hypa:	бере|гъ. н повелѣ воемъ нzъ|волоунтн корабла на бе|регъ.
Khle:	брегъ. н повелѣ во͡ем нzъвлещн корабла на	брегъ.
Bych:	брегъ,
Shakh:	брегъ, и повелѣ воемъ извлещи корабля на брегъ;
Likh:	брегъ,
Ostr:	брегъ, и повелѣ воемъ извлещи корабля на брегъ;

30,3b:

Trin:	и повоева много и много убииство
Radz:	н воеватн нача н много оуб҃нства
Acad:	н воеватн нача.	н много оубінство
Hypa:	н повоева ѡколоо̑	города. н много
Khle:	н повоева ѡколо города. н мнѡго
Bych:	и воевати нача, и много убийство
Shakh:	и повоева около града, и мъного
Likh:	и воевати нача, и много убийства
Ostr:	и повоева около града, и мъного

Повѣстъ времеьныхъ лѣтъ

30,4:

Trin: створи около царягорода грькомъ и многи
Radz: сотвори. ѡколо гра҃ грекомъ<ъ> и разбиша |
Acad: сотвори. ѡколо града грекомъ. | и разбѣша
Hypa: оубиньств | створи греко҃. и полаты |
Khle: оубїнство | сътвори греко҃. и полаты

Bych: сотвори около града Грекомъ, и разбиша
Shakh: убииство сътвори Грькомъ; и разбиша
Likh: сотвори около града грекомъ, и разбиша
Ostr: убииство сътвори Грькомъ; и полаты

30,5:

Trin: полаты разбиша и многи церкви пожьгоша а их же
Radz: многы полаты. и пожгоша црк҃ви. а их же
Acad: многи полаты. и пожгоша црк҃ви. а их же |
Hypa: многы разбиша. а црькви пожгоша. а их же |
Khle: мнѡгы разбиша. и | црк҃ви пожгоша. а и҃ же

Bych: многы полаты, и пожгоша церкви; а ихже
Shakh: мъногы полаты, и цьркъви пожьгоша; а ихъже
Likh: многы полаты, и пожгоша церкви. А их же
Ostr: мъногы разбиша, и цьркъви пожьгоша; а ихъже

30,6:

Trin: имяху полоняники овы посѣкаху а другия
Radz: има|хоу плѣнники. ѡвѣхъ посѣкахү дрүгиа
Acad: имахү плѣнники. ѡвѣх посѣкахү. дрүгїа
Hypa: имаху полонанкы. ѡ|вѣхъ посѣкаху. другыиа
Khle: имахү полонанкы. | ѡвѣ посѣкахоу. дроугыа

Bych: имаху плѣнники, овѣхъ посѣкаху, другиа
Shakh: имаху плѣньники, овы посѣкаху, другыя
Likh: имаху плѣнники, овѣхъ посѣкаху, другиа
Ostr: имяху плѣньники, овы посѣкаху, другыя

30,7:

Trin: мучаху иныя же растляху а иныя
Radz: же мү҃чаху иныа же растрѣлахоу. а дроугыа |
Acad: же мүчаı҃хү. и иныа же растрѣлахү. а дрүгїа
Hypa: же мучаху. иныа же ра|стрѣлаху. а другыа
Khle: же мѫчахоу. иныаⷤ | растрѣлахѫ. а дроугыа

Bych: же мучаху, иныя же растреляху, а другыя
Shakh: же мучаху, иныя же растрѣляху, а другыя
Likh: же мучаху, иныя же растреляху, а другыя
Ostr: же мучаху, иныя же растрѣляху, а другыя

169

30,8:

Trin: в море вметаху и ина многа зла
Radz: в морє вметахоу. и ина многа
Acad: в морє вмета|хȣ. и ина многа
Hypa: въ | морє вметаша. ⟨и⟩ ина мн͡га зла
Khle: въ морє въметашє. | и ина мнѡга sла,

Bych: в море вметаху, и ина многа зла
Shakh: въ море въметаху; и ина мънога зъла
Likh: в море вметаху, и ина многа зла
Ostr: въ море въмѣтаху; и ина мънога зъла

30,9:

Trin: творяху гръкомъ русь елико же рати творяху
Radz: творахоу роусь | грекомъ. єлико же ратнии творать:- ‖
Acad: творахȣ рȣсь грекомъ. єлико же | ратнын творатъ:·
Hypa: творахꙋ сꙋ͡ грѣко͡м. | єлико же ратнии творать. |
Khle: роꙋ͡с творахꙋ греко͡м. єлико же | ратнїи твора͡т.

Bych: творяху Русь Грекомъ, еликоже ратнии творять.
Shakh: творяху Русь Грькомъ, еликоже ратьнии творять.
Likh: творяху русь грекомъ, елико же ратнии творять.
Ostr: творяху Русь Грькомъ, еликоже ратьнии творять.

30,10:

Trin: и повелѣ олегъ воимъ своимъ
Radz: И повелѣ ѡлегъ воємъ своимъ. [15ᵍ]
Acad: И повелѣ ѡлегъ воємъ свои|мъ
Hypa: и повелѣ ѡлегъ воємъ свои͡м.
Khle: и повелѣ ѡлегъ вое͡м свои͡м

Bych: И повелѣ Олегъ воемъ своимъ
Shakh: И повелѣ Ольгъ воемъ своимъ
Likh: И повелѣ Олегъ воемъ своимъ
Ostr: И повелѣ Ольгъ воемъ своимъ

30,11:

Trin: колеса сдѣлати и въставляти корабли на
Radz: колєса издѣлати. | и воставлати на колєса
Acad: колєса издѣлати. и воставлати на колєса
Hypa: колеса изъдѣлати. и | въставити корабла на |
Khle: колеса иꙁдѣлати. и въставити корабла на

Bych: колеса издѣлати и воставити на колеса
Shakh: колеса издѣлати и въставити корабля на
Likh: колеса издѣлати и воставляти на колеса
Ostr: колеса издѣлати и въставити корабля на

Повѣсть времяньныхъ лѣтъ

30,12:

Trin: колеса и бывшу вѣтру покосну и въспяша
Radz: корабля. и бывшю поко|сноу вѣтроу. въспа
Acad: ко|рабля. и бѣвшу покуснu вѣтру. въспа
Hypa: колеса. и бывшю покосну вѣтру. оуспаша |
Khle: колеса. и бы̋шоу покосноу вѣтроу въспаша

Bych: корабля; и бывшю покосну вѣтру, въспяша
Shakh: колеса. И бывъшю покосьну вѣтру, въспяша
Likh: корабля. И бывшю покосну вѣтру, въспяша
Ostr: колеса. И бывъшю покосьну вѣтру, въспяша

30,13:

Trin: парусы на кораблехъ и идяше къ граду съ силою многою и видевше
Radz: пароусы с поля. и идаше къ гра́у | и видѣвше
Acad: паруcы с поля. и идаше к городу. и видѣвше
Hypa: <прѣ> с поля. и идаше къ | городу. видѣвше же
Khle: прѣ с поля. и идаше къ городоу. видѣвше же

Bych: парусы съ поля, и идяше къ граду. И видѣвше
Shakh: пърѣ, и съ поля идоша къ граду. Видѣвъше же
Likh: парусы съ поля, и идяше къ граду. И видѣвше
Ostr: пърѣ, и съ поля идоша къ граду. Видѣвъше же

30,14:

Trin: грьци и убояшася зило и выславше рѣша
Radz: греци и оубоѧша͘с. и рѣша выславше
Acad: греци и оубоѧшаса. || и рѣша выславше   [12ᵛ]
Hypa: гр|цѣ оубоѧшаса. и рко́ш | выславше
Khle: греци и оубоѧшаса. | и рекоша, выславше

Bych: Греци и убояшася, и рѣша выславше
Shakh: Грьци, убояшася, и рѣша, высълавъше
Likh: греци и убояшася, и рѣша выславше
Ostr: Грьци, и убояша ся, и рѣша high высълавъше

30,15:

Trin: олгови из града не погубляи града имем ти ся
Radz: ко | ѡлговн. не погоублѧи града имем͘с
Acad: ко ѡлговн. не погублѧи града | имем са
Hypa: ко ѡльговн. | не погублѧи горо́ имемь | са
Khle: къ ѡлговн, не погоублѧи | града, имем са

Bych: ко Олгови: "не погубляй града, имемъ ся
Shakh: къ Ольгови: "не погубляи града; имемъ ся
Likh: ко Олгови: "Не погубляй града, имемъ ся
Ostr: къ Ольгови: "Не погубляи града; имемъ ся

171

30,16:

Trin:	дань даяти яко же хощеши и устави олегъ
Radz:	по дать ꙗко же | хощеши. и оустави ѡлегъ
Acad:	по дань. ꙗко же хощеши. и оустави ѡлегⸯ
Hypa:	по дань. ꙗко же хощеши. и стави ѡлегъ
Khle:	по дань ꙗко же хощеши. оустави | ѡлегъ

Bych:	по дань, якоже хощеши". И устави Олегъ
Shakh:	по дань, якоже хощеши". И устави Ольгъ
Likh:	по дань, яко же хощеши". И устави Олегъ
Ostr:	по дань, якоже хощеши". И устави Ольгъ

30,17:

Trin:	воя своя и вынесоша ему брашно и вино и
Radz:	воꙗ:– | и вынесоша емоу брашно и вино и
Acad:	воꙗ:· и вынесоша емꙋ брашно и вино. и
Hypa:	вои. и | вынесоша ему брашна. | и вино. и
Khle:	вои. и вынесоша емоу брашна и вино. и

Bych:	воя, и вынесоша ему брашно и вино, и
Shakh:	воя. И вынесоша ему брашно и вино; и
Likh:	воя, и вынесоша ему брашно и вино, и
Ostr:	воя. И вынесоша ему брашьно и вино; и

30,18:

Trin:	не прияше его бѣ бо устроено со отравою смертною и
Radz:	не приꙗ е͇. бѣ бо | оустроено со ѡтравою. и
Acad:	не прїꙗ его. бѣ бо оустроено со ѡтравою. и
Hypa:	не приꙗ его бѣ | бо оустроено съ ѡтравоју. и
Khle:	не | прїа его, бѣ бѡ оучинено съ ѡтравою. и

Bych:	не приа его; бѣ бо устроено со отравою. И
Shakh:	не прия его; бѣ бо устроено съ отравою. И
Likh:	не приа его; бѣ бо устроено со отравою. И
Ostr:	не прия его; бѣ бо устроено съ отравою. И

30,19:

Trin:	убояшася грьци и рѣша нѣсть се олегъ но
Radz:	оубоꙗша͇с грецн. и рѣ|ша нѣсть се ѡлегъ. но
Acad:	оубоꙗша|сꙗ греци. и рѣша нѣсть се ѡлегъ. но
Hypa:	оубоꙗшасꙗ грѣцѣ. || и ркоша н͇ѣ се ѡлегъ. но | [12b]
Khle:	оубоꙗша͇с | греци, и рекоша н͇ѣ се ѡлегъ. но

Bych:	убояшася Греци, и рѣша: "нѣсть се Олегъ, но
Shakh:	убояшася Грьци, и рѣша: "нѣсть сь Ольгъ, нъ
Likh:	убояшася греци, и рѣша: "Нѣсть се Олегъ, но
Ostr:	убояша ся Грьци, и рѣша: "Нѣсть сь Ольгъ, нъ

Повѣсть времеиьныхъ лѣтъ

30,20:

Trin: святыи дмитрии посланъ отъ бога на ны и заповѣда
Radz: с҃тын дмнтрен посланъ на | ны ѿ б҃а. н заповѣда
Acad: с҃тын дмнтрен посланъ на ны ѿ б҃га. н заповѣда
Hypa: с҃тын. дмнтрнн посланъ | на ны ѿ б҃а. н заповѣда
Khle: с҃тын дмнтрїн | послань на ны ѿ б҃а. н заповѣда

Bych: святый Дмитрей, посланъ на ны отъ Бога". И заповѣда
Shakh: святыи Дьмитрии, посъланъ на ны отъ Бога". И заповѣда
Likh: святый Дмитрей, посланъ на ны от бога". И заповѣда
Ostr: святыи Дьмитрии, посъланъ на ны отъ Бога". И заповѣда

30,21:

Trin: олегъ дань даяти на двѣ тысячи кораблевъ
Radz: ѡлегъ даѩтн на ҂в҃. корабль |
Acad: ѡлегъ даѩтн на ҂в҃. корабль
Hypa: ѡлегъ дань даѩтн. на ҂в҃. | кораблнн.
Khle: ѡлегь даⁿ даѩтн | на двѣ тысѧщн корабленн.

Bych: Олегъ дань даяти на 2000 корабль,
Shakh: Ольгъ дань даяти на 2000 корабль,
Likh: Олегъ дань даяти на 2000 корабль,
Ostr: Ольгъ дань даяти на 2000 корабль,

30,22:

Trin: по 12 гривнѣ на человѣкъ а в кораблѣ по
Radz: по .в҃і. грнвенъ на ч҃лвкъ а в корабли
Acad: по .в҃і. гр҃івенъ на ч҃лвкъ а в ко|раблі
Hypa: по .в҃і. грнвнѣ | на ч҃лвка. а в корабли. по |
Khle: по в҃і. грнвнѣ на ч҃лка. | а в корабли. по

Bych: по 12 гривенъ на человѣкъ, а въ корабли по
Shakh: по 12 гривнѣ на человѣкъ, а въ корабли по
Likh: по 12 гривенъ на человѣкъ, а въ корабли по
Ostr: по 12 гривнѣ на человѣкъ, а въ корабли по

30,23:

Trin: 40 мужь и яшася грьци тако и посемь и почаша
Radz: м҃. моужь н ѩшаⁿ | грецн   по се. н почаша
Acad: .м҃. мꙋжь. н ѩшаса грецн   по се. н почаша
Hypa: м҃. мужь. ѩшаса грецн | по се. н почаша
Khle: м҃. мꙋⁿ н ѩшаⁿ грецн   по се, н начаша ||

Bych: 40 мужь; и яшася Греци по се, и почаша
Shakh: 40 мужь. И яшася Грьци по се, и почаша
Likh: 40 мужь. И яшася греци по се, и почаша
Ostr: 40 мужь. И яша ся Грьци по се, и почаша

30,24:

Trin: грьци мира просити дабы не воевалъ гражанъ по пристанищемъ
Radz: греци мира проси. дабы не воеваᵀ ‖ грецкые   [15ᵛ]
Acad: греци мира просити. дабы не воевалъ грецкое
Hypa: греци мир̑ | просити. дабы не воевалъ | грѣцькои
Khle: греци мира просити. дабы не воева̑ грецкое   [10ᵛ]

Bych: Греци мира просити, дабы не воевалъ Грецкые
Shakh: Грьци мира просити, да бы не воевалъ Грьчьскыя
Likh: греци мира просити, дабы не воевал Грецкые
Ostr: Грьци мира просити, да бы не воевалъ Грьчьскыя

30,25:

Trin: и олегъ   отступивъ мало отъ града
Radz: земли:- | олегъж̑ мало ѿступи   ѿ гра̑.
Acad: землї:· ѡлегъ же мало ѿстꙋпи   ѿ града.
Hypa: зем̑ли. ѡлегъ | же мало ѿступивъ   об горо|да.
Khle: зе̑м̑ли | ѡлег же мало ѿстоупнвь   об града.

Bych: земли. Олегъ же мало отступивъ отъ града,
Shakh: земля. Ольгъ же, мало отъступивъ отъ града,
Likh: земли. Олегъ же, мало отступивъ от града,
Ostr: земля. Ольгъ же, мало отъступивъ отъ града,

30,26:

Trin: нача миръ творити со царема грьчьскима с
Radz: нача мир̑ творити со ц̅рыма грецкима. со
Acad: нача мир̑ тво|рити со ц̅рема грецкима. с
Hypa: нача мир̑ творити | съ ц̅ремаᶜ грѣцькыма. съ |
Khle: нача мирь творити съ ц̅рема грецкыма. съ

Bych: нача миръ творити со царьма Грецкима, со
Shakh: нача миръ творити съ цѣсарема Грьчьскыма, съ
Likh: нача миръ творити со царьма грецкима, со
Ostr: нача миръ творити съ цьсарема Грьчьскыма, съ

30,27:

Trin: леономъ и со александромъ посла к нима въ
Radz: ѡленоᵐ. и   александ̑ромъ. посла к ни̑ въ |
Acad: л<еѡн>мъ. и   ѡлекса|ндромь. посла к нима во
Hypa: леѡномъ и съ александроᵐ. | посла к нима в
Khle: леѡнѡ̑ᵐ и   алеѯандроᵐ. | посла къ ни̑ въ

Bych: Леономъ и Александромъ, посла к нима въ
Shakh: Леонъмь и Александръмь, посъла къ нима въ
Likh: Леономъ и Александромъ, посла к нима въ
Ostr: Леонъмь и Александръмь, посъла къ нима въ

31,1:

Trin: градъ карла фарлофа вельмуда рулава и стемида
Radz: гра҃ карла фарло҇. вельму҃да. ру҃лава. н стемн҃.
Acad: гра҃. карла. фаръл офа. | вельму҃да. ру҃лава. н стемнда.
Hypa: городъ ка|рла. фарлофа. велму҃да. рулава. н стемнда
Khle: горѿ. карла. фарлоѳа, велмоуда, | роулава. н стемнда.

Bych: градъ Карла, Фарлофа, Вельмуда, Рулава и Стемида,   [30,8]
Shakh: градъ Карла, Фарлофа, Верьмуда, Рулава и Стемида,   [31,2]
Likh: градъ Карла, Фарлофа, Вельмуда, Рулава и Стемида,   [24,23]
Ostr: градъ Карла, Фарлофа, Вельмуда, Рулава и Стемида,

31,2:

Trin: глаголя има имите ми ся дань даяти и рѣша грьци
Radz: гла҃ нмі́те | мн҇ по да҃. н рѣ҃ грецн
Acad: гла҃ нмете мі | са по дань. н рѣша грецн
Hypa: гла҃ | нмете мн са по дань. н ркоша грѣцѣ.
Khle: гла҃ нмнте мн са по да҃н. | н рекоша грецн,

Bych: глаголя: "имите ми ся по дань". И рѣша Греци:
Shakh: глаголя: "имѣте ми ся по дань". И рѣша Грьци:
Likh: глаголя: "Имите ми ся по дань". И рѣша греци:
Ostr: глаголя: "Имѣте ми ся по дань". И рѣша Грьци:

31,3:

Trin: чего хощеши   дамы ти и заповѣда олегъ дати
Radz: ѵе҇ хоще҇ш   дам тн. н заповѣда ѡле҇г да҃т |
Acad: ѵего хощешн   дамы | тн н заповѣда ѡлегъ даватн
Hypa: ѵего хоѵете н | дамы тн. н заповѣда ѡле҇г датн
Khle: ѵего хощете   дамы тн. н заповѣ|да ѡлегъ датн

Bych: "чего хощеши, дамы ти". И заповѣда Олегъ дати
Shakh: "чего хощеши, дамъ ти". И заповѣда Ольгъ дати
Likh: "Чего хощеши, дамы ти". И заповѣда Олег дати
Ostr: "Чего хощеши, дамы ти". И заповѣда Ольгъ дати

31,4:

Trin: воемъ на 2000 кораблевъ по 12 гривенъ на ключь
Radz: вое҇м. на ҂в҃. корабль по в҃і. грнвѣ҇ на клю҇.
Acad: воемь. на ҂в҃. ко|рабль. по в҃і. грнвенъ на ключъ.
Hypa: воемъ. на ҂в҃. | кораблнн. по двѣнаты<ц>ать грнвнѣ на ключъ.
Khle: вое҇м. на ҂в҃. кораблн. по в҃і. грнвѣ҇. | на клю҇.

Bych: воем на 2000 корабль по 12 гривенъ на ключь,
Shakh: воемъ на 2000 корабль по 12 гривьнѣ на ключь,
Likh: воем на 2000 корабль по 12 гривен на ключь,
Ostr: воемъ на 2000 корабль по 12 гривьнѣ на ключь,

31,5:

Trin: потомъ пояти уклады на русьския грады
Radz: и пото^м да^сити | оугла^ды на роукыа гра^д.
Acad: и потомъ да^сти | оу<к>лады на ру^сскїа грады.
Hypa: и | пото^м да^сти оуглады на ру|скіе городы.
Khle: и пот^ѿ да^сти. оуглады на роускые | горѡды.

Bych: и потомъ даяти уклады на Рускыа грады:
Shakh: и потомь даяти уклады на Русьскыя грады:
Likh: и потом даяти уклады на рускыа грады:
Ostr: и потомь даяти уклады на Русьскыя грады:

31,6:

Trin: первое на киевъ та же на черниговъ и на
Radz: первое на кневъ. та^ж на чернѣго^в. | на
Acad: первое на кїевь. та же | на чернїговъ. на
Hypa: пѣрвое на кіевъ. та же и <н>а чернѣгов^ъ. | и на
Khle: первое на кыевь. та же и на чернѣговь. | и на

Bych: первое на Киевъ, таже на Черниговъ, и на
Shakh: пьрвое на Кыевъ, таже на Чьрниговъ и на
Likh: первое на Киевъ, та же на Чернигов, на
Ostr: пьрвое на Кыевъ, таже на Чьрниговъ и на

31,7:

Trin: переяславль и на полътескъ и на ростовъ
Radz: переаславль. на полт<ѣ>скъ. на росто^в.
Acad: переꙗславль. на полтескъ. на ро|стовь.
Hypa: переꙗслав^лъ. и на полъ|тескъ. и на ростовъ.
Khle: переꙗславль. и на полтескъ. и на ростовь.

Bych: Переаславль, и на Полтѣскъ, и на Ростовъ,
Shakh: Переяславль и на Полотьскъ и на Ростовъ
Likh: Переаславль, на Полтѣскъ, на Ростов,
Ostr: Переяславль и на Полотьскъ и на Ростовъ

31,8:

Trin: и на любечь и на прочая грады по тѣмъ
Radz: на любе^ч. и на про|чаа горо^д по тѣ^м
Acad: на любечь. и на прочаа городы. по тѣмъ |
Hypa: и на | любечь. и на прочаꙗ город^ы. | по тѣмь
Khle: и | на любечь. и на прочаа городы. по ты^м

Bych: и на Любечь и на прочаа городы, по тѣмъ
Shakh: и на Любьчь и на прочая грады, по тѣмъ
Likh: на Любечь и на прочаа городы; по тѣм
Ostr: и на Любьчь и на прочая грады, по тѣмъ

31,9:

Trin: убо градомъ сѣдяху   князеве подъ олгомъ
Radz: бо горо̑мъ седахȣ велццни кнз҃и. по̑ лго᷍м |
Acad: бо городомъ. седахȣ велі̅цни кнз҃и. под ѡлгомъ
Hypa: бо городомъ. сѣ|даху   кна‹ж›ьıа. подъ ѡльго᷍
Khle: бо городомь | сѣдахꙋ   кнѧжьа. по᷍ ѡльго᷍

Bych: бо городомъ сѣдяху велиции князи, подъ Олгомъ
Shakh: бо градомъ сѣдяху велиции кънязи, подъ Ольгъмь
Likh: бо городомъ сѣдяху велиции князи, под Олгом
Ostr: бо градомъ сѣдяху кънязи, подъ Ольгъмь

31,10:

Trin: суще да приходяще русь дань емлють
Radz: сȣще. да прıходаүı рȣ᷍с слюбное емлю᷍т
Acad: сȣще. да прıходаүе рȣ᷍с слюбное емлють.
Hypa: суще. да прıходать ру|сь ‹х›лѣбное емлють
Khle: сꙗще. да прıхода᷍т | роу᷍с сълебное бероу᷍т,

Bych: суще; "да приходячи Русь слюбное емлють,
Shakh: суще; "да приходящи Русь сългьбьное емлють,
Likh: суще. "Да приходячи Русь слюбное емлют,
Ostr: суще. "Да приходять Русь сългьбное емлють,

31,11:

Trin: елико хотяче а иже придуть гостеве да
Radz: елнко хотаүı | а ı прıда᷍ж гостı егда
Acad: елнı|ко хотаүе. а нже прıходаүе гости да
Hypa: елнı|ко хота᷍т. а нже придуть | гостье да   [12с]
Khle: елнко хоташе. а нже прı̅ндоу᷍ | гостıе. да

Bych: елико хотячи, а иже придутъ гости, да
Shakh: елико хотящи; а иже приходяще гостие, да
Likh: елико хотячи, а иже придутъ гости да
Ostr: елико хотящи; а иже придутъ гостие, да

31,12:

Trin: емлють мѣсячину на 6 мѣсяць   хлѣбы и вино
Radz: емлю᷍т мѣсаүннȣ на s҃ мц҃ь.   хлѣбъ вı᷍н.
Acad: емлють | мѣсаүннȣ на .s҃. месець. ı хлѣбъ ı вıно. |
Hypa: емлють ‹млють› | мѣсаүнну. на .s҃. мц҃ь. | ı хлѣбъ ı вıно
Khle: бероу᷍т мѣсаүнноу. на s҃. мц҃ь ı хлѣбъ | ı вıно.

Bych: емлють мѣсячину на 6 мѣсяць, хлѣбъ, и вино,
Shakh: емлють мѣсячьное на 6 мѣсяць, хлѣбъ и вино
Likh: емлют мѣсячину на 6 мѣсяць, хлѣбъ, вино,
Ostr: емлють мѣсячину на 6 мѣсяць, и хлѣбъ и вино

178 Повѣсть времеиьныхъ лѣтъ

31,13:

Trin: и мяса и рыбы и овощь   да творять
Radz: и мѧсⷭ и рыбы и ѡвощеⷨ. и да творⷮа
Acad: и мѧсо. и рыбы. и ѡвощемъ. и да творⷮа
Hypa: и мѧса и | рыбы. и ѡвощемъ. и да | творать
Khle: и мѧса и рыбы. и ѡвощеⷨ. и да творⷮа

Bych: и мясо, и рыбы и овощь; и да творять
Shakh: и мясо и рыбы и овощь; и да творять
Likh: мясо, и рыбы и овощь. И да творят
Ostr: и мясо и рыбы и овощь. И да творять

31,14:

Trin: имъ мовници елико хотять и поидуче домовь в   [65]
Radz: и ̇мовь. елиⷦ хотаⷮ | пондꙋчи
Acad: имъ ‖ мовь. елико хотать. и пондꙋчⷤи   [13ᵍ]
Hypa: имъ мовь. елико хотать. и понду же ру|сь
Khle: имь | мовь елико хотⷮа. и поидоу же роу

Bych: имъ мовь, елико хотять; поидучи же домовь, в
Shakh: имъ мовь, елико хотять; поидущи же Русь
Likh: им мовь, елико хотят. Поидучи же домовь, в
Ostr: имъ мовь, елико хотять. И поидущи же Русь

31,15:

Trin: русь   емлють у царя на
Radz: роуⷭ за сѧ. да емлюⷮ оу цⷭрѧ вашеⷢ
Acad: рꙋⷭ   да емлютъ | оу цⷭрѧ вашего
Hypa: домови.   да емлю оу цⷭрѧ вашего на
Khle: домовь.   да | бероуⷮ оу цⷭрѧ вашего на

Bych: Русь, да емлют у царя нашего на
Shakh: домови, да емлють у цѣсаря вашего на
Likh: Русь, да емлют у царя вашего на
Ostr: домови, да емлють у цьсаря вашего на

31,16:

Trin: путь брашна и якори и ужища и прѣ
Radz: брашно и ꙗкⷦри и ꙋ|жа. и пароусы.
Acad: брашно. иꙗкори. и оужа. и парꙋсы. |
Hypa: путь брашно. и ꙗко|рѧ и оуж⟨а⟩. и ⟨прѣ⟩.
Khle: п⟨уⷮ⟩ брашно. и ꙗкора. и оу|жа. и прѧ.

Bych: путь брашно, и якори, и ужа, и парусы,
Shakh: путь брашьно и якоря и ужа и пърѣ,
Likh: путь брашно, и якори, и ужища, и парусы,
Ostr: путь брашно и якоря и ужа и пърѣ,

Повѣсть времеиьныхъ лѣтъ

31,17:

Trin: елико имъ надобѣ и яшася Грьци
Radz: и елико надбе. и иашаса Греци:- ||
Acad: и елико надобн. иашаса Греци:·
Hypa: и елико | надобѣ. и иашаса Греци. |
Khle: и елико надобѣ. и иаша҃ Греци.

Bych: и елико имъ надобе". И яшася Греци
Shakh: елико имъ надобѣ". И яшася Грьци.
Likh: и елико имъ надобе". И яшася греци,
Ostr: и елико надобѣ". И яшася Грьци.

31,18:

Trin: и рѣста царя и боярьство все аще придуть
Radz: и рѣста ц҃ра и боиарьство все. аще приндоуть   [16ᵍ]
Acad: Рѣста ц҃ра и боиарьство все. аще прinduтъ
Hypa: и ркоша ц҃ра и боиарьство | все. аще приндуть
Khle: и реко|ша, ц҃ра и боиарьство все. аще приндоу҃

Bych: и рѣста царя и боярьство все: "аще приидуть
Shakh: И рѣста цѣсаря и болярьство вьсе: "аще придуть
Likh: и рѣста царя и боярьство все: "Аще приидуть
Ostr: И рекоста цьсаря и боярьство вьсе: "Аще придуть

31,19:

Trin: русь бес купли да не взимают мѣсячины да
Radz: роу҃ бес ку҃пли. да не взнмаю҃ мѣсачнны да
Acad: ру҃ бес купли. да не взнiмаютъ мѣсачнны. да
Hypa: русь | бес купли. да не взнмаю | мѣсачнны. да
Khle: роу҃ бе҃ ку҃|пла. да не взнмаю҃ мѣсачнны. да

Bych: Русь бес купли, да не взимають мѣсячины; да
Shakh: Русь бес купля, да не възимають мѣсячьна. Да
Likh: Русь бес купли, да не взимают мѣсячины: да
Ostr: Русь бес купля, да не възимають мѣсячьна. Да

31,20:

Trin: запрѣтитъ князь посломъ своимъ приходящимъ
Radz: запретить кн҃зь сло|вомъ свои. прнходащнмъ
Acad: запретнть кн҃зь слово|мъ свонмъ. прнходащнмъ
Hypa: запретн|ть кнАзь <людѐ> свонмъ. | прнходащн҃
Khle: запретн҃ кнА҃ | слѡво свои. прнходащн҃

Bych: запретить князь словомъ своимъ приходящимъ
Shakh: запретить кънязь съломъ своимъ и приходящимъ
Likh: запретить князь словомъ своим приходящимъ
Ostr: запретить кънязь словомъ своимъ и приходящимъ

179

31,21:
Trin: руси здѣ да не творять пакости в селѣхъ и въ
Radz: роу̃ здѣ. да не творѧть пако|сти в селѣ͓х. в
Acad: рȣси здѣ. да не творѧтъ пакости в селѣ͓х. въ
Hypa: русн здѣ. да | не творѧ͞т пакости. в селѣ|х͓ н въ
Khle: роусн зде. да не творѧ͞ | пакости в селе͓х н въ

Bych: Руси здѣ, да не творять пакости в селѣхъ в
Shakh: Руси сьде, да не творять пакости въ селѣхъ въ
Likh: Руси здѣ, да не творять пакости в селѣх в
Ostr: Руси сьде, да не творять пакости въ селѣхъ и въ

31,22:
Trin: странѣ нашеи *text ends*
Radz: странѣ нашен. прнходѧще роу̃с да внтаю͞ оу
Acad: странѣ нашен. прнхо|дѧще рȣс̃ да внтаютъ оу
Hypa: странѣ нашен. пр|ходѧщнн русь да внтаю͞| оу
Khle: странѣ нашен. прнходѧщен | роу̃с да внтаю͞ оу

Bych: странѣ нашей; приходяще Русь да витають у
Shakh: странѣ нашеи; приходяще Русь да витають у
Likh: странѣ нашей. Приходяще Русь да витают у
Ostr: странѣ нашеи; приходяще Русь да витають у

31,23:
Radz: с͞тго мамы. н после ц͞рьство наше. н да
Acad: с͞тго мамы. н после ц͞ры|ство наше. да
Hypa: с͞тго мамы. н послеть | ц͞р̃тво наше да
Khle: с͞тго мамы. н после͞ ц͞р̃тво наше | да

Bych: святого Мамы, и послеть царьство наше, и да
Shakh: святаго Мамы, и посълеть цѣсарьство наше, да
Likh: святого Мамы, и послеть царство наше, и да
Ostr: святаго Мамы, и посълеть цьсарьство наше, да

31,24:
Radz: нспнш͞ȣ нмена | н͓х н тогда возмȣть ме̃с̃чнное
Acad: нспншю͞ нмена нхъ. н тог͞А возмȣ|тъ мѣсечное
Hypa: нспншю нм|ена нхъ. н тогда возму͞ | мѣсѧчное
Khle: нспншю͞ нмена н͓х. н тог͞А възмоу͞ мѣсѧчное |

Bych: испишȣть имена ихъ, и тогда возмуть мѣсячное
Shakh: испишȣть имена ихъ, и тъгда възьмуть мѣсячьное
Likh: испишут имена их, и тогда возмуть мѣсячное
Ostr: испишȣть имена ихъ, и тъгда възьмуть мѣсячьное

Повѣсть времєньныхъ лѣтъ

31,25:

Radz: свое. первое ѿ горо́д | кнева. и па ис
Acad: .а̄. ѿ города кыева. и паки ис
Hypa: свое. пѣрвое ѿ города кнева. и пакы | ис
Khle: свое. первое ѿ города кыева. и пакы иꙁ

Bych: свое,—первое отъ города Киева, и паки ис
Shakh: свое, пьрвое отъ града Кыева, и пакы ис
Likh: свое,—первое от города Киева, и паки ис
Ostr: свое, пьрвое отъ града Кыева, и пакы ис

31,26:

Radz: чернигова. и ис переаславлѧ. и прочии | гра́. и да
Acad: че|рнигова. и ис переӕславлѧ. и прочіи гради. и да
Hypa: чернигова. и   переӕсла|влѧ. и прочии городи. и | да
Khle: черниго|ва. и   переꙗславлѧ. и прочїи горо̄д. и да

Bych: Чернигова и ис Переаславля, и прочии гради; и да
Shakh: Чьрнигова и ис Переяславля. И да
Likh: Чернигова и ис Переаславля, и прочии гради. И да
Ostr: Чьрнигова и Переяславля и прочии гради. И да

31,27:

Radz: входа̄т в гра́д ѡдними вороты. со цр̄вымъ
Acad: вхо|дать в гра́д ѡдиними вороты. со цр̄вы̄м
Hypa: входѧть в город ѡдї|ными вороты. съ цр̄с̄евы|мъ
Khle: входа̄т въ | горѡ̄ единѣми вороты. съ цр̄евы̄м

Bych: входять въ градъ одними вороты со царевымъ
Shakh: въходять въ градъ единѣми враты съ цѣсаревъмь
Likh: входят в град одними вороты со царевымъ
Ostr: въходять въ градъ единѣми враты съ цьсаревъмь

31,28:

Radz: му҃жмъ без̄ ѡружа́. моу́ж .н̄.   да творѧ̄т
Acad: мꙋже|мъ безъ ѡрꙋжьӕ. мꙋжь .н̄.   да творать
Hypa: мꙋжемъ безъ ѡрꙋжьӕ. мꙋжь .н̄. и да творѧ̄т |
Khle: мꙋжемь. || безъ ѡроужїа мꙋ҃ж .н̄. и да творѧ̄т   [11ᵍ]

Bych: мужемъ, без оружья, мужь 50, и да творять
Shakh: мужьмь, безъ оружия, мужь 50, и да творять
Likh: мужемъ, без оружьа, мужь 50, и да творят
Ostr: мужьмь, без оружия, мужь 50, и да творять

31,29:

Radz: ку҃плю ꙗко́ж имъ | на́де не платѝ мыта ни в
Acad: кꙋ|плю ꙗко же имь надобе. не платити мыта ни | в
Hypa: куплю ꙗко же имъ надобѣ. | не платѧче мыта ни в
Khle: коуплю ꙗко же ӣм | надобе. не платѧчи мыта ни в

Bych: куплю, якоже имъ надобе, не платяче мыта ни в
Shakh: куплю, якоже имъ надобѣ, не платяще мыта ни въ
Likh: куплю, яко же им надобе, не платяче мыта ни в
Ostr: куплю, яко же им надобѣ, не платяще мыта ни въ

181

32,1:

Radz: ч̃е́ же. цр̃ь же леѡнъ со ѡлексан̃дромъ. |
Acad: чемъ же. цр̃ь же леѡнъ со ѡлександромъ.
Hypa: чеⷧмъ же. цр̃ь же леѡнъ съ | ѡлександрѡ̃ⷨ. [12d]
Khle: ч̃е́ же. цр̃ь же леѡⷩ | съ алеξандрѡ̃ⷨ.

Bych: чемъ же. Царь же Леонъ со Олександромъ [31,10]
Shakh: чемъже. Цѣсарь же Леонъ съ Александръмь [32,7]
Likh: чем же". Царь же Леонъ со Олександромъ [25,10]
Ostr: чемъже. Цьсарь же Леонъ съ Александръмь

32,2:

Radz: миръ сотвориста со ѡлгѡ̃ⷨ. имшеса по дань.
Acad: ми|ръ сотвориста со ѡлгомъ. имшеса по дань. |
Hypa: миръ ствѡ̃ⷬриста съ ѡльгѡ̃ⷨ. имъше|сѧ по даны
Khle: миръ сътвориста съ ѡлгѡ̃ⷨ. емшеⷭ | по даⷨ.

Bych: миръ сотвориста со Олгомъ, имшеся по дань
Shakh: миръ сътвориста съ Ольгъмь, имѣшеся по дань
Likh: миръ сотвориста со Олгом, имшеся по дань
Ostr: миръ сътвориста съ Ольгъмь, имъше ся по дань

32,3:

Radz: и роте | захо̃ⷡвше межы собою. целовавше
Acad: и роте заходнвше межи собою. целовавше
Hypa: и ротѣ заходи|вше межи собою. целѡ̃ⷡвше
Khle: и ротѣ заходивше межи̃ⷣ собою. целоваⷡше |

Bych: и ротѣ заходивше межы собою, целовавше
Shakh: и ротѣ заходивъше межю собою, целовавъше
Likh: и ротѣ заходивше межы собою, целовавше
Ostr: и ротѣ заходивъше межю собою, целовавъше

32,4:

Radz: крⷭтъ. а ѡлга води|вше на ротȣ и мȣжⷤ
Acad: крⷭтъ | а ѡлга водивше на ротȣ и мȣжі
Hypa: сами крⷭтъ. а ѡльга | водиша и мужии его на |
Khle: сами крⷭтъ. а ѡлга во̃ⷣⁿша и мꙋжа его на

Bych: сами крестъ, а Олга водивше на роту, и мужи
Shakh: сами крьстъ, а Ольга водивъше на роту и мужа
Likh: сами крестъ, а Олга водивше на роту, и мужи
Ostr: крьстъ, а Ольга водивъше и мужа его на

32,5:

Radz: е̃ⷢ. по руⷭкомоу законȣ. клашаса | ѡрȣжеⷤмъ
Acad: его. по руⷭкомȣ | законȣ клашеса ѡрȣжіемъ
Hypa: роту. по рускому зако|ну. клашасѧ ѡружьемь
Khle: ротоу. | по роускомоу законоу. клашаⷭ ѡроужіемь

Bych: его по Рускому закону кляшася оружьемъ
Shakh: его по Русьскому закону, и кляшася оружиемь
Likh: его по Рускому закону кляшася оружьемъ
Ostr: роту по Русьскому закону, кляша ся оружиемь

Повѣсть временьныхъ лѣтъ

32,6:

Radz:	свои̇. и пероунѡ̇. б҃гомъ свои̇. и волосомъ
Acad:	своимъ. и пер\${у}номъ | б҃гмъ своимъ. и волосомъ
Hypa:	своимъ. и перуномъ | б҃мъ своимъ. и волосо̇ |
Khle:	своимь. | и пероуно̇ бого своѝ. и волосѡ̇

Bych:	своимъ, и Перуномъ, богомъ своимъ, и Волосомъ,
Shakh:	своимь, и Перунъмь, богъмь своимь, и Волосъмь,
Likh:	своим, и Перуном, богомъ своим, и Волосом,
Ostr:	своимь, и Перунъмь, богъмь своимь, и Волосъмь,

32,7:

Radz:	ско̇ем̇ б҃гомъ. и оутвердиша миръ | и ре̇\${ч}
Acad:	скотьемь б҃гомъ. | и оутвердиша миръ: и рече
Hypa:	скотьимъ б҃гомъ. и оутвердиша миръ. и ре̇ |
Khle:	ско̇имь бого̇. и оутвеирдиша миръ. и рече

Bych:	скотьемъ богомъ, и утвердиша миръ". И рече
Shakh:	скотиемь богъмь, и утвьрдиша миръ. И рече
Likh:	скотьемъ богомъ, и утвердиша миръ. И рече
Ostr:	скотиемь богъмь, и утвьрдиша миръ. И рече

32,8:

Radz:	ѡлегъ. ишите\${с} паро\${у} паволоуниты ро\${у}\${с}. а словено̇мъ
Acad:	ѡлегъ. ищете пар\${у}сы паволоуны р\${у}си\${т}. а словеномъ
Hypa:	ѡлегъ. и<ш>ните <пре> паволоуниты руси. а словѣи̇но̇.
Khle:	ѡлегъ. исшиите пре паволоуниты роуси. а слѡвено̇

Bych:	Олегъ: "исшийте парусы паволочиты Руси, а Словеномъ
Shakh:	Ольгъ: "ищиите пърѣ паволочиты Руси, а Словеномъ
Likh:	Олегъ: "Исшийте парусы паволочиты руси, а словеном
Ostr:	Ольгъ: "Ищиите пърѣ паволочиты Руси, а Словеномъ

32,9:

Radz:	кропиньныѧ. и бы\${с} тако. и повѣси
Acad:	кропинныѧ. и бы\${с} | тако. и повѣси
Hypa:	кропинныѧ. и бы\${с} | тако. и повѣсиша
Khle:	кропинныѧ. и бы\${с} тако. и по|вѣсиша

Bych:	кропиньныя", и бысть тако; и повѣси
Shakh:	кропиньны". И бысть тако. И повѣси
Likh:	кропиньныя", и бысть тако. И повѣси
Ostr:	кропиньныя". И бысть тако. И повѣсиша

32,10:

Radz:	щи\${т} свои въ вра\${х}тѣ показоуа побед\${у}. и поиде
Acad:	щитъ свои во вратѣ\${х} показ\${у}а по|бѣд\${у}. и поиде
Hypa:	щиты | своѧ. въ вратехъ по|казающе побѣду. и по|иде
Khle:	щиты своѧ оу воротѣ\${х} пока\${з}юще побѣдоу\${а}. и поиде

Bych:	щитъ свой въ вратехъ показуа побѣду, и поиде
Shakh:	щитъ свои въ вратѣхъ, показая побѣду, и поиде
Likh:	щит свой въ вратех показуа побѣду, и поиде
Ostr:	щиты своя въ вратѣхъ показающе побѣду, и поиде

32,11:

Radz: ѿ ц҃рѧграꙗ̈. и оуспаша | пароусы
Acad: ѿ ц҃рѧграда. и воспаша парꙋсы
Hypa: ѿ ц҃рѧграꙗ̈. и вьспа҃ша <прѣ>
Khle: ѿ ц҃рѧграда. и вьспаша прѣ

Bych: отъ Царяграда. И воспяша Русь парусы
Shakh: отъ Цѣсарягра́да. И въспяша пърѣ Русь
Likh: от Царяграда. И воспяша русь парусы
Ostr: отъ Цьсаряграда. И въспяша пърѣ

32,12:

Radz: паволоунты. а словене кропинны. и раꙗ̈зра
Acad: па‖волоты. а словене кропинныа. и ра́зра   [13ᵛ]
Hypa: паволоунтыѣ. а | словене кропинныа. | и разра
Khle: паволоунтыа а. | словене кропинныа. и ра́зра

Bych: паволочиты, а Словене кропиньны, и раздра
Shakh: паволочитыя, а Словѣне кропиньныя, и раздьра
Likh: паволочиты, а словене кропиньны, и раздра
Ostr: паволочитыя, а Словѣни кропиньныя, и раздьра

32,13:

Radz: а | вѣтръ. и рѣша словени имме̋са свои тоⷭтина.ⷨ
Acad: ꙗ вѣтръ. | и рѣша словене имемься своимъ толъстинамъ. |
Hypa: ꙗ вѣтръ. и ркоша словене. имемься | свои ⷨ <т>олъстинамъ.
Khle: а вѣтрь. и рекоша | словени. имме̋са свои ⷨ тоⷭтинаⷨ.

Bych: а вѣтръ; и рѣша Словени: "имемся своимъ толстинамъ,
Shakh: я вѣтръ. И рѣша Словѣни: "имемъся своим тълстинамъ,
Likh: а вѣтръ: и рѣша словени: "Имемся своим толстинам,
Ostr: я вѣтръ. И рѣша Словѣни: "Имемъ ся своим тълстинамъ,

32,14:

Radz: не ‖ даны соуⷮ словено прѣ.   и приⷣ   [16ᵛ]
Acad: не даны сꙋть словеномъ прѣ.   и приⷣ
Hypa: не | даны суть словеноⷨ <прѣ> | кропинныа. и приде
Khle: не даны сꙗ слѡ‖веноⷨ прѣ кропинныа. и прїиде

Bych: не даны суть Словѣномъ прѣ кропинныя". И приде
Shakh: не даны суть Словѣномъ пърѣ". И приде
Likh: не даны суть словеном прѣ паволочиты". И приде
Ostr: не даны суть Словѣномъ пърѣ". И приде

32,15:

Radz: ѡлегъ к киевꙋ. неса злаⷧто и паволоки. и
Acad: ѡлегъ къ | киевꙋ. нес<а> ꙁлато. и паволокы. и
Hypa: ѡлегъ къ киеву. неса ꙁо|лото и паволокы. и
Khle: ѡлегь   кыевоу. | неса золото. и паволокы.

Bych: Олегъ к Киеву, неся злато, и паволоки, и
Shakh: Ольгъ Кыеву, неся злато и паволокы и
Likh: Олегъ к Киеву, неся злато, и паволоки, и
Ostr: Ольгъ къ Кыеву, неся злато и паволокы и

Повѣсть времсньныхъ лѣтъ

32,16:

Radz: ѡвощи. и вина. и всакое оузорочье. | и прозваша
Acad: ѡвощи. и ви|на и всако оузорочье. и прозваша
Hypa: ѡ|вощи. и вина. и всако | оузорочье. и прозваша |
Khle: ѡвощи, и вина. и всако | оузорочїе. и прозваша

Bych: овощи, и вина, и всякое узорочье. И прозваша
Shakh: овощи и вина и вьсяко узорочие. И прозъваша
Likh: овощи, и вина, и всякое узорочье. И прозваша
Ostr: овощи и вина и вьсяко узорочие. И прозъваша

32,17:

Radz: ѡлга вѣщии. бѧ̑ бо лю̑е погани и
Acad: ѡлга вѣщимъ. | бахȣ бо людїе погани. и
Hypa: ѡльга вѣщии. баху бо | людие погани. и
Khle: ѡлга вѣщїи. бахж бо лю̑е | погани. и

Bych: Олга вѣщий: бяху бо людие погани и
Shakh: Ольга вѣщии: бяху бо людие погани и
Likh: Олга—вѣщий: бяху бо людие погани и
Ostr: Ольга вѣщии: бяху бо людие погани и

32,18:

Radz: невѣнгло̅с̅:- |
Acad: невѣголоси:·
Hypa: невѣголо̅с̅·:· ||
Khle: невѣгласи.

Bych: невѣголоси.
Shakh: невѣгласи.
Likh: невѣигласи.
Ostr: невѣгласи.

32,19:

Radz: В лѣ̃. ҂s̅.ү̅ ѕ̅ı.
Acad: В лѣ̃. ҂s̅.ı.ү̅.ѕ̅ı.
Hypa: В лѣто. ҂s̅.ү̅.ѕ̅ı·:· | [13a]
Khle: omitted

Bych: В лѣто 6416.
Shakh: Въ лѣто 6416.
Likh: В лѣто 6416.
Ostr: Въ лѣто 6416.

32,20:

Radz: В лѣ̃ ҂s̅ ү̅ з̅ı.
Acad: В лѣ̃. ҂s̅.ү̅.з̅ı.
Hypa: В лѣто. ҂s̅.ү̅.з̅ı·:· |
Khle: omitted

Bych: В лѣто 6417.
Shakh: Въ лѣто 6417.
Likh: В лѣто 6417.
Ostr: Въ лѣто 6417.

32,21:

Radz: В лѣ︮т︯ ҂s҃.у҃.ні҃
Acad: В лѣ︮т︯. ҂s҃.у҃.ні҃.
Hypa: В лѣто. ҂s҃.у҃.ні҃ ·:· |
Khle: omitted

Bych: В лѣто 6418.
Shakh: Въ лѣто 6418.
Likh: В лѣто 6418.
Ostr: Въ лѣто 6418.

32,22:

Radz: В лѣ︮т︯ ҂s҃.у҃.ѳі҃. | Авнса звезда велнка на запа︮д︯.
Acad: В лѣ︮т︯. ҂s҃.у҃.ѳі҃. ꙗвнса звезда велнка на западе
Hypa: В лѣто. ҂s҃.у҃.ѳі҃ ·:· | ꙗвнса звезда велнка на | западе.
Khle: В лѣ︮т︯ ҂s҃.у҃.ѳі҃. ꙗвнса sвѣ|зда велнка на западе

Bych: В лѣто 6419. Явися звѣзда велика на западѣ
Shakh: Въ лѣто 6419. Явися звѣзда велика на западѣ
Likh: В лѣто 6419. Явися звѣзда велика на западе
Ostr: Въ лѣто 6419. Яви ся звѣзда велика на западѣ

32,23:

Radz: коупнны︮м︯ ѡбразо︮м︯
Acad: копенным ѡбразом.
Hypa: копѣнным ѡбразом ·:· |
Khle: копенны︮м︯ ѡбразо︮м︯.

Bych: копейнымъ образомъ.
Shakh: копиинъмь образъмь.
Likh: копейным образом.
Ostr: копиинъмь образъмь.

32,24:

Radz: В лѣ︮т︯ ҂s҃.у҃.к҃. Посла му︮жꙗ︯ свон ѡлегъ. постронтн
Acad: В лѣ︮т︯. ҂s҃.у҃.к҃.- | Посла моужн свон ѡлегъ. постронтн
Hypa: В лѣто. ҂s҃.у҃.к҃. Посла ѡлеⷢ҇ мужн свон постронтн |
Khle: В лѣ︮т︯ ҂s҃.у҃.к҃. Посла ѡлегъ мужн свон постронтн

Bych: Въ лѣто 6420. Посла мужи свои Олегъ построити
Shakh: Въ лѣто 6420. Посъла Ольгъ мужа своя построитъ
Likh: Въ лѣто 6420. Посла мужи свои Олегъ построити
Ostr: Въ лѣто 6420. Посъла Ольгъ мужи свои построитъ

32,25:

Radz: мнра. н положнтн ря︮д︯ | межю роугю︮с︯ н
Acad: мнра. | н положнтн ря︮д︯ межн роу︮с︯ю н
Hypa: мнра. н положнтн рады | межн грѣкы н
Khle: мнра. | н положнтн рады. межю грекы н

Bych: мира и положити рядъ межю Русью и
Shakh: мира и положитъ рядъ межю Гръкы и
Likh: мира и положити ряд межю Русью и
Ostr: мира и положитъ рядъ межю Гръкы и

32,26:

Radz: грекы. и посла
Acad: грекы. и посла
Hypa: русью. и | посла гл҃а
Khle: роу͡сю. и посла | гл҃а

Bych: Грекы, глаголя:
Shakh: Русию, и посъла глаголя.
Likh: Грекы, и посла глаголя:
Ostr: Русию, и посъла:

32,27:

Radz: равно дроу́гаго свещаннꙗ. | бывша͡г при тѣ͡х
Acad: равно | дроу́гаго свещанїа. бывшаго прї тѣх
Hypa: равно другаго | свѣщаннꙗ. бывшаго пр͞и | тѣхъ
Khle: равно дроугаго съвѣщанїа бывша при тѣ͡х

Bych: "Равно другаго свещания, бывшаго при тѣх-
Shakh: Равьно другаго съвѣщания, бывъшаго при тѣхъ-
Likh: "Равно другаго свещания, бывшаго при тѣх
Ostr: "Равьно другаго съвѣщания, бывъшаго при тѣхъ-

32,28:

Radz: же ц҃рьхъ. лва. и алксан͡дра. мы ѿ рода
Acad: же ц҃рѣхъ. | лва. и алексан͡дра. мы ѿ рода
Hypa: же ц҃р͡схъ. лва. и | александра. мы ѿ рода |
Khle: же | цр҃е͡с. лва и але𝕫андра. мы ѿ рода

Bych: же царьхъ Лва и Александра. Мы отъ рода
Shakh: же цѣсарихъ, Львѣ и Александрѣ. Мы отъ рода
Likh: же царьхъ Лва и Александра. Мы от рода
Ostr: же цьсарихъ, Льва и Александра. Мы отъ рода

33,1:

Radz: роу͡с͡г ка. карлы. инегел͡дъ. фарло͡ѳ. веремоу͡д.
Acad: ро͡ускаго. карлы. | инегелдъ. фарлоѳъ. веремуд҇ъ.
Hypa: рускаго. карлы инеге|лдъ. фарлофъ. веремудъ.
Khle: роу͡кого. карлы | инегелдь. фарлоѳь. и веремоу͡д.

Bych: Рускаго, Карлы, Инегелдъ, Фарлофъ, Веремудъ,   [32,7]
Shakh: Русьскаго: Карлы, Иньгелдъ, Фарлофъ, Верьмудъ,   [33,12]
Likh: рускаго, Карлы, Инегелдъ, Фарлоф, Веремуд,   [25,32]
Ostr: Русьскаго, Карлы, Иньгелдъ, Фарлофъ, Верьмудъ,

33,2:

Radz: роу́лавъ. гоуды | роуа͡лдъ. карн. фрелавъ.
Acad: роу́лавь. гу́ды | роу́алдъ. карн. фрелавь.
Hypa: рулавъ. гуды руал͡д. | карн. фрелавъ.
Khle: роулавь. гоуды | роуалдь. карн. фрелавь.

Bych: Рулавъ, Гуды, Руалдъ, Карнъ, Фрелавъ,
Shakh: Рулавъ, Гуды, Руалдъ, Карнъ, Фрелавъ,
Likh: Рулавъ, Гуды, Руалдъ, Карнъ, Фрелавъ,
Ostr: Рулавъ, Гуды, Руалдъ, Карнъ, Фрелавъ,

33,3:
Radz: рȣалъ. актевȣ. трȣанъ. ли|доу͡л фостъ. стеми͡А.
Acad: рȣаръ. актевȣ. трȣаnъ. лид͡ȣл фостъ. стемид͡А.
Hypa: рюаръ. | актевоу. трȣанъ. лидоуль | фостъ. стемиръ.
Khle: рюарь. актеву труѧнь. лидул фостъ. стеми͡А.

Bych: Руаръ, Актеву, Труанъ, Лидулъ, Фостъ, Стемидъ,
Shakh: Рюаръ, Актеву, Труанъ, Лидуль, Фостъ, Стемидъ,
Likh: Руаръ, Актеву, Труанъ, Лидул, Фостъ, Стемид,
Ostr: Рюаръ, Актеву, Труанъ, Лидуль, Фостъ, Стемидъ,

33,4:
Radz: иже послани ѿ ѡлга велико͡г кн͡зѧ роу͡с|ка͡г.
Acad: иже посланїи ѿ олга великого кн͡зѧ рȣ͡ского.
Hypa: иже п͡ислани ѿ ѡлга великаго кн͡зѧ рускаго.
Khle: иже послани ѿ олга, | великаго кнѧsа роускаго.

Bych: иже послани отъ Олга, великого князя Рускаго,
Shakh: иже посълани отъ Ольга, великаго кънязя Русьскаго,
Likh: иже послани от Олга, великого князя рускаго,
Ostr: иже посълани отъ Ольга, великаго кънязя Русьскаго,

33,5:
Radz: и ѿ все͡х и͡ж соу͡т по͡͡А роу|кою е҃. свѣтлы͡х и велики͡х
Acad: и ѿ всѣ͡х иже сȣ͡ть. | по͡А рȣкою его. свѣтлыхъ и велїки͡х
Hypa: и ѿ всѣ͡х иже | суть по͡А рукою его. свѣ|тълыхъ
Khle: и ѿ всѣ͡х иже сѫ͡т пѡ͡А рѫ|кою его свѣтлы͡х

Bych: и отъ всѣхъ, иже суть подъ рукою его, свѣтлыхъ и великихъ
Shakh: и отъ вьсѣхъ, иже суть подъ рукою его, свѣтлыхъ и великыхъ
Likh: и от всѣх, иже суть под рукою его, свѣтлых и великих
Ostr: и отъ вьсѣхъ, иже суть подъ рукою его, свѣтлыхъ

33,6:
Radz: кн͡зь. | и е͡г велики͡х боѧръ. к ва͡м лвови и
Acad: кн͡зь. и его ве|лики͡х боѧрь к вамъ лвови и
Hypa: боѧръ. к ва͡м львови и
Khle: боѧрь. Къ ва͡м лвови и

Bych: князь, и его великихъ бояръ, к вамъ, Лвови и
Shakh: кънязь, и его великыхъ боляръ къ вамъ, Львови и
Likh: князь, и его великих бояр, к вам, Лвови и
Ostr: боляръ, къ вамъ, Львови и

33,7:
Radz: александрови. и костаnтинȣ. велики͡м ѡ бозѣ
Acad: алексан͡А͡рȣ. и костаnтинȣ. великимъ ѡ б͡зѣ
Hypa: александру. и к͡истантину. великьмъ | ѡ б͡зѣ
Khle: алеѯандрȣ || и костантиноу велики͡м ѡ б͡зѣ, и   [11ᵛ]

Bych: Александру и Костянтину, великимъ о Бозѣ
Shakh: Александру и Костянтину, великымъ о Бозѣ
Likh: Александру и Костянтину, великим о бозѣ
Ostr: Александру и Костянтину, великымъ о Бозѣ

Повѣсть времяньныхъ лѣтъ   189

33,8:
Radz: самодержьцё͡м. ц͞рмъ греческы͡м. | на оудержанне.
Acad: самодержьцемъ. | ц͞рмь греческымъ. на оудержанье
Hypa: самодѣржьцё͡м. | ц͞рємь грѣ͡цкымъ. на | оудержанне
Khle: самодрьжцемь | ц͞рё͡ грецкы, на оудрьжанїе.

Bych: самодержьцемъ, царемъ Греческымъ, на удержание
Shakh: самодьржьцемъ, цѣсаремъ Грьчьскымъ, на удьржание
Likh: самодержьцем, царем греческым, на удержание
Ostr: самодьржьцемъ, цьсаремъ Грьчьскымъ, на удьржание

33,9:
Radz: и на изве͡щеннє ѿ многи͡х лѣ͡т. ме͡ж хрєстна|ны
Acad: и на извеще|ньє. ѿ многи͡х лѣ͡т межи хрнстьаны
Hypa: и на извѣще|ннє ѿ многыхъ лѣтъ. ме|жю хр͡стныаны
Khle: и на извѣщенїе ѿ мно|гы͡х лѣ͡т. межи хр͡стныаны

Bych: и на извѣщение отъ многихъ лѣтъ межи хрестианы
Shakh: и на извѣщение отъ мъногыхъ лѣтъ межю хрьстияны
Likh: и на извещение от многих лѣт межи хрестианы
Ostr: и на извѣщение отъ мъногыхъ лѣтъ межю хрьстияны

33,10:
Radz: и ро͡͞с ю бывьшюю любовь. похотѣньє͡м наши͡х
Acad: и р͡͞ с ю. бывшюю|любовь. похотѣнїємъ наши͡х
Hypa: и русью. бы|вшюю лубовь похотѣны|ємь наши͡х   [13b]
Khle: и ро͡͞с ю. бывшоую любовь. | похотѣнїємь наши͡х

Bych: и Русью бывьшюю любовь, похотѣньемъ нашихъ
Shakh: и Русию бывьшюю любъвь, похотѣниемь нашихъ
Likh: и Русью бывшюю любовь, похотѣньем наших
Ostr: и Русию бывьшюю любъвь, похотѣниемь нашихъ

33,11:
Radz: велики͡х кн͞зь. и по повелѣннию. ѿ всѣ͡х иже
Acad: велики͡х͡ кн͞зь. | и по повелѣнїю. ѿ всѣ͡х иже
Hypa: кназь и по по|велѣнню. и ѿ всѣхъ иже |
Khle: кназь и по повеленїю. и ѿ всѣ͡х | иже

Bych: великихъ князь и по повелѣнию отъ всѣхъ иже
Shakh: великыхъ кънязь и по повелѣнию отъ великаго кънязя нашего и отъ вьсѣхъ, иже
Likh: великих князь и по повелѣнию от всѣх иже
Ostr: кънязь и по повелѣнию отъ вьсѣхъ, иже

33,12:
Radz: со͡у͡т по͡͞а роукою его | соущи͡х роуси. наша
Acad: су͡ть по͡͞а р͡укою его. || су͡щи͡х р͡уси наша   [14г]
Hypa: суть подъ рукою <е>го. сущи͡ | руси. наша
Khle: с͡а͡ п͡ѡ ржкою его с͡а͡ щи͡͞х роусі͡н. наша

Bych: суть подъ рукою его сущихъ Руси. Наша
Shakh: подъ рукою его сущихъ Руси. Наша
Likh: суть под рукою его сущих Руси. Наша
Ostr: суть подъ рукою его сущихъ Руси. Наша

33,13:

Radz: свѣтлость болѣ инѣ͡х хотѧщихъ | еже ѿ б͞зѣ
Acad: свѣтлость болѣ нныхъ еже | ѿ б͞зѣ
Hypa: свѣт⟨ло⟩сть бо|лѣ инѣхъ. хотѧщихъ же ѿ | б͞зѣ
Khle: свѣтлос͡ | болѣ инѣ͡х. хотѧщи͡н же ѿ б͞зѣ

Bych: свѣтлость болѣ инѣхъ хотѧщи еже о Бозѣ
Shakh: свѣтьлость, болѣ инѣхъ хотѧщи еже о Бозѣ
Likh: свѣтлость болѣ инѣх хотѧщи еже о бозѣ
Ostr: свѣтьлость, болѣ инѣхъ хотѧщи же о Бозѣ

33,14:

Radz: оудержати. извѣстити так𐌖ю любовь | бывшоую
Acad: оудержати. извѣстити так𐌖 любовь. | бывшюю
Hypa: оудержати. извѣ|стити такую любовь. бы|вшюю
Khle: оудрьжати. извѣ|стити такоу любовь. бывшоую

Bych: удержати и извѣстити такую любовь, бывшую
Shakh: удьржати и извѣстити таку любъвь, бывъшюю
Likh: удержати и извѣстити такую любовь, бывшую
Ostr: удьржати и извѣстити такую любъвь, бывъшюю

33,15:

Radz: межи хре͡стьꙗны и ро͡ую. многажды
Acad: межи хр͡стьꙗны и р𐌖͡сю. многаж͡ды
Hypa: межю хр͡тиꙗны и ру|сью. многажды
Khle: межю хр͡тїаны | и роу͡ю. мнѡгаж͡ды

Bych: межи хрестьꙗны и Русью многажды,
Shakh: межю хрьстиꙗны и Русию, мъногашьды
Likh: межи хрестьꙗны и Русью многажды,
Ostr: межю хрьстиꙗны и Русию, мъногашьды

33,16:

Radz: пра||во соудихомъ. но тою просто словесн. [17ᴦ]
Acad: право | соудихомъ. но точью просто словесен.
Hypa: право су|дих͡о. но точью просто сло|весен.
Khle: право с͡джхо͡м. но точїю просто | слѡвесень,

Bych: право судихомъ, не точью просто словесемъ, но
Shakh: право судихомъ, не тъчию просто словесы, нъ
Likh: право судихомъ, не точью просто словесемъ,
Ostr: право судихомъ, но тъчию просто словесы,

33,17:

Radz: и писание͡м и клѧ|твою твердою кленше͡с
Acad: и писанїемь. и клѧтвою твердою кленшесѧ
Hypa: и писаниемь и клѧ͡твою твердою клѧншесѧ. |
Khle: и писанїе͡м и клѧтвою твердою. клѣшѐ͡н͡с |

Bych: и писаниемъ и клѧтвою твердою, кленшесѧ
Shakh: и писаниемь и клѧтъвою твьрдою, кльнъшесѧ
Likh: и писанием и клѧтвою твердою, кленшесѧ
Ostr: и писаниемь и клѧтвою твьрдою, кльнъше сѧ

Повѣсть времяньныхъ лѣтъ

33,18:

Radz: ѡр8жье́ сво^ми. так8ю любовь оутве|рдити. и
Acad: ѡр8жїемь | своимь. такою любовь оутвердити и
Hypa: ѡружьемь своимь. такую любовь извѣстити. и |
Khle: ѡроужїе́ свои^м. такоую любовь извѣстити. и |

Bych: оружьемъ своимъ, такую любовь утвердити и
Shakh: оружиемь своимь, такую любъвь утвьрдити и
Likh: оружьем своим, такую любовь утвердити и
Ostr: оружиемь своимь, такую любъвь извѣстити и

33,19:

Radz: извѣстити по вѣре и по закон8 нашем8 со^у.
Acad: извѣстї|ти. по вѣре и по закон8 нашем8 с8ть.
Hypa: оутвердити. по вѣрѣ и | по закону нашему. суть |
Khle: оутвердити. по вѣрѣ и по закѡноу нашемоу с^тж. |

Bych: извѣстити по вѣрѣ и по закону нашему. Суть,
Shakh: извѣстити по вѣрѣ и по закону нашему. Суть,
Likh: извѣстити по вѣре и по закону нашему. Суть,
Ostr: утвьрдити по вѣрѣ и по закону нашему. Суть,

33,20:

Radz: гако^ж | не мы^с имали. ѡ бж҃ьи вѣрѣ. и ѡ
Acad: гако понеѥже мы ся имали. о бж҃ьѥи вѣре и ѡ
Hypa: гако понеже мы ся имали ѡ | бж҃ии вѣрѣ и
Khle: гако понеже мы ся имали ѡ бж҃їи вѣрѣ и

Bych: яко понеже мы ся имали о Божьи вѣре и о
Shakh: яко понеже мы ся имали о Божии мирѣ и о
Likh: яко понеже мы ся имали о божьи вѣре и о
Ostr: яко понеже мы ся имали о Божьи вѣре и о

33,21:

Radz: любви. главы таковыа. по пе|рвом8 оубо словоу.
Acad: любви. главы | таковыа. по первом8 оубо слов8.
Hypa: любви. главы | таковыа по пѣрвому слов^у. |
Khle: любви. глав|ы таковыа по прѣвомоу бо словоу.

Bych: любви, главы таковыа: по первому убо слову
Shakh: любъви, главы таковыя. По пьрвому убо слову,
Likh: любви, главы таковыа: по первому убо слову
Ostr: любъви, главы таковыя. По пьрвому убо слову,

33,22:

Radz: да 8мири^мся с вами грекы. да люби^м
Acad: да оумиримся | с вами грекы. да любїмь
Hypa: да оумиримся с вами грѣ|кы. да любимъ
Khle: да оумиримся | с вами гр<екы> да люби^м

Bych: да умиримся с вами, Грекы, да любимъ
Shakh: да умиримъся съ вами, Грькы, да любимъ
Likh: да умиримся с вами, грекы, да любим
Ostr: да умиримъ ся съ вами, Грькы, да любимъ

33,23:

Radz: дру͡г | друга ѿ всеа д͞ша и изволенна. и не вдади͡м
Acad: дру͡гъ друга ѿ всеа д͞ша | изволенїа. и не вдадимъ
Hypa: другъ дроу|га. ѿ всеа д͞ша и изволеньы͡а. и не вдадимъ
Khle: дроугъ друга ѿ всеа д͞ша | и изволенїа. и не вдади͡м

Bych: другъ друга отъ всеа душа и изволениа, и не вдадимъ,
Shakh: другъ друга отъ вьсея душа и изволения, и не въдамъ,
Likh: друг друга от всеа душа и изволениа, и не вдадим,
Ostr: другъ друга отъ вьсея душа и изволения, и не въдадимъ,

33,24:

Radz: елико наше и͡зволение быти ѿ сѹщи͡х. по
Acad: елико наше изволенїе | быти ѿ сѹ<щих> подъ
Hypa: елико на|ше изволение. быти ѿ сѹ|щи͡х. под
Khle: елико наше изволенїе бы͡ти | ѿ сѫщи͡х. по͡ѡ͡а

Bych: елико наше изволение, быти отъ сущихъ подь
Shakh: елико наше изволение, быти отъ сущихъ подъ
Likh: елико наше изволение, быти от сущих подь
Ostr: елико наше изволение, быти отъ сущихъ подъ

33,25:

Radz: рѹкою наши͡х свѣтлы͡х. никако|момѹ͡ж
Acad: рѹкою наши͡х свѣтлыхъ. | никакомѹ <же>
Hypa: рукою нашихъ кн͡зь свѣтлыхъ. никаком͡у | же
Khle: рѫкою наши͡х кн͡ѕеи свѣтлы͡х. никако|момѹ͡ж

Bych: рукою нашихъ князь свѣтлыхъ никакомуже
Shakh: рукою нашихъ кънязь свѣтлыхъ никакомуже
Likh: рукою наших князь свѣтлых никакому же
Ostr: рукою нашихъ свѣтьлыхъ никакомуже

33,26:

Radz: соблазнѹ или винѣ. по͡щимса елико по
Acad: <с>ѡблазнѹ или винѣ.   под͡щимса | елико по
Hypa: съблазну или винѣ. н͡о | потщимса елико по
Khle: съблазноу или винѣ. но потщимса елико | по

Bych: соблазну или винѣ; но подщимся, елико по
Shakh: съблазну или винѣ, нъ потъщимъся, елико по
Likh: соблазну или винѣ; но подщимся, елико по
Ostr: съблазну или винѣ, нъ потъщим ся, елико по

33,27:

Radz: силе на со|храненне прочи͡х. и всег͡да лѣ͡т с вами
Acad: силе на сохраненїе прочи͡х. и всег͡да лѣ͡т | с вами
Hypa: силѣ. | на схраненне прочи͡хъ и вы|сег͡да лѣтъ с вами
Khle: силѣ. на съхраненїе прочи͡х и всег͡да лѣ͡т с вами

Bych: силѣ, на сохранение прочихъ и всегда лѣт с вами,
Shakh: силѣ, на съхранение прочихъ и выину лѣтъ съ вами,
Likh: силѣ, на сохранение прочих и всегда лѣт с вами,
Ostr: силѣ, на съхранение прочихъ и вьсегда лѣтъ съ вами,

33,28:

Radz: грекы. исповеданнѣ͞м | и написаннѣ͞м со клатвою.
Acad: грекн. исповѣданїемь и писанїемь | со клатвою.
Hypa: грѣкы. н|споведаннемь и написан͞и͞мѣ съ клатвою.
Khle: грекы. | исповѣданїемь и писанїемь съ клатвою

Bych: Грекы, исповеданиемъ и написаниемъ со клятвою
Shakh: Грькы, исповѣданую написаниемь и съ клятъвою
Likh: грекы, исповеданием и написанием со клятвою
Ostr: Грькы, исповѣданиемъ и написаниемъ съ клятъвою

33,29:

Radz: нзвещаемȣю любовь непревра|тноу. и непостым͞ж ȣ.
Acad: нзвещаемȣю любовь непевра|тнȣ. и непостыжнȣ.
Hypa: извѣщаемую любовь. непревратну || и непостыжну. [13c]
Khle: нзвѣ|щаемоую любовь. непревратноу и непостыжноу.

Bych: извещаемую любовь непревратну и непостыжну.
Shakh: извѣщаемую любъвь непревратьну и неподвижиму.
Likh: извещаемую любовь непревратну и непостыжну.
Ostr: извѣщаемую любъвь непревратьну и непостыжьну.

34,1:

Radz: тако͞ж и вы грекы. да хранн͞т тако͞ж
Acad: тако же и вы грекн. | да хранїте такȣ же
Hypa: тако же и в͞ы | грѣци. да храните таку же |
Khle: такоу͞ж и вы греци да храните такоу͞ж

Bych: Такоже и вы, Грекы, да храните такуже [33,9]
Shakh: Такоже и вы, Грьци, да храните такуже [35,1]
Likh: Тако же и вы, грекы, да храните тако же [26,19]
Ostr: Тако же и вы, Грьци, да храните такуже

34,2:

Radz: любовь. | ко кн͞зм͞ наши͞ свѣтлы͞м роукы͞с͞м.
Acad: любовь. со кнаѕемь͞м нашн | свѣтлымь͞м рȣскнмь͞с.
Hypa: любовь. къ кнаѕемь же | свѣт<л>ымъ нашн͞м рускы|мъ.
Khle: любовь. Къ | кнаѕе͞м наши͞м свѣтлы͞м роускы͞м.

Bych: любовь ко княземъ нашимъ свѣтлымъ Рускымъ
Shakh: любъвь къ кънязем нашимъ свѣтьлымъ Русьскымъ
Likh: любовь ко княземъ нашим светлым рускым
Ostr: любъвь къ кънязем нашимъ свѣтьлымъ Русьскымъ

34,3:

Radz: и ко всѣ͞м нже соу͞т по͞д роукою | свѣтла͞г
Acad: и ко всѣмь иже с͞ȣть по͞д | рȣкою свѣтлаго
Hypa: и къ всѣмь иже суть подъ рукою свѣтлаго |
Khle: и къ всѣ͞м иже с͞ѫ по͞д | рукою свѣтлаго

Bych: и ко всѣмъ, иже суть подъ рукою свѣтлаго
Shakh: и къ вьсѣмъ, иже суть подъ рукою свѣтьлаго
Likh: и ко всѣм, иже суть под рукою свѣтлаго
Ostr: и къ вьсѣмъ, иже суть подъ рукою свѣтьлаго

34,4:

Radz: кнꙗ̃а наше̃. несоблазнꙋю непреложнꙋ. всегда
Acad: кнꙗ̃а нашего. несоблазнꙋ | и непреложнꙋ. всегда
Hypa: кнѧѕа нашего. несъблазнену и непреложну все^{гд}а
Khle: кнѧѕа нашего. несъблазноу | и непреложноу все^{гд}а

Bych: князя нашего, несоблазну и непреложну всегда
Shakh: кънязя нашего, несъблазньну и непреложьну выину
Likh: князя нашего, несоблазну и непреложну всегда
Ostr: кънязя нашего, несъблазньну и непреложьну вьсегда

34,5:

Radz: и въ всѧ лѣта. а ѿ глава^х иже клю^чи^т проказ<а>.
Acad: и во всѧ лѣта. а ѿ глава^х | иже сѧ ключи́ть проказа.
Hypa: и въ всѧ лѣта. а ѿ голова́хъ иже сѧ ключють пр҇іказа.
Khle: и въ всѧ лѣта. а ѿ голова^х иже | сѧ ключи^т проказа.

Bych: и въ вся лѣта. А о главахъ, иже ся ключитъ проказа,
Shakh: и въ вься лѣта. А о главахъ, аже ся ключить проказа,
Likh: и во вся лѣта. А о главах, аже ся ключит проказа,
Ostr: и въ вься лѣта. А о главахъ, аже ся ключить проказа,

34,6:

Radz: оурѧдимі | снц҃е. да елико ꙗвѣ
Acad: оурѧдимъ снц҃е. да | елико ꙗвѣ
Hypa: оурѧдим сѧ снц҃е. | да елико ꙗвѣ
Khle: оурѧдим сѧ снц҃е. да елико | ꙗвѣ

Bych: урядимъ ся сице: да елико явѣ
Shakh: урядимъся сице: да елико явѣ
Likh: урядимъ ся сице: да елико явѣ
Ostr: урядимъ сице: да елико явѣ

34,7:

Radz: бꙋ́деть показаніи ꙗвлеными да имѣю^т | вѣрное.
Acad: бꙋдеть показаніи ꙗвленными да | имѣють вѣрное.
Hypa: будеть пока|занни ꙗвленными. да им҃ѣють вѣ́рное
Khle: бꙋде^т показаніи ꙗвленными да имѣю, вѣрно^е |

Bych: будеть показании явлеными, да имѣють вѣрное
Shakh: будеть показании явлеными, да имѣють вѣрьное
Likh: будеть показании явлеными, да имѣють вѣрное
Ostr: будеть показании явлеными, да имѣють вѣрьное

34,8:

Radz: ѡ таце́^х ꙗвленіи. а емоу начнꙋ́^т не ꙗти
Acad: ѡ тацѣхъ ꙗвленіи. а емꙋ же || начнꙋть не ꙗти   [14^v]
Hypa: ѡ тацѣ^х ꙗвленни. а ему же начну|ть не ꙗти
Khle: ѡ тацѣ ꙗвленіи. а емоу же начноу не ꙗти

Bych: о тацѣхъ явлении; а емуже начнуть не яти
Shakh: о тацѣхъ явление, а емуже начьнуть не яти
Likh: о тацѣх явлении; а ему же начнуть не яти
Ostr: о тацѣхъ явление, а емуже начьнуть не яти

Повѣсть временьныхъ лѣтъ

34,9:

Radz: вѣры. | да кленеса҄ть часть та. и҄ нщеть неѧтью
Acad: вѣры. да кленетсѧ часть та. иже | нщеть неѧтью
Hypa: вѣры. да не кленетьтсѧ часть та. иже нщеть неѧтью
Khle: вѣры. || да не кленетсѧ часть та. иже нще҄ть неѧтїю   [12ʳ]

Bych: вѣры, да кленется часть та, иже ищеть неятью
Shakh: вѣры, да кльнеться часть та, яже ищеть неятию
Likh: вѣры, да кленется часть та, иже ищеть неятью
Ostr: вѣры, да кльнеть ся часть та, иже ищеть неятию

34,10:

Radz: вѣры да еᴬга҄с кле|неть по вѣрѣ своєи. и
Acad: вѣры. да еᴬга кленетсѧ по вѣрѣ | своєи. [и]
Hypa: вѣры. да | егда кленетсѧ по вѣрѣ | своєи.
Khle: вѣры. | да еᴬга кленетсѧ по вѣрѣ своєи.

Bych: вѣры; да егда кленеться по вѣре своей, и
Shakh: вѣры; да егда кльнеться по вѣрѣ своеи,
Likh: вѣры; да егда кленеться по вѣре своей, и
Ostr: вѣры; да егда кльнеть ся по вѣрѣ своеи,

34,11:

Radz: боуᴬть казнь. ꙗкоже ꙗвнть҄с согрешеӏнье ѡ сеᴹ.
Acad: боудеть казнь. ꙗко же ꙗвнтсѧ согрѣше|нїе ѡ семь.
Hypa: будеть казнь. ꙗ|ко же ꙗвнтсѧ съгрѣшенїе ѡ семь.
Khle: бѫде҄ть казнь. ꙗкѡ | ꙗвнтсѧ съгрѣшенїе ѡ сеᴹ.

Bych: будеть казнь, якоже явиться согрешенье о семъ.
Shakh: будеть казнь, якоже явиться съгрешение. О семь,
Likh: будеть казнь, яко же явиться согрешенье. О сем,
Ostr: будеть казнь, якоже явить ся съгрешение о семь.

34,12:

Radz: аще кто оубьеᵀ нлн хрестьаннна рꙋснᴺ. нлн
Acad: аще кто оубьеть нлн хрⷭ҇тнꙗнїна | рꙋсннъ. нлн
Hypa: аще кто оубнеть   крⷭ҇тьꙗна русннъ. н|лн
Khle: аще кто оубїеть   хрⷭ҇тїаӏна роуснн. нлн кто

Bych: Аще кто убьеть или хрестьанина Русинъ, или
Shakh: аще къто убиеть или хрьстияна Русинъ или
Likh: аще кто убьеть или хрестьанина русин, или
Ostr: Аще къто убьеть хрьстияна Русинъ или

34,13:

Radz: хрестьꙗннн роуснна. да оумреᵀ нде же аще
Acad: хрⷭ҇тнꙗннн рꙋснна. да оумреть ндѣ | же аще
Hypa: хрⷭ҇тьꙗнъ русснна. <д>а | оумреть. нде же аще
Khle: хрⷭ҇тїаннн роуснна. да оумре҄ᵀ. | нде же аще

Bych: хрестьянинъ Русина, да умреть, идеже аще
Shakh: хрьстиянъ Русина, да умьреть, идеже аще
Likh: хрестьянинъ русина, да умрет, идѣ же аще
Ostr: хрьстиянъ Русина, да умьреть, идеже аще

195

34,14:

Radz: сотворн͡т оубі҃нство. | аще̑ оубежн͡т сотворнвын
Acad: сотворнтъ оубнство. аще лн оубежнть створівын
Hypa: ст̊врнть оубнство. аще лн | оубѣжнть створнвын
Khle: сь͡творн͡т оубі҃нство. аще лн оубѣжн͡т сь͡творнвын

Bych: сотворить убийство. Аще ли убежить сотворивый
Shakh: сътворить убииство. Аще ли убежить сътворивыи
Likh: сотворить убийство. Аще ли убежит сотворивый
Ostr: сътворить убииство. Аще ли убежить сътворивыи

34,15:

Radz: оубн҃ство. да аще е͡с домовн҃. | да часть е͡г с҃нрѣ̆ў
Acad: оубі҃нство. да аще есть домовнтъ. | да часть его снрѣ̆ў
Hypa: оубнство. аще есть нмо|внтъ. да часть его. снрѣ|ўть
Khle: оубі҃нство. аще е͡с нмовн҃. да часть его | снрѣ̆ў,

Bych: убийство, да аще есть домовит, да часть его, сирѣчь
Shakh: убииство, аще есть имовитъ, да часть его, сирѣчь
Likh: убийство, да аще есть домовит, да часть его, сирѣчь
Ostr: убииство, аще есть имовитъ, да часть его, сирѣчь

34,16:

Radz: нже е͡г͡ бо̑у͡ть. по закон̆у да возм͡е бл҃нжнн
Acad: нже его б̆удеть. по закон̆у да | возм͡е блнжнін
Hypa: нже его будеть по закон҃у. да возметь блнжнн |
Khle: нже его б̆жде͡т по законоу. да возм͡е блнжнїн |

Bych: иже его будеть по закону, да возметь ближний
Shakh: еже его будеть по закону, да възьметь ближьнии
Likh: иже его будеть по закону, да возметь ближний
Ostr: еже его будеть по закону, да възьметь ближьнии

34,17:

Radz: оу|бьена̑г. а н жена оубнвша̑г да нмѣ̑е. толнцем
Acad: оубьенаго. а н жена оубі̆вшаго | да нмѣеть. толнцем
Hypa: оубенаго. а н жена оубн|вша̑г да нмѣеть толцем̆ ӂ ||
Khle: оубі҃еннаго. а н жена оубнвш<аго> да нмѣ̑е толнце̑м͡м |

Bych: убьенаго, а и жена убившаго да имѣеть толицем
Shakh: убиенаго, а жена убивъшаго да имѣеть, толицѣмь-
Likh: убьенаго, а и жена убившаго да имѣеть толицем
Ostr: убиенаго, а и жена убивъшаго да имѣеть толицѣмь

34,18:

Radz: же пребо̆ŷть | по закон̆у. аще̑ е͡с ненмовн҃
Acad: же пребўдеть по закон̆у. | аще лн е ненмовнтъ
Hypa: прнбудеть по закону. аще | лн есть ненмовн͡т   [13d]
Khle: же пр<н>бжде̑͡т по законоу. аще лн е͡с ненмовн͡т

Bych: же пребудеть по закону; аще ли есть неимовитъ
Shakh: же пребудеть, по закону. Аще ли есть неимовитъ
Likh: же пребудеть по закону. Аще ли есть неимовит
Ostr: же пребудеть, по закону. Аще ли есть неимовит

34,19:

Radz: сотворивыи оубои. и оубежа|въ да держить с͡

Acad: сотворївыи оубои. и оубежа|вь да держит са

Hypa: створı|выи оубои. и оубѣжавъ | да держит са

Khle: сътвори|выи оубои. и оубѣжавь да дръжит са

Bych: сотворивый убой и убежавъ, да держить ся

Shakh: сътворивыи убои и убѣжавъ, да държиться

Likh: сотворивый убой и убежавъ, да держит ся

Ostr: сътворивыи убои и убѣжавъ, да държить ся

34,20:

Radz: тажи. донде ж͡ ѡбращеть с͡ да оумреть. | аще ли

Acad: тажи. донде<же ѡ>бращетса | да оумретъ. аще ли

Hypa: тажи. доны|деже ѡбращетса ıако да | оумреть. аще ли

Khle: тажи. до|ндеже ѡбращетса ıако оумре т͡. аще ли

Bych: тяжи, дондеже обрящеться, яко да умреть. Аще ли

Shakh: тяжа, доньдеже обрящеться, аще ли обрящеться, и да умьреть. Аще ли

Likh: тяжи, дондеже обрящеться, и да умреть. Аще ли

Ostr: тяжа, доньдеже обрящеть ся, да умьреть. Аще ли

34,21:

Radz: оудари т͡ мече м͡. или оубье каце м͡ любо сосоудомъ.

Acad: оударїтъ м<ече>мъ или оубь|еть кацѣмъ любо сосȣдомъ.

Hypa: оударить | мечемь. или бьеть кацѣ|мь любо съсудомъ.

Khle: оудари т͡ мече м͡. | или бı͡еть кацѣ м͡ любо съсждѡ.

Bych: ударить мечемъ, или убьеть кацѣмъ любо сосудомъ,

Shakh: ударить мечьмъ или биеть кацѣмь любо съсудъмь,

Likh: ударить мечемъ или бьеть кацем любо сосудомъ,

Ostr: ударить мечьмъ или биеть кацѣмь любо съсудьмь,

34,22:

Radz: за | то ȣдарение или бьенье. да вдасть

Acad: за то оударенїе | или бьенїе. да вдасть

Hypa: за то оу|дарение или оубьение да | вдасть

Khle: за то оударенїе или | оубı͡енїе. да вдасть

Bych: за то ударение или бьенье да вдасть

Shakh: за то ударение или биение да въдасть

Likh: за то ударение или бьенье да вдастъ

Ostr: за то ударение или биение да въдасть

34,23:

Radz: литръ .е҃. сребра. по за|конȣ роукомȣ. аще ^͡ не

Acad: литръ .е҃. сребра. по закон | рȣскомȣ. аще ли не

Hypa: литръ .е҃. сребра. п о͡ | <по>кону русскому. аще ли будеть не

Khle: литрь .е҃. сребра. по покону | роукомоу. аще бждı не

Bych: литръ 5 сребра по закону Рускому; аще ли не

Shakh: литръ 5 сьребра по покону Русьскому; аще ли будеть не-

Likh: литръ 5 сребра по закону рускому; аще ли не

Ostr: литръ 5 сьребра по покону Русьскому; аще ли не

34,24:

Radz:нмовнт̇ тако сотворнвын. да вдасть ‖ елнко може.т̇
Acad: нмовнтъ тако створѣвын. І да вдасть елнко можетъ.
Hypa: нмовнть. тако І створнвын. да вдасть еІлнко можеть.
Khle: нмовн̇ тако сътворнвын, І да вдасть елнко може.т̇

Bych: имовитъ тако сотворивый, да вдасть елико можеть,
Shakh: имовитъ тако сътворивыи, да въдасть, елико можеть,
Likh: имовитъ тако сотворивый, да вдасть елико можеть
Ostr: имовитъ тако сътворивыи, да въдасть, елико можеть,

34,25:

Radz: да сонме̇т̇ себе н ты самыа
Acad: да сонметь с себе н ты І самыа
Hypa: н да сонмѐть съ себе н ты самыа
Khle: н да сънме̇т̇ съ себе н тые саІмые

Bych: и да соиметь съ себе и ты самыа
Shakh: и да съиметь съ себе и ты самыя
Likh: и да соиметь с себе и ты самыа
Ostr: и да съиметь съ себе и ты самыя

34,26:

Radz: порты.   в нн̇хже ходн. І да ѿ процѣ да ротѣ
Acad: порты.   в нн̇хже ходн̇тъ. да ѿ процѣ І да ротѣ
Hypa: поІрты своа. в нн̇хъже ходн̂ть. а ѿ проѷе да ротѣ
Khle: порты своа в нн̇же хода̇. а о проѷе да ротѣ, І

Bych: порты, в нихже ходить, да о процѣ да ротѣ
Shakh: пърты, въ нихъже ходить, а опроце да ротѣ
Likh: порты, в них же ходить да о процѣ да ротѣ
Ostr: пърты, въ нихъ же ходять, а опрочѣ да ротѣ

34,27:

Radz: ходн̇т̇ своею вѣрою. ıако нн̇како̇ж̇ нноІмȣ помощн
Acad: ходнть своею вѣрою. ıако нı̇како же І нномȣ помощн
Hypa: ходнІть своею вѣрою. ıако нн̇како же нному помощн
Khle: ходн̇т̇ своею вѣрою. ıако нн̇како же нномоу помощн І

Bych: ходить своею вѣрою, яко никакоже иному помощи
Shakh: ходить своею вѣрою, яко никакоже иному помощи
Likh: ходить своею вѣрою, яко никако же иному помощи
Ostr: ходить своею вѣрою, яко никако же иному помощи

34,28:

Radz: емȣ. да пребывае̇т̇ тажа ѿтоле не възыскаема. І
Acad: емȣ. да пребываеть тажа ѿІтоле не възыскаема
Hypa: еІму. да пребываеть таІжа ѿтолѣ не взнскаемІа
Khle: емоу. да прнбываеть тажа ѿтолѣ, не възыскаемІа

Bych: ему, да пребываетъ тяжа отоле не взыскаема
Shakh: ему, да пребываеть тяжа оттолѣ не възискаема.
Likh: ему, да пребывает тяжа отоле не взыскаема.
Ostr: ему, да пребываеть тя жа оттолѣ не възискаема.

34,29:

Radz: ѡ се҃м. аще оукра́деть что р꙼усн҃н любо оу хрестьанн҃на.
Acad: ѡ семъ. аще оукрадеть что | р꙼усннъ любо любо оу хрс҃тїаннна.
Hypa: ѡ семь. аще оукраде́т | русннъ что любо оу крѣс҃тьаннна.
Khle: ѡ се҃м. аще оукраде́т   что, любо оу хрс҃тїана.

Bych: о семъ. Аще украдеть что Русинъ любо у хрестьанина,
Shakh: О семь, аще украдеть чьто любо Русинъ у хрьстияна,
Likh: О семъ, аще украдеть что любо Русинъ любо у хрестьанина,
Ostr: О семь, аще украдеть Русинъ чьто любо у хрьстияна,

35,1:

Radz: нлн па́к | хрестьаннн꙼ оу р꙼усн҃на. н
Acad: нлн пакн хрн|стнан́їнъ. оу р꙼усн҃на. н
Hypa: нлн пакы хрс҃тьаннн꙼н оу русн҃на. н |
Khle: нлн пакы | хрс҃тїаннн꙼ оу роусн҃на. н

Bych: или паки хрестьанинъ у Русина, и   [34,7]
Shakh: или паки хрьстиянинъ у Русина, и   [36,4]
Likh: или паки хрестьанинъ у русина, и   [27,8]
Ostr: или паки хрьстиянинъ у Русина, и

35,2:

Radz: ꙗтъ боу́дтъ в то́ ча҃ тать. егда та|тб꙼у створн҃т.
Acad: ꙗтъ б꙼удетъ в тон ча҃с | тать. ега҃ татб꙼у сотворнт҃.
Hypa: ꙗть будеть в томъ ча҃ тать. егда та|тьбу створн҃ |
Khle: ꙗть бѫде҃т   то҃ часѣ та҃т. ега҃ | татбоу сътворн҃

Bych: ятъ будеть в томъ часѣ тать, егда татбу сътворить,
Shakh: ятъ будеть томь часѣ тать, егда татьбу сътворить,
Likh: ятъ будеть в том часѣ тать, егда татбу сътворить,
Ostr: ятъ будеть томь часѣ тать, егда татьбу сътворить,

35,3:

Radz: ѿ пог꙼убнвша҃г что лю҃. аще прнготовнт҃ ст҃ |
Acad: ѿ пог꙼убнвшаго || что лю҃бо. аще прнготовнт са тать   [15ᵣ]
Hypa: ѿ погубнвшаго что любо. | аще прнготовнт са татьбу
Khle: ѿ погоубнвшаго что лнбо. аще прнг҃отовн са татбоу

Bych: отъ погубившаго что любо, аще приготовить ся тать
Shakh: отъ погубивъшаго чьто любо, аще противиться татьбы
Likh: от погубившаго что, любо аще приготовить ся тать
Ostr: отъ погубивъшаго чьто любо, аще приготовить ся татьбы

35,4:

Radz: творѧн. н оубьенъ б꙼уде́т. да не взнщеть см҃рть
Acad: творѧн. н оуб҃ненъ б꙼удетъ. да н҃ взыщет са см҃рть
Hypa: творѧн н оубненъ бу|деть. да не възыщет са | см҃рть
Khle: творѧ н оубїень бѫде҃т. да не възыщет са см҃рть

Bych: творяй, и убьенъ будеть, да не взищеться смерть
Shakh: творяи, и убиенъ будеть, да не взищеться съмьрть
Likh: творяй, и убьенъ будеть, да не взищеться смерть
Ostr: творяи, и убиенъ будеть, да не взищеть ся съмьрть

Повѣсть времньныхъ лѣтъ   199

35,5:

Radz: г҃. ни ѿ хре|стьянъ. ни ѿ роуˢ. но паче оубо
Acad: его. нї | ѿ хрⷭ҇тїанъ. нї ѿ рȢсн. но паче оубо
Hypa: его. ни ѿ хрⷭ҇тьꙗ|нъ ни ѿ русн. но паче оуб҄ ‖
Khle: его. ни ѿ хрⷭ҇тїань, ни ѿ роусн. но | паче оубо

Bych: его ни отъ хрестьянъ, ни отъ Руси; но паче убо
Shakh: его ни отъ хрьстиянъ, ни отъ Руси, нъ паче убо
Likh: его ни от хрестьанъ, ни от руси; но паче убо
Ostr: его ни отъ хрьстиянъ, ни отъ Руси, нъ паче убо

35,6:

Radz: да возмет҇ свое иже погȢбн.˄ | аще
Acad: да возметь свое иже погȢбїлъ. аще
Hypa: да възметь свое иже бу|деть погубилъ. н аще   [14a]
Khle: да възмет҇ свое. иже бꙋдѐ погоубиль. н аще |

Bych: да возметь свое, иже будеть погубилъ. Аще
Shakh: да възьметь свое, иже будеть погубилъ. Аще
Likh: да возметь свое, иже будеть погубил. Аще
Ostr: да възьметь свое, иже будеть погубилъ. Аще

35,7:

Radz: дасть роуцѣ҇ свои оукрадыи. да ꙗт҇ бȢде҇. тѣм же
Acad: вдасть рȢцѣ свои оукра|дыи. да ꙗтъ бȢдетъ. тѣм же
Hypa: вдасть руцѣ оукрадыи. д˄а|ть буде҇. тѣмь же
Khle: вдасть в рꙋцѣ҇ оукрадыи. да ꙗть бꙋде҇. тѣм же |

Bych: вдасть руцѣ свои украдый, да ятъ будеть тѣмже,
Shakh: въдасть руцѣ свои украдыи, да ятъ будеть тѣмже,
Likh: дасть руцѣ свои украдый, да ят будеть тѣм же,
Ostr: въдасть руцѣ украдыи, да ятъ будеть тѣмьже,

35,8:

Radz: оу | него́ж бѹде҇ оукрадено. н свѧзанъ бȢде҇
Acad: оу него же бȢдетъ | оукрадено. н свѧзанъ бȢдетъ
Hypa: оу не|го же будеть оукрадено. | н свѧзанъ будеть.
Khle: оу него́ж бꙋдѐ оукрадено. н свѧꙁа҇ⁿ бꙋдѐ.

Bych: у негоже будеть украдено, и связанъ будеть,
Shakh: у негоже будеть украдено, и съвязанъ будеть,
Likh: у него же будеть украдено, и связан будеть,
Ostr: у негоже будеть украдено, и съвязанъ будеть,

35,9:

Radz: ѿдасть тое. еже | смѣ створнтн. н сотворн҇
Acad: ѿдасть тое | еже | смѣ творїтн. н сотворнтъ
Hypa: н ѿ|дасть то еже смѣ створн҇. | н створнть
Khle: н ѿдасть то | еже смѣ сътворнтн. нлн сътворн҇

Bych: и отдасть тое, еже смѣ створити, и сотворить
Shakh: и отъдасть то, еже смѣ сътворити, и сътворить
Likh: и отдасть тое, еже смѣ створити, и сотворит
Ostr: отъдасть то, еже смѣ сътворити, и сътворить

Повѣсть времсньныхъ лѣтъ

35,10:

Radz:	трнчн ѿ се̇м̇. аще кто ѿ хр̅с̇тьанъ. ѓ нлн
Acad:	трі҃чн ѿ семъ. а кто ѿ хр̅с̇тїанъ. нлї
Hypa:	трнжды ѿ сем҃ъ. аще лн кто нлн русннъ хрѣ|стьану. нлн хр̅с̇тьанъ
Khle:	тренчн ѿ семь || аще лн кто нлн роуснн хр̅с̇тїаннноу. нлн хр̅с̇тїанн	[12ᵛ]

Bych: триичи о семъ. Аще кто отъ хрестьянъ или
Shakh: триичи. О семь, аще къто или Русинъ хрьстияну или хрьстиянъ
Likh: триичи. О сем, аще кто от хрестьянъ или
Ostr: триичи. О семь. Аще къто отъ хрьстиянъ или

35,11:

Radz:	ѿ роу̇с̇ му̇ченьа ѡбразо̇м̇ нскоу̇с̇ творнтн. н наснльє
Acad:	ѿ русн му҃нїа ѡбразомъ нску̇с̇	творїтн. н наснльє
Hypa:	ру|снну. мученнѧ ѡбразо|мъ нскус<ъ> творнтн. н	наснльє
Khle:	роуснноу. мѫченїа образо̇м̇ нскоу творнтн. н наснлі҃є

Bych: отъ Руси мученья образомъ искусъ творити, и насильемъ
Shakh: Русину мучения образъмь искусъ сътворить, и насилиемь
Likh: от Руси мученья образом искусъ творити, и насильем
Ostr: отъ Руси мучения образъмь искусъ сътворить, и насилиемь

35,12:

Radz:	ꙗвѣ	возме̇т̇. что любо дроу̇ж̇не. да
Acad:	ꙗвѣ возме̇т̇. что любо друж̇не. да
Hypa:	ꙗвѣ. нлн възме̇т̇	что любо дружнннє. да	
Khle:	ꙗвѣ. нлн възме̇т̇ что любо дроу̇ж̇не. да

Bych: явѣ возметь что любо дружне, да
Shakh: явѣ възьметь чьто любо дружьне, да
Likh: явѣ возметь что любо дружне, да
Ostr: явѣ възьметь чьто любо дружьне, да

35,13:

Radz:	въспатнть тронче. аще выверже|на бу̇де̇т̇
Acad:	воспатнт трончн. аще выверж̇ена бу̇де̇т̇	
Hypa:	въспатнть трончь. аще̇ выверж̇ена лодьа
Khle:	въспатн̇т̇	тронч̇. аще выверж̇ена бу̇де̇т̇

Bych: въспятить троиче. Аще вывержена будеть
Shakh: въспятить триичи. Аще въвьржена будеть
Likh: въспятить троиче. Аще вывержена будеть
Ostr: въспятить триичи. Аще въвьржена будеть

35,14:

Radz:	лодьа вѣтро̇м̇ велнкн̇м̇ на землю чюжю. н ѡбращоу̇т̇с̇
Acad:	лодїа. вѣтромъ велнкі҃мъ на землю чюжю.	н ѡбращу̇т̇ сѧ
Hypa:	бу̇де̇т̇	вѣтромъ велнко̇м̇. на зе|млю чюжю. н ѡбращють сѧ
Khle:	лодїа велнкѡ вѣтро̇м̇	на землю чюжоу. н обращоут сѧ

Bych: лодья вѣтромъ великимъ на землю чюжю, и обращуть ся
Shakh: лодия великъмь вѣтръмь на землю чюжю, и обращуться
Likh: лодья вѣтром великим на землю чюжю, и обращуть ся
Ostr: лодия вѣтръмь великъмь на землю чюжю, и обращуть ся

35,15:

Radz: тамо йже ѿ на^с роу^с. аще кто
Acad: тамо ниже ѿ на^с русь. аще кто
Hypa: тамо ниже ѿ на руси. да аще кто
Khle: тамо ниже ѿ нас | роусн. да аще кто

Bych: тамо иже отъ насъ Руси, да аще кто
Shakh: тамо иже отъ насъ, Руси, да аще стоить,
Likh: тамо иже от нас Руси, да аще кто
Ostr: тамо иже отъ насъ, Руси, да аще къто

35,16:

Radz: идеть снабдѣти лодню. с ру|хло^м своимъ.
Acad: иде[тъ снабдѣти лодію. с рухломъ своимь.
Hypa: идеть снабьдѣ|ти лодью с рухломъ своимъ. и
Khle: иде^т снабдѣти лодію с роухлѡ^м | сво^и. и

Bych: идеть снабдѣти лодию с рухломъ своимъ и
Shakh: сънабъдѣти лодию рухлъмь своимь, и
Likh: иметь снабдѣти лодию с рухлом своим и
Ostr: идеть сънабъдѣти лодию рухлъмь своимь,

35,17:

Radz: ѿослати пакн не землю хрестьаньску́ю. | да
Acad: ѿослати паки на землю хр^{с}тіаньску́ю да
Hypa: ѿсылати пакы на | землю кр^{с}тььаньску. да |
Khle: ѿсылати пакы на землю хр^{с}тіанскоу. да |

Bych: отослати паки на землю хрестьаньскую, да
Shakh: отъсълати пакы на землю хрьстианьскую; и да
Likh: отослати паки на землю хрестьаньскую, да
Ostr: отъсълати пакы на землю хрьстианьскую; да

35,18:

Radz: проводимъ ю сквозѣ всако страшно мѣсто.
Acad: проводимъ ю | сквозѣ всако страшно мѣсто.
Hypa: проводимъ ю сквозѣ вса́ко страшно мѣсто.
Khle: проводи^м ю сков<зѣ> всако страшно мѣсто.

Bych: проводимъ ю сквозѣ всяко страшно мѣсто,
Shakh: проводимъ ю сквозѣ вьсяко страшно мѣсто,
Likh: проводимъ ю сквозѣ всяко страшно мѣсто,
Ostr: проводимъ ю сквозѣ вьсяко страшно мѣсто,

35,19:

Radz: донде^ж | прїиде^т въ бестрашное мѣсто. аще ли
Acad: дондеже прїиде^т. | в бестрашное мѣсто а лї
Hypa: до|ндеже придеть въ бестра́шно мѣсто. аще и
Khle: донде^ж | прїиде^т въ бестрашно мѣсто. аще ли

Bych: дондеже приидеть въ бестрашное мѣсто; аще ли
Shakh: доньдеже придеть въ бестрашьно мѣсто; аще ли
Likh: дондеже приидеть въ бестрашное мѣсто; аще ли
Ostr: доньдеже придеть въ бестрашьно мѣсто; аще ли

Повѣсть времньныхъ лѣтъ

35,20:
```
Radz:  таковаѧ лоа̑. ли | ѿ бурѧ     бороненна
Acad:  таковаа лодїа ли ѿ | бурѧ    бороненіа
Hypa:  тако|ваѧ лодьѧ. и ѿ бурѧ ил | ̈бороненнѧ
Khle:  такоаа лодїа | или ѿ бурѧ. или бороненїа
```

Bych: таковая лодьа ли отъ буря, или боронениа
Shakh: таковая лодиа, ли отъ буря, или боронения
Likh: таковая лодьа ли от буря или бороненна
Ostr: таковая лодия, ли отъ буря, или боронения

35,21:
```
Radz:  земнаго боронима. не мо̑ж̑тъ возборони|тис̑ въ
Acad:  земнаго боронїма не може̑т возбо|ронїти сѧ во
Hypa:  земнаго бо|ронима. не можетъ възборонити сѧ въ
Khle:  земнаго боронима. не | може̑т възборонити сѧ въ
```

Bych: земнаго боронима, не можетъ возборонитися въ
Shakh: земьнаго боронима, не можетъ възвратитися въ
Likh: земнаго боронима, не можетъ възвратитися въ
Ostr: земьнаго боронима, не можетъ възборонити ся въ

35,22:
```
Radz:  своа си мѣста. спотружае̑с̑ѧ. гребцемъ    тоа лоа̑. |
Acad:  свои си мѣста. спотружаемсѧ. | гребцемъ    тоа лодїа
Hypa:  своѧ | си мѣста. спотружае̑м̑сѧ. гребцемъ бо то|ѧ лодьѧ   [14b]
Khle:  своѧ си мѣста. спотру|жаемсѧ. гребце̑м̑ бо тоа лодїа
```

Bych: своа си мѣста, спотружаемся гребцемъ тоа лодьа
Shakh: своя си мѣста, съпотружаемъся гребьцемъ тоя лодия
Likh: своа си мѣста, спотружаемся гребцем тоа лодьа
Ostr: своя си мѣста, съпотружаемъ ся гребьцемъ тоя лодия

35,23:
```
Radz:  мы роу̑с̑. допроводи̑м̑ с куплею и̑ поздоровъ̑.
Acad:  мы рус̑ допроводїмъ с куплею | ихъ поздоровъ
Hypa:  мы русь. и допрова|димъ с куплею ихъ поздоро|ву.
Khle:  мы роу̑. и допровади̑м̑ | с коуплею и̑х̑ поздоровоу.
```

Bych: мы, Русь, допроводимъ с куплею ихъ поздорову,
Shakh: мы, Русь, и допровадимъ ю съ куплею ихъ посдраву;
Likh: мы, Русь, допроводим с куплею их поздорову.
Ostr: мы, Русь, допровадимъ ю съ куплею ихъ поздраву;

35,24:
```
Radz:  ти аще ключитъ | с̑ близъ земла грецкаа. аще̑ л̑
Acad:  ти аще ключїт сѧ близъ земла. | грецкаа аще ли
Hypa:  ти аще ключит сѧ близъ земли грецькы. аще | ли
Khle:  ти аще ключит сѧ близъ | землѣ грецки. аще ли
```

Bych: ти аще ключиться близъ земля Грецкаа; аще ли
Shakh: ти аще ключиться близъ земля Грьчьскы
Likh: Ти аще ключиться близъ земля грецкаа (аще ли
Ostr: ти аще ключить ся близъ земля Грьчкы аще ли

35,25:

Radz: ключнть тако̑ж проказа ло̑ди роу́скои. да проводнмъ
Acad: ключнть такоже проказа ло̑и ру̑скои да проводнмъ
Hypa: ключнт са такоже про|каза лодьи рустѣи. да прводнмъ
Khle: ключнт са такоже проказа | ло̑и роутеи. да проводн̑м

Bych: ключиться такоже проказа лодьи Руской, да проводимъ
Shakh: такоже проказа лодии Русьстѣ, да проводимъ
Likh: ключиться) тако же проказа лодьи руской да проводимъ
Ostr: ключить ся такоже проказа лодии Русьстѣи, да проводимъ

35,26:

Radz: ю в ру́скою землю. да продаю̑т ру̑хло
Acad: в ру́скою землю   да прода|ютъ ру́хло
Hypa: ю в рускую земылю. н да продають рухло |
Khle: ю в роукоую землю. н да | продаю̑т роухло

Bych: ю в Рускую землю, да продають рухло
Shakh: ю въ Русьскую землю, и да продають рухло
Likh: ю в Рускую землю, да продають рухло
Ostr: ю въ Русьскую землю, да продають рухло

35,27:

Radz: тоиа ло̑и. н аще что можеть продатн ѿ ло̑а.
Acad: тоа ло̑и. н аще что можетъ продатï | ѿ лодïа.
Hypa: тоиа лодьıа. н аще что мо|жеть продатн ѿ лодьıа.
Khle: тоа ло̑и. н аще что може̑т продатн | ѿ ло̑а.

Bych: тоя лодьи, и аще что можеть продати отъ лодьа,
Shakh: тоя лодия, аще чьто можеть продати отъ лодия, и лодия
Likh: тоя лодьи, и аще что может продати от лодьа,
Ostr: тоя лодия, аще чьто можеть продати отъ лодия,

35,28:

Radz: волочн̑м мы ру̑|с да ега̑ ходн̑ в грекы.
Acad: волочïмъ   мы ру̑с. да ега̑ ходïмъ во грекн. ||
Hypa: воволочнмъ [нм] мы русь. да | егда ходнмъ във грекы |
Khle: въволочн̑ нмь мы роу̑. да ега̑ ходн̑ въ грекы, |

Bych: во-волочимъ мы, Русь; да егда ходимъ в Грекы
Shakh: влачимъ имъ мы, Русь; да егда ходимъ въ Гръкы
Likh: во-волочим мы, Русь. Да егда ходим в Грекы
Ostr: влачимъ мы, Русь; да егда ходимъ въ Гръкы

35,29:

Radz: нлн с коуплею. нлн въ солбу̑ ко црв̑н | вашему̑.
Acad: нлï с ку̑плею   во солбу̑. ко црв̑н нашему̑.   [15ᵛ]
Hypa: нлн с куплею. нлн в солбу | къ црв̑н нашему.
Khle: нлн с коуплею, нлн въ со̑боу къ црв̑н нашемоу.

Bych: или с куплею, или въ солбу ко цареви вашему,
Shakh: или съ куплею или въ сълбу къ цѣсареви нашему,
Likh: или с куплею, или в солбу ко цареви вашему,
Ostr: или съ куплею или въ сълбу къ цьсареви нашему,

Повѣсть времеиьныхъ лѣтъ 205

35,30:

Radz: да пѹстиⷨ с честью. проданное рѹхло
Acad: да пѹстімъ с честью. проданое рѹхло
Hypa: да пуⷭтимъ ıа съ ѵтⷭью. проданоıе рухло
Khle: да, | поустиⷨ ıа съ ѵтⷭію. проданое роухло

Bych: да пустимъ с честью проданное рухло
Shakh: да пустимъ я съ чьстию проданое рухло
Likh: да пустим с честью проданное рухло
Ostr: да пустим я съ чьстию проданое рухло

36,1:

Radz: лоⷣн и̂ аще́ | лѹѵиⷮ сıа комѹ ѿ   лодьи   ѹбееиѹ
Acad: лѡⷣн и̂. аще лⷯі клюⷸѵиⷮⷭ комѹ ѿ   лодьи   ѹбьенѹ
Hypa: лодьıа ихъ. аще ли | ключиⷮ сıа кому ѿ тоıа лоıдьıа. в неи ѹбьену
Khle: лѡдⷯіа и̂. аще ли | ключиⷮ сıа комоу ѿ тоıа лодıа в неи оубі́еноу

Bych: лодьи ихъ; аще ли ключить ся кому отъ лодьи убьену   [35,5]
Shakh: лодия ихъ. Аще ли ключиться кому отъ тоя лодия въ неи убиену   [37,10]
Likh: лодьи их. Аще ли лучится кому от лодьи убеену   [27,33]
Ostr: лодия ихъ. Аще ли ключить ся кому отъ лодия убиену

36,2:

Radz: быти.   ѿ наⷭ рѹⷭ или ѵто | взато любо да повиини
Acad: быти.   ѿ наⷭ рѹⷭи. | илі ѵто взꙗ̄ любо да повииіⷩ
Hypa: быти. | или бьену быти ѿ наⷭ руси. или взати ѵто любо. да | повиньи
Khle: быти, | или бі́еноу быти ѿ наⷭ роуси. или взати ѵто любо. | да повинни

Bych: быти отъ насъ Руси, или что взято любо, да повинни
Shakh: быти, или биену быти отъ насъ, Руси, или възяту быти чему любо, да повиньни
Likh: быти от нас Руси, или что взято любо, да повинни
Ostr: быти, отъ насъ Руси, или възяти чьто любо, да повиньни

36,3:

Radz: бѹдѹть то створшии. прежеⷤ||реѵенною   [18ᴦ]
Acad: бѹдѹтъ то сотвоⷬршїи. прежереѵенно[ю]
Hypa: будуть то створшии. прежеⷬреѵѹую
Khle: бѫдоуⷮ ѵто сътворшеи. прежеⷬреѵенною |

Bych: будуть то створшии прежереченною
Shakh: будуть то сътворьшии отъ тоя Руси прежереченною
Likh: будуть то створшии прежереченною
Ostr: будуть то сътворьшии прежереченною

36,4:

Radz: епитемьею. ѿ тѣⷯ аще полоианик ѡбою
Acad: епитемьею. ѿ тѣⷯ аще поілоиаиікъ ѡбою
Hypa: епи|тѣмьею. ѿ тѣхъ аще полоианикъ ѡбою
Khle: епитеміею. ѡ тѣⷯ аще полоианик. ѡбою

Bych: епитемьею отъ тѣхъ. Аще полоняникъ обою
Shakh: епитимиею. О тѣхъ, аще плѣньникъ обою
Likh: епитемьею. О тѣх, аще полоняник обою
Ostr: епитемиею. О тѣхъ, аще полоняник обою

36,5:

Radz: страну̑ | держи͡м͡с е. или ѿ ру̑си или ѿ грекъ.
Acad: страну̑ держи̑мъ єсть. или ѿ ру̑|сі̑ ні̑ ѿ грекъ
Hypa: страну | дєржи͡ єсть. или ѿ руси н|ли ѿ грѣкъ.
Khle: стороıноу дръжи͡ е͡с, или ѿ роуси или ѿ грєкъ. и

Bych: страну держимъ есть или отъ Руси или отъ Грекъ,
Shakh: страну дьржимъ есть или отъ Руси, или отъ Грькъ, или
Likh: страну держим есть или от Руси, или от грекъ,
Ostr: страну дьржимъ есть или отъ Руси, или отъ Грькъ,

36,6:

Radz: проданъ въ ѡну̑ страну̑ аще | ѡбрѧщеть͡с. ли
Acad: проданъ во ѡну̑ страну̑. аще ѡбрѧщетсѧ лі̑
Hypa: проданъ въ и|ну страну. ѡже ѡбрѧщеть | или
Khle: продань | в<ъ> иноу стороноу, а иже обрѧщетсѧ, или

Bych: проданъ въ ону страну, аще обрящеться ли
Shakh: или проданъ въ ину страну, ци обрящеться ли
Likh: проданъ въ ону страну, аще обрящеться ли
Ostr: проданъ въ ину страну, аще обрящеть ся ли

36,7:

Radz: ру̑синъ. ли греченинъ да   възрата͡т
Acad: ру̑сі̑нъ. лі̑ греуннъ. да   возрата͡т
Hypa: русинъ или греунн̑ъ. | да не купѧть и възврата|ть
Khle: роусинь | или греунн̑ь. да не коупа͡т и възврата͡т

Bych: Русинъ ли Гречинъ, да искупятъ и възратять
Shakh: Русинъ, ли Грьчинъ, да искупять и възвратять
Likh: русинъ ли греченинъ да искупять и възратять
Ostr: Русинъ, ли Грьчинъ, да възвратять

36,8:

Radz: иску̑пное | лице въ свою сторону̑. и возмо͡ут
Acad: иску̑пно|е ли̑це во свою сторону̑. и возм͡ут
Hypa: и.скупленое лице въ св͡о|ю страну. и възмуть
Khle: искоупеное | <е> лице въ свою страноу. и възмо͡ут

Bych: искупное лице въ свою сторону, и возмуть
Shakh: искупленое лиць въ свою страну, и възьмуть
Likh: искупное лице въ свою сторону, и возмуть
Ostr: искупленое лице въ свою страну, и възьмуть

36,9:

Radz: ценỳ е͡г коупѧщіи. или мни|ть͡с в коуплю
Acad: ценỳ его ку̑паѧщіи. і̑ ні̑ мни̑ть сѧ в ку̑плю
Hypa: <ц>ѣну | его купѧщии. или мнить | сѧ въ куплю
Khle: цѣноу е͡г коупѧщии. ‖ или мнит сѧ в коуплю   [13ᵍ]

Bych: цѣну его купящии, или мниться в куплю
Shakh: цѣну его купящии, и мьниться въ куплю
Likh: цѣну его купящии, или мниться в куплю
Ostr: цѣну его купящии, или мьниться въ куплю

Повѣсть времєньныхъ лѣтъ

36,10:
Radz: над нь челадиннаа цѣна. тако же аще ѿ рати
Acad: не дан<ъ> челадіннаа цѣна. тако же аще ѿ рати
Hypa: на дань челаіідннаıа цѣна. тако же ащ͠е ѿ рати [14c]
Khle: дань челаднаа цѣна. тако͛ аще ѿ рати

Bych: на день челядиннаа цѣна; такоже аще отъ рати
Shakh: надъ нь челядиная цѣна. Такоже аще отъ рати
Likh: надань челядиннаа цѣна. Тако же от рати
Ostr: надъ нь челядиная цѣна. Тако же отъ рати

36,11:
Radz: ıатъ бу͞де͞т. ѿ тѣ͞х грекъ тако͞ж да възратнста
Acad: ıатъ будеть. ѿ тѣ͞х грекъ тако же да возратнт са
Hypa: ıатъ будеть. да ѿ тѣхъ грѣкъ тако же да възвратнт са
Khle: ıать бжде͞т. да ѿ тѣ͞х грекъ тако же да възвратнт са

Bych: ятъ будеть отъ тѣхъ Грекъ, такоже да возратится
Shakh: ятъ будеть отъ тѣхъ Грькъ, такоже да възвратиться
Likh: ятъ будеть от тѣх грекъ, тако же да возратится
Ostr: ятъ будеть отъ тѣхъ Грькъ, тако же да възвратить ся

36,12:
Radz: въ свою страну. и ѿдана буде͞т цѣна е͞г
Acad: во свою стану. и ѿдана будетъ цена его
Hypa: въ свою страну. и ѿдана будеть цѣна его.
Khle: въ свою страноу. и ѿдана бжде͞т цѣна его,

Bych: въ свою страну, и отдана будетъ цѣна его,
Shakh: въ свою страну, и отъдана будеть цѣна его,
Likh: въ свою страну, и отдана будет цѣна его,
Ostr: въ свою страну, и отъ дана будеть цѣна его,

36,13:
Radz: ıакоже ре͞чно е͞с. ıако͞ж есть купла. егда͞ те
Acad: ıакоже реченно есть. ıакоже есть купла. ега же требуетъ
Hypa: ıакоже ре͞чно есть. ıакоже есть купла. ега же требуеть
Khle: ıако ре͞чнно е͞ ıакоже есть коупла, ега же требое͞

Bych: якоже речено есть, якоже есть купля. Егда же требуетъ
Shakh: якоже речено есть, якоже есть купля. Егда же требуеть
Likh: яко же речено есть, яко же есть купля. Егда же требуетъ
Ostr: якоже речено есть, якоже есть купля. Егда же требуеть

36,14:
Radz: на воиноу итн.   и снн хота͞т поутн ц͠ра ваше͞г.
Acad: на воинъ итн.   и сен хота͞т поутіти ц͠ра вашего.
Hypa: на воину итн. егда же потребу тво͞рите. и сн хотать поутнти ц͠ра вашего.
Khle: на воиноу итн. егда͞ж потребоу тво͞рите, и сін хота͞т поутнти ц͠ра вашего.

Bych: на войну ити, и сии хотять почтити царя вашего,
Shakh: на воину ити. Егда же потребу творите на воину ити, и си хотять почьстити
        цѣсаря вашего,
Likh: на войну ити, и сии хотять почтити царя вашего,
Ostr: на воину, и си хотять почьстити цьсаря вашего,

36,15:

```
Radz:  да | аще в кое время. елико и̇х прндеть.
Acad:  да аще в кое время. елико и̇х прїидетъ.
Hypa:  да аще въ | кое время елн их прнде︮т︯. |
Khle:  да аще | в кое время елико и̇х прїиде︮т︯.

Bych:  да аще в кое время елико ихъ приидеть,
Shakh: да аще въ кое время елико ихъ придеть,
Likh:  да аще въ кое время елико их приидеть,
Ostr:  да аще въ кое время елико ихъ придеть,
```

36,16:

```
Radz:  и хотѧ︮т︯ ѿстати оу цр҃ѧ ваше︮г︯. своею волею да
Acad:  и хотѧ︮т︯ ѿстати оу цр҃ѧ | вашего своею волею да
Hypa:  и хотѧть ѿставити оу цр҃ѧ | вашего. своею волею да |
Khle:  и хотѧ︮т︯ ѿста<ви>| оу цр҃ѧ вашего своею волею да

Bych:  и хотять остати ся у царя вашего своею волею, да
Shakh: и хотять остатися у цѣсаря вашего своею волею, да
Likh:  и хотять остатися у царя вашего своею волею, да
Ostr:  и хотять оставити ся у цьсаря вашего своею волею, да
```

36,17:

```
Radz:  бꙋдꙋ︮т︯ ѿ роуси ѿ полонени. и множаиши ѿ |
Acad:  бꙋдꙋтъ. ѿ рꙋсі ѿ поло|ненїи. и множаиши ѿ
Hypa:  будуть ѡ руси ѡ полонѣнїи. многажды ѿ
Khle:  будоу︮т︯ ѡ роуси ѡ полоннѣн. мн҃огажы ѿ

Bych:  будуть. Отъ Руси отъ полонении множайши отъ
Shakh: будуть отъ Руси не възбранени. О Руси о плѣненѣи. Мъногашьды отъ
Likh:  будуть. О Руси о полонении множайши. От
Ostr:  будуть. О Руси о плѣненѣи. Мъногашьды отъ
```

36,18:

```
Radz:  коеѧ любо страны. прише︮д︯ши︮м︯ в роу︮с︯. и продаемы︮м︯
Acad:  коеѧ любо страны прише︮д︯шим в рꙋ︮с︯. и продаемымъ
Hypa:  коеѧ оубо страны. пришедшим | в русь. и продаемомъ
Khle:  коеѧ оубо страны. при|ше︮д︯ши︮м︯ в роу︮с︯ и продаемѡ︮м︯

Bych:  коеа любо страны пришедшимъ в Русь и продаемымъ
Shakh: коея любо страны пришьдъшем Руси и продаемомъ
Likh:  коеа любо страны пришедшим в Русь и продаемым
Ostr:  коея {любо/убо} страны пришьдъшем въ Русь и продаемом
```

36,19:

```
Radz:  въ хрестьѧны | и еще︮ж︯ и ѡ хр︮с︯тьѧне︮х︯
Acad:  въ хр︮с︯тїѧны. и еще︮ж︯ | и ѡ хр︮с︯тїѧне︮х︯
Hypa:  въ | кр︮с︯тьѧны. и еще же ︮н︯ ѿ | хр︮с︯тьѧнъ
Khle:  въ хр︮с︯тїаны. еще же | и ѡ хр︮с︯тїане︮х︯

Bych:  въ хрестьаны, и еще же и о хрестьанехъ
Shakh: въ хрьстияны, и еще же и отъ хрьстиянъ
Likh:  въ хрестьаны, и еще же и о хрестьанех
Ostr:  въ хрьстияны, и еще же и отъ хрьстиянъ
```

Повѣсть времєньныхъ лѣтъ 209

36,20:

Radz: ѡ полонены︮х︯   ѿ коеа любо страны пр и ходѧщи︮м︯ |
Acad: ѡ полонены︮х︯.   ѿ коеѧ любо страны | прїходѧщим︮ъ︯
Hypa: полонныхъ мы|ногажды ѿ коеѧ любо | страны приходѧщим︮ъ︯ |
Khle: полонены︮х︯ мнѡгажы, ѿ коеѧ оубо стра|ны приходѧщи︮м︯

Bych: о полоненыхъ отъ коеа любо страны приходящимъ
Shakh: отъ плѣненыхъ, мъногашьды отъ коеа любо страны приходящемъ
Likh: о полоненых от коеа любо страны приходящим
Ostr: отъ плѣненыхъ, мъногашьды отъ коея любо страны приходящемъ

36,21:

Radz: в ру︮с︯. се продаемн бывают ь по .к҃. золота
Acad: в р у҃︮с︯. се продаемн бывают ъ. по .к҃. золота.
Hypa: в русь. се продаемн быва ю︮т︯. по .к҃. золота.
Khle: в ру︮с︯. се продаемы быва ю︮т︯. по к҃. | золота.

Bych: в Русь, се продаеми бывають по 20 золота,
Shakh: въ Русь, си продаеми бывають по 20 злата,
Likh: в Русь, се продаеми бывають по 20 золота,
Ostr: въ Русь, си продаеми бывають по 20 злата,

36,22:

Radz: и да приндоу︮т︯ въ гре|кы. ѡ то︮м︯ аще оукраде︮н︯
Acad: и да прїнду︮т︯ во греки. ѡ томъ | аще оукраденъ
Hypa: и д︮а︯ | придуть в грѣкы ѡ то︮м︯. | аще оукраденъ
Khle: и да прїндо у︮т︯ въ грекы ѡ то︮м︯. аще оукраде︮н︯ |

Bych: и да приидуть въ Грекы. О томъ аще украденъ
Shakh: и да придуть въ Грькы. О томь, аще украденъ
Likh: и да приидуть в Грекы. О том, аще украден
Ostr: и да придуть въ Грькы. О томь. Аще украденъ

36,23:

Radz: бо у︮а︯︮т︯ челѧдин ъ роукын. или оускоу︮т︯ | или
Acad: будетъ. челѧдінъ ру︮с︯кин. или | ускоуї︮т︯. или
Hypa: будеть | челѧдинъ рускын. или | въскоуїть. или
Khle: бѧде︮т︯ челѧди︮н︯ роускын. или въскоуї︮н︯, или

Bych: будеть челядинъ Рускый, или ускочить, или
Shakh: будеть челядинъ Русьскыи, или ускочить, или
Likh: будеть челядин рускый, или ускочить, или
Ostr: будеть челядинъ Русьскыи, или въскочить, или

36,24:

Radz: по н у҃жи прода︮н︯ бо у︮т︯. и жаловати начноу ру︮с︯.
Acad: по ну҃жї проданъ будетъ. и жало||ватї начн у︮т︯ русь.   [16ᵣ]
Hypa: по нуж︮и︯ проданъ буде︮т︯. и жало|вати начнуть русь.
Khle: по ноужи | прода︮н︯ бѧде︮т︯. и жаловати начне︮т︯ ру︮с︯.

Bych: по нужи проданъ будеть, и жаловати начнуть Русь,
Shakh: по нужи проданъ будеть, и жаловати начнуть Русь,
Likh: по нужи продан будеть, и жаловати начнуть Русь,
Ostr: по нужи проданъ будеть, и жаловати начьнуть Русь,

36,25:

Radz: покажетͨ | таковое ѿ челадина. и да
Acad: покажет сѧ таковое ѿ челадіна. да
Hypa: да | покажетͨ таковое ѿ чёладина. да
Khle: да покажет сѧ | таковое ѿ челаⁿна. да

Bych: да покажеть ся таковое отъ челядина и да
Shakh: да покажеться таковое о челядинѣ, и да
Likh: да покажеть ся таковое о челядине и да
Ostr: покажеть ся таковое о челядинѣ, да

36,26:

Radz: поимуть в руͨ. но и гостие погубиша
Acad: поимѹтⷮ и в рѹͨ. ино гости погубиша |
Hypa: имуть и въ | русь. но и гостье погубі́ша [14d]
Khle: поимоуⷮ и в рѹ. но и гостіе, | погоубиша

Bych: поимуть и в Русь; но и гостие аще погубиша
Shakh: поимуть и Русь; нъ и гостие, аще, погубивъше
Likh: поимуть и в Русь; но и гостие аще погубиша
Ostr: поимуть и въ Русь; нъ и гостие, аще, погубивъше

36,27:

Radz: челадинъ. и жалують да ищоуⷮ. ѡбретаемое
Acad: челадинъ. и жалуютъ да ищутъ. ѡбретаемое |
Hypa: челадинъ. и жалую́ⷮ да ищють. и ѡбрѣтаемое
Khle: челадиⁿ. | и жалоую́. да ищоуⷮ и обрѣтаемое

Bych: челядинъ и жалують, да ищуть, обретаемое
Shakh: челядинъ, жалують, да ищуть, обрѣтаему же,
Likh: челядинъ и жалують, да ищуть, обретаемое
Ostr: челядинъ, и жалують, да ищуть, обрѣтаемое

36,28:

Radz: да поимꙋ̂ть е. аще кто искушенья сеⷢ
Acad: да поимуⷮ е. аще лі кто искушенья сего
Hypa: да имуть е. аще ли кто искушеннꙗ сего
Khle: да поимоуⷮ е. аще ли кто искоушеніа сего

Bych: да поимуть е; аще ли кто искушенья сего
Shakh: да поимуть и.... аще ли кто искушения сего
Likh: да поимуть е. Аще ли кто искушенья сего
Ostr: да поимуть е. Аще ли кто искушения сего

36,29:

Radz: не даͨ створити. местникъ да поⷢгуби правдꙋ̂
Acad: не даͨ соⷮтворіти. местникъ да погубитъ правдꙋ
Hypa: не дасть створити. | мѣстникь да погубиⷮ | правду
Khle: не даⷮ | сътворити. местникъ да погубитъ правдоу

Bych: не дасть створити, местникъ да погубить правду
Shakh: не дасть сътворити мьстьнику, да погубить правьду
Likh: не дасть створити местникъ, да погубить правду
Ostr: не дасть сътворити мьстьнику, да погубить правьду

Повѣсть времѣньныхъ лѣтъ

36,30:

Radz: свою. и ѡ работающи̅ х бо греко̅ х роу̅ с. оу
Acad: свою. | ѡ работающи̅ х бо греко̅ р8си. оу
Hypa: свою. ѡ рабо|тающихъ въ греце|хъ руси. оу
Khle: свою. ѡ работающи̅ х въ грецѣ роуси. оу

Bych: свою. И о работающихъ бо Грекохъ Руси у
Shakh: свою. О работающихъ въ Грьцѣхъ Руси у
Likh: свою. И о работающих во Грекох Русь у
Ostr: свою. О работающихъ въ Грьцѣхъ Руси у

37,1:

Radz: хр̅ с̅ тьаньскаго ц̅ р̅ а аще кто оумреть не оурАвъ
Acad: хр̅ с̅ тіаньского ц̅ р̅ а аще кто оумретъ не оурАдивъ
Hypa: хр̅ с̅ тьаньского ц̅ р̅ а аще кто оумреть не оурАдивъ
Khle: хр̅ с̅ тіанского ц̅ р̅ а аще кто оумрѣ̅ т не оурАдивь

Bych: хрестьаньскаго царя. Аще кто умреть, не урядивь [36,7]
Shakh: хрьстияньскаго цѣсаря. Аще къто умьреть, не урядивъ [39,6]
Likh: хрестьаньскаго царя. Аще кто умреть, не урядивь [28,23]
Ostr: хрьстияньскаго цьсаря. Аще къто умьреть, не урядивъ

37,2:

Radz: своѐ г имѣньА. | ци   свои̅ х не имать. да
Acad: своего имѣньА. ци   свои̅ х не имаеть. да
Hypa: св о ѥго имѣньА ци и свои̅ х. | не имать. да
Khle: своего имѣнїА, либѡ | свои̅ х не има̅ т, да

Bych: своего имѣнья, ци своихъ не имать, да
Shakh: своего имѣния, ци и своихъ не имать, да
Likh: своего имѣнья, ци своих не имать, да
Ostr: своего имѣния, ци своихъ не имать, да

37,3:

Radz: възрати̅ т именне к малы̅ м ближнка̅ м | в роу̅ с.
Acad: взрати̅ т имѣнїе | к малымъ блiжнкамъ в ру̅ с.
Hypa: възва|титъ имѣнье к малы̅ м блнжикамъ в русь. |
Khle: възврати̅ т имѣнїе къ малы̅ м блнжако̅ м в ру̅ с.

Bych: възратиться имѣние к малымъ ближикамъ в Русь;
Shakh: възвратять имение къ малымъ ближикамъ въ Русь.
Likh: возратить имение к малым ближикам в Русь.
Ostr: възвратять имение къ малымъ ближикамъ въ Русь.

37,4:

Radz: аще̂ сотворить ѡбраженне таковыи возметь
Acad: аще лі сотворiтъ | ѡбраженіе. таковыи возмѣ̅ т
Hypa: аще ли створить ѡбращенне. та̅ ко выи възмѣ̅ т |
Khle: аще̂ сътвори̅ т ѡбраженїе, таковыи | възмѣ̅ т

Bych: аще ли сотворить обряжение таковый, возметь
Shakh: Аще ли сътворить обряжение таковыи, възьметь
Likh: Аще ли сотворить обряжение таковый, возметь
Ostr: Аще ли сътворить обряжение таковыи, възьметь

211

37,5:

Radz: оуря|женое ё. комȢ бȢде҃ писа҄ наслєдити
Acad: оуряженое его. | комȢ бȢдетъ писалъ. наслєдити
Hypa: оуряженое его. комѹ бѹдеть писалъ наслѣдити |
Khle: оуряженое его комоу бж҃де҃ писа҄ наслѣ҃ти҃ |

Bych: уряженое его, кому будеть писалъ наслѣдити
Shakh: уряженое его; кому будеть писалъ наслѣдити
Likh: уряженое его, кому будеть писал наслѣдити
Ostr: уряженое его; кому будеть писалъ наслѣдити

37,6:

Radz: имѣнье ё҃ да наслєди҃ е | ѿ взимающи҃ кȢплю
Acad: имѣнїе его. | да наслѣдить е. ѿ взимающи҃ кȢплю
Hypa: имѣнье.   да наслѣди҃ е. | ѡ взимающихъ кѹплю |
Khle: имѣнїе   да наслѣди҃ е. ѡ взимающи҃ коуплю

Bych: имѣнье его, да наслѣдить е отъ взимающихъ куплю
Shakh: имѣние, да наслѣдить е. О взимающихъ куплю
Likh: имѣнье его, да наслѣдит е. О взимающих куплю
Ostr: имѣние, да наслѣдить е. О взимающихъ куплю

37,7:

Radz: рȢ҃с ѿ различны҃. хотящи во греки и оудолжающи҃.
Acad: рȢ҃с ѻ҃тѻ разлі҃чны ходящи въ греки и оудолжающи҃.
Hypa: русн ѿ различныхъ хо|дящихъ въ грѣкы. и | оудолжающихъ.
Khle: роусн | ѿ различны҃ хо<д>ящи҃ въ грекы. и оудолжающи҃, |

Bych: Руси, отъ различныхъ ходящихъ во Греки и удолжающихъ.
Shakh: Руси.... О различьныхъ ходящихъ, въ Грькы и удължающихъ....
Likh: Руси. О различных ходящихъ, во Греки и удолжающих.
Ostr: Руси. Отъ различьныхъ ходящихъ, въ Грькы и удължающихъ.

37,8:

Radz: аще злодѣи възрати҃т в рȢ҃с да
Acad: аще злѹдѣн возратїть в рѹ҃с. да
Hypa: аще | злодѣи възвратится | в русь. да
Khle: аще злѡдѣи възвратится в роу҃с. да

Bych: Аще злодѣй не възратиться в Русь, да
Shakh: Аще зълодѣи възратиться въ Русь, да
Likh: Аще злодѣй не възратиться в Русь, да
Ostr: Аще зълодѣи възратить ся въ Русь, да

37,9:

Radz: жалȢють | рȢ҃с. хр҃тьяньскоу ц҃ртвȢ. и ятъ бȢде҃т
Acad: жалаютъ рȢ҃с хр҃тьаньскомȢ ц҃ртвȢ. и ятъ бȢдетъ
Hypa: жалують русь | хр҃тьанскому ц҃ртву. | и ятъ будеть
Khle: жалоують || роу҃с хр҃тіанскомоу ц҃ртвоу. и ятъ бж҃де҃т   [13ᵛ]

Bych: жалують Русь хрестьяньскому царству, и ятъ будеть
Shakh: жалують Русь хрьстияньскому цѣсарьству, и ятъ будеть
Likh: жалують Русь хрестьяньску царству, и ятъ будеть
Ostr: жалують Русь хрьстияньскому цьсарьству, и ятъ будеть

37,10:

Radz: таковын. и възвраще́ бѫде́ᵀ не хота
Acad: таковын. и възрашенъ бꙋдетъ не хотаи
Hypa: таковын. | и възвращенъ бꙋде́ᵀ | не хота́ⁿ
Khle: таковын. | и възвращень боуде́ᵀ и не хота

Bych: таковый, и възвращенъ будеть, не хотя,
Shakh: таковыи, и възвращенъ будеть, не хотяи,
Likh: таковый, и възвращен будеть, не хотя,
Ostr: таковыи, и възвращенъ будеть, не хотяи,

37,11:

Radz: в роусь. сн вса да створать роу̅ᶜ грекомъ |
Acad: в рꙋ̅ᶜ. си̅ вса да сотвораᵀ. | рꙋ̅ᶜ грекомъ.
Hypa: в русь. сн же вса | да творать русь гре́ко̅ᴹ. |
Khle: в роу̅ᶜ. сн же вса да | твора̅ᵀ роу̅ᶜ греко̅ᴹ

Bych: в Русь. Си же вся да створять Русь Грекомъ,
Shakh: въ Русь. Си же вься да сътворять Русь Грькомъ,
Likh: в Русь. Си же вся да створять Русь грекомъ,
Ostr: въ Русь. Си же вься да творять Русь Грькомъ,

37,12:

Radz: идѣже аще ключнтъ таково. на оутверженье̅ж
Acad: идеже аще ключнтса таково. | на оутверженїе
Hypa: идеже аще ключнтса та|ково на оутверженье жᵉ ||
Khle: идеже аще ключнтса таково. | на оутверженїе же

Bych: идеже аще ключиться таково. На утверженье же
Shakh: идеже аще ключиться таково. На утвържение же
Likh: идеже аще ключиться таково. На утверженье же
Ostr: идеже аще ключить ся таково. На утвържение же

37,13:

Radz: непо̊двнжнне || быти. меже вамн хрᵀ̅ьаны [18ᵛ]
Acad: подвїжнее быти. межї вамн | хрᵀ̅ьаны
Hypa: и неподвнженне быти. | межн вамн хрᵀ̅ьаны [15а]
Khle: и неподвнженїе быти. межн | вамн хрᵀ̅ӏаны

Bych: неподвижние быти меже вами, хрестьаны
Shakh: и неподвижение быти межю вами, хрьстияны,
Likh: и неподвижение быти меже вами, хрестьаны,
Ostr: и неподвижение быти межю вами, хрьстияны,

37,14:

Radz: и роую бывшн мнръ сотво|рнхо̅ᴹ. нвановы̅ᴹ
Acad: и рꙋ̅ᶜю. бывшен мїръ сотворнхомъ. | нвановымъ
Hypa: и | русью. бывшн мнръ съ̅творнхо̅ᴹ. нвановомъ |
Khle: и роую. бывшн мнрь сътворнхо̅ᴹ. | нванов҇ѡ

Bych: и Русью, бывший миръ сотворихомъ Ивановымъ
Shakh: и Русию, бывъшии миръ сътворихомъ Ивановъмь
Likh: и Русью, бывший мир сотворихом Ивановым
Ostr: и Русию, бывъшии миръ сътворихомъ Ивановъмь

37,15:

Radz: написаниемъ на двою харатью цр҃а вашего.
Acad: пис⟨а⟩ньемь на двою хораю цр҃а ва‖шего.
Hypa: написаниемъ. на двою харотью цр҃а вашего.
Khle: написаниемъ на двою хартїю. цр҃а вашего.

Bych: написаниемъ на двою харатью, царя вашего
Shakh: написаниемь на дъвою харатию, цѣсаря вашего
Likh: написанием на двою харатью, царя вашего
Ostr: написаниемь на дъвою харатию, цьсаря вашего

37,16:

Radz: и своею роукою. прѣлежащи ч҃тнымъ
Acad: и своею рукою. прѣлежащимъ ч҃тны
Hypa: и своеію рукою. предлежащимъ ч҃тнымъ
Khle: и своею ржкою, прѣлежащи ч҃тны

Bych: и своею рукою, предлежащимъ честнымъ
Shakh: и своею рукою, предълежащимь чьстьнымь
Likh: и своею рукою, предлежащим честным
Ostr: и своею рукою, предълежащимь чьстьнымь

37,17:

Radz: кр҃стмъ. и ст҃ою единосоущною. тр҃цею едино
Acad: кр҃столмъ. и ст҃ою едіносущною. тр҃цею и единого
Hypa: кр҃стомъ. и ст҃ою единосущною тр҃цею. едино
Khle: кр҃стѡ. и ст҃ою единосжщною тр҃цею. единаго

Bych: крестомъ и святою единосущною Троицею единого
Shakh: крьстъмь и святою единосущьною Троицею, единого
Likh: крестомъ и святою единосущною Троицею единого
Ostr: крьстъмь и святою единосущьною Троицею единого

37,18:

Radz: истинна б҃га наше. извести и дасть нашим
Acad: истїнннаго б҃га вашего. извести и дасть нашимъ
Hypa: истиньнаго б҃а нашего. извѣсти и дасть нашимъ
Khle: истиннаго б҃а нашего. извѣсти и дасть наши

Bych: истинаго Бога вашего извѣсти и дасть нашимъ
Shakh: истиньнаго Бога вашего, извѣсти и дасть нашимъ
Likh: истинаго бога нашего, извѣсти и дасть нашим
Ostr: истиньнаго Бога нашего, извѣсти и дасть нашимъ

37,19:

Radz: посло. мъ же кляхоса ко цр҃ю вашемоу. иже
Acad: послом. мы же кляхомса ко цр҃ю вашемоу. иже
Hypa: словомъ. мы же кляхомса къ цр҃ю вашему. иже
Khle: послѡ. мы же кляхѡса къ цр҃ю вашемоу. иже

Bych: посломъ; мы же кляхомся ко царю вашему иже
Shakh: сьломъ. Мы же кляхомъся къ цѣсарю вашему, иже
Likh: послом. Мы же кляхомся ко царю вашему, иже
Ostr: сьломъ. Мы же кляхомъ ся къ цьсарю вашему, иже

37,20:

Radz: ѿ б҃а сѹща. ꙗко бж҃ьа зданїе по законѹ.
Acad: ѿ б҃га ‖ сѹще. ꙗко бж҃не зданїе по законѹ. [16ᵛ]
Hypa: ѿ б҃а сѹще ꙗко | б҃нїе зданїе по закону. |
Khle: ѿ б҃а сѫще ꙗко | бж҃їе зданїе по законоу.

Bych: отъ Бога суще яко Божие здание по закону
Shakh: отъ Бога сущю, яко Божию зьданию, по закону
Likh: от бога суща, яко божьа здание, по закону
Ostr: отъ Бога суще, яко Божию зьданию, по закону

37,21:

Radz: и по законѹ ꙗзыка наше҇г. не престѹпити на҇м
Acad: и по законѹ ꙗ|зыка нашего. не престѹпити намъ
Hypa: и по покону ꙗзыка наше҇г. | не переступати ни намъ |
Khle: и по поконоу ꙗзыка наше҇г. | не перестѫпати на҇м

Bych: и по закону языка нашего, не преступити намъ,
Shakh: и по покону языка нашего, не преступити намъ,
Likh: и по покону языка нашего, не преступити нам,
Ostr: и по покону языка нашего, не преступити намъ,

37,22:

Radz: ни и ѡнѹ ѿ страны нашеꙗ. | ѿ оуставлены҇х
Acad: ни и‹ном›ѹ ѿ | страны нашеꙗ. ѿ оуставлены҇х
Hypa: ни иному ѿ страны на|шеꙗ. ѿ оуставленыхъ |
Khle: ни иномоу ѿ страны нашеꙗ. | ѿ оуставленны҇х

Bych: ни иному отъ страны нашея отъ уставленыхъ
Shakh: ни иному отъ страны нашея отъ уставленыхъ
Likh: ни иному от страны нашея от уставленых
Ostr: ни иному отъ страны нашея отъ уставленыхъ

37,23:

Radz: глав҇ мира и любви. и таковое написание | дахо҇м
Acad: главъ мира и лю|бве. и таковое написанїе дахомь
Hypa: глав̂ъ мира и любве. и та|ково написание дахомъ |
Khle: главь мира и любве. и таково на|писанїе дахо҇м

Bych: главъ мира и любви. И таковое написание дахомъ
Shakh: главъ мира и любъве. И таковое написание дахомъ
Likh: главъ мира и любви. И таковое написание дахом
Ostr: главъ мира и любъве. И таково написание дахомъ

37,24:

Radz: цр҇ства ваше҇г. на оутвержение ѡбоемѹ пребывати. |
Acad: црь҇ства ваше|го. на оутверженїе ѡбоемѹ пребывати.
Hypa: цр҇ства вашего. на оутве|ржение ѡбоему пребы|вати.
Khle: цр҇тва нашего. на оутверженїе | ѡбоемоу пребывати

Bych: царства вашего на утвержение обоему пребывати
Shakh: цѣсарьства вашего на удьржание обоему пребывати
Likh: царства вашего на утвержение обоему пребывати
Ostr: цьсарьства вашего на утвържение обоему пребывати

37,25:

Radz: таковому совещанню. на оутверженне
Acad: такововму совещанію. на оутверженіе
Hypa: таковому свещанню. на оутвѣрженне
Khle: таковомоу съвѣщанію. на оутверженіе

Bych: таковому совещанию, на утвержение
Shakh: таковому съвѣщанию, на утвържение
Likh: таковому совещанию, на утверженя
Ostr: таковому съвѣщанию, на утвьржение

37,26:

Radz: и на นзвещанне. межи вами бывающаг
Acad: и на нзвещеніе. межі вами бывающего
Hypa: и   нзвѣщенне межи вами бывающаго
Khle: и на нзвѣщеніе. межи вами бываащаго

Bych: и на извещание межи вами бывающаго
Shakh: и на извѣщение межю вами бывающаго
Likh: и на извещание межи вами бывающаго
Ostr: и на извѣщение межю вами бывающаго

37,27:

Radz: мира. мца. се҃ .в҃. нелн. е҃і в лѣ҃т созданиа
Acad: мїра. мца. се҃ .в҃. а нелн .е҃і. в лѣ҃т со҇зданіа
Hypa: мира. мца. себтабра. въ .в҃. а в не҃ .е҃і. в лѣ҃т созданнїа
Khle: мира. мца сетебра .в҃. в не҃ .е҃і. въ лѣ҃т. ѿ създанїа

Bych: мира. Мѣсяца сентября 2, недѣли 15, в лѣто создания
Shakh: мира. Мѣсяца сентября въ 2 дьнь, индикта 15, въ лѣто създьдания
Likh: мира. Мѣсяца сентября 2, индикта 15, в лѣто создания
Ostr: мира. Мѣсяца сентября 2, недѣли 15, въ лѣто създьдания

37,28:

Radz: мира ҂s҃.у҃.к҃.
Acad: мира ҂s҃.у҃.к҃.
Hypa: миру ҂s҃.у҃.к҃.
Khle: мироу ҂s҃.у҃.к҃.

Bych: мира 6420".
Shakh: миру 6420.
Likh: мира 6420".
Ostr: миру 6420.

37,29:

Radz: цр҃ь же леѡнъ почти послы роукые. дарми.
Acad: цр҃ь же леѡнъ почти послы русьскїа дарми.
Hypa: цр҃ь же леѡнъ слы рускыа почтивъ. дарми
Khle: Цр҃ь же леѡнь послы роукыа почтивь. дарми.

Bych: Царь же Леонъ почти послы Руские дарми,
Shakh: Цѣсарь же Леонъ почьсти сълы Русьскыя дарьми,
Likh: Царь же Леонъ почти послы Руские дарми,
Ostr: Цьсарь же Леонъ почьсти сълы Русьскыя дарьми,

38,1:

Radz: зла‍то̅. и паволокамн. и фофоудьамн. и прн|ставн
Acad: златомъ. | и паволокам‹ї›. и фоф🙂дьамн. и приставн
Hypa: ꙁоло|то̅. и паволокамн и фо||фудьамн. и приставн [15b]
Khle: ꙁолото̅, и паволока̅. | фофоу̅амн. и приставн

Bych: златомъ, и паволоками и фоудьами, и пристави [37,7]
Shakh: златъмь и паволоками и фофудиями, и пристави [40,17]
Likh: златомъ, и паволоками и фофудьами, и пристави [29,11]
Ostr: златъмь и паволоками и фофудиями, и пристави

38,2:

Radz: к ни̅ моу̅ свои. показати и̅ цр̅кв̅ноу
Acad: к ни|мъ м🙂жи свои. показати имь цр̅квьною
Hypa: къ| нимъ мужи свои. показа|ти имъ цр̅квьную
Khle: к ни̅ мѫжи свои. пока|зати и̅ цр̅ковноую

Bych: к нимъ мужи свои показати имъ церковную
Shakh: къ нимъ мужа своя показати имъ цьркъвьную
Likh: к ним мужи свои показати им церковную
Ostr: къ нимъ мужа своя показати имъ цьркъвьную

38,3:

Radz: красотоу. | и полаты златыа. и в ни̅ соуща҃а
Acad: красо|т🙂. и полаты ꙁлатыа. и в нїхъ с🙂щаа
Hypa: красо|ту. и полаты златыа. и | в нихъ сущаꙗ
Khle: красотоу. и полаты златыа, | и ни̅ сѫщаа

Bych: красоту, и полаты златыа и в них сущаа
Shakh: красоту и полаты златыя и въ нихъ сущая
Likh: красоту, и полаты златыа и в них сущаа
Ostr: красоту и полаты златыя и въ нихъ сущая

38,4:

Radz: богатество. злата | много. и паволокы. и
Acad: богатьство. злато много. и паволокы. и
Hypa: ба̅тьства. | злато много и паволокы. | и
Khle: бога҃ства. золота мно̅го и паволо|кы. и

Bych: богатество, злато много и паволокы и
Shakh: богатьства, злата мъного и паволокы и
Likh: богатество, злата много и паволокы и
Ostr: богатьства, злата мъного и паволокы и

38,5:

Radz: камьнье драгое. и стр҃ти г҃на. | и венець и гвоздие.
Acad: каменїе дра|гое. страсти г҃на. и венець. и гвоздіа.
Hypa: камѣнье драгое. и стр҃сти г҃ни вѣнець и гвоздьѥ.
Khle: каменїе драгое. и стр҃ти г҃ни вѣнець, | и гвоздие.

Bych: камьнье драгое, и страсти Господня, и венець, и гвоздие,
Shakh: камение драгое, еще же и чудеса Бога своего и страсти Господьня и вѣньць и гвоздие
Likh: камьнье драгое, и страсти господня и венець, и гвоздие,
Ostr: камение драгое, и страсти Господьня вѣньць и гвоздие

38,6:

Radz: и хламидү багранүю. и мощи стꙑ҇х҇ | оучаще
Acad: и хамі҇ідү багренү. и мощи ст҇х҇. оучаща
Hypa: и хламиду баграную. и мощи ст҇х҇. оучаще |
Khle: и хламидоу баграноую. и мощи стꙑ҇х҇, | оучаще

Bych: и хламиду багряную, и мощи святыхъ, учаще
Shakh: и хламиду багъряную и мощи святыхъ, учаще
Likh: и хламиду багряную, и мощи святых, учаще
Ostr: и хламиду багъряную и мощи святыхъ, учаще

38,7:

Radz: ꙗ к вѣре своеи. и показүюще и҇ истинүю
Acad: а к вѣре своіеи. и показающимъ истиннүю
Hypa: ꙗ к вѣрѣ своеи. и показающе имъ истинную
Khle: а къ вѣрѣ своеи. и показоующе и҇ истиннноую

Bych: я к вѣре своей и показующе имъ истиную
Shakh: я къ вѣрѣ своеи, и показающе имъ истиньную
Likh: я к вѣре своей и показующе им истиную
Ostr: я къ вѣрѣ своеи, и показающе имъ истиньную

38,8:

Radz: вѣроу | и тако ѿпоусти а во свою землю
Acad: вѣрү. и тако | ѿпүсті а во свою землю.
Hypa: вѣру. и тако ѿпусти ꙗ въ свою | землю.
Khle: вѣроу. и тако ѿпоусти а съ ч҇тїю велико҇ю |

Bych: вѣру, и тако отпусти а во свою землю
Shakh: вѣру. И тако отъпусти я въ свою землю
Likh: вѣру. И тако отпусти а во свою землю
Ostr: вѣру. И тако отъпусти я въ свою землю

38,9:

Radz: с честию великою:- |
Acad: съ ч҇тью великою:· |
Hypa: съ ч҇тью великою.
Khle: въ свою землю:·

Bych: с честию великою.
Shakh: съ чьстию великою.
Likh: с честию великою.
Ostr: съ чьстию великою.

38,10:

Radz: Посланни҇ж҇ ѡлго҇м҇ посли придоша ко ѡлгови.
Acad: Посланіи же ѡлгомь послы прі҇идоша ко ѡлгови.
Hypa: посланни же ѡльго҇м҇ | сли. придоша къ ѡльгови
Khle: Посланнїи же ѡлго҇м҇ послы, || прї҇идоша къ ѡлгови. [14ᵍ]

Bych: Послании же Олгомъ посли приидоша ко Олгови,
Shakh: Посълании же Ольгъмь съли придоша къ Ольгови,
Likh: Послании же Олгом посли приидоша ко Олгови,
Ostr: Посълании же Ольгъмь посъли придоша къ Ольгови,

38,11:

Radz: и поведаша || вса рѣ︮ч︯ ѡбою цр︮ю︯. како сотвориша   [19︮г︯]
Acad: и повѣдаша вса рѣчи ѡбою цр︮ю︯. како сотвориша
Hypa: и повѣдаша вса рѣчи | ѡбою ц︮с︯рю. како створиша
Khle: и повѣдаша вси рѣчи ѡбою | цр︮ю︯. ꙗако сътвориша

Bych: и повѣдаша вся рѣчи обою царю, како сотвориша
Shakh: и повѣдаша вься рѣчи обою цесарю, како сътвориша
Likh: и повѣдаша вся рѣчи обою царю, како сотвориша
Ostr: и повѣдаша вься рѣчи обою цьсарю, како сътвориша

38,12:

Radz: миръ. и оурѧ︮д︯ положиша. межю грецкою
Acad: мі︮р︯ъ. и оурѧ︮д︯ положиша. межи грецкою
Hypa: миръ. и оурѧдъ по|ложиша межю грѣцькою |
Khle: мирь и оурѧ︮д︯ положиша. ме|жю грецкою

Bych: миръ, и урядъ положиша межю Грецкою
Shakh: миръ, и урядъ положиша межю Грьчьскою
Likh: миръ, и урядъ положиша межю Грецкою
Ostr: миръ, и урядъ положиша межю Грьчьскою

38,13:

Radz: землею и роускою. и клѧтвы не пре|стоупити
Acad: зе︮м︯лею. и р︮с︯ускою. и клѧтвы не прест︮у︯пити
Hypa: землею и рускою. и клѧ|твы не пере́ступати.
Khle: землею и роускою. и клѧтвы не пере|стоупати,

Bych: землею и Рускою и клятвы не преступити
Shakh: землею и Русьскою, и клятъвы не преступити
Likh: землею и Рускою и клятвы не преступити
Ostr: землею и Русьскою, и клятвы не преступити

38,14:

Radz: ни греко︮м︯ ни роу︮с︯. и живаше ѡлегъ
Acad: гре|комъ ні р︮у︯си. и живаше ѡлегъ
Hypa: ни | грѣцемь ни руси. и жива|ше ѡлегъ
Khle: ни греко︮м︯ ни роуси. и живаше ѡлегъ |

Bych: ни Грекомъ ни Руси. И живяше Олегъ
Shakh: ни Грькомъ, ни Руси. И живяше Ольгъ,
Likh: ни греком, ни руси. И живяше Олег
Ostr: ни Грькомъ, ни Руси. И живяше Ольгъ

38,15:

Radz: миръ имѣа | ко все︮м︯ странамъ. кнѧ︮ж︯а в киевѣ.
Acad: мі︮р︯ь имѣа. и ко всемъ странамъ. кнѧ︮ж︯а в кіевѣ.
Hypa: миръ имѣꙗ. къ | всѣмъ странамъ кнѧжа | въ киевѣ.
Khle: мѣрь имѣа къ все︮м︯ страна︮м︯. кнѧжа въ кыевѣ⁘

Bych: миръ имѣа ко всѣмъ странамъ, княжа в Киевѣ.
Shakh: миръ имѣя къ вьсѣмъ странамъ, кънѧжа Кыевѣ.
Likh: миръ имѣа ко всем странамъ, княжа в Киевѣ.
Ostr: миръ имѣя къ вьсѣмъ странамъ, кънѧжа въ Кыевѣ.

38,16:

Radz: и приспѣ ѡсень. и помаиноу ѡлегъ конь свои.
Acad: и приспѣ | ѡсень. и поманȣ ѡлегъ конь свои.
Hypa: и приспѣ ѡсе|нь и помяну ѡлегъ конь | свои.
Khle: И приспѣ ѡсе͠. и помяноу ѡлегъ ко͠ свои.

Bych: И приспѣ осень, и помяну Олегъ конь свой,
Shakh: И приспѣ осень, и помяну Ольгъ конь свои,
Likh: И приспѣ осень, и помяну Олегъ конь свой,
Ostr: И приспѣ осень, и помяну Ольгъ конь свои,

38,17:

Radz: и бѣ же постави͡ кормити. и не вседа|ти на нь.
Acad: иже бѣ поста|вилъ кормити. и не вседати на нь.   [17ᵣ]
Hypa: иже бѣ поставилъ | кормити. не всѣда͞ти на | нь.
Khle: иже бѣ | постави͡ кормити, и не вс<ѣ>да на нь,

Bych: иже бѣ поставилъ кормити и не вседати на нь,
Shakh: иже бѣ поставилъ кърмити и не въседати на нь.
Likh: иже бѣ поставил кормити и не вседати на нь.
Ostr: иже бѣ поставилъ кърмити и не въсѣдати на нь.

38,18:

Radz: бȣ бо   въпраша͡ волхвовъ кȣдесникъ. ѿ
Acad: бȣ бо   вопроша͡ | волховъ кȣдесникъ. ѿ
Hypa: бѣ бо преже въпрошалъ волъхвовъ кудесни|къ. ѿ
Khle: бѣ бо преже | въпраша͡ волхвовь и коудесникъ. ѿ

Bych: бѣ бо въпрашалъ волъхвовъ и кудесникъ: "отъ
Shakh: Бѣ бо преже въпрашалъ вълхвъ и кудесьникъ: "отъ
Likh: Бѣ бо въпрашал волъхвовъ и кудесникъ: "От
Ostr: Бѣ бо преже въпрашалъ вълхвъ и кудесьникъ: "Отъ

38,19:

Radz: чего ми | е͡с смерть. и ре͞ч емȣ кȣдесни͞к ѡди͠н.
Acad: чего мï есть оумрети. | и рече емȣ кȣдеснïкъ ѡдинъ.
Hypa: чего ми есть оумы͞рети. и ре͞ч ему ѡдинъ ку|͞удесникъ.   [15с]
Khle: чего ми е͡с | оумрѣти. и ре͞ч емоу единъ коудесникъ.

Bych: чего ми есть умрети?" и рече ему кудесникъ одинъ:
Shakh: чего ми есть умрети?" И рече ему единъ кудесьникъ:
Likh: чего ми есть умрети?" И рече ему кудесник один:
Ostr: чего ми есть умрети?" И рече ему единъ кудесьникъ:

38,20:

Radz: кн͞же конь е͡с г͞ же любиши | и ѣздиши на не͞м. ѿ
Acad: кн͞же конь его же | любиши. и едеши на немъ. ѿ
Hypa: кн͞аже конь его͞же любиши. и ѣздиши на не͞мз. | ѿ
Khle: кн͞а|же ко͠ его же любиши и ѣздиши на не͞м, ѿ

Bych: "княже! конь, егоже любиши и ѣздиши на немъ, отъ
Shakh: "къняже! конь, егоже любиши и ѣздиши на немь, отъ
Likh: "Княже! Конь, его же любиши и ѣздиши на нем, от
Ostr: "Къняже! Конь, егоже любиши и ѣздиши на немь, отъ

38,21:

Radz: то̅ ти оумрети. ѡлегъ̇ прии̅м въ оумѣ си ре̅ч.
Acad: того ти оумрети. ѡлег же примь въ оумѣ си рече.
Hypa: того ти оумрети. ѡлегъ же принмъ въ оумѣ си рече
Khle: того ти оумрети. ѡлег же при̅нмь въ оумѣ си рѣ̅ч.

Bych: того ти умрети". Олегъ же приимъ въ умѣ, си рече:
Shakh: того ти умрети". Ольгъ же, приимъ въ умѣ си, рече:
Likh: того ти умрети". Олегъ же приим въ умѣ, си рече:
Ostr: того ти умрети". Ольгъ же, приимъ въ умѣ си, рече:

38,22:

Radz: николи же всадꙋ на нь. ни вижю е̅ѓ боле то̅ѓ. и
Acad: николи же всадꙋ на нь. ни вижю его боле того. и
Hypa: николи же всаду на конь. и ни вижю его боле того. и
Khle: николи ж̅ всадоу на нь ни вижю его, боле того, и

Bych: "николиже всяду на нь, ни вижю его боле того"; и
Shakh: "николиже въсяду на нь, ни вижю его боле того". И
Likh: "Николи же всяду на нь, ни вижю его боле того". И
Ostr: "Николиже въсяду на нь, ни вижю его боле того". И

38,23:

Radz: повелѣ корми̅т и не водити е̅ к немꙋ. и
Acad: повелѣ кормі̅ти и. не водити его к немꙋ. и
Hypa: повелѣ кормити и. не воідити его к нему. и
Khle: повелѣ ко̅рмити и, и не во̅ди его к немоу. и

Bych: повелѣ кормити и и не водити его к нему, и
Shakh: повелѣ кърмити и, и не водити его къ нему; и
Likh: повелѣ кормити и и не водити его к нему, и
Ostr: повелѣ кърмити и не водити его къ нему; и

38,24:

Radz: пребы нѣкоко лѣ̂ не видѣ е̂. и дондеже на
Acad: пребы̅с нѣколїко лѣтъ. не дѣя его. дондеже на
Hypa: пребыівъ нѣколко лѣтъ. не дѣ҄я его дондеже и на
Khle: пребывь нѣколнко лѣ̅т не дѣя его. дондеже и на

Bych: пребы нѣколико лѣтъ не видѣ его, дондеже на
Shakh: пребывъ нѣколико лѣтъ, не дѣя его, доньдеже и на
Likh: пребы нѣколико лѣт не видѣ его, дондеже на
Ostr: пребы нѣколико лѣтъ, не дѣя его, доньдеже на

38,25:

Radz: грекы иде. и пришеш̂ꙋ емꙋ кыевꙋ. и
Acad: греки иде. и пришеш̂ю емꙋ к киевꙋ. и
Hypa: грѣкы. иде. и пришедшю ему къ киеву. и
Khle: грекы иде, и при̅шешоу емоу къ кыевоу. и

Bych: Грекы иде. И пришедшу ему к Кыеву и
Shakh: Гръкы иде. И пришьдъшю ему Кыеву, и
Likh: грекы иде. И пришедшу ему Кыеву и
Ostr: Гръкы иде. И пришьдъшю ему къ Кыеву, и

38,26:

Radz: пребывъшю .д҃. лѣ҃. на патое лѣ҃ поманꙋ
Acad: пребывшю .д҃. лѣта на патое лѣто поманꙋ
Hypa: пребы҃с .д҃. лѣта. на .е҃. лѣто поманꙋ
Khle: пребы .д҃. лѣ҃. на .е҃. лѣ҃. поманоу

Bych: пребывьшю 4 лѣта, на пятое лѣто помяну
Shakh: пребывъшю 4 лѣта, на пятое лѣто помяну
Likh: пребывьшю 4 лѣта, на пятое лѣто помяну
Ostr: пребывъшю 4 лѣта, на пятое лѣто помяну

38,27:

Radz: конь. ѿ него́ж бѧхꙋть рекли во҃лсви оумр҃ти.   и
Acad: конь. ѿ него же бѧхꙋ рекли волхви оумреіти.   и
Hypa: конь свои. ѿ него же бѧхꙋ рекъ҇ли волъсви оумрети ѡлъгови. и
Khle: ко҃н свои. ѿ него же бѧхж рекли влъсви, ѡумрети олгови. и

Bych: конь, отъ негоже бяхуть рекли волсви умрети, и
Shakh: конь свои, отъ негоже ему бяхуть рекли вълсви умрети, и
Likh: конь, от него же бяхуть рекли волсви умрети. И
Ostr: конь, отъ негоже бяху рекли вълсви умрети, и

38,28:

Radz: призва станрѣншинꙋ конюхо҃м. р҃е ко́е е҇с конь
Acad: призва старѣншинꙋ конюхомь. рекы кое есть конь
Hypa: призва старѣишнну конюхомъ ре҃ка. кд҄е есть конь
Khle: призва старѣншиноу конюіховь, река, где е҇с конь

Bych: призва старейшину конюхомъ, рече: "кое есть конь
Shakh: призъва старѣишину конюхомъ, река: "къде есть конь
Likh: призва старейшину конюхом, рече: "Кде есть конь
Ostr: призъва старѣишину конюхомъ, река: "Къде есть конь

38,29:

Radz: мъи. егоже бѣ постави҃л кормити и блюсти е҃г.
Acad: мои. егоже бѣ҇х поставилъ кормити и блюсти его.
Hypa: мои егоже бѣхъ поставилъ. кормити и блюсти его.
Khle: мои. и егоже поставиль бѣ҇х кормити и блюсти его.

Bych: мъй, егоже бѣхъ поставилъ кормити и блюсти его?"
Shakh: мои, егоже бѣхъ поставилъ кърмити и блюсти его?"
Likh: мъй, его же бѣхъ поставил кормити и блюсти его?"
Ostr: мои, егоже бѣхъ поставилъ кърмити и блюсти его?"

39,1:

Radz: ѡ҃н же р҃е оумерлъ е҇с. ѡлег же посмѣаса и
Acad: ѡнъ же рече оумерль есть. ѡлег же посмеѧса и
Hypa: ѡнъ же р҃е оу҇мерлъ есть. ѡлегъ же посмѣѧса. и
Khle: ѡн же р҃е оумерль е҇с. ѡлегь же посмѣѧса и

Bych: Онъ же рече: "умерлъ есть". Олег же посмѣяся и   [38,8]
Shakh: Онъ же рече: "умьрлъ есть". Ольгъ же посмѣяся, и   [42,1]
Likh: Он же рече: "Умерлъ есть". Олег же посмѣяся и   [29,34]
Ostr: Онъ же рече: "Умьрлъ есть". Ольгъ же посмѣя ся, и

39,2:

Radz: оукори к꙯десника. река | то ти неправо г҃лють
Acad: оукори к꙯десника. рекъ тако неправо | г҃лть
Hypa: оукори кудесника рка. тоть не|право молвать
Khle: оукори коудесника. река. то неправо молва͞т

Bych: укори кудесника, река: "то ти неправо глаголють
Shakh: укори кудесьника, река: "то ти неправо глаголють
Likh: укори кудесника, река: "То ти неправо глаголють
Ostr: укори кудесьника, река: "Тоть неправо молвять

39,3:

Radz: волсви. но вс҄а ло͞ ҄е. а конь оумерлъ ҄е а ꙗ
Acad: волхвы. но все лжа есть. конь оумерлъ есть. | а ꙗ
Hypa: волъстві. | но все то лъжа есть. конь | оумерлъ. а ꙗ͞з
Khle: влъсви. но вс҄е ло͞ лжа ҄е ҄с. конь оуме|рлъ а азъ

Bych: волъсви, но все лжа есть: конь умерлъ есть, а я
Shakh: вълсви, нъ вьсе то лъжа есть: конь умьрлъ есть, а язъ
Likh: волъсви, но все то лжьа есть: конь умерлъ есть, а я
Ostr: вълсви, нъ вьсе лъжа есть: конь умьрлъ, а я

39,4:

Radz: ж҄въ:· И повелѣ ѿседлати конь. а то вижю
Acad: живъ:· И повелѣ ѿседлати собѣ конь. атъ | вижю
Hypa: живъ. и по|велѣ ѿседлати конь. да | ть вижю
Khle: ж҄вь. и повелѣ ѿседлати ко͞ ать виж꙯ |

Bych: живъ". И повелѣ оседлати конь: "а то вижю
Shakh: живъ". И повелѣ осьдлати си конь: "да ти вижю
Likh: живъ". И повелѣ оседлати конь: "А то вижю
Ostr: живъ". И повелѣ осѣдлати конь: "Атъ вижю

39,5:

Radz: кости ҄е͞г. и приде | на мѣсто идеже бѣша лежаще
Acad: кости его. и пр҄инде на мѣсто идеже бѣ|ша лежащи
Hypa: кости его. и пр҅ѣха на мѣсто идеже ба|ху лежаще
Khle: кости его. и прїеха на мѣсто идеже баше лежа|ще

Bych: кости его". И прииде на мѣсто, идеже бѣша лежаще
Shakh: кости его". И приѣха на мѣсто, идеже бѣша лежаща
Likh: кости его". И прииде на мѣсто, идеже бѣша лежаще
Ostr: кости его". И приѣха на мѣсто, идеже бѣша лежаще

39,6:

Radz: кости ҄е͞г голы. и лобъ | голъ и ссѣде
Acad: кости его голы. и лобъ голъ. и ссѣдь |
Hypa: кости его го|лы. и лобъ голъ. и слѣ҅з |
Khle: кости его голы и лобь голь. и слѣзь

Bych: кости его голы и лобъ голъ, и ссѣде
Shakh: кости его голы и лъбъ голъ, и сълѣзъ
Likh: кости его голы и лобъ голъ, и ссѣде
Ostr: кости его голы и лъбъ голъ, и сълѣзъ

39,7:

Radz: с кона. и посмеяса ре̃. ѿ сего ли лба
Acad: с кона. и посмеяса река. ѿ сего ли лба
Hypa: с кона посмеяса рка ѿ сего ли лъба
Khle: с кона посмеяса река. ѿ сего ли лъба

Bych: с коня, и посмеяся рече: "отъ сего ли лба
Shakh: съ коня, и посмѣяся, рька: "отъ сего ли лъба
Likh: с коня, и посмеяся рече: "От сего ли лба
Ostr: съ коня, посмѣя ся рька: "Отъ сего ли лъба

39,8:

Radz: смьрть | было взяти мнѣ. и в‹о›ступи ногою
Acad: было смр̃ть | взяти. и въступи ногою
Hypa: смр̃ть мнѣ ‖ взяти. и въступи ногою [15d]
Khle: смр̃ть мнѣ | взяти, и въстѫпи ногою

Bych: смьрть было взяти мнѣ?" и въступи ногою
Shakh: съмьрть мънѣ възяти?" И въступи ногою
Likh: смьрть было взяти мнѣ?" И въступи ногою
Ostr: съмьрть мънѣ възяти?" И въступи ногою

39,9:

Radz: на лобъ. и выникну‖вши змиа зо лба. [19ᵛ]
Acad: на лобъ. и выникнѹвши | ẑмїа изо лба. и
Hypa: на лобъ. и выникнучи | змѣя и
Khle: на лобь. и выникнѹ|чи ẑмїа. и

Bych: на лобъ; и выникнувши змиа изо лба, и
Shakh: на лъбъ; и выникнувъши змия из лъба,
Likh: на лобъ; и выникнувши змиа изо лба, и
Ostr: на лъбъ; и выникнучи змия, и

39,10:

Radz: уклюну в ногу и с то̃г̃о̃ раз̃бо̃лѣс̃ и умре:- |
Acad: уклюну в ногу. и с того разболѣся. | и умре:·
Hypa: уклюну и в ногу. | и с того разболѣвся умьре.
Khle: усѣкноу и в ногоу. и с того разболѣ̃ся оумре. ‖

Bych: уклюну в ногу, и с того разболѣся и умре.
Shakh: уклюну и въ ногу. И съ того разболѣся, и умьре.
Likh: уклюну в ногу. И с того разболѣся и умре.
Ostr: уклюну въ ногу. И съ того разболѣ ся умьрѣ.

39,11:

Radz: и плакаша̃с̃ лю̃е̃ вси плаче̃м̃ великм̃. и несоша
Acad: и плакашася лю̃ вси плачемь великимь. | и несоша
Hypa: и плакашася по нем̃ | вси людие плаче̃м̃ велико̃м̃. | и несоша
Khle: и плакашеся по не̃м̃ вси людие плаче̃м̃ великы̃м̃. и не|соша [14ᵛ]

Bych: И плакашася людие вси плачемъ великимъ, и несоша
Shakh: И плакашася по немь людие вьси плачьмь великъмь, и несъше
Likh: И плакашася людие вси плачем великим, и несоша
Ostr: И плакаша ся вьси людие плачьмь великъмь, и несоша

39,12:

Radz: и погребоша на горѣ. еже г͠лться щековнца.
Acad: и и погребоша его на горѣ. еже г͠лться щковнца.
Hypa: и и погребоша и. на гор<ѣ> иже г͠лться щековнца.
Khle: и и погребоша и на г͞рѐ иже г͠лется щековнца.

Bych: и погребоша его на горѣ, еже глаголеться Щековица;
Shakh: и, погребоша и на горѣ, яже глаголеться Щековица;
Likh: и погребоша его на горѣ, еже глаголеться Щековица;
Ostr: и, и погребоша и на горѣ, иже глаголеть ся Щековица;

39,13:

Radz: е͡с же могнла е͡г и до се͡г д͠нн. сло|вето
Acad: есть же могнла его и до сего д͠не. слове͡т ‖
Hypa: есть же могнла е|го до сего д͠нн. словеть
Khle: е͡с же могнла его и до сего д͠не. слове͡т

Bych: есть же могила его и до сего дни, словеть
Shakh: есть же могыла его и до сего дьне, словеть
Likh: есть же могила его и до сего дни, словеть
Ostr: есть же могыла его и до сего дьни, словеть

39,14:

Radz: могыла ѡльгова. и бы͡с все͡х лѣ͡т кн͠ження
Acad: могїла ѡлгова. и бы͡с все͡х лѣтъ кн͠жаньѧ   [17ᵛ]
Hypa: могнла ѡлгова. и бы͡с всехъ лѣтъ его
Khle: могнла та ѡ͡го|ва. и бы͡с все͡ лѣ͡т кн͡аженïа

Bych: могыла Ольгова. И бысть всѣхъ лѣтъ княжениа
Shakh: могыла Ольгова. И бысть вьсѣхъ лѣтъ къняжения
Likh: могыла Ольгова. И бысть всѣх лѣт княжениа
Ostr: могыла Ольгова. И бысть вьсѣхъ лѣтъ къняжения

39,15:

Radz: е͡г .л͠г.
Acad: его .л͠г.
Hypa: кн͡аженнѧ .л͠г.
Khle: его .л͠г.

Bych: его 33.
Shakh: его 33.
Likh: его 33.
Ostr: его 33.

39,16:

Radz: се же не днвно ꙗко ѿ волхованиа сбывае͡тсѧ
Acad: се же не днвно ꙗко ѿ волхвованьѧ сбывает͡с
Hypa: се же днвно есть ꙗко ѿ волхвованиа сбываетсѧ
Khle: Се͡ж днвно е͡с ꙗко ѿ волхвованïа събываетсѧ

Bych: Се же дивно, яко отъ волхвованья собывается
Shakh: Се же не дивьно, яко отъ вълхвования събываеться
Likh: Се же не дивно, яко от волхвования собывается
Ostr: Се же дивьно, яко отъ вълхвования събываеть ся

39,17:

Radz: чародѣнство · ꙗкоже бѣ н ц͞рство
Acad: чародѣнствомь. ꙗко же бѣ н ц͞рство
Hypa: чародѣство. ꙗко же бы͞с ц͞рство
Khle: чародѣнство: ꙗко͞ж бы͞с въ ц͞рство

Bych: чародѣйство, якоже бысть во царство
Shakh: чародѣиство, якоже бе въ цѣсарьство
Likh: чародѣйство, яко же бысть во царство
Ostr: чародѣиствомь, яко же бысть цьсарьство

39,18:

Radz: доментнаново. нѣкнн волхвъ нменѣ͞м. аполонн таннкъ.
Acad: доментïаново. нѣкïн волховъ нменемь. аполонн таı͞нïкь.
Hypa: демет͞нъꙗново. нѣкын волхвъ нменемь. аполона таннн.
Khle: демет͞нïаново. нѣкын в͞лхвъ нмене͞м аполонн таннн.

Bych: Доментианово; нѣкий волхвъ, именемъ Аполоний, Тиянянинъ,
Shakh: Доментияново: нѣкыи вълхвъ, именьмь Аполонии Тиянинъ,
Likh: Доментианово. Нѣкий волхвъ, именем Аполоний, Тиянинъ,
Ostr: Доментияново; нѣкыи вълхвъ, именьмь Аполонии Тиянинъ,

39,19:

Radz: знаемъ бѣаше. шеств оу а н твора
Acad: знаемъ бѣаше. шеств оу а н твора
Hypa: знае|мъ баше шествуꙗ н тв͞ора
Khle: зна͞е баше. шествоуꙗ н твора

Bych: знаемъ бѣаше шествуа и творя
Shakh: знаемъ бѣаше шьствуя и творя
Likh: знаемъ бѣаше шествуа и творя
Ostr: знаемъ бяше шьствуя и творя

39,20:

Radz: всюд оу . въ градѣ͞х н в селѣ. бѣсовьскаа
Acad: всюд оу н во градѣ͞х н в селѣ͞х бѣсовьскаа
Hypa: всюду. в городѣ͞х н в селѣ͞хъ. бѣсовьскаꙗ
Khle: всюдоу. въ градѣ͞х н в селѣ. бѣсовскаа

Bych: всюду и въ градѣхъ и в селехъ бѣсовьскаа
Shakh: вьсюду въ градѣхъ и въ селѣхъ бѣсовьская
Likh: всюду и въ градѣх и в селех бѣсовьскаа
Ostr: вьсюду въ градѣхъ и въ селѣхъ бѣсовьская

39,21:

Radz: чюдеса. ѿ рнма бо прнше͞д въ внзантню.
Acad: чюдеса. ѿ рнма бо прше͞д въ внзантïю.
Hypa: чюдеса твора. ѿ рнма бо пршедъ въ оузантню.
Khle: чю|деса твора. ѿ рнма бо прнше͞д въ оузантïю.

Bych: чюдеса; отъ Рима бо пришедъ въ Византию,
Shakh: чюдеса. Отъ Рима бо пришьдъ въ Византию,
Likh: чюдеса. От Рима бо пришед въ Византию,
Ostr: чюдеса. Отъ Рима бо пришьдъ въ Узантию,

39,22:

Radz: оумоленъ бывъ ѿ живѹщиx̑ тоу. ство|рити
Acad: оумоленъ бы̑ ѿ жи|вѹщиx̑ тѹ. сотвори
Hypa: оумоленъ бы͡с ѿ живущиx̑ | ту створити
Khle: оу|молень бы͡с ѿ живоущиx̑ тоу сътворити

Bych: умоленъ бывъ отъ живущихъ ту, сотвори
Shakh: умоленъ бысть отъ живущихъ ту сътворити
Likh: умоленъ бывъ от живущих ту, сотворити
Ostr: умоленъ бысть отъ живущихъ ту сътворити

39,23:

Radz: сна ѿгнавъ мно́жство змии. и скоропии иꙁ
Acad: сїа. ѿгнавь множєство | ꙁмїи. и скоропїи иꙁ
Hypa: сна ѿгна | множьство ꙁмии. и скоро|пиꙗ иꙁъ
Khle: сїа ѿ|гна мнѡжєство ꙁмїи. и скорпїи иꙁ

Bych: сиа: отгнавъ множество змий и скоропий изъ
Shakh: сия: отъгънавъ мъножьство змии и скоропия из
Likh: сиа: отгнавъ множество змий и скоропий изъ
Ostr: сия: отъгъна мъножьство змии и скорпия из

39,24:

Radz: гра̑А. ꙗко | врежати͡с ч͡лвко́м̑ ѿ ниx̑. ꙗрость
Acad: града. ꙗко не врежатисѧ | ч͡лвкмь ѿ ниxъ. ꙗрость
Hypa: града. ꙗко не вырежатисѧ ч͡лвкомъ ѿ | нихъ. ꙗрость
Khle: града, ꙗко | не врежатисѧ ч͡лко́м̑ ѿ ни. ꙗрѡ͡с

Bych: града, яко не врежатися человѣкомъ отъ нихъ; ярость
Shakh: града, яко не врежатися человѣкомъ отъ нихъ; и ярость
Likh: града, яко не врежатися человѣком от них; ярость
Ostr: града, яко не врежати ся человѣкомъ отъ нихъ; ярость

39,25:

Radz: коньсноую ѡбуздавъ. єг̑А | сс̾хожахоусѧ боѧре.
Acad: коньскоую ѡбуꙁда|вь. єг̑А схожахѹсѧ боѧре
Hypa: коньскую | ѡбуꙁдавъ. єгда схожа|хусѧ боꙗрѣ.
Khle: ко͡нскоую ѡбоу|ꙁдавь. єг̑А схожахж̑сѧ боꙗре.

Bych: коньскую обуздавъ, егда ссхожахуся боаре.
Shakh: коньскую обуздавъ, егда съхожахуся боляре.
Likh: коньскую обуздавъ, егда ссхожахуся боаре.
Ostr: коньскую обуздавъ, егда съхожаху ся боляре.

39,26:

Radz: тако́ж̑ и во антиx̑нию пришє̑⟨ѡ⟩. и оумолє̑А | бывъ
Acad: тако же и въ антѡ|xєю пришє̑А. и оумолень бывь
Hypa: тако же и | въ антиѡxню пришедъ. | и оумѡн̾лєꙋ бывъ
Khle: тако же и въ а͡нтиѡxїю прише̑, оумолень бывь

Bych: Такоже и во Антиохию пришедъ, и умоленъ бывъ
Shakh: Такоже и въ Антиохию пришьдъ, и умоленъ бывъ
Likh: Тако же и во Антиохию пришед, и умолен бывъ
Ostr: Такоже и въ Антиохию пришьдъ, и умоленъ бывъ

39,27:

Radz: ѿ нн̅х̅. томнмомъ бо антнахн̅ыано̅м̅. ѿ скоропнн |
Acad: ѿ нн̅х̅. томнмомъ | бо антнахїыаномъ. ѿ скоропїн. [16а]
Hypa: ѿ нихъ. || томнмомъ бо антнѡхомъ. | ѿ скорпнн.
Khle: ѿ нн̅. томн̅м̅ бѡ а̅н̅тїѡхїѡ̅м̅ ѿ скорпїн

Bych: отъ нихъ, томимомъ бо Антиахияномъ отъ скоропий
Shakh: отъ нихъ...; томимомъ бо Антиохияномъ отъ скоропии
Likh: от них, томимомъ бо Антиахияном от скоропий
Ostr: отъ нихъ; томимомъ бо Антиохомъ отъ скорпии

40,1:

Radz: н ѿ комаръ. сотворнвъ мѣданъ скоропнн.
Acad: н ѿ комаръ. | створнвь мѣдень скоропїн.
Hypa: н ѿ комаровъ. | створн скорпнн мѣда|нъ.
Khle: н̅ ѿ комаровь. сътворн скорпїн | мѣдѧ̅н̅,

Bych: и отъ комаръ, сотворивъ мѣдянъ скоропий   [39,6]
Shakh: и отъ комаръ, сътворивъ мѣдянъ скоропии,   [43,4]
Likh: и от комаръ, сотворивъ мѣдянъ скоропий   [30,19]
Ostr: и отъ комаръ, сътворивъ мѣдянъ скорпии,

40,2:

Radz: н погребѣ г̅е̅ | в земли. н малъ столп мраморе̅н̅
Acad: н погребѣ его в зе|мли. н маль столпъ мраморенъ.
Hypa: н погребѣ н в земли. | н малъ столпъ мрамора|нъ.
Khle: н погребе н въ зе̅м̅ли. н мал<ъ> стлъпь мрамо|рень

Bych: и погребе его в земли, и малъ столпъ мрамореъ
Shakh: и погребе его въ земли, и малъ стълпъ мраморянъ
Likh: и погребе его в земли, и малъ столпъ мраморен
Ostr: и погребе и въ земли, и малъ стълпъ мраморянъ

40,3:

Radz: поставн̅А̅ нн̅м̅. н повелѣ | трость держатн
Acad: поставн на̅ нї|мь. н повелѣ трость держатн
Hypa: поставн надъ дн̅н̅. | н повелѣ трость дѣржа|тн
Khle: поставн над нн̅м̅. н повелѣ трость дръжатн |

Bych: постави надъ нимъ, и повелѣ трость держати
Shakh: постави надъ нимь, и повелѣ трѫсти дьржати
Likh: постави надъ ним, и повелѣ трость держати
Ostr: постави надъ нимь, и повелѣ трьсть дьржати

40,4:

Radz: ч̅л̅комъ. н ходнтн по городѹ н звати. | тросте̅м̅
Acad: ч̅л̅комь. н хо|днтн по городѹ н взатн. тростемь
Hypa: ч̅л̅в̅комъ. н ходнтн | по городу. звати. тросте̅м̅
Khle: ч̅л̅ко̅м̅. н х̅ѡ̅тн по гра̅у̅ звати. тросте̅м̅

Bych: человѣкомъ, и ходити по городу и звати, тростемъ
Shakh: человѣкомъ и ходити по граду, зъвати, тръстьмъ
Likh: человѣкомъ, и ходити по городу и звати, тростем
Ostr: человѣкомъ и ходити по граду, зъвати, тръстьмъ

Повѣсть времєньныхъ лѣтъ 229

40,5:

Radz: трѧсомо͞мъ. бес комара гра͞ду. и тако исчєзнѹша
Acad: трѧсо|момъ. бес комара гра͞ду. и тако исчєзнѹша
Hypa: трѧсомомъ бес кома|ра граду. тако нзъшєдоша
Khle: трѧсомо͞м| без комара гра͞ду. тако исчєзоша

Bych: трясомомъ: "бес комара граду", и тако исчезнуша
Shakh: трясомамъ: "бес комара граду"; и тако исчезнуша
Likh: трясомом: "Бес комара граду". И тако исчезнуша
Ostr: трясомамъ: "Бес комара граду". И тако исчезоша

40,6:

Radz: из гра͞. скоропиа. и комарьє. испросиша
Acad: из гра|да скоропіа. и комарьє. испросиша
Hypa: изъ града комари. |и скорпии. испросиша|
Khle: из града. кома͞р|и скорпіа. испросиша

Bych: изъ града скоропиа и комарье. И просиша
Shakh: из града скоропия и комари Въспросиша
Likh: из града скоропиа и комарье. И спросиша
Ostr: из града комари и скорпия. Испросиша

40,7:

Radz: жє   пакы ѿ лєжащимъ   на градѣ.
Acad: жє   пакы. | ѿ лєжащими   на градѣ.
Hypa: жє и пакы ѿ лєжащими | на гробѣ
Khle: жє и пакы. ѿ лєжащими | пакы на гробѣ

Bych: же пакы о лежащимъ на градѣ
Shakh: же и пакы о належащимь на градѣ
Likh: же пакы о належащим на градѣ
Ostr: же пакы о лежащимь на градѣ

40,8:

Radz: тру͞с възѡхнѹ. списа на͞шицє сєа. оувы
Acad: тру͞с въѡхнѹ. списа |на͞шици сіа. оувы
Hypa: трусъ. въздо|хну списа надъ дщицє |сиа. оувы
Khle: тру͞. въздѡноу списа на͞шици сіа. |оувы

Bych: трусѣ, въздохну, списа на дщице сиа: "увы
Shakh: трусѣ; въздъхнувъ, съписа на дъщици сия: "увы
Likh: трусѣ, въздохну, списа на дщице сеа: "Увы
Ostr: трусѣ; въздъхну, съписа надъщице сия: "Увы

40,9:

Radz: тобѣ ѡканныи градє. ꙗко потрѧсєши͞с много
Acad: тобѣ ѡканныи градє. ꙗко |потрєсєши͞с много.
Hypa: тєбє ѡкань|ныи городє. ꙗко потра|сєшисѧ много
Khle: тєбѣ ѡкаанныи градє. ꙗко потрѧсєшисѧ | мнѡго.

Bych: тобѣ, оканьный граде, яко потрясешися много,
Shakh: тобѣ, оканьныи граде, яко потрясешися мъного,
Likh: тобѣ, оканьный граде, яко потрясешися много,
Ostr: тобѣ, оканьныи граде, яко потрясеши ся мъного,

40,10:

Radz: и ѡгнемъ ѡдеⷬ҇ржимъ боу҄ши. ѡполуать же [20ᴦ]
Acad: и ѡгнемъ ѡдержимъ бȣдеши. ѡполуатъ же
Hypa: ѡдержиⷨ будеши ѡгнемъ. ѡполуать же
Khle: ѡгнеⷨ ѡдръжиⷨ бѫдеши. ѡполуаⷮ же

Bych: и огнемъ одержимъ будеши, оплачеть же
Shakh: и огньмь одьржимъ будеши; оплачеть же
Likh: и огнем одержимъ будеши, оплачеть же
Ostr: огньмь одьржимъ будеши; оплачеть же

40,11:

Radz: та. и пре березѣ. и ѡренты | ѡ нем же и великіи
Acad: та и пре березе. и ѡренты. | ѡ нем же и великіи
Hypa: та и при бере|зѣ си ѡрнти. ѡ немь жⷷ | и великыи
Khle: та | и при брезѣ сї ѡрнити. ѡ нем же и великыи

Bych: тя и при березѣ сый Оронтий". О немже и великий
Shakh: тя и при брезѣ сы Оренти". О немьже и великыи
Likh: тя и при березѣ сый Оронтий". О нем же и великий
Ostr: тя и при брезѣ сы Оренти". О немьже и великыи

40,12:

Radz: настасии. бж҃ьа граⷣ реⷱ҇. аполонию же
Acad: анастасіи бж҃ьа града рече. ‖ аполонию же [18ᴦ]
Hypa: анастасии. | бж҃иа города реⷱ҇. аполо|нию же.
Khle: ана|стасіи бж҃їа г<оро>да реⷱ҇. аполонїю же

Bych: Анастасий Божьа града рече: "Аполонию же
Shakh: Анастасии Божия Града рече: "Аполонию же
Likh: Настасий божьа града рече: "Аполонию же
Ostr: Анастасии Божия Града рече: "Аполонию же

40,13:

Radz: даⷤ | и до nn҃ѣ. на нѣцеⷯ мѣстѣⷯ собываю[ⷮ]
Acad: даже и до nn҃ѣ. на нѣциⷯ мѣстѣⷯ собываютса
Hypa: доже и до ны|нѣ на нѣцехъ мѣстѣ. | сбываютса
Khle: даⷬ҇ж и до | nn҃ѣ на нѣцеⷯ мѣстѣ. събываютса

Bych: даже и донынѣ на нѣцехъ мѣстехъ собываються
Shakh: доже и донынѣ на нѣцехъ мѣстѣхъ събываються
Likh: даже и донынѣ на нѣцех мѣстех собываються
Ostr: доже и донынѣ на нѣцехъ мѣстѣхъ събывають ся

40,14:

Radz: [стоа]щаа. ѿва на ѿвращение
Acad: стоящаа. ѡва на ѿвращеніе.
Hypa: створена|а. стоящаа ѡкована. | ѿвращение
Khle: сътворе|нnаа стоящаа ѡкована. ѿвращенїе

Bych: створенаа, стоащаа, ова на отвращение
Shakh: сътореная, стоящая ова на отъвращение
Likh: створенаа, стоащаа ова на отвращение
Ostr: сътореная, стоящая окована отъвращение

Повѣсть времєньныхъ лѣтъ

40,15:

Radz: жн|вотенъ четверног. птнца могѹщн вреднтн
Acad: жнвоте|нъ четверногъ. | птнца могѹщн вредітн
Hypa: четвероно|гъ птнца могущн врѣтн |
Khle: четверъ||ногъ птнца. могоуща врѣтн [15ᵍ]

Bych: животенъ четверногъ, птицамъ, могущимъ вредити
Shakh: животьнъ четвероногъ и пътица, могуща вредити
Likh: животенъ четверногъ, птица, могущи вредити
Ostr: животьнъ четвероногъ птица, могущи вредити

40,16:

Radz: члвка. дроугынѧ же на воздержанне стрѹамъ.
Acad: члвка. дрѹгїа же на воздержанїе стрѹѩмь.
Hypa: члвкы. другынѧ же на | въздержанне струѩ|мъ
Khle: члвкы. дроугыѧ же | на въздержанїе строуѩᵐ

Bych: человѣкы, другыя же на воздержание струамъ
Shakh: человѣкы; другая же на въздьржание струямъ
Likh: человѣкы, другыя же на воздержание струамъ,
Ostr: человѣкы; другыя же на въздьржание струямъ

40,17:

Radz: рѣ̆нымъ невоздержанно те|кѹщнᵐ. но нна.
Acad: реченнымъ | невоздержанно текѹщнмъ. но нна
Hypa: рѣчнымъ. не здѣ||ржаньно текущнмъ. но н|на [16b]
Khle: рѣчнᵐы. не съдръжанно | текоущнᵐ. но ннаа

Bych: рѣчнымъ, невоздержанно текущимъ, но ина
Shakh: рѣчьнымъ, невъздьржаньно текущимъ, нъ ина
Likh: рѣчнымъ, невоздержанно текущим, но ина
Ostr: рѣчьнымъ, нездьржаньно текущимъ, нъ ина

40,18:

Radz: нѣкаа. на тлѣнье. н врѣᵈ члкомъ. соущаа на |
Acad: нѣкаа. на | тлѣнїе. н вредн члвкомъ. сѹщаа на
Hypa: нѣкаѧ. на тлѣнье н врѣᵉдъ члкомъ суща. на
Khle: нѣкаа на тлѣнїе нӑд врѣ члкоᵐ сѫща. | на

Bych: нѣкаа на тлѣнье и вредъ человѣкомъ сущаа на
Shakh: нѣкая на тьлѣние и врѣдъ человѣкомъ сущая на
Likh: нѣкаа на тлѣнье и вред человѣкомъ сущаа на
Ostr: нѣкая на тьлѣние и вредъ человѣкомъ сущая на

40,19:

Radz: побеженне стоать. не точью бо за жнвота ѥ̆ᵍ.
Acad: побеженїе | стоѧть. не точью бо за жнвота его.
Hypa: побѣ|женне стоѧть. н не точью бо за жнвота его
Khle: побеженїе стоᵗл. н не точїю бо за жнвота его |

Bych: побѣжение стоать. Не точью бо за живота его
Shakh: побѣжение стоять. И не тъчию бо за живота его
Likh: побѣжение стоать. Не точью бо за живота его
Ostr: побежение стоять". Не тъчию бо за живота его

40,20:

Radz: так<а> и такова́а сотвориша. бѣсове е҃ ра́ди. но
Acad: така и такова́а сотвориша. бѣсове его ради. но
Hypa: така. и такова́а створиша бѣсо́вѣ его ради. но
Khle: така. и такова́а сътвориша бѣсове его ра҃д но

Bych: така и таковая сотвориша бѣсове его ради, но
Shakh: така и таковая сътвориша бѣсове его ради, нъ
Likh: така и таковая сотвориша бѣсове его ради, но
Ostr: така и таковая сътвориша бѣсове его ради, нъ

40,21:

Radz: и по см҃рти его пребыва́юще оу гроба е҃. знамениа
Acad: и по см҃рти его пребывающе оу гроба его. знамениа
Hypa: и по см҃рти его пребывающа въ гроба его. знаменьа
Khle: и по см҃рти его пребывающа оу гроба его. знамение

Bych: и по смерти его пребывающе у гроба его знамениа
Shakh: и по съмьрти его, пребывающе у гроба его, знамения
Likh: и по смерти его пребывающе у гроба его знамениа
Ostr: и по съмьрти его, пребывающе у гроба его, знамения

40,22:

Radz: творахоу во има е҃ на прелщение и ѡканны҃м
Acad: творахꙋ во има его.   на прелщение ѡканнымъ
Hypa: творахꙋ во има его. а на прелещение ѡканнымъ
Khle: творахж въ има его. а на прещение ѡкааны҃м

Bych: творяху во имя его на прелщение оканнымъ
Shakh: творяху въ имя его на прельщение оканьнымъ
Likh: творяху во имя его на прелщение оканным
Ostr: творяху въ имя его на прельщение оканьнымъ

40,23:

Radz: ч҃лкомъ. бошею крадомымъ на такова́а
Acad: ч҃лвкомь. бошью крадомомъ. на такова́а
Hypa: ч҃лвкомъ. больма крадомымъ на такова́а
Khle: ч҃лвко҃м. больма крадомы҃х на таковы́а

Bych: человѣкомъ, больма крадомымъ на таковаа
Shakh: человѣкомъ, бъшию крадомомъ на таковая
Likh: человѣкомъ, больма крадомымъ на таковаа
Ostr: человѣкомъ, {бъшию / больма} крадомомъ на таковая

40,24:

Radz: ѿ дьа́вола. кто оубо ѵто реѵ҃ть ѡ творащи҃х.
Acad: ѿ дьавола. кто оубо   реѵетъ ѡ творащи҃х.
Hypa: ѿ дьавола. кто оубо ѵто реѵ҃ть. ѡ творащи҃хъ
Khle: ѿ діавола. кто оубо ѵто реѵ҃е ѡ творащи҃х

Bych: отъ дьявола". Кто убо что речеть о творящихъ ся
Shakh: отъ диявола". Къто убо чьто речеть о творящихъ
Likh: от дьявола". Кто убо что речеть о творящих ся
Ostr: отъ диявола. Къто убо чьто речеть о творящихъ

Повѣсть времеиьныхъ лѣтъ

40,25:

Radz: волшвеиы̃ прелще҇ии҇е̃ дѣлѣ҇х. ꙗко таковꙑи
Acad: волшвенымъ пре҇лщеиїемь дѣлѣ҇х. ꙗко таковїи
Hypa: волшевныхъ дѣл҇ъ. ꙗко то таковꙑи
Khle: влъшебны҇х дѣль. ꙗко таковꙑи

Bych: волшвенымъ прелщениемъ дѣлех? яко таковый
Shakh: вълшвьныхъ дѣлъ? Яко тъ таковыи
Likh: волшвеным прелщением дѣлех? Яко таковый
Ostr: вълшвьныхъ дѣлъ? Яко таковыи

40,26:

Radz: гораздъ бы҇с волшество҇м. ꙗко воииоу
Acad: гораздъ бы҇с волше҇ствомъ. ꙗко вѣину
Hypa: горазнъ бы҇с волшебнымъ прелще҇ииемь. ꙗко воину
Khle: горазнь бы҇с влъшебны҇м прелщеиїемь. ꙗко воину

Bych: гораздъ бысть волшествомъ, яко выну
Shakh: гораздъ бысть вълшвьнымъ прельщениемъ, яко выину
Likh: гораздъ бысть волшеством, яко выину
Ostr: гораздъ бысть вълшебнымъ прельщениемь, яко выину

40,27:

Radz: зазраще ведыи аполоиии. ꙗко иеистов иа
Acad: зазраше ведыи. аполонїи. ꙗко истов иа
Hypa: зазра҇ше. вѣдыи аполоиии. ꙗко иеистовьстве иа
Khle: зазраше. вѣдыи аполоиїи ꙗко иеистовьстве̇ иа

Bych: зазряще ведый Аполоний, яко неистовъ на
Shakh: зазьряше вѣдыи Аполония, яко неистово на
Likh: зазряще ведый Аполоний, яко неистовъ на
Ostr: зазьряше вѣдыи Аполонии, яко неистовъ на

41,1:

Radz: сѧ. философе҇ск҄ую хитрость имущ҄е. подобашеть
Acad: сѧ. философьск҄ую хитрость им҄уще. подобашеть
Hypa: сѧ. философьскую хитрость имуща. подобашеть
Khle: сѧ философ҇о҇скою хытрость имоуща. п҇ѡ҇баше҇т

Bych: ся филофескую хитрость имуще; подобашеть   [40,6]
Shakh: ся философьскую хытрость имуща; подобашеть   [44,8]
Likh: ся филофескую хитрость имуще; подобашеть   [31,4]
Ostr: ся философьскую хытрость имуща; подобашеть

41,2:

Radz: бо емоу рещи. ꙗко҇ азъ слово҇м тою творити.
Acad: бо ем҄у рещи. ꙗко же азъ слово҇мъ точью творити.
Hypa: бо ему рещи. ꙗко же и азъ словомъ точью творит҇і.
Khle: бо емоу рещи. ꙗко҇ и азъ слѡво тою творити.

Bych: бо ему, рещи, якоже азъ словомъ точью творити,
Shakh: бо ему, рещи, якоже и азъ словъмь тъчию творити,
Likh: бо ему, рещи, яко же азъ словом точью творити,
Ostr: бо ему, рещи, якоже и азъ словъмь тъчию творити,

233

41,3:

Radz: иҳ же ҳоташе. а не свершение︤м︥ творнтн. |
Acad: иҳ же ҳоташе. а не свершенїемь творнтн.
Hypa: иҳъ же ҳоташе. а не свѣ|ршенн︤е︥мъ творнтн.
Khle: и︤ҳ︥ же ҳоташе. а не съвершенїе︤м︥ творнтн

Bych: ихже хотяше, а не свершениемъ творити
Shakh: ихъже хотяше, а не съвършениемь творити
Likh: их же хотяше, а не свершением творити
Ostr: ихъже хотяше, а не съвършениемь творити

41,4:

Radz: повелеваемаа ѿ не︤г︥. тако же н вса ѡслабленьемъ
Acad: повелѣваемаа ѿ него. тако же н вса ѡслаблѣнїемъ
Hypa: по|велѣваемаѩ ѿ него. та | же вса ѡслабленнемъ |
Khle: повелеваемаа | ѿ него. та же вса ѡслаблѣнїемъ

Bych: повелеваемаа отъ него. Такоже и вся ослабленьемъ
Shakh: повелѣваемая отъ него. Та же вься ослаблениемь
Likh: повелѣваемаа от него. Та же и вся ослабленьемъ
Ostr: повелѣваемая отъ него. Та же вься ослаблениемь

41,5:

Radz: Б︤ж︥ьнмъ | н творенне︤м︥ бесовьскн︤м︥ бывае︤т︥.
Acad: Бж̄ннмь. н творенїемь бе|совьскымъ бываеть.
Hypa: Бж̄ннмъ. н твореннемъ | бѣсовьскымъ бываеть. |
Khle: Бж̄ї︤н︥︤м︥. н творенїе︤м︥ | бѣсовскы︤м︥ бывае︤т︥.

Bych: Божьимъ и творениемъ бѣсовьскимъ бываеть,
Shakh: Божииемь и творениемь бѣсовьскыимь бываеть,
Likh: божьимъ и творением бѣсовьским бываеть,
Ostr: Божиимь и творениемь бѣсовьскыимь бываеть,

41,6:

Radz: таковымн вещьмн нскѹша|тн. ︤с︥ нашеа православныа
Acad: таковымн вещьмн нскѹшатнса. нашеѩ православныа
Hypa: таковымн вещьмн нскушатнса. нашеѩ преслав|ныѩ
Khle: таковымн вещмн нскоушатнса. нашеѩ преславныа

Bych: таковыми вещьми искушатися нашеа православныа
Shakh: таковыми вещьми искушатися нашея православьныя
Likh: таковыми вещьми искушатися нашеа православнаа
Ostr: таковыми вещьми искушати ся нашея преславьныя

41,7:

Radz: вѣры. аще тверда ︤с︥е. нскрь пребы|вающн
Acad: вѣры. аще тве|рда есть. нскрь пребывающн
Hypa: вѣры. аще тверда || есть. нскрь пребывающн
Khle: вѣры. аще тверда ︤с︥е | нскрь прнбывающн

Bych: вѣры, аще тверда есть и крѣпка, пребывающи
Shakh: вѣры, аще твьрда есть и искрь пребывающи
Likh: вѣры, аще тверда есть и крѣпка, пребывающи
Ostr: вѣры, аще твьрда есть искрь пребывающи

[16c]

41,8:

Radz: г҃вн. нн҇ѣ влекома враго҃. мечны́ˣ
Acad: г҃вн. нн҇ѣ влекома | врагомъ. мечетны́ˣ
Hypa: г҃вн. нн не влекома в҇ѓгомъ. мечетныхъ
Khle: г҃вн. нн не влекома враѓѡ. | мечетны́ˣ

Bych: Господеви и не влекома врагомъ мечетныхъ
Shakh: Господеви, и не влекома врагъмь мьчьтныхъ
Likh: господеви и не влекома врагом мечетных
Ostr: Господеви, ни не влекома врагъмь мьчьтныхъ

41,9:

Radz: ра́ чюде҄с. и сот<о>нни|нъ дѣлъ творнмо҃. ѿ
Acad: ради чюдесь. и сотониннъ дѣль творнмомъ ѿ
Hypa: ради | чюдесъ. и сотониннъ дѣлъ. творнмомъ ѿ
Khle: ра́дн чюде҄с, и сотониннъ дѣ҄ творнмѡ҃ ѿ

Bych: ради чюдесъ и сотонинъ дѣлъ, творимыхъ отъ
Shakh: ради чюдесъ и сотонинъ дѣлъ, творимъ отъ
Likh: ради чюдес и сотонинъ дѣлъ, творимыхъ от
Ostr: ради чюдесъ и сотонинъ дѣлъ, творимомъ отъ

41,10:

Radz: врагъ и слу́гъ злобы .в҃. еще же. но име|немъ
Acad: врагъ и слу́гъ злобы .в҃. еще же || но именемъ [18ᵛ]
Hypa: ра<б>ъ | и слугъ злобие .в҃. е. и еще <иже ны> именемъ
Khle: ра́б и слоугъ злобіе .в҃. е. еще же и<же> ны имене҃́

Bych: врагъ и слугъ злобы. Еще же но именемъ
Shakh: рабъ и слугъ зълобие 2-е. Еще же нъ именьмь
Likh: враг и слугъ злобы. Еще же но именемъ
Ostr: рабъ и слугъ зълобие 2. Еще же нъ именьмь

41,11:

Radz: г҃нмъ прр҃́чствоваше нѣцни. ꙗко вала҃́
Acad: г҃нмь прр҃́чествоваше нѣціи. ꙗко | валамъ
Hypa: г҃нн|мъ прр҃́чьствоваша нѣ|цни. ꙗко валамъ
Khle: г҃нн҃ и прр҃́чьствоваша нѣцни. ꙗко валаа҃́,

Bych: Господнимъ и пророчествоваша нѣции, яко Валамъ,
Shakh: Господьньмь и пророчьствоваша нѣции, яко Валамъ
Likh: господнимъ и пророчествоваша нѣции, яко Валам,
Ostr: Господьньмь пророчьствоваша нѣции, яко Валамъ

41,12:

Radz: и саоулъ. и ка|иафа. и бѣси паки изгнаша.
Acad: и саоулъ. и каиафа. и бѣсы паки изгна|ша.
Hypa: и саоу|лъ. и каиафа. и бѣсъ па|кы изгнаша.
Khle: и саоуль. и каіафа. | и бѣсь пакы изгн<а>ш<а>

Bych: и Саулъ, и Каиафа, и бѣси паки изгнаша,
Shakh: и Саулъ, и Каияфа, и бѣсы пакы изгънаша,
Likh: и Саулъ, и Каифа, и бѣси паки изгнаша,
Ostr: и Саулъ, и Каияфа, и бѣсы пакы изгънаша,

41,13:

Radz: ꙗко нюда. и снве ксеваві. оубо и не на
Acad: ꙗко нюда и снве ксеваві. оубо и не на
Hypa: ꙗко нюда. и | снве скеваві оубо. и на | не
Khle: ꙗко юуда. и сынове скевові. | оубо, и на не

Bych: яко Июда и сынове Скевави. Убо и не на
Shakh: яко Июда и сынове Скеваули. Убо и не на
Likh: яко Июда и сынове Скевави. Убо и не на
Ostr: яко Июда и сынове Скевави. Убо и на не-

41,14:

Radz: достоины블агодѣтельствуетъ. многажды да
Acad: достоіины блгодѣтельствуетъ. многажы да
Hypa: достоинни блгтьствуетъ многажды. да
Khle: достоин⟨ы⟩. блгтьствоуетъ мнѡжажы. | да

Bych: достойныхъ благодать дѣйствуетъ многажды, да
Shakh: достоиныхъ благодать дѣтельствуетъ мъногашьды, да
Likh: достойных благодать дѣйствует многажды, да
Ostr: достоиныхъ благодѣтельствуетъ мъногашьды, да

41,15:

Radz: етеры | свидѣтельствуетъ. нбо валамъ ѡбоихъ
Acad: еѥ|ры свидѣтельствуетъ. нбо валамъ ѡбонхъ
Hypa: еѥ|ры здѣтельствуетъ. нбо валамъ ѡюжь
Khle: етерь здѣтѣствоуеть. нбо валаамъ ѡю

Bych: етеры свидѣтельствуетъ, ибо Валамъ обоихъ
Shakh: етеры съдѣтельствуетъ. Ибо Валамъ щюжь
Likh: етеры свидѣтельствуетъ, ибо Валам обоих
Ostr: етеры съдѣтельствуетъ. Ибо Валаамъ чюжь

41,16:

Radz: бѣ щюже житьа изѧщна и вѣры. но ѡбау
Acad: бѣ | щюжь житіа изѧщна и вѣры. но ѡбауе
Hypa: бѣ ѡбоихъ житьѧ   и вѣры. но ѡбалуе
Khle: бѣ ѡбоихъ жи|тіа   и вѣры. но ѡба

Bych: бѣ щюжь, житьа изящна и вѣры, но обаче
Shakh: бѣ обоихъ, жития изящьна и вѣры, нъ обаче
Likh: бѣ щюжь, житьа изящна и вѣры, но обаче
Ostr: бѣ { щюжь / обоихъ } жития и вѣры, нъ обаче

41,17:

Radz: совладѣтельство в не. блгодѣтие инѣхъ | ради
Acad: совла|дѣтельство в немъ. блгодѣтие инѣхъ ради |
Hypa: свѣдѣтельство в немъ | блгть инѣхъ ради
Khle: свѣдѣтество в не блгть. инѣ ра |

Bych: съдѣйствова в немъ благодать инѣхъ ради
Shakh: съдѣтельствова въ немь благодать инѣхъ ради
Likh: съдѣтельствова в нем благодать инѣх ради
Ostr: съвѣдѣтельство въ немь благодать инѣхъ ради

41,18:

Radz: смотренна. а фараѡнъ таковын бѣ. но и
Acad: смотренїа. и фараѡнъ таковын бѣ. но и
Hypa: смотре|нниа. и фараѡнъ таковы|и бѣ. но и
Khle: смотренїа. и фараѿ таковыи бѣ. но и

Bych: смотрениа. И Фараонъ таковый бѣ, но и
Shakh: съмотрения. И Фараон таковыи бѣ, нъ и
Likh: смотрениа. И Фараонъ таковый бѣ, но и
Ostr: съмотрения. И Фараон таковыи бѣ, нъ и

41,19:

Radz: томȣ боудȣщаа прєпоказа. и навхо́́новсоръ
Acad: то|мȣ бȣдоущаа прє́показа. и навхо́́новсоръ
Hypa: тому прѣ́будущаѧ показа. и навходъносо|ръ
Khle: томоу прѣ́бȣждоущаа показа. и навходоносорь

Bych: тому будущаа предпоказа. И Навходоновсоръ
Shakh: тому будущая предъпоказа. И Навходъносоръ
Likh: тому будущаа предпоказа. И Навходоновсоръ
Ostr: тому будущая показа. И Навходъносоръ

41,20:

Radz: законопрєстоупный | но и семȣ пакы. по мнозѣ̇ˣ
Acad: зако|нопрєстȣпникъ. но и семȣ пакы. по мнозѣ̇ˣ
Hypa: законопрєступный. | но и сему пакы по мнозѣ̇ˣ |
Khle: законопрєстѫ|пный. но и семоу пакы по мнѡsѣ̇ˣ [15ᵛ]

Bych: законопреступный, но и сему пакы по мнозѣхъ
Shakh: законопреступныи, нъ и сему пакы по мънозѣхъ
Likh: законопреступный, но и сему пакы по мнозѣх
Ostr: законопреступьныи, нъ и сему пакы по мънозѣхъ

41,21:

Radz: сȣщиˣ. послѣди ж родъ ѿкры. || тѣмъ [20ᵛ]
Acad: сȣщиˣ. послѣди жє рѡ́ ѿкры. тѣмъ
Hypa: сущиˣ посрєдѣ же града ѿ|кры тѣмь
Khle: сѫщиˣ, посрєди же | города ѿкры тѣᵐ

Bych: сущихъ последиже родѣхъ откры, тѣмъ
Shakh: сущихъ послѣдиже родъ отъкры, тѣмь
Likh: сущих последиже род откры, тѣмъ
Ostr: сущихъ посреди же града отъкры, тѣмь

41,22:

Radz: авлаа. ꙗко мнози прѣкостни имȣщє оумъ
Acad: ꙗвлаꙗ. ꙗко | мнози прѣкосⁿнї имȣщє. оумь
Hypa: ꙗвлаꙗ. ꙗко | мнози прєкостьни имущє | оумъ.
Khle: ꙗвлаа. ꙗко мнѡsи прєкостⁿїи | имоущє оу́ᵐ.

Bych: являа, яко мнози, прекостни имуще умъ,
Shakh: являя, яко мънози, прекостьнъ имуще умъ,
Likh: являа, яко мнози, прекостни имуще умъ,
Ostr: являя, яко мънози, прекостьнъ имуще умъ,

41,23:

Radz: пр҃е ѡбра|зомъ х҃вымъ. знаменають нною
Acad: предь ѡбразомь | х҃вмь. знаменають нною
Hypa: предъ ѡбразомь | х҃вмъ знаменають н|ною
Khle: пр҃е ѡбразо҃м х҃вы҃м. знаменаю҃т нною

Bych: предъ образомъ Христовымъ знамения творять иною
Shakh: предобразъмь Христовъмь знаменають иною
Likh: пред образомъ Христовымъ знаменають иною
Ostr: предъ образъмь Христовъмь знаменають иною

41,24:

Radz: кознью. на прелесть ч҃лвко|мъ. не разоумевающи҃х
Acad: кознью на прелесть ч҃лвкомь. не разу҃мевающимь
Hypa: кознью. на преле|сть ч҃лвкомъ не разуме|ющимъ
Khle: кознїю. | на прелесть ч҃лко҃м. не разоумеющи҃м

Bych: кознью на прелесть человѣкомъ не разумѣвающимь
Shakh: къзнию на прельсть человѣкомъ, не разумѣющимъ
Likh: кознью на прелесть человѣкомъ не разумѣвающимъ
Ostr: къзнию на прельсть человѣкомъ, не разумѣющимъ

41,25:

Radz: добраго. ѩко же бы҃с симонъ волхвъ | и
Acad: добраго. ѩко же бы҃с симонь волховь. и
Hypa: добраго. ѩко же | бы҃с симонъ волхвъ и ||
Khle: добраго. ѩкѡ|же бы҃с сїмѡ҃н вл҃хвь и

Bych: добраго, якоже бысть Симонъ волхвъ, и
Shakh: добраго; якоже бысть Симонъ вълхвъ и
Likh: добраго, яко же бысть Симонъ волхвъ, и
Ostr: добраго, якоже бысть Симонъ вълхвъ и

42,1:

Radz: менадръ ни таковы҃х р҃а҃. понстене р҃е не
Acad: менадръ. нї таковыхъ | ради. поистинне рече. не
Hypa: менердъ. ини таковыхъ | ра҃ по истинѣ р҃е. не   [16d]
Khle: мен<е>дръ. ини таковы҃х р҃а҃ по истинѣ р҃е не

Bych: Менандръ и ини таковы, ихъ ради, поистенѣ, рече: не   [41,9]
Shakh: Менадръ и ини; таковыхъ ради поистинѣ рече: не   [45,12]
Likh: Менандръ и ини таковы, ихъ ради, поистенѣ, рече: не   [31,22]
Ostr: Менандръ ини; таковыхъ ради по истинѣ рече: не

42,2:

Radz: ч҃юсы прелщати:·
Acad: чюдесы прелщати:· |
Hypa: чюдесы | прельщати·:· |
Khle: чюдесы пре҃лщати.

Bych: чюдесы прелщати.
Shakh: чюдесы прельщати...
Likh: чюдесы прелщати...
Ostr: чюдесы прельщати.

42,3:

Radz: В лѣ̅ᵗ ҂ѕ.у҃.к҃а. поча кнѧжити игорь по
Acad: В лѣ̅ᵗ ҂ѕ.у҃.к҃а. поча кнѧжити игорѣ по
Hypa: В лѣто ҂ѕ.у҃.к҃а. Поча кнѧ̏жити. игорь по
Khle: В лѣ̅ᵗ ҂ѕ.у҃ к҃а. Поча кнѧ̏жити игорь по

Bych: В лѣто 6421. Поча княжити Игорь по
Shakh: Въ лѣто 6421. Поча къняжити Игорь по
Likh: В лѣто 6421. Поча княжити Игорь по
Ostr: Въ лѣто 6421. Поча къняжити Игорь по

42,4:

Radz: ѡлзѣ. в се же времѧ | поча црьствовати костантинъ.
Acad: ѡлзѣ. | в се же времѧ поча ц̅р̅ствовати костнтн̅ъ. |
Hypa: ѡльзѣ. в се | же времѧ. поча ц̅р̅ствова̊ти костантинъ.
Khle: ѡлгѣ. в се же времѧ поча ц̅р̅ствовати | костантинъ.

Bych: Олзѣ. В се же время поча царьствовати Костянтинъ,
Shakh: Ользѣ. Въ сеже время поча цѣсарьствовати Костянтинъ,
Likh: Олзѣ. В се же время поча царьствовати Костянтинъ,
Ostr: Ользѣ. Въ се же время поча цьсарьствовати Костянтинъ,

42,5:

Radz: с̅н̅ъ леѡнтовъ.   и деревлѧ|не затворишаᶜ
Acad: с̅н̅ъ леѡнтовь.   и деревлѧне затворишасѧ
Hypa: с̅н̅ь ле|ѡнтовъ зѧть романовъ. | и деревлѧнѣ заратиша|сѧ.
Khle: с̅н̅ь леѡнтовь. зѧ̅ᵗ романовь. и де|ревлѧне заратишаᶜ

Bych: сынъ Леонтовъ. И Деревляне затворишася
Shakh: сынъ Леонтовъ. И Древляне затворишася
Likh: сынъ Леонтовъ. И деревляне затворишася
Ostr: сынъ Леонтовъ. И Деревляне {затвориша ся / заратиша ся}

42,6:

Radz: ѿ игорѧ по ѡлговѣ см̅р̅ти.
Acad: ѿ и|горѧ по ѡльговѣ смерти:·
Hypa: ѿ игорѧ по ѡ̊лговѣ смѣ|рти:· |
Khle: ѿ игорѧ по ѡлговѣ см̅р̅ти:

Bych: отъ Игоря по Олговѣ смерти.
Shakh: отъ Игоря по Ольговѣ съмьрти.
Likh: от Игоря по Олговѣ смерти.
Ostr: отъ Игоря по Ольговѣ съмьрти.

42,7:

Radz: В лѣ̅ᵗ ҂ѕ.у҃.к҃в. <и>де игорь на деревлѧны. и
Acad: В лѣ̅ᵗ ҂ѕ.у҃.к҃в. Иде игорь на деревлѧны. и
Hypa: В лѣто ҂ѕ.у҃.к҃в. Иде и|горь на древлѧны. и
Khle: В лѣ̅ᵗ ҂ѕ.у҃.к҃в. Иде игорь на деревлѧны. и

Bych: В лѣто 6422. Иде Игорь на Деревляны, и
Shakh: В лѣто 6422. Иде Игорь на Древляны, и
Likh: В лѣто 6422. Иде Игорь на деревляны, и
Ostr: В лѣто 6422. Иде Игорь на Деревляны, и

42,8:

Radz: побѣдив<о> а. и возложи на нь дань | болши
Acad: побѣдвь ıа. и возложи на нь дань болши
Hypa: побѣ|днвъ   възложи на нa дань болшю
Khle: побѣ д͡и | възложи на нa да͞ болшоую ѿ

Bych: побѣдивъ а, и возложи на ня дань болши
Shakh: побѣдивъ я, възложи на ня дань большю
Likh: побѣдивъ а, и возложи на ня дань болши
Ostr: побѣдивъ, възложи на ня дань большю

42,9:

Radz: ѡлговы. в то же лѣ͡т прїиде семиѡнъ болгарьскиı. |
Acad: ѡлговы. в то же лѣто прїиде семиѡнъ больгарьскиı
Hypa: ѡльговы. В то ж͡е | лѣто. прıде семеѡнъ бо|лгарьскын
Khle: олговы. В се же лѣто | прıиде сѣмиѡ͞ болгарскıи

Bych: Олговы. В то же лѣто прииде Семионъ Болгарьскии
Shakh: Ольговы. Въ тоже лѣто приде Семеонъ Българьскыи
Likh: Олговы. В то же лѣто прииде Семион Болгарски
Ostr: Ольговы. Въ тоже лѣто приде Семеонъ Българьскыи

42,10:

Radz: на ц҃рьгра͞ а. и сотворивъ миръ и
Acad: на ц҃рьгра͞ а. и сотво|ри миръ. и
Hypa: на ц҃рьградъ. | и створивс̾ миръ.
Khle: на ц҃рьгра͞ а. и сътвори миръ. | и

Bych: на Царьградъ, и сотворивъ миръ и
Shakh: на Цѣсарьградъ, и сътворивъ миръ,
Likh: на Царьград, и сотворивъ миръ и
Ostr: на Цьсарьградъ, и сътворивъ миръ, и

42,11:

Radz: приде во своаси:· |
Acad: приде во своıаси:·-
Hypa: иде въ | свояси·:· |
Khle: иде въ свояси·:·

Bych: прииде восвоаси.
Shakh: иде въ свояси.
Likh: прииде во своаси.
Ostr: иде въ свояси.

42,12:

Radz: В лѣ͡т ҂s҃.у҃.кг҃. Приидоша печенѣзи первое
Acad: В лѣ͡т. ҂s҃.у҃.кг҃. прїидоша печенѣзи первое
Hypa: В лѣ͡т. ҂s҃.у҃.кг҃. Приидоша | печенѣзи. пьрвое
Khle: В лѣ͡т ҂s҃.у҃.кг҃. прıидоша печенѣзи | прьвое

Bych: В лѣто 6423. Приидоша Печенѣзи первое
Shakh: Въ лѣто 6423. Придоша Печенѣзи пьрвое
Likh: В лѣто 6423. Приидоша печенѣзи первое
Ostr: Въ лѣто 6423. Придоша Печенѣзи пьрвое

Повѣсть времеьныхъ лѣтъ

42,13:

Radz: на роускую землю. и сотворивше миръ со
Acad: на рѹсьскую землю. и сотворша миръ со
Hypa: на руіскую землю. и створивше миръ съ
Khle: на роускоую з̃елю. и сътворше миръ съ

Bych: на Рускую землю, и сотвориве миръ со
Shakh: на Русьскую землю, и сътворше миръ съ
Likh: на Рускую землю, и сотвориве миръ со
Ostr: на Русьскую землю, и сътворьше миръ съ

42,14:

Radz: игорем̃. и придоша к дунаю. в си же времена
Acad: игоремь. и придоша к дунаю. в си же времена
Hypa: игоремъ. идоша къ дунаю. В си же вр̃мена.
Khle: игорем̃. и идоша къ доунаю. въ си же времена

Bych: Игоремъ, и приидоша к Дунаю. В си же времена
Shakh: Игорьмь, идоша къ Дунаю. Въ сиже времена
Likh: Игорем, и приидоша к Дунаю. В си же времена
Ostr: Игорьмь, идоша къ Дунаю. Въ си же времена

42,15:

Radz: приде семишнъ. пленаа фракию. греки̃ послаша
Acad: прїиде семиѡнъ. пленаша фракїю. грекы же послаша
Hypa: приде семеѡнъ. пленаша фракию. грѣци же послаша
Khle: прїнде симиѡ̃н пленаа фракїю. греци же послаша

Bych: прииде Семионъ пленяа Фракию, Греки же послаша
Shakh: приде Семеонъ, пленяя Фракию; Гръци же посълаша
Likh: прииде Семион пленяа Фракию, греки же послаша
Ostr: приде Семеонъ, пленяя Фракию; Гръци же посълаша

42,16:

Radz: по печенѣги. печенѣго̃ пришѣ̃ши. и
Acad: по печеінѣгы. печенѣгомь пришедшимь. и
Hypa: по печенѣгы. и печенѣгом же пришедъшим. и
Khle: по печенѣгы печенѣго̃. же пришѣ̃ши.

Bych: по Печенѣги; Печенѣгомъ пришедшимъ и
Shakh: по Печенѣгы. Печенѣгомъ же пришьдъшемъ и
Likh: по печенѣги. Печенѣгом пришедшим и
Ostr: по Печенѣгы. Печенѣгомъ пришьдъшемъ и

42,17:

Radz: хотащимъ на се҃мешна. расваривше̃ гре̃скыа
Acad: хотащим на семишна. разьсваривьшеса гречкыа
Hypa: хотащим на семеѡна. расваршаса грецкыа
Khle: хотаще̃ на симїона. ра̃своарша грецкые

Bych: хотящим на Семеона, разсваривъшася Греческыа
Shakh: хотящемъ на Семеона, расваришася Гръчьскыя
Likh: хотящим на Семеона, расваривъшеся греческыа
Ostr: хотящимъ на Семеона, расвариша ся Гръчьскыя

42,18:

Radz: воево̄. видѣвше печенѣзи ꙗко сами на
Acad: воѥводы. видѣвше печенѣзи. ꙗко сами на
Hypa: воѥводы. ви|дѣвъше печенизи. ꙗко | сами на
Khle: воѥводы. видѣвше печенѣзи ꙗко сами на

Bych: воеводы; видѣвше Печенѣзи, яко сами на
Shakh: воеводы. Видѣвъше же Печенѣзи, яко сами на
Likh: воеводы. Видѣвше печенѣзи, яко сами на
Ostr: воеводы. Видѣвъше Печенѣзи, яко сами на

42,19:

Radz: сѧ ре͞ꙋ имꙋть. ѿидоша въ своꙗсы. а болгаре |
Acad: сѧ ре͞т | имꙋть. ѿидоша во своꙗси. а болгаре
Hypa: сѧ реть имуть. ѿ|идоша въ своꙗси. а болгаре |
Khle: сѧ ре͞т имоу, ѿидоша въ своꙗси. а̄ бо͞гаре

Bych: ся рать имуть, отъидоша въсвоаясы, а Болгаре
Shakh: ся реть имуть, отъидоша въ свояси, а Българе
Likh: ся рѣть имуть, отъидоша въсвоаясы, а болгаре
Ostr: ся реть имуть, отъидоша въ своя си, а Българе

[17а]

42,20:

Radz: со грекы стоупиша͡с. и пересѣчени быша
Acad: со греки | состꙋпишасѧ. и пересѣчени быша
Hypa: съ грекы съступишасѧ. и | посѣчени быша
Khle: съ грекы състѫпиша͡с. и посѣчени быша

Bych: со Грекы соступишася, и пересѣчени быша
Shakh: съ Грькы съступишася, и посѣчени быша
Likh: со грекы соступишася, и пересѣчени быша
Ostr: съ Грькы съступиша ся, и посѣчени быша

42,21:

Radz: грекы. семиѡнъ | же приа гра̄ ѡндрѣнь.
Acad: грекы. семї|ѡнъ же прїа гра̄ ѡдрѣнь.
Hypa: грѣци. се|меѡнъ же прииа градъ ѡдырень.
Khle: греци. | семїонь же прїа гра̄ ѡдрень.

Bych: Грекы. Семионъ же приа градъ Ондрѣнь,
Shakh: Грьци. Семеонъ же прия градъ Одрѣнь,
Likh: грекы. Семион же приа град Ондрѣнь,
Ostr: Грьци. Семеонъ же прия градъ Одрѣнь,

42,22:

Radz: иже первое арестовъ гра̄ нарица|ше͡с. с͞на
Acad: иже первое. аресто|въ   нарицашесѧ. с͞на
Hypa: иже первое ѡрестовъ городъ нарицашесѧ с͞на |
Khle: иже пръвое ѡрестовъ | гра̄ нарицашесѧ с͞на

Bych: иже первое Арестовъ градъ нарицашеся, сына
Shakh: иже пьрвое Орестовъ градъ нарицашеся, сына
Likh: иже первое Арестовъ град нарицашеся, сына
Ostr: иже пьрвое Орестовъ градъ нарицаше ся, сына

Повѣсть времечьныхъ лѣтъ

42,23:

Radz: агамемнонъ. иж҇   во г҃-хꙋ рекаⷯ кꙋпасѧ недоуга
Acad: агамемнонъ. иже   въ .г҃. хъ | рекахъ кꙋпавсѧ недѹга
Hypa: агамемнонъ. иже пръвоіе въ трехъ рѣкахъ купавсѧ. недуга
Khle: агамеммонь. иже въ | треⷯ рѣкаⷯ коупавсѧ. недоуга

Bych: Агамемнонъ, иже во 3-хъ рекахъ купався недуга
Shakh: Агамемля; онъ же пьрвое въ трьхъ рѣкахъ купавъся, недуга
Likh: Агамемнонъ, иже во 3-хъ реках купався недуга
Ostr: Агамемнонь; иже пьрвое въ трѣхъ рѣкахъ купавъ ся, недуга

42,24:

Radz: нⸯзбы || тꙋ се   граⷣ во имѧ свое   [21ᵍ]
Acad: нⸯзбы тꙋ сего раⷣ градъ | въ имѧ свое
Hypa: нⸯзбы. ту сег҇ | гора въ свое имѧ
Khle: нⸯзбы. тоу сего   града | въ свое имѧ

Bych: избы, ту сего ради градъ во имя свое
Shakh: избы ту; сего ради градъ въ свое имя
Likh: избы, ту, сего ради градъ во имя свое
Ostr: избы ту; сего градъ въ свое имя

42,25:

Radz: нареⷱ. последн же андрианъ кесарь и | ѡбнови
Acad: нарече. последн же андриꙗнъ кеісарь ѡбнови и
Hypa: нареⷱ. поіслѣдѣ же андрѣꙗн. кеісарь ѡбновивы и
Khle: нареⷱе. и

Bych: нарече, последиже Андрианъ кесарь и обнови,
Shakh: нарече; послѣди же Андриянъ кесарь, обновивы и,
Likh: нарече. Послѣди же Андрианъ кесарь и обнови,
Ostr: нарече. Послѣди же Андриянъ кесарь, обновивы и,

43,1:

Radz: въ свое имѧ нареⷱ. андрианъ. мы же зовеⷨ
Acad: въ свое имѧ нарече. андрїꙗнъ. | мы же зовемъ
Hypa: въ свое | имѧ нареⷱ андрѣꙗнъ. мы | же зовемъ
Khle: андрїанъ. мы зовеⷨ

Bych: въ свое имя нарече Андрианъ, мы же зовемъ   [42,6]
Shakh: въ свое имя нарече Андриянь, мы же зовемъ   [47,1]
Likh: въ свое имя нарече Андрианъ, мы же зовем   [32,6]
Ostr: въ свое имя нарече Андриянь, мы же зовемъ

43,2:

Radz: ѡндрѣнемъ граⷣмъ
Acad: одрѣнемь градомь:·
Hypa: ѡндрѣꙗнеⷨ граідоⷨ:·
Khle: ѡдрѣнемь | городѡⷨ.

Bych: Андрѣянемъ градомъ.
Shakh: Ондрѣньмь градъмь.
Likh: Ондрѣянемъ градомъ.
Ostr: Ондрѣньмь градъмь.

43,3:

Radz: В лѣ̃т ҂s̃.ỹ.кд.
Acad: В лѣ̃т. | ҂s̃.ỹ.кд.
Hypa: В лѣ̃т. ҂s̃.ỹ.кд.∶· |
Khle: В лѣ̃т ҂s̃.ỹ.кд.

Bych: В лето 6424.
Shakh: Въ лѣто 6424.
Likh: В лѣто 6424.
Ostr: Въ лѣто 6424.

43,4:

Radz: В лѣ̃т ҂s̃.ỹ.кε.
Acad: В лѣ̃т. ҂s̃.ỹ.кε.
Hypa: В лѣ̃т. ҂s̃.ỹ.кε.∶· |
Khle: В лѣ̃т ҂s̃.ỹ.кε.

Bych: В лето 6425.
Shakh: Въ лѣто 6425.
Likh: В лѣто 6425.
Ostr: Въ лѣто 6425.

43,5:

Radz: В лѣ̃т ҂s̃ ỹ кs̃ |
Acad: В лѣ̃т. ҂s̃.ỹ.кs̃.
Hypa: В лѣто. ҂s̃.ỹ.кs̃.∶· |
Khle: omitted

Bych: В лето 6426.
Shakh: Въ лѣто 6426.
Likh: В лѣто 6426.
Ostr: Въ лѣто 6426.

43,6:

Radz: В лѣ̃т ҂s̃ ỹ кз̃.
Acad: В лѣ̃т. ҂s̃.ỹ.кз̃.
Hypa: В лѣто. ҂s̃.ỹ.кз̃.∶· |
Khle: omitted

Bych: В лето 6427.
Shakh: Въ лѣто 6427.
Likh: В лѣто 6427.
Ostr: Въ лѣто 6427.

43,7:

Radz: В лѣ̃т ҂s̃ ỹ кн̃ Поставленъ цр̃ь романъ | въ
Acad: В лѣ̃т. ҂s̃.ỹ.кн̃. Поставлеⁿъ цр̃ь романъ въ
Hypa: В лѣ̃т. ҂s̃.ỹ.кн̃.∶· Поставыленъ романъ цр̃ьⁿ въ
Khle: В лѣ̃т ҂s̃.ỹ.кн̃. | поставлень ромаⁿ цр̃ёᵐ въ

Bych: В лето 6428. Поставлен царь Романъ въ
Shakh: Въ лѣто 6428. Поставленъ цѣсарь Романъ въ
Likh: В лѣто 6428. Поставленъ царь Романъ въ
Ostr: Въ лѣто 6428. Поставленъ Романъ цьсарь въ

43,8:

Radz: грекѡ҄. а нгоре воеваше на печенѣгн.
Acad: грекохъ. а нгорь воеваше печеıнѣгн.
Hypa: грѣıцѣхъ. нгорь же воеваше І на печенѣгы:· І
Khle: грецѣ҄. нгор же воеваше на І печенѣгы.

Bych: Грекохъ. А Игорь воеваше на Печенѣги.
Shakh: Грьцѣхъ. Игорь же воеваше на Печенѣгы.
Likh: Грекох. А Игорь воеваше на печенѣги.
Ostr: Грьцѣхъ. Игорь же воеваше на Печенѣгы.

43,9:

Radz: В лѣ҄т ҂s͞ ÿ к҄ѳ І
Acad: В лѣ҄т. ҂s͞.ÿ.к͞ѳ.
Hypa: В лѣто. ҂s͞.ÿ.к͞ѳ·:· І
Khle: В лѣ҄т ҂s͞.ÿ.к͞ѳ.

Bych: В лѣто 6429.
Shakh: Въ лѣто 6429.
Likh: В лѣто 6429.
Ostr: Въ лѣто 6429.

43,10:

Laur: В лѣ҄т. ҂s͞ ÿ.͞л·:·   [10ᴦ]
Radz: В лѣ҄т ҂s͞ ÿ ͞л <к͞і>
Acad: В лѣ҄т. ҂s͞.ÿ.͞л.
Hypa: В лѣто. ҂s͞.ÿ.͞л·:· І
Khle: В лѣ҄т ҂s͞.ÿ.͞л.

Bych: В лѣто 6430.
Shakh: Въ лѣто 6430.
Likh: В лѣто 6430.
Ostr: Въ лѣто 6430.

43,11:

Laur: В лѣ҄т. ҂s͞.ÿ.͞ла·:·
Radz: В лѣ҄т ҂s͞ ÿ ͞ла.
Acad: В лѣ҄т. ҂s͞.l.ÿ.͞ла.
Hypa: В лѣто. ҂s͞.ÿ.͞ла·:· І
Khle: omitted

Bych: В лѣто 6431.
Shakh: Въ лѣто 6431.
Likh: В лѣто 6431.
Ostr: Въ лѣто 6431.

43,12:

Laur: В лѣ̅т. ҂ѕ҃.у҃.лв҃.:·
Radz: В лѣ̅т ҂ѕ҃ у҃ лв҃
Acad: В лѣ̅т. ҂ѕ҃.у҃.лв҃.
Hypa: В лѣто. ҂ѕ҃.у҃.лв҃.:· |
Khle: omitted

Bych: В лѣто 6432.
Shakh: Въ лѣто 6432.
Likh: В лѣто 6432.
Ostr: Въ лѣто 6432.

43,13:

Laur: В лѣ̅т. ҂ѕ҃.у҃.лг҃.:·
Radz: В лѣ̅т ҂ѕ҃ у҃ лг҃ |
Acad: В лѣ̅т. ҂ѕ҃.у҃.лг҃.
Hypa: В лѣто. ҂ѕ҃.у҃.лг҃.:· |
Khle: omitted

Bych: В лѣто 6433.
Shakh: Въ лѣто 6433.
Likh: В лѣто 6433.
Ostr: Въ лѣто 6433.

43,14:

Laur: В лѣ̅т. ҂ѕ҃.у҃.лд҃.:·
Radz: В лѣ̅т ҂ѕ҃ у҃ лд҃.
Acad: В лѣ̅т. ҂ѕ҃.у҃.лд҃.
Hypa: В лѣто. ҂ѕ҃.у҃.лд҃.:· |
Khle: omitted

Bych: В лѣто 6434.
Shakh: Въ лѣто 6434.
Likh: В лѣто 6434.
Ostr: Въ лѣто 6434.

43,15:

Laur: В лѣ̅т. ҂ѕ҃.у҃.лє҃.:·
Radz: В лѣ̅т. ҂ѕ҃.у҃.лє҃
Acad: В лѣ̅т. ҂ѕ҃.у҃.лє҃.
Hypa: В лѣто. ҂ѕ҃.у҃.лє҃.:· |
Khle: omitted

Bych: В лѣто 6435.
Shakh: Въ лѣто 6435.
Likh: В лѣто 6435.
Ostr: Въ лѣто 6435.

43,16:

Laur: В лѣ︥.꙼҂ѕ҃.у҃.лѕ҃:·
Radz: В лѣ︥ ҂ѕ҃ у҃ лѕ҃
Acad: В лѣ︥. ҂ѕ҃.у҃.лѕ҃.
Hypa: В лѣто ҂ѕ҃.у҃.лѕ҃:· |
Khle: в лѣ︥ ҂ѕ҃.у҃. ‖ лѕ҃.   [16ᵍ]

Bych: В лѣто 6436.
Shakh: Въ лѣто 6436.
Likh: В лѣто 6436.
Ostr: Въ лѣто 6436.

43,17:

Laur: В лѣ︥.꙼҂ѕ҃.у҃.лз҃:- | Приде семевонъ на црьградъ.
Radz: В лѣ︥ ҂ѕ҃ у҃ лз҃. | Прииде семиⷩ҇<ѡ> на црьгра҃ᴬ.
Acad: В лѣ︥. ҂ѕ҃.I.у҃.лз҃. Пріиде семиѡнъ на црьградъ.
Hypa: В лѣто. ҂ѕ҃.у҃.лз҃:· Прииде семеѡнъ на црьгра҃. |
Khle: в лѣ︥ ҂ѕ҃.у҃.лз҃. Пріиде симіонь на црьгра҃ᴬ.

Bych: В лѣто 6437. Приде Семевонъ на Царьградъ,
Shakh: Въ лѣто 6437. Приде Семеонъ на Цѣсарьградъ,
Likh: В лѣто 6437. Приде Семевонъ на Царьградъ,
Ostr: Въ лѣто 6437. Приде Семеонъ на Цьсарьградъ,

43,18:

Laur: и поплѣни фра|кию и макидонью. и приде
Radz: и поплени фракию. и макидо|нию. и прииде
Acad: и поплеⷩ҇ни фракию. и макидонію. и пріиде
Hypa: и поплѣни фракию. и ма‖кедонью. и приде   [17b]
Khle: и по|плѣни фракію и македонію. и прıиде

Bych: и поплѣни Фракию и Макидонью, и приде
Shakh: и поплѣни Фракию и Макидонию, и приде
Likh: и поплѣни Фракию и Макидонью, и приде
Ostr: и поплѣни Фракию и Макидонию, и приде

43,19:

Laur: ко црюграду въ | силѣ въ велицѣ   в гордости.
Radz: ко црюградꙋ. в силѣ   велицѣ и в гордости
Acad: ко црюградꙋ. в силѣ   велице. и в гордости.
Hypa: къ црⷭ҇ю|граду въ силѣ   велицѣ и в горъ|дости.
Khle: къ црюгра҃ᴬ. | в силѣ   велици и в гордости.

Bych: ко Царюграду въ силѣ въ велицѣ, в гордости,
Shakh: къ Цѣсарюграду въ силѣ велицѣ и въ гърдости.
Likh: ко Царюграду въ силѣ въ велицѣ, в гордости,
Ostr: къ Цьсарюграду въ силѣ велицѣ и въ гърдости.

43,20:

Laur: и створи миръ с ра|мономъ цр̅мъ. и възратися
Radz: и | сотвори миръ с романомъ цр̅мъ. и взратися:· |
Acad: и сотвори миръ с рома||номъ цр̅емъ. и возратися.   [19ᵛ]
Hypa: и створи миръ с ромс̑номъ цр̅емъ. и възвратис̑ |
Khle: и сътвори миръ с ро|маноⷨ цр̅мь. и възвратися

Bych: и створи миръ с Романомъ царемъ, и възратися
Shakh: И сътвори миръ съ Романъмь цѣсарьмь, и възвратися
Likh: и створи миръ с Романомъ царем, и възратися
Ostr: И сътвори миръ съ Романъмь цьсарьмь, и възврати ся

43,21:

Laur: въ своѧси·:- |
Radz: *omitted*
Acad: *omitted*
Hypa: въ своѧси·:· |
Khle: въ своаси.

Bych: въсвояси.
Shakh: въ свояси.
Likh: въсвояси.
Ostr: въ свояси.

43,22:

Laur: В лѣ̅ⷮ. ҂s̅.у̅.ли·:·
Radz: В лѣ̅ⷮ. ҂s̅ у̅ ли.
Acad: В лѣ̅ⷮ. ҂s̅.у̅.ли.
Hypa: В лѣто. ҂s̅.у̅.ли·:· |
Khle: В лѣⷮ ҂s̅.у̅.|ли.

Bych: В лѣто 6438.
Shakh: Въ лѣто 6438.
Likh: В лѣто 6438.
Ostr: Въ лѣто 6438.

43,23:

Laur: В лѣ̅ⷮ. ҂s̅.у̅.лѳ·:·
Radz: В лѣⷮ ҂s̅ у̅ лѳ.
Acad: В лѣ̅ⷮ. | ҂s̅.у̅.лѳ.
Hypa: В лѣто. ҂s̅.у̅.лѳ·:· |
Khle: В лѣⷮ ҂s̅.у̅.лѳ.

Bych: В лѣто 6439.
Shakh: Въ лѣто 6439.
Likh: В лѣто 6439.
Ostr: Въ лѣто 6439.

43,24:

Laur: В лѣ̄ᵀ. ҂ѕ.ӯ.м̄·:·
Radz: В лѣᵀ ҂ѕ.ӯ м̄.
Acad: В лѣᵀ. ҂ѕ.ӯ.м̄.
Hypa: В лѣто. ҂ѕ.ӯ.м̄·:· |
Khle: В лѣᵀ ҂ѕ.ӯ.м̄.

Bych: В лѣто 6440.
Shakh: Въ лѣто 6440.
Likh: В лѣто 6440.
Ostr: Въ лѣто 6440.

43,25:

Laur: В лѣᵀ ҂ѕ.ӯ.м̄а··
Radz: В лѣᵀ ҂ѕ ӯ м̄а. |
Acad: В лѣᵀ. ҂ѕ.ӯ.м̄а.
Hypa: В лѣто. ҂ѕ.ӯ.м̄а·:· |
Khle: В лѣᵀ ҂ѕ.ӯ.м̄а. |

Bych: В лѣто 6441.
Shakh: Въ лѣто 6441.
Likh: В лѣто 6441.
Ostr: Въ лѣто 6441.

43,26:

Laur: В лѣᵀ. ҂ѕ.ӯ.мв̄·:·
Radz: В лѣᵀ ҂ѕ ӯ мв̄. Первое приндоша оугре
Acad: В лѣᵀ.|.҂ѕ.ӯ.мв̄. Первое прїндоша оугре
Hypa: В лѣто. ҂ѕ.ӯ.мв̄·:· | Пѣрвое придоша оугри
Khle: В лѣᵀ ҂ѕ.ӯ.мв̄. прѣвое прїндоша оугри

Bych: В лѣто 6442. Первое приидоша Угре
Shakh: Въ лѣто 6442. Пьрвое придоша Угъри
Likh: В лѣто 6442. Первое приидоша угре
Ostr: Въ лѣто 6442. Пьрвое придоша Угъри

43,27:

Laur: omitted
Radz: на црьгрӑ. и плено||ваxoy всю фракню. романъ [21ᵛ]
Acad: на црьгрӑ. | и пленоваxȣ всю фракїю. романъ
Hypa: на цͨрьгрӑ. | и пленаxy всю фракню. роıманъ же
Khle: на црьгрӑ. | и плѣнаxѫ всю фракїю. ромаᴺ же

Bych: на Царьградъ, и пленоваху всю Фракию; Романъ
Shakh: на Цѣсарьградъ, и плѣняху вьсю Фракию; Романъ же
Likh: на Царьград, и пленоваху всю Фракию; Романъ
Ostr: на Цьсарьградъ, и плѣняху вьсю Фракию. Романъ

43,28:

Laur: omitted
Radz: сотвори миръ со ѹгры. |
Acad: сотвори ми|ръ съ оугры:·
Hypa: створи миръ со оу|гры·:·
Khle: сътвори мирь | съ оугры.

Bych: сотвори миръ со Угры.
Shakh: сътвори миръ съ Угъры.
Likh: сотвори миръ со угры.
Ostr: сътвори миръ съ Угъры.

43,29:

Laur: В лѣ҃т. ҂ѕ҃.у҃.мг҃:·
Radz: В лѣ҃т ҂ѕ҃ у҃ мг҃.
Acad: В лѣ҃т. ҂ѕ҃.у҃.мг҃.
Hypa: В лѣ҃т. ҂ѕ҃.у҃.мг҃·:· |
Khle: В лѣ҃т ҂ѕ҃.у҃.мг҃.

Bych: В лѣто 6443.
Shakh: Въ лѣто 6443.
Likh: В лѣто 6443.
Ostr: Въ лѣто 6443.

43,30:

Laur: В лѣ҃т.҂ѕ҃.|у҃.мд҃·:·
Radz: В лѣ҃т ҂ѕ҃ у҃ мд҃.
Acad: В лѣ҃т. ҂ѕ҃.у҃.мд҃. |
Hypa: В лѣто. ҂ѕ҃.у҃.мд҃·:· |
Khle: omitted

Bych: В лѣто 6444.
Shakh: Въ лѣто 6444.
Likh: В лѣто 6444.
Ostr: Въ лѣто 6444.

43,31:

Laur: В лѣ҃т. ҂ѕ҃.у҃.ме҃·:·
Radz: В лѣ҃т ҂ѕ҃ у҃ ме҃
Acad: В лѣ҃т. ҂ѕ҃.у҃.ме҃.
Hypa: В лѣто. ҂ѕ҃.у҃.ме҃·:· |
Khle: omitted

Bych: В лѣто 6445.
Shakh: Въ лѣто 6445.
Likh: В лѣто 6445.
Ostr: Въ лѣто 6445.

44,1:

Laur: В лѣ︮т︯. ҂ѕ҃.у҃.мѕ҃·:·
Radz: В лѣ︮т︯ ҂ѕ҃ мѕ҃. |
Acad: В лѣ︮т︯. ҂ѕ҃.у҃.мѕ҃.
Hypa: В лѣто. ҂ѕ҃.у҃.мѕ҃·:· |
Khle: omitted

Bych: В лѣто 6446.   [43,8]
Shakh: Въ лѣто 6446.   [47,18]
Likh: В лѣто 6446.   [32,35]
Ostr: Въ лѣто 6446.

44,2:

Laur: В лѣ︮т︯. ҂ѕ҃.ѵ҃.мз҃·:·
Radz: В лѣ︮т︯ ҂ѕ҃ у҃ мз҃.
Acad: В лѣ︮т︯. ҂ѕ҃.ѵ҃.мз҃.
Hypa: В лѣто. ҂ѕ҃.у҃.мз҃·:· |
Khle: omitted

Bych: В лѣто 6447.
Shakh: Въ лѣто 6447.
Likh: В лѣто 6447.
Ostr: Въ лѣто 6447.

44,3:

Laur: В лѣ︮т︯. ҂ѕ҃.у҃.мн҃·:·
Radz: В лѣ︮т︯ ҂ѕ҃ у҃.мн҃ |
Acad: В лѣ︮т︯. ҂ѕ҃.у҃.мн҃.
Hypa: В лѣто. ҂ѕ҃.у҃.мн҃·:· |
Khle: omitted

Bych: В лѣто 6448.
Shakh: Въ лѣто 6448.
Likh: В лѣто 6448.
Ostr: Въ лѣто 6448.

44,4:

Laur: В лѣ︮т︯. ҂ѕ҃.у҃.мѳ҃·:- | Иде игорь на греки.
Radz: В лѣ︮т︯ ҂ѕ҃ у҃ мѳ҃. Иде игорь на греки.
Acad: В лѣ︮т︯. ҂ѕ҃.у҃.мѳ҃. Иде иго|рь на греки.
Hypa: В лѣто. ҂ѕ҃.у҃.мѳ҃·:· | Иде игорь на грѣкы.
Khle: В лѣ︮т︯ ҂ѕ҃.у҃.мѳ҃. иде игорѣ | на грекы.

Bych: В лѣто 6449. Иде Игорь на Греки,
Shakh: Въ лѣто 6449. Иде Игорь на Грькы.
Likh: В лѣто 6449. Иде Игорь на Греки.
Ostr: Въ лѣто 6449. Иде Игорь на Грькы.

44,5:

Laur:	ꙗко послаша болгаре вѣсть ко цр͠ю. ꙗко идуть
Radz:	и послаша болгари вѣсть ко цр͠ю. ꙗко идоуть
Acad:	и послаша болгари вѣсть ко цр͠ю. ꙗко идѹть
Hypa:	и ꙗко послаша болгаре вѣсть къ цр͠ю. ꙗко идутс
Khle:	и ꙗко послаша болгаре вѣсть къ цр͠ю. ꙗко идоут

Bych: яко послаша Болгаре вѣсть ко царю, яко идуть
Shakh: И посълаша Българе вѣсть къ цѣсарю, яко идуть
Likh: И послаша болгаре вѣсть ко царю, яко идуть
Ostr: И яко посълаша Българе вѣсть къ цьсарю, яко идуть

44,6:

Laur:	русь на цр͞ьградъ. скѣдии ҃і. тысꙗщь. иже
Radz:	роус на цр͞ьгра͠А. скедии ҃і тысꙗ. иже
Acad:	рѹс на цр͞ьгра͠А. скедїн ҃і. тысꙗщь. иже
Hypa:	русь на цр͞ьгра͠А. скедии ҃і. тысꙗщь. иже и
Khle:	роус на цр͞ьгра͠А. скедїн ҃і. тысꙗш иже

Bych: Русь на Царьградъ, скѣдий 10 тысящь. Иже
Shakh: Русь на Цѣсарьградъ, скѣдии 10 тысящь; иже
Likh: Русь на Царьградъ, скѣдий 10 тысящь. Иже
Ostr: Русь на Цьсарьградъ, скедии 10 тысящь. Иже

44,7:

Laur:	придоша и приплуша. и почаша воевати вифаньскиꙗ
Radz:	поидоша и приплыша. и почаша воевати. вифеньскиа
Acad:	поидоша и приплѹша. и почаша воевати. вифиньскїа
Hypa:	поидоша. и приплуша и почаша воевати. вифаньскыꙗ
Khle:	поидоша и приплоуша. и почаша воевати виѳуньскїа

Bych: придоша, и приплуша и почаша воевати Вифиньскиа
Shakh: придоша и приплуша, и почаша воевати Вифиньскыя
Likh: придоша, и приплуша и почаша воевати Вифиньскиа
Ostr: придоша, и приплуша, и почаша воевати Вифаньскыя

44,8:

Laur:	страны и воеваху по понту до
Radz:	страны. и пленовахѹ по понтѹ. и до
Acad:	страны. и пленовахѹ по понтѹ. и до
Hypa:	страны. и пленоваху по понту. до
Khle:	страны и плѣн<о>вахꙗ по понтоу и до

Bych: страны, и воеваху по Понту до
Shakh: страны, и пленоваху по Понту до
Likh: страны, и воеваху по Понту до
Ostr: страны, и пленоваху по Понту до

44,9:

Laur: аръклѣӕ. и до фафлогоіньски земли. и всю
Radz: иракиӕ и до фафлогоіньскиа земли. и всю
Acad: ираклїа. и до фафлогоньскыа земла. и всю
Hypa: ираклиӕ. и до | фофлагоньскы земла. и | всю
Khle: ираклїа. и до фофлаігонскы земли. и всю

Bych: Ираклиа и до Фафлогоньски земли, и всю
Shakh: Ираклия и до Фафлогоньски земля, и вьсю
Likh: Ираклиа и до Фафлогоньски земли, и всю
Ostr: Ираклия и до Фофлагоньскы земля, и вьсю

44,10:

Laur: страну никомидииску́ю. | попленивше и судъ весь
Radz: страну никомискую поплениише. и | соу ве
Acad: страну никомодїнскую попленивше. и су весь
Hypa: страну никомидинску́ю пополониша. и судъ всь |
Khle: страноу никомидїнскоую | пополониша. и са весь

Bych: страну Никомидийскую пленивше, и Судъ весь
Shakh: страну Никомидиискую поплѣнивъше, и Судъ вьсь
Likh: страну Никомидийскую пленивше, и Судъ весь
Ostr: страну Никомидиискую поплѣнивша, и Судъ вьсь

44,11:

Laur: пожьгоша. и́ же емше ѿвехъ растинаху. другиа
Radz: пожгоша. и́ же емша. ѡвѣ растина. дру́гиа
Acad: пожго́ша. их же емше. ѡвѣхъ растинаху́. дру́гиа. |
Hypa: пожьгоша. ихъ | же емы́ше ѡвѣхъ растинаху. и || другиа   [17c]
Khle: пожгоша. и́ же емша ѡвѣ | растинахѫ. и дроугыа

Bych: пожьгоша; ихже емше, овѣхъ растинаху, другия
Shakh: пожьгоша; ихъже имъше, овѣхъ растинаху, другыя
Likh: пожьгоша; их же емше, овѣхъ растинаху, другия
Ostr: пожьгоша. Ихъ же имъше, овѣхъ растинаху, другыя

44,12:

Laur: аки страьь поставла́юще. и стрѣл   аху
Radz: аки стра | поставлающе. стрѣл   аху
Acad: аки стра́ны поставлающе. стрѣл   аху
Hypa: же сторожи поставы́лающе   стрѣлами растрѣ|лаху.
Khle: же сторожи поставлающе| стрѣлами растрѣлахѫ.

Bych: аки страньь поставляюще и стрѣляху
Shakh: же, акы стража поставляюще, стрѣлами стрѣляху;
Likh: аки страньь поставляюще и стрѣляху
Ostr: {акы страньь / же стража} поставляюще, стрѣлями растрѣляху;

44,13:

Laur: въ ня. изнмахуть опаки руцѣ съвязывахуть.
Radz: в ня. и нзымахȣ опакы роуцѣ свѧзывахȣ. и
Acad: в ня. и изымаіхȣ опакы рȣцѣ свезахȣ. и
Hypa: и изъламлаху опакы руцѣ связавше. и
Khle: и изламлахѫ опа͞к | роуци. свѧзавше. и

Bych: въ ня, изимахуть, опаки руцѣ съвязывахуть,
Shakh: воя же изимаху, опаки руцѣ съвязавше,
Likh: въ ня, изимахуть, опаки руцѣ съвязывахуть,
Ostr: въ ня и изимаху, опаки руцѣ съвязавше, и

44,14:

Laur: гвозди желѣзныи посреди | главы въбивахуть
Radz: гво͞з͞ди желѣзны посрѐ главы въбивахȣ
Acad: гвозди желѣзны | постреди главы въбивахȣ
Hypa: гвоzды желѣзны посредѣ голов въбивахуть
Khle: гвозди желѣзны посрѐ͞д͞и главь | оубивахоу͞т

Bych: гвозди желѣзныи посреди главы въбивахуть
Shakh: гвозди желѣзьны посреди главы въбиваху
Likh: гвозди желѣзныи посреди главы въбивахуть
Ostr: гвозди желѣзьны посреди главы въбивахуть

44,15:

Laur: ихъ. много же с͞т͞хъ црквии огнемъ
Radz: и͞м. и мно|го же с͞т͞ы͞ цркве͞и огневи
Acad: имъ. и много же | с͞тхъ црквеи огневи
Hypa: има. мыного же и с͞тхъ црквии огыневи
Khle: имь. мно͞го же с͞т͞ы͞ц͞ркви огневи

Bych: имъ; много же святыхъ церквий огневи
Shakh: имъ; мъного же святыхъ цьрквии огневи
Likh: имъ. Много же святыхъ церквий огневи
Ostr: имъ; мъного же святыхъ цьрквии огневи

44,16:

Laur: предаша. манастырѣ и села пожыгоша. и именья
Radz: предаша. и монастыри и села по|жгоша. и имении
Acad: предаша. и монастырі и | села пожгоша. и именьа
Hypa: предаша. и имѣнье |
Khle: пре|даша. и имѣнїе

Bych: предаша, манастырѣ и села пожьгоша, и именья
Shakh: предаша, манастыря же и села, вьсе огневи предаша, и имения
Likh: предаша, манастырѣ и села пожьгоша, и именья
Ostr: предаша, манастыря и села, пожьгоша, и имения

44,17:

Laur: немало   ѡбою страну взаш҇а. | потомъ же
Radz: немало. ѿ обою стран8 взаша:- ‖ Пото͞м
Acad: немало. ѿ ѡбою стра|н8 взаша:· Потомъ
Hypa: немало   ѡбою сторону взаша. потомъ же
Khle: немало   ѡбою страноу взаша: манастыра же и села все ѡгневи предаша. пото͞м | же

Bych: немало отъ обою страну взяша. Потомъ же
Shakh: немало обою страну възяша. Потомъ же,
Likh: немало от обою страну взяша. Потомъ же
Ostr: немало обою страну възяша. Потомь же,

44,18:

Laur: пршедъшемъ воемъ ѿ въстока. | памѣфирѣ
Radz: пршẽшнмъ воемъ. ѿ востока. панѣфирѣ
Acad: пршедшнмь воемь. | ѿ въстока. панѣфирѣ
Hypa: пршедше|мъ воемъ ѿ въстока. па|нфирѣ.
Khle: пршẽшн вое͞м ѿ востока, пинфирь

Bych: пришедъшемъ воемъ отъ въстока, Панфиръ
Shakh: пришьдъшемъ воемъ отъ въстока, Панфиръ
Likh: пришедьшемъ воемъ от въстока, Памфиръ
Ostr: пришьдъшемъ воемъ отъ въстока, Панфиръ

44,19:

Laur: деместнкъ. съ .м҃. мн тысящь. | фока же
Radz: дественнкъ. со м҃ тьсяще. фока
Acad: деместнікь. со .м҃. ты|сящь. фока
Hypa: деместнкъ. съ | четырми десят тыса|щь. фока же
Khle: деместнн͞к | съ четырми деса͞т тысящь. фока͞ж

Bych: деместикъ съ 40-ми тысящь, Фока же
Shakh: деместикъ съ четырьми десятьми тысящь, Фока же
Likh: деместик съ 40-ми тысящь, Фока же
Ostr: деместикъ съ четырьми десять тысящь, Фока же

44,20:

Laur: патрекнн съ макндоны. федоръ | же стратилатъ
Radz: патрнкѣн с макндонаны. феѡдор же стратнла͞т
Acad: патрекѣн с макндонаны. феѡдо|р же стратилатъ
Hypa: патрнкнн съ | македоны. федоръ же | стратилатъ
Khle: патрнкı͞н с ма|кедонаны. фẽѡ͡р же стратнла͞т.

Bych: патрекий съ Макидоны, Федоръ же стратилатъ
Shakh: патрикии съ Македоняны, Феодоръ же Стратилатъ
Likh: патрекий съ макидоны, Федоръ же стратилатъ
Ostr: патрикии съ Македоняны, Феодоръ же Стратилатъ

44,21:

Laur: съ фраки. с ними же и сано|вьници   боюрьстии
Radz: съ фракы. с ними же и сановници   боюрьстии. и
Acad: со фракы. с ними ж и сановнїци бо боюрьстїи. и
Hypa: съ фракы. и | с ними же и сановници   боюрьстии.
Khle: с фраки. и с ни|ми̇́ и сановници   боюрстїи.

Bych: съ Фраки, с ними же и сановници боярьстии,
Shakh: съ Фраки, съ нимиже и сановьници боярьстии,
Likh: съ фраки, с ними же и сановници боярьстии,
Ostr: съ Фракы, съ ними же и сановьници болярьстии,

44,22:

Laur: юбидоша русь юколо. | съвѣщаша русь
Radz: юбидоша роуͨ юколо. и свещаша роуͨ.
Acad: юбондоша рȣͨ юколо. и свеща|ша рȣͨ   [20ᵣ]
Hypa: юбидоша русь. | юколо. и свещаша русь и |
Khle: обыдоша роуͨ юколо. | и съвещаша роуͨ и

Bych: обидоша Русь около. Съвѣщаша Русь,
Shakh: обидоша Русь около. [И] съвѣщаша Русь, и
Likh: обидоша Русь около. Съвѣщаша Русь,
Ostr: обидоша Русь около. И съвѣщаша Русь,

44,23:

Laur: изидоша   въружившє са на | грєки. и брани
Radz: изыдоша   въ|юроужͪвшєͨ на грєкы. и брани
Acad: изыдоша   воорȣжившє са на грєки. и бранї | и
Hypa: изидоша противу въюружи|вшє са на грѣкы. и бра|ни
Khle: изыдоша противоу въюроуживше са на грєкы. и брани

Bych: изидоша, въоружившеся, на Греки, и брани
Shakh: изидоша, въоруживъшеся, на Грькы, и брани
Likh: изидоша, въружившеся, на греки, и брани
Ostr: изидоша, въоруживъше ся, на Грькы, и брани

44,24:

Laur: межю ими бывши зълн. юдвᴬ | юдолѣша грьци.
Radz: межи ими бывши злѣ. [юдва] юдолѣша грєци.
Acad: межи ими бывши злѣ. юдва юдолѣша грєци. |
Hypa: межю има бывши злѣ. | юдва юдолѣша грѣци. |
Khle: межи има бывши | ѕлѣ. юдва юдолѣша грєци.

Bych: межю ими бывши зьли одва одолѣша Грьци;
Shakh: межю ими бывъши зълѣ, одъва одолѣша Грьци;
Likh: межю ими бывши зьли одва одолѣша грьци.
Ostr: межю ими бывъши зьлѣ, одъва одолѣша Грьци.

Повѣсть времеиьныхъ лѣтъ

257

44,25:

Laur: русь же възратиша са къ д‖ружннѣ своеи къ [10ᵛ]
Radz: роу̾с же възвратишаⷬ. ко дрꙋжннѣ своеи к
Acad: рꙋ̾с же възратиша са ко дрꙋжннѣ своеи к
Hypa: русь же възвратиша са | къ дружннѣ своеи к
Khle: роу̾с же възвратишаⷬс ‖ къ дроужннѣ своеи к [16ᵛ]

Bych: Русь же възратишася къ дъружинѣ своей къ
Shakh: Русь же възвратишася къ дружинѣ своеи къ
Likh: Русь же възратишася къ дъружинѣ своей къ
Ostr: Русь же възвратиша ся къ дружинѣ своеи къ

44,26:

Laur: вечеру. на ночь влѣзоша в лоідью и ѿбѣгоша.
Radz: вечерꙋ | и на ночь влѣзша в лⷺон. и ѿбѣгоша:- |
Acad: вечерꙋ. | и на нощь влѣзоша в лодьн и ѿбѣгоша:· |
Hypa: вечеіру. и на но<ч>ь влѣзъше въ | лодьꙗ ѿбѣгоша.
Khle: вѣроу. и на ноⷱ влѣзъше в лⷺѡꙗ ѿбѣгоша.

Bych: вечеру, и на ночь влѣзоша в лодьи и отбѣгоша.
Shakh: вечеру, на ночь, вълѣзъше въ лодия, отъбѣгоша.
Likh: вечеру, на ночь влѣзоша в лодьи и отбѣгоша,
Ostr: вечеру, и на ночь, вълѣзъше въ лодия, отъбѣгоша.

44,27:

Laur: феѡфанъ же сустрѣте ꙗ въ ла|дехъ
Radz: Феѡфан же оустⷬѣте а въ шладеⷯх
Acad: Феѡфан же оустрѣте а въ шладехъ
Hypa: феѡфа|нъ же оусрѣте ꙗ въ шла|дехъ
Khle: ѳеѡфаⷩ же оустрѣте а въ шладеⷯх

Bych: Феофанъ же сустрѣте я въ олядехъ
Shakh: Феофанъ же усърѣте я въ олядьхъ
Likh: Феофанъ же сустрѣте я въ лядехъ
Ostr: Феофанъ же усърѣте я въ олядьхъ

44,28:

Laur: со ѡгнемъ. и пущати наѧа трубами ѡгнь | на
Radz: со гнⷺеⷨ. и поущати наѧа трꙋ|бамн ѡгнь. на
Acad: со ѡгнеⷨмь. и пꙋщати наѧа трубами ѡгнь на
Hypa: съ ѡгнемь. и наѧа | пущати ѡгнь трубами на |
Khle: съ огнⷺеⷨ. | и наѧа ѡгнь поущати троубами на

Bych: со огнемъ, и пущати нача трубами огнь на
Shakh: съ огньмь, и пущати нача трубами огнь на
Likh: со огнемъ, и пущати нача трубами огнь на
Ostr: съ огньмь, и нача пущати огнь трубами на

44,29:

Laur: лодьѣ рускиѧ. и бы̃с видѣти страшно чюдо.
Radz: лѿн роукы⟨ѧ⟩. и бы̃с видѣти страшно чю̃ѿ.
Acad: лѿн рȣскіи. | и бы̃с видѣти страшно чюдо.
Hypa: лодьѧ рускыѧ. и бы̃с вїдѣти страшно чюдо.
Khle: лодїа роускыѧ. | и бы̃с видеиїе страшно чю̃ѿ.

Bych: лодьѣ Рускиѧ, и бысть видѣти страшно чюдо.
Shakh: лодия Русьскыя. И бысть видѣти страшно чюдо.
Likh: лодьѣ руския. И бысть видѣти страшно чюдо.
Ostr: лодия Русьскыя. И бысть видѣти страшно чюдо.

44,30:

Laur: ру|сь же видѧщи пламѧнь. вмѣтаху сѧ въ
Radz: роу̃с | же видѣхоу пламень. вмѣтахоу сѧ
Acad: рȣ̃с же видахȣ пламень вмѣтахȣ сѧ в
Hypa: роу|сь же видѧще пламень ‖ вмѣтаху сѧ въ   [17d]
Khle: ру̃с же видѧще пламень | въмѣтахѫ сѧ въ

Bych: Русь же видящи пламянь, вмѣтахуся въ
Shakh: Русь же, видяще пламень, въмѣтахуся въ
Likh: Русь же видящи пламянь, вмѣтахуся въ
Ostr: Русь же, видяще пламень, въмѣтаху ся въ

44,31:

Laur: воду | морьскую. хотѧще оубрести. и тако
Radz: водоу морьскоую. | хотѧще оубрести.   тако
Acad: водȣ морьскȣю хотѧщȣ | брести.   такъ
Hypa: воду мо|рьскую. хотѧще оубрѣ|сти. и тако
Khle: водоу морьскоую. хотѧще оубрѣ|сти. и тако

Bych: воду морьскую, хотяще убрести; и тако
Shakh: воду морьскую, хотяще убрьсти: и тако
Likh: воду морьскую, хотяще убрести: и тако
Ostr: воду морьскую, хотяще убрьсти: и тако

45,1:

Laur: прочии въ|звратиша сѧ въ своѧси. тѣмже пришедши|мъ
Radz: возратиша̃с во своѧсы:- ‖ Тѣмъ   пришешимъ   [22ᵛ]
Acad: возвратиша сѧ во своѧси:· Тѣмь   пришедшимь
Hypa: прочии възвратиша сѧ въ своѧ|си. тѣмьже пришедъ|шимъ
Khle: прочїи възвратиша̃с въ своѧси. тѣ̃же | пришешиⷨ

Bych: прочии възвратишася въ свояси. Тѣмже пришедшимъ   [44,7]
Shakh: прочии възвратишася въ свояси. Тѣмь же, пришьдъшемъ [49,7]
Likh: прочии възвратишася въ свояси. Тѣм же пришедшимъ   [33,23]
Ostr: прочии възвратиша ся въ свояси. Тѣмьже, пришьдъшемъ

45,2:

Laur: въ землю свою и поведаху кождо
Radz: въ землю свою. поведахоу кождо
Acad: во землю свою. поведах伀 | кож͂о
Hypa: в землю свою. по|ведаху кождо
Khle: въ землю свою. поведахѫ къж͂о

Bych: въ землю свою, и повѣдаху кождо
Shakh: въ землю свою, повѣдаху къжьдо
Likh: въ землю свою, и повѣдаху кождо
Ostr: въ землю свою, повѣдаху къжьдо

45,3:

Laur: своимъ ѡ | бывшемъ. и ѡ ладьнемь ѡгни.
Radz: своимъ | и ѡ бывше͂. и ѡ ла͂не͂ ѡгни.
Acad: своимь. и ѡ бывшемь. и ѡ ла͂немъ ѡгни. |
Hypa: своимъ. | ѡ бывшемъ. и ѡ ладьнемъ ѡгни.
Khle: свои͂ | ѡ бывше͂ и ѡ ладне͂ огни.

Bych: своимъ о бывшемъ и о лядьнѣмь огни:
Shakh: своимъ о бывъшимь и о олядьнѣмь огни:
Likh: своимъ о бывшемъ и о лядьнѣмь огни:
Ostr: своимъ о бывъшимь и о лядьнѣмь огни:

45,4:

Laur: ꙗко же моло|ньꙗ ре͂. иже на нб͂хъ грьци имуть
Radz: ꙗко и молынна ре͂. иже на нб͂си | греци им伀ть
Acad: ꙗко же и молнїа рече. иже на нб͂си греци им伀ть
Hypa: ꙗко же мо|лоньꙗ ре͂. иже на нб͂си|хъ греци имуть
Khle: ꙗко͂ молнїа ре͂ иже на | нб͂сѣ͂. греци имоу͂

Bych: "якоже молонья, рече, иже на небесѣхъ, Грьци имуть
Shakh: "якоже, мълния, рече, яже на небесѣхъ, Грьци имуть
Likh: "Яко же молонья,—рече,—иже на небесѣхъ, грьци имуть
Ostr: "Якоже мълния, рече, иже на небесѣхъ, Грьци имуть

45,5:

Laur: оу собе. и се пу|щающа же жагаху насъ.
Radz: оу собе. пѹщающе жг伀ть на͂. и
Acad: оу се|бе. пѹщающе жг伀ть на͂. и
Hypa: в себе. | и сию пущающе жьжа|ху <н>асъ. и
Khle: оу себе. и сїю поущающе жгах伀 | на͂. и

Bych: у собе, и се пущающе жежагаху насъ,
Shakh: у себе, и сию пущающе жьжаху насъ; и
Likh: у собе, и се пущающе же жагаху насъ,
Ostr: у себе, и сию пущающе жьжаху насъ; и

45,6:

Laur: сего ради не юдолѣхо|мъ имъ. игорь же пришедъ
Radz: сѐ ра̀ не юдолѣхо̀|мъ имъ. игор же прише̊ᵈ
Acad: сего ради не юдолѣхо|мъ имъ. игорь же прише̊ᵈ
Hypa: сего ради | не юдолѣхо̀ᵐ имъ. иго|рь же пришедъ.
Khle: сего ра̀ди не юдолѣхо̀ᵐ имь. игор же прише̊ᵈ.

Bych: сего ради не одолѣхомъ имъ." Игорь же пришедъ
Shakh: сего ради не одолѣхомъ имъ." Игорь же, пришьдъ,
Likh: сего ради не одолѣхомъ имъ." Игорь же пришедъ
Ostr: сего ради не одолѣхомъ имъ." Игорь же пришьдъ,

45,7:

Laur: нача совкупляти | воѣ многи. и посла по
Radz: нача совокȣпляти вои многы. и посла | по
Acad: нача совокȣпляти вои | многы. и посла по
Hypa: и нача | съвокупити вои многы. | и посла по
Khle: и на|ча съвокоупляти воӕ мнюгы. и посла по

Bych: нача совкупляти воѣ многи, и посла по
Shakh: нача съвъкупляти воя мъногы, и посъла по
Likh: нача совкупляти воѣ многи, и посла по
Ostr: нача съвъкупляти воя мъногы, и посъла по

45,8:

Laur: варяги многи за море. | вабя е на греки.
Radz: варяги   за море. вабя ихъ на грекы.
Acad: варѣги   за море. вабя и͙ на грекы. |
Hypa: варягы   за море. | вабя и на грекы.
Khle: варягы | за море. вабя и͙ на грекы.

Bych: Варяги многи за море, вабя е на Греки,
Shakh: Варягы за море, вабя я на Грькы,
Likh: варяги многи за море, вабя е на греки,
Ostr: Варягы за море, вабя и на Грькы,

45,9:

Laur: паки хотѣ поити на нӕ.:- |
Radz: и паки хота поити на <н͙>. |
Acad: и паки хота поити на нихъ:·
Hypa: пакы | хота поити на нӕ.:· |
Khle: пакы хота <по>ити на | нӕ.

Bych: паки хотя поити на ня.
Shakh: пакы хотя поити на ня.
Likh: паки хотя поити на ня.
Ostr: пакы хотя поити на ня.

Повѣсть времѣньныхъ лѣтъ

45,10:

Laur: В лѣто. ҂s.у.н. | Семеѡнъ иде на храваты.
Radz: В лѣ︤т︥ ҂s у н. Иде семиѡнъ на хорваты.
Acad: В лѣ︤т︥. ҂s.у.н. Иде | семиѡнъ на хорваты.
Hypa: В лѣто. ҂s.у.н.·: | ⟨С⟩е⟨м⟩еѡнъ иде на хорваты. |
Khle: В лѣ︤т︥ ҂s.у.н. семїѡнь иде на хорваты.

Bych: В лѣто 6450. Семеонъ иде на Храваты,
Shakh: Въ лѣто 6450. Семеонъ иде на Хърваты,
Likh: В лѣто 6450. Семеонъ иде на храваты,
Ostr: Въ лѣто 6450. Семеонъ иде на Хърваты,

45,11:

Laur: и поб⟨ѣ⟩женъ бы︤с︥ храва|ты. и оумре ѡставивъ
Radz: и побѣженъ бы︤с︥ | хорваты. и оумре ѡставивъ
Acad: и побѣженъ бы︤с︥ хорваты. | и оумре ѡставивь
Hypa: и побѣженъ бы︤с︥ хорва|ты. и оумре ѡставивъ |
Khle: и оумре. ѡставивь

Bych: и побѣженъ бысть Храваты, и умре, оставивъ
Shakh: и побѣженъ бысть Хърваты, и умьре, оставивъ
Likh: и побѣженъ бысть храваты, и умре, оставивъ
Ostr: и побѣженъ бысть Хърваты. И умьре, оставивъ

45,12:

Laur: петра кнѧза с︤н︥а свое|го. болъгаромъ.
Radz: петра кнѕа с︤н︥а свое︤г︥ болга|ромъ.
Acad: петра кнѕа
Hypa: петра с︤н︥а своего княжи︤т︥. | в се же лѣто роди сѧ с︤т︥ослав оу нгорѧ·:. |
Khle: петра с︤н︥а своего кнѧжити. Въ | се же лѣто. ро︤А︥︤н︥ сѧ стославь, оу нгорѧ.

Bych: Петра князя, сына своего, Болъгаромъ.
Shakh: Петра, сына своего, кънязя Българомъ.
Likh: Петра князя, сына своего, болъгаромъ.
Ostr: Петра, сына своего, къняжити.

45,13:

Laur: В лѣ︤т︥. ҂s.у.на. Паки придоша | оугри на ц︤р︥ьградъ.
Radz: лѣ︤т︥ ҂s у на. пакы приидоша оугре на ц︤р︥гра︤А︥.
Acad: В лѣ︤т︥. ҂s.у.на. паки приидоша оугри на царьгра︤А︥. |
Hypa: В лѣто. ҂s.у.на·:. | Пакы приидоша на ц︤р︥ьгра︤А︥. |
Khle: В лѣ︤т︥ ҂s.у.|на. пакы приидоша оугре на ц︤р︥ьгра︤А︥.

Bych: В лѣто 6451. Паки придоша Угри на Царьградъ,
Shakh: Въ лѣто 6451. Пакы придоша Угъри на Цѣсарьградъ,
Likh: В лѣто 6451. Паки придоша угри на Царьградъ
Ostr: Въ лѣто 6451. Пакы придоша Угъри на Цьсарьградъ

261

45,14:

Laur: миръ створивше съ рамон<оⷨ>. |
Radz: и миⷬ сотворившиⷯ с романоⷨ.
Acad: и миръ сотворнша с романомъ. и
Hypa: и миръ створивше с ромаⷨноⷨ.
Khle: и миⷬ створивша с романѿⷨ.

Bych: и миръ створивше съ Романомъ,
Shakh: и миръ сътворивъше съ Романъмь,
Likh: и миръ створивше съ Романомъ,
Ostr: и миръ сътворивъше съ Романъмь,

45,15:

Laur: возъвратиша са въ своѩси.
Radz: възратишаⷭ въ своꙗси.
Acad: возратиша са | во своꙗси:·
Hypa: възъвратиша са въ свⷪⷪꙗси:·
Khle: възъвратиша са въ своꙗси. |

Bych: восъвратишася въсвояси.
Shakh: възвратишася въ свояси.
Likh: восъвратишася въ свояси.
Ostr: възвратиша ся въ свояси.

45,16:

Laur: В лѣⷮ. ҂ꙅ.у҃.н҃в.:· | Игорь же совкупивъ
Radz: лѣⷮ ҂ꙅ у҃ н҃в | горь совокꙋпи
Acad: В лѣⷮ. ҂ꙅ.у҃.н҃в. Игорь совокꙋпи
Hypa: В лѣто. ҂ꙅ.у҃.н҃в.:· | Игорь совокупи
Khle: В лѣⷮ. ҂ꙅ.у҃.н҃в. нгорь съвокоупи

Bych: В лѣто 6452. Игорь же совкупивъ
Shakh: Въ лѣто 6452. Игорь же съвъкупи
Likh: В лѣто 6452. Игорь же совкупивъ
Ostr: Въ лѣто 6452. Игорь съвъкупи

45,17:

Laur: вои многи. варѧ̑ги русь и п<о>|ланы. словени
Radz: вои многи. варѧги и роуⷭ. и поланы. и словены.
Acad: вои многи. варѧги и рꙋсь. и поланы. и словены. |
Hypa: воꙗ многы. | варѧгы. и русь. и поланы. ‖ и словены. [18а]
Khle: воꙗ мнѿгы. варѧги, и роуⷭ. и поланы, и слѡвены.

Bych: вои многи, Варяги, Русь, и Поляны, Словени,
Shakh: воя мъногы: Варягы, Русь и Поляны и Словени
Likh: вои многи, варяги, Русь, и поляны, словени,
Ostr: воя мъногы, Варягы, и Русь, и Поляны, и Словени

Повѣсть времєньныхъ лѣтъ

45,18:

Laur:	и кривичи. и тѣверьцѣ и печенѣ|ги. и
Radz:	и кривн. и тивнрєци. и печенѣгы наа. и
Acad:	и кривичи. и тиверци. и печенѣги наю. и
Hypa:	и кривичи. и | тиверци. и печенѣгы | наю. и
Khle:	и кривичи. | и тиверци. и печенѣгы наа. и

Bych:	и Кривичи, и Тѣверьцѣ, и Печенѣги наа, и
Shakh:	и Кривичѣ и Тиверьцѣ, и Печенѣгы ная, и
Likh:	и кривичи, и тѣверьцѣ, и печенѣги наа, и
Ostr:	и Кривичѣ, и Тиверьцѣ, и Печенѣгы ная, и

45,19:

Laur:	тали оу нихъ поа. поиде на греки в лодьꙗх | и
Radz:	тали оу ни́х | поа. и поиде на грекы въ лоꙗх. и
Acad:	тали оу ни́х | поа. и поиде на греки. в лоꙗхъ. и
Hypa:	тали в нихъ поѥмъ. поиде на грѣкы в лодьꙗхъ и
Khle:	тали в ни́х поемь. | поиде на грекы. в лѡдїꙗхь и

Bych:	тали у нихъ поя, поиде на Греки въ лодьяхъ и
Shakh:	тали у нихъ поимъ, поиде на Грькы въ лодияхъ и
Likh:	тали у нихъ поя, поиде на Греки въ лодьях и
Ostr:	тали в нихъ поемъ, поиде на Грькы въ лодияхъ и

45,20:

Laur:	на конихъ хота мьстити себе. се слышавше	
Radz:	на коне́. хота мьстити себе. ‖ се слышавше	[23ʳ]
Acad:	на коне́. хота мстити себе. се слышавше	[20ᵛ]
Hypa:	на конехъ. хо|та мьстити себе. се | слышавше	
Khle:	на кони́. хота мстити себе. се же слышавше	

Bych:	на конихъ, хотя мьстити себе. Се слышавше
Shakh:	на конихъ, хотя мьстити себе. Се слышавъше
Likh:	на конихъ, хотя мьстити себе. Се слышавше
Ostr:	на конихъ, хотя мьстити себе. Се слышавъше

45,21:

Laur:	<ко>|рсунци. послаша къ раману глще. се иде
Radz:	корсоунци. послаша к роману҄ глще. се идоу́т
Acad:	корс҄унци. послаше к роману҄ | глще. се идҔт
Hypa:	курсунци. | послаша къ роману глюще. се идуть
Khle:	корсоу́нци. послаша к рома|ноу глще. се идоу́т

Bych:	Корсунци, послаша къ Раману глаголюще: "се идутъ
Shakh:	Кърсуньци, посълаша къ Роману, глаголюще: "се, идуть
Likh:	корсунци, послаша къ Раману глаголюще: "Се идутъ
Ostr:	Кърсуньци, посълаша къ Роману, глаголюще: "Се, идуть

263

45,22:

Laur: ру<сь бе>|щисла корабль. покрыли суть море корабл<и>.
Radz: роу͡с | бесүисла корабль. покрыли соу͡т море корабли.
Acad: ру͡с бесүисла корабль. покрыли с८т | море корабли.
Hypa: русь покрыли суть море корабли. |
Khle: роу͡с. покрыли соу͡т море корабл҃ь. | бесүисла кораблеи.

Bych: Русь бещисла корабль, покрыли суть море корабли".
Shakh: Русь, бес числа корабль, покрыли суть море корабли".
Likh: Русь бещисла корабль, покрыли суть море корабли".
Ostr: Русь, покрыли суть море корабли, бесчисла корабль".

45,23:

Laur: <та>|ко же и болгаре послаша весть. г҃лще
Radz: тако͡ж и болга|ре послаша весть г҃лще.
Acad: тако же и болгаре послаша весть | г҃лще.
Hypa: тако же и болгаре. послаша весть г҃лще.
Khle: тако же и болгаре послаша ве͡с. | г҃лще.

Bych: Такоже и Болгаре послаша весть, глаголюще:
Shakh: Такоже и Българе посълаша весть, глаголюще:
Likh: Тако же и болгаре послаша весть, глаголюще:
Ostr: Такоже и Българе посълаша весть, глаголюще:

45,24:

Laur: идуть р<ьсь>| и наяли суть к собе печенеги.
Radz: идоу͡т роу͡с и наяли соу͡т печенегы |
Acad: ид८т ру͡с и наяли с८ть печенеги:·
Hypa: идуть | русь. и печенеги наяли суть к собе.
Khle: идоу͡т роу͡с и печенеги наяли себе.

Bych: "идуть Русь, и наяли суть к собе Печенеги".
Shakh: "идуть Русь, и наяли суть к собе Печенеги".
Likh: "Идуть Русь, и наяли суть к собе печенеги".
Ostr: "Идуть Русь, и наяли суть к собе Печенеги".

45,25:

Laur: се слышавъ ц͠р<ь>. | посла к игорю лучие боляре.
Radz: Се слышавъ ц͠рь. посла ко игорю лоучешии бояры.
Acad: Се слышавь ц͠рь. посла ко игор८ л८ышiи бояры
Hypa: се слы|шавъ ц͠рь посла къ игореви лутьшии бояры.
Khle: се же слышавь ц͠рь посла к<ъ> игореви лоушia боярн.

Bych: Се слышавъ царь, посла к Игорю лучиѣ боляре,
Shakh: Се слышавъ цѣсарь, посъла къ Игорю лучьшая боляры,
Likh: Се слышавъ царь посла к Игорю лучиѣ боляре,
Ostr: Се слышавъ цьсарь, посъла къ Игорю лучьшая боляры,

Повѣсть времєньныхъ лѣтъ

45,26:

Laur: мола и гла. не ходи но возьми дань юже
Radz: мола и гла | не ходи. но возми дань юже
Acad: мола и гла не хо́дн возми дань юже
Hypa: мола и гла. не ходи но возьми дань. юже
Khle: мла и | гла. не хо́дн но възми дань, юже

Bych: моля и глаголя: "не ходи, но возьми дань, юже
Shakh: моля и глаголя: "не ходи, нъ възьми дань, юже
Likh: моля и глаголя: "Не ходи, но возьми дань, юже
Ostr: моля и глаголя: "Не ходи, нъ възьми дань, юже

45,27:

Laur: ималъ Ѡлегъ. придамь и еще к той дани. тако же
Radz: има́ Ѡлегъ. и прида́м еще к той да|ни. тако́ж
Acad: ималъ Ѡлегъ. и прї́дамъ еще к той данї тако же
Hypa: ималъ Ѡлегъ. и придамъ еще къ | той дани. тако же
Khle: ималь Ѡлегь. ‖ и придамы и еще к той дани. тако́ж   [17ᵍ]

Bych:ималъ Олегъ, придамь и еще к той дани". Такоже
Shakh: ималъ Ольгъ, придамь и еще къ той дани". Такоже
Likh: ималъ Олегъ, придамь и еще к той дани". Тако же
Ostr: ималъ Ольгъ, и придамь еще тои дани". Такоже

45,28:

Laur: и къ печенѣгомъ | посла. паволоки и злато
Radz: и ‹к› печенѣго́м посла паволокы. и злато
Acad: и к печенѣгомъ | посла паволокы и злато
Hypa: и печенѣгомъ послаша. па|волокы и золото
Khle: и печенѣго́м посла́|ша паволоки. золота

Bych: и къ Печенѣгомъ посла паволоки и злато
Shakh: и къ Печенѣгомъ посъла паволокы и злато
Likh: и къ печенѣгомъ посла паволоки и злато
Ostr: и къ Печенѣгомъ посъла паволокы и злато

45,29:

Laur: много. Игорь же доше́д ‖ Дуная. созва дружину   [11ᵍ]
Radz: много. Иго|рьжь доше́д до Дуная. созва дру́жыну
Acad: много. Игорже доше́д до | Дуная. созва дружину
Hypa: много. И|горь же дошедъ Дуная. | съзва дружину
Khle: мнѡга. Игор же доше́д Доуная. | съ́зва дроужиноу.

Bych: много. Игорь же дошедъ Дуная созва дружину,
Shakh: мъного. Игорь же, дошьдъ Дуная, съзъва дружину,
Likh: много. Игорь же, дошед Дуная, созва дружину,
Ostr: мъного. Игорь же, дошьдъ Дуная, съзъва дружину,

266   Повѣсть времєньныхъ лѣтъ

45,30:

Laur: и нача думати. повѣда | имъ рѣчь
Radz: нача доумати. и пове|да нмъ рѣ̆ү
Acad: нача д̆умати. и повѣда | имь рѣчь
Hypa: и ^{на}ча думаіти. и повѣда нмъ рѣчь |
Khle: и нача доумати. и повѣда н̆ рѣ̆ү |

Bych: и нача думати, и повѣда имъ рѣчь
Shakh: и нача думати, и повѣда имъ рѣчь
Likh: и нача думати, и повѣда имъ рѣчь
Ostr: и нача думати, и повѣда имъ рѣчь

46,1:

Laur: ц̄рву. рѣша ^{же}др^ужина игорево. да аще
Radz: ц̄рвоу. рѣша же др̆ужина игорева. да аще
Acad: ц̄рв̆у рѣша же др̆ужина игорева. да а|ще
Hypa: ц̄рву. ркоша же дружи|на игорева. да аще
Khle: ц̄рвоу. рекоша же дроужина игорева. да аще

Bych: цареву. Рѣша же дружина Игорева: "да аще   [45,8]
Shakh: цѣсареву. Рѣша же дружина Игорева: "да аще   [50,14]
Likh: цареву. Рѣша же дружина Игорева: "Да аще   [34,10]
Ostr: цьсареву. Рѣша же дружина Игорева: "Да аще

46,2:

Laur: сице | гл̄ть ц̄рь. то что хоче^{мъ} боле того. не бивше са
Radz: сице | гл̄ть ц̄рь. то что хоще^м боле того. не бивше са
Acad: сице гл̄ть ц̄рь. то что хощемъ боле того. не б̆ивше са
Hypa: сице | гл̄ть ц̄рь. то что хоще|мъ боле того. не бившн^с |
Khle: сице | гл̄ть ц̄рь. то что хоще^м боле того. не бивше са

Bych: сице глаголеть царь, то что хочемъ боле того, не бившеся
Shakh: сице глаголеть цѣсар, то чьто хощемъ боле того, не бивъшеся
Likh: сице глаголеть царь, то что хочемъ боле того, не бившеся
Ostr: сице глаголеть цьсарь, то чьто хощем боле того, не бивъше ся

46,3:

Laur: имаіти злато и сребро. и паволоки. егда
Radz: имати. зла|то и сребро и паволоки. егда
Acad: имати. sлато и сребро и паволокы. | ег^да
Hypa: имати злато и серебро. | и паволокы. еда
Khle: има^{ти} | золото и сребро и паволокы; ег^да

Bych: имати злато, и сребро, и паволоки? егда
Shakh: имати злато и сьребро и паволокы? еда
Likh: имати злато, и сребро, и паволоки? Егда
Ostr: имати злато и сьребро и паволокы? Егда

Повѣсть времѣньныхъ лѣтъ

46,4:

Laur: кто вѣсть кто | ѡдолѣеть мы ли ѡнѣ ли. ли с моремъ
Radz: кто вѣсть кто ѡдолѣеть. | мы ли. ѡни ли. ли с море͞м
Acad: кто вѣсть кто ѡдолѣеть. мы ли ѡнѣ ли. | лї с моремь
Hypa: кто вѣ|сть кто ѡдолѣеть. мы | ли ѡнн ли. нли с моремъ ||
Khle: кто вѣсть ктѡ | ѡдолѣе͞т. мы ли. нли ѡнн; нли с море͞м

Bych: кто вѣсть, кто одолѣеть, мы ли, онѣ ли? ли с моремъ
Shakh: къто вѣсть, къто одолѣеть, мы ли, они ли? ли съ морьмь
Likh: кто вѣсть; кто одолѣеть, мы ли, онѣ ли? Ли с моремъ
Ostr: къто вѣсть, къто одолѣеть, мы ли, они ли? Ли съ морьмь

46,5:

Laur: кто свѣте|нъ. се бо не по земли ходим.
Radz: кто свѣтенъ. се бо не по земли ходи͞м |
Acad: свѣтенъ. се бо не по земли ходнмь
Hypa: кто свѣтенъ. се бо не | по земли ходимъ. [18b]
Khle: кто съвѣстѐ͞н; | се бо не по земли ходн͞м,

Bych: кто свѣтенъ? се бо не по земли ходимъ,
Shakh: къто съвѣтьнъ? Се бо не по земли ходимъ,
Likh: кто свѣтенъ? Се бо не по земли ходимъ,
Ostr: къто съвѣтьнъ? Се бо не по земли ходимъ,

46,6:

Laur: но по г҃лубинѣ морьстѣн ѡбьча смр҃ь всѣмъ.
Radz: но по глоубинѣ морьстѣи. и ѡбща смр҃ть всѣ͞м и
Acad: но | по глȣбинѣ морьстѣи. и ѡбща смр҃ть всѣмъ. | и
Hypa: но по | глубинѣ морьстин. и ѡ|бьча смр҃ть всѣмъ. и
Khle: но по глоубинѣ морстѣн. | и ѡбща смр҃ть все͞м. и

Bych: но по глубинѣ морьстѣй; обьча смерть всѣмъ".
Shakh: нъ по глубинѣ морьстѣи, и обьща съмьрть вьсѣмъ". И
Likh: но по глубинѣ морьстѣй: обьча смерть всѣмъ".
Ostr: нъ по глубинѣ морьстѣи, и обьща съмьрть вьсѣмъ". И

46,7:

Laur: послуша их҃ъ игорь. и повелѣ печенѣгомъ воевати
Radz: послȣша и҃ игорь | и повелѣ печенѣго͞ болгорьскȣю
Acad: послȣша их҃ъ игорь. и повелѣ печенѣгомъ болгарьскȣ
Hypa: по|слуша их҃ъ игорь. и повелѣ печенѣгомъ воевати |
Khle: послоуша и҃х игорь. и повелѣ | печенѣго͞ воевати

Bych: Послуша ихъ Игорь, и повелѣ печенѣгомъ воевати
Shakh: послуша ихъ Игорь, и повелѣ Печенѣгомъ воевати
Likh: Послуша ихъ Игорь, и повелѣ печенѣгомъ воевати
Ostr: послуша ихъ Игорь, и повелѣ Печенѣгомъ воевати

267

46,8:

Laur: болъгарьску земл<ю> <-> самъ вземъ оу грекъ
Radz: землю воева͡т. а са͡м вземъ оу грекъ |
Acad: землю воевати. а самъ вземь оу грекъ
Hypa: болгарьскую землю. а са|мъ вземъ оу грекъ
Khle: болгарскоую землю. а са͡м възе͡м | оу грекь

Bych: Болъгарьску землю; а самъ вземъ у Грекъ
Shakh: Българьску землю; а самъ, възмъ у Грькъ
Likh: Болъгарьску землю; а самъ вземъ у грекъ
Ostr: Българьску землю. А самъ възьмъ у Грькъ

46,9:

Laur: злато и паволоки. и на вса | воя и възрати са
Radz: паволокы. и злато и на вса воя възрати͡с
Acad: паволокы. и злато. и на вса воя възрати са
Hypa: злато | и паволокы на вса воя. възврати са
Khle: золото и паволоки на вса воя. възвра|ти са

Bych: злато и паволоки и на вся воя, и възратися
Shakh: злато и паволокы, и на вься воя, и възвратися
Likh: злато и паволоки и на вся воя, и възратися
Ostr: злато и паволокы, на вься воя, възврати ся

46,10:

Laur: въспать. и приде къ киеву | въ свояси∴
Radz: въспа͡т и прииде к киев̾:- ‖
Acad: въспа|ть. и прїиде к киев̾:·
Hypa: въспать. и при|де къ киеву въ свояси∴ |
Khle: въспа͡т. и прїиде къ кыевоу въ свояси.

Bych: въспять, и приде къ Киеву въсвояси.
Shakh: въспять, и приде къ Кыеву въ свояси.
Likh: въспять, и приде къ Киеву въ свояси.
Ostr: въспять, и приде къ Кыеву въ свояси.

46,11:

Laur: <В лѣ͡т.> ҂s.у.нг. | Присла романъ и костантинъ.
Radz: В лѣ͡т. ҂s у.нг. присла романъ. и костантинъ. [23ᵛ]
Acad: В лѣ͡т. ҂s.у.нг. Присла ро|манъ. и костантинъ.
Hypa: В лѣто. ҂s.у.нг. Присла ро|манъ и костантинъ.
Khle: В лѣ͡т ҂s.у.нг. Присла романь и костантинь. |

Bych: В лѣто 6453. Присла Романъ, и Костянтинъ
Shakh: В лѣто 6453. Присъла Романъ и Костянтинъ
Likh: В лѣто 6453. Присла Романъ, и Костянтинъ
Ostr: В лѣто 6453. Присъла Романъ и Костянтинъ

46,12:

Laur: и стєпанъ слы к игорєви. построити мира
Radz: и стєфанъ. послы ко игорєви. построити мира
Acad: и стєфанъ. послы ко иго|рєви. построити мира
Hypa: и | стєфанъ слы къ игорєв^и. | построити мира
Khle: и стєфань. послы ко игорєви. построити мира |

Bych: и Степанъ слы к Игореви построити мира
Shakh: и Стефанъ сълы къ Игореви построитъ мира
Likh: и Степанъ слы к Игореви построити мира
Ostr: и Стефанъ посълы къ Игореви построитъ мира

46,13:

Laur: пєрвого. игорь жє | гла с ними ѡ мирѣ. посла
Radz: пєрваго. игорь жє гла | с ними ѡ мирѣ. посла
Acad: пєрваго. игор жє гла с німи | ѡ мирѣ. посла
Hypa: пѣрваго. | игоръ жє главъ с ни^м ѡ мирѣ. посла
Khle: прѣваго. игор жє главь с ними ѡ мирѣ. посла

Bych: первого; Игоръ же глагола с ними о мирѣ. Посла
Shakh: пьрваго; Игорь же, глаголавъ съ ними о мирѣ, посъла
Likh: первого. Игор же глагола с ними о мирѣ. Посла
Ostr: пьрваго. Игорь же глагола съ ними о мирѣ. Посъла

46,14:

Laur: игорь мужѣ своя. | къ роману. романъ жє созва
Radz: игорь моу^ж свои к роману романъ. жє | созва
Acad: игорь мужи свои к роману рома|нъ. жє созва
Hypa: игорь мужи свои къ | роману романъ. жє събр^а |
Khle: игоръ | мѫжи свои к романоу роман. жє съзва

Bych: Игорь мужѣ своя къ Роману, Романъ же созва
Shakh: мужѣ своя къ Роману, Романъ же съзъва
Likh: Игорь мужѣ своя къ Роману. Романъ же созва
Ostr: Игорь мужи свои къ Роману. Романъ же съзъва

46,15:

Laur: боляре и сано|вники. привєдоша рускиа слы
Radz: боары. и сановники и привєдоша ру^скна послы
Acad: боиары. и сановніки. и прівєдоша ру^с|скїа послы.
Hypa: боиары и сановникы. и при|вєдоша рускыя слы.
Khle: боярє и | сановники. и привєдоша ру^скыя послы.

Bych: боляре и сановники. Приведоша Руския слы,
Shakh: боляры и сановьники. И приведоша Русьскыя сълы,
Likh: боляре и сановники. Приведоша руския слы,
Ostr: боляры и сановьникы. И приведоша Русьскыя посълы,

46,16/17:

Laur: и велѣша | глати. псати ѡбоихъ рѣчи на харатьѣ.
Radz: и велѣша глти. и писати ѡбои рѣчи на хоратью.
Acad: и велѣша глти и писати ѡбоихъ ‖ рѣчи на хоратью. [21ᴦ]
Hypa: и по|велѣша глти. и писати | ѡбоихъ рѣчи на харотью. |
Khle: и повелѣ|ша глти и писати ѡбои рѣчи на хартїю.

Bych: и велѣша глаголати и псати обоихъ рѣчи на харатьѣ:
Shakh: и велѣша глаголати и пьсати обоихъ рѣчи на харатию.
Likh: и велѣша глаголати и псати обоихъ рѣчи на харатьѣ.
Ostr: и велѣша глаголати и пьсати обоихъ рѣчи на харатию.

46,18:

Laur: равно дру|гога свѣщаньѧ. бывшаго при
Radz: равно другаго | свѣщанна. бывшаго при
Acad: равно другаго свѣщанїа. бывша|го при
Hypa: равно другаго свѣщаннѧ. | бывшаго при
Khle: равно | дроугаго съвѣщанїа, бывшаго при

Bych: "Равно другаго свѣщанья, бывшаго при
Shakh: "Равьно другаго съвѣщания, бывъшаго при
Likh: "Равно другаго свѣщанья, бывшаго при
Ostr: "Равьно другаго съвѣщания, бывъшаго при

46,19:

Laur: црн раманѣ. и кѡстантинѣ. и стефанѣ. хотолюбивыхъ
Radz: црн романе. и костантине и стенѣ | хртолюбивы
Acad: црн. романѣ. и костантинѣ и стефанѣ. | хртолюбивыхъ
Hypa: црн романѣ. | и костантинѣ. стефанѣ | хртолюбивыхъ
Khle: црн романѣ. | и костантинѣ. и стефанѣ. хртолюбивы

Bych: цари Раманѣ, и Костянтинѣ и Стефанѣ, христолюбивыхъ
Shakh: цѣсари Романѣ и Костянтинѣ и Стефанѣ, христолюбивыхъ
Likh: цари Раманѣ, и Костянтинѣ и Стефанѣ, христолюбивыхъ
Ostr: цьсари Романѣ, и Костянтинѣ и Стефанѣ, христолюбивыхъ

46,20:

Laur: влдкъ. мы | ѿ ‹ро›да рускаго. сли и
Radz: влкъ. мы ѿ рода роускаго. посли
Acad: влкъ. мы ѿ рода руⷭкаго. по|слы и
Hypa: влкъ. мы | ѿ рода рускаго слы. и
Khle: влкь | мы ѿ рода роускаго. послы и

Bych: владыкъ. Мы отъ рода Рускаго сли и
Shakh: владыкахъ. Мы отъ рода Русьскаго сли и
Likh: владыкъ. Мы от рода рускаго сли и
Ostr: владыкахъ. Мы отъ рода Русьскаго посли и

Повѣсть времеиьныхъ лѣтъ 271

46,21:

Laur: гостье. иворъ солъ и<го>|ревъ. вел<и>каго кнѧз>а
Radz: гостие.ивѣр солъ игоревъ. великоͮ кн͞ѕа
Acad: гостïе. иворъ посолъ игоревъ. великого | кн͞ѕа
Hypa: гостые иворъ солъ игоревъ вели|каго кнѧѕа
Khle: гостïе. иворь. соль | великаго кнѧѕа игорѧ

Bych: гостье, Иворъ, солъ Игоревъ, великаго князя
Shakh: гостие: Иворъ, сълъ Игоревъ, великаго кънязя
Likh: гостье, Иворъ, солъ Игоревъ, великаго князя
Ostr: гостие: Иворъ, сълъ Игоревъ, великаго кънязя

46,22:

Laur: рускаго. и ѡбъчии <сли> | вуефаст<ъ святославл>ь
Radz: роукаͮ ͞г. и ѡбщии послы. фоуѥвастъ. сͭославъ.
Acad: рꙋскаго. ѡбщïи послы. фꙋевастъ. сͭо|славъ.
Hypa: рускаго. и ѡбъчии сли. вуефастъ сͭосла|вль
Khle: роукаͨ го. и ѡбъчïи посли. | воуефасть сͭославль

Bych: Рускаго, и объчии сли: Вуефастъ Святославль,
Shakh: Русьскаго, и обьщии съли: Вуефастъ Святославль,
Likh: рускаго, и объчии сли: Вуефастъ Святославль,
Ostr: Русьскаго, и обьщии посъли: Вуефастъ Святославль,

46,23:

Laur: с͞нъ игоревъ. искусе|ви ѡ<льги кн>ѧгини
Radz: с͞на игорева. искꙋсеви ѡлги кн͞гни.
Acad: с͞на игорева. искꙋсеви. ѡлги кн͞гни.
Hypa: с͞на игорева. искусеви | ѡлгы кнѧгына.
Khle: с͞на игорева. искоусеви | ѡлги кнѧгина.

Bych: сына Игорева; Искусеви Ольги княгини;
Shakh: сына Игорева; Искусевъ Ольгы кънягыня;
Likh: сына Игорева; Искусеви Ольги княгини;
Ostr: сына Игорева; Искусеви Ольгы кънягыня;

46,24:

Laur: слуды игоревъ. нети и<го>|ревъ. оулѣ<бъ>
Radz: слоуͮг игоревъ. нетии игоревъ. оулѣбъ
Acad: слꙋͫ д | игоревь. нетïи игоревь. оу[лѣ]бъ
Hypa: слуды и|горевъ. нетии игоревъ. оу||лѣбъ   [18c]
Khle: слоуды игоревь. нетïи игоревь. | оулѣбь

Bych: Слуды Игоревъ, нети Игоревъ; Улѣбъ
Shakh: Слуды Игоревъ, нетия Игорева; Улѣбъ
Likh: Слуды Игоревъ, нети Игоревъ; Улѣбъ
Ostr: Слуды Игоревъ, нетия Игорева; Улѣбъ

46,25:

Laur: ⟨в⟩олоднславль канн царъ пере⟨дъ⟩|славнн ⟨шнх⟩ъбернъ.
Radz: володнславль. канецаръ пр͞еславнн. шнгобернъ.
Acad: володнславль. | канецаръ пр͞еславнн. шнгобернъ.
Hypa: володнславль. ка|ннцаръ перъславнн. | шнгобернъ.
Khle: во͞л͞ославль. каннцарь пр͞еславнн. | шнгобернь.

Bych: Володиславль; Каницаръ Передъславинъ; Шихъбернъ
Shakh: Володиславль; Каницаръ Передъславинъ; Шихъбернъ
Likh: Володиславль; Каницаръ Передъславинъ; Шихъбернъ
Ostr: Володиславль; Каницаръ Предъславинъ; Шигъбернъ

46,26:

Laur: сфанъдръ. жены улѣ|блѣ ⟨прасьтѣнъ⟩
Radz: сфанндръ. жены оулѣбьвы. | прастѣнъ.
Acad: сфанндръ. | жены оулѣбовы. прастѣнъ.
Hypa: сфандръ. | жены оулѣбовы. прасте|нъ.
Khle: сфандрь, жены оулѣбовы. прастень. |

Bych: Сфанъдръ, жены Улѣблѣ; Прасьтѣнъ
Shakh: Сфандры, жены Улѣблѣ; Прастѣнъ
Likh: Сфанъдръ, жены Улѣблѣ; Прасьтѣнъ
Ostr: Сфандръ, жены Улѣбовы; Прастѣнъ

46,27:

Laur: ⟨туръ⟩дуви лнбн аръфасто⟨въ. | гримъ сфнрьк⟩овъ
Radz: тʉродʉвн. набнаръ. фастовъ. гримъ сфнрько|въ.
Acad: тʉрьдʉвï. набн|арь фастовь. гримь сфнрьковь.
Hypa: турдувн. лнбн. арыфастов. гримъ сфнрков͞ъ. |
Khle: тʉрдоувн. лнбн арфостовь. гри͞м сфнрковь.

Bych: Туръдуви; Либи Арѣфастовъ; Гримъ Сфирьковъ;
Shakh: Туръдовъ; Либиаръ Фостовъ; Гримъ Сфирковъ;
Likh: Туръдуви; Либиаръ Фастовъ; Гримъ Сфирьковъ;
Ostr: Туръдуви; Либи Арѣфастовъ; Гримъ Сфирковъ;

46,28:

Laur: прастѣнъ. акунъ. нети н|го⟨ревъ каръ⟩. тудковъ.
Radz: прастѣнъ. ıакоунъ. нетнн. нгоревъ. кары стʉдеков͞ъ. |
Acad: прастѣнъ. | ıакʉнъ. нетïн. нгоревъ. кары стʉдьковь.
Hypa: прастѣнъ. ıакунъ. нетн|н нгоревъ. кары тудков͞ъ. |
Khle: пра͞н͞сте͞ ıакоу͞н. нетïн нгоревь. кары тоуд͞ковь [17ᵛ]

Bych: Прастѣнъ Акунъ, нети Игоревъ; Кары Тудковъ;
Shakh: Прастѣнъ Акунь, нетия Игорева; Кары Студьковъ;
Likh: Прастѣнъ Акунъ, нети Игоревъ; Кары Тудковъ;
Ostr: Прастѣнъ Якунь, нетия Игоревъ; Кары Тудковъ;

Повѣсть времеьныхъ лѣтъ

46,29:

Laur: кар<ш>евъ. туръдовъ. | <егри евли>сковъ.   в<онко>въ. истръ. амин<о>до<въ>. |
Radz: каршевъ. тоудоровъ. егри ериисковъ. вѣисковъ. нкоiвъ. истро аминдовъ.
Acad: каршеiвь. тȢдоровь. егри ериисковъ. вѣисковъ. нкоiвъ. истрȢ ꙗминдовь.
Hypa: каршевъ. еiгри. ерлисковъ. воистовъ. | нковъ. истръ ꙗминдовъ. |
Khle: каршӗ | тоудоровь. егри. ерлисковь. воистовь нковь. нiстре ꙗминдовь.

Bych: Каршевъ Туръдовъ; Егри Евлисковъ; Воистъ Воиковъ; Истръ Аминодовъ;
Shakh: Каршевъ Тудоровъ; Егри Ерлисковъ; Воистъ Воиковъ; Истръ Аминъдовъ;
Likh: Каршевъ Туръдовъ; Егри Евлисковъ; Воистъ Воиковъ; Истръ Аминодовъ;
Ostr: Каршевъ Тудоровъ; Егри Ерлисковъ; Воистъ Иковъ; Истръ Яминъдовъ;

47,1:

Laur: <прастѣнъ. берновъ. ꙗвтягъ. гунаровъ>
Radz: ꙗтвагъ. гоунаревъ.
Acad: ꙗтвагъ. гȢнаревь.
Hypa: ꙗтьвагъ гунаревъ.
Khle: ꙗтвагь. ноунаревь.

Bych: Прастѣнъ Берновъ; Явтягъ Гунаревъ;   [46,5]
Shakh: Прастѣнъ Берновъ; Ятвягъ Гунаревъ;   [52,2]
Likh: Прастѣнъ Берновъ; Явтягъ Гунаревъ;   [34,32]
Ostr: Ятвягъ Гунаревъ;

47,2:

Laur: <ши|бридъ. алданъ колъ клековъ. стегги>
Radz: шибрин̄ | алданъ. колъ клековъ. стегги
Acad: шиберинь. алданъ. колъ влековъ. стегги
Hypa: ши|бьрндъ алдань. колъ клӗ<к>овъ. стегги
Khle: шибрн̄ алда̄, | колъ клековь. стегги

Bych: Шибридъ Алданъ; Колъ Клековъ; Стегги
Shakh: Шибридъ Алдань; Колъ Клековъ; Стегги
Likh: Шибридъ Алданъ; Колъ Клековъ; Стегги
Ostr: Шибридъ Алдань; Колъ Клековъ; Стегги

47,3:

Laur: <етоновъ.> || сфирка. алвадъ гудовъ. фудри   [11ᵛ]
Radz: етоновъ. сфирка. алва̄. | гоудовъ. фроуди
Acad: етоновь. | сфирка. алва̄. гȢдовь. фрȢди
Hypa: етоновъ. | сфирка. алвадъ гудовъ. | фудри
Khle: етоновь. сфирка алвадь | гоудовь. фоудри

Bych: Етоновъ; Сфирка...; Алвадъ Гудовъ; Фудри
Shakh: Етоновъ; Сфирка...; Алвадъ Гудовъ; Фруди
Likh: Етоновъ; Сфирка...; Алвадъ Гудовъ; Фудри
Ostr: Етоновъ; Сфирка; Алвадъ Гудовъ; Фудри

47,4:

Laur: ТУАДОВЪ. МУТУ|РЪ ОУТНН. КУПЕЦЬ АДУНЬ.
Radz: ТОУЛБОВЪ. МУТОРЪ. ОУТНН. КОУПЕЦЬ. | АДОУНЬ.
Acad: ТУЛБОВЬ. МУТО|РЪ. ОУТНН. КУПЕЦЬ. АДУНЬ.
Hypa: ТУЛБОВЪ. МУТОРЪ. | ОУТНН КУПѢЦЬ. АДУНЬ. |
Khle: ТОУБ̂ОВЬ. МОУТОРЬ. ОУТН̃ КОУПЕ̃. | АДОУНЬ.

Bych: Туадовъ; Мутуръ Утинъ; купець Адунь,
Shakh: Тулбовъ; Мутуръ Утинъ. Купьць: Адунъ,
Likh: Туадовъ; Мутуръ Утинъ; купець Адунь,
Ostr: Тулбовъ; Муторъ Утинъ; купьць Адунь,

47,5:

Laur: АДУЛБЪ. НГГНВЛАДЪ. | ѠЛѢБЪ ФРУТАНЪ. ГОМОЛЪ.
Radz: АДОЛБЬ. АНТНВЛА̂. ОУЛѢБЪ. ФРОУТАНЬ. ГОМОЛЪ. |
Acad: АДОЛБЬ. АНТНВЛА̂. ОУЛѢБЪ. ФР̆УТАНЪ. ГОМОЛЪ.
Hypa: АДОЛБ. АНГНВЛАДЪ. ОУЛѢ|БЪ. ФРУТАНЪ. ГОМОЛЪ.
Khle: АДОЛБЬ. АНГНВЛА̂. ОУЛѢБЬ ФРОУТАНЬ. | ГОМОЛЬ.

Bych: Адулбъ, Иггивладъ, Олѣбъ, Фрутанъ, Гомолъ,
Shakh: Адулбъ, Иггивладъ, Олѣбъ, Фрутанъ, Гомолъ,
Likh: Адулбъ, Иггивладъ, Олѣбъ, Фрутанъ, Гомолъ,
Ostr: Адолбъ, Ангивладъ, Улѣбъ, Фрутанъ, Гомолъ,

47,6:

Laur: КУЦН. ЕМНГЪ. ТУРЪ|БНДЪ. ФУРЪ СТѢНЪ. БРУНЫ.
Radz: КОУЦН ЕМН̃. ТОУРОБРН̂. ФОУРЪ СТЕНЪ. БРОНЫ
Acad: КУЦН ЕМНГЪ. ТУРЬБРНДЪ. ФУРЪ СТѢНЪ. БРУНЫ
Hypa: КУЦН ЕМНГЪ. ТУРЬБРНДЪ. | ФУРЬ СТѢНЪ. БРУНЫ
Khle: КОУЦН ЕМНГЬ. ТОУРЬБРН̂. ФОУРЬ СТѢНЬ | БРОУНЫ

Bych: Куци, Емигъ, Туръбидъ, Фуръстѣнъ, Бруны,
Shakh: Куци, Емигъ, Туръбридъ, Фуръ, Стѣнъ, Бруны,
Likh: Куци, Емигъ, Туръбидъ, Фуръстѣнъ, Бруны,
Ostr: Куци, Емигъ, Турбридъ, Фуръ, Стѣнъ, Бруны,

47,7:

Laur: РОАЛДЪ ГУНАСТРЪ. | ФРАСТѢНЪ. НГЕЛѢДЪ.
Radz: АЛДЪ. ГОУНА|СТРЪ. ФРАСТѢНЪ. ННГЕЛДЪ.
Acad: РОАЛДЪ. Г̆УНАСТРЪ. | ФРАСТѢНЪ. ННГЕЛДЪ.
Hypa: РОАЛЪ|ДЪ. ГУНАСТРЪ. ФРАСТѢ|НЪ. ННѢГЕЛДЪ.
Khle: РОДОАЛДЬ. ГОУНАСТРЬ. ФРАСТѢ̃. ННГЕ̂ДЬ |

Bych: Роалдъ, Гунастръ, Фрастѣнъ, Игелъдъ,
Shakh: Роалдъ, Гунастръ, Фрастѣнъ, Иггелдъ,
Likh: Роалдъ, Гунастръ, Фрастѣнъ, Игелъдъ,
Ostr: Роалдъ, Гунастръ, Фрастѣнъ, Ингелдъ,

Повѣсть временьныхъ лѣтъ

275

47,8:

Laur:	туръбернъ.	моны. руалдъ. І свѣнь. стнръ.
Radz:	тоурнбенъ.	моны. роуалдъ. І свѣнь стнръ.
Acad:	тȣрьбенъ.	моны. рȣалдъ. І свѣнь стнрь.
Hypa:	турбернъ. І н дроугнн турбернъ. оулѣбъ. турбенъ. моны. руалдъ. свѣнь стнръ	
Khle:	тоурьбернь. н дроугын тоурбернь. оулѣбь. тȣрбень. моны роуалдь. свѣ стнрь.	

Bych: Туръбернъ, Моны, Руалдъ, Свѣнь, Стиръ,
Shakh: Туръбернъ и другыи Туръбернъ, Улѣбъ, Турбенъ, Моны, Руалдъ, Свѣнь, Стиръ,
Likh: Туръбернъ, Моны, Руалдъ, Свѣнь, Стиръ,
Ostr: Турбернъ и другыи Турбернъ, Улѣбъ, Турбенъ, Моны, Руалдъ, Свѣнь, Стиръ,

47,9:

Laur:	алданъ. тнлена. пубьксарь.	вузлѣвъ.
Radz:	алданъ. тнлен апоубкаръ. свѣнь. воузелѣвъ.	
Acad:	алданъ. тнлен. апȣбкаръ. свѣнь. І кȣзелѣвь.	
Hypa:	алданъ. І тнлнн. апубкарь. свѣнь. І вузелѣвъ.	
Khle:	алда. тнрен. І апоубкарь. свень. воузелевь.	

Bych: Алданъ, Тиленъ, Апубьксарь, Вузлѣвъ,
Shakh: Алданъ, Тилии, Апубькарь, Свѣнь, Вузьлѣвъ,
Likh: Алданъ, Тилен, Апубьксарь, Вузлѣвъ,
Ostr: Алданъ, Тилии, Апубкарь, Свѣнь, Вузелѣвъ

47,10:

Laur:	сннко. борнчь. посланнн ѿ нгора. велнкого І
Radz:	н сннько бнрнчь. посланне ѿ велнкого кнза
Acad:	н сннъко бнрнчъ: Посланін ѿ велнкого кнза
Hypa:	н сннько бнрнчь. посланнн ѿ нгора. велнкого
Khle:	н снко бнрн. послаінніи ѿ нгора велнкаго

Bych: Синко, Боричь, послании отъ Игоря, великого
Shakh: и Синъко Боричь, посъланіи отъ Игоря, великаго
Likh: Синко, Боричь, послании от Игоря, великого
Ostr: Исинко Биричь, посълании отъ Игоря, великаго

47,11:

Laur:	кназа рускаго. н ѿ всакоѩ кнажьѩ н ѿ
Radz:	роукаіго нгора. н ѿ всѣх кнзен роукн. н ѿ
Acad:	рȣскаго нгора. н ѿ всѣхъ кнзен рȣскнхъ. н ѿ
Hypa:	кназа рускаго. І н ѿ всеѩ кнажьѩ. н ѿ
Khle:	кнѧsа роукаго н ѿ все І кнаженіа. н ѿ

Bych: князя Рускаго, и отъ всякоя княжья и отъ
Shakh: къняза Русьскаго, и отъ вьсякоя къняжия и отъ
Likh: князя рускаго, и от всякоя княжья и от
Ostr: кънязя Русьскаго, и отъ вьсея кънянжия и отъ

47,12:

Laur: всѣ҇хъ людни рускна земла. н ѿ тѣ҇х заповѣдано
Radz: всѣ҇х лю́н р૪скна землн. І н ѡ тѣ҇х заповѣдано
Acad: всѣхъ людін р૪҇скїа земла. н ѿ тѣ҇х | заповѣдано
Hypa: всѣ҇х | людни р૪҇кое землн. н ѿ | тѣхъ заповѣдано.
Khle: всѣ҇х люден ро૪҇скые҇м зе́лн. н ѿ тѣ҇х | заповѣдано

Bych: всѣхъ людий Руския земля. И отъ тѣхъ заповѣдано
Shakh: вьсѣхъ людии Русьския земля. И отъ тѣхъ заповѣдано
Likh: всѣхъ людий Руския земля. И от тѣх заповѣдано
Ostr: вьсѣхъ людии Русьския земля. И отъ тѣхъ заповѣдано

47,13:

Laur: ѡб҇новнтн ветхнн мнръ.   ненавндащаго добра |
Radz: ѡбновнтн ветхнн ⟨за⟩мнръ. н | ненавндащаго добра.
Acad: ѡбновнтн ветхі҇н мнръ. н   нена||вндащего добра. [21ᵛ]
Hypa: ѡбъ||новнтн ветхын мнръ. | н ѿ ненавндащаго добра [18d]
Khle: ѡбновнтн ветхі҇н мнрь. н ѿ нена|вндащаго добра.

Bych: обновити ветъхий миръ, ненавидящаго добра
Shakh: обновити ветъхыи миръ, отъ ненавидящаго добра
Likh: обновити ветъхий миръ, ненавидящаго добра
Ostr: обновити ветъхыи миръ, и отъ ненавидящаго добра

47,14:

Laur: н враждолюбьца дьавола. разорнтн ѿ многъ |
Radz: н враждолюпца дьавола. разо|рнтн ѿ мно́г
Acad: н вра҇дѧлюбца дьавола. разорн|тн ѿ много
Hypa: вы|раждолюбца дьавола | разорнтн. ѿ многъ
Khle: н вра҇дѧлюбца дїавола разорн́т.н | ѿ многь

Bych: и враждолюбьца дьявола разорити, отъ многъ
Shakh: и вражьдолюбьца диявола разореныи отъ мъногъ
Likh: и враждолюбьца дьявола разореный от многъ
Ostr: и вражьдолюбьца диявола разорити отъ мъногъ

47,15:

Laur: лѣтъ. н оутверднтн любовь. межю грекн н
Radz: лѣ́т. оутверднтн любовь. межы гр⟨е⟩кн н |
Acad: лѣ́т. оутверднтн любовь. межн гре|кн н
Hypa: лѣ́т. | оутвѣрднтн любовь. ме|жю грѣкы н
Khle: лѣ́т оутверднтн любовь. межу грекн | н

Bych: лѣтъ и утвердити любовь межю Греки и
Shakh: лѣтъ, и утвърдити любъвь межю Грькы и
Likh: лѣтъ и утвердити любовь межю Греки и
Ostr: лѣтъ, утвьрдити любъвь межю Грькы и

Повѣсть времењьныхъ лѣтъ   277

47,16:
Laur: русью. и великии князь нашь игорь.
Radz: роусию. великии кнзь нашь игорь. и кнзи
Acad: русю. великiи кнзь нашь игорь. и кнзи
Hypa: русью. и великыи нашь князь игорь.
Khle: роую. и великiи нашь княс игорь.

Bych: Русью. И великий князь наш Игорь, и князи
Shakh: Русию. И великыи кънязь нашь Игорь и кънязи
Likh: Русью. И великий князь наш Игорь, и князи
Ostr: Русию. И великыи нашь кънязь Игорь

47,17:
Laur: и боляре его и | людье вси рустии. послаша ны
Radz: и бояре е͠г. и лю͠ вси роустии. послаша ны
Acad: и бояре | его. и людiе всi рустiи послаша ны.
Hypa: и бояре его. и людие вси | рустии послаша ны.
Khle: и бояре его. | людiе вси роутiн послаша ны.

Bych: и боляре его, и людье вси Рустии послаша ны
Shakh: и боляре его и людие вьси Русьстии посълаша ны
Likh: и боляри его, и людье вси рустии послаша ны
Ostr: и боляре его и людие вьси Русьстии посълаша ны

47,18:
Laur: къ роману и | костантину и къ стефану. къ
Radz: к роману. и стефноу. || и костантину.   [24ᵛ]
Acad: к роману. | и стефану. и костантину.
Hypa: къ | роману и стефану. и ко|стантину.
Khle: к романоу. и сте|фаноу. и константиноу.

Bych: къ Роману, и Костянтину и къ Стефану, къ
Shakh: къ Роману и Костянтину и къ Стефану, къ
Likh: къ Роману, и Костянтину и къ Стефану, къ
Ostr: къ Роману и Стефану и Костянтину

47,19:
Laur: великимъ црмъ | греческимъ. створити любовь
Radz: велики кнзмъ грецки. сотворити | любовь
Acad: великимъ цремъ грецкимъ. сотворити любовь
Hypa: великымъ цремъ грецкымъ. | створити любовь
Khle: великы цре грецкы сътворити любовь

Bych: великимъ царемъ Гречьскимъ, створити любовь
Shakh: великымъ цѣсаремъ Грьчьскымъ, сътворити любъвь
Likh: великим царем гречьским, створити любовь
Ostr: великымъ цьсаремъ Грьчьскымъ, сътворити любъвь

47,20:

Laur: съ самѣми ц<рн>. | со всѣмь болѧрьствомъ.
Radz: со самѣми цр̅мн. и со всѣми боѧрьство̅м.
Acad: со самѣми црн. и со | всѣмь боѧрьствомъ.
Hypa: самни|ми црн. и съ всѣмъ боѧрьствомъ.
Khle: съ самѣ црн. и съ все̅м боѧ|рство̅м.

Bych: съ самѣми цари, со всѣмь болярьствомъ
Shakh: съ самѣми цѣсари и съ вьсѣмь болярьствъмь
Likh: съ самѣми цари, со всѣмь болярьствомъ
Ostr: съ самѣми цьсари и съ вьсѣмь болярьствъмь

47,21:

Laur: и со всѣми людьми | греѣьскими. на всѧ лѣта.
Radz: и со всѣ|ми лю̅ми грецкими. на всѧ лѣта
Acad: и со всѣми лю̅ми грецкі|ми. на всѧ лѣта
Hypa: и съ всни|ми людми грецкими. | на всѧ лѣта
Khle: и съ всѣми лю̅ми грецкыми. на всѧ | лѣта

Bych: и со всѣми людьми Гречьскими на вся лѣта,
Shakh: и съ вьсѣми людьми Грьчьскыми на вься лѣта,
Likh: и со всѣми людьми гречьскими на вся лѣта,
Ostr: и съ вьсѣми людьми Грьчьскыми на вься лѣта,

47,22:

Laur: дондеже съꙗеть сл̅нце | и весь миръ стоить. и
Radz: дондеже сл̅нць снае̅. и ве̅с миръ стоить.
Acad: дондеже сл̅нце сіꙗеть. и всь ми|рь стоить.
Hypa: дондеже | сл̅нце сиꙗеть. и всь | миръ стоить.
Khle: дондеже сл̅нце сіꙗеть. и весь мирь сто̅н. |

Bych: дондеже съяеть солнце и весь миръ стоить. И
Shakh: доньдеже сияеть сълньце и вьсь миръ стоить. И
Likh: донде же съяеть солнце и весь миръ стоить. И
Ostr: доньдеже сълньце сияеть и вьсь миръ стоить.

47,23:

Laur: иже помыслить ѿ стра|ну рускиꙗ. разрушити
Radz: иже помыслить ѿ страны ру̅скыꙗ. | разрȣшити
Acad: иже мыслі̅т ѿ рȣ̅скіа страны. разрȣшити
Hypa: иже по|мыслить ѿ страны ру|скыꙗ. раздрушити |
Khle: иже помысл̅и ѿ страны роу̅скыа раздроушити |

Bych: иже помыслить отъ страны Руския разрушити
Shakh: иже помыслять отъ страны Русьскыя раздрушити
Likh: еже помыслить от страны руския разрушити
Ostr: Иже помыслять отъ страны Русьскыя раздрушити

Повѣсть времеьныхъ лѣтъ 279

47,24:

Laur: таку любовь. и елико | ихъ кр̄щнье приӕли
Radz: такѹю любовь. и елико и̇х̆ св̄щнне приӕло
Acad: такѹю любовь. и елико ихъ свещенїе прїӕли
Hypa: таковую любовь. и елі́ко и̇х̆ с̄щенне приӕли
Khle: такоую любовь. и елико и̇х̆ с̄щенїе прїӕли

Bych: таку любовь, и елико ихъ крещенье прияли
Shakh: таку любъвь, и елико ихъ крьщение прияли
Likh: таку любовь, и елико ихъ крещенье прияли
Ostr: такую любъвь, и елико ихъ свьщение прияли

47,25:

Laur: суть.   да приимуть ме|сть
Radz: есть. | ѿ страны роускиа. да принмѹ︢т︣ месть
Acad: сѹть. ѿ страны рѹ́скїа. да прїнмѹ︢т︣ месть
Hypa: суть.   да приимуть | месть
Khle: соу︢т︣.   да прїнмоу︢т︣ месть

Bych: суть отъ страны Рускыя, да приимуть месть
Shakh: суть, да приимуть мьсть
Likh: суть, да приимуть месть
Ostr: суть, да приимуть мьсть

47,26:

Laur: ѿ б̄а. вседержителѧ ѡсуженьӕ на поги|бель
Radz: ѿ б̄а вседержи|телѧ. ѡсѹженье на погибель.
Acad: ѿ | б̄га вседержителѧ. ѡсѹженїе на погибель.
Hypa: ѿ б̄а вседѐржи|телѧ. ѡсоуженїе и на | погибель.
Khle: ѿ б̄а вседръжителѧ. ѡсу|женне и на погыбель.

Bych: отъ Бога вседержителя, осуженье на погибель
Shakh: отъ Бога вьседьржителя, осужение на погыбѣль
Likh: от бога вседержителя, осуженье на погибель
Ostr: отъ Бога вьседьржителя, осужение и на погыбѣль

47,27:

Laur: въ весь вѣкъ в будущии. и елико ихъ есть |
Radz: в сии вѣкъ и в боудоу|щии. а ели и̇х̆ не
Acad: и в бѹдѹ́|щїи. а елико и̇х̆ не
Hypa: и в сии вѣкъ | и в будущии. а елико | ихъ не
Khle: и в сї̇и вѣкь и въ бѫдоущїи. | а елико и̇х̆ не

Bych: въ весь вѣкъ в будущий; и елико ихъ есть
Shakh: въ сь вѣкъ и въ будущии, а елико ихъ есть
Likh: въ весь вѣкъ в будущий; и елико ихъ есть
Ostr: и въ сь вѣкъ и въ будущии, а елико ихъ не

47,28:

Laur: не хр͞щно. да не нмуть помощн ѿ б͞а. нн ѿ пе|роуна.
Radz: [кре]<с>щ͞но есть. да не нмоуть помощн ѿ бг͞а | нн ѿ перȣна.
Acad: кр͞щено е͡с. да не нмȣть помощн ѿ | бг͞а нн ѿ перȣна.
Hypa: кр͞щено есть. д͡а | не нмуть помощн ѿ б͞а. | нн ѿ перуна.
Khle: кр͞щено е͡с, да не нмоу͡т помощн ѿ б͞а. ‖ нн ѿ пероуна.   [18ᴦ]

Bych: не хрещено, да не имуть помощи отъ Бога ни отъ Перуна,
Shakh: не крьщено, да не имуть помощи отъ Бога, ни отъ Перуна,
Likh: не хрещено, да не имуть помощи от бога ни от Перуна,
Ostr: крьщено есть, да не имуть помощи отъ Бога, ни отъ Перуна,

48,1:

Laur: да не оущнтат са щнтъı свонмн. н да |
Radz: да не оущнтат са щыты с<в>онмн.   да
Acad: да не оущнтат са щнты свонмї. | да
Hypa: да не оущнтат са щнты свон|мн. н да
Khle: да не оущнтат са щнты свонмн. н | да

Bych: да не ущитятся щиты своими, и да   [47,4]
Shakh: да не ущитяться щиты своими, и да   [53,10]
Likh: да не ущитятся щиты своими, и да   [35,18]
Ostr: да не ущитять ся щиты своими, и да

48,2:

Laur: посѣченн будуть мечн свонмн. ѿ стрѣлъ н | ѿ
Radz: посе|ченн б͡ȣть мечн свонмн. н ѿ стрѣлъ. н ѿт
Acad: посѣченї бȣдȣть мечн свонмн. н ѿ стрѣлъ. н ѿ
Hypa: посѣченн бу‖дуть мечн свонмн. н ѿ | стрѣлъ н ѿ   [19a]
Khle: посѣченн бждоу͡ мечн свонмн. н ѿ стрѣ͡ н ѿ

Bych: посѣчени будуть мечи своими, отъ стрѣлъ и отъ
Shakh: посѣчени будуть мечи своими и отъ стрѣлъ и отъ
Likh: посѣчени будуть мечи своими, от стрѣлъ и от
Ostr: посѣчени будуть мечи своими и отъ стрѣлъ и отъ

48,3:

Laur: нного ѡружьıа своего. н да будуть рабн   въ |
Radz: ыного ѡ|рȣ͡жа своего.   да бȣдоу͡ рабн   в
Acad: нного ѡрȣжїа своего. н да бȣдȣть рабн в
Hypa: нного ѡружьıа своего. н да будуть | рабн н в
Khle: н|ного ѡроужїа своего. н да бждоу͡ рабн н в

Bych: иного оружья своего, и да будуть раби въ
Shakh: иного оружия своего, и да будуть раби въ
Likh: иного оружья своего, и да будуть раби въ
Ostr: иного оружия своего, и да будуть раби въ

48,4:

Laur: весь вѣкъ   в будущии. а великии кнѧзь рускии
Radz: сии вѣкъ и в боудущии | великии кн͞зь роукыи
Acad: сїи вѣкь и в бꙋдꙋщїи. великїи кн͞зь р͞ускїи
Hypa: сии вѣкъ и   будущии. великыи кнѧзь р͞укыи.
Khle: сїи вѣкъ | и в бѫдоущїи. великїи кнѧѕь роукии

Bych: весь вѣкъ в будущий. А великий князь Руский
Shakh: сь вѣкъ и въ будущии. А великыи кънязь Русьскыи
Likh: весь вѣкъ в будущий. А великий князь руский
Ostr: сь вѣкъ и въ будущии. А великыи кънязь Русьскыи

48,5:

Laur: и болѧре его. да посылають   въ греки. | къ
Radz: и боѧре е͞. да посылають на то | въ грекы. к
Acad: и боѧре его. | да посылають на то въ греки. к
Hypa: и боѧрѣ его. да по|сылають на то въ грѣ͞кы. | к
Khle: и боѧре е͞ | да посылаю͞ на то въ грекы. къ

Bych: и боляре его да посылають въ Греки къ
Shakh: и боляре его да посылають въ Грькы къ
Likh: и боляре его да посылають въ Греки къ
Ostr: и боляре его да посылають на то въ Грькы къ

48,6:

Laur: великимъ цр͞мъ греческимъ корабли. | елико хотѧть
Radz: велики͞ ц͞рмъ грецки͞. корабль елико хота͞ |
Acad: великимь ц͞ремъ. | грецкымъ. корабль елико хотѧть.
Hypa: великымъ ц͞ремъ грѣ|цкы͞. корабла елико | хотѧть
Khle: велики͞ ц͞ремь | грецки͞ корабла елико хота͞.

Bych: великимъ царемъ Гречьскимъ корабли, елико хотять,
Shakh: великымъ цѣсаремъ Грьчьскымъ корабля, елико хотять,
Likh: великимъ царемъ гречьскимъ корабли, елико хотять,
Ostr: великымъ цьсаремъ Грьчьскымъ корабля, елико хотять,

48,7:

Laur: со слы   и с гостьми. ꙗко же имъ ‖ оуставлено   [12ᴦ]
Radz: с послы своими и   гостьми. ꙗко же и͞ оуставлено
Acad: с послы своими | и   гостьми. ꙗко же имь оуставлено
Hypa: съ послы свои|ми и   гостьми. ꙗко͞ нмъ | оуставлено
Khle: съ послы своими | ⟨и⟩ гостьми. ꙗко же и͞ оуставленно

Bych: со слы и с гостьми, якоже имъ уставлено
Shakh: съ сълы своими и съ гостьми. Якоже имъ уставлено
Likh: со слы и с гостьми, яко же имъ уставлено
Ostr: съ послы своими и гостьми. Яко же имъ уставлено

48,8:

Laur: есть. ношаху сли печати злати. | а
Radz: есть. | ношахȣ послы печати золотые. а
Acad: есть. ноша|хȣ послы печати золотыи. а
Hypa: есть. но|шахꙋ слы печати зла͞т. | а
Khle: е͡с. ношахȣ | послы печати золотыа. а

Bych: есть. Ношаху сли печати злати, а
Shakh: есть, ношаху съли печати златы, а
Likh: есть. Ношаху сли печати злати, а
Ostr: есть, ношаху посъли печати златы, а

48,9:

Laur: гостье сребрени. ныне же уведелъ есть
Radz: гости сребраные. | нн͞ѣ же оуведа̑ есть
Acad: гостье серебраны. ны|нѣ же оуведалъ есть
Hypa: гостие серебраны. | нынѣ же оуведалъ е|сть
Khle: гостіе серебреныѧ. | нн͞ѣ же оуведаль е͡с

Bych: гостье сребрени; ныне же увѣдѣлъ есть
Shakh: гостие сьребрьны; нынѣ же увѣдѣлъ есть
Likh: гостье сребрени; нынѣ же увѣдѣлъ есть
Ostr: гостие сьребряны; нынѣ же увѣдѣлъ есть

48,10:

Laur: кнѧ|зь нашь. посылати грамоту ко ц͞ртву нашему. |
Radz: кн͞зь нашь. посылати грамоты | ко ц͞рт͞вȣ вашемȣ.
Acad: кн͞зь нашь. посылати   ко ц͞рьствȣ | вашемȣ.
Hypa: кнѧзь нашь. посылати грамоту къ ц͞ртву вашему.
Khle: кнѧ͡з нашь. посылати грамо|тоу къ ц͞ртвоу нашемоу.

Bych: князь вашь посылати грамоты ко царству нашему;
Shakh: кънязь нашь посылати грамоты къ цѣсарьству нашему;
Likh: князь вашь посылати грамоту ко царству нашему;
Ostr: кънязь нашь посылати грамоты къ цьсарьству вашему;

48,11:

Laur: иже посылаеми бывають ѿ нихъ
Radz: иже посылаеми бываю͡т. ѿ ни͡х же
Acad: иже посылаеми бывають. ѿ них же |
Hypa: иже посылае|ми бывають ѿ нихъ |
Khle: иже посылаеми быва|ю͡т ѿ ни͡х

Bych: иже посылаеми бывають отъ нихъ
Shakh: и иже посылаеми бывають отъ нихъ
Likh: иже посылаеми бывають от нихъ
Ostr: иже посылаеми бывають отъ нихъ

48,12:

Laur: и гостье да | принѹть грамоту пишюче
Radz: послие и гостие. да приносать грамотоу пишюще
Acad: послы и гостье. да приносать грамотѹ пишюще ||
Hypa: послы. и гостье. да приносать грамоту. пишюще
Khle: послы и гостїе. да приноса͡т грамотоу | пишжще

Bych: посли и гостье, да приносять грамоту, пишюче
Shakh: сѹли и гостие, да приносять грамоту, пишюще
Likh: посли и гостье, да приносять грамоту, пишюче
Ostr: посѹли и гостие, да приносять грамоту, пишюще

48,13:

Laur: сице. ꙗко послахъ | корабль селько. и ѿ
Radz: сице | ꙗко посла͡х корабль селнко. и ѿ
Acad: сїце. ꙗко послахъ корабль селько. и ѿ   [22ᵍ]
Hypa: сице. ꙗко посла͡х | корабль селнко. и ѿ
Khle: сице. ꙗко посла͡х корабль сен елнко и ѿ |

Bych: сице: яко послахъ корабль селико; и отъ
Shakh: сице: яко посълахъ корабль селико; и отъ
Likh: сице: яко послахъ корабль селико, и от
Ostr: сице: яко послахъ корабль селико; и отъ

48,14:

Laur: тѣхъ да оувѣмы и и мы. ѡ|же съ миромь
Radz: тѣ͡х да оумѣе͡м и мы. ѡже | с миро͡м
Acad: тѣхъ да оумѣ|емь и мы. ѡже с миромь
Hypa: тѣ|хъ да оувѣмы и мы. ѡ|же с миромъ
Khle: тѣ͡х да оувѣмы и мы. ꙗже   миро͡ѡ

Bych: тѣхъ да увѣмы и мы, оже съ миромь
Shakh: тѣхъ да увѣмы и мы, оже съ мирьмь
Likh: тѣхъ да увѣмы и мы, оже съ миромь
Ostr: тѣхъ да увѣмы и мы, оже съ мирьмь

48,15:

Laur: приходить. аще ли безъ грамоты | придуть. и
Radz: приходать. аще ли без грамоты придоу͡т. и
Acad: приходать. аще ли без гра|моты прїндѹть. и
Hypa: приходѧ͡т. | аще ли безъ грамоты прі͡идуть. и
Khle: приходѧ͡т. аще͡ли | без грамоты прїндоу͡т, и

Bych: приходять. Аще ли безъ грамоты придуть, и
Shakh: приходять. Аще ли безъ грамоты придуть, и
Likh: приходять. Аще ли безъ грамоты придуть, и
Ostr: приходять. Аще ли без грамоты придуть, и

48,16:

Laur: преданы будуть нами. да держим и храним.
Radz: преданн боуть на. держи и храни.
Acad: предани бꙋдꙋть намъ. держимь и хранїмь.
Hypa: предани будуть намъ. держимъ и хранимъ
Khle: предани бѫдоу на. држи и храни

Bych: преданы будуть намъ, да держимъ и хранимъ,
Shakh: предани будуть намъ, да дьржимъ и хранимъ,
Likh: преданы будуть намъ, да держимъ и хранимъ,
Ostr: предани будуть намъ, дьржимъ и хранимъ,

48,17:

Laur: дондеже възвѣстимъ кнѧзю нашему. аще ли
Radz: ⟨д⟩ондеже възвѣсти кнзю вашемꙋ. аще
Acad: дондеже возвѣстимь кнзю вашемꙋ. аще ли
Hypa: дондеже възвѣстимъ кнѧзю вашему. аще ли
Khle: дондеже възвѣсти кнѧзю нашемоу. аще ли

Bych: дондеже възвѣстимъ князю вашему; аще ли
Shakh: доньдеже възвѣстимъ кънязю нашему; аще ли
Likh: донде же възвѣстимъ князю вашему. Аще ли
Ostr: доньдеже възвѣстимъ кънязю вашему. Аще ли

48,18:

Laur: руку не дадать и противѧтсѧ. ди оубьени будуть.
Radz: роукꙋ не дада и противѧтсѧ. да оубьени боуть.
Acad: рꙋкꙋ не дадать и противѧтсѧ. да оубьени бꙋдꙋть.
Hypa: руку не дада. и противѧтсѧ да оубьени будуть.
Khle: роукоу не дада и противѧтсѧ да оубиени бѫдоу.

Bych: руку не дадять, и противятся, да убьени будуть,
Shakh: руку не дадять, и противяться, ту убиени будуть,
Likh: руку не дадять, и противятся, да убьени будуть,
Ostr: руку не дадять, и противять ся, да убиени будуть,

48,19:

Laur: да не изыщетсѧ смрть ихъ ѿ кнѧзѧ. вашего.
Radz: да не ищетсѧ смрть и ѿ кнѧ вашего.
Acad: да не ищетсѧ смрть ихъ ѿ кнѧ вашего.
Hypa: и да не изыщетсѧ смрть ихъ ѿ кнѧзѧ ваше. [19b]
Khle: и да не изыщетсѧ смрть и ѿ кнѧзѧ вашего.

Bych: да не изищется смерть ихъ отъ князя вашего;
Shakh: да не изищеться съмьрть ихъ отъ кънязя вашего;
Likh: да не изищется смерть ихъ от князя вашего.
Ostr: да не изищеть ся съмьрть ихъ отъ кънязя вашего.

Повѣсть времеиьныхъ лѣтъ

48,20:

Laur: аще ли оубѣжавше в русь | придуть.ᵐᵘ
Radz: аще̂ оубѣжавше   прнндоӯ в ру͗ᶜ. и мы
Acad: аще ли оубѣжавше   прїндᵗꙋть в ру͗ᶜ. и мы
Hypa: аще | ли оубѣжавше   прндуть | в русь. и мы
Khle: <оу>ще ли оубѣжавше   прїндоӯ в роу͗ᶜ. и | мы

Bych: аще ли убѣжавше в Русь придуть, мы
Shakh: аще ли, убѣжавъше, въ Русь придуть, мы
Likh: Аще ли убѣжавше в Русь придуть, мы
Ostr: Аще ли, убѣжавъше, придуть въ Русь, и мы

48,21:

Laur: напншемъ ко кна҃зю вашему. ꙗко ни|мъ любо тако
Radz: напншемъ ко кн҃зю | вашем̄. ꙗко ӣᵐ любо тако
Acad: напншемь | ко кн҃зю вашемꙋ. ꙗко нмь любо тако
Hypa: напишемъ | къ кназю вашему. и ꙗко̊ | нмъ любо тако
Khle: напише̄ᵐ къ кнаѕю нашемоу. и ꙗко ӣᵐ любо | тако

Bych: напишемъ ко князю вашему, яко имъ любо, тако
Shakh: напишемъ къ кънязю нашему, и яко имъ любо, тако
Likh: напишемъ ко князю вашему, яко имъ любо, тако
Ostr: напишемъ къ кънязю вашему, и яко имъ любо, тако

48,22:

Laur: створать   аще прндуть русь бес ку|пли. да
Radz: творать. и аще прндоу | роу͗ᶜ бес кꙋпла. да
Acad: творать. | и аще прїндꙋть ру͗ᶜ бес кꙋпла. да
Hypa: створать. | и аще прндуть русь безъ | купла да
Khle: сътворать.   аще прїндеᵗ роу͗ᶜ без коупла да |

Bych: створять. Аще придуть Русь бес купли, да
Shakh: сътворять. Аще придуть Русь бес купля, да
Likh: створять. Аще придуть Русь без купли, да
Ostr: сътворять. И аще придуть Русь бес купля, да

48,23:

Laur: не взнмають мѣсачна. да запрѣтнть кн҃ѕ̂ь
Radz: не взнмають мѣсачнны. и да запре|тнть кн҃зь
Acad: не взнмають мѣ|сачнны. и да запрѣтнть кн҃зь
Hypa: не взнмають мѣ|сачнны. и да запрѣтнть | кназь
Khle: не взнмаюᵗ мѣсачнны. и да запрѣтн кназь, |

Bych: не взимають мѣсячна. Да запрѣтить князь
Shakh: не възимають мѣсячьна. И да запрѣтить кънязь
Likh: не взимають мѣсячна. Да запрѣтить князь
Ostr: не възимають мѣсячьна. И да запрѣтить кънязь

48,24:

Laur: слом̑ свонмъ. н прнходѧщнмъ русн сде да
Radz: словомͧ свонмъ. прнходѧщн роусн ꙕдѣ. і да
Acad: словомь свонмь. прн|хожащнмъ р८сн ꙕдѣ. да
Hypa: словомъ свонмъ. | н прнходѧщнн русн сде да |
Khle: слово͡в. свон͡м н прнходѧщен роусн ꙕде да

Bych: слом̑ своим и приходящим Руси сде, да
Shakh: съломъ своимъ и приходящимъ Руси сьде, да
Likh: слом̑ своим и приходящим Руси сде, да
Ostr: словомъ своимъ и приходящимъ Руси сьде, да

48,25:

Laur: нь | творѧть. бещнньа в селѣхъ нн въ странѣ
Radz: не творѧть бесчнньѧ в селе͡х. нн въ странѣ
Acad: не творѧ͡т бесчнньѧ в селе|хъ. нн въ странѣ
Hypa: не творѧть бещнньа в селе|хъ. нн въ странѣ
Khle: не тво|рѧ͡т бесчнніа в люде͡х. нн въ странѣ

Bych: не творять бещинья въ селѣхъ, ни въ странѣ
Shakh: не творять бещиния въ селѣхъ въ странѣ
Likh: не творять бещинья в селѣхъ, ни въ странѣ
Ostr: не творять бещиния въ селѣхъ, ни въ странѣ

48,26:

Laur: нашеі|н. н прнходѧщнмъ нмъ да внтають оу с͠того
Radz: нашен. н ‖ прнходѧщнмъ нмъ да внтають оу с͠того
Acad: нашен. н прнходѧщнмь нмь да | внтають оу с͠того
Hypa: нашен. н | прнходѧщнмъ нмъ. да вн|тають оу с͠того
Khle: нашен. н прн|ходѧщн͡м н͡м да внтаю͡т, оу с͠того

Bych: нашей. И приходящимъ имъ, да витають у святаго
Shakh: нашеи. И приходящемъ имъ, да витають у святаго
Likh: нашей. И приходящимъ имъ, да витають у святаго
Ostr: нашеи. И приходящемъ имъ, да витають у святаго

48,27:

Laur: ма|мы. да послеть ц͠ртво ваше. да нспншеть
Radz: мамы. | да после͡т͡с ц͠ртво наше да нспншю͡т
Acad: мамы. да послет ц͠ртво наше | да нспнш८͡т
Hypa: мамы. да по|слет͡с ц͠ртво ваше. да нспн|шеть
Khle: мамы. да по|сле͡т͡с ц͠ртво ваше, да нспнше͡т

Bych: Мамы, да послеть царство наше, да испишеть
Shakh: Мамы, да посълеть цѣсарьство ваше, да испишеть
Likh: Мамы, да послеть царство наше, да испишеть
Ostr: Мамы, да посълеть цьсарьство ваше, да испишеть

[24ᵛ]

48,28:

Laur: имана | ваша. тогда возмуть мѣсячное свое
Radz: имена и̇х. и тогда воӡмѹть мѣсячнѹ свое.
Acad: имена ихъ. и тоѓа воӡмуть мѣсячное свое
Hypa: имена ихъ. и тоѓа | възмуть мѣса‹ч›ьное свое.
Khle: имена и̇х. и тоѓа въӡмоуᵀ мѣсячное свое

Bych: имяна ваша, тогда возмуть мѣсячное свое,
Shakh: имена ваша, и тъгда възьмуть мѣсячьное свое,
Likh: имяна ваша, тогда возмуть мѣсячное свое,
Ostr: имена ихъ, и тъгда възьмуть мѣсячьное свое,

49,1:

Laur: сълн слебноѥ. а гостьѥ мѣсячное. первое
Radz: посли слебное свое. а гостие | мѣсячнное свое. первое
Acad: послы слюбное свое. а гости мѣсячное | свое. первое
Hypa: сли слѣбное свое. а гостье мѣса‹ч›ное свое. пѣрвое
Khle: послы. сълебное свое. а гостїе мѣсячное свое. пръвое

Bych: съли слебное, а гостье мѣсячное, первое   [48,2]
Shakh: съли сльбьное, а гостие мѣсячное, пьрвое   [54,12]
Likh: съли слебное, а гостье мѣсячное, первое   [36,4]
Ostr: посъли сълььное свое, а гостье мѣсячьное свое; пьрвое

49,2:

Laur: ѿ города кнева. па|кн нзъ чернигова и
Radz: ѿ города кнева. и паки изъ | чернигова. и ис
Acad: ѿ города кїева. и паки ис чернїгова. и и|с
Hypa: ѿ града кнева. и па|кы ис чернигова. и ис
Khle: ѿ города кыева. ‖ и пакы ис чернигова. и ис   [18ᵛ]

Bych: отъ города Киева, паки изъ Чернигова и ис
Shakh: отъ града Кыева, и пакы ис Чьрнигова и ис
Likh: от города Киева, паки изъ Чернигова и ис
Ostr: отъ града Кыева, и пакы ис Чьрнигова и ис

49,3:

Laur: переӕславлѧ.   да
Radz: переаславлѧ. и нс проч҃и городовъ. и да |
Acad: переӕсловлѧ. и ис проч҃и городовь. и да
Hypa: пе|реӕславлѧ. и   прочни горо|ди. и да
Khle: переӕславлѧ. и   прочїи | гороѡды. и да

Bych: Переяславля и ис прочихъ городовъ. Да
Shakh: Переяславля. И да
Likh: Переяславля и съ прочих городовъ. Да
Ostr: Переяславля, и прочии городы. И да

49,4:

Laur: входѧть | в городъ ѡдинѣми ворот҃ы. со ц҃р҃вмъ
Radz: входѧ҇т въ гра҇ѧ ѡдинними вороты. со ц҃р҃вымъ
Acad: входѧть в го҇рѧѡдинѣми вороты. со ц҃р҃евымъ
Hypa: входѧть в горо҇ѡдинымми вороты. съ | ц҃р҃вомъ
Khle: входѧ҇т въ горо҇ѡ единѣми в҃ъроты. | съ ц҃р҃евы҇м

Bych: входять в городъ одинѣми вороты со царевымъ
Shakh: въходять въ градъ единѣми враты съ цѣсаревъмь
Likh: входять в городъ одинѣми вороты со царевымъ
Ostr: въходять въ градъ единѣми враты съ цьсаревъмь

49,5:

Laur: мужемъ. | безъ ѡружьꙗ. мужь .н҃. и да творѧть
Radz: моу҇жмъ бе҇зъ ѡроужиꙗ .н҃. моу҇ж. и да творѧть
Acad: мꙋжемь безь | ѡрꙋжьꙗ .н҃. мꙋжь. и да творѧть
Hypa: мужемъ. безъ | ѡружьꙗ .н҃. мужь. и да | творѧть
Khle: мѫже҇м безь ороужїа мѫ҇ж .н҃. и да тво҇рѧ҇т

Bych: мужемъ безъ оружья, мужь 50, и да творять
Shakh: мужьмь безъ оружия, мужь 50, и да творять
Likh: мужемъ безъ оружья, мужь 50, и да творять
Ostr: мужьмь без оружья, 50 мужь, и да творять

49,6:

Laur: куплю. ꙗко҇же им надобѣ. паки да исходѧть.
Radz: коуплю ꙗкоже и҇м | надобе. и паки да исходѧ҇т.
Acad: кꙋплю ꙗкоже | имь надобѣ. и паки да исходѧть.
Hypa: куплю. ꙗкоже | имъ надобѣ. и пакы да | исходѧть.
Khle: коуплю ꙗкоже и҇м надобѣ. и пакы да исходѧ҇т. |

Bych: куплю якоже имъ надобѣ, и паки да исходять;
Shakh: куплю, якоже имъ надобѣ, и паки да исходять;
Likh: куплю, яко же имъ надобѣ, и паки да исходять;
Ostr: куплю, якоже имъ надобѣ, и паки да исходять.

49,7:

Laur: н҃. мужь ц҃рт҇в | вашего. да хранить ꙗ
Radz: и моу҇ж ц҃рт҇ва нашего да хра|нить ѧ.
Acad: и мꙋжь ц҃рт҇ва | нашего да хранїть ѧ.
Hypa: и мужь ц҃рьст҇ва вашего да хранть | ꙗ.
Khle: и мѫ҇ж ц҃рт҇ва вашего да храни҇т ѧ.

Bych: и мужь царства нашего да хранить я,
Shakh: и мужь цѣсарьства вашего да хранить я;
Likh: и мужь царства нашего да хранить я,
Ostr: И мужь цьсарьства вашего да хранить я,

49,8:

Laur: да аще кто ѿ руси или ѿ | грекъ створи

Radz: да аще кто ѿ рȣси или ѿ грекъ. створить

Acad: да аще кто ѿ рȣси или ѿ гре|къ. створить

Hypa: да аще кто ѿ руси или | ѿ грѣкъ створить

Khle: да аще кто ѿ | роуси. или ѿ грекъ сътвориˉт

Bych: да аще кто отъ Руси или отъ Грекъ створить

Shakh: да аще кто отъ Руси или отъ Грькъ сътворить

Likh: да аще кто от Руси или от Грекъ створить

Ostr: да аще къто отъ Руси или отъ Грькъ сътворить

49,9:

Laur: криво. да ѹправла<е>ть то. входяще | же русь

Radz: кри|во да ѹправляеть.   входя же роуˢ

Acad: крⷣво да ѹправляеть.   входя же | рȣˢ

Hypa: криво. || да ѹправ<л>яетъ.   входя же | русь   [19c]

Khle: криво. да оправляеˉт и то. входяще же роу́

Bych: криво, да оправляеть то. Входяще же Русь

Shakh: криво, да оправляеть то. Въходяще же Русь

Likh: криво, да оправляеть то. Входяще же Русь

Ostr: криво, да оправляеть то. Въходя же Русь

49,10:

Laur: в градъ. да   не

Radz: в гороⷣ да не творя пако|сти. и не

Acad: во граⷣ   не творять пакости. и не

Hypa: в городъ да не творяˉт | пакости. и не

Khle: в горѡⷣ. да не творять | пакости. и не

Bych: в градъ, да не творять пакости и не

Shakh: въ градъ, да не творять пакости и да не

Likh: в градъ, да не творять пакости и не

Ostr: въ градъ, да не творять пакости и не

49,11:

Laur: имѣють волости купити. | паволокъ лише по н҃.

Radz: имѣють власти кȣпиˉт паволокъ. лише по | н҃.

Acad: имѣютъ власти. | кȣпити паволокъ. лише по н҃.

Hypa: имѣють | власти купити паволокъ. | лише по пятидесятъ

Khle: имѣюˉт власти коупити паво|лѡкⸯ лише по н҃.

Bych: имѣють волости купити паволокъ лише по 50

Shakh: имѣють власти купити паволокъ лише по 50

Likh: имѣють волости купити паволокъ лише по 50

Ostr: имѣють власти купити паволокъ лише по 50

49,12:

Laur: золотникъ и ѿ тѣхъ паволокъ аще кто крьнеть.
Radz: золотни^к. и ѿ тѣ^х паволокъ аще кто кȣпить.
Acad: золотникъ. и ѿ тѣхъ паволокъ аще кто кȣпить
Hypa: золотникъ. и ѿ тѣхъ паволокъ аще кто купить.
Khle: золотникъ. и ѿ тѣ^х паволо^к аще кто коупи^т

Bych: золотникъ; и отъ тѣхъ паволокъ аще кто крьнеть,
Shakh: златьникъ; и отъ тѣхъ паволокъ аще къто крьнеть,
Likh: золотникъ; и от тѣхъ паволокъ аще кто крьнеть,
Ostr: златьникъ; и отъ тѣхъ паволокъ аще къто крьнеть,

49,13:

Laur: да показываеть цр҃ву ⟨му|жю⟩. и то е запечатаеть
Radz: да по|казоуе^т цр҃ьвȣ мȣ. и то запечатае^т
Acad: да показȣеть цр҃вȣ мȣ|жю. и тъ запечатаетъ
Hypa: да показаеть цр҃ву муже|ви. и тъ ꙗ запечатаеть.
Khle: да показае^т цр҃евоу мꙋжеви. и тъ ꙗ | запеча⟨т⟩ае^т

Bych: да показываеть цареву мужю, и тъ е запечатаеть
Shakh: да показаеть цѣсареву мужю, и ть я запечатаеть,
Likh: да показываеть цареву мужю, и ть я запечатаеть
Ostr: да показаеть цьсареву мужю, и ть я запечатаеть

49,14:

Laur: и дасть имъ. и ѿходящеи русі
Radz: и дасть имъ. и ѿхо|дащи роуси
Acad: и дасть имь. и ѿхода|щи рȣси
Hypa: и дасть имъ. и ѿходащ^и | руси
Khle: и дасть и^м. и ѿходащи роуси

Bych: и дасть имъ. И отходящей Руси
Shakh: и дасть имъ. И отъходящи Руси
Likh: и дасть имъ. И отходящей Руси
Ostr: и дасть имъ. И отъходящи Руси

49,15:

Laur: ѿсюда. въсимають ѿ насъ. еже надобѣ брашно
Radz: ѿсюдȣ взимаю^т ѿ на^с еже надобе. брашно
Acad: ѿсȣдȣ. взимають ѿ на^с. еже надобе брашно
Hypa: ѿсюду взимають ѿ | на^с еже надоби брашно
Khle: ѿсюдȣ | възимаю^т ѿ на^с еже надобе брашно

Bych: отсюда взимають отъ насъ, еже надобѣ, брашно
Shakh: отъсюду, да възимають отъ насъ, еже надобѣ брашьно
Likh: отсюда взимають от насъ, еже надобѣ, брашно
Ostr: отъсюду, възимають отъ насъ, еже надобѣ брашно

Повѣсть времєньныхъ лѣтъ

49,16:

Laur: на путь. и єже надобѣ лодьꙗмъ. ꙗко же устав҇лено
Radz: на | поу҇т. и єже надобе ло҇дамъ ꙗко҇ж оуставлєно
Acad: на пу҇ть. и єже надобе ло҇дамь. ꙗко же оуставлєно
Hypa: на | путь. и єже надобѣ лодыꙗмъ. ꙗко же оуставлєно
Khle: на пу҇ть. и єже | надобѣ лю҇дїамь ꙗко҇ж оуставлєно

Bych: на путь, и еже надобѣ лодьямъ, якоже уставлено
Shakh: на путь, и еже надобѣ лодиямъ, якоже уставлено
Likh: на путь, и еже надобѣ лодьямъ, яко же уставлено
Ostr: на путь, и еже надобѣ лодьямъ, якоже уставлено

49,17:

Laur: єсть преже. и да возъвращаютсѧ съ сп҇с⟨ени⟩ємъ
Radz: е҇с пєрвоє | да възращає҇т со сп҇снѣ҇м
Acad: єсть пєрвоє. да возращає҇тсѧ со сп҇нїєємь |
Hypa: єсть пѣ҇рвоє. и да въ|звращаютсѧ съ сп҇нємъ |
Khle: е҇с прѣвоє. и да | възвратѧтсѧ съ сп҇нїємь

Bych: есть преже, и да возъвращаются съ спасениемъ
Shakh: есть преже, и да възвращаються съ съпасениемь
Likh: есть преже, и да возвращаются съ спасениемъ
Ostr: есть пьрвое, и да възвращають ся съ съпасениемь

49,18:

Laur: въ страну свою. да не имѣють власти зи|мовати
Radz: во свою сторон̾у. и да не и҇мѣю҇т вла҇тс зимовати
Acad: въ свою сторон̾у. и да не имѣютъ власти зимо|вати
Hypa: въ свою сторону. и да н е|нть волости зимовати
Khle: въ свою страноу. | и да не имоу҇т власти зимовати.

Bych: въ страну свою; да не имѣють власти зимовати
Shakh: въ страну свою; и да не имѣють власти зимовати
Likh: въ страну свою; да не имѣють власти зимовати
Ostr: въ свою страну. И да не имѣють власти зимовати

49,19:

Laur: оу с҇того мамы. аще оускоуить челѧдинъ
Radz: оу с҇того мамы. и аще оускоуи҇т челѧдинъ
Acad: оу с҇того мамы. и аще оускоуитъ челѧди|нь
Hypa: оу | с҇того мамы. и аще оуско|уить челѧдинъ
Khle: оу с҇того мамы. и аще оускои҇т челѧдинь

Bych: у святаго Мамы. Аще ускочить челядинъ
Shakh: у святаго Мамы. Аще ускочить челядинъ
Likh: у святаго Мамы. Аще ускочить челядинъ
Ostr: у святаго Мамы. Аще ускочить челядинъ

49,20:

Laur: ѿ русн. по не же придуть въ страну
Radz: ѿ роу͡с по не͡ж прїндȢть въ странȢ
Acad: ѿ рȢсн. по не же прїндȢть во странȢ
Hypa: ѿ русн. | по не же приндуть въ стра|ну
Khle: ѿ роусн. по не͡м же прїндȢ͡т | въ страноу

Bych: отъ Руси, по не же придуть въ страну
Shakh: отъ Руси, по ньже придуть въ страну
Likh: от Руси, по нь же придуть въ страну
Ostr: отъ Руси, по ньже придуть въ страну

49,21:

Laur: цр͡ствиа ваш͡е|го. и ѿ ст͡го мамы.   аще будеть
Radz: цр͡тва ва|шего. и ѿ ст͡го мамы. и аще бȢдеть   ѡбращется.
Acad: цр͡тва вашего. и ѿ ст͡го мамы. и аще бȢдеть   ѡбращется |
Hypa: цр͡тва нашего. и ѿ | ст͡го мамы. и аще будe͡т и ѡбращеться
Khle: цр͡тва вашего. и ѿ ст͡го мамы. и а͡ще бжде͡т и ѡбращется

Bych: царствия нашего, и отъ святаго Мамы аще будеть,
Shakh: цѣсарьствия нашего, и у святаго Мамы аще будеть,
Likh: царствия нашего, и у святаго Мамы аще будеть,
Ostr: цьсарьствия вашего, и отъ святаго Мамы, и аще будеть обрящеть ся,

49,22:

Laur: да понмуть и. аще ли не ѡбращется. да на
Radz: да | понмоуть. аще ли не ѡбращe͡т. да на
Acad: да понмȢть и. аще ли не ѡбращется. да н⟨а⟩
Hypa: да поні|муть и. аще ли не ѡбра|щется. да на
Khle: да понмоу͡т и. аще ли не оібращется. да на

Bych: да поимуть и; аще ли не обрящется, да на
Shakh: да поимуть и; аще ли не обрящеться, да на
Likh: да поимуть и; аще ли не обрящется, да на
Ostr: да поимуть и; аще ли не обрящеть ся, да на

49,23:

Laur: роту идуть наши х͞ре|ѧне русн. по вѣрѣ ихъ
Radz: ротȢ идоу͡т наша | хр͡тианаа роу͡с
Acad: ротȢ | идȢть наша хр͡тïанаа роу͡с.
Hypa: роту иду͡т | наши кр͡тьѧнаѩ русь.
Khle: ротоу идоу͡т наша хр͡тïанаа рȢ͡с |

Bych: роту идуть наши хрестеяне Руси по вѣрѣ ихъ,
Shakh: роту идуть наша хрьстияная Русь по вѣрѣ ихъ,
Likh: роту идуть наши хрестеяне Руси по вѣрѣ ихъ,
Ostr: роту идуть наши хрьстьяная Русь,

Повѣсть времненьныхъ лѣтъ

49,24:

Laur: а не хеѩнни по закону своему. ти тогда взнмають
Radz: а не хр̅с̅тьане по законȣ своемȣ. тогда возн̅маю̅т̅
Acad: а не хр̅с̅тіане по законȣ своемȣ. тоѓа возн̅мають
Hypa: а | не хр̅с̅тьѩнни по закону | своему. ти тогда взн|мають
Khle: а не хр̅с̅тіанїн по законоу своемоу. ти тоѓа възн̅|маю̅т̅

Bych: а не хрестеянии по закону своему, ти тогда взимають
Shakh: а нехрьстиянии по закону своему, ти тъгда възимають
Likh: а не хрестеянии по закону своему, ти тогда взимають
Ostr: а не хрьстьянии по закону своему, ти тъгда възимають

49,25:

Laur: ѿ насъ цѣну свою. ѩкоже оуставлено есть
Radz: ѿ на̅с̅ цѣнȣ свою. ѩкож̅ оуставлено е̅с̅
Acad: ѿ на̅с̅ цѣнȣ свою. | ѩко оуставлено есть
Hypa: ѿ на̅с̅ цѣну свою. | ѩкоже оуставлено есть |
Khle: ѿ на̅с̅ цѣноу свою. ѩко̅ж̅ оуставлено е̅с̅

Bych: отъ насъ цѣну свою, якоже уставлено есть
Shakh: отъ насъ цѣну свою, якоже уставлено есть
Likh: от насъ цѣну свою, яко же уставлено есть
Ostr: отъ насъ цѣну свою, якоже уставлено есть

49,26:

Laur: преже .в̅. паволоцѣ за ча|ладннъ. аще̅ ли кто ѿ
Radz: преже .в̅ па|волоцѣ за челаднна. аще̂ кто ѿ
Acad: преже .в̅. паволоце за челедї|нь. аще ли кто ѿ
Hypa: преже .в̅. паволоцѣ за | челаднн. аще ли кто || ѿ
Khle: преже̂. | двѣ паволоцн за челаднн. аще ли кто ѿ

Bych: преже, 2 паволоцѣ за чалядинъ. Аще ли кто отъ
Shakh: преже, 2 паволоцѣ за челядинъ. Аще ли къто отъ
Likh: преже, 2 паволоцѣ за чалядинъ. Аще ли кто от
Ostr: преже, 2 паволоцѣ за челядинъ. Аще ли къто отъ

[19d]

49,27:

Laur: людни ц̅р̅с̅тва вашего. ли | ѿ города вашего.
Radz: лю̂н ц̅р̅с̅тва вашего. нли ѿ рода ваше̅г̅.
Acad: люден ц̅р̅с̅тва вашего. нли ѿ рода | вашего.
Hypa: людни ц̅р̅с̅тва вашего. | нли ѿ рода вашего.
Khle: люден | ц̅р̅с̅тва вашего нли ѿ рода вашего.

Bych: людий царства нашего, ли отъ города нашего,
Shakh: людии цѣсарства вашего, ли отъ града вашего,
Likh: людий царства нашего, ли от города нашего,
Ostr: людии цьсарства вашего, или отъ рода вашего,

49,28:

Laur: или ѿ инѣхъ городъ. оускочіть челядинъ нашь
Radz: или ѿ инѣ^х горо^двъ оускочнть. челядн^н нашь
Acad: или ѿ инѣ^х городовь оускочнть. челяднⁿъ нашь
Hypa: или | ѿ инѣхъ городъ. оускочнть челядинъ нашь.
Khle: или ѿ инѣ^х го|ро^дѿ оускоч^тн челяд^н нашь

Bych: или отъ инѣхъ городъ ускочить челядинъ нашь
Shakh: или отъ инѣхъ градъ ускочить челядинъ нашь
Likh: или от инѣхъ городъ ускочить челядинъ нашь
Ostr: или отъ инѣхъ градъ ускочить челядинъ нашь

50,1:

Laur: къ вамъ. и принесеть что. і да въспятать и
Radz: к ва^м. и принесеть что да възратать
Acad: к вамь. и принесеть что да възратать |
Hypa: к | вамъ. и принесеть что | да взятать е
Khle: к ва^м. и принесе^т что | да възврата^т и

Bych: къ вамъ, и принесеть что, да въспятять и   [49,2]
Shakh: къ вамъ, и принесеть чьто, да въспятять и   [55,15]
Likh: къ вамъ, и принесеть что, да въспятять и   [36,26]
Ostr: къ вамъ, и принесеть чьто, да възвратять и

50,2:

Laur: ѡпать. а еже что принеслъ будеть | все цѣ̂ло.
Radz: ѡпя^т. и еже | что принеслъ бо^уть все цѣло.
Acad: ѡпать. и еже что принеслъ будеть. все цѣло. |
Hypa: ѡпать. | и еже что принеслъ бу|деть. цѣло все
Khle: ѡпя^т. иже что принесль бяде^т | цѣло все.

Bych: опять; и еже что принеслъ будеть, все цѣло,
Shakh: опять; а еже чьто принеслъ будеть, вьсе цѣло,
Likh: опять; а еже что принеслъ будеть, все цѣло,
Ostr: опять; а еже чьто принеслъ будеть, вьсе цѣло,

50,3:

Laur: и да возьметь ѿ него золотника. два.   аще ли
Radz: да возметь ѿ него зло|тника .в̃.   аще̂ ли
Acad: да возметь ѿ него золотника .в̃.   аще ли
Hypa: да возме^т ѿ него. золотника два и|мечнаго. аще ли
Khle: да възме^т ѿ него золотника два име|чнаго. аще̂ ли

Bych: и да возьметь отъ него золотника два. Аще ли
Shakh: да възьмуть отъ него златника дъва имьчьнаго. Аще ли
Likh: и да возьметь от него золотника два имечнаго. Аще ли
Ostr: да възьмуть отъ него златника дъва имьчьнаго. Аще ли

Повѣсть времеьныхъ лѣтъ

50,4:

Laur: кто покуситса ѿ руси взати что. ѿ людиı̃
Radz: кто покȣситьса. ѿ роуси взати что. І ѿ людиӥ
Acad: кто покȣ|ситса. ѿ рȣси взати что. ѿ людıӥ
Hypa: покуси|тса кто взати ѿ руси. І и ѿ людии
Khle: кто покоуситса възати ѿ роуси. ІІ и ѿ людıӥ   [19ᵣ]

Bych: кто покусится отъ Руси взяти что отъ людий
Shakh: къто покуситься от Руси възяти чьто отъ людии
Likh: кто покусится от Руси взяти что от людий
Ostr: къто покусить ся възяти отъ Руси и отъ людии

50,5:

Laur: цр̃т̃ва вашего. иже то створить. покажненъ І будеть
Radz: цр̃т̃ва вашего. иже то створить покажень бу|деть   [25ᵣ]
Acad: цр̃т̃ва вашего. І иже то сотворить покажень бȣдеть
Hypa: цр̃т̃ва вашего. І иже то створить покажы|ненъ будеть
Khle: цр̃т̃ва вашего. иже то сътвориⷮ покажнеⷩ І бѫдеⷮ

Bych: царства нашего, иже то створить, покажненъ будеть
Shakh: цѣсарьства вашего, иже то сътворить, покажненъ будеть
Likh: царства нашего, иже то створить, покажненъ будеть
Ostr: цьсарьства вашего, иже то сътворить, покажненъ будеть

50,6:

Laur: вельми. аще ли взалъ будеть. да запла|тить
Radz: велми. аще ли взалъ бȣдеть. да заплатить
Acad: велми. аще І ли взаль бȣдеть. да заплатить
Hypa: вельми. І аще ли и взалъ будеть. І да заплатиⷮ
Khle: велми. аще ли и възаⷧ бѫдеⷮ. да заплатиⷮ

Bych: вельми; аще ли взялъ будеть, да заплатить
Shakh: вельми; аще ли възялъ будеть, да заплатить
Likh: вельми; аще ли взялъ будеть, да заплатить
Ostr: вельми; аще ли възялъ будеть, да заплатить

50,7:

Laur: сугубо. и аще створить грьчинъ русину. І
Radz: сȣгоубъ І и аще сотворить то же гречинъ роусинȣ.
Acad: сȣгȣбо. и аще со|творить то же гречинь рȣсинȣ.
Hypa: сугубо. аще І ли створить то же грѣ<ч>иⷩнъ русину.
Khle: соугоубо. аще ли творⷮи то же гречⷩи роусиноу.

Bych: сугубо; и аще створить тоже Грьчинъ Русину,
Shakh: сугубо; и аще сътворить тоже Грьчинъ Русину,
Likh: сугубо; и аще створить то же грьчинъ русину,
Ostr: сугубо. Аще ли сътворить тоже Грьчинъ Русину,

295

50,8:

Laur: да прииметь ту же казнь. іако же приіалъ
Radz: да прииметь | тȣ же казнь. іако же приіалъ
Acad: да прїиметь тȣ же | казнь. іако же прїиалъ
Hypa: да прииме͞т | ту же казнь. іако же прӥалъ
Khle: да прїиме͞т | тоу же казнь. іакоже прїалъ

Bych: да прииметь туже казнь, якоже приялъ
Shakh: да прииметь туже казнь, якоже приялъ
Likh: да прииметь ту же казнь, яко же приялъ
Ostr: да прииметь ту же казнь, якоже приялъ

50,9:

Laur: есть | и ωнъ. аще ли ключитса оукрасти русину
Radz: есть и ωнъ. аща ли прилȣчи͞тса оукрасти рȣсиноу
Acad: есть и ωнъ. аще ли ключитса | оукрасти рȣсинȣ
Hypa: есть   ωнъ. аще ли | ключитса оукрасти руісину
Khle: е͡с ωнь. аще ли ключитса | оукрасти роусиноу

Bych: есть и онъ. Аще ли ключится украсти Русину
Shakh: есть и онъ. Аще ли ключиться украсти Русину
Likh: есть и онъ. Аще ли ключится украсти русину
Ostr: есть и онъ. Аще ли ключить ся украсти Русину

50,10:

Laur: ѿ грек|ъ что. или грьчину ѿ руси. достоино
Radz: ѿ грекъ что. или гречинȣ ѿ роуси | достоино
Acad: ѿ грекъ что. или гречинȣ ѿ рȣси. ‖ достоино   [23ᵣ]
Hypa: ѿ грѣкъ что. или | гречину ѿ руси. достоино
Khle: ѿ грекъ что. или гречиноу ѿ рȣ|си. достоино

Bych: отъ Грекъ что, или Грьчину отъ Руси, достойно
Shakh: отъ Гръкъ чьто, или Грьчину отъ Руси, достоино
Likh: от грекъ что, или грьчину от руси, достойно
Ostr: отъ Гръкъ чьто, или Грьчину отъ Руси, достоино

50,11:

Laur: есть да въз|воротити   не точью едино. но
Radz: е͡с да възворо͞т е. не точню едино но
Acad: есть да возворотить е. но точїю еди|но ино
Hypa: есть да възврати е. | не точью едино. но
Khle: е͡с да възврати͞т е. не точїю едино но

Bych: есть да возворотить е не точью едино, но
Shakh: есть, да възвратить е не тъчию едино, нъ
Likh: есть да возворотить е не точью едино, но
Ostr: есть, да възврати е не тъчью едино, нъ

Повѣсть времєньныхъ лѣтъ

50,12:
Laur: и цѣну его. аще оукрадєноє ѡбращетьсѧ
Radz: и цѣнȣ его | аще ѡбращеть͡с оукрадєноє
Acad: цѣнȣ его. аще ѡбращетсѧ оукрадєноє
Hypa: и цѣ͞ну его. аще оукрадєноıє ѡбращетсѧ
Khle: и | ⟨цѣну⟩ его. аще оукрадєноє ѡбраще͡тсѧ

Bych: и цѣну его; аще украденое обрящеться
Shakh: и цѣну его; аще украденое обрящеться
Likh: и цѣну его; аще украденное обрящеться
Ostr: и цѣну его. Аще украденое обрящеть ся

50,13:
Laur: прєдаємо. да вдасть и | цѣну его сугубо. и
Radz: продаємо. да вдасть цѣноу | его соугоубȣ. и
Acad: про|даємо. да вдасть цѣнȣ его с͞ȣгȣбȣ. и
Hypa: продаєм̊. | да вдасть цѣну его сугу|бу. и
Khle: продаємо. да ⟨вда⟩сть цѣноу его соугоубоу. и

Bych: продаемо, да вдасть и цѣну его сугубо, и
Shakh: продаемо, да въдасть цѣну его сугубо, и
Likh: продаемо, да вдасть и цѣну его сугубо, и
Ostr: продаемо, да въдасть цѣну его сугубу, и

50,14:
Laur: то по͡знєнъ будєть по закону | грєчьскому.
Radz: то покажєнъ бȣдє͡ по законȣ грєцкомоу |
Acad: тъ покажє|нъ бȣдєть по законȣ грєцкомȣ
Hypa: тъ покажнєнъ бу|дєть. по закону грєцкому.
Khle: тъ покажнє͞н бѧ̈дє͡. по | законоу грєцкомоу.

Bych: тъ показненъ будеть по закону Гречьскому,
Shakh: тъ покажненъ будеть по закону Грьчьскому
Likh: тъ показненъ будеть по закону гречьскому,
Ostr: тъ покажненъ будеть по закону Грьчьскому

50,15:
Laur: по уставу и по закону рускому. єлико
Radz: и по оуставȣ грєцкомȣ. и по законȣ роускомȣ. и єлико
Acad: и по оуставȣ грєцкомȣ. и по закону р͡ȣскомȣ. и єлико
Hypa: и по ставу грєцкому | и по закону рускому. и є|лико
Khle: и по ставоу грєцкомоу. и по зако|ноу роукомоу. и єли͡ко

Bych: и по уставу и по закону Рускому. Елико
Shakh: и по уставу, и по закону Русьскому. Елико
Likh: и по уставоу и по закону рускому. Елико
Ostr: и по уставу Грьцкому, и по закону Русьскому. И елико

50,16:

Laur: хс̃еанъ ѿ власти нашеѧ. пленена привѣдуть
Radz: христьанъ ѿо власти нашее | пленена приведоу͞т
Acad: хрс̃тіаиь ѿ влас̃ти нашеѧ. пленена преведу̑ть
Hypa: хрс̃тиѧнъ ѿ власти ‖ нашеѧ пленена. приведу͞т |
Khle: хрс̃тїань ѿ власти нашеѧ | пленена приведоу͞т

Bych: хрестеянъ отъ власти нашея плѣнена приведуть
Shakh: хрьстиянъ отъ власти нашея плѣнена приведуть
Likh: хрестеянъ от власти нашея плѣнена приведуть
Ostr: хрьстьянъ отъ власти нашея плѣнена приведуть

50,17:

Laur: русь ту. аще будеть оуноша или дѣвица добра. |
Radz: роу͞с. тоу | аще боуде͞т оуноша или дв̃ца добра.
Acad: ру͞с. ту̑ аще бу̑деть оуноша или дв̄ца добра.
Hypa: русь ту. аще будеть оуно|ша. или дв̄ца добра.
Khle: роу͞с тоу. аще бѫде͞т юноша или | дв̄ца добра.

Bych: Русь, ту аще будеть уноша, или дѣвица добра,
Shakh: Русь, ти аще будеть уноша или дѣвица добра,
Likh: русь, ту аще будеть уноша, или дѣвица добра,
Ostr: Русь, ту аще будеть уноша или дѣвица добра,

50,18:

Laur: да вдадать златникъ .і҃. и пои|муть и.
Radz: да вдасть золотни͞к .і҃. | и понмоуть и. аще
Acad: да вдасть золотникъ .і҃. и пои|нму̑ть и. аще
Hypa: да въ|дадать золотникъ .і҃. и | пои͞мть и. аще
Khle: да вдада͞т золотникь .і҃. и понмоу и. | аще

Bych: да вдадять златникъ 10 и поимуть и; аще
Shakh: да въдасть златникъ 10, и поиметь и; аще
Likh: да вдадять златник 10 и поимуть и; аще
Ostr: да въдадять златьникъ 10, и поиметь и. Аще

50,19:

Laur: .<и҃>. и поимуть
Radz: ли е͞с средовн̆. да вдасть золотникъ .и҃. | и понметь
Acad: ли есть средовѣчь. да вдасть золо|тникъ .и҃. и понметь
Hypa: ли есть сре|дов<у>ѣ. да вдасть золо|тникъ .и҃. и понметь
Khle: ли е͞с средов<н>чь. да вдасть золотникъ .и҃. и пои|ме͞т

Bych: ли есть средовѣчь, да вдасть золотникъ 8 и поимуть
Shakh: ли есть средовѣчь, да въдасть златникъ 8, и поиметь
Likh: ли есть средовѣчь, да вдасть золотникъ 8 и поимуть
Ostr: ли есть средовѣчь, да въдасть златникъ 8, и поиметь

[20a]

Повѣсть времеиьныхъ лѣтъ

50,20:

Laur: ï. аще ли будетъ старъ или дѣтещь.   да
Radz: и. аще̂ боудеть старъ. или дѣти. и да
Acad: и. аще ли бȣдетъ старь. или дѣ|тиуь. и да
Hypa: и. І аще ли будеть старъ или І дѣтиуъ.   да
Khle: ю. аще ли бꙋдеͭ старь. или дѣти.   да

Bych: и; аще ли будетъ старъ, или дѣтещь, да
Shakh: и; аще ли будетъ старъ, или дѣтищь, да
Likh: и; аще ли будетъ старъ, или дѣтещь, да
Ostr: и. Аще ли будетъ старъ, или дѣтищь, да

50,21:

Laur: вд|асть златникъ .ē. аще ли ѡбращютса
Radz: дасть І золотникъ .ē. аще ли ѡбращетса
Acad: дасть ꙁолотникъ .ē. аще ли ѡбраще|тса
Hypa: вдасть ꙁо|лотникъ .ē. аще ли ѡбьращютса
Khle: вдасть І золотникь .ē. аще ли обращоутса

Bych: вдасть златникъ 5. Аще ли обрящутся
Shakh: въдасть златникъ 5. Аще ли обрящуться
Likh: вдасть златникъ 5. Аще ли обрящутся
Ostr: въдасть златникъ 5. Аще ли обрящуть ся

[13ᵍ]

50,22:

Laur: русь работа|юще оу грекъ. аще ли суть
Radz: роусии работающе ȣ І грекъ. аще   суͭ
Acad: рȣсии работающь оу грекь. аще   сȣть
Hypa: русь работаюю|ще оу грѣкъ. аще   суть
Khle: роуͨ работаю|щи оу грѣкь. аще   бждоуͭ

Bych: Русь работающе у Грекъ, аще суть
Shakh: Русь работающе у Грькъ, аще суть
Likh: русь работающе у грекъ, аще суть
Ostr: Русь работающе у Грькъ, аще суть

50,23:

Laur: плѣньници. да ископа|ють е русь. по ī. златникъ.
Radz: полоненици да искȣпаю   рȣсь. по ī. золотниͫ. І
Acad: полонеіци да искȣпають рȣ<оу> по ī. золотникъ.
Hypa: поі|лонници. да искупають а русь. по ī. золотникъ. І
Khle: полонанници да искоупаюͭ І а роуͨ. по ī. золотникь.

Bych: плѣньници, да искупають е русь по 10 златникъ;
Shakh: плѣньници, да искупають я Русь по 10 златникъ;
Likh: плѣньници, да искупають е русь по 10 златникъ;
Ostr: плѣньници, да искупають я Русь по 10 златникъ.

50,24:

Laur: аще ли купилъ   буде грычннъ подъ
Radz: аще   кȢпи̑   боу̑ть гречннъ по̑
Acad: аще ли кȢпиль   бȢдеть гречннь по̑
Hypa: аще ли купилъ и буде⟨де⟩. | гречннъ по̑
Khle: аще ли коупи̑ и бж̑де҃ греч̆н̄ | пѿ

Bych: аще ли купилъ и будетъ Грьчинъ, подъ
Shakh: аще ли купилъ и будетъ Грьчинъ, подъ
Likh: аще ли купилъ и будетъ грьчинъ, подъ
Ostr: Аще ли купилъ и будетъ Грьчинъ, подъ

50,25:

Laur: х̾мь. достонть ему да возметь цену | свою.
Radz: хр̾тмъ. достонть емоу да | возме҃ ценȢ.
Acad: хр̾тмь. достонть емȢ | да возметь ценȢ.
Hypa: кр̾томъ. до|стонть ⟨ему⟩ да възметь | ⟨ц⟩ѣну
Khle: кр̾то̾. достон̄ емоу да возме҃ це̑ноу.

Bych: хрестомь достоить ему, да возьметь цену свою,
Shakh: крьстъмь достоить ему, да възьметь цену свою,
Likh: хрестомь достоить ему, да возьметь цену свою,
Ostr: крьстъмь достоить ему, да възьметь цену,

50,26:

Laur: елнко же же далъ будеть на немь. а ѡ корсуньстен
Radz: елнко̾   далъ боу̑ть на не̾. ѡ корсȢньстен |
Acad: елнко же   даль бȢдеть на немъ. | ѡ корсуньстен
Hypa: елнко же   далъ бу|деть на не̾. ѡ корсуны̾сцнн
Khle: елнко же | даль боуде҃ на не̾. ѡ корсоноу̑стен̄

Bych: еликоже далъ будеть на немь. А о Корсуньстѣй
Shakh: еликоже далъ будеть на немь. А о Кърсуньстѣи
Likh: елико же далъ будеть на немь. А о Корсуньстѣй
Ostr: еликоже далъ будетъ на немь. О Кърсуньстѣи

50,27:

Laur: странѣ. елнко же есть городовъ на то̾н
Radz: сторонѣ. колнко̾ е́ горо̾ на тон
Acad: сторонѣ колнко же есть горо̾ на тон
Hypa: сторонѣ. колко ж̾е | есть городъ на то⟨н⟩
Khle: сторонѣ. и колн̄ко̾ е́ горѡ на тон

Bych: странѣ. Еликоже есть городовъ на той
Shakh: странѣ. Еликоже есть градъ на тои
Likh: странѣ. Елико же есть городовъ на той
Ostr: странѣ. Колико же есть градъ на тои

Повѣсть времеиьныхъ лѣтъ

50,28:

Laur: части. | да не имать волости кнѧзь рускии.
Radz: сторонѣ да не имѹть вла|сти. кнѕи роустии.
Acad: сторонѣ да не имѹть власти кнѕи рѹсстии
Hypa: ‹части | да› не имуть власти кнѧзи рускын.
Khle: части. да не имоуⷮ власти кнѧзиⷵ | роустⷩ҇и.

Bych: части, да не имать волости, князи Рустии,
Shakh: части, да не имать власти кънязь Русьскии,
Likh: части, да не имать волости, князь руский,
Ostr: части, да не имуть власти кънязи Русьскии,

51,1:

Laur: да воюеть на | тѣхъ странахъ. и та страна не
Radz: да воюють на всѣ сторонаⷯ а | та страна не
Acad: да воюють на всѣ сторонаⷯ. а та сторона не
Hypa: да воюеть | на тѣхъ сторонахъ. а та | страна не
Khle: да воюеⷮ на тѣⷯ странаⷯ. а та страна | да не

Bych: да воюете на тѣхъ странахъ, и та страна не   [50,1]
Shakh: да воюеть на тѣхъ странахъ, а та страна не   [57,4]
Likh: да воюеть на тѣхъ странахъ, и та страна не   [37,14]
Ostr: да воюеть на тѣхъ странахъ, а та страна не

51,2:

Laur: покарѧетсѧ вамѣ. | тогда аще просить вои
Radz: покорѧетьⷭ ваⷨ. и тогⷣо аще просиⷮ вои
Acad: покаⷬѧетьсѧ вамь. и тогда просить вои
Hypa: покорѧетсѧ | ваⷨ. и тогда просиⷮ. | вои
Khle: покарѧетсѧ ваⷨ. тогⷣа аще просиⷮ вои

Bych: покаряется вамъ, и тогда, аще просить вой
Shakh: покаряеться вамъ, и тъгда, аще просить вои
Likh: покаряется вамъ, и тогда, аще просить вой
Ostr: покаряеть ся вамъ, и тъгда, аще просить вои

51,3:

Laur: оу насъ кнѧзь рускии. | да воюеть. да дамъ
Radz: ѿ наⷭ | кнѕи роустии.   дамы
Acad: ѿ наⷭ кнѧзи рѹсстⷩ҇и.   дамы
Hypa: ѿ насъ кнѧзь рукыи.   дамы
Khle: ѿ насъ | кнѧзъ роукии.   дамы

Bych: у насъ князь Руский да воюеть, да дамъ
Shakh: у насъ кънязь Русьскыи, дамъ
Likh: у насъ князь руский да воюеть, да дамъ
Ostr: отъ насъ кънязь Русьскыи, дамы

51,4:

Laur: ему елико ему будетъ требѣ. и ѡ томъ. аще
Radz: емȣ елико бȣ̇тъ емȣ требе. да і воюеть ѡ то̅ аще
Acad: емȣ елико бȣдеть емȣ требѣ. да воюеть ѡ томъ. аще
Hypa: ему елико ему | буде̅ требѣ. и да воює̅ | и ѡ томъ аще
Khle: емоу елико бѫде̅ емоу требѣ. и да воює. и ѡ то̅ аще

Bych: ему, елико ему будетъ требѣ. И о томъ, аще
Shakh: ему, елико ему будетъ требѣ, и да воюеть. И о томь, аще
Likh: ему, елико ему будетъ требѣ. И о томъ, аще
Ostr: ему, елико ему будетъ требѣ, да воюеть. И о томь. Аще

51,5:

Laur: ѡбрящють русь кубару гречьскую. въвержену
Radz: ѡбращоу̇ роу̇ кȣварȣ грецкȣю. вве̇ржен8
Acad: ѡбращȣть ру̇ кȣварȣ грецкȣю. вверженȣ
Hypa: ѡбращю̇. | русь кувару греѣьску. | вывержену
Khle: ѡбращоу̇ роу̇ коувароу греѣкȣ | выверженоу

Bych: обрящють Русь кубару Гречьскую въвержену
Shakh: обрящють Русь кубару Грьчьску, вывьржену
Likh: обрящють русь кубару гречьскую въвержену
Ostr: обрящють Русь кувару Грьчьску, вывьржену

51,6:

Laur: на коемъ любо мѣстѣ. да не | преѡбидать еꙗ.
Radz: на кое̅ любо мѣсте. да не приобиди̇ еа.
Acad: на коемь любо мѣсте. да не преѡбі̇днть еа.
Hypa: на нѣкоемъ любо мѣстѣ. да не ‖ приѡбидать еꙗ. [20b]
Khle: на нѣкое̅ любо мѣстѣ. да не преѡбида̇ | еа.

Bych: на коемь любо мѣстѣ, да не преобидять ея;
Shakh: на коемь любо мѣстѣ, да не преобидять ея;
Likh: на коемъ любо мѣстѣ, да не преобидять ея.
Ostr: на коемь любо мѣстѣ, да не преобидять ея;

51,7:

Laur: аще ли ѿ неꙗ возметь кто | что. ли ч̅л̅вка поработить.
Radz: аще ли | ѿ неа възме̇ кто что. или ч̅л̅ка поработи̇.
Acad: аще ли ѿ неꙗ возметь кто что. или ч̅л̅вка | поработить.
Hypa: аще ли ѿ | неꙗ възметь кто что. или | ч̅л̅вка поработить.
Khle: аще ли ѿ неа възме̇ кто что. или ч̅л̅вка поработи̇.

Bych: аще ли отъ нея возметь кто что, ли человѣка поработить,
Shakh: аще ли отъ нея възьметь къто чьто, ли человѣка поработить
Likh: Аще ли от нея возметь кто что, ли человѣка поработить,
Ostr: аще ли отъ нея възьметь къто чьто, или человѣка поработить

51,8:

Laur: или оубьеть. да | будеть повиненъ закону
Radz: или оубьеть. | да бѫ́ть виненъ. законȣ
Acad: или оубьеть. да бȣ́деть виненъ. ‖ законȣ   [23ᵛ]
Hypa: или оу|бьеть. да будеть винен | закону
Khle: или оубїеть. да бѫде͡т вин͡е законоу

Bych: или убьеть, да будеть повиненъ закону
Shakh: или убиеть, да будеть повиньнъ закону
Likh: или убьеть, да будеть повиненъ закону
Ostr: или убиеть, да будеть виньнъ закону

51,9:

Laur: руску и гречьску. аще обрящеть въ
Radz: роускоу и грек͡<ȣ>. аще ѡбращють роу͡с
Acad: рȣскȣ и грецкȣ. аще ѡбращȣть рȣ͡с
Hypa: рускому и грецком. | и аще ѡбращють русь
Khle: грецкомȣ ‖ и роукомоу. и аще ѡбращоу͡т роу͡с   [19ᵛ]

Bych: Руску и Гречьску. Аще обрящють въ
Shakh: Русьску и Грьчьску. Аще обрящють въ
Likh: руску и гречьску. Аще обрящють въ
Ostr: Русьску и Грьчьску. Аще обрящють Русь

51,10:

Laur: вустьѣ днѣпрьскомь русь. ко|рсуняны рыбы
Radz: корсȣняны рыбы ловящи. въ оусть
Acad: корьсȣ|няны рыбы ловящи. въ оустьи
Hypa: ко|рьсуняны рыбы ловяща | въ оустьи
Khle: корсоуняны въ оустьи днѣпра рыбы

Bych: вустьѣ Днѣпрьскомь Русь Корсуняны рыбы
Shakh: устии Дънѣпрьстѣмь Русь Кърсуняны, рыбы
Likh: вустьѣ Днѣпрьскомь Русь корсуняны рыбы
Ostr: Кърсуняны рыбы ловяща въ устьи

51,11:

Laur: ловяща. да не творять имъ | зла никако же.
Radz: днепра | да не творять имъ зла никое͡г же.
Acad: днепра. да не тво|ря имь зла нїкоего же.
Hypa: днѣпра. да не | творѧ͡т имъ зла никакого. |
Khle: ловяща. да не творѧ͡т и͡м зла никако͡го͡ж.

Bych: ловяща, да не творять имъ зла никакоже.
Shakh: ловяща, да не творять имъ зъла никакогоже.
Likh: ловяща, да не творять имъ зла никако же.
Ostr: Дънѣпра, да не творять имъ зъла никакогоже.

51,12:

Laur: и да не имѣють власти русь. зимовати въ вустьи
Radz: и да не имѣють | роу꙯ власти. зимовати въ оустне
Acad: и да не имѣють рꙋ꙯ власти. | зимовати въ оустьи
Hypa: и да не имѣють русь вла|сти зимовати въ оустьи |
Khle: и да не имѣю̑ власти роу꙯ зимовати въ оустьи |

Bych: И да не имѣють власти Русь зимовати въ вустьи
Shakh: И да не имѣють власти Русь зимовати въ устии
Likh: И да не имѣють власти Русь зимовати въ вустьи
Ostr: И да не имѣють Русь власти зимовати въ устьи

51,13:

Laur: днѣпра бѣлъбережи. ни оу с͠тго ельферьꙗ. но
Radz: днепра. бѣлобере|жи ни оу с͠тго елферниꙗ. но
Acad: днепра. бѣлобережи. | ни оу с͠тго елевферїа. но
Hypa: днепра. бѣлобережа ни. | оу с͠тго елеоуферьꙗ. но |
Khle: днѣпра. бѣлобереже ни оу с͠тго елнферїа. но

Bych: Днѣпра, Бѣлъбережи, ни у святаго Ельферья; но
Shakh: Дънѣпра, Бѣлобережии, ни у святаго Еферия; нъ
Likh: Днѣпра, Бѣлъбережи, ни у святаго Ельферья; но
Ostr: Дънѣпра, Бѣлобережии, ни у святаго Ельферья; нъ

51,14:

Laur: егда придеть ѡсень.   да | идуть в домы своꙗ
Radz: егда приндеть ѡсень. но да н||доуть в домы своꙗ   [25ᵛ]
Acad: егда прїндеть ѡсень. | но да ндꙋть в домы своꙗ
Hypa: егда придеть ѡсень.   да иду|ть в домы своꙗ
Khle: егда | прїиде̑ ѡсень.   да ндоу̑ в домы своа

Bych: егда придеть осень, да идуть в домы своя
Shakh: егда придеть осень, да идуть въ домы своя,
Likh: егда придеть осень да идуть въ домы своя
Ostr: егда придеть осень да идуть въ домы своя,

51,15:

Laur: в русь. а ѡ сихъ ѡже то при|ходѧть чернии
Radz: в роу꙯. а ѡ сихъ иже то приходѧ̑. чернїи
Acad: во рꙋ꙯. а ѡ сихъ иже то | приходѧ̑. чернїи
Hypa: ᵛрусь. а ѡ си|хъ иже то при‹хода›ть черыни
Khle: в роу꙯. а ѡ сиˣ иже | то прнходѧ̑ чернїи

Bych: в Русь. А о сихъ, оже то приходять Чернии
Shakh: въ Русь. А о сихъ, оже то приходять Чьрнии
Likh: в Русь. А о сихъ, оже то, приходять чернии
Ostr: въ Русь. А о сихъ, иже то, приходять Чьрнии

51,16:

Laur: болгаре. воюють въ странѣ | корсуньстѣн.
Radz: болгарн. н воюють въ странѣ корсѹнестѣн.
Acad: болгарн. н воюють въ странѣ | корсѹньстѣн.
Hypa: болгаре. н воюю͞ть въ | странѣ корсуньстнн.
Khle: болгаре. н воюю т въ стра<нѣ> корѹ͞совстен.

Bych: Болгаре и воюють въ странѣ Корсуньстѣй,
Shakh: Бъльгаре, и воюють въ странѣ Кърсуньстѣи,
Likh: болгаре и воюють въ странѣ Корсуньстѣй
Ostr: Бълъгаре, и воюють въ странѣ Кърсуньстѣи.

51,17:

Laur: н велнмъ кназю рускому да | нхъ не поучаеть<.> пако<с>ть
Radz: н велнмъ | кн͞зю роѵкомоѵ да н͞х не поѵшаес. н пакостать
Acad: н велнмъ кн͞зю рѹском҄ѹ да нхъ | не пѹшаесть. н пакостать
Hypa: н велнмъ кназю рускому. да | нхъ не пущаеть. н пакоста|ть
Khle: н велн͞м кназю роѵкомоѵ да н͞х не п<оѵшаеть> | н пакоста т

Bych: и велимъ князю Рускому, да ихъ не пущаеть: пакостять
Shakh: и велимъ къньзю Русьскому, да ихъ не пущаеть пакостити
Likh: и велимъ князю рускому, да ихъ не пущаеть: пакостять
Ostr: И велимъ кънязю Русьскому, да ихъ не пущаеть и пакостять

51,18:

Laur: странѣ его. цн аще | ключнтса. проказа
Radz: сторонѣ е͞. г҃ | аще лн ключнтса проказа
Acad: сторонѣ его. аще | лн ключнтса проказа
Hypa: сторонѣ его. нлн аще | ключнтса проказа
Khle: сторонѣ его. нлн аще ключнтса <про>|каза

Bych: странѣ его. Аще ли ключится проказа
Shakh: странѣ его. Ци аще ключиться проказа
Likh: странѣ его. Ци аще ключится проказа
Ostr: странѣ его. Или аще ключить ся проказа

51,19:

Laur: ннкака. ѿ грекъ сѹщн|хъ подъ властью ц͞ртва
Radz: нѣкак<а>. ѿ грекъ соѵщн а по вла|стню ц͞ртва
Acad: нѣкака. ѿ грекь с҄ѹща | а по властїю ц͞ртва
Hypa: нѣка|ка. ѿ грекъ сѹщнхъ подъ | властью ц͞ртва
Khle: нѣкака ѿ грекь сѫщн͞х пѿа властїю ц͞ртва

Bych: нѣкака отъ Грекъ, сущихъ подъ властью царства
Shakh: нѣкака отъ Гръкъ, сущихъ подъ властию цѣсарьства
Likh: нѣкака от грекъ, сущихъ подъ властью царства
Ostr: нѣкака отъ Гръкъ, сущихъ подъ властию цьсарьства

51,20:

Laur: нашего. да не имать | власти казнити ӕ. но повелѣньемъ
Radz: нашего. да не имате власти казнити ӕ. | но повелѣнне͞мъ
Acad: нашего. да не имате власти | казнити ӕ. но повелѣнїемъ
Hypa: нашего. да | не имате власти казнити ӕ. но повелѣньемъ |
Khle: нашего. да не имате власти казнити а <но п>овеленїе͞мъ |

Bych: нашего, да не имате власти казнити я, но повелѣньемъ
Shakh: нашего, да не имать власти казнити я, нъ повелѣниемъ
Likh: нашего, да не имате власти казнити я, но повелѣньемъ
Ostr: нашего, да не имате власти казнити я, нъ повелѣньемъ

51,21:

Laur: ц͞ртва | нашего. да прииметь ӕко же
Radz: ц͞ртва наше͞г. да прииме͞т ӕко же
Acad: ц͞ртва нашего. | да прїиметь ӕко же
Hypa: ц͞ртва нашего. да прииме͞т | ӕко же
Khle: ц͞ртва нашего. да прїиме͞т ӕко͞ж

Bych: царства нашего да прииметь, якоже
Shakh: цѣсарьства нашего да прииметь, якоже
Likh: царства нашего да прииметь, яко же
Ostr: цьсарьства нашего да прииметь, якоже

51,22:

Laur: будеть створи|лъ. аще оубьеть х͞еӕнинъ русина.
Radz: бу͞дть створ|илъ. аще оубьеть хр͞тьанинъ ру͞сина.
Acad: буд҄еть сотворилъ. аще | оубьеть хр͞тьанинъ ру͞сина.
Hypa: будеть створилъ. | и аще оубьеть кр͞тьӕнї|нъ русина.
Khle: бжд͞е с<ът>вор҄и. аще | оубїеть хр͞тїанинъ роусина.

Bych: будеть створилъ. Аще убьеть хрестеянинъ Русина,
Shakh: будеть сътворилъ. Аще убиеть хрьстиянинъ Русина
Likh: будеть створилъ. Аще убьеть хрестеянинъ русина,
Ostr: будеть сътворилъ. Аще убиеть хрьстьянинъ Русина

51,23:

Laur: или х͞еӕ|нинъ русина. или русинъ х͞еӕнина. и
Radz: или ру͞синъ хрестьанина.
Acad: или ру͞синь хрестьӕнина.
Hypa: omitted
Khle: или роусин͞ хр͞тїанина. |

Bych: или Русинъ хрестеянина,
Shakh: или Русинъ хрьстиянина,
Likh: или русинъ хрестеянина,
Ostr: или Русинъ хрьстьянина,

51,24:

Laur: да держи̇мъ будеть створивыи оубииство. ѿ
Radz: да держемъ бүде̇ створивы оубииство. ѿ
Acad: да держимь бүдеть сотворивыи оубі́ство. ѿ
Hypa: да дѣржим̾ | будеть створивыи оубі́ство. ѿ
Khle: да дръжи̇м̇ бѫде̇ сътворивыи оубииство ѿ

Bych: да держимъ будеть створивый убийство отъ
Shakh: да дьржимъ будеть сътворивыи убииство отъ
Likh: да держим будеть створивый убийство от
Ostr: да дьржимъ будеть сътворивыи убииство отъ

51,25:

Laur: ближни̇х̇ || оубьенаго да оубьють и. аще ли   [13ᵛ]
Radz: бли|жни̇х̇ оубьенаго. да оубьють ю. аще ли
Acad: ближнихъ. оубьенаго да оубьють и. аще ли
Hypa: ближних̾ оубьienаго. да оубьють и. ащ̇е̇ || ли   [20c]
Khle: бли|жни̇х̇ оубіенаго. да оубіють и аще ли

Bych: ближнихъ убьенаго, да убьють и. Аще ли
Shakh: ближьнихъ убиенаго, да убиють и. Аще ли
Likh: ближних убьенаго, да убьють и. Аще ли
Ostr: ближьнихъ убиенаго, да убиють и. Аще ли

51,26:

Laur: оускочить ств̊оривыи оубои. и оубѣжить   аще
Radz: оубѣже̇ сотворивы | оубииство. и аще
Acad: оубѣжить. сотворивыи оубі́ство. и аще
Hypa: оускочить створивы оубо|и и оубѣжить. и аще
Khle: оускочить | сътворивыи оубои   оубѣжи̇ и аще

Bych: ускочить створивый убой и убѣжить, аще
Shakh: ускочить сътворивыи убои, и убѣжить, аще
Likh: ускочить створивый убой и убѣжить, аще
Ostr: ускочить сътворивыи убои, и убѣжить, и аще

51,27:

Laur: будеть имови̇тъ. да возмуть имѣнье его. ближьнии
Radz: боуде̇ имови̇. да возмѫть имѣнне его | ближнии
Acad: бүдеть имовить. да возмѫть и́мѣніе его бліжнии
Hypa: будеть | имови̇. да возмуть имѣньe его. ближнии
Khle: бѫде̇ имови̇. | да возмоу̇ имѣніе его ближніи

Bych: будеть имовитъ, да возмуть именье его ближьнии
Shakh: будеть имовитъ, да възьмуть имение его ближьнии
Likh: будеть имовит, да возьмуть именье его ближьнии
Ostr: будеть имовит, да възьмуть имение его ближьнии

51,28:

Laur: оубье|наго. аще ли єсть неимовитъ
Radz: оубьена͡г. аще ли е͡с неимовитъ. створивыи
Acad: оубьенаго. аще ли єсть неимовитъ. сътворивыи
Hypa: оубьенаго. | аще ли єсть неимовитъ створ|ивыи
Khle: оубі͡енаго. аще ли е͡с | неимови͡т сътворивыи

Bych: убьенаго; аще ли есть неимовитъ створивый
Shakh: убиенаго; аще ли есть неимовитъ сътворивыи
Likh: убьенаго; аще ли есть неимовитъ створивый
Ostr: убиенаго. Аще ли есть неимовитъ сътворивыи

51,29:

Laur: и оускоуть | же. да ищють его
Radz: оуби|нство. и оускоу͡н   да ищоу͡т е͡г.
Acad: оубинство. и ускоу|ють   да нщꙋть его.
Hypa: оубинство. и оуско|уть   да и͡щю͡т его
Khle: оубі͡нство. и оускоу͡н, | да ищоу͡т его

Bych: убийство и ускочить же, да ищють его,
Shakh: убои, и ускочить же, да ищють его,
Likh: убийство и ускочить же, да ищють его,
Ostr: убииство, и ускочить, да ищють его,

52,1:

Laur: дондеже ѡбрящется аще | ли ѡбрящется   да
Radz: донде͡ж ѡбращꙋ͡т. аще ли ѡбра|щють е͡г да
Acad: дондеже ѡбращꙋть. аще | ли ѡбращꙋть его да
Hypa: дондеже | ѡбращется.   да
Khle: дондеже обрящется. аще ли обрящется да

Bych: дондеже обрящется, аще ли обрящется, да   [50,22]
Shakh: доньдеже обрящеться; аще ли обрящеться, да   [58,11]
Likh: дондеже обрящется, аще ли обрящется, да   [38,4]
Ostr: доньдеже обрящеть ся, аще ли обрящеть ся, да

52,2:

Laur: оубьенъ будеть. ци аще оу|дарить мечемъ или
Radz: оубьенъ бо͡уть. или аще оударить мече͡м. или |
Acad: оубьенъ бꙋдеть. или а|ще оударить мечемъ или
Hypa: оубье|нъ буде͡т. или аще оудари͡т | мечемъ или
Khle: оубиень бѫде͡т. или аще оудари͡т мечемъ | или

Bych: убьенъ будеть. Или аще ударить мечемъ, или
Shakh: убиенъ будеть. Ци аще ударить мечьмь или
Likh: убьенъ будеть. Ци аще ударить мечемъ, или
Ostr: убиенъ будеть. Или аще ударить мечьмь или

52,3:

Laur: копьемъ. или кацѣмъ | любо ѡружьемъ. русинъ
Radz: копьемъ. или кацѣ͡м и͡ны сосȢдомъ. роусинъ
Acad: копьемь или кацѣ͡им ины͡мь сосȢдомь. рȢсинь
Hypa: копьемъ. н|ли кацѣмъ инымъ съсудо͡. | русинъ
Khle: копие͡м. или каце͡ ины͡ съсоудо͡. роуси͡н

Bych: копьемъ, или кацѣмъ любо оружьемъ Русинъ
Shakh: копиемь, или кацѣмь любо оружиемь Русинъ
Likh: копьемъ, или кацѣмъ любо оружьемъ русинъ
Ostr: копиемь, или кацѣмь инымъ съсудомъ Русинъ

52,4:

Laur: грьчина. или грьчи|нъ русина. да того дѣла
Radz: гречина | или гречинъ роусина. да того дѣла
Acad: гречина. или гречинъ | рȢсина. да того дѣла
Hypa: гречина. или грѣ|чинъ русина. да того дѣла
Khle: гречина. | или гречи͡н роусина. да того р͡а͡ди

Bych: Грьчина, или Грьчинъ Русина, да того дѣля
Shakh: Грьчина или Грьчинъ Русина, да того дѣля
Likh: грьчина, или грьчинъ русина, да того дѣля
Ostr: Грьчина или Грьчинъ Русина, да того дѣля

52,5:

Laur: грѣха заплатить сре|бра литръ .е҃. по закону
Radz: греха заплатить се|ребра литръ .е҃. по законȢ
Acad: греха платить сребра ли|тръ .е҃. по законȢ
Hypa: грѣха заплатить сере|бра литръ .е҃. по закону |
Khle: грѣха заплати͡т сребра литрь .е҃. по законоу

Bych: грѣха заплатить сребра литръ 5 по закону
Shakh: грѣха заплатить сьребра литръ 5 по закону
Likh: грѣха заплатить сребра литръ 5 по закону
Ostr: грѣха заплатить сьребра литръ 5 по закону

52,6:

Laur: рускому. аще ли есть | неимовитъ да како можеть.
Radz: роускомȢ. аще͡ е͡с не‹и›мовитъ | да како можеть.
Acad: рȢ͡скомȢ. аще ли есть неимови|ть. да како можеть.
Hypa: рускому. аще ли есть не|имови͡т. да како можеть
Khle: роукомоу. аще ли есть | неимови͡т.

Bych: Рускому; аще ли есть неимовитъ, да како можеть,
Shakh: Русьскому; аще ли есть неимовитъ, да како можеть,
Likh: рускому; аще ли есть неимовитъ, да како можеть
Ostr: Русьскому; аще ли есть неимовитъ, да како можеть,

[24ᵛ]

52,7:

Laur: в только же про|данъ будеть. ӕко да
Radz: в толнко проданъ боўть. ӕко да
Acad: в толко продань бȣдеть. | ӕко даже
Hypa: въ | толко же и проданъ будеть. | ӕко да
Khle: в толнко и прода̇ бж̇де̇т. ӕко да

Bych: в только же проданъ будеть, яко да
Shakh: въ толикоже проданъ будеть, яко да
Likh: в только же проданъ будеть, яко да
Ostr: въ толико же проданъ будеть, яко да

52,8:

Laur: и порты в них̑ же ходать. | да и то с него
Radz: и̇ порты | в ни̑ же хода̇т. и то с него
Acad: порты в них̑ же ходить. и то с него
Hypa: и порты в них̑ же | ходить и то с него
Khle: и порты | в ни̑ же ходи̇т и то с него

Bych: и порты, въ нихъже ходить, да и то с него
Shakh: и пърты, въ нихъже ходить, да и то съ него
Likh: и порты, въ нихъ ж ходить, да и то с него
Ostr: и пърты, въ нихъже ходить, и то съ него

52,9:

Laur: снѧти. а ѡпроцѣ да на роту ходı|ть. по своеи
Radz: снѧти а ѡпроцѣ. да на ротоу | ходить. по своеи
Acad: снѧ̇т. | а ѡпроцѣ да на ротȣ ходитъ. по своеи
Hypa: снѧти. | а ѡпроун да на роту ходи̇. | по своеи
Khle: снѧти. а ѡпро̇ да на ротȣ | ходи̇т по своеи

Bych: сняти, а о процѣ да на роту ходить по своей
Shakh: съняти, а опроче да на роту ходить по своеи
Likh: сняти, а о процѣ да на роту ходить по своей
Ostr: съняти, а опрочи да на роту ходить по своеи

52,10:

Laur: вѣрѣ. ӕко не имѣѧ ничтоже. ти | тако пущенъ
Radz: вѣре. ӕко не имѣѧ ничто̇. ти тако поу̇щенъ
Acad: вѣре. | ӕко не имѣѧ ні̇чтоже. ти тако пȣщенъ
Hypa: вѣрѣ. ӕко не и|мѣѧ ничтоже. ти тако | пущенъ
Khle: вѣрѣ ӕко не имѣ ничто̇. ти тако пȣ̇ще̇н

Bych: вѣрѣ, яко не имѣя ничтоже, ти тако пущенъ
Shakh: вѣрѣ, яко не имѣя ничьтоже, ти тако пущенъ
Likh: вѣрѣ, яко не имѣя ничтоже, ти тако пущенъ
Ostr: вѣрѣ, яко не имѣя ничьтоже, ти тако пущенъ

52,11:

Laur: бѹдеть. аще ли хотѣти начнетъ | наше црт҃во ѿ
Radz: бѹ́ть. аще̂ хотѣти начнеть наше цр̃ство. ѿ
Acad: бѹ́детъ. аще ли хотѣти начнеть наше цр̃ство. ѿ
Hypa: будеть. аще ли | хотѣти начнеть наше ца|рьство ѿ
Khle: бѫ́детъ. аще ли хотѣти начнетъ цр̃ство наше ѿ

Bych: будеть. Аще ли хотѣти начнеть наше царство отъ
Shakh: будеть. Аще ли хотѣти начьнеть наше цѣсарьство отъ
Likh: будеть. Аще ли хотѣти начнеть наше царство от
Ostr: будеть. Аще ли хотѣти начьнеть наше цьсарьство отъ

52,12:

Laur: всъ̂ вои на протившаюса н|мъ. да пншю
Radz: ва́с вои | на противющна на́м. да пншѹть
Acad: ва́с вои на протившаюса намъ да пшемъ
Hypa: ва́с вои на протн|вющаса намъ. да пншю |
Khle: ва́с | вои на противющааса на́м. да напншоу́т

Bych: васъ вой на противящаяся намъ, да пишемъ
Shakh: васъ вои на противящаяся намъ, да пишють
Likh: васъ вои на противящаяся намъ, да пишемъ
Ostr: васъ вои на противяща ся намъ, да пишють

52,13:

Laur: къ великому кнѧзю вашему. | и послеть к намъ
Radz: великомѹ кн̃зю вашемоу. и | послеть к на́м
Acad: великомѹ кн̃зю вашемѹ. и послетъ к намъ
Hypa: к великому кнѧзю ваше|му. и пошлеть к намъ
Khle: великѡ̂му || кнѧзю вашемоу. и пошле́т на́м   [20ᵍ]

Bych: къ великому князю вашему, и послетъ к намъ,
Shakh: къ великому къназю вашему, и посълеть къ намъ,
Likh: къ великому князю вашему, и послет к намъ,
Ostr: къ великому кънязю вашему, и посълеть къ намъ,

52,14:

Laur: елико же хочемъ. и ѿтоле | оувѣдать ины
Radz: елико   хоще́т. ѿтоле оувѣдать и ныа
Acad: елико | хощетъ. ѿтоле оувѣдатъ и ныа
Hypa: е|лико хощемъ. и ѿтоле | оувѣдать ныа
Khle: елико   хощé. и ѿтоле | оувѣда́т и ныа

Bych: еликоже хочемъ: и оттоле увѣдять ины
Shakh: еликоже хощемъ: и отътолѣ увѣдять ины
Likh: елико же хочемъ: и оттоле увѣдять ины
Ostr: елико хощемъ: и отътолѣ увѣдять иныя

52,15:

Laur: страны каку любовь имѣютъ. | грьци съ русью.
Radz: страны. какоую любовь имѣю͡т грѣци с роусю.
Acad: страны. какѹ | любовь имѣють грѣци с рѹ͡сю.
Hypa: страны. каку любовь имѣю | грѣци съ русью.
Khle: страны. какоу любовь имѣю͡т | грѣци с роу͡сю.

Bych: страны, каку любовь имѣють Грьци съ Русью.
Shakh: страны, каку любъвь имѣють Грьци съ Русию.
Likh: страны, каку любовь имѣють грьци съ русью.
Ostr: страны, каку любъвь имѣють Грьци съ Русью.

52,16:

Laur: мы же съвѣщаньемь все на|писахомъ. на
Radz: мы́ свѣщание все | написахо͡м. да на
Acad: мы же свѣщаніе все | написахомъ. на
Hypa: мы же свѣ|щание все положим на | [20d]
Khle: мы же съвѣщаніе все положихомь | на

Bych: Мы же свещание се написахомъ на
Shakh: Мы же съвѣщание се написахомъ на
Likh: Мы же свещание се написахомъ на
Ostr: Мы же съвѣщание вьсе {написахомъ / положихомъ} на

52,17:

Laur: двою харатью. и едина харатьꙗ есть оу ц͡рства
Radz: двою харатью. едина хоратьꙗ оу ц͡ртва наше͡г
Acad: двою харатїю. едина хоратьꙗ оу ц͡рьства
Hypa: двою харатью. и едина | харотьꙗ есть оу ц͡ртва |
Khle: двоу хартїю. и едина хартїа е͡с оу ц͡ртва

Bych: двою харатью, и едина харатья есть у царства
Shakh: дъвою харатию, и едина харатия есть у цѣсарьства
Likh: двою харатью, и едина харатья есть у царства
Ostr: дъвою харатью, и едина харатья есть у цьсарьства

52,18:

Laur: нашего
Radz: е͡с. на неи͡ж е͡с кр͡тъ. и имена наша написана
Acad: нашего есть. на неи же кр͡тъ и имена наша на|писана.
Hypa: наше͡г. на неи же есть | кр͡тъ. и имена наша на|писана.
Khle: наше͡г | на неи же е͡с кр͡тъ. и имена наша написанна.

Bych: нашего, на нейже есть крестъ и имена наша написана,
Shakh: нашего, на неиже есть крьстъ и имена наша написана,
Likh: нашего, на ней же есть крестъ и имена наша написана,
Ostr: нашего, на неиже есть крьстъ и имена наша написана,

Повѣсть времыньныхъ лѣтъ 313

52,19:

Laur: omitted
Radz: а на дрȢгон | послы ваша и гости ваша.
Acad: а на другон послы вашн и гостье вашн. |
Hypa: а на дрȢгон слн | вашн и гостье вашн.
Khle: а на | д⟨роун⟩ послы вашн и гостїе вашн.

Bych: а на другой послы ваши и гостье ваша.
Shakh: а на друзѣи сълы ваши и гостие ваши.
Likh: а на другой послы ваша и гостье ваша.
Ostr: а на другои посъли ваши и гостье ваши.

52,20:

Laur: . да допроводать
Radz: а ѿходаꙗн послоͮ цр̃тва нашеͤ | да провадать иͯ
Acad: а ѿходаꙗн посломͮ цр̃тва нашего. да провадаͭтъ ихъ
Hypa: а ѿ|ходаче со слоͮ цр̃тва нашеͤ. | да попроводать
Khle: а ѿходаче съ по|сл⟨ѿ⟩ цр̃тва нашего. да допровадаͭ

Bych: А отходяче посломъ царства нашего да допроводять
Shakh: А отъходяще съ сълъмь цѣсарьства нашего, да допроводять ю
Likh: А отходяче посломъ царства нашего да допроводять
Ostr: А отъходяще посълъмь цьсарьства нашего, да допроводять

52,21:

Laur: къ | велнкому кнꙗзю рускому Игореви.
Radz: к велнкомȢ кн̃зю рȢскомȢ Игорю.
Acad: к велнкомȢ кн̃зю рȢскомȢ Игорю.
Hypa: к велн|кому кнꙗзю Игоревн рускому
Khle: къ велнкомȢ | ⟨кн⟩ꙗзю роукомоу Игоревн.

Bych: къ великому князю Рускому Игореви
Shakh: къ великому кънязю Русьскому Игореви
Likh: къ великому князю рускому Игореви
Ostr: къ великому кънязю Русьскому Игореви

52,22:

Laur: и к людемъ его. и ти прннимающе харатью на
Radz: и к люͮмъ ѥ. и тин прннимаюͭ харатью. на
Acad: и к людемъ его. и тин прннимающе хоратью. на
Hypa: и к людемъ его. и | ти прннимающе харотью | на
Khle: и къ людеͮ его. и ти | прїн⟨ма⟩юще хартїю на

Bych: и к людемъ его; и ти приимающе харатью, на
Shakh: и къ людемъ его; и ти, приимающе харатию, на
Likh: и к людемъ его; и ти приимающе харатью, на
Ostr: и къ людемъ его. И ти приимающе харатью, на

52,23:

Laur: роту | идуть хранити истину. ıако мы свещахомъ |
Radz: ротоу идѫть хранити || истиннѹ. ıакожмы свещахо͞м
Acad: ротѹ | идѫтъ хранῑти истиннѹ. ıакоже мы свещахомъ |
Hypa: роту идуть. хранит͞и | истину. ıакоже мы свещахо͞м.
Khle: ротоу идоу͞т. хранити нистинноу ıако͞ мы съвещахо͞жм

Bych: роту идуть хранити истину, яко мы свѣщахомъ,
Shakh: роту идуть хранити истину, якоже мы съвѣщахомъ
Likh: роту идуть хранити истину, яко мы свѣщахомъ,
Ostr: роту идуть хранити истину, якоже мы съвѣщахомъ

[26ᴦ]

52,24:

Laur: напсахомъ харатью сию. на
Radz: и написахо͞м. на харатню сию. на |
Acad: и написахомъ. на хоратьюу. на
Hypa: и написахомъ на | харотью сию. на
Khle: и написахо͞м на хартïю | сïю. на

Bych: напсахомъ на харатью сию, на
Shakh: напьсахомъ на харатию сию, на
Likh: напсахомъ на харатью сию, на
Ostr: и написахомъ на харатью сию, на

52,25:

Laur: неи же суть им͞ена наша написана. мы же
Radz: неи же соу͞т имена наша написана мы же
Acad: неи же сѹть имена | наша написана. мы же
Hypa: неи же | суть написана имена на|ша. мы же
Khle: <неи> же соу͞т написана имена наша. мы же |

Bych: нейже суть имяна наша написана. Мы же,
Shakh: неиже суть имена наша написана. Мы же,
Likh: ней же суть имяна наша написана. Мы же,
Ostr: неиже суть написана имена наша. Мы же,

52,26:

Laur: елико насъ х͞рт҃ли͞с͞а есмы. клахомъс͞а ц͞рквью
Radz: елико на͞с к͞р͞т҃илис͞а е҃смо. клахомъс͞ ц͞рквию
Acad: елико на͞с к͞р͞т҃илис͞а есмо. | клахомс͞а ц͞рк҃вью
Hypa: елико насъ | к͞р͞т҃илис͞а есмы. кла͞|хомс͞а ц͞рк҃вью
Khle: елико на͞с к͞р͞т҃илис͞а есмы. клахомс͞а ц͞рк҃вïю |

Bych: елико насъ хрестилися есмы, кляхомъся церковью
Shakh: елико насъ крьстилися есмы, кляхомъся цьркъвию
Likh: елико насъ хрестилися есмы, кляхомъся церковью
Ostr: елико насъ крьстили ся есмы, кляхомъ ся цьркъвью

Повѣсть времeньныхъ лѣтъ   315

52,27:

Laur: с͠того ильѣ въ сбо|рнѣи црк͠ви. и предлежащемъ
Radz: с͠таго илни. въ ꙁборнеи црк͠ви | прѣлежащи
Acad: с͠того ильн. въ ꙁборнеи црк͠ви. | прѣлежащи
Hypa: с͠того ильн | въ ꙁборн‹ѣ›и црк͠ви. и прѣдлежащи
Khle: с͠того илïн. въ ꙁборнои црк͠ви. и прѣлежащнмь |

Bych: святаго Ильѣ въ сборнѣй церкви, и предлежащемъ
Shakh: святаго Илиѣ въ съборьнѣи цьркъви и предълежащьмь
Likh: святаго Ильѣ въ сборнѣй церкви, и предлежащемъ
Ostr: святаго Илиѣ въ съборьнѣи цьркъви и предълежащи

52,28:

Laur: ч͠тнмъ кр͠тмъ | и харатьею сею. хранити же все.
Radz: ч͠тнемъ кр͠тмъ. и хоратьею сею хранити же | все.
Acad: ч͠тнымъ кр͠томъ. и хоратьею сею. || хранити же все   [24ᵛ]
Hypa: ч͠тнымъ | кр͠томъ. и харотьею сею. хранити же все
Khle: ч͠тны кр͠тѡ. и хартïею сею. хранити же все

Bych: честнымъ крестомъ, и харатьею сею, хранити все,
Shakh: чьстьнымь крьстъмь и харатиею сею, хранити вьсе,
Likh: честнымъ крестомъ, и харатьею сею, хранити все,
Ostr: чьстьнымь крьстъмь и харатьею сею, хранити же и вьсе,

52,29:

Laur: еже есть написа|но на нeи. не преступити ѿ
Radz: еже есть написано на нeи. не престоупати ѡ
Acad: еже есть писано на нeи. не престȣ|пати ѿ
Hypa: еже | есть написано на нeи. и | не преступати ѿ
Khle: еже | е͠ написано на нeи. и не престѧпати ѿ

Bych: еже есть написано на ней, не преступити отъ
Shakh: еже есть написано на неи, ни преступити отъ
Likh: еже есть написано на ней, не преступити от
Ostr: еже есть написано на неи, не преступати отъ

53,1:

Laur: него ничто же. а и|же преступить се ѿ страны   [14ᴦ]
Radz: того ни|что же. а иже перестоупить се. ѿ страны
Acad: того ни͠что же. а иже престȣпит се. | ѿ страны
Hypa: того ни|что же. а ѡже преступи|ть се ѿ страны
Khle: того ничто͠. | а иже престѧпи͠т ѿ страны

Bych: него ничтоже; а иже преступить се отъ страны   [51,21]
Shakh: него ничьтоже; а иже преступить се отъ страны   [59,11]
Likh: него ничто же; а иже преступить се от страны   [38,28]
Ostr: того ничьтоже. А иже преступить се отъ страны

53,2:

Laur: нашеѧ. ли кнѧзь ли | инъ кто. ли кр̅щ̅нъ или
Radz: нашеѧ. или кнз̅ь. | или инъ кто. или кр̅щ̅нъ. или
Acad: нашеѧ. или кнз̅ь. или инъ кто или крещенъ. или
Hypa: нашеѧ. и|ли кнѧзь. или инъ кто. | или кр̅щ̅ⷭенъ или
Khle: нашеѧ. или кнѧсь | или инь кто. или кр̅щ̅ⷭень или

Bych: нашея, ли князь ли инъ кто, ли крещенъ или
Shakh: нашея, ли кънязь, ли инъ къто, ли крьщенъ, или
Likh: нашея, ли князь ли инъ кто, ли крещенъ или
Ostr: нашея, или кънязь или инъ къто, или крьщенъ или

53,3:

Laur: некр̅щ̅нъ. да не имуть по|мощи ѿ б̅а̅. и да будеть
Radz: некр̅щ̅нъ. да не има̅ⷮ помощи | ѿ б̅г̅а. да боудѫть
Acad: некр̅щ̅енъ. да не имать помощи ѿ б̅г̅а. | да бѫдѫть
Hypa: некрещенъ. да не имать ѿ б̅а̅ | помощи. и да будуть
Khle: некр̅щ̅ⷭень. да не има̅ⷮ | помочи ѿ б̅а̅. и да бѫдоу̅ⷮ

Bych: некрещенъ, да не имуть помощи отъ Бога, и да будеть
Shakh: не крьщенъ, да не имать помощи отъ Бога, и да будеть
Likh: некрещен, да не имуть помощи от бога, и да будеть
Ostr: не крьщенъ, да не имать помощи отъ Бога, и да будуть

53,4:

Laur: рабъ въ весь вѣкъ. в бу|дущии. и да заколенъ
Radz: раби в си вѣкъ и бѫдоущеи. и да зако|ленъ
Acad: раби в сїи вѣкь и в бѫдѫщїи. и да закаколень
Hypa: рабі | в сии вѣкъ и в будущии. ‖ и да заколенъ [21а]
Khle: раби в сїи вѣкь. и въ бѫдѫщїи. и да заколе̅ⁿ

Bych: рабъ въ весь вѣкъ в будущий, и да заколенъ
Shakh: рабъ въ сь вѣкъ и въ будущии, и да заколенъ
Likh: рабъ въ весь вѣкъ в будущий, и да заколенъ
Ostr: раби въ сь вѣкъ и въ будущии, и да заколен

53,5:

Laur: будеть своимъ ѡружьемъ. а на кр̅щ̅ньѣ
Radz: бѫде̅ⷮ своимъ ѡрѫжье̅ⷨ. а не кр̅щ̅нъ
Acad: бѫдетъ своимъ ѡрѫжьемь. а не кр̅щ̅е|нъ
Hypa: будеть свои|мъ ѡружьемъ. а не крещении
Khle: бѫде̅ⷮ свои ѡроужїемь. а не кр̅щ̅ⷭе|нїи

Bych: будеть своимъ оружьемъ. А некрещеная
Shakh: будеть своимь оружиемь. А не крьщении
Likh: будеть своимъ оружьемъ. А некрещеная
Ostr: будеть своимь оружьемь. А не крьщении

Повѣсть времеиьныхъ лѣтъ

53,6:

Laur: русь полагають щиты своя. и мечѣ своѣ наги.
Radz: полагають щиты своя. и мечи своа наги.
Acad: пологають щиты своа. и мечи своа нагы.
Hypa: русь. да полагають щиты своя и мечи свои наигы.
Khle: русь. да полагаю^т мечи свои наги. и щиты свои

Bych: Русь полагають щиты своя и мечѣ своѣ наги,
Shakh: Русь да полагають щиты своя и мечѣ своѣ наги
Likh: Русь полагають щиты своя и мечѣ своѣ наги,
Ostr: Русь полагають щиты своя и мечѣ своя нагы

53,7:

Laur: обручѣ своѣ и ѡружья. да кл^енутса
Radz: и ѡброучи своа. и прочаа ѡроужа | и да кленоуть^с
Acad: и ѡбручи своа. и прочаа ѡружіа. и да кленутса
Hypa: и ѡбручи свои. и прочая ѡружья. и да кленутьса
Khle: и обручи свои. и прочіи оружіа. и да кленоутса

Bych: обручѣ своѣ и прочаа оружья, да кленутся
Shakh: обручѣ своѣ и прочая оружия, и да кльнуться
Likh: обручѣ своѣ и прочаа оружья, да кленутся
Ostr: обручѣ своѣ и прочая оружья, и да кльнуть ся

53,8:

Laur: ѡ всемь яже суть написана на харатьи
Radz: ѡ все^м. и яже со^т написана на хоратьи
Acad: ѡ всемъ. и яже с⁸ть написана хоратьи
Hypa: ѡ все^м и яже суть написана на харотьи
Khle: ѡ все^м. и яже с^т написана на хартіи

Bych: о всемь, яже суть написана на харатьи
Shakh: о вьсемь, яже суть написана на харатии
Likh: о всемь, яже суть написана на харатьи
Ostr: о вьсемь, и яже суть написана на харатьи

53,9:

Laur: сеи. хранити ѿ и^{го}ря и ѿ всѣхъ боляръ. и ѿ
Radz: сеи. и хра|нити ѿ горя и ѿ всѣ^х боя<ръ>. и ѿ
Acad: сеи. и хра|нити ѿ игора и ѿ всѣ^х бояръ. и ѿ
Hypa: сеи. и | хранити ѿ игоря и ѿ всѣ|хъ бояръ. и ѿ
Khle: сеи. и храни^{тн} | ѿ игора. и ѿ всѣ^х бояръ и ѿ

Bych: сей, хранити отъ Игоря и отъ всѣхъ боляръ и отъ
Shakh: сеи, хранити отъ Игоря и отъ всѣхъ боляръ и отъ
Likh: сей, хранити от Игоря и от всѣхъ боляръ и от
Ostr: сеи, и хранити от Игоря и от всѣхъ боляръ и от

53,10:

Laur: всѣ҇х҇ | людни. ѿ странѣ рускиа. въ проча̑ѧ лѣта
Radz: всѣ҇х҇ люден и страны роу҇с҇кныа. и въ прочаа лѣта
Acad: всѣ҇х҇ людїн страны ру҇с҇скїа. и во прочаа лѣта
Hypa: всѣ҇х҇ людни. | и ѿ страны ру҇с҇скыа. въ про҇ч҇ѧа лѣта
Khle: всѣ҇х҇ люден. и ѿ страны роу҇с҇кыа. въ прочаа лѣта

Bych: всѣхъ людий отъ страны Руския въ прочая лѣта
Shakh: вьсѣхъ людии страны Русьскыя, въ прочая лѣта
Likh: всѣх людий от страны Руския въ прочая лѣта
Ostr: вьсѣхъ людии и отъ страны Русьскыя, въ прочая лѣта

53,11:

Laur: и во|нну. аще ли же кто ѿ кнѧзь или ѿ
Radz: и всегда. аще ли кто ѿ кнѕь и ѿ
Acad: и все҇г҇а. аще ли кто ѿ кнѕь и ѿ
Hypa: и всегда. аще | ли же кто ѿ кнѧзь и ѿ
Khle: и все҇г҇а. аще ли же | кто ѿ кнѧsь и ѿ

Bych: и воину. Аще ли же кто отъ князь или отъ
Shakh: и въину. Аще ли же къто отъ кънязь или отъ
Likh: и воину. Аще ли же кто от князь или от
Ostr: и всегда. Аще ли же къто отъ кънязь и отъ

53,12:

Laur: людни ру҇с҇скі. | ли х҇с҇еѧнъ. или не х҇с҇еѧнъ преступити
Radz: лю҇д҇и роу҇с҇скѝ. или кр҇щ҇нъ. или не кр҇щ҇нъ. престꙋпи҇т҇
Acad: людїн ру҇с҇скі. или крещенъ или не кр҇щ҇енъ. | преступити
Hypa: лю҇д҇и ру҇с҇кыхъ или кр҇т҇ьянъ. и|ли не кр҇щ҇еныи. переступити
Khle: люден роуск҇ы҇. или хр҇т҇їань | или не кр҇щ҇еныи. переступи҇т҇

Bych: людий Рускихъ, ли хрестеянъ, или не хрестеянъ, преступити
Shakh: людии Русьскыхъ, ли хрьстиянъ, или не хрьстиянъ, преступити
Likh: людий руских, ли хрестеянъ, или не хрестеянъ, преступити
Ostr: людии Русьскыхъ, или хрьстиянъ или не хрьстиянъ, преступити

53,13:

Laur: се еже є҇с҇ть писано на харатьи сеи
Radz: еже напи|сано на харатни сеи. и
Acad: се еже написано на хоратьи сеи. и
Hypa: все еже написано | на харотьи сеи. и
Khle: все иже написано | на хартїи сеи. и

Bych: се, еже есть писано на харатьи сей,
Shakh: се, еже есть писано на харатии сеи,
Likh: се, еже есть писано на харатьи сей,
Ostr: се, еже написано на харатьи сеи, и

53,14:

Laur: боудеть достоинъ | своимъ ѡружьемь оумрети.
Radz: боудеть достоинъ своимъ ѡроужне͞м | оумрети.
Acad: бȣдеть достоинъ своимь ѡрȣжїемь оумрети. |
Hypa: будеть | достоинъ своимъ ѡружьемь оумрети.
Khle: бжде͞т достоинь свои͞м ороужїемь ‖ оумрети.   [20ᵛ]

Bych: будеть достоинъ своимъ оружьемь умрети,
Shakh: будеть достоинъ своимь оружиемь умрети,
Likh: будеть достоинъ своимъ оружиемъ умрети,
Ostr: будеть достоинъ своимъ оружьемь умрети,

53,15:

Laur: и да будеть кла|тъ ѿ б͞а и ѿ перуна. ıако
Radz: и да бȣде͞т клатъ ѿ б͞га. и ѿ перȣна. и ıако͞ж
Acad: и да бȣдеть клатъ ѿ б͞га. и ѿ перȣна. и ıако же |
Hypa: и да буде͞т | клатъ ѿ б͞а и ѿ перуна. и | ıако
Khle: и да боуде͞т кла͞т ѿ б͞а и ѿ пероуна. и ıако |

Bych: и да будеть клятъ отъ Бога и отъ Перуна, яко
Shakh: и да будеть клятъ отъ Бога и отъ Перуна, яко
Likh: и да будеть клятъ от бога и от Перуна, яко
Ostr: и да будеть клятъ отъ Бога и отъ Перуна, и яко

53,16:

Laur: преступи свою клатву. | да аще будеть добрѣ
Radz: пре|стоупи клатвȣ свою. да ѡба͞ч боудеть добрѣ
Acad: престȣпи клатвȣ свою. да ѡбаче бȣдеть добрѣ |
Hypa: пеступи свою клатъ|ву. да ѡбаче будеть до|брѣ
Khle: престжпи свою клатвоу. да обаче бжде͞т добрѣ |

Bych: преступи свою клятву. Да аще будеть добрѣ,
Shakh: преступи свою клятъву. Да обаче будеть добрѣ
Likh: преступи свою клятву. Да аще будеть добрѣ
Ostr: преступи свою клятъву. Да обаче будеть добрѣ

53,17:

Laur: игорь великии кназь. да | хранить си любовь
Radz: игорь ве|ликии кн͞зь. да хранить   любовь всю
Acad: игорь велїкїн кн͞зь. да хранїть   любовь всю
Hypa: игорь великын кна|зь. да хранить   любовь вьсю
Khle: игорь великын кнаsь. да храни͞т   любовь всю

Bych: Игорь великий князь да хранить си любовь
Shakh: Игорь великыи кънязь хранити любъвь сию
Likh: устроюлъ миръ Игорь великий князь, да хранить си любовь
Ostr: Игорь великыи кънязь да хранить любъвь вьсю

53,18:

Laur: правую. да не разрушитс̑ | дондеже с҃лнце сьяеть.
Radz: правꙋю. да не разрѹш́итъ. дондѐ с҃лнце сн҃ае҃.
Acad: пра|вꙋю. да не разрꙋшться. дондеже с҃нце сї̑яеть. |
Hypa: правую. да не раздрушится дондеже с҃лнце сн҃ає҃.
Khle: правоую. | да не разроушится дондеже с҃лнце сі̑ає҃.

Bych: правую, да не разрушится, дондеже солнце сьяеть
Shakh: правую, да не раздрушиться, доньдеже сълнце сияеть,
Likh: правую, да не разрушится, дондеже солнце сьяеть
Ostr: правую, да не раздрушить ся, доньдеже сълнце сияеть,

53,19/20:

Laur: и весь миръ стоить | в нынешниа вѣки. и в будущаа.
Radz: и вѐ миръ сто҃н в нынешныи вѣ҃к и в бꙋдꙋщни |
Acad: и всь миръ стонть. в нынешнїн вѣкъ и в бꙋдꙋ|щїн.
Hypa: и всь миръ стонть. | въ нынѣшнаа вѣкы и | в будущаа.
Khle: и весь миръ | в нѣшнаа вѣкы и въ бѫдоущаа.

Bych: и весь миръ стоить, в нынешния вѣки и в будущая."
Shakh: и вьсь миръ стоить, въ нынѣшьняя вѣкы и въ будущая".
Likh: и весь миръ стоить, в нынешния вѣки и в будущая".
Ostr: и вьсь миръ стоить, въ нынѣшьняя вѣкы и въ будущая".

53,21:

Laur: посланни же сли игоремъ. придоша к игореви.
Radz: послы҃ж   ї̑горевы. принш́а ко ї̑горю.
Acad: послы же   игоревы. прї̑идоша ко игорю.
Hypa: посланни же | сли игоремъ придоша къ | игореви.
Khle: посланнїи же | послы игорѐм̑. прї̑идоша къ игореви.

Bych: Послании же сли Игоремъ придоша к Игореви
Shakh: Посъланьи же сълы Игорьмь придоша къ Игореви
Likh: Послании же сли Игоремъ придоша к Игореви
Ostr: Посъланьи же сълы Игорьмь придоша къ Игореви

53,22:

Laur: со слы | греческими. поведаша вся
Radz: с послы грецкими. и поведа҃ш вся
Acad: с по|слы грецкыми. и поведаша вся
Hypa: съ слы грецки|ми. и поведаша вся
Khle: с послы грекы҃ци҃н | и повѣдаша вся

Bych: со слы Гречьскими, и повѣдаша вся
Shakh: съ сълы Грьчьскыми, и повѣдаша вься
Likh: со слы гречьскими, и повѣдаша вся
Ostr: съ сълы Грьчьскыми, и повѣдаша вься

Повѣсть времеиьныхъ лѣтъ

53,23:

Laur: рѣчи ц҃ра рама|на. игорь же призва слы
Radz: рѣ︮ч︯ ц҃р҃а романа:- ‖ Игор же призва послы [26ᵛ]
Acad: рѣчи ц҃р҃а рома|на:· Игор же призва послы
Hypa: рѣ|чи ц҃р҃а романа. игорь же ‖ призва посль [21b]
Khle: рѣчи ц҃р҃а романа. игор же призва | послы

Bych: рѣчи царя Рамана. Игорь же призва слы
Shakh: рѣчи цѣсаря Романа. Игорь же призъва сълы
Likh: рѣчи царя Рамана. Игорь же призва слы
Ostr: рѣчи цьсаря Романа. Игорь же призъва посълы

53,24:

Laur: греческиа. ре︮ч︯ имъ | гл҃те что вы казалъ ц҃рь.
Radz: греческыа ре︮ч︯.   молвите что вы ка|залъ ц҃рь.
Acad: грецкыа рече.   молвите что вы казаль ц҃рь.
Hypa: грецкыа ре︮ч︯. | молвите. что вы казалъ | ц҃рь.
Khle: грецкыа. рече,   мо︮л︯вите что ва︮м︯ каза︮л︯ ц<арь> |

Bych: Гречьския, рече имъ: "глаголите, что вы казалъ царь?"
Shakh: Грьчьския, и рече имъ: "глаголите, чьто вы казалъ цѣсарь?"
Likh: греческия рече имъ: "Глаголите, что вы казалъ царь?".
Ostr: Грьчьския, рече: "Мълвите, чьто вы казалъ цьсарь?"

53,25:

Laur: и рѣша сли ц҃рви. се по|сла ны ц҃рь радъ есть
Radz: и рекоша послы ц҃р҃вы. се посла ны ц҃рь ра︮д︯ есми
Acad: и рекоша послы ц҃р҃вы. се по|сла ны ц҃рь ра︮д︯ есми [25ᵍ]
Hypa: и ркоша сли ц҃рви. се | посла ны ц҃рь. радъ есть |
Khle: и рекоша послы ц҃ревы. се посла на︮м︯ ц҃рь, ра︮д︯ е︮с︯

Bych: И рѣша сли цареви: "се посла ны царь, радъ есть
Shakh: И рѣша съли цѣсареви: "се, посъла ны цѣсарь, радъ есть
Likh: И рѣша сли цареви: "Се посла ны царь, радъ есть
Ostr: И рекоша сълы цьсареви: "Се посъла ны цьсарь, радъ есть

53,26:

Laur: миру. хощеть миръ имѣти со княземъ рускимъ
Radz: мироу. и хоче︮т︯ миръ имѣти.   кн҃зю роускомȢ
Acad: мирȢ. и хочетъ миръ имѣти | кн҃зю рȢско︮м︯Ȣ
Hypa: миру и хощеть миръ имѣ|ти съ князе︮м︯ рукы︮м︯
Khle: мирȢ. | и хоче︮т︯ миръ имѣти съ кназе︮м︯ роускы︮м︯

Bych: миру, хощеть миръ имѣти со княземъ Рускимъ
Shakh: миру, и хощеть миръ имѣти съ кънязьмь Русьскымь
Likh: миру, хощеть миръ имѣти со княземъ рускимъ
Ostr: миру, и хощеть миръ имѣти съ кънязьмъ Русьскымь

53,27:

```
Laur:   и любъве.              твои сли | водили суть цр҃ѣ наши
Radz:   и любовь. и ко | прочим кн҃зм. и твои посли водили соу҃т цр҃а наше҃г
Acad:   и любовь. и ко прочим кн҃зем. и твои послы водили с҃уть цр҃а нашего
Hypa:   и лю|бовь. и              твои сли водили | суть цр҃а наше҃г
Khle:   и любовъ. | и             твои посли водили с҃ж цр҃а наша
```

Bych: и любъве; твои сли водили суть царѣ наши
Shakh: и любъвь; твои сълы водили суть цѣсаря наша
Likh: и любъве. Твои сли водили суть царѣ наши
Ostr: и любъвь; и твои сълы водили суть цьсаря нашего

53,28:

```
Laur:   ротѣ. и насъ послаша | ротѣ водит тебе. и
Radz:   ротѣ. | и на҃с послаша водити тебе ротѣ. и
Acad:   ротѣ. и на҃с посла|ша водити тебе ротѣ. и
Hypa:   ротѣ. и на|съ послаша ротѣ водить | тебе и
Khle:   ротѣ. и на҃с | послаша ротѣ водити тебе и
```

Bych: ротѣ, и насъ послаша ротѣ водитъ тебе и
Shakh: ротѣ, и насъ посълаша ротѣ водитъ тебе и
Likh: ротѣ, и насъ послаша ротѣ водитъ тебе и
Ostr: ротѣ, и насъ посълаша ротѣ водити тебе и

53,29:

```
Laur:   мужь твоихъ.      ѡбѣщася | Игорь сице створити.
Radz:   моу҃ж твои. и ѡбѣщася | сиць Игорь створити.
Acad:   м҃ужь твоихъ. и ѡбѣ|щася Игорь сице створити.
Hypa:   мужь твоихъ. и ѡ|бѣщася Игорь сице створ҃и. |
Khle:   м҃ж твои. и обѣща҃с | Игорь сице сътворити.
```

Bych: мужь твоихъ." Обѣщася Игорь сице створити.
Shakh: мужь твоихъ". И обѣщася Игорь сице сътворити.
Likh: мужь твоихъ". Обѣщася Игорь сице створити.
Ostr: мужь твоихъ". И обѣща ся Игорь сице сътворити.

54,1:

```
Laur:   заоутра призва Игорь | слы. и приде на холмъ.
Radz:   и наоутриа призва Игорь послы. | и прииде на холмъ
Acad:   и наоутрїа прїзва | Игорь послы. и прїиде на холмъ
Hypa:   и наоутрѣıа призва Игорь | сли. и приде на холъмы
Khle:   и нау҃трїа призва Игорь по|слы. и прїиде на холъмы
```

Bych: Заутра призва Игорь слы, и приде на холмъ,   [52,21]
Shakh: И наутрия призъва Игорь сълы, и приде на хълмъ,   [60,19]
Likh: Заутра призва Игорь слы, и приде на холмъ,   [39,19]
Ostr: И наутрия призъва Игорь сълы, и приде на хълмы,

54,2:

Laur: кде стоıаше перунъ. | покладоша ѡружье
Radz: гдѣ стоıаше перȣнъ. и покладоша ѡрȣжѧ̄ |
Acad: гдѣ стоıаше перȣ|нъ. и покладаша ѡрȣжїıа
Hypa: кде | стоıаше перунъ. и покла|доша ѡружьıа
Khle: где стоıаше пероӯ. и покла|доша ороужїа

Bych: кде стояше Перунъ, и покладоша оружье
Shakh: къде стояше Перунъ; и покладоша оружие
Likh: кде стояше Перунъ, и покладоша оружье
Ostr: къде стояше Перунъ; и покладоша оружия

54,3:

Laur: свое и щитъ и золото. и | ходи игорь ротѣ и
Radz: своıа. и щиты. и золото. и ходи игорь рот⟨ѣ⟩ и
Acad: своıа. и щиты. и ꙃоло|то. и ходи игорь ротѣ и
Hypa: своıа и щиты. | и золото. и ходи игорь ротѣ. | и
Khle: своıа и щиты и золото. и х̾ѿди̾ꙩ̄ игорь | ротѣ и

Bych: свое, и щиты и золото, и ходи Игорь ротѣ и
Shakh: свое и щиты и злато; и ходи Игорь ротѣ и
Likh: свое, и щиты и золото, и ходи Игорь ротѣ и
Ostr: своя и щиты и злато; и ходи Игорь ротѣ и

54,4:

Laur: люди его. елико поганъıхъ р̄ӯ. | а х̄е҃ıаную
Radz: моу е̄. и елико | поганы̄х̄ роуси. а хр̄тьанн꙯ою
Acad: мȣжи его. елико поганы̄ | рȣси. а хр̄тьıан꙯ою
Hypa: мужи его. и елико поганыıа | руси. а хр꙯тьıаную
Khle: мѫжи его. и елико поганыıа роуси. а хр꙯тı꙯а|ноую

Bych: люди его, елико поганыхъ Руси; а хрестеяную
Shakh: людие его, елико поганыхъ Руси; а хрьстияную
Likh: люди его, елико поганыхъ Руси; а хрестеяную
Ostr: мужи его, и елико поганыя Руси; а хрьстьяную

54,5:

Laur: русь водиша ротѣ. в црк҃ви ст҃го ильи. || ıаже [14ᵛ]
Radz: рȣс̄ водиша ротѣ. въ црк҃ви | ст҃го їльи. ıаже
Acad: рȣс̄ водиша ротѣ. въ црк҃ви | ст҃го ильи. ıаже
Hypa: русь во|диша въ црк҃вь ст҃го ильи. | ıаже
Khle: роӯс во̾д꙯и҇ша въ црк҃вь ст҃го илı҃н. ıаже

Bych: Русь водиша ротѣ в церкви святаго Ильи, яже
Shakh: Русь водиша ротѣ въ цьркъви святаго Илиѣ, яже
Likh: Русь водиша ротѣ в церкви святаго Ильи, яже
Ostr: Русь водиша ротѣ въ цьркъви святаго Илиѣ, яже

54,6:

Laur: есть надъ ручаемъ. конець пасынъче бесѣды.
Radz: е̂ на̊ роуча́е̂. конець пасынчи бесѣды.
Acad: есть на̊ р8чаемъ. конець пасы|нъчи бесѣды.
Hypa: есть надъ ру<ч>ьемъ. | конець пасынь<ч>ѣ бесѣды.
Khle: е̂ на̊ роуча́е̂. | конець пасы́нче бесѣды.

Bych: есть надъ ручаемъ, конець Пасынъче бесѣды
Shakh: есть надъ Ручаемъ, коньць Пасынъче бесѣды:
Likh: есть надъ Ручаемъ, конець Пасынъче бесѣды:
Ostr: есть надъ ручаемь, коньць Пасынъче бесѣды:

54,7:

Laur: и козарѣ. се бо бѣ сборнаıа цр͠кн. мнози <бо> |
Radz: козар|ѣ. се бо бѣ сборнаа цр͠квн. мнози бо
Acad: и козарѣ. се бо бѣ зборнаа цр͠квн. | мнози бо
Hypa: и козаре. се бо бѣ сбо|рнаıа цр͠квн. мнози бо
Khle: и козарѣ. се бо бѣ зборнаа | цр͠квн. мnѡзн бо

Bych: и Козарѣ: се бо бѣ сборная церки, мнози бо
Shakh: се бо бѣ съборьная цьркы, мънози бо
Likh: се бо бѣ сборная церки, мнози бо
Ostr: и Козарѣ. Се бо бѣ съборьная цьркы, мънози бо

54,8:

Laur: бѣша варязи хс̃еани. игорь же оутвердивъ миръ
Radz: бѣша варязи хр̃с̃тьане:- | Игор же оутвердивъ миръ
Acad: бѣша варязи хр̃с̃тьıане:· Игор же оу|твердивъ мирь
Hypa: бѣ|ша варязи хр̃с̃тьıанн. иго|рь же оутвердивъ миръ |
Khle: бѣша варѧsн хр̃с̃тıанн. игор же | оутверди миръ

Bych: бѣша Варязи хрестеяни. Игорь же утвердивъ миръ
Shakh: бѣша Варязи и Козаре хрьстияне. Игорь же, утвьрдивъ миръ
Likh: бѣша варязи хрестеяни и Козарѣ. Игорь же, утвердивъ миръ
Ostr: бѣша Варязи хрьстьяне. Игорь же, утвьрдивъ миръ

54,9:

Laur: съ греки. ѿпусти слы ѡдаривъ скорое.
Radz: со грекы. и ѿпоусти послы ѡ|даривъ. скорою
Acad: со греки. ѿп8сти. послы ѿдари|въ. скорою.
Hypa: съ грѣкы. ѿпусти слы ѡ[даривъ. | ско]рою
Khle: съ греки. ѿпоусти послы ѡдари в̃ | скорою

Bych: съ Греки, отпусти слы, одаривъ скорою,
Shakh: съ Грькы, отъпусти сълы, одаривъ скорою
Likh: съ греки, отпусти слы, одаривъ скорою,
Ostr: съ Грькы, отъпусти сълы, одаривъ скорою

54,10:

Laur: и ҷаӏладью и воскомъ. и ѿпусти ӕ. сли же
Radz: ҷелѧю. и воскомъ. и ѿпꙋсти ѧ. послы же
Acad: ҷеладью. и воскомъ. и ѿпꙋсті ѧ. по҃слы же
Hypa: и ҷеладью. и воско҃м. и ѿпусти ӕ сли же
Khle: и ҷеладїю и воско҃м. и ѿпости ѧ. послы же

Bych: и чалядью и воскомъ, и отпусти я; сли же
Shakh: и челядию и воскъмь, и отъпусти я. Сълы же
Likh: и чалядью и воскомъ, и отпусти я; сли, же
Ostr: и челядью и воскъмь, и отъпусти я. Сълы же

54,11:

Laur: придош҃а к‹о› ц҃рви. поведаша всѧ реҷи игоревы.
Radz: придоша ко ц҃рви. и поведаша всѧ ре҃ч игоревы.
Acad: прїдоша ко ц҃рви. и поведаша всѧ реҷи игоревы.
Hypa: придоша къ ц҃рви. и поведаш҃а всѧ реҷи игоревы.
Khle: прїндоша къ ц҃рви, и поведаша всѧ реҷи игоревы.

Bych: придоша ко цареви, и поведаша вся речи Игоревы
Shakh: придоша къ цѣсареви, и поведаша вься речи Игоревы
Likh: придоша ко цареви, и поведаша вся речи Игоревы
Ostr: придоша къ цьсареви, и поведаша вься речи Игоревы

54,12:

Laur: и любов‹ь› ӕже къ грекомъ. игорь же
Radz: и любовь юже ко греко҃м. игор же
Acad: и любовь юже ко грекомъ. игор же
Hypa: и любовь ӕже къ греко҃м. игорь же
Khle: и любовь ӕже къ греко҃м. игор же

Bych: и любовь юже къ Грекомъ. Игорь же
Shakh: и любъвь, юже къ Грькомъ. Игорь же
Likh: и любовь юже къ грекомъ. Игорь же
Ostr: и любъвь, юже къ Грькомъ. Игорь же

54,13:

Laur: наҷа кнѧжити въ кневе. миръ имеӕ ко всемъ
Radz: наҷа кн҃жити в кыеве. миръ име҃ӕ ко все҃м
Acad: наҷа кнѧжити в кіеве. мирь имеӕ ко всемъ
Hypa: наҷа кнѧжити въ кневе. и миръ имеӕ къ всемъ [21с]
Khle: наҷа кнѧжити въ кыеве. и мирь имеа къ все҃м

Bych: нача княжити въ Кыеве, миръ имея ко всемъ
Shakh: нача кънѧжити Кыеве, миръ имея къ вьсемъ
Likh: нача княжити въ Кыеве, миръ имея ко всемъ
Ostr: нача кънѧжити въ Кыеве, миръ имея къ вьсемъ

54,14:

Laur: странамъ. и приспѣ ѡсень. нача мыслити
Radz: страна̃. и приспѣ ѡсе̃ и нача мыслити
Acad: странамъ. и приспѣ ѡсень нача мыслити
Hypa: странамъ. и принсп͡ ѡсень и нача мысл͡н
Khle: страна̃. и приспѣ ѡсень. и нача мыслити

Bych: странамъ. И приспѣ осень, и нача мыслити
Shakh: странамъ. И приспѣ осень, и нача мыслити
Likh: странамъ. И приспѣ осень, и нача мыслити
Ostr: странамъ. И приспѣ осень, и нача мыслити

54,15:

Laur: на деревланъ. хотѧ примыслити большюю да̃нь
Radz: на деревланы хотѧ примыслити болшоую дань:- ǁ
Acad: на деревланы хотѧ примыслити болшую дань:·
Hypa: на деревланы. хотѧ примыслити болшюю дань:· ǀ
Khle: на деревланы. хотѧ примыслити бо̃шоу да̃̃н

Bych: на Деревляны, хотя примыслити большюю дань.
Shakh: на Древляны, хотя примыслити большю дань.
Likh: на деревляны, хотя примыслити большюю дань.
Ostr: на Деревляны, хотя примыслити большюю дань.

54,16:

Laur: В лѣ̃. ҂s.у.нг. ǀ В се же лѣто рекоша дружина
Radz: В лѣ̃. ҂s.у.нг. в се же лѣ̃ рекоша дроужина   [27ᴦ]
Acad: В лѣ̃. ҂s.у.нг. в се же лѣто рекоша дружина
Hypa: В лѣто. ҂s.у.нг·:· ǀ   Ркоша дружина
Khle: В лѣ̃ ҂s.у.нг.   рекоша ǀ дроужина

Comm: в лѣто 6453 в то же лѣто ркоша дружина ко
Tols: в лѣто 6453 в то же лѣто рекоша дружина ко

Bych: В лѣто 6453. В се же лѣто рекоша дружина
Shakh: Въ лѣто 6453. Въ се же лѣто рекоша дружина
Likh: В лѣто 6453. В се же лѣто рекоша дружина
Ostr: Въ лѣто 6453. Въ {се/то} рекоша дружина

54,17:

Laur: игореви. ѿроци ǀ свѣньлъжи. изодѣлисѧ
Radz: игореви ѿроци ǀ свѣньлжи. изодѣлисѧ
Acad: игореви ѿроци. ǀ свѣньлжи. изодѣлисѧ
Hypa: игореви. ǀ ѿроци свендѣжи изоǀѡдѣлѣсѧ
Khle: игорева. отроци свендѣжи нзьодѣлиǀсѧ

Comm: игоревѣ отрочи свѣньлжи изодѣлися
Tols: игореви отроци свиньлжи издобылися

Bych: Игореви: "отроци Свѣньлъжи изодѣлися
Shakh: Игореви: "отроци Свѣньлжи изодѣлися
Likh: Игореви: "Отроци Свѣньлъжи изодѣлися
Ostr: Игореви: "Отроци Свѣнелжи изодѣли ся

54,18:

Laur: суть ѡружьемъ и портѣ͜зы. І а мы нази. поиди
Radz: соу͞тѡроуѐжмъ и порты. а мы нази. І и поиди
Acad: с ̆утъ ѡрȣжьемь и по|рты. а мы нази. поиди
Hypa: суть ѡружьемь | и порты. а мы нази. и по|иди
Khle: сꙗ ͭ ‖ ѡроужнѣ ͫ и порты. а мы nash. да поиди [21ᵣ]

Comm: суть оружиемъ и порты а мы нази а поиди
Tols: оружиемъ и порты да мы нази да поиди

Bych: суть оружьемъ и порты, а мы нази; поиди,
Shakh: суть оружиемь и пърты, а мы нази; да поиди,
Likh: суть оружьемъ и порты, а мы нази. Поиди,
Ostr: суть оружьемь и пърты, а мы нази. И поиди,

54,19:

Laur: кнѧже с нами в дань. да и | ты добудеши и мы.
Radz: кн͞же с нами в дань. да и ты добоу̇ᴀши и мы.
Acad: кнѧже с нами в дань. да | и ты добȣдеши и мы.
Hypa: кнѧже с нами в дань. | да и ты добудешь и мы.
Khle: с нами | кнѧже в да͞. да и ты добꙗ͞деши и мы.

Comm: княже с нами на дань а ты добудеши и мы
Tols: княже с нами на дань а ты добудеши и мы

Bych: княже, с нами в дань, да и ты добудеши и мы."
Shakh: къняже, съ нами въ дань, да и ты добудеши и мы".
Likh: княже, с нами в дань, да и ты добудеши и мы".
Ostr: къняже, съ нами въ дань, да и ты добудеши и мы".

54,20:

Laur: послуша и͞х̇ игорь. и|де в дерева в дань.
Radz: и послоу͞ша и͞х̇ игорь. иде в дерева в дань.
Acad: и послȣша и͞х̇ игорь. иде в де|рева в дань.
Hypa: и | послуша и͞х̇ игорь. иде | в дерева в дань.
Khle: и послоуша | и͞х̇ игорь иде в дерева в дань.

Comm: и послуша их игорь иде в данѣ
Tols: и послуша их игорь иде в дани

Bych: И послуша ихъ Игорь, иде в Дерева в дань,
Shakh: И послуша ихъ Игорь; иде въ Дерева въ дань,
Likh: И послуша ихъ Игорь, иде в Дерева в дань,
Ostr: И послуша ихъ Игорь; иде въ Дерева въ дань.

54,21:

Laur: и примышлаше къ первои | дани насилаше
Radz: и примышлаше ко первои дани. | и насилаше
Acad: и примышлаше ко первои дани. и на‖силаше [25ᵛ]
Hypa: и примыслаше къ пѣрвои дани. | и насилаше
Khle: и примышлаше къ прѣ|вои дани. и насилаше

Comm: и   насиляше
Tols: и   насиляше

Bych: и примышляше къ первой дани, и насиляше
Shakh: и примышляше къ пьрвои дани, и насиляше
Likh: и примышляше къ первой дани, и насиляше
Ostr: И примышляше къ пьрвои дани, и насиляше

54,22:

Laur: имъ. и мужи его. возьемавъ | дань   поиде
Radz: имъ. и моужи е͡г. и возма дань и поиде
Acad: имь. и мȣжи его. и возма дань и поиде
Hypa: имъ и мужи | его. и возма дань и пои|де
Khle: и͡м и мⷨжи его. и възма да͡ⁿ | поиде

Comm: имъ и мужи его и возмя дань   поиде
Tols: имъ   мужи его и возмя дань   поиде

Bych: имъ и мужи его; возьемавъ дань, поиде
Shakh: имъ и мужи его. И възьмъ дань, поиде
Likh: имъ и мужи его. Возьемавъ дань, поиде
Ostr: имъ и мужи его. И възьма дань и поиде

54,23:

Laur: въ градъ свои. идуще же ему въспя|ть. размыcливъ
Radz: в граⷣ свои. и доуши же емȣ воспять. размысливъ
Acad: во | граⷣ свои. идȣщȣ же емȣ воспять. размысливь |
Hypa: въ свои городъ. идущю же ему въспять. раꙁмысли
Khle: въ свои граⷣ. идоущⷤу емоу въспаⷮ, размыc|ливь

Comm: въ свои град идущу же ему въспять размысливъ
Tols: въ свои град идущу же ему вспять размысливъ

Bych: въ градъ свой. Идущу же ему въспять, размысливъ
Shakh: въ свои градъ. Идущю же ему въспять, размысливъ,
Likh: въ градъ свой. Идущу же ему въспять, размысливъ
Ostr: въ свои градъ. Идущю же ему въспять, размысливъ,

Повѣсть времѣньныхъ лѣтъ

54,24:

Laur: рє̃ дружинѣ своєи. идѣте съ | данью домови.
Radz: рє̃ дроужинѣ своєи | идите с данью домовъ.
Acad: рече дрȣжинѣ своєи. идѣте со данью домовъ
Hypa: рє̃ дружинѣ сво|єи. идете вы с данью | домови.
Khle: рє̃ дроужинѣ своєи. идѣте вы з данїю до|мовъ.

Comm: рече дружинѣ своеи идѣте с данью домовъ
Tols: рече дружинѣ своеи идѣте з данью домовъ

Bych: рече дружинѣ своей: "идѣте съ данью домови,
Shakh: рече дружинѣ своеи: "идѣте съ данию домови,
Likh: рече дружинѣ своей: "Идѣте съ данью домови,
Ostr: рече дружинѣ своеи: "Идѣте съ данью домови,

54,25:

Laur: а ꙗ возъвращюсѧ похожю и єще. пусти
Radz: omitted
Acad: omitted
Hypa: а ꙗзъ възвра|щюсѧ и похожю єще. и | пусти
Khle: а азь възвращоусѧ и похожю єще. и поусти |

Comm: а язъ возвращуся и похожю еще и пусти
Tols: а язъ взвращуся и похожу еще и пусти

Bych: а я возъвращюся, похожю и еще." Пусти
Shakh: а язъ възвращюся, и похожю еще". И пусти
Likh: а я возвращюся, похожю и еще". Пусти
Ostr: а язъ възвращю ся и похожю еще". И пусти

54,26:

Laur: дружину свою домови. съ маломъ же | дружины
Radz: с малою дрȣж̃ною
Acad: с ма|ломъ же дрȣжины
Hypa: дружину свою до|мови. съ маломъ же дру|жины
Khle: дроужиноу свою домовь. с малою же дроужиною |

Comm: дружину свою домовѣ с малою дружиною
Tols: дружину свою домови с малою дружиною

Bych: дружину свою домови, съ маломъ же дружины
Shakh: дружину свою домови, съ малъмь же дружины
Likh: дружину свою домови, съ малом же дружины
Ostr: дружину свою домови, съ малъмь же дружиною

54,27:

Laur: возъвратисѧ. желаꙗ больша имѣньꙗ.
Radz: възрати͡с. желаꙗ | болши имѣньꙗ:- |
Acad: възратисѧ. желаа болшаа | имѣнїа:·
Hypa: възврати͡с. желаꙗ болшаꙗ имѣньꙗ.
Khle: възвратисѧ желаа болша имѣнїа.

Comm: възвратися желая болшаго имѣниа
Tols: взвратися желаа бьшаго имѣния

Bych: возъвратися, желая больша имѣнья.
Shakh: възвратися, желая больша имѣния.
Likh: возъвратися, желая больша имѣнья.
Ostr: възврати ся, желая больша имѣния.

54,28:

Laur: слышавше же деревлѧне ꙗко ѡпать идеть. сдумавше
Radz: Слышавше же деревлѧне ꙗко ѡпать идеть здоумавше |
Acad: Слышавше же деревлѧне ꙗко ѡпа͡т идеть зд͡ꙋмавше
Hypa: Слышавше же древлѧне ꙗко | ѡпать идеть. съдума|вше древлѧне.
Khle: слышавше͡ж деревлѧне ꙗко ѡпа͡т ид͡е. и здоумавше деревлѧ|не

Comm: слышавше   древляне яко опять идет сдумавше же древляне
Tols: слышавше   древляне яко еще грядетъ к нимъ сице здумавше древляне

Bych: Слышавше же Деревляне, яко опять идеть, сдумавше
Shakh: Слышавъше же Древляне, яко опять идеть, и съдумавъше Древляне
Likh: Слышавше же деревляне, яко опять идеть, сдумавше
Ostr: Слышавъше же Деревляне, яко опять идеть, съдумавъше

54,29:

Laur: со кнѧземъ своимъ. маломъ. | аще сѧ
Radz: со кн͡ꙗзмъ своимъ с мало͡м.   аще ввадить͡с
Acad: со кнѧзомъ своимь с маломъ.   аще ввадит
Hypa: съ кнѧземъ своимъ   маломъ. и ркоша аще сѧ
Khle: съ кнѧ͡se свои͡м маломъ. и рекоша, аще сѧ

Comm: съ княземъ своимъ маломъ   аще ся
Tols: с княземъ своимъ маломъ глаголюще к себѣ аще ся

Bych: со княземъ своимъ Маломъ: "аще ся
Shakh: съ кънязьмь своимь Малъмь: "аще ся
Likh: со княземъ своимъ Маломъ: "Аще ся
Ostr: съ кънязьмь своимь Малъмь: "Аще ся

Повѣсть времяньныхъ лѣтъ

55,1:

Laur: въвадить волкъ в овцѣ. то выносить все | стадо.
Radz: волкъ в ѡвцн. то | выносить все стадо
Acad: а волкъ в ѡвцн. то выноситъ все | стадо
Hypa: въвадить | волкъ въ ѡвцѣ. то ѿноісить по едином все стаͣ. ||
Khle: вنадиͭ | волкъ въ овцн. то ѿносиͭ по едином все стадо.

Comm: волкъ въ овця ввадит то выносит все стадо
Tols: волкъ въвадитъ в овца то выносит все стадо

Bych: въвадить волкъ в овцѣ, то выносить все стадо, [53,23]
Shakh: въвадить вълкъ въ овцѣ, то выносить вьсе стадо, [62,4]
Likh: въвадить волкъ в овцѣ, то выносить все стадо, [40,6]
Ostr: въвадить вълкъ въ овьцѣ, то выносить вьсе стадо,

55,2:

Laur: аще не оубьють его. тако и се аще не оубь|емъ
Radz: аще нͤ оубью͡ его. тако и сен аще не оубьеͫ ||
Acad: аще не оубьють его. тако и сен аще не оу|бьемь
Hypa: аще не оубьють его. та|ко и сии. аще не оубьеͫ | [21d]
Khle: аще | не оубію͡ его. тако и сен аще не оубїемъ

Comm: аще не убиют его тако и сеи аще не убиемъ
Tols: аще не убиют его тако и сии аще не убиемъ

Bych: аще не убьють его; тако и се, аще не убьемъ
Shakh: аще не убиють его; тако и сь; аще не убиемъ
Likh: аще не убьють его; тако и се, аще не убьемъ
Ostr: аще не убиють его; тако и сь; аще не убиемъ

55,3:

Laur: его. то все ны погубнть. послаша
Radz: его. и вса ны погоубить. и послаша [27ᵛ]
Acad: его вса ны погȣбиͭ. и посла
Hypa: его. то вси ны погуби|ть. и послаша
Khle: его. то вса | ны погоубиͭ. и послаша

Comm: то все ны погубит и послаша
Tols: то вся ны погубит и послаша

Bych: его, то вся ны погубить"; и послаша
Shakh: его, то вься ны погубить". И посълаша
Likh: его, то вся ны погубить". И послаша
Ostr: его, то вься ны погубить". И посълаша

55,4:

Laur: к нему | гл҃ще. почто идеши ѡпать поималъ еси
Radz: к немоу гл҃ще. почто идеши ѡпать поималъ еси
Acad: к немȣ гл҃ще. | почто идеши ѡпатъ. понмалъ еси
Hypa: к нему | гл҃ще. почто идеши ѡпать. поималъ еси
Khle: к немоу гл҃ще. почто идеши | ѡпа̅. поималь еси

Comm: к нему глаголюще сице почто идеши опять поималъ еси
Tols: к нему глаголюще сице почто идеши паки к нам поималъ бо еси

Bych: к нему, глаголюще: "почто идеши опять? поималъ еси
Shakh: къ нему, глаголюще: "по чьто идеши опять? поималъ еси
Likh: к нему, глаголюще: "Почто идеши опять? Поималъ еси
Ostr: къ нему, глаголюще: "По чьто идеши опять? Поималъ еси

55,5:

Laur: всю | дань. и не послуша ихъ игорь. и вышедше
Radz: всю дань. и не послȣша и̅х̅ игорь. и иш̅е̅ше
Acad: всю дань. | и не послȣшаше ихъ игорь. и иш̅еше
Hypa: вьсю дань. и не послуша | ихъ игорь. и шедше
Khle: всю дань. и не послоуша и̅х̅ игорь. | и изш̅е̅ше

Comm: всю дань и не послуша   игорь и изшедше
Tols: всю дань у насъ и абие не послуша ихъ игорь они же

Bych: всю дань." И не послуша ихъ Игорь, и вышедше
Shakh: вьсю дань". И не послуша ихъ Игорь. и исшьдъше
Likh: всю дань". И не послуша ихъ Игорь, и вышедше
Ostr: вьсю дань". И не послуша ихъ Игорь, и ишьдъше

55,6:

Laur: из | града изъкоръстена. деревлене
Radz: ис горо̅ искоростина деревляне. и
Acad: из города искоростѣна деревляне. и
Hypa: из города. искоростѣ|на проти древляне. и |
Khle: из града изкоростена противоу дере|вляне. и

Comm: древлянѣ из града коростеня противу и
Tols: из града ис коростеня изшедше древляне противу и

Bych: изъ града Изъкоръстѣня Деревлене
Shakh: из града Искоростѣня противу Древляне,
Likh: изъ града Изъкоръстѣня деревлене
Ostr: из града Искоростѣня Деревляне, и

55,7:

Laur: оубиша игоря. и дружину его. бѣ бо ихъ мало.
Radz: оубиша игора. и дру҇жыну є҃ бѣ бо и҇ мало.
Acad: оубиша игора и дружину его. бѣ бо ихъ мало.
Hypa: оубиша игора. и дружину его. бѣ бо ихъ мало.
Khle: оубиша игора. и дроужиноу его. бѣ бо и҇ мало.

Comm: убиша игоря и дружину его бѣ бо их мало
Tols: убиша дружину игореву и самого князя игоря убиша бѣ бо их мало

Bych: убиша Игоря и дружину его; бѣ бо ихъ мало.
Shakh: убиша Игоря и дружину его; бѣ бо ихъ мало.
Likh: убиша Игоря и дружину его; бѣ бо ихъ мало.
Ostr: убиша Игоря и дружину его; бѣ бо ихъ мало.

55,8:

Laur: и погребенъ бы҇с игорь. есть могила его оу
Radz: и погребенъ бы҇с игорь. и є҇ могила є҃ оу
Acad: и погребенъ бы҇с игорь. и есть могила его оу
Hypa: и погребенъ бы҇с игорь. и есть могила его оу
Khle: и погребень бы҇с игорь. и є҇ могила его оу

Comm: и погребоша игоря и есть могила его близъ
Tols: и погребоша игоря и есть могила его у

Bych: И погребенъ бысть Игорь, и есть могила его у
Shakh: И погребенъ бысть Игорь; и есть могила его у
Likh: И погребенъ бысть Игорь, и есть могила его у
Ostr: И погребенъ бысть Игорь; и есть могила его у

55,9:

Laur: искоръстѣна гра҃ в деревѣхъ и до сего дне. [15ᵍ]
Radz: и҇коростѣна града в деревѣхъ. и до сего дни:- |
Acad: искоростѣна града. в деревѣ и до сего дни:·
Hypa: искоростина города. в деревѣхъ и до сего дни.
Khle: искоростѣна града в деревѣ. и до сего дне.

Comm: града коростеня въ древех и до сего дни
Tols: коростеня града в дрѣвѣхъ и до сего дне

Bych: Искоръстѣня града в Деревѣхъ и до сего дне.
Shakh: Искоростѣня града въ Деревѣхъ и до сего дьне.
Likh: Искоръстѣня града въ Деревѣхъ и до сего дне.
Ostr: Искоростѣня града въ Деревѣхъ и до сего дьне.

55,10:

Laur: вольга же баше в кневѣ | съ с҃нм҃ своимъ съ
Radz: ѡлга́ баше в кневѣ с с҃ном҃ сво́и
Acad: Олга же баше в кі́евѣ со с҃ном҃ своимъ
Hypa: ѡльга же баше в кневѣ. съ | с҃номъ своимъ
Khle: ѡлга́ | баше въ кыевѣ. съ с҃нѡ҃ сво́и

Comm: а олга же бяше в кневѣ съ сыномъ своимъ
Tols: а ольга бяше тогда в кневѣ съ сыномъ своимъ с

Bych: Вольга же бяше в Киевѣ съ сыномъ своимъ съ
Shakh: Ольга же бяше Кыевѣ съ сынъмь своимь съ
Likh: Вольга же бяше в Киевѣ съ сыномъ своимъ съ
Ostr: Ольга же бяше въ Кыевѣ съ сынъмь своимь

55,11:

Laur: дѣтьскомъ с҃тославомъ. | и кормилець его асмудъ.
Radz: дѣтьско҃ с҃тославо҃. и ко́рмилець его. асмоў.
Acad: дѣтьскомъ с҃тославомъ. и кормилець его асмȣ̆.
Hypa: дѣтьско҃. | с҃тославомъ. и кормилець бѣ его асмудъ.
Khle: дѣ҃ск҃ѡ, с҃тославо҃. | и кормилець его бѣ асмоуадь.

Comm: дѣтьскомъ святославомъ и кормилець его асмудъ
Tols: дѣтьском святославомъ и кормилець его асмутъ

Bych: дѣтьскомъ Святославомъ, и кормилець его Асмудъ,
Shakh: дѣтьскъмь Святославъмь, и кърмильць его Асмудъ,
Likh: дѣтьскомъ Святославомъ, и кормилець его Асмудъ,
Ostr: дѣтьскъмь Святославъмь, и кърмильць его Асмудъ,

55,12:

Laur: воевода бѣ свенелдъ. тоже ѡц҃ь мистишинъ.
Radz: и воевода бѣ свенелдъ. то҃ ѡц҃ь мстишинъ.
Acad: и воевода бѣ свеньлдъ. тоже ѡ҃ць мьстиши́нь.
Hypa: и воевода бѣ свиндел҃дъ. | тоже ѡц҃ь мьстишинъ. |
Khle: и воевода бѣ свин҃делд. | тоже ѡц҃ь мьстишин҃.

Comm: и воевода бѣ свѣньделдъ тътъ же отець мьстишинъ
Tols: и воевода бѣ свиньлдъ тотъ же отець мстишинъ

Bych: и воевода бѣ Свѣнелдъ, тоже отець Мистишинъ.
Shakh: и воевода бѣ Свѣньлдъ, тъже отьць Мьстишинъ.
Likh: и воевода бѣ Свѣнелдъ,—то же отець Мистишинъ.
Ostr: и воевода бѣ Свѣнелдъ, тъже отьць Мьстишинъ.

Повѣсть времяньныхъ лѣтъ

55,13:

Laur: рѣша же деревлѧ|не. се кнѧза оубнхомъ
Radz: и рѣша деревлѧне. се кнѧза оубнхо̄ᴹ
Acad: и рѣша деревлѧне. се кнѧза рускогоᶜ
Hypa: ркоша же деревлѧне. се | кнѧза рускагоᶜ
Khle: рекоша же деревлѧне. се | кнѧsѧ роукагоᶜ

Comm: рѣша же к себѣ дрѣвляне се князя убихомъ
Tols: рѣша же древляне се князя убихомъ

Bych: Рѣша же Деревляне: "се князя убихомъ
Shakh: Рѣша же Древляне: "се, кънязя убихомъ
Likh: Рѣша же деревляне: "Се князя убихомъ
Ostr: Рѣша же Деревляне: "Се, кънязя Русьскаго

55,14:

Laur: рускаго. понмемъ | жену его вольгу за
Radz: руска̄ᴦ. понмē̄ᴹ женоу є̄ᴦ ѡлгоу. за
Acad: оу|бнхомъ. понмемъ жену его ѡлгу за
Hypa: оубнхомъ̄. | понмемъ жену его ѡлгу | за
Khle: оубнхѡ̄. понмē̄ᴹ женоу его ѡлгу | за

Comm: рускаго поимемъ жену его олгу за
Tols: руськаго и поимемъ жену его ольгу за

Bych: Рускаго; поимемъ жену его Вольгу за
Shakh: Руськаго; поимѣмъ жену его Ольгу за
Likh: рускаго; поимемъ жену его Вольгу за
Ostr: убихомъ; поимѣмъ жену его Ольгу за

55,15:

Laur: кнѧзь свон малъ и стослаᵛᵃ. | и створнмъ ему
Radz: кнѧзь свон ма̄ᴧ. и стослава сотворн̄ є|моу
Acad: кнѧзь свон | малъ. и стослава сотворнмъ ему
Hypa: кнѧзь свон малъ. и | стослава и створнмъ ему
Khle: кнѧ҃з свон мал҄. и стослава сътворн̄ᴹ емоу

Comm: князь свои малъ и святослава и створимъ ему
Tols: князь свои малъ а святослава створимъ ему

Bych: князь свой Малъ и Святослава, и створимъ ему,
Shakh: кънязь свои Малъ, и Святослава, и сътворимъ ему,
Likh: князь свой Малъ и Святослава, и створимъ ему,
Ostr: кънязь свои Малъ, и Святослава, и сътворимъ ему,

55,16:

Laur: ꙗкоже хощемъ. и послаша | деревлꙗне лучьшне
Radz: ꙗко͗ хощемь. и послаша деревлꙗне лоучъ̅н
Acad: ꙗкоже хоще|мъ. и послаша деревлꙗне лѹчшии
Hypa: ꙗкоже хощемъ. и | послаша деревлꙗне лучьшии
Khle: ꙗко͗ | хоще͞. послаша деревлꙗне лоўшiн

Comm: якоже хощеть и послаша дрѣвляне лучьшихъ
Tols: якоже хощеть и послаша древляне изобравши лучьшии

Bych: якоже хощемъ". И послаша Деревляне лучьшие
Shakh: якоже хощемъ". И послаша Древляне лучьшая
Likh: яко же хощемь". И послаша деревляне лучьшие
Ostr: якоже хощемъ". И посълаша Деревляне лучьшии

55,17:

Laur: мужн   чнсломъ .к҃. въ ло|дьн к ользѣ. н присташа
Radz: мѹжн   чнсло͞ .к҃. ко ѡлзе в лодьн. н присташа
Acad: мѹжн.   чнсломъ .к҃. ко ѡлзе в лодьн.
Hypa: мужн свои. чнсломъ | .к҃. въ лодьн къ ѡльзѣ. н | приста
Khle: мѫжн свои, | чнслѡ͞ .к҃. в лѡ͡н къ ѡлзѣ. н присташа

Comm: мужь   числомъ 20 в лодьи к олзѣ и присташа
Tols: мужи   числомъ дватцать в лодьи ко ользѣ и присташа

Bych: мужи, числомъ 20, въ лодьи к Ользѣ, и присташа
Shakh: мужа, числъмь 20, въ лодии къ Ользѣ. И присташа
Likh: мужи, числомъ 20, въ лодьи к Ользѣ, и присташа
Ostr: мужа, числъмь 20, въ лодьи къ Ользѣ. И присташа

55,18:

Laur: подъ борнчевымъ | <в> лодьн. бѣ бо тогда вода
Radz: по͡ борнчево͞ в ло͡н. | бѣ бо вода текѹ̆н
Acad: бѣ бо вода текѹ̆н
Hypa: подъ борнчево͞ въ | лодьн. бѣ бо тогда вода ||
Khle: пѡ͡ борнчевы͞ в лѡдiн. бѣ бо тог͡а вода

Comm: под биричевомъ   бѣ бо тогда вода
Tols: под биричевомъ   бѣ бо тогда вода

Bych: подъ Боричевымъ в лодьи. Бѣ бо тогда вода
Shakh: подъ Боричевьмь въ лодии; бѣ бо тъгда вода
Likh: подъ Боричевымъ в лодьи. Бѣ бо тогда вода
Ostr: подъ Боричевьмь въ лодьи. Бѣ бо тъгда вода

55,19:

Laur: текущи. въздолѣ го⟨р⟩ы кневьскниа. и на подольи
Radz: тоᵍда възлѣ горы кневьскиѣ.　 на по|долии
Acad: тоᵍда возлѣ горы кїевьскїа.　 на подолїи
Hypa: текущи возлѣ горы кьє|вьскыиа. и на подолѣ　　　[22a]
Khle: текоущи възлѣ ‖ горы кыєвскыа. и на подолѣ　　[21ᵛ]

Comm: текущи подлѣ горы кыевьскыя и на полѣ
Tols: текущи подлѣ горы киевския и на подолѣ

Bych: текущи въздолѣ горы Киевьския, и на подольи
Shakh: текущи въздълѣ горы Кыевьскыя, и на подолии
Likh: текущи въздолѣ горы Киевския, и на подольи
Ostr: текущи възлѣ горы Кыевьскыя, и на подольи

55,20:

Laur: не сѣдаху людье. | но на горѣ градъ же бѣ
Radz: не сѣдахȣ лю̈є. но на горѣ. граᵈ же бѣ
Acad: не сѣдахȣ | людие. но на горѣ. граᵈ же бѣ
Hypa: не | сѣдахуть лю̈є. но на го|рѣ. городъ же бѧше
Khle: не сѣдахѫ людїє но на | горѣ. рѿ же бѧше

Comm: не сѣдаху людие нь на горѣ град же бяше
Tols: не сѣдяху людие но на горѣ град же бѣяше

Bych: не сѣдяху людье, но на горѣ; градъ же бѣ
Shakh: не сѣдяху людие, нъ на горѣ; градъ же бѣ
Likh: не сѣдяху людье, но на горѣ. Градъ же бѣ
Ostr: не сѣдяху людие, нъ на горѣ; градъ же {бѣ / бяше}

55,21:

Laur: кневъ. идеже есть ныи|нѣ дворъ гордатинъ. и
Radz: кневъ идѣже є̃ᶜ | н̄нѣ дворъ гордатинъ. и
Acad: кїевь идѣже есть ‖ н̄нѣ дворъ гордатинь. и　　[26ᵍ]
Hypa: кн|евъ идеже есть нынѣ | дворъ гордатинъ. и
Khle: кыевь идеже є̃ᶜ н̄нѣ дворь горда|тинъ. и

Comm: киевъ идеже есть нынѣ　　　гродятинъ и
Tols: киевъ идѣже нынѣ есть　　　гродятинъ и

Bych: Киевъ, идеже есть нынѣ дворъ Гордятинъ и
Shakh: Кыевъ, идеже есть нынѣ дворъ Гърдятинъ и
Likh: Киевъ, идеже есть нынѣ дворъ Гордятинъ и
Ostr: Кыевъ, идеже есть нынѣ дворъ Гърдятинъ и

55,22:

Laur: нифовъ. а дворъ кнѧжь бѧше в городѣ.
Radz: никифровъ. а дворъ кнжь бѧше в городѣ.
Acad: никифоровь. а дворъ кнжь | бѧше в городе.
Hypa: ни|кифоровъ. а дворъ кънѧжь бѧше в городѣ
Khle: микифорѡвъ. а дворь кнѧж бѧше в городѣ. |
Comm: микифоровъ дворъ а княжь бяше дворъ во градѣ
Tols: микифоровъ дворъ а княжь бяше дворъ во градѣ

Bych: Никифоровъ, а дворъ княжь бяше в городѣ,
Shakh: Никифоровъ, а дворъ кънжь бяше въ градѣ,
Likh: Никифоровъ, а дворъ княжь бяше в городѣ,
Ostr: Никифоровъ, а дворъ кънжь бяше въ градѣ,

55,23:

Laur: идеже есть
Radz: идѣже ес нн҃ѣ дворъ воротиславль. и
Acad: идеже есть нн҃ѣ дворъ воротисла|вль. и
Hypa: и|деже есть нынѣ дворъ | воротиславль и
Khle: идеже ес нн҃ѣ дворь воротиславль и
Comm: идеже есть нынѣ дворъ воротиславль и
Tols: идѣже есть нынѣ дворъ воротиславль и

Bych: идеже есть нынѣ дворъ Воротиславль и
Shakh: идеже есть нынѣ дворъ Воротиславль и
Likh: идеже есть нынѣ дворъ Воротиславль и
Ostr: иде же есть нынѣ дворъ Воротиславль и

55,24:

Laur: omitted
Radz: чюди. | а перевѣсище бѣ внѣ грӑ. и бѣ внѣ грӑ
Acad: чюнь. а перевѣсище бѣ внѣ града. и бѣ внѣ | города
Hypa: чюдинь. | а перевѣсище бѣ внѣ го|рода
Khle: чюди. а перевѣсништо бѣ внѣ города. и бѣ внѣ города
Comm: чюдинъ а первѣе сице бѣ внѣ града
Tols: чюдинъ а прьвѣ и сице бѣ внѣ града и бѣ внѣ градѣ

Bych: Чюдинъ, а перевѣсище бѣ внѣ града, и бѣ внѣ града
Shakh: Чюдинь, а перевѣсище бѣ вънѣ града; и бѣ вънѣ града
Likh: Чюдинъ, а перевѣсище бѣ внѣ града, и бѣ внѣ града
Ostr: Чюдинь, а перевѣсище бѣ вънѣ града. И бѣ вънѣ града

55,25:

```
Laur:  дворъ                          демьстıковъ.
Radz:  дворъ           другıн. ıдѣже е́ дворⷮ демесⷭнıков
Acad:  дворъ           дрȣгон. ıдѣже есть дворъ деместнıковъ
Hypa:  дворъ теремнын. ı другıн ıдѣже е́ двор|ъ демесⷭнıковъ.
Khle:  дворъ теремныⁿ. ı дроугıн ıдѣже е́ дворъ деместнıковь.

Comm:  дворъ           другыı
Tols:  дворъ           другиı

Bych:  дворъ другый идѣже есть дворъ Демьстиковъ
Shakh: дворъ другыı, идеже есть дворъ Деместиковъ
Likh:  дворъ другый идѣже есть дворъ демьстиковъ
Ostr:  дворъ другыı, идеже есть дворъ Деместпиковъ
```

55,26:

```
Laur:  за стою б͞цею надъ горою дворъ теремныⁿ | бѣ бо
Radz:  за стою б͞цею нā͆ горою. | дворъ теремнын бѣ бо
Acad:  за стою б͞цею нā͆ горою. дворъ тере|мнын. бѣ бо
Hypa:  за | стою б͞цею надъ горою. |           бѣ бо
Khle:  за стою б͞цеⶣ | нā͆ горою.                бѣ бо

Comm:                                          бѣ бо
Tols:                                          бѣ бо

Bych:  за святою Богородицею; надъ горою дворъ теремный, бѣ бо
Shakh: за святою Богородицею, надъ горою, дворъ теремьныı, бѣ бо
Likh:  за святою богородицею; над горою, дворъ теремный, бѣ бо
Ostr:  за святою Богородицею, надъ горою. Бѣ бо
```

55,27:

```
Laur:  ту теремъ каменъ. ı повѣдаша ѡльзѣ | ıако деревлане
Radz:  тȣ теремъ каменъ. ı повѣда|ша ѡлзѣ ıако деревлане
Acad:  тȣ теремъ каменъ. ı повѣдаша ѡ|лзѣ ıако деревлане
Hypa:  ту теремъ каменъ. ı повѣдаша ѡлзѣ. ıако | деревланı
Khle:  тȣ тереⷨ камень. ı повѣдаша ѡ͆зѣ | ıако девране

Comm:  ту теремъ каменъ и повѣдаша олзѣ яко древлянѣ
Tols:  теремъ камен ту и повѣдаша ользѣ яко древляне

Bych:  ту теремъ каменъ. И повѣдаша Ользѣ, яко Деревляне
Shakh: ту теремъ камянъ. И повѣдаша Ользѣ, яко Древляне
Likh:  ту теремъ каменъ. И повѣдаша Ользѣ, яко деревляне
Ostr:  ту теремъ камянъ. И повѣдаша Ользѣ, яко Деревляне
```

55,28:

Laur: придоша. и возва е ѡльга к собѣ.
Radz: пршли. и възва ıа ѡлга | к собѣ. ‖
Acad: пришли. и возва а ѡльга к собѣ. |
Hypa: придоша. и | възва   ѡльга к собѣ.
Khle: прїндоша. и възва   ѡ͡га к себѣ

Comm: приидоша и возва я олга к собѣ
Tols: приидоша и възва я ольга к себѣ

Bych: придоша, и возва я Ольга к собѣ
Shakh: придоша. И възъва я Ольга къ собѣ,
Likh: придоша, и возва я Ольга къ собѣ
Ostr: придоша. И възъва я Ольга къ собѣ,

55,29:

Laur: добри гостье придоша. и рѣша деревлане |
Radz: и ре̾ имъ добрие гостие приндоша. и рѣша деревлане.   [28ᵣ]
Acad: рече имъ добрїе гостїе приндоша. и рѣша дервлане.
Hypa: и ре̾ | имъ добрѣ гостье приндоша. и ркоша древлане.
Khle: и ре̾ н͡ | добрѣ гостїе прїндоша. и рекоша деревлане. |

Comm: и рече имъ добрѣ приидоша гостье
Tols: и рече имъ добрѣ приидосте гостье

Bych: и рече имъ: "добри гостье придоша"; и рѣша Деревляне:
Shakh: и рече имъ: "Добрѣ гостие придоша"; и рѣша Древляне:
Likh: и рече имъ: "Добри гостье придоша". И рѣша деревляне:
Ostr: и рече имъ: "Добрѣ гостие придоша"; и рѣша Деревляне:

55,30:

Laur: придохомъ кнѧгине. и ре̾ имъ ѡльга да
Radz: приндохо̾ кн͡гне. и ре̾ имъ ѡлга. да
Acad: прїндохомъ кн͡гне. и рече имь ѡлга. да
Hypa: придохомъ кнѧги|ни. и ре̾ имъ ѡльга. да |
Khle: прїндохѡ̾ кнѧгине. и ре̾ имь ѡлга. да

Comm: и рече   олга да
Tols: и рече   ольга да

Bych: "придохомъ, княгине". И рече имъ Ольга: "да
Shakh: "придохомъ, кънягыне". И рече имъ Ольга: "да
Likh: "Придохомъ, княгине". И рече имъ Ольга: "Да
Ostr: "Придохомъ, кънягыне". И рече имъ Ольга: "Да

55,31:

Laur: гл҃те | что ради придосте сѣмо. рѣша же древлане.
Radz: гл҃ете что ради приндосте. | рѣша древлане.
Acad: гл҃те что | ради прїндосте. рѣша древлане.
Hypa: гл҃нте что ра̑ приндосте | сѣмо. и ркоша древла|ни.
Khle: гл҃ете что | ра̑ⷩ прїндосте сѣмо. и рекоша древлане.

Comm: глаголете что ради приидосте сѣмо рѣша же древлянѣ
Tols: глаголете что ради приидосте сѣмо рѣша же древляне

Bych: глаголете, что ради придосте сѣмо?" Рѣша же Древляне:
Shakh: глаголите, чьто ради придосте сѣмо?" Рѣша же Древляне:
Likh: глаголете, что ради придосте сѣмо?" Рѣша же древляне:
Ostr: глаголете, чьто ради придосте сѣмо?" Рекоша Деревляне:

56,1:

Laur: по̑сла ны дерьвьска землѧ. рькуще
Radz: посла ны деревланьскаа землѧ рекуꙋщи |
Acad: посла ны деревѧ|ньскаа землѧ рекꙋщи
Hypa: посла ны деревьскыꙗ землѧ. ркущи
Khle: посла наⷭ | деревскаа землѧ рекоущи

Comm: посла насъ деревьская земля ркуще
Tols: посла ны деревъская земля глаголюще

Bych: "посла ны Дерьвьска земля, рекущи [54,21]
Shakh: "посъла ны Деревьска земля, рекущи [63,13]
Likh: "Посла ны Дерьвьска земля, рькуще [40,31]
Ostr: "посъла ны Деревьская земля, рекущи

56,2:

Laur: сице мужа̑ | твоего оубихомъ. бѧше бо мужь
Radz: сице. моужа твоеⷢ оубихоⷨ. бѧше моуⷤ
Acad: сице. мꙋжа твоего оубихо|мъ. бѧше бо мꙋжь
Hypa: сице. | мужа твоего оубихомъ. | бѧшеть бо мужь
Khle: сице. мѧжа твоего | оубихⷨѿ. бѧше бо твои

Comm: сице мужа твоего убихом бяше бо мужь
Tols: сице мужа твоего убихом бяше бо мужь

Bych: сице: мужа твоего убихомъ, бяше бо мужь
Shakh: сице: мужа твоего убихомъ, бяше бо мужь
Likh: сице: мужа твоего убихомъ, бяше бо мужь
Ostr: сице: мужа твоего убихомъ, бяше бо мужь

56,3:

Laur: твои акн во|лкъ. восхнщаіа и граба. а наши кнази
Radz: твои акн волкъ. въ|сҳнщаа и граба. а наши кн͞зи
Acad: твои акн волкъ. восхнщаа и гра|ба. а наши кн͞зи
Hypa: твои | іако волкъ. въсхыщаіа и граба. а наши кнази
Khle: мж̑ іако волкь. въсхыщаа | и граба. а наши кнаѕи

Comm: твои акы волкъ восхыщая и грабя а наши князи
Tols: твои акы волкъ всхыщаа и грабя а наши князи

Bych: твой аки волкъ восхищая и грабя, а наши князи
Shakh: твои акы вълкъ, въсхищая и грабя, а наши кънязи
Likh: твой аки волкъ восхищая и грабя, а наши князи
Ostr: твои акы вълкъ, въсхищая и грабя, а наши кънязи

56,4:

Laur: добри суть. иже распасли суть деревьску землю.
Radz: соу͞ добри. и̑ж роспасли су͞ деревѣ́скӧю | землю.
Acad: су̑ть добри. иже роспа́лн су̑ть де|ревьскӧю землю.
Hypa: добри суть. иже ро|спасли суть деревьску|ю землю. [22b]
Khle: добри сж͞ иже роспасли | сж деревскоую землю.

Comm: добри суть   расплодили   землю нашю и
Tols: добрѣ суть и расплодили   землю нашу и

Bych: добри суть, иже распасли суть Деревьску землю,
Shakh: добри суть, иже распасли суть Деревьску землю,
Likh: добри суть, иже распасли суть Деревьску землю,
Ostr: добри суть, иже распасли суть Деревьскую землю,

56,5:

Laur: да поиди за кнзь нашь за малъ. бѣ | бо има
Radz: да поиди за на̑ кн͞зь за ма̂. бѣ бо ем̇у̇
Acad: да поиди за нашь   малъ. бѣ бо ему̑ |
Hypa: да иди за нашь | кнзь за малъ. бѣ бо е|му
Khle: да поиди за нашь кназь. | за маль. бѣ бо има

Comm: поиди   за князь нашь за малъ бѣ бо имя
Tols: да поиди убо за князь нашъ за малъ бѣ бо имя

Bych: да поиди за князь нашь за Малъ;" бѣ бо имя
Shakh: да поиди за кънязь нашь, за Малъ"; бѣ бо имя
Likh: да поиди за князь нашь за Малъ"; бѣ бо имя
Ostr: да поиди за нашь кънязь, за Малъ"; бѣ бо ему

56,6:

Laur: ему малъ. кнѧзю дерьвьску. рѣ́ же | нмъ
Radz: нма ма̂ кнз͞ь.   и рѣ́ нı̇мъ
Acad: нма малъ кнз͞ь.   и рече нмь
Hypa: нма малъ. кнѧзю де|ревьскому. рѣ́ же нмъ |
Khle: маль кнѧзю деревскомȣ. | рѣ́ же н͞м

Comm: князю нашему деревьскому малъ   рече же имъ
Tols: ему малъ князю деревскому   рече же имъ

Bych: ему Малъ, князю Дерьвьску. Рече же имъ
Shakh: ему Малъ, кънязю Деревьску. Рече же имъ
Likh: ему Малъ, князю дерьвьску. Рече же имъ
Ostr: имя Малъ, кънязю Деревьску. Рече же имъ

56,7:

Laur: ѡльга люба мн есть рѣчь ваша. уже | мнѣ
Radz: ѡгла любн мн   рѣ́ ва. оуже мн
Acad: ѡлга люба мн   рѣчь ва|ша. оуже мн
Hypa: ѡлга. люба мн есть рѣчь | ваша. оуже мнѣ
Khle: ѡлга. люба мн є́ рѣ́ ваша. оуже мнѣ

Comm: олга люба ми есть рѣчь ваша уже   мнѣ
Tols: ольга люба ми есь рѣчь ваша уже бо ми

Bych: Ольга: "люба ми есть рѣчь ваша, уже мнѣ
Shakh: Ольга: "люба ми есть рѣчь ваша, уже мънѣ
Likh: Ольга: "Люба ми есть рѣчь ваша, уже мнѣ
Ostr: Ольга: "Люба ми есть рѣчь ваша, уже мънѣ

56,8:

Laur: мужа своего не креснтн. но хочю въ | почтнтн
Radz: мȣ́ своє́ не кресн.   хочю вы | почтнтн
Acad: мȣжа своего не креснть.   хочю вы поч̇тнтн
Hypa: своего | мужа не креснтн. но хо̊щю вы почтнтн.
Khle: своє́ | мѧжа не креснтн. но хощоу вы почтнтн,

Comm: своего мужа не въскресити нь хощу вы почтити
Tols: своего мужа не вскресити нъ хощу вы почтити

Bych: мужа своего не крѣсити; но хочю вы почтити
Shakh: мужа своего не крѣсити; нъ хощю вы почьстити
Likh: мужа своего не крѣсити; но хочю вы почтити
Ostr: своего мужа не крѣсити; нъ хощю вы почьстити

56,9:

Laur:	наутрига предъ людьми своими. І а нынѣ идете
Radz:	наоутрна прḗ лю͞мн свонмн. а н͞нѣ поидите
Acad:	наутрїа прḗ людми свонмн. а н͞нѣ поидіте
Hypa:	наоутырѣга прḗ людми свонмн. І а нынѣ идете
Khle:	нау͞трїа прḗ людми свонмн. а н͞нѣ идете
Comm:	наутрия пред людьми своими а нынѣ идете
Tols:	наутриа пред людьми своими а нынѣ идете
Bych:	наутрия предъ людьми своими, а нынѣ идете
Shakh:	наутрия предъ людьми своими, а нынѣ идете
Likh:	наутрия предъ людьми своими, а нынѣ идете
Ostr:	наутрия предъ людьми своими, а нынѣ идете

56,10:

Laur:	в лодью свою. и лазите в лоды І величающе. сга
Radz:	в ло̄ю свою І и лазите в ло̄и величающиⷭ
Acad:	в лодью свою. и лазите в лодьн величающеса. І
Hypa:	в лодью сво͞ю. и лазьте в лодьи величⷪающеса.
Khle:	в ло̄ю свою. І и лазѣте в ло̄и величающеса.
Comm:	в лодью свою и лязите в лодьи величающеся
Tols:	в лодью свою и лязите в лодьи величающеся
Bych:	в лодью свою, и лязите в лодьи величающеся,
Shakh:	въ лодию свою, и лязѣте въ лодии, величающеся;
Likh:	въ лодью свою, и лязите въ лодьи величающеся,
Ostr:	въ лодию свою, и лязѣте въ лодии, величающе ся;

56,11:

Laur:	азъ оутро послю по вы. вы же ‖ рьцѣте [15ᵛ]
Radz:	и азъ заоутра послю по вы. І вы же рците
Acad:	азъ заоутра послю по вы. вы же рцѣте людемъ. І
Hypa:	азъ оутро поⷲлю по вы. вы же реⷱте
Khle:	азь оутрѣ поⷨслю по ваⷭ. вы же рцѣте,
Comm:	и азъ заутра пошлю по вас вы же величающеся рцѣте
Tols:	и азъ заутра пошлю по вас вы же рцѣте
Bych:	и азъ утро послю по вы, вы же рьцѣте:
Shakh:	и азъ утро посълю по вы, вы же рьцѣте:
Likh:	и азъ утро послю по вы, вы же рьцѣте:
Ostr:	азъ утро посълю по вы, вы же рьцѣте:

Повѣсть времеиьныхъ лѣтъ 345

56,12:

Laur: не едемъ на конѣ. ни пѣши идем. но по|несѣте
Radz: не ѣдемо на конѣ. а пѣши не идем. но понесете
Acad: не ѣдемъ на конѣ. а пѣши не идемъ. но понесите |
Hypa: не | ѣдемъ ни на конехъ. ни | пѣши идем. но поне|сете
Khle: не едḙ ни на конѣ, ни | пѣши идḙ. но понесете

Comm: не идемъ на конех ни пѣши идемъ но понесете
Tols: не идемъ на конѣхъ ни пѣши не ходимъ нъ понесете

Bych: не едемъ на конѣхъ, ни пѣши идемъ, но понесѣте
Shakh: не ѣдемъ на конихъ, ни пѣши идемъ, нъ понесете
Likh: не едемъ на конѣхъ, ни пѣши идемъ, но понесѣте
Ostr: не ѣдемъ на конихъ ни пѣши идемъ, нъ понесѣте

56,13:

Laur: ны в лодьѣ. и възнесуть вы в лодьи. и |
Radz: ны в лодьи. и вознесȣть вы в лѿи. и
Acad: ны в лодьи. и вознесȣть вы в лодьи. и
Hypa: ны в лодьи. и възы|несуть вы в лодьи. и
Khle: ны в лѿи, и възнесоу́ вы | в лѿи. и

Comm: ны в лодьи и вознесут вы въ лодьи и
Tols: ны в лодьи и взнесуть вы въ лодьи и

Bych: ны в лодьѣ; и възнесуть вы в лодьи;" и
Shakh: ны въ лодии; и възнесуть вы въ лодии". И
Likh: ны въ лодьѣ; и възнесуть вы в лодьи"; и
Ostr: ны въ лодии; и възнесуть вы въ лодии". И

56,14:

Laur: ѿпусти ꙗ в лодью. ѡльга же повелѣ ископа|ти
Radz: ѿпоусти а лѿю:- || ла же повелѣ ископати   [28ᵛ]
Acad: ѿпȣстї а в ло|дью:· ѡлга же повелѣ ископать
Hypa: ѿ|пусти ꙗ в лодью. ѡль|га же повелѣ ископати |
Khle: ѿпоусти а в лѿю. ѡлга же повелѣ и|скопати

Comm: отпусти я в лодьи и олга же повелѣ ископати
Tols: отпусти а в лодьи олга же повелѣ ископати

Bych: отпусти я въ лодью. Ольга же повелѣ ископати
Shakh: отъпусти я въ лодию. Ольга же повелѣ ископати
Likh: отпусти я въ лодью. Ольга же повелѣ ископати
Ostr: отъпусти я въ лодию. Ольга же повелѣ ископати

56,15:

Laur: ꙗму. велику и глубоку. на дворѣ теремыстѣмь.
Radz: ꙗмоу велкꙋ и глоубокꙋ. на дворѣ теремьскомъ
Acad: ꙗмꙋ велкꙋ и глꙋбокү. на дворѣ теремьскомъ
Hypa: ꙗму велику и глубоку. | на дворѣ теремьскомъ. |
Khle: ꙗмоу велкоу и глоубокоу на дворѣ | теремскѡм̆,

Comm: яму велику и глубоку на дворѣ теремьстѣмъ
Tols: яму велику и глубоку на дворѣ теремьстѣмъ

Bych: яму велику и глубоку на дворѣ теремьстѣмь,
Shakh: яму велику и глубоку на дворѣ теремьстѣмь,
Likh: яму велику и глубоку на дворѣ теремьстѣмь,
Ostr: яму велику и глубоку на дворѣ теремьскомъ,

56,16:

Laur: внѣ града. и заоутра волга седащи | в теремѣ.
Radz: внѣ гра̑. и заоутра ѡлга седаше в те|ремѣ
Acad: внѣ града. и заоу|тра ѡлга сѣдаше в теремѣ
Hypa: внѣ города. и заоутра ѡл҃га сѣдащи в теремѣ. |
Khle: внѣ града. и зау̑тра ѡ҃га сѣдащи | в теремѣ

Comm: внѣ града и заутра олга сѣдящи в теремѣ
Tols: внѣ града и заутра ольга сѣдящи в теремѣ

Bych: внѣ града. И заутра Волга, сѣдящи в теремѣ,
Shakh: вънѣ града. И заутра Ольга, сѣдящи въ теремѣ,
Likh: внѣ града. И заутра Волга сѣдящи в теремѣ,
Ostr: вънѣ града. И заутра Ольга, сѣдящи въ теремѣ,

56,17:

Laur: посла по гости. и придоша к нимъ. | гл҃ще. зоветь
Radz: посла по гости. и принидоша к ни̾м гл҃ще зоветь
Acad: посла по гости. и прі|идоша к нимъ гл҃ще. зоветь [26ᵛ]
Hypa: посла по гости. и придо|ша к нимъ гл҃юще. зоветь |
Khle: посла по гостѣ. и прі̑идоша къ ни̾м | гл҃ще. зовет̾

Comm: посла по гости и приидоша к нимъ глаголюще зоветь
Tols: посла по гости слы же приидоша к нимъ глаголюще зоветь

Bych: посла по гости, и придоша к нимъ, глаголюще: "зоветь
Shakh: посъла по гости, и придоша къ нимъ, глаголюще: "зоветь
Likh: посла по гости, и придоша к нимъ, глаголюще: "Зоветь
Ostr: посъла по гости, и придоша къ нимъ, глаголюще: "Зоветь

56,18:

Laur: вы ѡльга на честь велнкѹ. ѡнн же рѣша не
Radz: вы ѡlга на чͨть велнкѹ. ѡнн жͤ рѣша не
Acad: вы ѡлга на чͨть велнкѹ. ѡнн же рѣша не
Hypa: вы ѡльга на чͨть велнкѹ. ѡнн же ркоша не
Khle: вы ѡлга на чͨть велнкоу. ѡнн жͤ рͨкша, ‖ не   [22ᵍ]

Comm: вы олга на честь велику они же рѣша не
Tols: вы олга на честь велику они же рѣша не

Bych: вы Ольга на честь велику." Они же рѣша: "не
Shakh: вы Ольга на чьсть велику". Они же рѣша: "не
Likh: вы Ольга на честь велику". Они же рѣша: "Не
Ostr: вы Ольга на чьсть велику". Они же рѣша: "Не

56,19:

Laur: едемъ на конн҃хъ нн на возѣхъ. |
Radz: ѣдеͫ на конеͯ. нн на возѣхъ |
Acad: ѣдемь на конеͯ. нн на возѣхъ. |
Hypa: ѣдемъ | нн на конехъ. нн на возѣͯ | нн пѣшь
Khle: едеͫ нн на конеͯ. нн на возѣͯ. нн пѣшн

Comm: идемъ на конѣх ни на возехъ нь
Tols: ѣдемъ ни на конѣх ни пѣши ни на возехъ нъ

Bych: едемъ на конихъ, ни на возѣхъ, ни пѣши
Shakh: ѣдемъ на конихъ, ни на возѣхъ, ни пѣши
Likh: едемъ на конихъ, ни на возѣхъ, ни пѣши
Ostr: ѣдемъ на конихъ ни на возѣхъ

56,20:

Laur: понесете ны в лодьн. рѣша же кнѧне
Radz: понесетн ны в лоᴬн. рѣша кнѧне
Acad: понесете ны в лодїн. рѣша же кїенѧ
Hypa: ндемъ. но понеlснте ны в лодьн. ркоша | же кнѧнѣ.
Khle: ндемь. | но понесете наᴬ в лоѡн. рекоша же кыѧне,

Comm: понесете ны в лодьи и рѣша кыянѣ
Tols: понесите ны в лодьи глаголаше же киане к

Bych: идемъ, понесѣте ны в лодьи." Рѣша же Кияне:
Shakh: идемъ, нъ понесѣте ны въ лодии". Рѣша же Кыяне:
Likh: идемъ, понесѣте ны в лодьи". Рѣша же кияне:
Ostr: идемъ, нъ понесѣте ны въ лодии". Рѣша же Кыяне:

56,21:

```
Laur:  НАМЪ НⁱЕВОЛА КНѦЗЬ НАШЬ УБЬЕNЪ А КНѦГHNH
Radz:  НАМЪ НЕВОЛА. КНЗ̄Ь NАш̄ ОУБЬЕNЪ. А КN̄ГHNH
Acad:         NЕВОЛА. КНЗ̄Ь | NАШЬ ОУБЬЕNЪ. А КNЕГHNI
Hypa:  НАМЪ НЕВО|ЛА КНѦЗЬ NАШЬ ОУБНТЪ. | А КNѦГHNH
Khle:  NАᴹ | NЕВОЛА. КNАSЬ NАШЬ ОУБНт̄. А КNѦГHNH
```

Comm: неволя есть намъ князь нашь убиенъ бысть а княгынѣ
Tols: ним неволя есь намъ князь нашъ убьенъ бысть а наша

Bych: "намъ неволя; князь нашь убьенъ, а княгини
Shakh: "намъ неволя; кънязь нашь убиенъ, а кънягыни
Likh: "Намъ неволя; князь нашь убьенъ, и княгини
Ostr: "Намъ неволя. Кънязь нашь убиенъ а кънягыни

56,22:

```
Laur:  NАшᴬ | ХОЧЕ ЗА ВАШЬ КNѦЗЬ H ПОNЕСОША ѦА
Radz:  NАш̄ ХОЧт̄Е ЗА ВАШг̄Е КNЗ̄А. H ПОNЕСОША
Acad:  NАША ХОЧЕТЬ ЗА ВАШЬ | КNЗ̄Ь. H ПОNЕСОША
Hypa:  NАША ХОЩЕТЬ. || ЗА ВАШЬ КNѦЗЬ. H ПОNЕСО|ША ѦА      [22c]
Khle:  NАША | ХОЧЕ ЗА ВАШЬ КNАSЬ. H ПОNЕСОША Ѧ
```

Comm: наша хощетъ за вашь князь и понесоша я
Tols: княгыни хощетъ за вашего князя и понесоша а

Bych: наша хочетъ за вашь князь"; и понесоша я
Shakh: наша хощеть за вашь кънязь". И понесоша я
Likh: наша хочетъ за вашь князь"; и понесоша я
Ostr: наша хощеть за вашь кънязь". И понесоша я

56,23:

```
Laur:  в ЛОДЬH. ѠNH ЖЕ СѢДАХУ В ПЕРЕГЪБѢ.ˣ                В ВЕЛHКHХ
Radz:  в ЛОᴬДH ѠNH ЖЕ СЕДАˣ В ПЕРЕГБѢ.ˣ                   в ВЕЛHКHˣ
Acad:  в ЛОᴬDН. ѠNH ЖЕ СѢDAXȢ В ПЕРЕГБѢˣ. |               в ВЕЛHКHˣ
Hypa:  в ЛОДЬH. ѠNH ЖЕ СѢ|ДАХУ В ПЕРЕГРЕБѢХЪ. H |        въ ВЕЛHХˣ
Khle:  в ЛѠᴬDH. ѠNH | СѢДАЖˣ В ПЕРЕГБѢ ВЕЛHЧАЮЩЕ СѦ H     ВЕЛHКЫˣ
```

Comm: в лодьи онѣ же сѣдяще и гордящеся   въ великихъ
Tols: в лодьи они же сѣдяху в перегбехъ   великихъ

Bych: в лодьи. Они же сѣдяху в перегъбѣхъ въ великихъ
Shakh: въ лодии. Они же сѣдяху въ перегъбѣхъ, въ великыхъ
Likh: в лодьи. Они же сѣдяху в перегъбѣх въ великихъ
Ostr: въ лодии. Они же сѣдяху въ перегъбѣхъ, въ великыхъ

56,24:

Laur:	сустугахъ гордащесѧ. и принесоша ꙗ на
Radz:	соустогаˣ горˡдѧщесѧ и	принесоша а в лоˡа на
Acad:	сꙋстогахъ. гордащеˢ и принесоша ꙗ
Hypa:	сустогахъ.	гордащесѧ. и принесоˡша ꙗ на
Khle:	соуˡстогаˣ гордѧщесѧ. и принесоша ѧ на
Comm:	перегбехъ и сустугах и пакы принесоша я на
Tols:	сустугахъ гордящеся принесоша я ᵃˢ на
Bych:	сустугахъ гордящеся; и принесоша я на
Shakh:	сустугахъ, гърдящеся. И принесоша я на
Likh:	сустугахъ гордящеся. И принесоша я на
Ostr:	сустугахъ гърдяще ся. И принесоша я на

56,25:

Laur:	дворъ к оˡльзѣ. несѹше вринуша е въ
Radz:	дворъ ко ѡлзѣ. несша вринꙋша въ	
Acad:	двоˡръ ко ѡльзѣ. и несше вринꙋша вь
Hypa:	дворъ къ о‹л›ьзѣ.	и несѹше ꙗ и вринуша	въ
Khle:	дворь къ	ѡлзѣ. и несше ѧ вриноуша въ
Comm:	дворъ къ олзѣ и абие въринуша въ
Tols:	дворъ ко ользѣ и несше вринуша я въ
Bych:	дворъ к Ользѣ, и, несъше, вринуша е въ
Shakh:	дворъ къ Ользѣ, и несъше, въринуша я въ
Likh:	дворъ к Ользѣ, и, несъше, вринуша е въ
Ostr:	дворъ къ Ользѣ, и несъше, въринуша

56,26:

Laur:	ꙗму и с лодьею.	приникъши ѡльга и реᷰ
Radz:	ꙗмꙋ с лоˡею. и приникше ѡлга реᷰ
Acad:	ꙗмꙋ с лодьею.	и приникши ѡльга рече
Hypa:	ꙗму и съ лодьею. и прᷩиникши ѡлга и реᷰ
Khle:	ꙗмоу и с лоˣею.	и приникши ѡлга и реᷰ
Comm:	яму и с лодьею и олга сшедши к нимъ и приникъши видѣ и рече
Tols:	яму съ людми и приникши олга рече
Bych:	яму и с лодьею. Приникъши Ольга и рече
Shakh:	яму и съ лодиею. И приникъши Ольга, рече
Likh:	яму и с лодьею. Приникъши Ольга и рече
Ostr:	яму и съ лодиею. И приникъши Ольга, и рече

56,27:

Laur: имъ добра ли вы чеӥсть. ѡни же рѣша пущи
Radz: имъ добра ли вы честь. | рѣша ѡни поущи
Acad: имъ добра ли вы ҷт̃ь. рѣӥша ѡни. пȣще
Hypa: имъ добыра ли въ ҷт̃ь. ѡни же ркоша. пуще
Khle: и᷾ добра ли ва᷿ ҷт̄ь. ѡни᷾ | рекоша, поуще
Comm: имъ вы есте послове деревьскои земли и приидосте къ намъ от своего
       князя мала добра ли вы есть честь они же рѣша пущи
Tols: имъ   добра ли вы   честь они же рѣша пущи

Bych: имъ: "добра ли вы честь?" они же рѣша: "пуще
Shakh: имъ: "добра ли вы чьсть?" Они же рѣша: "пуще
Likh: имъ: "Добра ли вы честь?". Они же рѣша: "Пуще
Ostr: имъ: "Добра ли вы чьсть?" Они же рѣша: "Пуще

56,28:

Laur: ны игоревы смр̃ти. | и повелѣ засыпати ꙗ живы.
Radz: ны игоревы смр̃ти. и повелѣ засыпа|ти а живы.
Acad: ны игоревы смр̃ти. и повелѣ засы|пати а живы.
Hypa: ны игоревы смѐ|рти. и повелѣ засыпати | ꙗ живы.
Khle: на᷾ игоревы смр̄ти.   повелѣ | засыпати ѧ живы.
Comm: намъ бысть игоревѣ смерти и княгынѣ олга повелѣ засыпати ихъ живыхъ
NAca: игоревѣ смерти и абие   повелѣ засыпати   живыхъ
Tols: есть игоревѣ смерти и абие   повелѣ засыпати   живыхъ

Bych: ны Игоревы смерти;" и повелѣ засыпати я живы,
Shakh: ны Игоревы съмьрти". И повелѣ засыпати я живы,
Likh: ны Игоревы смерти". И повелѣ засыпати я живы,
Ostr: ны Игоревы съмьрти". И повелѣ засыпати я живы,

56,29:

Laur: и посыпаша ꙗ. | пославши ѡльга къ деревлꙗномъ.
Radz: и засыпаша ꙗ:· | И посла ѡлга к деревлꙗно᷾м
Acad: и засыпаше а:· И посла ѡлга к дере|влꙗномъ
Hypa: и посыпаша ꙗ. | и пославши ѡлга. къ деревлꙗно᷾м
Khle: и посыпаша ѧ. и посла᷿ши | ѡлга к деревлꙗно᷾м
Comm: и абие засыпаша ихъ якоже пославши олга къ древляномъ
NAca: и   посыпаша и   пославши олга къ древяномъ
Tols: и   посыпаша и   пославши олга къ древяномъ

Bych: и посыпаша я. И пославши Ольга къ Деревляномъ,
Shakh: и посыпаша я. И посълавъши Ольга къ Древляномъ,
Likh: и посыпаша я. И пославши Ольга къ деревляномъ,
Ostr: и посыпаша я. И посълавъши Ольга къ Деревляномъ,

Повѣсть времєньныхъ лѣтъ 351

56,30:

Laur: рѣ҃ нмъ д҃ | аще ма просити. право
Radz: и рѣ҃ нмъ. да аще ма просите пра|во.
Acad: и рече нмь. да аще ма просите право. |
Hypa: рѣ҃. да аще ма пра|во просите.
Khle: рѣ҃. да аще ма право просите |

Comm: и сице глагола имъ аще мя право просите
NAca: и рече имъ аще мя право просите
Tols: и рече имъ аще мя право просите

Bych: рече имъ: "да аще мя просите право,
Shakh: рече имъ: "да аще мя право просите,
Likh: рече имъ: "Да аще мя просите право,
Ostr: рече: "Да аще мя право просите,

56,31:

Laur: то пришлите мужа | нароунтъı. да в велицѣ ути
Radz: то пришлите мȣжа нароунти. да в велицен ути
Acad: то прı̈шлите мȣжа нароунта. да в велı̈цен ути |
Hypa: то пришлите | къ мнѣ мужи нароунти. | да въ вели<це> ути с҃
Khle: то пришлѣте къ мнѣ мѫжи нароунтıа. да | въ велицен ути с҃

Comm: то пришлите мужи нарочиты да в велицѣ чести
NAca: тъ пришлите мужи нарочиты да в лицѣ честѣ
Tols: тъ пришлите мужи нарочиты да в лицѣ честѣ

Bych: то пришлите мужа нарочиты, да в велицѣ чти
Shakh: то присълите мужа нарочиты, да въ велицѣ чьсти
Likh: то пришлите мужа нарочиты, да в велицѣ чти
Ostr: то пришлите мужи нарочиты, да въ велицѣ чьсти

57,1:

Laur: приду за вашь кн҃зь. еда не пустать мене
Radz: по|идоу за ваше г҃ кнзь. егда не поуста т҃ мене
Acad: пондȣ за вашь кнз҃ь. еда не пȣстать мене
Hypa: понду | за вашь кнлзь. еда не | пустать мене.
Khle: пондоу за вашь кнл҃з. ега не пȣ|ста т҃ мене

Comm: поиду за вашь князь понеже бо не пустять мене
NAca: поиду за вашь князь еда не пустять мене
Tols: поиду за вашь князь еда не пустять мене

Bych: приду за вашь князь, еда не пустять мене   [55,19]
Shakh: поиду за вашь къязь, еда не пустять мене   [65,1]
Likh: приду за вашь князь, еда не пустять мене   [41,20]
Ostr: поиду за вашь кънязь, еда не пустять мене

57,2:

Laur:	людье кневьстнн. се | слышавше деревлане. собраша са
Radz:	лю̀ кневсне. се | слышавше деревлане. нзбраша
Acad:	людїе | кїевьскї̀н. се слышавше деревлане. нзбраша
Hypa:	лю̀е кнїевьсцнн. се слышавше | древлане. нзбраша
Khle:	людїе кневстїн. се же слышавше | деревлане. нзбраша
Comm:	людье кыевьстѣи се слышавши древлянѣ избраша
NAca:	мужи кыевьскии се слышавше древлянѣ избраша
Tols:	мужи кыевьскии се слышавше древляне изъбраша
Bych:	людье Кыевьстии." Се слышавше Деревляне, избраша
Shakh:	людие Кыевьстии". Се слышавъше Древляне, избраша
Likh:	людье киевьстии". Се слышавше деревляне, избраша
Ostr:	людие Кыевьстии". Се слышавъше Деревляне, избьраша

57,3:

Laur:	луѣьшнїе мужн. нже дерьжаху деревьску
Radz:	лотүнн моу̇. нже держа̇хоу деревланьскоую
Acad:	лүѵшїн мѹжн. нже держахѹ дереваньскѹю
Hypa:	луѣьшаѩ мужн. ндеже дѣ|ржать деревьскую
Khle:	лоүшаѧ можа нже держа̇ | деревскоую
Comm:	лучьшии мужи нарочиты иже держаша деревьскую
NAca:	лучьшии мужи иже дерьжаше деревьскую
Tols:	лучьшии мужи иже дерьжаше деревьскую
Bych:	лучьшие мужи, иже дерьжаху Деревьску
Shakh:	лучьшая мужа, иже дьржаху Деревьску
Likh:	лучьшие мужи, иже дерьжаху Деревьску
Ostr:	лучьшая мужа, иже дьржаху Деревьску

57,4:

Laur:	землю. н по|слаша по ню. деревланомъ
Radz:	землю. н послаша по ню. деревла̇|ном
Acad:	землю. | н послаша по ню. деревланом
Hypa:	зе|млю. н послаша по ню. де|ревланомъ
Khle:	землю. н послаша по ню. деревлано̇|
Comm:	землю и послаша их по олгу древляномъ
NAca:	землю и послаша по ольгу древляномъ
Tols:	землю и послаша по ольгу древляномъ
Bych:	землю, и послаша по ню. Деревляномъ
Shakh:	землю, и посълаша по ню. Древляномъ
Likh:	землю и послаша по ню. Деревляномъ
Ostr:	землю, и посълаша по ню. Деревляномъ

57,5:

Laur: же пришедъшн|мъ. повелѣ ѡльга мовь створнтн
Radz: же пришеш͞и. и повелѣ ѡлга мовь стронтн
Acad: же прншеш͞имъ. и по|велѣ ѡлга мовь стронтн.
Hypa: же прїшедъш͞и повелѣ ѡлга мовнн|цю створнтн.
Khle: же прншеш͞и. повелѣ ѡлга мовнцоу сътворн͞тн. |

Comm: же пришедшимъ къ кыеву къ княгинѣ ольги и прияше олга въ честъ деревьскых муж и повелѣ на них мовь створити
NAca: же пришедъшим и повелѣ ольга мовъ сътворити
Tols: же пришедъшим и повелѣ ольга мовъ сътворити

Bych: же пришедъшим, повелѣ Ольга мовь створити,
Shakh: же пришьдъшем, повелѣ Ольга мовь сътворити,
Likh: же пришедъшимъ, повелѣ Ольга мовь створити,
Ostr: же пришьдъшем, повелѣ Ольга мовь сътворити,

57,6:

Laur: рькуще сі|це. нзмывшеся прндите ко мнѣ.
Radz: рекȣще | сице нзмывше͡с прндн͞и ко мнѣ.
Acad: рекȣщи сі͞це. нзмывше|са прїндите ко мнѣ.
Hypa: ркущи сн͞це. нзмывшеся придѣ|та къ мнѣ.
Khle: рекоуще сн͞це. нзмывшеса прїндѣте къ мнѣ. |

Comm: измывшеся приидете ко мнѣ
NAca: измывшеся приидѣте ко мнѣ
Tols: измывшеся приидете ко мнѣ

Bych: рькуще сице: "измывшеся придите ко мнѣ."
Shakh: рекущи сице: "измывъшеся, придѣте къ мънѣ".
Likh: рькуще сице: "Измывшеся придите ко мнѣ".
Ostr: рекущи сице: "Измывъше ся, придѣте къ мънѣ".

57,7:

Laur: ѡни же пе|режьгоша нстопку. н влѣзоша деревляне. |
Radz: ѡни͞ж прежгоша нстьбоу | н влѣзоша деревляне. н
Acad: ѡни же прежгоша нстьбȣ. н влѣ|зоша деревляне. н
Hypa: ѡни же пере|жьгоша мовнцю. н влѣзоша древляне. н
Khle: ѡни же пережгоша мовнцоу. н влѣзоша деревляне н

Comm: они же прежгоша избу и влѣзоша древляне
NAca: они же на то устроенѣ мужие прежгоша избу и влѣзоша древляне
Tols: они же на то устроенѣ мужие прежгоша избу и влѣзоша древляне

Bych: Они же пережьгоша истопку, и влѣзоша Деревляне,
Shakh: Они же прежгоша истъбу, и вълѣзоша Древляне, и
Likh: Они же пережьгоша истопку, и влѣзоша деревляне,
Ostr: Они же прежгоша истъбу, и вълѣзоша Деревляне, и

354   Повѣсть времньныхъ лѣтъ

57,8:

Laur: начаша са мытн. и запроша ѿ нихъ
Radz: нача͡с   мытн. и запроша ѿ ни͡х
Acad: начаша са мытн. и запроша ѿ | ни͡х
Hypa: нача|ша мыти са. и запроша мо̇|внцю ѿ   [22d]
Khle: начаша мыти са. и запроша мовни|цоу ѿ

Comm: мытся и запроша избу о
NAca: мытися и запроша избу о
Tols: мытися и запроша избу о

Bych: начаша ся мыти; и запроша о нихъ
Shakh: начаша ся мыти; и запьроша истъбу о
Likh: начаша ся мыти; и запроша о нихъ
Ostr: начаша ся мыти; и запьроша истъбу о

57,9:

Laur: истобъ|ку. и повелѣ зажечи ꙗ ѿ двери.   ту
Radz: две||ри и повелѣ зажеть ѧ ѿ дверен. и тоу   [29ᴦ]
Acad: двери. и повелѣ зажечи ѧ ѿ дверен. и тꙋ
Hypa: ни͡х. и повелѣ за|жечи ꙗ ѿ двери. и ту
Khle: ни͡х. и повелѣ зажечи ѧ ѿ двереи. и тоу

Comm: них и повелѣ зажещи на нихъ огнемъ от дверии и ту
NAca: них и повелѣ зажещи   от двереи и ту
Tols: них и повелѣ зажещи   от двереи и ту

Bych: истобъку, и повелѣ зажечи я отъ дверий, ту
Shakh: нихъ, и повелѣ зажещи я отъ двьрии, и ту
Likh: истобъку, и повелѣ зажечи я отъ дверий, ту
Ostr: нихъ и повелѣ зажещи я отъ двьрии, и ту

57,10:

Laur: изгорѣш͡а | вси. и посла къ деревланомъ рькущи
Radz: изгорѣша вси:· | И посла к деревлано̇͡м рекущ<и>
Acad: изгорѣша вси:· и посла к деревланомъ рекꙋщи
Hypa: изгорѣша вси. и посла къ | деревлано̇͡м. ркущи
Khle: изго|рѣша вси. И посла к деревлано̇͡м рекоущи

Comm: съгорѣша вси и пакы приложи к тому олга послати къ древляном сице
NAca: згорѣша вси и   посла ко древляном ркуще
Tols: згорѣша вси и   посла ко древляном ркуще

Bych: изгорѣша вси. И посла къ Деревляномъ, рькущи
Shakh: изгорѣша вьси. И посъла къ Древляномъ, рекущи
Likh: изгорѣша вси. И посла къ деревляномъ, рькущи
Ostr: изгорѣша вьси. И посъла къ Деревляномъ, рекущи

57,11:

Laur: снце. се | оуже иду к вамъ. да пристроите меды
Radz: снце. се оужє идоу к ва̃. да при|строите меды
Acad: снце. се оу|же ид८ к вамъ. да пристроите меды
Hypa: снце. се оуже иду к вамъ. | да пристроите меды
Khle: снце. се оу̃же | идоу к ва̃, да пристроите меды

Comm: глаголющи имъ се уже иду к вамъ да пристроите ми меды
NAca: сице   се уже иду к вамъ да пристроите ми меды
Tols: сице   се уже иду к вамъ да пристроите ми меды

Bych: сице: "се уже иду к вамъ, да пристройте меды
Shakh: сице: "се, уже иду къ вамъ, да пристроите меды
Likh: сице: "Се уже иду к вамъ, да пристройте меды
Ostr: сице: "Се, уже иду къ вамъ, да пристроите меды

57,12:

Laur: многи || въ градѣ идеже оубисте мужа моего да   [16ᵍ]
Radz: многы. въ гра̃ндѣже оубисте моужа моє̃. | да
Acad: многы въ гра|дѣ. идеже оубисте м८жа моего. да
Hypa: мы|ногы оу города. идеже | оубисте мужа моего. | да
Khle: мнѡгы оу града. идеже оубисте мѫжа моего. да

Comm: многы у града идеже убисте мужа моего да
NAca: многы у града идеже убисте мужа моего да
Tols: многи у града идѣ же убисте мужа моего да

Bych: многи въ градѣ, идеже убисте мужа моего, да
Shakh: мъногы у града, идеже убисте мужа моего, да
Likh: многи в градѣ, иде же убисте мужа моего, да
Ostr: мъногы у града, идеже убисте мужа моего, да

57,13:

Laur: плачю[с]а̃ надъ гробомъ его. и створю трызну
Radz: плачю на̃ гробо̃ его. и сотворю трызн८
Acad: плачю на̃ гро|бомъ его. и сотворю тризн८
Hypa: поплачюса надъ гро|бомъ е̃. и створю трызну
Khle: поплачюса на̃ гро|бѡ̃ его. и сътворю тризноу

Comm: поплачюся надъ гробомъ его и створи тризну
NAca: поплачюся надъ гробомъ его и сътворю трызну
Tols: поплачюся надъ гробомъ его и створю трызну

Bych: поплачюся надъ гробомъ его, и створю трызну
Shakh: поплачюся надъ гробъмь его, и сътворю тризну
Likh: поплачюся надъ гробомъ его, и створю трызну
Ostr: поплачю ся надъ гробъмь его, и сътворю тризну

57,14:

Laur: мужю | своєму. ѡни же то слышавше съвезоша
Radz: моу̊ своємоу ѡни̊ то слышавше совезоша
Acad: мѹжю своємѹ. ѡни ‖ же то слышавше свезоша [27ᵣ]
Hypa: мужю моєму. ѡни | же слышавше свезоша |
Khle: мѫжоу моємоу. | ѡни же слышавше свезоша

Comm: мужеви своєму и они же то слышавше свезоша
NAca: мужеви своєму инии же то слышавше свезоша
Tols: мужеви своєму инии же то слышавше свезоша

Bych: мужю своєму." Они же то слышавше, съвезоша
Shakh: мужю своєму". Они же, то слышавъше, съвезоша
Likh: мужю своєму". Они же, то слышавше, съвезоша
Ostr: мужю своєму". Они же, то слышавъше, съвезоша

57,15:

Laur: меды | многи ѕѣло. възвариша. ѡльга же
Radz: меды многы ѕѣло. и възва|риша. ѡлга же
Acad: меды многи ѕѣло и возва|риша. ѡлга же
Hypa: меды многы ѕѣло. ѡ|лга же
Khle: меды мнѡгы ѕѣлѡ | ѡлга же

Comm: мед многъ ѕѣло и извариша а олга же
NAca: меду много ѕѣло и извариша олга же
Tols: меду много и извариша олга же

Bych: меды многи ѕѣло, и възвариша. Ольга же,
Shakh: меды мъногы ѕѣло, и възвариша. Ольга же,
Likh: меды многи ѕѣло, и възвариша. Ольга же,
Ostr: меды мъногы ѕѣло, и възвариша. Ольга же,

57,16:

Laur: поимши мâлы дружины. легько идущи. приде
Radz: поимши мало дрѹжины. и легко идѹще | приде
Acad: поимши мало дрѹжины. и лехко идоущи. приде
Hypa: поємши мало дру|жиннѣ. и легько идущи. приде
Khle: поє̊мши мало дроужины. и легко идоущи ‖ прїиде [22ᵛ]

Comm: поимши мало дружины и легко идущи прииде
NAca: поимъши съ собою мало дружины и легько идущи прииде
Tols: поимши съ собою мало дружины и легко идущи прииде

Bych: поимши мало дружины, легько идущи приде
Shakh: поимъши мало дружины, и льгько идущи, приде
Likh: поимши мало дружины, легько идущи приде
Ostr: поимъши мало дружины, и льгько идущи приде

Повѣсть времепьныхъ лѣтъ

57,17:

Laur:	къ гробу его. плака са по мужи своемъ.
Radz:	ко гробоу е͡г. и плака͡с по моужи своемъ.
Acad:	ко гробȣ его. и плака са ѿ мȣжи своемъ. |
Hypa:	къ гробу его. | и плака са по мужі своіемъ.
Khle:	на гробъ его. и плака са по мѫжи своемь. |
Comm:	къ гробу его и плакася по мужи своем плачемъ велиимъ зѣло
NAca:	ко гробу его и плакася по мужи своемь
Tols:	ко гробу его и плакася по мужи своем
Bych:	къ гробу его, и плакася по мужи своемъ;
Shakh:	къ гробу его, и плакася по мужи своемъ.
Likh:	къ гробу его, и плакася по мужи своемъ.
Ostr:	къ гробу его, и плака ся по мужи своемь.

57,18:

Laur:	и повелѣ людемъ своимъ съсути могилу велику.
Radz:	и повелѣ | люде͡м ссоути могилȣ велнкȣ.
Acad:	и повелѣ людемь ссыпати могилȣ велнкȣ.
Hypa:	и повелѣ люде͡м съ|сути могилу велику. |
Khle:	и повелѣ люде͡м сыпати могылоу велнкоу,
Comm:	а людемъ въ время то повелѣ съсыпати могилу велику
NAca:	и повелѣ людемь съсути могылу велику зѣло
Tols:	и повелѣ людемь съсути могилу велику зѣло
Bych:	и повелѣ людемъ своимъ съсути могилу велику,
Shakh:	И повелѣ людьмъ съсути могилу велику,
Likh:	И повелѣ людемъ своимъ съсути могилу велику,
Ostr:	И повелѣ людьмъ съсути могылу велику,

57,19:

Laur:	ꙗко соспо͡ша. и повелѣ тръꙁну творити.
Radz:	и ꙗко ссыпаша. и повелѣ | трыꙁноу творити:- |
Acad:	и ꙗко | ссыпаша. и повелѣ триꙁнȣ творити:·
Hypa:	и ꙗко съспоша повелѣ | трыꙁну творити.
Khle:	и ꙗко. | иссыпаша. повелѣ триꙁноу творити.
Comm:	и яко съсыпаша повелѣ трызну створити и
NAca:	и яко съсыпаша повелѣ трызну творити и
Tols:	и яко ссыпаша повелѣ трызну творити и
Bych:	и яко соспоша, и повелѣ трызну творити.
Shakh:	и яко съсъпоша, повелѣ тризну творити.
Likh:	и яко соспоша, и повелѣ трызну творити.
Ostr:	и яко съсъпоша, повелѣ тризну творити.

357

57,20:

Laur: посемь сѣдоша | деревлане пити. и повелѣ
Radz: Посемъ седоша пити древане. и повелѣ
Acad: Посемъ | сѣдоша пити деревлане. и повелѣ
Hypa: посе︮м︯ | сѣдоша деревлане пи︮т︯и. и повелѣ
Khle: посе︮м︯ сѣ︮д︯ша | деревлане пити. и повелѣ

Comm: посемъ   сѣдоша пити древляне и повелѣ
NAca: посемь пакы сѣдоша пить древляне и повелѣ
Tols: посемъ паки сѣдоша пить древляне и повелѣ

Bych: Посемь сѣдоша Деревляне пити, и повелѣ
Shakh: Посемь сѣдоша Древляне пити, и повелѣ
Likh: Посемь сѣдоша деревляне пити, и повелѣ
Ostr: Посемь сѣдоша Деревляне пити, и повелѣ

57,21:

Laur: Ѡльга ѡтрокомъ | своимъ служити пред ними.
Radz: Ѡлга ѿроко︮м︯ | своимъ слоужити пре︮д︯ ними.
Acad: Ѡлга ѡтрокоимъ своимъ слȣжити пре︮д︯ ними.
Hypa: Ѡлга ѡтро|ко︮м︯ своимъ служити пе|редъ ними.
Khle: ѡтроко︮м︯ свои слоу︮ж︮н︯и | пре︮д︯ ними.

Comm: олга отрокомъ своимъ служити пред ними
NAca: ольга отрокомъ своимъ служити пред ними
Tols: ольга отрокомъ своимъ служити пред ними

Bych: Ольга отрокомъ своимъ служити пред ними;
Shakh: Ольга отрокомъ своимъ служити предъ ними.
Likh: Ольга отрокомъ своимъ служити пред ними.
Ostr: Ольга отрокомъ своимъ служити предъ ними.

57,22:

Laur: рѣша деревлан︮е︯ | к Ользѣ кдѣ суть дружина
Radz: и рѣша деревлане   Ѡлзѣ || гдѣ ︮с︯е дроужина   [29ᵛ]
Acad: и рѣша деревла|нѣ ко Ѡлзѣ. гдѣ есть дрȣжина
Hypa: и ркоша де|ревлане къ Ѡлзѣ. кдѣ | суть друзѣ
Khle: и рекоша деревлане къ ѡ̂зѣ. где соу︮т︯ | дроужн

Comm: и рѣша дрѣвлянѣ къ олзѣ гдѣ суть дружина
NAca: и рѣша древляне къ ользѣ гдѣ суть дружина
Tols: и рѣша древляне ко ользѣ гдѣ суть дружина

Bych: и рѣша Деревляне к Ользѣ: "кдѣ суть дружина
Shakh: И рѣша Древляне къ Ользѣ: "кѣде суть дружина
Likh: И рѣша деревляне к Ользѣ: "Кдѣ суть дружина
Ostr: И рѣша Деревляне къ Ользѣ: "Къде суть дружина

Повѣсть времєньныхъ лѣтъ

57,23:

Laur: наша. ихъже посла|хомъ по та. ѡна же
Radz: наша. иже послахо͞м по та. ѡна же
Acad: наша. иже послахомь по та. ѡна же
Hypa: нашн нхъж҄ | послахомъ по та. ѡна | же
Khle: нашн. иже послахо͞ по та. ѡна͇ж

Comm: наша ихъ же послахомъ по тебе она же
NAca: наша ихъ же послахомъ по тебе она же
Tols: наша ихъ же послахомъ по тебе она же

Bych: наша, ихъже послахомъ по тя?" она же
Shakh: наша, ихъже посълахомъ по тя?" Она же
Likh: наша, ихъ же послахомъ по тя?". Она же
Ostr: наша, ихъже посълахомъ по тя?" Она же

57,24:

Laur: р҄е͞ ндуть по мнѣ съ дружи|ною мужа моего.
Radz: рече | ндоу͞т по мнѣ. со дроужнною моужа мое͞г. и
Acad: рече ндȣть по мнѣ со дрȣжн|ною мȣжа моего. и
Hypa: р҄е͞ ндуть по мнѣ съ | дружнною мужа мое͞г. | и
Khle: р҄е, ндоу͞т | по мнѣ съ дроужнною мѫжа моего. и

Comm: рече идуть по мнѣ с дружиною мужа моего и
NAca: рече идуть по мнѣ с дружиною мужа моего и
Tols: рече идутъ по мнѣ с дружиною мужа моего и

Bych: рече: "идуть по мнѣ съ дружиною мужа моего." И
Shakh: рече: "идуть по мънѣ съ дружиною мужа моего". И
Likh: рече: "Идуть по мнѣ съ дружиною мужа моего". И
Ostr: рече: "Идуть по мънѣ съ дружиною мужа моего". И

57,25:

Laur: ꙗко оупиша са древлѧне. |<п>овелѣ ѿтрокомъ своимъ
Radz: ꙗко оупиша͇с | древлѧне. повелѣ ѿтроко͞м свои͞м
Acad: ꙗко оупиша са древлѧне. по|велѣ ѿтрокомь своимъ
Hypa: ꙗко оупиша са дере|влѧне. повелѣ ѿтрокı͞мъ свои͞м
Khle: ꙗко оупи|ша͇с древлѧне. повелѣ отроко͞м свои͞м

Comm: яко упишася древляне и повелѣ отроком своимъ
NAca: яко упишася древляне и повелѣ отроком своимъ
Tols: яко упишася древляне и повелѣ отроком своимъ

Bych: яко упишася Деревляне, повелѣ отрокомъ своимъ
Shakh: яко упишася Древляне, повелѣ отрокомъ своимъ
Likh: яко упишася древляне, повелѣ отрокомъ своимъ
Ostr: яко упиша ся Деревляне, повелѣ отрокомъ своимъ

57,26:

Laur:	пити на ня. а сама ‹ѿ›иде кромѣ и повелѣ
Radz:	пити на ня. а сама ѿиде кромѣ. и повелѣ
Acad:	пити на ня. а сама ѿиде кромѣ. и велѣ
Hypa:	пити на ня. а сама ѿиде проуъ. и по\u0301томъ повелѣ	[23a]
Khle:	пити на ня. а сама ѿиде про. и пото\u0301 повелѣ
Comm:	пити на нѣ а сама отъиде кромѣ и повелѣ
NAca:	пити на конѣ а сама отииде кромѣ и повелѣ
Tols:	пити на конѣ а сама отниде кромѣ и повелѣ
Bych:	пити на ня, а сама отъиде кромѣ, и повелѣ
Shakh:	пити на ня, а сама отъиде кромѣ, и повелѣ
Likh:	пити на ня, а сама отъиде кромѣ, и повелѣ
Ostr:	пити на ня, а сама отъиде кромѣ, и повелѣ

57,27:

Laur:	дружинѣ сѣчи деревля‹н›е. и исекоша
Radz:	дроужинѣ своеи сѣчи деревля. и исекоша
Acad:	дружинѣ своеи сѣчи деревляны. и иссекоша
Hypa:	ѡтрокомъ сѣчи я. и исъсѣкоша
Khle:	отрокомъ сѣчи я. и съсѣкоша
Comm:	дружинѣ сѣчи древляны и исъсѣкоша
NAca:	дружинѣ сѣчи древляны и исъсѣкоша
Tols:	дружинѣ сѣчи древляны и исъсѣкоша
Bych:	дружинѣ своей сѣчи Деревляны; и исѣкоша
Shakh:	дружинѣ сѣщи Древляны; и исѣкоша
Likh:	дружинѣ своей сѣчи деревляны; и исѣкоша
Ostr:	дружинѣ сѣщи Древляны; и исѣкоша

57,28:

Laur:	ихъ .ҁ҃. а ѡльга возъврати ся ки‹е›ву и пристрои
Radz:	ихъ .ҁ҃ ѡлга взрати\u0301с кневу. и пристрои
Acad:	ихъ .ҁ҃. ѡлга же возврати ся к кневу. и пристрои
Hypa:	ихъ .ҁ҃. а ѡлга възврати къ кневу. и пристрои
Khle:	и .ҁ҃. а ѡлга възврати ся къ кіевоу. и пристрои
Comm:	ихъ 5000 а олга възратися в киевъ и пристрои
NAca:	ихъ 5000 а ольга възвратися в киевъ и пристрои
Tols:	ихъ пять тысящь а олга възратися в киевъ и пристрои
Bych:	ихъ 5000. А Ольга возвратися Киеву, и пристрои
Shakh:	ихъ 5000. А Ольга възвратися Кыеву, и пристрои
Likh:	ихъ 5000. А Ольга возвратися Киеву, и пристрои
Ostr:	ихъ 5000. А Ольга възврати ся Кыеву, и пристрои

57,29:

Laur: вои на прокъ нхъ.
Radz: воа на про͞к:-
Acad: воıа на прокъ нхъ:·
Hypa: воıа на прокъ нхъ·:· |
Khle: воа на прокъ н͡х:

Comm: вои на прокъ ихъ
NAca: вои на прокъ ихъ
Tols: вои на прокъ ихъ

Bych: вои на прокъ ихъ.
Shakh: вои на прокъ ихъ.
Likh: вои на прокъ ихъ.
Ostr: воа на прокъ ихъ.

57,30:

Laur: кнѧженьıа сто<с>лавлѧ·:·
Radz: Начало кнж͠ньѧ. ст͞ославлѧ. с͠на нгорева.
Acad: Начало кнѧженьѧ. | ст͞ославлѧ. с͠на нгорева:·
Hypa: Начало кнѧженьѧ сто|славьлѧ·:· |
Khle: Начало | кнѧженı͞а ст͞ославлѧ.

Comm: начало княженья святославля
NAca: начало княжениа святославля
Tols: начало княжения святославля

Bych: Начало княженья Святославля сына Игорева.
Shakh: Начало княжения Святославля.
Likh: Начало княженья Святославля, сына Игорева.
Ostr: Начало княжения Святославля.

57,31:

Laur: В лѣ͞т. ҂s̅.у̅.н̅д̅. ѡльга съ съıномъ
Radz: лѣ͞т ҂s̅ у̅.н̅д̅. | ѡлга же со сн͞мъ
Acad: В лѣ͞т. ҂s̅.у̅.н̅д̅. ѡлга же | со сн͞омь
Hypa: В лѣто. ҂s̅.у̅.н̅д̅·:· | ѡлга съ сн͞омъ
Khle: В лѣ͞т ҂s̅.у̅.н̅д̅. ѡлга, | съ сыно͞м

Comm: в лето 6454 олга съ сыномъ
NAca: в лето 6454 ольга съ сыномъ
Tols: в лето 6454 олга съ сыномъ

Bych: В лѣто 6454. Ольга съ сыном
Shakh: Въ лѣто 6454. Ольга съ сынъмь
Likh: В лѣто 6454. Ольга съ сыном
Ostr: Въ лѣто 6454. Ольга съ сынъмь

58,1:

Laur: свонмъ | с̃тославомъ. собра вон много н храбры.
Radz: своимъ с̃тославо͞м. собра вон много н | храбры.
Acad: своимь с̃тославомъ. собра вон многн. | н храбры.
Hypa: с̃то|сла͞вмъ. събра вон многы н | храбры.
Khle: свон͞м с̃тославо͞. събра вон мнѡгы н хра|бры.

Comm: своимъ святославомъ събра вои многы и храбры
NAca: своимъ святославомъ събра вои многы и храбры и люди и
Tols: своимъ святославомъ сбра вои многы и храбры   люди и

Bych: своим Святославом собра вои много и храбры,   [56,19]
Shakh: своимъ Святославъмь събьра вои мъного и храбры,   [66,10]
Likh: своимъ Святославом собра вои много и храбры,   [42,9]
Ostr: своимь Святославъмь събьра вои мъного и храбъры,

58,2:

Laur: н нде | на дерьвьску землю. нзндоша деревлане
Radz: н нде на дереваньск8ю землю. н нзндоша де|ревлане
Acad: н нде на деревланьск8ю землю. н нзыдоша деревлане
Hypa: н нде на дере|вьскую землю. н нзыдоша древлане
Khle: н нде на деревскоую землю. н нзыдоша | деревлане

Comm: иде на деревъскую землю   изидоша древляне
NAca: и иде на деревъскую землю и абие изыдоша древляне
Tols: и иде на деревъскую землю и абие изыдоша древляне

Bych: и иде на Дерьвьску землю. И изидоша Деревляне
Shakh: и иде на Деревьску землю. И изидоша Древляне
Likh: и иде на Деревьску землю. И изидоша деревляне
Ostr: и иде на Деревьску землю. И изидоша Деревляне

58,3:

Laur: про|тнву. съмъшемъса ѡбѣма
Radz: протнв8. н сн͞ѣшн͞мс ѡбѣма
Acad: протнв8. н снемшнмса ѡбѣ|ма
Hypa: протн|ву. н снемшемаса | ѡбѣма
Khle: протнвоу. сн͞ѣшн͞са ѡбѣма

Comm: противу и снемшимася обѣма
NAca: противу и снемшимася обѣима
Tols: противу и снемшимася обѣима

Bych: противу. И сънемъшемася обѣма
Shakh: противу. И съньмъшемася обѣма
Likh: противу. И сънемъшемася обѣма
Ostr: противу. И съньмъшема ся обѣма

Повѣсть времеиьныхъ лѣтъ

363

58,4:

Laur: полкома на скупь. суну копьемъ с͞тославъ
Radz: полкомъ. на сок8пь н соун8 копье͞м с͞тославъ.
Acad: полкома. на сок8пь. н с8н8 копьемъ с͞тослаⷡвь.
Hypa: полкома накупь. суну копьемъ с͞тоⷭславъ
Khle: по̂колма накоупь, соуноу копїе͞м с͞тославь

Comm: полкома на совокупъ и суну копьем святославъ
NAca: полъкома на совокупъ и суну копиемь святославъ
Tols: полкома на совокупъ и суну копьем святославъ

Bych: полкома на скупь, суну копьемъ Святославъ
Shakh: пълкома на съкупь, суну копиемь Святославъ
Likh: полкома на скупь, суну копьемъ Святославъ
Ostr: пълкома на съкупь, суну копиемь Святославъ

58,5:

Laur: деревланы. н ко|пье летѣ сквозѣ оушн
Radz: на деревланы. н копье леⷮѣ скозѣ оушн
Acad: на деревланы. н копїе летѣ сквозѣ оушн
Hypa: на деревланы. | н копье л<е>тѣⷡ сквозн | оушн
Khle: на деревла|ны. н копїе летѣ сквозѣ оушн

Comm: на древляны и копие летѣ сквозѣ уши
NAca: на древляны и копие летѣ сквозѣ уши
Tols: на древляны и копие летѣ сквозѣ уши

Bych: на Деревляны, и копье летѣ сквозѣ уши
Shakh: на Древляны, и копие летѣ сквозѣ уши
Likh: на деревляны, и копье летѣ сквозѣ уши
Ostr: на Деревляны, и копие летѣ сквозѣ уши

58,6:

Laur: коневн. оудари в ногн | коневн. бѣ бо   дѣтескъ.
Radz: коневн. н оудари в ног8 коневн. бѣ бо | дѣⷮскъ.
Acad: конеівн н оудари в ногн коневн. бѣ бо   дѣтскъ.
Hypa: коневн. н оударї | в ногы коневн. бѣ бо велмн дѣтескъ.
Khle: коневн. оудари | в ногы коневн. бѣ бо велмн дѣтескь.

Comm: коневѣ   бѣ бо велми дѣтескъ
NAca: коневѣ   бѣ бо вельми дѣтескъ
Tols: коневѣ   бѣ бо вельми дѣтескъ

Bych: коневи, и удари в ноги коневи, бѣ бо дѣтескъ.
Shakh: коневи, и удари въ ногы коневи, бѣ бо вельми дѣтьскъ.
Likh: коневи, и удари в ноги коневи, бѣ бо дѣтескъ.
Ostr: коневи, и удари въ ногы коневи, бѣ бо дѣтьскъ.

58,7:

Laur: и рече свѣнелдъ и асмлдъ. кнѧзь
Radz: и рѣ свенелдъ. и асму кнз же
Acad: и рече свеѣлдъ. и асмудъ. кнзь же
Hypa: и рѣ свеѣнгелдъ. и асмудъ. кнѧзь
Khle: и рѣ свеѣгелдь. и асмоу. кнѧз

Comm: и рече свѣнделдъ и асмуд князь
NAca: и рече свиньлдъ и асмуд братье князь
Tols: и рече свиньлдъ и асмуд братье князь

Bych: И рече Свѣнелд и Асмолд: "князь
Shakh: И рече Свѣньлдъ и Асмудъ: "кънязь
Likh: И рече Свѣнелдъ и Асмолдъ: "Князь
Ostr: И рече Свѣньлдъ и Асмудъ: "Кънязь

58,8:

Laur: оуже почалъ потѧгнѣте дружинѧ | по кнѧзѣ. и
Radz: уже поча потѧгне дружино | по кнзи. и
Acad: оуже почаль потѧгнемъ | дружино по кнзи. и
Hypa: оуже почалъ. потѧгнемъ дружино по кнѧзи. и
Khle: оуже почаль, потѧгнем дружино по кнѧзи. и

Comm: уже потяглъ потягнѣмъ дружино и мы по князе и
NAca: уже потяглъ потягнемъ дружино и мы по князе и
Tols: уже потяглъ потягнемъ дружино и мы по князѣ и

Bych: уже почалъ; потягнѣте, дружина, по князе". И
Shakh: уже почалъ; потягнемъ, дружино, по кънязи". И
Likh: уже почалъ; потягнѣте, дружина, по князе". И
Ostr: уже почалъ; потягнемъ, дружино, по кънязи". И

58,9:

Laur: побѣдиша деревлѧны. деревлѧне же побѣгоша.
Radz: побѣди дерева деревлѧне побѣго
Acad: побѣдиша деревлѧны. деревлѧне же побѣгоша.
Hypa: побѣдиша деревылѧны. деревлѧнѣ же | побѣгоша.
Khle: побѣдиша деревлѧны. деревлѧне же побѣгоша

Comm: побѣдиша древляны
NAca: побѣдиша древляны
Tols: побѣдиша древляны

Bych: побѣдиша Деревляны, Деревляне же побѣгоша
Shakh: побѣдиша Древляны. Древляне же побѣгоша,
Likh: побѣдиша деревляны. Деревляне же побѣгоша
Ostr: побѣдиша Деревляны. Деревляне же побѣгоша,

58,10:

Laur: и затворишасѧ въ градѣхъ | своиˣ. ѡльга
Radz: и затворишаᶜ в градѣˣ свои:· | ѡлга   [30ᴦ]
Acad: и затворишасѧ во градѣˣ своиˣхъ:· || ѡлга   [27ᵛ]
Hypa: и затворниˢᵃ | сѧ в городѣˣ своиˣхъ. | ѡльга
Khle: и затворишаᶜ въ градѣˣ свои ѡлгаˣ |

Comm: omitted to 60,1
NAca: omitted to 60,1
Tols: omitted to 60,1

Bych: и затворишася въ градѣхъ своихъ. Ольга
Shakh: и затворишася въ градѣхъ своихъ. Ольга
Likh: и затворишася в градѣхъ своих. Ольга
Ostr: и затвориша ся въ градѣхъ своихъ. Ольга

58,11:

Laur: же устремисѧ съ с͞нмъ своимъ |
Radz: же оустремисѧ со с͞нмъ свои. на искоростѣнь ᴹ
Acad: же оустремисѧ со с͞номь своимь. на иско|ростѣнь
Hypa: же оустрѣмисѧ | съ с͞номъ своимъ. на | искоростѣнь
Khle: оустремисѧ съ сыноᴹ свои ᴹ на искоростѣнь

Bych: же устремися съ сыномъ своимъ на Искоростѣнь
Shakh: же устрьмися съ сынъмь своимь на Искоростѣнь
Likh: же устремися съ сыномъ своимъ на Искоростѣнь
Ostr: же устрьми ся съ сынъмь своимь на Искоростѣнь

58,12:

Laur: omitted
Radz: граᴬ. | ꙗко тѣе бахꙋ оубили моужа єꙗ. и ста
Acad: градъ. ꙗко тïи бахꙋ оубили мужа єꙗ. | и ста
Hypa: городъ. || ꙗко тѣ баху оубилѣ му|жа єꙗ и ста   [23b]
Khle: граᴬ. | ꙗко тïи бахѫ оубили мѫжа єꙗ. и ста

Bych: градъ, яко тѣе бяху убили мужа ея, и ста
Shakh: градъ, яко ти бяху убили мужа ея, и ста
Likh: градъ, яко тѣе бяху убили мужа ея, и ста
Ostr: градъ, яко ти бяху убили мужа ея, и ста

58,13:

Laur: . а деревлѧне затворишасѧ
Radz: ѡколо граᴬ. с с͞нмъ | своимъ. а деревлѧне затворишаᶜ
Acad: ѡколо града со с͞номь своимь. а деревлѧне | затворишасѧ
Hypa: ѡколо гороᴬ | съ с͞номъ своимъ. а дере|влѧне затворишасѧ
Khle: около гра|да съ сыноᴹ своиᴹ. а деревлѧне затворишаᶜ

Bych: около града съ сыномъ своимъ, а Деревляне затворишася
Shakh: около града съ сынъмь своимь, а Древляне затворишася
Likh: около града с сыномъ своим, а деревляне затворишася
Ostr: около града съ сынъмь своимь, а Деревляне затвориша ся

58,14:

Laur: въ градѣ. и боряху са крѣпко иꙁъ
Radz: в гра̀ и борахоу крѣпко иꙁо
Acad: во градѣ. и борахꙋ са крѣпко иꙁь
Hypa: в городѣ. и бораху крѣпько иꙁ
Khle: въ градѣ, и борахѫ крѣпко иꙁ

Bych: въ градѣ, и боряхуся крѣпко изъ
Shakh: въ градѣ, и боряхуся крѣпько из
Likh: въ градѣ, и боряхуся крѣпко изъ
Ostr: въ градѣ, и боряху крѣпько изъ

58,15:

Laur: града. вѣдѣху бо ꙗко сами оубили кнѧꙁа. и на
Radz: гра̀. вѣдахоу бо ꙗко сами оубили кнꙁа. и на
Acad: града. вѣдахꙋ бо ꙗко сами оуби кнꙁа. и на
Hypa: города. вѣдаху бо ꙗко сами оубилѣ кнѧꙁа. и на
Khle: града. вѣдаше бо ꙗко сами оубили кнѧsа. и на

Bych: града, вѣдѣху бо, яко сами убили князя и на
Shakh: града, вѣдяху бо, яко сами убили кънязя, и на
Likh: града, вѣдѣху бо, яко сами убили князя и на
Ostr: града, вѣдяху бо, яко сами убили кънязя и на

58,16:

Laur: что са предати. и стоꙗ Ѡльга лѣто.   не   [16ᵛ]
Radz: чтоˢ предати. и стоа Ѡлга лѣто.   и не
Acad: что са предати. и стоꙗ Ѡлга лѣто.   и не
Hypa: что са предати. и стоꙗ Ѡльга лѣто <ц>ѣло. и не
Khle: что са предати. и стоа Ѡлга лѣто цѣло. и не

Bych: что ся предати. И стоя Ольга лѣто, и не
Shakh: чьто ся предати. И стоя Ольга лѣто, и не
Likh: что ся предати. И стоя Ольга лѣто, и не
Ostr: чьто ся предати. И стоя Ольга лѣто, и не

58,17:

Laur: можаше вꙁати града. и оумысли сице. посла ко
Radz: можаше вꙁати гра̀ и оумысли сице. посла ко
Acad: можаше вꙁати града. и оумысли сице. посла ко
Hypa: можаше вꙁати города. и оумысли сице. посла къ
Khle: можаше вꙁати града. ‖ и оумысли сице посла къ   [23ᵍ]

Bych: можаше взяти града, и умысли сице: посла ко
Shakh: можаше възяти града. И умысли сице: посъла къ
Likh: можаше взяти града, и умысли сице: посла ко
Ostr: можаше възяти града. И умысли сице: посъла къ

58,18:

Laur:	граду глщн. что хочете доседѣти а вси гради
Radz:	граду̑ глше. что хощете доседѣти. а вси гради
Acad:	граду̑ глщн. что хощете досндѣти. а вси гради
Hypa:	городу ркущн. чего хощете доседѣти. а вси ваши
Khle:	городоу. рекоуще. чего хочете доседѣти. а вси ваши

Bych:	граду, глаголющи: "что хочете досѣдѣти? а вси гради
Shakh:	граду, глаголющи: "чьто хощете досѣдѣти? а вьси гради
Likh:	граду, глаголюще: "Что хочете досѣдѣти? А вси гради
Ostr:	граду, рекущи: "Чего хощете досѣдѣти? А вьси ваши

58,19:

Laur:	ваши предаша са мнѣ. и ѧли са по дань. и дѣлають
Radz:	ваш предаша̑ мнѣ. и ѧли по дань. и дѣлають
Acad:	ваши преданна са мнѣ. и ѧли са по̑ дань. и дѣлають
Hypa:	городн передаша са мнѣ. и ѧли са по дань. и дѣлають
Khle:	городы предаша̑ мнѣ и аша по да̑. и дѣлаю

Bych:	ваши предашася мнѣ, и ялися по дань, и дѣлають
Shakh:	ваши предашася мънѣ, и яшася по дань, и дѣлають
Likh:	ваши предашася мнѣ, и ялися по дань, и дѣлають
Ostr:	гради предаша ся мънѣ, и яли ся по дань, и дѣлають

58,20:

Laur:	нивы своѧ и землѣ своѧ. а вы хочете
Radz:	нивы своѧ. и земли своа. а вы хощете
Acad:	нивы своѧ. а вы хощете
Hypa:	нивы своѧ и землю свою. а вы хощете
Khle:	нивы своа и земли своа а вы хочете

Bych:	нивы своя и землѣ своя; а вы хочете
Shakh:	нивы своея землѣ, а вы хощете
Likh:	нивы своя и землѣ своя; а вы хочете
Ostr:	нивы своя и землѣ своя, а вы хощете

58,21:

Laur:	нзъмерети гладомъ. не имуче са по дань. деревлане
Radz:	измрети гладо̑. не имоучи по дань. деревлане
Acad:	измрети гладомь. не имоучи са по дань. деревлане
Hypa:	голодомъ измерети. не имучи са по дань. деревлани
Khle:	голодо̑ь измерети. не имѧщи по да̑. деревлане

Bych:	изъмерети гладомъ, не имучеся по дань." Деревляне
Shakh:	измрети гладъмь, не имущеся по дань". Древляне
Likh:	изъмерети гладомъ, не имучеся по дань". Деревляне
Ostr:	гладъмь измрети, не имучи ся по дань". Деревляне

58,22:

Laur: же рекоша. ради | са быхомъ ıали по
Radz: рекоша. ра̇͞с быхомъ ıа͞ли | по
Acad: же рекоша. ради быхомь | ıали по
Hypa: же рѣ|коша. ради быхомъ са ıали по
Khle: же рекоша, ра̇д͞ны бых͞ом са ıали по |

Bych: же рекоша: "ради ся быхомъ яли по
Shakh: же рекоша: "ради ся быхомъ яли по
Likh: же рекоша: "Ради ся быхомъ яли по
Ostr: же рекоша: "Ради быхомъ ся яли по

58,23:

Laur: дань. но хощеши мьщати | мужа своего. ре̇͞у же
Radz: дань. но хощеши мщати моу̇͞г свое̇. ре̇͞е же
Acad: дань. но хощеши мщати мȣжа своего. | рече же
Hypa: дань. но хощеши мь|щати мужа своего. ре̇͞у | же
Khle: да̇͞н. но хощеши мьстити мȣжа своего. ре̇͞у же

Bych: дань, но хощеши мьщати мужа своего". Рече же
Shakh: дань, нъ хощеши мьстити мужа своего". Рече же
Likh: дань, но хощеши мьщати мужа своего". Рече же
Ostr: дань, нъ хощеши мьщати мужа своего". Рече же

58,24:

Laur: нмъ ѡльга. ıако азъ мьсти|ла оуже ѡбиду
Radz: нмъ ѡлга | ıако оуже азъ мт̇͞снла
Acad: нмь ѡлга. ıако оуже азь мьстила
Hypa: нмъ ѡльга. ıако азъ оу|же мьстила есмь
Khle: н̇͞м | ѡлга. ıако азь оуже мьстила есмь

Bych: имъ Ольга; "яко азъ мьстила уже обиду
Shakh: имъ Ольга, яко "азъ мьстила есмь уже обиду
Likh: имъ Ольга, яко "Азъ мьстила уже обиду
Ostr: имъ Ольга, яко "Азъ уже мьстила

58,25:

Laur: мужа своего. когда придоша | кневу. второе
Radz: моужа свое̇͞г. егда приидоша кне|воу. и второе
Acad: мȣжа | своего. егда приидоша к кı͞евȣ. и второе
Hypa: мужа с͞в | свое̇. когда придо̇͞ш къ кне|ву. и второе
Khle: мȣжа свое̇͞г. | къ̇͞гда приидоша къ кыевоу. и второе

Bych: мужа своего, когда придоша Киеву, второе,
Shakh: мужа своего, къгда придоша Кыеву пьрвое и въторое,
Likh: мужа своего, когда придоша Киеву, второе,
Ostr: мужа своего, къгда придоша Кыеву, и въторое,

58,26:

Laur: и третьее.　　когда творихъ трызну мужеви
Radz: и третьее.　　когда сотворихо͞ трызнȣ моу͞
Acad: и третье. | когда сотворихъ тризнȣ мȣжю
Hypa: и третьее. | еже когда творахȗ͞ трызы̄нȣ мужю
Khle: и третїе. | еже къг͞да твора͞ трѧзноу моужоу

Bych: и третьее, когда творихъ трызну мужеви
Shakh: третиее же, къгда творихъ тризну мужеви
Likh: и третьее, когда творихъ трызну мужеви
Ostr: и третьее, къгда творяхутъ тризну мужю

58,27:

Laur: своему. а оуже не хощю мъщат͞и. | 　　но хощю дань
Radz: своемоу. а оуже не хощоу мщати.　　но хоҭю дань
Acad: своемȣ. а оуже | не хочю мщати.　　но хочю дань
Hypa: моему. а оуже | не хощю ѿмщениѧ твори͞. | но хощю дань
Khle: моемоу. а оу͞же не хощоу ѿмщенїа творити. но хощоу да͞н

Bych: своему; а уже не хощю мъщати, но хощю дань
Shakh: своему; а уже не хощю мьщати, нъ хощю дань
Likh: своему. А уже не хощю мъщати, но хощю дань
Ostr: моему; а уже не хощю мьщати, нъ хощю дань

58,28:

Laur: имати помалу. смиривъшисѧ | с вами поиду
Radz: имати. | помалу и смиривше͞с с вами. поидоу
Acad: имати. помалȣ | смирившє сѧ с вами. поидȣ
Hypa: имати помалу. и смиривши сѧ с вами | поиду
Khle: име͞ти͞ | помалоу. и смиривше сѧ с вами поидоу

Bych: имати помалу, и смиривъшися с вами поиду
Shakh: имати по малу, и съмиривъшися съ вами, поиду
Likh: имати помалу, и смиривъшися с вами поиду
Ostr: имати по малу, съмиривъши ся съ вами, поиду

58,29:

Laur: ѡпѧ͞т. рекоша же деревлѧне шт͡о | хощеши
Radz: про͞. ре͞ꙋ̑ꙋ́　деревлѧне што хощеши
Acad: проть. рекоша　деревлѧ|не что хощеши
Hypa: ѡпѧть. ркоша же древлѧне. что хощеши
Khle: опѧть. | рекоша же деревлѧне чего хощеши

Bych: опять". Рекоша же Деревляне: "што хощеши
Shakh: опять". Рекоша же Древляне: "чьто хощеши
Likh: опять". Рекоша же деревляне: "Што хощеши
Ostr: опять". Рекоша же Деревляне: "Чьто хощеши

58,30:

Laur: оу насъ ради даемъ. медомь и скорою. она
Radz: оу на̅с. ра̊ даемъ. и медо̅м и скорою. она
Acad: оу на̅с. ради даваемь. и медомъ и скорою. она
Hypa: оу на̅с ‖ ради даемъ и медо̅м и ско̊рю. она   [23c]
Khle: оу на̅с. ра̊ дае̅с ди̅ ме̅дш и скорою. она̅ж

Bych: у насъ? ради даемъ медомь и скорою". Она
Shakh: у насъ? Ради даемъ медъмь и скорою". Она
Likh: у насъ? Ради даемъ медомь и скорою". Она
Ostr: у насъ? Ради даемъ медъмь и скорою". Она

58,31:

Laur: же рече имъ. нынѣ оу васъ нѣс меду | ни скоры.
Radz: же р̆е имъ. н̅н̅ѣ оу | ва̅с нѣс медоу ни скоры.
Acad: же рече имъ. н̅н̅ѣ оу ва̅с нѣсть меі дȣ ни скоры.
Hypa: же р̆е имъ. нынѣ | оу ва̅с нѣту меду. ни скоіры.
Khle: рече и̅м, н̅н̅ѣ оу ва̅с | нѣтоу ни медоу ни скоры.

Bych: же рече имъ: "нынѣ у васъ нѣсть меду, ни скоры,
Shakh: же рече имъ: "нынѣ у васъ нѣсть меду, ни скоры,
Likh: же рече имъ: "Нынѣ у васъ нѣсть меду, ни скоры,
Ostr: же рече имъ: "Нынѣ у васъ нѣту меду, ни скоры,

59,1:

Laur: но мало оу васъ прошю. даите ми | ѿ двора по
Radz: но мала оу ва̅с прошȣ. дадите ми ѿ дво|ра по
Acad: но мало оу васъ прошю. дадите ми | ѿ двора по
Hypa: но ма̅ла оу васъ прошю даі ите ми ѿ двора по
Khle: но мала оу ва̅с прошоу, даите | ми ѿ двора по

Bych: но мало у васъ прошю: дадите ми отъ двора по   [57,18]
Shakh: нъ мала у васъ прошю: дадите ми отъ двора по   [67,14]
Likh: но мало у васъ прошю: даите ми от двора по   [42,32]
Ostr: нъ мала у васъ прошю: даите ми отъ двора по

59,2:

Laur: .г̅. голуби да   .г̅. воробьи азъ бо не
Radz: г̅. голȣби а по г̅ воробьи. азъ бо не
Acad: три голȣби. и по три воробьи. іазъ бо не
Hypa: три го|луби и по три воробьи. а|зъ бо не
Khle: три голоубы. да по три воробьи. | азъ бо не

Bych: 3 голуби да по 3 воробьи; азъ бо не
Shakh: три голуби да по три воробиѣ; азъ бо не
Likh: 3 голуби да по 3 воробьи. Азъ бо не
Ostr: три голуби да по три воробьи. Азъ бо не

Повѣсть времєньныхъ лѣтъ 371

59,3:

Laur: хощю тѧжькн данн възложнтн. ꙗкоже н мужѣ
Radz: хощꙋ тѧшкн данн | возложнтн. ꙗко҄ мо҄ꙋж
Acad: хо҄тю тѧжкы данн возложнтн. ꙗкоже н мꙋжь
Hypa: хощю тѧжькы да|нн възложнтн на васъ. ꙗко҄ мужь
Khle: хощоу тѧ҄кы данн възложнтн на васъ. | ꙗко҄ мѫжь

Bych: хощу тяжьки дани възложити, якоже и мужь
Shakh: хощю тяжькы дани възложити, якоже мужь
Likh: хощу тяжьки дани възложити, яко же и мужь
Ostr: хощу тяжькы дани възложити, якоже мужь

59,4:

Laur: мон   сего прошю оу васъ мало. вы бо єстє нзъ|нємоглн
Radz: мон. но сє҄г
Acad: мон. | но сєго
Hypa: мон. но сєго оу ва҄с | прошю мала. нзнємоглн | бо сѧ єстє
Khle: мон. но сєго оу ва҄с прошоу мала. нзнє|моглн бо сѧ єстє

Bych: мой, сего прошю у васъ мало, вы бо есте изънемогли
Shakh: мои, нъ сего прошю у васъ мала; вы бо ся есте изнемогли
Likh: мой сего прошю у васъ мало. Вы бо есте изънемогли
Ostr: мои, нъ сего у васъ прошю мала; изнемогли бо ся есте

59,5:

Laur: в садѣ. да сєго оу васъ прошю
Radz: оу ва҄с прошꙋ
Acad: оу васъ прошю
Hypa: въ ѡсадѣ. да | вдантє мн сє
Khle: въ ѡсадѣ. да вдантє мн сє

Bych: в осадѣ, да сего у васъ прошю
Shakh: въ осадѣ".
Likh: в осадѣ, да сего у васъ прошю
Ostr: въ осадѣ, да въдаите ми се

59,6:

Laur: мала. | дєрєвлѧнє же радн бывшє. н собраша
Radz: мала н дєрєвлѧ|нє же ра҄ бывшє. собраша
Acad: мало. дєрєвлѧнє же радн бы|вшє. собраша
Hypa: малоє. дє|рєвлѧнє же радн быша съ|браша же
Khle: малоє. | дєрєвлѧнє же ра҄дı быша. събраша

Bych: мала". Деревляне же ради бывше, и собраша
Shakh: Древляне же, ради бывъше, събьраша
Likh: мала". Деревляне же ради бывше, и собраша
Ostr: малое". Деревляне же, ради быша, събраша

59,7:

Laur: ѿ дво|ра по .г҃. голуби. и по .г҃. воробьи. и послаша
Radz: ѿ двора. по г҃ голүби и по г҃ воро|бьи. и послаша
Acad: ѿ двора. по .г҃. голүби и по .г҃. воробьи. ‖ и послаша   [28ʳ]
Hypa: ѿ двора по три | голуби и по три воробьи. | и послаша
Khle: ѿ двора по три | голоуби. и по три воробьи. и послаша

Bych: отъ двора по 3 голуби и по 3 воробьи, и послаша
Shakh: отъ двора по три голуби и по три воробиѣ, и посълаша
Likh: от двора по 3 голуби и по 3 воробьи, и послаша
Ostr: отъ двора по три голуби и по три воробьи, и посълаша

59,8:

Laur: к о|льзѣ с поклономъ. вольга же рӗ имъ
Radz: ко ѡлзѣ с поклономъ:- ‖ ѡлга же рӗ имъ.   [30ᵛ]
Acad: ко ѡлзѣ с поклономъ:· Олга же рече | имь.
Hypa: къ ѡльзѣ с по|клоно̄. ѡльга же рӗ имъ
Khle: къ ѡлзѣ | с поклоно̄. ѡлга жӗ рӗ имь

Bych: к Ользѣ с поклономъ. Вольга же рече имъ:
Shakh: къ Ользѣ съ поклонъмь. Ольга же рече имъ:
Likh: к Ользѣ с поклономъ. Вольга же рече имъ:
Ostr: къ Ользѣ съ поклонъмь. Ольга же рече имъ:

59,9:

Laur: се оуже е|сть покорили ся мнѣ. и моему дѣтяти.
Radz: се оуже ся есте покорили мнѣ и моем̆ | дитяти
Acad: се оуже ся есте покорили мнѣ и моемү дѣтя|ти.
Hypa: се | оуже ся по̄корилѣ есте мнѣ. и | моему дѣтяти.
Khle: се оуже покорили ся есте | мнѣ и моемоу дѣтяти.

Bych: "се уже есте покорилися мнѣ и моему дѣтяти,
Shakh: "се, уже ся есте покорили мънѣ и моему дѣтяти,
Likh: "Се уже есте покорилися мнѣ и моему дѣтяти,
Ostr: "Се, уже ся есте покорили мънѣ и моему дѣтяти,

59,10:

Laur: а идѣ|те въ градъ.
Radz: а идете в грӑ. а ꙗ заоутра ѿстүп<а>ю ѿ
Acad: идѣте въ грӑ. а ꙗ заоутра ѿстүплю ѿ
Hypa: а идете | в городъ. а ꙗзъ заоутра | ѿступлю ѿ
Khle: а идете въ грӑ. а ꙗ заутра | ѿстоуплю ѿ

Bych: а идѣте въ градъ, а я заутра отступлю отъ
Shakh: а идѣте въ градъ, а язъ заутра отъступлю отъ
Likh: а идѣте въ градъ, а я заутра отступлю от
Ostr: а идѣте въ градъ, а заутра отъступлю отъ

Повѣсть времяньныхъ лѣтъ

59,11:

Laur: и пpиду въ градо сь и деревлѧне | же
Radz: грӑ. и | поидȣ во свои грӑ.   деревлѧне же
Acad: гра|да. и поидȣ въ свои грӑ.   деревлѧне же
Hypa: города и поиду в городъ свои.   деревылѧне же
Khle: града и поидоу в горѿ свои.   деревлѧ|не же

Bych: града, и поиду въ градо сьй. Деревляне же
Shakh: града, и поиду въ градъ свои". Древляне же,
Likh: града, и поиду въ градо свои." Деревляне же
Ostr: града, и поиду въ градъ свои". Деревляне же,

59,12:

Laur: ради бывше внидоша въ градъ и повѣдаша людемъ.
Radz: рӑ бывше. вни̇ша в грӑ | и повѣдаша лю̑мъ.
Acad: ради бывше. | внидоша во грӑ. и повѣдаша людемъ.
Hypa: ради быша. въ|нидоша в горӧ. и повѣ|даша людемъ
Khle: рӑӥ быша внидоша в горѿ. и повѣдӑш людемъ |

Bych: ради бывше внидоша въ градъ, и повѣдаша людемъ,
Shakh: ради бывъше, вънидоша въ градъ, и повѣдаша людьмъ,
Likh: ради бывше внидоша въ градъ, и повѣдаша людемъ,
Ostr: ради быша, вънидоша въ градъ, и повѣдаша людьмъ,

59,13:

Laur: и ѡбрадоваша сѧ людье въ гра|дѣ. волга
Radz: и ѡбра̑ваша̑с лю̑ѐ въ грӑ. ѡлга
Acad: и ѡбрадо|ваше сѧ людие въ градѣ. ѡлга
Hypa: и ѡбрадо|ваша сѧ лю̑ѐ в городѣ. | ѡль
Khle: и ѡбрадоваша̑с лю̑ӥ в городѣ. ѡлгӑж

Bych: и обрадовашася людье въ градѣ. Волга
Shakh: и обрадовашася людие въ градѣ. Ольга
Likh: и обрадовашася людье въ градѣ. Волга
Ostr: и обрадоваша ся людие въ градѣ. Ольга

59,14:

Laur: же раздаѧ воемъ по голуби кому|ждо. а другимъ
Radz: же ра̑здаа воемъ по голȣби комȣждо а дрȣгим̑
Acad: же раздаа воемъ. | ѡвомȣ по голȣби. комȣжо а дрȣгимъ
Hypa: же раздаѧ воемъ | комуждо по голуби. а дырȣгимъ
Khle: раздаа воем̑ ко̑жодомоу по голоуби, а дроугым̑

Bych: же раздая воемъ по голуби комуждо, а другимъ
Shakh: же раздая воемъ по голуби комужьдо, а другымъ
Likh: же раздая воемъ по голуби кому ждо, а другимъ
Ostr: же раздая воемъ комужьдо по голуби, а другымъ

373

59,15:

Laur: по воробьевн. и повелѣ комуждо
Radz: по воробью и повелѣ коемүждо
Acad: по воробью. и повелѣ к коемүжо.
Hypa: по воробьевн. и повелѣ къмуждо
Khle: по воробьевн. и повелѣ къ кожомоу

Bych: по воробьеви, и повелѣ къ коемуждо
Shakh: по воробиеви, и повелѣ къ коемужьдо
Likh: по воробьеви, и повелѣ къ коемуждо
Ostr: по воробьеви, и повелѣ коемужьдо

59,16:

Laur: голуби. и къ воробьевн привязывати цѣрь.
Radz: голүби. и к воробьевн. привязыва́ти цѣрь и
Acad: голүби. и к воробьевн. привязывати цѣрь.
Hypa: голубевн. и воробьевн привязати ѵѣрь. и
Khle: голоубевн и воробьевн привязати ѵнрь. и

Bych: голуби и къ воробьеви привязывати цѣрь,
Shakh: голуби и къ воробиеви привязывати цѣрь,
Likh: голуби и къ воробьеви привязывати цѣрь,
Ostr: голуби и воробиеви привязывати цѣрь,

59,17:

Laur: ѡбертывающе въ платки малы. ниткою поверзывающе.
Radz: ѡбертываючи в платки малы. ниткою перевазываю.
Acad: ѡбертывающи въ платкы малы ниткою перевазывающе.
Hypa: ѡбертываючи въ платкы малы ниткою. поверьзаючи.
Khle: ѡбертнваючи въ платки малы ниткою поверзаючи.

Bych: обертывающе въ платки малы, нитъкою поверзывающе
Shakh: обьртывающе въ платъкы малы, нитъкою повързывающе
Likh: обертывающе въ платки малы, нитъкою поверзывающе
Ostr: обьртываючи въ платъкы малы, нитъкою повьрзываючи

59,18:

Laur: къ коемуждо ихъ. и повелѣ
Radz: коемүждо их повелѣ
Acad: к коемүжо ихъ повелѣ
Hypa: къ всѣмъ голубемъ. и воробьемъ. и повелѣ
Khle: къ всѣ голоубе. и въробие. и повелѣ

Bych: къ коемуждо ихъ; и повелѣ
Shakh: къ коемужьдо ихъ. И повелѣ
Likh: къ коемуждо ихъ. И повелѣ
Ostr: къ коемужьдо ихъ. И повелѣ

Повѣсть времѣньныхъ лѣтъ

59,19:

Laur: ѡльга ꙗко смерчеса пустити голуби и | воробьи.
Radz: ѡлга. и ꙗко смерчесѧ | поустити голубн. и воробьи
Acad: ѡлга. и ꙗко смерчесѧ. пустити голуби | и воробьи.
Hypa: ѡльга ꙗко смѣрчесѧ пустити голубі. | и воробии |
Khle: ѡлга ꙗко смерчесѧ поустити голоуби и воробьи, |

Bych: Ольга, яко смерчеся, пустити голуби и воробьи
Shakh: Ольга, яко съмьрчеся, пустити голуби и воробиѣ
Likh: Ольга, яко смерчеся, пустити голуби и воробьи
Ostr: Ольга, яко съмьрче ся, пустити голуби и воробиѣ

59,20:

Laur: воемъ своимъ. голуби же и воробьеве | полетѣша
Radz: воемъ своимъ. и воробьеве и голуби влетѣша
Acad: воемъ своимъ. воробье же и голуби влетѣша
Hypa: воемъ своимъ. гулубеви же и воробьеве полетѣша
Khle: воемъ своимъ. голоуби и воробьи полетѣша

Bych: воемъ своимъ. Голуби же и воробьеве полетѣша
Shakh: воемъ своимъ. Голубие же и воробиеве полетѣша
Likh: воемъ своимъ. Голуби же и воробьеве полетѣша
Ostr: воемъ своимъ. Голубие же и воробиеве полетѣша

59,21:

Laur: въ гнѣзда своꙗ. ѡви въ голубники. врабьеве
Radz: во гнѣзда своа. голуби в голубни. | воробьеве
Acad: въ гнѣзда своꙗ. голуби в голубники. воробье
Hypa: въ гнѣзда своꙗ. ѡви в голубникы свѣꙗ. воробьеве
Khle: въ гнѣзда своа. ѡвии в голоубники своа. воробиеве

Bych: въ гнѣзда своя, голуби въ голубники, врабьеве
Shakh: въ гнѣзда своя, они въ голубьникы, воробиеве
Likh: въ гнѣзда своя, голуби въ голубники, врабьеве
Ostr: въ гнѣзда своя, ови въ голубьникы, воробиеве

59,22:

Laur: жи подъ стрѣхи и тако възга|раху сѧ голубьници.
Radz: по застрѣх. и тако возгарахѹ сѧ голубници. |
Acad: же пѡ стрѣхы. и тако возгорахѹ сѧ голубници.
Hypa: же подъ | ѡстрѣхы. и тако зага|рахуть сѧ голубници.
Khle: пѡ | застрѣхы. и тако загарахѫ сѧ голубница.

Bych: же подъ стрѣхи; и тако възгарахуся голубьници,
Shakh: же подъ стрѣхи; и тако възгарахуся голубьници,
Likh: же подъ стрѣхи; и тако възгарахуся голубьници,
Ostr: же подъ стрѣхы. И тако загараху ся голубьници,

59,23:

Laur: ѡво клѣти. ѡво вежѣ. ѡво̊ | ли ѡдрины. и
Radz: ѡво клѣти. ѡво вѣж̊. ѡво ли ѡдрины. и
Acad: ѡво клѣти. ѡво вежи. ѡво ли ѡдрины. и
Hypa: и | ѿ нихъ клѣти и ѡдрины. и
Khle: и | ѡ них клѣти и ѡдрины. и

Bych: ово клѣти, ово вежѣ, ово ли одрины, и
Shakh: ово клѣти, ово вежѣ, ово ли одрины; и
Likh: ово клѣти, ово вежѣ, ово ли одрины, и
Ostr: {ово клѣти, ово вежѣ, ово ли / и отъ нихъ клѣти и} одрины; и

59,24:

Laur: не бѣ двора идеже не горяще. и не | бѣ
Radz: не бѣ двора и. | не гор̊яш. и не
Acad: не | бѣ двора иже не горяше. и не бѣ
Hypa: не бѣ двора идѣ|же не горяше.н не бѣ
Khle: не бѣ двора идеже не го|ряше. и не бѣ

Bych: не бѣ двора, идеже не горяше, и не бѣ
Shakh: не бѣ двора, идеже не горяше; и не бѣ
Likh: не бѣ двора, идеже не горяше и не бѣ
Ostr: не бѣ двора, идеже не горяше; и не бѣ

59,25:

Laur: лзѣ гасити. вси бо двори възгорѣшас̊а. и по|бѣгоша
Radz: лзѣ гасити вси бо дворы возгорѣшас. и | побѣгоша
Acad: лзѣ гасити. вси | бо дворы возгорѣшаса. и побѣгоша
Hypa: льзѣ гасити. вси бо дворѣ | възгорѣшаса. и побѣ|гоша
Khle: лзѣ гасити, все бо двори загорѣ|шас. и побѣгоша

Bych: льзѣ гасити, вси бо двори възгорѣшася. И побѣгоша
Shakh: льзѣ гасити, вьси бо двори възгорѣшася. И побѣгоша
Likh: льзѣ гасити, вси бо двори възгорѣшася. И побѣгоша
Ostr: льзѣ гасити, вьси бо двори възгорѣша ся. И побѣгоша

59,26:

Laur: лю̊дье изъ града. и повелѣ ѡльга воемъ |
Radz: людие из града:- | И повелѣ ѡлга воемъ
Acad: людїе изъ гра|да:· повелѣ ѡлга воемъ
Hypa: лю̊де из города. и | повелѣ ѡлга воемъ
Khle: лю̊дие из града. и повелѣ ѡлга | воем

Bych: людье изъ града, и повелѣ Ольга воемъ
Shakh: людие из града, и повелѣ Ольга воемъ
Likh: людье изъ града, и повелѣ Ольга воемъ
Ostr: людие изъ града, и повелѣ Ольга воемъ

59,27:

Laur: своимъ имати е. ꙗко вза градъ и пожьжеⷷ и.
Radz: своиⷨ имати а. ꙗко взѧ граⷣ и поⷤжже. и
Acad: своимь имати́ а. ꙗко взѧ | граⷣ и пожже и
Hypa: своимъ. имати ꙗ. и ꙗко | взѧ городъ и пожьже и. |
Khle: своиⷨ имати и̅ⷯ. и ꙗко взѧ гороⷣ и пожьже, | и

Bych: своимъ имати а, яко взя градъ и пожьже и;
Shakh: своимъ имати я. И яко възя градъ, пожьже и;
Likh: своимъ имати а, яко взя градъ и пожьже и;
Ostr: своимъ имати я. Яко възя градъ, и пожьже и;

59,28:

Laur: ста|рѣишины же града изънима. и прочаꙗ люди
Radz: старѣишиныⷤ граⷣ изыма и прочаа люⷣ
Acad: старѣшины же града изыма. и прочаа люди
Hypa: старѣишины же города. | ижьже. и прочаꙗ люди. |
Khle: старѣишиныⷤ града ижьже. и прочаа люди. |

Bych: старѣйшины же града изънима, и прочая люди
Shakh: старѣишины же града изнима, и прочая люди
Likh: старѣйшины же града изънима, и прочая люди
Ostr: старѣишины же града ижьже, и прочая люди

59,29:

Laur: ѡ|выхъ изби. а другиꙗ работѣ предасть мужеⷨ|мъ.
Radz: ѡвѣⷯ избии. а дроугиꙗ предасть работѣ моужемъ
Acad: ѡвѣⷯ изби. а дроугіа предаⷭ работѣ. мⷹжемъ
Hypa: ѡвѣхъ изби. а другиꙗ | работѣ преда мужеⷨ |
Khle: ѡвѣⷯ изби. а дроугыꙗ работѣ преда мⷪжеⷨ

Bych: овыхъ изби, а другия работѣ предасть мужемъ
Shakh: овы изби, а другыя работѣ предасть мужемъ
Likh: овыхъ изби, а другия работѣ предасть мужемъ
Ostr: овѣхъ изби, а другыя работѣ предасть мужемъ

59,30:

Laur: своимъ. а прокъ и̅ⷯ стави платити
Radz: своиⷨ | а прокъ и̅ⷯ ѡстави платити
Acad: своимь. а прокь и̅ⷯ ѡстави платити
Hypa: своимъ. а прокъ ѡста|ви ихъ платити
Khle: своиⷨ. | а прⷪ ѡстави и̅ⷯ платити

Bych: своимъ, а прокъ ихъ остави платити
Shakh: своимъ, а прокъ ихъ остави платити
Likh: своимъ, а прокъ их остави платити
Ostr: своимъ, а прокъ остави ихъ платити

60,1:

Laur: дань. и въѕложиша на на дань тѧжьку .в҃.
Radz: дань. и возло̽   дань тѧшкꙋ. двѣ
Acad: дань. і и въsложи   дань тѧжкꙋ. двѣ
Hypa: дань. і и възложи на на дань | тѧжьку. и двѣ
Khle: да̇н. и възложи на на | дань тѧкоу. и двѣ

Comm: и возложиша на них дань тяжку и двѣ
NAca: и возложиша на них дань тяжку и двѣ
Tols: и возложиша на них дань тяжку и двѣ

Bych: дань. И възложи на ня дань тяжьку: 2   [58,16]
Shakh: дань. И възложиша на ня дань тяжьку, и дъвѣ   [68,18]
Likh: дань. И възложиша на ня дань тяжьку; 2   [43,20]
Ostr: дань. И възложи на ня дань тяжьку, дъвѣ

60,2:

Laur: части дани | идета   кневу а третьꙗꙗ   вышегоруду
Radz: части д<а>ни идеть к̇ кневꙋ. а третьа ко | вышеграꙊ
Acad: части дани идe|та к кневꙋ. а третьꙗ к вышегородꙋ
Hypa: части | идета   кневу. а третьꙗꙗ   вышегороду
Khle: части   идета къ кыевоу. а третїа к вышегородоу

Comm: части дани   киеву идет а третьяя   вышегороду
NAca: части дани къ кыеву идеть а третьяя   вышегороду
Tols: части дани къ кыеву идет а третьяя   вышегороду

Bych: части дани идета Киеву, а третьяя Вышегороду
Shakh: части дани идета Кыеву, а третияя Вышегороду
Likh: части дани идета Киеву, а третьяя Вышегороду
Ostr: части дани идета Кыеву, а третьяя Вышегороду

60,3:

Laur: к ользѣ. | бѣ бо вышегородъ градъ
Radz: ко ѡлзѣ. бѣ бо вышегорѡ̽ граꙊ
Acad: к ѡлзѣ. | бѣ бо вышегорѡ̽ градъ
Hypa: къ | ользѣ. бѣ бо вышего||родъ ольжинъ   [24а]
Khle: къ ѡлзѣ. бѣ бо вышегорѡ̽ | ѡлжи̇н

Comm: ко олзѣ бѣ бо вышегород олгинъ
NAca: къ ользѣ бѣ бо вышегород ользинъ
Tols: къ ользѣ бѣ бо вышегород ользинъ

Bych: к Ользѣ; бѣ бо Вышегородъ градъ
Shakh: къ Ользѣ; бѣ бо Вышегородъ Ольжинъ
Likh: к Ользѣ; бѣ бо Вышегородъ градъ
Ostr: къ Ользѣ; бѣ бо Вышегородъ Ольжинъ

60,4:

Laur: во‹льзинъ›. и иде вольга | по дерьвьстеи земли
Radz: ѡлженъ. ‖ и иде ѡлга по деревеньскои земли.   [31ᵍ]
Acad: ѡльжинь. и иде ѡлга по ‖ деревьскои земли   [28ᵛ]
Hypa: горо҇д. и иде ѡлга по деревьскои зе|мли.
Khle: гра҇д. и иде ѡлга по деревскои земли

Comm: град и иде олга по деревьстѣи землѣ
NAca: град и иде олга по деревъстии землѣ
Tols: град и иде олга по деревстии землѣ

Bych: Вользинъ. И иде Вольга по Дерьвьстѣй земли
Shakh: градъ. И иде Ольга по Дерьвьстѣи земли
Likh: Вользинъ. И иде Вольга по Дерьвьстѣй земли
Ostr: градъ. И иде Ольга по Деревьскои земли

60,5:

Laur: съ с҃нмъ своимъ и съ дру|жиною   оуставлающи
Radz: с с҃нмъ своимъ и со | др८жиною.   оуставлающи
Acad: со с҃номъ своимъ и со др८жиною. | оуставлащи
Hypa: съ с҃номъ своимъ | и   дружиною своею. остав|лающи
Khle: съ сынѡ҃м | своӥ и съ дроужиною своею оуставлающи

Comm: съ сыномъ своимъ и с дружиною своею уставляющи
NAca: съ сыномъ своимъ и с дружиною своею уставляюще
Tols: съ сыномъ своимъ и с дружиною своею уставляюще

Bych: съ сыномъ своимъ и съ дружиною, уставляющи
Shakh: съ сынъмь своимь и съ дружиною, уставляющи
Likh: съ сыномъ своимъ и съ дружиною, уставляющи
Ostr: съ сынъмь своимь и съ дружиною, уставляющи

60,6:

Laur: оуставы и оуроки.   суть | становища еѣ и
Radz: оуставы и оуроки. и соу҃т ста|новища еа. и
Acad: оуставы и оуроки. и с८҃т стано|вища еӕ и
Hypa: оуставы. и оуро|кы. и суть становища | еӕ. и
Khle: оуста|вы и оуроки. и соу҃т становища еӕ. и

Comm: уставы и уроки и суть становища ея и
NAca: уставы и уроки и суть становища ея и
Tols: уставы и уроки и суть становища его ея и

Bych: уставы и уроки; и суть становища еѣ и
Shakh: уставы и уроки; и суть становища ея и
Likh: уставы и уроки; и суть становища еѣ и
Ostr: уставы и уроки. И суть становища ея и

60,7:

Laur: ловища. и приде въ градъ свои | киевъ. съ
Radz: ловища. и прии въ гра҃ свои к кневъ
Acad: ловища. и прїиде во гра҃ свои кі́евъ. со |
Hypa: ловища ѥѧ. и при|де в городъ свои киевъ. | съ
Khle: ловища ѥѧ. и | прїиде в горѡ҃ свои кыѥвъ. съ

Comm: ловища и прииде въ свои град кыевъ съ
NAca: ловища и прииде въ градъ свои киевъ съ
Tols: ловища и прииде въ градъ свои киевъ съ

Bych: ловища. И приде въ градъ свой Киевъ съ
Shakh: ловища. И приде въ градъ свои Кыевъ съ
Likh: ловища. И приде въ градъ свой Киевъ съ
Ostr: ловища. И приде въ градъ свои Кыевъ съ

60,8:

Laur: сн҃мъ своимъ ст҃ославомъ. и пребы|вши лѣто едино.
Radz: сн҃мъ свои|мъ ст҃ославо҃м. и пребывше лѣто едино:-
Acad: сн҃омъ своимъ ст҃ославомъ. и пребывши лѣ|то едино:·
Hypa: сн҃омъ своимъ ст҃о|славо҃. и пребывши лѣ҃т е|дино:· |
Khle: сыно҃м свои҃м ст҃ославѡ҃. | и пребывши лѣто едино:·

Comm: сыномъ своимъ святославомъ и пребывши лѣто едино
NAca: сыномъ своимъ святославомъ и пребъвши лѣто одино
Tols: сыномъ своимъ святославомъ и пребъвши лѣто одино

Bych: сыномъ своимъ Святославомъ, и пребывши лѣто едино,
Shakh: сынъмь своимь Святославъмь, и пребывъши лѣто едино.
Likh: сыномъ своим Святославомъ, и пребывши лѣто едино.
Ostr: сынъмь своимь Святославъмь, и пребывъши лѣто едино.

60,9:

Laur: В лѣ҃т. ҂s҃.у҃.н҃е.- | иде вольга новугороду.
Radz: В лѣ҃т ҂s҃.у҃ н҃е. идеѡлга к новѹгоро҃ѹ.
Acad: В лѣ҃т. ҂s҃.у҃.н҃е. иде ѡлга к новѹгородѹ.
Hypa: В лѣ҃т. ҂s҃.у҃.н҃е. Иде ѡлга | к новоугородоу.
Khle: В лѣ҃т ҂s҃.у҃.н҃е. иде ѡ|лга к новугороду.

Comm: в лѣто 6455 иде олга к новугороду
NAca: в лѣто 6455 иде ольга к новуграду
Tols: в лѣто 6455 иде ольга к новуграду

Bych: В лѣто 6455, иде Вольга Новугороду,
Shakh: Въ лѣто 6455. Иде Ольга Новугороду,
Likh: В лѣто 6455. Иде Вольга Новугороду,
Ostr: Въ лѣто 6455. Иде Ольга къ Новугороду,

60,10:

Laur:	и оустави по мьстѣ повостꙑ и дани. и по лузѣ
Radz:	и оустави по мьстѣ. ı погосты и дани. и по лꙋзѣ
Acad:	и оустави по мьстѣ погосты и дани. ı и по лꙋзѣ.
Hypa:	и оуставı вн по мьстѣ. погосты ı и дань. и по лузѣ погоıсты
Khle:	оустави по мьстѣ погосты и да︠н︡. и по лоусѣ погосты

Comm:	и устави по мьстѣ погосты и дань
NAca:	и устави по мьстѣ погосты и дани
Tols:	и устави по мьстѣ погосты и дани

Bych:	и устави по Мьстѣ повосты и дани и по Лузѣ
Shakh:	и устави по Мьстѣ погосты и дани, и по Лузѣ
Likh:	и устави по Мьстѣ повосты и дани и по Лузѣ
Ostr:	и устави по Мьстѣ погосты и дани, и по Лузѣ

60,11:

Laur:	ѡброки и дани ловища. ı еꙗ суть по всеи
Radz:	ѡброки и дани и ловища еꙗ ı соу︠т︡ по всеи
Acad:	ѡброкы и дани и ловища еꙗ. сꙋть ı по всеи
Hypa:	и дань и ѡброкы. и ı ловища еꙗ суть по всеıн
Khle:	и да︠н︡ и ѡброкы. и ловища ı еꙗ по всеи

Comm:	и ловища ея суть по всеи
NAca:	и ловища ея суть по всеи
Tols:	и ловища ея суть по всеи

Bych:	оброки и дани; и ловища ея суть по всей
Shakh:	оброкы и дани; и ловища ея суть по вьсеи
Likh:	оброки и дани; и ловища ея суть по всей
Ostr:	оброкы и дани; и ловища ея суть по вьсеи

60,12:

Laur:	земли. знаманьꙗ и мѣста и ı повосты. и сани
Radz:	земли знамениа. и мѣста и погосты. и сани ı
Acad:	земли знемениа. и мѣста и погосты. ı и сани
Hypa:	земли. и знамениа ı и мѣста и погосты. ⟨и саıни⟩
Khle:	зе︠м︡ли. и знамениа и мѣсты и погосты. ı и сани

Comm:	земли и знамение и мѣста по всеи земли и погосты а санки
NAca:	земли и знаменье и мѣста по всеи земли и погосты и санкѣ
Tols:	земли и знаменье и мѣста по всеи земли и погосты и санкѣ

Bych:	земли, знамянья и мѣста и повосты, и сани
Shakh:	земли и знамения и мѣста и погости; и сани
Likh:	земли, знамянья и мѣста и повосты, и сани
Ostr:	земли и знамения и мѣста и погосты; и сани

60,13:

Laur: ее стоıать въ плесковѣ и до се́го д҃не. и по
Radz: еıа стоıать въ пьсковѣ и до се҃ дн҃ї. и по
Acad: еıа стоıать въ песковѣ. и до сего д҃ни. | и по
Hypa: <еıа стоıать въ плесъıковѣ и до сего д҃ни>. и по |
Khle: еıа стоıа҃т въ плесковѣ. и до сего д҃не. и по

Comm: ея стоять во пьсковѣ и до сего дни   по
NAca: ея стоять въ пьсковѣ и до сего дни   по
Tols: ея стоять в псковѣ и до сего дни   по

Bych: ее стоять въ Плесковѣ и до сего дне, и по
Shakh: ея стоять въ Пльсковѣ и до сего дьне; и по
Likh: ее стоять въ Плесковѣ и до сего дне, и по
Ostr: ея стоять въ Пльсковѣ и до сего дьне. И по

60,14:

Laur: днѣпру перевѣсища и по деснѣ. и е҃сть село ее
Radz: ᴬнепрꙋ перевѣсища. и по деснѣ. и есть село еа
Acad: д҃непрꙋ перевѣсища. и по деснѣ. и есть | село еа
Hypa: днѣпру перевѣсища. | и по деснѣ. и есть село еıа
Khle: днѣ|проу перевѣсища и по деснѣ. и е҃с село еа

Comm: днѣпру перевѣсища и села и по деснѣ   есть село ея
NAca: днепру перевѣсища и села и по деснѣ   есть село ея
Tols: днепру перевѣсища и села и по деснѣ   есть село ея

Bych: Днѣпру перевѣсища и по Деснѣ, и есть село ее
Shakh: Дънѣпру перевѣсища и по Деснѣ, и есть село ея
Likh: Днѣпру перевѣсища и по Деснѣ, и есть село ее
Ostr: Дънѣпру перевѣсища и по Деснѣ, и есть село ея

60,15:

Laur: ѡльжичи и доселе. и изрядив҃ш|и възратиı сѧ къ
Radz: ѡлжичи и доселе. и изрядни҃вши възрати ко
Acad: ѡлжн[чи] и доселѣ. и изърядивши възрати сѧ къ
Hypa: ѡльжичи и до сего д҃ни. изрядившıи в҃звратиı сѧ къ
Khle: ѡлжичи | и до сего д҃не. изрд҃ıавши възратиı сѧ къ

Comm: и доселѣ и   възвратися къ
NAca: и доселѣ и   возвратися къ
Tols: и доселѣ и   возвратися къ

Bych: Ольжичи и доселе. И изрядивши, възратися къ
Shakh: Ольжичи и доселѣ. И изрядивъши, възвратися къ
Likh: Ольжичи и доселе. И изрядивши, възратися къ
Ostr: Ольжичи и доселе. И издрядивъши, възврати ся къ

60,16:

Laur:	сн҃у своему кыеву. и пребываше с нн҃мъ
Radz:	сн҃ꙋ своемꙋ к кыевꙋ и превше с нн҃
Acad:	сн҃ꙋ своемꙋ к кыевꙋ. и пребывши с нı҃мъ
Hypa:	сн҃у сво|ему в кыевъ. и пребы|ваше с нн҃
Khle:	сыноу	своемоу в кыевь. и пребываше с нн҃

Comm:	сыну своему кыеву и пребываше с нимъ
NAca:	сыну своему къ кыеву и пребываше с нимъ
Tols:	сыну своему къ кыеву и пребываше с нимъ

Bych:	сыну своему Киеву, и пребываше с нимъ
Shakh:	сыну своему Кыеву; и пребываше съ нимъ
Likh:	сыну своему Киеву, и пребываше съ нимъ
Ostr:	сыну своему къ Кыеву; и пребываше съ нимъ

60,17:

Laur:	въ любъви.
Radz:	в любви:-	
Acad:	во любви:·
Hypa:	въ любви·:·	
Khle:	въ любви·: ||

Comm:	въ любви
NAca:	въ любви
Tols:	въ любви

Bych:	въ любъви.
Shakh:	въ любъви.
Likh:	въ любъви.
Ostr:	въ любъви.

60,18:

Laur:	В лѣ҃т. ҂s҃.у҃.ns҃.
Radz:	В лѣ҃т ҂s҃.у҃ ns҃
Acad:	В лѣ҃т. ҂s҃.у҃.ns҃.
Hypa:	В лѣто. ҂s҃.у҃.ns҃·:·	
Khle:	В лѣ҃т ҂s҃.у҃.ns҃. [24ᵉ]

Comm:	в лѣто 6456
NAca:	в лѣто 6456
Tols:	в лѣто 6456

Bych:	В лѣто 6456.
Shakh:	Въ лѣто 6456.
Likh:	В лѣто 6456.
Ostr:	Въ лѣто 6456.

60,19:

Laur: В лѣ̄. ҂ѕ҃.у҃.нз҃.
Radz: В лѣ̄ ҂с҃ у҃ нз҃.
Acad: В лѣ̄. ҂ѕ҃.у҃.нз҃. |
Hypa: В лѣто. ҂с у҃.нз҃∴ |
Khle: В лѣ̄ ҂с у҃.нз҃.

Comm: в лѣто 6457
NAca: в лѣто 6457
Tols: в лѣто 6457

Bych: В лѣто 6457.
Shakh: Въ лѣто 6457.
Likh: В лѣто 6457.
Ostr: Въ лѣто 6457.

60,20:

Laur: В лѣ̄. | ҂ѕ҃.у҃.н҃и∴·
Radz: В лѣ̄ ҂с҃ у҃ н҃и.
Acad: В лѣ̄. ҂ѕ҃.у҃.н҃и.
Hypa: В лѣто. ҂ѕ҃.у҃.н҃и∴· |
Khle: omitted

Comm: в лѣто 6458
NAca: в лѣто 6458
Tols: в лѣто 6458

Bych: В лѣто 6458.
Shakh: Въ лѣто 6458.
Likh: В лѣто 6458.
Ostr: Въ лѣто 6458.

60,21:

Laur: В лѣ̄. ҂ѕ҃.у҃.н҃ѳ∴·
Radz: В лѣ̄ ҂с҃ у҃ н҃ѳ. |
Acad: В лѣ̄. ҂ѕ҃.у҃.н҃ѳ.
Hypa: В лѣто. ҂ѕ҃.у҃.н҃ѳ∴· |
Khle: omitted

Comm: в лѣто 6459
NAca: в лѣто 6459
Tols: в лѣто 6459

Bych: В лѣто 6459.
Shakh: Въ лѣто 6459.
Likh: В лѣто 6459.
Ostr: Въ лѣто 6459.

60,22:

Laur: <В> лѣ̅ᵀ. ҂ѕ҃.у҃.з҃.
Radz: В лѣ̅ᵀ ҂с҃ у҃ з҃.
Acad: В лѣ̅ᵀ. ҂с҃.у҃.з҃. |
Hypa: В лѣто. ҂с҃.у҃.з҃.:· ||
Khle: В лѣ̅ᵀ ҂с҃.у҃.з҃.

Comm: в лѣто 6460
NAca: в лѣто 6460
Tols: в лѣто 6460

Bych: В лѣто 6460.
Shakh: Въ лѣто 6460.
Likh: В лѣто 6460.
Ostr: Въ лѣто 6460.

60,23:

Laur: В лѣ̅ᵀ. | ҂с҃.у҃.з҃а.
Radz: В лѣ̅ᵀ ҂с҃ у҃ з҃а
Acad: В лѣ̅ᵀ. ҂с҃.у҃.з҃а.
Hypa: В лѣто. ҂с҃.у҃.з҃а.:· | [24b]
Khle: В лѣ̅ᵀ. | ҂с҃.у҃ з҃а.

Comm: в лѣто 6461
NAca: в лѣто 6461
Tols: в лѣто 6461

Bych: В лѣто 6461.
Shakh: Въ лѣто 6461.
Likh: В лѣто 6461.
Ostr: Въ лѣто 6461.

60,24:

Laur: В лѣ̅ᵀ. ҂с҃.у҃.з҃в·:·
Radz: В лѣ̅ᵀ ҂с҃ у҃ з҃в.
Acad: В лѣ̅ᵀ. ҂с҃.у҃.з҃в.
Hypa: В лѣто. ҂с҃.у҃.з҃в·:· |
Khle: omitted

Comm: в лѣто 6462
NAca: в лѣто 6462
Tols: omitted

Bych: В лѣто 6462.
Shakh: Въ лѣто 6462.
Likh: В лѣто 6462.
Ostr: Въ лѣто 6462.

60,25:

Laur: В лѣ︮т︯. ҂ѕ҃.у҃.ѯ҃г. :— Иде ѡльга въ греки. [17ᵛ]
Radz: В лѣ︮т︯ ҂ѕ҃ у҃ ѯ҃г. Иде ѡлга в греки. [31ᵛ]
Acad: В лѣ︮т︯. ҂ѕ҃.у҃.ѯ҃г. Иде ѡлга во греки.
Hypa: В лѣто. ҂ѕ҃.у҃.ѯ҃г :· Иде ѡлга въ грѣкы.
Khle: В лѣ︮т︯ ҂ѕ҃.у҃.ѯ҃г. иде ѡ︯га въ греки.

Comm: в лѣто 6463 иде олга во греки
NAca: в лѣто 6463 иде ольга въ грѣкы
Tols: в лѣто 6463 иде ольга въ грѣкы

Bych: В лѣто 6463. Иде Ольга въ Греки,
Shakh: Въ лѣто 6463. Иде Ольга въ Грькы,
Likh: В лѣто 6463. Иде Ольга въ Греки,
Ostr: Въ лѣто 6463. Иде Ольга въ Грькы,

60,26:

Laur: и приде црюгороду бѣ тогда црь именемь цѣмьскии.
Radz: и принде ко црюгра́у. и бѣ тогда црь ко︯стантинъ снъ леѡновъ.
Acad: и принде ко црюгорода. и бѣ тога црь костантинъ снъ леѡновъ.
Hypa: и приде к црюграду. и бѣ тога́ црь костантинъ. снъ леѡнтовъ.
Khle: и прин́де къ црюграу. и бѣ тога́ црь костанти︯. снъ лео︯новъ.

Comm: и прииде   цесарюграду и бѣ тогда цесарь именемь чемьскыи
         они же повѣдаша цесарю приходъ ея и абие цесарь возваю к собѣ она же
NAca: и прииде къ царюграду и бѣ тогда цесарь именемь чемьскии
Tols: и прииде къ царюграду и бѣ тогда цесарь именемь чемьскии

Bych: и приде Царюгороду. Бѣ тогда царь Костянтинъ, сынъ Леоновъ;
Shakh: и приде Цѣсарюграду. И бѣ тъгда цѣсарь именьмь Цѣмьскыи;
Likh: и приде Царюгороду. Бѣ тогда царь Костянтинъ, сынъ Леоновъ;
Ostr: и приде къ Цьсарюграду. И бѣ тъгда цьсарь Костянтинъ, сынъ Леоновъ.

60,27:

Laur: и приде к нему ѡльга. и видѣвъ ю
Radz: и при́н к немў ѡлга. и видѣ︯въ ю
Acad: и прінде к не︯мꙋ ѡлга. и видѣвь ю
Hypa: и видѣвъ ю
Khle: и видѣвь ю

Comm: иде к нему ничто же медлящи и видѣвь ю цесарь зѣло
NAca: и прииде ольга къ царю абие видѣвъ ю цесарь
Tols: и прииде ольга   абие видѣвъ ю цесарь

Bych: и приде к нему Ольга, и видѣвъ ю
Shakh: и приде къ нему Ольга; и видѣвъ ю
Likh: и приде к нему Ольга, и видѣвъ ю
Ostr: И приде къ нему Ольга, и видѣвъ ю

Повѣсть времeньныхъ лѣтъ   387

60,28:

Laur: добру сущю ѕѣло лицемъ. и | смыслену.   оудивив̾ся
Radz: добрү соущу ѕѣло лицé. и смысленү.   и оудив҃и
Acad: добрү сүщү ѕѣло лицемъ. | и смысленү.   и оудивиса
Hypa: добру сущю   лицé. и смы̋лену велми. и оудивиса |
Khle: доброу сѫщоу   лицé. и смысленү | велми. и оудивиса

Comm: добру сущу   лицем и смыслену въ премудрости   удививъ же ся
NAca: добру сущу   лицем и смыслену въ премудрости и се удививъся
Tols: добру сущу   лицем и смыслену въ премудрости и се удивився

Bych: добру сущю ѕѣло лицемъ и смыслену, удививъся
Shakh: добру сущю ѕѣло лицьмь и съмысльну, удививъся
Likh: добру сущю ѕѣло лицемъ и смыслену, удививъся
Ostr: добру сущю лицьмь и съмысльну, и удививъ ся

60,29:

Laur: ц҃рь разуму єіа. бесѣ|дова к неи и рекъ
Radz: ц҃рь разоумү єіа. и бесѣдуа екъ къ неи.
Acad: ц҃рь разүмү єіа. и бесѣдүіа екы к неи.
Hypa: ц҃рь разуму єіа. бесѣдов | к неи. и рекъ
Khle: ц҃рь разоумоу єіа. и бѣсѣдова | къ неи, и рекъ

Comm: цесарь разуму ея и пакы бесѣдовавши рече к
NAca: цесарь разу ея   бесѣдова к неи рекъ
Tols: цесарь разуму ея   бесѣдова к неи реклъ

Bych: царь разуму ея бесѣдова к ней, и рекъ
Shakh: цѣсарь разуму ея, бесѣдова къ неи, рекъ
Likh: царь разуму ея, бесѣдова к ней, и рекъ
Ostr: цьсарь разуму ея, бесѣдова къ неи, и рекъ

60,30:

Laur: еи. подобна єси цр҃твти въ гр‹а› | с нами. ѡна
Radz: по̋бна єси цр҃твовати | въ гра̋ семъ с нами. ѡнаж̑
Acad: подобна єси цр҃твовати въ гра|дѣ семъ с нами. ѡна
Hypa: еи подобна | єси цр҃твовати в городѣ | семъ с нами. ѡна
Khle: еи пѡ̋бна єси цр҃твовати въ гра|дѣ сé с нами. ѡна

Comm: неи подобна еси с нами царствовати въ градѣ семъ она
NAca: еи подобна еси с нами царствовати въ градѣ семь она
Tols: еи подобна еси с нами царствовати въ градѣ семъ она

Bych: ей: "подобна еси царствовати въ градѣ с нами." Она
Shakh: еи: "подобьна еси цѣсарьствовати въ градѣ семъ съ нами". Она
Likh: ей: "Подобна еси царствовати въ градѣ с нами". Она
Ostr: еи: "Подобьна еси цьсарьствовати въ градѣ семъ съ нами". Она

61,1:

Laur: же разумѣвши рѣ́ко црю̃. азъ погана | есмь. да
Radz: разоумѣвши рѣ́ко црю̃ азъ пога|на есми.
Acad: же разȣмѣвши реүе къ црю̃ | азъ погана есми.
Hypa: же разумѣвши и рѣ́ къ црю̃. а|зъ погана есмь да
Khle: же разоумѣвши. и рѣ́ къ црю̃. | азъ погана есмь. да

Comm: же разумѣвши   рече ко цесарю азъ погана есмь да
NAca: же разумѣвши царьскую мысль и рече къ цесарю азъ есмь погана да
Tols: же разумѣвши царьскую мысль и рече къ цесарю азъ есмь погана да

Bych: же разумѣвши рече ко царю: "азъ пагана есмь, да   [59,17]
Shakh: же, разумѣвъши, рече къ цѣсарю: "азъ погана есмь; да   [70,2]
Likh: же разумѣвши рече ко царю: "Азъ погана есмь, да   [44,10]
Ostr: же, разумѣвъши, рече къ цьсарю: "Азъ погана есмь; да

61,2:

Laur: аще мѧ хощеши кр҃тити. то кр҃т мѧ самъ. аще
Radz: аще мѧ хощешь кр҃тити.   кр҃ти мѧ самъ. аще
Acad: аще мѧ хощеши кр҃тити.   кре|сти мѧ самъ. аще
Hypa: аще мѧ | хощеши кр҃тити. то крѣ|сти мѧ самъ. аще
Khle: аще мѧ хощеши кр҃тити. | то кр҃ти мѧ са҃. аще

Comm: аще мя хощеши крестити то   крести мя самъ аще
NAca: аще мя хощеши крестити то уже крести мя самъ аще
Tols: аще мя хощеши крестити то уже крести мя самъ аще

Bych: аще мя хощеши крестити, то крести мя самъ; аще
Shakh: аще мя хощеши крьстити, то крьсти мя самъ; аще
Likh: аще мя хощеши крестити, то крести мя самъ; аще
Ostr: аще мя хощеши крьстити, то крьсти мя самъ; аще

61,3:

Laur: ли то не кр҃щюсѧ. и кр҃ти ю црь с пт<а>рхмъ.
Radz: ли | то не кр҃щюсѧ. и кр҃ти ю црь с патрнархомъ:- |
Acad: ли то не кр҃щюсѧ. и кр҃ти ю црь | с патрнархомъ:·
Hypa: ли то не | кр҃щусѧ. и кр҃ти ю црь с па|трнархо҃.
Khle: ли то не кр҃щоусѧ. и кр҃ти ю | црь с патрїархо҃.

Comm: ли сего не сотвориши то не имамъ креститися царь же послуша
       словесѣ сего и абие крести ю съ патриархомъ
NAca: ли того не хощеши то не крещуся и по сих глаголехъ крести ю самъ царь съ патриархомъ
Tols: ли того не хощеши то не крещуся и по сих глаголехъ крести ю самъ царь съ патриархомъ

Bych: ли ни, то не крещюся;" и крести ю царь с патреархомъ.
Shakh: ли, то не крьщюся". И крьсти ю цѣсарь съ патриархъмь.
Likh: ли, то не крещуся"; и крести ю царь с патреархомъ.
Ostr: ли, то не крьщю ся". И крьсти ю цьсарь съ патриархъмь.

Повѣсть времеиьиыхъ лѣтъ

61,4:

Laur: просвѣщена же бывши. радовашеся дшею и
Radz: Просвещена бывше. раваше́ дшею и
Acad: Просвещена бывши. радовашеся дшею и [29ᵍ]
Hypa: просвѣщена же бывши. радовашеся душею и
Khle: просвѣщена же бывши. радовашеся дшею и

Comm: просвѣщена же бывши и она же тогда радовашеся душею и
NAca: просвѣщена же бывъши святымъ крещениемъ и въкусивъши святого и божественаго тѣла и крове господня и радовашеся съ всею душею истинному богу и спасу нашему исусу
Tols: просвѣщена же бывши святымъ крещениемъ и въкусивши святого и божественаго тѣла и крове господня и радовашеся съ всею душею истинному богу и спасу нашему исусу

Bych: Просвѣщена же бывъши, радовашеся душею и
Shakh: Просвѣщена же бывъши, радовашеся душею и
Likh: Просвѣщена же бывши, радовашеся душею и
Ostr: Просвѣщена же бывши, радоваше ся душею и

61,5:

Laur: тѣломъ. и поучи ю патреархъ ѡ вѣрѣ.
Radz: тѣ‹ло›мъ и поуча ю патрнархъ о вѣрѣ. и
Acad: тѣломъ. и поучи ю патрнархъ ѡ вѣрѣ. и
Hypa: тѣломъ. и поучи ю патрнархъ ѡ вѣрѣ. и
Khle: тѣлѡмъ. и поучи ю патрїархъ ѡ вѣрѣ. и

Comm: тѣломъ и тѣмъ яко поучивши ю патриархъ о вѣрѣ и
NAca: христу и по сихъ пакы поучи ю патриархъ о вѣрѣ и божественымъ писаниемь святыхъ отець преданнаа седми съборовъ
Tols: христу и по сихъ пакы поучи ю патриархъ о вѣрѣ и божественымъ писаниемъ святыхъ отець преданнаа седми съборовъ

Bych: тѣломъ; и поучи ю патреархъ о вѣрѣ, и
Shakh: тѣлъмь. И поучи ю патриархъ о вѣрѣ, и
Likh: тѣломъ; и поучи ю патреархъ о вѣрѣ, и
Ostr: тѣлъмь. И поучи ю патриархъ о вѣрѣ, и

61,6:

Laur: ре́ч ен блгна ты в руски́х. яко возлюби
Radz: ре́ч ен благословена ты в жена́х роукы́. яко возлюби
Acad: рече ен блгвенна ты в жена р́укнхъ. яко возлюби
Hypa: ре́ч ен. блгвна ты еси в русьїкыхъ кнѧзехъ. яко възлюби
Khle: ре́ч ен, блвена ты еси в роускы́ кнѧséх. яко възлюби

Comm: рече еи благословена ты въ женахъ рускых сице бо оставивши
NAca: рече еи благословена ты въ женахъ рускых новопросвѣщеннаа яко остави
Tols: рече еи благословена ты въ женахъ рускых новопросвѣщенная яко остави

Bych: рече еи: "благословена ты в женахъ Руских, яко возлюби
Shakh: рече еи: "благословена ты въ женахъ Руськыхъ, яко възлюби
Likh: рече ей: "Благословена ты в женах руских, яко возлюби
Ostr: рече еи: "Благословена ты въ женахъ Руськыхъ, яко възлюби

61,7:

Laur: свѣтъ. а тьму ѡстави. бл͡гс͡вти та хотѧть
Radz: свѣт͡. а тм͡ꙋ ѡстави. бл͡гв͡ти та нмоу |
Acad: свѣт͡ а тьмꙋ ѡстави. бл͡гословити | та нмꙋт͡
Hypa: свѣтъ. а тму ѡ|стави. бл͡гс͡вти та нмуть |
Khle: свѣт͡. а тмоу ѡстави. бл͡вс͡ти та нмꙋт͡ |

Comm: тму а свѣт возлюби и благословити   тѧ имуть
NAca: тму и свѣтъ възлюби и благословити бо тѧ имуть
Tols: тму и свѣтъ взлюби и благословити бо тѧ имутъ

Bych: свѣть, а тьму остави; благословити тѧ хотѧть
Shakh: свѣть, а тьму остави; благословити тѧ хотѧть
Likh: свѣть, а тьму остави. Благословити тѧ хотѧть
Ostr: свѣть, а тьму остави; благословити тѧ имуть

61,8:

Laur: с<ⷠⷡнⷷ> | рустии. в послѣднии родъ внукъ твои.
Radz: сн͡вѣ роустии. и в послѣднии роⷣ внꙋⷦ твоиⷯ.
Acad: сн͡ве рꙋⷭтіи. и в послѣдніи роⷣ внꙋкь | твоиⷯ.
Hypa: сн͡ове рустии. и въ послѣ|днии родъ внукъ твоихъ. |
Khle: сынове роустіи. и въ послѣдніи рѡⷣ вноукь твои. |

Comm: сынове рустѣи   в послѣднѧѧ дни родове внукъ твоих
NAca: сынове рустѣи   в послѣднеи   родъ внукъ твоих
Tols: сынове рустѣи   в послѣднеи   родъ внукъ твоих

Bych: сынове Рустии и в послѣдний родъ внукъ твоихъ."
Shakh: сынове Русьстии и въ послѣднии родъ вънукъ твоихъ".
Likh: сынове рустии и в послѣдний родъ внукъ твоихъ".
Ostr: сынове Русьстии и въ послѣдьнии родъ вънукъ твоихъ".

61,9:

Laur: и заповѣда | еи ѡ цр͡квнмь оуставѣ. ѡ мл͡твѣ иⷮ
Radz: и заповѣ|да еи ѡ ц͡рковноⷨ оуставѣ. и ѡ мл͡твѣ. и
Acad: и заповѣда еи ѡ ц͡рковнемь оуставѣ. и | ѡ мл͡твѣ. и
Hypa: и заповѣда еи ѡ ц͡рковнемъ | оуставѣ. и ѡ мл͡твѣ и
Khle: и заповѣда еи ѡ ц͡рквнеⷨ оуставѣ. и ѡ мл͡твѣ и |

Comm: и заповѣда еи о церковномъ уставѣ и о молитвѣ и
NAca: и заповѣда еи о церковнемъ уставѣ и о молитвѣ и
Tols: и заповѣда еи о церковнемъ уставѣ и о молитвѣ и

Bych: И заповѣда ей о церковномъ уставѣ, о молитвѣ и
Shakh: И заповѣда еи о цьркъвьнѣмь уставѣ о молитвѣ и
Likh: И заповѣда ей о церковномъ уставѣ, о молитвѣ и
Ostr: И заповѣда еи о цьркъвьнѣмь уставѣ и о молитвѣ и

61,10:

Laur: ѡ постѣ. ѡ мл͡тни и ѡ въздержаньи тѣла
Radz: ѡ постѣ. и ѡ мл͡тинѣ. и ѡ воздержанне тѣла
Acad: ѡ постѣ. и ѡ мл͡тынї. и ѡ воздер҃жаньи тѣла
Hypa: по|стѣ. и ѡ мл͡тни. и ѡ въздѣр҃жании тѣла
Khle: ѡ постѣ, и ѡ мл͡тыни. и ѡ въздержанїи тѣла

Comm: о постѣ и о милостинѣ и о воздержании тѣла
NAca: о постѣ и о милостинѣ и о въздержании тѣла
Tols: о постѣ и о милостинѣ и о вздержании тѣла

Bych: о постѣ, о милостыни и о въздержаньи тѣла
Shakh: о постѣ о милостыни и о въздьржании тѣла
Likh: о постѣ, о милостыни и о въздержаньи тѣла
Ostr: о постѣ и о милостыни и о въздьржании тѣла

61,11:

Laur: чиста. ѡна же поклонивши | главу стоꙗше. аки
Radz: чт͡а. ѡна же по|клонивши главꙋ стоꙗше. аки
Acad: чт͡а. ѡна же поклонївши главꙋ | стоꙗше. аки
Hypa: чт͡а. ѡна же | поклонивши главу стоꙗше. ‖ акы
Khle: чт͡а. ѡна͡ж поклонивши главоу стоꙗше. аки

Comm: чиста она же поклонивши главу стояше акы
NAca: чиста она же поклонивши главу стояше аки
Tols: чиста она же поклонивши главу стояше аки

Bych: чиста; она же, поклонивши главу, стояше, аки
Shakh: чиста. Она же, поклонивъши главу, стояше, акы
Likh: чиста. Она же, поклонивши главу, стояше, аки
Ostr: чиста. Она же, поклонивъши главу, стояше, акы

61,12:

Laur: губа напаꙗема. внимающи | оученьꙗ. поклонившисꙗ
Radz: гоуба напоꙗема. вни|маю҃ оученна. и поклонивше͡с
Acad: гꙋба напоꙗема. внїмающи оученїꙗ. и поклонївшисꙗ
Hypa: губа напаꙗема. вни|маюши оученью. и покло͡нившеса
Khle: гоуба | напоꙗема. внимающи оученїю. и поклонившисꙗ

Comm: губа напаяема внимающи учению и поклонившися
NAca: губа напаяема внимающи учению и послушающи божественаго писаниа и се паки она поклонившися
Tols: губа напаяема внимающи учению и послушающи божественаго писания и се паки она поклонившися

Bych: губа напаяема, внимающи ученья; и поклонившися
Shakh: губа напаяема, вънимающи учению; и поклонися
Likh: губа напаяема, внимающи ученья; и поклонившися
Ostr: губа напаяема, вънимающи учению. И поклонивъши ся

[24c]

61,13:

Laur: пт̄рархү гл̄щн. м̄лтвамн | твонмн
Radz: п<о>треархȣ гл̄ще м̄лтва|мн твонмн
Acad: патрнархȣ. гл̄ще м̄лтвамн твонмн
Hypa: патрнархү гл̄ше. м̄лтвамн твонмн |
Khle: патрїархоу гл̄ще. м̄лтвамн твонмн

Comm: патриарху глаголюще   молитвами твоими
NAca: патриарьху глаголюще ему молитвами твоими
Tols: патриарху глаголюще ему молитвами твоими

Bych: патреарху, глаголющи: "молитвами твоими,
Shakh: патриарху, глаголющи: "молитвами твоими,
Likh: патреарху, глаголющи: "Молитвами твоими,
Ostr: патриарху, глаголющи: "Молитвами твоими,

61,14:

Laur: вл̄дко. да схранена буду ѿ сѣтн непрны͡<зн>|ны.
Radz: вл̄ко. да сохранена бȣдоу ѿ сѣтн непрнѧ|знены.
Acad: вл̄ко. да сохранена бȣдȣ ѿ сѣтн не|прїѧзнены.
Hypa: вл̄ко да съхранена буду. | ѿ сѣтн непрнѧзнены. |
Khle: вл̄ко да съ|хранена бѧдоу ѿ сѣтн непрїѧзнены.

Comm: съхранена буду честнѣишии владыко от сѣти неприязнены
NAca: съхранена буду   владыко от сѣти неприазнены
Tols: владыко от сѣти неприазнены

Bych: владыко, да схранена буду отъ сѣти неприязньны."
Shakh: владыко, да съхранена буду отъ сѣти неприязньны".
Likh: владыко, да схранена буду от сѣти неприязньны".
Ostr: владыко, да съхранена буду отъ сѣти неприязньны".

61,15:

Laur: Бѣ же р͠е<no> нма єн во   кр͠щньн ѡлена. ꙗкоже
Radz: Бѣ же р͠ено нма єн въ ст̄ьмъ кр͠щннн ѡлена. | ꙗкоже
Acad: Бѣ же реченo нма єн въ ст̄мь кр͠ще|ньн ѡлена. ꙗкоже
Hypa: Бѣ же нма єн нар͠еноъ въ | кр͠щеннн ѡлена. ꙗкоже |
Khle: Бѣ же нма | єн нар͠ено ѡлена въ   кр͠щенїн. ꙗкоже

Comm: бѣ бо имя еи наречено въ   крещении елена яко
NAca: бѣ   имя еи наречено въ святомъ крещении елена яко
Tols: бѣ   имя еи наречено въ святомъ крещении елена яко

Bych: Бѣ же речено имя ей во крещеньи Олена, якоже
Shakh: Бѣ же имя еи наречено въ крьщении Олена, якоже
Likh: Бѣ же речено имя ей во крещеньи Олена, якоже
Ostr: Бѣ же имя еи наречено въ крьщении Олена, якоже

61,16:

Laur: ⟨и⟩ | древнѧѧ црца. мти великаго костѧнтина.
Radz: и древнѧѧ црци мти велика́го костѧнтина |
Acad: и древнѧѧ црци. мти великоѓго костѧнтина.
Hypa: и древнѧѧ црца. мти велі́кого костѧнтина.
Khle: и древнѧѧ | црца мти великого костѧнтина.

Comm: древняя цесариця мати великого костянтина
NAca: древняя царица мати великаго костинтина
Tols: древняа царица мати великаго костинтина

Bych: и древняя царица, мати Великаго Костянтина.
Shakh: и древьняя цѣсарица, мати великаго Костянтина.
Likh: и древняя царица, мати Великаго Костянтина.
Ostr: и древьняя цьсарица, мати великаго Костянтина.

61,17:

Laur: блгв҃і | ю птрархъ. и ѿпусти ю. и по кр҃щнии
Radz: и блгослови ю патреархъ. и ѿпоусти ю. и по кр҃щнии. || и   [32ᵍ]
Acad: и блгві ю патрі́архъ. и ѿпоусти ю. И по крщении
Hypa: и блгв҃і | ю патриархъ и ѿпусти ю. | и по кр҃щении
Khle: и блвн҃ ю па|трі́архъ и ѿпоусти. и по кр҃щеніи

Comm: и благослови ю патриархъ и отпусти   и   по крещении
NAca: и благослови ю патриархъ и отпусти   и пакы по крещении
Tols: и благослови ю патриархъ и отпусти   и пакы по крещении

Bych: И благослови ю патреархъ, и отпусти ю. И по крещеньи
Shakh: И благослови ю патриархъ, и отъпусти. И по крьщении
Likh: И благослови ю патреархъ, и отпусти ю. И по крещеньи
Ostr: И благослови ю патриархъ, и отъпусти ю. И по крьщении

61,18:

Laur: возва ю цр҃ь | и рече еи хощю тѧ поѧти собѣ
Radz: възва ю цр҃ь. и ре́ѵ еи цр҃ь хощꙋ тѧ поѧти собѣ
Acad: возва ю цр҃ь. и рече еи хощю | тѧ поѧти собѣ
Hypa: призва ю цр҃ь. | и ре́ѵ еи. хощю тѧ поѧти |
Khle: призва ю цр҃ъ. | и рече еи. хощоу тѧ поѧти

Comm: призва ю цесарь и глагола еи хощу тя поняти себѣ
NAca: призва ю царь и рече еи хощу тя поняти
Tols: призва ю царь и рече еи хощу тя поняти

Bych: возва ю царь, и рече ей: "хощю тя пояти собѣ
Shakh: призъва ю цѣсарь, и рече еи: "хощю тя пояти собѣ
Likh: возва ю царь, и рече ей: "Хощю тя пояти собѣ
Ostr: призъва ю цьсарь, и рече еи: "Хощю тя пояти

61,19:

Laur: женѣ. она же ре̇ к<а>ко хочеши ма поѧти
Radz: жену. онаж̇ ре̇ како хощеши ма поѧти. а
Acad: жену. она же рече како ма хощеши поѧти. а
Hypa: женѣ. она же ре̇ како ма хощеши понѧти. а
Khle: женѣ, онаж̇ рече, како ма хощеши поѧти,

Comm: женою она же рече како хощеши мя поняти а
NAca: женѣ она же рече ему како хощеши поняти а женою себѣ а
Tols: женѣ она же рече ему како хощеши поняти а женою себѣ а

Bych: женѣ". Она же рече: "како хочеши мя пояти,
Shakh: женѣ". Она же рече: "како хощеши мя пояти,
Likh: женѣ". Она же рече: "Како хочеши мя пояти,
Ostr: женѣ". Она же рече: "Како мя хощеши пояти, а

61,20:

Laur: кр̇ть ма самъ. и нарекъ <ма т>ъщерью. а
Radz: кр̇тив ма самъ. и наре̇к ма дще̇рею. а въ
Acad: кр̇тнвь ма самъ. и нарекъ ма дще̇рею. а во
Hypa: кре̇стивъ ма самъ. и нарекъ ма дщерь. а въ
Khle: кр̇тнвь ма са̇м и нарекъ ма дщерь. а въ

Comm: крестивъ мя сам и нарекъ мя себѣ дщерью а въ
NAca: крестивъ мя сам и нарекъ и мя дщерию а въ
Tols: крестивъ мя сам и нарекъ и мя дщерию а въ

Bych: крестивъ мя самъ и нарекъ мя дщерею? а въ
Shakh: крьстивъ мя самъ, и нарекъ мя дъщерию? а въ
Likh: крестивъ мя самъ и нарекъ мя дщерею? А въ
Ostr: крьстивъ мя самъ, и нарекъ мя дъщерь? А въ

61,21:

Laur: хе̇иан̇ехъ того нѣ̇ закона а ты самъ вѣ<си>. и ре̇
Radz: хр̇тьан̇е̇ того закона нѣ̇. ты са̇ вѣси. и ре̇
Acad: хр̇тиан̇е̇х того закона нѣ̇. ты самъ ве̇си. и рече
Hypa: кр̇тьане̇хъ того нѣ̇ закона. а ты самъ вѣси. и ре̇
Khle: хр̇тнан̇е̇ того нѣ̇ закона. а ты са̇м вѣси. и ре̇

Comm: крестиянехъ сего нѣсть закона а ты цесарю самъ вѣси и рече
NAca: христьянехъ нѣсть того закона а ты царю самъ вѣси и рече
Tols: христьянехъ нѣсть того закона а ты царю самъ вѣси и рече

Bych: хрестеянехъ того нѣсть закона, а ты самъ вѣси." И рече
Shakh: хрьстиянехъ того нѣсть закона, а ты самъ вѣси". И рече
Likh: хрестеянехъ того нѣсть закона, а ты самъ вѣси." И рече
Ostr: хрьстиянехъ того нѣсть закона, а ты самъ вѣси". И рече

Повѣсть времеиьиыхъ лѣтъ   395

61,22:

Laur: цр҃ь преклюкала мѧ еси ольга. и дасть еи
Radz: переклюкала мѧ еси олго. и вдасть еи
Acad: переклюкала мѧ еси олго. и вдасть еи
Hypa: цр҃ь переклюка мѧ   олга. и вдасть еи
Khle: цр҃ь переклюка мѧ   олга. и вдасть еи

Comm: цесарь прѣдстоящимъ ту велможамъ своимъ упремудри мя олга словесы своими
      бѣ же она мудра словесы цесарь же пакы чемьскыи слышавши глаголы ея дасть еи
NAca: цесарь к боляромъ своимъ упремудри мя ольга своими глаголании и дасть еи
Tols: цесарь к боляромъ своимъ упремудри мя ольга своими глаголании и дасть еи

Bych: царь: "переклюкала мя еси, Ольга;" и дасть ей
Shakh: цѣсарь: "преклюкала мя еси, Ольго". И дасть еи
Likh: царь: "Переклюкала мя еси, Ольга". И дасть ей
Ostr: цьсарь: "Преклюкала мя Ольга". И въдасть еи

61,23:

Laur: <да>|ры многи злато и сребро. паволоки и съсуды
Radz: дары многы. злато | и сребро. и паволоки. и съсуды
Acad: дары многы. злато. и сребро. и паволоки. и со|суды
Hypa: дары многы. золото. | и серебро паволокы. съ|суды
Khle: дары многы. золото и сребро. и паволоки. и съсуд |ы   [24ᵛ]

Comm: дары многы злато и сребро и паволокы и съсуды
NAca: дары многы злато и сребро и паволокы   съсуды
Tols: дары многы злато и сребро и паволокы   съсуды

Bych: дары многи, злато и сребро, паволоки и съсуды
Shakh: дары мъногы, злато и сьребро и паволокы и съсуды
Likh: дары многи, злато и сребро, паволоки и съсуды
Ostr: дары мъногы, злато и сьребро и паволокы и съсуды

61,24:

Laur: р<а>|зличныиа. и ѿпусти ю   нарекъ ю дщерью
Radz: различныиа. и ѿпусти ю. | и наре҇к ю. дщерью
Acad: разноличныиа. и ѿпусти ю   нарекъ дщерью |
Hypa: разноличныиа. и ѿ|пусти ю.   нарекъ ю дще|рь
Khle: разноличныиа. и ѿпусти ю   нарекъ ю дъщерь

Comm: разъноличныия и абие цесарь отпусти ю   нарекъ себѣ
NAca: различныия и   отпусти ю и нарекъ дщерь
Tols: различныия и   отпусти ю и нарекъ дщерь

Bych: различныя, и отпусти ю, нарекъ ю дщерью
Shakh: разноличьныя; и отъпусти ю, нарекъ ю дъщерию
Likh: различныя, и отпусти ю, нарекъ ю дщерью
Ostr: разьноличьныя; и отъпусти ю, нарекъ ю дъщерь

61,25:

Laur: собѣ. ѡна же хотѧщи домови. приде къ патреархꙋ
Radz: собѣ:- | ѡна́ꙉ хотѧщи домовъ. и принде к патрнархоу.
Acad: себѣ:· ѡна же хотѧщи ⟨ити в до⟩ [свои] приде к патрі҃архꙋ.
Hypa: себѣ. она же хотѧчи домови. приде къ па҆триархꙋ.
Khle: себѣ. | ѡна́ꙉ хотѧчи домовь. прїиде къ патрїархоу

Comm: дщерью и олга княгынѣ руская хотящи възвратитися къ странѣ своеи прииде къ
     патриарху
NAca: себѣ она же пакы хотящи възвратитися ко граду своему и прииде къ патриарху
Tols: себѣ она же пакы хотящи възвратитися ко граду свому и прииде къ патриарху

Bych: собѣ. Она же хотящи домови, приде къ патреарху,
Shakh: собѣ. Она же, хотящи домови, приде къ патриарху,
Likh: собѣ. Она же хотящи домови, приде къ патреарху,
Ostr: собѣ. Она же, хотящи домови, приде къ патриарху,

61,26:

Laur: блг҃⟨внь⟩ | просѧщи на дом҃ъ. и ре҃ ему людье
Radz: блгословле|нна просѧщи на́мъ. и ре́ емоу лю́е
Acad: блг҃венїа просѧщи на домъ и рече ем꙼ꙋ лю|дїе
Hypa: блг҃внна просѧщи на домъ. и ре҃ ему лю́е
Khle: бл҃веінїа просѧщи на до҃м. и ре́ емоу, людїе

Comm: благословения просящи на домъ свои и рече ему людие
NAca: благословениа просящи на домъ и глаголющи ему людие
Tols: благословения просящи на домъ и глаголющи ему людие

Bych: благословенья просящи на домъ, и рече ему: "людье
Shakh: благословения просящи на домъ, и рече ему: "людие
Likh: благословенья просящи на домъ, и рече ему: "Людье
Ostr: благословенья просящи на домъ, и рече ему: "Людие

61,27:

Laur: мои погани | и сн҃ъ мои. дабы мѧ б҃ъ съблюлъ
Radz: мои погани. и сн҃ъ мои. | дабы мѧ б҃ъ соблю́
Acad: мои погани. и сн҃ъ мои. дабы мѧ бг҃ъ соблюлъ
Hypa: мои погани и сн҃ъ мои. | дабы мѧ б҃ъ съблюлъ
Khle: мои погани | и сн҃ь мои. дабы мѧ б҃ъ съблюль

Comm: мои погани и сынъ мои тако же поганъ бѣ да бы мя богъ съблюлъ
NAca: мои погани и сынъ мои   да бы мя богъ съблюлъ
Tols: мои погани и сынъ мои   да бы мя богъ съблюлъ

Bych: мои пагани и сынъ мой, дабы мя Богъ съблюлъ
Shakh: мои погани и сынъ мои, да бы мя Богъ съблюлъ
Likh: мои пагани и сынъ мой, дабы мя богъ съблюлъ
Ostr: мои погани и сынъ мои, да бы мя Богъ съблюлъ

61,28:

Laur: ѿ всакого зла. І и ре́ пт̄рархъ чадо ве́рное во
Radz: ѿ всакого зла. и ре́ патрнархъ чадо | верное. въ
Acad: ѿ всакого sла.   рече патрі̄архъ чадѡ ве́рное. ‖ въ   [29ᵛ]
Hypa: ѿ вы́сакого [зла]. и ре́ патрнархъ | чадо ве́рное. въ
Khle: ѿ всего sла. и рече | ен патрі̄архъ. чадо верное, въ

Comm: от всего зла и рече еи патриархъ чадо вѣрное въ
NAca: от всего зла и рече   патриархъ чадо вѣрное въ
Tols: от всего зла и рече   патриархъ чадо вѣрное въ

Bych: отъ всякого зла." И рече патреархъ: "чадо вѣрное! во
Shakh: отъ вьсего зъла". И рече патриархъ: "чадо вѣрьное! въ
Likh: от всякого зла". И рече патреархъ: "Чадо вѣрное! Во
Ostr: отъ вьсего зъла". И рече патриархъ: "Чадо вѣрьное! Въ

61,29:

Laur: кр̄та кр̄тнласа есн | и во кр̄та ѡблечеса.   х̄ъ
Radz: х̄а кр̄тнла есн. и въ х̄та ѡблеͨ.   х̄съ
Acad: х̄а кр̄тнласа есн. и въ х̄а ѡблечеса.   х̄ъ
Hypa: х̄а крѣ|стнласа есн и въ х̄а ѡбле‖чеса. и х̄ъ   [24d]
Khle: х̄а кр̄тнласа есн, | и въ х̄а облечеса. и х̄с

Comm: христа крестиласа еси   въ христа облечеся   христос
NAca: христа крестиласа еси и въ христа облечеся   христос
Tols: христа крестиласа еси и въ христа облечеся   христос

Bych: Христа крестилася еси, и во Христа облечеся, Христосъ
Shakh: Христа крьстилася еси, и въ Христа облечеся, и Христосъ
Likh: Христа крестилася еси, и во Христа облечеся, Христосъ
Ostr: Христа крьстила ся еси, и въ Христа облече ся, Христосъ

62,1:

Laur: нмать схраннтн та. іакожͤ ‖ схрани еноха   [18ᴦ]
Radz: нматъ со|храннтн та. іакоже сохрани енох<а>
Acad: нмаеть | сохраннтн та. іакоже сохранı̄ еноха
Hypa: съхраннть та. | іако́ съхрани еноха
Khle: нмаͭ схраннтн та. іако́ | съхрани еноха

Comm: имать съхранити тя якоже съхрани еноха
NAca: имать съхранити тя якоже съхрани еноха
Tols: имать схранити тя якоже схрани еноха

Bych: имать схранити тя; якоже схрани Еноха   [60,15]
Shakh: имать съхранити тя: якоже съхрани Еноха   [71,10]
Likh: имать схранити тя: яко же схрани Еноха   [44,34]
Ostr: имать съхранити тя: якоже съхрани Еноха

62,2:

Laur: в пєрвыıа роды. и потомъ ноıа в ковчезѣ. аврама
Radz: в первыа роды. ꙇ и потомъ ноıа въ ковчезѣ. авраама
Acad: въ пєрвыıа роды и потомь ноıа в ковчезѣ. авраама
Hypa: в пѣрвыıа роды. потомъ ноıа в ковчезѣ. аврама.
Khle: въ пръвыа роды. и потѿ ноа въ ковчезѣ. авраама

Comm: въ пръвыи род и потомъ ноя в ковчезѣ авраама
NAca: первыи род и потом ноя в ковчезѣ авраама
Tols: первыи род и потом ноя в ковчезѣ авраама

Bych: в первыя роды, и потомъ Ноя в ковчезѣ, Аврама
Shakh: въ пьрвыя роды, и потомь Ноя въ ковьчезѣ, Аврама
Likh: в первыя роды, и потомъ Ноя в ковчезѣ, Аврама
Ostr: въ пьрвыя роды, и потомъ Ноя въ ковьчезѣ, Аврама

62,3:

Laur: ѿ авимєлєха. лота ǀ ѿ содомлıа͂. моисѣıа
Radz: ѿ авимєлєха. лоꙇта ѿ содомлань. моисѣа
Acad: ѿ авиꙇмєлєха. лота ѿ содомланъ. моисѣа.
Hypa: ѿ ǀ авимєлєха. лота ѿ содо̊млань. моисѣıа
Khle: ѿ авимєлєха. лота ѿ содомлѧ͞. ꙇ и мѡѵсєа

Comm: от авимелеха лота от содомлянъ моисея
NAca: от авимелеха лота от содомлянъ моисея
Tols: от авимелеха лота от содомлянъ моисея

Bych: отъ Авимелеха, Лота отъ Содомлянъ, Моисѣя
Shakh: отъ Авимелеха, Лота отъ Содомлянъ, Моисѣя
Likh: от Авимелеха, Лота от содомлянъ, Моисѣя
Ostr: отъ Авимелеха, Лота отъ Содомлянъ, Моисѣя

62,4:

Laur: ѿ фараѡна. двда ѿ саоула .г̃. ѡтроци
Radz: ѿ фаѡна. двда ѿ саоула. ǀ г̃. є ѡтрокъ
Acad: ѿ фараꙇѡна. двда. ѿ саоула. трїє ѡтрокы
Hypa: ѿ фаǀраѡна. двда ѿ саоула. ǀ три ѡтрокы
Khle: ѿ фараона. и двда ѿ саоула. и три ǀ ѡтрокы

Comm: от фараона давыда от саула трие отрокы
NAca: от фараона давыда от саула три отрокы
Tols: от фараона давыда от саула три отроки

Bych: отъ Фараона, Давыда отъ Саула, 3 отроци
Shakh: отъ Фараона, Давыда отъ Саула, три отрокы
Likh: от Фараона, Давыда от Саула, 3 отроци
Ostr: отъ Фараона, Давыда отъ Саула, три отрокы

62,5:

Laur:	ѿ пещи. данила ѿ звѣрии. та|ко и та избавить.
Radz:	ѿ пещи. данила ѿ зверѣи. и тако и та избавить.
Acad:	ѿ пещи.	данила ѿ sвѣрїи. и тако и та ѿ неприꙗзни
Hypa:	ѿ пещи. да|нила ѿ звѣрии. тако	и тебе избавить
Khle:	ѿ пещи. и данїила ѿ sвѣрѣи. тако и тебе	избавиͭ
Comm:	от пещи данила от звѣрии и тако и тебе избавить
NAca:	от пещи данила от звѣреи и тако и тебе избавить
Tols:	от пещи данила от звѣреи и тако и тебе избавить
Bych:	отъ пещи, Данила отъ звѣрий, тако и тя избавить
Shakh:	отъ пещи, Данила отъ звѣрии, тако и тебе избавить
Likh:	от пещи, Данила от звѣрий, тако и тя избавить
Ostr:	отъ пещи, Данила отъ звѣрии, тако и тя избавить

62,6:

Laur:	ѿ неприꙗзни. и ѿ сѣти его.	блвⷭ̑н ю
Radz:	ѿ неприꙗзни. и ѿ сѣтеи его. и бл҃гослови ю
Acad:	избавить. и ѿ сѣти его. и блгⷭ̑вн ю
Hypa:	ѿ неприꙗⁿзни и сѣти его. и бла|словн ю
Khle:	ѿ непрїазни и сѣтеи его. и блв҇и ю
Comm:	от непрїязнѣ и от сѣтеи его и благословившии
NAca:	от неприазни и от сѣти его и благослови
Tols:	от неприазни и от сѣти его и благослови
Bych:	отъ неприязни и отъ сѣтий его;" и благослови ю
Shakh:	отъ неприязни и отъ сѣтии его". И благослови ю
Likh:	от неприязни и от сѣтий его"; и благослови ю
Ostr:	отъ неприязни и отъ сѣтии его". И благослови ю

62,7:

Laur:	патреархъ. и иде с миромъ въ свою зем︦лю︦.	и
Radz:	патриархъ. и иде с миромъ.	въ свою землю:- ‖ И [32ᵛ]
Acad:	патри|архъ. и иде с миромъ во свою землю:· И
Hypa:	патриархъ. и	иде с мирѡмⷨ в землю свою.	и
Khle:	патрїархъ. и иде с мирѡⷨ въ зеⷨлю свою. и
Comm:	патриархъ со вселеньскымъ соборомъ и отпусти ю с миромъ в свою землю и
NAca:	патриархъ и сице же ольга отъиде в свою землю и
Tols:	патриархъ и сице же ольга отъиде в свою землю и
Bych:	патреархъ, и иде с миромъ въ свою землю, и
Shakh:	патриархъ. И иде съ миръмь въ свою землю, и
Likh:	патреархъ, и иде с миромъ въ свою землю, и
Ostr:	патриархъ. И иде съ миръмь въ землю свою, и

62,8:

Laur: прнде   кневу. се же бы́ ꙗкоже прн соломанѣ. |
Radz: принде к кневоу. се же бы́ ꙗко̑ прн соломонѣ.
Acad: прїнде [же] к кїевѹ. се же быс̑ ꙗко и прї соломонѣ.
Hypa: прнде къ кневу. се же | бы́ ꙗко и прн соломони. |
Khle: прїнде къ кыевоу. сѐ | же бы̑ ꙗко и прн соломонѣ.

Comm: пришедши еи пакы къ кыеву принявшии святое крещение и божественыя дары въ цесарьскомъ градѣ от честнѣишаго патриарха се же тако бысть яко при соломонѣ царѣ
NAca: прииде къ кыеву таковое се же бысть яко при соломонѣ
Tols: прииде къ кыеву таковое се же бысть яко при соломонѣ

Bych: приде Киеву. Се же бысть, якоже при Соломанѣ
Shakh: приде Кыеву. Се же бысть, якоже при Соломанѣ:
Likh: приде Киеву. Се же бысть яко же при Соломанѣ
Ostr: приде къ Кыеву. Се же бысть яко при Соломанѣ:

62,9:

Laur: прнде ц҃рца ефиѡпьскаꙗ к соломану.
Radz: принде | ц҃рца ефиѡпьскаа ко с̑ломонѹ.
Acad: прни|де ц҃рца ефиѡпьскаꙗ к соломонѹ.
Hypa: прнде ц҃рца ефиѡпьскаꙗ
Khle: прїнде ц҃рца ефиѡпскаа, |

Comm: прииде ефиопьская цесариця къ соломону
NAca: прииде ефиопскаа царица къ соломону
Tols: прииде ефиопская царица къ соломону

Bych: приде царица Ефиопьская к Соломану,
Shakh: приде цѣсарица Ефиопьская къ Соломану,
Likh: приде царица Ефиопьская к Соломану,
Ostr: приде цьсарица Ефиопьская къ Соломону,

62,10:

Laur: слыша|тн хотащи прм҃дрти соломани. н
Radz: слышати хощю прм҃рти | соломоню. н
Acad: слышати | хота премѹдрость соломоню. н
Hypa: слышати хотащи. | м҃дрть соломоню.
Khle: слышати хотащи премр҃ѽ соломоню.

Comm: слышати хотящи премудрость соломоню
NAca: слышати хотяще премудрость соломоню
Tols: слышати хотяще премудрость соломоню

Bych: слышати хотящи премудрости Соломани, и
Shakh: слышати хотящи премудрость Соломаню
Likh: слышати хотящи премудрости Соломани, и
Ostr: слышати хотящи премудрость Соломоню

Повѣсть времѣньныхъ лѣтъ

62,11:

Laur: многу мдр͡сть҃ видѣ и знаманьꙗ тако же и си
Radz: многѹ мѹдрость видѣ и знаменьꙗ. тако͡ж и си
Acad: многѹ мѹ҃дрость видѣ и знаменїа. тако же и си
Hypa: мно҃лгу мдр҃ть видѣти и зънаменнꙗ. тако и си
Khle: мнѡгоу мѫдрѡ҃с видѣти и знаменїа. тако и сїа

Comm: многу и знамения видѣти тако си
NAca: многу   видѣ знамениа тако сиа
Tols: многу   видѣ знамениа тако сиа

Bych: многу мудрость видѣ и знамянья: такоже и си
Shakh: мъногу и знамения видѣти: тако и си
Likh: многу мудрость видѣ и знамянья: тако же и си
Ostr: мъногу мудрость видѣти и знаменья. Тако и си

62,12:

Laur: бл҃жнаꙗ ѡльга и искаше доброѥ мдр͡сти҃ бж҃ьи.
Radz: бл҃жнаа ѡлга. иска҃ш доброе прм҃ѫ҃с҃ти бж҃ьꙗ.
Acad: бл҃же҃ннаа ѡлга. искаша доброе премѹ҃дрости. бж҃ьꙗ.
Hypa: блаѫженаꙗ ѡлга. искаше доб҃рые мдр҃ти би҃ꙗ.
Khle: бл҃женаа ѡ҃лга. искаше добрыꙗ мѫдрости бж҃їа.

Comm: блаженая олга искаше добра и мудрости божия
NAca: блаженаа ольга искаше добра и премудрости божиа
Tols: блаженая ольга искаше добра и премудрости божиа

Bych: блаженая Ольга искаше доброѥ мудрости Божьа,
Shakh: блаженая Ольга искаше добрыѣ мудрости Божияя,
Likh: блаженая Ольга искаше доброѥ мудрости божьа,
Ostr: блаженая Ольга искаше добрыѣ мудрости Божия,

62,13:

Laur: но ѡна ѹлвѹки. а҃ си бж҃ьꙗ. ищющи бо мдр͡с҃ти
Radz: но ѡна ѹлѹкы а си бж҃ьꙗ. ищющи   прм҃ѫ҃с҃ти
Acad: но ѡна ѹлѹески. а си бж҃на. ищющи   премѹ҃дрости.
Hypa: но и ѡна ѹлвцьскыꙗ. а си бои҃жна. ищющи бо премдро҃ст҃и
Khle: но ѡна ѹлѹескыꙗ. а сїа бж҃їа. ищоуши бо премѫдрѡ҃с

Comm: нь она человѣскыя а си божиа ищющии бо премудрость
NAca: нъ она человѣскиа а сиа божиа ищющеи бо премудрость
Tols: нъ она человѣскиа а сиа божиа ищющеи бо премудрость

Bych: но она человѣчески, а си Божья. Ищющи бо мудрости
Shakh: нъ она человѣчьскыя, а си Божияя. "Ищющи бо премудрости
Likh: но она человѣчески, а си божья. "Ищющи бо мудрости
Ostr: нъ она человѣчьски, а си Божия. "Ищющи бо премудрости

62,14:

Laur: ѡбращють. прмдр̃т҃сь | на исходищихъ поетса.
Radz: ѡбращоу̃ пр̃мр̃ст҄ на исхо̃дищ̃е поетъ.
Acad: ѡбращѹть. премѹдрость на исходищехъ поетса.
Hypa: ѡбращю. премдр̃т | на исходищи̃ поетъ.
Khle: ѡбращѹ̃. | премждрѡ̃ на исходищи̃ поетса.

Comm: обрящуть понеже бо премудрость на исходищих поется
NAca: обрящуть   премудрость на исходищих поется
Tols: обрящуть   премудрость на исходищих поется

Bych: обрящють, премудрость на исходищихъ поется,
Shakh: обрящють"; "Премудрость на исходищихъ поеться,
Likh: обрящють"; "Премудрость на исходищихъ поется,
Ostr: обрящють". "Премудрость на исходищихъ поеть ся,

62,15:

Laur: на путехъ же дерьзно|венье водить. на краихъ
Radz: на пѹтх̃ъ же̃ дерзновеніе вводи̃. на крае̃х
Acad: на пѹтехъ же дерзновені|е вводить. на краехъ
Hypa: на | путехъ же дерзновени|е води̃т. на краихъ
Khle: на пѫте̃х же дръзно|веніе води̃т. на крае̃х

Comm: на путехъ же дерьзновение водить на краихъ
NAca: на путехъ же дерьзновение водить на краихъ
Tols: на путехъ же дерьзновение водить на краихъ

Bych: на путехъ же дерьзновенье водить, на краихъ
Shakh: на путьхъ же дьрзновение водить. На краихъ
Likh: на путехъ же дерьзновенье водить, на краихъ
Ostr: на путьхъ же дьрзновение водить. На краихъ

62,16:

Laur: же   забральныхъ пр҃о|повѣдаеть. во вра̃т҃ехъ же
Radz: же   забра|ны̃х проповѣдае̃са. въ врате̃ же
Acad: же   забралныхъ проповѣ|даетса. въ вратехъ же
Hypa: же стѣ|нъ забралныхъ проповѣ|даетса. въ вратѣхъ | же
Khle: же стѣнь забо̃рны̃ проповѣда|етса. въ врате̃ же

Comm: же стѣнозабралных проповѣдается въ вратехъ же
NAca: же стѣнозабралных проповѣдается во вратѣхъ же
Tols: же стѣнозабралных проповѣдается во вратѣхъ же

Bych: же забральныхъ проповѣдаеть, во вратѣхъ же
Shakh: же стѣнъ забральныхъ проповѣдаеться, въ вратѣхъ же
Likh: же забральныхъ проповѣдаеть во вратѣхъ же
Ostr: же забральныхъ проповѣдаеть ся, въ вратѣхъ же

Повѣсть времєньныхъ лѣтъ 403

62,17:

Laur:	градъыхъ. дерзающи глть. єлико бо лѣт злобиви
Radz:	граны дерзаю глть єлн бо лѣ злобиви
Acad:	градныхъ дерзающи глѣть. єлико лѣт ѕлобївїи
Hypa:	градныхъ дерзающи глть. єлико бо лѣт неѕлобивии
Khle:	градны дръзающи глть єлико бо лѣ неѕлобнвїи

Comm: градных дерзающи глаголет елико убо лѣт незлобии
NAca: градных дръзающи глаголет елико убо лѣт незлобии
Tols: градных дрзающи глаголет елико убо лѣт незлобии

Bych: градныхъ дерзающи глаголеть: елико бо лѣтъ незлобивии
Shakh: градьныхъ дьрзающи глаголеть: Елико бо лѣтъ незълобивии
Likh: градныхъ дерзающи глаголеть: елико бо лѣтъ незлобивии
Ostr: градьныхъ дьрзающи глаголеть. Елико бо лѣтъ незълобивии

62,18:

Laur:	держатса п правду. си бо ѿ възраста
Radz:	держать по праву. сна бо ѿ взраста
Acad:	держатьса по правдѹ. сїа бо ѿ возраста
Hypa:	държатса по пыраву. и си бо ѿ възвраста [25а]
Khle:	дръжатса по правдоу. и сїа бѡ ѿ възрастоу

Comm: держатся по правду и си бо от възраста
NAca: дерьжатся по правду и си бо от возраста
Tols: дерьжатся по правду и си бо от возраста

Bych: держатся по правду, не постыдятся. Си бо отъ възраста
Shakh: държаться по правьду ...". И си бо отъ възраста
Likh: держатся по правду ...". Си бо отъ възраста
Ostr: държать ся по правьду". Си бо отъ възраста

62,19:

Laur:	бѫженаꙗ ѡльга. искаше мдртью. все въ свѣтѣ
Radz:	бѫжнаа ѡлга. иска мѡростию. все в сѣтѣ
Acad:	блаженнаа ѡлга. искаша мѹдростїю. все въ свѣте
Hypa:	блженаꙗ ѡлена искаш мдртью что єсть лѹче всего въ свѣтѣ
Khle:	блженаа олена. искааше мрѡстию что є лоуше всего въ свѣтѣ

Comm: блаженая олга искаша мудростию всего въ свѣтѣ
NAca: блаженнаа ольга искавъше мудростию всего въ свѣтѣ
Tols: блаженнаа ольга искавше мудростию всего въ свѣтѣ

Bych: блаженая Ольга искаше мудростью все въ свѣтѣ
Shakh: блаженая Ольга искаше мудростию, чьто есть луче вьсего въ свѣтѣ
Likh: блаженая Ольга искаше мудростью, что есть луче всего въ свѣтѣ
Ostr: блаженая Ольга искаше мудростью, вьсего въ свѣтѣ

62,20:

Laur: семь. налѣзе | бисеръ многоцѣньныхъ. еже
Radz: сѐ. и налѣзе би|серъ мноцѣнѐ, ѐ.
Acad: семь. и налѣзе | бисеръ многоцѣненъ. еже
Hypa: семъ. | и налѣзе бисеръ много<ц>ѣньныи еже
Khle: сѐ. и налѣзе би|серь многоцѣнныи еже

Comm: семъ и налѣзе бисеръ многоцѣнныи еже
NAca: семь и налѣзе бисеръ многоцѣнныи еже
Tols: семь и налѣзе бисеръ многоцѣнныи еже

Bych: семь, налѣзе бисеръ многоцѣненъ, еже
Shakh: семь; и налѣзе бисръ мъногоцѣньнъ, еже
Likh: семь, налѣзе бисер многоцѣнен, еже
Ostr: семь; и налѣзе бисръ мъногоцѣньнъ, еже

62,21:

Laur: есть х҃съ. ре҃ бо | соломанъ желанье. блг҃врныхъ
Radz: е҃ х҃ъ. ре҃ бо солон҃ъ желанїе блг҃овѣрны|х
Acad: есть х҃ъ рече бо со|ломонъ. желанїе блг҃овѣрныхъ
Hypa: есть х҃ъ. | ре҃ бо соломон. желанье блг҃овѣрныхъ
Khle: е҃ х҃с. ре҃ бо соломѡ, желанїе блг҃овѣрны҃х

Comm: есть христосъ рече бо соломонъ желание благовѣрных
NAca: есть христосъ рече бо соломонъ желание благовѣрных
Tols: есть христосъ рече   соломонъ желание благовѣрных

Bych: есть Христосъ. Рече бо Соломанъ: желанье благовѣрныхъ
Shakh: есть Христосъ. Рече бо Соломанъ: "Желание благовѣрьныхъ
Likh: есть Христосъ. Рече бо Соломанъ: "Желанье благовѣрныхъ
Ostr: есть Христосъ. Рече бо Соломонъ: "Желание благовѣрьныхъ

62,22:

Laur: наслаженьи|н дш҃ю. и прıложиши въ срц҃е твое
Radz: наслае҃жт дш҃у и прило҃ж   срц҃е
Acad: наслажаеть | дш҃ю. и приложи   срц҃е
Hypa: наслажⷣеть дш҃ю. и приложиши | срц҃е свое
Khle: наслажаеⷮ дш҃ю. и приложиши   срц҃е | свое

Comm: наслажаеть душю и приложиши   сердце твое
NAca: наслажаеть душу и приложиши   сердце твое
Tols: наслажаеть душу и приложиши   сердце твое

Bych: наслажаетъ душю; и: приложиши сердце твое
Shakh: наслажаеть душю"; и: "Приложиши сьрдьце твое
Likh: наслажаеть душю"; и: "Приложиши сердце твое
Ostr: наслажаеть душю"; и: "Приложиши сьрдьце твое

Повѣсть времеиьныхъ лѣтъ 405

62,23:

Laur: в разумъ | азъ   любащаꙗ мѧ люблю. и нщющии
Radz: в разоу͗м. аз бо любащаꙗ мѧ лю́блю   нщꙋщие
Acad: в разꙋмь. азъ бо любащаа ‖ мѧ люблю.   нщꙋщїи   [30ᴦ]
Hypa: в разумъ. азъ | бо любащаꙗ мѧ люблю. | а нщющии
Khle: в разоу͗м. азъ бо любащаа мѧ люблю, а нщоу‖щїн   [25ᴦ]

Comm: в разумъ азъ   любящая   люблю и ищущии
NAca: в разумъ азъ   любящаа мя люблю и ищущеи
Tols: в разумъ азъ   любящаа мя люблю и ищущеи

Bych: в разумъ; азъ любящая мя люблю, и ищущии
Shakh: въ разумъ"; "Азъ любящая мя люблю, и ищущии
Likh: в разумъ"; "Азъ любящая мя люблю, и ищущии
Ostr: въ разумъ". "Азъ бо любящая мя люблю, а ищющии

62,24:

Laur: мене | ѡбращють мѧ.   г҃ь р҃е прнходащаꙗ
Radz: мене ѡбращꙋ͗т мѧ. нбо   р҃е гдь прн͗даща⟨х⟩ᴦ
Acad: мене ѡбращꙋть мѧ. нбо реч҃е г҃ь приходащего
Hypa: мене ѡбращꙋть мѧ. нбо   г҃ь р҃е прнходѧщаго
Khle: мене ѡбращоу мѧ. нбо и г҃ь р҃е, прнходащаго |

Comm: мене обрящут   и рече господь приходящая
NAca: мене обрящуть   и рече господь приходящая
Tols: мене обрящутъ   и рече господь приходящая

Bych: мене обрящуть мя. Господь рече: приходящаго
Shakh: мене обрящуть мя". И Господь рече: "Приходящаго
Likh: мене обрящуть мя". Господь рече: "Приходящаго
Ostr: мене обрящуть мя". Ибо Господь рече: "Приходящаго

62,25:

Laur: ко мнѣ | не нженуть вонъ.
Radz: ко мнѣ | не нж҃енꙋ во͗.
Acad: ко мнѣ не нж҃енꙋ вонъ.
Hypa: къ мнѣ не ⟨н⟩жде|нꙋ вонъ.
Khle: къ мнѣ не нж҃еноу вонь.

Comm: ко мнѣ не иждену вонь
NAca: ко мнѣ не иждену вонъ
Tols: ко мнѣ не иждену вонъ

Bych: ко мнѣ не изжену вон.
Shakh: къ мънѣ не ижену вънъ".
Likh: ко мнѣ не изжену вон".
Ostr: къ мънѣ не иждену вънъ".

62,26:

Laur: сі же ѡльга прнде   кнєву   н присла к нєн
Radz: сі̃ ѡлга прн̅ᷣ   кнєвȣ. ꙗкожє рѣхомъ. присла цр҃ь
Acad: сі же | ѡлга прїндє к кіевȣ. ꙗкожє рѣхомъ. присла цр҃ь |
Hypa: сі же ѡльга прїндє къ кнєву. н ꙗкожє рыкохо̄ᷫ. н присла к нєн
Khle: сна же олга прїндє къ кнї̇євоу. ꙗкожᷧ рєкѡхо̄ᷫ. н присла къ нєн

Comm: сия же олга по внегда пришедши еи уже в киевъ и якоже о неи въпред рекохомъ
посла же к неи
NAca: сиа же ольга прииде къ кыеву яже предъ рекохомъ и посла к неи
Tols: сиа же ольга прииде къ кыеву яже предъ рекохомъ и посла к неи

Bych: Си же Ольга приде Киеву, и присла к ней
Shakh: Си же Ольга приде Кыеву и, якоже рѣхомъ, присъла къ неи
Likh: Си же Ольга приде Киеву, и присла к ней
Ostr: Си же Ольга приде къ Кыеву и, якоже рѣхомъ, присъла къ неи

62,27:

Laur: цр҃ь грєчьскнн гл҃а. ꙗкᷪ | много дарнхъ та. ты
Radz: к нєн грєцкын гл҃а ꙗко много да|рнхъ та ты
Acad: к нєн грєцкы гл҃а. ꙗко много дарн̅х та. ты̅ᷧ
Hypa: цр҃ь | грєцкын гл҃а. ꙗко много | дарнхъ та. ты
Khle: цр҃ь грєцкїн гл҃а. | ꙗко мнѡго дарн̅ та, ты̅ᷧ

Comm: царь чемьскыи глаголя сице яко много одарих тя ты
NAca: царь цемьскии глаголя   яко много одарих тя ты
Tols: царь цемьскии глаголя   яко много одарих тя ты

Bych: царь Гречьский, глаголя: "яко много дарихъ тя; ты
Shakh: цѣсарь Грьчьскыи, глаголя, яко "мъного дарихъ тя; ты
Likh: царь греческий, глаголя, яко "Много дарихъ тя. Ты
Ostr: цьсарь Грьчьскыи, глаголя, яко "Мъного дарихъ тя; ты

62,28:

Laur: бо гл҃шє ко мнѣ. ꙗкᷪ | ащє возъвращюса в русь.
Radz: же гл҃шн   мн ꙗко ащє възᷭвращоуса в роуᷭ
Acad: гл҃єшн   мн ꙗко ащє възращȣса в рȣᷭ.
Hypa: же гл҃а<ла> | мн ꙗко ащє възъвращюса | в руᷭ
Khle: гл҃ашє   мн. ꙗко ащє възъвра|щȣса в рȣᷭ.

Comm: бо ми рекла еси тако яко аще возъращуся в русь и
NAca: бо глаголеши ко мнѣ яко аще возвращуся в русь
Tols: бо глаголеши ко мнѣ яко аще возвращуся в русь

Bych: бо глаголаше ко мнѣ, яко аще возвращюся в Русь,
Shakh: бо глаголаше къ мънѣ, яко, аще възвращюся въ Русь,
Likh: бо глаголаше ко мнѣ, яко аще возвращюся в Русь,
Ostr: глаголаше ми, яко аще възвращю ся въ Русь,

62,29:

Laur: мноɣи дарꙑ прⷥслю ти челѧдь. воскъ. и скъру.
Radz: многи дары | послю ти. челѧдь. и воскъ. | и скорꙋ
Acad: многы дары | послю ти. челⷶ и воскъ и скорꙋ.
Hypa: многы дары послю ти. | челѧдь и воскъ и скору. |
Khle: мнѡгы дары послю ти. челⷶ и вьскъ. | и скороу.

Comm: многы дары пришлю ти челядь и воскъ и скору
NAca: многы дары пришлю ти челять и воскъ и скору
Tols: многы дары пришлю ти челять и воскъ и скору

Bych: многи дары прислю ти: челядь, воскъ и скъру,
Shakh: мъногы дары присълю ти: челядь и воскъ и скору,
Likh: многи дары прислю ти: челядь, воскъ и скъру,
Ostr: мъногы дары посълю ти: челядь и воскъ и скору,

63,1:

Laur: и вои   в помоⷳь. ѿвѣщавши   ѡльга и рⷷ
Radz: и воа многи в поⷨмощь и ѿвещавше. || И рⷷ   [33ᵍ]
Acad: и воа многы в поⷨмощь. и ѿвѣщавши:·   И рече
Hypa: и воѧ многы в помощь.   ѿвѣщавши же ѡлга рⷷ
Khle: и воѧ мнѡгы в помоⷱь.   ѿвѣщавши же | ѡлга рⷷ

Comm: и вои   в помощь и отвѣщавши же олга и рече
NAca: и вои   в помощь и отвѣщавши же ольга и рече
Tols: и вои   в помощь и отвѣщавши же ольга и рече

Bych: и вои в помощь". Отвѣщавши Ольга, и рече   [61,14]
Shakh: и вои въ помощь". Отъвѣщавъши же Ольга, рече   [73,2]
Likh: и вои в помощь". Отвѣщавши Ольга, и рече   [45,22]
Ostr: и воя въ помощь". Отъвѣщавъши Ольга, и рече

63,2:

Laur: къ слом. аще тꙑ | рьци такоже постоиши оу
Radz: посломъ. аще ты рци. такоⷤ постоиши оу
Acad: к посломь. аще | ты рци. такоже постоишь оу
Hypa: къ | послоⷨ. аще ты рци такоⷤ | постоиши оу
Khle: къ послѡⷨ. аще ты рци такоⷤ постоиши оу

Comm: къ Соломѣру аще ты сице глаголеши от чемьскаго цесаря рци ему тако
      пришедши постоиши у
NAca: къ Соломѣру аще ты рци тако же постоиши у
Tols: къ Соломѣру аще ты рци тако же постоиши у

Bych: къ слом: "аще ты, рьци, такоже постоиши у
Shakh: къ сълом: "аще ты, рьци, такоже постоиши у
Likh: къ слом: "Аще ты, рьци, тако же постоиши у
Ostr: къ сълом: "Аще ты, рьци, такоже постоиши у

63,3:

Laur: мене в поу<анн>ѣ | ꙗкоже азъ всюду то тогда
Radz: мене в поуаннѣ. ꙗко́ж азъ всюдꙋ   тогда
Acad: мене в поуаннѣ. | ꙗкоже азъ в сꙋдꙋ.   тогда
Hypa: мене. в поуа|ннѣ. ꙗко́ж азъ в суду то | тогда
Khle: мене в поуаннѣ. ꙗко азъ всюдоу, то то҇гА

Comm: мене в почаинѣ якоже и азъ у тебе въ съсуду стоявши то тогда
NAca: мене в почаинѣ якоже и азъ   въ суду то тогда
Tols: мене в почаинѣ якоже и азъ   въ суду то тогда

Bych: мене в Почайнѣ, якоже азъ в Суду, то тогда
Shakh: мене въ Почаинѣ, якоже азъ въ Суду, то тъгда
Likh: мене в Почайнѣ, яко же азъ в Суду, то тогда
Ostr: мене въ Почаинѣ, якоже азъ въ Суду, то тъгда

63,4:

Laur: ти дамь. и <ѿ>пу||сти слы съ рекъши. живаше   [18ᵛ]
Radz: ти дамъ. и ѿпоусти ꙗ <.> рекши. живаше
Acad: ти дамъ. и ѿпꙋстї ꙗ | рекши. живаше
Hypa: ти вдамъ. и ѿпу|сти слы си рекши. живаше
Khle: ти вдамъ. | и ѿпоусти послы рекше. живаше

Comm: ти дамъ и сиа пакы словеса глаголавши много и абие отпусти приходящая
пословѣ къ царьскому граду живущи
NAca: ти дамъ и отпусти послы си рекъши живяше
Tols: ти дамъ и отпусти послы си рекши живяше

Bych: ти дамь;" и отпусти слы, сь рекъши. Живяше
Shakh: ти дамь". И отъпусти сълы, си рекъши. Живяше
Likh: ти дамь". И отпусти слы, сь рекъши. Живяше
Ostr: ти дамь". И отъпусти сълы, си рекъши. Живяше

63,5:

Laur: же ѡльга съ сн҇<м҇> | своимъ с҇тославомъ. и оууашеть
Radz: же ѡлга   сн҇мъ   с҇тославо҇. и оууашеть
Acad: же ѡлга со сн҇омь своимъ с҇тосла|вомъ. и оууашеть
Hypa: же ѡлга съ сн҇омъ свои҇мъ с҇тославо҇. и оууаше҇т
Khle: же ѡлга съ сн҇о҇ | свои҇ с҇тославо҇. и оууаше

Comm: же олга съ сыномъ своимъ святославомъ и учаше
NAca: же ольга съ сыномъ своимъ святославомъ   учаше
Tols: же ольга съ сыномъ своимъ святославомъ   учаше

Bych: же Ольга съ сыномъ своимъ Святославомъ, и учашеть
Shakh: же Ольга съ сынъмь своимь Святославъмь, и учашеть
Likh: же Ольга съ сыномъ своимъ Святославомъ, и учашеть
Ostr: же Ольга съ сынъмь своимь Святославъмь, и учашеть

Повѣсть времеиьныхъ лѣтъ 409

63,6:

```
Laur:   и мти  крtitиса.     и не бѣжаше того ни
Radz:   и мти. крtiти.        и не брежаше того ни
Acad:   и мти крtitиса.       и не брежа[ше] [се]го ни
Hypa:   его мти крtiтиса.     и не брежаше того. ни
Khle:   его мти крtiтиса. ѿ  же не брежаше того ни
```

```
Comm:  его мати      креститися   нь не брежаше того словесѣ ни
NAca:  же мати его креститися   и не брежаше же того ни
Tols:  же мати его креститися   и не брежаше же того ни
```

```
Bych:  и мати креститися, и не брежаше того ни
Shakh: и мати крьститися, и не брежаше того, ни
Likh:  и мати креститися, и не брежаше того ни
Ostr:  и мати крьстити ся, и не брежаше того, ни
```

63,7:

```
Laur:  оуши       приимти. но аще кто хоташе           крtiтиса
Radz:  во оуши    примати. но аще кто крtiти           хоташе
Acad:  во оуши не внимаше. но аще кто крtiти           хоташе
Hypa:  въ оуши    внимаше. но аще кто  хоташе волею крtiтиса.
Khle:  въ оуши    прiнмаше. но аще кто вълею хоташе крtiтиса. и
```

```
Comm:  въ уши  влагаше себѣ нь аще кто           хотяще волею креститися
NAca:  въ уши  влагаше       но аще кто вълею хоташе волею креститися
Tols:  въ уши  влагаше       но аще кто вълею хоташе волею креститися
```

```
Bych:  во уши приимати; но аще кто хотяше креститися,
Shakh: въ уши вънимаше; нъ аще къто хотяше волею крьститися,
Likh:  во уши приимати; но аще кто хотяше креститися,
Ostr:  въ уши вънимаше; нъ аще къто хотяше крьстити ся,
```

63,8:

```
Laur:  не бр<а>н<а>ху но ругахуса тому невѣрнымъ
Radz:  не бранаху.    но ругахоу тому. невѣрнымъ
Acad:  не бранаху.    но ругахуса тому. невѣрнымъ
Hypa:  не бранаху.    но ругахуса тому. невѣрнымъ
Khle:  не бранахж     но роугахжса емоу. невѣрнымъ
```

```
Comm:  не възбраняху ему нь паче ругахуся тому невѣрнымъ
NAca:  не браняху        но      ругахуся тому невѣрнымъ
Tols:  не браняху        но      ругахуся тому невѣрнымъ
```

```
Bych:  не браняху, но ругахуся тому. Невѣрнымъ
Shakh: не браняху, нъ ругахуся тому. Невѣрьнымъ
Likh:  не браняху, но ругахуся тому. "Невѣрнымъ
Ostr:  не браняху, нъ ругаху ся тому. Невѣрьнымъ
```

63,9:

Laur: бо вѣра <хрс̑тıаньс>ка оуродьство єсть. не смыслиша
Radz: бо вѣра хрс̑стьаньскаа оуро́ство є̑. ни смыслиша
Acad: бо вѣра хрс̑тьаньскаӕ оуро̑ство єсть. нı̑ смыслиша
Hypa: бо вѣра і крс̑тьаньскаӕ оуродьство і єсть. не смыслиша
Khle: бо вѣра хрс̑тıанска оуро́ство є̑. не смыслиша

Comm: бо есть вѣра крестианьска уродьство есть не смыслиша
NAca: бо　　вѣра христьяньскаа уродьство есть не смыслиша
Tols: бо　　вѣра христянска уродьство есть не смыслиша

Bych: бо вѣра хрестьяньска уродьство есть; не смыслиша
Shakh: бо вѣра хрьстияньска уродьство есть; Не съмыслиша
Likh: бо вѣра хрестьяньска уродьство есть"; "Не смыслиша
Ostr: бо вѣра хрьстияньска уродьство есть. Не съмыслиша

63,10:

Laur: бо <ни> і разумѣша во тьмѣ ходащии. и не
Radz: бо ни разоумѣша. і во тмѣ ходащен. и не
Acad: бо ни разу̑мѣша во тмѣ хода|щен. и не
Hypa: бо ни разꙋмѣша въ тмѣ ходащиı и не
Khle: бо ни разоумѣша въ тмѣ хо|дащен. и не

Comm: бо ни разумѣша во тмѣ ходяща　　не
NAca: бо ни разумѣша во тьмѣ ходять　　ни
Tols: бо ни разумѣша во тьмѣ ходятъ　　ни

Bych: бо, ни разумѣша во тьмѣ ходящии, и не
Shakh: бо, ни разумѣша въ тьмѣ ходящии, и не
Likh: бо, ни разумѣша во тьмѣ ходящии", и не
Ostr: бо, ни разумѣша въ тьмѣ ходящии, и не

63,11:

Laur: вѣдать і славы гс̑на ѿдобьлѣша бо срц̑а ихъ.
Radz: вѣдат̑ славы гн̑а. ѿдебелѣша бо срц̑а і их̑.
Acad: вѣдать славы гн̑а. ѿдебелс̑ бо срц̑а і ихъ. и
Hypa: видѣша славы гн̑а. ѿıдобелѣша бо срц̑а ихъ. и
Khle: видѣша славы гн̑а. ѿдебелѣша бо | срц̑а и҃. и

Comm: видят славы господня одобелѣша бо сердца ихъ и
NAca: видят славы господня одобелѣша бо сердца ихъ и
Tols: видят славы господня одобелѣша бо сердца ихъ и

Bych: вѣдять славы Господня, одебелѣша бо сердца ихъ,
Shakh: вѣдять славы Господьня; Одебелѣша бо сьрдьца ихъ, и
Likh: вѣдять славы господня; "Одебелѣша бо сердца ихъ,
Ostr: вѣдять славы Господьня. Одебелѣша бо сьрдьца ихъ, и

63,12:

Laur: оуш‹нма› | тѧжько слышати ѡчнма видѣти.
Radz: оушнма тѧшко слышетн. а ѡчнма видѣтн.
Acad: оушнма тѧжко слышатн. ѡчнма видеітн.
Hypa: оу|шнма бо тѧшько слышаша. | ѡчнма видѣтн.
Khle: оушнма тѧко слышаша, н оунма видѣ҃тн, |

Comm: ушима тяжко слышати и очима видѣти
NAca: ушима тяжько слышать
Tols: уши тяжько слышать

Bych: ушима тяжько слышати, а очима видѣти.
Shakh: ушима тяжько слышати, и очима видѣти.
Likh: ушюма тяжько слышати, а очима видѣти".
Ostr: ушима тяжько слышати, очима видѣти.

63,13:

Laur: ре҃ бо ‹соло›|манъ дѣлателн неч҃тнвыхъ дѣлатель
Radz: ре҃ бо солом҃нъ. дѣлателн не‹ч›тнвы҃ далече
Acad: рече бо соломонъ. дѣлателн нечтвыхъ да|лече
Hypa: ре҃ бо соло|монъ дѣлатель нечтнвы҃ | далече
Khle: рече бо соломѡ҃. дѣла нечестнвы҃ далече

Comm: рече бо соломонъ дѣлатель нечьстивыхъ далече
NAca: рече бо соломонъ дѣлатель нечестывыхь далече
Tols: рече бо соломонъ дѣлатель нечестывыхъ далече

Bych: Рече бо Соломанъ: дѣла нечестивыхъ далече
Shakh: Рече бо Соломанъ: Дѣтели нечьстивыхъ далече
Likh: Рече бо Соломанъ: "Дела нечестивыхъ далече
Ostr: Рече бо Соломонъ: "Дѣтели нечьстивыхъ далече

63,14:

Laur: ѿ ‹ра›|зума понеже звахъ вы н не послушаст‹е›
Radz: ѿ разоума. поне҃ зва҃ вы н не | послѹшасть
Acad: ѿ разоума. понеже звахъ вы н не послоушасте |
Hypa: ѿ разума. понеже зв҃хъ вы н не послушасте.
Khle: ѿ разоума | поне҃ зва҃ ва н не послоушасте.

Comm: от разума понеже звах вы не послушасте
NAca: от разума понеже звах вы и не послушасте
Tols: от разума понеже звах вы и не послушасте

Bych: отъ разума, понеже звахъ вы, и не послушасте
Shakh: отъ разума, Понеже зъвахъ вы, и не послушасте
Likh: от разума", "Понеже звахъ вы, и не послушасте
Ostr: отъ разума. Понеже зъвахъ вы, и не послушасте

63,15:

Laur: <м>ⁿне. простро́хъ словеса и не внимасте. но <ѿмѣ>таste
Radz: мене. простро́ словеса и не внимасте. но ѿметаste
Acad: мене. простро́ словеса и не внимасте. но ѿметаste
Hypa: и пр̂стро́ словеса и не разумѣстеⁿ | но ѿметаste
Khle: и простро́ словеса | и не внимасте. но ѿметаste

Comm: и прострохъ словеса не внимасте нь отмѣтасте
NAca: и прострохъ словеса и не внимасте но отмѣтасте
Tols: и прострох словеса и не внимасте но отмѣтасте

Bych: мене, прострохъ словеса, и не внимасте, но отметасте
Shakh: мене, простьрохъ словеса, и не вънимасте, нъ отъмѣтасте
Likh: мене, прострохъ словеса, и не внимасте, но отмѣтасте
Ostr: и, простьрохъ словеса, и не вънимасте, нъ отъмѣтасте

63,16:

Laur: моꙗ свѣты. моихъ же ѡблич<е>нии не | внимасте.
Radz: моꙗ совѣты. мои́ же ѡбличении не внимасте. |
Acad: моꙗ совѣты. мои́ же ѡбличенїи не внı́масте.
Hypa: моꙗ свѣты. | и мои́ъ же ѡбличении не | внимасте.
Khle: моа съвѣты. и | мои́ же обличенїи не внимасте.

Comm: моея совѣты   моих же обличении не внимасте
NAca: моя съвѣты   моих же обличении не внимасте
Tols: моя свѣты   моих же обличении не внимасте

Bych: моя свѣты, моихъ же обличений не внимасте;
Shakh: моя съвѣты, моихъ же обличении не вънимасте;
Likh: моя свѣты, моихъ же обличений не внимасте";
Ostr: моя съвѣты, моихъ же обличении не вънимасте.

63,17:

Laur: възненавидѣша бо прм̃дрть. | а страха гн̃а
Radz: възненавидѣша бо прм̃рсть. и стрǎ гн̃а
Acad: возненавидѣша бо премр̃ость. а стра́ха гн̃а
Hypa: възненавидѣша бо премдрть. а страха | гн̃а
Khle: възненавидѣвше бо | премꙋ̃дрѡс а страха гн̃а

Comm: възненавидѣша бо премудрость а страха господня
NAca: възненавиша бо премудрость а страха господня
Tols: възненавидѣша бо премудрость а страха господня

Bych: възненавидѣша бо премудрость, а страха Господня
Shakh: Възненавидѣша бо премудрость, а страха Господьня
Likh: "Възненавидѣша бо премудрость, а страха господня
Ostr: Възненавидѣша бо премудрость, а страха Господьня

63,18:

Laur: не нѣволиша. ни хотѧху моихъ внимати свѣтъ.
Radz: не нѣволиша. ниⷯтахоу моиⷯ внимати совѣтъ.
Acad: не нѣволиша. не хотѧхȣ моиⷯ внимаіти совѣтъ.
Hypa: не нѣволиша. ни хотѧⷯ | моихъ внимати свѣтъ.
Khle: не нѣволиша. ни хотѧхоу | моиⷯ внимати съвѣⷮ.

Comm: не изволиша ни хотѧху внимати моих словесъ
NAca: не изволиша ни хотѧху моихъ внимати съвѣтъ (ни)
Tols: не изволиша ни хотѧху моихъ внимати съвѣтъ ни

Bych: не изволиша, ни хотяху моихъ внимати свѣтъ,
Shakh: не изволиша, Ни хотяху моихъ вънимати съвѣтъ,
Likh: не изволиша, ни хотяху моихъ внимати свѣтъ,
Ostr: не изволиша. Ни хотяху моихъ вънимати съвѣтъ,

63,19:

Laur: подражаху же мои | ѡбличеньӕ. ӕкоже бо
Radz: подражахоуⷮ же моӕ ѡбличенна. ӕкоⷤ бо
Acad: подражахȣть же моӕ ѡбличенїа || ӕкоже бо   [30ᵛ]
Hypa: по|дражаху же моӕ ѡбличенїӕ. ӕкоⷤ бо
Khle: подражахѫ же моӕ обличнїа | ӕко бѡ

Comm: подражаху   моя обличениа якоже и
NAca: подражаху   моя обличения
Tols: подражаху   моя обличения якоже и

Bych: подражаху же мои обличенья. Якоже бо
Shakh: подражаху же моя обличения. Якоже бо
Likh: подражаху же мои обличенья". Яко же бо
Ostr: подражаху же моя обличения. Якоже бо

63,20:

Laur: ѡльга часто гл҃шеть. І азъ сн҃у мои б҃а познахъ
Radz: ѡлга часто гл҃ше. азъ сноу   б҃га позна̑ⷯ
Acad: ѡлга часто гл҃ше. азъ сн҃ȣ   б҃га познахъ
Hypa: ѡлга часто гл҃ше. І азъ сн҃у   б҃а позна̑
Khle: ѡлга часто гл҃аше. азь сноу   б҃а позна̑ⷯ

Comm: олга часто глаголаше и азъ сыну мои бога познахъ
NAca: omitted to 66,12
Tols: ольга часто глаголаше и азъ сыну мои бога познахъ

Bych: Ольга часто глаголашеть: "азъ, сыну мой, Бога познахъ
Shakh: Ольга часто глаголаше: "азъ, сыну мои, Бога познахъ,
Likh: Ольга часто глаголашеть: "Азъ, сыну мой, бога познахъ
Ostr: Ольга часто глаголаше: "Азъ, сыну, Бога познахъ,

63,21:

Laur: и радуюса. аще ты познаєши   и радоватиса
Radz: и радуюса. аще ты познаєши бга. то раватиⁱ
Acad: и радуюса. аще ты познаєши бга. то радоватиса
Hypa: и радюса. аще и ты познаєши ба. то радовати
Khle: и радуюса. аще и ты познаєши.   то радоватиса

Comm: и радуюся аще ты познаеши   и радоватися
Tols: и радуюся аще ты познаеши   и радоватися

Bych: и радуюся; аще ты познаеши, и радоватися
Shakh: и радуюся; аще ты познаеши, и ты радоватися
Likh: и радуюся; аще ты познаеши, и радоватися
Ostr: и радую ся. Аще ты познаеши Бога, то радовати ся

63,22:

Laur: почнешь. ‹онъ же› не внимаше того гла.
Radz: начнеши. он же не внимаше   гла.
Acad: начнеши. он же не внимаше того. гла
Hypa: начнеши. онъ же не внимаше того гла.
Khle: начнеши. он же не внимаше того гла.

Comm: начнеши онъ же не внимаше   глаголя
Tols: начнеши онъ же не внимаше   глагола

Bych: почнешь." Онъ же не внимаше того, глаголя:
Shakh: начьнеши". Онъ же не вънимаше того, глаголя:
Likh: почнешь". Онъ же не внимаше того, глаголя:
Ostr: начьнеши". Онъ же не вънимаше того, глаголя:

63,23:

Laur: како азъ хочю и‹нъ› законъ прияти єдинъ. а дружина
Radz: како азъ инъ законъ одинъ хощю прияти. а дружина
Acad: како азь инъ законь одинъ хощу приати. а дружина
Hypa: како азъ хочю инъ законъ. одинъ язъ прияти. а дружина
Khle: како азь хочю инь законⁿ єдинь приати. а дроужина

Comm: како азъ хощу ин законъ приняти един а дружина
Tols: како азъ хощу ин законъ приати единъ а дружина

Bych: "како азъ хочю инъ законъ прияти единъ? а дружина
Shakh: "како азъ хощю инъ законъ прияти единъ? а дружина
Likh: "Како азъ хочю инъ законъ прияти единъ? А дружина
Ostr: "Како азъ хощю ин закон един прияти? А дружина

Повѣсть времменьныхъ лѣтъ

63,24:

Laur: сему | смѣӕтисѧ начнуть. ѡна же
Radz: моа сему сме<ӕ>тисѧ начнеть. ѡна́ |
Acad: моа сем૪ смеӏӕтисѧ начн૪ть. ѡна же
Hypa: моӕ сему смѣӕти͞с | начну͞т. ѡна же
Khle: моӕ семоу смѣатисѧ | начноу͞т. ѡна́

Comm: смѣятися начнуть и ругатися олга же
Tols: смѣятися начнуть   она же

Bych: моа сему смѣятися начнуть." Она же
Shakh: сему смѣятися начьнуть". Она же
Likh: моа сему смѣятися начнуть". Она же
Ostr: моя сему смѣяти ся начьнуть". Она же

63,25:

Laur: нарече е<му> | аще ты кр͞титшисѧ вси нмуть тоже
Radz: ре͞ ем૪. аще ты кр͞титшисѧ вси нм૪́ть то
Acad: рече ем૪. аще ты кр͞титшисѧ вси нм૪ть творити
Hypa: ре͞ ему аще | ты кр͞титшисѧ. вси нму͞т | тоже
Khle: рече емоу, аще ты кр͞титшисѧ. вси || нмоу͞ т͞о   [25ᵛ]

Comm: рече ему сыну аще   крестишися   вси имут то же
Tols: рече ему   аще   крестишися и вси имут креститися

Bych: рече ему: "аще ты крестишися, вси имуть тоже
Shakh: рече ему: "аще ты крьстишися, вьси имуть тоже
Likh: рече ему: "Аще ты крестишися, вси имуть тоже
Ostr: рече ему: "Аще ты крьстиши ся, вьси имуть тоже

63,26:

Laur: ст<во>|рити. ѡн же не послуша м͞тре.   творѧше
Radz: творити | ѡн же не послуша м͞три   творѧ
Acad: тоже. ѡн же не посл૪ша м͞три   творѧ
Hypa: твори͞т. ѡнъ же не по|слуша м͞три. и творѧше   [25c]
Khle: творити. ѡн же не послоуша м͞тре и тво|рѧше

Comm: творити он же не послушаша матери   творяше
Tols: с тобою он же не послушаша матери своея творяше

Bych: створити." Онже не послуша матере, творяше
Shakh: творити". Онъ же не послуша матере; и творяше
Likh: створити". Он же не послуша матере, творяше
Ostr: творити". Онъ же не послуша матере; и творяше

415

63,27:

Laur: <но>|ровы поганьскиѧ не вѣдын. аще к<то мт̅ре>|
Radz: нравы поганьскыа | не вѣдын аще кто мт̅рн
Acad: нравы поганьскїа. не вѣдын аще | кто мт̅ре
Hypa: норо|вы поганьскыѧ. [не вѣ̑] аще кто | мт̅рн
Khle: норовы поганьскыа. не вѣдын аще кто мт̅ре |

Comm: нравы поганьскыя не вѣдыи бо аще кто матери
Tols: нравы поганьскиа не вѣдыи бо аще кто матери

Bych: норовы поганьския, не вѣдый, аще кто матере
Shakh: нравы поганьскыя, не вѣды, аще къто матере
Likh: норовы поганьския, не вѣдый, аще кто матере
Ostr: нравы поганьскыя, не вѣды, аще къто матере

63,28:

Laur: не послушаеть. в бѣду впадаеть ѩко<же> | р̅е̑.
Radz: не послоушаеть в бѣдꙋ впа̑т̅. || ѩкоⷤ р̅ӗ ємоу   [33ᵛ]
Acad: не слꙋшаеть.
Hypa: не слушаеть. в бѣду | в<па>дае. ѩкоⷤ р̅ӗ
Khle: не слоушаеⷮ в бѣдоу впадаеⷮ. ѩкоⷤ р̅ӗ.

Comm: не послушаеть и пакы в бѣду впадаеть якоже рече
Tols: не послушаеть   в бѣду впадаетъ якоже рече

Bych: не послушаеть, в бѣду впадаеть, якоже рече:
Shakh: не послушаеть, въ бѣду въпадаеть, якоже рече:
Likh: не послушаеть, в бѣду впадаеть, яко же рече:
Ostr: не слушаеть, въ бѣду въпадаеть, якоже рече:

63,29:

Laur: аще кто ѿца ли мт̅ре не послушает<ь>. | но
Radz: аще кто ѡца н мт̅рь не послꙋшаеть.
Acad: omitted
Hypa: аще кто оц̅а | нлн мт̅рь не слушаеть
Khle: аще кто ѿца | нлн мт̅ре не послоушаеⷮ.

Comm: аще кто отца не слушаеть или матери
Tols: аще кто отца не послушаетъ или матери

Bych: "аще кто отца ли матере не послушаеть, то
Shakh: "Аще къто отьца ли матере не послушаеть,
Likh: "Аще кто отца ли матере не послушаеть, то
Ostr: "Аще къто отьца или матере не послушаеть,

64,1:

Laur: см҃рть п<р>иметь. се же к тому гнѣва<ше>ся на
Radz: см҃ртью | да оумрѣть. сеи к тому и гнѣвашеся на
Acad: см҃ртью да оумреть. сеи же к тому гнѣвашеся на
Hypa: см҃ртью да оумреть. се же тому. | гнѣвашеся на
Khle: см҃ртию да оумрѣ. сѐ тому | гнѣваёущуся на

Comm: смерть прииметь сеи же к тому гнѣвашеся на
Tols: смертию да умретъ сеи же словеси гнѣвашеся на

Bych: смерть прииметь. Се же к тому гнѣвашеся на [62,17]
Shakh: съмьрть прииметь. Сь же къ тому гнѣвашеся на [74,9]
Likh: смерть прииметь." Се же к тому гнѣвашеся на [46,9]
Ostr: съмьртию да умреть. Сь же къ тому гнѣваше ся на

64,2:

Laur: м҃трь. соломанъ бо ре҃ какаи злыя | приемлеть
Radz: м҃трь. соломонъ бо ре҃ | кажа злыя прнимѣть
Acad: м҃трь. соломон бо рече. кажа злыя прииметѐ
Hypa: м҃трь. соломонъ бо ре҃. кажа злыя прїемлеть
Khle: м҃трь. солѡмо҃ бо ре҃. кажан | злыя прїемле҃

Comm: матерь соломонъ же рече кажа злыя прииметь
Tols: матерь свою иже глагола ему соломонъ же рече кажаи злыя прииметъ

Bych: матерь. Соломанъ бо рече: кажай злыя приемлеть
Shakh: матерь. Соломанъ бо рече: Кажаи зълыя прииметь
Likh: матерь. Соломанъ бо рече: "Кажай злыя приемлеть
Ostr: матерь. Соломонъ бо рече: Кажа зълыя приемлеть

64,3:

Laur: собѣ досаженье ѡбличая. н<ѐст в> | поречеть
Radz: собѣ досаженне. ѡбличая нечтиваго поре҃
Acad: собѣ досаженїе. ѡбличая нечстиваго поречеть
Hypa: себе досаженне. ѡ|бличая нечстиваго поре҃ть |
Khle: себѣ бесчестїе. ѡбличаан нечестнваго поречѐ҃

Comm: собѣ досаждение облицая
Tols: себѣ досажение облицаа

Bych: собѣ досаженье, обличаяй нечестиваго поречеть
Shakh: собѣ досажение, обличаяи же нечьстиваго поречеть
Likh: собѣ досаженье, обличаяй нечестиваго поречеть
Ostr: собѣ досаженье, обличая нечьстиваго поречеть

64,4:

Laur: тобѣ. ѡбличеньꙗ бо неч̑твмъ м<зо||л>ье [19ᵍ]
Radz: собѣ. ѡбличенне бо нечтивым мозолне
Acad: себѣ. ѡбличенне бо неч̑тнвымъ мозолїе
Hypa: себѣ. ѡбличеннꙗ бо неч̑тнвымъ мозолье нмъ
Khle: себе. ѡбличенїе бо нечестнвы̅ мозолїе | н̅

Comm: omitted
Tols: omitted

Bych: собѣ; обличенья бо нечестивымъ мозолие
Shakh: себѣ; обличения бо нечьстивымъ мозолие имъ
Likh: собѣ; обличенья бо нечестивымъ мозолие
Ostr: себѣ; обличения бо нечьстивымъ мозолие имъ

64,5:

Laur: суть. не ѡ<бличан злыхъ да ⁿᵉ> възненавидитъ
Radz: емоу. | не ѡбличан злы̅ да не возна<в>идн̅
Acad: ем̈. не ѡбличан злыхъ да не возненавидитъ
Hypa: суть. не ѡбличан злыхъ. да | не възненавиднидать
Khle: сж̑. не обличан злы̅ да не възненавнда̅

Comm: злыхъ да   възненавидит
Tols: злыхъ да   възненавидит

Bych: суть; не обличай злыхъ, да не възненавидять
Shakh: суть. Не обличаи зълыхъ, да не възненавидять
Likh: суть. Не обличай злыхъ, да не възненавидять
Ostr: суть. Не обличаи зълыхъ, да не възненавидять

64,6:

Laur: тебе. но ѡбаче любꙗше ѡльга с̅на св̅ⷪⷢего
Radz: тебе. но ѡбаⷯ люблꙗше | ѡлга с̅на своеⷢ
Acad: тебе. но ѡбаче любꙗше ѡлга с̅на | своего
Hypa: те|бе. но ѡбаче любꙗше ѡлга | с̅на своеⷢ
Khle: тебе. | но ѡбаче любꙗше ѡлга с̅на своего

Comm: тебе нь обаче любляше олга сына своего
Tols: тебе нъ обаче любляше ольга сына своего

Bych: тебе. Но обаче любяше Ольга сына своего
Shakh: тебе. Нъ обаче любяше Ольга сына своего
Likh: тебе". Но обаче любяше Ольга сына своего
Ostr: тебе. Нъ обаче любяше Ольга сына своего

Повѣсть времеиьныхъ лѣтъ 419

64,7:

Laur: с̃тослава. рькущн вола б̃жьа да будеть. І аще
Radz: с̃тослава. рекѹщн вола б̃жьа да боу̅т̅ь. аще
Acad: с̃тослава. рекѹщн вола б̃жьа да бѹдеть. І аще
Hypa: с̃тослава ркущн. во|ла б̃жнѧ да буде̅т̅. аще
Khle: с̃тослава рекѹщн, вола б̃жїа да бѫде̅т̅. аще

Comm: святослава рекущи к себѣ воля божия да будет аще
Tols: слава глаболюще в себѣ воля божиа да будет аще

Bych: Святослава, рькущи: "воля Божья да будеть; аще
Shakh: Святослава, рекущи: "воля Божия да будеть; аще
Likh: Святослава, рькущи: "Воля божья да будеть; аще
Ostr: Святослава, рекущи: "Воля Божия да будеть; аще

64,8:

Laur: б̃ъ хощеть помнловатн ро̅д̅ моего н землѧ̅ѣ̅ І рускнѣ.
Radz: восхоще̅т̅ б̃ъ помнловатн рода мое̅г̅. землн рѹкна.
Acad: восхощеть б̃гъ помнловатн рода моего. І землї рѹ̅с̅кїа.
Hypa: б̃ъ І въсхощеть помнловатн ро|ду моего. н землн рукые. І
Khle: б̃ъ въсхоще̅т̅ помнловатн родоу моего. н землн роукые.

Comm: хощеть богъ помиловати роду моего и земли рускыя
Tols: хощетъ богъ помиловати роду моего и земли рускиа

Bych: Богъ хощеть помиловати рода моего и землѣ Рускиѣ,
Shakh: Богъ хощеть помиловати роду моего и землѣ Русьскыѣ,
Likh: богъ хощеть помиловати рода моего и землѣ рускиѣ,
Ostr: Богъ въсхощеть помиловати рода моего и землѣ Русьскыѣ,

64,9:

Laur: да възложнть нмъ н ср̃це ѿбратнтн̅с̅ І къ
Radz: да І възложнть н̅м̅ на ср̃це ѿбратнтн̅с̅ к
Acad: да возложнть нмь на ср̃це ѿбратн|тнсѧ ко
Hypa: да възло̅т̅ нмъ на ср̃це ѿбратнтн къ
Khle: да възло|жн н̅м̅ на ср̃це обратнтнсѧ к

Comm: да возложить имъ богъ на сердце обратитися къ
Tols: да възложит имъ богъ   помиловати къ

Bych: да възложить имъ на сердце обратитися къ
Shakh: да възложить имъ на сьрдьце обратитися къ
Likh: да възложить имъ на сердце обратитися къ
Ostr: да възложить имъ на сьрдьце обратити ся къ

64,10:

Laur: б͞у. ꙗкоже и мнѣ б͞ъ дарова. и се рекши мо|лашеса

Radz: б͞гоу. ꙗко͞ж и мене | дарова б͞ъ. и се рекши молаше͞с

Acad: б͞гȣ. ꙗкоже и мнѣ дарова б͞гъ. и се рекшї | молашеса

Hypa: б͞у. ꙗкоже и мнѣ б͞ъ | дарова. и се рекши молаше͞с|ᴬ

Khle: немоу, ꙗкоже и мнѣ | б͞ъ дарова. и се рекши молашеса б͞оу,

Comm: богу якоже и мнѣ бог῾ъ дарова и се рекъши моляшеться

Tols: богу якоже и мнѣ бог῾ъ дарова и се рекши моляшеться

Bych: Богу, якоже и мнѣ Богъ дарова." И се рекши, моляшеся

Shakh: Богу, якоже и мънѣ Богъ дарова". И се рекъши, моляшеся

Likh: богу, яко же и мнѣ богъ дарова". И се рекши, моляшеся

Ostr: Богу, якоже и мънѣ Богъ дарова". И се рекъши, моляше ся

64,11:

Laur: за с͞на. и за люди. по вса нощи и д͞ни. |

Radz: за с͞на и за лю͞ᴬ. по вса д͞ни | и   нощь

Acad: за с͞на и за люди. по вса д͞ни и по вса но|щи.

Hypa: за с͞на и за люди. по вса д͞ни | и   нощи.

Khle: за с͞на и за | лю͞ᴬи по вса д͞ни и   ноучи.

Comm: за люди и за сына и по вся нощи и дни

Tols: за люди и за сына и по вся нощи и дни

Bych: за сына и за люди по вся нощи и дни,

Shakh: за сына и за люди по вься нощи и дьни,

Likh: за сына и за люди по вся нощи и дни,

Ostr: за сына и за люди по вься дьни и нощи,

64,12:

Laur: кормащи с͞на своего до мужьства его. и до

Radz: кормау<и> с͞на свое͞г до моу͞жства е͞. и до

Acad: кормачи с͞на своего. до мȣжества его. и до |

Hypa: кормачи с͞на свое͞г | до мужьства его. и до

Khle: кормащи сына своего до мѫжества его и до

Comm: кормящи сына своего до мужества своего и до

Tols: кормяще сына своего до мужества его и до

Bych: кормящи сына своего до мужьства его и до

Shakh: кърмящи сына своего до мужьства его и до

Likh: кормящи сына своего до мужьства его и до

Ostr: кърмящи сына своего до мужьства его и до

64,13:

Laur: възра^ста его :·|
Radz: възраста его:- |
Acad: возраста его:·
Hypa: възъ|раста его·:· |
Khle: възраста его:·

Comm: возраста его его
Tols: возраста его

Bych: взраста его.
Shakh: възраста его.
Likh: взраста его.
Ostr: въздраста его.

64,14:

Laur: В лѣ^т. ҂s̄.ȳ.ӟ҃д·:·
Radz: В лѣ^т ҂s̄ ȳ.ӟ҃д.
Acad: В лѣ^т. ҂s̄.ȳ.ӟ҃д.
Hypa: В лѣто. ҂s̄.ȳ.ӟ҃д·:· |
Khle: В лѣ^т ҂s̄.ȳ.ӟ҃д. |

Comm: в лѣто 6464.
Tols: в лѣто 6464.

Bych: В лѣто 6464.
Shakh: Въ лѣто 6464.
Likh: В лѣто 6464.
Ostr: Въ лѣто 6464.

64,15:

Laur: В лѣ^т. ҂s̄.ȳ.ӟ҃е·:·
Radz: В лѣ^т ҂s̄ ȳ ӟ҃е
Acad: В лѣ^т. ҂s̄.ȳ.ӟ҃е. |
Hypa: В лѣто. ҂s̄.ȳ.ӟ҃е·:· |
Khle: omitted

Comm: в лѣто 6465.
Tols: в лѣто 6465.

Bych: В лѣто 6465.
Shakh: Въ лѣто 6465.
Likh: В лѣто 6465.
Ostr: Въ лѣто 6465.

64,16:

Laur: В лѣто. ҂ѕ҃.у҃.ѯѕ҃:· |
Radz: В лѣ҃т ҂с҃ у҃ ѯѕ҃
Acad: В лѣ҃т. ҂ѕ҃.у҃.ѯѕ҃.
Hypa: В лѣто. ҂ѕ҃.у҃.ѯѕ҃:· |
Khle: omitted

Comm: в лѣто 6466.
Tols: в лѣто 6466.

Bych: В лѣто 6466.
Shakh: Въ лѣто 6466.
Likh: В лѣто 6466.
Ostr: Въ лѣто 6466.

64,17:

Laur: В лѣ҃т. ҂ѕ҃.у҃.ѯз҃:·
Radz: В лѣ҃т ҂с҃ у҃ ѯз҃. |
Acad: В лѣ҃т. ҂ѕ҃.у҃.ѯз҃.
Hypa: В лѣто. ҂ѕ҃.у҃.ѯз҃:· |
Khle: omitted

Comm: в лѣто 6467.
Tols: в лѣто 6467.

Bych: В лѣто 6467.
Shakh: Въ лѣто 6467.
Likh: В лѣто 6467.
Ostr: Въ лѣто 6467.

64,18:

Laur: В лѣ҃т. ҂ѕ҃.у҃.ѯи҃:·
Radz: В лѣ҃т ҂с҃ у҃ ѯи҃.
Acad: В лѣ҃т. ҂ѕ҃.у҃.ѯи҃. |
Hypa: В лѣто. ҂ѕ҃.у҃.ѯи҃:· |
Khle: omitted

Comm: в лѣто 6468.
Tols: в лѣто 6468.

Bych: В лѣто 6468.
Shakh: Въ лѣто 6468.
Likh: В лѣто 6468.
Ostr: Въ лѣто 6468.

Повѣсть времеиьныхъ лѣтъ

64,19:

Laur: В лѣ͞т. ҂ѕ̄. ув̄.
Radz: В лѣ͞т ҂ѕ̄.ү̄ ӯв̄.
Acad: В лѣ͞т. ҂ѕ̄.ү̄ ӯв̄.
Hypa: В лѣто. ҂ѕ̄.ү̄.ӯв̄.:· |
Khle: В лѣ͞т ҂ѕ̄.ү̄. ѳ̄.

Comm: в лѣто 6469.
Tols: в лѣто 6469.

Bych: В лѣто 6469.
Shakh: Въ лѣто 6469.
Likh: В лѣто 6469.
Ostr: Въ лѣто 6469.

64,20:

Laur: В лѣ͞т. | <҂ѕ̄>.ү̄.ō.:·
Radz: В лѣ͞т. ҂ѕ̄ ү̄.ō
Acad: В лѣ͞т. ҂ѕ̄.ү̄ ō.
Hypa: В лѣто. ҂ѕ̄.ү̄.ō.:· ||
Khle: В лѣ͞т. ҂ѕ̄.ү̄.ō.

Comm: в лѣто 6460.
Tols: в лѣто 6470.

Bych: В лѣто 6470.
Shakh: Въ лѣто 6470.
Likh: В лѣто 6470.
Ostr: Въ лѣто 6470.

64,21:

Laur: В лѣ͞т. ҂ѕ̄.ү̄.ōа.:·
Radz: В лѣ͞т ҂ѕ̄ ү̄.ōа. |
Acad: В лѣ͞т. ҂ѕ̄.ү̄.ōа.
Hypa: В лѣто. ҂ѕ̄.ү̄.ōа.:· | [25d]
Khle: В лѣ͞т ҂ѕ̄.ү̄.ōа.

Comm: в лѣто 6471.
Tols: в лѣто 6471.

Bych: В лѣто 6471.
Shakh: Въ лѣто 6471.
Likh: В лѣто 6471.
Ostr: Въ лѣто 6471.

64,22:

Laur: В лѣ̅т̅. ҂ѕ҃.у҃.ѻв҃:-| Кнѧзю с̅тославу възрастъшю.
Radz: В лѣ̅т̅. ҂ѕ҃ у҃.ов҃. Кнѕю с̅тославȣ възрастъшю.
Acad: В лѣ̅т̅. I.҂ѕ҃.у҃.ов҃. Кнѕю с̅тославȣ возрастъшю.
Hypa: В лѣто. ҂ѕ҃.у҃.ов҃.:·| Кнѧзю с̅тославу възрастъшю.
Khle: В лѣ̅т̅ ҂ѕ҃.у҃.ов҃. Кнѧзю стославоу възрастъшоу.

Comm: в лѣто 6472. князю святославу взрастъшю
Tols: в лѣто 6472. князю святославу взрастшу

Bych: В лѣто 6472. Князю Святославу възрастъшю
Shakh: Въ лѣто 6472. Кънязю Святославу възрастъшю
Likh: В лѣто 6472. Князю Святославу възрастъшю
Ostr: Въ лѣто 6472. Кънязю Святославу въздрастъшю

64,23:

Laur: и възмужавш͞ю. | нача вои совкуплѧти.
Radz: и възмоу|жавшю. нача совѣкоуплѧти вои
Acad: и возмȣжавшȣ. нача совокȣплѧти вои
Hypa: и възмужавшю. нача | воꙗ съвокуплѧти.
Khle: и възмȣжавшоу. нача воꙗ съвокоуплѧти

Comm: и возмужавшю нача вои совкупляти
Tols: и взмужавшу нача вои свокупляти

Bych: и възмужавшю, нача вои совкупляти
Shakh: и възмужавъшю, нача вои съвъкупляти
Likh: и възмужавшю, нача вои совкупляти
Ostr: и възмужавъшю, нача воя съвъкупляти

64,24:

Laur: многи и храбры · · · · · · · · · · и ле̅г̅ко ходѧ. аки пардусъ.
Radz: многы. и храбры. · · · · · и | легко ходѧ аки парȣсъ.
Acad: многы. и храбры. ‖ · · · и легко ходѧ акы пардȣс̅. [31ᵣ]
Hypa: многы | и храбры. бѣ бо и самъ хо|робръ и легокъ. ходѧ акы | пардусъ.
Khle: мн҃огы и хра|бры. бѣ бо и са̅м храбрь и легокъ. ходѧ акы пардоу̅с̅. |

Comm: многы   храбры и бѣ бо самъ храборъ и легко ходя акы пардусъ
Tols: многи и храбры и бѣ бо самъ храборъ и легко ходя яко пардусъ и

Bych: многи и храбры, и легько ходя, аки пардусъ,
Shakh: мъного и храбръ; бѣ бо и самъ храбръ, и льгько ходя, акы пардусъ,
Likh: многи и храбры, и легько ходя, аки пардусъ,
Ostr: мъногы и храбъры; и льгько ходя, акы пардусъ,

Повѣсть времєньныхъ лѣтъ

64,25:

Laur:	воинъ многи творѧше хода. возъ по собѣ не
Radz:	воины многы творѧше хота ı возъ по собѣ не
Acad:	воины многы творѧше ı хота. возь по собѣ не
Hypa:	воины многы ı творѧше. возъ бо по себѣ ı не
Khle:	воины мнѡгы творѧше. возъ бо по себѣ не
Comm:	воины многы творѧше ходѧ а возовъ по собѣ не
Tols:	воины многи творѧще ходѧ и возъ по себѣ не
Bych:	войны многи творѧше. Ходѧ возъ по собѣ не
Shakh:	воины мъногы творѧше; ходѧ же, возъ по собѣ не
Likh:	войны многи творѧше. Ходѧ возъ по собѣ не
Ostr:	воины мъногы творѧше; ходѧ, возъ по собѣ не

64,26:

Laur:	возаше. ни ко‌тьла ни мѧсъ варѧ. но потонку
Radz:	возаше ни котла. ни мас̃ варѧ. но по‌тонкu
Acad:	возаше. ни котла. ни мас̃а варѧ. но потонкu
Hypa:	возаше. ни котла ни мас̃ъ варѧ. но потонку
Khle:	воза‌ше ни котлѡв̃. ни мас̃ варѧ. но потокоун̃
Comm:	вожаше ни котла ни мѧсъ варѧше нь потонку мѧса
Tols:	возѧше ни котла ни мѧса сварѧ но потонку мѧса
Bych:	возѧше, ни котьла, ни мѧсъ варѧ, но потонку
Shakh:	вожаше, ни котьла, ни мѧсъ варѧ, нъ потънъку
Likh:	возѧше, ни котьла, ни мѧсъ варѧ, но потонку
Ostr:	возѧше, ни котьла, ни мѧсъ варѧ, нъ потънъку

64,27:

Laur:	изрѣ‌з‌а‌въ. кон‌и‌ну ли. звѣрину ли. или говѧдину.
Radz:	изрѣзавъ. конинu ли звѣринu ли. или говѧдинu. ı
Acad:	изрѣзавь. конı̃нu ли. звѣри‌нu ли. и говѧдинu.
Hypa:	изрѣ‌завъ. конину. или звѣ‌рину. или говѧдину
Khle:	изрѣзавъ ı конноу. или звѣриноу. или говѧдиноу.
Comm:	изрѣзавше конину или звѣрину грѧдину
Tols:	изрѣзавъ конину или звѣрину грѧдину
Bych:	изрѣзавъ конину ли, звѣрину ли или говѧдину
Shakh:	изрѣзавъ конину или звѣрину или говѧдину,
Likh:	изрѣзавъ конину ли, звѣрину ли или говѧдину
Ostr:	издрѣзавъ конину или звѣрину или говѧдину,

425

64,28:

Laur: на оуглѣ испк̑ъ ꙗдаху. ни шатра имаше.
Radz: на оуглѣ испекъ ꙗдаше. ни шатра имеꙗше.
Acad: на оуглѣ испекъ ꙗдаше. ни ша́тра имѣꙗше.
Hypa: на оугылехъ испекъ ꙗдаше. ни | шатра имаше.
Khle: на оуглѣ | испекъ ꙗдаше. ни шатра имаше.

Comm: на углех испекъ ядяше ни шатра имяше
Tols: на углех испекъ ядяше ни шатра имѣяше

Bych: на углехъ испекъ ядяше, ни шатра имяше,
Shakh: на угльхъ испекъ, ядяше; ни шатьра имѣяше,
Likh: на углех испекъ ядяше, ни шатра имяше,
Ostr: на угльхъ испекъ, ядяше. Ни шатьра имѣяше,

64,29:

Laur: но подъкладъ пославъ. и сѣдло в головахъ.
Radz: но покла́ | постилаше и седло в голова́.
Acad: ни по́кладокь постилаше и седло | в голова́.
Hypa: но подъкла́дъ постилаше. а сѣдло въ | голова́.
Khle: н⟨и⟩ пѡкла́ по|стилаꙗше. а сѣдло в голова́.

Comm: нь подклад постилаше а сѣдло в головах
Tols: но подклад постилаше а сѣдло в головахъ кладяше

Bych: но подъкладъ поставъ и сѣдло в головахъ;
Shakh: нъ подъкладъ постилаше, а седьло въ головахъ;
Likh: но подъкладъ постлавъ и сѣдло в головахъ;
Ostr: нъ подъкладъ постилаше, а сѣдьло въ головахъ;

65,1:

Laur: такоже и прочии вои | его вси бѧ̑х. посылаше
Radz: такѡ̑ и прочии вои е́ бах́ꙋ || вси. и посылаша   [34ᵍ]
Acad: такоже и проч́ии вои его. бахꙋ вси. и посылаше
Hypa: такоже и прочии | вои е́ вси баху. и посылаш́ |
Khle: такѡ̑ и прочіи вои его | вси бахж. и посылаше

Comm: такоже у него и прочии вси вои бѣху и пакы посылаше
Tols: такоже   и прочии вои вси бяху его   ослаше

Bych: такоже и прочии вои его вси бяху. И посылаше   [63,19]
Shakh: такоже и прочии вои его вьси бяху. И посылаше   [75,11]
Likh: тако же и прочии вои его вси бяху. И посылаше   [46,33]
Ostr: такоже и прочии вои его вьси бяху. И посылаше

Повѣсть времєньныхъ лѣтъ

65,2:

Laur: къ странамъ гла. хочю на | вы ити. и иде
Radz: ко странам̄ гла. хощю на вы ити. и иде
Acad: ко странамъ гла. хощю на вы ити. и иде
Hypa: къ страна̄. гла хочю на | вы ити. и иде
Khle: къ страна̄ гла. хочю на вас | ити. и иде

Comm: къ странамъ глаголя имь сице хощу на вы ити и абие поиде
Tols: ко странамъ глаголя хощу на вы ити и иде

Bych: къ странамъ, глаголя: "хочю на вы ити." И иде
Shakh: къ странамъ, глаголя: "хощю на вы ити". И иде
Likh: къ странамъ, глаголя: "Хочю на вы ити". И иде
Ostr: къ странамъ, глаголя: "Хочю на вы ити". И иде

65,3:

Laur: на шку рѣку и на волгу. и налѣзе вятичи. и рѣ
Radz: на реку шку и на волгоу. и налѣзе вятичи и рѣ
Acad: на шку рѣкꙋ и на волгꙋ. и налѣзе вятичи и рече
Hypa: на шку рѣ|ку. и на волгу. и налѣзе вятичи. и рѣ
Khle: на окоу рѣкоу. и на волгоу. и налѣзе | вятичи. и рѣ

Comm: на оку рѣку и на волгу и налезе вятици и рече
Tols: на оку рѣку и на волгу и налез вятици и рече къ

Bych: на Оку рѣку и на Волгу, и налѣзе Вятичи, и рече
Shakh: на Оку рѣку и на Вългу, и налѣзе Вятичѣ, и рече
Likh: на Оку рѣку и на Волгу, и налѣзе вятичи, и рече
Ostr: на Оку рѣку и на Вългу, и налѣзе Вятичѣ, и рече

65,4:

Laur: вятичємъ. кому дань даєтє. ѡни же рѣша козаромъ
Radz: вятичє̄ | комоу даєтє дань. ѡни рѣша козаро̄.
Acad: вятичє|мъ. комꙋ дань даєтє. ѡни же козаромъ.
Hypa: имъ кому дань | даєтє. ѡни же ркоша ко|заро̄.
Khle: и. | комоу да даєтє, ѡни же рекоша || козарѡ̄. [26ᵍ]

Comm: вятицємъ кому дань даєтє они же рѣша козаромъ дань
Tols: вятицем кому дань даєтє онѣ же рѣша козаромъ

Bych: Вятичемъ: "кому дань даете?" они же рѣша: "Козаромъ
Shakh: Вятичемъ: "кому дань даете?" Они же рѣша: "Козаромъ
Likh: вятичемъ: "Кому дань даете?". Они же рѣша: "Козаромъ
Ostr: Вятичемъ: "Кому дань даете?" Они же рѣша: "Козаромъ

65,5:

Laur: по щьлагу. и ѿ рала даемъ.
Radz: по щелагȣ ѿ ра даеⷨ.-|
Acad: по щьлаг̾ȣ ѿ рала да даемь:·
Hypa: по щелагу ѿ рала даеⷨ:·|
Khle: по шелагоу ѿ рала даеⷨ:·

Comm: даемь по щьлягу от рала
Tols: по щьлягу от рала даемъ имъ

Bych: по щьлягу отъ рала даемъ".
Shakh: по щьлягу от рала даемъ".
Likh: по щьлягу от рала даемъ".
Ostr: по щьлягу отъ рала даемъ".

65,6:

Laur: В лѣ҇ⷮ. ҂ѕ.у҃.<-->|<Н>де с҃тославъ на козары.
Radz: В лѣ҇ⷮ ҂ѕ.у҃.ог. Иде с҃тославъ на козары.
Acad: В лѣ҇ⷮ. ҂ѕ.у҃.ог. иде с҃тославъ | на козары.
Hypa: В лѣ҇ⷮ. ҂ѕ.у҃.ог. Иде с҃тосла|въ на козары.
Khle: В лѣ҇ⷮ ҂ѕ.у҃.ог. |иде с҃тославъ на козары.

Comm: в лето 6473 иде Святославъ на козары
Tols: в лето 6473 иде Святославъ на козары

Bych: В лѣто 6473. Иде Святославъ на Козары;
Shakh: Въ лѣто 6473. Иде Святославъ на Козары.
Likh: В лѣто 6473. Иде Святославъ на козары;
Ostr: Въ лѣто 6473. Иде Святославъ на Козары.

65,7:

Laur: слышавше же козари. изыⷣ҇ша протнву. съ
Radz: слышавши же | козары. изидоша противоу со
Acad: слышавше козаре. изыдоша противȣ. |
Hypa: слышавше| же козаре. изыдоша протіиву съ
Khle: слышавше же козаре изыдоша противоу съ

Comm: слышавши же козары изидоша противу съ
Tols: слышавше же козари изидоша противу съ

Bych: слышавше же Козари, изидоша противу съ
Shakh: Слышавъше же Козаре, изидоша противу съ
Likh: слышавше же козари, изидоша противу съ
Ostr: Слышавъше же Козаре, изидоша противу съ

65,8:

Laur: кнѧземъ своимъ кагано́мъ. и съ|ступиша^с бит҃.
Radz: кн҃зьмъ своимъ. кага|номъ. и стоупиша^с битн.
Acad: своимъ кн҃земъ каганомъ. и състȢпишасѧ бити. |
Hypa: кнѧземъ свои^м. ка|ганомъ. и съступишасѧ | бит҃.
Khle: кнѧsе^м свои^м кагано̋. и състȢ|пиша^с бити.

Comm: княземъ своим каганомъ   и сступишася на бои
Tols: княземъ своим каганомъ на сѣчь и съступишася обои полцѣ

Bych: княземъ своимъ Каганомъ, и сступишася битися,
Shakh: кънязьмь своимь Каганъмь, и съступишася ся бит҃,
Likh: княземъ своимъ Каганомъ, и сступишася битися,
Ostr: кънязьмь своимь Каганъмь, и съступиша ся бит҃,

65,9:

Laur: ѡ бнвши брани.   ѡдолѣ ст҃ославъ | козаромъ.
Radz: и бывши брани. и   ѡдолѣ | ст҃ославъ козаровъ.
Acad: и бывше бранї. и   ѡдолѣ ст҃ославь козары.
Hypa: и бывши брани ме|жи ими. ѡдолѣ ст҃ославъ | козаро^м.
Khle: и бывши брани межи ими. ѡдолѣ | ст҃славь козаре^м.

Comm: и бысть брань   одолѣ святославъ козаромъ
Tols: и бысь брань и   одолѣ святославъ козаромъ

Bych: и бывши брани, одолѣ Святославъ Козаромъ
Shakh: и бывъши брани, одолѣ Святославъ Козаромъ,
Likh: и бывши брани, одолѣ Святославъ козаромъ
Ostr: и бывъши брани, одолѣ Святославъ Козаромъ,

65,10:

Laur: и гра҃ и^ахъ и бѣлу вежю взѧ. ıасы побѣ|ди
Radz: и гра҃^аихъ белоу вежю взѧ. и ıа|сы побѣди.
Acad: и гра҃^аихъ | белȢ вежю взѧ. и ıасы побѣ҃^{ди}.
Hypa: и городъ ихъ бѣ|лу вежю взѧ. и ıасы побѣ^а ||
Khle: и горѡ^а и^х белю вежоу взѧ. и | ıасы побѣ҃^{аі}

Comm: и градъ ихъ   бѣлу вежю взя и ясы побѣди
Tols: и градъ ихъ   бѣ вежу взя и ясы побѣди

Bych: и градъ ихъ Бѣлу Вежю взя. И Ясы побѣди
Shakh: и градъ ихъ Бѣлу Вежю възя. И Ясы побѣди
Likh: и градъ ихъ и Бѣлу Вежю взя. И ясы побѣди
Ostr: и градъ ихъ Бѣлу Вежю възя. И Ясы побѣди

65,11:

Laur: и касогы.
Radz: и касогы:- |
Acad: и косагы:·
Hypa: и касогы. и прнде къ кневу·:· | [26а]
Khle: и касоги. и прїиде къ кїевоу.

Comm: и касогы и приведе   кыеву
Tols: и касоги и приведе къ кыеву

Bych: и Касогы.
Shakh: и Касогы, и приведе Кыеву.
Likh: и касогы.
Ostr: и Касогы.

65,12:

Laur: В лѣ. ҂ѕ.у.ѯд·:· Вятичи побѣди стослáвъ и
Radz: В лѣ. ҂ѕ.у.ѯд. побѣди стославъ вятичи. и
Acad: В лѣ. ҂ѕ.у.ѯд. | побѣди стославь вятичи. и
Hypa: В лѣ. ҂ѕ.у.ѯд. Побѣди вѧтичъ стославъ. и
Khle: В лѣ ҂ѕ.у.ѯд. побѣ вятичи стославь. и

Comm: в лѣто 6474 побѣди святославъ вятицевъ и
Tols: в лѣто 6474 побѣди святославъ вятиць и

Bych: В лѣто 6474. Вятичи побѣди Святославъ, и
Shakh: Въ лѣто 6474. Побѣди Вятичѣ Святославъ, и
Likh: В лѣто 6474. Вятичи побѣди Святославъ, и
Ostr: Въ лѣто 6474. Побѣди Вятичѣ Святославъ, и

65,13:

Laur: дань на нихъ възложи.
Radz: дань | на нихъ възложи:- ||
Acad: дань на нӣ возложи·:·
Hypa: дань | на нихъ възложи·:· |
Khle: даⁿ на на възложи·:·

Comm: дань на них возложи
Tols: дань на них взложи

Bych: дань на нихъ възложи.
Shakh: дань на ня възложи.
Likh: дань на нихъ възложи.
Ostr: дань на ня възложи.

65,14:

Laur: В лѣ̅т̅. ҂ѕ҃.у҃.ѯ҃е҃:- | <И>де с҃тославъ на дунаи
Radz: В лѣ̅т̅ ҂ѕ҃ у҃ ѯ҃е҃. Иде с҃тославъ на дȣнаи.   [34ᵛ]
Acad: В лѣ̅т̅. ҂ѕ҃.у҃.ѯ҃е҃. И иде с҃тославь на дȣнаи.
Hypa: В лѣ̅т̅. ҂ѕ҃.у҃.ѯ҃е҃. Иде с҃то|славъ на дунаи.
Khle: В лѣ̅т̅ ҂ѕ҃.у҃.ѯ҃е҃. иде с҃тославь на доунаи |

Comm: в лѣто 6475   иде святославъ на дунаи
Tols: в лѣто 6475   иде святославъ на дунаи

Bych: В лѣто 6475. Иде Святославъ на Дунай
Shakh: Въ лѣто 6475. Иде Святославъ на Дунаи
Likh: В лѣто 6475. Иде Святославъ на Дунай
Ostr: Въ лѣто 6475. Иде Святославъ на Дунаи

65,15:

Laur: и на болгарꙑ. бивъшемъсѧ | ѡбоимъ.
Radz: и на болгары. и | бивши͡мсѧ ѡбоимъ. и
Acad: на бол|гары. и бивъшимсѧ ѡбоимъ. и
Hypa: на бол̅гары. и бивъшимъсѧ
Khle: на бо͡гары. и бивъшимсѧ

Comm: на болгары и бившемся обоимъ
Tols: на болгаръ и бившимся обоимъ и

Bych: на Болгары. И бившемъся обоимъ,
Shakh: на Българы. И бивъшемъся обоимъ,
Likh: на Болгары. И бившемъся обоимъ,
Ostr: на Българы. И бивъшемъ ся обоимъ,

65,16:

Laur: ѡдолѣ с҃тославъ болгаромъ. и взѧ город̅ ||
Radz: ѡдолѣ с҃тославъ болгары. и | взѧ горо͡въ
Acad: ѡдолѣ с҃тославъ | болгары. и взѧ городовъ
Hypa: ѡ|долѣ с҃тославъ болгаромъ. | и взѧ городовъ
Khle: ѡдолѣ с҃тославь бога|р͡ѡ. и взѧ гор͡ѡ

Comm: одолѣ   святославъ болгаромъ и взя городовъ
Tols: одолѣ пакы святославъ болгаромъ и вся по дунаю

Bych: одолѣ Святославъ Болгаромъ, и взя городъ
Shakh: одолѣ Святославъ Българомъ, и възя городъ
Likh: одолѣ Святославъ болгаромъ, и взя городъ
Ostr: одолѣ Святославъ Българомъ, и възя городъ

65,17:

Laur: .п҃. по дунаєви. сѣде кнѧжа ту. в переӕславци. | [19ᵛ]
Radz: по дүнаю .п҃. и сѣде кн҃жа тү в переӕславци. |
Acad: по дүнаю. ѡсмьдесѧть. | и сѣде кн҃жа тү в переӕславци.
Hypa: .п҃. по ду|наю. и сѣде кнѧжа ту | въ переӕславци.
Khle: .п҃. по доунаю. и сѣде кнѧжа | тоу в переӕславци.

Comm: 80 по дунаю и сѣде княжа ту въ переяславци и
Tols: градовъ восмдесятъ   и

Bych: 80 по Дунаеви, и сѣде княжа ту в Переяславци,
Shakh: 80 по Дунаеви, и сѣде къняжа ту, Переяславци,
Likh: 80 по Дунаеви, и сѣде княжа ту въ Переяславци,
Ostr: 80 по Дунаю, и сѣде къняжа ту, въ Переяславци,

65,18:

Laur: емлѧ дань на грьцѣх̄.
Radz: емлѧ дань на грецехъ:- |
Acad: емлѧ дань на грецѣ:· |
Hypa: емлѧ | дань на грецехъ·:· |
Khle: емлѧ да̄нь на грецѣх̄:·

Comm: емля дань на грецехъ
Tols: емля дань на грѣцехъ

Bych: емля дань на Грьцѣхъ.
Shakh: емля дань на Грьцѣхъ.
Likh: емля дань на грьцѣх.
Ostr: емля дань на Грьцѣхъ.

65,19:

Laur: В лѣт̄. ҂ѕ҃.у҃.о҃ѕ҃:- | Придоша печенѣзи на
Radz: В лѣт̄ ҂ѕ҃.у҃ о҃ѕ҃. Придоша печенѣзи на
Acad: В лѣт̄. ҂ѕ҃.у҃.о҃ѕ҃. прїидоша печенѣзи на
Hypa: В лѣто. ҂ѕ҃.у҃.о҃ѕ҃·:· | Придоша печенизи пѣрвоѥ
Khle: В лѣт̄. | ҂ѕ҃.у҃.о҃ѕ҃. прїидоша печенѣзи <прьв>ое

Comm: в лѣто 6476 приидоша печенѣзѣ на
Tols: в лѣто 6476 приидоша печенѣзѣ на

Bych: В лѣто 6476. Придоша Печенѣзи на
Shakh: Въ лѣто 6476. Придоша Печенѣзи на
Likh: В лѣто 6476. Придоша печенѣзи на
Ostr: Въ лѣто 6476. Придоша Печенѣзи на

65,20:

Laur: роуску землю первое. а с͡тославъ баше переяславци.
Radz: роускую землю. і первое. а с͡тославъ баше в пеяславци.
Acad: р͡ускую землю. і первое. а с͡тославъ баше в переяславци.
Hypa: на рукую землю. а с͡тославъ баше в переяславци.
Khle: на роукоую | землю. а с͡тославь баше в переяславци.

Comm: рускую землю прѣвѣе а святославъ въ переяславци
Tols: рускую землю прьвѣе а святославъ бяше в переяславцѣ

Bych: Руску землю первое, а Святославъ бяше Переяславци,
Shakh: Русьску землю пьрвое, а Святославъ бяше Переяславци;
Likh: Руску землю первое, а Святославъ бяше Переяславци,
Ostr: Русьску землю пьрвое, а Святославъ бяше въ Переяславьци.

65,21:

Laur: и затворися волга | въ градѣ. со
Radz: и затворися | олга въ гра͡д со
Acad: и затвори|ся олга во градѣ. съ
Hypa: и затворися ольга съ
Khle: и затво|рися олга съ

Comm: затворися а олга въ градѣ со
Tols: ольга тогда затворися с

Bych: и затворися Волга въ градѣ со
Shakh: и затворися Ольга въ градѣ съ
Likh: и затворися Волга въ градѣ со
Ostr: И затвори ся Ольга въ градѣ съ

65,22:

Laur: оунуки своими ярополкомъ. и ольгомъ. и
Radz: вноуки своими. съ ярополко͡м. и олгомъ | и
Acad: вноуки своими. съ ярополко͡мъ. и олг͡омь. и
Hypa: внукы своими в го|родѣ. ярополкомъ. и ольгомъ. и
Khle: вноукы своими. съ ярополк͡ѿ. | и олг͡о. и

Comm: внукы своими съ ярополкомъ и олгомъ и съ
Tols: внуки своими съ ярополкомъ и ольгом и

Bych: унуки своими, Ярополкомъ и Ольгомъ и
Shakh: вънукы своими, Яропълкъмь и Ольгъмь и
Likh: унуки своими, Ярополкомъ и Ольгомъ и
Ostr: вънукы своими, съ Яропълкъмь и Ольгъмь и

65,23:

Laur: володнмеромъ въ градѣ кневѣ. и ѿступиша
Radz: володнмеро͞. въ гра͆д в кыевѣ. и ѿстоупиша
Acad: володнмнромъ. въ градѣ кі́евѣ. и ѿстȣпиша
Hypa: володнмером͞ъ. в горо͆ кневѣ. и ѿступиша
Khle: владнмер͞ѿ. в городѣ кневѣ. и ѿстȣпиша

Comm: володимиромъ въ градѣ кыевѣ и оступиша
Tols: володимеромъ въ градѣ кыевѣ и оступиша

Bych: Володимеромъ, въ градѣ Киевѣ. И оступиша
Shakh: Володимеръмь, въ градѣ Кыевѣ. И оступиша
Likh: Володимеромъ, въ градѣ Киевѣ. И оступиша
Ostr: Володимеръмь, въ градѣ Кыевѣ. И оступиша

65,24:

Laur: градъ в силѣ велнцѣ. бещнслено
Radz: печенѣзи гра͆. в силѣ велнцѣ. бесчнслено
Acad: печенѣзи гра͆. в силѣ велнцѣ. бесчнслено
Hypa: печеннзи городъ. в си|лѣ тажьцѣ. бещнсленоіє
Khle: печенѣзн гор͞ѿ. въ силѣ та͆ц͞н. бесчнсленое

Comm: печенѣзи град въ силѣ тяжьцѣ бещисленое
Tols: печенѣзи град въ силѣ тяжьцѣ бещисленое

Bych: Печенѣзи градъ в силѣ велицѣ, бещислено
Shakh: Печенѣзи градъ въ силѣ тяжьцѣ, бещисльно
Likh: печенѣзи градъ в силѣ велицѣ, бещислено
Ostr: Печенѣзи градъ въ силѣ {велицѣ / тяжьцѣ}, бещисльно

65,25:

Laur: множьство ѡколо града. и не бѣ льзѣ нзъ
Radz: множество ѡколо гра͆. не бѣ лзѣ нз
Acad: множество ѡколо града. не бѣ лзѣ нз   [31ᵛ]
Hypa: множьство ѡколо горо͆. и не бѣ лзѣ вылѣсти
Khle: мн͞ѡжство ѡколо гра͆. и не бѣ лзѣ вылезтн

Comm: множество около града и не бѣ лзѣ из
Tols: множество около града и не бѣ лзѣ из

Bych: множьство около града, и не бѣ льзѣ изъ
Shakh: мъножьство около града; и не бѣ льзѣ из
Likh: множьство около града, и не бѣ льзѣ изъ
Ostr: мъножьство около града; и не бѣ льзѣ из

Повѣсть времєньныхъ лѣтъ

65,26:

Laur: гра|да вылѣсти. ни вѣсти послати. изнемогаху
Radz: града вылѣсти. ни вѣсти послати. | изнемогаху
Acad: града выле|сти. ни вѣсти послати. изнемогахоу
Hypa: изъ | града. ни вѣсти послати. | и изънемогахѹ
Khle: из града. ни вѣсти послаті. изнемогахѫ

Comm: града вылѣсти ни вѣсти послати изнемогаху
Tols: града вылѣсти ни вѣсти послати изнемогаху

Bych: града вылѣсти, ни вѣсти послати; изнемогаху
Shakh: града вылѣсти, ни вѣсти посълати; изнемагаху
Likh: града вылѣсти, ни вѣсти послати; изнемогаху
Ostr: града вылѣсти, ни вѣсти посълати; изнемагаху

65,27:

Laur: же | людье гладомъ и водою. собравшеса людье. |
Radz: лю̈е глам̆ъ. и водою. собравшес̆ лю̈е
Acad: са людіе гла|домъ. и водою. собрвшеса людіе.
Hypa: лю̈е гладо̆м | и водою. и събравшеса | лю̈е
Khle: лю̈е гладш̆ъ и водою. | и събравшеса лю̈е

Comm: людие гладомъ и жажею собравшеся людие
Tols: людие

Bych: же людье гладомъ и водою. Собравшеся людье
Shakh: же людие гладъмь и водою. И събьравъшеся людие
Likh: же людье гладомъ и водою. Собрашеся людье
Ostr: людие гладъмь и водою. Събьравъше ся людье

65,28:

Laur: оноꙗ страны днѣпра в лодьꙗхъ. об ону
Radz: оноꙗ страны днепра. в лод̆ахъ оноу
Acad: оноа страны | днепра. в лодьꙗхъ об онѹ
Hypa: оноꙗ страны днѣпыра. в лодьꙗхъ. и об ону |
Khle: оноа страны днепра. в лѡ|діӑх об оноу

Comm: оноя страны днѣпра в лодьяхъ стояху об ону
Tols: оноя страны днѣпра в лодьяхъ стояху об ону

Bych: оноя страны Днѣпра в лодьяхъ, об ону
Shakh: оноя страны Дънѣпра въ лодияхъ, объ ону
Likh: оноя страны Днѣпра в лодьяхъ, об ону
Ostr: оноя страны Дънѣпра въ лодияхъ, об ону

435

65,29:

```
Laur:   страну стояху. и не бѣ льзѣ внити в кневъ. и
Radz:   стояхү страну и не бѣ лзѣ внити в кневъ.                    [35ᴦ]
Acad:   стояхү страну. и не бѣ лзѣ внiти в кïевь.
Hypa:   страну стояху. и не бѣ лзѣ внити в кневъ
Khle:   страноу стояхѫ. и не бѣ лзѣ вни︦ти в кыевь
```

```
Comm:  страну           не бѣ лзѣ внити в киевъ
Tols:  страну           не бѣ лзѣ внити в киевъ
```

```
Bych:  страну стояху, и не бѣ льзѣ внити в Киевъ
Shakh: страну стояху, и не бѣ льзѣ вънити въ Кыевъ
Likh:  страну стояху, и не бѣ льзѣ внити в Киевъ
Ostr:  страну стояху, и не бѣ льзѣ вънити въ Кыевъ
```

65,30:

```
Laur:   ни единому       ихъ. ни изъ града к онѣмъ.
Radz:   ни едином҄у       и︦х. ни и︤з гра︦д к ѡнѣ︦м. и
Acad:   нï едином҄у ихъ. нï изъ града | кѡ ѡнѣмъ. и
Hypa:   ни | единому же ихъ. ни и︤з города къ ѡнѣмъ. и   [26b]
Khle:   ни единомоу ҂и︦. ни и︤з города къ ѡнѣ︦м. | и
```

```
Comm:  ни единому     ихъ     изъ града к ним
Tols:  ни единому     ихъ     изъ града к ним
```

```
Bych:  ни единому ихъ, ни изъ града к онѣмъ. И
Shakh: ни единому ихъ, ни из града къ онѣмъ. И
Likh:  ни единому ихъ, ни изъ града к онѣмъ. И
Ostr:  ни единому ихъ, ни из града къ онѣмъ. И
```

66,1:

```
Laur:   въстужи︦ша людье въ градѣ. и рѣша не ли
Radz:   въ|стоужиша лю︤де въ гра︤д. и рѣша нѣ︦т ли
Acad:   въстүжиша людие во градѣ. и рѣша нѣ︦с ли
Hypa:   въстү|жиша лю︤де в городѣ. и ркоша нѣ ли
Khle:   въстоужиша людïе в городѣ, и рекоша нѣ︦с ли
```

```
Comm:  въстужиша людие въ градѣ           не буде ли
Tols:  встужиша людие въ градѣ и рѣша нѣсть ли у насъ
```

```
Bych:  въстужиша людье въ градѣ и рѣша: "нѣсть ли    [64,17]
Shakh: въстужиша людие въ градѣ, и рѣша: "нѣсть ли   [76,19]
Likh:  въстужиша людье въ градѣ и рѣша: "Нѣсть ли    [47,21]
Ostr:  въстужиша людие въ градѣ, и рѣша: "Нѣсть ли
```

66,2:

Laur:	кого иже бы	моглъ на ону страну доити. и ре͞ч
Radz:	кого иже бы моглъ	на ѡноу страну доити. и ре͞ч
Acad:	кого. иже бы моглъ на ѡну сторону до|ити. и рече
Hypa:	ко͞г иже бы на ѡну	страну моглъ доити.
Khle:	кого иже бы моглъ на оною доити.

Comm:	кого иже бы моглъ на ону страну доити
Tols:	кого иже бы помоглъ на ону страну доити

Bych:	кого, иже бы моглъ на ону страну дойти и рещи
Shakh:	кого, иже бы моглъ на ону страну доити и рещи
Likh:	кого, иже бы моглъ на ону страну дойти и рещи
Ostr:	кого, иже бы моглъ на ону страну доити;

66,3:

Laur:	имъ аще	кто не приступить с утра. предатися
Radz:	имъ аще не постоупите зау|тра. предати͞с
Acad:	имъ аще не подъстоупити заоутра.	предатися
Hypa:	аще	не пристоупите утро подъ	городъ. предатися
Khle:	аще	не пристоупите оутро пѡ͞д горѡ͞д, предатися

Comm:	аще не приступите утро подъ град предатися
Tols:	аще не приступите утро подъ град предатися

Bych:	имъ: аще не подступите заутра, предатися
Shakh:	имъ: аще не приступите утро подъ градъ предатися
Likh:	имъ: аще не подступите заутра, предатися
Ostr:	аще не приступите утро предати ся

66,4:

Laur:	има͞м	печенѣгомъ. и ре͞ч единъ ѡтрокъ азъ
Radz:	има͞м печенѣ͞го. и ре͞ч ѡдинъ ѡтрокъ азъ	
Acad:	имамь печенѣгомь. и рече ѡдинъ	ѡтркь азь
Hypa:	има|мъ печенѣ͞го. и ре͞ч ѡди|нъ ѡтркъ азъ
Khle:	има͞м	печенѣ͞го. и ре͞ч единь отрокъ, азь

Comm:	имут печенѣгомъ и рече имъ единъ отрокъ азъ
Tols:	имам печенѣгомъ и рече имъ единъ отрокъ азъ

Bych:	имамы Печенѣгомъ?" И рече единъ отрокъ: "азъ
Shakh:	имамъ Печенѣгомъ?". И рече единъ отрокъ: "азъ
Likh:	имамъ печенѣгомъ?". И рече единъ отрокъ: "Азъ
Ostr:	имамъ Печенѣгомъ?" И рече единъ отрокъ: "Азъ

66,5a:

Laur: пренду.   и | рѣша
Radz: прендоу   и рѣша
Acad: прендѹ.   и рѣша
Hypa: могу преи́ти. горожани же ради бы|вше.   ркоша ѿроку
Khle: могоу преити, | горожане же ра҃ бывше. и рекоша отрокоу.

Comm: преиду
Tols: преиду они же глаголаша

Bych: преиду;" и рѣша:
Shakh: преиду"; и рѣша:
Likh: преиду". И рѣша:
Ostr: преиду". И реша:

66,5b:

Laur: иди. ѡн же изиде из града
Radz: иди ѡнъ   изыде иꙁ гра҃
Acad: иди ѡнъ   изыде иꙁь | града
Hypa: аще | можеши како ити иди. ѡнъ же изыде иꙁ града
Khle: аще | можеши како и ты иди. ѡн же изыде иꙁ града ‖

Comm: иди он же изиде изъ града
Tols: иди и абие изыде изъ града

Bych: "иди". Онъ же изиде изъ града
Shakh: "иди". Онъ же изиде из града
Likh: "Иди". Онъ же изиде изъ града
Ostr: "Иди". Онъ же изиде из града

66,6:

Laur: с уздою. и ри|сташа сквозѣ печенѣги гл҃а. не
Radz: со ꙋздою. и р<и>ста<ш>е сквозѣ печенѣгы гл҃а. не
Acad: со оуздою. и ристаше сквозѣ печенѣгы | гл҃а. не
Hypa: съ | оуздою. и хожаше сквѣ|зѣ печенѣгы гл҃а. не
Khle: съ оуздою. и хожа҃аше сквосѣ печенѣги гл҃а | не   [26ᵛ]

Comm: со уздою   ристаше сквозѣ печенѣгы глаголя имъ не
Tols: съ уздою и ристаше сквозѣ печенѣзи глаголя сице не

Bych: с уздою, и ристаше сквозѣ Печенѣги, глаголя: "не
Shakh: съ уздою, и ристаше сквозѣ Печенѣги, глаголя: "не
Likh: с уздою, и ристаше сквозѣ печенѣги, глаголя: "Не
Ostr: съ уздою, и ристаше сквозѣ Печенѣги, глаголя: "Не

Повѣсть времєньныхъ лѣтъ

66,7:

Laur: видѣ ли конѧ | никтоже. бѣ бо оумѣѧ печенѣжьски.
Radz: вида ли конѧ никтоже | бѣ бо ⟨н⟩мѣѧ печенѣжьскы.
Acad: видѣ ли конѧ никтоже. бѣ бо оумѣѧ печенѣжьскы.
Hypa: ви|дѣ ли конѧ никтоже. бѣ | бо оумѣѧ печенѣскы.
Khle: видѣ̂ ли конѧ никто̂ж. бѣ бо оумѣ̂елскы,

Comm: видѣсте ли конѧ никтоже бѣ бо умѣѧ велми печенѣжьскымъ ѧзыкомъ
Tols: видѣсте ли конѧ никтоже бѣ бо уноша умѣ печенѣжьскы

Bych: видѣ ли конѧ никтоже?" бѣ бо умѣѧ Печенѣжьски,
Shakh: видѣ ли конѧ никътоже?" бѣ бо умѣѧ Печенѣжьски,
Likh: видѣ ли конѧ никтоже?". Бѣ бо умѣѧ печенѣжьски,
Ostr: видѣ ли конѧ никътоже?" Бѣ бо умѣѧ Печенѣжьски,

66,8:

Laur: и мнѧ|хуть и своєго. ѧко приближисѧ
Radz: и мнѧхȣть своєго. и ѧко же | приближисѧ
Acad: и мнѧхȣть и своєго. и ѧко же приближисѧ
Hypa: и и | мнѧхут и свонхъ. и ѧко приближисѧ
Khle: и мнѧхꙋт и свон, и ѧко приближисѧ

Comm: онѣ же мнѣвше его своимъ и ѧко приближисѧ
Tols: они мнѧху его своего и се ѧко приближивсѧ

Bych: и мнѧхуть и своего. И ѧко приближисѧ
Shakh: и мьнѧхуть и своего. И ѧко приближисѧ
Likh: и мнѧхуть и своего. И ѧко приближисѧ
Ostr: и мьнѧхуть и своихъ. И ѧко приближи сѧ

66,9:

Laur: к рѣцѣ. сверга | порты сунусѧ въ
Radz: к рѣцѣ. и сверга порты и сȣноу̾ в
Acad: к рѣцѣ. и сверга порты и сȣнȣсѧ во
Hypa: к рѣцѣ. сверг̾ | порты съ себе. сунусѧ въ |
Khle: къ | рѣцѣ. свергъ порты с себе. соунꙋсѧ въ

Comm: к рѣцѣ свергъ порты съ себе сунусѧ во
Tols: к рѣцѣ и съвергъ с себе порты абие сунусѧ в

Bych: к рѣцѣ, свергъ порты сунусѧ въ
Shakh: къ рѣцѣ, съвьргъ пърты съ себе, сунусѧ въ
Likh: к рѣцѣ, свергъ порты сунусѧ въ
Ostr: къ рѣцѣ, съвьргъ пърты, суну сѧ въ

66,10:

Laur: днѣпръ и побреде. видѣвше | же печенѣзи оустремншаса
Radz: днѣпръ. | и побреде. видѣвшн печенѣзи оустремнша͠с
Acad: днѣ|пръ. и побреде. видѣвше же печенѣзи оустремнишаса
Hypa: днѣпръ и побреде. и ви|дѣвше   печенѣзи. оустремнишаса
Khle: днѣ|пръ и побрьде. и видѣвше   печенѣзи оустрем<н>іша͠с

Comm: днѣпръ и побреде   видѣвши же се печенѣзѣ абие устремѣшаса
Tols: днепрь и побреде   видѣша же   печенѣзѣ   устремишаса

Bych: Днѣпръ, и побреде; видѣвше же Печенѣзи, устремишася
Shakh: Дънѣпръ, и побрьде. Видѣвъше же Печенѣзи, устрьмишася
Likh: Днѣпръ, и побреде. Видѣвше же печенѣзи, устремишася
Ostr: Дънѣпръ, и побрьде. Видѣвъше же Печенѣзи, устрьмиша ся

66,11:

Laur: на нь. стрѣлаю|ще его. и не могоша
Radz: на нь. стре|лающи его. и не могоша
Acad: на нь. стрѣлающе его. и не могоша
Hypa: на нь стрѣлаю|ще его. и не могоша
Khle: на нь стрѣлающе его. и не могоша

Comm: на нь стрѣляюще его   не могоша
Tols: на нь стрѣляюще его и не взмогоша

Bych: на нь, стрѣляюще его, и не могоша
Shakh: на нь, стрѣляюще его, и не могоша
Likh: на нь, стрѣляюще его, и не могоша
Ostr: на нь, стрѣляюще его, и не могоша

66,12:

Laur: ему ничтоже створитн̏. | ѡни же видѣвше с оноꙗ
Radz: емоу ничто͠ж сотворити. ѡ|ни же видѣвши со ѡноꙗ
Acad: емȣ ні|чтоже сотворити. ѡни же видѣвше со ѡноꙗ |
Hypa: ему ничьтоже створити. ѡни же | видѣвше съ ѡноꙗ
Khle: емоу ничю͠ж сътворити. ѡни видѣвше съ ѡноꙗ

Comm: ему ничтоже зла створити онѣ же видѣша съ оноѧ
NAca: зла створити онѣ же видѣша с другои
Tols: ему ничтоже створити зла они же видѣша с другои

Bych: ему ничтоже створити. Они же видѣвше с оноя
Shakh: ему ничьтоже сътворити. Они же, видѣвъше съ оноя
Likh: ему ничто же створити. Они же видѣвше с оноя
Ostr: ему ничьтоже сътворити. Они же, видѣвъше съ оноя

66,13:

Laur: страны. и пріѣхаша | в лодьи противу ему. и
Radz: страны. прнѣхаша в лⷣоⷩ протиⷩвȣ емоу. и
Acad: страны. прїѣхавше в лⷣоⷩ противȣ емȣ. и
Hypa: страны. | прнѣхавше в лодьи противу ему
Khle: стра|ны. прїехавше в лⷣоⷩ противоу емоу, и

Comm: страны   преихавше в лодьи
NAca: странѣ   приѣхавше в лодьи
Tols: странѣ   приѣхавше в лодьи

Bych: страны, и приѣхаша в лодьи противу ему, и
Shakh: страны, и преѣхавъше въ лодии противу ему,
Likh: страны, и приѣхаша в лодьи противу ему, и
Ostr: страны, приѣхавъше въ лодии противу ему,

66,14:

Laur: взяша и в лодью. и при|везоша и къ дружинѣ.
Radz: взяша   в лⷣою и привезоша   ко дрȣжинѣ:-|
Acad: вза|ша и в лⷣою. и привезоша   к дрȣжинѣ:·
Hypa: взяша и в лодью. и | привезоша и къ дружинѣ. |
Khle: взяш⟨а⟩ | и в лⷣою. и привезоша   къ дроужинѣ,

Comm: превезоша и къ дружинѣ
NAca: превезошал⟨ ⟩ къ дружинѣ
Tols: превезошли   къ дружинѣ

Bych: взяша и в лодью и привезоша и къ дружинѣ;
Shakh: възяша и въ лодию, и превезоша и къ дружинѣ.
Likh: взяша и в лодью и привезоша и къ дружинѣ.
Ostr: възяша и въ лодию, и привезоша и къ дружинѣ.

66,15:

Laur: и реⷱ҇ имъ аще не путе | заоутра
Radz: и реⷱ҇ имъ аще не постȣпите заоутра
Acad: и рече имъ | аще не постȣпите заоутра
Hypa: и реⷱ҇ имъ аще не подъступ|ите заоутра
Khle: и реⷱ҇ имь. | аще не поⷣстоупите заⷭтра

Comm: и рече имъ аще не поступите заутра
NAca: и рече имъ аще не подъступите заутра
Tols: и рече имъ аще не подъступите заутра

Bych: и рече имъ: "аще не подъступите заутра
Shakh: И рече имъ: "аще не подъступите заутра
Likh: И рече имъ: "Аще не подъступите заутра
Ostr: И рече имъ: "Аще не подъступите заутра

66,16:

Laur:	къ городу предатиͨ хотѧть людье пе҃ченѣгомъ.
Radz:	к городꙋ. предатиͨ хотѧт̑ лю̑е печенѣго҃.
Acad:	к городꙋ. предатисѧ хотѧт̑ лю̑е дн печенѣгомъ.
Hypa:	рано подъ го҃ро. предатисѧ имуть лю̑е	печенѣго҃.
Khle:	пѡ̃ горѡ̃ рано. преда|тисѧ имоу҃ людіе печенѣго҃.
Comm:	къ граду и людие предатися имут печенѣгомъ
NAca:	къ граду предатися имуть людье печенѣгомъ
Tols:	къ граду предатися имуть людье печенѣгомъ
Bych:	къ городу, предатися хотять людье Печенѣгомъ".
Shakh:	къ граду, предатися хотять людие Печенѣгомъ".
Likh:	къ городу, предатися хотять людье печенѣгомъ".
Ostr:	къ граду, предати ся хотять людие Печенѣгомъ".

66,17:

Laur:	ре҃ѵ же воевода ихъ. именемъ прѣ҃тичъ. подъступимъ
Radz:	ре҃ѵ же воевода и҃. именѣ҃ претиѵ̑.	поступи҃
Acad:	реѵе же воевода и҃. име|немъ претичъ. постꙋпимъ
Hypa:	ре҃ѵ же имъ воевода ихъ. именемъ прѣ|тичъ. подъступимъ	[26с]
Khle:	ре҃ѵ же и воевода и҃	именѣ претичъ. пѡстоупи҃
Comm:	рече же воевода их именем притиць подступимъ
NAca:	рече же воевода их именьмъ притиць подступимъ
Tols:	рече же воевода их именемъ притиць подступимъ
Bych:	Рече же воевода ихъ, имянемъ Прѣтичь: "подъступимъ
Shakh:	Рече же воевода ихъ, именьмь Прѣтичь: "подъступимъ
Likh:	Рече же воевода ихъ, имянем Прѣтичь: "Подъступимъ
Ostr:	Рече же воевода ихъ, именьмь Претичь: "Подъступимъ

66,18:

Laur:	заоутра в лодьѧхъ. и попа|дъше кнѧгиню и
Radz:	заоутра в лоа҃х̑. попаше кн҃гню. и
Acad:	заоутра в лоѧхъ.	попадъше кн҃гню. и
Hypa:	заоу|тра в лодьѧхъ. и попадъ|ше кнѧгиню и
Khle:	зау҃тра в лодіѧх̑. и пѡ̃|паше кнѧгиню и
Comm:	заутра в лодьяхъ и попадъше княгиню и
NAca:	заутра в лодьяхъ и попадъше княгиню и
Tols:	заутра в лодьяхъ и попадше княгиню и
Bych:	заутра в лодьяхъ, и попадше княгиню и
Shakh:	заутра въ лодияхъ, и попадъше кънягыню и
Likh:	заутра в лодьях, и попадше княгиню и
Ostr:	заутра въ лодьяхъ, и попадъше кънягыню и

Повѣсть времєньныхъ лѣтъ

66,19:

Laur: кнѧжнѣ оумүнмъ на сю | страну.　　　аще ли сего не
Radz: кнѧжнн оу|мүн̄ на сю сторонȣ.　　аще̂ сего не
Acad: кнѧжнн оумүнмъ на сю сторо|нȣ.　　аще ли сего не
Hypa: кнѧжнүȣ | оумьүнмъ на сю страну. н | людн. аще ли сего не
Khle: кнѧжнн оумүн̄ на сю стра̄ȣ | н лю̄. аще ли сего не

Comm: княжичѣ умчимъ на сию страну　　людии аще ли того не
NAca: княжичѣ умъчимъ на сию страну　　людии аще ли того не
Tols: княжичѣ умчимъ на сию страну　　людьи аще ли того не

Bych: княжичѣ умчимъ на сю страну; аще ли сего не
Shakh: къняжичѣ, умъчимъ на сю страну и люди; аще ли сего не
Likh: княжичѣ умчимъ на сю страну. Аще ли сего не
Ostr: къняжичѣ, умъчимъ на сю страну. Аще ли сего не

66,20:

Laur: створнмъ погȣбнтн || ны нмать с̄тославъ. ѩко　　　　[20ᴦ]
Radz: сотворн̄. погȣбнтн ны | нматъ с̄тославъ. ѩко
Acad: сотворнмъ погȣбнт̄ ны нма̄ || с̄тославь. ѩко　　　　[32ᴦ]
Hypa: створн̄ | погȣбнтн ны. нмать с̄тосла|въ. н ѩко
Khle: сътворн̄, погȣбнтн на̄с | нма̄т с̄тославь. н бы̄с

Comm: створимъ погубить нас　　святославъ и яко
NAca: сътворимъ погубити ны имать святославъ и яко
Tols: створимъ погубити ны имать святославъ и яко

Bych: створимъ, погубити ны имать Святославъ". Яко
Shakh: сътворимъ, погубити ны имать Святославъ". И яко
Likh: створимъ, погубити ны имать Святославъ". Яко
Ostr: сътворимъ, погубити ны имать Святославъ". Яко

66,21:

Laur: бы̄с заоутра всѣ|дъше в лодью протноу свѣту
Radz: бы̄с заоутра всѣдъшн в ло|дьн протнвȣ свѣтоу.
Acad: бы̄с заоутра всѣ̄шн в ло̄н протнвȣ | свѣтȣ.
Hypa: бы̄с заоутра всѣдо|ша в лодьѩ. протнву свѣту |
Khle: ѩко за̄ȣтра, н всѣдоша в ло̄|ѩ. протнвоу свѣтоу

Comm: бысть заутра всѣдше в лодьи противу свѣту
NAca: бысть заутра всѣдъше в лодьи противу свѣту
Tols: бысть заутра всѣдше в лодьи противу свѣту

Bych: бысть заутра, всѣдъше в лодьи противу свѣту
Shakh: бысть заутра, въсѣдъше въ лодия противу свѣту,
Likh: бысть заутра, всѣдъше в лодьи противу свѣту
Ostr: бысть заутра, въсѣдъше въ лодия противу свѣту,

66,22:

Laur: и въструбиша вельми.   и людье въ градѣ кликнуша.
Radz: и въстр‹у›биша:- [ша] биша вельми.   и люе въ гра́ кликноуша.   [35ᵛ]
Acad: и вострубиша вельми.   и людіе во градѣ кликнуша.
Hypa: въструбиша вельми трубами. и лю́е въ градѣ кликоша.
Khle: въстроубиша вельми. | и лю́е въ градѣ кликоша.

Comm: въструбиша вельми трубами и людие въ градѣ кликнуша
NAca: въструбиша вельми трубами и людие въ градѣ въскликнуша
Tols: вструбиша вельми трубами и людие въ градѣ вскликнуша

Bych: и въструбиша вельми, и людье въ градѣ кликнуша;
Shakh: и въструбиша вельми трубами, и людие въ градѣ кликнуша;
Likh: и въструбиша вельми, и людье въ градѣ кликнуша.
Ostr: въструбиша вельми, и людие въ градѣ кликоша;

66,23:

Laur: печенѣзи же мнѣша князя пришедша.
Radz: печенѣги   мнѣша. | и биша вельми. и лю́е въ гра́ кликнушаша. пеьценѣ́ мнѣша | кнзаа пршешаа.
Acad: печенѣг‹ъ› мнѣша кнза пршеша.
Hypa: печенизѣ же мнѣша | князя пришедша.
Khle: печенѣзи же мнѣша князя пришеша.

Comm: печенѣзи же мнѣша князя пришедша
NAca: печенѣзи же мнѣша князя пришедъша и пакы
Tols: печенѣзи же мнѣша князя пришедша и пакы

Bych: Печенѣзи же мнѣша князя пришедша,
Shakh: Печенѣзи же, мьнѣвъше кънязя пришьдъша,
Likh: Печенѣзи же мнѣша князя пришедша,
Ostr: Печенѣзи же, мьнѣвъше кънязя пришьдъша,

66,24:

Laur: побѣгоша разно ѿ града. и изиде Ольга со
Radz: побѣгоша розно ѿ гра́. изыде Ѡльга со
Acad: побѣгоша разно ѿ града. изиде Ѡлга со
Hypa: побѣгоша розно ѿ града. и изиде Ѡльга съ
Khle: побѣгоша разно ѿ града | изиде Ѡльга съ

Comm: побѣгоша разно от града   изиде Олга съ
NAca: побѣгоша разно от града и изыиде ольга съ
Tols: побѣгоша разно от града и изыиде олга съ

Bych: побѣгоша разно отъ града; и изиде Ольга со
Shakh: побѣгоша разно от града. И изиде Ольга съ
Likh: побѣгоша разно от града. И изиде Ольга со
Ostr: побѣгоша разьно отъ града. И изиде Ольга съ

66,25:

Laur: оунуки и | с людми к лодьѣ.   видѣвъ же се
Radz: вн૪ки. и с лю̈ми к лӧꙗмъ. и видѣв же
Acad: вн૪кы. и с людыми к лодьꙗмъ.   видѣвше же
Hypa: внукы. и съ людми | к лодьꙗмъ. и видѣвъ же |
Khle: вноукы и с лю̈ми к лѡдїамь. | видѣв же

Comm: внукы своими и с людьми к лодьямъ   видѣв же се
NAca: вники своими и с людьми к ло<   >   видѣв же се
Tols: внуки своими и с людьми к лодьямъ   видѣв же се

Bych: унуки и с людми к лодьямъ. Видѣвъ же се
Shakh: въну́кы и съ людьми къ лодиꙗмъ. Видѣвъ же се
Likh: унуки и с людми к лодьямъ. Видѣвъ же се
Ostr: вънукы и съ людьми къ лодиямъ. Видѣвъ же

66,26:

Laur: кнѧзь печенѣжьскии. възратисѧ единъ къ воеводѣ
Radz: кнⷤзь печенѣ̄скии възⷬати едиⷩ ко прѣтичю
Acad: кнⷤзь печенѣзьскіи. | възратисⷭ̑ едиⷩ ко прѣтичю
Hypa: кнѧзь печенѣжьскыи възⷡратиⷮ единъ къ воеводⷷ |
Khle: кнаⷥ печенѣзскыи. възратисѧ | единь къ воеводѣ

Comm: князь печенѣжьскыи възратися единъ къ воеводѣ
NAca: князь печенѣжьски< > възвратися единъ къ воеводѣ
Tols: князь печенѣжьскии взратися единъ къ воеводѣ

Bych: князь Печенѣжьский, възратися единъ къ воеводѣ
Shakh: кънязь Печенѣжьскыи, възвратися един къ воеводѣ
Likh: князь Печенѣжьский, възратися единъ къ воеводѣ
Ostr: кънязь Печенѣжьскыи, възврати ся единъ къ воеводѣ

66,27:

Laur: прѣтичю. и | рⷱ̑е кто се приде. и рⷱ̑е ему
Radz: воеводе. и рⷱ̑е кто се прииде. и рⷱ̑е ем૪ |
Acad: воеводе. и рече кто | се прⷩиде. и рече ем૪
Hypa: притичю и рⷱ̑е кто се приде. | и рⷱ̑е ему
Khle: прѣтичю и рⷱ̑е. кто се прїиде. | и рⷱ̑е емоу

Comm: притичю   рче кто се прииде и рече ему
NAca: при<   >   рече кто се прииде и рече ему
Tols: притичю   рече кто се прииде и рече ему

Bych: Прѣтичю и рече: "кто се приде?" и рече ему:
Shakh: Прѣтичю, и рече: "къто се приде?" И рече ему:
Likh: Прѣтичю и рече: "Кто се приде?". И рече ему:
Ostr: Претичю, и рече: "Къто се приде?" И рече ему:

66,28:

Laur:	лодьӕ ѡноӕ страны. и ре҃ кнѧзь печенѣжьскии.
Radz:	лю̏е ѡноа страны. и ре҃ кнз҃ь печенѣ҃скии.
Acad:	людн ѡноӕ страны. и рече кнз҃ь печенѣзьскыи
Hypa:	лю̏е ѡноӕ страны и ре҃ кнѧзь печенѣжьскыи.
Khle:	лю̏е ѡноа страны; и ре҃ кнѧ҃ печенѣ҃скы̋
Comm:	людие оноӕ страны и рече князь печенѣжьскыи
NAca:	лю< >ноӕ страны и рече князь печен< >
Tols:	людие оноӕ страны и рече князь печенѣжьскии
Bych:	"людье оноѧ страны". И рече князь Печенѣжьский:
Shakh:	"людие оноѧ страны". И рече кънязь Печенѣжьскыи:
Likh:	"Людье оноѧ страны". И рече князь Печенѣжьский:
Ostr:	"Людие оноѧ страны". И рече кънязь Печенѣжьскыи:

66,29:

Laur:	а ты кнѧзь ли еси. ѡнъ же ре҃ азъ есмь
Radz:	а ты кнз҃ь ли еси ѡ҃ же ре҃ азъ есмь
Acad:	а ты кнз҃ь ли еси. ѡн же рече азъ есмь
Hypa:	а ты кнѧзь ли еси. ѡнъ ж҃ ре҃ азъ есмь
Khle:	а ты кнѧ҃ ли еси. ѡ҃ же ре҃. азъ есмь
Comm:	а ты князь ли еси онъ же рече азъ есмь
NAca:	а ты князь ли еси онъ же реч< >
Tols:	а ты князь ли еси онъ же рече азъ есмь
Bych:	"а ты князь ли еси?" онъ же рече: "азъ есмь
Shakh:	"а ты кънязь ли еси?" Онъ же рече: "азъ есмь
Likh:	"А ты князь ли еси?". Онъ же рече: "Азъ есмь
Ostr:	"А ты кънязь ли еси?" Онъ же рече: "Азъ есмь

66,30:

Laur:	мужь его. и пришелъ есмь въ стороже҃.
Radz:	моу҃ е҃. прише҃ есми въ стороже҃. и
Acad:	му҃жь его. пришолъ есми въ стороже҃. и
Hypa:	мужь е҃. и пришелъ есмь въ сторожехъ. а
Khle:	мѫ҃ его, и пришо҃ есмь въ стороже҃. а
Comm:	мужь его пришелъ есмь въ сторожехъ а
NAca:	мужь его пришелъ есмь в< >хъ а
Tols:	мужь его пришелъ есмь въ сторожехъ а
Bych:	мужь его, и пришелъ есмь въ сторожѣхъ, и
Shakh:	мужь его, и пришьлъ есмь въ сторожихъ, а
Likh:	мужь его, и пришелъ есмь въ сторожех, и
Ostr:	мужь его, и пришьлъ есмь въ сторожихъ, а

Повѣсть времеиьныхъ лѣтъ   447

67,1:

Laur: по мнѣ идеть полкъ   со кнѧземъ. | бещисла
Radz: по мнѣ | идут вои многы со кнѕзмъ моиᴹ бес ѱисла
Acad: по мнѣ идуть вои   съ кнѕземь.   бес ѱисла
Hypa: по мнѣ идеть вои   бещислеиое
Khle: по мнѣ идеᵗ вои   бесѱислеиое

Comm: по мнѣ идут вои съ князем бесъщислено
NAca: по мнѣ идут   с п   бещисла
Tols: по мнѣ идут вои съ князем бещисла

Bych: по мнѣ идеть полкъ со княземъ, бес числа [65,16]
Shakh: по мънѣ идеть вои съ къняѕьмь, бес числа [78,8]
Likh: по мнѣ идеть полкъ со княземъ, бещисла [48,9]
Ostr: по мънѣ идеть вои съ кънязьмь, бещисленое

67,2:

Laur: множьство. се же рѣ́ч гроза имъ. рѣ́ч же | кнѧзь
Radz: мнꙍ́жство. сеж рѣ́ч гроза иᴹ | рѣ́ч же кнѕзъ
Acad: множество. се же | рече гроза имь. рече же кнѕзъ
Hypa: множьство. се же рѣ́ч гроѕа имъ. и рѣ́   кнѧзь
Khle: мнꙍжство. сеж рѣ́ч гроза и. и рѣ́   кнѧ

Comm: множество се же рече грозя имъ рече   князь
NAca: множество се же <   > рече   князь
Tols: множество се же рече грозяи рече   князь

Bych: множьство"; се же рече, грозя имъ. Рече же князь
Shakh: мъножьство". Се же рече, грозя имъ. Рече же кънязь
Likh: множьство". Се же рече, грозя имъ. Рече же князь
Ostr: мъножьство". Се же рече, грозя имъ. Рече кънязь

67,3:

Laur: пеѱенѣжьскии къ прѣтичю. буди ми | другъ. ѡиъ
Radz: пеи́ѣско́ы ко прѣтиꙵ боу́ ми дроу́ᵍ. ѡᴺ
Acad: пеѱенѹ́жьскын. ко прѣтичю бу́ди ми другъ. ѡи
Hypa: пеѱенѣ|жьскыи   прѣтичуу. буди ми | другъ. ѡиъ
Khle: пеѱенꙷѣскы́ꙵ | прѣтичю. бꙹ ди ми другъ. ѡᴺ

Comm: печенѣжьскыи къ притичю буди ми ты другъ он
NAca: печежьжскии   буди ми ты другъ он
Tols: печенѣжьскии къ притичю буди ми ты другъ он

Bych: Печенѣжьский къ Прѣтичю: "буди ми другъ"; онъ
Shakh: Печенѣжьскыи къ Прѣтичю: "буди ми другъ". Онъ
Likh: печенѣжьский къ Прѣтичю: "Буди ми другъ". Онъ
Ostr: Печенѣжьскыи Прѣтичю: "Буди ми другъ". Онъ

67,4:

Laur: же р̃ӗ тако створю. и подаста руку | межю собою.
Radz: же р̃ӗ та͡к сотво͞рю.   подаста ро͞у ме͞ж собою.
Acad: же рече тако сотворю. | подаста р૪к૪ межи собою.
Hypa: же р̃ӗ тако буді. | и подаста руку межю собо|ю.
Khle: же р̃ӗ тако бѫди, и подаста рѫкы межю собою.

Comm: же рече тако буди и пода   руку межу собою
NAca: же рече тако буди и пода   руку межу собою
Tols: же рече тако буди и пода   руку межу собою

Bych: же рече: "тако створю". И подаста руку межю собою,
Shakh: же рече: "тако буди". И подаста руку межю собою;
Likh: же рече: "Тако створю". И подаста руку межю собою,
Ostr: же рече: "Тако буди". Подаста руку межю собою;

67,5:

Laur: и въдасть печенѣжьскии кнѧзь | прѣтичю. конь.
Radz: и дасть пе͞нѣскы͞и кн͠зь прети͞ | ко͞.
Acad: и дасть печенѣжьскын | кн͠зь претичю. конь
Hypa: и вдасть печенѣжьскыи|н кнѧзь претичу конь
Khle: и вдасть пе͞нѣск<ы> || кн͠ѧ претичю. ко͞   [27ᴦ]

Comm: и вда печенѣжьскыи князь притичю конь
NAca: и въда печенѣжьскии князь притичю конь
Tols: и въда печенѣжьскии князь притичю конь

Bych: и въдасть Печенѣжьский князь Прѣтичю конь,
Shakh: и въдасть Печенѣжьскыи кънязь Прѣтичю конь,
Likh: и въдасть печенѣжьский князь Прѣтичю конь,
Ostr: и въдасть Печенѣжьскыи кънязь Прѣтичю конь,

67,6:

Laur: саблю. стрѣлы. ѡнъ же дасть е|му. бронѣ.
Radz: саблю. стрылы. ѡ же дасть ем૪. брони.
Acad: саблю стрѣлы. ѡнъ же да|сть ем૪. брони.
Hypa: са|блю. стрѣлы. ѡнъ же дасть | ему брони.
Khle: саблю стрѣлы. ѡ͞ же вда͞с | емоу брони.

Comm: саблю стрѣлы онъ же дасть ему брони
NAca: саблю стрѣлу онь же дасть ему бронѣ
Tols: саблю стрѣлу онъ же дасть ему бронѣ

Bych: саблю, стрѣлы; онъ же дасть ему бронѣ,
Shakh: саблю, стрѣлы; онъ же дасть ему брънѣ,
Likh: саблю, стрѣлы. Онъ же дасть ему бронѣ,
Ostr: саблю, стрѣлы; онъ же дасть ему брънѣ,

67,7:

Laur: щнтъ. мечь. ѿступиша печенѣзи ѿ | града.
Radz: щн͡т. ме͝. и ѿст‍упиша печенѣзи ѿ гра͞ᴬ
Acad: щнтъ. мечь. и ѿст‍упиша печенѣзи ѿ града.
Hypa: щнтъ. мечь. ‖ и ѿступиша печенѣзѣ ѿ | города. [26d]
Khle: щн͡т ме͝. и ѿстоупиша печенѣзи | ѿ града.

Comm: щитъ мечь и отступиша печенѣзи от града
NAca: щитъ мечь и отступиша печенѣзѣ от града
Tols: щитъ мечь и отступиша печенѣзѣ от града

Bych: щитъ, мечь. И отступиша Печенѣзи отъ града,
Shakh: щитъ, мечь. И отъступиша Печенѣзи отъ града,
Likh: щитъ, мечь. И отступиша печенѣзи от града,
Ostr: щитъ, мечь. И отъступиша Печенѣзы отъ града,

67,8:

Laur: и не баше льзѣ кона напоити. на лы<б>|ди печенѣзи.
Radz: и не баше   кона напои͡т на лы͡ᴰᴴбѣ͡ѣ печенѣ͞г:- ‖
Acad: и не баше лзѣ кона напоити на лы|беди печенѣги:·
Hypa: и не баше лзѣ кона | напоити на лыбеди печене|гы.
Khle: и не баше лзѣ кона напоити на лыбѣ͞ᴰᴵ | печенѣги.

Comm: не бяше лзѣ коня напоити на лыбедѣ печенѣгы
NAca: нѣльзѣ бяше коня напоити на лыбеди печенѣгы
Tols: нѣльзѣ бяше коня напоити на лыбѣди печенѣгы

Bych: и не бяше льзѣ коня напоити: на Лыбеди Печенѣзи.
Shakh: и не бяше льзѣ коня напоити на Лыбеди Печенѣгы.
Likh: и не бяше льзѣ коня напоити: на Лыбеди печенѣзи.
Ostr: и не бяше льзѣ коня напоити на Лыбеди Печенѣгы.

67,9:

Laur: и послаша кианѣ къ с͞тославу | гл͞ще. ты
Radz: И послаша кыанѣ. ко с͞тослав‍у гл͞ще ты [36ᵍ]
Acad: И послаша к͞iанѣ ко с͞тослав‍у | гл͞ще. ты
Hypa: и послаша кианѣ | къ с͞тославу гл͞юще. ты |
Khle: и послаша кыане къ с͞тославоу гл͞ще, | ты

Comm: и послаша кыянѣ   д   послы глаголюще ты
NAca: и послаша киане къ святославу послы глаголюще ты
Tols: и послаша киане къ святославу послы глаголюще ты

Bych: И послаша Кияне къ Святославу, глаголюще: "ты,
Shakh: И посълаша Кыяне къ Святославу, глаголюще: "ты,
Likh: И послаша кияне къ Святославу, глаголюще: "Ты,
Ostr: И посълаша Кыяне къ Святославу, глаголюще: "Ты,

67,10:

Laur: кнѧже чюжеѩ земли ищеши и блюдеши. а своеѩ
Radz: кн̄же чюжне земли ищеши.   своеи
Acad: кн̄же чюж<е>е земли ищеши.   своеи
Hypa: кнѧже чюжеи земли ищеши и блюдеши. а своеѩ
Khle: кнѧже чюжіе земли ищешь, и блюдешь. І а своеѧ

Comm: княже чюжеи землѣ ищеши и блудиши   своея
NAca: княже чюжеи земли ищеши   блюсти   своея
Tols: княже чюжеи земли ищеши   блюсти   своея

Bych: княже, чюжея земли ищеши и блюдеши, а своея
Shakh: къняже, чюжея земля ищеши и блюдеши, а своея
Likh: княже, чюжея земли ищеши и блюдеши, а своея
Ostr: къняже, чюжея земли ищеши и блюдеши, а своея

67,11:

Laur: сѧ ѡхабивъ. малы бо насъ не І взѧша печенѣзи.
Radz: сѧ ѡхабивъ. малы̄ бо на̄с не взѧли пе҃ченѣзи.
Acad: сѧ ѡхаібивь. малымъ бо насъ не взѧли печенѣзи.
Hypa: сѧ І лишнвъ. малѣ бо на̄с не възѧша печенѣзи.
Khle: сѧ лишнвь. мало бо на̄с не взѧша пе҃не҃гиче. І

Comm: ся охабивъ мало бо насъ не взяша печенѣзи
NAca: ся охабивъ мало бо насъ не взяша печенѣзѣ
Tols: ся охабивъ мало бо насъ не взяша печенѣзѣ

Bych: ся охабивъ, малы бо насъ не взяша Печенѣзи,
Shakh: ся охабивъ; малы бо насъ не възяша Печенѣзи,
Likh: ся охабивъ, малы бо насъ не взяша печенѣзи,
Ostr: ся охабивъ; малы бо насъ не възяша Печенѣзи,

67,12:

Laur: м̄трь твою и дѣти твои. аще̄ І не поидеши
Radz: и м̄трь твою. и дѣтеи твои. аще не поидеши
Acad: и м̄трь І твою и дѣтеи твои. х аще не поидеши
Hypa: и м̄трь тво̄ю и дѣтии твоихъ. аще не І придеши
Khle: и м̄трь твою и дѣти твои. аще не прї҃идеши І

Comm: матерь твою и дѣтеи твоих аще не приидеши
NAca: и матерь твою и дѣтеи твоих аще не приидеши
Tols: и матерь твою и дѣтеи твоих аще не приидеши

Bych: и матерь твою и дѣти твои; аще не поидеши,
Shakh: и матерь твою и дѣти твоя; аще не придеши,
Likh: и матерь твою и дѣти твои. Аще не поидеши,
Ostr: и матерь твою и дѣти твоихъ. Аще не придеши,

67,13:

Laur: ни ѡбраниши насъ. да паки ны | возмуть.
Radz: ни | ѡбраниши наc̄. да пакы ны возмоуть.
Acad: ни ѡбранı͡шн насъ. да пакы ны возмȣть.
Hypa: ни ѡборониши наc̄. | да пакы въꙁмуть.
Khle: ни ѡборониши наc̄, да пакы на въꙁмоуt̄.

Comm: ни оборонѣши насъ да пакы ны возмут
NAca: ни оборонише насъ да пакы ны възмуть
Tols: ни оборонишъ насъ да пакы ны взмут

Bych: ни обраниши насъ, да паки ны возмуть,
Shakh: ни обраниши насъ, да паки ны възьмуть.
Likh: ни обраниши насъ, да паки ны возмуть.
Ostr: ни обраниши насъ, да пакы ны възьмуть.

67,14:

Laur: аще ти не жаль ѡчины своеꙗ. ни | мт̄ре стары
Radz: аще ли ти не жа͡ | ѡчины своеа. ни мт̄ри стары
Acad: аще ли ти не жаль | ѡчины своеи. ни мт̄ри стары
Hypa: аще | ти не жаль ѡтьчины своеꙗ. и мт̄рь стары
Khle: аще ти | не жа͡ ѡчины своеа. и мт̄ри стары

Comm: аще тѣ не жаль отчины своея и матери стары
NAca: аще ти не жаль отчины своея и матери стары
Tols: аще ти не жаль отчины своея и матери стары

Bych: аще ти не жаль отчины своея, ни матере, стары
Shakh: Аще ти не жаль отьчины своея и матере, стары
Likh: Аще ти не жаль очины своея, ни матере, стары
Ostr: Аще ти не жаль отьчины своея и матере, стары

67,15:

Laur: суща и дѣтии своиx̄. то слышавъ | ст̄ославъ.
Radz: соущи. и детеи свои. и | то слышавъ ст̄ославъ
Acad: сȣща. и детеи своихъ. и то слышавь ст̄славь.
Hypa: суща и дѣ|ти свои x̄. то слышавъ ст̄о|славъ.
Khle: сꙋща. и | дѣтеи твои x̄. То слышавь ст̄ославь.

Comm: суща и дѣтии своих   то слышавъ святославъ
NAca: суща и дѣтеи своих   то слышавъ святославъ
Tols: суща и дѣтеи своих   то слышавъ святославъ

Bych: суща, и дѣтий своихъ". То слышавъ Святославъ
Shakh: суща, и дѣтии своихъ?" То слышавъ Святославъ,
Likh: суща, и дѣтий своихъ". То слышавъ Святославъ
Ostr: суща, и дѣтии своихъ?" То слышавъ Святославъ,

67,16:

Laur: вборзѣ всѣде на конѣ съ дружиною | своею. и
Radz: вборзѣ всѣ^д на кони. со дроу́ною | своею
Acad: вбѹрзѣ всѣ^д на кони. | со дрѹжиною своею
Hypa: вборзѣ въсѣдъ на | кони. съ дружиною сво|ею. и
Khle: вборзѣ | всѣ^д на кони и з дроужиною своею, и

Comm: вборзѣ сѣдши на коня съ дружиною своею
NAca: въборзѣ сѣдъ на коня съ < >ружиною своею и
Tols: вборзѣ сѣдъ на коня з дружиною своею и

Bych: вборзѣ всѣде на конѣ съ дружиною своею, и
Shakh: въбързѣ въсѣдъ на конѣ съ дружиною своею,
Likh: вборзѣ всѣде на конѣ съ дружиною своею, и
Ostr: въбързѣ въсѣдъ на конѣ съ дружиною своею,

67,17:

Laur: приде кневу цѣлова м͞трь свою. и дѣти | своꙗ.
Radz: прїиде к кневѹ. и цѣлова м͞трь свою и дѣти своа |
Acad: прїиде к кіевѹ. и цѣлова м͞трь свою. ‖ и дѣти своа.
Hypa: приде къ кневу. и | цѣлова м͞трь свою. и дѣ|ти своꙗ.
Khle: прїиде къ | кыевоу. и цѣлова м͞трь свою и дѣти своа.

Comm: прииде кыеву и цѣлова матерь свою и дѣти своя
NAca: прииде къ киеву < >ѣлова матерь свою и дѣти своя
Tols: прииде къ киеву и цѣлова матерь свою и дѣти своя

Bych: приде Киеву, цѣлова матерь свою и дѣти своя,
Shakh: приде Кыеву, и цѣлова матерь свою и дѣти своя,
Likh: приде Киеву, цѣлова матерь свою и дѣти своя,
Ostr: приде Кыеву, и цѣлова матерь свою и дѣти своя,

67,18:

Laur: и сжали сꙗ ѡ бывшемъ ѿ печенѣгъ. и | собра
Radz: и сожалиси ѡ бывше^м. ѿ печенѣгъ.   собра
Acad: и сожалиси ѡ бывшемъ. ѿ печенѣ|гъ.   собра
Hypa: сжалиси ѡ бы|вше^м ѿ печенѣгъ. и събра |
Khle: съ|жалиси ѡ бывше^м ѿ печенѣгь. и събра

Comm: съжалися о бывшимъ от печенѣгъ и собра
NAca: съжалиси о бывшемъ от печенѣгъ и събра
Tols: съжалиси о бывшемъ от печенѣгъ и сбра

Bych: и съжалися о бывшемъ отъ Печенѣгъ; и собра
Shakh: и съжалися о бывшимь отъ Печенѣгъ. И събра
Likh: и съжалися о бывшемъ от печенѣгъ. И собра
Ostr: съжали ся о бывшимь отъ Печенѣгъ. И събьра

67,19:

Laur: вон. и прогна печенѣги в поли. и бы̑с мирь. |
Radz: вон и прогна пѣнѣги в поле | И бы̑с мирь.
Acad: вон и прогна печенѣгы в поле: и бы̑с мирь:· |
Hypa: воѧ и прогна печенѣгы. | в поле. и бы̑с мирно·:· |
Khle: воѧ и про|гна печенѣги в поле. и бы̑с мирно.

Comm: воя   и прогна печенѣгы в поле и бысть мирно
NAca: <во>я своя многы и прогна печенѣги   бысть мирно
Tols: воя своя многы и прогна печенѣги в поле и бысть мирно

Bych: вои, и прогна Печенѣги в поли, и бысть миръ.
Shakh: вои, и прогъна Печенѣгы въ поле; и бысть мирьно.
Likh: вои, и прогна печенѣги в поли, и бысть миръ.
Ostr: вои, и прогъна Печенѣгы въ поле. И бысть мирьно.

67,20:

Laur: В лѣ̑т. ҂ѕ҃.у҃.о҃з. Ре҃ч стославъ къ мт҃ри
Radz: В лѣ̑т. ҂ѕ҃.у҃ о҃з. Ре҃ч стославъ   мт҃ри
Acad: В лѣт. ҂ѕ҃. .о҃з. И рече стославь   мт҃ри
Hypa: В лѣ̑т. ҂ѕ҃.у҃.о҃з. Ре҃ч стосл҃въ [къ] мт҃рь
Khle: В лѣ̑т ҂ѕ҃.у҃.о҃з. | ре҃ч стославь къ матери

Comm: в лѣто 6477 и рече святославъ къ матери
NAca: <   > и рече святославъ къ ма<тери
Tols: в лѣто 6477 и рече святославъ къ матери

Bych: В лето 6477. Рече Святославъ къ матери
Shakh: Въ лѣто 6477. Рече Святославъ къ матери
Likh: В лѣто 6477. Рече Святославъ къ матери
Ostr: Въ лѣто 6477. Рече Святославъ къ матери

67,21:

Laur: своеи. | и къ боляромъ своимъ. не любо ми есть
Radz: своеи | и   боѧро͏м свои. не любо ми е҃с
Acad: своеи. и   боѧ|ромъ своимь. не любо мї есть
Hypa: своеи и къ боѧро͏м | своимъ. не любо ми есть |
Khle: своеи и къ боѧро͏м свои. | не любо ми е҃с

Comm: своеи и къ бояромъ своимъ не любо ми есть жити
NAca: сво>еи и къ бояромъ своимъ не лю<бо ми есть> жити
Tols: своеи и къ бояромъ своимъ не любо ми есь жити

Bych: своей и къ боляромъ своимъ: "не любо ми есть
Shakh: своеи и къ боляромъ своимъ: "не любо ми есть
Likh: своей и къ боляромъ своимъ: "Не любо ми есть
Ostr: своеи и къ боляромъ своимъ: "Не любо ми есть

67,22:

```
Laur:  в кнєѡѣ бъіти. хочю жити с переѩславци в
Radz:  в кневе быти. хощю жити | в пеѩславци. на
Acad:  в кіевѣ быти. хощю житі в переѩславци. на
Hypa:  в кневѣ жити. хочю жи͞ти в переѩславци. в
Khle:  жити в кыевѣ. хощоу жити | в переѩславци в

Comm:  въ кыевѣ нь          хощу жити въ переяславци и в
NAca:  въ киевѣ но понеже хощу <          >лавци      на
Tols:  въ киевѣ но понеже хощу жити въ переяславци и в

Bych:  в Кіевѣ быти, хочю жити в Переяславци на
Shakh: жити Кыевѣ, хощю жити Переяславци въ
Likh:  в Кіевѣ быти, хочю жити в Переяславци на
Ostr:  въ Кыевѣ {быти / жити}, хощу жити въ Переяславци въ
```

67,23:

```
Laur:  дунаи. ‖ ѩко то есть середа в земли моеи.        [20ᵛ]
Radz:  доунаи. ѩко то е͞с͞ сред<а>    земли моеи. |
Acad:  дунаи. ѩко то есть | среда    земли моеи.
Hypa:  ду|наи. ѩко то есть среда |    земли моеи.
Khle:  доунаи. ѩко то е͞с͞ среда    земли | моеи.

Comm:  дунаи яко то есть среда    земли моеи
NAca:  дунаи яко то есть среда    земли моеи
Tols:  дунаи яко то есть среда    земли моеи

Bych:  Дунаи, яко то есть середа земли моей,
Shakh: Дунаи, яко то есть среда земли моеи,
Likh:  Дунаи, яко то есть среда земли моей,
Ostr:  Дунаи, яко то есть среда земли моеи,
```

67,24:

```
Laur:  ѩко ту вс͞ѧ | блг͞аѩ сходѧтсѧ. ѿ грекъ злато
Radz:  ѩ͞к тоу всѧ бл͞гаѩ сходит͞с͞. ѿ грекъ паволокы. и
Acad:  ѩко то͞ всѧ благаа сходѧтсѧ. | ѿ грекъ паволокы
Hypa:  ѩко ту всѧ | блг͞аѩ сходѧт͞с͞. ѿ грѣ|къ паволокы.
Khle:  ѩко тоу всѧ бл͞гаа сходѧтсѧ. ѿ грекъ | паволокы.

Comm:  яко ту вся благая сходятся от грекъ паволокы
NAca:  яко ту вся благаа съходятся от грекъ паволокы
Tols:  яко ту вся благаа сходятся от грекъ паволохи

Bych:  яко ту вся благая сходятся: отъ Грекъ злато,
Shakh: яко ту вься благая съходяться: отъ Грькъ паволокы,
Likh:  яко ту вся благая сходятся: отъ Грекъ злато,
Ostr:  яко ту вься благая съходять ся: отъ Грькъ паволокы,
```

67,25:

Laur: паволоки. | вина ѡвощеве розноличныıа.
Radz: злато | и вина. и ѡвощи розноличныи.
Acad: ѕлато. вина и ѡвощи разноличныи.
Hypa: золото. вино. и ѡвощи разноличы||нии. [27a]
Khle: золото, вино. и ѡвощеве разно||личнїи. и

Comm: злато и вино   овощеве различнии
NAca: злато и вино   овощеве различнии
Tols: злато и вино   овощеве различнии

Bych: паволоки, вина и овощеве розноличныя,
Shakh: злато, вино и овощеве разноличьнии,
Likh: поволоки, вина и овощеве разноличныя,
Ostr: злато, вино и овощи разьноличьнии,

67,26:

Laur: и щехъ же иѣ урогъ сребро и комони.
Radz: из ч͡е. изо ȣгръ сребро | и кони..
Acad: изъ чехъ.   изь оугорь. сребро и кони.
Hypa: и и щеховъ. и из | оугоръ серебро и комони. |
Khle: ис чеховь. и из оугорь сребро и комони. |

Comm: а и щехъ   и изъ угровъ сребро и конѣ а
NAca: и щеховъ же и изь угрь сребро и конѣ
Tols: и щеховъ же и изь угрь сребро и конѣ

Bych: изъ Чехъ же, изь Угоръ сребро и комони,
Shakh: ис Чехъ и из Угъръ сьребро и комони,
Likh: изъ Чехъ же, из Угоръ сребро и комони,
Ostr: и Щехъ и из Угъръ сьребро и комони,

67,27:

Laur: из руси же скора и во|скъ медъ. и челѧ. ре͞
Radz: из ро͡у же скора въскъ и ме͡д и челѧ. и ре͞
Acad: из рȣ|си же скора. воскъ. и медъ. и челѧдь. и рече
Hypa: изъ руси же скора. и воск͞. | и медъ. и челѧдь. и ре͞
Khle: из роуси скора и воскь. и ме͡д и челѧ. и ре͞

Comm: изъ русѣ же скора и воскъ и мед и челядь и ре
NAca: изъ руси   скора и воскъ и мед и челядь и рече
Tols: изъ руки   скора и воскъ и мед и челядь и рече

Bych: из Руси же скора и воскъ, медъ и челядь". Рече
Shakh: изъ Руси же скора и воскъ и медъ и челядь". И рече
Likh: из Руси же скора и воскъ, медъ и челядь". Рече
Ostr: из Руси же скора и воскъ и медъ и челядь". И рече

456   *Повѣсть времeньныхъ лѣтъ*

67,28:

Laur: ему волга видиши   мѧ болное сущю. камо хощеши
Radz: емоу ѡлга. видиши   мѧ болнү соущү. камо хощеши
Acad: емү ѡлга. видиши   мѧ болнү сүщү. камо хощеши
Hypa: ему мт҃и. видиши ли мѧ | болну сущю. камо хощеши
Khle: емоу | мати. в̾ншн ли мѧ болноу сѫщоу, камо хощеши

Comm: ему олга   видѣши ли мя болну сущу камо хощеши
NAca: ему ольга чадо видиши ли мя больну сущу камо хощеши
Tols: ему ольга чадо видиши ли мя больну сущу камо хощеши

Bych: ему Волга: "видиши мя болну сущю; камо хощеши
Shakh: ему Ольга: "видиши ли мя больну сущю? камо хощеши
Likh: ему Волга: "Видиши мя болну сущю; камо хощеши
Ostr: ему мати: "Видиши мя больну сущю. Камо хощеши

67,29:

Laur: ѿ мене иди. бѣ бо разболѣла сѧ оуже. ре҄ч
Radz: иди ѿ мене. | бѣ бо разболѣла сѧ оуже. ре҄ч
Acad: иди ѿ мене. бѣ бо разболѣла сѧ оуже. рече
Hypa: ѿ мене.   бѣ бо разболѣла сѧ оуже. ре҄ч
Khle: ѿ мене;   бѣ бо разболѣла сѧ оуже; ре҄ч

Comm: от мене ити бѣ бо уже разболѣлася и рече
NAca: от мене ити бѣ бо разболѣлася в то время рече
Tols: от мене ити бѣ бо разболѣлася в то время рече

Bych: отъ мене ити?" бѣ бо разболѣлася уже; рече
Shakh: отъ мене ити?" бѣ бо разболѣлася уже; рече
Likh: отъ мене ити?". Бѣ бо разболѣлася уже; рече
Ostr: отъ мене ити?" Бѣ бо разболѣла ся уже; рече

68,1:

Laur: же ему погребъ мѧ. иди же | ꙗможе хочеши.
Radz: же емү погребъ мѧ иди | амо́ж хощеши.
Acad: же емү погреби мѧ иди аможе хощеши.
Hypa: же ему | погребъ мѧ иди аможе | хощеши. и
Khle: же емү, | погребъ мѧ иди аможе хощеши. и

Comm: ему погреби мя и иди яможе хощеши и
NAca: ему погреби мя   иди яможе хощещи абие
Tols: ему погреби мя   иди яможе хощеши абие

Bych: же ему: "погребъ мя иди, яможе хочеши".   [66,15]
Shakh: же ему: "погребъ мя, иди, яможе хощеши". И   [79,14]
Likh: же ему: "Погребъ мя иди, ямо же хочеши".   [48,32]
Ostr: же ему: "Погребъ мя, иди, яможе хощеши".

Повѣсть времеиьныхъ лѣтъ

68,2:

Laur: по трẽ дн҃хъ оумре ѡльга. и плака са по неи с҃нъ
Radz: по трẽ дн҃е оумре ѡлга. и плака са по неи с҃нъ
Acad: по трехъ дн҃ехъ оумре ѡлга. и плака са по неи с҃нъ
Hypa: по трехъ дне҃хъ оумре ѡлга. и плака с҃ по неи с҃нъ
Khle: по трẽ дн҃е оумре ѡлга. и плака са по неи сынъ

Comm: по трех днех умре олга и плакася по неи сынъ
NAca: по трех днех умре ольга и плакася по неи сынъ
Tols: по трех днех умре олга и плакася по неи сынъ

Bych: По трехъ днехъ умре Ольга, и плакася по ней сынъ
Shakh: по трьхъ дьньхъ умьре Ольга. И плакася по неи сынъ
Likh: По трех днехъ умре Ольга, и плакася по ней сынъ
Ostr: По трьхъ дьньхъ умьре Ольга. И плака ся по неи сынъ

68,3:

Laur: ѥѧ и внуци ѥѧ. и людье вси плачемъ великомь.
Radz: еа. и вноуци еа. и людие вси плачемъ великимъ
Acad: еа. и вноуци еа. и людие вси. плачемъ великимъ.
Hypa: еѧ. и внуци еѧ. и лю҃е вси плачемъ великиⷨ.
Khle: еа. и воуци еа. и лю҃е вси. плачеⷨ великыⷨ.

Comm: ея и внуцѣ ея и людие вси плачемъ великымъ зѣло
NAca: ея и внуцѣ ея и людие вси плачемь великимъ зѣло
Tols: ея и внуцѣ ея и людие вси плачемъ великимъ зѣло

Bych: ея, и внуци ея и людье вси плачемъ великомь,
Shakh: ея и вънуци ея и людие вьси плачьмь великъмь.
Likh: ея, и внуци ея, и людье вси плачемъ великомь,
Ostr: ея и вънуци ея и людие вьси плачьмь великъмь.

68,4:

Laur: несоша и погребоша и на мѣстѣ:- И бо
Radz: и несоша и погребоша на мѣсте:- И бѣ   [36ᵛ]
Acad: и несоша и погребоша и на мѣсте:- И бѣ
Hypa: и несъше погребоша ю на мѣстѣ. и бѣ
Khle: и несше погребоша ю на мѣстѣ. и бѣ

Comm: и несъше погребоша ю на мѣстѣ и бѣ
NAca: и изнесъше погребоша ю на мѣстѣ идеже
Tols: и изнеше погребоша ю на мѣстѣ идѣже

Bych: и несоша и погребоша ю на мѣстѣ; и бѣ
Shakh: и несъше, погребоша ю на мѣстѣ... И бѣ
Likh: и несоша и погребоша ю на мѣстѣ. И бѣ
Ostr: и несъше, погребоша ю на мѣстѣ. И бѣ

68,5:

Laur: заповѣдала ѡльга не творнте трызнꙋ на̂ | собою.
Radz: заповедала ѡлга. не творнтн трызны на̂ собою.
Acad: заповедала ѡлга. не | творнтн трїзны на̂ собою.
Hypa: за|повѣдала ѡлга. не тво|рнтн трызны на̂ собою. |
Khle: заповѣдала ѡ҃га, не творн̂ти̂ || трн̂зны на̂ собою. [27ᵛ]

Comm: заповѣдала олга не творити трызны надъ собою
NAca: заповѣдала ольга не творити тризны надъ собою
Tols: заповѣдала ольга не творити тризны надъ собою

Bych: заповѣдала Ольга не творити трызны над собою,
Shakh: заповѣдала Ольга не творити тризны надъ собою,
Likh: заповѣдала Ольга не творити трызны над собою,
Ostr: заповѣдала Ольга не творити тризны надъ собою,

68,6:

Laur: бѣ бо нмущн презвꙋтеръ . сен похоронн |
Radz: бѣ | бо нмоущн презвнтеръ сен похоронн
Acad: бѣ бо нмꙋщн просвѣ҃|теръ. сен похоронї
Hypa: бѣ бо нмущн прозвꙋтера. | н тъ похоронн
Khle: бѣ бо нмоущн прозвꙋтера. | н тон похоронн

Comm: бѣ бо имущи прозвꙋтера втаинѣ и тъи похорони ю
NAca: бѣ бо имущи прозвитера втаинѣ и тои похорони ю
Tols: бѣ бо имущи прозвитера втаинѣ и тои похорони ю

Bych: бѣ бо имущи презвꙋтеръ, сей похорони
Shakh: бѣ бо имущи презвꙋтеръ, и тъ похорони
Likh: бѣ бо имущи презвꙋтеръ, сей похорони
Ostr: бѣ бо имущи презвꙋтеръ, и тъ похорони

68,7:

Laur: блж҃нꙋю ѡльгу. сн бы̂с предътекꙋщнꙗ кр҃тьꙗныстѣн
Radz: блж҃ноую ѡлгоу. | н бы̂с пре̂текꙋ̂щнꙗ хр҃тьꙗньстѣн
Acad: блж҃еннꙋю ѡлгꙋ. н бы̂с пре̂те|кꙋ̂щїа. хр҃тьꙗньстѣн
Hypa: блж҃ену ѡлгу. Сн бы̂с предътекꙋ|щнꙗ хр҃тьꙗньскон
Khle: блж҃енноую ѡлгоу꙳ Сн бы̂с пре̂те|коущїа хр҃тїанскон

Comm: блаженую олгу си бысть предтекущиа крестиꙗньстѣи
NAca: блаженую ольгу сиа бысть предтекущиа христианьстии
Tols: блаженую ольгу сиа бысть предтекущиа христианьстии

Bych: блаженую Ольгу. Си бысть предътекущия крестьяньстѣй
Shakh: блаженую Ольгу. Си бысть предътекущи хрьстияньстѣи
Likh: блаженую Ольгу. Си бысть предътекущия крестьяньстѣй
Ostr: блаженую Ольгу. Си бысть предътекущия хрьстьяньстѣи

Повѣсть времеиьныхъ лѣтъ

68,8:

Laur: земли. акн деньница предъ слнцмь. и
Radz: земли. акн десница пре̅ с҃лнцемъ.
Acad: земли. акн денница пре̅ с҃лнцемь.
Hypa: зе|мли. акн деньница пре̅ | с҃лнце̅. и
Khle: земли. акы д҃ньца пре̅ с҃лъ|нце̅.

Comm: землѣ акы деньница пред солнцемъ
NAca: земли акы деньница пред солнцемь
Tols: земли акы деньница пред солнцемь

Bych: земли аки деньница предъ солнцемь и
Shakh: земли, акы дьньница предъ сълньцьмь и
Likh: земли аки деньница предъ солнцемь и
Ostr: земли, акы дьньница предъ сълньцьмь

68,9:

Laur: акı | зора предъ свѣтомъ. си бо сьаше акн
Radz: акн зора пре̅ свѣто̅. си бо сниаше акн
Acad: акн зара пре̅ свѣтомъ. сіа бо сіиаше а|кн
Hypa: акн зара предъ | свѣтомъ. си бо сниаше а|кн
Khle: акы зара пре̅ свѣто̅. си бѡ сіаше акы

Comm: акы заря пред свѣтомъ   ибо сияше акы
NAca: аки заря пред свѣтомъ   ибо сиаше акы
Tols: аки заря пред свѣтомъ   ибо сиаше акы

Bych: аки зоря предъ свѣтомъ, си бо сьяше аки
Shakh: акы заря предъ свѣтъмь; си бо сияше, акы
Likh: аки зоря предъ свѣтомъ. Си бо сьяше аки
Ostr: акы заря предъ свѣтъмь. Си бо сияше, акы

68,10:

Laur: луна в но|щи. тако и си в невѣрныхъ ч҃лвцѣхъ
Radz: лоуна | в нощи. тако и си в невѣрны̅ ч҃лвцѣ̅
Acad: л҃уна в нощи. | тако и си в невѣрны̅ ч҃лвцѣхъ
Hypa: лу̅ⁿ в нощи. тако   си в не|вѣрныхъ ч҃лвцѣхъ.
Khle: л҃уна | в нощи. тако   сіа в невѣрны̅ ч҃лцѣ̅.

Comm: луна в нощи тако и сиа бысть в невѣрныхъ человѣцѣхъ
NAca: луна в нощи тако   сиа бысть в невѣрныхъ человѣцехъ
Tols: луна в нощи тако   сиа бысть в невѣрныхъ человѣцѣхъ

Bych: луна в нощи, тако и си в невѣрныхъ человѣцехъ
Shakh: луна въ нощи; тако и си въ невѣрьныхъ человѣцѣхъ
Likh: луна в нощи, тако и си в невѣрныхъ человѣцехъ
Ostr: луна въ нощи; тако си въ невѣрьныхъ человѣцѣхъ

68,11:

Laur: свѣтѧщесѧ҃ аки бисеръ в калѣ. кальни бо бѣша
Radz: свѣташе҃с акн бисеръ в калѣ. кални бо бѣша
Acad: свѣташесѧ акї бисеръ в калѣ. кални бо бѣша
Hypa: свѣташесѧ акн бисеръ въ калѣ. калнѣ бо бѣша
Khle: свѣташесѧ акы бисерь в калѣ. кал҃ни бо бѣша

Comm: свѣтяшеся аки бисеръ в калѣ калнѣ бо бѣша
NAca: свѣтящеся акы бисеръ в калѣ калнѣ бо бяше
Tols: свѣтящеся аки бисеръ в калѣ калнѣ бо бяше

Bych: свѣтящеся аки бисеръ в калѣ; кальни бо бѣша
Shakh: свѣтящеся акы бисьръ въ калѣ; кальни бо бѣша
Likh: свѣтящеся аки бисеръ в калѣ: кальни бо бѣша
Ostr: свѣтящи ся акы бисьръ въ калѣ; кальни бо бѣша

68,12:

Laur: грѣ҃х. не о҃мовени кр҃щнмь с҃тмь. си бо омыса
Radz: грѣ҃х не обомовены кр҃щннемъ с҃тымъ сн҃а омы҃с
Acad: грехї. не объмывены кр҃щенїемь с҃тымь. сна омыса
Hypa: грѣхо҃м. не омовени с҃тымъ кр҃щенне. си бо омыса
Khle: грѣхо҃м. не омывени с҃ты кр҃щенїе. сїа бо омыса

Comm: грѣхомъ не омовенѣ крещениемъ святымъ си бо омыя
NAca: грѣхомъ не омовени крещениемъ святымъ сиа бо омыся
Tols: грѣхомъ не омовени крещениемъ святымь сиа бо омыся

Bych: грѣхомъ, неомовени крещеньемь святымь. Си бо омыся
Shakh: грѣхъмь, не омъвени крьщениемь святымь. Си бо омыся
Likh: грѣхомъ, неомовени крещеньемь святымь. Си бо омыся
Ostr: грѣхъмь, не омъвени святымь крьщениемь. Си бо омы ся

68,13:

Laur: купѣлью с҃тою. и совлече сѧ грѣховною одеже въ.
Radz: коупелью с҃тою. и совѣче сѧ греховныѧ одежа
Acad: кѹпѣлню с҃тою. и совлече сѧ греховныа одежа.
Hypa: с҃тою купѣлью. съвлече сѧ греховныѧ одежа҃.
Khle: с҃тою коупелїю. съвлече сѧ грѣховьныа одежа

Comm: купѣлью святою и съвлечеся грѣховныя одежда
NAca: купелию святою и совлечеся греховныя одежа
Tols: купелию святою и совлечеся греховныя одежа

Bych: купѣлью святою, и совлечеся греховныя одежа
Shakh: купелию святою, и съвлечеся грѣховьныя одежа
Likh: купѣлью святою, и совлечеся греховныя одежа
Ostr: купѣлью святою. Съвлече ся грѣховьныя одежа

68,14:

Laur: ветхаг҇ | ѹл҇вка адама. и въ новыи адамъ ѡблечеса
Radz: ветхаго ѹл҇ка адама в новыи адамъ ѡблече҇с. |
Acad: ветхаго ѹл҇ка адама. в новыи адамъ ѡблечеса. ||
Hypa: ветхаго ѹл҇ка адама. и || въ новыи адамъ ѡблече҇с. | [27b]
Khle: вет҇ха҇г | ѹл҇ка адама. в новыи ада҇м ѡблечеса

Comm: ветхаго человѣка адама и въ новыи адамъ облечеся
NAca: ветхаго человѣка адама и въ новыи адамъ облечеся
Tols: ветхаго человѣка адама и въ новыи адамъ облечеся

Bych: ветхаго человѣка Адама, и въ новый Адамъ облечеся,
Shakh: ветъхаго чловѣка Адама, и въ новыи Адамъ облечеся,
Likh: ветхаго человѣка Адама, и въ новый Адамъ облечеся,
Ostr: ветъхаго человѣка Адама, и въ новыи Адамъ облече ся,

68,15:

Laur: е|же есть х҇ъ. мы же рцѣмъ к неи. ра҇иса
Radz: еже е҇с х҇с. м҇ы рцн҇мъ к неи. ра҇унса
Acad: еже есть х҇с. мы же рцѣмъ к неи. ра҇унса [33ᴦ]
Hypa: еже есть х҇ъ. мы же ре҇мъ къ | неи. ра҇нса
Khle: еже е҇с х҇с. | мы рц҇е҇м к неи. ра҇унса

Comm: еже есть христос мы же речемъ к неи радуися
NAca: еже есть христос мы же речемъ к неи радуися
Tols: еже есть христос мы же речемъ к неи радуися

Bych: еже есть Христосъ. Мы же рцѣмъ к ней: радуйся,
Shakh: еже есть Христосъ. Мы же рьцѣмъ къ неи: радуися,
Likh: еже есть Христосъ. Мы же рцѣмъ к ней: радуйся,
Ostr: еже есть Христосъ. Мы же рьцѣмъ къ неи: радуи ся,

68,16:

Laur: руское   по|знанье. къ б҇у начатокъ примиренью
Radz: роускои҇с земли позна|нне к б҇гѹ начато҇к примиренью
Acad: рѹскои҇с земли | познанїе. къ б҇гѹ начатокъ примеренїю
Hypa: руское   познанїе къ б҇у. начатокъ примире|нию
Khle: роу҇ское   познанїе къ б҇огу, начат҇к ѿ примиренїю

Comm: руское   познание къ богу начатокъ примирению
NAca: руское   познание къ богу начатокъ примирению
Tols: руское   познание къ богу начатокъ примирению

Bych: Руской земли познанье, къ Богу начатокъ примиренью
Shakh: Русьское познание къ Богу, начатъкъ примирению
Likh: руское познанье къ богу, начатокъ примиренью
Ostr: Русьское познание къ Богу, начатъкъ примирению

68,17:

Laur:	прнмнр̃е͡іиью быхо͡мъ. сн первое
Radz:	быхо͡м. сн первне
Acad:	быхомъ. І се первое
Hypa:	быхо͡м. сн первое
Khle:	быхо͡м. сіа бо пръвое
Comm:	быхомъ си пръвое
NAca:	быхомъ сиа пръвое
Tols:	быхомъ сиа пръвое
Bych:	быхомъ. Си первое
Shakh:	быхомъ. Си пьрвое
Likh:	быхомъ. Си первое
Ostr:	быхомъ. Си пьрвое

68,18:

Laur:	вниде в црт̃во нб̃ное ѿ рус̃. І сню бо хвала͡т
Radz:	вниде	въ црт̃во нб̃ное ѿ роусн. сню хвалать
Acad:	внı̃де во црт̃во нб̃ное ѿ ру̃сн. сію хвалать	
Hypa:	внн|де въ црт̃во нб̃ное ѿ русн. І сню бо хвалать
Khle:	внн|де въ црт̃во нб̃ное ѿ роусн. сію бѡ хвала͡т
Comm:	вниде въ небесное царство от руси сию бо хвалять
NAca:	вниде въ небесное царство от руси сию бо хвалять
Tols:	вниде въ небесное царство от руси сию бо хвалятъ
Bych:	вниде в царство небесное отъ Руси, сию бо хвалятъ
Shakh:	вънидe въ цѣсарьство небьсьное отъ Руси; сию бо хвалять
Likh:	вниде в царство небесное от Руси, сию бо хвалят
Ostr:	вънидe въ цьсарьство небесьное отъ Руси; сию бо хвалять

68,19:

Laur:	рустне сн̃ве. акн начаѧлннцю. нбо по	смрт̃н молаше
Radz:	роустнн сн̃ве	акн начаѧлннцю. нбо по смерти молаше
Acad:	ру̃стı̃н сн̃ве. акн начаѧлнıцю. нбо по смр̃тн. молаше
Hypa:	рустнн сн̃о|ве. акы начаѧлннцю. нбо по	смр̃тн молаше са къ
Khle:	роуті̃н	сынове. акы начаѧлннцоу, нбо по смр̃тн молаше͡с
Comm:	рустѣи князѣ и сынове акы началницю ибо по смерти моляшеся
NAca:	рустии сынове акы началницу ибо по смерти моляшеся
Tols:	рустии сынове акы началницу ибо по смерти моляшеся
Bych:	Рустие сынове аки началницю: ибо по смерти моляше
Shakh:	Русьстии сынове, акы началницю, ибо по съмьрти моляшеся
Likh:	рустие сынове аки началницю: ибо по смерти моляше
Ostr:	Русьстии сынове акы начальницю, ибо по съмьрти моляше

68,20:

Laur: бӓ за русь. првднхъ бо дша не оумнрю͡т
Radz: бӓ за роусь. | праведны͡х бо дша не оумнраеть
Acad: бӓга за ру͡с. праведны͡х бо дша не оумнраеть.
Hypa: бу͞ за | русь. праведнхъ бо дша | не оумнраю͡т
Khle: бо͞у за ро͡у͡с. праведны͡х бо дша не оумнрають.

Comm: богу за русь праведных бо душа не умирають
NAca: богу за рускиа сынове праведных бо душа не умирають
Tols: богу за рускиа сынове праведных бо душа не умираютъ

Bych: Бога за Русь. Праведныхъ бо душа не умирають,
Shakh: Богу за Русь. Правьдьныхъ бо душа не умирають,
Likh: бога за Русь. Праведныхъ бо душа не умирають,
Ostr: Богу за Русь. Правьдьныхъ бо душа не умирають.

68,21:

Laur: ꙗкоже ре͡ч соломанъ. похвала првдному
Radz: ꙗкоже ре͡ч соломонъ. | похвала праведному̑
Acad: ꙗко|же рече соломонъ. похвала праведному̑
Hypa: ꙗко͡ж ре͡ч сломо|нъ. похваляему праведно|му
Khle: ꙗко͡ж ре͡ч соломѿ. похваляемоу праведномоу |

Comm: якоже рече соломонъ похвала праведному
NAca: якоже рече соломонъ похвала (ему) праведному
Tols: якоже рече соломонъ похвала ему праведному

Bych: якоже рече Соломанъ: похваляему праведному
Shakh: якоже рече Соломанъ: Похваляему правьдьному,
Likh: яко же рече Соломанъ: "Похваляему праведному
Ostr: Якоже рече Соломонъ: "Похвала правьдьному,

68,22:

Laur: възвесе|ляться людье. б͡смртье бо есть память
Radz: възвеселять лю͡де. бесмр͡тн бо | есть пама͡т
Acad: возвеселя|тся людіе. бесмр͡тн бо есть память
Hypa: възвеселятся лю͡де. бе|смр͡тье бо есть пама͡т
Khle: възве͡лятся лю͡де. бесмр͡тіе бо е͡с пама͡т

Comm: возвеселятся людие безсмертие бо есть и память
NAca: взвеселятся людие безсмертие бо есть и память
Tols: възвеселятся людие безсмертие бо есть и память

Bych: възвеселятся людье, безъ смерти бо есть память
Shakh: възвеселяться людие, бесъсмьртие бо есть память
Likh: възвеселятся людье", бесъсмертье бо есть память
Ostr: възвеселять ся людие, бесъсмьртие бо есть память

68,23:

Laur: его. ꙗко ѿ бͣа познаваетсѧ и ѿ ч͞лвкъ. се бо
Radz: е͞ г. ꙗко ѿ б͞га познаваетьсѧ и ѿ ч͞лкъ. і се бо
Acad: его. ꙗко ѿ б͞га познаваетсѧ и ѿ ч͞лвкъ. се бо
Hypa: его. і ꙗко ѿ б͞а познаваетсѧ и ѿ і ч͞лвкъ. се бо
Khle: его. і ꙗко ѿ б͞а познаваетсѧ и ѿ ч͞лкъ. се бо

Comm: его яко от бога познавается и отъ человѣкъ се бо
NAca: его яко от бога познавается и отъ человѣкъ се бо
Tols: его яко от бога познавается и отъ человѣкъ се бо

Bych: его, яко отъ Бога познавается и отъ человѣкъ. Се бо
Shakh: его, яко отъ Бога познаваеться и отъ человѣкъ. Се бо
Likh: его, яко от бога познавается и от человѣкъ. Се бо
Ostr: его, яко отъ Бога познаваеть ся и отъ человѣкъ". Се бо

68,24:

Laur: вси ч͞лвци прославлѧ|ють видѧща лажащаꙗ
Radz: вси ч͞лвци прославлѧють. видѧщꙋ в телѣ
Acad: вси ч͞лвци про|славлѧють. видѧще в телѣ
Hypa: вси ч͞лвци про|славлѧю͞т. видѧще лежащю|
Khle: вси ч͞лци і прославлѧю͞т. вѣдащоу лежащоу

Comm: вси человѣци блажать видяще бо ю лежащу
NAca: вси человѣци блажать видяще   ю лежащу
Tols: вси человѣци блажат видяще   ю лежащу

Bych: вси человѣци прославляють, видяще лежащю
Shakh: вьси человѣци прославляють, видяще лежащю
Likh: вси человѣци прославляють, видяще лежащю
Ostr: вьси человѣци прославляють, видяще лежащю

68,25:

Laur: в телѣ на многа лѣ͞т. ре͞ бо і пр͞р͞къ прославлѧющаꙗ
Radz: лежа|щю. за многа лѣта. ре͞ч   пр͞р͞къ прославлѧющаꙗ
Acad: лежащю. за многа і лѣта. рече   пр͞р͞къ прославлѧющаꙗ
Hypa: в телѣ за многа лѣта. ре͞ бо і пр͞р͞къ. прославлѧюща
Khle: в телѣ за | мношго лѣ͞т. ре͞ бо пр͞р͞къ. прославлѧющаа

Comm: за многа лѣта в телѣ своемъ рече   пророкъ прославлю
NAca: в телесѣ за многа лѣта   рече пророкъ прославляю
Tols: в телесѣ за многа лѣта   рече пророкъ прославляю

Bych: в тѣлѣ на многа лѣта; рече бо Пророкъ: прославляющая
Shakh: въ тѣлѣ за мънога лѣта. Рече бо пророкъ: Прославляющая
Likh: в тѣлѣ на многа лѣта; рече бо пророкъ: "Прославляющая
Ostr: въ тѣлѣ за мънога лѣта. Рече бо пророкъ: "Прославляющая

68,26:

Laur: мѧ прославлю. ѿ сѧковы͞х̇ бо дв͞дъ
Radz: мѧ | прославлю. ѿ сѧковы͞х̇ пр͞р͞къ
Acad: мѧ прославлю. | ѿ сѧковы͞х̇ пр͞р͞къ
Hypa: мѧ | прославлю. ѿ сѧковых̇ бо | дв͞дъ
Khle: мѧ | прославлю. ѿ всѧковы͞х̇ бо и дв͞дь

Comm: прославляющих мя о сяковых бо давыдъ
NAca: прославляющих мя о сих бо давыдъ
Tols: прославляющих мя о сих бо давыдъ

Bych: мя прославлю. О сяковыхъ бо Давыдъ
Shakh: мя прославлю. О сяковыхъ бо Давыдъ
Likh: мя прославлю". О сяковыхъ бо Давыдъ
Ostr: мя прославлю". О сяковыхъ бо Давыдъ

68,27:

Laur: гл͞аше в памѧ͞т. пр͞вднкъ будеть. ѿ
Radz: гл͞аше. в памѧ͞т вечн̾ую | бо͞уть праведнкъ. ѿ
Acad: гл͞аше. в память вечную бу͞деть | правед̾нікъ. ѿ
Hypa: гл͞аше. в памѧ͞т [вечну͞ю]. буде͞ть праведннкъ. ѿ
Khle: гл͞аше. въ па|мѧть [вечную] бѫде͞ праведнⷩкъ. ѿ

Comm: глаголаше память вечную будет праведникъ от
NAca: глаголаше в память вечную будеть праведникъ от
Tols: глаголаше в память вечную будет праведникъ от

Bych: глаголаше: в память вечную праведникъ будеть, отъ
Shakh: глаголаше: Въ память вѣчьную будеть правьдьникъ, Отъ
Likh: глаголаше: "В память вечную праведникъ будеть, от
Ostr: глаголаше: "Въ память будеть правьдьникъ, отъ

68,28:

Laur: слуха зла не | оубонтсѧ. готово ср͞це его оуповатн
Radz: слоуха зла не оубонть. готоⷡво ср͞це его оуповатн   [37ᵍ]
Acad: слȣха sла не оубонтсѧ. готово ср͞дце | его оуповатн
Hypa: слуха | зла не оубонтсѧ. готово се|рце его оуповатн
Khle: слоуха sла не оубонтсѧ | готово ср͞це его оуповатн

Comm: слуха злаго не убоится готово сердце его уповати
NAca: слуха злаго не убоится готово сердце его уповати
Tols: слуха злаго не убоится готово сердце его уповати

Bych: слуха зла не убоится; готово сердце его уповати
Shakh: слуха зъла не убоиться; Готово сьрдьце его упъвати
Likh: слуха зла не убоится; готов сердце его уповати
Ostr: слуха зъла не убоить ся. Готово сьрдьце его упъвати

68,29:

```
Laur:   г҃а. оутвердиⷭ ‖ срⷰ҇е его и не подвижетсѧ.                    [21ᴦ]
Radz:  на г҃а. оутвердисѧ            и не подвижеⷭ |
Acad:  на г҃ⷭа. оутвердисѧ            и не подвижесѧ. |
Hypa:  на г҃а. оу|твⷬедисѧ срⷰ҇е его и по|движитсѧ.
Khle:  на г҃а. оутвердисѧ | срⷰ҇е его и не подвижитсѧ.
```

Comm: на господа и утвердится сердце его и не подвижится
NAca: на господа и утвердится сердце его   не подвижится въ вѣкъ
Tols: на господа и утвердится сердце его   не подвижится въ вѣкъ

Bych: на Господа, утвердися сердце его и не подвижется.
Shakh: на Господа: утвьрдися сьрдьце его, и не подвижиться.
Likh: на господа, утвердися сердце его и не подвижется".
Ostr: на Господа: утвьрди ся сьрдьце его, и не подвижить ся.

69,1:

```
Laur:  соломанъ бо реⷱ҇ првдници | въ вѣки
Radz:  соломоⷩ      реⷱ҇ праведници в вѣки
Acad:  соломонъ     рече. праведници в вѣки
Hypa:  соломонъ бо рⷱ҇е. | праведници въ вѣкы
Khle:  соломѡⷩ бо рⷱ҇е, праведници в вкы
```

Comm: соломонъ   рече праведници въ вѣкы
NAca: соломонъ   рече праведници въ вѣкы
Tols: соломонъ   рече праведници въ вѣкы

Bych: Соломанъ бо рече: праведници въ вѣки   [67,16]
Shakh: Соломанъ бо рече: Правьдьници въ вѣкы   [81,6]
Likh: Соломанъ бо рече: "Праведници въ вѣки   [49,21]
Ostr: Соломонъ бо рече: "Правьдьници въ вѣкы

69,2:

```
Laur:  жноуть и ѿ г҃а мьзда имь есть. и строенье ѿ
Radz:  живоуть. и ѿ г҃а мⷥѧ иⷨ є. и строение ѿ
Acad:  живоуть. и ѿ г҃а мьзда имъ есть. и строеніе ѿ
Hypa:  жи|воуть. и ѿ г҃а мьзда имъ есть. | и строение ѿ
Khle:  живоуⷮ, и ѿ г҃а мⷥѧ иⷨ є, и строеніе | ѿ
```

Comm: живут   от господа мъзда имъ есть и устроение от
NAca: живуть   от господа мъзда имъ есть и устроение от
Tols: живут   от господа мзда имъ есть и устроение от

Bych: живуть, и отъ Господа мьзда имь есть и строенье отъ
Shakh: живуть, и отъ Господа мьзда имь есть, и строение отъ
Likh: живуть, и отъ господа мьзда имь есть и строенье
Ostr: живуть, и отъ Господа мьзда имь есть и строение отъ

69,3:

Laur: вышнаго. сего ра҇ прнимуть ц҇рствие красотѣ. | и

Radz: вышна҇. сего ра҇ прнимоу ц҇ртвие кра҇сотѣ. и

Acad: вышнаго. сего ра҇ | прнимꙋть ц҇рт҇вїе красотѣ. и

Hypa: вышна҇. се|го ра҇ прнимꙋ ц҇ртвие красо|тѣ. и

Khle: вышнаго. сего ра҇ прнимоу ц҇рт҇вїе красотѣ. | и

Comm: вышняго сего ради приимуть царствие красотѣ и

NAca: вышняго сего ради приимуть царствие красоты и

Tols: вышняго сего ради приимутъ царствие красоты и

Bych: Вышняго; сего ради примуть царствие красотѣ и

Shakh: Вышьняго. Сего ради приимуть цѣсарьствие красотѣ и

Likh: вышняго. Сего ради приимуть царствие красотѣ и

Ostr: Вышьняго. Сего ради приимуть цьсарьствие красотѣ и

69,4:

Laur: вѣнець добротѣ ѿ руки г҇на. ꙗко десницею покрыеть

Radz: венець добротѣ ѿ роуки г҇на ꙗко десницею | покрыеть

Acad: венець добротѣ ѿ рꙋкі҇ г҇на. ꙗко десніцею покрыеть

Hypa: вѣнець доброты ѿ | руки г҇на. ꙗко десницею защитить

Khle: вѣнець доброты ѿ рѫкы г҇на. ꙗко десницею | защити҇

Comm: вѣнець добротѣ от рукы господня яко десницею покрыеть

NAca: вѣнець доброты от рукы господня яко десницею покрыеть

Tols: вѣнець доброты от рукы господня яко десницею покрыеть

Bych: вѣнець добротѣ отъ руки Господня, яко десницею покрыеть

Shakh: вѣньць добротѣ отъ рукы Господьня; яко десницею покрыеть

Likh: вѣнець добротѣ от руки господня, яко десницею покрыеть

Ostr: вѣньць добротѣ отъ рукы Господьня. Яко десницею покрыеть

69,5:

Laur: ꙗ. и мышцею защитить ꙗ. защитить

Radz: ꙗ. и мышцею защи҇т ꙗ. защитил

Acad: ꙗ. и мышцею защі҇тіть ꙗ. защитиль

Hypa: ꙗ. и мышьцею по|крыеть ꙗ. защитилъ   [27c]

Khle: ꙗ. и мышцею покрые҇ ꙗ. защити҇

Comm: я и мышцею защитить я защитилъ

NAca: я и мышецею защитить я защитилъ

Tols: я и мышецею защитить я защитилъ

Bych: я и мышцею защитить я. Защитилъ

Shakh: я, и мышцею защитить я[.] Защитилъ

Likh: я и мышцею защитить я". Защитилъ

Ostr: я, и мышьцею защитить я". Защитилъ

69,6:

Laur: бо єсть | сию блжну вольгу. ѿ противника и супостата
Radz: бо є҃ сию | блж҃ноую ѡлгȣ. ѿ противника и соупостата
Acad: бо єсть сїю блж҃еноую ѡлгȣ. | ѿ противнїка. и сȣпостата
Hypa: бо | єсть силою. блж҃еную ѡлыгу. ѿ противника и супо|стата
Khle: бо є҃ ‖ *omitted to 71,1; 2 blank folia*
Pogo: силою блж҃енную ѡльгоу ѿ съпротивника. и сопостата

Comm: бо есть господь сию блаженую олгу от противника   супостата
NAca: бо есть господь сию блаженую ольгу от противника   супостата
Tols: бо есть господь сию блаженую ольгу от противника   супостата

Bych: бо есть сию блажену Вольгу отъ противника и супостата
Shakh: бо есть сию блаженую Ольгу отъ противьника и супостата
Likh: бо есть сию блажену Вольгу от противника и супостата
Ostr: бо есть сию блаженую Ольгу отъ противьника и супостата

69,7:

Laur: дьявола.
Radz: дьаво̂. |
Acad: дїявола:·
Hypa: дьявола·:· |
Pogo: дїавола.

Comm: диявола
NAca: дьявола
Tols: дьявола

Bych: дьявола.
Shakh: диявола.
Likh: дьявола.
Ostr: диявола.

69,8:

Laur: В лѣ҃т. ҂ѕ҃.у҃.ои҃. С҃тославъ посади Яропо|лка
Radz: В лѣ҃т. ҂ѕ҃.у҃.ои҃. С҃тославъ посади Ярополка
Acad: В лѣ҃т. ҂ѕ҃.l҃.у҃.ои҃. с҃тославь посади Ярополка
Hypa: В лѣ҃т. ҂ѕ҃.у҃.ои҃. С҃тославъ | посади Ярополка
Pogo: В лѣто ҂ѕ҃.у҃.ои҃. С҃тосла|вь посади Ярополка

Comm: в лѣто 6478 святославъ посади ярополка
NAca: в лѣто 6478 святославъ посади ярополка
Tols: в лѣто 6478 святославъ посади ярополка

Bych: В лѣто 6478. Святославъ посади Ярополка
Shakh: Въ лѣто 6478. Святославъ посади Яропълка
Likh: В лѣто 6478. Святославъ посади Ярополка
Ostr: Въ лѣто 6478. Святославъ посади Яропълка

69,9:

Laur: в кневѣ. а ѡльга в деревѣхъ. в сеже время

Radz: в кневѣ. | а ѡлга в деревѣ. в сеже время

Acad: в кіевѣ. а ѡлга | в деревѣ. в сеже время

Hypa: в кыевѣ. | а ѡлга в деревѣхъ. в сеже | время

Pogo: в кыевѣ. а ѡльга в деревѣ. в сеже время

Comm: в киевѣ а олга в древлянѣхъ в се же время

NAca: в киевѣ а олга в древѣхъ в се же время

Tols: в киевѣ а олга в древѣхъ в се же время

Bych: в Киевѣ, а Ольга в Деревѣхъ. В се же время

Shakh: въ Кыевѣ, а Ольга въ Деревѣхъ. Въ сеже время

Likh: в Киевѣ, а Ольга в деревѣхъ. В се же время

Ostr: въ Кыевѣ, а Ольга въ Деревѣхъ. Въ сеже время

69,10:

Laur: прідоша людье нооугородьстии. просяще княза

Radz: прнідоша люе новгороѣстие просящи кнза

Acad: прїндоша людіе новогороѣдьстїн. просяще кнза

Hypa: прідоша люе новъ|городьстии. просяще кнза

Pogo: прїндоша людіе новогорѡстии про|сяще княза

Comm: придоша людие новгородстѣи просяще князя

NAca: придоша людие новгородьстии просяще себѣ

Tols: придоша людие новгородьстии просяще себѣ

Bych: придоша людье Ноугородьстии, просяще князя

Shakh: придоша людие Новъгородьстии, просяще кънязя

Likh: придоша людье ноугородьстии, просяще князя

Ostr: придоша людие Новъгородьстии, просяще кънязя

69,11:

Laur: собѣ. аще не пондете к намъ то налѣземъ кнза

Radz: собѣ. аще вы не пондете к на то налѣзе кнза

Acad: собѣ. аще вы не пондете | к намъ. то налѣземъ кнза

Hypa: себѣ. аще не пондете | к на. то на<лѣ>земъ княза

Pogo: себѣ. аще лн не пондете к на то наниде княза

Comm: себѣ аще не поидет к нам то мы налѣземъ собѣ

NAca: князя аще не поидет к нам то мы налѣземъ себѣ

Tols: князя аще не поидет к нам то мы налѣземъ себѣ

Bych: собѣ: "аще не поидете к намъ, то налѣземъ князя

Shakh: собѣ: "аще не поидете къ намъ, то налѣземъ кънязя

Likh: собѣ: "Аще не поидете к намъ, то налѣземъ князя

Ostr: собѣ: "Аще не поидете къ намъ, то налѣземъ кънязя

69,12:

Laur: собѣ. и рӗ к ннмъ с̃тославъ. а бы ношелъ кто
Radz: собѣ. и рӗ к нн̃ с̃тославъ. а бы поше̂ кто
Acad: себѣ. и рече к нїмъ | с̃тославъ. а бы нашелъ кто
Hypa: себѣ. и рӗ к ннмъ с̃то|славъ. а бы кто к ва̃
Pogo: себѣ. и рӗ к нн̃ с̃тославъ. а бы кто ва̃ |

Comm: князя рече к нимъ святославъ да аще бы кто шелъ
NAca: князя рече к нимъ святославъ аще бы шелъ кто
Tols: князя рече к нимъ святославъ аще бы шелъ кто

Bych: собѣ"; и рече к нимъ Святославъ: "а бы пошелъ кто
Shakh: собѣ". И рече къ нимъ Святославъ: "а бы ны шьлъ къто
Likh: собѣ". И рече к нимъ Святославъ: "А бы пошелъ кто
Ostr: себѣ". И рече къ нимъ Святославъ: "А бы шьлъ къто

69,13:

Laur: к ва̂мъ и ѿрѣс̆я. ꙗрополкъ и ѡлегъ. и рӗ
Radz: к ва̃. | и ѿпрѣс̆ ꙗрополкъ. и ѡлегъ. и рӗ
Acad: вамъ. и ѿпрѣс̆я. ꙗро||полкъ. и ѡлегъ. и рече [33ᵛ]
Hypa: шелъ. | и ѿпрѣс̆я ꙗрополкъ и ѡлгъ. и рӗ
Pogo: ше̂, и ѿпрѣс̆я ꙗрополкъ и олегъ и рӗ

Comm: к вамъ и отопрѣся ярополкъ и олегъ и рече
NAca: к вамъ и отопрѣся ярополкъ и олегъ и рече
Tols: к вамъ и отопрѣся ярополкъ и олегъ и рече

Bych: к вамъ". И отпрѣся Ярополкъ и Олегъ; и рече
Shakh: къ вамъ." И отъпьрѣся Яропълкъ и Ольгъ. И рече
Likh: к вамъ". И отпрѣся Ярополкъ и Олегъ. И рече
Ostr: къ вамъ." И отъпьрѣ ся Яропълкъ и Ольгъ. И рече

69,14:

Laur: добрына проснте володнмера. володнмеръ бо
Radz: добрына просите во̂днмера. володнмеръ бо
Acad: добрына. просите володнмира. володнмнръ
Hypa: добрына проснте володнмира. володнмнръ бо
Pogo: добрына просете володнмера. волѡ̂днмерь бо

Comm: добрыня к новгородцемъ просите володимира бѣ бо владимерь
NAca: добрыня к новгородцемъ просите володимера бѣ бо володимеръ
Tols: добрыня к новгородцемъ просите володимера бѣ бо володимеръ

Bych: Добрыня: "просите Володимера". Володимеръ бо
Shakh: Добрыня: "просите Володимера". Володимеръ бо
Likh: Добрыня: "Просите Володимера". Володимеръ бо
Ostr: Добрыня: "Просите Володимира". Володимиръ бо

69,15:

Laur: бѣ ѿ малушн | ключннцѣ ѡльзнны. сестра же
Radz: бѣ ѿ малоуш ключннцн ѡлжнны. | сестра же
Acad: бѣ ѿ малушн клучнїцн ѡлъжіны. сестра же
Hypa: бѣ ѿ малушн мн|лостьннцѣ ѡльжнны. | сестра же
Pogo: бѣ ѿ малоушн мӑтннцн ѡлжнны сестра же

Comm: от малуши ключницѣ олзинѣ а Малуша бѣаше сестра
NAca: от малуш<и> ключници ользины   сестра же
Tols: от малуше ключници ользины   сестра же

Bych: бѣ отъ Малуши, ключницѣ Ользины; сестра же
Shakh: бѣ отъ Малушѣ, ключьницѣ Ольжины; сестра же
Likh: бѣ отъ Малуши, ключницѣ Ользины; сестра же
Ostr: бѣ отъ Малушѣ, милостьницѣ Ольжины; сестра же

69,16:

Laur: бѣ добрына. ѡць | же бѣ нма малък любечаннн.
Radz: бѣ добрынѣ ѡць же бѣ нма. малко любуа|ннн.
Acad: бѣ добрынїна. ѡць же бѣ. нма | малко любуанїн.
Hypa: бѣ добрына. | ѡць же бѣ нма малько лю|буаннн.
Pogo: бѣ добрынн. ѡць | же бѣ нма, малко любуаннн.

Comm: добрынѣ отець же бѣ има малко любцанин
NAca: бѣ добрынина отець же бѣ има малко любцатин
Tols: бѣ добрынина отець же бѣ има малко любцатин

Bych: бѣ Добрыни, отець же бѣ има Малъкъ Любечанинъ,
Shakh: бѣ Добрыня, отьць же бѣ има Малько Любьчанинъ,
Likh: бѣ Добрынъ, отець же бѣ има Малъкъ Любечанинъ,
Ostr: бѣ Добрыня, отьць же бѣ има Малько Любьчанинъ,

69,17:

Laur: бѣ добрына оун во|лоднмеру. н
Radz: н бѣ добрына оун володнмнрỠ. н
Acad: н бѣ добрына оу володі́ме|ра. н
Hypa: н бѣ добрына. | оун володнмнру. н
Pogo: н бѣ добрына | оун володнмероу. н

Comm: и бѣ добрыня уи володимеру и
NAca: и бѣ добрыня уи володимеру и
Tols: и бѣ добрыня уии володимеру и

Bych: и бѣ Добрына уй Володимеру. И
Shakh: и бѣ Добрыня уи Володимеру. И
Likh: и бѣ Добрына уй Володимеру. И
Ostr: и бѣ Добрыня уи Володимиру. И

69,18:

Laur: рѣша нооугородьци с҃тославу. въдан | ны володнмера.
Radz: рѣ҃ новг҃родьци с҃тославȣ. дан ны володнмнра.
Acad: рѣша новгородци с҃тославаȣ. дан ны володнмнра.
Hypa: рѣша | новгородци с҃тославу. въ|дан ны володнмнра.
Pogo: рѣша новогорѡ҃дци

Comm: рѣша новгородци святославу даи ны володимера
NAca: рѣша новгородци святославу даи ны володимера
Tols: рѣша новгородци святославу даи ны володимера

Bych: рѣша Ноугородьци Святославу: "въдай ны Володимера";
Shakh: рѣша Новъгородьци Святославу: "въдаи ны Володимера".
Likh: рѣша ноугородьци Святославу: "Въдай ны Володимира".
Ostr: рѣша Новъгородьци Святославу: "Въдаи ны Володимира".

69,19:

Laur: ѡнъ же рѣ҃ нмъ вото вы есть. н
Radz: ѡ҃ же рѣ҃ что вы е҃ | н
Acad: ѡн же рече что вы есте. н
Hypa: н
Pogo: omitted

Comm: он же рече   тъи вы есть и
NAca: он же рече   тъи вы есть и
Tols: он же рече   тъи вы есть и

Bych: онъ же рече имъ: "вото вы есть". И
Shakh: Онъ же рече имъ: "ото вы есть". И
Likh: Онъ же рече имъ: "Вото вы есть". И
Ostr: Онъ же рече: "Ото вы есть". И

69,20:

Laur: полша нооугородьци володнмера к собѣ. н нде
Radz: полша новгорѡ҃дци володнмера к собѣ. нде
Acad: полша новогородци володнмнра к себѣ. нде
Hypa: полша новгородци володї|мнра   себѣ. н нде
Pogo: въ лодимнра   себѣ. н нде

Comm: пояша новгородци володимира к собѣ и поиде
NAca: пояша новгородци володимера к себѣ   иде
Tols: пояша новгородци володимера к себѣ   иде

Bych: пояша Ноугородьци Володимера к собѣ, и иде
Shakh: пояша Новъгородьци Володимера къ собѣ. И иде
Likh: пояша ноугородьци Володимера к собѣ, и иде
Ostr: пояша Новъгородьци Володимира къ себѣ. И иде

69,21:

Laur: володнмі́ръ съ бръиною воемъ своимь
Radz: володнімеръ со добрынею оуемъ своимъ
Acad: володі́мнръ со добрынею уемъ своимъ.
Hypa: володнімнръ съ добрынею оуемъ свои҇мъ
Pogo: воло́мнръ з добрынею. оуемь свои҇мъ

Comm: володимеръ с добрынею уемъ своим
NAca: володимеръ с добрынею уемъ своим
Tols: володимеръ с добрынею уемъ своим

Bych: Володимиръ съ Добрынею уемъ своимь
Shakh: Володемеръ съ Добрынею, уемъ своимь,
Likh: Володимир съ Добрынею, уемъ своимь
Ostr: Володимиръ съ Добрынею, уемъ своимь,

69,22:

Laur: ноугороду. а с҇тославъ переяславьцю.
Radz: к новѹгородѹ. а с҇то́сла к переяславцю:-
Acad: к новѹгородѹ. а с҇тославъ к переяславцю:·
Hypa: к новугороду. а с҇то́славъ къ переяславцю:·
Pogo: к но́вогородоу. а с҇тославь къ переславцю иде.

Comm: к новуграду а святославъ къ переяславцю
NAca: к новугороду а святославъ въ переяславцю
Tols: к новугороду а святославъ въ переяславцю

Bych: Ноугороду, а Святославъ Переяславьцю.
Shakh: Новугороду, а Святославъ Переяславьцю.
Likh: Ноугороду, а Святославъ Переяславьцю.
Ostr: къ Новугороду, а Святославъ къ Переяславьцю.

69,23:

Laur: В лѣ҇т. ҂s҃.у҃.ѻѳ. Приде с҇тославъ в переяславець.
Radz: В лѣ҇т ҂s҃.у҃ ѻѳ. Принде с҇тосла к переяславцю.
Acad: В лѣ҇т. ҂s҃.у҃.ѻѳ. прииде с҇тославь в переяславець.
Hypa: В лѣ҇т. ҂s҃.у҃.ѻѳ. Прииде с҇тославъ переяславцю.
Pogo: В лѣ҇т ҂s҃.у҃.ѻѳ. Приде с҇тославь к переяславцоу.

Comm: в лѣто 6479 прииде святославъ къ переяславцю
NAca: в лѣто 6479 прииде святославъ къ переяславцю
Tols: в лѣто 6479 прииде святославъ къ переяславцю

Bych: В лѣто 6479. Приде Святославъ в Переяславець,
Shakh: Въ лѣто 6479. Приде Святославъ къ Переяславьцю,
Likh: В лѣто 6479. Приде Святославъ в Переяславець,
Ostr: Въ лѣто 6479. Приде Святославъ къ Переяславьцю,

69,24:

Laur: и затворишасѧ болгаре въ градѣ. и
Radz: и. за꙾꙾творншаⷭ болгаре въ граⷣ. и   [37ᵛ]
Acad: и затворншаⷭ болгаре во градѣ. и
Hypa: и затворншасѧ болгаре. и в городѣ. и
Pogo: и затворншаⷭ болгаре в городѣ. и

Comm: и затворишася болгаре въ градѣ
NAca: и затворишася болгаре въ градѣ и
Tols: и затворишася болгаре въ градѣ и

Bych: и затворишася Болгаре въ градѣ. И
Shakh: и затворишася Българе въ градѣ. И
Likh: и затворишася болгаре въ градѣ. И
Ostr: и затвориша ся Българе въ градѣ. И

69,25:

Laur: изъдезоша болгаре на сѣчю противу с҃тославу. и
Radz: изълезоша болгаре на сѣчю. и противоу с҃тославу. и
Acad: изълезоша болгаре на сѣчю. и противу с҃тославу. и
Hypa: изълезоша ‖ ша болгаре на сѣчу противу с҃тославу. и   [27d]
Pogo: изыдоша болгаре ‖ на сѣчю противоу с҃тославоу. и

Comm: излѣзоша болгаре на сѣчю противу святославу и
NAca: излѣзоша болгаре на сѣчю противу святославу и
Tols: излѣзоша болгаре на сѣчю противу святославу и

Bych: излѣзоша Болгаре на сѣчю противу Святославу, и
Shakh: излѣзоша Българе на сѣчю противу Святославу, и
Likh: излѣзоша болгаре на сѣчю противу Святославу, и
Ostr: излѣзоша Българе на сѣчю противу Святославу, и

69,26:

Laur: быⷭ сѣча велика. и ѡдалаху болгаре. и реⷱ
Radz: быⷭ сѣча велика. ѡдалахоу болгаре. и реⷱ
Acad: быⷭ сѣча велика. ѡдолѧхꙋ болгаре. и рече
Hypa: быⷭ сѣча велика. и ѡдолѣваху болгаре. и реⷱ
Pogo: быⷭ сѣча велика. и ѡдолѧхоу болгаре. и реⷱ

Comm: бысть сѣча велика и одолѣша болгаре и рече
NAca: бысть сѣча велика и одолѣша болгаре и рече
Tols: бысть сѣча велика и одолѣша болгаре и рече

Bych: бысть сѣча велика, и одоляху Болъгаре; и рече
Shakh: бысть сѣча велика, и одаляху Българе. И рече
Likh: бысть сѣча велика, и одоляху болъгаре. И рече
Ostr: бысть сѣча велика, и одаляху Българе. И рече

Повѣсть времеиьныхъ лѣтъ

69,27:

Laur: ст҃ославъ воемъ своимъ. оуже намъ сде пасти.
Radz: ст҃ославъ к воеᴹ свои. оуже наᴹ здѣ пасти. |
Acad: ст҃ославъ к воемъ своимъ. | оуже намъ здѣ пасти.
Hypa: ст҃ославъ воеᴹ своимъ. оуже наᴹ здѣ па|сти.
Pogo: ст҃ославь воеᴹ свои оу|же наᴹ здѣ пасти.

Comm: святославъ воемъ своимъ уже намъ здѣ пасти
NAca: святославъ воемь своимъ уже намъ сдѣ пасти
Tols: святославъ воемъ своимъ уже намъ сдѣ пасти

Bych: Святославъ воемъ своим: "уже намъ сде пасти;
Shakh: Святославъ къ воемъ своимъ: "уже намъ сьде пасти;
Likh: Святославъ воемъ своимъ: "Уже намъ сде пасти;
Ostr: Святославъ воемъ своимъ: "Уже намъ сьде пасти;

69,28:

Laur: потагнемъ му|жьскн братьѧ и дружино. и
Radz: потагнеᴹ моуᵡски брⸯтье и дрᴕжино.
Acad: потагнемъ мᴕжьскы | братьѧ и дрᴕжино.
Hypa: потагнемъ мужьскы браᵀе и дружино. и |
Pogo: потагнеᴹ мужескыᴹ братїе | и дроужино. и

Comm: потягнемъ мужескы о братье и дружино и
NAca: потягнемъ мужескы братие и дружино абие
Tols: потягнемъ мужескы братие и дружино абие

Bych: потягнемъ мужьски, братья и дружино!" И
Shakh: потягнѣмъ мужьскы, братие и дружино!" И
Likh: потягнемъ мужьски, братья и дружино!". И
Ostr: потягнѣмъ мужьскы, братие и дружино!" И

69,29:

Laur: къ вечеру ѡдолѣ ст҃осл҃въ. и взѧ градъ копьемъ.
Radz: к вечерᴕ ѡдолѣ | ст҃ославъ и взѧ граᵈ копьемъ:- |
Acad: к вечерᴕ ѡдолѣ ст҃ославь. | и взѧ граᵈ копьемь:·
Hypa: к вечеру ѡдолѣ ст҃осла|въ. и взѧ гороᵈ копьеᵐ рыка. се городъ мои.
Pogo: къ веⷬж ѡдолѣ ст҃ославь и взѧ гоⷬ|рѡ копїе реⷱ се гоⷬⷣ мои.

Comm: к вечеру одолѣ святославъ и взя град копиемъ и рче се град мои
NAca: к вечеру одолѣ святославъ и взя град копиемъ и рече се град мои
Tols: к вечеру одолѣ святославъ и взя град копиемъ и рече се град мои

Bych: къ вечеру одолѣ Святославъ, и взя градъ копьемъ,
Shakh: къ вечеру одолѣ Святославъ, и възя градъ копиемъ, и рече: "сь градъ мои".
Likh: къ вечеру одолѣ Святославъ, и взя градъ копьемъ,
Ostr: къ вечеру одолѣ Святославъ, и възя градъ копиемь.

69,30:

Laur: и посла къ грекомъ гла. хочю на вы ити.
Radz: И посла ко греко͞м гла хочю на вы ити. и
Acad: И посла ко грекомь гла. хочю на вы ити. и
Hypa: и посл͞а къ греко͞м гла. хощю на вы ити. и
Pogo: и посла къ греко͞м гла хощю на ва͞с ити и

Comm: и   посла ко грекомъ глаголя имъ сице хощю на вас ити и
NAca: и посемь посла ко грекомъ глаголя   хощу на вы ити и
Tols: и посем посла ко грекомъ глаголя   хощу на вы ити и

Bych: и посла къ Грекомъ, глаголя: "хочю на вы ити и
Shakh: И посъла къ Грькомъ, глаголя: "хощю на вы ити и
Likh: и посла къ грекомъ, глаголя: "Хочю на вы ити и
Ostr: И посъла къ Грькомъ, глаголя: "Хощю на вы ити и

69,31:

Laur: взати градъ вашь ѩко и сеи. и ре͞ш грьци.
Radz: взѧти гра͞д вашь. ѩко   сеи. и рекоша греци.
Acad: взѧти гра͞д вашь ѩко и сеи. и ре͞коша греци.
Hypa: взѧти городъ вашь ѩко и сии. и ркоша греци.
Pogo: взѧти гра͞д вашь ѩко и с͞ии.   рекоша греци.

Comm: взяти град вашь якоже и сему створихомъ и рѣша   ему грѣци
NAca: взяти град вашь якоже и сеи   и рѣша греци к нему
Tols: взяти град вашъ якоже и сеи   и рѣша греци к нему

Bych: взяти градъ вашь, яко и сей". И рѣша Грьци:
Shakh: възяти градъ вашь, яко и сии". И рѣша Грьци:
Likh: взяти градъ вашь, яко и сей". И рѣша грьци:
Ostr: възяти градъ вашь, яко и сии". И рекоша Грьци:

69,32:

Laur: мы недужи противу вамъ стати. но возми дань
Radz: мы недоу͞ж противу ва͞м стати. но возми дань
Acad: мы недужи противу вамь стати. но возми дань
Hypa: мы недужи про͞тиву вамъ стати. но возми на на͞с
Pogo: мы недоужи противоу ва͞м стати. но возми да͞н

Comm: мы недужи противу вамъ стояти нь возми дань
NAca: мы недужи противу вас стати но возми дань
Tols: мы недужи противу вас стати но возми дань

Bych: "мы недужи противу вамъ стати, но возми дань
Shakh: "мы недужи противу вамъ стати, нъ възьми дань
Likh: "Мы недужи противу вамъ стати, но возми дань
Ostr: "Мы недужи противу вамъ стати, нъ възьми дань

70,1:

Laur: на насъ. и на дружину свою. и повѣжьте ны |
Radz: на на͡с. и на дроужин̆ свою. и повѣ̇же́те | ны
Acad: на на͡с и на др̆жин̆ свою. и повѣжьте ны
Hypa: дань. и на дру|жину свою. и повѣжьте | ны
Pogo: на на͡с и на дроужиноу свою. и повѣ̇же́те ми

Comm: на нас и на дружину свою и повѣжьте ны
NAca: на нас и на дружину свою и повѣжьте ны
Tols: на нас и на дружину свою и повѣжьте ны

Bych: на насъ, и на дружину свою, и повѣжте ны,   [68,17]
Shakh: на насъ, на себе и на дружину свою; и повѣжьте ны,   [82,14]
Likh: на насъ, и на дружину свою, и повѣжьте ны,   [50,11]
Ostr: на насъ, и на дружину свою; и повѣжьте ны,

70,2:

Laur: колько васъ. да вдамы по числу на главы. се
Radz: колько ва͡с. да дамы по числ̆ на главы. се́же
Acad: колко васъ. да дамы по числ̆ на главы. | се
Hypa: колько васъ. да вда|мы по числу на головы. | се
Pogo: колнко ва͡с да вда͡м по числоу на головы. се

Comm: колико есть васъ да въ мы по числу на главы
NAca: колько   васъ да вьм<ы> по числу на главы
Tols: колько   васъ да вьмы по числу на главы

Bych: колико васъ, да вдамы по числу на главы". Се
Shakh: колико васъ, да въдамъ по числу на главы". Се
Likh: колько васъ, да вдамы по числу на главы". Се
Ostr: колико васъ, да въдамъ по числу на главы". Се

70,3:

Laur: же рѣ|ша грьци льстаче подъ русью.
Radz: рѣша греци ластаще по́ ро͡су̇ю. су͡ст бо
Acad: же рѣша греци льстащи. подь р̆сью. с̆ть | бо
Hypa: же ркоша греци. лѣ|стаче подъ русью. су|ть бо
Pogo: же | рекоша греци льстаче пѡ́ ро͡су̇ю. сѫть оубо

Comm: и се рѣша греци льстящеся под русью суть бо
NAca: и се рѣша греци льстящеся по русью суть бо
Tols: и се рѣша греци льстящеся по русью суть бо

Bych: же рѣша Грьци, льстяче подъ Русью; суть бо
Shakh: же рѣша Грьци, льстяще подъ Русию, суть бо
Likh: же рѣша грьци, льстяче подъ Русью; суть бо
Ostr: же рѣша Грьци, льстяще подъ Русию, суть бо

70,4:

Laur: и рӗ нмъ с̄тославъ |
Radz: греци лстивы и до сего дн҃и | и рӗ с̄тославъ
Acad: греци льстнвн и до сего дн҃и. и рече с̄тославъ. |
Hypa: греци мудри и | сего дн҃и. и рӗ нмъ сто|славъ.
Pogo: греци | мꙋдри и до сего дне. и рӗ й стославь

Comm: грѣци льстиви и до сего дне и рече святославъ
NAca: грѣци льстиви и до сего дни и рече святославъ
Tols: грѣци льстиви и до сего дни и рече святославъ

Bych: Греци лстивы и до сего дни. И рече имъ Святославъ:
Shakh: Грьци льстиви и до сего дьне. И рече имъ Святославъ:
Likh: греци лстивы и до сего дни. И рече имъ Святославъ:
Ostr: Грьци льстиви и до сего дьне. И рече Святославъ:

70,5:

Laur: есть насъ .к҃. тысащь. и прирѣ̆ нмъ с̄тославъ
Radz: ӗ нӑ .к҃. тысащь. прирѣ̆.
Acad: есть насъ .к҃. тысаъ. прирече
Hypa: есть нӑ .к҃. тысащь. и прирѣ̆
Pogo: ӗ нӑ к̄ тисш̆ь и прирѣ̆

Comm: есть нас 20 тысящь толико же приложи еще к тому
NAca: есть нас 20 тысящь толко и приложи
Tols: есть нас дватцать тысящь толко и приложи

Bych: "есть насъ 20 тысящь", и прирече
Shakh: "есть насъ 20 тысящь;" и прирече
Likh: Есть насъ 20 тысящь, и прирече
Ostr: "Есть насъ 20 тысящь"; и прирече

70,6:

Laur: есть || насъ .к҃. тысащь. и прирѣ̆ .і҃. тысащь   [21ᵛ]
Radz: ӏ҃ тысӑ.
Acad: десать.
Hypa: .і҃. тысащь.
Pogo: .і҃. тисящь.

Comm: 10 тысящь
NAca: 10 тысящь
Tols: десять тысящь

Bych: 10 тысящь,
Shakh: 10 тысящь,
Likh: 10 тысящь,
Ostr: 10 тысящь,

70,7:

Laur: бѣ бо русн ·і҃· тысящь то. и пристроиша
Radz: бѣ бо роу̀с ·і҃· тыса́ толко. и пристроиша
Acad: бѣ бо р҃усн ·і҃· тысаѹь толко. и пристроиша
Hypa: бѣ бо русн ·і҃· тысѧщь толко. и пристроиша |
Pogo: бѣ бо роусн ·і҃· тнсащь. токмо. и пристроиша

Comm: и пристроиша
NAca: бѣ бо руси 10 тысящь и пристроиша
Tols: бѣ бо руси десять тысящь и пристроиша

Bych: бѣ бо Руси 10 тысящь толко. И пристроиша
Shakh: бѣ бо Руси 10 тысящь толико. И пристроиша
Likh: бѣ бо Руси 10 тысящь толко. И пристроиша
Ostr: бѣ бо Руси 10 тысящь толико. И пристроиша

70,8:

Laur: грьцн ·р҃· тысащь на с҃тослава. и не
Radz: грецн ·р҃· тыса́ на с҃тослава. и не
Acad: грецн ·р҃· тыѹсаще на с҃тослава. и не   [34ʳ]
Hypa: грѣцн ·р҃· тысащь на с҃тослава. и не
Pogo: грецн. сто тнсѧ́ш на с҃тослава. и не

Comm: грецѣ 100 тысящь на святослава и не
NAca: греци 100 тысящь на святослава и не
Tols: грѣци сто тысящь на святослава и не

Bych: Грьци 100 тысящь на Святослава, и не
Shakh: Грьци 100 тысящь на Святослава, и не
Likh: грьци 100 тысящь на Святослава, и не
Ostr: Грьци 100 тысящь на Святослава, и не

70,9:

Laur: даша данн. и понде с҃тослав на гре́кн. и нзндоша
Radz: даша данн. и понде с҃тослав на грекы. и нѣзндоша
Acad: даша данн. и понде с҃тослаⷡь на грекн. и нзыдоша
Hypa: даша данн. | и понде с҃тослав на гр҃кы. и нзндоша
Pogo: даша данн. и понде стослаⷡь на гре́кы. и нзыдоша.

Comm: даша дани и поиде святославъ на грекы и изидоша
NAca: даша дани и поиде святославъ на грекы и изидоша
Tols: даша дани и поиде святославъ на грекы и изидоша

Bych: даша дани; и поиде Святославъ на Греки, и изидоша
Shakh: даша дани. И поиде Святославъ на Грькы, и изидоша
Likh: даша дани. И поиде Святославъ на греки, и изидоша
Ostr: даша дани. И поиде Святославъ на Грькы, и изидоша

480   *Повѣсть временьныхъ лѣтъ*

70,10:

Laur: противу русн. видѣвше же русь | оубоӕшасѧ
Radz: противꙋ роуⷭ. видѣвше роу҄ⷭ оуболшаⷭ
Acad: противꙋ рꙋсн. видѣвше | рꙋсь на оубоӕшасѧ
Hypa: протиı҆ву русн. видѣвъ же | русь и оубоӕшасѧ
Pogo: противоу роусн. Видѣвше же | роу҄ⷭ и оубоӕшасѧ

Comm: противу руси   видѣвъши же русь убоѧшасѧ
NAca: противу руси и видѣвши же русъ убоѧшасѧ
Tols: противу руси и видѣвши же русъ убоѧшасѧ

Bych: противу Руси. Видѣвше же Русь убоѧшасѧ
Shakh: противу Руси. Видѣвъше же Русь, убоѧшасѧ
Likh: противу Руси. Видѣвше же Русь убоѧшасѧ
Ostr: противу Руси. Видѣвъше же Русь, убоѧша сѧ

70,11:

Laur: ꙁѣло множьства вон. и ре҄ⷱ стославъ̄ |
Radz: ꙁѣло. мноⷤство вон. ⟨и⟩ ре҄ⷱ стославъ
Acad: ꙁѣло. множества вон. и рече | стославь
Hypa: ꙁѣ̂. ‖ множьства вон. и ре҄ⷱ сто|славъ.   [28a]
Pogo: ꙃѣло мноⷤства вон. и ре҄ⷱ стославь.

Comm: ꙁѣло множества вои и рече имъ свѧтославъ
NAca: ꙁѣло множество вои и рече
Tols: ꙁѣло множество вои и рече

Bych: ꙁѣло множьства вой, и рече Свѧтославъ:
Shakh: ꙁѣло мъножьства вои. И рече Свѧтославъ:
Likh: ꙁѣло множьства вой, и рече Свѧтославъ:
Ostr: ꙁѣло мъножьства вои. И рече Свѧтославъ:

70,12:

Laur: оуже намъ нѣкамо сѧ дѣти. волею и неволею |
Radz: оуже наⷨ нѣкамоⷭ дѣти. волею | и неволею
Acad: оуже намь нѣкам сѧ дѣти. волею и не|волею
Hypa: оуже намъ нѣкаⷡ̂мо сѧ дѣти. и волею и | неволею
Pogo: оуже наⷨ нѣкамо сѧ дѣти. и вълею и неволею

Comm: уже намъ нѣкамо сѧ дѣти волею и неволею
NAca: намъ нѣкамо сѧ дѣти волею и неволею
Tols: намъ нѣкамо сѧ дѣти волею и неволею

Bych: "уже намъ нѣкамо сѧ дѣти, волею и неволею
Shakh: "уже намъ нѣкамо сѧ дѣти, волею и неволею
Likh: "Уже намъ нѣкамо сѧ дѣти, волею и неволею
Ostr: "Уже намъ нѣкамо сѧ дѣти. Волею и неволею

Повѣсть времеиьныхъ лѣтъ 481

70,13:

Laur: стати протнву. да не посрамнмъ землѣ рускіѣ. |
Radz: стати противоу. да не посрамм̄ земли роукые.
Acad: стати противу̑. да не посрамнмь земли | ру̑скые.
Hypa: стати протнву. | да не посрамм̄ земли ру|скне.
Pogo: стати противоу да не посрамм̄ земли роукые

Comm: стати противу да не посрамимъ землѣ рускыя
NAca: стати противу да не посрамъ земля рускиа
Tols: стати противу да не посрамимъ земля рускиа

Bych: стати противу; да не посрамимъ землѣ Рускиѣ,
Shakh: стати противу; да не посрамимъ землѣ Русьскыѣ,
Likh: стати противу; да не посрамимъ землѣ Рускиѣ,
Ostr: стати противу. Да не посрамимъ землѣ Русьскыѣ,

70,14:

Laur: но лажемъ костьми   мертвы̄. нбо срама
Radz: но лаже̄ костьми тоу.   мр̄твын бо срама
Acad: но лажемь костьми ту̑.   мертвын бо | срама
Hypa: но ла<з>емы костью ту. н мр̄твы бо соро|ма
Pogo: но лаже̄ костню тоу.   мр̄твын бо срама

Comm: но ляжемъ костью ту   мертвии бо срама
NAca: но ляжемъ костью ту   мертвии бо срама
Tols: но ляжемъ костью ту   мертвии бо срама

Bych: но ляжемъ костьми ту, мертвыи бо срама
Shakh: нъ лязѣмъ костию ту; мьртви бо срама
Likh: но ляжемъ костьми, мертвыи бо срама
Ostr: нъ лязѣмъ костию ту. Мьртвыи бо срама

70,15:

Laur: не н|мамъ. аще ли побѣгнемъ   срамъ нмамъ. н
Radz: не нма̄ | аще побѣгне̂   срамъ нма̄. н
Acad: не нмать. аще ли побѣгнемь   срамь нмамь. | н
Hypa: не нмаеть. аще ли по|бѣгнемъ то срамъ на̄. | н
Pogo: не нма̄ аще ли побѣгне̄ то сра̄ нма̄ н

Comm: не имут аще ли   побѣгнемъ то срамъ имамъ и
NAca: не имуть аще ли   пакы побѣгнемь тъ срамъ имѣемь и
Tols: не имут аще ли же пакы побѣгнемъ тъ срамъ имѣемь и

Bych: не имамъ, аще ли побѣгнемъ, срамъ имамъ;
Shakh: не имамъ; аще ли побѣгнемъ, то срамъ имамъ; и
Likh: не имамъ. Аще ли побѣгнемъ, срамъ имамъ.
Ostr: не имать. Аще ли побѣгнемъ, срамъ имамъ. И

70,16:

Laur: нⷷ | имамъ оубѣжати но станемъ крѣпко. азъ | же
Radz: не имаⷨ оубежати. но станеⷨ крѣпко. азⷤ
Acad: не имамь оубежатї. но станемь крѣпко. аз же |
Hypa: не имамъ оубѣгнути. | но станемъ крѣпко. азъ | же
Pogo: не имаⷨ оубѣгноу|ти. но станеⷨ крѣпко. аз же

Comm: не имамъ убѣжати нь станемъ крѣпко азъ же
NAca: не имамъ убѣжати нъ станемъ крѣпко азъ же
Tols: не имамъ убѣжати нъ станемъ крѣпко азъ же

Bych: ни имамъ убѣжати, но станемъ крѣпко, азъ же
Shakh: не имамъ убѣжати, нъ станѣмъ крѣпъко, азъ же
Likh: Не имамъ убѣжати, но станемъ крѣпко, азъ же
Ostr: не имамъ убѣжати, нъ станѣмъ крѣпъко, азъ же

70,17:

Laur: предъ вами поиду. аще моя глава лажетⷭ | то
Radz: преⷣ вами пондꙋ. аще глава моя лажеⷮ || то вы   [38ᵍ]
Acad: преⷣ вами идꙋ. аще глава моа лажеⷮ то вы
Hypa: предъ вами поиду. а|ще моя глава лажеть. то|же
Pogo: преⷣ вами пондоу | аще глава моа лажеть. то

Comm: предъ вами поиду аще моя глава ляжеть то
NAca: предъ ми поиду аще моя глава ляжеть то
Tols: предъ вами поиду аще моя глава ляжеть то

Bych: предъ вами поиду: аще моя глава ляжетъ, то
Shakh: предъ вами поиду; аще моя глава ляжеть, то
Likh: предъ вами поиду: аще моя глава ляжеть, то
Ostr: предъ вами поиду. Аще моя глава ляжеть, то

70,18:

Laur: промыслите собою. и рѣша вои ндеже глава |
Radz: промыслите ѡ собѣ. и рѣша вои. идѣже глава |
Acad: промы|слите ѡ собѣ. и рѣша вои. идѣже глава
Hypa: промыслите ѡ себѣ. | и ркоша вои идеже глаⷡ |
Pogo: промыслите ѡ | себѣ. и рекоша вои. идеⷤ глава

Comm: промыслите о собѣ и рѣша воини гдѣ княже глава
NAca: промыслите   себѣ и рѣша воини гдѣ   глава
Tols: промыслите   себѣ и рѣша воини гдѣ   глава

Bych: промыслите собою"; и рѣша вои: "идеже глава
Shakh: промыслите о собѣ". И рѣша вои: "идеже глава
Likh: промыслите собою". И рѣша вои: "Идеже глава
Ostr: промыслите о собѣ". И рѣша вои: "Идеже глава

Повѣсть времменьныхъ лѣтъ

70,19:

Laur:	твоя. ту и свои главы сложим. и исполчиша͡с
Radz:	твоа то‿у. и свои главы сложи͞м. и исполчиша͡с
Acad:	твоа т꙯у и свои главы сложим. исполчишася
Hypa:	твоя лажеть. ту и главы наша сложи͞м. и испо͡лчишася
Pogo:	твоа лаже͡т то‿у и главы наша положи͞м и исполчишася
Comm:	твоя ту и главы наша сположимъ и исполчишася
NAca:	твоа ту и главы наша сложимъ и исполчишася
Tols:	твоа ту и главы наша сложимъ и исполчишася
Bych:	твоя, ту и свои главы сложимъ". И исполчишася
Shakh:	твоя, ту и главы наша съложимъ". И испълчишася
Likh:	твоя, ту и свои главы сложим". И исполчишася
Ostr:	твоя, ту и главы наша съложимъ". И испълчиша ся

70,20a:

Laur:	русь.
Radz:	ру͡с.
Acad:	р꙯у͡с.
Hypa:	русь. и греци противу. и сразистася полка. и оступиша греци
Pogo:	ру͡с и греци противоу. и сразистася полка. и остоупиша греци
Comm:	русь тако же и грѣци противу исполчишася и сразистася обои полъци и оступиша
NAca:	русь и греци противу и сразистася полкы и оступиша
Tols:	русь и греци противу и сразистася полкы и оступиша
Bych:	Русь,
Shakh:	Русь, и Грьци противу; и съразистася пълка; и оступиша Грьци
Likh:	русь,
Ostr:	Русь, и Грьци противу; и съразиста ся пълка; и оступиша Грьци

70,20b:

Laur:	и бы͡с сѣча велика. и ѡдолѣ с͞тославъ и
Radz:	и бы͡с сѣча велика. и ѡдолѣ с͞тославъ и
Acad:	и бы͡с сѣча велика. и ѡдолѣ с͞тославь. и
Hypa:	русь. и бы͡с сѣча великаа. и ѡдолѣ с͞тославъ. и
Pogo:	ру͡с и бы͡с сѣча велика. и одолѣ с͞тославь и
Comm:	русь и бысть сѣча велика зѣло и одолѣ святославъ и
NAca:	русь и бысть сѣча велика и одолѣ святославъ и
Tols:	русь и бысть сѣча велика и одолѣ святославъ и
Bych:	и бысть сѣча велика, и одолѣ Святославъ, и
Shakh:	Русь. И бысть сѣча велика, и одолѣ Святославъ, и
Likh:	и бысть сѣча велика, и одолѣ Святославъ, и
Ostr:	Русь. И бысть сѣча велика, и одолѣ Святославъ, и

70,21:

Laur: бѣжа|ша грьци. и поиде с͞тославъ ко граду
Radz: побѣгоша греци. | и поиде с͞тославъ ко гра̑ду
Acad: побѣгоша гре̑ци. и поиде с͞тославь ко градȣ
Hypa: греци побѣгоша. и по|иде с͞тославъ воюıа
Pogo: греци побѣгоша. и поиде с͞тославъ воюıа

Comm: бѣжаша грецѣ а святославъ пакы поиде къ граду
NAca: бѣжаша греци и поиде святославъ ко граду
Tols: бѣжаша греци и поиде святославъ ко граду

Bych: бѣжаша Грьци; и поиде Святославъ ко граду,
Shakh: бѣжаша Грьци. И поиде Святославъ къ граду,
Likh: бѣжаша грьци. И поиде Святославъ ко граду,
Ostr: Грьци побѣгоша. И поиде Святославъ къ граду,

70,22:

Laur: воюıа. и   гра|ды разбиваıа. ıаже стоıа   и до
Radz: воюıа. и   грады разбиваıа | ıаже стоıа͞т.   и до
Acad: воюıа и   гра̑ды разбѣваıа. ıаже стоıать.   и до
Hypa: къ | городу. и другиıа городы | разбиваıа. иже стоıать пусты и до
Pogo: къ гра̑у. и дроугыıа грады разбиваа. иже стоıа͞т || поусты и до

Comm: воюя и   грады разбивая иже стоять пусты и до
NAca: воюя и   грады разбиваа иже стоять пусты и до
Tols: воюя и   грады разбивая иже стоятъ пусты и до

Bych: воюя и грады разбивая, яже стоять и до
Shakh: воюя, и грады разбивая, иже стоять пусты и до
Likh: воюя и грады разбивая, яже стоять и до
Ostr: воюя, и грады разбивая, иже стоять и до

70,23:

Laur: днешнıаго д͞не.   и с͞ъзва ц͞рь боıаре своıа
Radz: днешнı͞а д͞ни пȣсты:- | И созва ц͞рь боıары своıа
Acad: днешнıаго д͞ни пусты:· И созва ц͞рь боıары своıа
Hypa: дне[шьнего д͞ни]   и съ̑зва ц͞рь в полату
Pogo: днешнıаго д͞не   и съзва ц͞рь в полатоу |

Comm: днешняго дне   цесарь же созваше боляры своя
NAca: днешняго дне   и съзва царь в полату
Tols: днешняго дне   и съзва царь в полату

Bych: днешняго дне пусты. И созва царь боляре своя
Shakh: дьньшьняго дьне. И съзъва цѣсарь боляры своя
Likh: днешняго дне пусты. И созва царь боляре своя
Ostr: дьньшьняго дьне. И съзъва цьсарь въ полату

Повѣсть времеиьныхъ лѣтъ

485

70,24:

Laur: в полату. и рѣ̆ имъ што ствѡрнмъ ꙗко не можемъ
Radz: в полатоу и рѣ̆ имъ ҷто сътвѡримъ. ꙗко не можемъ.
Acad: в полатѹ. и рече имъ ҷто | сотворимь. ꙗко не можемь
Hypa: боꙗры | своꙗ. и рѣ̆ имъ ҷто ствѡри.   не можемъ
Pogo: боꙗры своꙗ и рѣ̆ имъ. ҷто сътворимъ ꙗко не | може҃

Comm: в полату и рече имъ что сътворимъ ꙗко не можемъ
NAca: бояры своя и рече имъ что сътворимъ яко не можемъ
Tols: бояры своя и рече имъ что створимъ яко не можемъ

Bych: в полату, и рече имъ: "что створимъ, яко не можемъ
Shakh: въ полату, и рече имъ: "чьто сътворимъ, яко не можемъ
Likh: в полату, и рече имъ: "Што створимъ, яко не можемъ
Ostr: бояры своя, и рече имъ: "Чьто сътворимъ, яко не можемъ

70,25:

Laur: противу ему стати. и рѣша ему боларе.
Radz: противѹ емѹ стати. и рѣша емоу боꙗре.
Acad: противѹ емѹ стати. | и рѣ емѹ боꙗре.
Hypa: стати | противу ему. и ркоша | ему боꙗре.
Pogo: стати противоу емоу. и рекоша   боꙗре. |

Comm: противу ему стати и рѣша   ему бояре
NAca: противу ему стати и рѣша царю бояре его
Tols: противу ему стати и рѣша царю боляре его

Bych: противу ему стати?" И рѣша ему боляре:
Shakh: противу ему стати"? И рѣша ему боляре:
Likh: противу ему стати"?. И рѣша ему боляре:
Ostr: противу ему стати"? И рѣша ему бояре:

70,26:

Laur: посли к нему дары. искусимъ | и любьзнивъ ли
Radz: посли к немѹ дары   искѹсим и. | любезнивъ ли
Acad: посли к немѹ дары. искѹсїмь и | любезнївь ли
Hypa: посли к не|му дары. искусимъ ‖ и любезнивъ ли   [28b]
Pogo: пошли к немоу дары и искоуси҃ и. любезнивь ли

Comm: пошли к нему дары   искусимъ его любезнивъ ли
NAca: посли к нему дары и искусимъ его любезнивъ ли
Tols: посли к нему дары и искусимъ его любезнивъ ли

Bych: "посли к нему дары, искусимъ и, любьзнивъ ли
Shakh: "посъли къ нему дары; искусимъ и, любьзнивъ ли
Likh: "Посли к нему дары, искусимъ и, любьзнивъ ли
Ostr: "Посъли къ нему дары; искусимъ и, любьзнивъ ли

70,27:

Laur: есть злату. ли павокамъ. и п͞сла к нему
Radz: е҇ златоу. ли паволока͞м. и посла к немоу
Acad: есть sлатȣ. ли паволокамь. и по҇сла к немȣ
Hypa: есть златȣ или паволока͞м. послаша к нему
Pogo: е҇ златоу и паволока͞м. и послаша къ немоу

Comm: есть злату ли паволокамъ   послаша   к нему
NAca: есть злату ли паволокамъ и послаша же к нему дары
Tols: есть злату ли паволокамъ и послаша же к нему дары

Bych: есть злату, ли паволокамъ?" И посла к нему
Shakh: есть злату ли паволокамъ"? И посълаша къ нему
Likh: есть злату, ли паволокамъ"?. И посла к нему
Ostr: есть злату ли паволокамъ"? И посъла къ нему

70,28:

Laur: злато. и паволоки. и мужа м͞дра.   рѣша ему
Radz: злато и паволокы. и мȣжа мȣдра.
Acad: sлато и паволокы. и мȣжа м͞р҇а.
Hypa: злато и паволо|кы. и мужа мудры. и рѣкоша ему
Pogo: злато и паволоки. и моужа мѫдры. и рекоша емоу.

Comm: злато и паволокы и мужа мудра и рѣша ему
NAca: злато и паволокы и мужа мудры и рѣша ему глаголя
Tols: злато и паволоки и мужа мудры и рѣша емȣ глаголя

Bych: злато, и паволоки, и мужа мудра; рѣша ему:
Shakh: злато и паволокы и мужа мудра, рѣша ему:
Likh: злато, и паволоки, и мужа мудра, рѣша ему:
Ostr: злато и паволокы и мужа мудры, рѣша ему:

70,29:

Laur: гл͞ядаи взора.   и лица его и смысла его. ѡн҃ъ
Radz: гл͞ядаи взора его и лица его. и смысла его. ѡн
Acad: г͞лядаи взора его и лица его. и смысла его. ѡнь
Hypa: глядаи взора е|го и лица его. и смысла его. ѡнъ
Pogo: гляданте възора его. и лица его. и смысла его. ѡ͞н

Comm: глядаи взора его и лица его и смысла его   онъ
NAca: даи взора его и лица его и смысла его и съсмотрите онъ
Tols: даи взора его и лица его и смысла его и съсмотрите онъ

Bych: "глядай взора, и лица его и смысла его"; онъ
Shakh: "глядаи възора его и лица его и съмысла его". Онъ
Likh: "Глядай взора и лица его и смысла его". Онъ
Ostr: "Глядаи възора его и лица его и съмысла его". Онъ

Повѣсть времєньныхъ лѣтъ

70,30:

Laur: же вземъ дары   прнде къ стославу. повѣдаша
Radz: же вз͞ѣ дары.   прїнде къ | стославȣ. и повѣдаша
Acad: же взе|мь дары. и прїнде къ стославȣ. и повѣдаша
Hypa: же вземъ дары | прнде къ стославу. и
Pogo: же вз͞ѣ дары,   прїнде къ стославоу. и

Comm: же вземъ дары   иде къ святославу и повѣдаша
NAca: же вземь дары и иде ко святославу и повѣдаша
Tols: же вземъ дары   иде ко святославу и повѣдаша

Bych: же вземъ дары, приде къ Святославу. И повѣдаша
Shakh: же, възьмъ дары, приде къ Святославу. И повѣдаша
Likh: же, вземъ дары, приде къ Святославу. И повѣдаша
Ostr: же, възьмъ дары, приде къ Святославу. И повѣдаша

70,31:

Laur: стославу. ꙗко прндоша грьцн с поклономъ
Radz: стославȣ. ꙗко прїндоша | грецн с поклономъ.
Acad: сто|славȣ. ꙗко прїндоша грецн с поклономъ.
Hypa: ꙗк͞о | прндоша грѣцн с покноно͞. |
Pogo: ꙗко прї|ндоша грецн с поклоно͞м,

Comm: святославу яко приидоша грѣци с поклономъ
NAca: святославу яко приидоша греци с поклономъ
Tols: святославу яко приидоша греци с поклономъ

Bych: Святославу, яко придоша Грьци с поклономъ,
Shakh: Святославу, яко придоша Грьци съ поклонъмь.
Likh: Святославу, яко придоша грьци с поклономъ.
Ostr: Святославу, яко придоша Грьци съ поклонъмь.

70,32:

Laur: и р͞ҵе | въведѣте ꙗ сѣмо.   прндоша н поклонншa͞с
Radz: и р͞ҵе введнте ꙗ сѣмо.   прїндо|ша. и поклонншa
Acad: и реҵе вве|днте ꙗ сѣмо. и прнндоша и поклонїшасѧ
Hypa: р͞ҵе въведѣте ꙗ сѣмо. и | прндоша и поклонншасѧ |
Pogo: реҵе въведѣте ѧ сѣмо. и | прїндоша и поклонншa͞с [end of lacuna in Khle]

Comm: и рче святославъ введите ихъ сѣмо и абие приведоша и онѣмъ же слом
       пришедшимъ и пакы поклонившимся
NAca: и рече   внидите   сѣмо и   приидоша и   поклонишася
Tols: и рече   внидите   сѣмо и   приидоша и   поклонишася

Bych: и рече: "въведѣте я сѣмо". Придоша, и поклонишася
Shakh: И рече: "въведѣте я сѣмо". И придоша, и поклонишася
Likh: И рече: "Въведѣте я сѣмо". Придоша, и поклонишася
Ostr: И рече: "Въведѣте я сѣмо". И придоша, и поклониша ся

488 Повѣсть времєньныхъ лѣтъ

71,1:

Laur: ему. | положиша пред нимъ злато
Radz: емоу. и положиша пре͂ нимъ. | злато.
Acad: емꙋ. | и положиша пре͂ нимь злато
Hypa: ему. и положиша предъ | ни͡м зла͡т
Khle: и положиша пре͂ нимь злато [30ᵍ]

Comm: ему и положиша пред нимъ злато
NAca: ему и положиша пред нимъ злато
Tols: ему и положиша пред нимъ злато

Bych: ему, и положиша пред нимъ злато [69,17]
Shakh: ему, и положиша предъ нимь злато [84,3]
Likh: ему, и положиша пред нимъ злато [50,35]
Ostr: ему, и положиша предъ нимь злато

71,2:

Laur: и паволоки. и ре͡ч сто͡слав кромѣ зра ѡтрокомъ
Radz: и паволокы. и ре͡ч сто͡славъ. кромѣ зра | ѡтроко͡м
Acad: и паволокы. и рече сто͡славь. кромѣ зра ѡтрокомь [34ᵛ]
Hypa: и паволокы. и ре͡ч | сто͡славъ проуъ зра. похоронитє. ѡтро<ч>и
Khle: и паволокы. и ре͡ч стосла͡в | про͡в зра, похоронѣте. ѡтроци͡ж

Comm: и паволокы и рече святославъ кромѣ зря отрокомъ
NAca: и паволоки и рече святославъ кромѣ зря отрокомъ
Tols: и паволоки и рече святославъ кромѣ зря отрокомъ

Bych: и паволоки; и рече Святославъ, кромѣ зря, отрокомъ
Shakh: и паволокы. И рече Святославъ, кромѣ зьря, отрокомъ
Likh: и паволоки. И рече Святославъ, кромѣ зря, отрокомъ
Ostr: и паволокы. И рече Святославъ, кромѣ зьря: отрокомъ

71,3:

Laur: своимъ схороните. | ѡни же придоша ко
Radz: своимъ съхраните:- || ни же поидоша ко [38ᵛ]
Acad: своимъ. сохраните. | они же поидоша ко
Hypa: же сто͡славли. вземше похорони͡ша. сли͡н же ц͡ревы възврати͡ша͡с къ
Khle: сто͡славли. възъе͡ше похорониша. послы͡ж цр͡евы възврати͡ша͡с къ

Comm: своимъ возмѣте кому что будет они же поимаша а слы цесаревѣ видѣвши тое приидоша ко
NAca: глаголя съхраните   они же   приидоша ко
Tols: глаголя схраните   они же   приидоша ко

Bych: своимъ: "схороните". Они же придоша ко
Shakh: своимъ: "съхраните". Отроци же Святославли, възьмъше, съхраниша. Сьли же цѣсареви придоша къ
Likh: своимъ: "Схороните". Они же придоша ко
Ostr: своимъ: "Съхраните". Они же придоша ко

Повѣсть времєньныхъ лѣтъ 489

71,4:

Laur: црю. и созва црь боляры. рѣша і же посланни
Radz: црю. созва црь бояры. рѣша посланни
Acad: црю. созва црь бояры. рѣша посланїи.
Hypa: црєви. и съзва црь бояры. и ркоша же посланни.
Khle: цреви. и съзва црь бояре. рекоша посланїи.

Comm: цесарю и съзва царь бояры своя и велможа рѣша же послании
NAca: царю и съзва царь бояры своя и вельможа рѣша же послании
Tols: царю и съзва царь бояры своя и велможа рѣша же послании

Bych: царю, и созва царь боляры, рѣша же послании:
Shakh: цѣсарю. И съзъва цѣсарь боляры. Рѣша же посълании,
Likh: царю, и созва царь боляры. Рѣша же послании,
Ostr: цьсарю. И съзъва цьсарь бояры. Рѣша же посълании,

71,5:

Laur: яко придохомъ к нему. и вдахомъ і дары. и не
Radz: яко приидохомъ к немоу. и вдахо͞м дары. и не
Acad: яко прїидохомь к нему. и вдахомь да|ры. и не
Hypa: яко придохомъ | к нему и въдахомъ дары. | и не
Khle: яко прїидохо͞м к немоу и вдахо͞м дары. и не

Comm: яко приидохомъ к нему   и не
NAca: яко приидохомъ к нему   и не
Tols: яко приидохомъ к нему   и не

Bych: "яко придохомъ к нему, и вдахомъ дары, и не
Shakh: яко "придохомъ къ нему, и въдахомъ дары, и не
Likh: яко "Придохомъ к нему, и вдахомъ дары, и не
Ostr: яко "Придохомъ къ нему, и въдахомъ дары, и не

71,6:

Laur: зрѣ на ня. и повелѣ схоронити. и ре͞ѵ єдинъ
Radz: возрѣ | на ня. и повелѣ сохранити. и ре͞ѵ єдинъ
Acad: возрѣ на ня. и повелѣ сохранїти. и рече єдинъ
Hypa: позрѣ на ня. и повелѣ | схоронити. и ре͞ѵ єдинъ |
Khle: позрѣ на ня. и по|велѣ схоронити а. и ре͞ѵ є͞дн͞.

Comm: позри на ны нь толико отрокомъ повелѣ поимати рече же единъ от ту предстоящих царю
NAca: посмотри на насъ никогда же ня и толико рече отрокомъ своимъ съхраните и рече от сущихъ ту у царя единъ
Tols: посмотри на насъ никогда же ня и толико рече отрокомъ своимъ схраните и рече от сущихъ ту у царя единъ

Bych: возрѣ на ня, и повелѣ схоронити". И рече единъ:
Shakh: позьрѣ на ня, и повелѣ съхранити". И рече единъ:
Likh: возрѣ на ня, и повелѣ схоронити". И рече единъ:
Ostr: позьрѣ на ня, и повелѣ съхранити". И рече единъ:

490   Повѣсть времєньныхъ лѣтъ

71,7:

Laur: искуси   и еще посли ему ѡружье.   ѡни же послуша
Radz: искоусиᵐ   еще поіслн емоу ѡроужье.   ѡни же послоушаша
Acad: искѹсимь   еще. посли емѹ ѡрѹжіе.   ѡні же послѹшаше
Hypa: искуси и едною. и еще | посли ему ѡружье. ѡни | же послуша
Khle: искоусн и едною. | и еще посли емоу ѡроужіе. и они же послоушаше |

Comm: искуси   единою   еще пошли к нему оружье браньное онъ же послуша
NAca: еще царю искусимъ посли к нему оружие   они же паки послаша
Tols: еще царю искусимъ посли к нему оружие   они же паки послаша

Bych: "искуси и еще, посли ему оружье". Они же послушаша
Shakh: "искуси и единою еще, посъли ему оружие". Онъ же послуша
Likh: "Искуси и еще, посли ему оружье". Они же послушаша
Ostr: "Искуси и еще, посъли ему оружие". Онъ же послуша

71,8:

Laur: его. и послаша ему мечь. и ино
Radz: є̄ и посла   мечⷶ | и ино
Acad: его. и посла   мечь. и ино
Hypa: его. и посла|ша ему мечь. и ино
Khle: его. и послаша емоу мечь и

Comm: его и послаша ему мечь и иное
NAca: к нему мечь и иное
Tols: к нему мечь и иное

Bych: его, и послаша ему мечь и ино
Shakh: его; и посълаша ему мечь и ино
Likh: его, и послаша ему мечь и ино
Ostr: его; и посълаша ему мечь и ино

71,9:

Laur: ѡружье. и при||несоша к нему.   ѡнъ же приимъ   [22ᵍ]
Radz: ѡрѹжіе. и прінесоша   емѹ.   ѡн же прінмъ |
Acad: ѡрѹжіе. | и принесоша   емѹ.   ѡнъ принмъ.
Hypa: ѡружіе   ѡнъ же приимъ
Khle: ѡроужіе. и принесо||ша емоу меⷱ. ѡн же прїимь и

Comm: оружье слу цесареву принесъшю къ святославу он же приимъ
NAca: оружие и принесоша к нему и абие онъ   приимъши посланое к нему
Tols: оружие и принесоша к нему и абие онъ   приимше посланое к нему

Bych: оружье, и принесоша к нему; онъ же приимъ,
Shakh: оружье, и принесоша къ нему. Онъ же, приимъ,
Likh: оружье, и принесоша к нему. Онъ же, приимъ,
Ostr: оружье, и принесоша ему. Онъ же, приимъ,

71,10:

Laur: нача хвалити | и любити. и целова цра. придоша
Radz: нӑ хвалити и любити. и целовати цр҃а: | Приндоша
Acad: нача хвалити и любити. и целовати цр҃а:· И приндоша |
Hypa: нача лю|бити и хвалити и целова|ти цр҃а. и придоша
Khle: нача любити и. | и хвалити и целовати цр҃а. и прїндоша

Comm: нача любити и хвалити и целовати цесаря и приидоша
NAca: нача любити и хвалити и целовати яко самого царя и приидоша
Tols: нача любити и хвалити и целовати яко самого царя и приидоша

Bych: нача хвалити, и любити, и целовати царя. Придоша
Shakh: нача любити и хвалити, и цѣлова цѣсаря. И придоша
Likh: нача хвалити, и любити, и целовати царя. Придоша
Ostr: нача любити и хвалити, и цѣловати цьсаря. И придоша

71,11:

Laur: опать ко цр҃ю. | и повѣдаша ему вса
Radz: опа҃т къ цр҃ю. и повѣдаша емў вса
Acad: опать ко цр҃ю. и повѣдаша емў вса
Hypa: опать | къ цр҃ю. и повѣдаша вса |
Khle: опа҃т къ | цр҃ю, и повѣдаша вса

Comm: опять къ цесарю и повѣдаша вся
NAca: пакы ко цесарю и повѣдаша вся
Tols: пакы ко цесарю и повѣдаша вся

Bych: опять ко царю, и повѣдаша ему вся
Shakh: опять къ цѣсарю, и повѣдаша ему вься
Likh: опять ко царю, и повѣдаша ему вся
Ostr: опять къ цьсарю, и повѣдаша вься

71,12:

Laur: бывшая. и рѣша боляре. лю|тъ се мужь хоче
Radz: бывшаа. | и рѣша бояре лю҃т мужь сеи хоще҃
Acad: бывшаа. | и рѣша бояре. лютъ мужь сеи хочеть
Hypa: бывшая. и ркоша бояре | лютъ сѣи мужь хощеть ||
Khle: бывшаа. и рекоша бояре. | лють се му҃ж хоще҃т

Comm: бывшая и рѣша бояре лютъ сьи мужь хощеть
NAca: бывшаа и глаголаша боляре царю лютъ сеи мужь хощеть
Tols: бывшаа и глаголаша боляре царю лютъ сеи мужь хощетъ

Bych: бывшая, и рѣша боляре: "лютъ се мужь хощетъ
Shakh: бывъшая. И рѣша боляре: "лютъ сь мужь хощеть
Likh: бывшая. И рѣша боляре: "Лютъ се мужь хочеть
Ostr: бывъшая. И рѣша бояре: "Лютъ сь мужь хощеть

71,13:

Laur: быти. ꙗко именьꙗ не брежеть. а ѡружье емлеть.
Radz: бытⷮ. ꙗко именїа не брежеⷮ. а ѡрꙋжїе емлеⷮ.
Acad: быти. ꙗко именьꙗ не брежеть. а ѡрꙋжїе емлеть.
Hypa: быти. ꙗко именнꙗ не бреⷤжеⷮ. а ѡружье емлеть [28c]
Khle: быти. ꙗко именїа не брежеⷮ, а ѡроужїе емлеⷮ;

Comm: быти яко имѣниа не брежеть а оружие емлет и любит
NAca: быти яко именья не брежеть а оружие   любить
Tols: быти яко именья не брежеть а оружие   любит

Bych: быти, яко именья не брежеть, а оружье емлеть;
Shakh: быти, яко имѣния не брежеть, а оружие емлеть;
Likh: быти, яко именья не брежеть, а оружье емлеть.
Ostr: быти, яко имения не брежеть, а оружие емлеть;

71,14:

Laur: имиса по дань. и посла црь глѧ | сице.
Radz: имеⷮ по дань. и посла црь глѧ | сице.
Acad: имиса по дань. и послꙋша црь глѧ сице.
Hypa: имиⷭса по дань. и посла црь глѧ сⷭице.
Khle: имнимса по даⷩ. и посла црь глѧ | сице.

Comm: имѣся по дань и посла цесарь глаголя сице
NAca: имися по дань и посла цесарь глаголя сице
Tols: имися по дань и посла цесарь глаголя сице

Bych: имися по дань". И посла царь, глаголя сице:
Shakh: имися по дань". И посъла цѣсарь, глаголя сице:
Likh: Имися по дань". И посла царь, глаголя сице:
Ostr: ими ся по дань". И посъла цьсарь, глаголя сице:

71,15:

Laur: не ходи кꙋ градꙋ   возми дань   еже   хощеши. |
Radz: не хоⷣди к граⷣꙋ но возми дань   еже   хощеши.
Acad: не ходи | ко градꙋ но возми дань. и еще же хощеши.
Hypa: не ходи кꙋ городꙋ. но | възми дань и еже   хощеши. |
Khle: не ходи к городоу, но възми даⷩ, и еже   хощешь. |

Comm: не ходи ко граду   возми на нас дань еже хощеши
NAca: не ходи ко граду нашему но возми на нас дань еже хощеши
Tols: не ходи ко граду нашему но возми на нас дань еже хощеши

Bych: "не ходи къ граду, возми дань, еже хощеши";
Shakh: "не ходи къ граду, нъ възьми на насъ дань, еликоже хощеши";
Likh: "Не ходи къ граду, возми дань, еже хощеши";
Ostr: "Не ходи къ граду, нъ възьми дань, еже хощеши";

Повѣсть времеными лѣтъ   493

71,16:

Laur: за маломъ бо бѣ не дошелъ цряграˆ. нбо даша
Radz: за малом̆ бо бѣ не доˆшелъ цряграда. н даша
Acad: за маломъ бо бѣ не дошелъ цряграда. н даша
Hypa: за маломъ бо бѣ не шелъ цр<ю>|граˆ. н вдаша
Khle: за малѡм̆ бо бѣ не шоль къ црюградоу. н вдаша

Comm: мало же бѣ не дошелъ цесаряграда и даша
NAca: паки бо они русь за малымъ не дошли царьского града и даша
Tols: паки бо они русь за малымъ не дошли царьского града и даша

Bych: за маломъ бо бѣ не дошелъ Царяграда. И даша
Shakh: за малъмь бо бѣ не дошьлъ Цѣсаряграда. И въдаша
Likh: за маломъ бо бѣ не дошелъ Царяграда. И даша
Ostr: за малъмь бо бѣ не шьлъ Цьсарюграду. И въдаша

71,17:

Laur: ему | дань. нмашеть же н за оубьеныѧ глаˆ
Radz: ему дань. н|маше же н за убьеныѧ. глаˆ
Acad: ему | дань. нмашет же н за оубьеныѧ. глаˆ
Hypa: ему дань. нмˆшеть же н за оубьеныѧ глˆ. |
Khle: ему | дань. нмаше же н за оубіеныѧ глаˆ.

Comm: ему дань он же   и на убиеныѧ имаше глаголѧ
NAca: ему дань на его любви еще бо и на убьеныхъ взимаше глаголѧ
Tols: ему дань на его любви еще бо и на убьеныхъ взимаше глаголѧ

Bych: ему дань; имашеть же и за убьеныя, глаголя:
Shakh: ему дань; имашеть же и за убиеныя, глаголя,
Likh: ему дань; имашеть же и за убьеныя, глаголя,
Ostr: ему дань; имашеть же и за убиеныя, глаголя,

71,18:

Laur: ѩко роˆ его | возметь. вза же н дары многы. н
Radz: ѩко роˆ его възмеˆ | вза же н дары многы. н
Acad: ѩко родъ | его возметь. вза же н дары мн<огн>. н
Hypa: ѩко родъ его възметь. въ|за же н дары многы. н
Khle: ѩко рѡˆеˆ | възмеˆ, вза же н дары мнѡгы н

Comm: ѩко род его возметь и взѧ же   дары многы и
NAca: ѩко род его възметь и взѧша   дары многы и
Tols: ѩко род его взметь и взѧша   дары многи и

Bych: "яко родъ его возметь". Взя же и дары многы, и
Shakh: яко "родъ его възьметь". Възя же и дары мъногы, и
Likh: яко "Род его возметь". Взя же и дары многы, и
Ostr: яко "Родъ его възьметь". Възя же и дары мъногы, и

71,19:

Laur: възратнсѧ в пе|реꙗславець. с похволою великою.
Radz: възвратнсѧ в переꙗсла|вець. с похвалою великою. || Н   [39ᵍ]
Acad: возратн|сѧ в переꙗславець. с похвалою великою:· Н
Hypa: въ|звратиⷭ в переꙗславець. | с похвалою великою.
Khle: възвратнсѧ в пе|реꙗславець с похвалою великою.

Comm: възратися къ переяславцю   съ похвалою великою
NAca: възратися къ переяславцю з дары многыми и с похвалою великою
Tols: възратися къ переяславцю з дары многими и с похвалою великою

Bych: възратися в Переяславець с похвалою великою.
Shakh: възвратися въ Переяславьць съ похвалою великою.
Likh: възратися в Переяславець с похвалою великою.
Ostr: възврати ся въ Переяславьць съ похвалою великою.

71,20:

Laur: видѣв же мⷶло дружнны своеꙗ. реⷱ̆
Radz: видѣ   мало дроужнны своеа. и реⷱ̆
Acad: вїдѣ   мало дрꙋжнны своеа и речⷱ̆
Hypa: видѣ|въ же мало дружнны своеа. реⷱ̆
Khle: видѣв же мало | дроужнны своеа реⷱ̆

Comm: видѣв же   мало дружинѣ своея и рече
NAca: видѣвши же сице мало дружины своея   рече
Tols: видѣвши же сице мало дружины своея   рече

Bych: Видѣвъ же мало дружины своея, рече
Shakh: Видѣвъ же мало дружины своея, рече
Likh: Видѣвъ же мало дружины своея, рече
Ostr: Видѣвъ же мало дружины своея, рече

71,21:

Laur: в собѣ еда како прельстн|вше нзъбьють дружнну
Radz: в собѣ. егда како преⷧ̆стивше. нзьбьютⷮ дроужыиꙋ
Acad: в собѣ. еда | како прельстивше. нзьбьють дрⷬ̆жнн꙼ꙋ
Hypa: в себе егⷣа како прелѣ|стивше нзьбьють дружнну
Khle: в себѣ. егⷣа како прѣⷭ̆стивше | нзбїю дроужннꙋ

Comm: к собѣ да како прельстивше избиють дружину
NAca: к собѣ да како прельстивъше избьють дружину
Tols: к себѣ да како прельстивше избьютъ дружину

Bych: в собѣ: "еда како прельстивше изъбьють дружину
Shakh: въ собѣ: "еда како, прельстивъше, изъбиють дружину
Likh: в собѣ: "Еда како прельстивше изъбьють дружину
Ostr: въ собѣ: "Еда како, прельстивъше, изъбиють дружину

71,22:

Laur: мою и мене. бѣша бо мнѡ҇ги погибли на полку. и
Radz: мою и мене. бѣша бо мноіги погибли на полкү. и
Acad: мою и | мене. бѣша бо многы погибли на полкү. и
Hypa: мою и мене. бѣша бо мы|нози погыбли на полку. и
Khle: мою и мене. бѣша бо мнѡѕи | погибли на по̑коу. и

Comm: мою и мене не бѣша бо мнозѣ избиенѣ на полку и
NAca: мою и мене   бѣша бо мнози изъбиени на полку и
Tols: мою и мене   бѣша бо мнози избиени на полку и

Bych: мою и мене", бѣша бо многи погибли на полку; и
Shakh: мою и мене"; бѣша бо мънози погыбли на пълку. И
Likh: мою и мене", бѣша бо многи погибли на полку. И
Ostr: мою и мене"; бѣша бо мънози погыбли на пълку. И

71,23:

Laur: ре҇ понду в русь   приведу | боле дружинъ. и
Radz: ре҇ понду в роусь. и приведу болши | дружины. и
Acad: рече | понду в ру҇с. и приведу болши дружины. и
Hypa: ре҇ | понду в ру҇. и приведу боле | дружины. и
Khle: ре҇, пондоу в ро҇у. и приведоу | боле дроужины. и

Comm: рече поиду в русь и приведу болши дружинѣ и
NAca: рече поиду в русъ и приведу больши дружинѣ и
Tols: рече поиду в русь и приведу болши дружинѣ и

Bych: рече: "поиду в Русь, приведу боле дружины". И
Shakh: рече: "поиду въ Русь, и приведу боле дружины". И
Likh: рече: "Поиду в Русь, приведу боле дружины". И
Ostr: рече: "Поиду въ Русь, и приведу боле дружины". И

71,24:

Laur: посла слы ко ц҇рви. въ деревьстрѣ҇ | бо бѣ
Radz: посла послы ко ц҇рви. въ дерстрѣ бо
Acad: посла | къ ц҇рви ‹в дестрѣ бо
Hypa: посла слы къ | ц҇рви в дерестѣръ. бѣ бо
Khle: посла послы къ ц҇рви в дере|стерь. бѣ бо

Comm: omitted to 73,20
NAca: omitted to 73,20
Tols: omitted to 73,20

Bych: посла слы ко цареви въ Деревьстръ, бо бѣ
Shakh: посъла сълы къ цѣсареви въ Дерестръ, бѣ бо
Likh: посла слы ко цареви въ Деревьстръ, бо бѣ
Ostr: посъла сълы къ цьсареви въ Дерестръ, бѣ бо

71,25:

Laur: ту. цр̅ь. рька сице хочю имѣти миръ с тобо |
Radz: тȣ црь | река сице. хочю имѣти миръ с тобою
Acad: тȣ цр̅ь>. река сице. хочю | имѣти миръ
Hypa: ту | цр̅ͨь рка сице. хочю имѣті | миръ с тобою
Khle: тоу цр̅ь. река. сице. хочю имѣти | миръ с тобою

Bych: ту царь, рька сице: "хочю имѣти миръ с тобою
Shakh: ту цѣсарь, река сице: "хощю имѣти миръ съ тобою
Likh: ту царь, рька сице: "Хочу имѣти миръ с тобою
Ostr: ту цьсарь, река сице: "Хочю имѣти миръ съ тобою

71,26:

Laur: твердъ и любовь. се же слышавъ   радъ
Radz: твердъ и любовь. | се же слышавъ   ра͞д
Acad: твердъ и любовь. се   слышавь   ра|дь
Hypa: твердъ и | любовь. Се же слышавъ | радъ
Khle: и любовь твердоу. се   слышавь цр̅ь | ра͞д

Bych: твердъ и любовь". Се же слышавъ царь, радъ
Shakh: твьрдъ и любъвь". Се же слышавъ цѣсарь, радъ
Likh: твердъ и любовь". Се же слышавъ, царь радъ
Ostr: твьрдъ и любъвь". Се же слышавъ, радъ

71,27:

Laur: быͨ͞. и пос͞ла | к нему дары больша первыͯ͞. ст̅ославъ
Radz: быͨ͞. и посла к немоу дары болши первыͯ͞ | стославъ
Acad: быͨ͞. и посла к немȣ дары болши первыͯ͞. ст̅о||славъ   [35ᵍ]
Hypa: быͨ͞. и посла дары къ | нему болша пѣрвыхъ. ст̅ославъ
Khle: быͨ͞. и посла дары къ немоу бо͞ша пѣрвыͯ͞. сто|славъ

Bych: бысть и посла к нему дары больша первыхъ. Святославъ
Shakh: бысть, и посъла къ нему дары больша пьрвыхъ. Святославъ
Likh: бысть и посла к нему дары больша первых. Святославъ
Ostr: бысть, и посъла дары къ нему больша пьрвыхъ. Святославъ

71,28:

Laur: же приꙗ | дары. и поча думати съ дружиною
Radz: же приꙗ дары:- | и поча д<а>мати со дрȣженою
Acad: же прїа дары:· и поча дȣмати со дрȣжиною |
Hypa: же приꙗ дары. и поч͞а | думати съ дружиною
Khle: же прїа дары. и поча доумати съ дроужиною |

Bych: же прия дары, и поча думати съ дружиною
Shakh: же прия дары, и поча думати съ дружиною
Likh: же прия дары, и поча думати съ дружиною
Ostr: же прия дары, и поча думати съ дружиною

71,29:

Laur: своею рька. сн|це аще не створнмъ мнра со
Radz: своею. река снце. аще не сотво|рнмъ мнра съ
Acad: своею. река снце. аще не сотворнмъ мнра со
Hypa: сво|ею рка снце. аще не ств͡ѡрнмъ мнра съ
Khle: своею. река снце. аще не сътворн͡м мнра съ

Bych: своею, рька сице: "аще не створимъ мира со
Shakh: своею, река сице: "аще не сътворимъ мира съ
Likh: своею, рька сице: "Аще не створимъ мира со
Ostr: своею, река сице: "Аще не сътворимъ мира съ

72,1:

Laur: ц͡рмъ. а увѣсть ц͡рь | ꙗко мало насъ есть. пршедше
Radz: ц͡рмъ. а оувѣсть ц͡рь ꙗко мало на͡с есть. | пршѣ͡шн
Acad: ц͡рмь. | а оувѣсть ц͡рь ꙗко мало на͡с есть. пршѣ͡ше
Hypa: ц͡рмъ. а оу|вѣсть ц͡рь ꙗко мало на͡с есть. | н пршедше
Khle: ц͡ремь. ‖ а оувѣсть ц͡рь ꙗко мало е͡ на͡с. н пршѣ͡ше   [30ᵛ]

Bych: царемъ, а увѣсть царь, яко мало насъ есть, пришедше   [70,15]
Shakh: цѣсарьмь, а увѣсть цѣсарь, яко мало насъ есть, пришьдъше,   [85,12]
Likh: царемъ, а увѣсть царь, яко мало насъ есть, пришедше   [51,24]
Ostr: цьсарьмь, а увѣсть цьсарь, яко мало насъ есть, пришьдъше,

72,2:

Laur: ѡступать ны въ | градѣ. а руска
Radz: ѡстоупать въ градѣ. а роускаꙗ
Acad: ѡстꙮпатъ въ градѣ. а рꙮскаа
Hypa: ѡступа͡т ны | въ городѣ. а рукаꙗ
Khle: ѡстоупа͡т | на͡с в городѣ. а роукаа

Bych: оступять ны въ градѣ; а Руска
Shakh: оступять ны въ градѣ; а Русьская
Likh: оступять ны въ градѣ. А Руска
Ostr: оступять ны въ градѣ; а Русьская

72,3:

Laur: земла далеча. а печенѣзн с намн ра|тьнн. а кто
Radz: земла дале|ча. а печенѣзн с намн ратнн. а кто
Acad: земла далече. а печенѣзн с намı ратнн. а кто
Hypa: земла | далече есть. а печенѣзн ‖ с намн ратнн. а кто   [28d]
Khle: земла далеко е͡. а печенѣзн | с намн ратнн. а кто

Bych: земля далеча, а Печенѣзи с нами ратьни, а кто
Shakh: земля далече есть, а Печенѣзи съ нами ратьни, а къто
Likh: земля далеча, а печенѣзи с нами ратьни, а кто
Ostr: земля далече, а Печенѣзи съ нами ратьни, а къто

72,4:

Laur: ны поможеть. но створим миръ со | цр҃мъ. се бо
Radz: ны поможеть. | но сотворимъ миръ съ цр҃мъ. се бо
Acad: ны поможетъ но сотвори|мъ миръ со цр҃мь. се бо
Hypa: ны по|може͞т. но створи͞м миръ съ | цр҃с͞мъ. се бо
Khle: на͞м поможе͞. но сътвори͞м миръ | съ цр҃е͞м. се бо

Bych: ны поможеть? но створимъ миръ со царемъ, се бо
Shakh: ны поможеть? Нъ сътворимъ миръ съ цѣсарьмь, се бо
Likh: ны поможет? Но створимъ миръ со царемъ, се бо
Ostr: ны поможеть? Нъ сътворимъ миръ съ цьсарьмь, се бо

72,5:

Laur: ны са по дань ꙗли. и то буди доволно н͞имъ.
Radz: нынѣ по дань ꙗлъ са. и то боуди доволно намъ
Acad: н҃нѣ по дань ꙗл са и то҄ боуді | доволно намъ.
Hypa: ны са по дань | ꙗлъ. и то буди доволно на|мъ.
Khle: са на͞м по да͞н ꙗль. и то бꙋ͞ди доволно намь. |

Bych: ны ся по дань яли, и то буди доволно намъ;
Shakh: ны ся по дань ялъ, и то буди довъльно намъ;
Likh: ны ся по дань яли, и то буди доволно намъ.
Ostr: ны ся по дань ялъ, и то буди довьльно намъ.

72,6:

Laur: аще ли почнеть не оуправлѧти дани. да изно|ва
Radz: аще почнеть не оупра|влѧ͞т дани. да изнова
Acad: аще почнетъ не оуправлѧти дані. да изнова
Hypa: аще ли начне͞т не оупра|влѧти дани. то изнова
Khle: аще ли начне͞т не оуправлѧти дани. то изнова

Bych: аще ли почнеть не управляти дани, да изнова
Shakh: аще ли почьнеть не управляти дани, да изнова
Likh: Аще ли почнеть не управляти дани, да изнова
Ostr: Аще ли почьнеть не управляти дани, то изнова

72,7:

Laur: из руси совкупивше вои оумножавши. поиде|мъ
Radz: из рꙋ͞с совокꙋпивше вои мно҄ поим͞ъ ко
Acad: из рꙋси совокꙋпивше вои множаиша. | поидемъ ко
Hypa: и҃зъ руси съвокупивше воꙗ | множаиша. и придемъ къ |
Khle: из роу|си съвокоупивше воꙗ множаншаа. и прииде͞м къ |

Bych: из Руси, совкупивше вои множайша, поидемъ
Shakh: изъ Руси, съвъкупивъше воя мъножаиша, поидемъ
Likh: из Руси, совкупивше вои множайша, поидемъ
Ostr: из Руси, съвъкупивъше воя мъножаиша, поидемъ къ

72,8:

Laur: цр̃югороду. л<ю>ба бы̅ рѣчь си дружнѣ. и послашᵃ |
Radz: цр̃юграᵈў люба бы̅ рѣ꜀ сўн дрȢ́жⁿѣ ‖ Посла   [39ᵛ]
Acad: цр̃юграᵈў и люба бы̅ рѣ꜀ дрȢжнѣ: Посла
Hypa: цр̃югра҇. и люба бы̅ рѣчь сі҇ | дружинѣ. и послаша
Khle: цр̃юградоу. и люба бы̅ рѣ꜀ сȢ҇ сїа дроужинѣ. и послаша

Bych: Царюгороду". Люба бысть рѣчь си дружинѣ, и послаша
Shakh: Цѣсарюграду." И люба бысть рѣчь си дружинѣ, и посълаша
Likh: Царюграду". Люба бысть рѣчь си дружинѣ, и послаша
Ostr: Цьсарюграду." И люба бысть рѣчь си дружинѣ, и посълаша

72,9:

Laur: лѣпшиѣ мужи ко цр̃ви. и придоша въ
Radz: лѣпшие моу́ж ко цр̃ви. и придоша въ
Acad: лѣпшїн мȢже ко цр̃ви. и придоша во
Hypa: лѣпышии мужи къ цр̃ви. и при|доша в
Khle: лѣпшїн мȢжи къ цр̃еви. и прї|доша в

Bych: лѣпшиѣ мужи ко цареви, и придоша въ
Shakh: лѣпльшая мужа къ цѣсареви. И придоша въ
Likh: лѣпшиѣ мужи ко цареви, и придоша въ
Ostr: лѣпшии мужы къ цьсареви. И придоша въ

72,10:

Laur: деревъстръ | и повѣдаша цр̃ви. цр̃ь же наоутрна
Radz: дерстръ | и повѣдаша цр̃ви. цр̃ь же наоутрна
Acad: де|рѣстръ. и повѣдаша цр̃ви. цр̃ь же наоутрна
Hypa: дерьстеръ. и повѣ|даша цр̃ви. цр̃ь же наоутрѣꙗ
Khle: дерꙋ|стерь, и повѣдаша цр̃еви, цр̃ь же наȢтⁿрїа

Bych: Деревъстръ, и повѣдаша цареви. Царь же наутрия
Shakh: Дерстръ, и повѣдаша цѣсареви. Цѣсарь же наутрия
Likh: Деревъстръ, и повѣдаша цареви. Царь же наутрия
Ostr: Дерстръ, и повѣдаша цьсареви. Цьсарь же наутрия

72,11:

Laur: призва ꙗ. и | рѣ꜀ цр̃ь да глю̅ть сли рустии.
Radz: призва ꙗ. и рѣ꜀ цр̃ь | да глю̅ть. послы роустии.
Acad: прїзва ꙗ. и рече цр̃ь да глю̅ть. послы рȢсьстїи.
Hypa: призва ꙗ. и рѣ꜀ цр̃ь да глю̅|ть сли русцин.
Khle: призва ꙗ | и рѣ꜀ цр̃ь. да глю̅ послы роустⁿии.

Bych: призва я, и рече царь: "да глаголють сли рустии".
Shakh: призъва я, и рече цѣсарь: "да глаголють съли Русьстии".
Likh: призва я, и рече царь: "Да глаголють сли рустии".
Ostr: призъва я, и рече цьсарь: "Да глаголють съли Русьстии".

72,12:

Laur: ѡни же рѣша тако глть | кнѧзь нашь. хочю
Radz: ѡни же рѣша тако глть кнзь | нашь. хочю
Acad: ѡни | же рѣша. тако глть кнзь нашь. хочю
Hypa: ѡни же ркоша тако глть кнѧзь нашь. | хочю
Khle: ѡни же рекоша. | тако глть кнѧз нашь. хочю

Bych: Они же рѣша: "тако глаголеть князь нашь: хочю
Shakh: Они же рѣша: "тако глаголеть кънязь нашь: хощю
Likh: Они же рѣша: "Тако глаголеть князь нашь: хочю
Ostr: Они же рѣша: "Тако глаголеть кънязь нашь: хощю

72,13:

Laur: имѣти любовь со црмъ гречьскимъ свершеную.
Radz: имѣти любовь со црмъ грецкмъ свершеную. |
Acad: имѣти лю|бовь со црмь грецькимъ свершеную.
Hypa: имѣти любовь съ цареⷨ гре<ч>ьскымъ свершену.
Khle: имѣти любовь съ цреⷨ | грецкыⷨ свершеноу в

Bych: имѣти любовь со царемъ Гречьскимъ свершеную
Shakh: имѣти любъвь съ цѣсарьмь Грьчьскымь съвьршеную въ
Likh: имѣти любовь со царемъ гречьскимъ свершеную
Ostr: имѣти любъвь съ цьсарьмь Грьцьскымь съвьршеную

72,14:

Laur: прочаꙗ вса лѣⷮ. црь же радъ бы́ⷭ | повелѣ
Radz: прочаа вса лѣта. црь же раⷣ бывъ и повелѣ
Acad: прочаа вса лѣ|та. црь же раⷣ бывь. и повелѣ
Hypa: прочаꙗ вса лѣта. црь | же раⷣ бывъ. повелѣ
Khle: прочаа вса лѣта. црь же раⷣ быⷡ | повелѣ

Bych: прочая вся лѣта". Царь же радъ бысть и повелѣ
Shakh: прочая вься лѣта". Цѣсарь же, радъ бывъ, повелѣ
Likh: прочая вся лѣта". Царь же радъ бысть и повелѣ
Ostr: прочая вься лѣта". Цьсарь же, радъ бывъ, повелѣ

72,15:

Laur: писцю писати всѧ рѣчи стославлѣ на ха|ратью. [22ᵛ]
Radz: писцю писа|ти вса рѣ стославлѧ на хоратьи.
Acad: писцю писати всѧ рѣчи | стославлѧ. на хоратїю.
Hypa: письцю писати на харотью. вы|сѧ рѣ<ч>и стославли. и
Khle: писцю писати на хартїю. всѧ рѣчи сто|славли. и

Bych: писцю писати вся рѣчи Святославля на харатью;
Shakh: письцю писати вься рѣчи Святославлѣ на харатию. И
Likh: писцю писати вся рѣчи Святославля на харатью.
Ostr: письцю писати на харатью вься рѣчи Святославля.

72,16:

Laur: нача глти солъ вса рѣчи. и нача писець |
Radz: нача глть посолъ | вса рѣчи   нача писець
Acad: нача глти посолъ вса рѣчї. | и нача писець
Hypa: на|чаша глти сли вса рѣчи. и | нача писець
Khle: начаша глати послы вса рѣчи. и нача | писець

Bych: нача глаголати солъ вся рѣчи, и нача писець
Shakh: И начаша глаголати съли вься рѣчи, и нача письць
Likh: Нача глаголати солъ вся рѣчи, и нача писець
Ostr: Начаша глаголати съли вься рѣчи, и нача письць

72,17:

Laur: писець писати гла сице.
Radz: писати гла сице.
Acad: писати гла сице.
Hypa: писати. гла | сице
Khle: писати гла сице,

Bych: писати. Глагола сице:
Shakh: писати, глаголя сице:
Likh: писати. Глагола сице:
Ostr: писати, глаголя сице:

72,18:

Laur: равно другаго свеща|ньа бывшаго при стославѣ
Radz: равно дроугаго | свещанньа. бывшаго при стославѣ.
Acad: равно дроугаго свещанїа. бывшаго при стославѣ.
Hypa: равно дроугаго свѣ|щаннья. бывшаго при сто|славѣ.
Khle: равно дроугаго съвѣща|нїа, бывшаго при стославн

Bych: "Равно другаго свѣщанья, бывшаго при Святославѣ,
Shakh: "Равьно другаго съвѣщания, бывъшаго при Святославѣ,
Likh: "Равно другаго свѣщанья, бывшаго при Святославѣ,
Ostr: "Равьно другаго съвѣщания, бывъшаго при Святославѣ,

72,19:

Laur: велицѣмь кна|зи рустѣмь. и при свеналъдѣ.
Radz: велицѣмъ кнзи роу|стемъ. и при свеналдѣ.
Acad: велицемь кнзи | рустемъ. и прї свеналде.
Hypa: велицѣмь князи | рустѣмъ. и при свенгелъ|дѣ.
Khle: велицемъ кнаsи роуст<е> | и при свнгедн.

Bych: велицѣмь князи Рустѣмь, и при Свеналъдѣ,
Shakh: велицѣмь кънязи Русьстѣмь, и при Свеналъдѣ,
Likh: велицѣмь князи рустѣмь, и при Свѣналъдѣ,
Ostr: велицѣмь кънязи Русьстѣмь, и при Свеналъдѣ,

72,20:

Laur: писано при феѡфелѣ сѵнкелѣ. и
Radz: писано при фиѡфилѣ. сѵнкелѣ. |
Acad: писано при феѡфилѣ. | сѵнкелѣ.
Hypa: писано при феѡфилѣ. | сенкелѣ. и
Khle: писано при феѡфиле сенкелѣ. | и

Bych: писано при Фефелѣ синкелѣ и
Shakh: писано при Феофилѣ синкелѣ,
Likh: писано при Фефелѣ синкелѣ и
Ostr: писано при Феофилѣ синкелѣ,

72,21:

Laur: к ивану наричаемому цемьскию црю гречьскому.
Radz: ко иѡнȣ наричаемом цемьскию црю грецком
Acad: ко иѡанȣ наричаемомȣ цемьскїю црю. | грецкомȣ.
Hypa: ко иѡану на|рѣ<ч>аемому. цимьскому | црю грецкому.
Khle: къ іѡанноу наричаемомоу цимскомоу цароу грецкомоу.

Bych: к Ивану, нарицаемому Цемьскию, царю Гречьскому,
Shakh: къ Иоану, нарицаемому Цемьскию, цѣсарю Грьчьскому,
Likh: к Ивану, нарицаемому Цемьскию, царю гречьскому,
Ostr: къ Иоанну, нарицаемому Цимьскию, цьсарю Грьцьскому,

72,22:

Laur: въ дерестрѣ:- мца июлѧ. индикта
Radz: в дерстрѣ: | Мца июлѧ. индикта
Acad: в дерьстрѣ:· мца июлѧ. индикта
Hypa: в дерьстр̆. | мца ноулиѧ. индикта
Khle: в дерстрѣ. мца юулїа, индикта

Bych: въ Дерестрѣ, мѣсяца июля, индикта
Shakh: въ Дерестрѣ, мѣсяца июлия, индикта
Likh: въ Дерестрѣ, мѣсяца июля, индикта
Ostr: въ Дерестрѣ, мѣсяца июлия, индикта

72,23:

Laur: въ .д͞і.:- В лѣ͞т. ҂ѕ.у͞.ѻѳ:- |
Radz: д͞і. В в лѣ͞т ҂ѕ у͞.ѻѳ
Acad: .д͞і. | В лѣ͞т. ҂ѕ.у͞ѻѳ
Hypa: д͞і·:- || <в лѣ͞т. ҂ѕ.у͞.ѻѳ>   [29a]
Khle: .д͞і. | в лѣ͞т ҂ѕ.у͞.ѻѳ.

Bych: въ 14, в лѣто 6479.
Shakh: 14, въ лѣто 6479.
Likh: в 14, в лѣто 6479.
Ostr: 14, въ лѣто 6479.

Повѣсть времєньныхъ лѣтъ

72,24:

Laur: азъ с҃тославъ.   кнѧзь рускии. ꙗкоже кляхъся. |
Radz: азъ с҃тославъ | кнѧ҃зь роускии. ꙗкоже кляся
Acad: азъ с҃тославь   кнѧ҃зь рѹ҃скїи ꙗкоже | кляся
Hypa: азъ с҃тосла|въ   кнѧ҃зь рѹкыи. ꙗко кля|хся.
Khle: азъ с҃тославь великїи кнѧ҃ роукїи | ꙗко кляся

Bych: Азъ Святославъ, князь Руский, якоже кляхъся,
Shakh: Азъ Святославъ, кънязь Русьскыи, якоже кляхъся,
Likh: Азъ Святославъ, князь руский, яко же кляхъся,
Ostr: Азъ Святославъ, кънязь Русьскыи, якоже кляхъ ся,

72,25:

Laur: и оутвержаю на свѣщаньѣ семь роту свою.   хо|чю
Radz: и оутвержаю. на свещани|ни семъ ротоу свою   хочю
Acad: и оутвержаю. на свещании семъ роту свою. | хочю
Hypa: и оутвѣржаю на свѣ|щании семъ ротоу свою. и | хочю
Khle: и оутвержаю. на съвещании се҃, ротоу свою. и хочю

Bych: и утвержаю на свѣщаньѣ семь роту свою: хочю
Shakh: и утвьржаю на съвѣщании семь роту свою: хощю
Likh: и утвержаю на свѣщаньѣ семь роту свою: хочю
Ostr: и утвьржаю на съвѣщании семь роту свою: хощю

72,26:

Laur: имѣти миръ и свершену любовь со всако|мь. и
Radz: имѣти миръ. и свершенꙋю любовь. со всаки҃
Acad: имѣти мирь. и свершену любовь. со всаки҃ ||
Hypa: имѣти миръ и свѣ|ршену любовь съ всакымъ. и
Khle: имѣти мирь и съвершеноу | любовь. съ всакы҃ и

Bych: имѣти миръ и свершену любовь со всякимъ
Shakh: имѣти миръ и съвьршену любъвь съ вами, Иоанъмь,
Likh: имѣти миръ и свершену любовь со всякимъ
Ostr: имѣти миръ и съвьршену любъвь съ вьсякимъ, и

72,27:

Laur: великимь ц҃рмъ гречьскимъ. съ васильемъ и
Radz: велики҃ ц҃рмъ грецки. и с васнемъ | и
Acad: великимъ ц҃рмъ грецкимь. и с васильемь и   [35ᵛ]
Hypa: великымь ц҃р҃мь | греⷱцкы҃. и съ василье҃. | и съ
Khle: велик҃ы цр҃е҃ грецкы. | съ ва|силие҃ и

Bych: великимь царемъ Гречьскимъ, съ Васильемъ и
Shakh: великымь цѣсарьмь Грьчьскымь, и съ Василиемь и съ
Likh: великимь царемъ гречьскимъ, съ Васильемъ и
Ostr: великымь цьсарьмь Грьцьскымь, и съ Васильемь и

72,28:

Laur: костантнномъ. и съ богодохновеными цр̄і и со
Radz: костантино͞м. и с бг҃одх҃новеными цр̄и. и со
Acad: костаıнтнномъ. и со бл҃годх҃овными цр̄и и со
Hypa: костантино͞м. и съ бг҃одх҃новенными цр̄и. и съ
Khle: костантино͞м. и съ бг҃одх҃новеными цр̄и съ

Bych: Костянтиномъ, и съ богодохновеными цари, и со
Shakh: Костянтинъмь, съ богодъхновеными цѣсари, и съ
Likh: Костянтиномъ, и съ богодохновеными цари, и со
Ostr: Костянтинъмь, и съ богодъхновеными цьсари, и съ

72,29:

Laur: всѣми людьми вашими. и иже суть подо мн҃ою
Radz: всѣми | лю͞дми вашими. иже соу͞т по͞ мною
Acad: всѣми | людми вашими. иже суть подо мною
Hypa: всими лю͞дми ваши͞м. | иже суть подо мною
Khle: всѣми лю͞дми вашими. иже сѫ͞т по͞ѡ мною

Bych: всѣми людьми вашими, и иже суть подо мною
Shakh: вьсѣми людьми вашими, и иже суть подъ мъною
Likh: всѣми людьми вашими и иже суть подо мною
Ostr: вьсѣми людьми вашими, иже суть подъ мъною

73,1:

Laur: русь. боляре и прочии до конца вѣка. ıако николиже
Radz: ро͞у. боıаре и прочии | до конца вѣка. ıако николиже
Acad: ру͞. боıаре и | проıн до конца вѣка. ıако нıколиже
Hypa: русь. | боıаре и прочии до конца | вѣка. ıако николиже
Khle: ро͞у | и боıаре. и проıн до ко͞ца вѣка. ıако николиже |

Bych: Русь, боляре и прочии, до конца вѣка. Яко николиже   [71,15]
Shakh: Русь, боляре и прочии, до коньца вѣка. Яко николиже   [86,14]
Likh: Русь, боляре и прочии, до конца вѣка. Яко николи же   [52,11]
Ostr: Русь, боляре и прочии, до коньца вѣка. Яко николиже

73,2:

Laur: помышлю на страну вашю. ни сбираю
Radz: помышлю на страноу | вашю. ни собираю
Acad: помышлю | на страну вашю. ни собираю
Hypa: по|мышлаю на страну ваш͞ю. | ни сбираю
Khle: помышлаю на страноу вашоу. ни ꙁбираю

Bych: помышлю на страну вашю, ни сбираю
Shakh: помышлю на страну вашю, ни събираю
Likh: помышлю на страну вашю, ни сбираю
Ostr: помышляю на страну вашю, ни събираю

73,3:

Laur: вои ни ꙗзыка. ни иного приведу на страну
Radz: воины и ни ꙗзыка иного приведу̑ на страноу
Acad: воивоины. ни ꙗзыка иного. приведу на страну
Hypa: людии ни ꙗзыка иного приведу. на страну
Khle: лю̈ди. ни ꙗзыка иного привожоу. на страноу [31ᵍ]

Bych: вой, ни языка иного приведу на страну
Shakh: вои, ни языка иного приведу на страну
Likh: вой, ни языка иного приведу на страну
Ostr: людии, ни языка иного приведу на страну

73,4:

Laur: вашю. и елико есть подъ властью гречьскою.
Radz: вашю. но елико е҃ по́ властью грецкою. ||
Acad: вашю. но елико есть подо властью грецкою.
Hypa: вашю. и елико е҃ подъ власть гречькою.
Khle: вашоу. и елико е҃ по́ властїю вашею грецкою

Bych: вашю и елико есть подъ властью Гречьскою,
Shakh: вашю, и елико есть подъ властию Грьчьскою,
Likh: вашю и елико есть подъ властью гречьскою,
Ostr: вашю, и елико есть подъ властью Грьчьскою,

73,5:

Laur: ни на власть | корсуньскую. и елико есть городовъ
Radz: ни на власть корсоуньску̑ю. и елико е҃ горо́въ [40ᵍ]
Acad: ни власть корсунскую. и елико есть городовъ
Hypa: ни | на власть коръсунскую. и елико есть го<д>ъ
Khle: ни власть | корсоускоую. и елико е҃ градовь

Bych: ни на власть Корсуньскую и елико есть городовъ
Shakh: ни на власть Кърсуньскую, и елико есть градъ
Likh: ни на власть корсуньскую и елико есть городовъ
Ostr: ни на власть Кърсуньскую, и елико есть градовъ

73,6:

Laur: ихъ. ни на стра́ну болгарьску. да аще
Radz: и҃. ни на страноу болгарьску̑ю. аще
Acad: ихъ. ни на страну больгарьскую аще
Hypa: и҃. | ни на страну болъгарьску. да аще
Khle: и҃. ни страноу бо́лгарскоую. да аще

Bych: ихъ, ни на страну Болгарьску; да аще
Shakh: ихъ, ни на страну Българьскую. Да аще
Likh: ихъ, ни на страну болгарьску. Да аще
Ostr: ихъ, ни на страну Българьскую. Да аще

73,7:

Laur: инъ кто помыслить на страну вашю. да и азъ
Radz: инъ кто помыслить на страноу вашю. да и азъ
Acad: инъ кто помыслитъ на страну вашу. да и азъ
Hypa: инъ кто помыслнть. на страну вашю. да азъ
Khle: инь кто помыслнть на страноу вашоу. да азь

Bych: инъ кто помыслить на страну вашю, да и азъ
Shakh: инъ кто помыслить на страну вашю, да и азъ
Likh: инъ кто помыслить на страну вашю, да и азъ
Ostr: инъ кто помыслить на страну вашю, да азъ

73,8:

Laur: буду противенъ ему. и борюся с нимъ. якоже
Radz: боу противу емоу. и борю с нн. яко
Acad: буду протівень ему. и борюса с нимъ якоже
Hypa: буду противенъ ему. и бьюса с нн. якоже и
Khle: бждоу противень емоу. и бїюса с нн. яко и

Bych: буду противенъ ему и борюся с нимъ. Якоже
Shakh: буду противьнъ ему, и борюся съ нимь. Якоже
Likh: буду противенъ ему и борюся с нимъ. Яко же
Ostr: буду противьнъ ему, и борю ся съ нимь. Якоже

73,9:

Laur: кляхъся ко црмъ гречьскимъ. и со мною боляре
Radz: кляса ко црмъ грецки. и со мною боляре
Acad: кляхся ко црмь грецкимъ. и со мною боляре
Hypa: кляхся азъ к црмъ грецьскымъ. и со мною боляре
Khle: кляса азь къ цре грецкы. и съ мною боляре

Bych: кляхъся ко царемъ Гречьскимъ, и со мною боляре
Shakh: кляхъся къ цѣсаремъ Грьчьскымъ, и съ мъною боляре
Likh: кляхъся ко царемъ гречьскимъ, и со мною боляре
Ostr: кляхъ ся къ цьсаремъ Грьчьскымъ, и съ мъною боляре

73,10:

Laur: и русь вся. да схранимъ правая съвѣщаныя.
Radz: и роу вся. да сохранимъ правоя свещання.
Acad: и ру вся. да сохранимъ. праваа совѣщанна.
Hypa: и русь вся. да хранимъ правая свещаннья.
Khle: и роу вся. да храни праваа съвѣщанія.

Bych: и Русь вся, да схранимъ правая съвѣщанья;
Shakh: и Русь вься, да съхранимъ правая съвѣщания.
Likh: и Русь вся, да схранимъ правая съвѣщанья.
Ostr: и Русь вься, да хранимъ правая съвѣщанья.

73,11:

Laur: аще ли ѿ тѣхъ самѣхъ прежереўе̃ныхъ
Radz: аще ли ѿ тѣ̃ самѣ̃ прежерéны̆
Acad: аще ли ѿ тѣхъ самѣ̃ прежереченны̃
Hypa: аще ли ѿ тѣхъ самѣхъ. и пре̃жерéныхъ
Khle: аще ли ѿ тѣ̃ самѣ̃ и пре̃рéны̆

Bych: аще ли отъ тѣхъ самѣхъ прежереченыхъ
Shakh: Аще ли тѣхъ самѣхъ преже реченыхъ
Likh: Аще ли от тѣхъ самѣхъ прежереченыхъ
Ostr: Аще ли отъ тѣхъ самѣхъ прежереченыхъ

73,12:

Laur: съхраним азъ же и со мною и подо
Radz: не сохра|нимъ. азъ же и со мною. и по̃
Acad: не сохранимъ. аз же и со мною. и подо
Hypa: не храни̃. азъ | же и со мною. и подо
Khle: не храни̃. аз же и съ | мною и по̃ѡ

Bych: не съхранимъ, азъ же и со мною и подо
Shakh: не съхранимъ, азъ же и иже съ мъною и подъ
Likh: не съхранимъ, азъ же и со мною и подо
Ostr: не хранимъ, азъ же и съ мъною и подъ

73,13:

Laur: мною | да имѣемъ клатву ѿ б̃а. въ его же
Radz: мною. да имѣ̃е клатвоу | ѿ б̃а. и в него же
Acad: мню. да имѣемь | клатвȣ ѿ б̃га в него же
Hypa: мною. ‖ да имѣемъ клатву ѿ б̃а. | в не̃ же   [29b]
Khle: мною, да имѣ̃е клатвоу ѿ б̃а в него̃ |

Bych: мною, да имѣемъ клятву отъ Бога, въ негоже
Shakh: мъною, да имѣемъ клятву отъ Бога, въ ньже
Likh: мною, да имѣемъ клятву от бога, въ его же
Ostr: мъною, да имѣемъ клятву отъ боговъ, въ негоже

73,14:

Laur: вѣруемъ в пе|руна и въ волоса скотьа б̃а. и
Radz: вѣрȣемъ. в пероуна. и в волоса скотьа б̃а. |
Acad: вѣрȣемъ. в перȣна. | и в волоса скотїа б̃га.
Hypa: вѣруемъ в перуна. | и въ волоса б̃а скотьѧ.
Khle: вѣроуе̃ в пероуна, и в волоса бога скотїа.

Bych: вѣруемъ, в Перуна и въ Волоса, скотья Бога, и
Shakh: вѣруемъ, и отъ Перуна и отъ Волоса, скотия бога, и
Likh: вѣруемъ в Перуна и въ Волоса, скотья бога, и
Ostr: вѣруемъ, въ Перуна и въ Волоса, бога скотия,

73,15:

Laur: да будемъ золоти | ꙗко золото. и своимъ
Radz: да бѹ́мъ золоти ꙗко золото. и своемъ
Acad: да бꙋдемъ ѕѡлоти ꙗко | ѕѡлото. и своимъ
Hypa: да бу́де золотѣ ꙗко золото се. и свои́нмъ
Khle: да бѫде́ | золоти ꙗко и золото се, и свои́м

Bych: да будемъ золоти яко золото, и своимъ
Shakh: да будемъ злати, якоже злато се, и своимь
Likh: да будемъ золоти, яко золото, и своимъ
Ostr: да будемъ злати, яко злато се, и своимь

73,16:

Laur: ѡружьемь да исѣчени бу|демъ.   се же имѣите
Radz: ѡрѹжнѣ́ да и|ссѣчени боуде́.   се же имѣите
Acad: ѡрꙋжіемь да иссѣчені бꙋдемъ.   се же имѣте
Hypa: ѡружьемь да исѣчени́и будемъ. да оумремъ. се | же имѣете
Khle: ѡрѹжіе́ да изсѣчени бѫде́ да оумре́. се же имѣете

Bych: оружьемь да исѣчени будемъ. Се же имѣйте
Shakh: оружиемь да исѣчени будемъ. Се же имѣите
Likh: оружьемь да исѣчени будемъ. Се же имѣйте
Ostr: оружьемь да исѣчени будемъ. Се же имѣите

73,17:

Laur: во истину. ꙗкоже створи́хъ | ны́нѣ къ вамъ.
Radz: въ истинѹ. ꙗко́ сотвори́хо́мъ | ннѣ к вамъ и
Acad: во истинну. ꙗкоже сотво́рихомъ ннѣ к вамъ. и
Hypa: во истину. ꙗк҃же створихъ ннѣ к вамъ. и
Khle: въ истинноу. ꙗкоже сътвори́хъ ннѣ к ва́мъ. и

Bych: во истину, якоже сотворихомъ нынѣ къ вамъ, и
Shakh: въ истину, якоже пинехрусу сътворихъ нынѣ къ вамъ, и
Likh: во истину, яко же сотворихомъ нынѣ къ вамъ, и
Ostr: въ истину, якоже сътворихъ нынѣ къ вамъ, и

73,18:

Laur: написахомъ на харатьи сеи. | и своими печатьми
Radz: написахо́ на хоратьи сеи. и своими печатьми
Acad: написахомъ на хоратьи | сеи. и своими печатьми
Hypa: на|писахъ на харотьи сеи. и свои́ми печатьми
Khle: написа́ на хартіи сеи. | и своими печа́т҃ми

Bych: написахомъ на харатьи сей и своими печатьми
Shakh: написахомъ на харатии сеи, и своими печатьми
Likh: написахомъ на харатьи сей и своими печатьми
Ostr: написахъ на харатьи сеи, и своими печатьми

73,19:

Laur: ꙁапечатахомъ.
Radz: ꙁапечатахо͞м.
Acad: ꙁапечатахомь.
Hypa: ꙁапечатахомъ. |
Khle: ꙁапечатахѡ͞м.

Bych: запечатахомъ".
Shakh: запечатахомъ.
Likh: запечатахомъ".
Ostr: запечатахомъ.

73,20:

Laur: створи въ же | миръ с͞тославъ съ греки. поиде
Radz: сотворивъ же миръ с͞тославь со греки | и поиде
Acad: сотво|ривь же мирь с͞тославь со греки. и поиде
Hypa: створивъ же миръ с͞тославъ. | съ грѣкы. и поиде
Khle: сътворивъ же мирь | с͞тославь съ греки. и поиде

Comm: поиде
NAca: поиде
Tols: поиде

Bych: Створивъ же миръ Святославъ съ Греки, поиде
Shakh: Сътворивъ же миръ Святославъ съ Грькы, и поиде
Likh: Створивъ же миръ Святославъ съ греки, поиде
Ostr: Сътворивъ же миръ Святославъ съ Грькы, и поиде

73,21:

Laur: в лодьꙗ͞х къ поро|гомъ. и р͞ечемꙋ воевода ѿтень
Radz: в лодьꙗхъ к порогомъ: | Р͞ече емоу воевода ѿтень.
Acad: в лодьꙗ͞х | к порогомъ:· Рече емꙋ воевода ѿтень.
Hypa: в лодьꙗ|хъ къ порого͞м. и р͞ече ему воево|да ѿтень и
Khle: в лѡдіахь к порого͞м. | и р͞ечемоу воевода ѿте͞н

Comm: в лодьяхъ   рече же ему воевода отень
NAca: в лодьяхъ   рече же ему воевода отень
Tols: в лодьяхъ   рече же ему воевода отень

Bych: в лодьяхъ къ порогомъ, и рече ему воевода отень
Shakh: въ лодияхъ къ порогомъ. И рече ему воевода отьнь
Likh: в лодьях къ порогомъ. И рече ему воевода отень
Ostr: въ лодияхъ къ порогомъ. И рече ему воевода отьнь

73,22:

Laur: свѣнделъ. поиди ‖ княже на конихъ ѡколо.   [23ᵣ]
Radz: свеналдъ. поиди кн͞же на конéˣ ѡколо.
Acad: свенаٰлдъ поиди кн͞же на конéˣ ѡколо
Hypa: свѣнгел<д>ъ. по|иди княже ѡколо на конéˣ.
Khle: свентелдь. поиди княже | ѡколо на конéˣ.

Comm: свѣнделдъ поиде княже около на конѣхъ
NAca: свиньлдъ поиди княже около на конехъ
Tols: свиньлдъ поиди княже около на конехъ

Bych: Свѣналдъ: "поиди, княже, на конихъ около,
Shakh: Свѣналъдъ: "поиди, къняже, на конихъ около,
Likh: Свѣналдъ: "Поиди, княже, на конихъ около,
Ostr: Свѣналдъ: "Поиди, къняже, на конихъ около,

73,23:

Laur: стоıать бо печенѣзи в п̊|розѣˣ. и не послуша его
Radz: стоıать бо печенѣзи в порозéˣ. и не послӱша его. |
Acad: стоıат бо пече|нѣзи в порозéˣ. и послӱша его
Hypa: стоıать бо печенѣзи в порозѣхъ. | и не послу͡шеша его.
Khle: стоа͡т бо печенѣзи в порозéˣ. и не по|слоуша его.

Comm: стоять бо печенѣзѣ в порозѣхъ и не послуша его
NAca: стоять бо печенѣзѣ в порозех и не послуша его
Tols: стоятъ бо печенѣзѣ в порозех и не послуша его

Bych: стоять бо Печенѣзи в порозѣхъ". И не послуша его,
Shakh: стоять бо Печенѣзи въ порозѣхъ". И не послуша его,
Likh: стоять бо печенѣзи в порозѣх". И не послуша его
Ostr: стоять бо Печенѣзи въ порозѣхъ". И не послуша его,

73,24:

Laur: поиде в лодьıахъ. и | послашᴬ переıаславци къ
Radz: и поиде в лоᴬıахˣ и послаша переıаславци к   [36ᵣ]
Acad: и поиде в лодьııахъ. и пѡслаша переıаславци к
Hypa: и поиде въ | лодьıахъ. послаша же переıаславци. къ
Khle: поиде в лѡдiаˣ. послаша же переıаславци | к

Comm: нь поидоша в лодьяхъ послаша переяславци къ
NAca: поидоша в лодьяхъ послаша переяславци къ
Tols: поидоша в лодьяхъ послаша переяславци къ

Bych: и поиде в лодьяхъ, и послаша Переяславци къ
Shakh: и поиде в лодияхъ. И посълаша Переяславци къ
Likh: и поиде в лодьях. И послаша переяславци къ
Ostr: и поиде в лодияхъ. Посълаша Переяславьци къ

73,25:

```
Laur:   печенѣгомъ глще. се идеть въ | стославъ
Radz:   печенѣгомъ | глще сице. идеть    стославъ
Acad:   печенѣгомъ глще. | сице. идеᵗ    стославъ
Hypa:   печенѣгᴹо. | гла          идеть  стославъ
Khle:   печенѣгᴹо глще.           идеᵗ   стославь

Comm:   печенѣгомъ глаголюще сице идеть вы святославъ
NAca:   печенѣгомъ глаголюще сице идеть вы святославъ
Tols:   печенѣгомъ глаголюще сице идетъ вы святославъ

Bych:   Печенѣгомъ, глаголюще: "се идеть вы Святославъ
Shakh:  Печенѣгомъ, глаголюще сице: "се, идеть вы Святославъ
Likh:   печенѣгомъ, глаголюще: "Се идеть вы Святославъ
Ostr:   Печенѣгомъ, глаголюще: "Идеть Святославъ
```

73,26:

```
Laur:   въ русь. вземъ имѣнье много оу грекъ. | и полонъ
Radz:   в руᶜ. вземъ имѣнїе много | оу грекъ. и полонъ
Acad:   в рᶙᶜ. вземъ имѣнїе много оу | грекь. и полонъ
Hypa:   в русь. възᴹе | имѣнье много оу грекъ. и | полонъ
Khle:   в руᶜ. взᴹе имѣнїе | мнѡго оу грекъ. и полѡᴺ

Comm:   в русь вземъ имѣние много у грѣкъ и полонъ
NAca:   в русь возмя имѣние много у грекъ и полонъ
Tols:   в русь возмя имѣние много у грекъ и полонъ

Bych:   в Русь, вземъ имѣнье много у Грекъ и полонъ
Shakh:  въ Русь, възьмъ имѣние мъного у Грькъ и полонъ
Likh:   в Русь, вземъ имѣнье много у грекъ и полонъ
Ostr:   въ Русь, възьмъ имѣнье мъного у Грькъ и полонъ
```

73,27:

```
Laur:   бещислᴇнъ  съ малыми дружины. слы|шавше
Radz:   бесчисленъ  с маломъ дроужины. | слышавше
Acad:   бесчисленъ  с маломъ дрᶙжины. | слышавше
Hypa:   бещисленъ. а с малоᴍ дружины. слышавше |
Khle:   безчислᴇᴺ  с малѡᴹ дроужнᴵы. Слышавше

Comm:   бещислѣныи с маломъ дружины слышавши
NAca:   бещислѣныи с маломъ дружины слышавше
Tols:   бещисленъ с маломъ дружины слышавше

Bych:   бещислен, съ маломъ дружины". Слышавше
Shakh:  бещисльнъ, съ малъмь дружины". Слышавъше
Likh:   бещислен, съ маломъ дружины". Слышавше
Ostr:   бещисльнъ, съ малъмь дружины". Слышавъше
```

73,28:

Laur: же се печенизи. заступиша пороги. и пр҃иде
Radz: се печенезѣ. застоупиша пороги. и приниде
Acad: се печенезн. застѹпиша пороги. и прїиде
Hypa: же печенѣзи се. | заступиша порогы. и приде
Khle: же печенѣзи то, застоупиша | порогы. и прїиде

Comm: же се печенѣзѣ и заступиша печенѣзи порокы и прииде
NAca: же се печенѣзи и се заступивше печенѣзи порогы и прииде
Tols: же се печенѣзи и се заступивше печенѣзи порогы и прииде

Bych: же се Печенизи, заступиша пороги; и приде
Shakh: же се Печенѣзи, заступиша порогы. И приде
Likh: же се печенизи заступиша пороги. И приде
Ostr: же се Печенѣзи, заступиша порогы. И приде

73,29:

Laur: с҃тославъ къ порогомъ. и не бѣ льзѣ проити по|рогъ.
Radz: с҃тославъ к порогомъ. и не бѣ лзѣ проити порог. ||
Acad: с҃тославъ к порогомъ. и не бѣ лзѣ проити по|рогъ.
Hypa: стославъ к | порогомъ. и не бѣ лзѣ прои|ти пороговъ.
Khle: стославь к порогоⷨ, и не лзѣ | проити пороговь.

Comm: святославъ к порогомъ и не бѣ лзѣ проити
NAca: святославъ к порогомъ и не бѣ лзѣ проити
Tols: святославъ к порогомъ и не бѣ лзѣ проити

Bych: Святославъ къ порогомъ, и не бѣ льзѣ проити порогъ;
Shakh: Святославъ къ порогомъ, и не бѣ льзѣ проити порогъ;
Likh: Святославъ къ порогомъ, и не бѣ льзѣ проити порогъ.
Ostr: Святославъ къ порогомъ, и не бѣ льзѣ проити порогъ.

73,30:

Laur: и ста зимовати в бѣлобережьи. и не бѣ
Radz: и ста зимовати въ белъберези и не бѣ   [40ᵛ]
Acad: и ста зимовати въ бѣлъбережи. | и не бѣ
Hypa: и ста зимова|ть въ бѣлобережьи. не бѣ |
Khle: и ста ꙃимовати в бѣлобережи, | и не бѣ

Comm: и ста зимовати в бѣлобережьи и бѣ
NAca: и ста зимовати в бѣлобережьи и бѣ
Tols: и ста зимовати в бѣлобережьи и бѣ

Bych: и ста зимовати в Бѣлобережьи, и не бѣ
Shakh: и ста зимовати въ Бѣлобережии. И не бѣ
Likh: И ста зимовати в Бѣлобережьи, и не бѣ
Ostr: И ста зимовати въ Бѣлобережьи. И не бѣ

Повѣсть времеиьныхъ лѣтъ

73,31:

Laur: оу нн˟ | брашна оуже. и бѣ гладъ велнкъ. ꙗко
Radz: оу нн˟ брашна | оуже. и бѣ гладъ велнкъ:- | И ꙗко
Acad: оу нн˟ брашна оуже и бѣ глᴬа велнкъ:· ꙗко
Hypa: в нн˟ брашна. и быᶜ гладъ велїкъ. ꙗко
Khle: в нн˟ брашна. и быᶜ глᴬа велнкь. ꙗко

Comm: гладъ великъ
NAca: гладъ великъ
Tols: гладъ великъ

Bych: у нихъ брашна уже, и бѣ гладъ великъ, яко
Shakh: у нихъ брашьна уже, и бѣ гладъ великъ, яко
Likh: у них брашна уже, и бѣ гладъ великъ, яко
Ostr: у нихъ брашьна, и бѣ гладъ великъ, яко

74,1:

Laur: по полугрі|внѣ глава коняча. и зн̄мова стоᷤславъ
Radz: по полоугрнвнѣ конячья голова. и зн̄мова сто̄славъ
Acad: по полꙋгрнвнѣ коняча глава. и зн̄мова сто̄славъ
Hypa: по полугривнѣ го|лова коняча. и зн̄мова сто|славъ.
Khle: по полꙋгрнвенью коняча голова. и зн̄мова стославь.

Comm: по полугривнѣ голова конячья
NAca: по полъгривнѣ голова конячья
Tols: по полъгривнѣ голова конячья

Bych: по полугривнѣ глава коняча, и зимова Святославъ   [72,14]
Shakh: по полугривьнѣ глава коняча. И зимова Святославъ   [88,2]
Likh: по полугривнѣ глава коняча, и зимова Святославъ   [52,35]
Ostr: по полугривьнѣ глава коняча. И зимова Святославъ

74,2:

Laur: ту.
Radz: тоу.
Acad: тꙋ.
Hypa: omitted
Khle: omitted

Comm: omitted
NAca: omitted
Tols: omitted

Bych: ту.
Shakh: ту.
Likh: ту.
Ostr: ту.

74,3:

Laur: весн‌ѣ | же приспѣвъши·:· | в лѣ̃. ҂s.у̃.п̃.·:-
Radz: вѣсⷩ҇ѣ же приспѣвши. в лѣ̃ ҂s.у̃.п̃.
Acad: весн‌ѣ | же преспѣвши·:· в лѣ̃ ҂s.у̃.п̃.
Hypa: весн‌ѣ же приспѣвъ|ши. понде с̃тославъ в порогы·:· ||
Khle: ве|сн‌ѣ же приспѣвши, понде с̃тославь в порогы·:·

Comm: веснѣ же приспѣвши а се княжение ярополче в лѣто 6480
NAca: веснѣ же приспѣвши а се княжение ярополче в лѣто 6480
Tols: веснѣ же приспѣвши а се княжение ярополче в лѣто 6480

Bych: Веснѣ же приспѣвши, в лѣто 6480,
Shakh: Веснѣ же приспѣвъши, Въ лѣто 6480,
Likh: Веснѣ же приспѣвши, в лѣто 6480,
Ostr: Веснѣ же приспѣвъши, поиде Святославъ в порогы.

74,4:

Laur: Понде с̃тославъ в пороги. и нападе на нь
Radz: Понде | с̃тославъ в порогы.   нападе на нь
Acad: Понде с̃тославъ | в порогы.   нападе на нь
Hypa: в лѣ̃. ҂s.у̃.п̃. Приде с̃тослав. | в порогы. и нападе на нѧ
Khle: в лѣ̃ ҂s.у̃.п̃. Приде с̃тославь в порогы, и нападе || на нѧ   [31ᵛ]

Comm: поиде святославъ в порогы и нападе
NAca: поиде святославъ в порогы и нападе
Tols: поиде святославъ в порогы и нападе

Bych: поиде Святославъ в пороги. И нападе на нь
Shakh: поиде Святославъ въ порогы, и нападе на нь
Likh: поиде Святославъ в пороги. И нападе на нь
Ostr: Въ лѣто 6480 приде Святославъ въ порогы, и нападе на нь

74,5:

Laur: Кура кн҃ѕь печенѣжьскии. и оубиша с̃тослава.
Radz: коура кн҃зь печенѣⷤски, |и оубиша с̃тослава.
Acad: кȣра кн҃зь печенѣзьскыи. и оубиша с̃тослава.
Hypa: ку|ра кн҃зь печенѣжьскыи. и | оубиша с̃тослава.
Khle: коура кна҃з печенѣжскыи. и оубиша с̃то|слава.

Comm: куря князь печенѣжьскыи и убиша святослава
NAca: куря князь печенѣзьскии   убиша святослава
Tols: куря княжь печенѣзьскии   убиша святослава

Bych: Куря, князь Печенѣжьский, и убиша Святослава,
Shakh: Куря, кънязь Печенѣжьскыи; и убиша Святослава,
Likh: Куря, князь печенѣжьский и убиша Святослава,
Ostr: Куря, кънязь Печенѣжьскыи; и убиша Святослава.

Повѣсть времѣньныхъ лѣтъ

74,6:

Laur:	взаша І главу его. и во лбѣ его. съдѣлаша
Radz:	и взаша главоу его. и въ лбе е͡г со|дѣлаша
Acad:	и взаша главȣ его. и во лъбѣ І его содѣлаша
Hypa:	и взаша І голову его. и во лбѣ его здѣ|лаша
Khle:	и взаша головоу его. и въ лбѣ его съдѣлаша І
Comm:	и взяша главу его и во лбѣ его сдѣлаша
NAca:	и взяша главу его и во лъбѣ его здѣлаша
Tols:	и взяша главу его и во лбѣ его здѣлаша
Bych:	и взяша главу его, и во лбѣ его съдѣлаша
Shakh:	и възяша главу его, и въ лъбѣ его съдѣлаша
Likh:	и взяша главу его, и во лбѣ его съдѣлаша
Ostr:	И възяша главу его, и въ лъбѣ его съдѣлаша

74,7:

Laur:	чашю. ѡкова͡ш	лобъ его. и пьяху по немь.
Radz:	чашю. ѡковавше лобъ е͡г и пьяхȣ из него
Acad:	чашȣ. ѡковавше лобъ его. и пья|хȣ из него.
Hypa:	чашю. ѡковавше ло|бъ ᵉᵍᵒ. и пьяху въ немъ.
Khle:	чашоу. ѡковавше лобь его. и пїахѫ въ не͡м.
Comm:	чашю и пиаху изъ неи
NAca:	чашу и пиаху в неи
Tols:	чашу и пиаху в неи
Bych:	чашю, оковавше лобъ его, и пьяху из него.
Shakh:	чашю, оковавъше лъбъ его, и пияху въ немь.
Likh:	чашю, оковавше лобъ его, и пьяху из него.
Ostr:	чашю, оковавъше лъбъ его, и пияху въ немь.

74,8:

Laur:	свѣналдъ же приде к|їєву къ ꙗрополку. и всѣ͡х
Radz:	свѣна|лдъ же приіде к кыевȣ. ко ꙗрополкȣ. и бы͡с всѣ͡х
Acad:	свѣналдъ же прїиде к кїєвȣ. къ ꙗропо|лкȣ. и бысть всѣхъ
Hypa:	свѣ|нгелдъ же приде къ кие|ву. къ ꙗрополку. и бы͡с всѣхъ
Khle:	свентелдь же прїиде къ кїєвоу, къ ꙗрополкоу. и бы͡с всѣ͡х
Comm:	свѣнделъ же прииде кыеву къ ярополку а ярополкъ
NAca:	свѣнделъ же прииде къ киеву ко ярополку а ярополкъ
Tols:	свѣнделъ же прииде къ киеву ко ярополку а ярополкъ
Bych:	Свѣналдъ же приде Киеву къ Ярополку. И всѣхъ
Shakh:	Свѣналъдъ же приде Кыеву къ Ярополку. И бысть вьсѣхъ
Likh:	Свѣналдъ же приде Киеву къ Ярополку. И всѣх
Ostr:	Свѣналдъ же приде къ Кыеву къ Ярополку. И бысть вьсѣхъ

74,9:

Laur: лѣтъ кнѧженьѧ с͡тославлѧ. лѣ͡т. к҃.и.и҃.:·
Radz: лѣтъ | кнженниѧ е   . кн҃:- |
Acad: лѣтъ. кнѧженьѧ его.   к҃ и.и҃. |
Hypa: лѣ͡т | кнѧженнѧ. с͡тославлѧ. лѣ͡т. | кн҃·:·
Khle: лѣ͡т кнѧженїѧ с͡тославлѧ.   кн҃:·

Comm: же кнѧжа в киевѣ и воевода бѣ у него блудъ
NAca: кнѧжа в киевѣ и воевода бѣ у него блудъ
Tols: кнѧжа в киевѣ и воевода бѣ у него блудъ

Bych: лѣтъ княженья Святослава лѣтъ 20 и 8.
Shakh: лѣтъ кънѧжения Свѧтославля лѣтъ 20 и 8.
Likh: лѣтъ княженья Святослава лѣтъ 20 и 8.
Ostr: лѣтъ кънѧжения Свѧтославля 28.

74,10:

Laur: В лѣ͡т. ҂s҃.у҃.п҃а. Начѧ кнѧжити ѩропо|лкъ·:-
Radz: В лѣ͡т ҂s у҃.п҃а аYа кнжнти ѩрополкъ.
Acad: В лѣ͡т. ҂s҃.у҃.п҃а. нача кнжнти ѩрополкъ.
Hypa: В лѣ͡т. ҂s҃.у҃.п҃а. Начѧ | кнѧжнти ѩрополкъ·:·
Khle: В лѣ͡т ҂s҃.у҃.п҃а, | начѧ кнѧжнти ѩрополкъ.

Comm: в лѣто 6481
NAca: в лѣто 6481
Tols: в лѣто 6481

Bych: В лѣто 6481. Нача княжити Ярополкъ.
Shakh: Въ лѣто 6481. Нача кънѧжити Ярополкъ.
Likh: В лѣто 6481. Нача княжити Ярополкъ.
Ostr: Въ лѣто 6481. Нача кънѧжити Яропълкъ.

74,11:

Laur: В лѣ͡т. ҂s҃.у҃.п҃в·:·
Radz: В лѣ͡т. ҂s҃.у҃ п҃в. |
Acad: В лѣ͡т. ҂s҃.І.у҃.п҃в.
Hypa: В лѣто. ҂s҃.у҃.п҃в·:·
Khle: В лѣ͡т ҂s҃.у҃.п҃в. |

Comm: в лѣто 6482.
NAca: в лѣто 6482.
Tols: в лѣто 6482.

Bych: В лѣто 6482.
Shakh: Въ лѣто 6482.
Likh: В лѣто 6482.
Ostr: Въ лѣто 6482.

Повѣсть времєньныхъ лѣтъ 517

74,12:

Laur: В лѣ͞т. ҂ѕ҃.у҃.п҃г·. | Ловъ дѣющє Свѣналднұю.
Radz: В лѣ͞т. ҂ѕ҃ у҃ в҃г Ловъ дѣющн свѣналднұю.
Acad: В лѣ͞т. ҂ѕ҃. п҃г. ловь дѣющн свѣналднұю.
Hypa: В лѣ͞т. ҂ѕ҃.у҃.п҃г. Ловы дѣющ͡ | свѣньгєлднұю.
Khle: в лѣ͞т ҂ѕ҃.у҃.п҃г. Ловы дѣющє свєнгєлднұю.

Comm: в лѣто 6483 ловы дѣюще свѣньлдицю
NAca: в лѣто 6483 ловы дѣющу свиньлдицю
Tols: в лѣто 6483 ловы дѣющу свиньлдицю

Bych: В лѣто 6483. Ловъ дѣющю Свѣналдичю,
Shakh: Въ лѣто 6483. Ловы дѣющю Свѣналъдичю,
Likh: В лѣто 6483. Ловъ дѣющю Свѣналдичю,
Ostr: Въ лѣто 6483. Ловы дѣющю Свѣналъдичю,

74,13:

Laur: нмєнємъ лютъ. ншєд̾ | бо нс кнєва гна по
Radz: нмєнємъ лю͞. ‖ шє͞д бо нс кнєва гна по   [41ᴦ]
Acad: нмє|нємь лютъ. шє͞д бо нс кыєва гна по
Hypa: нмєнємъ | лютъ. ншєдъ бо нз кнє|ва. гна по
Khle: нмєнє͞м | лю͞т. нзшє͞д бо нс кыєва, гна по

Comm: именемъ лутъ ишедъ бо ис кыева гна по
NAca: именемъ лютъ изшедъ бо ис киева гна по
Tols: именемъ лютъ изшедъ бо ис киева гна по

Bych: именемъ Лютъ, ишедъ бо ис Киева гна по
Shakh: именьмь Лютъ; ишьдъ бо ис Кыева, гъна по
Likh: именемъ Лютъ; ишедъ бо ис Киева гна по
Ostr: именьмь Лютъ; ишьдъ бо ис Кыева, гъна по

74,14:

Laur: ꙁвѣрн в лѣсѣ. н оуꙁрѣ н Ѡлєгъ. | н рє͡ кто сє
Radz: ꙁвѣрн в лѣсѣ. н оуꙁрѣ   Ѡлєгъ н рєчє. | кто сє
Acad: ѕвѣрн в лѣсѣ. | н оуѕрѣ   Ѡлєгъ. н рєчє. кто сє
Hypa: ꙁвѣрн в лѣсѣ.   оу|ꙁрѣ н Ѡлєгъ. н рє͡ кто сє
Khle: ѕвѣрѣ в лѣсѣ. н оу|ѕрѣ єго Ѡлєгь. н рє͡ кто сє

Comm: звѣри в лѣсѣ и узрѣ   олегъ и рече кто се
NAca: звѣри в лѣсѣ и узрѣ   олегъ и рече кто се
Tols: звѣри в лѣсѣ и узрѣ   олегъ и рече кто се

Bych: звѣри в лѣсѣ; и узрѣ и Олегъ, и рече: "кто се
Shakh: звѣри въ лѣсѣ; и узьрѣ и Ольгъ, и рече: "къто сь
Likh: звѣри в лѣсѣ. И узрѣ и Олегъ, и рече: "Кто се
Ostr: звѣри въ лѣсѣ. И узьрѣ и Ольгъ, и рече: "Къто сь

74,15:

Laur: єсть. и рѣша ему свѣналдичь. и заѣхавъ убн
Radz: єсть. и рѣша емоу свѣналдичь. и заєхавъ и оубн
Acad: єсть. и рѣша емȣ. | свѣналдичь. иѣъѣха и оубі
Hypa: єlсть. и ркоша ему свѣнгелдн‹ү›ь. и заѣхавъ оубн |
Khle: є̃с. и рекошаⁿ емоу, свѣ̃гелд҇и. и заехавь оубн.

Comm: есть и рѣша   свендельдиць и заихавъ уби
NAca: есть и рѣша   свиньлдиць и заиха   уби
Tols: есть и рѣша   свиньлдиць и заиха   уби

Bych: есть?" И рѣша ему: "Свѣналдичь", и заѣхавъ уби
Shakh: есть?" И рѣша ему: "Свѣналъдичь". И заѣхавъ, уби
Likh: есть?". И рѣша ему: "Свѣналдичь". И заѣхавъ, уби
Ostr: есть?" И рѣша ему: "Свѣналдичь". И заѣхавъ, уби

74,16:

Laur: и. бѣ бо ловы дѣıа ѡлегъ. и ѡ то бы҇с
Radz: і | бѣ бо ловы дѣа ѡлегъ.   ѡ тоᵐ быс̃
Acad: и. бѣ бо ловы дѣıа | ѡлегъ.   ѡ томъ бысть
Hypa: и. бѣ бо ловы дѣıа ѡлегъ. | и ѡ тоᵐ. бы҇с
Khle: и бѣ бо ловы дѣа ѡлегь, и ѡ | тоᵐ бы҇с

Comm: бѣ бо ловы дѣя олегъ и оттолѣ бысть
NAca: бѣ бо ловы дѣюще олегъ и оттолѣ бысть
Tols: бѣ бо ловы дѣюще олегъ и оттолѣ бысть

Bych: и, бѣ бо ловы дѣя Олегъ. И о томъ бысть
Shakh: и, бѣ бо ловы дѣя Ольгъ. И о томь бысть
Likh: и, бѣ бо ловы дѣя Олегъ. И о томъ бысть
Ostr: и, бѣ бо ловы дѣя Ольгъ. И о томь бысть

74,17:

Laur: мю ими | ненавнсть.   ıарополку на ѡльга.
Radz: межи има не‹навнсть› | и ‹ıа›рость ıарополкȣ на ѡлга.
Acad: межи има ненавнсть. | ıарополкȣ на ѡлга.
Hypa: межи има нена|вность   ıарополку на ѡльга.
Khle: меⁿжⁿи ими ненавность.   ıарополкоу на ѡлга. |

Comm: межи ими ненависть ярополъку на олга
NAca: межу ими ненависть ярополку на олга
Tols: межу ими ненависть ярополку на олга

Bych: межи ими ненависть, Ярополку на Ольга,
Shakh: межю има ненависть, Ярополку на Ольга,
Likh: межю ими ненависть, Ярополку на Ольга,
Ostr: межю има ненависть, Ярополку на Ольга,

74,18:

Laur:	и молваше всег̑да. ꙗрополку свѣналдъ. поиди
Radz:	и молваше всегда ꙗрополкȣ	свѣналдъ. поиди
Acad:	и молваше всегда ꙗрополкȣ	свѣналдъ. поиди
Hypa:	и молваше вcꙗ|рополку свѣнгелдъ. по҇иди
Khle:	и молваше всеѓа ꙗрополкоу свенгелдъ. поиди
Comm:	и молвяше всегда ярополку свенделд поиди
NAca:	и молъвяше всегда ярополку свеньлдъ поиди
Tols:	и молваше всегда ярополку свеньлдъ поиди
Bych:	и молваше всегда Ярополку Свѣналдъ: "поиди
Shakh:	и мълваше вьсьгда Яропълку Свѣналъдъ: "поиди
Likh:	и молваше всегда Ярополку Свѣналдъ: "Поиди
Ostr:	и мълвяше вьсьгда Яропълку Свѣналдъ: "Поиди

74,19:

Laur:	на братъ свои. и	прими волость его. хотѧ
Radz:	на братъ свои. прими волость его.	хотѧ
Acad:	на братъ свои. и прїими волость	его. хотѧ
Hypa:	на брата своего. и	приимеши власть еди͠н.	его хотѧ
Khle:	на	брата своего, и прїимеши власть его. хотѧ
Comm:	на брать свои и приимеши власть его хотя
NAca:	на брать свои и приимеши власть его хотя
Tols:	на брать свои и приимеши власть его хотя
Bych:	на брать свои и прими волость его", хотя
Shakh:	на братъ свои, и преимеши власть его", хотя
Likh:	на брать свои и прими волость его", хотя
Ostr:	на брата своего, и приимеши власть его", хотя

74,20:

Laur:	ѿмьстити с͠ну свое‹му›.	
Radz:	ѿмьстити с͠ноу своемȣ
Acad:	ѿмьстити с͠нȣ своемȣ:·
Hypa:	ѿмьстити с͠ну	своему·:·
Khle:	ѿ|мьстити с͠ноу своемоу·:
Comm:	отомьстити сыну своему
NAca:	отомьстити сыну своему
Tols:	отомьстити сыну своему
Bych:	отмьстити сыну своему.
Shakh:	отъмьстити сыну своему.
Likh:	отмьстити сыну своему.
Ostr:	отъмьстити сыну своему.

74,21:

Laur: В лѣ̃т ҂s̃.у̃.п̃д.
Radz: omitted
Acad: omitted
Hypa: В лѣ̃т. ҂s̃.у̃.п̃д.:· |
Khle: В лѣ̃т ҂s̃.у̃.п̃д.

Comm: в лѣто 6484
NAca: в лѣто 6484
Tols: в лѣто 6484

Bych: В лѣто 6484.
Shakh: В лѣто 6484.
Likh: В лѣто 6484.
Ostr: В лѣто 6484.

74,22:

Laur: В лѣ̃т. ҂s̃.у̃.п̃е:- | Понди ꙗрополкъ на
Radz: В лѣ̃т. ҂s̃ у̃ п̃е Понде ꙗрополкъ:· | на
Acad: В лѣ̃т. ҂s̃.у̃.|.п̃е. понде ꙗрополкъ на
Hypa: В лѣ̃т. ҂s̃.у̃.п̃е. Понде ꙗро|полкъ на
Khle: В лѣ̃т. | ҂s̃.у̃.п̃е. Понде ꙗрополкь на

Comm: в лѣто 6485 поиде ярополкъ на
NAca: в лѣто 6485 поиде ярополкъ на
Tols: в лѣто 6485 поиде ярополкъ на

Bych: В лѣто 6485. Поиде Ярополкъ на
Shakh: В лѣто 6485. Поиде Яропълкъ на
Likh: В лѣто 6485. Поиде Ярополкъ на
Ostr: В лѣто 6485. Поиде Яропълкъ на

74,23:

Laur: ѡлга брата своего | на деревьску землю. и
Radz: брӑ своѐ на ѡлга. на деревеньскую | землю. и
Acad: брата своего на ѡлга: на || деревьскую землю. и   [36ᵛ]
Hypa: ѡлга брӑ своего на | деревьскую землю. и
Khle: олга брата своего. | на деревскоую землю. и

Comm: олга брата своего на деревьскую землю
NAca: олга брата своего на деревъскую земьлю и
Tols: олга брата своего на деревьскую землю и

Bych: Олга, брата своего, на Деревьску землю, и
Shakh: Ольга, брата своего, на Деревьску землю, и
Likh: Олга, брата своего, на Деревьску землю. И
Ostr: Ольга, брата своего, на Деревьску землю. И

Повѣсть времеиьныхъ лѣтъ

74,24:

Laur: нзнде протнву єго ѡлегъ. н вполунтаса ратнвшемаса
Radz: нзыде протнвꙋ емꙋ ѡлегъ. н ѿполунста|са н сразнвшнмаса
Acad: нзыде протнвꙋ емꙋ ѡлегъ. н ѿполунстаса. н сразнвшнмаса
Hypa: нзы|де протнву ему ѡлегъ. н ‖ ѿполунстаса. н сразнвшнмаᶜ   [29d]
Khle: нзындє протнвоу емоу | ѡлегъ. н ѿполунша̋ͨ н сразнвшнмса

Comm: изиде противу ему олегъ и вполцистася и сразивъшимася
NAca: изиде противу ему олегъ и вполчистася и съступившемася
Tols: изиде противу ему олегъ и вполчистася и сступившамася

Bych: изиде противу его Олегъ, и ополчистася; ратившемася
Shakh: изиде противу ему Ольгъ, и въпълчистася; и съразивъшемася
Likh: изиде противу его Олегъ, и ополчистася. Ратившемася
Ostr: изиде противу ему Ольгъ, и опълчиста ся. И съразивъшима ся

74,25:

Laur: полко|ма. побѣдн ꙗрополкъ ѡльга.
Radz: полкома. н побєдн ꙗрополкъ ѡлга. |
Acad: полкома. н побе|дн ꙗрополкъ ѡлга:·
Hypa: полкома. н побѣдн ꙗро|по̂къ ѡлга.
Khle: полкома. н побѣ̑ді̄ ꙗрополкъ ѡлга.

Comm: полкома   и побѣди ярополкъ олга и
NAca: полкома обѣима и побѣди ярополкъ олга и
Tols: полкома обѣима и побѣди ярополкъ олга и

Bych: полкома, побѣди Ярополкъ Ольга.
Shakh: пълкома, побѣди Яропълкъ Ольга.
Likh: полкома, побѣди Ярополкъ Ольга.
Ostr: пълкома, побѣди Яропълкъ Ольга.

74,26:

Laur: побѣгъшю же | ѡльгу с вон с вон свонмн. въ
Radz: Побѣгшю же ѡлгꙋ   свонмн вон. въ
Acad: Побѣгшю же ѡлгꙋ с во|н   свонмн. во
Hypa: побѣгъшю же | ѡлговн с вон   свонмн в
Khle: побѣгшоу же ѡлговн с вон | свонмн, в

Comm: побѣгшю   олгу с вои своими во
NAca: побѣгъшу   ольгу с вои своими въ
Tols: побѣгшу   олгу с вои своими въ

Bych: Побѣгъшю же Ольгу с вои своими въ
Shakh: Побѣгъшю же Ольгу съ вои своими въ
Likh: Побѣгъшю же Ольгу с вои своими въ
Ostr: Побѣгъшю же Ольгу съ вои своими въ

74,27:

Laur: градъ рекомыи | вручии. бяше черес гроблю мостъ
Radz: гра̀ рекомын вроучан. и баше мостъ чере̃ гр<о>блю
Acad: гра̀ рекомын [в]ручан. и баше мостъ чере гро|блю.
Hypa: горо̀. | рекомыи вручии. и баш|е мостъ уресъ гр<е>блю
Khle: горѡ̀ рекомыи ᵒвручїи, и баше мостъ | урезь гроблю

Comm: градъ рекомыи вруцѣи и бѣаше мостъ чрес греблю
NAca: градъ рекомыи вручии и бѣше мостъ чересъ греблю
Tols: градъ рекомыи вручии и бѣше мостъ чересъ греблю

Bych: градъ, рекомый Вручий, бяше чересъ гроблю мостъ
Shakh: градъ, рекомыи Вьручии, и бяше мостъ чрес греблю
Likh: градъ, рекомый Вручий, бяше чересъ гроблю мостъ
Ostr: градъ, рекомыи Вьручии, и бяше мостъ чресъ греблю

74,28:

Laur: ко врато||томъ граднымъ. теснячеса [23ᵛ]
Radz: ко вратомъ гра̀ны̀ᵐ | теснячнса
Acad: ко вратомь гра̀нымь. теснячеса
Hypa: к воротоᵐ городныᵐ. и тесняїса
Khle: к воротоᵐ граднымᵐ. и теснячнса |

Comm: ко вратомъ граднымъ и тѣснящеся
NAca: ко вратомъ граднымъ и тѣснячися
Tols: ко вратомъ граднымъ и тѣснячися

Bych: ко вратомъ граднымъ, теснячеся
Shakh: къ вратомъ градьнымъ, и тѣсьнящеся,
Likh: ко вратомъ граднымъ, теснячеся
Ostr: къ вратомъ градьнымъ, тѣснячи ся

74,29:

Laur: другъ друга. пиха|ху въ гроблю. и спехнуша
Radz: спихахоу дру̀гъ дру̀га въ гроблю. и сопиноу||ша [41ᵛ]
Acad: спихахȣ дру̀гъ дру̀га в гроблю. и сопьхнȣша
Hypa: другъ друга   спехнуша |
Khle: дроугъ дроуга   съпхноуша

Comm: другъ друга спихаху с моста въ греблю и сопьхнуша
NAca: другъ друга спихаху с моста въ греблю и съпъхнуша
Tols: другъ друга спихаху с моста въ греблю и съпхнуша

Bych: другъ друга пихаху въ гроблю; и спехнуша
Shakh: другъ друга съпихаху въ греблю; и съпьхнуша
Likh: другъ друга пихаху въ гроблю. И спехнуша
Ostr: другъ друга съпихаху въ греблю; и съпьхнуша

74,30:

Laur: ѡльга с мосту в дебрь. І падаху людье мнози
Radz: с моста ѡлга в дебрь. и падахоу лю̂е мнози
Acad: с моста и ѡлга в де|брь. и падахȢ людіе мнзи.
Hypa: ѡлга с моста въ дебрь. и | падаху лю̂е мнози с моста. |
Khle: ѡлга с мостоу в дебрь | и падаж людіе с мостоу мнѡзи,

Comm: олга с мосту в дебрь и падаху людие на нь мнози
NAca: ольга с мосту в дребъ и падаху людие на нь мнози
Tols: ольга с мосту в дребь и падаху людие на нь мнози

Bych: Ольга с мосту в дебрь, падаху людье мнози,
Shakh: Ольга съ мосту въ дьбрь. И падаху людие мънози съ мосту,
Likh: Ольга с мосту в дебрь. Падаху людье мнози,
Ostr: Ольга съ мосту въ дьбрь. И падаху людие мънози,

74,31:

Laur: и оудавнша   кони   у҃лвци. І и въшедъ ꙗрополкъ
Radz: и оуда|внша   кони и у҃лвци:- І Н вше̂ ꙗрополкъ
Acad: и оудавнша   кони и че|ловѣци:· Н вше̂ ꙗрополкъ
Hypa: и оудавнша и кони и у҃лвці. І и въшедъ ꙗрополкъ
Khle: и оудавнша и | кони и у҃лци. и вше̂ ꙗрополкь

Comm: удавиша и конѣ и человѣци и вшед ярополкъ
NAca: и удавиша и кони и человѣцѣ и въшедъ ярополкъ
Tols: и удавиша и кони и человѣцѣ и вшед ярополкъ

Bych: и удавиша кони человѣци. И въшедъ Ярополкъ
Shakh: и удавиша и кони и человѣци. И въшьдъ Ярополкъ
Likh: и удавиша кони и человѣци. И въшед Ярополкъ
Ostr: и удавиша и кони и человѣци. И въшьдъ Ярополкъ

75,1:

Laur: въ градъ ѡльговъ. переꙗ вла̂сть его и по сла̃
Radz: въ гра̂ ѡлговъ п<ере>ꙗ власть его. І и посла
Acad: во гра̂ ѡлговъ. прїꙗ вла|сть его. и посла
Hypa: в го|ро̂ ѡлговъ. прнꙗ волость | его. и посла
Khle: в горѡ̂ олговь, и | прїꙗ власть его. и посла

Comm: въ градъ олговъ и прия власть его и посла
NAca: въ градъ ольговъ и приа власть его и посла
Tols: въ градъ ольговъ и приа власть его и посла

Bych: въ градъ Ольговъ, перея власть его, и посла   [73,14]
Shakh: въ градъ Ольговъ, прея власть его. И посъла   [89,8]
Likh: въ градъ Ольговъ, перея власть его, и посла   [53,24]
Ostr: въ градъ Ольговъ, прея власть его. И посъла

75,2:

Laur:	^искатъ брата своего. искавъше его не
Radz:	искати бра^{та} свое^г. и искавше не
Acad:	искати брата своего. и искаша не
Hypa:	искати брата | свое^г. и искавше его не
Khle:	искати брата своего. | искаше же и не обрѣтоша
Comm:	искати брата своего искавше его не
NAca:	искать брата своего искавше его не
Tols:	искать брата своего искавше его не
Bych:	искатъ брата своего; и искавъше его не
Shakh:	искатъ брата своего, и искавъше его, не
Likh:	искатъ брата своего; и искавъше его не
Ostr:	искати брата своего. И искавъше его, не

75,3:

Laur:	ѡбрѣтоша. и ре^ч единъ деревланинъ. азъ видѣ^х |
Radz:	ѡбрѣтоша. | и ре^ч единъ деревланинъ. азъ видѣ^х
Acad:	ѡбрѣтоша. и рече единъ деревланінъ. азъ видѣ |
Hypa:	ѡ|брѣтоша. и ре^ч ѡдинъ древланинъ ⟨древланинъ⟩ а|зъ видѣхъ
Khle:	его. и ре^ч единъ древла|нинъ. азъ видѣ^х
Comm:	обрѣтоша и рче единъ древлянинъ азъ видѣх
NAca:	обрѣтоша и рече единъ древлянинъ азъ видѣх
Tols:	обрѣтоша и рече единъ древлянинъ азъ видѣх
Bych:	обрѣтоша; и рече единъ Деревлянинъ: "азъ видѣхъ,
Shakh:	обрѣтоша. И рече единъ Древлянинъ: "азъ видѣхъ
Likh:	обрѣтоша. И рече единъ деревлянинъ: "Азъ видѣхъ,
Ostr:	обрѣтоша. И рече единъ Деревлянинъ: "Азъ видѣхъ

75,4:

Laur:	ꙗко вчера спехнуша с мосту. и посла ꙗрополк̑ |
Radz:	вчера. ꙗко сопноуша с мостоу. и посла ꙗрополкъ
Acad:	вчера. ꙗко сопхнуша и с мосту. и посла ꙗрополъкъ
Hypa:	вчера. ꙗко съ|пехънуша и с моста. и по|сла ꙗрополкъ
Khle:	вчера. ꙗко съпхноуша и с моста. | и посла ꙗрополкъ
Comm:	вчера яко сопхнуша его с мосту и посла ярополкъ
NAca:	вчера яко съпхнуша с мосту и посла ярополкъ
Tols:	вчера яко съпхнуша с мосту и посла ярополкъ
Bych:	яко вчера спехнуша с мосту". И посла Ярополкъ
Shakh:	вьчера, яко съпьхнуша и съ мосту". И посъла Ярополкъ
Likh:	яко вчера спехнуша с мосту". И посла Ярополкъ
Ostr:	вьчера, яко съпьхнуша и съ моста". И посъла Яропълкъ

Повѣсть времяньныхъ лѣтъ

75,5:

Laur:	искатъ брата. и влачнша трупье нз
Radz:	искати бра͞т. и влачн͞ша трупие нз
Acad:	искати брата. и влачнша трупье нз
Hypa:	искатъ. и | волочнша трупье нзъ
Khle:	искати его. и волочнша троупїа || нз [32ᵍ]
Comm:	искати и влачиша трупье из
NAca:	искать и влачиша трупие из
Tols:	искать и влачиша трупие из
Bych:	искатъ брата, и влачиша трупье изъ
Shakh:	искатъ, и влачиша трупие из
Likh:	искатъ брата, и влачиша трупье изъ
Ostr:	искати. И влачиша трупие из

75,6:

Laur:	гробли. ѿ | оутра и до полу͞дне. и налѣзоша и
Radz:	гробли ѿ оутра до пол͠удни. налезоша |
Acad:	гр͠шбли | ѿ оутра до пол͠удн͠ї. налезоша.
Hypa:	гр<е>бли ѿ оутра и до полудни. | и налѣзоша
Khle:	гробли, ѿ оутра и до полоудни. и налѣзоша
Comm:	греблѣ от утра до полудни и налѣзоша
NAca:	гребли от утра до полудни и налѣзоша
Tols:	гребли от утра до полудни и налѣзоша
Bych:	гробли отъ утра и до полудне, и налѣзоша и
Shakh:	гребля отъ утра и до полудне, и налѣзоша
Likh:	гробли от утра и до полудне, и налѣзоша и
Ostr:	гребля отъ утра и до полудьне, и налѣзоша

75,7:

Laur:	Ѡльга выспо|ди трупьѧ. внесоша и и положиша
Radz:	наиспо͠ди ѡлга по͞а тру͠пнемъ. вынесоша и положиша
Acad:	наиспо͠ди ѡлга | по͞а тру͠пьемъ. вынесоша. и положиша
Hypa:	исподи ѡлга | подъ трупьемъ. и внесъше положиша
Khle:	ни|споди ѡлга по͞а троупїе͞м. и внесше и и положиша,
Comm:	олга выподѣ под трупием изнесъше положиша
NAca:	исподи олга под трупьем и и изнесъше положиша
Tols:	исподи олга под трупьем и и изнесше положиша
Bych:	Ольга выспо̀ди трупья, вынесоша и, и положиша
Shakh:	Ольга въ исподи подъ трупиемъ. И вынесъше, положиша
Likh:	Ольга выспо̀ди трупья, вынесоша и, и положиша
Ostr:	исподи Ольга подъ трупиемъ. И вынесъше, положиша

525

75,8:

Laur: и на коврѣ. и | приде Ӕрополкъ надъ
Radz: на коврѣ:- И приде Ӕрополкъ над
Acad: на коврѣ:- И прїиде Ӕрополкъ надо
Hypa: и на коврѣ. | и приде Ӕрополкъ надъ
Khle: и | на коврѣ. и прїиде Ӕрополкъ надо

Comm: и на коврѣ и прииде ярополкъ надъ
NAca: его на коврѣ и прииде ярополкъ надъ
Tols: его на коврѣ и прииде ярополкъ надъ

Bych: и на коврѣ. И приде Ярополкъ, надъ
Shakh: и на ковьрѣ. И приде Яропълкъ надъ
Likh: и на коврѣ. И приде Ярополкъ, надъ
Ostr: и на ковьрѣ. И приде Яропълкъ надъ

75,9:

Laur: немъ   плакаса.   вижь сего | ты
Radz: <о>нь. и плакаса. и рё свеналдоу | вижь сего. ты
Acad: нь. и плакаса. и рече свенальдў вижь сего. ты
Hypa: онь. и плакаса. и рё свеньгелду. вижь иже ты
Khle: онь. и плакаса | и рё свенгелдоу. вижь иже ты

Comm: него и плакася зѣло и рече свеньделду яжь се ты
NAca: него и плакася   и рече свеньлду яжь се ты
Tols: него и плакася   и рече свеньделду яжь се ты

Bych: немъ плакася, и рече Свеналду: "вижь, сего ты
Shakh: нь, и плакася, и рече Свеналъду: "вижь сего ты,
Likh: немъ плакася, и рече Свеналду: "Вижь, сего ты
Ostr: нь, и плака ся, и рече Свеналъду: "Вижь иже ты

75,10:

Laur: еже еси хотѣлъ. и погребоша Ѡльга на мѣстѣ |
Radz: еси хотѣлъ. и погребоша Ѡлга на мѣ||стѣ   [42ᵍ]
Acad: еси хотѣлъ. и погребоша Ѡлга на мѣсте.
Hypa: сего | хотѧше. и погребоша Ѡльга на мѣстѣ
Khle: сего хотѧше и по|гребоша Ѡлга на мѣстѣ

Comm: сего хотяше и пакы погребоша его на мѣстѣ
NAca: сего хотяше и   погребоша его на мѣстѣ
Tols: сего хотяше и   погребоша его на мѣстѣ

Bych: еси хотѣлъ?" И погребоша Ольга на мѣстѣ
Shakh: еже хотяше". И погребоша Ольга на мѣстѣ
Likh: еси хотѣлъ!". И погребоша Ольга на мѣстѣ
Ostr: сего хотяше". И погребоша Ольга на мѣстѣ

Повѣсть времєньныхъ лѣтъ

75,11:

Laur: оу города вруога. и єсть могила єго и до сєго
Radz: оу города вроучєго. и єсть могила е҃ и до сєго
Acad: оу города вроучєго. и єсть могила | єго и до сєго
Hypa: оу города вр҃учєго. и єсть могила єго въ|роучєго.
Khle: оу города вроучєго и єсть | могила єго оу вроучєго

Comm: у града зовомаго вручьяго есть могыла его и до сего
NAca: у града вручьяго есть могила его и до сего
Tols: у града вручьяго есть могила его и до сего

Bych: у города Вручего, и есть могила его и до сего
Shakh: у града Вьручаго, и есть могыла его и до сего
Likh: у города Вручога, и есть могила его и до сего
Ostr: у града Вьручего, и есть могыла его у Вьручего

75,12:

Laur: д҃нє | оу вручєго. и прин҄а власть єго ꙗрополкъ.
Radz: д҃ни оу вроучєго. и прин҄а власть єго ꙗрополкъ:- |
Acad: д҃ни оу вроучєго. и прі҄а власть єго ꙗро|полкъ:·
Hypa: и до сєго д҃ни. и прі҄а волость єго ꙗрополкъ и. ‖ [30а]
Khle: и до сєго д҃нє. и прі҄а власть е҃ | ꙗрополкь и.

Comm: дне у вручьяго града и прия власть его ярополкъ бѣ бо
NAca: дни у врочьяго и приа власть его ярополкъ
Tols: дни у врочьяго и приа власть его ярополкъ

Bych: дне у Вручего. И прия власть его Ярополкъ.
Shakh: дьне у Вьручаго. И прея власть его Яропълкъ.
Likh: дне у Вручего. И прия власть его Ярополкъ.
Ostr: и до сего дьне. И прея власть его Яропълкъ.

75,13:

Laur: оу ꙗро|полка жє жєна грєкини бѣ. и бѧшє
Radz: Оу ꙗрополка жєна грєкинѣ бѣ. и бѧшє
Acad: Оу ꙗрополка жєна грєкини бѣ. и бѧшє
Hypa: оу ꙗрополка жєна грѣкин҃и | бѣ. и бѧшє
Khle: и оу ꙗрополка жєна грєкини бѣ. и | бѧшє

Comm: у ярополка жена грикинѣ и бяше
NAca: у ярополка же жена грекини бѣ и бѣяше
Tols: у ярополка же жена грекини бѣ и бѣяше

Bych: У Ярополка же жена Грекини бѣ, и бяше
Shakh: У Яропълка же жена Грькыни бѣ, и бяше
Likh: У Ярополка же жена грекини бѣ, и бяше
Ostr: У Яропълка жена Грькыни бѣ, и бяше

527

75,14:

Laur: была чернице́ю. бѣ бо привелъ ѡц҃ь его
Radz: была чернцею. І бѣ бо привелъ ю ѡц҃ь его.
Acad: была черні́цею. бѣ бо прі́велъ ю ѡ҃ць его.
Hypa: была черні́цею. юже бѣ привелъ ѿтець его
Khle: была чернцею. юже бѣ привелъ ѡц҃ь его

Comm: была прежде черницею юже бѣ привелъ отець его
NAca: была преже черницею юже бѣ привелъ отець его
Tols: была преже черницею юже бѣ привелъ отець его

Bych: была черницею; бѣ бо привелъ ю отець его
Shakh: была чьрницею, юже бѣ привелъ отьць его
Likh: была черницею; бѣ бо привелъ ю отець его
Ostr: была чьрницею, юже бѣ привелъ отьць его

75,15:

Laur: с҃тославъ. и вда ю за ꙗрополка красоты ради
Radz: с҃тославъ. и вда ю за ꙗрополка І красоты ра҇
Acad: с҃тославь. І и да ю за ꙗрополка. красоты ради
Hypa: с҃тославъ. и въіда ю за ꙗрополка. красы І дѣла
Khle: с҃тославь. и вда ю за ꙗрополка красоты дѣла І

Comm: святославъ и вдасть ю за ярополка красы ради
NAca: святославъ и вда ю за ярополка красы ради
Tols: святославъ и вда ю за ярополка красы ради

Bych: Святославъ, и вда ю за Ярополка, красоты ради
Shakh: Святославъ, и въда ю за Яропълка, красы ради
Likh: Святославъ, и вда ю за Ярополка, красоты ради
Ostr: Святославъ, и въда ю за Яропълка, красоты ради

75,16:

Laur: лица еꙗ. слышавъ же се воІлодимѣръ в новѣгородѣ.
Radz: лица еꙗ. слышавше володимеръ в новѣгороІдѣ.
Acad: лица еꙗ. слышалъ же володимиръ. в нѡвѣгородѣ.
Hypa: лица еꙗ. слышавъ же се володимиръ. в новѣІгородѣ.
Khle: лица еꙗ. слышав же се володимиръ в новѣгородѣ. І

Comm: лица его слыша же се володимиръ в новѣгородѣ
NAca: лица ея слышаша же се володимеръ в новѣгородѣ
Tols: лица ея слышаша же се володимеръ в новѣгородѣ

Bych: лица ея. Слышавъ же се Володимѣръ въ Новѣгородѣ,
Shakh: лица ея. Слышавъ же се Володимеръ въ Новѣгородѣ,
Likh: лица ея. Слышав же се Володимѣръ въ Новѣгородѣ,
Ostr: лица ея. Слышавъ же се Володимиръ въ Новѣгородѣ,

75,17:

Laur: ꙗко ꙗрополкъ оуби Ѡльга. оубоꙗвсѧ
Radz: ꙗко ꙗрополк оуби Ѡлга. и оубоꙗвсѧ
Acad: ꙗко ꙗрополкь | оуби Ѡлга. и оубоꙗвсѧ
Hypa: ꙗко ꙗрополкъ. | оуби Ѡлга. оубоꙗвсѧ
Khle: ꙗко ꙗрополкь оуби Ѡлга. оубоꙗвсѧ и

Comm: яко уби ярополкъ олга и убоявъся
NAca: яко ярополкъ уби ольга и убоявся
Tols: яко ярополкъ уби ольга и убоявся

Bych: яко Ярополкъ уби Ольга, убоявся
Shakh: яко Яропълкъ уби Ольга, и, убоявъся,
Likh: яко Ярополкъ уби Ольга, убоявся
Ostr: яко Яропълкъ уби Ольга, убоявъ ся,

75,18:

Laur: бѣжа за море. а ꙗрополкъ поса|дники своꙗ
Radz: бежа за море | и ꙗрополкъ посади свои
Acad: бежа за море. и ꙗрополкь | посади свои
Hypa: бѣ|жа за море. а ꙗрополкъ по|сади посадникъ
Khle: бѣжа за | море. а ꙗрополкь посади посадникы

Comm: бѣжа за море а ярополкъ посади
NAca: бѣжа за море   ярополкъ сади
Tols: бѣжа за море   ярополкъ осади

Bych: бѣжа за море; а Ярополкъ посадники своя
Shakh: бѣжа за море; а Яропълкъ посади посадникы
Likh: бѣжа за море. А Ярополкъ посадники своя
Ostr: бѣжа за море. А Яропълкъ посади посадьникы

75,19:

Laur: посади в новѣгородѣ. и бѣ володѣꙗ | едінъ
Radz: посадники в новѣгородѣ. бѣ | владѣꙗ едінъ
Acad: посадникы в новѣгороде. и бѣ вла|дѣꙗ едінь   [37ᴦ]
Hypa: свои въ | новѣгородѣ. и бѣ володѣꙗ едінъ
Khle: своѧ в новѣ|городѣ. и бѣ владѣа ѡдінь

Comm: посадникы в новѣгородѣ и бѣ владѣя единъ
NAca: посадникы в новѣгородѣ и бѣ володѣя единъ
Tols: посадникы в новѣгородѣ и бѣ владѣя единъ

Bych: посади в Новѣгородѣ, и бѣ володѣя единъ
Shakh: своя въ Новѣгородѣ, и бѣ владѣя единъ
Likh: посади в Новѣгородѣ, и бѣ володѣя единъ
Ostr: своя въ Новѣгородѣ, и бѣ владѣя единъ

75,20:

Laur: в русн.
Radz: в р8сн.
Acad: в р8сн:·
Hypa: в русн·:·
Khle: в роусн:·

Comm: в руси
NAca: в роси
Tols: в роси

Bych: в Руси.
Shakh: въ Руси.
Likh: в Руси.
Ostr: въ Руси.

75,21:

Laur: В лѣ︥т ҂s͠ у͠ пs͠:·
Radz: В лѣ︥т ҂s͠.у͠ пs͠
Acad: В лѣ︥т. ҂s͠.у͠.пs͠.
Hypa: в лѣто. ҂s͠.у͠.пs͠:· |
Khle: В лѣ︥т ҂s͠ у͠ пs͠. |

Comm: в лѣто 6486
NAca: в лѣто 6486
Tols: в лѣто 6486

Bych: В лѣто 6486.
Shakh: Въ лѣто 6486.
Likh: В лѣто 6486.
Ostr: Въ лѣто 6486.

75,22:

Laur: В лѣ︥т. ҂s͠ у͠ пz͠:·
Radz: В лѣ︥т ҂s͠ у͠ пz͠. |
Acad: В лѣ︥т. ҂s͠.у͠.пz͠.
Hypa: В лѣто. ҂s͠.у͠.пz͠:· |
Khle: В лѣ︥т ҂s͠.у͠.пz͠.

Comm: в лѣто 6487
NAca: в лѣто 6487
Tols: в лѣто 6487

Bych: В лѣто 6487.
Shakh: Въ лѣто 6487.
Likh: В лѣто 6487.
Ostr: Въ лѣто 6487.

Повѣсть временьныхъ лѣтъ

75,23:

Laur: В лѣ͞т. | ҂s.у҃.п҃и:· Приде володимиръ съ
Radz: В лѣ͞т ҂s у҃ п҃и. И прииде володимеръ с
Acad: В лѣ͞т. ҂s.у҃.п҃и. приде володимиръ с
Hypa: В лѣто. ҂s.у҃.п҃и:· | Приде володимиръ с
Khle: В лѣ͞т ҂s.у҃.п҃и. Прииде владимерь | с

Comm: в лѣто 6488 начало княжения Володимиря и прииде володимиръ с
NAca: в лѣто 6488 начало княжения Володимиря прииде володимиръ с
Tols: в лѣто 6488 начало княжения Володимиря прииде володимиръ с

Bych: В лѣто 6488. Приде Володимиръ съ
Shakh: Въ лѣто 6488. И приде Володимеръ съ
Likh: В лѣто 6488. Приде Володимиръ съ
Ostr: Въ лѣто 6488. Приде Володимиръ съ

75,24:

Laur: варяги ноугороду. и ре҃ч посадникомъ ярополумъ.
Radz: варягы к новугоро͞д | и ре҃ч посаднико͞м ярополу͞м.
Acad: варяги к новугородꙋ. и рече посаднїко͞м ярополу͞м.
Hypa: варя|гы къ новугороду. и ре҃ч по|садннко͞м ярополъумъ. |
Khle: варяги къ новуугородоу. и ре҃ч посаднико͞м ярополу͞м. |

Comm: варягы к новугороду и рече посадникомъ ярополчимъ
NAca: варягы к новугороду и рече посадникомъ ярополчемъ
Tols: варягы к новугороду и рече посадникомъ ярополчемъ

Bych: Варяги Ноугороду, и рече посадникомъ Ярополчимъ:
Shakh: Варягы Новугороду, и рече посадникомъ Ярополчемъ:
Likh: варяги Ноугороду, и рече посадникомъ Ярополчимъ:
Ostr: Варягы Новугороду, и рече посадьникомъ Ярополчемъ:

75,25:

Laur: идѣте | къ брату моему. и рцѣте ему.
Radz: идите ко братꙋ моемꙋ. и рци|те емоу
Acad: идни|те ко братꙋ моемꙋ. и рцнте емꙋ.
Hypa: идете къ брату моему и | ре҃ч ему.
Khle: идѣте ко братоу моемоу рцѣте емоу.

Comm: идѣте къ брату моему и тако рците ему
NAca: идѣте ко брату моему и рците ему
Tols: идѣте ко брату моему и рците ему

Bych: "идѣте къ брату моему и рцѣте ему:
Shakh: "идѣте къ брату моему, и рьцѣте ему:
Likh: Идѣте къ брату моему и рцѣте ему:
Ostr: "Идѣте къ брату моему, и рьцѣте ему:

75,26:

Laur: володнмеръ ти нде на та. пристраванса
Radz: володнмеръ ндет на та. пристранванс
Acad: володнмнръ ндетъ на та. пристранванса.
Hypa: володнмнръ ндеть на та. пристранванса
Khle: вълоднмерь ндет на та. пристронванса

Comm: идет володимиръ на тя пристраиваися
NAca: идеть володимеръ на тя пристраиваиси
Tols: идет володимеръ на тя пристраиваиси

Bych: Володимеръ ти идеть на тя, пристраивайся
Shakh: Володимеръ ти идеть на тя, пристраиваися
Likh: Володимеръ ти идеть на тя, пристраивайся
Ostr: Володимиръ идеть на тя, пристраиваи ся

75,27:

Laur: протнву бнтъса. н сѣде в новегородѣ.
Radz: протнвȣ н сѣ в новѣгородѣ ||
Acad: протнвȣ. н сѣде в новѣгороде:·
Hypa: протнву бнтса. н сѣде в новегородѣ.
Khle: протнвоу бнтнса. н сѣде въ новѣгородѣ.

Comm: противу на бои и сѣде в новѣградѣ
NAca: противу бится и сѣде в новѣгородѣ
Tols: противу битися и сѣде в новѣгородѣ

Bych: противу битъся. И сѣде в Новѣгородѣ.
Shakh: противу битъся". И сѣде въ Новѣгородѣ.
Likh: противу битъся. И сѣде в Новѣгородѣ.
Ostr: противу битъ ся". И сѣде въ Новѣгородѣ.

75,28:

Laur: н посла ко рогъволоду полотьску гла. хочю
Radz: осла к ръгъволодȣ гла. хощȣ [42ᵛ]
Acad: Посла к рогьволодȣ гла. хоцю
Hypa: н поcла к роговолоду кнзю полотьск у гла. хо<щ>ю
Khle: н посла к рогволдоу к полоцкоу гла. хочю

Comm: и посла къ ровъголду полочку глаголя сице хощю
NAca: и посла къ рогъволоду полочку глаголя хощу
Tols: и посла къ рогъволоду полочку глаголя хощу

Bych: И посла ко Рогъволоду Полотьску, глаголя: "хочю
Shakh: И посъла къ Рогъволоду Полотьску, глаголя: "хощю
Likh: И посла ко Рогъволоду Полотьску, глаголя: "Хочю
Ostr: И посъла къ Рогъволоду Полотьску, глаголя: "Хощю

Повѣсть времєньныхъ лѣтъ

75,29:

Laur:	поӕти тъчєрь твою собѣ женѣ. ѡnъ же рє̃
Radz:	поӕти дщерь твою собѣ	женою. ѡn же рє̃
Acad:	поӕти	дщерь твою собѣ жену. ѡnь же рєчє
Hypa:	поӕти дщєрь <-->	твою женѣ. ѡnъ же рє̃
Khle:	поӕти дъщєрь твою	женѣ. оn же рє̃
Comm:	поняти дщерь твою женою себѣ онъ же рече
NAca:	поняти дщерь твою женѣ онъ же рече
Tols:	поняти дщерь твою женѣ онъ же рече
Bych:	пояти дщерь твою собѣ женѣ". Онъ же рече
Shakh:	пояти дъщерь твою женѣ собѣ". Онъ же рече
Likh:	пояти дщерь твою собѣ женѣ". Онъ же рече
Ostr:	пояти дъщерь твою женѣ". Онъ же рече

75,30:

Laur:	тъчєри своєи. хочєши	ли за володимєра. ѡno
Radz:	дщєри своєи хощеши ли за володимєра	ѡn
Acad:	дщєри своєи. хощеши ли за володимира. ѡna
Hypa:	дъщєри своєи. хощеши ли за	володимира. ѡna
Khle:	дъщєри своєи. хощєши ли за воло̂дн мєра. ѡnа̃ж
Comm:	дщери своеи хощеши ли за володимира она
NAca:	дщери своеи хощеши ли за володимера она жа
Tols:	дщери своеи хощеши ли за володимера она жа
Bych:	дщери своей: "хочеши ли за Володимера?" она
Shakh:	дъщери своеи: "хощеши ли за Володимера?" Она
Likh:	дщери своей: "Хочеши ли за Володимера?" Она
Ostr:	дъщери своеи: "Хощеши ли за Володимира?" Она

76,1:

Laur:	же рє̃. не хочю розути ро|бичича. но ӕрополка	
Radz:	же рє̃ не хочю розоути робичича. но ӕрополка	
Acad:	же рече не хочю роzȣти робичича. но ӕрополка	
Hypa:	же рє̃	не хощю розути володимє|ра. но ӕрополка	
Khle:	рє̃ не хочю разоути въло̂дн мера, но ӕро|полка	
Comm:	же рече не хощу розувати робичища нъ ярополка	
NAca:	же рече не хощу розувати робичища но ярополка	
Tols:	же рече не хощу розувати робичища но ярополка	
Bych:	же рече: "не хочю розути робичича, но Ярополка	[74,12]
Shakh:	же рече: "не хощю розути робичича, нъ Ярополка	[90,18]
Likh:	же рече: "Не хочю розути робичича, но Ярополка	[54,12]
Ostr:	же рече: "Не хощю розути робичича, нъ Ярополъка	

76,2:

Laur: хочю. бѣ бо рогъволодъ прішелъ н заморьѧ.
Radz: хочю | бѣ бо рогъволодъ приѣшелъ нзъ заморнѧ.
Acad: хочю. бѣ бо рогьво|лодъ прїшелъ нзь заморїа.
Hypa: хочю. бѣ | бо рогъволодъ перешелъ | нзъ заморьѧ.
Khle: хочю. бѣ бо рогволо͡дъ̑ пршо͡ нз заморїа. н

Comm: хощю бѣ бо рогъволодъ пришедъ изъ заморья
NAca: хощу бѣ бо рогъволодъ пришед изъ замориа
Tols: хощу бѣ бо рогволодъ пришед изъ заморья

Bych: хочю". Бѣ бо Рогъволодъ пришелъ изъ заморья,
Shakh: хощю". Бѣ бо Рогъволодъ пришьлъ изъ замория, и
Likh: хочю". Бѣ бо Рогъволодъ пришелъ и-заморья,
Ostr: хощю". Бѣ бо Рогъволодъ пришьлъ изъ замория, и

76,3:

Laur: нмаше власть свою в полоты|скѣ. а туры   туровѣ.
Radz: нмаше | власть свою   полтескъ. а тоуры в тоуровѣ
Acad: нмаше власть свою | полтескъ. а тꙋры в тꙋровѣ.
Hypa: нмаше во́лсть свою   полотьскъ. а туръ | туровѣ.   [30b]
Khle: н|маше волсть свою въ полотскоу. а тоурь, въ | тоуровѣ.

Comm: имяше власть свою в полотьскѣ а турыи   туровѣ
NAca: имяше власть свою в полтескѣ а турыи   торовѣ
Tols: имяше власть свою в полтеске а турыи   торовѣ

Bych: имяше власть свою в Полотьскѣ, а Туры Туровѣ,
Shakh: имѣяше власть свою Полотьсцѣ, а Туры Туровѣ,
Likh: имяше власть свою в Полотьскѣ, а туры Туровѣ,
Ostr: имѣяше власть свою Полотьскѣ, а Туры Туровѣ,

76,4:

Laur: ѿ негоже н туровци прозва͡шас͡ѧ. || н   [24ᵍ]
Radz: ѿ негоже н:- | Н тоуровци прозваша͡с. н
Acad: ѿ негоже н. | тꙋровци прозвашасѧ. н
Hypa: ѿ негоже н туровци | прозвашасѧ. н
Khle: ѿ него́ж̑ н тоуровци прозваша͡с. н

Comm: от негоже и турица прозвашася и
NAca: от негоже и турица прозвашася и
Tols: от негоже и турица прозвашася и

Bych: отъ негоже и Туровци прозвашася. И
Shakh: отъ негоже и Туровьци прозъвашася. И
Likh: от него же и туровци прозвашася. И
Ostr: отъ негоже и Туровьци прозъваша ся. И

76,5:

Laur: придоша ѿроци володнмеровн. и поведаша
Radz: прндоша ѿроцн володнмеі|рн. поведаша
Acad: прі́ндоша ѿроцн воло|дімі́рн. поведаша
Hypa: прндоша ѡ|троцн володнмнрн. и пове́ша
Khle: прі́ндо|ша ѿроцн въл̇ѡ̇мернⷠ. и поведаша

Comm: приидоша отроци володимири и поведаша
NAca: приидоша отроци володимери и поведаша
Tols: приидоша отроци володимери и поведаша

Bych: придоша отроци Володимерови, и поведаша
Shakh: придоша отроци Володимери, и поведаша
Likh: придоша отроци Володимерови, и поведаша
Ostr: придоша отроци Володимири, и поведаша

76,6:

Laur: ему всю речь рогъне́дину. и дъчерь рогъволо́жю
Radz: емоу всю рѣⷱ̇ рогоне́днꙋ дщерн рогъво|ложѣ
Acad: емꙋ всю речь рогъне́днꙋ. дщерн рогъволожѣ
Hypa: ему всю рѣ<ч>ь рогнеднну. | дщерн рогъволожѣ.
Khle: емоу всю рѣⷱ̇ | ꙗрогнедноу. дъщерн рогволожѣ

Comm: всю речь рогнедине дщери рогъволожи
NAca: всю речь рогнедины дщери рогъвожи
Tols: всю речь рогнединь дщери рогъвожи

Bych: ему всю речь Рогнедину, дщери Рогъволоже,
Shakh: ему всю речь Рогнедину, дщере Рогъволоже,
Likh: ему всю речь Рогнедину, дщери Рогъволоже,
Ostr: ему всю речь Рогнедину, дщере Рогъволоже,

76,7:

Laur: кнѧзѧ полотьскаго. володнмеръ же |
Radz: полоцкого кнⷾѧ. володнмрь же
Acad: половецкаго кнⷾѧ. володі́мі́р же
Hypa: кнѧзѧ | полотьского. володнмнр<ъ> | же
Khle: кнѧsѧ полоⷮ|ского. володнмер же

Comm: князя полочьскаго володимиръ же
NAca: князя полочкаго володимеръ же
Tols: князя полочкаго володимеръ же

Bych: князя Полотьскаго; Володимеръ же
Shakh: кънязя Полотьскаго. Володимеръ же
Likh: князя полотьскаго. Володимеръ же
Ostr: кънязя Полотьскаго. Володимиръ же

76,8:

Laur: собра вои многи. варяги. и словени. чюдь и
Radz: собра вои мно|гы. варягы и словены. и чю̃дь и
Acad: собра вои многи. варягы и словены. и чю̃|дь и
Hypa: събра вои многы варягы | и словены. и чюдь. и
Khle: събра вои многы варяги ‖ и сл{о}вены. чю̃дь и   [32ᵛ]

Comm: собра воя многы варягы   словенѣ   чюдь
NAca: събра воя многи варяги   словени   чюдь
Tols: сбра воя многи варяги и словени   чюдь

Bych: собра вои многи, Варяги и Словѣни, Чюдь и
Shakh: събьра воя мъногы: Варягы и Словѣны и Чюдь и
Likh: собра вои многи, варяги и словѣни, чюдь и
Ostr: събьра воя мъногы: Варягы и Словѣны, Чюдь и

76,9:

Laur: кривичи. и поиде на рогъволода. в сеже время |
Radz: кривичи. и поиде на ро|гъволода. в сеже время
Acad: крı̃вичи. и поиде на рогъволода. в сеже время |
Hypa: крıвı|чи. и поиде на рогъволода. | в сеже время
Khle: кривичи. и поиде на рогволда. | в сеже время

Comm: кривици и поиде на рогъволода в сеже время
NAca: кривици и поиде на рогъволода в сеже время
Tols: кривици и поиде на рогъволода в сеже время

Bych: Кривичи, и поиде на Рогъволода. В сеже время
Shakh: Кривичѣ, и поиде на Рогъволода. Въ сеже время
Likh: кривичи, и поиде на Рогъволода. В се же время
Ostr: Кривичѣ, и поиде на Рогъволода. Въ сеже время

76,10:

Laur: рогънѣдь вести за яропо̄лка. и приде
Radz: хотяхоу рогнѣ̃ вести за аро|полка. и прииде
Acad: хотяхȣ рогнѣ̃ вести за яропо̄лка. и прıиде
Hypa: хотяху вестı | рогънѣдь за яропо̄лка. и прıиде
Khle: хотяж вести, ярогнѣ̃. за ярополка. и прıиде

Comm: хотяху рогънѣдь вести за ярополка   иде
NAca: хотяху вести рогънидѣ за ярополка   иде
Tols: бяху вести рогънидѣ за ярополка   иде

Bych: хотяху Рогънѣдь вести за Ярополка; и приде
Shakh: хотяху Рогънѣдь вести за Ярополъка. И приде
Likh: хотяху Рогънѣдь вести за Ярополка. И приде
Ostr: хотяху вести Рогънѣдь за Ярополъка. И приде

76,11:

Laur: володнı|меръ на полотескъ. и оубн рогъволода.
Radz: володнмеръ на полтескъ и оубн рогъ|волода.
Acad: во|лоднмнръ на полтескъ. и оубн рогъволода.
Hypa: володнмнръ на полотескъ. | и оубн рогъволода.
Khle: вълѡднмерь на по̑тескь. и оубн | рогволда,

Comm: володимирь на полтескъ и уби рогъволода
NAca: володимеръ на полтескъ и уби рогъволода
Tols: володимеръ на полтескъ и уби рогъволода

Bych: Володимеръ на Полотескъ, и уби Рогъволода
Shakh: Володимеръ на Полотьскъ, и уби Рогъволода
Likh: Володимеръ на Полотескъ, и уби Рогъволода
Ostr: Володимиръ на Полотьскъ, и уби Рогъволода

76,12:

Laur: и сн̄а | его два. и дъчерь его поıа женѣ. и понде
Radz: и сн̄а его .в̄. а дщерь его рогнѣ̂ поıа ?а себıа | и понде
Acad: и сн̄а | его .в̄. а дщерь его рогнѣдь поıа ?а себе. и понде
Hypa: и сн̄а его | два. а дщерь его рогнѣдь | поıа женѣ. и понде
Khle: и сн̄а его два. а дъщерь его ıарогнѣ̂| поıа женѣ. и понде

Comm: и два сына а дщерь его рогнѣдь поня себѣ женѣ и поиде
NAca: и сына два а дщерь его рогнѣдь поя себѣ женѣ и поиде
Tols: и сына два а дщерь его рогнѣдь поя себѣ женѣ и поиде

Bych: и сына его два, и дъчерь его поя женѣ, и поиде
Shakh: и сына его дъва, а дщерь его Рогънѣдь поя женѣ. И поиде
Likh: и сына его два, и дчерь его поя женѣ. И поиде
Ostr: и сына его дъва, а дщерь Рогънѣдь поя женѣ. И поиде

76,13:

Laur: на ıаро|полка. и прнде володнмеръ кнєву съ
Radz: на ıарополка:- || И прннде володнмеръ кнєв8̄. с   [43ᵣ]
Acad: на | ıарополка:· И прїнде володнмнръ к кїєв8̄. с
Hypa: на ıарополˆка. и прнде володнмнръ къ | кнєву съ
Khle: на ıарополка. и прїдне въˆлѡ|мерь къ кнєвоу съ

Comm: на ярополка и прииде володимиръ къ кыеву съ
NAca: на ярополка и прииде володимеръ къ кыеву съ
Tols: на ярополка и прииде володимеръ къ кыеву съ

Bych: на Ярополка. И приде Володимеръ Киеву съ
Shakh: на Ярополка. И приде Володимеръ Кыеву съ
Likh: на Ярополка. И приде Володимеръ Киеву съ
Ostr: на Ярополъка. И приде Володимиръ къ Кыеву съ

76,14:

Laur:	вои мнѡгі. и не може ӕрополкъ стати противу.
Radz:	вои многыми. и не може	ӕрополк стати противȣ.
Acad:	вои	многими. и не може ӕрополкъ статі противȣ.
Hypa:	вои многыми. и	не може ӕрополкъ стати	противу володимиру.
Khle:	вои мнѡгы. и не може ӕрополкъ стати противоу въ Лѡмероу.
Comm:	многыми вои не могыи стояти ярополкъ противу володимиру
NAca:	вои многими и яко не могы стояти ярополкъ противу володимеру
Tols:	вои многими и яко не могы стояти ярополкъ противу володимеру
Bych:	вои многи, и не може Ярополкъ стати противу,
Shakh:	вои мъногы. И не може Яропълкъ стати противу,
Likh:	вои многи, и не може Ярополкъ стати противу,
Ostr:	вои мъногы. И не може Яропълкъ стати противу,

76,15:

Laur:	и затвори|ся кневѣ с людми своими и
Radz:	и затворис в кневѣ с люми	своими. и
Acad:	и затворіся в кіевѣ с людми своими. и
Hypa:	и за|творися ӕрополкъ въ кие|вѣ. съ людьми своими и
Khle:	и затворися	ӕрополкъ въ кневѣ с людми своими, и
Comm:	и затворися ярополкъ в киевѣ с людьми своими и
NAca:	и затворися ярополкъ в киевѣ с люми своими и
Tols:	и затворися ярополкъ в киевѣ с людьми своими и
Bych:	и затворися Киевѣ с людми своими и
Shakh:	и затворися Яропълкъ Кыевѣ съ людьми своими и
Likh:	и затворися Киевѣ с людми своими и
Ostr:	и затвори ся въ Кыевѣ съ людьми своими и

76,16:

Laur:	съ блудомъ. стоӕше володимеръ. ѡбрывса
Radz:	съ блоудмъ. и стоӕ володимеръ
Acad:	съ блȣдомь. и стоӕ володимиръ.
Hypa:	съ [воєвою] блудом.	и стоӕше володимиръ ѡбрывся
Khle:	съ блоудом. и	стоӕше Вълѡдимерь ѡбрывься.
Comm:	съ воеводою блудом стояше на дорогожицѣ
NAca:	съ блудомъ стояше на дорогожицѣ
Tols:	съ блудомъ стояше на дорогожицѣ
Bych:	съ Блудомъ; и стояше Володимеръ обрывся
Shakh:	съ Блудъмь. И стояше Володимеръ, обрывъся
Likh:	съ Блудомъ; и стояше Володимеръ обрывся
Ostr:	съ Блудъмь. И стояше Володимиръ, обрывъ ся

76,17:

Laur: на дорогожнүн. мі̇жю дорогожнүемъ
Radz: на дорогожн҄ | межн дорогожнүенъ
Acad: на дорогожнүн. межн | дорогожнүемь.
Hypa: на дорогожнүї. межн дорогожнүемъ
Khle: нᴀ́рогожнүн, межн | дорогожнүе̾

Comm: володимеръ обрывъся межи дорогожицемъ
NAca: володимеръ обърывся межи дорогожицемъ
Tols: володимеръ обърывся межи дорогожицемъ

Bych: на Дорогожичи, межю Дорогожичемъ
Shakh: на Дорогожичи, межю Дорогожичьмь
Likh: на Дорогожичи, межю Дорогожичемъ
Ostr: на Дорогожичи, межю Дорогожичьмь

76,18:

Laur: н капнүемъ. н есть ровъ н до | сего дне. володнмеръ
Radz: н капнүемъ. н е҃ ровъ н до сего д҃нн:- | Володнмнр
Acad: н капнүемъ. н есть ровь н до сего д҃не: || Володнмнр
Hypa: н капнүемъ. н есть ровъ н до го͡ | дне. володнмнръ
Khle: н капнүе҃. н е҃ ровь н до сего д҃не. въᴧ́ѡ҇ͯмер

Comm: и капичемъ и есть ровъ и до сего дни володимеръ
NAca: и капичемъ и есть ровъ и до сего дни володимиръ
Tols: и капичемъ и есть ровъ и до сего дни володимеръ

Bych: и Капичемъ, и есть ровъ и до сего дне. Володимеръ
Shakh: и Капичьмь, и есть ровъ и до сего дьне. Володимеръ
Likh: и Капичемъ, и есть ровъ и до сего дне. Володимеръ
Ostr: и Капичьмь; и есть ровъ и до сего дьне. Володимиръ

76,19:

Laur: же посла къ блуду воево|дѣ ꙗрополую съ
Radz: же посла к блу҄ воеводѣ ꙗрополую. с
Acad: же посла кь блу́ᴀ воеводѣ ꙗрополую. | с
Hypa: же посла | къ блуду. воеводѣ ꙗрополую с
Khle: же посла къ блоудоу воеводѣ ꙗрополую. съ |

Comm: же посла къ воеводѣ блуду ярополчю с
NAca: же посла къ блуду воеводѣ ярополчю с
Tols: же посла къ блуду воеводѣ ярополчю с

Bych: же посла къ Блуду, воеводѣ Ярополчю, съ
Shakh: же посъла къ Блуду, воеводѣ Яропълчю, съ
Likh: же посла къ Блуду, воеводѣ Ярополчю, съ
Ostr: же посъла къ Блуду, воеводѣ Ярополчю, съ

[37ᵛ]

76,20:

Laur: лестью гл҃а. попрыан ми аще | оубью брата своего.
Radz: лестнію гл҃а попрнан ми аще оубью бра҃ сво҃е.
Acad: лестью гл҃а. попрїан ми аще оубью брата своего. |
Hypa: льстью гл҃а. попрыа|н ми аще оубью брата сво҃е. |
Khle: лестїю гл҃а попрїан ми. аще оубїю брата сво҃е |

Comm: лестью глаголя   поприяи ми аще убию брата своего
NAca: лестью глаголя тъ приаи ми аще убию брата своего
Tols: лестью глаголя тъ поприяи ми аще убию брата своего

Bych: лестью глаголя: "поприяй ми; аще убью брата своего,
Shakh: льстию, глаголя: "поприяи ми; аще убию брата своего,
Likh: лестью глаголя: "Поприяй ми! Аще убью брата своего,
Ostr: льстию, глаголя: "Поприяи ми; аще убию брата своего,

76,21:

Laur: имѣти тѧ хочю во ѡц҃а мѣ|сто   и многу честь
Radz: имѣти тѧ наі҆чноу въ ѡц҃а мѣсто.   и многоу честь
Acad: имѣти тѧ начнȣ въ ѡц҃а мѣсто.   и мног҃ȣ ч҃ть |
Hypa: имѣти тѧ начну. въ ѡц҃а мѣ|сто сво҃е. и многу ч҃ть
Khle: имѣти тѧ начноу въ ѡц҃а своего мѣсто. и мно|гоу честь

Comm: любити тя начну въ отца мѣсто своего   и многу честь
NAca: и начну паче любити тя въ отца своего мѣсто и многу честь
Tols: и начну паче любити тя въ отца своего мѣсто и многу честь

Bych: имѣти тя хочю во отца мѣсто, и многу честь
Shakh: имѣти тя хощю въ отьца мѣсто своего; и мъногу чьсть
Likh: имѣти тя хочю во отца мѣсто, и многу честь
Ostr: имѣти тя начьну въ отьца мѣсто; и мъногу чьсть

76,22:

Laur: возъмешь ѿ мене. не ıазъ бо | почалъ братью
Radz: възмеши ѿ мен<а> | не азъ бо почалъ братью
Acad: возмеши ѿ мене. не азъ бо почалъ братью
Hypa: возме|ши ѿ мене. не ıа бо почалъ бра҃ю ||
Khle: възмеши ѿ мене. не ıа бо поча҃ братїю |

Comm: приимеши от мене не азъ бо почах братию
NAca: приимеши от мене не азъ бо почах братию
Tols: приимеши от мене не азъ бо почах братию

Bych: возьмешь отъ мене; не язъ бо почалъ братью
Shakh: възьмеши отъ мене; не азъ бо почахъ братию
Likh: возьмешь от мене: не язъ бо почалъ братью
Ostr: възьмеши отъ мене; не азъ бо почалъ братию

76,23:

```
Laur:   бити но онъ. азъ же того оубоꙗвъсѧ. придохъ
Radz:   бити но онъ. азъ бо того убоꙗхсѧ   придохˣ
Acad:   біті | но онъ. азъ же того оубоꙗхсѧ и прїидохъ
Hypa:   бити но онъ. азъ же того оубоꙗхъсѧ и придохъ      [30c]
Khle:   бити, но онь. азъ же тогоˣ боꙗ́сѧ и прїидоˣ
```

Comm: бити нь онъ азъ же того убояхся приидохъ
NAca: бити но онъ азъ же того убояхся приидохъ
Tols: бити но онъ азъ же того убояхся приидохъ

Bych: бити, но онъ; азъ же того убоявъся придохъ
Shakh: бити, нъ онъ; азъ же того убояхъся, и придохъ
Likh: бити, но онъ. Азъ же того убоявъся придохъ
Ostr: бити, нъ онъ; азъ же убояхъ ся, придохъ

76,24:

```
Laur:   на нь. и р̆е блудъ къ посломъ володи|меримъ.
Radz:   на нь. и р̆е блоу́ к послоᵐ володимир̆е.
Acad:   на нь. | и рече блᴬу к посломь володимиремъ.
Hypa:   на нь. | и р̆е блудъ къ посланымъ во|лодимироᵐ. |
Khle:   на нь | и р̆е блоу́ к посланныᵐ въ Аꙉмеровы. въистиⁿ<у> |
```

Comm: на нь и рече блуд къ посланнымъ володимиромъ
NAca: на нь и рече блуд къ посланымъ володимеровым
Tols: на нь и рече блуд къ посланымъ володимеровым

Bych: на нь". И рече Блудъ къ посломъ Володимеремь:
Shakh: на нь". И рече Блудъ къ посъланымъ Володимеръмь:
Likh: на нь". И рече Блудъ къ посломъ Володимеримь:
Ostr: на нь". И рече Блудъ къ посланымъ Володимиръмь:

76,25:

```
Laur:   азъ буду тобѣ в ср̅це и въ приꙗзньствȇ. |
Radz:   азъ | боуду́ тобѣ в ср̅ци. и в приꙗзньство.
Acad:   азъ бᴬуду то|бѣ в ср̅це. и вь прїꙗзньство.
Hypa:   азъ буду [ти въ приꙗзнь]
Khle:   азъ бждоу                прїати.
```

Comm: азъ буду тобѣ въ сердце и въ приязньство
NAca: азъ буду тобѣ въ сердце и въ приазньство
Tols: азъ буду тобѣ въ сердце и въ приязньство

Bych: "азъ буду тобѣ в сердце и въ приязньство".
Shakh: "азъ буду тобѣ въ сърдьце и въ приязньство".
Likh: "Азъ буду тобѣ в сердце и въ приязньство".
Ostr: "Азъ буду тобѣ въ сърдьце и въ приязньство".

76,26:

Laur: ѡ ѕлаӕ лесть улвука. ӕкоже дв̃дъ гл̃тͨ ӕдын
Radz: ѡ ѕлаӕ лесть улвукаа. І ӕкоже дв̃дъ гл̃тͨ. ӕды
Acad: ѡ ѕлаӕ лесть улукаа. ӕкоже дв̃дъ гл̃тͨ. ӕдын
Hypa: ѡ ѕлаӕ лесть уло|вечьскаӕ. ӕкоже дв̃дъ глаголеͭ. ӕдын
Khle: ѡ ѕлаа лесть улукаа | ӕкожͪ дв̃дь гл̃ть. ӕдын

Comm: о злая лесть человѣческа якоже давыдъ глаголеть ядыи
NAca: о злаа власть человѣчьскаа якоже давыдъ глаголеть яды
Tols: о злая власть человѣчьская якоже давыдъ глаголеть ядыи

Bych: О злая лесть человѣческа! Якоже Давыдъ глаголеть: ядый
Shakh: О зълая льсть человѣчьска! Якоже Давыдъ глаголеть: ядыи
Likh: О злая лесть человѣческа! Якоже Давыдъ глаголеть: "Ядый
Ostr: О зълая льсть человѣчьска! Якоже Давыдъ глаголеть: "Ядыи

76,27:

Laur: хлѣ̃бъ мон. възвеличилъ есть на мӕ лесть. се
Radz: хлѣбъ мон возвеличилъ еͨ на | мӕ лесть. сен
Acad: хлѣбь мон возвеличı|лъ есть на мӕ лесть. сен
Hypa: хлѣбъ мон въ|звеличилъ есть на мӕ лѣсͭ. | сь
Khle: хлѣбь мон възвеличн еͨ | на мӕ лесть. сен

Comm: хлѣбъ мои възвеличилъ есть на мя лесть сеи
NAca: хлѣбъ мои възвеличилъ есть на мя лесть сеи
Tols: хлѣбъ мои взвеличилъ есть на мя лесть сеи

Bych: хлѣбъ мой възвеличилъ есть на мя лесть. Се
Shakh: хлѣбъ мои възвеличилъ есть на мя льсть. Сь
Likh: хлѣбъ мой възвеличилъ есть на мя лесть". Се
Ostr: хлѣбъ мои възвеличилъ есть на мя льсть". Сь

76,28:

Laur: бо лу|кавьствоваше на кнӕѕа своѥго лестью. н
Radz: бо лоуковаше на кн̃ѕа своѥ̃ лестню. н
Acad: бо лу̃каваше на кн̃ѕа своего лестїю. н
Hypa: оубо луковаше на кнӕѕа | лѣстью.
Khle: оубо лоукавоваше на кнѧѕа | своѥго лестїю. а

Comm: убо льстяше на князя своего льстию и
NAca: убо льстяше на князя своего лестию и
Tols: убо льстяше на князя своего лестию и

Bych: бо лукавьствоваше на князя своего лестью. И
Shakh: убо лукавьствоваше на кънязя своего льстию. И
Likh: бо лукавьствоваше на князя своего лестью. И
Ostr: бо луковаше на кънязя своего льстию. И

Повѣсть времєньныхъ лѣтъ 543

76,29:

Laur: пакн ӕзыкн свонмн льстахуса. суди нмъ
Radz: пакн ӕзыкн свонмн лщахоу сиди нмъ
Acad: пакы ӕзыкы свонмн льщахоу соудı̈ ı нмь
Hypa: акы ӕзыкы свонмн льщаху. суди нмъ
Khle: пакы ӕзыкы свонмн лщахȣ | сѫди н̅ͬ

Comm: пакы   своими льстяху суди имъ
NAca: пакы языком своимъ льстяху суди имъ
Tols: пакы языком своимъ льстяху суди имъ

Bych: паки: языки своими льстяхуся; суди имъ,
Shakh: паки: языкы своими льсщаху. Суди имъ,
Likh: паки: "Языки своими льстяхуся. Суди имъ,
Ostr: пакы: "Языкы своими льсщаху. Суди имъ,

76,30:

Laur: б̅е̅. да | ѿпадуть ѿ мыслнн свон͝х. по множьству
Radz: б̅же̅. да ѿпадоу|ть ѿ мыслен свонхъ. по множествȣ
Acad: б̅же̅. да ѿпадȣтъ ѿ мыслен свонхъ. по мно|жествȣ
Hypa: б̅е̅. | да ѿпадуͭ ѿ мыслнн свон͝х. по | множьству
Khle: б̅же̅. да ѿпадоуͭ ѿ мыслı̈н свон͝х. по | мн ҃ожствоу

Comm: боже да отпадут от мыслии своихъ по множеству
NAca: боже да отпадут от мыслеи своихъ по множеству
Tols: боже да отпадут от мыслеи своихъ по множеству

Bych: Боже, да отпадуть отъ мыслий своихъ, по множьству
Shakh: Боже, да отпадуть отъ мыслии своихъ; по мъножьству
Likh: боже, да отпадуть от мыслий своих; по множьству
Ostr: Боже, да отъпадуть отъ мыслии своихъ; по мъножьству

77,1:

Laur: нечєстыӕ нхъ нзрѣныӕ н͝. ӕко прогнѣваша та
Radz: нечестьӕ нхъ нзрєнн ӕ. ӕко прогнєваша та
Acad: нечͨтна нхъ нзрı̈нı̈ ӕ. ӕко прогнѣвашє | та
Hypa: нечтыӕ   нзрı̈н͝н ӕ. ӕко прогнѣваша та |
Khle: нечестı̈ӕ н͝ нзрнı̈ ӕ. ӕко прогнѣ|ваша та

Comm: нечестия их изрини а яко прогнѣваше тя
NAca: нечестия их изри|ни а яко прогнѣваша тя
Tols: нечестия их изрини а яко прогнѣваша тя

Bych: нечестья ихъ изрини а, яко прогнѣваша тя,   [75,12]
Shakh: нечьстия ихъ изрини я, яко прогнѣваша тя,   [92,7]
Likh: нечестья ихъ изрини а, яко прогнѣваша тя,   [54,35]
Ostr: нечьстья ихъ изрини я, яко прогнѣваша тя,

77,2:

Laur:	г͞н. и паки то же ре͞ҁ д͞вд͞ъ. мужь въ крови
Radz:	г͞н. и паки той же г͞лть д͞вд͞ъ. м8жи крови
Acad:	г͞н. и паки той же рече д͞вд͞ъ. м8жї кровї и
Hypa:	г͞н. и пакы то͞ҁ ре͞ д͞вд͞ъ. му|жи крови
Khle:	г͞н. и пакы тъ же ре͞ д͞вд͞ь, мѫжїе	крови и

Comm:	господи и паки тоиже давыдъ глаголеть мужь крови и
NAca:	господи и паки тоиже давыдъ глаголаше мужь кровеи
Tols:	господи и паки тоиже давыдъ глаголаше мужа кровеи

Bych:	Господи. И паки тойже рече Давыдъ: "мужь въ крови
Shakh:	Господи. И пакы тъже рече Давыдъ: мужи кръве и
Likh:	господи". И паки той же рече Давыдъ: "Мужь въ крови
Ostr:	Господи". И пакы тъже рече Давыдъ: "Мужи кръве и

77,3:

Laur:	льстивъ не приплови͡ть дн͞ии свои͡х. се есть свѣтъ
Radz:	льсти не приплова͞т дне͡и свои͡х. се	е͞ совѣтъ
Acad:	лы͡сти не преполова͞т дн͞ии свои͡х. сеи есть совѣтъ
Hypa:	льстиви. не прип<л>ова͞т дн͞ии свои͡х. се е͞ свѣ|тъ
Khle:	л͞сти не преполова͞т дн͞їи свои͡х. се е͞ съвѣ͞т	

Comm:	льсти не приполовят днии своих се же есть съвѣт
NAca:	льстивъ не преповять днии своих се есть съвѣт
Tols:	льстивъ не препловять днеи своих се есть свѣтъ

Bych:	льстивъ не пригловить дний своихъ". Се есть совѣтъ
Shakh:	льсти не преполовять дьнии своихъ. Сь есть съвѣтъ
Likh:	льстивъ не пригловить дний своихъ". Се есть совѣтъ
Ostr:	льсти не преполовять дьнии своихъ". Сь есть съвѣтъ

77,4:

Laur:	золъ. иже свѣщевают<ь>	на кровопролитье. то
Radz:	золъ иже совещеваеть на кровопролитье	то
Acad:	sѡлъ. иже совещаеть на кровопролитье. то
Hypa:	золъ еже свѣщевають	свѣ͞т золъ на кровопролитье. то
Khle:	золь. иже съвѣщаваю͞т на кровопро͞тїе, то

Comm:	золъ иже съвѣщавают на кровопролитье то
NAca:	зл͞ъ иже съвѣщевають на кровопролитье то
Tols:	злъ иже свѣщевають на кровопролитье то

Bych:	золъ, иже свѣщевають на кровопролитье; то
Shakh:	зълъ, иже съвѣщевають на кръвопролитие; то
Likh:	золъ, иже свѣщевають на кровопролитье; то
Ostr:	зълъ, иже съвѣщевають на кръвопролитие; то

Повѣсть времньныхъ лѣтъ

77,5:

Laur: суть неистовни. иже прнеімше ѿ кнѧѕа нли ѿ
Radz: соу͡т неистовни. иже принмше ѿ кн͞ѕа нли ѿ
Acad: с͠уть | неистовїн иже прїемше ѿ кн͞ѕа нли ѿ
Hypa: суть неистовни. иже | принмше ѿ кнѧѕа нли ѿ |
Khle: соу͡т | неистовїн. иже прїемше ѿ кnаѕа нли ѿ

Comm: суть неистовѣ иже приемше от князя или от
NAca: суть неистовии иже приимше от князя или от
Tols: суть неистовии иже приемше от князя или от

Bych: суть неистовии, иже приемше отъ князя или отъ
Shakh: суть неистовии, иже приимъше отъ кънязя или отъ
Likh: суть неистовии, иже приемше от князя или от
Ostr: суть неистовии, иже приимъше отъ кънязя или отъ

77,6:

Laur: ѡ͞сп͞д͞на своего честь ли дары. і ти мыслать ѡ
Radz: г͞на своє͡г. честь или дары. ты мысла͡т ѡ
Acad: г͞на своіего ч͡ть или дары. ты мысла͡т ѡ
Hypa: г͞на своє ч͡ть и дары. ти мы|сла͡т ѡ
Khle: г͞на | своего честь и дары. тїи мысла͡т ѡ

Comm: господина своего честь или дары тѣ мыслять о
NAca: господина своего честь или дары тѣ мыслять о
Tols: господина своего честь или дары тѣ мыслять о

Bych: господина своего честь ли дары, ти мыслять о
Shakh: господина своего чьсть или дары, ти мыслять о
Likh: господина своего честь ли дары, ти мыслять о
Ostr: господина своего чьсть или дары, ти мыслять о

77,7:

Laur: главѣ кнѧѕа своего. на пагубленье. горьше
Radz: главѣ кн͞ѕа своего | на погоупогрбленне горши
Acad: главѣ кнѧѕа сво своего. на погублeнїе. горьши
Hypa: главѣ кнѧѕа своего. | на погубленне. горьше
Khle: главѣ кnаѕа ‖ своего на погоубленїе. горши [33ᵍ]

Comm: главѣ князя своего на погубление горьши
NAca: главѣ князя своего на погубление горьши
Tols: главѣ князя своего на погубление горьши

Bych: главѣ князя своего на пагубленье, горьше
Shakh: главѣ кънязя своего на погубление; горьше
Likh: главѣ князя своего на погубленье, горьше
Ostr: главѣ кънязя своего на погубление; горьше

545

77,8:

Laur: суть бѣсовъ таковии. ꙗкоже   блудъ ‖ преда   [24ᵛ]
Radz: сѫть бесовъ таковїн. ‖ ꙗкоже и блоу̑ᴬ преда   [43ᵛ]
Acad: сѫть бесовъ. таковїн. ꙗкоже и блѹдᴬ преда
Hypa: сѹᵀ та|ковии бѣсовъ. ꙗкоᵂ и блѹ̑ᴬ. ı предасть
Khle: сѫ таковии бѣсᵂꙍ ꙗкоᵂ и блᴬж. предасть

Comm: суть бѣсовъ таковии и яко и блуд предасть
NAca: суть бѣсовъ таковии   яко и блуд предасть
Tols: суть бѣсовъ таковии   яко и блуд предастъ

Bych: суть бѣсовъ таковии: якоже Блудъ преда
Shakh: суть бѣсовъ таковии. Якоже и Блудъ предасть
Likh: суть бѣсовъ таковии. Якоже Блудъ преда
Ostr: суть бѣсовъ таковии. Якоже и Блудъ предасть

77,9:

Laur: кнѧѕѧ своего. и принмъ ѿ него чьти мно̑ги
Radz: кнѕѧ своеᵍ. принмъ ѿ него ѧти мноᵍ |
Acad: кнѕѧ своего. прїнмь ѿ него ѧтї многї.
Hypa: кнѧзѧ своего. прїıнмъ ѿ него ѧти многы.
Khle: кнѧsѧ своего. прїнᴹ ѿ не | ѧести мнꙍгы.

Comm: князя своего   приимъ от него чьсти многы
NAca: князя своего   приимъ от него чти многы
Tols: князя своего   приимъ от него чести многи

Bych: князя своего, и приимъ отъ него чьти многи,
Shakh: кънязя своего, приимъ отъ него чьсти мъногы;
Likh: князя своего, и приимъ от него чьти многи,
Ostr: кънязя своего, приимъ отъ него чьсти мъногы;

77,10:

Laur: се бо бы̑ᶜ повиненъ крови тои. се бо блудъ за|творисѧ
Radz: сен бо бы̑ᶜ повиненъ крови тои. сен бо блоу̑ᴬ затворивы̑|сѧ
Acad: сен бо бы̑ᶜ повїненъ крꙍви тои. сен бо блѹ̑ᴬ затворивсѧ
Hypa: сь | бо бы̑ᶜ повиненъ крови тои|. се бо блудъ затворивы̑|сѧ
Khle: сеᴺ бо бы̑ᶜ повиненъ крови т<ъ>и. ı сен бо блᴬж затворивсѧ

Comm: сеи бо есть повиненъ крови тои сьи бо блуд затворивъся
NAca: сеи бо бысть повиненъ крови того сеи бо блуд затворився
Tols: сеи бо бысть повиненъ крови того сеи бо блуд затворився

Bych: се бо бысть повиненъ крови той. Се бо Блудъ затворися
Shakh: сь бо бысть повиньнъ кръви тои. Сь бо Блудъ, затворивъся
Likh: се бо бысть повиненъ крови той. Се бо Блудъ затворися
Ostr: сь бо бысть повиньнъ кръви тои. Сь бо Блудъ, затворивъ ся

Повѣсть времеьныхъ лѣтъ

77,11:

Laur:	съ ꙗрополкомъ льстѧ ему. слаше
Radz:	со ꙗрополкомъ. льстѧ по^д ни^м слаше
Acad:	со ꙗрополкомъ. льстѧ под нѣмъ. слаша
Hypa:	съ ꙗрополко^м. слаше
Khle:	съ ꙗрополко^м. слаше
Comm:	съ ярополкомъ слаше
NAca:	съ ярополкомъ слаше
Tols:	съ ярополкомъ слаше
Bych:	съ Ярополкомъ, льстя ему, слаше
Shakh:	съ Яропълкъмь, льстя подъ нимъ, сълаше
Likh:	съ Ярополкомъ, льстя ему, слаше
Ostr:	съ Яропълкъмь, сълаше

77,12:

Laur:	къ володнмеру часто. велѧ ему прнстрѧпаіти къ
Radz:	к володнмерȣ ǀ часто. велѧ емоу
Acad:	к володнмрȣ часто. ǀ велѧ емȣ
Hypa:	къ ǀ володнмнру часто. велѧ еǀму прнступатн къ
Khle:	къ ǀ волѡ^дѣмероу часто. велѧ емоу прнстоупатн къ ǀ
Comm:	къ володимиру часто веля ему приступити ко
NAca:	къ володимеру часто веля ему приступити ко
Tols:	къ володимеру часто веля ему приступити ко
Bych:	къ Володимеру часто, веля ему пристряпати къ
Shakh:	къ Володимеру часто, веля ему пристряпати къ
Likh:	къ Володимеру часто, веля ему пристряпати къ
Ostr:	къ Володимиру часто, веля ему приступати къ

77,13:

Laur:	граду бранью. а самъ мыслѧ оубнтн ǀ ꙗрополка.
Radz:	оубнтн ꙗрополка.
Acad:	оубѣтн ꙗрополка.
Hypa:	городу ǀ бранью. самъ мыслѧ оубн^т ǀǀ ꙗрополка. [30d]
Khle:	городоу часто бранїю. са^м мыслѧ оубнтн ꙗроǀполка
Comm:	граду бранию самъ мысля убити ярополка
NAca:	гра
Tols:	граду бранаю самъ мысля убити ярополка
Bych:	граду бранью, а самъ мысля убити Ярополка;
Shakh:	граду бранию, а самъ мысля убити Яропълка;
Likh:	граду бранью, а самъ мысля убити Ярополка;
Ostr:	граду бранию, а самъ мысля убити Яропълка.

547

77,14:

Laur: гражєнъı жє не бѣ льзѣ оубити єго.
Radz: гражаны же не і бѣ лзѣ оубити е͡г.
Acad: гражены же не і лзѣ оубіті его.
Hypa: гражаны же нѣ͞б͞и лзѣ оу͞тн его.
Khle: гражаны͞ж нелзѣ оубити его.

Comm: нь нѣлза бѣ гражданы убити его
NAca: omitted to 78,24
Tols: граждани же не бѣ лзѣ убити его

Bych: гражаны же не бѣ льзѣ убити его.
Shakh: гражаны же не бѣ льзѣ убити его.
Likh: гражаны же не бѣ льзѣ убити его.
Ostr: Гражаны же не бѣ льзѣ убити его.

77,15:

Laur: блудъ же не възмог како   бы погубити и. і замысли
Radz: бло͞у͞д же не възмогъ. како   бы погꙋбити. и замысли
Acad: бл͞у͞д же не возмогъ. како н бы по͞ѓрꙋбити. и размысли
Hypa: бл͞у͞д же не вѣзмог како бы и погубити. і   замысли
Khle: бл͞а͞ж же і не възмогъ како бы и погоубити.   замысли і

Comm: блудъ же не возмогъ како бы погубити   замысли
Tols: блудъ же не возмогъ како бы погубити   замысли

Bych: Блудъ же не възмогъ, како бы погубити и, замысли
Shakh: Блудъ же, не възмогъ, како бы погубити и, замысли
Likh: Блудъ же не възмогъ, како бы погубити и, замысли
Ostr: Блудъ же, не възмогъ, како бы погубити, замысли

77,16:

Laur: лестью вела ему   изълазити на
Radz: лестию. вела емꙋ ни изълазити на
Acad: лестью. вела емꙋ ні изълазіти на
Hypa: лѣстью. вела ему і не изълази͞т на
Khle: лестію вела емоу не ис͞х͞д͞н͞ѡти на

Comm: лестию веля ему ни излазити на
Tols: лестию веля ему ни излазити на

Bych: лестью, веля ему ни излазити на
Shakh: льстию, веля ему не излазити на
Likh: лестью, веля ему ни излазити на
Ostr: льстию, веля ему не излазити на

[38ᵍ]

Повѣсть времєньныхъ лѣтъ

77,17:

Laur: брань нзъ града. льстлуе же блудъ ꙗрополку.
Radz: брань нꙁ грӓ. р̃ҽ же блоў ꙗрополкꙋ
Acad: брань нꙁ грӓ. рече же блꙋ̈ ꙗрополкꙋ.
Hypa: брань нꙁъ | града. и р̃ҽ же блудъ ꙗропл̈ку.
Khle: бра̃ нꙁ града, | и р̃ҽ же бл̈ꙋ къ ꙗрополкоу.

Comm: брань из града и рече   блуд   ярополку
Tols: брань из града   рече   блуд   ярополку

Bych: брань изъ града; рече же Блудъ Ярополку:
Shakh: брань из града. Льстя же, рече Блудъ Ярополъку:
Likh: брань изъ града. Рече же Блудъ Ярополку:
Ostr: брань изъ града. Рече же Блудъ Ярополку:

77,18:

Laur: кнꙗне слются къ володнмеру. г̃лющє. прнступн̈
Radz: кнꙗне шлють҄с к володімероу г̃ще прнстꙋпаи
Acad: кꙗне шы|лютьсꙗ. к володнмрꙋ. г̃ще прı̈стꙋпаи
Hypa: кнꙗнѣ слются къ | володнмрю г̃ще. прнсту|паи
Khle: кыꙗне шлютсꙗ | къ волӧдӥмероу г̃ще. прнстоупаи

Comm: кияне шлются к володимеру глаголюще приступаи
Tols: кыяне слются к володимеру глаголюще приступаи

Bych: "Кияне слются къ Володимеру, глаголюще: приступай
Shakh: "Кыяне сълються къ Володимеру, глаголюще: приступаи
Likh: "Кияне слются къ Володимеру, глаголюще: Приступай
Ostr: "Кыяне сълють ся къ Володимиру, глаголюще: Приступаи

77,19:

Laur: къ граду.   ꙗко предамъ тн ꙗрополка.
Radz: ко грӑу.   ꙗко предамы тн ꙗро|полка.
Acad: ко грӓꙋ.   ꙗко предамы тн ꙗрополка.
Hypa: къ городу браньѡ. ꙗк | предамы тн ꙗрополка.
Khle: къ градоу | брӓю. ꙗко предамы тн ꙗрополка;

Comm: ко граду яко предамы и тя ярополка
Tols: ко граду яко предамы   ти ярополка

Bych: къ граду, яко предамы ти Ярополка;
Shakh: къ граду, яко предамы ти Ярополъка;
Likh: къ граду, яко предамы ти Ярополка.
Ostr: къ граду, яко предамы ти Ярополка;

77,20:

Laur: побѣ|гни за градъ. и послуша его ꙗрополкъ.
Radz: побѣгни из гра̂. и послȣша е҃ ꙗрополкъ.
Acad: побѣгнї изъ града. | и послȣша его ꙗрополкъ.
Hypa: побѣгни изъ града. и послуша его ꙗрополкъ.
Khle: побѣгни | из града. и послоуша его ꙗрополкъ.

Comm: побѣгни из града и послуша его ярополкъ
Tols: побѣгни из града и послуша его ярополкъ

Bych: побѣгни за градъ". И послуша его Ярополкъ,
Shakh: побѣгни из града". И послуша его Ярополкъ;
Likh: Побѣгни за градъ". И послуша его Ярополкъ,
Ostr: побѣгни из града". И послуша его Ярополкъ,

77,21:

Laur: избѣг҃ | пред нимъ затворисѧ въ градѣ
Radz: и избѣгъ.   и   затворисѧ въ гра̂
Acad: и избѣгъ.   и   затворїсѧ | въ градѣ
Hypa: и бѣжа из|ъ гра̂а. пришедъ затво|рисѧ въ градѣ
Khle: и бѣжа | из града. и прише̂ затворисѧ въ градѣ

Comm: и пакы избѣгъши пришед затворисѧ въ градѣ
Tols: и   избѣгъ пришед затворися въ градѣ

Bych: и изъбѣгъ пред нимъ затворися въ градѣ
Shakh: и избѣгъ, прешьдъ, затворися въ градѣ
Likh: и избѣгъ пред нимъ затворися въ градѣ
Ostr: и избѣгъ, прешьдъ, затвори ся въ градѣ

77,22:

Laur: родьни. на оу|сть рѣки. а володимеръ
Radz: роднѣ на оусть рси:- | И володимиръ
Acad: роднѣ на оусть рси: Володимиръ
Hypa: родѣнѣ на | оусьн рѣси. а володимиръ |
Khle: ро̂нѣ | на оуст рѣси. а въло̂ди̂мерь

Comm: роднѣ и бѣ гладъ великъ в немъ и есть притчѧ си и до
        сего дни на усть росѣ а володимиръ
Tols: роднѣ и бѣ гладъ великъ в немъ и есть

Bych: Родьни на усть Рси рѣки, а Володимеръ
Shakh: Родьни на усть Рьси; а Володимеръ
Likh: Родьни на усть Рси рѣки, а Володимеръ
Ostr: Родьни на усть Рьси; а Володимиръ

77,23:

Laur:	вниде в кневъ. и ѡсѣде ꙗрополка в роднѣ. и
Radz:	вниде в кневъ. и ѡседахȣ ꙗрополка в рѡ̆нѣ. и
Acad:	внїде в кїевь. и ѡседахȣ ꙗрополка в рѡ̆нѣ. и
Hypa:	вниде в кневъ. и ѡсѣдаху ꙗрополка в роднѣ. и
Khle:	вниде въ кыевь. и ѡсѣдахѫ ꙗрополка в р ѡ̆нѣ.
Comm:	вниде в киевъ и осѣдаху ярополка в роднѣ и
Tols:	притча си и до сего дни бѣда акы в роднѣ на
Bych:	вниде в Киевъ, и осѣде Ярополка в Роднѣ, и
Shakh:	въниде въ Кыевъ. И осѣдяху Яропълка въ Родьни; и
Likh:	вниде в Киевъ, и осѣде Ярополка в Роднѣ. И
Ostr:	въниде въ Кыевъ. И осѣдяху Яропълка въ Родьни. И

77,24:

Laur:	бѣ гладъ великъ в немь. есть притча и до
Radz:	бѣ глӑ великъ в не̃м. и е̃с̃ притча и до
Acad:	бѣ глӑ великъ в немъ. и есть прі̃тча и до
Hypa:	бѣ гладъ великъ в немъ. и есть прнтча и до
Khle:	omitted
Comm:	бѣ гладъ великъ в немъ и есть притча си и до
Tols:	усть руси а володимер вниде в кыевъ и оцѣдаху ярополка в роднѣ и бѣ глад великъ в нем и есть притча си и до
Bych:	бѣ гладъ великъ в немь, и есть притча до
Shakh:	бѣ гладъ великъ въ немь, и есть притъча си и до
Likh:	бѣ гладъ великъ в немь, и есть притча и до
Ostr:	бѣ гладъ великъ въ немь, и есть притъча и до

77,25:

Laur:	сего д̃не. бѣда акн в роднѣ. и рӗч блудъ ꙗрополку.
Radz:	се̃ д̃нн. беда ӑкы в рѡ̆нѣ. и рӗч блоў ꙗрополкȣ.
Acad:	сего д̃не. бѣда акн в роднѣ. и рече блȣ̆ ꙗрополкȣ.
Hypa:	сего д̃не. бѣда акн в роднѣ. и рӗч блўдъ ꙗрополку.
Khle:	и рӗч блѫ̆ к ꙗрополкоу.
Comm:	сего дни бѣда акы в роднѣ и рече блуд ярополку
Tols:	сего дне бѣда акы в роднѣ и рече блуд ярополку
Bych:	сего дне: бѣда аки в Роднѣ. И рече Блудъ Ярополку:
Shakh:	сего дьне: бѣда акы въ Родьни. И рече Блудъ Яропълку:
Likh:	сего дне: бѣда аки в Роднѣ. И рече Блудъ Ярополку:
Ostr:	сего дьне: бѣда акы въ Родьни. И рече Блудъ Яропълку:

77,26:

Laur: видиши   колько вони у бра҃т҇во҄его. нама
Radz: видиши ли како вон оу | бра҃т҇ твое҄г҇. нама
Acad: видиши ли како вон | оу брата твое҄го. нама
Hypa: видиши | ли колко вон оу брата тво҄е҄г҇. нам҄ъ
Khle: в҄ид҄ншн ли колнко вон оу брата твоего, | на҄м҄

Comm: видѣши ли колико есть вои у брата твоего намъ
Tols: видиши ли колико есть вои у брата твоего намъ бо

Bych: "видиши, колько вой у брата твоего? нама
Shakh: "видиши ли, колико есть вои у брата твоего? Нама
Likh: "Видиши, колько войн у брата твоего? Нама
Ostr: "Видиши ли, колико вои у брата твоего? Нама

77,27:

Laur: ихъ не перебороботи. твори миръ съ | братомъ
Radz: и҄х҄ не переборо҃ти. твори миръ с бра҃м҄ |
Acad: и҄х҄ не переборотн. твори | миръ съ братомъ
Hypa: ихъ не берабор҇и҄ти. и твори миръ съ бра҄҃м҄
Khle: и҄х҄ не перебнити. и твори миръ съ брато҄м҄

Comm: их не перебороти   твори миръ съ братомъ
Tols: их не перебороти и твори миръ съ братомъ

Bych: ихъ не перебороти; твори миръ съ братомъ
Shakh: ихъ не перебороти; твори миръ съ братъмь
Likh: ихъ не перебороти. Твори миръ съ братомъ
Ostr: ихъ не перебороти. Твори миръ съ братъмь

77,28:

Laur: своимъ. льстя подъ нимъ се ре҃ч҇. и ре҃ч҇ ꙗрополкъ
Radz: свои҄м҄. лста по҄д҇ нимъ се ре҃ч҇. и ре҃ч҇ ꙗропо҄л҇к҄
Acad: своимь. льстя под нимъ се рече | и рече ꙗрополкъ
Hypa: своимъ льстя подъ ни҄м҄ | се ре҃ч҇. и рече ꙗрополкъ
Khle: свои҄м҄. | льстя пѡд нн҄м҄ се ре҃ч҇. и ре҃ч҇ ꙗрополкъ.

Comm: своимъ льстя под нимъ се рече   ярополкъ
Tols: своимъ льстя под нимъ сиа рече   ярополкъ

Bych: своимъ"; льстя подъ нимъ се рече. И рече Ярополкъ:
Shakh: своимь"; льстя подъ нимъ, се рече. И рече Ярополкъ:
Likh: своимъ"; льстя подъ нимъ се рече. И рече Ярополкъ:
Ostr: своимь"; льстя подъ нимъ, се рече. И рече Яропълкъ:

Повѣсть времєньныхъ лѣтъ

77,29:

Laur: такъ бу̑ди. и посла блудъ къ володимєру |
Radz: тако боу̑. и посла | бл℈у̑ди к володимєру℈
Acad: тако б℈уди. и посла бл℈у̑ди к володимїр℈у
Hypa: тако | буди. и посла блудъ къ во|лодимєру
Khle: тако бѧ̑ди. и посла блѧ̑ди к волꙻ̑шмєроу

Comm: тако буди и посла блуд к володимиру
Tols: тако́ буди и посла блуд к володимєру

Bych: "такъ буди". И посла Блудъ къ Володимеру,
Shakh: "тако буди". И посъла Блудъ къ Володимеру,
Likh: "Такъ буди". И посла Блудъ къ Володимеру,
Ostr: "тако буди". И посъла Блудъ къ Володимиру,

78,1:

Laur: снце гл҃а. ꙗко сбыстьса мысль твоꙗ.
Radz: снце гл҃а. ꙗко сбыс҃а мысль твоꙗ. |
Acad: снце гл҃а. ꙗко сбыс҃а мысль твоꙗ.
Hypa: гл҃а. ꙗко събы|са мысль твоꙗ.
Khle: гл҃а. ꙗко събыс҃а | мысль твоа.

Comm: сице глаголя яко сбыстся мысль твоя
Tols: сице глаголя яко сбыстся мысль твоя

Bych: сице глаголя: "яко сбысться мысль твоя, [76,11]
Shakh: сице глаголя, "събысться мысль твоя, [93,15]
Likh: сице глаголя, "Сбысться мысль твоя, [55,22]
Ostr: сице глаголя, "Събысть ся мысль твоя,

78,2:

Laur: ꙗко при|вєду к тобѣ ꙗрополка. и пристрои
Radz: ꙗко привєд℈у к тобѣ ꙗрополка. и пристрои
Acad: ꙗко прївєд℈у к то|бѣ ꙗрополка. и пристрои
Hypa: ꙗко при|вєду ꙗрополка к тєбѣ. и | пристрои
Khle: ꙗко привєдоу ꙗропо̑лка к тєбѣ. | и пристрои

Comm: яко приведу к тобѣ ярополка   пристрои
Tols: яко приведу к тебѣ ярополка ты же пристрои

Bych: яко приведу к тобѣ Ярополка, и пристрой
Shakh: яко приведу къ тобѣ Ярополка, и пристрои
Likh: яко приведу к тобѣ Ярополка, и пристрой
Ostr: яко приведу Ярополка къ тебѣ, и пристрои

553

78,3:

Laur: оубити и. и володимеръ же то слышавъ.
Radz: оубити | володимер же то слышавъ.
Acad: оубїти и. володимир же | то слышавъ.
Hypa: оубити и. володимиръ же то слышавъ. |
Khle: оубити его. въл︮а︦︥дѡмер же то слыша︮в︥, |

Comm: убити и володимиръ то слышавъ
Tols: убити и володимеръ же то слышавъ

Bych: убити и". Володимеръ же то слышавъ,
Shakh: убити и". Володимеръ же, то слышавъ,
Likh: убити и". Володимеръ же, то слышавъ,
Ostr: убити и". Володимиръ же, то слышавъ,

78,4:

Laur: въшедъ въ дворъ тере|мныи ѿень. ѡ немже
Radz: вше︮д︥ в дворъ теремныи ѿтень. ѡ немже
Acad: вше︮д︥ въ дворъ теремныи ѿтень. ѡ немже
Hypa: въшедъ въ дворъ теремы||ныи ѿтень. ѡ немъже
Khle: въше︮д︥ въ дворъ теремныи ѿтень. ѡ не︮м︥же

[31a]

Comm: вшедъ пакы в теремныи дворъ отень о немже
Tols: абие вшед в теремны дворъ отень о немже

Bych: въшедъ въ дворъ теремный отень, о немже
Shakh: въшьдъ въ дворъ теремьныи отьнь, о немьже
Likh: въшедъ въ дворъ теремный отень, о нем же
Ostr: въшьдъ въ дворъ теремьныи отьнь, о немьже

78,5:

Laur: преже сказахомъ. седе | ту съ дружнною
Radz: преже сказахо︮м︥. и седе т︘у с вои и со дроу|жнною
Acad: преже сказахомъ. и седе т︘у с вои и съ дру︘жнною
Hypa: пр︮е︥же сказахо︮м︥. седе ту с вои | и съ дружнною
Khle: пре︮ж︥ | сказахѡ︮м︥. седе тоу съ вои и съ дроужнною

Comm: преже сказахомъ седе ту с вои своими и с дружиною
Tols: предсказахом седе ту с вои и с дружиною

Bych: преже сказахомъ, седе ту с вои и съ дружиною
Shakh: преже съказахомъ, седе ту съ вои и съ дружиною
Likh: преже сказахомъ, седе ту с вои и с дружиною
Ostr: преже съказахомъ, седе ту съ вои и съ дружиною

78,6:

Laur: своєю. и рӗ блудъ ꙗрополку пои|ди къ
Radz: своєю. и рӗ блоу͆ до ꙗрополкоу поиди к
Acad: своєю. и рече блу͆ къ ꙗрополкꙋ. поиди к
Hypa: своєю. и | рӗ блудъ ꙗрополку. пои|ди къ
Khle: своıєю. и рӗ бл͆ж къ ꙗропо͆коу. поиди къ

Comm: и рече блуд ярополку поиди
Tols: своею и рече блуд ярополку поиди

Bych: своєю; и рече Блудъ Ярополку: "поиди къ
Shakh: своєю. И рече Блудъ Ярополку: "поиди къ
Likh: своєю. И рече Блудъ Ярополку: "Поиди къ
Ostr: своєю. И рече Блудъ Ярополку: "Поиди къ

78,7:

Laur: брату своєму. и рь ему что ми ни вдаси. | то
Radz: братоу || своємоу. и рци ємꙋ. что ми но вдаси. то   [44ᵍ]
Acad: бра|тꙋ своємꙋ. и рци ємꙋ. что ми н‹і› вдасі то
Hypa: брату своєму. и рьци єму что ми ни вдасі | то
Khle: братоу | своємоу   рци ємоу. что мнѣ   въдаси то

Comm: брату своему и рци ему что ми ни вдаи то
Tols: брату своему и рци ему что ми ни вдаси то

Bych: брату своему и рьчи ему: что ми ни вдаси, то
Shakh: брату своему, и рьци ему: чьто ми ни въдаси, то
Likh: брату своему и рьчи ему: что ми ни вдаси, то
Ostr: брату своему и рьци ему: чьто ми ни въдаси, то

78,8:

Laur: ꙗзъ приму. поиде же ꙗрополкъ. рӗ же
Radz: азъ принмоу | поиде же ꙗрополкъ. и рӗ
Acad: азь прі́имꙋ поиде же ꙗрополкъ. и рече
Hypa: ꙗзъ приму. поиде | же ꙗрополкъ. и рӗ
Khle: азь прі́имоу. поиде же ꙗрополкъ. и рече

Comm: азъ прииму и поиде   ярополкъ и рече
Tols: азъ прииму и поиде   ярополкъ и рече

Bych: язъ прииму". Поиде же Ярополкъ, и рече
Shakh: азъ прииму". Поиде же Яропълкъ, и рече
Likh: язъ прииму". Поиде же Ярополкъ, и рече
Ostr: азъ прииму". Поиде же Яропълкъ, и рече

78,9:

Laur: ему | варѧжько не ходи кнѧже оубьють та. побѣгни |
Radz: емꙋ варѧжько. кнѧже не хоиди оубьють та. побѣгни
Acad: емꙋ варѧжько. кнѧже не ходи оубьютъ та побѣгнї
Hypa: ему | варѧжько. не ходи кнѧ|же оубьють та. побѣгꙑ|ни
Khle: емоу варѧжько, || не хо͞ди͞ кнѧже оубїю͞т та; побѣгни

Comm: ему варяжько не ходи княже убиють тя побѣгни
Tols: ему варяжько не ходи княже убиютъ тя побѣгни

Bych: ему Варяжько: "не ходи, княже, убьють тя; побѣгни
Shakh: ему Варяжько: "не ходи, къняже, убиють тя; побѣгни
Likh: ему Варяжько: "Не ходи, княже, убьють тя; побѣгни
Ostr: ему Варяжько: "Не ходи, къняже, убиють тя; побѣгни

78,10:

Laur: в печенѣги. и приведеши ми. и не
Radz: в печенѣгы. и привеши вои | и не
Acad: в печенѣги и прї|ведеши вои. и не
Hypa: в печенѣгы. и приве|деши воꙗ. и не
Khle: въ печенѣги | и приведеши воѧ. и не

Comm: в печениги и приведеши воя и не
Tols: в печенѣгы и приведеши вои и не

Bych: в Печенѣги и приведеши вои"; и не
Shakh: въ Печенѣгы, и приведеши вои"; и не
Likh: в Печенѣги и приведеши вои; и не
Ostr: въ Печенѣгы, и приведеши вои". И не

78,11:

Laur: послуша его. | и приде ꙗрополкъ къ володимеру.
Radz: послоуша его:- | И при͞д ꙗрополкъ к володимерꙋ.
Acad: послꙋша его:· И прїнде ꙗрополкъ к володїмїрꙋ.
Hypa: послуша е͞г. и приде ꙗрополкъ къ воло͞ди͞мру. и
Khle: послоуша его. и прїнде ꙗрополкъ къ воло͞ди͞меро͞у. и

Comm: слуша его и прииде ярополкъ к володимиру и
Tols: слуша его и прииде ярополкъ к володимеру

Bych: послуша его. И приде Ярополкъ къ Володимеру;
Shakh: послуша его. И приде Ярополкъ къ Володимеру; и
Likh: послуша его. И приде Ярополкъ къ Володимеру;
Ostr: послуша его. И приде Ярополкъ къ Володимиру;

78,12:

Laur: ꙗко полѣзе | въ двери. и подъꙗста и два варѧга
Radz: ꙗко влѣзе въ двери. и по͐ꙗста .в҃. варѧга
Acad: ꙗко влѣзе в двери. и по͐ꙗста | два варегы
Hypa: ꙗко полѣзе въ | двери. подъꙗста и два ва|рѧга.
Khle: ꙗко полѣзе въ двери, | пѿꙗста его два варѧга

Comm: яко полѣзе во дверѣ подъяста два варяга
Tols: яко полѣзе в двери подъяста два варяга

Bych: яко полѣзе въ двери, и подъяста и два Варяга
Shakh: яко полѣзе въ двьри, подъяста и дъва Варяга
Likh: яко полѣзе въ двери, и подъяста и два варяга
Ostr: яко полѣзе въ двьри, подъяста и дъва Варяга

78,13:

Laur: мечьми по|дъ пазусѣ. Блудъ же затвори
Radz: мечема. по͐ пазоусе. блу͐ же затвори |
Acad: мечема по͐ пазȣсѣ. бл͐ȣ же затвори
Hypa: мечема подъ пазусѣ. | Блудъ же затвори
Khle: мечема по͐ пазоусе. | бл͐ж же затвори

Comm: мечема под пазусѣ блуд же затвори
Tols: мечема под пазусѣ блуд же затвори

Bych: мечьми подъ пазусѣ, Блудъ же затвори
Shakh: мечема подъ пазусѣ. Блудъ же затвори
Likh: мечьми подъ пазусѣ. Блудъ же затвори
Ostr: мечема подъ пазусѣ. Блудъ же затвори

78,14:

Laur: двери. и не да по не҇мъ ити своимъ. и тако   [25ᵍ]
Radz: двери. и не да по не҇м вънти своимъ. тако
Acad: две|ри. и не да по немъ вънти своимъ. и тако
Hypa: двери и | не дасть по нем внити. | своим. и тако
Khle: двери. не дасть по не҇м внити | свои҇м. и тако

Comm: двери и не дасть по нем ити своимъ и тако
Tols: двери и не дасть по немъ ити своимъ и тако

Bych: двери и не да по немъ ити своимъ; и тако
Shakh: двьри, и не дасть по немъ ити своимъ. И тако
Likh: двери и не да по немъ ити своимъ. И тако
Ostr: двьри, и не дасть по немъ вънити своимъ. И тако

78,15:

Laur: оубьенъ бы́с ꙗрополкъ. |
Radz: оубьенъ бы́с ꙗрополкъ:- | Варашко же видѣвъ
Acad: оубьенъ || бы́с ꙗрополкъ:· Варажко же видѣвъ [38ᵛ]
Hypa: оубьенъ | бы́с ꙗрополкъ. варажько | же видѣвъ
Khle: оубненъ бы́с ꙗрополкь. варꙗ́ж́ко | видѣвь

Comm: убиенъ бысть ꙗрополкъ   варꙗжько же видѣвъ
Tols: убьенъ бысть ꙗрополкъ а варꙗжко же видѣвъ

Bych: убьенъ бысть Ярополкъ. Варяшко же видѣвъ,
Shakh: убиенъ бысть Яропълкъ. Варяжько же, видѣвъ,
Likh: убьенъ бысть Ярополкъ. Варяшко же, видѣвъ,
Ostr: убиенъ бысть Яропълкъ. Варяжько же, видѣвъ,

78,16:

Laur: бѣжа съ двора в печенѣги.
Radz: ꙗко оубьенъ бы́с ꙗрополкъ. бѣжа со двора в печенѣгы.
Acad: ꙗко оубье|нъ бы́с ꙗрополкъ. бѣжа со двора в печенѣгы.
Hypa: ꙗко оубьенъ̾ | бы́с ꙗрополкъ. бѣжа съ | двора в печенѣгы.
Khle: ꙗко оубненъ бы́с ꙗрополкъ. бѣжа з до|ра въ печенѣги.

Comm: ꙗко убиенъ бысть ꙗрополкъ   бѣжа съ двора в печенигѣ
Tols: ꙗко убьенъ бысть ꙗрополкъ и бѣжа от нихъ в печенѣгы

Bych: яко убьенъ бысть Ярополкъ, бѣжа съ двора в Печенѣги,
Shakh: яко убиенъ бысть Яропълкъ, бѣжа съ двора въ Печенѣгы,
Likh: яко убьенъ бысть Ярополкъ, бѣжа съ двора в Печенѣги,
Ostr: яко убьенъ бысть Яропълкъ, бѣжа съ двора въ Печенѣгы,

78,17:

Laur: и
Radz: и много воева володимера с пече|ченѣгы.
Acad: omitted
Hypa: и мы|ного воева   с печенѣгы | на володимира. и
Khle: и мнѡго воева   с печенѣги на | волѡ́дн́мера. и

Comm: и много воева   с печенѣгы на володимира и
Tols: на володимера   .

Bych: и много воева Володимера с Печенѣгы,
Shakh: и мъного воева съ Печенѣгы на Володимера, и
Likh: и много воева Володимера с печенѣгы,
Ostr: и мъного воева съ Печенѣгы на Володимира, и

78,18:

```
Laur:   ѿдва приваби и. заходивъ к нему
Radz:   ѿдва приваби. и и заходи к немоу
Acad:   ѿ|два прїваби и и заходи к нему
Hypa:   ѿдва | приваби и. заходивъ | к нему
Khle:   едва перевабы его. заходивь к не му
Comm:   едва прибави        заходивъ    ему
Tols:   едва прибави        заходивъ    ему

Bych:   одва приваби и, заходивъ к нему
Shakh:  одъва приваби и, заходивъ къ нему
Likh:   одва приваби и, заходивъ к нему
Ostr:   одъва приваби и, заходивъ къ нему
```

78,19:

```
Laur:   ротѣ. володимеръ же залеже | жену братню.
Radz:   ротѣ. во|лодимер же залаже женѹ братню
Acad:   ротѣ. володимїрѣ же залѣже <ж>енѹ братню
Hypa:   ротѣ. володимирѣ же залеже жену бра|тьню
Khle:   ротѣ. въл ѡмер же залеже, женоу братни |
Comm:   ротѣ володимиръ же залежѣ братню жену
Tols:   ротѣ володимеръ же залежѣ жену братню

Bych:   ротѣ. Володимеръ же залеже жену братню
Shakh:  ротѣ. Володимеръ же залеже жену братню,
Likh:   ротѣ. Володимеръ же залеже жену братню
Ostr:   ротѣ. Володимиръ же залеже жену братню,
```

78,20:

```
Laur:   грекиню. и бѣ непраздна. ѿ | неѩ же родисѧ стополкъ.
Radz:   грекыню и бѣ непра зна. ѿ неꙗже роди стополка.
Acad:   грекиню и бѣ непра зна ѿ неꙗже роди стополка.
Hypa:   грѣкиню. и бѣ не|праз на. ѿ неꙗже роди стополка.
Khle:   грекиню. и бѣ непра зна. ѿ неѧ ж̅ а н̅р ѿ стопока |
Comm:   грикиню и бѣ непразна от неяже родися святополкъ
Tols:   грекыню и бѣ непраздна отъ я не же родися святополкъ

Bych:   Грекиню, и бѣ непраздна, отъ неяже родися Святополкъ.
Shakh:  Грькыню, и бѣ непраздьна, отъ неяже родися Святопълкъ.
Likh:   грекиню, и бѣ непраздна, от нея же родися Святополкъ.
Ostr:   Грькыню, и бѣ непраздьна, отъ неяже роди Святопълка.
```

78,21:

Laur: ѿ грѣховьнаго бо ко|рени золъ плодъ
Radz: ѿ греховнаго бо корене ‖ плѻ̅ золъ [44ᵛ]
Acad: ѿ греховнаго бо | корене пл<о>дъ золъ
Hypa: ѿ грѣховнаго бо | корене. злын плодъ
Khle: ѿ грѣховнаго бо корени злын плѻ̅

Comm: от грѣховнаго бо коренѣ золъ плодъ
Tols: от грѣховнаго бо корени золъ плодъ

Bych: Отъ грѣховьнаго бо корени золъ плодъ
Shakh: Отъ грѣховнаго бо коренѣ зълъ плодъ
Likh: От грѣховьнаго бо корени золъ плодъ
Ostr: Отъ грѣховьнаго бо коренѣ зълъ плодъ

78,22:

Laur: бываеть. понеже бѣ была мт҃и | его черницею.
Radz: бываеть. понеже бѣ мт҃и его была черницею |
Acad: бываеть. понеже бѣ мт҃и | его была черницею.
Hypa: бы|ваеть. понеже была бѣ ‖ мт҃и его черницею [31b]
Khle: бываѐ̅. поне̅ | бѣ была мт҃и его черницею

Comm: бываеть понеже   была бѣ мати его черницею
Tols: бываеть понеже бо была бѣ мати его черницею

Bych: бываеть: понеже бѣ была мати его черницею,
Shakh: бываеть, понеже была бѣ мати его чьрницею,
Likh: бываеть: понеже бѣ была мати его черницею,
Ostr: бываеть, понеже была бѣ мати его чьрницею,

78,23:

Laur: а второе володнмеръ залеже ю. | не по браку прелюбоден
Radz: а второе володнмнръ залеже ю. не по бракꙋ. прелюбо|денчнъ
Acad: а второе володнмнръ зале|же ю. не по бракꙋ. прелюбоденчнъ
Hypa: а второе | володнмнръ залеже ю. не по | бракꙋ. прелюбоденчнщь
Khle: а второе въ а̇лѻ̇мер<ъ> | залеже ю не по бракоу. прелюбоденчнщь

Comm: а второе володимиръ залеже ю не по браку прилюбодѣичь
Tols: а второе володимиръ залеже ю не по браку прелюбодѣиць

Bych: а второе, Володимеръ залеже ю не по браку, прелюбодѣйчичь
Shakh: а въторое Володимеръ залеже ю не по браку; прелюбодѣичищь
Likh: а второе, Володимеръ залеже ю не по браку, прелюбодѣйчичь
Ostr: а въторое Володимиръ залеже ю не по браку; прелюбодѣичищь

78,24:

Laur: бы͡с оубо. тѣмь   н ѿ͡ць е|го не любаше.
Radz: бы͡с оубо. тѣ͡м   нн ѿ͡ць е͡г не любаше.
Acad: бы͡с оубо. тѣмь   ѿ͡ць его не любаше.
Hypa: бы͡с | оубо. тѣмь же н ѿ͡ць его не лю|баше.
Khle: оубо бы͡с | тѣ͡м же н ѿтець его не любаше

Comm: убо бысть тѣмь же и отець его не любляше
NAca: мь же и отець его не любляще
Tols: убо бысть тѣмь же и отець его не любляще

Bych: бысть убо; тѣмь и отець его не любяше,
Shakh: убо бысть; тѣмь же и отьць его не любляше,
Likh: бысть убо. Тѣмь и отець его не любяше,
Ostr: убо бысть; тѣмь и отьць его не любяше,

78,25:

Laur: бѣ бо ѿ двою ѿ͡цю. ѿ ꙗрополка н ѿ |
Radz: бѣ бо ѿ двою ѿ͡цю. ѿ ꙗрополка н ѿ
Acad: бѣ бо ѿ двою | ѿ͡цю. ꙗрополка. н ѿ
Hypa: бѣ бо ѿ двою ѿ͡цю ѿ ꙗ|рополка н ѿ
Khle: бѣ бо ѿ двою ѿ|цоу. ѿ ꙗрополка н ѿ

Comm: бѣ бо от двою отцю от ярополка и от
NAca: бѣ бо от двою отцю от ярополка и от
Tols: бѣ   от двою отцю от ярополка и от

Bych: бѣ бо отъ двою отцю, отъ Ярополка и отъ
Shakh: бѣ бо отъ дъвою отьцю, отъ Яропълка и отъ
Likh: бѣ бо от двою отцю, от Ярополка и от
Ostr: бѣ бо отъ дъвою отьцю, отъ Яропълка и отъ

78,26:

Laur: володнмера. посемь рѣша варѧзн володнме|ру.
Radz: володнмера. посе͡м рѣша варѧ|зн володнмрꙋ.
Acad: володнмнра:· Посемь рѣша варезі володнмерꙋ.
Hypa: володнмнра. по|семъ рѣша варѧзн володнмн|ру.
Khle: володнмера. посе͡м рѣша | варѧꙁн въл꙰ѡ꙰мероу.

Comm: володимира посемъ рѣша варязи володимиру
NAca: володимера посемь рѣша варязи володимеру
Tols: володимера посемъ рѣша варязи володимеру

Bych: Володимера. Посемь рѣша Варязи Володимеру:
Shakh: Володимера. Посемь рѣша Варязи Володимеру:
Likh: Володимера. Посемь рѣша варязи Володимеру:
Ostr: Володимира. Посемь рѣша Варязи Володимиру:

78,27:

Laur: се града нашь. и мы приѧхомъ е. да хочемъ
Radz: се гра̃ нашь мы приѧхо̃. да хоче̃
Acad: се гра̃ нашь мы приѧхомъ и. да хочемъ
Hypa: се гра̃ нашь и мы приѧхо̃ и. да хоще̃
Khle: се гра̃ нашь и мы приѧхо̃ его да хоще̃

Comm: се градъ нашь и мы приѧхомъ и да хощемъ
NAca: се градъ нашь и мы приѧхомъ и да хощемъ
Tols: се градъ нашъ и мы приѧхомъ и да хощемъ

Bych: "се градъ нашъ; мы прияхомъ и, да хочемъ
Shakh: "сь градъ нашь, и мы преяхомъ я; да хощемъ
Likh: "Се градъ нашь; мы прияхомъ е, да хочемъ
Ostr: "Сь градъ нашь, и мы прияхомъ и; да хощемъ

78,28:

Laur: имати ѡкупъ на ни̃. по .в҃. гривнѣ ѿ у҃лвка.
Radz: ѡкупъ имати на ни̃. по в҃. двѣ гривнѣ ѿ у҃лка.
Acad: ѡкѹпъ имати на ни̃. по .в҃. гривнѣ ѿ у҃ка.
Hypa: имати ѿкѹпъ на ни̃. по .в҃. гривнѣ ѿ у҃лка.
Khle: прїати ѿкоупъ на ни̃. по двѣ гривнѣ ѿ у҃лка.

Comm: имати окупъ на них по двѣ гривнѣ от человека
NAca: имати окупъ на них по двѣ гривнѣ от человека
Tols: имати окупъ на них по двѣ гривнѣ от человека

Bych: имати окупъ на нихъ, по 2 гривнѣ отъ человѣка".
Shakh: имати окупъ на нихъ, по дъвѣ гривьнѣ отъ человѣка".
Likh: имати окупъ на них, по 2 гривнѣ от человѣка".
Ostr: имати окупъ на нихъ, по дъвѣ гривьнѣ отъ человѣка".

78,29:

Laur: и ре҃ имъ володмѣръ пождѣте. даже вы куны сберу̃ть
Radz: и ре҃ имъ володимѣръ. пождите имъ за мц҃ь. даже
Acad: и рече имъ володимиръ. пождите имь за мц҃ь даже
Hypa: и ре҃ и̃мъ володимиръ. пождѣте даже вы куны сберу̃т
Khle: и ре҃ и̃ въл̃ѡмѣрь пожн̃те даже ва̃ коуны събероу̃т

Comm: и рече имъ володимиръ пождите оже вы куны сберуть
NAca: и рече имъ володимиръ пождите оже вы куны съберуть
Tols: и рече имъ володимиръ пождите оже вы куны сберутъ

Bych: И рече имъ Володимеръ: "пождѣте, даже вы куны сберуть,
Shakh: И рече имъ Володимеръ: "пождѣте, даже вы куны съберуть,
Likh: И рече им Володимеръ: "Пождѣте! Да же вы куны сберут,
Ostr: И рече имъ Володимиръ: "Пожьдѣте, даже вы куны съберуть,

79,1:

Laur: за м͡ць. ждаша за мѣсѧць и не дасть
Radz: вы коуны соберѹть. | и ждаша за м͡ць и не дасть
Acad: вы коуны соберѹть. и ждаша за | м͡ць и не дасть
Hypa: за м͡ць. | и жьдаша за м͡ць. и не дасть |
Khle: за м͡ць. и ждаша за м͡ць и не дасть

Comm: за мѣсяць и ждаша за мѣсяць не дасть
NAca: за мѣсяць и ждаша за мѣсяць не дасть
Tols: за мѣсяцъ и ждаша за мѣсяцъ не дасть

Bych: за мѣсяць". И ждаша за мѣсяць, и не дасть   [77,9]
Shakh: за мѣсяць". И жьдаша за мѣсяць, и не дасть   [95,3]
Likh: за мѣсяць". И ждаша за мѣсяць, и не дасть   [56,10]
Ostr: за мѣсяць". И жьдаша за мѣсяць, и не дасть

79,2:

Laur: имь. | и рѣша варѧзи сольстилъ еси нами. да покажи
Radz: имъ. и рѣша варѧзи солстил͡ъ еси нами. да покажы
Acad: имъ. и рѣша варѧзи сольстиль еси нами. да покажи
Hypa: имъ. и рѣша варѧзи съльстилъ еси нами. да покажи
Khle: и͡м. | и рѣша варѧzи съльстиль еси на͡м, да покажи |

Comm: имъ и рѣша варязи съльстилъ еси нами да покажи
NAca: имъ и рѣша варязи съльстилъ еси нами да покажи
Tols: имъ и рѣша варязи слъстилъ еси нами да покажи

Bych: имъ, и рѣша Варязи: "сольстилъ еси нами, да покажи
Shakh: имъ. И рѣша Варязи: "съльстилъ еси нами, да покажи
Likh: имь, и рѣша варязи: "Сольстилъ еси нами, да покажи
Ostr: имъ. И рѣша Варязи: "Съльстилъ еси нами, да покажи

79,3:

Laur: ны путь въ греки. ѡнъ же ре͡ч имъ идѣте.
Radz: ны поуть въ греки. ѡ͡н же ре͡ч | имъ идѣте.
Acad: ны пѹть въ греки. ѡнъ же рече нимъ идѣте.
Hypa: ны | путь въ греки. ѡнъ же ре͡ч и|дѣте.
Khle: на͡ поу͡т въ греки. ѡн же ре͡ч и͡м, идѣте.

Comm: ны путь во грекы онъ же рече имъ идѣте
NAca: ны путь въ грекы онъ же рече имъ идѣте
Tols: ны путь въ грекы онъ же рече имъ идѣте

Bych: ны путь въ Греки"; онъ же рече имъ: "идѣте".
Shakh: ны путь въ Грькы". Онъ же рече имъ: "идѣте".
Likh: ны путь въ Греки". Онъ же рече имъ: "Идѣте".
Ostr: ны путь въ Грькы". Онъ же рече имъ: "Идѣте".

79,4:

Laur: и избра ѿ них мужи добры. смыслены и добры.
Radz: и избра ѿ нихˣ моужи добры. и смыслены и храбры.
Acad: и избра ѿ нїхˣ мȣжи добры и смыслены. и храбры.
Hypa: избра ѿ них мужа добры и смыслены и храбъры.
Khle: и избра ѿ нихˣ мꙋжа добры. и мс̄ылены и храбры.

Comm: и избра от них мужи добры и храбры и мудры
NAca: и избра от них мужи добры и храбры и мудры
Tols: и избра от них мужи добры и храбры и мудры

Bych: И избра отъ нихъ мужи добры, смыслены и храбры,
Shakh: И избьра отъ нихъ мужа добры и съмысльны и храбры,
Likh: И избра от нихъ мужи добры, смыслены и храбры,
Ostr: И избьра отъ нихъ мужа добры и съмысльны и храбры,

79,5:

Laur: и раздаꙗ имъ грады. прочии же идоша цр̄юграду
Radz: и раздаꙗ имъ граⷣ. прочиⷨ идоша ко цр̄юграⷣу:-
Acad: и раздаꙗ имъ городы. прочїи же идоша ко цр̄юградȣ:·
Hypa: и раздаꙗ имъ грады. прⷪчии же идоша цр̄юграⷣ.
Khle: и раⷥдаꙗ иⷨ грады. и прочїи же идоша къ царюграⷣу.

Comm: и раздая имъ грады а прочии же идоша въ грекы
NAca: и раздая имъ грады   прочии же идоша къ царюграду
Tols: и раздая имъ грады   прочии же идоша къ царюграду

Bych: и раздая имъ грады; прочии же идоша Царюграду
Shakh: и раздая имъ грады; прочии же идоша Цѣсарюграду
Likh: и раздая имъ грады; прочии же идоша Царюграду
Ostr: и раздая имъ грады; прочии же идоша Цьсарюграду.

79,6:

Laur: въ греки. и посла пред ними слы гл̄ꙗ сице.
Radz: И посла преⷣ ними послы гл̄ꙗ сице.
Acad: И посла преⷣ ними послы гл̄ꙗ сице.
Hypa: и посла преⷣ ними слы. гл̄ꙗ сице
Khle: и посла преⷣ ними послы. гл̄ꙗ сице къ

Comm: къ цесарьскому граду и посла пред ними послы глаголя сице къ
NAca: въ грекы и посла пред ними послы глаголя сице ко
Tols: въ грекы и посла пред ними послы глаголя сице ко

Bych: въ Греки. И посла пред ними слы, глаголя сице
Shakh: въ Грькы. И посъла предъ ними сълы, глаголя сице
Likh: въ Греки. И посла пред ними слы, глаголя сице
Ostr: И посъла предъ ними сълы, глаголя сице

Повѣсть времєньныхъ лѣтъ 565

79,7:

Laur: црю се идуть к тебѣ варѧзи. не мози их держати
Radz: црю се идоу к тобѣ варѧзи. не мози их держати
Acad: црю се идуть к тебѣ варѧзи. не мози ихъ держати
Hypa: цреви. се идуть к тебѣ варѧзи. не мози ихъ держати
Khle: цревн. се идоу к тебѣ варѧзи. не мози и дръжати

Comm: цесарю се идут к тобѣ варѧзи не мози ихъ держати
NAca: царю се идуть к тобѣ варѧзи не мози ихъ держати
Tols: царю се идут к тебѣ варѧзи не мози ихъ держати

Bych: царю: "се идуть к тебѣ Варѧзи, не мози ихъ держати
Shakh: цѣсарю: "се, идуть къ тобѣ Варѧзи, не мози ихъ държати
Likh: царю: "Се идуть к тебѣ варѧзи, не мози их держати
Ostr: цьсарю: "Се идуть къ тебѣ Варѧзи, не мози ихъ дьржати

79,8:

Laur: въ градѣ. или то створѧть ти зло. ѧко и сде.
Radz: въ гра. или то створѧть ти зло. ѧко и здѣ.
Acad: во градѣ. или то сотворѧть зло. ѧко и здѣ.
Hypa: в городе. или то створѧт ти въ градѣ ѧко здѣ.
Khle: в городѣ или то сътворѧ ти въ градѣ ѧкоже и здѣ.

Comm: въ градѣ дажь пакы не створѧть ти зла въ градѣ ѧкоже здѣ створиша
NAca: въ градѣ понеже бо тѣ зло сътворѧть въ градѣ твоемь ѧко и здѣ
Tols: въ градѣ понеже бо тѣ зло створѧть въ градѣ твоемь ѧко и здѣ

Bych: въ градѣ, оли то створѧть ти зло, ѧко и сде,
Shakh: въ градѣ, оли то сътворѧть ти зъло въ градѣ, ѧкоже и сьде;
Likh: въ градѣ, оли то створѧть ти зло, ѧко и сде,
Ostr: въ градѣ, или то сътворѧть ти {зъло / въ градѣ}, ѧко и сьде;

79,9/10:

Laur: но ра́сточи ѧ разно. а сѣмо не пущаи ни едного.
Radz: по расточи ѧ розно. а сѣмо не пущаи ни едного.
Acad: по расточи ѧ разно. а сѣмо не пущаи ни едного.
Hypa: но расточи ѧ раздно. а сѣмо не пущаи ни едного
Khle: но расто́ ѧ. ра́зно. а сѣмо не поущаи ни единаго.   [34ᴦ]

Comm: нь расточѣ их разно а сѣмо не пущаи ни единаго
NAca: но расточи их разно а сѣмо не пущаи ни единого
Tols: но расточи их разно а сѣмо не пущаи ни единого

Bych: но расточи ѧ разно, а сѣмо не пущай ни единого".
Shakh: нъ расточи ѧ разно, а сѣмо не пущаи ни единого".
Likh: но расточи ѧ разно, а сѣмо не пущай ни единого".
Ostr: нъ расточи ѧ разьно, а сѣмо не пущаи ни единого".

79,11:

Laur: и нача кнажити володимеръ въ киевѣ единъ.
Radz: и нача кнжити володимеръ в кыевѣ единъ.
Acad: и нача кнѧжити володимръ в кїевѣ единъ.
Hypa: и нача кнѧжити володимиръ въ киевѣ ѡдинъ.
Khle: и нача кнѧжити вълѡдимерь въ киевѣ единь.

Comm: и пакы нача княжити володимеръ в киевѣ
NAca: и   нача княжити володимеръ в киевѣ
Tols: и   нача княжити володимеръ в киевѣ

Bych: И нача княжити Володимеръ въ Киевѣ единъ,
Shakh: И нача къняжити Володимеръ въ Кыевѣ единъ,
Likh: И нача княжити Володимеръ въ Киевѣ единъ,
Ostr: И нача къняжити Володимиръ въ Кыевѣ единъ,

79,12:

Laur: и постави кумиры на холму. внѣ двора теремнаго.
Radz: и постави кумиръ на холмѣ. внѣ двора теремнаго.
Acad: и постави кумиръ на холмѣ. внѣ двора теремнаго.   [39ᵍ]
Hypa: и постави кумиры на холъму. внѣ двора теремна̄.
Khle: и постави кумиры на холмоу. внѣ двора теремнаго.

Comm: и постави   на холмѣ внѣ двора теремнаго
NAca: и постави   на холмѣ внѣ двора теремнаго
Tols: и постави   на холмѣ внѣ двора теремнаго

Bych: и постави кумиры на холму внѣ двора теремнаго:
Shakh: и постави кумиры на хълмѣ, вънѣ двора теремьнаго:
Likh: и постави кумиры на холму внѣ двора теремнаго:
Ostr: и постави кумиры на хълму, вънѣ двора теремьнаго:

79,13:

Laur: перуна древана. а главу его сребрену. а
Radz: пероуна древана. а глава емȣ серебрана. а
Acad: перȣна древена. а глава емȣ сребрена. а
Hypa: перуна деревѧна. а голова его серебрана. а
Khle: пероуна деревана. а голова его сребрана. а

Comm: перуна древяна а главу   сребрену а
NAca: перуна древянаго а главу   сребряну а
Tols: перуна древяного а главу   сребряну а

Bych: Перуна древяна, а главу его сребрену, а
Shakh: Перуна древяна, а главу его сьребряну, а
Likh: Перуна древяна, а главу его сребрену, а
Ostr: Перуна древяна, а главу его сьребряну, а

79,14:

Laur: оусъ | златъ. и хърса   дажьба. и стриба. и
Radz: оусъ золотъ. и хорса. и дажебга. и стробога. и
Acad: оусъ золотъ. и хорса. и дажьбога. и стрибога. и
Hypa: оусъ золо. и хоръса. и дажьба. и стриба. и
Khle: оусъ золотыи. и хорса. и дажьбога. и стрибога. и

Comm: усъ златъ и хоръса и дажьба и стриба
NAca: усъ златъ и хорса и дажба и стриба
Tols: усъ златъ и хорса и дажба и стриба

Bych: усъ златъ, и Хърса, Дажьбога, и Стрибога, и
Shakh: усъ златъ, и Хърса и Дажьбога и Стрибога и
Likh: усъ златъ, и Хърса, Дажьбога, и Стрибога и
Ostr: усъ златъ, и Хърса и Дажьбога и Стрибога и

79,15:

Laur: снмарьгла. | и мокошь   жряху имъ наричюще
Radz: семарыгла. и мокошь. и жрахоу имъ наричюще
Acad: семарыгла. и мокошь. и жрахȣ имь наричюще
Hypa: съмарьгла. и || мокошь. и жраху имъ наручюще   [31c]
Khle: семаргла. | и мокошь. и жрахѫ и. наречюще

Comm: сеимарекла   мокошь и жряху имъ наричюще
NAca: сеимарекла   мокошь и жряху имъ нарицающеся
Tols: сеимарекла   мокошь и жряху имъ нарицающеся

Bych: Симарьгла, и Мокошь. И жряху имъ, наричюще
Shakh: Сѣмарьгла и Мокошь. И жьряху имъ, наричюще
Likh: Симарьгла, и Мокошь. И жряху имъ, наричюще
Ostr: Сѣмарьгла и Мокошь. И жьряху имъ, наричюще

79,16:

Laur: ıа бы. привожаху сны своıа и
Radz: а богы. и привожахоу сны своа и
Acad: ıа богы. и привожахȣ | сны своıа. и
Hypa: б‹ла›гы. и привожаху сны своıа.
Khle: и богы. и при|вожаахѫ сны своа

Comm: их богы и привожаху сынови свои и
NAca: богы и привожаху сыны своя и
Tols: богы и привожаху сыны своя и

Bych: я богы, и привожаху сыны своя и
Shakh: я богы, и привожаху сыны своя и
Likh: я богы, и привожаху сыны своя и
Ostr: я богы, и привожаху сыны своя и

79,17:

Laur: дъщери. и жраху бѣсомъ. ѡсквернаху^к землю
Radz: дщери. и жрах୪ бесо̄. и ѡскверна‖хоу^м землю   [45^г]
Acad: дщери. и жрах୪ бѣсомъ. и ѡсквернах୪ | землю
Hypa: и жраху бѣ‾сомъ. и ѡсквѣ‖рнаху землю
Khle: и жрахѫ бѣсо̄. и ѡскверна‖хѫ^м зе̄лю

Comm: дщери и жряху бѣсомъ и оскверьняху землю
NAca: дщери своя жряху бѣсомъ и оскверняху землю
Tols: дщери своя жряху бѣсомъ и оскверняху землю

Bych: дъщери, и жряху бѣсомъ, и оскверняху землю
Shakh: дъщери, и жьряху бѣсомъ, и осквьрняху землю
Likh: дъщери, и жряху бѣсомъ, и оскверняху землю
Ostr: дъщери, и жьряху бѣсомъ. И осквьрняху землю

79,18:

Laur: теребами своими. и ѡсквѣ‖рни са кровьми   земла
Radz: требами своими. и ѡсквѣрни са кровьми   зе̑мла
Acad: требами своими. и ѡскверні са кровьми | земла
Hypa: требами своимі. | и ѡсквѣрни^с требами   земла |
Khle: требами своими. и ѡскверни^с требами и^х земла

Comm: требами своими и осквернися земля руская
NAca: требами своими и осквернися кровьми   земля
Tols: требами своими и осквернися кровьми   земля

Bych: требами своими, и осквернися кровьми земля
Shakh: требами своими; и осквьрнися кръвьми земля
Likh: требами своими. И осквернися кровьми земля
Ostr: требами своими; и осквьрни ся кръвьми земля

79,19:

Laur: руска. и холмо тъ но | пр̄бл̄гии б̄ъ не хота
Radz: роускаѧ и холмъ тон. но преблгыи б̄ъ не хота
Acad: р୪^скаа. и холмь тон. но преблгыи б̄гъ не | хотаи
Hypa: р୪^скаѧ. и холмъ тъ. Но пре‖блгыи б̄ъ не хотаи
Khle: ро୪^скаа и холмь тон҃: Но пре̄блгы̄^и | б̄ъ не хота

Comm: кровьми и холмъ тъи нъ преблагыи богъ не хотя
NAca: рускаа и холмъ тъи нъ преблагыи богъ не хотя
Tols: русьская и холмъ тъи нъ преблагыи богъ не хотя

Bych: Руска и холмо-тъ. Но преблагий Богъ не хотя
Shakh: Русьская и хълмъ тъ. Нъ преблагыи Богъ, не хотя
Likh: Руска и холмо-тъ. Но преблагий богъ не хотя
Ostr: Русьская и хълмъ тъ. Нъ преблагыи Богъ не хотя

Повѣсть времєньныхъ лѣтъ 569

79,20:

Laur: смр͠ти грѣшнн҃комъ. на тѣ҃мъ холмѣ нын҇ѣ цр͠кн
Radz: смє҃р҆ть грѣшннко҃. на то҃ н҃нѣ холмѣ цр͠квн
Acad: смр͠тн. грѣшннкомь. на томъ нн҃ѣ холмѣ цр͠квн
Hypa: смр͠ти грѣ҃шннко҃. на томъ холмѣ нынѣ | цр͠кы
Khle: смр͠ти грѣшннко҃. на то҃ холмѣ н҃нѣ | цр͠квн

Comm: смерти грѣшникомъ на томъ холмѣ церкви
NAca: смерти грѣшникомъ на томъ холмѣ есть церковъ
Tols: смерти грѣшникомъ на томъ холмѣ есть церковъ

Bych: смерти грѣшникомъ, на томъ холмѣ нынѣ церки
Shakh: съмьрти грѣшьникомъ, на томь хълмѣ нынѣ цьркы
Likh: смерти грѣшникомъ, на томъ холмѣ нынѣ церкви
Ostr: съмьрти грѣшьникомъ, на томь хълмѣ нынѣ цьркы

79,21:

Laur: стонть. с͠того васнлья єс҃ть. ‖ <->коже послѣдн [25ᵛ]
Radz: стоать. с͠того | васнлья є҃с. ꙗкоже послѣдн
Acad: стоать с͠того васі҃лїа єсть. ꙗкоже послѣдн
Hypa: єсть с͠того васнльꙗ. ꙗко|же послѣдѣ
Khle: є҃с с͠того васнлїа. ꙗко҃ послѣ҃дї

Comm: святого василиа есть якоже послѣди
NAca: святаго василиа якоже послѣди
Tols: святаго василиа якоже послѣди

Bych: стоить, святаго Василья есть, якоже послѣди
Shakh: святаго Василия есть, якоже послѣди
Likh: стоить, святаго Василья есть, якоже послѣди
Ostr: есть святаго Василия, якоже послѣди

79,22:

Laur: скажємъ. мы же на преднєє | възратнмса. володнмеръ
Radz: скажємъ:- | Мы же на прѣ҃днеє възратнмса. волндомн
Acad: скажєм:· Мы же на преднєє възратї҃мса. володнмнръ
Hypa: скаже҃. мы же на | прѣ҃днеє възвратнмса. воло|днмнръ
Khle: скаже҃. мы҃ | на прѣ҃днеє възвратнмса въ҃лд҃омер

Comm: скажемъ мы же на преднее възратимся володимиръ
NAca: скажемъ мы же пакы на преднее възвратимся володимеръ
Tols: скажемъ мы же пакы на прежнее взвратимся володимеръ

Bych: скажемъ. Мы же на преднее възратимся. Володимеръ
Shakh: съкажемъ. Мы же на предьнее възвратимъся. Володимеръ
Likh: скажемъ. Мы же на преднее възратимся. Володимеръ
Ostr: съкажемъ. Мы же на предьнее възвратимъ ся. Володимиръ

79,23:

Laur: же посади добрыну | оуя своего в новѣгородѣ.
Radz: же посади до‍б҃рыню оуя своѥ. в новѣгородѣ.
Acad: же посади добрыню оуя своѥго в новѣгородѣ.
Hypa: же посади добрыню | оуя своего в новѣгородѣ.
Khle: же посади | оуя своего добрыню, въ новѣгородѣ.

Comm: же посади добрыню в новѣгородѣ уя своего
NAca: же посади добрыню в новѣгородѣ уя своего
Tols: же посади добрыню в новѣгородѣ уя своего

Bych: же посади Добрыну, уя своего, в Новѣгородѣ;
Shakh: же посади Добрыню, уя своего, въ Новѣгородѣ.
Likh: же посади Добрыню, уя своего, в Новѣгородѣ.
Ostr: же посади Добрыню, уя своего, въ Новѣгородѣ.

79,24:

Laur: и пришедъ добрына | нооугороду. постави
Radz: и прише͆ добрына к но‍воугородȢ. постави
Acad: и прише͆ добрына к новȢгоро|дȢ. постави
Hypa: и | прише͆ добрына новугороду. | постави
Khle: и прише͆ до‍брына новугородоу. постави

Comm: и пришедъ добрыня къ новугороду постави перуна
NAca: и пришедъ добрыня къ новугороду постави кумира
Tols: и пришедъ добрыня къ новугороду постави кумира

Bych: и пришед Добрына Ноугороду, постави
Shakh: И пришьдъ Добрыня Новугороду, постави
Likh: И пришед Добрына Ноугороду, постави
Ostr: И пришьд Добрыня Новугороду, постави

79,25:

Laur: кумира надъ рѣкою   волховомъ. и жряху
Radz: кȢмира на͆ рекою   волховомъ. | и жрахоу
Acad: кȢмира надъ рекою   волховомь. и жра|хȢ
Hypa: перуна кумиръ. на͆дъ рекою волховомъ. и жра|хуть
Khle: коумира пероу͞н͞, | на͆ рекою на͆ волховы͞м. и жрахȢ

Comm: кумиръ над рѣкою   волховомъ и жряху
NAca: перуна над рѣкою   волховомъ и жряху
Tols: перуна над рѣкою   волховомъ и жряху

Bych: кумира надъ рѣкою Волховомъ, и жряху
Shakh: Перуна кумиръ надъ рѣкою Вълховъмь; и жьряху
Likh: кумира надъ рѣкою Волховомъ, и жряху
Ostr: кумира надъ рѣкою Вълховъмь; и жьряху

Повѣсть времньыхъ лѣтъ 571

79,26:

Laur: ему людье нооугородьстіи. акн б͠у. и бѣ же
Radz: ем̾у лю̾е новгоро̾стии. акы б͠гу. и бѣ же
Acad: ем̾у людіе новгоро̾стіи. акн бог̾у. и бѣ же
Hypa: ему лю̾е новгородьстіи акы б͠у.   бѣ же
Khle: емоу лю̾е новоⷣгорѡ̾стіи, акы богоу.   бѣ же

Comm: ему людие новгородьстѣи акы богу   бѣ же
NAca: ему людие новгородьстии яко богу   бѣ же
Tols: ему людие новгородьстии яко богу   бѣ же

Bych: ему людье ноугородьстии аки Богу. Бѣ же
Shakh: ему людие Новъгородьстии акы Богу. Бѣ же
Likh: ему людье ноугородьстии аки богу. Бѣ же
Ostr: ему людие новъгородьстии акы Богу. Бѣ же

79,27:

Laur: володнмеръ побѣженъ похотью женьскою. и
Radz: володнмеръ побѣженъ. похотью женьскою. и
Acad: володнмнръ побѣженъ. похотью женьскою. и
Hypa: володнмнръ | побѣженъ похотью женьскою.
Khle: въⷡдѡмерь побѣжеⷩ | похоⷮю женскою.

Comm: володимеръ побѣженъ похотью женьскою и
NAca: володимеръ побѣженъ похотью женьскою и
Tols: володимеръ побѣженъ похотью женьскою и

Bych: Володимеръ побѣженъ похотью женьскою, и
Shakh: Володимеръ побѣженъ похотию женьскою, и
Likh: Володимеръ побѣженъ похотью женьскою, и
Ostr: Володимиръ побѣженъ похотию женьскою; и

79,28:

Laur: бъша ему водимыя.   рогънѣ|дь юже посади на
Radz: быша | водимыя ем̾у.   рогнѣ̾ юже посади на
Acad: быша водимыа ем̾у. [жены] рогнѣ̾ юже посади на
Hypa: быша ему водимыя. | рогънѣдь юже посади на
Khle: быша емоу водимыа жены ҃s. | иарогнѣ̾ юже посаⷣ на

Comm: быша ему водимыя   рогънѣдь юже посади на
NAca: быша ему въдимыя   рогънѣдь юже посади на
Tols: быша ему въдимыя   рогънѣдь юже посади на

Bych: быша ему водимыя: Рогънѣдь, юже посади на
Shakh: быша ему водимыя: Рогънѣдь, юже посади на
Likh: быша ему водимыя: Рогънѣдь, юже посади на
Ostr: быша ему водимыя: Рогънѣдь, юже посади на

80,1:

Laur: лыбеди. идеже ныне стоить | сельце предъславнно.
Radz: лыбеди. иде^ж | есть н͞нѣ селце пр^ае͞славнно.
Acad: лыбеди. идеже есть н͞нѣ селце пр^ае͞славнно.
Hypa: лы|беди. идеже е͡^с н͞нѣ селце пере|славнно.
Khle: лыбедѣ. идеже е͡^с н͞нѣ селце | пр^ае͞славнно.

Comm: лыбедѣ идеже есть ныне селище передъславино
NAca: лыбеди идѣже есть ныне селище передъславино
Tols: лыбеди идеже есть ныне селище передъславино

Bych: Лыбеди, идеже ныне стоить сельце Предъславино,   [78,6]
Shakh: Лыбеди, идеже есть ныне сельце Предъславино,   [96,10]
Likh: Лыбеди, иде же ныне стоить сельце Предъславино,   [56,32]
Ostr: Лыбеди, идеже есть ныне сельце Предъславино.

80,2:

Laur: ѿ неяже роди .д̄. сн͞ы. | изеслава.
Radz: ѿ ней^ж роди .д̄. сн͞ы. иза|слава.
Acad: ѿ неяже ро|ди .д̄. сн͞ы нзаслава.
Hypa: ѿ неяже роди .д̄. сы|ны. изеслава
Khle: ѿ неяже р^{д н}ѡ .д̄. сн͞ы, нзаслава. |

Comm: от неяже родишася 4 сыны изяслава
NAca: от неяже родися 4 сыны изяслава
Tols: от неяже родися четыре сыны изяслава

Bych: отъ неяже роди 4 сыны: Изеслава,
Shakh: отъ неяже роди 4 сыны: Изяслава,
Likh: от нея же роди 4 сыны: Изеслава,
Ostr: Отъ неяже роди 4 сыны: Изяслава,

80,3:

Laur: мьстислава. ярослава. всеволода |.а.в̄. тчери.
Radz: м<е>стислава. ярослава. всеволода а в̄ дщери |
Acad: мьстислава. ярослава. | всеволода .а.в̄. дщери
Hypa: мьстислава. | ярослава. всеволода. и двѣ | дщери.
Khle: мьстислава. ярослава. всеволода. и двѣ дъщери.

Comm: мьстислава ярослава всеволода а двѣ дщери
NAca: мьстислава ярослава всеволода а двѣ дщери
Tols: мьстислава ярослава всеволода а двѣ дщери

Bych: Мьстислава, Ярослава, Всеволода, а 2 дщери;
Shakh: Мьстислава, Ярослава, Вьсеволода и дъвѣ дъщери:
Likh: Мьстислава, Ярослава, Всеволода, а 2 дщери;
Ostr: Мьстислава, Ярослава, Вьсеволода и дъвѣ дъщери;

Повѣсть времяньныхъ лѣтъ

80,4:

Laur: ѿ грекинѣ. с͞тополка. ѿ чехинѣ. вышѥслава.
Radz: ѿ грекине. с͞тополка. ѿ чехнне вышеслава.
Acad: ѿ грекине. с͞тополка. | ѿ чехинѣ вышеслава.
Hypa: ѿ грѣкини с͞тополка. | ѿ чехыни. вышеслава.
Khle: ѿ грекыни стоп︢ока. ѿ чехинѣ вышесла|ва.

Comm: от грекинѣ святополка а от чехинѣ вышеслава
NAca: от грекинѣ святополка а от чехини вышеслава
Tols: от грекынѣ святополка а от чехини вышеслава

Bych: отъ Грекинѣ Святополка; отъ Чехинѣ Вышеслава;
Shakh: отъ Грькынѣ: Святопълка; отъ Чехынѣ: Вышеслава;
Likh: от грекинѣ—Святополка; от чехинѣ—Вышеслава;
Ostr: отъ Грькынѣ, Святопълка; отъ Чехынѣ, Вышеслава;

80,5:

Laur: а ѿдругоѣ. с͞тослава. и мьстислава. а ѿ
Radz: а ѿ дроугина с͞тослава. и мстислава. а ѿ
Acad: а ѿ др̾угïа с͞тослава. | а ѿ
Hypa: а ѿ | другнıа с͞тослава. [станисла︢в] ѿ
Khle: а ѿ другоє с͞тослава. и мстислава. ѿ

Comm: а от другыя святослава мьстислава а от
NAca: а от другиа святослава мьстислава а от
Tols: а от другиа святослава мьстислава а от

Bych: а отъ другоѣ Святослава и Мьстислава; а отъ
Shakh: а отъ другыя: Святослава и Мьстислава; а отъ
Likh: а от другоѣ—Святослава и Мьстислава; а от
Ostr: а отъ другыя, Святослава и Мьстислава; а отъ

80,6:

Laur: бо|лгарыни бориса и глѣба. а наложьницѣ
Radz: болгарины бориса глѣ|ба. наложьницѣ
Acad: болгарины бориса и глѣба. наложнïць
Hypa: болъгары|ни бориса и глѣба. и наложыницѣ
Khle: бо︢гарини, бориса и глѣба. и наложниць

Comm: болгарынѣ бориса и глѣба и наложниць
NAca: болгарынѣ бориса и глѣба и наложниць
Tols: болгарынѣ бориса и глѣба и наложницъ

Bych: Болгарыни Бориса и Глѣба; а наложьниць
Shakh: Българынѣ: Бориса и Глѣба. А наложьниць
Likh: болгарыни—Бориса и Глѣба; а наложьниць
Ostr: Българынѣ, Бориса и Глѣба. И наложьниць

80,7:

Laur:	бѣ оу	него .т̅. вышегородѣ. а .т̅. в болгарѣ͞х.
Radz:	оу него .т̅. в вышегородѣ. а в бѣлѣго҇родѣ .т̅.
Acad:	оу не҇го .т̅. в вышегородѣ. а в бѣлѣгородѣ .т̅.
Hypa:	оу него .т̅. въ вышего҇родѣ .т̅. в бѣлѣгородѣ
Khle:	оу него .т̅.	въ вышегородѣ.

Comm: бѣ у него 300 въ вышегородѣ а 300 в бѣлѣгородѣ
NAca: бѣ у него 300 въ вышегородѣ а в бѣлѣгородѣ 300
Tols: бѣ у него триста въ вышегородѣ а в бѣлѣгородѣ триста

Bych: бѣ у него 300 Вышегородѣ, а 300 в Бѣлѣгородѣ,
Shakh: бѣ у него 300 Вышегородѣ, а 300 Бѣлѣгородѣ,
Likh: бѣ у него 300 Вышегородѣ, а 300 в Бѣлѣгородѣ,
Ostr: у него 300 Вышегородѣ, а 300 Бѣлѣгородѣ,

80,8:

Laur:	а .с̅. на бере҇стовѣ. в селци еже
Radz:	а на берестовѣ͞м .с̅. в селци еже
Acad:	а на бе҇рестовомъ .с̅. в сельци. еже
Hypa:	а .с̅.	на берестовѣмъ в сельци. е҇же
Khle:	а двѣстѣ на берестово͞м в селци.	еже

Comm: а 200 на берестовомъ селищи еже
NAca: а на берестовѣ селцищи 200 еже
Tols: а на берестовѣ селцищи двѣсти еже

Bych: а 200 на Берестовѣ в селци, еже
Shakh: а 200 на Берестовѣ, въ сельци, еже
Likh: а 200 на Берестовѣ в селци, еже
Ostr: а 200 на Берестовѣ, въ сельци, еже

80,9:

Laur:	зооуть н҇ынѣ берестовое. и	бѣ несытъ блуда
Radz:	зовȣть н͞нѣ	берестовое. и бѣ несытъ блȣда.
Acad:	зовȣть н͞нѣ берестоі҇вое. и бѣ несытъ блȣда.
Hypa:	зову͞т и н͞нѣ берестовое. и бѣ	несытъ блуда. и
Khle:	зовоу͞т и н͞нѣ берестовое. и бѣ несы͞т блȣда. и	

[31d]

Comm: зовут нынѣ берестовое и бѣ несытъ блуда и
NAca: зовуть нынѣ берестовое селище и бѣ несытъ блуда и
Tols: зовут нынѣ берестовое селище и бѣ несытъ блуда и

Bych: зоуть нынѣ Берестовое. И бѣ несытъ блуда,
Shakh: зовуть нынѣ Берестовое. И бѣ несыть блуда,
Likh: зоуть нынѣ Берестовое. И бѣ несытъ блуда,
Ostr: зовуть нынѣ Берестовое. И бѣ несыть блуда,

80,10:

Laur: приводѧ к собѣ мужьски | женъı. и дѣцѣ
Radz: приводѧ   мѫжьскъıа | жены. и дѣци
Acad: приводѧ   мѫжьскъıа ‖ жены и дѣци   [39ᵛ]
Hypa: привоӏдѧ к себѣ мужьскъıѧ жены. | и дѣци
Khle: приводѧ к себѣ мѫжескъıа жены. и дѣци

Comm: приводи к собѣ   мужьскы жены и дѣвицѣ
NAca: приводи пакы к тому мужескиа жены и дивица
Tols: приводи пакы к тому мужескиа жены и дивица

Bych: приводя к собѣ мужьски жены и дѣвицѣ
Shakh: приводя къ собѣ мужьскы жены, и дѣвицѣ
Likh: приводя к собѣ мужьски жены и дѣвицѣ
Ostr: приводя къ себѣ мужьскыя жены, и дѣвици

80,11:

Laur: растьлѧѧ. бѣ бо женолюбець. ӏакоӏже и соломанъ.
Radz: растлнваѧ. бѣ   жонолюбець. ӏакоже | и соломонъ.
Acad: растлнваѧ. бѣ   женѡлюбець. ӏакоӏже и соломонъ.
Hypa: растлѧѧ. бѣ бо женоӏлюбець ӏако   и соломонъ.
Khle: растлѧа, | бѣ бо женолюбець ӏако   и соломѡ̃.

Comm: растляя бѣ бо женолюбець яко   у соломона
NAca: растляя бѣ бо женолюбець яко   у соломона
Tols: растляя бѣ бо женолюбецъ яко   у соломона

Bych: растьляя; бѣ бо женолюбець якоже и Соломанъ:
Shakh: растьляя. Бѣ бо женолюбьць, якоже и Соломанъ.
Likh: растьляя. Бѣ бо женолюбець, яко же и Соломанъ:
Ostr: растьляя, бѣ бо женолюбьць, яко и Соломонъ.

80,12:

Laur: бѣ бо рече оу соломана женъ .ψ̃. | а
Radz: бѣ бо р̆ечоу соломона женъ ѡсмьсотъ. а |
Acad: бѣ бо рече оу соломона женъ ѡсмъıсотӏа
Hypa: бѣ | бо   оу соломона. р̆ечѧ .ψ̃. а
Khle: бѣ бо же̃ оу соломоӏна, ‖ р̆ечѧ .ψ̃. а   [34ᵛ]

Comm: бѣ бо рече   женъ семъсот а
NAca: бѣ бо рече   женъ седмьсотъ а
Tols: бѣ бо рече   женъ седмьсотъ а

Bych: бѣ бо, рече, у Соломана женъ 700, а
Shakh: Бѣ бо, рече, у Соломана женъ 700, а
Likh: бѣ бо, рече, у Соломана женъ 700, а
Ostr: Бѣ бо, рече, у Соломона женъ 700, а

80,13:

Laur: наложниць .т̄. мудръ же бѣ. а на конець погибе.
Radz: наложницѣ .т̄. моудръ же бѣ а на конець погинеть. ||
Acad: наложниць .т̄. мȣдръ же бѣ. а на конець погıбе.
Hypa: наложьницѣ .т̄. мѫдръ же бѣ. а | на конець погибе.
Khle: наложниць .т̄. мудръ бѣ, а на конець по|гибе:
Comm: наложниць 300 мудръ же бѣ а на конець погыбе
NAca: наложници 300 мудръ же бѣ а на конець погибе
Tols: наложниц триста мудръ же бѣ а на конець погибе

Bych: наложниць 300. Мудръ же бѣ, а наконець погибе;
Shakh: наложьниць 300; мудръ же бѣ, а на коньць погибе;
Likh: наложниць 300. Мудръ же бѣ, а наконець погибе;
Ostr: наложьниць 300. Мудръ же бѣ, а на коньць погыбе.

80,14:

Laur: се же бѣ невѣголосъ. а на конець ѡбрѣте
Radz: се же бѣ невѣнгла͡с. а на конець ѡбрѣте   [45ᵛ]
Acad: сен же бѣ невѣнгласъ. а на конець ѡбрѣте |
Hypa: сь же бѣ | невѣгла͡с. на конець ѡбрѣ|те
Khle: се͡н же бѣ невѣгла͡с, а на конець обрѣте
Comm: сеи же бѣ невѣглас а на конець обрѣте
NAca: сеи же бѣ невѣглас а на конець обрѣте
Tols: сеи же бѣ невѣглас а на конець обрѣте

Bych: се же бѣ невѣголосъ, а наконець обрѣте
Shakh: сь же бѣ невѣгласъ, а на коньць обрѣте
Likh: се же бѣ невѣголосъ, а наконець обрѣте
Ostr: Сь же бѣ невѣгласъ, а на коньць обрѣте

80,15:

Laur: сп͡сньє. | велıи   г͡ь и велья крѣпость єго и
Radz: сп͡сние. велıи | бо г͡ь и велья крѣпость е͡. и
Acad: сп͡сние. велıи бо г͡ь. и велıя крѣпость его. и
Hypa: сп͡сние. Велıи бо г͡ь и вельıя крѣпость е͡. и
Khle: сп͡сıє. | велıн бо г͡ь и велıа крѣпость его. и
Comm: спасение велии   господь нашь и велия крѣпость его и
NAca: спасение велии   господь нашь и велиа крѣпость его и
Tols: спасение велии   господь нашь и велиа крѣпость его и

Bych: спасенье. Велий Господь, и велья крѣпость его, и
Shakh: съпасение. Велии Господь нашь, и велия крѣпость его; и
Likh: спасенье. "Велий господь, и велья крѣпость его, и
Ostr: съпасение. Велии бо Господь, и велия крѣпость его; и

80,16:

Laur: разумү его нѣ̅с̅ | конца. ѕло бо есть женьскаѧ
Radz: разоумоу е̅г̅ нѣ̅с̅ чнсла. ѕло | бо е̅с̅ женскаѧ
Acad: разѹмѹ его нѣ̅с̅ чнсла. ѕло бо есть женьскаа
Hypa: разумү еѓо нѣ̅с̅ чнсла. ѕло бо е̅с̅ женьıскаѧ
Khle: разоумоу | его нѣ̅с̅ чнсла. ѕлѡ бо е̅с̅ женскаа

Comm: разуму его нѣсть числа зло бо есть женьская
NAca: разума его нѣсть числа зло бо есть женьска
Tols: разума его нѣсть числа зло бо есть женска

Bych: разуму его нѣсть конца! Зло бо есть женьская
Shakh: разуму его нѣсть числа! Зло бо есть женьская
Likh: разуму его нѣсть конца!". Зло бо есть женьская
Ostr: разуму его нѣсть числа! Зъло бо есть женьская

80,17:

Laur: прелесть. ıакоже | рече соломанъ покаѧвсѧ ѿ
Radz: прелесть. ıакоже ре̅ч̅ соломонъ покаѧвъ | ѿ
Acad: прелесть. ıакоже ре<ч>е соломонъ покаѧвсѧ ѿ
Hypa: прелѣсть. ıакож ре̅ч̅ со|ломонъ. покаѧвсѧ ѿ
Khle: прелесть. ıако̌ж | ре̅ч̅ соломонь покаавсѧ ѿ

Comm: прелесть якоже рече соломонъ покаявъся о
NAca: прелесть якоже рече соломонъ покаався о
Tols: прелесть якоже рече соломонъ покаався о

Bych: прелесть, якоже рече Соломанъ, покаявся, о
Shakh: прельсть, якоже рече Соломанъ, покаявъся, о
Likh: прелесть, яко же рече Соломанъ, покаявся, о
Ostr: прельсть, якоже рече Соломонъ, покаявъ ся, о

80,18:

Laur: женаⷯ. не вънимаı|н ѕлѣ женѣ. медъ бо каплеть ѿ
Radz: женаⷯ. не внiман ѕлѣ женѣ. мё̅д̅ бо каплё̅т̅ ѿ
Acad: женаⷯ. не внiман ѕлѣ женѣ. медъ бо каплеть ѿ
Hypa: же|нахъ. не внимати ѕлѣ же|нѣ. медъ бо каплеть ѿ
Khle: женаⷯ. | не внимати ѕлѣ | женѣ. мё̅д̅ бо капле̅т̅ ѿ

Comm: женах не внимаи злѣи женѣ медъ бо каплеть от
NAca: женах не внимаи злѣи женѣ медъ бо каплеть от
Tols: женах не внимаи злѣи женѣ медъ бо каплеть от

Bych: женахъ: не вънимай злѣ женѣ, медъ бо каплеть отъ
Shakh: женахъ: Не вънимаи зълѣ женѣ, медъ бо каплеть отъ
Likh: женах: "Не вънимай злѣ женѣ, медъ бо каплеть от
Ostr: женахъ: "Не вънимаи зълѣ женѣ, медъ бо каплеть отъ

80,19:

Laur: оустъ еıа. женъı | любодѣнцн во врємѧ наслажаєть
Radz: оустъ | еа. жены любодѣнца. въ врємѧ наслажаѥ͂т
Acad: оустъ еѧ | жєны любодѣнца. въ врємѧ наслажєтъ
Hypa: оу|стъ еıа. жєны любодѣнца. | во врємѧ наслажєть
Khle: оусть еıа. жены любодѣн|ца въ врємѧ наслажаю͂т

Comm: устъ ея жены любодѣица во время наслажаеть
NAca: устъ ея жены бо любодѣица въ время бо наслажаеть
Tols: устъ ея жены бо любодѣица въ время бо наслажаеть

Bych: устъ ея, жены любодѣйци, во время наслажаеть
Shakh: устъ ея, жены любодѣица, въ время наслажаеть
Likh: устъ ея, жены любодѣици, во время наслажаеть
Ostr: устъ ея, жены любодѣица, въ время наслажаеть

80,20:

Laur: твон горта|нь. послѣднı жє горүає золүн.
Radz: твон го|ртань. послѣднı͞ж горүає желүн
Acad: твон | гортань. послѣднı жє горүає желүн
Hypa: твон | гортань. послѣдѣ жє горыүѣє желүн
Khle: твон горта͞n. посл͞ѣ жє | горүає желүн

Comm: твои гортань послѣди же горче желци
NAca: гортань твои послѣди же горчае желчи
Tols: гортань твои послѣди же горчае желчи

Bych: твой гортань, послѣди же горчае золчи
Shakh: твои гъртань; Послѣди же горьчае жьлчи
Likh: твой гортань, послѣди же горчае золчи
Ostr: твои гъртань. Послѣди же горьчае жьлчи

80,21:

Laur: ѡбра҃щють прнлѣ|плѧющєсѧ єн см҃рть въ
Radz: ѡбращєшн. прнлєплѧю|щнюшннсѧ єн. смр҃тью въ
Acad: ѡбращєтсѧ | прнлєплѧющı҃нсѧ єн. см҃ртью въ
Hypa: ѡбращєшн. пр҃нлєплѧющ҃аасѧ єн. см҃ртью | въ
Khle: ѡбращєшн. прнлєплѧющаасѧ єн | см҃ртїю въ

Comm: обрящеши прилѣпляющимся еи смертью во
NAca: обрящеши прилѣпляющимся еи смертью въ
Tols: обрящеши прилѣпляющимся еи смертью въ

Bych: обрящеши; прилепляющиися ей вънидутъ съ смертью въ
Shakh: обрящеши... Прилѣпляющаяся еи съмьртию въ
Likh: обрящеши... Прилѣпляющиися ей вънидутъ съ смертью въ
Ostr: обрящеши. Прилѣпляющая ся еи съмьртию въ

80,22:

Laur:	вадъ. на пути въ животыныѧ не находнть.
Radz:	адъ. на поути животныѧ не находить.
Acad:	адъ. на пути животныѧ не находить.
Hypa:	адъ. на пути бо животъныѧ не находи͡т.
Khle:	адь. на пѫти бо животныѧ не находи͡т
Comm:	адъ на пути бо животныя не находят
NAca:	адъ на пути бо животныя не находять
Tols:	адъ на пути бо животныя не находят
Bych:	вадъ; на пути животныя не находить,
Shakh:	адъ... На пути бо животныя не находить,
Likh:	вадъ... На пути животныя не находить,
Ostr:	адъ. На пути бо животьныя не находить,

80,23:

Laur:	блудnaѧ же теченьѧ еѧ не бл͞горазумна. се же
Radz:	блоуднаѧ же теченнѧ еѧ. не бл͞горазомна се же
Acad:	блȣднаѧ же теченіѧ еѧ не бл͞горазȣмна се же
Hypa:	блудна бо теченьѧ еѧ. и не бл͞горазу͡мна. се же
Khle:	блоудна же теченіа еѧ и не бл͞горазоумна. се же
Comm:	блудная же течениа ея неблагоразумна се же
NAca:	блудна же течениа ея неблагоразумна се же
Tols:	блудьна же течения ея неблагоразумна се же
Bych:	блудная же теченья ея, неблагоразумна. Се же
Shakh:	блудьна же течения ея и не благоразумьна. Се же
Likh:	блудная же теченья ея неблагоразумна". Се же
Ostr:	блудьна же течения ея не благоразумьна". Се же

80,24:

Laur:	рече соломанъ о прелюбодѣ͡нцѧ. ѡ добры͡хъ
Radz:	р͡е соломонъ. ѡ прелюбодѣнцѧ͡х. а ѡ добры͡х
Acad:	рече соломонъ. ѡ прелюбодѣнцахъ. а ѡ добрыхъ
Hypa:	р͡е соломонъ. ѡ прелюбодѣнцѧ͡х. ѡ добрыхъ же
Khle:	р͡е соло͡мѡ͡н ѡ любодѣнцѧ͡х: ѡ добры͡х же
Comm:	рече соломонъ о прелюбодѣицах и о добрых
NAca:	рече соломонъ о прелюбодѣицах и о добрых
Tols:	рече соломонъ о прелюбодѣицах и о добрых
Bych:	рече Соломанъ о прелюбодѣйцахъ; а о добрыхъ
Shakh:	рече Соломанъ о прелюбодѣйцахъ; а о добрыхъ
Likh:	рече Соломанъ о прелюбодѣйцахъ; а о добрыхъ
Ostr:	рече Соломонъ о прелюбодѣйцахъ; о добрыхъ

80,25:

Laur: женахъ рѣ. драгъши есть каменьӕ многоцѣньна.
Radz: женахъ рѣ. дранж<н> есть каменьӕ мноцѣнна.
Acad: женахъ рече. дражаншн есть каменїа многоцѣнна.
Hypa: женахъ рѣ. дражьши есть каменьӕ мног<цѣ>еньна.
Khle: жена рѣ. | дражаншн е̄ каменїа мншценнаго.

Comm: женах рече дражьши есть камени многоцѣнна
NAca: женах рече дражьши есть камене многоцѣнна
Tols: женах рече дражьши есть камене многоцѣнна

Bych: женахъ рече: "дражайши есть каменья многоцѣнна;
Shakh: женахъ рече: Дражьши есть камения мъногоцѣньна.
Likh: женах рече: "Дражайши есть каменья многоцѣньна.
Ostr: женахъ рече: "Дражьши есть камения мъногоцѣньна.

80,26:

Laur: радуетсѧ ѡ нен мьжь еӕ. дѣеть бо мужевн
Radz: радуеть ѡ нен мѫжь еӕ. дѣеть бо моужвн
Acad: радуетсѧ | ѡ нен мужь еӕ дѣеть бо мужевн
Hypa: радѣетсѧ ѡ нен мужь еӕ. дѣеть бо мужевн |
Khle: радуетсѧ ѡ | нен мѫжь еӕ. дѣеть бо мѫжевн

Comm: радуется о неи мужь ея дѣеть бо мужеви
NAca: радуется о неи мужь ея дѣеть бо мужеви
Tols: радуется о неи мужь ея дѣеть бо мужеви

Bych: радуется о ней мужь ея, дѣеть бо мужеви
Shakh: Радуеться о неи мужь ея. Дѣеть бо мужеви
Likh: Радуется о ней мужь ея. Дѣеть бо мужеви
Ostr: Радуеть ся о неи мужь ея. Дѣеть бо мужеви

80,27:

Laur: своему. блго все жнтье ѡбрѣтшн || же лну   [26г]
Radz: своемѹ блго все жнтье. ѡбрѣтшн волноу н
Acad: своемѹ блго все | жнтїе ѡбрѣтшн волнѹ н
Hypa: своему блго все жнтье. ѡбрѣтшн волну н
Khle: своемоу блго все жнтїе. ѡбрѣтшн волноу н

Comm: своему благо все житие обрѣтши волну и
NAca: своему всеблагое житие обрѣтъши волну и
Tols: своему всеблагое житие обрѣтоша волну и

Bych: своему благо все житье; обрѣтши волну и
Shakh: своему благо вьсе житие. Обрѣтъши вълну и
Likh: своему благо все житье. Обрѣтши волну и
Ostr: своему благо вьсе житие. Обрѣтъши вълну и

80,28:

Laur: весны творнть. блгопотребнаѧ рук<а>|да
Radz: ленъ. сотворн̅ть блгопотребнаа. роукама
Acad: ленъ. створнть̅ блго|потребнаа. рѫкама
Hypa: ленъ. стѡ|рнть блгопотребнаѧ рукама
Khle: лень. сътворн блгопотре|бнаа рѫкама

Comm: ленъ створит благопотребная рукама
NAca: ленъ створить благопотребнаа рукама
Tols: ленъ створит благопотребная рукама

Bych: ленъ, творить благопотребная рукама
Shakh: льнъ, сътворить благопотребьная рукама
Likh: ленъ, творить благопотребная рукама
Ostr: льнъ, сътворить благопотребьная рукама

81,1:

Laur: своима влаѣеть. ѧко корабль куплю дѣющю. |
Radz: своима. бы̅с ѧко корабле кѹплю дѣющн.
Acad: своима. бы̅с ѧко корабль коуплю дѣющн.
Hypa: своима. бы̅с ѧко корабль. ‖ куплю дѣющь.   [32a]
Khle: своима. бы̅с ѧко корабль коуплю | дѣюще.

Comm: своима бысть яко корабль куплю дѣюща
NAca: своима бысть яко корабль куплю дѣющи
Tols: своима бысть яко корабль куплю дѣющи

Bych: своима; бысть яко корабль, куплю дѣющи,   [79,4]
Shakh: своима. Бысть яко корабль, куплю дѣющи,   [97,14]
Likh: своима. Бысть яко корабль, куплю дѣющи,   [57,19]
Ostr: своима. Бысть яко корабль, куплю дѣющи,

81,2:

Laur: н   сбнраеть ѡсобѣ б̅атьство. н
Radz: omitted
Acad: нздалеча собнраеть. собѣ богате|ство н
Hypa: нздалеча съ|бнраеть себѣ б̅атьство. н |
Khle: нздалеча себѣ събнрає̅т бога̅ство. н

Comm: издалеча сбираеть себѣ богатьство и
NAca: издалеча събираеть себѣ богатество и
Tols: издалеча сбираетъ себѣ богатество и

Bych: издалеча собираеть собѣ богатьство, и
Shakh: издалеча събираеть собѣ богатьство. И
Likh: издалеча собираеть собѣ богатьство, и
Ostr: издалеча събираеть себѣ богатьство. И

81,3:

Laur: въставъ и ѿ нощи. и даєть брашно ѥму. и
Radz: и даєть брашно домȣ. и
Acad: въстаєть ѿ нощи. и даєть брашно домȣ и
Hypa: въстаєть из нощи и даєть брашно дому. и
Khle: въſтаеͭ из нощи. и даеͭ брашно домоу. и

Comm: въстаєть от нощи и даєть брашно дому и
NAca: востаєть от нощи и даєть брашно дому и
Tols: востаєтъ от нощи и даєтъ брашно дому и

Bych: въстаєть отъ нощи, и даєть брашно дому и
Shakh: въстаєть из нощи, и даєть брашно дому и
Likh: въстаєть от нощи, и даєть брашно дому и
Ostr: въстаєть отъ нощи, и даєть брашно дому и

81,4:

Laur: дѣла равнымъ. видѣвши   стажаньє. куповаше
Radz: дѣла рабынаͫ. видѣвши   тажаниє. коуповаше
Acad: дѣла рабынамъ. видѣвши   тажанниє. кȣповаше
Hypa: дѣло рабынамъ. видѣвши   тажанниє куповаше.
Khle: дѣло рабынаͫ. видѣвши же тажаниє коуповаше,

Comm: дѣла рабынямъ видѣвши же тяжение куповаше
NAca: дѣла рабынямъ видѣвши же тяжение куповаше
Tols: дѣла рабынямъ видѣвши же тяжение куповаше

Bych: дѣла рабынямъ; видѣвши стяжанье куповаше,
Shakh: дѣла рабынямъ. Видѣвъши же тяжание, куповаше;
Likh: дѣла рабынямъ. Видѣвши стяжанье куповаше:
Ostr: дѣла рабынямъ. Видѣвъши тяжание, куповаше;

81,5:

Laur: ѿ дѣлъ руку своєю. насадить тажаньє. препоѩсавши крѣпко
Radz: ѿ дѣлъ роукȣ своєю. насадиͭ тажаниє препоѩсавши уресла
Acad: ѿ дѣлъ рȣкȣ своєю. нас‹л›адить тажаниє. препоѩсавши уресла
Hypa: ѿ дѣлъ руку своєю насадить тажанниє. препоѩсавши крѣпько
Khle: ѿ дѣль ржкоу своєю насадиͭ тажаниє. припоѩсавши крѣпко

Comm: от дѣлъ руку своєю насадить тяжение препоясавши крѣпко
NAca: от дѣлъ руку своєю насадить тяжание препоясавши крѣпко
Tols: от дѣлъ руку своєю насадитъ тяжание препоясавши крѣпко

Bych: отъ дѣлъ руку своєю насадить тяжанье; препоясавши крѣпко
Shakh: отъ дѣлъ руку своєю насадить тяжание. Препоясавъши крѣпько
Likh: от дѣлъ руку своєю насадить тяжанье. Препоясавши крѣпко
Ostr: отъ дѣлъ руку своєю насадить тяжание. Препоясавъши крѣпько

81,6:

Laur:	чресла своӕ. и оутверди мъıшцю свою
Radz:	своӕ крѣпко. оутверⷣнть мышци своӕ
Acad:	своӕ крѣпко. оутвердить мышци свои
Hypa:	чресла своӕ. и оутвьрьıди мышьци свои
Khle:	чресла своӕ. и оутверди мышци свои
Comm:	чресла своя и утверди мышци свои
NAca:	чресла своя и утверди мышци свои
Tols:	чресла своя и утверди мышци свои
Bych:	чресла своя, утвердить мышци своа
Shakh:	чресла своя, утвьрди мышьци свои
Likh:	чресла своя, утвердить мышци своа
Ostr:	чресла своя, утвьрди мышьци свои

81,7:

Laur:	на дѣло. и вкуси ӕко добро есть дѣлати. и
Radz:	на дѣло. и вкꙋси ӕко добро дѣлати.
Acad:	на дѣлѡ. и вкꙋси ӕко добро дѣлати.	[40ᵣ]
Hypa:	на дѣло. и вкуси ӕко добро дѣлати. и
Khle:	на дѣло и вкоуси. ӕко добро дѣлати, и
Comm:	на дѣло и вкуси яко добро есть дѣлати и
NAca:	на дѣло и вкуси яко добро есть дѣлати и
Tols:	на дѣло и вкуси яко добро есть дѣлати и
Bych:	на дѣло; и вкуси, яко добро есть дѣлати, и
Shakh:	на дѣло. И въкуси, яко добро есть дѣлати, и
Likh:	на дѣло. И вкуси, яко добро есть дѣлати, и
Ostr:	на дѣло. И въкуси, яко добро дѣлати, и

81,8:

Laur:	не оугасаеть свѣтилникъ еӕ всю нощь. руцѣ
Radz:	не оугасаеть свѣтилникъ еӕ всю нощь. роуцѣ
Acad:	не оугасаеть свѣтилникъ еӕ всю нощь. рꙋцѣ
Hypa:	не оугасаеⷮ свѣтилникъ еӕ всю нощь. руцѣ
Khle:	не оугасаеⷮ свѣтилникь еӕ всю нощь. ржци
Comm:	не угасаеть свѣтилникъ ея всю ношь руцѣ
NAca:	не угасаеть свѣтилникъ ея всю ношь руцѣ
Tols:	не угасаеть свѣтилникъ ея всю ношь руцѣ
Bych:	не угасаеть свѣтилникъ ея всю нощь; руцѣ
Shakh:	не угасаеть свѣтильникъ ея вьсю нощь. Руцѣ
Likh:	не угасаеть свѣтилникъ ея всю нощь. Руцѣ
Ostr:	не угасаеть свѣтильникъ ея вьсю нощь. Руцѣ

81,9:

Laur: свои простираеть на полезьнаıа. локти своıа
Radz: свои простирае̅ на полезнаа І локти же свои
Acad: свои простираетъ на полезнаа. локти же свои
Hypa: свои про|стираеть на полезнаıа. <л>о|кти же свои
Khle: свои простирае̅ І на полезнаа, локти же свои

Comm: свои простираеть на полезная локти же свои
NAca: свои простираеть на полезнаа локти же свои
Tols: свои простираеть на полезная локти же свои

Bych: свои простираеть на полезьная, локъти своя
Shakh: свои простираеть на пользьная, локъти же свои
Likh: свои простираеть на полезьная, локъти своя
Ostr: свои простираеть на пользьная, локъти же свои

81,10:

Laur: оустремляеть на веретено. І руцѣ свои простираеть
Radz: оустремлıае̅ на веретено. роуцѣ сво|и простирае̅
Acad: оустремляеть н<а> веретено, І роуцѣ свои простираетъ
Hypa: оутверж̅ае̅ на І веретено. руцѣ свои <ѿв|рзаеть>
Khle: оутверж̅ае̅ на верете|но. рѫци свои ѿвръзае̅

Comm: утверж̅аеть на вретено руцѣ свои отверзе
NAca: утверждаеть на вретено руцѣ свои отверзаеть
Tols: утверждаеть на вретено руцѣ свои отверзаетъ

Bych: устремляеть на вретено; руцѣ свои простираеть
Shakh: утвържаеть на вретено. Руцѣ свои отъвързаеть
Likh: устремляеть на вретено. Руцѣ свои простираеть
Ostr: утвържаеть на вретено. Руцѣ свои {простираетъ / отвързаеть}

81,11:

Laur: оубогому. плодъ же про|стре нищему. не печетсѧ
Radz: оубогомȣ. пло̅д же простре нищемȣ. не печетсѧ
Acad: оубогомȣ. плод же І простре нищемȣ. не печетсѧ
Hypa: оубогим̅. плодъ І же простре нищи̅м̅. не печет̅сѧ
Khle: оубогим̅. плѡд̅ же простре І нищи̅м̅. не печетсѧ

Comm: убогому плодъ же простре нищему не печется
NAca: убогому плодъ же простре нищему не печется
Tols: убогому плодъ же простре нищему не печется

Bych: убогому, плодъ же простре нищему; не печется
Shakh: убогому, плодъ же простьре нищему. Не печеться
Likh: убогому, плодъ же простре нищему. Не печется
Ostr: убогимъ, плодъ же простьре нищимъ. Не печеть ся

81,12:

Laur:	мужь єѧ ѿ дому своѥмь. єгда гдѣ будеть вси
Radz:	моу͞ж єѧ ѿ домȣ своє͞м. єгда гдѣ бȣдеть. вси
Acad:	мȣжь єѧ ѿ домȣ	своємь. єга͞ гдѣ бȣдеть. вси
Hypa:	ѿ дому своємъ мужь	єѧ. єгда кдѣ буде͞т.
Khle:	ѿ домоу своє͞м м͞ж єѧ. єга͞ где бȣ|де͞т.
Comm:	о домȣ своємъ мужь єя єгда гдѣ будеть вси
NAca:	о домȣ своємь мужь єя єгда гдѣ будеть вси
Tols:	о домȣ своємь мужь єя єгда гдѣ будетъ вси
Bych:	мужь ея о дому своемь, егда гдѣ будеть, вси
Shakh:	о дому своемь мужь ея, егда къде будеть; вьси
Likh:	мужь ея о дому своемь, егда гдѣ будеть, вси
Ostr:	о дому своемь мужь ея, егда къде будеть; вьси

81,13:

Laur:	свои. єѧ ѡдѣни буду|ть. суба ѡдѣньѧ
Radz:	свои	єѧ ѡдѣни боу͞т. сȣгоуба ѡдѣнна
Acad:	свои єѧ ѡдѣнï	бȣдȣть. сȣгȣба ѡдѣнна
Hypa:	сугуба	ѡдѣньѧ
Khle:	сългоуба ѡдѣанïа
Comm:	свои одѣни будут сугуба одѣниа
NAca:	свои ся одѣни будуть сугуба одѣяниа
Tols:	свои ся одѣни будут сугуба одѣяния
Bych:	свои ея одѣни будуть; сугуба одѣнья
Shakh:	свои ея одѣни будуть. Сугуба одѣния
Likh:	свои ея одѣни будуть. Сугуба одѣнья
Ostr:	свои ея одѣни будуть. Сугуба одѣнья

81,14:

Laur:	створить. мужеви своєму ѡчє|рьвлена и
Radz:	сотворить моу͞жви своємȣ ѿ червена и
Acad:	сотворить. мȣже|ви своємȣ. ѿ червена и
Hypa:	створи͞т мужю своєму. ѡчєрьвлєна и
Khle:	сътвори мѫжоу своємоу. ѡчервлена и
Comm:	створи мужю своєму очєрьвлєна и
NAca:	створи мужу своєму отчервлєна и
Tols:	створи мужу своєму отчервлєна и
Bych:	сотворить мужеви своему, очерьвлена и
Shakh:	сътвори мужю своему, отъ чьрвлена и
Likh:	сотворить мужеви своему, очерьвлена и
Ostr:	сътворить мужю своему, очьрвлена и

81,15:

Laur: багрѧна.   собѣ ѡдѣньѧ. взоренъ бы|ваеть во
Radz: багрѧна на себе ѡденнѧ взо|ренъ быва̃е въ
Acad: багрена на себе ѡдѣ|нїа. взоръ бываеть въ
Hypa: багъ|рѧна   себѣ ѡдѣньѧ. въ|зоренъ бываеть въ
Khle: багрѧна   себѣ ѡдѣанїа. взорѐ быва̃е ‖ въ   [35ᵣ]

Comm: багрѧна   себѣ одѣниа взорен бываеть во
NAca: багрѧна   себѣ одѣѧниа възорен бываеть во
Tols: багрѧна   себѣ одѣѧниѧ взорен бываетъ во

Bych: багрѧна собѣ одѣньѧ; взорен бываеть во
Shakh: багърѧна собѣ одѣниѧ. Възорьнъ бываеть въ
Likh: багрѧна собѣ одѣньѧ. Взорен бываеть во
Ostr: багърѧна собѣ одѣниѧ. Възорьнъ бываеть въ

81,16:

Laur: вратѣхъ мужь еѧ. внегда аще сѧдеть | на сонмищи.
Radz: вратѐ͓ моужь еѧ. вънегда аще сѧдеть | на сонмищи
Acad: вратѣхъ мꙋжь еѧ. | внегⷣа аще сѧдеть на сонмищи
Hypa: вра|тѣхъ мужь еѧ. внегда а|ще сѧдеть на соньмищи. |
Khle: вратѐ͓ мж̃ еѧ. вънегⷣа аще сѧде̃ на сънмищи.

Comm: вратех мужь еѧ егда же аще сѧдет на сонмищи
NAca: вратѣхъ мужь еѧ егда же аще сѧдеть на съньмищи
Tols: вратѣхъ мужь еѧ егда же аще сѧдеть на сньмищи

Bych: вратѣхъ мужь еѧ, внегда аще сѧдеть на сонмищи
Shakh: вратѣхъ мужь еѧ, вънегда аще сѧдеть на съньмищи
Likh: вратѣхъ мужь еѧ, внегда аще сѧдеть на сонмищи
Ostr: вратѣхъ мужь еѧ, вънегда аще сѧдеть на съньмищи

81,17:

Laur: съ старци и съ жители земли. ѡпо|ны
Radz: моужь еѧ.   со жители землѧ. ѡпоны
Acad: мꙋжь еѧ.   со жи|тели землѧ. ѡпоны
Hypa: съ старци и съ жители зе|млѧ. ѡпоны
Khle: съ | старци и съ жители землѧ. ѡпоны

Comm: съ старци и съ жители землѧ тоѧ и опоны
NAca: съ старци и съ жители землѧ   и опоны
Tols: съ старци и съ жители землѧ   и опоны

Bych: съ старци и съ жители земли; опоны
Shakh: мужь еѧ съ старьци и съ жители земля. Опоны
Likh: съ старци и съ жители земли. Опоны
Ostr: съ старьци и съ жители землѧ. Опоны

Повѣсть времеиьиыхъ лѣтъ 587

81,18:

Laur: створи. и ѿдасть в куплю. оуста же свои
Radz: створѧть и ѿтдасть в кѹплю. оуста же своа
Acad: сотворить. и ѿдаст в кѹплю. оуста же своа
Hypa: створи и ѿда|сть в куплю. оуста же своѧ
Khle: сътвори и ѿ|дасть в коуплю. оуста же своа

Comm: створи и отдасть в куплю и уста же своя
NAca: сътвори и отстъ   куплю и уста же своя
Tols: створи и отдаст   куплю и уста же своя

Bych: створи и отдасть в куплю; уста же свои
Shakh: сътвори, и отъдасть въ куплю. Уста же своя
Likh: створи и отдасть въ куплю. Уста же свои
Ostr: сътвори, и отъдасть въ куплю. Уста же своя

81,19:

Laur: ѿве|рзе смыслено. в унн молвить ѩзыкъмь
Radz: ѿверзе мы|слено. въ унн молвить ѩзыкомъ
Acad: ѿверзе смыслено. въ уні҃нь молвить ѩзыкомь
Hypa: ѿвѣрзе смыслено. и въ| унн молвить ѩзыком͠ъ
Khle: ѿвръзаетͭ смыслено. | и в уннь молв͠ит ѩзыкоͫ

Comm: отверзе смыслено и законно и в чинъ молвить языкомъ
NAca: отверзе смыслено и законно и в чинъ молвить языкомъ
Tols: отверзе смысленно и законно и в чинъ молвитъ языкомъ

Bych: отверзе смыслено, в чинъ молвить языкъмъ
Shakh: отъвьрзе съмысльно, и въ чинъ мълвить языкъмь
Likh: отверзе смы-смыслено, в чинъ молвить языкъмь
Ostr: отвьрзе съмысльно, въ чинъ мълвить языкъмь

81,20:

Laur: свои|мъ. въ крѣпость и в лѣпоту ѡблече.
Radz: свои͠м. въ крѣпость | ии в велелѣпотѹ. ѡблечесѧ.
Acad: своимъ. во крѣпость | и в велелѣпотѹ. ѡблечесѧ.
Hypa: сво͠им. въ крѣпость и в лѣ|поту ѡблечесѧ.
Khle: сво͠им. въ крѣпѡͨ и в лѣпотѹ | ѡблечесѧ.

Comm: своимъ въ крѣпость и в лѣпоту ся облече
NAca: своимъ въ крѣпость и в лѣпоту ся облечетъ
Tols: въ крѣпость и в лѣпоту ся облечетъ

Bych: своимъ; въ крѣпость и в лѣпоту облечеся;
Shakh: своимь. Въ крѣпость и въ лѣпоту облечеся.
Likh: своимъ. Въ крѣпость и в лѣпоту облечеся.
Ostr: своимь. Въ крѣпость и въ лѣпоту облече ся.

81,21:

Laur: мл͡стню же | ея въздвгⷣ҃шю чада ея и ѿбогатиша.
Radz: мнлостннн же ея въ҇ⷥвн‖гоша чада ея. и ѿбогатѣша.
Acad: мл͡стыны же ея воⷥвенгоша чада ея и ѿбогатѣша.
Hypa: мл͡стна | ея въздвнгоша чада ея   ѿб͡атѣша.
Khle: мл͡стына   ея въ҇ⷥвнгоша чада ея   ѿбоⷢ҃атѣша,

Comm: милостини же ея въздвигоша чада ея и обогатѣша
NAca: милостини же ея въздвигоша чада ея и обогатѣша
Tols: милостини же ея вздвигоша чада ея и обогатѣша

Bych: милостини же ея въздвигоша чада ея и обогатиша,
Shakh: Милостыня же ея въздвигоша чада ея, и обогатѣша;
Likh: Милостини же ея въздвигоша чада ея и обогатиша,
Ostr: Милостыня же ея въздвигоша чада ея, и обогатѣша;

81,22:

Laur: и мужь | ея похвали ю. жена бо разумлива
Radz: и моужь ея похвали ю же|на бо разоумлива
Acad: и мꙋжь ея | похвали ю. жена бо разꙋмлива
Hypa: и мужь ея похвали | ю. жена бо разоумлива
Khle: и мⷤ ея похвалі ю. жена бо разоумлн|ва

Comm: и мужь ея похвали ю жена бо разумна
NAca: и мужь ея похвали ю жена бо разумлива
Tols: и мужь ея похвали ю жена бо разумлива

Bych: и мужь ея похвали ю; жена бо разумлива
Shakh: и мужь ея похвали ю. Жена бо разумьлива
Likh: и мужь ея похвали ю. Жена бо разумлива
Ostr: и мужь ея похвали ю. Жена бо разумьлива

81,23:

Laur: бл͡гⷡна есть. | боязнь бо всю да похвалнть.
Radz: бл͡гословена е҃. боязнь бо гн͡ю да по|хвалнть.
Acad: бл͡гословена | есть. боязнь бо гн͡ю да похвалнтⷭ҃
Hypa: бл͡гвлеⷭна есть. боязнь же гн͡ю да | хвалнⷮ.
Khle: бл͡вна е҃ⷭ. боязнь же гн͡ю да хвалнⷮ.

Comm: благословена есть боязнь же господню та да похвалит
NAca: похвалена есть боязнь же господню та да похвалить
Tols: похвалена есть боязнь же господню та да похвалит

Bych: благословена есть, боязнь бо Господню да похвалить;
Shakh: благословлена есть, боязнь же Господьню да похвалить.
Likh: благословена есть, боязнь бо господню да похвалить.
Ostr: благословлена есть, боязнь же Господьню да хвалить.

81,24:

Laur: дадите еи ѿ плода | оустьну ѥѧ. да хвалать
Radz: дадите еи ѿ плоᵈ оустъ ѥѧ. да похвалать
Acad: дадите еи ѿ плодъ оустъ ѥѧ да похвалать
Hypa: дадите еи ѿ плода оу|стьну ѥѧ. да хвалатʰ
Khle: дадите еи | ѿ плѡда оустноу ѥѧ. да хвалаᵗ

Comm: дадите еи от плода устну ея да похвалит
NAca: дадите еи от плода устну ея да похвалится
Tols: дадите еи от плода устну ея да похвалится

Bych: дадите ей отъ плода устьну ея, да хвалять
Shakh: Дадите еи отъ плода устьну ея, да хвалять
Likh: Дадите ей от плода устьну ея, да хвалять
Ostr: Дадите еи отъ плода устьну ея, да хвалять

81,25:

Laur: во вратѣˣ мужа ѥѧ.
Radz: въ | вратѣˣ мѹжа ѥѧ.
Acad: въ | въ вратѣхъ мѹжа ѥѧ·:
Hypa: въ | вратѣхъ мужа ѥѧ·:· |
Khle: въ вратѣˣ мѫжа ѥѧ·

Comm: во вратех мужь ея
NAca: въ вратѣхъ можь ея
Tols: въ вратѣхъ мужь ея

Bych: во вратѣхъ мужа ея.
Shakh: въ вратѣхъ мужа ея.
Likh: во вратѣх мужа ея".
Ostr: въ вратѣхъ мужа ея.

81,26:

Laur: В лѣᵗ. ҂ѕ.у̃.п҃ѳ. Иде к ляхомъ
Radz: В лѣᵗ. ҂ѕ.у̃.п҃ѳ. Иде володимеръ на ляˣ |
Acad: В лѣᵗ. ҂ѕ.у̃.п҃ѳ. И|де володимиръ на ляхы.
Hypa: В лѣᵗ. ҂ѕ.у̃.п҃ѳ. Иде володимᵘ|ръ к ляхомъ.
Khle: В лѣᵗ. ҂ѕ.у̃.п҃ѳ. иде володимерь к ляхѡ̃ᵐ.

Comm: в лѣто 6489 иде володимиръ къ ляхомъ
NAca: в лѣто 6489 иди володимеръ къ ляхомъ
Tols: в лѣто 6489 иде володимеръ къ ляхомъ

Bych: В лѣто 6489. Иде Володимер к Ляхомъ
Shakh: Въ лѣто 6489. Иде Володимеръ къ Ляхомъ,
Likh: В лѣто 6489. Иде Володимеръ к ляхомъ
Ostr: Въ лѣто 6489. Иде Володимеръ къ Ляхомъ,

81,27:

Laur: и заѧ градꙑ и̾. перемышль червенъ. и
Radz: и заѧ гра̾ и̾. перемышль. червенъ. и
Acad: и заа грады и̾. перемышль. червенъ. и
Hypa: и заѧ грады ихъ. | перемышль. червенъ. и
Khle: и заѧ гра|ды и̾. перемышль. червень. и

Comm: и зая грады их перемышль червенъ и
NAca: и заа грады их перемышль червень и
Tols: и заа грады их перемышль червень и

Bych: и зая грады ихъ, Перемышль, Червенъ и
Shakh: и зая грады ихъ, Перемышль, Чьрвенъ и
Likh: и зая грады их, Перемышль, Червенъ и
Ostr: и зая грады ихъ, Перемышль, Чьрвенъ и

81,28:

Laur: ины грады. еже суть и до сего дне подъ
Radz: ины гра̾ иже соу̾ и | до сего дни по̾
Acad: ины грады. иже суть и до сего дни | подъ
Hypa: ины | городы. иже суть и до сего | дне подъ
Khle: ины городы. иже сѫ | и до сего дна по̾

Comm: иныи грады еже есть   под
NAca: иныи грады еже есть   под
Tols: иныи грады еже есть   под

Bych: ины грады, иже суть и до сего дне подъ
Shakh: ины грады, иже суть и до сего дьне подъ
Likh: ины грады, иже суть и до сего дне подъ
Ostr: ины грады, иже суть и до сего дьне подъ

81,29:

Laur: ру|сью. в семже лѣтѣ и вѧтичи побѣди. и възложи |
Radz: роусью в се̾же лѣтѣ и вѧтичи побѣди и | възложи
Acad: рꙋсью. в семже лѣтѣ и вѧтичи побѣди. | и возложи
Hypa: русью. семже лѣ|тѣ и вѧтичи побѣди. и възложи
Khle: роую. того̾ лѣта, и вѧтичи. | побѣди и възложи

Comm: русию   семъ же лѣтѣ и вятици побѣди и возложи
NAca: русию в семь же лѣтѣ и вятици побѣди и возложи
Tols: русию в всемъ же лѣтѣ и вятици побѣди и возложи

Bych: Русью. В семже лѣтѣ и Вятичи побѣди, и възложи
Shakh: Русию. Въ семьже лѣтѣ и Вятичѣ побѣди, и възложи
Likh: Русью. В сем же лѣтѣ и вятичи побѣди, и възложи
Ostr: Русию. Семьже лѣтѣ и Вятичи побѣди, и възложи

82,1:

Laur: на нь дань. ѿ плоуга ꙗкоже и ѿць
Radz: на нь дань ѿ плуга ꙗко́ж ѿць
Acad: на нь дань. ѿ плуга ꙗкоже ‹и› ѿць
Hypa: на на дань. ѿ плуга ꙗкоже ѿць
Khle: на на дань ѿ п‹л›оуга. ꙗко́ж ѿць

Comm: на них дань от плуга якоже и отець
NAca: на них дань от плуга якоже и отець
Tols: на них дань от плуга якоже и отецъ

Bych: на ня дань отъ плуга, якоже и отець   [80,5]
Shakh: на ня дань отъ плуга, якоже и отьць   [99,7]
Likh: на ня дань от плуга, яко же и отець   [58,5]
Ostr: на ня дань отъ плуга, якоже отьць

82,2:

Laur: его имаше::
Radz: имаш‹и› |
Acad: имаше:·
Hypa: его ималъ·:· |
Khle: его маль. |

Comm: его имаше
NAca: его имаше
Tols: его имяше

Bych: его имаше.
Shakh: его имаше.
Likh: его имаше.
Ostr: его имаше.

82,3:

Laur: В лѣ̄т. | ҂ѕ҃.ү҃.‹ү҃.› заратишаса вathyн и иде на
Radz: В лѣ̄т ҂ѕ҃.ү҃.ү҃. Варатьша́с ватн. и иде на
Acad: В лѣ̄т. ҂ѕ҃.ү҃ ү҃. заратишаса ватнун. || и иде на   [40ᵛ]
Hypa: В лѣ̄т. ҂ѕ҃.ү҃.ү҃. Заратиша́с | ватнун. и иде на
Khle: В лѣ̄т ҂ѕ҃.ү҃.ү҃. заратиша́с ватнун, и иде на

Comm: в лѣто 6490 заратишася вятици   иде на
NAca: в лѣто 6490 заратишася вятици   иде на
Tols: в лѣто 6490 заратишася вятици   иде на

Bych: В лѣто 6490. Заратишася Вятичи, и иде на
Shakh: Въ лѣто 6490. Заратишася Вятичи, и иде на
Likh: В лѣто 6490. Заратишася вятичи, и иде на
Ostr: Въ лѣто 6490. Заратиша ся Вятичи, и иде на

82,4:

Laur: на володимиръ. и побѣди е второе::
Radz: на володмерѣ | и побѣди ıа второе:- |
Acad: на володимиръ. и побѣди ıа второе:·
Hypa: на володïмеръ. и побѣди ıа второе:· |
Khle: на вълѡ͡дмерь, и побѣ͡ди а второе.

Comm: ня володимиръ и побѣди я второе
NAca: ня володимеръ и побѣди а второе
Tols: ня володимеръ и побѣди я второе

Bych: ня Володимиръ, и побѣди я второе.
Shakh: ня Володимеръ, и побѣди я вътороe.
Likh: ня Володимиръ, и побѣди я второе.
Ostr: ня Володимиръ, и побѣди я въторое.

82,5:

Laur: В лѣ͡т. ҂s.у҃.ча:-- | Иде володимеръ на ıатваги.
Radz: В лѣ͡т ҂s у҃ ча. Иде володимеръ на ıатвяги.
Acad: В лѣ͡т | ҂s.у҃.ча Иде володимеръ на ıатвяги.
Hypa: В лѣ͡т. ҂s.у҃.ча. Иде володïмиръ на ıатвяги.
Khle: В лѣ͡т ҂s.у҃.ча. иде въло͡дмеръ | на ıатвяги.

Comm: в лѣто 6491 иде володимеръ на ятвяги
NAca: в лѣто 6491 иде володимиръ на ятьвягы
Tols: в лѣто 6491 иде володимеръ на ятвяги

Bych: В лѣто 6491. Иде Володимеръ на Ятвяги,
Shakh: Въ лѣто 6491. Иде Володимеръ на Ятвяги,
Likh: В лѣто 6491. Иде Володимеръ на ятвяги,
Ostr: Въ лѣто 6491. Иде Володимиръ на Ятвягы,

82,6:

Laur: и побѣ͡ди ıатваги. и взıа | землю и͡х. и
Radz: побѣди ıа|твагы. и взıа землю ихъ. и
Acad: побѣди | ıатвегн. и взıа землю ихъ. и
Hypa: и взıа зе|млю ихъ. и
Khle: и взıа землю и͡х. и

Comm: и побѣдѣ ятвяги и взя землю их и
NAca: и побѣди ятьвягы и взя землю их и
Tols: и побѣди ятьвягы и взя землю их и

Bych: и побѣди Ятвяги, и взя землю ихъ. И
Shakh: и побѣди Ятвяги, и възя землю ихъ. И
Likh: и побѣди ятвяги, и взя землю их. И
Ostr: и побѣди Ятвягы, и възя землю ихъ. И

82,7:

Laur: иде кыеву. и творяше потребу кумиро͡м҃. ‖
Radz: прииде к кыевȣ. и творѧше требȣ коумиромъ
Acad: прїиде к кїевȣ. и творѧше требȣ кȣмиромъ
Hypa: приде къ кыеву. и творяше требу кумиромъ.
Khle: прїиде къ кыевоу, и творѧше требоу коумирѡ͡м

Comm: прииде   кыеву и творяще требу кумиромъ
NAca: прииде къ кыеву   творяще требу кумиромъ
Tols: прииде къ кыеву   творяще требу кумиромъ

Bych: иде Киеву, и творяше требу кумиромъ
Shakh: приде Кыеву, и творяше требу кумиромъ
Likh: иде Киеву и творяше требу кумиромъ
Ostr: приде Кыеву, и творяше требу кумиромъ

82,8:

Laur: с <л>юдми своими. и рѣша старци и боляре мечемъ   [26ᵛ]
Radz: с людми своими.   рѣша старци ‖ и боѧре. мечемъ   [46ᵛ]
Acad: с людми своими.   рѣша старци и боѧре. мечемь
Hypa: с людми своими. и ркоша старци и боѧре. мечемъ
Khle: с людми своими. и рекоша старци и боѧре, мече͡м

Comm: с людьми своими и рѣша старци и боляре мещем
NAca: с людьми своими и рѣша старци и бояре мещем
Tols: с людьми своими и рѣша старци и бояре мещем

Bych: с людми своими; и рѣша старци и боляре: "мечемъ
Shakh: съ людьми своими. И рѣша старьци и боляре: "мещимъ
Likh: с людми своими. И рѣша старци и боляре: "Мечемъ
Ostr: съ людьми своими. И рекоша старьци и боляре: "Мечемъ

82,9:

Laur: жребии. мечемъ жребии на отрока и   дѣвицю.
Radz: жребьи   на отрокы и на девици.
Acad: жребїи   на отрока и на дѣвицю
Hypa: жребии   на отрока и   дв͡цю.
Khle: жребїи   на отрока и на дв͡цю

Comm: жребьи о отрока и   дѣвицю
NAca: жребиа о отрока и   дѣвицю
Tols: жребиа о отрока и   дѣвицю

Bych: жребий на отрока и дѣвицю;
Shakh: жребии на отрока и дѣвицю;
Likh: жребий на отрока и дѣвицю;
Ostr: жребии на отрока и дѣвицю;

82,10:

Laur:	на негоже падеть. того зарѣжемъ
Radz:	на	негоже падеть. того зарѣже︮м︯
Acad:	на негоже паде. того зарѣжемь
Hypa:	на нег︮о︯︮ж︯ падеть. того зарѣ|жемы
Khle:	на негоже паде︮т︯, того зарѣже︮м︯
Comm:	на него же падеть того зарѣжемъ
NAca:	на него же падеть того зарѣжемъ
Tols:	на него же падетъ тогда зарѣжемъ
Bych:	на него же падеть, того зарѣжемъ
Shakh:	на негоже падеть, того зарѣжемъ
Likh:	на него же падеть, того зарѣжемъ
Ostr:	на негоже падеть, того зарѣжемъ

82,11:

Laur:	б︮м︯ѣ.	бѧше варѧгъ единъ. и бѣ дворъ его идеже
Radz:	б︮г︯мъ. и бѧше варѧгъ е︮г︯динъ. и бѣ дворъ е. идѣже
Acad:	бого|мь. и бѧше варегъ единъ. и бѣ дворъ его идѣ|же
Hypa:	б︮м︯ъ. и бѧше варѧ|гъ шдинъ бѣ дворъ его. идеже
Khle:	бого︮м︯. и бѧше варѧгъ	единъ. бѣ дворь его идеже инъ
Comm:	богомъ и бѧшет варѧгъ единъ и бѣ дворъ его идеже
NAca:	богомъ своимъ и бѣѧшеть варѧгъ единъ и бѣ дворъ его идеже
Tols:	богомъ своимъ и бѣѧшеть варѧгъ единъ и бѣ дворъ его идеже
Bych:	богомъ". Бяше Варягъ единъ, и бѣ дворъ его, идеже
Shakh:	богомъ". И бяше Варягъ единъ, и бѣ дворъ его, идеже
Likh:	богомъ". Бяше варяг единъ, и бѣ дворъ его, идеже
Ostr:	богомъ". И бяше Варягъ единъ, и бѣ дворъ его идеже

82,12:

Laur:	есть ц︮р︯к︮н︯	стаѧ б︮ц︯а. юже сдѣла володнмеръ
Radz:	црквь стыѧ б︮ц︯︮а︯ юже соде|ла воднмеръ.
Acad:	црквн стыѧ б︮ц︯а юже содѣла володнмнръ.	
Hypa:	бѣ црквн стыѧ б︮ц︯а.	юже създа володнмнръ.	
Khle:	црквн е︮с︯ стыѧ б︮ц︯а.	юже създа вълшднмерь.
Comm:	есть церкви святыя богородица юже созда володимеръ
NAca:	есть церкви святы богородица юже созда володимиръ
Tols:	есть церкви святы богородица юже созда володимиръ
Bych:	есть церкви святая Богородица, юже сдѣла Володимеръ;
Shakh:	есть црквы святыя Богородица, юже създа Володимеръ;
Likh:	есть церкви святая богородица, юже сдѣла Володимеръ.
Ostr:	есть црквы святыя Богородица, юже създа Володимиръ.

Повѣсть времеиьныхъ лѣтъ

82,13:

Laur: бѣ жа варагъ | то прншелъ нзъ
Radz: бѣ же варагъ тон. пршелъ нз
Acad: бѣ же варагъ тон. пршель нзь
Hypa: бѣ же варагъ тъ пршеілъ ѿ
Khle: бѣ же варагь тон пр|шель ѿ

Comm: бѣ же варягъ тои пришелъ из
NAca: бѣ же варягъ тъи пришел из
Tols: бѣ же варягъ тъи пришел из

Bych: бѣ же Варягъ той пришел изъ
Shakh: бѣ же Варягъ тъ пришьл из
Likh: Бѣ же варягъ той пришелъ изъ
Ostr: Бѣ же Варягъ тъ пришьл отъ

82,14:

Laur: грекъ. держаше вѣру х҃еѩньску. | н бѣ оу
Radz: грекъ. н | держаше вѣрꙋ х҃ртьнескꙋю н бѣ оу
Acad: грекь. н держаше вѣрꙋ х҃ртьаньскꙋю. н бѣ оу
Hypa: грекъ. н держаше | вѣру в таннѣ кр҃тьаньскю. || н бѣ оу   [32c]
Khle: грекъ. н дръжаше в таннѣ вѣроу хр҃тіаінскоую. н бѣ оу

Comm: грекъ и держаше втаинѣ вѣру крестияньску и бѣ у
NAca: грекъ и держаше вѣру втаинѣ христьяскую и бѣ у
Tols: грекъ и держаше вѣру втаинѣ христьянскую и бѣ у

Bych: Грекъ, и держаше вѣру хрестеяньску, и бѣ у
Shakh: Грькъ, и дьржаше въ таинѣ вѣру хрьстияньску; и бѣ у
Likh: Грекъ, и держаше вѣру хрестеяньску. И бѣ у
Ostr: Грькъ, и дьржаше вѣру хрьстьяньску; и бѣ у

82,15:

Laur: него с҃нъ красенъ лнцемъ н д҃шею. на сего
Radz: него с҃нъ еднн | красенъ лнцемъ н д҃шею. на сего
Acad: него с҃нъ красе|нъ лнцемъ н д҃шею. на сего
Hypa: него с҃нъ красенъ лнцемъ н д҃шею. н на сего
Khle: него с҃нь красень лнцемъ н д҃шею. на се҃г |

Comm: него сынъ красенъ тѣломъ и душею и на сего
NAca: него сынъ красенъ тѣломъ и душею и на сего
Tols: него сынъ красенъ тѣломъ и душею и на сего

Bych: него сынъ красенъ лицемъ и душею; на сего
Shakh: него сынъ красьнъ лицьмь и душею; и на сего
Likh: него сынъ красенъ лицемъ и душею; на сего
Ostr: него сынъ красьнъ лицьмь и душею; на сего

82,16:

Laur: паде | жребнн по зав̃сти дьяволн. не терпашеть
Radz: паде жребнн по завнсти | дьяволн. не терпаше
Acad: паде жребïн. по завнсти дьяволн. не терпаше
Hypa: паде жребïн. по завнсти дьяволн. не | терпаше
Khle: паде жребïн, по завнсти дïаволïн. не трьпаше |

Comm: паде жребии по зависти дияволе не терпяшет
NAca: паде жребии по зависти дияволи не терпяшеть
Tols: паде жребии по зависти дияволи не терпяшет

Bych: паде жребий по зависти дьяволи. Не терпяшеть
Shakh: паде жребии по зависти дияволи. Не тьрпяшеть
Likh: паде жребий по зависти дьяволи. Не терпяшеть
Ostr: паде жребии по зависти дияволи. Не тьрпяше

82,17:

Laur: бо дьяво|лъ власть нмы надо всѣмн. н
Radz: бо дьяво̂. власть нмын надо всѣмн.- | н
Acad: бо дïаволъ. власть нмын надо всѣмн:· н
Hypa: бо дьяволъ власть | нмѣ̂я надъ вснмн.
Khle: бо дïаволь власть нмѣ̂я на̂ всѣмн. н

Comm: бо диаволъ власть имыи надо всѣми а
NAca: бо диаволъ власть имыи надо всими а
Tols: бо диаволъ власть имыи надо всими а

Bych: бо дьяволъ, власть имы надо всѣми, и
Shakh: бо диаволъ, власть имы надъ вьсѣми: и
Likh: бо дьяволъ, власть имы надо всѣми, и
Ostr: бо диаволъ, власть имѣя надъ вьсѣми: и

82,18:

Laur: се бяшеть ему акн те|рнъ в с̄рцн.
Radz: се бяшеть   акн тернъ въ с̄р̂цн. н
Acad: се баше   акн тернъ въ | с̄рцн. н
Hypa: сьн баше ему акы тьрнъ въ с̄р̂цн. | н
Khle: сен баше ем8 | яко тернь въ с̄р̂цн. н

Comm: сьи бяшеть   акы тернъ въ сердци и
NAca: сеи бяшеть   аки тернь въ сердци и
Tols: сеи бяшеть   аки тернъ въ сердци и

Bych: сей бяшеть ему аки тернъ въ сердци, и
Shakh: сь бяшеть ему акы тьрнъ въ сьрдьци. И
Likh: сей бяшеть ему аки тернъ въ сердци, и
Ostr: сь бяше аки тьрнъ въ сьрдьци. И

Повѣсть времєньныхъ лѣтъ 597

82,19:

Laur: тъщашєсѧ потрєбити ѡканьнъıи. и наоу́сти
Radz: тщашє̄ потрєбити ѡ|канин. и наоусти на ни҃ˣ
Acad: тщашєсѧ потрєбити ѡннъıи. и наоусти | на ни҃ˣ
Hypa: тщашєсѧ потрєбити ѡка|ннъıи. и наоусти
Khle: тщашєсѧ потрєбити ѡкаа|нньıи, и наоусти

Comm: тщашеся потребити оканныи и наусти
NAca: тъщашеся потребити окаанны и наусти
Tols: тъщашеся потребити окаанны и наусти

Bych: тьщашеся потребити оканьный, и наусти
Shakh: тъщашеся потребити оканьныи, и наусти
Likh: тьщашеся потребити оканьный, и наусти
Ostr: тъщаше ся потребити оканьныи, и наусти

82,20:

Laur: лю̆. рѣша пришєдшє посланни к нєму.
Radz: лю́ѣ. и рѣша пришє̆шє посланни | к нѣму҃.
Acad: людн. и рѣша пришє̆шє посланїн к нѣму҃.
Hypa: людн. и | рѣша пришєдъша посланнїн к нєму.
Khle: лю̆ ᵈ ⁿ. и рѣша пришє̆шє посланїн къ | нємоу

Comm: люди и рѣша пришедше послании к нему
NAca: люди и рѣша пришедъшии послании к нему
Tols: люди и рѣша пришедшии послании к нему

Bych: люди. И рѣша пришедше послании к нему:
Shakh: люди. И рѣша, пришьдъше, посълании къ нему,
Likh: люди. И рѣша пришедше послании к нему;
Ostr: люди. И рѣша, пришьдъше, посълании къ нему,

82,21:

Laur: ꙗко падє | жрєбии на с҃нъ твои изволиша бо и
Radz: ꙗко падє жрєбии на с҃нъ твои. изволиша бо |
Acad: ꙗко падє жрєбїи на с҃нъ твои. изволиша
Hypa: ꙗко падє жрєбїи на с҃нъ твои. изволиша | бо и
Khle: ꙗко падє жрєбїи на с҃нь твои, изволиша

Comm: яко паде жребии на сынъ твои понеже бо изволиша его
NAca: яко паде жребии на сынъ твои   изволиша бо и
Tols: яко паде жребии на сынъ твои   изволиша бо и

Bych: "яко паде жребий на сынъ твой, изволиша бо и
Shakh: яко "паде жребии на сынъ твои, изволиша бо и
Likh: яко "Паде жребий на сынъ твой, изволиша бо и
Ostr: яко "Паде жребии на сынъ твои, изволиша бо и

82,22:

Laur: б͠зи собѣ. да створимъ потребу б͠мъ. и р͡ечⷹ варагъ
Radz: б͠зи собѣ. да сотворⷨи требѹ б͠гмъ. и р͡ечⷹ вараⷢ
Acad: б͠зи собⷷѣ. да сотворимь требѹ б͠гомъ. и реⷱ варагъ |
Hypa: б͠зи себѣ. да створⷨи | требу б͠гомъ. и р͡ечⷹ варагъ |
Khle: бози ‖ себѣ. да сътвⷨѻри требѹ богѻ. и р͡ечⷹ варагъ.

Comm: бозѣ наши собѣ да створимъ требу богомъ и рече варягъ
NAca: бози   собѣ да сътворимъ требу богомъ и рече варягъ
Tols: бози   собѣ да створимъ требу богомъ и рече варягъ

Bych: бози собѣ; да створимъ требу богомъ". И рече Варягъ:
Shakh: бози собѣ, да сътворимъ требу богомъ". И рече Варягъ:
Likh: бози собѣ; да створимъ требу богомъ". И рече варягъ:
Ostr: бози себѣ, да сътворимъ требу богомъ". И рече Варягъ:

82,23:

Laur: не суть бо б͠зи на древо. днⷭ͡ь | есть. а
Radz: не соуть | то б͠зи. но древо. днⷭ͡ь есть ᴬ
Acad: не сⷮѹть то б͠зи. но древо. днесь есть а
Hypa: не сⷮу то б͠зи но древо. днⷭ͡ь еⷭ|сть а
Khle: не сⷮѫ бо | бози. но древо. днеⷭ еⷭ͡ а

Comm: не суть бо бози нъ древо   днесь есть а
NAca: не суть бо бози но древо и днесь   и
Tols: не суть бо бози но древо и днесь   и

Bych: "не суть то бози, но древо; днесь есть, а
Shakh: "не суть бо то бози, нъ древо; дьньсь есть, а
Likh: "Не суть то бози, но древо; днесь есть, а
Ostr: "Не суть то бози, нъ древо. Дьньсь есть, а

82,24:

Laur: оутро изъгнееть   не ꙗдать бо ни пьюⷮ. ни молваⷮ |
Radz: оутро изъгниеть.   не ꙗдаⷮ | бо. ни пьють. ни молвать.
Acad: оутро | изгниеть.   не ꙗдатъ бо нⷶі пьють. ни молвать. |
Hypa: оутро изъгнило есть. | не ꙗдать бо ни пьють. ни мⷪ҇лвать.
Khle: оутро изгнило еⷭ͡. не ꙗдаⷮ | бо ни пиюⷮ, ни глюⷮ.

Comm: утро изъгниеть   не ядят бо бози ни пиють ни молвят
NAca: заутро изъгнѣеть   не ядять бо бози ни пиютъ ни молвать
Tols: заутро изъгнѣеть   не ядят бо бози ни пиютъ ни молватъ

Bych: утро изгнееть; не ядять бо, ни пьють, ни молвять,
Shakh: утро изгниеть; не ядять бо, ни пиють, ни мълвять,
Likh: утро изгнееть; не ядять бо, ни пьють, ни молвять,
Ostr: утро изгнило; не ядять бо, ни пиють, ни мълвять,

Повѣсть времеиьныхъ лѣтъ

82,25:

Laur: но суть дѣлани руками в деревѣ.   а б҃ъ есть
Radz: но соуть дѣлани рȣками | в деревѣ.   а б҃ъ е҃с
Acad: но сȣть дѣланї рȣками в деревѣ.   а бг҃ъ есть |
Hypa: но суть дѣлани рука|ми въ древѣ. сокирою и но|жемъ. а б҃ъ единъ
Khle: но сѫ дѣ́лани рѫками въ древѣ. | секирою и ноже҃м̾. а б҃ъ единь

Comm: нъ суть дѣлани во древѣ секирою и ножемъ а богъ есть
NAca: нъ дѣлани суть руми человѣческими секырою и ножемъ а богъ есть
Tols: нъ дѣлани суть руками человѣческими секырою и ножемъ а богъ есть

Bych: но суть дѣлани руками в деревѣ; а Богъ есть
Shakh: нъ суть дѣлани руками въ древѣ, секырою и ножьмь; а Богъ есть
Likh: но суть дѣлани руками в деревѣ. А богъ есть
Ostr: нъ суть дѣлани руками въ древѣ. А Богъ есть

82,26:

Laur: единъ емуж҇е слȣжа҇т грьци. и кланаютса иже
Radz: единъ. емоу́ж слȣжать греци и покла|наютса. иже
Acad: ѡдинъ. емȣже слȣжать греци и покланаютьса. иже
Hypa: есть. | емуже служать грьци. и | кланаютса. иже
Khle: е҃с. емоуже слоужа҇т гре҃ци и поклонаютса. иже

Comm: единъ емуже служать грѣцѣ и кланяются иже
NAca: единъ емуже служать греци и кланяются иже
Tols: един емуже служать греци и кланяются иже

Bych: единъ, емуже служать Грьци и кланяются, иже
Shakh: единъ, емуже служать Грьци, и кланяються, иже
Likh: единъ, ему же служать грьци и кланяются, иже
Ostr: единъ, емуже служать Грьци, и кланють ся, иже

82,27:

Laur: створилъ н҃бо и зе|млю. звѣзды. и луну. и
Radz: сотворилъ н҃бо и землю. и звѣ́зы. | и лȣноу. и
Acad: сотворїлъ н҃бо и землю. и звѣзды. | и лȣнȣ и
Hypa: створїлъ н҃бо и землю и ч҃лвка и
Khle: сътворилъ н҃бо и зе҃млю. | и ч҃лка и

Comm: створилъ небо и землю и звѣзды солнце
NAca: сътвори небо и землю и звѣзды солнце и
Tols: створи небо и землю и звѣзды солнце и

Bych: створилъ небо, и землю, и звѣзды, и луну, и
Shakh: сътворилъ небо и землю и звѣзды и сълньце и
Likh: створилъ небо, и землю, и звѣзды, и луну, и
Ostr: сътворилъ небо и землю и звѣзды и луну и

599

82,28:

Laur: сл͠нце. и үлвка далъ есть ему жи͞ | на земли.
Radz: солнеце. и үлка. и далъ е͡с ем૪ жити на земли. |
Acad: сл͠нце. и үлвка. и далъ есть ем૪ жи|ти на земли.
Hypa: зъ|възды и сл͠нце и луну. и да|лъ есть   жити на земли.
Khle: sвѣзды. и сл͠нце и лоуноу. и даль е͡с   жити | на земли.

Comm: луну и человѣка и далъ есть ему жити на земли
NAca: луну и человѣка и далъ ему есть жити на земли
Tols: луну и человѣка и далъ есть ему жити на земли

Bych: солнце и человѣка, и далъ есть ему жити на земли;
Shakh: луну и человѣка, и далъ есть ему жити на земли.
Likh: солнце, и человѣка, и дал есть ему жити на земли.
Ostr: сълньце и человѣка, и далъ есть ему жити на земли.

82,29:

Laur: а си б͠зи үто сдѣлаша. сами дѣлани суть не
Radz: а сн͠н бози үто содѣлаша. сами содѣлани соу͞т. не
Acad: а си͠н б͠зи үто содѣлаша. сами || содѣлани с૪ть. не   [41ᵣ]
Hypa: а | си б͠зи үто сдѣлаша. сами | дѣлани суть. не
Khle: а си͠н боsи үто съдѣлаше. сами дѣлани | соу͞т. не

Comm: и ваши бози что сдѣлаша а сами дѣлани суть не
NAca: а ваши бозѣ что съдѣша а сами съдѣлани суть не
Tols: а ваши бози что сдѣлаша а сами съдѣлани суть не

Bych: а си бози что сдѣлаша? сами дѣлани суть; не
Shakh: А си бози чьто съдѣлаша? Сами дѣлани суть. Не
Likh: А си бози что сдѣлаша? Сами дѣлани суть. Не
Ostr: А си бози чьто съдѣлаша? Сами дѣлани суть. Не

83,1:

Laur: да|мъ с͠на своего бѣсомъ. ѡни же ше͞дше повѣдаше
Radz: дамъ | с͠на своего бѣсо͞м. ѡни же шедше повѣдаша
Acad: дамъ с͠на [сво]его бѣсомъ. ѡни же | шедше повѣдаше
Hypa: дамъ с͠на | своего бѣсо͞м. ѡни же шедъ|ше повѣдаша
Khle: да͞м с͠на своего бѣсѡ͞м: ѡни же ше͞дше повѣда͞ша

Comm: дам сына своего бѣсомъ они же шедше повѣдаша
NAca: дам сына своего бѣсомъ они же шедъше повѣдаша
Tols: дам сына своего бѣсомъ они же шедше повѣдаша

Bych: дамъ сына своего бѣсомъ". Они же шедше повѣдаша   [81,4]
Shakh: дамь сына своего бѣсомъ". Они же, шьдъше, повѣдаша   [100,14]
Likh: дамъ сына своего бѣсомъ". Они же шедше повѣдаша   [58,28]
Ostr: дамь сына своего бѣсомъ". Они же, шьдъше, повѣдаша

Повѣсть времепьныхъ лѣтъ

83,2:

Laur: людемъ | ѡни же вземше ѡружье пѡндоша
Radz: лю́мъ. ѡни же | вземше ѡроужне. н пондоша
Acad: людемъ. ѡни же вземше ѡрᲂу́жїе н пондоша
Hypa: людемъ. ѡ|ни же вземъше ѡружье по|ндоша
Khle: люде̄. ѡни же възе̄ше ѡроужїа пондоша

Comm: людемъ абие же онѣ народѣ вземше оружье поидоша
NAca: людемъ они же вземьше оружиа поидоша
Tols: людемъ они же вземьше оружии поидоша

Bych: людемъ; они же, вземше оружье, поидоша
Shakh: людьмъ. Они же, възьмъше оружие, поидоша
Likh: людемъ. Они же, вземше оружье, поидоша
Ostr: людьмъ. Они же, възьмъше оружие, поидоша

83,3:

Laur: на нь. и розъıаша дво<рѣ> ѡколо его.
Radz: на нь. и розиаша дворъ || ѡколо ею. [47ᵛ]
Acad: на нь и розиаше дворъ ѡколо ею. |
Hypa: на нь. и разъıаша дво|ръ ѡколо его.
Khle: на нь. | и разьıаша дворь около его.

Comm: на нь и обоидоша дворъ около его
NAca: на нь и объступиша дворъ около его
Tols: на нь и объступиша дворъ около его

Bych: на нь и розъяша дворъ около его,
Shakh: на нь, и разъяша дворъ около его.
Likh: на нь и розъяша дворъ около его.
Ostr: на нь, и разъяша дворъ около его.

83,4:

Laur: ѡнъ же стоıаше на сѣнé с сн҃мъ своимъ рѣш҃ |
Radz: ѡн же стоаша на сѣнé сн҃мъ своимъ:- | И рѣша
Acad: ѡн же стоıаше на сѣнехъ со сн҃омъ своимъ:· И рѣша
Hypa: ѡнъ же сто|ıаше на сѣнехъ съ сн҃омъ | своимъ. рѣша
Khle: ѡн же стоаше на сѣнé | съ сынѡ̄. своӣ рѣша

Comm: оному же стоящу на сѣнех съ сыномъ своимъ и рѣша
NAca: онъ же стояше на сѣнех съ сыномъ своимъ и рѣша
Tols: онъ же стояше на сѣнех съ сыномъ своимъ и рѣша

Bych: онъ же стояше на сѣнехъ съ сыномъ своимъ. Рѣша
Shakh: Онъ же стояше на сѣньхъ съ сынъмь своимь. И рѣша
Likh: Онъ же стояше на сѣнех съ сыномъ своимъ. Рѣша
Ostr: Онъ же стояше на сѣньхъ съ сынъмь своимь. Рѣша

83,5:

Laur: ему вдан с҃на своего. да вдамъ б҃мъ. ѡнъ
Radz: емоу вдан с҃на своѐ. да вдамы б҃гмъ є. ѡн
Acad: емȣ вдан с҃на своего. да вдамы богомъ. ѡнъ
Hypa: ему дан с҃на ‖ своѐ. дамы н б҃мъ. ѡн [32d]
Khle: емоу, дан с҃на своего дамы его ǀ бог ѿ. ѡн

Comm: ему вдаи сына своего да вдамы богомъ он
NAca: ему вдаи сына своего да вдамы богомъ он
Tols: ему вдаи сына своего да вдамы богомъ он

Bych: ему: "вдай сына своего, да вдамы богомъ его". Онъ
Shakh: ему: "въдаи сына своего, да въдамы и богомъ". Онъ
Likh: ему: "Вдай сына своего, да вдамы и богомъ". Онъ
Ostr: ему: "Даи сына своего, да въдамы и богомъ". Онъ

83,6:

Laur: же ре҃ аще сут ǀ б҃зн. то единного собе послють б҃а
Radz: же ре҃ аще ǀ соу б҃зн то единного себ<а> пошлють б҃га.
Acad: же рече аще сȣть б҃зн то единного себе ǀ пошлють б҃га
Hypa: же ǀ ре҃ аще суть б҃зн. то единноǀго себе послють б҃а.
Khle: же ре҃. аще соу боsн то единного себе поǀслю бога.

Comm: же рече аще суть бозѣ то пошлют единаго бога
NAca: же рече аще суть бозѣ то послють пакы единого бога
Tols: же рече аще суть бозѣ то послютъ пакы единаго бога

Bych: же рече: "аще суть бози, то единого собе послють бога,
Shakh: же рече: "аще суть бози, то единого себе посълють бога,
Likh: же рече: "Аще суть бози, то единого собе послють бога,
Ostr: же рече: "Аще суть бози, то единого себѣ посълють бога,

83,7:

Laur: да нмуть с҃нъ мон. а вы ǀ чему претребуете. н
Radz: да понмоу с҃нъ мон ǀ а вы чемȣ претребоуете. н
Acad: да понмȣ с҃нъ мон. а вы чемȣ преǀтребȣете. н
Hypa: д<а> поǀнмуть с҃на моего. а вы чему ǀ пере<теребуе>те нм. н ǀ
Khle: да понмоу с҃нь мон. а вы чемоу перетребȣǀете н: н

Comm: и поимуть сынъ мои а вы чему перетребуете имъ и абие онъ народѣ
     кликнуша велиимъ
NAca: и поимуть сынъ мои себѣ а вы почто приидосте сѣмо и перете ребу
     дѣюще от богъ своихъ и се абие кликнуша народъ людии многъ велиимъ
Tols: и поимуть сынъ мои себѣ а вы почто приидосте сѣмо и перете требу
     дѣюще от богъ своихъ и се абие кликнуша народъ людии многъ велиимъ

Bych: да имуть сынъ мой; а вы чему претребуете?" И
Shakh: да поимуть сынъ мои; а вы чему претребуете имъ?" И
Likh: да имуть сынъ мой. А вы чему претребуете имъ?". И
Ostr: да поимуть сынъ мои; а вы чему претребуете имъ?" И

83,8:

Laur: блкнуша. и посѣкоша сѣни по̑ | нима. и тако побиша
Radz: кликнуша и посѣкоша сѣни по̑ | нима. и тако побиша
Acad: кликнуша и посѣкоша под ні | ма. и тако побѣдиша
Hypa: кликнуша и сѣкоша сѣни подъ ни̑ми. и тако по̑биша
Khle: кликноуша и пѡ̑сѣкѡша сѣни по̑ нимь. | и тако побиша

Comm: гласомъ и подъсѣкоша сѣни под ним и тако побиша
NAca: гласомъ и посѣкоша сѣни под нима и тако побиша
Tols: гласомъ и посѣкоша сѣни под нима и тако побиша

Bych: кликнуша, и посѣкоша сѣни под нима, и тако побиша
Shakh: кликнуша, и подъсѣкоша сѣни подъ нима, и тако побиша
Likh: кликнуша, и посѣкоша сѣни под нима, и тако побиша
Ostr: кликнуша, и посѣкоша сѣни подъ нима, и тако побиша

83,9:

Laur: ꙗ. и не свѣсть никтоже гдѣ поло | жиша
Radz: ꙗ. и не совѣстъ ктоже гдѣ по̑жиша
Acad: а. и не совѣсть никтоже | гдѣ положиша
Hypa: ꙗ. и не свѣсть ни | ктоже кде положиша
Khle: а. и не свѣсть никто̑ гдѣ поло̑жиша

Comm: я и
NAca: а и
Tols: а и

Bych: я; и не свѣсть никтоже, гдѣ положиша
Shakh: я. И не съвѣсть никътоже, къде положиша
Likh: я. И не свѣсть никтоже, гдѣ положиша
Ostr: я. И не съвѣсть никътоже, къде положиша

83,10:

Laur: ꙗ. бѧху бо тогда ч͞лвци невѣголоси и погани. |
Radz: ꙗ Бахꙋ бо тогда ч͞лвци невѣн͞глси. погании. и
Acad: ⟨а⟩:· Бахꙋ бо то͞га ч͞лвци невѣн | гласи. погании и
Hypa: ꙗ. | баху бо ч͞лвци тогда н⟨е⟩ | вѣгласи погани. и
Khle: а | бахꙋ бо ч͞лци то͞га невѣгласи и погани. и

Comm: бяху бо тогда человѣци невѣгласи и погани и
NAca: бѣяху бо тогда человѣцѣ невѣгласи   погани не вѣдуще божиꙗго закона толико бо
Tols: бѣяху бо тогда человѣцѣ невѣгласи   погани не вѣдуще божиꙗго закона толико бо

Bych: я. Бяху бо тогда человѣци невѣголоси и погани.
Shakh: я. Бяху бо тъгда человѣци невѣгласи и погани. И
Likh: я. Бяху бо тогда человѣци невѣголоси и погани.
Ostr: я. Бяху бо тъгда человѣци невѣгласи погани. И

83,11:

Laur: дьӕволъ р̃аавашеса сему. не вѣдын ӕко
Radz: дьаволъ р̃авашё сем8. не вѣдын ӕко
Acad: дьӕволъ радовашеса сем8. | не вѣдын ӕко
Hypa: дьӕ|волъ радовашеса се|му. не вѣды ӕко
Khle: дїавŵ| радовашеса семоу. не вѣдын ӕко

Comm: диаволъ радовашеся сему не вѣдыи яко
NAca: диаволъ радовашеся сему не вѣдыи яко
Tols: диаволъ радовашеся сему не вѣдыи яко

Bych: Дьяволъ радовашеся сему, не вѣдый, яко
Shakh: диӕволъ радовашеся сему, не вѣды, яко
Likh: Дьяволъ радовашеся сему, не вѣдый, яко
Ostr: диӕволъ радоваше ся сему, не вѣды, яко

83,12:

Laur: близъ погибе|ль хотӕше быти ему. тако
Radz: близъ погибель хощеть емоу | быти. и тако
Acad: близъ гибель хощеть ем8 быти. | и тако
Hypa: близ̃ | погибель хотӕше быти | ему. тако
Khle: близь ё погибё| хотӕше быти емоу. тако

Comm: близь погыбель хотяше быти ему тако
NAca: близь погыбель хотяше быти ему тако
Tols: близь богыбѣль хотяше быти ему тако

Bych: близь погибель хотяше быти ему. Тако
Shakh: близь погыбель хотяше быти ему. Тако
Likh: близь погыбель хотяше быти ему. Тако
Ostr: близь погыбель хотяше быти ему. Тако

83,13:

Laur: бо тщашеса погубити род | хс̃еӕскии. но прогонимъ
Radz: бо тщашё погоубити. ро̃ хр̃тьаньскии. | но прогони̃м
Acad: [бо] тщашеса погˆ8бити. род хр̃тьаныскіи но прогонимъ
Hypa: бо и пре тъщашеса погубити родъ х<ь>|ртьаныскын. но прогонимъ
Khle: бо и прё тъщашеса по|гоубити рŵ хр̃тїанскын. но прогони̃м

Comm: бо преже тщашеся погубити род крестияньскыи но прогонимъ
NAca: бо преже тщешеся погубити род христяньскии но прогонимъ
Tols: бо преже тщашеся погубити род христяньскии но прогонимъ

Bych: бо тщашеся погубити родъ хрестьяньскии, но прогонимъ
Shakh: бо и преже тъщашеся погубити родъ хрьстияньскыи, нъ прогонимъ
Likh: бо тщашеся погубити родъ хрестьяньскии, но прогонимъ
Ostr: бо тъщаше ся погубити родъ хрьстьяньскыи, нъ прогонимъ

83,14:

```
Laur:   бяше х̄м̄ъ ч̇с̇тнм̄ъ. и в онѣх̇ стра|нахъ.
Radz:   бяше кр̄с̇тмъ ч̇с̇тнымъ. и въ инѣх̇ страна̇. и|
Acad:   бяше кр̄с̇томь ч̇с̇тнымь. и въ |иныхъ страна̇х̇.
Hypa:   бяше кр̄с̇томъ ч̇с̇тны|мъ. вы иныхъ страна̇. |
Khle:   бяше кр̄с̇тω̇м |ч̇с̇тын̇м̄ во ины̇х̇ страна̇.
```

Comm: бяше крестомъ честнымъ   во инѣх странах
NAca: бяше крестомь честнымь   въ иныхъ странах
Tols: бяше крестомъ честнымъ   въ иныхъ странахъ

Bych: бяше хрестомъ честнымъ и в инѣхъ странахъ;
Shakh: бяше крьстъмь чьстьнымъ въ инѣхъ странахъ;
Likh: бяше хрестомъ честнымъ и в инѣх странахъ;
Ostr: бяше крьстъмь чьстьнымъ въ инѣхъ странахъ;

83,15:

```
Laur:   сде же мняше̇с̇ ѡканьныи. яко сде ми есть жилище.
Radz:   сде же мняше̇с̇ ѡканныи. яко здѣ ми е̇с̇ жилнще.
Acad:   здѣ же мняшеся ѡкаянныи. |яко здѣ ми есть жилнще.
Hypa:   здѣ же мняшеся ѡкань|ныи. яко здѣ ми есть жи̇лнще.
Khle:   здѣ же мняшеся ѡкаанны̇н̇ |яко здѣ ми е̇с̇ жилнще.
```

Comm: здѣ же мняше оканныи яко зде ми есть жилище
NAca: здѣ же мняше окаанныи яко зде ми есть жилище
Tols: зђе же мняше окаанныи яко зде ми есть жилище

Bych: сде же мняшеся оканьный: яко сде ми есть жилище,
Shakh: сьде же мьняшеся оканьныи, яко "сьде ми есть жилище,
Likh: сде же мняшеся оканьный: яко сде ми есть жилище,
Ostr: сьде же мьняше ся оканьныи, яко "Сьде ми есть жилище,

83,16:

```
Laur:   сде бо не суть ап̄с̇ли оучили. н̇и пр̄р̇ци прорекли. |
Radz:   сдѣ бо| не соу̇т̇ ап̄с̇ли оучили. ни пр̄р̇ци прорекли.
Acad:   здѣ бо не су̇т̇ ап̄с̇ли |оучили. ни пр̄р̇ци прорекли.
Hypa:   здѣ бо не суть оучили ап̄с̇ли. ни пр̄р̇ци прорекли.
Khle:   здѣ бо не соу̇т̇ оучили, ап̄с̇ли ни |пр̄р̇ци прорекли.
```

Comm: здѣ бо не суть учили апостоли ни пророци прорицали
NAca: здѣ бо не суть учили апостоли ни пророци прорицали
Tols: здѣ бо не суть учили апостоли ни пророци прорицали

Bych: сде бо не суть апостоли учили, ни пророци прорекли,
Shakh: сьде бо не суть учили апостоли, ни пророци прорекли";
Likh: сде бо не суть апостоли учили, ни пророци прорекли,
Ostr: сьде бо не суть учили апостоли, ни пророци прорекли";

83,17:

Laur:	не и вѣдын пр͠рка гл͠ша. и нарекъ не
Radz:	не вѣдын пр͠рка	гл͠ще. и нарекѹ не
Acad:	не вѣдын пр͠рка гл͠ша.	и нарекѹ не
Hypa:	не вѣдын пр͠рка глаголюща. и нареку не
Khle:	не вѣдын пр͠рка гл͠ша. и нарекѹ	не
Comm:	не вѣдыи пророка глаголюща и нареку не
NAca:	не вѣдыи пророка глаголюща и нареку не
Tols:	не вѣдыи пророка глаголюща и нареку не
Bych:	не вѣдый пророка глаголюща: и нареку не
Shakh:	не вѣды пророка глаголюща: И нареку не
Likh:	не вѣдый пророка, глаголяща: "И нареку не
Ostr:	не вѣды пророка глаголюща: "И нареку не

83,18:

Laur:	людн моѧ людн моѧ. ѡ а<п>л͠х̑ || бо р͠е. во всю	[27ᵍ]
Radz:	лю̑ людн моа. а ѡ ап͠лех̾ бо р͠е. въ всю	
Acad:	людн людн моа. ѡ ап͠лех̾ бо р͠ече. во	всю	
Hypa:	лю|дн моѧ. ѡ ап͠лѣхъ же р͠е.	во всю	
Khle:	лю̑ моа. людн моа ѡ ап͠лѣ же р͠е. въ всю	
Comm:	люди моя люди моя и о апостолѣхъ же рече во всю	
NAca:	люди моа люди моя а о апостолѣхъ же рече въ всю	
Tols:	люди моа люди моя а о апостолѣхъ же рече въ всю	
Bych:	люди моя люди моя; о апостолѣхъ бо рече: во всю	
Shakh:	люди моя люди моя; о апостолѣхъ же рече: "Въ вьсю	
Likh:	люди моя люди моя"; о апостолѣхъ бо рече: "Во всю	
Ostr:	люди моя люди моя". О апостолѣхъ же рече: "Въ вьсю	

83,19:

Laur:	землю нзндоша вѣщаныа и̑х̑. и в конец<ь>	вселеныѧ	
Radz:	зе||млю нзыдоша вещанна и̑х̑. и конець вселены	[47ᵛ]
Acad:	землю нзындоша вещаніа и̑х̑х. и конець	вселеныа	
Hypa:	землю нзндоша вѣщанна и̑х̑хъ. и в конѣць	вселеныѧ	
Khle:	землю	нзыдоша вещаніа и̑х̑. и в конца вселенныа	
Comm:	землю изидоша вѣщаниа их и в конець вселеныя	
NAca:	землю изыша вѣщания их и в конца вселеныя	
Tols:	землю изыша вѣщания их и в конца вселеныя	
Bych:	землю изидоша вѣщанья ихъ, и в конець вселеныя	
Shakh:	землю изидоша вѣщания ихъ. И въ коньць въселеныя	
Likh:	землю изидоша вѣщанья их, и в конець вселеныя	
Ostr:	землю изидоша вѣщанья ихъ. И въ коньць въселеныя	

83,20:

Laur: гл̅и и҆хъ. аще и тѣло͞ а͞п͞ли не суть
Radz: гл̅и и҆. аще лі̇ и тѣло͞ а͞п͞ли не соу͞
Acad: гл̅и и҆хъ. аще ли и тѣломь а͞п͞ли не со͞у
Hypa: гл̅и и҆хъ. аще и бо и тѣломъ а͞п͞ли суть. зде
Khle: гл̅ы и҆. аще бѡ и тѣлѡ͞ зде а͞п͞ли не

Comm: глаголы их аще бо тѣломъ апостоли не суть
NAca: глаголи их аще бо тѣломъ не были суть
Tols: глаголи их аще бо тѣломъ не были суть

Bych: глаголи ихъ. Аще и тѣломъ апостоли не суть
Shakh: глаголи ихъ. Аще бо и тѣлъмь апостоли не суть
Likh: глаголи ихъ". Аще и тѣломъ апостоли не суть
Ostr: глаголи ихъ". Аще бо и тѣлъмь апостоли   суть

83,21:

Laur: не были. но оу҆ченьıа ихъ. акы трубы гласать по
Radz: бы̑. но оу҆ченьа и҆хъ акы тр̆убы гласать. и҆ по
Acad: были но оу҆ченıа ихъ акы тр̆убы гласать.
Hypa: не были но оу҆ченнıа ихъ. ıако трубы гла҆сать. по
Khle: были сѫ. но оу҆ченıа и҆ ıако тр̆убы гласа͞ по

Comm: были нь учениа их яко трубы гласят по
NAca: апостоли но учениа их яко трубы гласять по
Tols: апостоли но учениа их яко трубы гласят по

Bych: сдѣ были, но ученья ихъ аки трубы гласять по
Shakh: сьде были, нъ учения ихъ акы трубы гласять по
Likh: сдѣ были, но ученья ихъ аки трубы гласять по
Ostr: не были, нъ учения ихъ акы трубы гласять по

83,22:

Laur: вселенı҆и в ц̅рквхъ. имьже оу҆ченьемъ побѣжаемъ.
Radz: вселенъи. в ц̅рква. и҆же поо̆у҆чение͞ побѣжае͞
Acad: во ц̅рква. ихже оу҆ченıемь побѣжаемъ
Hypa: вселении въ це҆рьрьквахъ. имьже оу҆ченьемъ побѣжаемъ   [33а]
Khle: вселеннен въ ц̅рква. и҆же оу҆ченıе͞ побѣжае͞

Comm: вселенѣи въ церквахъ им же учением побѣжаемъ
NAca: вселеннѣи въ церквахъ ихъ же учением побѣжаемъ
Tols: вселенѣи въ церквахъ ихъ же учением побѣжаемъ

Bych: вселенѣй в церквахъ, ихже ученьемъ побѣжаемъ
Shakh: въселенѣи въ цьркъвахъ, имьже учениемь побѣжаемъ
Likh: вселенѣй в церквахъ, их же ученьемъ побѣжаемъ
Ostr: въселенѣи въ цьркъвахъ. Имьже учениемь побѣжаемъ

83,23:

Laur: противнаго врага. попирающе подъ
Radz: противна͡г врага попирающи по͡д
Acad: противна͡го врага. попирающе под
Hypa: противнаго врага. попирающе подъ
Khle: съпротивнаго врага. попирающе по͡д

Comm: противнаго врага и попирающе под
NAca: противнаго врага и попирающе под
Tols: противнаго врага и попирающе под

Bych: противнаго врага, попирающе подъ
Shakh: противьнаго врага, попирающе подъ
Likh: противнаго врага, попирающе подъ
Ostr: противьнаго врага, попирающе подъ

83,24:

Laur: нози якоже попраст͡а и си отѣнника. приемше
Radz: ноѕѣ. яко попраста и сии отечни͡к принмша
Acad: ноѕѣ. якоже попраста и си. отечника приимше
Hypa: ноѕѣ. якоже попраста и сиа отъченника. и принмша
Khle: nosh ꙗко попраста сїа отечника. и прїнмша   [36ᴦ]

Comm: ноѕѣ якоже попраста и сиа оба приимша
NAca: ноѕѣ якоже попраста и сиа отѣмника приимъша
Tols: ноѕѣ якоже попраста и сиа отѣмника приимша

Bych: нози, якоже попраста и си отечника, приимша
Shakh: ноѕѣ, якоже попьраста и сия отьчьника, приимъша
Likh: нози, яко же попраста и си отечника, приимша
Ostr: ноѕѣ, якоже попьраста и сия отьчьника, приимъша

83,25:

Laur: вѣнець н͡бныи съ с͡тми м͡учки и пр͡едники.
Radz: венець н͡бны с м͡ученики.
Acad: венець н͡бныи. ‖ с м͡ученикі: [41ᵛ]
Hypa: вѣнѣ͡ць н͡бныи. съ с͡тыми муче͡нникы. и съ праведны͡м.
Khle: вѣне͡ц͡с н͡бныи. съ с͡тыми м͡учкы и с праведными.

Comm: вѣнець небесныи съ святыми мученики и с праведники
NAca: вѣнець небесныи съ святыми мученики и с праведники
Tols: вѣнецъ небесныи съ святыми мученики и с праведники

Bych: вѣнець небесный съ святыми мученики и праведники.
Shakh: вѣньць небесьныи съ святыми мученикы и съ правьдникы.
Likh: вѣнець небесный съ святыми мученики и праведники.
Ostr: вѣньць небесьныи съ святыми мученикы и правьдникы.

83,26:

Laur: В лѣ҃т. ҂ѕ҃.у҃.ч҃в:--| Иде володимерь на радимичи.
Radz: В лѣ҃т ҂ѕ у҃ ч҃в. Иде волоідимерь на радимичи. и
Acad: В лѣ҃т. ҂ѕ҃.у҃.ч҃в. Иде володимрь. І на радимичи, и
Hypa: В лѣто. ҂ѕ҃.у҃.ч҃в. Иде володимрь на радимн<ч>и. | и
Khle: В лѣ҃т. І ҂ѕ҃.у҃.ч҃в. иде вѡлѡмерь на ра҃мичи. и

Comm: в лѣто 6492 иде володимиръ на радимицѣ и
NAca: в лѣто 6492 иде володимиръ на радимичѣ и
Tols: в лѣто 6492 иде володимеръ на радимичѣ и

Bych: В лето 6492. Иде Володимеръ на Радимичи.
Shakh: Въ лѣто 6492. Иде Володимеръ на Радимичѣ. И
Likh: В лѣто 6492. Иде Володимеръ на радимичи.
Ostr: Въ лѣто 6492. Иде Володимир на Радимичѣ. И

83,27:

Laur: бѣ оу него воевода волъчии хвостъ. и
Radz: бѣ оу не҃г воевода волчен хвостъ. | и
Acad: бѣ оу него воевода волчии хвоістъ. и
Hypa: бѣ оу него воевода воілчии хвостъ. и
Khle: бѣ оу него | воевода волчїи фостъ. и

Comm: бѣ у него воевода волчии хвостъ и
NAca: бѣ у него воевода именемь волъчии хвостъ и
Tols: бѣ у него воевода именемъ волчии хвостъ и

Bych: Бѣ у него воевода Волчий Хвость, и
Shakh: бѣ у него воевода Вълчии Хвостъ; и
Likh: Бѣ у него воевода Волчий Хвостъ, и
Ostr: бѣ у него воевода Вълчии Хвостъ; и

83,28:

Laur: посла и володимерь передъ собою волъчья
Radz: посла володимерь пре҃д собою волчьа
Acad: посла володимръ предъ собою вольчьа |
Hypa: посла | пре҃д собою володимръ в҃лчиа
Khle: посла пре҃д собою вла҃мерь | волчїа

Comm: посла пред собою володимир волъчиа
NAca: посла пред собою володимир волъчья
Tols: посла пред собою володимир волъчья

Bych: посла и Володимеръ передъ собою, Волчья
Shakh: посла предъ собою Володимеръ Вълчия
Likh: посла и Володимеръ передъ собою, Волчья
Ostr: посъла предъ собою Володимиръ Вълчия

83,29:

Laur:	хвоста. сърѣте є на рѣцѣ пищанѣ. и побѣди
Radz:	хвоста. и срѣте | на рѣцѣ песщанѣ. и побѣди
Acad:	хвоста. и стрѣте и на рѣцѣ песщанѣ. и побѣди |
Hypa:	хвоста. и срѣте | радимичи. на рѣцѣ пищанѣ. побѣди
Khle:	хвоста. и срѣте рам͞нд͞ичи на рѣцѣ пещанѣ | побѣа͞і

Comm:	хвоста и срѣте Радимичи на рѣцѣ пищани и побѣди
NAca:	хвоста и срѣте Радимици на рѣци пищани и побѣди
Tols:	хвоста и срѣте Радимици на рѣци пищани и побѣди

Bych:	Хвоста; сърѣте я на рѣцѣ Пищанѣ, и побѣди
Shakh:	Хвоста; сърѣте Радимичѣ на рѣцѣ Пѣсъчанѣ; и побѣди
Likh:	Хвоста; сърѣте радимичи на рѣцѣ Пищанѣ, и побѣди
Ostr:	Хвоста. И сърѣте Радимичѣ на рѣцѣ Пищанѣ; и побѣди

84,1:

Laur:	радимичѣ волѹии хвостъ. тѣмь и русь
Radz:	радимичи волүен хвостъ. тѣ͞м и роу͞с
Acad:	радимичи волүии хвостъ. тѣмь ру͞с
Hypa:	волүи͞н хвостъ радимичи. | тѣмь и русь
Khle:	волүї͞н хвость ра͞мд͞ичи. тѣ͞м и роу͞с

Comm:	влъчии хвостъ радимичѣ тѣмь же и русь
NAca:	волъчии хвостъ радимичь тѣхъ тѣмь и онѣ русь
Tols:	волъчии хвостъ радимичь тѣхъ тѣмъ и онѣ русь

Bych:	Радимичѣ Волъчий Хвостъ; тѣмь и Русь	[82,5]
Shakh:	Вълчии Хвостъ Радимичѣ. Тѣмь и Русь	[102,4]
Likh:	радимичѣ Волъчий Хвостъ. Тѣмь и Русь	[59,16]
Ostr:	Вълчии Хвостъ Радимичѣ. Тѣмь и Русь	

84,2:

Laur:	кора|тсѧ радимичемъ гл͞юще. пищаньци волъѹьѧ
Radz:	корать͞с. радимиүе͞м г͞лще. пищанци волүьѧ
Acad:	коратсѧ. | радимичемъ г͞лще. пищанци волүьѧ
Hypa:	коратсѧ ра|димичемъ г͞лще. пещаньци волүьѧ
Khle:	коратсѧ | ра͞мд͞ичѣ͞м г͞лще. пещанци волүїѧ

Comm:	корѧт радимичѣ глаголюще пищаньци волъчиа
NAca:	корѧть радимичѣ глаголюще пищаници волъчья
Tols:	корѧт радимичѣ глаголюще пищаници волъчья

Bych:	корѧтся Радимичемъ, глаголюще: "Пищаньци волъчья
Shakh:	коряться Радимичемъ, глаголюще: "Пѣсъчаньци вълчия
Likh:	корѧтся радимичемъ, глаголюще: "Пищаньци волъчья
Ostr:	корять ся Радимичемъ, глаголюще: "Пищаньци вълчия

Повѣсть времeньныхъ лѣтъ

84,3:

Laur: хво|ста бѣгають. быша же радимичи ѿ рода
Radz: хво|ста бѣгаю͞т. быша радимичи ѿ рода
Acad: хвоста бѣ|гають. быша радимичи ѿ рода
Hypa: хвоста бѣ|гають. быша же радим͐ичи ѿ рода
Khle: хвоста͞ бѣгаю. | быша͟ж радимичи ѿ рода

Comm: хвоста бѣгали бѣша же радимичѣ от рода
NAca: хвоста бѣгали бѣша же радимичѣ от рода
Tols: хвоста бѣгали бѣша же радимичѣ от рода

Bych: хвоста бѣгають". Быша же Радимичи отъ рода
Shakh: хвоста бѣгають". Быша же Радимичи отъ рода
Likh: хвоста бѣгають". Быша же радимичи от рода
Ostr: хвоста бѣгають". Быша же Радимичи отъ рода

84,4:

Laur: ляховъ. | прешедъше ту са вселиша. и платать
Radz: ляховъ. и прешедъше тоу са вселиша. и платать
Acad: ляховь. и прїшедше тȣ са вселиша. и платать
Hypa: ляховъ. и прншедше ту са вселиша. | и платать
Khle: ляховь. и прншѣ͡ше тоу са | веселиша. и плата͞т

Comm: ляховъ пришедше ту ся вселиша и платять
NAca: ляховъ и пришедъше вселишася платять
Tols: ляховъ и пришедше вселишася платять

Bych: Ляховъ; прешедъше ту ся вселиша, и платять
Shakh: Ляховъ; прешьдъше, ту ся въселиша, и платять,
Likh: ляховъ; прешедъше ту ся вселиша, и платять,
Ostr: Ляховъ. И прешьдъше ту ся въселиша, и платять,

84,5:

Laur: дань руси. | повозъ везуть и до сего дне͞:·
Radz: дань роу͡с. и пово͡з везȣ͞т и ᴬсе͡г дне:- |
Acad: дань рȣси. и повозъ везȣть. и до сего дни:-
Hypa: дань в руси. и | повозъ везуть и до сего | дне·:
Khle: дань роуси. и повозь везоу͞ и | до сего дне.

Comm: дань руси повозъ везуть и до сего дни
NAca: дань руси повозъ везуть и до сего дне
Tols: дань руси повозъ везуть и до сего дне

Bych: дань Руси, повозъ везуть и до сего дне.
Shakh: дань Руси, повозъ везуть и до сего дьне.
Likh: дань Руси, повозъ везуть и до сего дне.
Ostr: дань Руси, и повозъ везуть и до сего дьне.

84,6:

Laur: В лѣ̄т. ҂s.ӯ.чг.:– Иде володнмеръ на болгары.
Radz: В лѣ̄т ҂s.ӯ чг. Иде володнмеръ на болгары
Acad: В лѣ̄т ҂s.ӯ.чг. Иде володнмнръ на болгары
Hypa: В лѣто. ҂s.ӯ.чг.:– Иде володнмнръ на болъгары.
Khle: В лѣ̄т ҂s.ӯ.чг. Иде воло̂дн̂меръ на бо̂лгары,

Comm: в лѣто 6493 иде володимиръ на болгары
NAca: в лѣто 6493 иде володимеръ на болгары
Tols: в лѣто 6493 иде володимеръ на болгары

Bych: В лѣто 6493. Иде Володимеръ на Болгары
Shakh: Въ лѣто 6493. Иде Володимеръ на Български
Likh: В лѣто 6493. Иде Володимеръ на Болгары
Ostr: Въ лѣто 6493. Иде Володимиръ на Български

84,7:

Laur: съ добрынною съ воемъ | свонмъ в лодьях̂.
Radz: со добрынею оуемъ свон̂м̂ в ло̂дьях̂
Acad: съ добрынею | оуемъ своимъ. в лодьяхъ.
Hypa: съ добрынею оуе|мъ свонмъ в лодьяхъ.
Khle: з добрынею оуемь свон̂м̂. в лоўдıах̂.

Comm: съ добрынею уемъ своимъ в лодьях
NAca: съ добрынею уемь своимъ в лодьях
Tols: съ добрынею уемъ своимъ в лодьях

Bych: съ Добрынею, съ уемъ своимъ, в лодьяхъ,
Shakh: съ Добрынею, уемь своимь, въ лодияхъ,
Likh: съ Добрынею, съ уемъ своимъ, в лодьях,
Ostr: съ Добрынею, уемь своимь, въ лодияхъ,

84,8:

Laur: а торъкн берегомъ прнведе на к̂о̂ннх̂. н
Radz: а торкн берего̂м̂ прнве̂ на коне̂ н та̂к̂
Acad: а тўркн берего|мъ прнведе на конехъ. н тако
Hypa: а | торкы берегомъ прнве|де на конехъ. н тако
Khle: а торкы | берего̂м̂ прнведе на коне̂х̂. н тако

Comm: а торкы берегомъ приведе на конехъ и тако
NAca: а торькы берегомъ приведе на конехъ и тако
Tols: а торкы берегомъ приведе на конехъ и тако

Bych: а Торъки берегомъ приведе на конихъ; и
Shakh: а Търкы берегъмь приведе на конихъ; и тако
Likh: а торъки берегомъ приведе на конихъ: и
Ostr: а Търкы берегъмь приведе на конихъ; и тако

Повѣсть времеиьныхъ лѣтъ   613

84,9:

Laur: побѣди боларъ рѣ̆ добрына володимеру.
Radz: побѣ̆ болгары:· || И рѣ̆ добърына к володимерȢ.   [48ᵍ]
Acad: побѣди болгары:· | И рече добрына к володимирȢ.
Hypa: побѣди болгары. и рѣ̆ добърына володимиру.
Khle: побѣ̆ болгары. и рѣ̆ | добрына въл͡одимероу.

Comm: побѣди болгары и рече добрына к володимеру
NAca: побѣди болгары и рече добрына к володимеру
Tols: побѣди болгары и рече добрына к володимеру

Bych: побѣди Болгары. Рече Добрына Володимеру:
Shakh: побѣди Българы. И рече Добрына Володимеру:
Likh: побѣди болгары. Рече Добрына Володимеру:
Ostr: побѣди Българы. И рече Добрына Володимиру:

84,10:

Laur: съглада͡хъ колодникъ. юже суть вси
Radz: соглада͡ колодникъ и соуть | вси
Acad: согладахъ | колодникъ. и сȢть вси
Hypa: съглѧ̆дахъ колодникь. и суть вси | [33b]
Khle: съглада͡ колодникь. и сѧ͡ | вси

Comm: соглядах колодникъ и суть вси
NAca: съглядахъ колодник и суть вси
Tols: сглядах колодникъ и суть вси

Bych: "съглядахъ колодник, и суть вси
Shakh: "съглядахъ колодьник, и суть вьси
Likh: "Съглядахъ колодник, и суть вси
Ostr: "Съглядахъ колодьник, и суть вьси

84,11:

Laur: в сапоз<ѣ̆х. симъ> дӑни намъ не даяти.   пондемъ
Radz: в сабозѣ̆х. симь дани намъ не давати. но пондемъ
Acad: в сапозѣхъ. симь дани на|мъ не давати. но пондемь
Hypa: в сапозѣ̆хъ. симъ дани нам | не платити.   пондевѣ
Khle: въ сапосѣ̆. си͡ дани на͡ не платити.   пондевѣ |

Comm: в сапозѣх симъ намъ дани не даяти   поидевѣ
NAca: в сапозѣх симъ намъ дани не даяти   поидевѣ
Tols: в сапозѣх симъ намъ дани не даяти   поидевѣ

Bych: в сапозѣхъ; симъ дани намъ не даяти, поидемъ
Shakh: въ сапозѣхъ; симъ дани намъ не даяти; поидевѣ
Likh: в сапозѣх. Сим дани намъ не даяти, поидемъ
Ostr: въ сапозѣхъ; симъ дани намъ не платити. Поидевѣ

84,12:

Laur:	искатъ лапотников.	и створи миръ володимеръ
Radz:	иска|ти лапотникъ. и пондемъ искат	и сотвори миръ волоідимеръ
Acad:	искати лапотникъ.	и сотвори миръ володимиръ
Hypa:	иска|ть лапотникъ.	и сътвори миръ	володимиръ
Khle:	искати лапотникъ.	и сътвори в лодимеръ.	миръ
Comm:	искатъ лапотъникъ	и сътвори миръ володимиръ
NAca:	искать лапотникъ	и сътвори миръ володимиръ
Tols:	искать лапотникъ	и сътвори миръ володимеръ
Bych:	искатъ лапотниковъ". И створи миръ Володимеръ
Shakh:	искатъ лапътьникъ". И сътвори миръ Володимеръ
Likh:	искатъ лапотниковъ". И створи миръ Володимеръ
Ostr:	искатъ лапътьникъ". И сътвори миръ Володимиръ

84,13:

Laur:	съ болгары. и ротѣ захо|диша	межю с<о>бѣ.
Radz:	со болгары. и ротѣ заходиша болгаре.	межи со|бою.
Acad:	со болгары. и ротѣ	заходиша болгаре.	межи собою.
Hypa:	с болгары. и	ротѣ заходиша	межи со|бою.
Khle:	съ болгары. и ротѣ захо͞диша	межю собою.
Comm:	с болгары и ротѣ заходиша	межи собою
NAca:	с болгары и ротѣ заходиша	межи собою
Tols:	с болгары и ротѣ заходиша	межи собою
Bych:	съ Болгары, и ротѣ заходиша межю собѣ,
Shakh:	съ Българы, и ротѣ заходиша межю собою;
Likh:	съ болгары, и ротѣ заходиша межю собѣ,
Ostr:	съ Българы, и ротѣ заходиша межю собою.

84,14:

Laur:	и рѣша болгаре. толи не буде͞ть ме|жю нами
Radz:	и рѣша болгаре. толи не бо͞у͞ть межи нами
Acad:	и рѣша болга|ре. толи не бу͞детъ межи нами
Hypa:	и рѣша болгаре. толи	не буди мира межи
Khle:	и	рѣша болгаре. толи не б͞ж мира межю
Comm:	и рѣша болгаре толи не будет мира межу
NAca:	и рѣша болгаре толико ли не буде мира межу
Tols:	и рѣша болгаре толико ли не буде мира межу
Bych:	и рѣша Болгаре: "толи не будеть межю нами
Shakh:	и рѣша Българе: "толи не будеть межю нами
Likh:	и рѣша болгаре: "Толи не будеть межю нами
Ostr:	И рѣша Българе: "Толи не будеть мира межю

Повѣсть времепьныхъ лѣтъ

615

84,15:

Laur: мнра. елнко   камень начнеть плаватн | а хмель
Radz: мнра. шлн же камень начнеть плаватн. а хмель
Acad: мнра. шлн же ка|мень начнеть плаватн. а хмель
Hypa: намн. | шлн же камень начнеть пл͞ватн. а хмель
Khle: намн. шл͞н | кам͞е начн͞е плаватн, а хм͞е

Comm: нами елико же камень начнеть плавати а хмель
NAca: нами ели же камень начнеть плавати а хмель
Tols: нами ели же камень начнеть плавати а хмель

Bych: мира, оли камень начнеть плавати, а хмель
Shakh: мира, елиже камень начнеть плавати, а хъмель
Likh: мира, оли камень начнеть плавати, а хмель
Ostr: нами, оли же камень начьнеть плавати, а хъмель

84,16:

Laur: почн͞е тонути. и прнде володнмерь   кневу:· |
Radz: грязн̾ути и прн|нде к кневоу володнмерь:- |
Acad: грязн̾ути. | и прӥнде к кӥевȣ володнмрь:·
Hypa: грязнути. и | прнде владнмнрь. къ кн͞е:· |
Khle: грязноути. и прӥн|де вл͞а͞дмерь къ кневоу:·

Comm: грязнути и прииде володимиръ   кыеву
NAca: грязнути и прииде володимиръ   кыеву
Tols: грязнути и прииде володимиръ   кыеву

Bych: почнеть тонути". И приде Володимеръ Кыеву.
Shakh: грязнути". И приде Володимеръ Кыеву.
Likh: почнеть тонути". И приде Володимеръ Кыеву.
Ostr: грязнути". И приде Володимиръ Кыеву.

84,17:

Laur: В лѣ͞т. ҂ѕ.у.ч͞д. Прндоша болгары вѣры
Radz: В лѣ͞т. ҂ѕ.у.ч͞д. Прнндоша болгаре вѣры
Acad: В лѣ͞т. ҂ѕ.у.ч͞д. | Прӥндоша болгаре вѣры
Hypa: В лѣто. ҂ѕ.у.ч͞д. Прнн|доша болгаре вѣры.
Khle: В лѣ͞т ҂ѕ.у.ч͞д. прӥндо|ша болгаре, вѣры

Comm: в лѣто 6494 приидоша болгаре вѣры
NAca: в лѣто 6494 приидоша болгаре вѣры
Tols: в лѣто 6494 приидоша болгаре вѣры

Bych: В лѣто 6494. Придоша Болъгары вѣры
Shakh: Въ лѣто 6494. Придоша Българе вѣры
Likh: В лѣто 6494. Придоша болъгары вѣры
Ostr: Въ лѣто 6494. Придоша Българе вѣры

84,18:

Laur: бохѫмнѣ. | г҃лще ꙗко ты кнѧзь еси мѹдръ и
Radz: бохмичи. г҃лще | ꙗко ты еси кн҃зь моудрыи. и
Acad: бохмичи. глаголюще | ꙗко ты еси кн҃зь мꙋдрыи. и
Hypa: бохъ|мичи г҃лще. ꙗко ты кнѧзь | еси м҃дръ и
Khle: бохмичи. г҃лще, ꙗко ты кна҃з, | еси мѫдрь и

Comm: Бохмицѣ глаголюще яко ты князь еси мудръ и
NAca: Бохмицѣ глаголюще яко ты князь еси мудръ
Tols: Бохмицѣ глаголюще яко ты князь еси мудръ

Bych: Бохъмичѣ, глаголюще: "яко ты князь еси мудръ и
Shakh: Бохъмичѣ, глаголюще, яко "ты кънязь еси мудръ и
Likh: бохъмичѣ, глаголюще, яко "Ты князь еси мудръ и
Ostr: Бохъмичи, глаголюще, "Яко ты кънязь еси мудръ и

84,19:

Laur: смысленъ. не вѣси | закона. но вѣруи в законъ
Radz: смысленъ не вѣси закона. | да вѣроуи в законъ
Acad: смысленъ не вѣсі | закона. да вѣрꙋи в законь
Hypa: смысленъ. и | не вѣси закона. да вѣруи | въ законъ
Khle: смысле҃. и не вѣси закона. да вѣрꙋи | въ закѡ҃

Comm: смысленъ и не вѣси закона да вѣруи в нашь
NAca: смысленъ и не вѣси закона да вѣруи в нашь
Tols: смысленъ и не вѣси закона да вѣруи в нашь

Bych: смысленъ, не вѣси закона; но вѣруй в законъ
Shakh: съмысльнъ, нъ не вѣси закона; да вѣруи въ законъ
Likh: смысленъ, не вѣси закона; но вѣруй в законъ
Ostr: съмысльнъ, не вѣси закона. Да вѣруи въ законъ

84,20:

Laur: нашь. и поклонисѧ бохъ|миту. и ре҃ѵ володимеръ
Radz: нашь. и поклонисѧ бо҃|имиру. и ре҃ѵ володимиръ
Acad: нашь. и поклонисѧ | бохмитꙋ. и рече володимиръ.
Hypa: на҃ш. и поклони|сѧ бохъмиту. ре҃ѵ володимръ
Khle: нашь. и поклонисѧ бохъмитоу. ре҃ѵ въ҃лѡ҃аі҃меръ,

Comm: законъ и поклонися бохмиту и рече же володимиръ
NAca: законъ и поклонися бохмиту и рече же володимиръ
Tols: законъ и поклонися бохмиту и рече же володимиръ

Bych: нашь и поклонися Бохъмиту". И рече Володимеръ:
Shakh: нашь, и поклонися Бохъмиту". И рече Володимеръ:
Likh: нашь и поклонися Бохъмиту". И рече Володимеръ:
Ostr: нашь, и поклони ся Бохъмиту". И рече Володимиръ:

Повѣсть времєньныхъ лѣтъ

84,21:
Laur: како єсть вѣра ваша. ѡни | же рѣша вѣруємъ
Radz: како е͡с вѣра ваша. ѡни͡ж рѣша вѣроуємъ
Acad: како єсть вѣра || ваша ѡни же рѣша вѣрүємь   [42ʳ]
Hypa: кака єсть вѣра ваша. | ѡни же рѣша вѣруємъ
Khle: какова е͡с вѣра ваша. ѡни же рекоша. вѣ|роуе͡м

Comm: кака есть вѣра ваша они же ркоша вѣруемъ
NAca: ка есть вѣра ваша они же рѣша вѣру
Tols: кая есть вѣра ваша они же рѣша вѣруемъ

Bych: "како есть вѣра ваша?" Они же рѣша: "вѣруемъ
Shakh: "кака есть вѣра ваша?" Они же рѣша: "вѣруемъ
Likh: "Како есть вѣра ваша?". Они же рѣша: "Вѣруемъ
Ostr: "Кака есть вѣра ваша?" Они же рѣша: "Вѣруемъ

84,22:
Laur: б͞у. а бохмитъ ны оучть гл͞а. ѡ|брѣзати оуды
Radz: б͞ү. | а бохмитъ ны оучть гл͞а. ѡбрѣзати оуды
Acad: бг͞ү. а бохмит ны | оучть гл͞а. ѡбрѣзати оуды
Hypa: б͞у. | а бохъмитъ ны оучть | гл͞а. ѡбрѣзати оуды
Khle: б͞гоу. а бохми͞т н͞а оу͞чн͡т гл͞а. ѡбрѣзати оу|ды

Comm: богу а бохмит ны учить глаголя обрѣзати уды
NAca: богу а бохмит ны учить глаголя обрѣ уды
Tols: богу а бохмит ны учить глаголя обрѣзати уды

Bych: Богу, а Бохмитъ ны учить, глаголя: обрѣзати уды
Shakh: Богу, а Бохъмитъ ны учить, глаголя: обрѣзати уды
Likh: богу, а Бохмитъ ны учить, глаголя: обрѣзати уды
Ostr: Богу, а Бохъмитъ ны учить, глаголя: обрѣзати уды

84,23:
Laur: таиныѧ и свинины нє ꙗсти. вина | нє пити.
Radz: таиныѧ. а свинины нє ѣсти. а вина нє пити.
Acad: таиныꙗ. а свини|ны нє ѣсти. а вина нє пити
Hypa: таи|ныꙗ. а свинины нє ѣсти. | а вина нє пити.
Khle: таиныа. а свинины нє ꙗсти, и вина нє пити. |

Comm: срамъныя и свиныне не ясти и вина не пити
NAca: мныя и свининъ не ясти и вина не пити
Tols: срамъныя и свининъ не ясти и вина не пити

Bych: тайныя, и свинины не ясти, вина не пити,
Shakh: таиныя, и свинины не ясти и вина не пити,
Likh: тайныя, и свинины не ясти, вина не пити,
Ostr: таиныя, а свинины не ясти, а вина не пити,

84,24:

Laur: omitted
Radz: а по смр̃ти же р̃е со. жена|ми похоть творити
Acad: а по смр̃ти же рече. | со женами похоть творити
Hypa: и по смр̃ти | съ женами похоти|ти
Khle: и по смр̃ти   съ женами блоудноую похо̃т

Comm: и по смерти же рече съ женами похоть творити
NAca: и по смерти же рече   женами творити похоть
Tols: и по смерти же рече съ женами творити похоть

Bych: а по смерти же, рече, со женами похоть творити
Shakh: по съмьрти же, рече, съ женами похоть творити
Likh: а по смерти же, рече, со женами похоть творити
Ostr: и по съмьрти же, рече съ женами похоть творити

84,25:

Laur: . дасть   бохмитъ комуждо по семидесатъ
Radz: блоун̃у̃ю   дасть <б>о.   по .о҃.
Acad: блу̃дн̃у̃ю.   дасть | бо   по .о҃.
Hypa: блудную.   дасть бохы|мить комуждо по семиде|сатъ
Khle: творити. | и дасть бо бохми къмого̃ж по седмидеса̃т̃

Comm: блудную дасть бо бохмит комуждо по 70
NAca: блудную дасть бо бохмить комуждо по 70
Tols: блудную дасть бо бохмит комуждо по седмидесят

Bych: блудную; дасть Бохмитъ комуждо по семидесятъ
Shakh: блудьную; дасть Бохъмитъ комужьдо по семидесятъ
Likh: блудную. Дасть Бохмитъ комуждо по семидесят
Ostr: блудьную. Дасть Бохъмитъ комужьдо по семидесятъ

84,26:

Laur: же̃н || красныхъ.   исбереть едину красну.   [27ᵛ]
Radz: женъ кра|сны̃ комоужо̃. и изберетъ един̃у красн̃у.
Acad: женъ красныхъ. комужо̃. и изберетъ един|ну красну.
Hypa: женъ красенъ.   и из|береть едину красну.
Khle: жень || красны̃х.   и избере̃т едноу красноу.   [36ᵛ]

Comm: женъ красных и исъберет едину красну
NAca: женъ красных и избереть едину красну
Tols: женъ красных и изберетъ едину красну

Bych: женъ красныхъ, исбереть едину красну,
Shakh: женъ красьнъ, и избереть едину красьну,
Likh: женъ красныхъ, исбереть едину красну,
Ostr: женъ красьнъ. И избереть едину красьну,

Повѣсть времєньныхъ лѣтъ

84,27:

```
Laur:  и всѣ҃х красоту | възложнть на едину. та будеть
Radz:  и всѣ҃х красотȣ | възложнть на единȣ. и та бȣдеть
Acad:  и всѣхъ красотȣ возложнть на един|нȣ. и та бȣдеть
Hypa:  и | всѣхъ красоту възложн҃т | на едину. и та будеть
Khle:  и всѣ҃х красотȣ | възложн҃т на единоу. и та бя҃де҃т
```

Comm: и всѣх красоту возложить на едину та будет
NAca: и всѣх красоту възложить на едину та будеть
Tols: и всѣх красоту взложитъ на едину та будет

Bych: и всѣхъ красоту възложить на едину, та будеть
Shakh: и вьсѣхъ красоту възложить на едину, и та будеть
Likh: и всѣх красоту възложить на едину, та будеть
Ostr: и вьсѣхъ красоту възложить на едину, и та будеть

84,28:

```
Laur:  емȣ жена. иде же | р҃е достонть блуд творнтн
Radz:  емȣ жена. здѣ же | р҃е достонть блȣдъ творнтн.
Acad:  емȣ жена. здѣ же рече достонть | бл҃ȣ творнтн.
Hypa:  ем҃у | жена. здѣ же р҃е достонть | блуд творнтн
Khle:  емоу жена. здѣ҃ж р҃е | достон҃т творнтн бло҃у
```

Comm: ему жена здѣ же рече достоить блуд творити
NAca: ему жена здѣ же рече достоить блуд творити
Tols: ему жена здѣ же рече достоитъ блуд творити

Bych: ему жена; здѣ же, рече, достоить блудъ творити
Shakh: ему жена; сьдѣ же, рече, достоить блудъ творити
Likh: ему жена. Здѣ же, рече, достоить блудъ творити
Ostr: ему жена. Сьдѣ же, рече, достоить блудъ творити

84,29:

```
Laur:  всакъ на семь       свѣтѣ. | аще буде кто оубогъ.
Radz:  всакъ на се҃м        свѣте. аще бȣ҃д҃т кто оубогъ
Acad:  вса҃к на семь        свѣте. аще      кто оубо|гъ
Hypa:  всакын. || на се҃м же свѣтѣ аще буде҃т | кто оубогъ.       [33c]
Khle:  всакъ. на се҃м же свѣтѣ           кто | оубогъ,
```

Comm: всякъ на семъ свѣтѣ аще   кто будеть богатъ здѣ
NAca: всякои на семь мѣстѣ аще и кто будеть богатъ здѣ
Tols: всякои на семъ мѣстѣ аще и кто будеть богатъ здѣ

Bych: всякъ, на семь свѣтѣ аще будеть кто убогъ,
Shakh: вьсякъ; на семь же свѣтѣ аще будеть къто убогъ,
Likh: всякъ. На семь свѣтѣ аще будеть кто убог,
Ostr: вьсякъ; на семь свѣтѣ аще будеть къто убогъ,

85,1:

Laur: то и томо. и ина многа лесть | еяже не
Radz: на се́м свѣте. то оубогъ и тамо. и ина мно|га лесть яже не
Acad: на семь свѣте. то оубогъ и тамо. и ина мно|га лесть яже не
Hypa: то и тамо. аще | ли бать есть здѣ то и тамо. | и ина многа лѣсть еяже не |
Khle: то и тамо. аще ли бога͆ здє, то и тамо | и ина мн͡ѡга лесть н̑. еяже нє̑зн

Comm: тъ и тамо   аще ли есть убогъ здѣ то   и тамо   и ина
      многа лесть еже нѣ
NAca: и тамо богатъ будеть аще ли есть убогъ здѣ тъ же и тамо есть убогъ и инаа
      многаа лесть еже бо не
Tols: и тамо богатъ будетъ аще ли есть убогъ здѣ тъ же и тамо есть убогъ и инаа
      многаа лесть еже бо не

Bych: то и тамъ", и ина многа лесть, еяже нѣ   [83,5]
Shakh: то и тамо; аще ли богатъ есть сьде, то и тамо"; и ина мънога льсть, еяже нѣ [103,13]
Likh: то и тамъ", и ина многа лесть, ея же нѣ   [60,3]
Ostr: то и тамо; аще ли богатъ сьде, то и тамо". И ина мънога льсть, еяже нѣ

85,2:

Laur: лзѣ псати. срама ра͆. володимеръ же | слоушаше
Radz: лзѣ писати срама ра͆. володимеръ же сл ͡оушаше.   [48ᵛ]
Acad: лзѣ писати. срама ради. володимиръ же сл ͡оуша
Hypa: лзѣ писати срама ра͆. володимиръ же сл<у>ше
Khle: писати сра|ма ра͆. въл͆оди͆меръ же слоушаше

Comm: лзѣ писати срама ради володимиръ же послушаше
NAca: лзѣ писати срама ради володимиръ же послушаше
Tols: лзѣ писати срама ради володимиръ же послушаше

Bych: лзѣ псати срама ради. Володимеръ же слушаше
Shakh: лзѣ пьсати срама ради. Володимеръ же слушаше
Likh: лзѣ псати срама ради. Володимеръ же слушаше
Ostr: лзѣ пьсати срама ради. Володимиръ же слушаше

85,3:

Laur: ихъ. бѣ бо самъ люба жены. и блуженье многое.
Radz: и бѣ бо самъ люба жены. и бл ͡ужение многое.
Acad: ихъ бѣ бо самъ люба жены. и бл ͡у|жение многое.
Hypa: ихъ. | бѣ бо самъ любаше жены и бл ͡ужение многое.
Khle: и͆. бѣ бо са ͡м любаше жены. и блоужение многое.

Comm: их бѣ бо самъ любя жены и блужение много
NAca: их бѣ бо самъ любяше жены и блужение много и абие
Tols: их бѣ бо самъ любя жены и блужение много и абие

Bych: ихъ, бѣ бо самъ любя жены и блуженье многое,
Shakh: ихъ; бѣ бо самъ любя жены и блужение мъногое;
Likh: ихъ, бѣ бо самъ любя жены и блуженье многое,
Ostr: ихъ; бѣ бо самъ любя жены и блужение мъногое;

85,4:

Laur: послушаше сладко. но се ему бѣ нелюбо
Radz: и послоушаше сла́ко. но се емоу нелюбо
Acad: и послѹшеше и сладко. но се емѹ нелюбо
Hypa: и послуша|ше сладъко. но се бѣ ему | нелюбо
Khle: и послоушаше сла́ко. но се бѣ емоу нелюбо

Comm: послушаше и сладко нь се ему бѣ нелюбо о
NAca: послушаше их сладко нъ се ему бѣ нелюбо от
Tols: послушаше их сладко нъ се ему бѣ нелюбо от

Bych: послушаше сладко; но се ему бѣ нелюбо,
Shakh: послушаше сладъко; нъ се ему бѣ нелюбо о
Likh: послушаше сладко. Но се ему бѣ нелюбо,
Ostr: и послушаше сладъко. Нъ се бѣ ему нелюбо

85,5:

Laur: обрѣзанье оудовъ. и ѿ неӕденьи масъ свиныхъ. |
Radz: ѡбрѣзание оудовъ. | и не ѡ ꙗдении маса свины́х.
Acad: ѡбрѣзание оудовь. и не ѿ ꙗденїи масъ свины́х
Hypa: ѡбрѣзание оудовъ. | и ѿ ꙗденьи свиныхъ масъ. |
Khle: ѡбрѣзанїе оудовъ. и о неꙗденїи свины́ мас.

Comm: обрѣзании удовъ и о неядении мясъ свиных
NAca: обрѣзаниа удовъ и от неядениа мясъ свиных
Tols: обрѣзания удовъ и от неядения мясъ свиных

Bych: обрѣзанье удовъ и о неяденьи мясъ свиныхъ,
Shakh: обрѣзании удовъ и о неядении мясъ свиныхъ,
Likh: обрѣзанье удовъ и о неяденьи мясъ свиныхъ,
Ostr: обрѣзание удовъ и о неяденьи свиныхъ мясъ,

85,6:

Laur: а ѿ питьи ѿинудь. рѣка руси есть веселье
Radz: а ѿ питьи ѿноудь. река роуси | есть веселие
Acad: а ѿ питьи ѿноудь. река рѹ есть веселье
Hypa: а ѿ питьи ѿинудь рекъ. | руси веселье
Khle: а ѿ питїи ѿнноу́ рекь. | роуси веселїе

Comm: а о питьи   отинудь рекъ руси   понеже бо есть питье намъ
NAca: и о питьи вина сице бо отинудь рекъ руси тако понеже бо питье веселье есть
Tols: и о питьи вина сице бо отинудь рекъ руси тако понеже бо питье веселье есть

Bych: а о питьи отнудь, рька: "Руси есть веселье
Shakh: а о питии отинудь... рекъ: "Руси есть веселие
Likh: а о питьи отнудь, рька: "Руси есть веселье
Ostr: а о питии отинудь. Рекъ: "Руси веселье

85,7:

Laur: питье. | не можемъ бес того быти. потомъ
Radz: питье не можемъ бес того быти:- | Посе͡м
Acad: питье не можеть бес того быти:· Посем
Hypa: питье. не мо̊жемъ безъ того быти·:· Посемъ
Khle: питіе. не може͡м без того быти·:· | Посе͡м

Comm: веселие нь не можемъ без сего быти посемъ
NAca: руси и без него не можемь быти и по сих
Tols: руси и без него не можемь быти и по сих

Bych: питье, не можемъ бес того быти". Потомъ
Shakh: питие, не можемъ бес того быти". Посемь
Likh: питье, не можемъ бес того быти". Потом
Ostr: питие, не можемъ безъ того быти". Посемь

85,8:

Laur: же придоша не|мьци.　　　г͡люще　придохомъ посланни
Radz: же приндоша ѿ рима немци. г͡аше　придохо͡м послани
Acad: же прїни|доша ѿ рима немци. г͡аше　прїидохомъ послани
Hypa: же придоша немци. | ѿ рима г͡люще. ꙗко при|до͡хомъ послани
Khle: же прїидоша немци ѿ рима г͡аше. ꙗко прїи|до͡хом послани

Comm: же приидоша нѣмци из рима глаголюще　　яко придохомъ　　　послании
NAca: паки приидоша нѣмци из рима глаголюще сице яко придохомъ к тебѣ послании
Tols: паки приидоша нѣмци из рима глаголюще сице яко придохомъ к тебѣ послании

Bych: же придоша Нѣмьци, глаголюще: "придохомъ послании
Shakh: же придоша Нѣмьци отъ Рима, глаголюще, яко "придохомъ посълани
Likh: же придоша нѣмьци от Рима, глаголюще: "Придохомъ послани
Ostr: же придоша Нѣмьци отъ Рима, глаголюще, "Придохомъ посълани

85,9:

Laur: ѿ папежа. и рѣ|ша ему. реклъ ти тако папежь
Radz: ѿ папежа. и рѣша емȣ. реклъ ти тако папежь.
Acad: ѿ папежа. и рѣша емȣ. рекль ти тако папежь.
Hypa: ѿ папежа. и | ркоша ему. реклъ ти　　папежь.
Khle: ѿ папежа. и рекоша емоу, рекль | ти　　папе͡ж.

Comm: от папежа　　　　　реклъ ти тако
NAca: от папежа и глаголеть　　ти тако
Tols: от папежа　глаголютъ　　ти тако

Bych: отъ папежа"; и рѣша ему: "реклъ ти тако папежь:
Shakh: отъ папежа"; и рѣша ему: "реклъ ти тако папежь:
Likh: от папежа"; и рѣша ему: "Реклъ ти тако папежь:
Ostr: отъ папежа". И рѣша ему: "Реклъ ти тако папежь:

85,10:

Laur: землѧ твоѩ. ꙗко и | землѧ наша. а вѣра
Radz: зе|млѧ твоѩ ꙗко и наша землѧ. а вѣра
Acad: землѧ твоа ꙗко и наша землѧ. а вѣра
Hypa: землѧ твоѩ ꙗко землѧ | наш҃. а вѣра
Khle: землѧ твоа акн землѧ наша. а вѣра |

Comm: земля твоя яко земля наша а вѣра
NAca: земля твоя яко земля наша и вѣра
Tols: земля твоя яко земля наша и вѣра

Bych: земля твоя яко и земля наша, а вѣра
Shakh: земля твоя акы земля наша, а вѣра
Likh: земля твоя яко и земля наша, а вѣра
Ostr: земля твоя яко земля наша, а вѣра

85,11:

Laur: ваша не ꙗко вѣра наша. вѣра | бо наша свѣтъ.
Radz: ваша не акн вѣра | наша. вѣра бо наша свѣтъ
Acad: ваша. | не акн вѣра наша. вѣра бо наша свѣт҃
Hypa: ваша не акы вѣ|ра наша. вѣро бо наша свѣ|тъ
Khle: ваша не акн вѣра наша. вѣра бо наша свѣ҃т

Comm: ваша не яко вѣра наша вѣра бо наша свѣт
NAca: ваша не яко вѣра наша вѣра бо наша свѣт
Tols: ваша не яко вѣра наша вѣра бо наша свѣт

Bych: ваша не яко вѣра наша; вѣра бо наша свѣтъ
Shakh: ваша не акы вѣра наша; вѣра бо наша свѣтъ
Likh: ваша не яко вѣра наша; вѣра бо наша свѣтъ
Ostr: ваша не акы вѣра наша. Вѣра бо наша свѣтъ

85,12:

Laur: есть кланѧемсѧ и б҃у еже створи<лъ> | нбо и
Radz: е҃с. кланѧемсѧ бо бг҃у. иже | сотвори нб҃о и
Acad: есть. кла|нѧемсѧ бо бг҃у. иже сотвори нб҃ѡ и
Hypa: есть. кланѧемъсѧ | б҃у иже створи нб҃о и
Khle: е҃с. кла|нѧемсѧ бо҃у иже сътвори нб҃о и

Comm: есть кланяемся богу иже створи небо и
NAca: есть и кланяемся богу иже сътвори небо и
Tols: есть и кланяемся богу иже створи небо и

Bych: есть, кланяемся Богу, иже створилъ небо и
Shakh: есть: кланяемъся бо Богу, иже сътвори небо и
Likh: есть, кланяемся богу, иже створилъ небо и
Ostr: есть. Кланяемъ ся Богу, иже сътвори небо и

85,13:

Laur: земАю. ꙁвѣꙁды мⷭць и всако дхⷩ҇ье. а бꙁи
Radz: ꙁемлю. и ꙁвѣꙁды и мⷭць и всако дыханиѥ. а бꙁи
Acad: ꙁемлю и ꙁвѣꙁды. и мⷭць. и всако дыхание. а боꙁи
Hypa: ꙁемлю. і и ꙁвѣꙁды и мⷭць. и всако і дыхание. а бꙁи
Khle: ꙁемлю. и ѕвѣꙁды і и мⷭць и всако дыханїе. а боѕи

Comm: землю и звѣзды и мѣсяць и всяко дыхание а бози
NAca: землю и звѣзды и мѣсяць и всяко дыхание а ваши
Tols: землю и звѣзды и мѣсяць и всяко дыхание а ваши

Bych: землю, звѣзды, мѣсяць и всяко дыханье, а бози
Shakh: землю и звѣзды и мѣсяць и вьсяко дыхание, а бози
Likh: землю, звѣзды, мѣсяць и всяко дыханье, а бози
Ostr: землю и звѣзды и мѣсяць и вьсяко дыханье, а бози

85,14:

Laur: ваши і древо суть. володимерꙿ. же реⷱ҇ кака
Radz: ваши древо сꙋⷮ. володимир же реⷱ҇ како
Acad: ваши древо і сꙋть. володимрꙿ же рече како
Hypa: ваши дре|во суть. володимирꙿ же і реⷱ҇ кака еⷭ
Khle: ваши древо сꙋⷮ. і вълодимер же реⷱ҇. какшва еⷭ

Comm: ваши древянѣ суть володимиръ же рече кака
NAca: бозѣ древяни суть володимир же рече какова есть
Tols: бозѣ древянѣ суть володимир же рече какова есть

Bych: ваши древо суть". Володимеръ же рече: "кака
Shakh: ваши древо суть". Володимеръ же рече: "кака есть
Likh: ваши древо суть". Володимеръ же рече: "Кака
Ostr: ваши древо суть". Володимиръ же рече: "Кака

85,15:

Laur: ꙁаповѣдь ваша. і ѡни же рѣша пощенье по
Radz: ꙁа|повѣдь ваша. ѡни же рѣша пощение. по
Acad: ꙁаповѣдь ваша. ѡни же рѣша пꙋщенїе по
Hypa: ꙁаповѣдь ваша. і ѡни же рѣша. пощение по і
Khle: ꙁаповѣ̆ ваша. ѡниⷤ і рѣша. пощенїе по

Comm: заповѣдь ваша они же рѣша пощение по
NAca: заповѣдь ваша они же   пощение по
Tols: заповѣдь ваша они же   пощение по

Bych: заповѣдь ваша?" Они же рѣша: "пощенье по
Shakh: заповѣдь ваша?" Они же рѣша: "пощение по
Likh: заповѣдь ваша?". Они же рѣша: "Пощенье по
Ostr: заповѣдь ваша?" Они же рѣша: "Пощение по

Повѣсть времєньныхъ лѣтъ

85,16:

```
Laur:  силѣ. аще     кто пьеть или | ѧсть. то все въ
Radz:  силе. ащеᶜ кто еˆ | или пьеᵀ     все въ
Acad:  силе. аще ли кто есть | или пьеть    все в
Hypa:  силѣ. аще     кто пьеть или | ѣсть    все въ
Khle:  силѣ. аще     кто пїеть или ѩасᵀ | все въ
```

Comm: силѣ аще кто пиеть и ясть   все въ
NAca: силѣ аще кто пиеть и ясть   все въ
Tols: силѣ аще кто пиетъ и ясть   все въ

Bych: силѣ; "аще кто пьеть или ясть, то все въ
Shakh: силѣ; Аще кто пиеть или ясть, то вьсе въ
Likh: силѣ; "Аще кто пьеть или ясть, то все въ
Ostr: силѣ. Аще къто пиеть или ясть, вьсе въ

85,17:

```
Laur:  славу б҃жью. рѣ҃ оучитель нашь павѐ. | рѣ҃ же
Radz:  славȣ б҃жью. рѣ҃ оучитѐ нашь павѐ рѣ҃
Acad:  славȣ б҃жью. рече оучнтель нашь || павель. рече же          [42ᵛ]
Hypa:  славу б҃ню. рѣ҃ | оучнтель нашь павелъ. рѣ҃ | же
Khle:  славоу б҃жїю. рѣ҃ оучитѐ нашь павель. речѐ |
```

Comm: славу божию творит   рече учитель нашь павелъ рече же
NAca: службу божию творить иже бо речеть учитель нашь павелъ володимерь же
Tols: службу божию творит иже бо речеть учитель нашь павелъ

Bych: славу Божью, рече учитель нашь Павелъ". Рече же
Shakh: славу Божию, рече учитель нашь Павьлъ". Рече же
Likh: славу божью", рече учитель нашь Павел". Рече же
Ostr: славу Божию, рече учитель нашь Павьлъ". Рече же

85,18:

```
Laur:  володимєръ нѣмцємъ. идєтє ѡпать. ѩко ѡц҃и |
Radz:  волоıдимєръ нѣмцєᵐ идитє за сѧ ѩко ѡц҃н
Acad:  володимнръ нѣмцємъ. идитє | за сѧ ѩко ѿц҃и
Hypa:  володимнръ нѣм<є҃ц>мъ. | идєтє опать. ѩко ѡц҃н
Khle:  вѧлᴅ҃имєрь нѣмцѐᵐ. идѣтє ѡпᵀа ѩко ѡц҃н
```

Comm: володимеръ нѣмцомъ идѣте вы к собѣ а отци
NAca: рече нѣмцемь отъидѣте от мене и от предѣлъ земли нашеи яко отци
Tols: отъидѣте от мене и от предѣлъ земли нашеи яко отци

Bych: Володимеръ Нѣмцемъ: "идете опять, яко отци
Shakh: Володимеръ Нѣмьцемъ: "идете опять, яко отьци
Likh: Володимеръ нѣмцемъ: "Идѣте опять, яко отци
Ostr: Володимиръ Нѣмьцемъ: "Идѣте опять, яко отьци

625

85,19:

Laur: наши сего не прияли суть. се слышавше жидов^е |
Radz: на^ш се^г не прияли с८ть:- ‖ Слышавше жидове   [49^г]
Acad: наши сего не прияли с८ть:· Слышавше жидове
Hypa: на^ш ‖ сего не прияли суть. се слышавше жидове   [33d]
Khle: наши | сего не прïяли с҄ж:· Се слышавше жидове

Comm: наши сего не суть сего творилѣ сиа же глаголы слышавши жидове
NAca: наши сего не суть сего приали они же отъидоша се же слышавше жидове
Tols: наши сего не суть сего прияли от нихъ же отъидоша се же слышавше жидове

Bych: наши сего не прияли суть". Се слышавше Жидове
Shakh: наши сего не прияли суть". Се слышавъше Жидове
Likh: наши сего не прияли суть". Се слышавше жидове
Ostr: наши сего не прияли суть". Се слышавъше Жидове

85,20:

Laur: козарьстии. придоша рекуще слышахомъ
Radz: козарьстии. приидоша рек८щи. слы‖ша^хмъ
Acad: козарьстïи. прïидоша рек८ще. | слышахомъ
Hypa: козарьстии| приидоша ркуще. слышахомъ
Khle: козаръ|стïи прïидоша рекоуще. слышахо^м

Comm: козарьстѣи приидоша к володимиру ркуще ему яко слышахомъ мы понеже
NAca: козарьстии приидоша   рекуще слышахомъ мы
Tols: козарьстии приидоша   рекуще слышахомъ мы

Bych: Козарьстии придоша, рекуще: "слышахомъ,
Shakh: Козарьстии, придоша, рекуще: "слышахомъ,
Likh: козарьстии придоша, рекуще: "Слышахомъ,
Ostr: Козарьстии, придоша, рекуще: "Слышахомъ,

85,21:

Laur: як^о | прихо́диша болгаре. и х^сеяне оучаще тя.
Radz: яко приходиша болгаре кр^стияне. оучаше тя
Acad: яко приходиша болгаре.   хр^стьяне. | оучаще тя
Hypa: яко при^хд<н>ша болъгаре и хр^стьяни. оучаще тя |
Khle: яко прïидоша | болгаре и хр^стïане оучаще тя

Comm: бо приидоша к тобѣ болгаре   крестиянѣ учаще тя
NAca: яко приходиша   болгаре и христьяне учаще тя
Tols: яко приходиша   болгаре и христьяне учаще тя

Bych: яко приходиша Болгаре и хрестеяне, учаще тя
Shakh: яко приходиша Българе и хрьстияне, учаще тя
Likh: яко приходиша болгаре и хрестеяне, учаще тя
Ostr: яко придоша Българе и хрьстьяне, учаще тя

Повѣсть времеиьныхъ лѣтъ

85,22:

Laur:	кто же | въ своеи. х^ре̑^сѧне бо вѣруютъ егоже
Radz:	кто же | своеи вѣрѣ. хр^стьѧне бо вѣроую еже
Acad:	кто же своеи верѣ<·> хр^стїѧне бо вѣ|рȣютъ еже
Hypa:	кождо нхъ вѣрѣ своеи. | хр^стьни бо вѣруютъ егож^е |
Khle:	къж^Ао н^х вѣрѣ своеи. | хр^стïане бо вѣроую, егоже
Comm:	когождо своеи вѣрѣ крестиѧнѣ бо вѣруютъ егоже
NAca:	своеи вѣрѣ христьяне бо вѣруютъ егоже
Tols:	своеи вѣрѣ христьяне бо вѣруютъ егоже
Bych:	ктоже вѣрѣ своей; хрестеяне бо вѣруютъ, егоже
Shakh:	къжьдо вѣрѣ своеи; хрьстияне бо вѣруютъ, егоже
Likh:	кождо вѣрѣ своей. Хрестеяне бо вѣруютъ, его же
Ostr:	{кътоже / къжьдо} вѣрѣ своеи; хрьстьяне бо вѣруютъ, егоже

85,23:

Laur:	мы распѧхом̾. | а мы вѣруемъ еднному б͞у. аврамову
Radz:	мы распѧхомъ а | мы вѣроуемъ еднномȣ бг͞ȣ. аврамовȣ.
Acad:	мы распѧхомь. а мы вѣрȣемъ едïномȣ бг͞ȣ. аврамовȣ н
Hypa:	мы распѧхомъ. а мы вѣ|руемъ едну б͞у. аврамо|ву
Khle:	мы распѧхо^{м̄}, а мы | вѣроуе^{м̄} едномоу бо͞у, авраамовоу н
Comm:	мы распѧхомъ а мы вѣруемъ единому богу аврамову
NAca:	мы распяхомъ а мы вѣруемь единому богу аврамову и
Tols:	мы распяхомъ а мы вѣруемъ единому богу аврамову и
Bych:	мы распяхомъ, а мы вѣруемъ единому Богу Аврамову,
Shakh:	мы распяхомъ, а мы вѣруемъ единому Богу Аврамову,
Likh:	мы распяхомъ, а мы вѣруемъ единому богу Аврамову,
Ostr:	мы распяхомъ, а мы вѣруемъ единому Богу Аврамову,

85,24:

Laur:	нсакову | ѧковлю. н ре͞^ч володнмеръ
Radz:	нсаковȣ. н|ѧковлю. ре͞^ч володнмеръ
Acad:	нсаковȣ. нѧковлю. рече | володнмнрь
Hypa:	нсакову. нѧковлю. н | ре͞^ч володнмнръ.
Khle:	нсааковоу | н ѧковлю. н ре͞^ч в^Алѡ^нмерь,
Comm:	исаакову иаковлю и рече володимиръ
NAca:	исаакову и иаковлю и глагола сице володимер
Tols:	исаакову и иаковлю и глагола сице володимер
Bych:	Исакову, Яковлю". И рече Володимеръ:
Shakh:	Исакову, Ияковлю". И рече Володимеръ:
Likh:	Исакову, Яковлю". И рече Володимеръ:
Ostr:	Исакову и Яковлю". И рече Володимиръ:

85,25:

Laur: что єсть законъ вашь. І ѡни же рѣша ѡбрѣзатнса.
Radz: что є̃ законъ вашь. ѡни ж рѣша І ѡбрѣзатн҃
Acad: что єсть законь вашь. ѡни же рѣша ѡбрѣзатнса.
Hypa: что є̃ за|конъ вашь. ѡни же рѣша. І ѡбрѣзатнса н
Khle: что є̃ закѡ҃ вашь. ѡн<н ж> І рѣша, ѡбрѣзатнса, н

Comm: что есть законъ вашь они же рѣша обрѣзатися
NAca: что есть законъ вашь они же рѣша обрѣзатися
Tols: что есть законъ вашъ они же рѣша обрѣзатися

Bych: "что есть законъ вашь?" Они же рѣша: "обрѣзатися,
Shakh: "чьто есть законъ вашь?" Они же рѣша: "обрѣзатися,
Likh: "Что есть законъ вашь?". Они же рѣша: "Обрѣзатися,
Ostr: "Чьто есть законъ вашь?" Они же рѣша: "Обрѣзати ся,

85,26:

Laur: свннины не ıасти ни І заıачины. суботу
Radz: свннины не ѧсти. ни заѥчины. сꙋботꙋ
Acad: свнні҃ны не ıасти. ни заıачі҃ны. сꙋботꙋ
Hypa: свннины І не ıасти. ни заıачины. суботу
Khle: свннины не ѧсти, ни ‖ заѥчины. сѫботоу   [37ᵍ]

Comm: свинѣны не ясти ни заячины суботу
NAca: свинины не ясти ни заачины суботу
Tols: свинины не ясти ни злачины суботу

Bych: свинины не ясти, ни заячины, суботу
Shakh: свинины не ясти, ни заячины, суботу
Likh: свинины не ясти, ни заячины, суботу
Ostr: свинины не ясти, ни заячины, суботу

85,27:

Laur: хранитн. ѡн же р̆е то гдѣ єсть І землѧ ваша.
Radz: хра|нитн. ѡн же р̆е то гдѣ є̃ землѧ ваша.
Acad: хранитн. ѡнъ же рече то г̆ѣ єсть. землѧ ваша
Hypa: хранитн. ѡнъ же р̆е. І то кде єсть землѧ ваша.
Khle: хранитн. ѡ҃ же р̆е, то гдє є̃ І землѧ ваша.

Comm: хранити онъ же рече   гдѣ есть земля ваша
NAca: хранити владимиръ же рече   гдѣ есть земля ваша
Tols: хранити владимиръ же рече   гдѣ есть земля ваша

Bych: хранити". Онъ же рече: "то гдѣ есть земля ваша?"
Shakh: хранити". Онъ же рече: "то къдѣ есть земля ваша?"
Likh: хранити". Онъ же рече: "То гдѣ есть земля ваша?".
Ostr: хранити". Онъ же рече: "То къдѣ есть земля ваша?"

85,28:

Laur:	ѡни же рѣша въ ерⷭлмѣ. ѡнъ же реⷱ то
Radz:	ѡниⷤ рѣша въ нюⷭрлмѣ. ѡн же реⷱ то
Acad:	ѡнъ же рѣша въ нерлⷭмѣ. ѡнъ же	рече
Hypa:	ѡⷩни же рѣша въ нерлⷭмѣ. ѡⷩнъ же реⷱ то
Khle:	они же рѣша, въ іерлⷭмѣ. ѡн же реⷱ,	то
Comm:	они же рѣша въ иерусалимѣ он же рече то
NAca:	они же рѣша въ иерусалимѣ он же рече то
Tols:	они же рѣша въ иерусалимѣ он же рече то
Bych:	Они же рѣша: "въ Ерусалимѣ". Онъ же рече: "то
Shakh:	Они же рѣша: "въ Иерусалимѣ". Онъ же рече: "то
Likh:	Они же рѣша: "Въ Ерусалимѣ". Онъ же рече: "То
Ostr:	Они же рѣша: "Въ Иерусалимѣ". Онъ же рече: "То

85,29:

Laur:	тама ли есть. ѡни же рѣша разгнѣваса б҃ъ
Radz:	тамо ли еⷭ. ѡни же рѣша разгеваⷭ	б҃ъ
Acad:	тамо ли есть. ѡни же рѣша разгнѣваса	б҃гъ
Hypa:	тамо ли есть. ѡⷩни же рѣша разгнѣвалⸯ|са б҃ъ
Khle:	тамо ли есте. ѡниⷤ рѣша. разгнѣвас᷃а б҃ъ
Comm:	тамо ли есть они же рѣша разгнѣвался богъ
NAca:	тамо ли есть они же глаголаше разгнѣвался богь
Tols:	тамо ли есть они же глаголаше разгнѣвался богь
Bych:	тамо ли есть?" Они же рѣша: "разъгнѣвася Богъ
Shakh:	тамо ли есть?" Они же рѣша: "разгнѣвася Богъ
Likh:	тамо ли есть?". Они же рѣша: "Разъгнѣвася богъ
Ostr:	тамо ли есть?" Они же рѣша: "Разгнѣва ся Богъ

86,1:

Laur:	на	ѡц҃и наши. и расточи ны по странамъ грѣхъ
Radz:	на ѡц҃и наши. и расточи ны по странаⷨ. греⷯ
Acad:	на ѿц҃и наши. и расточи ны по странамъ грѣ|хъ
Hypa:	на ѡⷮц҃и наⷲ. и растоⷱчи ны по странаⷨ. грѣхъ	
Khle:	на оц҃и	наши. и расточи наⷭ по странаⷨ грѣⷯ
Comm:	на отци наши и расточи ны по странамъ грѣхъ
NAca:	на отци наши и расточи ны по странамъ грѣхъ
Tols:	на отци наши и расточи ны по странамъ грѣхъ
Bych:	на отци наши, и расточи ны по странамъ грѣхъ [84,4]
Shakh:	на отьцѣ нашѣ, и расточи ны по странамъ грѣхъ [104,22]
Likh:	на отци наши, и расточи ны по странамъ грѣхъ [60,26]
Ostr:	на отьцѣ нашѣ, и расточи ны по странамъ грѣхъ

86,2:

Laur: ра҃| наши҃х. и предана бы̅с землѧ наша хе҃с҄иѧном.
Radz: ра҃ наши҃х | и предана бы̅с землѧ наша хр҃тьѧно̅.
Acad: ради наши҃х. и предана бы̅с землѧ наша хр҃ст҃иѧномъ.
Hypa: ра҃ нашихъ. и предана бы̅с | землѧ наша хр҃тьѧномъ. |
Khle: ра҃д нашиⷯ. и пре|дана бы̅с҃м землѧ наша хр҃тиѧно̅.

Comm: ради наших и предана бысть землѧ наша крестианомъ
NAca: ради наших и предана бысть землѧ наша христьѧномъ
Tols: ради наших и предана бысть землѧ наша христьѧномъ

Bych: ради нашихъ, и предана бысть земля наша хрестеяномъ".
Shakh: ради нашихъ, и предана бысть земля наша хрьстияномъ".
Likh: ради нашихъ, и предана бысть земля наша хрестеяномъ".
Ostr: ради нашихъ, и предана бысть земля наша хрьстияномъ".

86,3:

Laur: ѡн ж̅е || ре҃ч то како въ ин҃ѣхⷯ оучители   [28ᵍ]
Radz: ѡн же ре҃ч то тако вы | ин҃ѣхⷯ оучите. а
Acad: ѡнъ же рече   тако ин҃ѣхⷯ оучите. а
Hypa: володимиръ же ре҃ч. то ка|ко вы ин҃ѣхⷯ оучите. а
Khle: въло҃ⷣм҃ир же рече. | то како вы ин҃ѣхⷯ оучите, а

Comm: он же рече имъ то како вы иныхъ учите а
NAca: володимиръ же   рече то како вы иныхъ учите а
Tols: он же рече   то како вы иныхъ учите а

Bych: Онъ же рече: "то како вы инѣхъ учите, а
Shakh: Онъ же рече: "то како вы инѣхъ учите, а
Likh: Онъ же рече: "То како вы инѣх учите, а
Ostr: Онъ же рече: "То како вы инѣхъ учите, а

86,4:

Laur: сами ѿвержени ѿ | б҃а и расточени. аще бы б҃ъ
Radz: сами ѿвержени ѿ б҃а. и расточени. аще бы | б҃ъ
Acad: сами ѿвержены ѿ б҃га и расточени. аще бы б҃гъ |
Hypa: са|ми ѿвѣржени б҃а.   аще бы | б҃ъ
Khle: сами ѿвръжени ѿ б҃а. | аще бы б҃ъ

Comm: сами отвержени есте от бога и расточенѣ   аще бы богъ
NAca: самѣ отвержени   от бога и расточены есте по земли аще бы богъ
Tols: сами отвержени   от бога и расточены есте по земли аще бы богъ

Bych: сами отвержени отъ Бога и расточени? аще бы Богъ
Shakh: сами отъвьржени отъ Бога и расточени? аще бы Богъ
Likh: сами отвержени от бога и расточени? Аще бы богъ
Ostr: сами отвьржени отъ Бога и расточени? Аще бы Богъ

Повѣсть временьныхъ лѣтъ

86,5:

Laur:	любилъ васъ и законъ вашь. то не бысте росточе
Radz:	любилъ ва︠с︐. и зако︠н︐ вашь. не бы есте расточени
Acad:	любилъ васъ. и законь вашь. не бы есте расточени
Hypa:	любилъ васъ. то не бысте расточени
Khle:	любиль ва︠с︐. то не бысте расточени
Comm:	сице законъ вашь любилъ бы то не бысте расточени
NAca:	любилъ законъ вашь и не бысте были расточени
Tols:	любилъ законъ вашь и не бысте были расточени
Bych:	любилъ васъ и законъ вашь, то не бысте расточени
Shakh:	любилъ васъ и законъ вашь, то не бысте расточени
Likh:	любилъ васъ и законъ вашь, то не бысте расточени
Ostr:	любилъ васъ и законъ вашь, то не бысте расточени

86,6:

Laur:	по чюжнⷨ землѧⷨ. еда намъ тоже
Radz:	по чюжн︠м︐ землам. да и намъ тоже
Acad:	по землѧмь чюжнмъ. да и намъ тоже
Hypa:	по чюжнмъ землам. еда и намъ тоже
Khle:	по чюжн︠м︐ землѧ︠м︐. еда и на︠м︐ то︠ж︐
Comm:	по чюжимъ землямъ еда и намъ тоже
NAca:	по землямъ чюжимъ еда и намъ тоже
Tols:	по землямъ чюжимъ еда и намъ тоже
Bych:	по чюжимъ землямъ; еда намъ тоже
Shakh:	по чюжимъ землямъ; еда и намъ тоже
Likh:	по чюжимъ землямъ. Еда и намъ тоже
Ostr:	по чюжимъ землямъ. Еда и намъ тоже

86,7:

Laur:	мыслите прияти::
Radz:	мыслите прияти:-
Acad:	мыслите прияти:·
Hypa:	мыслите зло прїяти.
Khle:	мыслите ѕлѡ приняти:·
Comm:	мыслите зло прияти
NAca:	зло мыслите приати
Tols:	зло мыслите приати
Bych:	мыслите прияти?"
Shakh:	мыслите зъло прияти?"
Likh:	мыслите прияти?".
Ostr:	мыслите прияти?"

86,8:

Laur: Посемь | же прислаша грьци. к володнмеру
Radz: Посем же прислаша греци. к володнмнрȣ
Acad: Посем же прислаша греци. к володнмнрȣ
Hypa: Посемъ прислаша греци къ володнмнру |
Khle: пw̃сѐ же прислаша греци въ лѡ̾д̾н̾мероу

Comm: посемъ же прислаша греци къ володимеру
NAca: по сихъ же всѣхъ прислаша греци къ володимиру
Tols: по сихъ же всѣхъ прислаша греци къ володимеру

Bych: Посемь же прислаша Грьци къ Володимеру
Shakh: Посемь же присълаша Грьци къ Володимеру
Likh: Посемь же прислаша грьци къ Володимеру
Ostr: Посемь же присълаша Грьци къ Володимиру

86,9:

Laur: философа. | глаще сице. слышахомъ яко приходнлн
Radz: философа глще. | слышахо̃ яко приходнлн
Acad: философа глща. слышахомь. | яко приходнлн
Hypa: философа глюще сице. слышшахомъ яко приходнлн | [34a]
Khle: философа | глще сице. Слышахw̃ яко прих̾о̾лн

Comm: философа сице глаголюще слышахом яко приходилѣ
NAca: философа глаголюще сице мы же слышахом яко приходили
Tols: философа глаголюще сице мы же слышахом яко приходили

Bych: философа, глаголюще сице: "слышахомъ, яко приходили
Shakh: философа, глаголюще сице: "слышахомъ, яко приходили
Likh: философа, глаголюще сице: "Слышахомъ, яко приходили
Ostr: философа, глаголюще сице: "Слышахомъ, яко приходили

86,10:

Laur: суть болгаре. оучаще та приняти вѣру
Radz: соу̃ болгаре. оучаще та приняти вѣрȣ
Acad: сȣть болгаре. оучаще та приати вѣрȣ
Hypa: суть болгаре. оучаще та | принати вѣру
Khle: сꙗ бо̃г̾аре оуча|ще та приати вѣроу

Comm: суть болгаре учаще тя прияти вѣру
NAca: суть болгаре учаще тя приати вѣру
Tols: суть болгаре учаще тя приати вѣру

Bych: суть Болгаре, учаще тя прияти вѣру
Shakh: суть Българе, учаще тя прияти вѣру
Likh: суть болгаре, учаще тя прияти вѣру
Ostr: суть Българе, учаще тя прияти вѣру

86,11:

Laur: свою. нхъже вѣра ѡсквернаеть н҃бо и землю.
Radz: свою. нхже ѡсквернаѣть вѣра. н҃бо и землю.
Acad: свою. нхже ѡскверна́еть вѣра н҃бо и землю.
Hypa: свою. нхъіже вѣра ѡсквернаеть н҃бо и землю.
Khle: свою. нже вѣра ѡсквернае н҃бо и землю.

Comm: свою ихже вѣра оскверняет небо и землю
NAca: свою ихже вѣра оскверняеть небо и землю
Tols: свою ихже вѣра оскверняет небо и землю

Bych: свою, ихъже вѣра оскверняеть небо и землю,
Shakh: свою, ихъже вѣра осквърняеть небо и землю,
Likh: свою, ихъ же вѣра оскверняеть небо и землю,
Ostr: свою, ихъже вѣра осквърняеть небо и землю,

86,12:

Laur: иже суть проклати пи҃че всѣ҃х ч҃лвкъ. оуподоблеше҃с
Radz: иже соу҃т проклати паче всѣ҃х ч҃лкъ. оупо́блешн҃с
Acad: иже су҃ть проклати паче всѣ҃х ч҃лвкъ. оуподобльшеса
Hypa: иже суть проклатѣ паче всѣхъ ч҃лвкъ. оуподобльшеса
Khle: иже са҃т проклати паче ѿ всѣ҃х ч҃лкъ. оуп҃ѿбльшеса

Comm: иже суть прокляти паче всѣх человѣкъ уподоблешеся
NAca: иже суть прокляти паче всѣх человѣкь уподоблешеся
Tols: иже суть прокляти паче всѣх человѣкъ уподобльшеся

Bych: иже суть прокляти паче всѣхъ человѣкъ, уподоблешеся
Shakh: иже суть прокляти паче вьсѣхъ человѣкъ, уподобльшеся
Likh: иже суть прокляти паче всѣхъ человѣкъ, уподоблешеся
Ostr: иже суть прокляти паче вьсѣхъ человѣкъ, уподобльше ся

86,13:

Laur: содому и гомору. на неже пусти҃с г҃ь каменье
Radz: содомꙋ и гоморꙋ. на неже поусти каменье
Acad: содомꙋ и гоморꙋ. на ньже пꙋсти каменіе [43г]
Hypa: содому и гомору. на нѣже пусти б҃ъ каменье
Khle: содомоу и гомороу, на на҃ж поусти б҃ъ каменіе

Comm: содому и гомору на неже напусти богъ камение
NAca: содому и гомору на нихъ же напусти богъ камение
Tols: содому и гомору на нихъ же напусти богъ камение

Bych: Содому и Гомору, на неже пусти Господь каменье
Shakh: Содому и Гомору, на няже пусти Богъ камение
Likh: Содому и Гомору, на няже пусти господь каменье
Ostr: Содому и Гомору, на няже пусти Богъ камение

86,14:

Laur: горюще. и потопи ꙗ и погрѧзоша. ꙗко
Radz: горющее. и потопи ꙗ и погрѧзоша. ꙗко
Acad: горѧщее. и потопи ꙗ и погрѧзоша. ꙗко
Hypa: горущее. и потопи ꙗ и погрѧꙁоша. ꙗко
Khle: горѧще<е>, и потопї ѧ и погрѧзноуша. ꙗк |

Comm: горящее и потопи я и погрязоша тако
NAca: горящее и потопи я и погрязоша тако
Tols: горящее и потопи я и погрязоша тако

Bych: горюще, и потопи я, и погрязоша, яко
Shakh: горящее, и потопи я, и погрязоша; яко
Likh: горюще, и потопи я, и погрязоша, яко
Ostr: горящее, и потопи я, и погрязоша; яко

86,15:

Laur: и сихъ ѡжидаеть. днь погибели и̂х. | егда придеть
Radz: и си̂х ѡжыдаеⷮ днь погыбели и̂х. || еⷢа прїидеⷮ [49ᵛ]
Acad: и си̂х ѡжидаеть днь погибели ихъ. еⷢа прииде
Hypa: и сихъ ѡжидаеть днь погибели ихъ. егда придеть
Khle: и си̂х ѡжидаеⷮ днь погибели и̂х. еⷢа прїидеⷮ

Comm: и сихъ ожидаеть день погыбелныи их егда приидеть
NAca: ихъ сих ожидаеть день погыбелныи их егда приидеть
Tols: ихъ сих ожидаеть день погыбелныи их егда приидетъ

Bych: и сихъ ожидаеть день погибели ихъ, егда придеть
Shakh: и сихъ ожидаеть дьнь погыбели ихъ, егда придеть
Likh: и сихъ ожидаеть день погибели их, егда придеть
Ostr: и сихъ ожидаеть дьнь погыбели ихъ, егда придеть

86,16:

Laur: бъ̃ судиⷮ   земли. и погубѧть всѧ творѧщаꙗ
Radz: бг̃ъ соудити на землю. и погоубити всѧ творѧщие
Acad: бг̃ъ сꙋдити на землю. и погꙋбити всѧ творѧщаа
Hypa: бъ̃ судити | на землю. и погубити вьсѧ творѧщаꙗ
Khle: бъ̃ сѫⷣтӥ | на землю. и погоубиⷮ всѧ творѧщаа

Comm: богъ судити на землю и погубить вся творящая
NAca: богь судити   земли и погубить вся творящаа
Tols: богъ судити   земли и погубитъ вся творящаа

Bych: Богъ судитъ земли и погубити вся творящая
Shakh: Богъ судитъ на землю и погубитъ вься творящая
Likh: богъ судитъ земли и погубять вся творящая
Ostr: Богъ судитъ на землю и погубити вься творящая

Повѣсть времeньныхъ лѣтъ

86,17:

Laur: безаконьѧ. и скверны дѣющиѧ. си
Radz: безаконие. и скверны дѣющиа. син
Acad: безаконие. и скверны дѣющаа. сїн
Hypa: безаконые. и скверны дѣющаѧ. си
Khle: безаконїе. и скверны дѣющаа. Си

Comm: безаконие и скверны дѣющая си
NAca: безаконие и скверны дѣющѣ сии
Tols: беззаконие и скверны дѣющѣ сии

Bych: безаконья и скверны дѣющия; си
Shakh: безаконие и сквьрны дѣющая. Си
Likh: безаконья и скверны дѣющия. Си
Ostr: безаконие и сквьрны дѣющая. Си

86,18:

Laur: бо омывають оходы своѧ   в ротъ вливають.
Radz: бо омывають оходы своѧ.   и в рото вливають.
Acad: бо омывають оходы своѧ.   и в ротъ вливають.
Hypa: бо омывають оходы своѧ. полнѧвавшесѧ водою и въ ротъ вливають.
Khle: бо омываю оходы своѧ. полнѧвавшесѧ водою, и в ротъ вливаю͡т,

Comm: бо омывають оходы своя поливавше водою и в ротъ въливаютъ
NAca: бо омыють оходы свои поливавше водою и в ротъ вливають
Tols: бо омывають оходы свои поливавше водою и в ротъ вливають

Bych: бо омывають оходы своя, в ротъ вливають,
Shakh: бо омывають оходы своя, поливавъшеся водою, и въ ръть вливають,
Likh: бо омывають оходы своя, в ротъ вливають,
Ostr: бо омывають оходы своя, и въ ръть въливають,

86,19:

Laur: и по бра̂дѣ мажютсѧ поминають бохмита. такоже
Radz: и по брадѣ ма͡ж͡с̾ нарицющи бохмита. такоже
Acad: и по брадѣ мажютьсѧ. нарицюще бохмита. такоже
Hypa: и по брадѣ мажютсѧ. нарицюще бохмита. такоже
Khle: и по брадѣ мажоутсѧ, нарѣцюще бохмита. тако͡ж

Comm: и по брадѣ мажются наричюще бохмита такоже
NAca: и по брадѣ мажутся нарицающе бохмита тако бо
Tols: и по брадѣ мажутся нарицающе бохмита такоже

Bych: и по брадѣ мажются, поминають Бохмита, такоже
Shakh: и по брадѣ мажються, наричюще Бохъмита; такоже
Likh: и по брадѣ мажются, поминають Бохмита. Тако же
Ostr: и по брадѣ мажють ся, наричюще Бохъмита; такоже

636 Повѣсть времѣньныхъ лѣтъ

86,20:

Laur: и҆ | жены ихъ творѧть. тѹже скверну и и́но
Radz: и жены и҆х творѧть. тоу́ж | скверн૪. и и́но
Acad: и жены и҆х творѧтъ. тѹже скверн૪. и и́но |
Hypa: и жены ихъ творѧт. | тѹже скверну. и и́но же |
Khle: и жены | и творат тоуже скверноу. И́но же

Comm: и жены их творять туже скверну и ино еже
NAca: и жены их творять туже скверну   иное
Tols: и жены их творятъ туже скверну   иное

Bych: и жены ихъ творять туже скверну и ино
Shakh: и жены ихъ творять туже сквьрну, и иное же
Likh: и жены ихъ творять ту же скверну и ино
Ostr: и жены ихъ творять туже сквьрну, и ино

86,21:

Laur: пѹще. ѿ | совкупленьѧ мужьска и женьска вкушають. |
Radz: поуще. ѿ совок૪пленна моу́жска и жены́ска вк૪шають.
Acad: пѹще. ѿ совок૪пленї̈а м૪жьска и женьска вк૪шають.
Hypa: пѹще. ѿ совокупленьа м૪жьска   вкушають. |
Khle: поуще. ѿ съво|коупленїа мѫжеска   вкоушаю.

Comm: пуще от   совокупленїа мужеска и женьска въкушають
NAca: пущи есть того совокупленїа мужьска и женьска вкушають
Tols: пущи есть того совокупленїа мужеска и женьска вкушаютъ

Bych: пуще, отъ совокупленья мужьска и женьска вкушають".
Shakh: пуще: отъ съвъкупления мужьска и женьска въкушають".
Likh: пуще: от совокупленья мужьска и женьска вкушають".
Ostr: пуще: отъ съвъкупления мужьска и женьска въкушають".

86,22:

Laur: си слы́шавъ володимеръ. блю́ну на
Radz: си слы́шав̆ володимир̆. плю́н૪ на
Acad: се слы́ша володимир̆. плю́н૪ на
Hypa: си слы́шавъ володимиръ. плю̀ну на
Khle: си же слы́шав | в̆лдⷣимерь, плюноувь на

Comm: сиа   слышавъ володимиръ плюну на
NAca: си же слыша володимиръ плюну на
Tols: си же слыша володимиръ плюну на

Bych: Си слышавъ Володимеръ, плюну на
Shakh: Си слышавъ Володимеръ, плюну на
Likh: Си слышавъ Володимеръ плюну на
Ostr: Си слышавъ Володимеръ, плюну на

86,23:

```
Laur:  землю нечисто есть дѣло. ре же философъ
Radz:  землю | рекъ нечсто есть дѣло:- Ре  филосо
Acad:  землю. | рекъ нечто есть дѣло:· Рече  философъ
Hypa:  землю рекъ. нечисто е дѣло. ре же фило|софъ.
Khle:  землю, рекъ. нечисто е | дѣло. ре же философь,
```

Comm: землю и рекъ нечисто дѣло есть рече же философъ
NAca: землю и рекъ нечисто дѣло есть рече же философь
Tols: землю и рекъ нечисто дѣло есть рече же философъ

Bych: землю, рекъ: "нечисто есть дѣло". Рече же философъ:
Shakh: землю, рекъ: "нечисто есть дѣло". Рече же философъ:
Likh: землю, рекъ: "Нечисто есть дѣло". Рече же философъ:
Ostr: землю, рекъ: "Нечисто есть дѣло". Рече же философъ:

86,24:

```
Laur:  слышахом же. и се ꙗко прихо|диша ѿ рима
Radz:  слышахо и се. ꙗко приходиша ѿ рима
Acad:  слыша|хомь и се. ꙗко прїходиша ѿ рима
Hypa:  слышахомъ же и | се ꙗко приходиша ѿ ри|ма
Khle:  слышахо и се. ꙗко прихоша и ѿ рима
```

Comm: слышахомъ и се яко приходиша от рима
NAca: слышахомъ и се яко приходиша от рима
Tols: слышахомъ и се яко приходиша от рима

Bych: "слышахомъ же и се, яко приходиша отъ Рима
Shakh: "слышахомъ же и се, яко приходиша отъ Рима
Likh: "Слышахом же и се, яко приходиша от Рима
Ostr: "Слышахомъ и се, яко приходиша отъ Рима

86,25:

```
Laur:  поочитъ васъ к вѣрѣ свѣеи. ихже вѣра маломь
Radz:  очити | ва к вѣре своеи. иже вѣра мало
Acad:  очить васъ | к вѣре своеи. ихже вѣра мало
Hypa:  очить васъ. к вѣ|рѣ своеи. ихъже вѣра | с нами
Khle:  очити ва къ вѣрѣ своеи. иже вѣра | с нами
```

Comm: учить васъ   вѣрѣ своеи их же   вѣра с нами
NAca: учить васъ   вѣрѣ своеи их же бѣ вѣра мало
Tols: учитъ васъ   вѣрѣ своеи их же бѣ вѣра мало

Bych: поучитъ васъ к вѣрѣ своей, ихже вѣра маломь
Shakh: учитъ васъ къ вѣрѣ своеи, ихъже вѣра малъмь
Likh: поучитъ васъ к вѣрѣ своей, ихъ же вѣра маломь
Ostr: учитъ васъ къ вѣрѣ своеи, ихъже вѣра съ нами

86,26:

Laur: с нами разъвращена. служать бо
Radz: с нами розно. служа҃т бо
Acad: с нами розно. слѹжать бо
Hypa: мало же развра|щена. служать бо   [34b]
Khle: мало разврашенна. слоужа҃т бо

Comm: малом же развращена есть служать бо
NAca: с нашею развращена есть служать бо
Tols: с нашею развращена есть служать бо

Bych: с нами разъвращена, служать бо
Shakh: съ нами развращена: служать бо
Likh: с нами развращена: служать бо
Ostr: мало развращена: служать бо

86,27:

Laur: ѡпрѣснокн рекше ѡплатки. нхъже б҃ъ | не преда.
Radz: ѡпреснокн рекше ѡплатки. нхже б҃гъ не преда.
Acad: ѡпреснокн рекше ѡплатки. нхже б҃гъ | не преда
Hypa: ѡпрѣсно|кы. рекше ѡплатъкы. ни̇хъже б҃ъ не преда.
Khle: ѡпрѣснокн | рекше ѡплатки. и̇же б҃ъ пре҃да

Comm: опрѣсноки рекше оплатькы ихъже богъ не преда
NAca: опрѣсноки рекше оплатки ихъже богъ не преда
Tols: опрѣсноки рекше оплатки ихъже богъ не преда

Bych: опрѣсноки, рекше оплатки, ихъже Богъ не преда,
Shakh: опрѣснъкы, рекъше оплатъкы, ихъже Богъ не преда,
Likh: опрѣсноки, рекше оплатки, ихъ же богъ не преда,
Ostr: опрѣснъкы, рекъше оплатъкы, ихъже Богъ не преда,

86,28:

Laur: но пове хлѣбомъ служнтн. н преда апл҃смь
Radz: но | повелѣ хлѣбо҃м слѹжнтн. н преда апл҃мъ
Acad: но повелѣ хлѣбомь слѹжнтн. н преда | апло҃мь
Hypa: но повелѣ| хлѣбо҃м служнтн. н пре|да апл҃мъ.
Khle: но повелѣ хлѣбо҃м | слоужнтн. н преда апл҃ѡ҃см

Comm: и повелѣ хлѣбомъ служитѣ и преда апостоломъ
NAca: и повелѣ хлѣбомъ служити и предаст апостоломъ
Tols: и повелѣ хлѣбомъ служити и предаст апостоломъ

Bych: но повелѣ хлѣбомъ служити, и преда апостоломь
Shakh: нъ повелѣ хлѣбъмь служити, и преда апостоломъ,
Likh: но повелѣ хлѣбомъ служити, и преда апостоломъ
Ostr: нъ повелѣ хлѣбъмь служити. И преда апостоломъ,

86,29:

Laur: приемъ хлѣбъ.   се есть тѣло мое ломимое
Radz: хлѣбъ прі͞и͞м | р͞е͞к с͞е е͞ тѣло мое ломимое
Acad: хлѣбъ прі͞имъ. рекъ се есть тѣло мое | ломимое
Hypa: приимъ хлѣбъ | и рекъ. се есть тѣло мое | ломимое
Khle: прі͞е͞м хлѣбь и рекь. ‖ се е͞ тѣло мое ломимое   [37ᵛ]

Comm: приимъ хлѣбъ и рекъ се есть тѣло мое ломимое
NAca: приимъ хлѣбъ и рекъ се есть тѣло мое ломимое
Tols: приимъ хлѣбъ и рекъ се есть тѣло мое ломимое

Bych: приемъ хлѣбъ, рек: "се есть тѣло мое, ломимое
Shakh: приимъ хлѣбъ, и рекъ: "Се есть тѣло мое, ломимое
Likh: приемъ хлѣбъ, рек: "Се есть тѣло мое, ломимое
Ostr: приимъ хлѣбъ, рекъ: "Се есть тѣло мое, ломимое

87,1:

Laur: за вы. | такоже и чашю приемъ р͞е. се
Radz: за вы. тако͞ж и чашю прии͞м рече | се
Acad: за вы. такоже и чаш͠у приимъ. рече се |
Hypa: за вы. тако͞ж и ча|шю приимъ р͞е. се
Khle: за вы. | тако͞ж и чашю прі͞и͞м | р͞е. се

Comm: за вы такоже и чашю приимъ рече се
NAca: за вы такоже и чашу приимъ рече се
Tols: за вы такоже и чашу приимъ рече се

Bych: за вы; такоже и чашю приемъ рече: се   [85,2]
Shakh: за вы... Такоже и чашю приимъ, рече: Си   [106,5]
Likh: за вы..." тако же и чашю приемъ рече: "Се   [61,13]
Ostr: за вы. Такоже и чашю приимъ, рече: Се

87,2:

Laur: есть кровь моя н͠ваго завѣта. си же того не
Radz: е͞ кровь моа новаго завѣта. с͠нн же того не
Acad: есть кровь моя новаго завѣта. с͠и͞н же того | не
Hypa: есть кро|вь моя новаго завѣта. с͠и | же того не
Khle: е͞ крьвь моа новаго завѣта. с͠и же того | не

Comm: есть кровъ моя новаго завѣта сии же того не
NAca: есть кровъ моя новаго завѣта сии же того не
Tols: есть кровь моя новаго завѣта сии же того не

Bych: есть кровь моя новаго завѣта; си же того не
Shakh: есть крьвь моя новаго завѣта; си же того не
Likh: есть кровь моя новаго завѣта" си же того не
Ostr: есть крьвь моя новаго завѣта. Си же того не

87,3:

Laur: творѧть. суть не бы̑ | правили вѣры ре̅ч же
Radz: творѧ҃т | и соуть не исправили вѣры. ре̅ч же
Acad: творѧть. и су̑ть не исправили вѣры. рече
Hypa: творѧть. и су|ть не исправилѣ вѣры. ре̅ч | же
Khle: творѧ҃т. и сѫ не исправили вѣры. ре̅ч же

Comm: творят и суть не исправилѣ вѣры рече же
NAca: творять и не исправили суть вѣры рече же
Tols: творят и не исправили суть вѣры рече же

Bych: творять, суть не исправили вѣры". Рече же
Shakh: творять, и суть не исправили вѣры". Рече же
Likh: творять, суть не исправили вѣры". Рече же
Ostr: творять, и суть не исправили вѣры". Рече же

87,4:

Laur: володимеръ. придоша ко мнѣ̑ | жидове гл҃ще. ѩко
Radz: володимеръ. приидо|ша ко мнѣ жидове гл҃щен. ѩко
Acad: во|лодимиръ. при̑идоша ко мнѣ жидове гл҃ще. ѩко |
Hypa: володимиръ. придоша | къ мнѣ жидове гл҃юще. | ѩко
Khle: въл̾ад̾имерь, приидоша ко мнѣ жидове гл҃ще, ѩко

Comm: володимеръ приидоша ко мнѣ жидове глаголюще сице яко же и
NAca: володимиръ приидоша ко мнѣ жидове глаголюще   яко   и
Tols: володимиръ приидоша ко мнѣ жидове глаголюще   яко   и

Bych: Володимеръ: "придоша ко мнѣ Жидове, глаголюще: яко
Shakh: Володимеръ: "придоша къ мънѣ Жидове, глаголюще, яко
Likh: Володимеръ: "Придоша ко мнѣ жидове, глаголюще: яко
Ostr: Володимиръ: "Придоша къ мънѣ Жидове, глаголюще, яко

87,5:

Laur: нѣмци и грьци вѣрують. <ѥ>го|же мы распѧхомъ.
Radz: нѣмци и греци вѣрѹ҃ю. | е҃ж мы распѧхо̑м.
Acad: нѣмци и греци вѣрѹють. егоже мы распѧхомь. |
Hypa: нѣмьци и греци вѣр|ують егоже мы распѧхо̑м. |
Khle: нѣмци и греци вѣроую҃т егоже мы распѧхо̑м.

Comm: нѣмци и грецѣ вѣруют егоже мы распяхом
NAca: нѣмци и грецѣ вѣруют егоже мы распяхом
Tols: нѣмци и грецѣ вѣрують егоже мы распяхом

Bych: Нѣмци и Грьци вѣрують, егоже мы распяхомъ".
Shakh: Нѣмьци и Грьци вѣрують егоже мы распяхомъ".
Likh: нѣмци и грьци вѣрують, его же мы распяхомъ".
Ostr: Нѣ|мьци и Грьци вѣрують егоже мы распяхомъ".

87,6:

Laur: философъ же ре҃. въ истину | в того вѣруемъ.
Radz: филосо̊ же ре҃ въ истинȣ в того вѣрȣ|емъ.
Acad: философ же [рече] во истинн̄ȣ в того вѣрȣемь.
Hypa: философъ же ре҃. во истину в того вѣруемъ.
Khle: филосо̊ | же ре҃. въ истинноу в того вѣроуе҃м.

Comm: философъ же рече во истину   того вѣруемъ
NAca: философъ же рече въ истину в того вѣруемь
Tols: философъ же рече въ истину в того вѣруемъ

Bych: Философъ же рече: "въистину в того вѣруемъ,
Shakh: Философъ же рече: "въ истину въ того вѣруемъ;
Likh: Философъ же рече: "Въистину в того вѣруемъ,
Ostr: Философъ же рече: "Въ истину въ того вѣруемъ;

87,7:

Laur: тѣхъ бо пр҃рци прорѣцаху. ꙗко | б҃у родитисѧ. а
Radz: то бо пр҃рци прорицахȣ. ꙗко бг҃оу родити҃с. а
Acad: то | бо пр҃рци прорицахȣ. ꙗко бг҃ȣ родитисѧ. а
Hypa: тѣхъ | бо пр҃рци прор<ѣ>коша ꙗко | б҃у родитисѧ. а
Khle: тако бѡ про|роци пророкоша. ꙗко бо҃у р҃ѿтисѧ. а

Comm: того бо пророци прорицаху яко богу родитися а
NAca: того бо пророци прорицаху яко богу родитися а
Tols: того бо пророци прорицаху яко богу родитися а

Bych: тѣхъ бо пророци прорѣцаху, яко Богу родитися, а
Shakh: тѣхъ бо пророци прорицаху, яко, Богу родитися, а
Likh: тѣхъ бо пророци прорѣцаху, яко богу родитися, а
Ostr: тѣхъ бо пророци прорицаху, яко Богу родити ся, а

87,8:

Laur: друзии распѧту быти и погре|бену.   а въ .г҃. и д҃нь   [28ᵛ]
Radz: дрȣ́зии распѧтоу быти. и погребенȣ.   и въ г҃.и д҃нь
Acad: дрȣзїи | распѧтȣ быти. и погребенȣ.   и въ третіи д҃нь
Hypa: другии | распѧту быти. и   третьии д҃нь
Khle: дроугыи | распѧтоу быти, и погребеноу быти, и   третїи | д҃нь

Comm: другыи   распѧту быти и погребену и   третеи день
NAca: другии пророчестъвоваху яко распѧту быти и погребену и въ третии день
Tols: другии пророчествоваху яко распѧту быти и погребену и въ третии день

Bych: друзии—распяту быти и погребену, а в 3-й день
Shakh: друзии распяту быти и погребену, и въ третии дьнь
Likh: друзии—распяту быти и погребену, а в 3-й день
Ostr: друзии распяту быти и погребену, и третьи дьнь

87,9:

Laur: вскрс҃нти. и на нбс҃а взиде. ѡни же
Radz: въскрноутı. и на небеса взыде. ѡни же тыи
Acad: воскреснȣти. и на нбс҃а взыде. ѡни же тыи
Hypa: въскрс҃нути. и на нбс҃а възити. ѡни же ты
Khle: въскрс҃ноути. и на нбѣ҃а възыти. ѡни же тыа

Comm: въскреснути и на небеса възити они же тыи
NAca: въскреснути и на небеса взыити они же тыхъ
Tols: воскреснути и на небеса взыти они же тѣхъ

Bych: вскреснути и на небеса взити; они же тыи
Shakh: въскрьснути и на небеса възити; они же тыя
Likh: вскреснути и на небеса всити. Они же тыи
Ostr: въскрьснути и на небеса възити. Они же тыя

87,10:

Laur: прр҃ки избиваху. другиа претираху. егда же
Radz: прр҃кы избивахоу. ‖ дрȣгиа претирахоу. егда же [50г]
Acad: пророки ‖ избивахȣ. дрȣгиа претирахȣ. ега҃ же [43v]
Hypa: прр҃кы и избива|ху. а другиа претираху. егда же
Khle: прр҃кы избивахȣ. а дроугыа претираахȣ | ега҃ же

Comm: пророкы избиваху а другыя пророкы претираху древяными пилами егда же
NAca: пророкъ избиваху а другиа   претираху древяною пилою егда же
Tols: пророкъ избиваху а другия   претираху древяною пилою егда же

Bych: пророки избиваху, другия претираху. Егда же
Shakh: пророкы избиваху, а другыя претираху. Егда же
Likh: пророки избиваху, другия претираху. Егда же
Ostr: пророкы избиваху, другыя претираху. Егда же

87,11:

Laur: сбыс҃тьса пророченье сихъ. съниде на землю и
Radz: сбыстеса прр҃чние сихъ. | сниде на землю и
Acad: збыстьса про|реченіе сихъ. сниде на землю и
Hypa: събыс҃ проре҃нїе ихъ. сниде на землю | и
Khle: събыс҃а прореченїе и. сниде на землю. и

Comm: сбыстся проречение сих сниде на землю
NAca: збысться проречение сих сниде на землю
Tols: збыстся проречение сих сниде на землю

Bych: сбысться прореченье сихъ, съниде на землю, и
Shakh: събысться проречение сихъ, съниде на землю, и
Likh: сбысться проречение сихъ, съниде на землю, и
Ostr: събысть ся прореченье сихъ, съниде на землю, и

87,12:

Laur: распѧтье прїѧ. и въскр҃съ на нб҃са взиде. на сихъ
Radz: распѧтье прїѧ. и въскр҃съ и на нб҃са і взыде. жда
Acad: распѧтїе прїа и во|скр҃с и на нб҃са взыде. жда
Hypa: распѧтье прїѧтъ. і и въскр҃се и на нб҃са въ|зиде. а сихъ
Khle: распѧтїе прїѧ^т, и въскр҃се, и на нб҃са възыде. І на си^х

Comm: распятие прия волею въскресъ и на небеса взиде на сих
NAca: распятся   и въскресъ и на небеса взыиде на сих
Tols: распяться   и воскресъ и на небеса взыде на сих

Bych: распятье прия, и въскресъ на небеса взиде, на сихъ
Shakh: распятие прия, и, въскрьсъ, на небеса възиде; на сихъ
Likh: распятье прия, и въскресъ на небеса взиде, на сихъ
Ostr: распятие прия, и въскрьсъ и на небеса възиде; на сихъ

87,13:

Laur: же ѡ|жидаше покаѧньѧ. за .м҃.и за .s҃.лѣ^т.
Radz: на сихъже покаанніѧ за м҃s. лѣтъ.
Acad: на сихъже покаѧнїа. І за .м҃ s҃. лѣтъ.
Hypa: же ѡжи|даше покаѧньѧ. за .м҃. І лѣтъ. и за .s҃.
Khle: же ѡжидаше покаанїѧ, за м҃ и s҃. лѣ^т.

Comm: же ожидаше покаяниа за 40 и за 6 лѣт
NAca: же ожидаше покаяниа за 40 и за 6 лѣт
Tols: же ожидаше покаяния за < > и за < > лѣт

Bych: же ожидаше покаянья за 40 и за 6 лѣт,
Shakh: же ожидаше покаяния за 40 и за 6 лѣтъ,
Likh: же ожидаше покаянья за 40 и за 6 лѣт,
Ostr: же ожидаше покаяния за 40 и за 6 лѣтъ,

87,14:

Laur: и не покаѧ|шесѧ. и посла^{на а} на римланъı.
Radz: и не покаѧшѧ^с. и посла на нь рымланы. и
Acad: и не покоѧшесѧ. и посла на на рїмланы, и
Hypa: не по|каѧшасѧ. и посла на нѧ рїмланы.
Khle: и не | покаашѧ^с, и посла на ни^х римланы.

Comm: и не покаяшася и посла на ня римлянѣ и
NAca: и не покаашася и посла на ня римляны и
Tols: и не покаяшася и посла на ня римляне и

Bych: и не покаяшася, и посла на ня Римляны,
Shakh: и не покаяшася; и посъла на ня Римляны; и
Likh: и не покаяшася, и посла на ня римляны,
Ostr: и не покаяша ся; и посъла на ня Римляны;

87,15:

Laur: грады ихъ разбиша. и самы расточиша по
Radz: гра̃ и̃ расбиша. а сами ра|сточи̃ша по
Acad: грады ихъ розбиша. а сами̃ расточи|ша по
Hypa: грады ихъ разъ||биша. а самѣхъ расточи|ша по [34c]
Khle: грады и̃ ра|зби̃ша. а сами̃ расточи̃ша по

Comm: грады их разбиша а самых расточиша по
NAca: грады их разбиша а самых расточи по
Tols: грады их разбиша а самых расточи по

Bych: грады ихъ разбиша и самы расточиша по
Shakh: грады ихъ разбиша, и самы расточиша по
Likh: грады ихъ разбиша и самы расточиша по
Ostr: грады ихъ разбиша, а самихъ расточиша по

87,16:

Laur: странамъ. и работають | въ страна̃. ре̃ же володимеръ.
Radz: страна̃м. и работають въ страна̃. ре̃ же воло|димиръ.
Acad: странамъ. и работають во страна̃. рече же володимиръ.
Hypa: страна̃м. и работаю|ть въ странахъ. ре̃ же | володимиръ
Khle: страна̃. и работаю̃ въ страна̃. рече же въло̃ди̃мерь,

Comm: странамъ и работають по странамъ рече же володимиръ
NAca: странамъ и работають по странамъ рече же володимиръ
Tols: странамъ и работають по странамъ рече же володимиръ

Bych: странамъ, и работають въ странахъ". Рече же Володимеръ:
Shakh: странамъ, и работають въ странахъ". Рече же Володимеръ:
Likh: странамъ, и работають въ странах". Рече же Володимеръ:
Ostr: странамъ, и работають въ странахъ". Рече же Володимиръ:

87,17:

Laur: то что ради сниде | б҃ъ на землю. и
Radz: что ра̃ сни̃ на земли б҃ъ. и
Acad: что ради сниде на землю | б҃ъ. и
Hypa: что что ра̃ | сниде б҃ъ на землю и
Khle: что ра̃ди̃ сниде | б҃ъ на землю и

Comm: что ради сниде богъ на землю и
NAca: что ради сниде богъ на землю и
Tols: что ради сниде богъ на землю и

Bych: "то что ради сниде Богъ на землю, и
Shakh: "чьто ради съниде Богъ на землю, и
Likh: "То что ради сниде богъ на землю, и
Ostr: "Чьто ради съниде Богъ на землю, и

87,18:

Laur: страсть такою прїя. ѿвѣщав же | философъ рč.
Radz: страсть таковоу | прїя. ѿвѣщав же философ̊ рč.
Acad: стр̃ть таковȣ прїа. ѿвѣщавь же фило|софъ рече.
Hypa: стра|сть таку прїятъ. ѿвѣщавъ же рč философъ. |
Khle: стр̃ть такоу прїать. ѿвѣщав | же рč философь,
Comm: страсть такову прия отвѣщавъ же рече философъ
NAca: страсть такову приять отвѣщавъ же рече философь
Tols: страсть такову приятъ отвѣщавъ же рече философъ

Bych: страсть такову прия?" Отвѣщавъ же философъ, рече:
Shakh: страсть такову прия?" Отвѣщавъ же философъ, рече:
Likh: страсть такову прия?". Отвѣщав же философъ, рече:
Ostr: страсть такову прия?" Отъвѣщавъ же философъ, рече:

87,19:

Laur: аще хощеши   послушати да ска ти | из начала.
Radz: аще хощеши   послȣшати | да скажю ти из начала.
Acad: аще хощеши   послȣшати. да ска|жю ти из начала.
Hypa: аще хощеши кн<я>же послушати   из начала.
Khle: аще хощеши кнаже послоушати. да скажоу ти из начала,
Comm: аще хощеши послушати да скажю ти из начала
NAca: аще хощеши послушати да скажу ти из начала
Tols: аще хощеши послушати да скажу ти из начала

Bych: "аще хощеши послушати, да скажю ти из начала,
Shakh: "аще хощеши послушати, да съкажю ти из начала,
Likh: "Аще хощеши послушати, да скажю ти из начала,
Ostr: "Аще хощеши послушати, да съкажю ти из начала,

87,20:

Laur: чьсо ради сниде б̃ъ на землю. володимі͡ръ
Radz: что ра̊ сниде б̃ъ на землю. ѡ͡н
Acad: ѵто ради сниде б̃гъ на землю. ѡн
Hypa: что радї | сниде б̃ъ на землю. воло|димиръ
Khle: ѵто ра̊ди сниде | б̃ъ на зе̄м͡лю. въ̄лѡди͡мер
Comm: что ради сниде богъ на землю он
NAca: что ради сниде богь на землю он
Tols: что ради сниде богъ на землю он

Bych: чьсо ради сниде Богъ на землю". Володимеръ
Shakh: чьсо ради съниде Богъ на землю". Онъ
Likh: чьсо ради сниде богъ на землю". Володимеръ
Ostr: чьто ради съниде Богъ на землю". Онъ

87,21:

Laur:	же р҃е послушаю ра҃д. и нача философъ
Radz:	же р҃е послȣшаю ра҃д. и нача филосо҃
Acad:	же рече послȣшаю ра҃д и нача филосоѳъ
Hypa:	же рече послушаю|радъ. и нача философ|
Khle:	же р҃е, послоушати ра҃д,| нача филѡсофь
Comm:	же рече послушаю радъ и абие нача философъ
NAca:	же рече послушаю радъ и нача философь
Tols:	же рече послушаю радъ и нача философъ
Bych:	же рече: "послушаю радъ". И нача философъ
Shakh:	же рече: "послушаю радъ". И нача философъ
Likh:	же рече: "Послушаю рад". И нача философъ
Ostr:	же рече: "Послушаю радъ". И нача философъ

87,22:

Laur:	гла҃ти сице:· |
Radz:	гла҃ти сице:- |
Acad:	гла҃ти | сице:·
Hypa:	гла҃ти сице:· |
Khle:	гла҃ти, сице:
Comm:	глаголати сице
NAca:	глаголати сице
Tols:	глаголати сице
Bych:	глаголати сице:
Shakh:	глаголати сице:
Likh:	глаголати сице:
Ostr:	глаголати сице:

87,23:

Laur:	Въ начало створи б҃ъ нб҃о и землю. въ
Radz:	Ѿ начало сотвори б҃ъ нб҃о и землю. въ
Acad:	В начале сотвори бг҃ъ нб҃о и землю. въ|
Hypa:	Въ начало исперва створі| б҃ъ нб҃о и землю въ
Khle:	Въ начало ні|спръва сътвори б҃ъ нб҃о и землю. въ
Comm:	в начало исперва створи богъ небо и землю
NAca:	в начало исперва створи богъ небо и землю
Tols:	в начало исперва
Bych:	"В начало створи Богъ небо и землю въ
Shakh:	Въ начало испърва сътвори Богъ небо и землю въ
Likh:	"В начало створи богъ небо и землю въ
Ostr:	"Въ начало сътвори Богъ небо и землю въ

Повѣсть времеиьиыхъ лѣтъ   647

87,24:
Laur: первыи днь. и .<в.и>. | днь створи твердь. ӕже есть
Radz: .а̄. днь. и въ .в̄. днь створи твердь. ӕже е҃с
Acad: .а̄. днь и въ .в̄. днь. сотвори твердь. ӕже есть |
Hypa: .а̄. днь. | въ вторыи днь. створи твердь иже е҃с
Khle: пръвыи де҃н | Въ вторыи днь сътвори твердь иже е҃с

Comm: пръвыи день вторыи же день твердь еже есть
NAca: omitted to 92,18
Tols: omitted to 91,9

Bych: первый день. И в 2-й день створи твердь, яже есть
Shakh: пьрвыи дьнь. Въ вътoрыи дьнь сътвори твьрдь, яже есть
Likh: первый день. И в 2-й день створи твердь, яже есть
Ostr: пьрвыи дьнь. Въ вътoрыи дьнь сътвори твьрдь, иже есть

87,25:
Laur: посреди воды. сегоже | дне раздѣлишаса воды.
Radz: посреди воды сегоже дне раздѣ҃лнша҃с воды. и
Acad: постреди воды. сегоже дне раздѣлишаса во|ды. и
Hypa: посредѣ водъ. | сегоже дн҃и раздѣлишаса | воды.
Khle: посре҃д҃н водь | сего҃ж дне раздѣлиша҃с воды,

Comm: посредѣ воды сего же дне раздѣлишася воды

Bych: посреди воды; сего же дне раздѣлишася воды,
Shakh: посредѣ воды; сегоже дьне раздѣлишася воды:
Likh: посреди воды. Сего же дне раздѣлишася воды,
Ostr: посредѣ водъ; сегоже дьне раздѣлиша ся воды:

87,26:
Laur: полъ ихъ взиде надъ твер|дь. а полъ ихъ подъ
Radz: полъ и̇ взыде на твердь. а по̇ ихъ по̇д
Acad: полъ ихъ взыде на твердь. а полъ и по̇д
Hypa: полъ ихъ възиде | на твердь. а полъ ихъ | по̇д
Khle: поль и̇ възыде на | твердь, а поль и̇ пѡ̇д

Comm: полъ их взиде на твердь а полъ их подъ

Bych: полъ ихъ взиде надъ твердь, а полъ ихъ подъ
Shakh: полъ ихъ възиде на твьрдь, а полъ ихъ подъ
Likh: полъ ихъ взиде надъ твердь, а полъ ихъ подъ
Ostr: полъ ихъ възиде на твьрдь, а полъ ихъ подъ

87,27:

Laur: твердь. а въ .г҃.н. д҃нь створи | море и рѣки и
Radz: твердь. | въ .г҃. д҃нь сотвори море и рѣки. и
Acad: тве|рдь. въ .г҃. д҃нь сотвори море и рѣки. и
Hypa: твердь. въ .г҃. д҃нь сътвори море. рѣкы
Khle: твердь. Въ третїи д҃нь | сътвори море и рѣкы, и

Comm: твердь въ третии день створи море и рѣкы и

Bych: твердь. А въ 3-й день створи море, и рѣки, и
Shakh: твьрдь. Въ третии дьнь сътвори море и рѣкы и
Likh: твердь. А въ 3-й день створи море, и рѣки, и
Ostr: твьрдь. Въ 3 дьнь сътвори море и рѣкы и

87,28:

Laur: источники. и семѧна. въ .д҃. и д҃нь | с҃лнце и луну.
Radz: источникы. и семена. | въ д҃. д҃нь. с҃лнць. и лоун‍у
Acad: источнӥкы и семена. въ .д҃. и д҃нь. с҃лнце <и> лун‍у
Hypa: исто|чникы и семена. въ .д҃. | с҃лнце и луну.
Khle: источникы, и сѣмена | въ четвертыи д҃нь, с҃лнце и м҃с҃ць

Comm: источники и сѣмена въ четвертыи же день солнце и луну

Bych: источники, и сѣмяна. Въ 4-й день солнце, и луну,
Shakh: источники и сѣмена. Въ четвъртыи дьнь сълньце и луну
Likh: источники, и сѣмяна. Въ 4-й день солнце, и луну,
Ostr: источьники и сѣмена. Въ 4 дьнь сълньце и луну

87,29:

Laur: и звѣзды. и украси б҃ъ н҃бо. видѣв же | первыи
Radz: и звѣзды. и оукраси б҃гъ. н҃бо. | видѣв же перьвыи
Acad: и звѣ҃зды. | и оукраси б҃гъ н҃бѡ. видѣв же первыи
Hypa: и звѣзды. | и оукраси б҃ъ н҃бо. видѣв‍ъ | же первыи
Khle: и звѣзды. и || украси б҃ъ н҃бо. видѣв же пръвыи   [38ᴦ]

Comm: и звѣзды и украси богъ небо видѣвъ же пръвыи

Bych: и звѣзды, и украси Богъ небо. Видѣвъ же первый
Shakh: и звѣзды, и украси Богъ небо. Видѣвъ же пьрвыи
Likh: и звѣзды, и украси богъ небо. Видѣв же первый
Ostr: и звѣзды, и украси Богъ небо. Видѣвъ же пьрвыи

87,30:

Laur: ѿ а҃нглъ. старѣишина чину а҃нглку. по|мысли въ
Radz: ѿ а҃ггл҃ъ. старешина чину. аггл҃акоу | помысли в
Acad: ѿ а҃нглъ. | старѣшина чину а҃нгльск‍у. помысли в
Hypa: ѿ а҃нглъ ста|рѣишина чину а҃нгльску. | помысли в
Khle: ѿ а҃ггл҃ъ стар<ѣ>ишина чину а҃ггл҃акомоу. помысли въ

Comm: от аггелъ старѣишина чину архангелъску и помысли въ

Bych: отъ ангел, старѣйшина чину ангелску, помысли въ
Shakh: отъ ангелъ, старѣишина чину ангельску, помысли въ
Likh: от ангелъ, старѣйшина чину ангелску, помысли въ
Ostr: отъ ангелъ, старѣишина чину ангельску, помысли въ

87,31:

Laur: себе рекъ. сниду на землю и преиму | землю.
Radz: собѣ рéк. снидȢ на землю. и прῖнмȢ землю
Acad: собѣ | рекъ. снидȢ на землю. и прῖнмȢ землю.
Hypa: себе рекъ. сни|ду на землю и приниму зе|млю.
Khle: себѣ рек, | снидоу на зе͞лю и прῖнмоу землю.

Comm: себѣ рекъ сице сниду на землю и прииму землю

Bych: собѣ, рекъ: "сниду на землю, и преиму землю,
Shakh: собѣ, рекъ: "съниду на землю, и преиму землю,
Likh: себе, рекъ: "Сниду на землю, и преиму землю,
Ostr: себѣ, рекъ: "Съниду на землю, и прииму землю,

88,1:

Laur: и буду подобенъ б͞у. и поставлю пр͞с͞тлъ | свои на
Radz: и | боудȢ поⷣбенъ б͞гȢ. и поставлю пр͞с͞тлъ мои на
Acad: и бȢ|дȢ подобенъ б͞гȢ. и поставлю пр͞с͞тлъ мои на |
Hypa: и поставлю | столъ свои. на
Khle: и поставлю сто͡ | свои на

Comm: и буду подобенъ богу и поставлю престолъ свои на

Bych: и буду подобенъ Богу, и поставлю престолъ свой на   [85,25]
Shakh: и буду подобьнъ Богу, и поставлю престолъ свои на   [107,14]
Likh: и буду подобен богу, и поставлю престолъ свой на | на   [62,3]
Ostr: и буду подобьнъ Богу, и поставлю столъ свои на

88,2:

Laur: ѡблацѣͯ. сѣверьскихъ.   и ту абье сверже | и
Radz: ѡблацѣͯ | сѣверьскыͯ.   тоу абие сверже
Acad: ѡблацѣхъ сѣверьскихъ.   тȢ абие сверже и |
Hypa: ѡблацѣͯхъ сѣве|рьскыхъ. и буду подобенъ б͞у. и ту абье сверже | и   [34d]
Khle: ѡблацѣͯ снверскыͯ. и бѫдоу по͡ѡбень боу. и тоу абїе сверже и

Comm: облацѣх сѣверьскых и ту абие сверже и

Bych: облацѣх сѣверьскихъ. И ту абие сверже и
Shakh: облацѣхъ сѣверьскыхъ". И ту абие съвьрже и
Likh: облацѣх сѣверьскихъ". И ту абие сверже и
Ostr: облацѣхъ сѣверьскыхъ". И ту абие съвьрже и

88,3:

Laur: с н͞бсе. и по немь подоша иже бѣша подъ нимъ |
Radz: с н͞бⷭн. и по неⷨ спадоша. | иже бѣша поⷣ нимь
Acad: с н͞бси. и по немъ спадоша. иже бѣша под нимь |
Hypa: съ н͞бси. и по немь спа|доша иже бѣша подъ нимъ. |
Khle: съ н͞бси. и по неⷨ сп͡аша иже бѣ|ша по͡ѡ ни͡н

Comm: съ небесѣ и по немь спадоша иже бѣша под нимъ

Bych: с небесе, и по немь падоша иже бѣша подъ нимъ,
Shakh: съ небесе, и по немь съпадоша, иже бѣша подъ нимь,
Likh: с небесе, и по немь падоша иже бѣша подъ нимъ,
Ostr: съ небесе, и по немь съпадоша иже бѣша подъ нимь,

88,4:

Laur: чинъ десѧтыи. бѣ же има противнику сотонаилъ.
Radz: чинъ десѧтыи. бѣ же има противнникꙋ сотонаилъ.
Acad: чинъ десѧтыи. бѣ же има противнникꙋ сотоина.
Hypa: чинъ. десѧтыи. бѣ же нмⷩ҇ противннку с‹а›танаилъ. |
Khle: чинъ десѧтыи. бѣ же има противннікоу сотанаилъ.

Comm: чинъ десятыи и в него мѣсто постави стариишину михаила

Bych: чинъ десятый. Бѣ же имя противнику Сотонаилъ,
Shakh: чинъ десятыи. Бѣ же имя противьнику Сотонаилъ,
Likh: чинъ десятый. Бѣ же имя противнику Сотонаилъ,
Ostr: чинъ десятыи. Бѣ же имя противьнику Сотонаилъ,

88,5:

Laur: в негоже мѣсто постави старѣншину михаила.
Radz: в негоже мѣсто постави старенишиноу михаила.
Acad: в негоже мѣсто постави старешинꙋ михаила.
Hypa: в неже мѣсто постави старѣншину михаила.
Khle: В негоже мѣсто постави старѣншиноу михаила.

Comm: бѣ же имя противнику сатанаилъ

Bych: в негоже мѣсто постави старѣйшину Михаила;
Shakh: въ негоже мѣсто постави старѣишину Михаила;
Likh: в него же мѣсто постави старѣйшину Михаила.
Ostr: въ негоже мѣсто постави старѣишину Михаила;

88,6:

Laur: сотона же грѣшнвъ помысла своего. и |
Radz: сотонаⷤ грѣшнвъ своеⷢ҇. и
Acad: сотона же грѣшньь помысла своего. | и
Hypa: с‹а›т‹а›|на же грѣшнвъ помысла | своего. и
Khle: сатанаⷤ грѣшньъ помысла | своего. и

Comm: он же погрѣши помысла своего и

Bych: сотона же, грѣшивъ помысла своего и
Shakh: сотона же, грѣшивъ помысла своего, и
Likh: Сотона же, грѣшивъ помысла своего и
Ostr: сотона же, грѣшивъ помысла своего, и

88,7:

Laur: ѿпадъ славы первое наре̾тсѧ. противннкъ
Radz: ѿпаⷣ | славы. первое нареса противннкъ
Acad: ѿпаⷣ славы. первое нареса противннкъ
Hypa: ѿпадъ славы | пѣрвыѧ. наре̾сѧ противъннⷦ҇
Khle: ѿпаⷣ славы прьвыѧ, наре̾сѧ противннкъ

Comm: отпадъши славы первыя и наречеся противникъ

Bych: отпадъ славы первое, наречеся противникъ
Shakh: отъпадъ славы пьрвыя, наречеся противьникъ
Likh: отпадъ славы первыя, наречеся противникъ
Ostr: отъпадъ славы пьрвыя, нарече ся противьникъ

Повѣсть времєньныхъ лѣтъ 651

88,8:

Laur: бу̃. | посем же въ .е̃. н д̃нь створн б̃ъ кнты н
Radz: бг̃ү. Посем же въ | е̃. д̃нь сотворн б̃ъ кнты. н
Acad: бг̃ү. | посем же. въ .е̃. д̃нь. сотворн б̃г кнты. н
Hypa: бу̃. посемъ же въ .е̃. д̃нь. | створн б̃ъ к‹н›ты н
Khle: бо̃у. посе̄ᴹ же въ е̃. д̃нь. створн б̃ъ кѵ|ты н
Comm: богу посем же въ пятыи день створи господь кыты и

Bych: Богу. Посем же въ 5 й день створи Богъ киты, и
Shakh: Богу. Посемь же въ пятыи дьнь сътвори Богъ кыты и
Likh: богу. Посем же въ 5-й день створи богъ киты, и
Ostr: Богу. Посемь же въ 5 дьнь сътвори Богъ киты и

88,9:

Laur: рыбы. | гады н птнца пєрнатыѧ.   въ .ѕ̃. н
Radz: рыбы. н гады. н птнца пє|рнатыа.   въ ѕ̃.
Acad: рыбы. н гады н птнца пєрнатыа.   въ .ѕ̃.
Hypa: гады. | н рыбы. н птнца пєрнаты|ѧ. н ꙁвѣрн н скоты н гады. | ꙁємныѧ. въ .ѕ̃.
Khle: гады. н рыбы н птнца пєрнатыа.   Въ ѕ̃. |
Comm: рыбы и гады птица пернатыи   в шестыи

Bych: рыбы, гады, и птица пернатыя. Въ 6-й
Shakh: рыбы и гады и пътица перьнатыя. Въ шестыи
Likh: рыбы, гады, и птица пернатыя. Въ 6-й
Ostr: гады и рыбы и пътица перьнатыя. Въ 6

88,10:

Laur: же д̃нь створн | б̃ъ ꙁвѣрн н скоты н гады ꙁємныѧ.
Radz: д̃нь сотворн б̃ъ. ꙁвѣрн н скоты н гады | ꙁємныѧ.
Acad: д̃нь сътво|рн б̃г ꙁвѣрн н скоты. н гады ꙁємныа.
Hypa: д̃нь ств|ᵒрн же б̃ъ
Khle: д̃нь сътворн б̃ъ, ꙁвѣрн н скоты. н гады ꙁ̄ᴹєныа. |
Comm: день створи богъ звѣри и скоты и гады земныя

Bych: же день створи Богъ звѣри, и скоты, и гады земныя;
Shakh: дьнь сътвори Богъ звѣри и скоты и гады земьныя;
Likh: же день створи богъ звѣри, и скоты, и гады земныя;
Ostr: дьнь сътвори Богъ звѣри и скоты и гады земьныя;

88,11:

Laur: створн же | н ѹлвка. въ .ꙁ̃. н же д̃нь почн
Radz: сътворн же н ѹлка. въ .ꙁ̃. д̃нь почн
Acad: сотво|рн же н ѹлвка. въ .ꙁ̃. д̃нь почн
Hypa: ѹлвка. въ .ꙁ̃. д̃нъ | почн
Khle: сътворн же б̃ъ н ѹлка. Въ ꙁ̃. д̃нь. почн
Comm: створи же и человѣка въ семыи же день почи

Bych: створи же и человѣка. Въ 7-й же день почи
Shakh: сътвори же и человѣка. Въ семыи же дьнь почи
Likh: створи же и человѣка. Въ 7-й же день почи
Ostr: сътвори же и человѣка. Въ 7 дьнь почи

88,12:

Laur: Бъ ѿ   дѣлъ своихъ. иӀӀже есть субота. и насади   [29ᵍ]
Radz: Бг҃ъ ѿ всѣˣ Ӏ дѣлъ свои. еже е҃ соубота. и насади
Acad: Бг҃ъ ѿ всѣˣ дѣлъ Ӏ своихъ. еже есть сꙋбота и насади
Hypa: Бъ ѿ   дѣлъ своихъ еӀже есть субота. и насади Ӏ
Khle: Бъ ѿ всѣˣӀ дѣ^ свои. еже е҃ сꙗбота. и наса^ди

Comm: богъ от дѣлъ своих еже есть субота и насади

Bych: Богъ отъ дѣлъ своихъ, иже есть субота. И насади
Shakh: Богъ отъ дѣлъ своихъ, еже есть субота. И насади
Likh: богъ от дѣлъ своихъ, иже есть субота. И насади
Ostr: Богъ отъ дѣлъ своихъ, еже есть субота. И насади

88,13:

Laur: Б҃ъ раи. на въстоцѣ въ еӀдемѣ.   въведе   ту
Radz: Б҃ъ раи на встоцѣ Ӏ въ едемѣ. и введе   тоу
Acad: Бг҃ъ раи Ӏ на въстоцѣ. въ едемѣ. и введе   тꙋ
Hypa: Б҃ъ раи на въстоци въ еӀдемѣ. и въведе б҃ ту
Khle: Б҃ъ раи на въстоцѣ Ӏ въ едемѣ. и въведе   тоу

Comm: богъ раи на въстоцѣ въ едемѣ и введе

Bych: Богъ раи на въстоцѣ въ Едемѣ, въведе ту
Shakh: Богъ раи на въстоцѣ въ Едемѣ, и въведе ту
Likh: богъ раи на въстоцѣ въ Едемѣ, въведе ту
Ostr: Богъ раи на въстоцѣ въ Едемѣ, и въведе ту

88,14:

Laur: ч҃лвка егоже созда. и заповѣда Ӏ ему ѿ древа всякого
Radz: ч҃лка егоже созда. и заповѣда Ӏ емоу ѿ всякого древа
Acad: ч҃лвка егоже Ӏ созда. и заповѣда емꙋ ѿ всякого древа
Hypa: ч҃л҃вка егоже созда. и запоӀвѣда ему ѿ древа всякого Ӏ
Khle: ч҃лка егоˣ създа. и заповѣӀда емоу ѿ древа всякого

Comm: человѣка егоже созда и заповѣда ему ясти от всякого

Bych: человѣка, егоже созда, и заповѣда ему отъ древа всякого
Shakh: человѣка, егоже съзьда. И заповѣда ему отъ древа вьсякого
Likh: человѣка, его же созда, и заповѣда ему от древа всякого
Ostr: человѣка, егоже съзьда. И заповѣда ему отъ древа вьсякого

88,15:

Laur: ꙗсти. ѿ древа же единного Ӏ не ꙗсти. еже   [50ᵛ]
Radz: ꙗсти. ѿ древа же единного не ꙗсти. ӀӀ еже
Acad: ꙗстї. Ӏ ѿ древа же единного не ꙗсти. еже
Hypa: ꙗсти. ѿ древа же едино Ӏ не ꙗсти. иже
Khle: ꙗсти. ѿ древа̋ единаᵍ Ӏ не ꙗсти. иже

Comm: древа а от древа же единаго не ясти еже

Bych: ясти, отъ древа же единого не ясти, еже
Shakh: ясти, отъ древа же единого не ясти, еже
Likh: ясти, от древа же единого не ясти, еже
Ostr: ясти, отъ древа же единого не ясти, еже

88,16:

Laur: есть разумѣти добру и злу. и бѣ адамъ в раи.
Radz: е҃ разоумѣти доброу и злꙋ. и бѣ адамъ в раи. | и
Acad: есть разꙋмѣ|ти добрꙋ и злꙋ. и бѣ адамъ в раи. и
Hypa: е҃ разумѣти | злу и добру. и бѣ адамъ | в раи. и
Khle: е҃ разоумѣти злоу и доброу. и бѣ | ада᷊мъ в раи. и

Comm: есть разумѣти добру и злу и бѣ адамъ в раи и

Bych: есть разумѣти добру и злу. И бѣ Адамъ в раи,
Shakh: есть разумѣти добру и зълу. И бѣ Адамъ в раи, и
Likh: есть разумѣти добру и злу. И бѣ Адамъ в раи,
Ostr: есть разумѣти добру и зълу. И бѣ Адамъ в раи, и

88,17:

Laur: видаше б҃а и славаше. егда англи слава᷊х. | и
Radz: видаше б҃а   славаше. егда аггли славахꙋ.   и
Acad: видаше | б҃га и славаше. егда англи славахꙋ.   и
Hypa: видаше б҃а и славаше. егда англи славаху б҃а. | и ѡнъ с ними. и
Khle: видаше б҃а и славлаше. еѓа аггли | славахꙋ б҃а, и ѡнь с ними. и

Comm: видяше бога   славяше егда же аггели славяху бога и онъ с ними такоже славляше бога и

Bych: видяше Бога и славяше, егда ангели славяху. И
Shakh: видяше Бога, и славляше; егда ангели славяху Бога, и онъ съ ними такоже славляше Бога. И
Likh: видяше бога и славяше, егда ангели славяху. И
Ostr: видяше Бога, и славляше; егда ангели славяху. И

88,18:

Laur: възложи б҃ъ на адамъ снъ. и оуспе адамъ. и
Radz: възложи | б҃ъ на адама сонъ. и оуспе адамъ. и
Acad: возло|жи б҃гъ на адама сонъ. и оуспе адамъ. и
Hypa: възложи | б҃ъ на адама сонъ. и оуспе | адамъ. и
Khle: възложи б҃ъ на адама сѡ. и оуспе ада᷊м, и

Comm: възложи богъ сонъ на адама и успе адамъ и

Bych: възложи Богъ на Адама сонъ, и успе Адамъ, и
Shakh: възложи Богъ на Адама сънъ, и усъпе Адамъ, и
Likh: възложи богъ на Адама сонъ, и успе Адамъ, и
Ostr: възложи Богъ на Адама сънъ, и усъпе Адамъ, и

88,19:

Laur: вза | бъ едино ребро оу адама. створи ему
Radz: вза бъ едино ребро | оу адама. и сотвори емȣ
Acad: вза | бгъ едино ребро оу адама. и сотвори емȣ
Hypa: взатъ бъ едино ребро оу адама. и стви | ему
Khle: взӑтъ бъ едино ребро оу адама, | и сътвори емоу

Comm: взя богъ едино ребро у адама и сътвори ему помощницю

Bych: взя Богъ едино ребро у Адама, и стври ему
Shakh: възя Богъ едино ребро у Адама, и сътвори ему
Likh: взя богъ едино ребро у Адама, и створи ему
Ostr: възя Богъ едино ребро у Адама, и сътвори ему

88,20:

Laur: жену. и въ|веде ю в раи ко адаму. и рӗ адамъ
Radz: женȣ. и приведӗ ко адамоу. и | рӗ адӑ̆м.
Acad: женȣ. | и приведе къ адамȣ. и рече адамъ.
Hypa: жену. и приведе ю къ | адаму. и рӗ адамъ
Khle: женоу, и приведе ю къ адамоу. | и рӗ адӑ̆м,

Comm: жену и приведе ю къ адаму и рече адамъ

Bych: жену, и въведе ю в рай ко Адаму; и рече Адамъ:
Shakh: жену, и приведе ю къ Адаму, и рече Адамъ:
Likh: жену, и въведе ю в рай ко Адаму, и рече Адамъ:
Ostr: жену, и приведе ю къ Адаму, и рече Адамъ:

88,21:

Laur: се кость ѿ кости | моеӕ а плоть ѿ плоти моеӕ.
Radz: се кость ѿ кости моеӕ. и плоть ѿ плоти моеӕ |
Acad: се кость ѿ | кости моеӕ. и плоть ѿ плоти моеӕ.
Hypa: се ко|сть ѿ кости моеӕ. и пло̆т ѿ плоти моеӕ. [35а]
Khle: се кость ѿ костин мои. и пло̆т ѿ плоти | моеӕ.

Comm: се кость от кости моея и плоть от плоти моея

Bych: се кость отъ кости моея, а плоть отъ плоти моея,
Shakh: "се, кость отъ кости моея и плъть отъ плъти моея,
Likh: "Се кость от кости моея, а плоть от плоти моея,
Ostr: "Се, кость отъ кости моея и плъть отъ плъти моея,

88,22:

Laur: си нарӗса жена. и н|рӗ. адамъ скотомъ и птицамъ
Radz: си нарӗса жона. и нау‹а› адамъ имена ското̆м. и
Acad: си наречеся. жена. и нарӗче адамъ имена скотомь. и
Hypa: си нарӗтся жена. и нарӗ адамъ име|на всѣмъ ското̆м. и
Khle: си нарӗтся жена. и нарӗ адӑ̆м имена всѣ̆м | ското̆м и

Comm: сиа наречется жена и нарече адамъ имена

Bych: си наречеся жена. И нарече Адамъ скотомъ и птицамъ
Shakh: си наречеться жена". И нарече Адамъ имена скотомъ и
Likh: си наречеся жена". И нарече Адамъ скотомъ и птицамъ
Ostr: си наречеть ся жена". И нарече Адамъ имена скотомъ и

88,23:

Laur: нм·ана. звѣремъ | и гадомъ. и самѣма
Radz: пт҃ца. | и звѣрẽ. и гадõ. и самѣма
Acad: птїцамь. и звѣремъ. и гадомъ. и самѣма
Hypa: пт҃ца. | и звѣрẽ. и самѣ|мема
Khle: пт҃ца и звѣрẽ и гадõ. и самѣма

Comm: звѣремъ и птицамъ и гадомъ а самѣма

Bych: имяна, звѣремъ и гадомъ, и самѣма
Shakh: пътицамъ и звѣрьмъ и гадомъ, и самѣма
Likh: имяна, звѣремъ и гадомъ, и самѣма
Ostr: пътицамъ и звѣрьмъ и гадомъ, и самѣма

88,24:

Laur: ан҃глъ повѣда им·ана. и по|кори б҃ъ адаму звѣри
Radz: аг҃глъ повѣда имена. и по|кори б҃ъ адамȣ. звѣри
Acad: ан҃глъ | повѣда имена. и покори б҃гъ адамȣ. звѣри |
Hypa: ан҃глъ повѣда име|ни. и покори б҃ъ адаму звѣ|ри
Khle: аг҃гль. повѣда имена. и покори б҃ъ адамоу sвѣри

Comm: аггелъ повѣда имена и покори богъ адаму скоты

Bych: ангелъ повѣда имяна. И покори Богъ Адаму звѣри
Shakh: ангелъ повѣда имени. И покори Богъ Адаму звѣри
Likh: ангелъ повѣда имяна. И покори богъ Адаму звѣри
Ostr: ангелъ повѣда имени. И покори Богъ Адаму звѣри

88,25:

Laur: и скоты. и ѡбладаше всѣ|ми. и послушаху его.
Radz: и скоти. и ѡбладаше всѣми | и послȣшахȣ е҃г.
Acad: и скоты. и ѡбладаше всѣми. и послȣшахȣ | его.
Hypa: и скоты. и ѡблаȃше всими. и послушаху его.
Khle: и ско|ты. и ѡбладаше ими всими. и послоушахж е҃г. |

Comm: и звѣры и птиця обладаше ими всѣми и послушаху его

Bych: и скоты, и обладаше всѣми, и послушаху его.
Shakh: и скоты, и обладаше вьсѣми, и послушаху его.
Likh: и скоты, и обладаше всѣми, и послушаху его.
Ostr: и скоты, и обладаше вьсѣми, и послушаху его.

88,26:

Laur: видѣвъ же дьяволъ яко по|чти б҃ъ ч҃лвка. възавидѣвъ
Radz: видѣв же дьаволъ. яко почти б҃ъ ч҃лка. | позавидѣвъ
Acad: видѣв же дїяволъ. яко почти б҃гъ ч҃лвка | позавидѣвь
Hypa: видѣ|въ же дьяволъ яко почти | б҃ъ ч҃лка. позавидѣвъ
Khle: Видѣв же дїаволь яко почти б҃ъ ч҃лка, позавидѣ̋ ||

Comm: видѣв же диявол яко почти и бог человѣка и възавидѣвъ

Bych: Видѣвъ же дьяволъ, яко почти Богъ человѣка, взавидѣвъ
Shakh: Видѣвъ же диявол, яко почьсти Богъ человѣка, възавидѣвъ
Likh: Видѣвъ же дьяволъ, яко почти богъ человѣка, възавидѣвъ
Ostr: Видѣвъ же диявол, яко почьсти Богъ человѣка, позавидѣвъ

88,27:

Laur: ему преѡбразнса въ | змню. и приде къ
Radz: ем8. преѡбразиͨ во змню. и прииде ко
Acad: ем8. преѡбразіса въ ꙃмїю. и прїиде къ
Hypa: е|му. преѡбразнса въ змню. и приде къ
Khle: емоу. преѡбразнса въ ꙃмїю. и прїиде къ   [39ᵛ]

Comm: ему преѡбрази ся во змию и приде къ

Bych: ему, преѡбразися въ змию, и приде къ
Shakh: ему, преѡбразися въ змию, и приде къ
Likh: ему, преѡбразися въ змию, и приде къ
Ostr: ему, преѡбрази ся въ змию, и приде къ

88,28:

Laur: евзѣ. и р҃е ен поүто не ꙗста ѿ д҇р҇ѣва сущаго
Radz: е|взе. и р҃е ен поүто не ꙗсть ѿ древа соущаго
Acad: евзѣ. и реүе ен поүто не ѣста ѿ древа || с8щаго   [44ᵛ]
Hypa: евзѣ и р҃е е|н поүто не ꙗста ѿ древа | сущаго
Khle: евввѣ. | и р҃е ен, поүто не ꙗста ѿ древа сѫщаго

Comm: евъзѣ и рече еи почто не яста от древа сущаго

Bych: Евзѣ, и рече ей: "почто не яста отъ древа, сущаго
Shakh: Евзѣ, и рече еи: "почьто не яста отъ древа, сущаго
Likh: Еввѣ, и рече ей: "Почто не яста от древа, сущаго
Ostr: Евзѣ, и рече еи: "Почьто не яста отъ древа, сущаго

88,29:

Laur: посредѣ раꙗ. и р҃е жена къ змин. р҃е б҃ъ не |
Radz: посреди раꙗ | и р҃е жена ко змнн. р҃е б҃гъ не
Acad: постреди раꙗ. и реүе жена ко ꙃмїн. реүе б҃ъ | не
Hypa: посредѣ раꙗ. и р҃е | жена къ змин. р҃е б҃ъ не
Khle: поср҇е҇д҇н раа | и р҃е жена къ ꙃмїн, р҃е б҃ъ не

Comm: посредѣ рая и рче евга ко змии сице бо заповѣда намъ богъ от

Bych: посредѣ рая?" И рече жена къ змиѣ: "рече Богъ: не
Shakh: посредѣ рая?" И рече жена къ змии: "рече Богъ: не
Likh: посредѣ рая?". И рече жена къ змиѣ: "Рече богъ: не
Ostr: посредѣ рая?" И рече жена къ змии: "Рече Богъ: не

88,30:

Laur: имата ꙗсти. а ли да оумрета с҇м҇ртью. и р҃е
Radz: имата ꙗсти. ащ҇е да оумрта | смртню. и р҃е
Acad: имата ꙗсти. аще ли да оумрета смртїю. | и реүе
Hypa: им|та ꙗсти ѡли да оумрета | смртью. и р҃е
Khle: имата ꙗсти, ѡли | да оумрета с҇м҇ртїю. и р҃е

Comm: всякого древа ꙗсти а еже есть посредѣ рая от того не ꙗсти

Bych: имата ясти, аще ли, да умрета смертью". И рече
Shakh: имата ясти; аще ли, да умьрета съмьртию". И рече
Likh: имата ясти, аще ли, да умрета смертью". И рече
Ostr: имата ясти; оли да умьрета съмьртью". И рече

Повѣсть временьныхъ лѣтъ

88,31:

Laur: ꙁмн҄ꙗ к женѣ см҃ртью не оумрета. вѣдаше бо
Radz: жена ко ꙁмнн. см҃ртью не оумрта. ведаше бо
Acad: ѕмїа к женѣ. см҃ртню не оумрета вндаше бо
Hypa: ꙁмнꙗ къ же|нѣ. смертью не оумрета. | вѣдаше бо
Khle: ѕмїа къ женѣ см҃ртїю | не оумрета. вѣдаше бо

Comm: аще ли снѣста смертию умрета и абие прельсти змиа по прельщении же

Bych: змия к женѣ: "смертью не умрета; вѣдяше бо
Shakh: змия къ женѣ: "съмьртию не умьрета; вѣдяше бо
Likh: змия к женѣ: "Смертью не умрета; вѣдяше бо
Ostr: змия къ женѣ: "Съмьртию не умьрета; вѣдяше бо

89,1:

Laur: б҃ъ ꙗк҃о | в онже д҃нь ꙗста ѿ него. ѿверꙁетасѧ
Radz: б҃ъ. ꙗко вънже ꙗсть ѿ него. ѿверꙁнтес҃
Acad: б҃гъ. ꙗко вънже ꙗсте ѿ него. ѿверꙁетесѧ
Hypa: б҃ъ ꙗко въ н҄же | д҃нь ꙗста ѿ него. ѿвѣрꙁоста|сѧ
Khle: б҃ъ. ꙗко въ н҄же д҃нь | ꙗста ѿ него. ѿврьꙁостасѧ

Comm: видяше бог в тои день иже снидоста от него и отверзостася

Bych: Богъ, яко в онже день яста отъ него, отверзетася   [86,24]
Shakh: Богъ, яко, въ ньже дьнь сънѣста отъ него, отъвьрзетася   [89,1]
Likh: богъ, яко в он же день яста от него, отверзетася   [62,27]
Ostr: Богъ, яко, въ ньже дьнь яста отъ него, отвьрзоста ся

89,2:

Laur: ѡчн ваю. н | будета ꙗко н б҃ъ раꙁумѣюще
Radz: <о>чню | ваю. н боудета ꙗко б҃ъ раꙁоумѣюща.
Acad: ѡ|чн ваю н бꙋдета ꙗко б҃гъ раꙁꙋмѣюща.
Hypa: ѡчн ваю. н будета ꙗко | б҃ъ раꙁумѣвающа
Khle: очн ваю. н бѫдета ꙗк҃ | б҃ъ раꙁоумѣюще

Comm: очи ваю и будета яко бог разумѣвающе

Bych: очи ваю, и будета яко и Богъ, разумѣюща
Shakh: очи ваю, и будета яко Богъ, разумѣвающа
Likh: очи ваю, и будета яко и богъ, разумѣюща
Ostr: очи ваю, и будета яко Богъ, разумѣвающа

89,3:

Laur: добро н ꙁло. н видѣ | жена ꙗко добро древо
Radz: добро н ꙁло. н видѣ жена ꙗко добро древо
Acad: добро | н ѕло. н видѣ жена ꙗко добро
Hypa: добро | н ꙁло. н видѣ жена ꙗко до|бро древо
Khle: добро н ѕло. н видѣ жена ꙗк҃ | добро древо

Comm: добро и зло и видѣ жена яко добро древо

Bych: добро и зло". И видѣ жена, яко добро древо
Shakh: добро и зъло". И видѣ жена, яко добро древо
Likh: добро и зло". И видѣ жена, яко добро древо
Ostr: добро и зъло". И видѣ жена, яко добро древо

89,4:

Laur: въ ꙗдь. и вземши снѣсть и вдасть мужю своему
Radz: въ снѣдь. и вземше снѣсть. и подасть моужю своемꙋ
Acad: во снѣдь. и вземъши снѣсть. и дасть мꙋжю своемꙋ
Hypa: въ ꙗдь. и вземыши жена снѣсть. и въдасть мужю своему.
Khle: въ ꙗдь. и възе̅шн жена сънѣсть. и вдасть мꙋжоу своемоу.

Comm: въ снѣдь и вземши снѣсть и дасть мужеви своему

Bych: въ ядь, и вземши снѣсть, и вдасть мужю своему,
Shakh: въ сънѣдь, и възьмъши, сънѣсть, и въдасть мужю своему,
Likh: въ ядь, и вземши снѣсть, и вдасть мужю своему,
Ostr: въ ядь, и възьмъши, сънѣсть, и въдасть мужю своему,

89,5:

Laur: и ꙗста. и ѿверзостаса очи има. и разумѣста
Radz: и ꙗста. и ѿверзоста̅с очи има. и разоумѣста
Acad: и ꙗста. и ѿверзостаса очи има. и разꙋмѣста
Hypa: и ꙗста и ѿвѣрзостаса очи има. и разумѣста
Khle: и ꙗдоста и ѿврьзо|стаса очи има. и разоумѣли

Comm: и оба ядоста и отврьзостася има очи и разумѣста

Bych: и яста, и отверзостася очи има, и разумѣста,
Shakh: и ядоста, и отъвьрзостася очи има. И разумѣста,
Likh: и яста, и отверзостася очи има, и разумѣста,
Ostr: и яста, и отвьрзоста ся очи има. И разумѣста,

89,6:

Laur: ꙗко нага еста. и съшиста листвнемь смоковьнымь
Radz: ꙗко нага еста. сожиста листви|емъ. смоковны̅
Acad: ꙗко нага еста. со<тво>риста листвїемь. смоковнымь
Hypa: ꙗко нага еста. и сшиста листвне̅ смоко|вьнымь.
Khle: ꙗко нага быста. и сшиста листвїе̅ смоковны̅

Comm: яко нага еста и съшиста листвие смоковное и

Bych: яко нага еста, и съшиста листвиемь смоковьнымь
Shakh: яко нага еста; и съшиста листвиемь смокъвьнымь
Likh: яко нага еста, и съшиста листвиемь смоковьнымь
Ostr: яко нага еста; и съшиста листвиемь смокъвьнымь

89,7:

Laur: препоꙗсанье. и рӗ б̅ъ проклѧта землѧ
Radz: препоꙗсание. и ре̅ б̅гъ проклѧта зем̂лѧ
Acad: препоꙗсанїе и рече б̅г̅ъ проклѧта землѧ
Hypa: препоꙗсанне и ре̅ б̅ъ проклѧта землѧ
Khle: препоꙗсанїемь. и рӗ б̅ъ проклѧта зе̅лѧ

Comm: и препоясание створиша и рече богъ проклята земля

Bych: препоясанье. И рече Богъ: "проклята земля
Shakh: препоясание. И рече Богъ: "проклята земля
Likh: препоясанье. И рече богъ: "Проклята земля
Ostr: препоясание. И рече Богъ: "Проклята земля

Повѣсть времеиьныхъ лѣтъ

89,8:

Laur: въ дѣлѣхъ твоӥ. и в печали ӥаси вса дни живота
Radz: в дѣлѣ̆ твои. и в печали ӥаси вса дни живота
Acad: в дѣлѣ̆ твоихъ. и в печали сїа вса дни живота
Hypa: въ дѣлехъ твоихъ. в печали ӥаси вса дни живота
Khle: въ дѣлѣ̆ твои. и въ печали ӥаси вса дни живота

Comm: в дѣлех твоих и в печалѣ яси вся дни живота

Bych: в дѣлѣхъ твоихъ, и в печали яси вся дни живота
Shakh: въ дѣлѣхъ твоихъ, и въ печали яси вься дьни живота
Likh: в дѣлѣхъ твоих, и в печали яси вся дни живота
Ostr: въ дѣлѣхъ твоихъ, и въ печали яси вься дьни живота

89,9:

Laur: своего. и рѣ̆ гь бъ̆ како про|стрета
Radz: твоего и рѣ̆ гь бъ̆ егда како прострета
Acad: твоӥего. рече бгъ еда како прострета
Hypa: твоӥе. и рѣ̆ гь бъ̆ егда како простре|та [35b]
Khle: твоего. и рѣ̆ гь бъ̆, еда како простре|та

Comm: твоего и рече богъ еда како просрета

Bych: своего". И рече Господь Богъ: "егда како прострета
Shakh: твоего". И рече Господь Богъ: "еда како простьрета
Likh: своего". И рече господь богъ: "Егда како прострета
Ostr: твоего". И рече Господь Богъ: "Еда како простьрета

89,10:

Laur: руку и возмета ѿ древа животьнаго. и живета
Radz: рѹкѹ. и възмета ѿ древа животнаго. и живета
Acad: рѹкѹ. и възъ|мета ѿ древа животнаго. и живета
Hypa: руку и возмета ѿ древа животнаго и живета
Khle: рѫкоу и възмета ѿ древа животнӑ и живета

Comm: руку и возмета от древа животънаго и живета

Bych: руку, и возмета отъ древа животьнаго, и живета
Shakh: руку, и възьмета отъ древа животьнаго, и живета
Likh: руку, и возмета от древа животьнаго, и живета
Ostr: руку, и възьмета отъ древа животьнаго, и живета

89,11:

Laur: въ вѣки. и изъ гь бъ̆ адама из раӥа. и
Radz: в вѣ̆. изгна гь бъ̆ адама из раӥа. и
Acad: в вѣкї. изгна гь бгъ адама из раа. и
Hypa: в вѣ̆. изъ|гна гь бъ̆ адама из раӥа. и
Khle: в вѣ̄кы, и изгна гь бъ̆ адама из раа и

Comm: в вѣкы и изгна господь богъ адама из рая и

Bych: въ вѣки"; и изъгна Господь Богъ Адама из рая. И
Shakh: въ вѣкы". И изгъна Господь Богъ Адама изъ рая. И
Likh: въ вѣки". И изъгна господь богъ Адама из рая. И
Ostr: въ вѣкы". И изгна Господь Богъ Адама изъ рая. И

89,12:

Laur: сѣ|де прямо нз раа плач<а>са. и дѣлаꙗ землю.
Radz: седа прямо раа плача͡с. и дѣлаа землю.
Acad: седа прямо раа | плачаса. и дѣлаꙗ землю.
Hypa: сѣ|де прямо раю плачаса и дѣлаꙗ землю.
Khle: сѣде прямо раю плачаса и дѣлаа землю.
Comm: сѣде прямо раю плачася и рыдая и дѣлая землю и прокля господъ богъ землю

Bych: сѣде прямо раа, плачася и дѣлая землю,
Shakh: сѣде прямо раю, плачася и дѣлая землю. И прокля Господь Богъ землю.
Likh: сѣде прямо раа, плачася и дѣлая землю,
Ostr: сѣде прямо раю, плача ся и дѣлая землю.

89,13:

Laur: и по|радовася сотона ѡ проклатьи землѧ. се на
Radz: и пор͡адвася сотона ѡ проклатии землѧ. се на
Acad: и порадовася сото|на ѡ проклатіи землѧ. се на
Hypa: и порадовася сата|на ѡ проклатьи землѧ. се на |
Khle: и по͡до͡рдвася сатана ѡ проклатіи землн. се на
Comm: и порадовася сатана о проклятьи земля се на

Bych: и порадовася сотона о проклятьи земля: се на
Shakh: И порадовася сотона о проклятии земля. Се на
Likh: и порадовася сотона о проклятьи земля. Се на
Ostr: И порадова ся сотона о проклятьи земля. Се на

89,14:

Laur: нꙑ | первое паденье и горкии ѿвѣтъ. ѿпаденье
Radz: ны первое па͡днне. и горкыи ѿвѣтъ. ѿпаденье
Acad: ны первое паденіе. горкыи ѿвѣтъ. ѿпаденіе
Hypa: ны пѣрвое падение горкыи ѿвѣтъ. ѿпадении
Khle: ны прьвое паденіе и горкыи ѿвѣ͡т. ѿпаденіа
Comm: ны прьвое отпадение и горкыи ответъ отпадение

Bych: ны первое паденье и горкий отвѣтъ, отпаденье
Shakh: ны пьрвое падение и горькыи отъвѣтъ, отъпадение
Likh: ны первое паденье и горький отвѣтъ, отпаденье
Ostr: ны пьрвое падение и горькыи отъвѣтъ, отъпадение

89,15:

Laur: ан҃гл҃ꙑ||скаго житьꙗ. роди адамъ каина и [29ᵛ]
Radz: аг҃гельскаго житьꙗ. | и роди ад͡а каина. и
Acad: ан҃гл҃скаго жи|тиа. и роди адамъ каина. и
Hypa: анлъ҃скаго житьꙗ. и роди ада͡мъ | каина и
Khle: аг҃гльска͡г | житіа. и р͡од а͡да͡м каина и

Comm: аггельскаго житиа и роди адамъ каина и

Bych: ангельскаго житья. Роди Адамъ Каина и
Shakh: ангельскаго жития. И роди Адамъ Каина и
Likh: ангельскаго житья. Роди Адамъ Каина и
Ostr: ангельскаго житья. И роди Адамъ Каина и

89,16:

Laur: авела. бѣ каинъ ратаи. а авель пастухъ.
Radz: авела. и бѣ каинъ ратаи. а аве͡л пастȣхъ ѡвца͡м.
Acad: авела. и бѣ каинъ | ратаи. а авель пастȣхъ ѡвцамъ.
Hypa: авела. и бѣ каинъ | ратаи. а авель пастȣ͡х.
Khle: авела. и бѣ каинь | ратаи. а авель пастоу͡х.

Comm: авеля и бѣ каинъ ратаи а авель пастухъ

Bych: Авеля; бѣ Каинъ ратай, а Авель пастухъ.
Shakh: Авеля; и бѣ Каинъ ратаи, а Авель пастухъ.
Likh: Авеля; бѣ Каинъ ратай, а Авель пастухъ.
Ostr: Авеля; и бѣ Каинъ ратаи, а Авель пастухъ.

89,17:

Laur: и несе каинъ ѿ пло|да земли къ бӯ. и не приӕ
Radz: и несе каинъ ѿ пло͡въ земны͡х к бг̄ȣ. и не | приӕ
Acad: и несе каинъ | ѿ плодовь земны͡х ко бг̄ȣ. и не прїа
Hypa: и не|се каинъ ѿ пло͡ земныхъ къ | бӯ. и не приӕ
Khle: и несе каинь ѿ пло͡ѡ | земны   бо̄у и не прїа

Comm: и принесе каинъ от плода земных къ богу и не прия

Bych: И несе Каинъ отъ плода земли къ Богу, и не прия
Shakh: И несе Каинъ отъ плодъ земныхъ къ Богу, и не прия
Likh: И несе Каинъ от плода земли къ богу, и не прия
Ostr: И несе Каинъ отъ плодъ земныхъ къ Богу, и не прия

89,18:

Laur: б̄ъ даровъ его. авель | же принесе ѿ агнець первенець.
Radz: б̄ъ даровъ е̄. авель же принесе ѿ агнець первенець. ||
Acad: б̄ъ даровь его. | авель же принесе ѿ агнець первенець.
Hypa: б̄ъ даровъ его. | а авель   принесе | ѿ агнець | первенець.
Khle: б̄ъ даровь его. а авель   принесе ѿ агнець пръвенець

Comm: богъ даровъ его авель же принесе   агнець пръвенець

Bych: Богъ даровъ его; Авель же принесе отъ агнець первенець,
Shakh: Богъ даровъ его; Авель же принесе отъ агньць пьрвеньць,
Likh: богъ даровъ его. Авель же принесе от агнець первенець,
Ostr: Богъ даровъ его; Авель же принесе отъ агньць пьрвеньць,

89,19:

Laur: и приӕ б̄ъ дары | аве͡леы. сотона же
Radz: и приа бг̄ъ дары авелевы. сотона же   [51ᵍ]
Acad: и прїа бг̄ъ | дары авелевы. сотона же
Hypa: и приӕ бъ̄ дары | авѣлевы. сотона же
Khle: и прїа бъ̄ дары авелевы. | сотана же

Comm: и прия богъ дары авелевѣ сатана же

Bych: и прия Богъ дары Авелевы. Сотона же
Shakh: и прия Богъ дары Авелевы. Сотона же
Likh: и прия богъ дары Авелевы. Сотона же
Ostr: и прия Богъ дары Авелевы. Сотона же

89,20:

Laur: влѣзе в каина и пострѣкаше | каина. оубити
Radz: влѣзе в каина. и | по̊страка каина оубити
Acad: влезе в каина. и по̊стре|ка каина оубити
Hypa: вълѣзе въ каина. и пострѣкаше | каина на оубииство
Khle: влѣзе в каина и пострѣкаше каиноу | оубити

Comm: влѣзе в каина и пострѣкаше каина и уби

Bych: влѣзе в Каина, и пострѣкаше Каина убити
Shakh: вълѣзе въ Каина, и пострѣкаше Каина убити
Likh: влѣзе в Каина, и пострѣкаше Каина убити
Ostr: вълѣзе въ Каина, и пострѣкаше Каина убити

89,21:

Laur: авеля. и ре̇ү каинъ   изидѣте на по|ле авелю.
Radz: авеля. и ре̇ү каинъ   авелю. поиди|вѣ на поле.
Acad: авеля. и рече каинъ. авелю. по|идиве на поле.
Hypa: авеле|во. и ре̇ү каинъ къ авелю. изидевѣ на поле.
Khle: авеля. и ре̇ү каинь къ авелю. изыдевѣ | на поле.

Comm: авеля рече же каинъ авелю поидевѣ на поле

Bych: Авеля; и рече Каинъ: "изидевѣ на поле" Авелю,
Shakh: Авеля. И рече Каинъ къ Авелю: "поидѣвѣ на поле";
Likh: Авеля. И рече Каинъ: "Изидевѣ на поле" Авелю,
Ostr: Авеля. И рече Каинъ Авелю: "Изидѣвѣ на поле";

89,22:

Laur: іако изидосте. въста
Radz: и послꙋша е̇г̇ авель. и іако изы̇ста и въста
Acad: и послꙋша его авель. іако изыдо||ста и въставъ   [45ᵍ]
Hypa: и іако изи|доша. въста
Khle: и іако изыдоша. и въста

Comm: и послуша его авель и бысть яко изидоста и абие въставши

Bych: и послуша его Авель, и яко изыдоста, въста
Shakh: и послуша его Авель. И яко изыдоста, въста
Likh: и послуша его Авель, и яко изыдоста, въста
Ostr: Яко изидоша, въста

89,23:

Laur: каинъ и хотѧш̇е | оубити и. и не оумаше како
Radz: ка|инъ и хотѧ оубити и. не оумѣаше. како бы
Acad: каинъ и хотѧ оубіти и не оу|мѣаше како
Hypa: каинъ и хотѧ|ше оубити и. не оумѣаше |
Khle: каиⁿ и хотѧше | оубити и и не оумѣаше

Comm: каинъ и хотяше убити и не умѣаше како

Bych: Каинъ, и хотяше убити и, и не умяше, како
Shakh: Каинъ, и хотяше убити и, и не умѣяше, како
Likh: Каинъ, и хотяше убити и, и не умяше, како
Ostr: Каинъ, и хотяше убити и, не умѣяше

89,24:

Laur: оубнтн н. н ре́ ему | сотона возмн камень н ударн
Radz: оубнтн. | н ре́ емў сотона. възмн камень н оударн.
Acad: оубнтн. н рече емў сотона. возмі | камень н оударн
Hypa: оубнтн н. н ре́ ему сотона. | возмн камень н оударн
Khle: оубнтн н, н ре́ емоу сатана | възмн каме́н оударн

Comm: убити и   рче   сатана вземъши камень   удари

Bych: убити и; и рече ему сотона: "возми камень и удари
Shakh: убити. И рече ему сотона: "възьми камень, и удари
Likh: убити и. И рече ему сотона: "Возми камень и удари
Ostr: убити и. И рече ему сотона: "Възьми камень, и удари

89,25:

Laur: н. възем ка|мень н оубн. н ре́ бъ канну кде
Radz: въземъ каме́|н оубн. н ре́ бъ каннў где
Acad: н. въземь камень н оубі н. н рече | бгъ каннў где
Hypa: н.   н | оубн авела. н ре́ бъ канну. | кде
Khle: н.   н оубн авела. н ре́ бъ каннў || где   [39ᵍ]

Comm: авеля и уби его и рече богъ каину где

Bych: и". Вземъ камень и уби и. И рече Богъ Каину: "кде
Shakh: и". И възьмъ камень, и уби и. И рече Богъ Каину: "къде
Likh: и". Вземъ камень и уби и. И рече богъ Каину: "Кде
Ostr: и". Камень възьмъ и уби и. И рече Богъ Каину: "Къде

89,26:

Laur: єсть брат твон. ѡн же ре́ єда стражь єсмь
Radz: ѐ бра твон. ѡн же ре́ єгда стра́жь єсмь
Acad: єсть братъ твон. ѡнъ же рече | єда стражь єсмь
Hypa: ѐ братъ твон. ѡнъ же ре́ | єда азъ стражь єсмь
Khle: ѐ бра твон, ѡн же ре́. єда азь стра́ есмь

Comm: есть брат твои онъ же рече еда азъ стражь есмь

Bych: есть братъ твой?" Онъ же рече: "еда стражь есмь
Shakh: есть братъ твои?" Онъ же рече: "еда азъ стражь есмь
Likh: есть братъ твой?". Онъ же рече: "Еда стражь есмь
Ostr: есть братъ твои?" Онъ же рече: "Еда азъ стражь есмь

89,27:

Laur: брату своему. н ре́ | бъ кровь брата твоего вопьєть
Radz: браў своемў.   кровь бра́ твоѐ въпнѐ
Acad: братў своемў [н рече бъ] кровь брата твоѥ|го вопїєть
Hypa: брату | моему. н ре́ бъ кровь брата | твоего въпнѐ
Khle: братў | своемоу. н ре́ бъ. крьвь брата твоего въпїєть |

Comm: брату моему и рече богъ къ каину се кровь брата твоего вопиеть

Bych: брату своему?" И рече Богъ: "кровь брата твоего вопьеть
Shakh: брату моему?" И рече Богъ: "кръвь брата твоего въпиеть
Likh: брату своему?". И рече богъ: "Кровь брата твоего вопьеть
Ostr: брату своему?" И рече Богъ: "Кръвь брата твоего въпиеть

89,28:

Laur: ко мнѣ. будеши стена и трасаса до
Radz: ко мнѣ | боуши стона и трасынса до
Acad: ко мнѣ. бꙋдеши стона и трасынса до
Hypa: къ мнѣ. буди стона и трасыса. до
Khle: къ мнѣ. бꙋди стона и трасаса и до

Comm: ко мнѣ и будеши стеня и трясыйся до

Bych: ко мнѣ, будеши стеня и трясыйся до
Shakh: къ мънѣ, будеши стеня и трясася до
Likh: ко мнѣ, будеши стеня и трясыйся до
Ostr: къ мънѣ, буди стоня и трясыи ся до

89,29:

Laur: живота. своего. адамъ | же и евга плачющаса
Radz: живота своег. адам же | и евга плачющес
Acad: живота своего. адамъ же и евга плачющинса.
Hypa: живота своег. адамъ же и евга плачющаса
Khle: живота своего. адамъ же и евва плачющаса

Comm: живота своего адам же и евъга плачющася

Bych: живота своего". Адамъ же и Евга плачющася
Shakh: живота своего". Адамъ же и Евга плачющася
Likh: живота своего". Адамъ же и Евга плачющася
Ostr: живота своего". Адамъ же и Евга плачюща ся

89,30:

Laur: бѣста. и дьяволъ радовашес рька. се егоже
Radz: бѣста. а дьяволъ раваше рег. се еже
Acad: бѣста дїаволъ радовашеса река. се егоже
Hypa: бѣста. и дьяволъ радовашеса рекъ. сегоже   [35c]
Khle: бѣста. и дїаволъ радовашеса рекъ. се егоже

Comm: зѣло и диаволъ радовашеся рекъ се егоже

Bych: бѣста, и дьяволъ радовашеся, рька: "се, егоже
Shakh: бѣста, и диаволъ радовашеся, рекъ: "се, егоже
Likh: бѣста, и дьяволъ радовашеся, рька: "Се, его же
Ostr: бяста, и диаволъ радоваше ся, рекъ: "Се, егоже

90,1:

Laur: бъ поути аз створи ему ѿпасти ба. и
Radz: б | поути. а азъ сотвори емꙋ ѿпасти ѿ ба. и
Acad: бъ поути. а азъ сотвори емꙋ ѿпасти ѿ бга. | и
Hypa: бъ поути. азъ створи ему ѿпасти ѿ ба. и
Khle: бъ поути. азъ сътвори емоу ѿпасти ѿ ба. и

Comm: богъ створи и почти азъ створихъ ему отпасти от бога а

Bych: Богъ почти, азъ створихъ ему отпасти Бога, и   [87,22]
Shakh: Богъ почьсти, азъ сътворихъ ему отъпасти отъ Бога, и   [110,9]
Likh: богъ почти, азъ створил ему отпасти бога, и   [63,16]
Ostr: Богъ почьсти, азъ сътворихъ ему отъпасти отъ Бога, и

Повѣсть времеиьныхъ лѣтъ 665

90,2:

Laur: се нынѣ плачь ему налѣзохъ. и пла|кастася по
Radz: се н̃нѣ плачеͨ | емȣ налѣзх̽. и плакастаͨ по
Acad: се н̃нѣ плачь емȣ налезо̽. и плакастася по
Hypa: се н̃нѣ пла̑чь ему нал<ожи>х̽. и плакаста|ся по
Khle: се н̃нѣ плау̑ емоу налѣзѿх. | и плакастася по

Comm: се нынѣ плачь ему налѣзохъ и плакастася по

Bych: се нынѣ плачь ему налѣзохъ". И плакастася по
Shakh: се, нынѣ плачь ему налѣзохъ". И плакастася по
Likh: се нынѣ плачь ему налѣзохъ". И плакастася по
Ostr: се, нынѣ плачь ему налѣзохъ". И плакаста ся по

90,3:

Laur: авели. лѣͭ .л̄. и не съгни тѣло его. и | не оумяста
Radz: авели .л̄. лѣͭ и не согни тѣ|ло е҃. и не оумѣста
Acad: аве|ли .л̄. лѣͭ и не согни тѣло его. и не оумѣста
Hypa: авѣлѣ. лѣͭ л̄. и не сг̑ни тѣло его. и не оумѣста |
Khle: авели. лѣͭ л̄. и не съгни тѣло его | и не оумѣаста

Comm: авелѣ лѣто едино и не съгни тѣло его и не умяста

Bych: Авели лѣтъ 30, и не съгни тѣло его; и не умяста
Shakh: Авели лѣтъ 30, и не съгни тѣло его; и не умѣяста
Likh: Авели лѣт 30, и не съгни тѣло его; и не умяста
Ostr: Авели лѣтъ 30, и не съгни тѣло его; и не умѣста

90,4:

Laur: его погрести. и повелѣньемъ Б<ж҃>мь |
Radz: еͬ погрести. и повелѣннеͫ б̄жьиͫ.
Acad: его | погрести. и повелѣнїемъ бж҃иимъ.
Hypa: погрести его. и повелѣньемъ б҃иимъ
Khle: погрести его. и повеленїёͫ бж҃иͫ |

Comm: его погрести и повелѣниемъ божиимъ

Bych: его погрести, и повелѣньемъ Божьимь
Shakh: его погрести. И повелѣниемь Божиемь
Likh: его погрести. И повелѣньемь божьимь
Ostr: погрети его. И повелѣниемь Божиемь

90,5:

Laur: птенца .в҃. прилетѣста. едии ею оумре. едиͭ |
Radz: пте|нца .в҃. прилетѣста. и едино ёю оумре. и единъ
Acad: птнца .в҃. прилетѣста и единъ ею оумре. и единъ
Hypa: птенца два | прилетѣста. единъ ею оу|мре. и единъ
Khle: два птеͭца прилетѣста, и единь ею оумре. и едиͭн |

Comm: птенца два прилетѣста единъ ею умре и единъ

Bych: птенца 2 прилетѣста, един ею умре, единъ
Shakh: пътеньца дъва прилетѣста: единъ ею умьре, единъ
Likh: птенца 2 прилетѣста, един ею умре, единъ
Ostr: пътеньца дъва прилетѣста, единъ ею умьре, и единъ

90,6:

Laur: же нскопа ıаму. н вложн оумр͞шаго н погребе |
Radz: ею нско|па амȣ н вложн оумершаго. н погребе.
Acad: ею | нскопа ıамȣ. н вложн оумершаго. н погребе
Hypa: же нскопа ıа|му. вложн оумершаго н по|гребе.
Khle: же нскопа ıамоу в҇ложн оумершаⷢ н погребе.

Comm: ископа яму и вложи умершаго и погребе

Bych: же ископа яму, и вложи умершаго, и погребе
Shakh: же ископа яму, и въложи умьръшаго, и погребе.
Likh: же ископа яму, и вложи умершаго, и погребе
Ostr: же ископа яму, въложи умьръшаго, и погребе.

90,7:

Laur: н. вндѣвша же се адамъ н евга. нскопаста
Radz: вндѣвше же | се адамъ н евга. нскопаста
Acad: н. | вндѣвше же се адамъ н евга. нскопаста
Hypa: вндѣвша же се ада|мъ н евга. нскопаста
Khle: вндѣ|вшн же се адаⷨ н евва. нскопаста

Comm: и видѣвше же се адамъ и евга ископаста

Bych: и. Видѣвша же се Адамъ и Евга, ископаста
Shakh: Видѣвъша же се Адамъ и Евга, ископаста
Likh: и. Видѣвша же се Адамъ и Евга, ископаста
Ostr: Видѣвъша же се Адамъ и Евга, ископаста

90,8:

Laur: ıа|му н вложнста авелıа. н погребоста   съ
Radz: ıамȣ н вложнста авел<а>. | н погребоста   со
Acad: ıамȣ | н вложнста авелıа. н погребоста н съ
Hypa: ему. | н вложнста авелıа. н погребо|ста н с
Khle: ıамоу н вложн|ста авелıа. н погребоста н съ

Comm: яму и вложиша авеля и погребоста   с

Bych: яму, и вложиста Авеля, и погребоста и съ
Shakh: яму, и въложиста Авеля, и погребоста съ
Likh: яму, и вложиста Авеля, и погребоста и съ
Ostr: яму, и въложиста Авеля, и погребоста и съ

90,9:

Laur: плачемъ. | бъıв же адамъ. лѣⷮ .с. н .л.   родн
Radz: плачеⷨ бъıвше адамъ. лѣⷮ .с҇. н .л. н родн |
Acad: плачемъ. | бъıвше адамь. лѣⷮ .с҇. н .л. н родн
Hypa: плачеⷨ. бъıⷭ же адамъ | лѣⷮ .с҇л. родн
Khle: плачеⷨ. бъıⷭ же адаⷨ лѣⷮ. | с҇о. н л. рⷣоⷡⷩ

Comm: плачемъ бывши же Адамъ лѣт 200 и 30 и роди

Bych: плачемъ. Бывъ же Адамъ лѣтъ 200 и 30 роди
Shakh: плачьмь. Бывъ же Адамъ лѣтъ 200 и 30, и роди
Likh: плачемъ. Бывъ же Адамъ лѣтъ 200 и 30 роди
Ostr: плачьмь. Бысть же Адамъ лѣтъ 200 и 30 роди

90,10:

Laur: сифа. и .в҃. тщери | и поѧ едину каинъ. а другую
Radz: сифа. и в҃. дщери. и поꙗ едн҃у каинъ. а другую
Acad: сифа и .в҃. дщери. и поꙗ единꙋ каинъ. а другꙋю
Hypa: сифа. и .в҃. дще҇ри. и поѧ едину каинъ а | другую
Khle: сифа и двѣ дъщери. и поѧ едноу кан҃ | а дроугою

Comm: сифа и двѣ дщери и поѧ едину каинъ а другую

Bych: Сифа и 2 дщери, и поя едину Каинъ, а другую
Shakh: Сифа и дъвѣ дъщери; и поя едину Каинъ, а другую
Likh: Сифа и 2 дщери, и поя едину Каинъ, а другую
Ostr: Сифа и 2 дъщери; и поя едину Каинъ, а другую

90,11:

Laur: сифъ. и ѿ того ч҃лв҃ци | расплодишасѧ и
Radz: си҇. ѿ то҇ | росплодиша ч҃лци. и
Acad: сифъ. ѿ то|го росплодишасѧ ч҃лвци. и
Hypa: сифъ. и ѿ того ч҃лов҃ѣци расплодиша҇
Khle: сифь. и ѿ того ч҃лци распло҇дѣиша҇

Comm: сиф и от тѣх человѣци расплодишасѧ и

Bych: Сифъ, и отъ того человѣци расплодишася и
Shakh: Сифъ. И отъ тою человѣци расплодишася, и
Likh: Сифъ, и от того человѣци расплодишася и
Ostr: Сифъ. И отъ того человѣци расплодиша ся,

90,12:

Laur: оумножишасѧ по земли. и | не познаша створьшаго
Radz: оумножисѧ по земли. и не позна|ша сотворшаго.
Acad: оумножисѧ по землі. | и не познаша сотворшаго.
Hypa: по земли. | и не познаша створшаго
Khle: по з҃емли. | и не познаша сътворшаго и҇.

Comm: умножишасѧ по земли и не познаша створъшаго

Bych: умножишася по земли; и не познаша створьшаго
Shakh: умъножишася по земли. И не познаша сътворьшаго
Likh: умножишася по земли. И не познаша створьшаго
Ostr: умъножиша ся по земли. И не познаша сътворьшаго

90,13:

Laur: ѧ. исполнишасѧ блу|да и всакоѧ нечистоты.
Radz: и исполниша҇ блуда и всакого скаре҇да. |
Acad: и исполнишасѧ блу|да. и всакого скаредиѧ.
Hypa: ѧ. | исполнишасѧ блуда. и вса|кого скардѣѧ.
Khle: и исполниша҇ блоуда | и всакаго скаредїа.

Comm: ѧ исполнишасѧ блуда и скаредьѧ всѧкого

Bych: я, исполнишася блуда, и всякоя нечистоты,
Shakh: я, нъ испълнишася блуда и вьсякого скаредия
Likh: я, исполнишася блуда, и всякоя нечистоты,
Ostr: я, нъ испълниша ся блуда и вьсякого скаредия

90,14:

Laur: и оубииства. и завивн|сти.　　жнвахү
Radz: и оубонства. и завнсти. и жнвахȣ
Acad: и оубїиства. и завн|сти. и жнвахȣ
Hypa: и оубинств҇а | и завнсти. и жнвахү
Khle: и оубїнства и завнсти. и | жнвахѫ

Comm: и убииства и зависти и живяху

Bych: и убийства и зависти, живяху
Shakh: и убийства и зависти, и живяху
Likh: и убийства и зависти, живяху
Ostr: и убииства и зависти, и живяху

90,15:

Laur: скотьскн ҁл҃вцн.　бѣ нон еднн҃ъ | праведен҃ъ в родѣ
Radz: скотьскн ҁл҃вцн | и бѣ ни еднн҃ъ праведен҃ъ в родѣ
Acad: скотьскн ҁл҃вцн. н бѣ ни еднн҃ъ праведен҃ъ в роде
Hypa: ско|тьскы ҁл҃вцн. н бѣ нои едн҃н҇ъ праведен҃ъ в родѣ
Khle: скѻ҇ски ҁл҃цн. н бѣ нон праведе҇н҃ еднн҃ъ въ | родѣ

Comm: скотскы человѣци и бѣ нои единъ праведенъ в родѣ

Bych: скотьски человѣци. Бѣ Ной единъ праведенъ в родѣ
Shakh: скотьскы человѣци. И бѣ Нои единъ правьдьнъ въ родѣ
Likh: скотьски человѣци. Бѣ Ной единъ праведенъ в родѣ
Ostr: скотьскы человѣци. И бѣ Нои единъ правьдьнъ въ родѣ

90,16:

Laur: семь.　　　　　и родн .г҃. сн҃ы. снма. ха|ма. афета. и
Radz: семъ. токмо еднн҃ъ нон. | и родн .г҃. сн҃ы. снма.　афета. хама. и
Acad: семь. токмо еднн҃ъ нон. | и родн .г҃. сн҃ы. снма.　афета. хама. и
Hypa: семь. |　　　　　и родн .г҃. сн҃ы. снма. хама. | афета. и
Khle: се҇м.　　　　　и р҃ѡ҇д҃н .г҃. сн҃ы. снма. хама. и афета. и

Comm: томъ　　　и роди 3 сыны сима хама иафета и

Bych: семь, и роди 3 сыны: Сима, Хама, Афета. И
Shakh: семь, и роди три сыны: Сима, Хама и Афета. И
Likh: семь. И роди 3 сыны: Сима, Хама, Афета. И
Ostr: семь, и роди 3 сыны: Сима, Хама, Афета. И

90,17:

Laur: ре҇ч б҃ъ но нмать д҇х҃ъ̑ мон пребыватї | в ҁл҃вцхъ.
Radz: ре҇ч б҃ъ не нмать д҇х҃ъ | мон пребыватн въ ҁл҃вцѣ҇х сн҇х.
Acad: рече б҃г не || нмать д҇х҃ъ мон пребыватн въ ҁл҃вцехъ сн҇хъ. |　　　　　　　　　　　　　　　[45ᵛ]
Hypa: ре҇ч б҃ъ не нмать пре|быва҇т д҇х҃ъ мон въ ҁл҃вцехъ. |
Khle: ре҇ч б҃ъ. | не нма҇т пребыватн д҇х҃ъ мон въ ҁл҃цѣ҇х.

Comm: рече господь богъ не имат духъ мои пребывати въ человѣцѣхъ сих

Bych: рече Богъ: "не имать духъ мой пребывати в человѣцѣхъ",
Shakh: рече Богъ: "не имать духъ мои пребывати въ человѣцѣхъ сихъ";
Likh: рече богъ: "Не имать духъ мой пребывати в человѣцѣхъ",
Ostr: рече Богъ: "Не имать пребывати духъ мои въ человѣцѣхъ";

90,18:

Laur: и ре̅ᷘ да потреблю егоже створихъ ѿ ч҃лвк̅ᷓ ‖ до   [30ᴦ]
Radz: и ре̅ᷘ да потреблю ч҃лвка. ǀ егоже сотвори̅ˣ. ѿ ч҃лка и до
Acad: и рече да потреблю ч҃лвка. егоже сотворихъ. ѿ ǀ ч҃лвка и до
Hypa: и ре̅ᷘ да попотреблю ч҃лвка е|гоже сотвори̅ˣ. ѿ ч҃лвка до ǀ
Khle: и ре̅ᷘ. да потре|блю ч҃лка егоже сътвори̅. ѿ ч҃лка и до

Comm: и рече да потреблю   от человѣка до

Bych: и рече: "да потреблю, егоже створихъ, отъ человѣка до
Shakh: и рече: "да потреблю, егоже сътворихъ, отъ человѣка до
Likh: и рече: "Да потреблю, его же створихъ, от человѣка до
Ostr: и рече: "Да потреблю, человѣка егоже сътворихъ, отъ человѣка до

90,19:

Laur: скота. и ре̅ᷘ г̅ᷟ б҃ъ ноеви. створи ковчегъ в долготу ǀ
Radz: скота. ре̅ᷘ г̅ᷟ б҃ъ ное|ви. сотвори ковчегъ в долготоу
Acad: скота. и рече г̅ᷟ б҃гъ ноеви. сотвори ǀ ковчегъ в долготȣ
Hypa: скота. и ре̅ᷘ б҃ъ ноеви. ств̊|ри ковчегъ. в долготу
Khle: скота. и ре̅ᷘ ǀ б҃ъ ноеви. сътвори ковчегъ, въ д̅ᷓлготоу

Comm: скота и рече господь богъ ноеви створи ковчегъ в долготу

Bych: скота". И рече Господь Богъ Ноеви: "створи ковчегъ в долготу
Shakh: скота". И рече Господь Богъ Ноеви: "сътвори ковьчегъ въ дьлготу
Likh: скота". И рече господь богъ Ноеви: "Створи ковчегъ в долготу
Ostr: скота". И рече Господь Богъ Ноеви: "Сътвори ковьчегъ въ дълготу

90,20:

Laur: локотъ .т̅. а в ширину .п̅. а възвышне
Radz: локотъ .т̅. а в ширинȣ .п̅. а възвыше.
Acad: локоть .т̅. а вь ширинȣ .п̅. ǀ а възвыше
Hypa: ла|котъ .т̅. а в широту .н̅. а ‖ възвыше   [35d]
Khle: лако̅ᵀ т̅ ǀ а в широтоу .н̅. а възвы̅ᷳ,

Comm: 300 лакот а в ширину 50 а высоту

Bych: локотъ 300, а в ширину 80, а возвыше
Shakh: лакътъ 300, а въ ширину 50, а възвыше
Likh: локоть 300, а в ширину 80, а възвыше
Ostr: лакътъ 300, а въ ширину 50, а възвыше

90,21:

Laur: .л̅. локотъ ǀ ибо локтемъ сажень зовуть. дѣлаему
Radz: л̅. локотъ. егоуптѧ бо локтемъ сажень зовȣ. дѣ|лаемоу
Acad: .л̅. локоть. егупти бо локтемъ ǀ сажень зовȣть. дѣлаемȣ
Hypa: .л̅. лако̅ᵀ. егупьтѣ ǀ бо локтемъ сажен зову|ть. дѣлаему
Khle: л̅. лако̅ᵀ. егѵпти бо локте̅ᴹ ǀ саже̅ᴺ зовоу̅ᵀ. дѣлаемоу

Comm: 30 лакот египътяни бо локтемъ сажень зовут дѣлаему

Bych: 30 локотъ"; ибо локтемъ сажень зовуть. Дѣлаему
Shakh: 30 лакътъ"; Егупьти бо лакътьмь сяжень зовуть. Дѣлаему
Likh: 30 локотъ": египти бо локтемъ сажень зовуть. Дѣлаему
Ostr: 30 лакътъ"; Егупьти бо локътьмь сажень зовуть. Дѣлаему

90,22:

Laur: же ковчегу. | за .р̅. лѣ̃т. и повѣдаше
Radz: же ковчегоу за .р̅. лѣ̃т и повѣдаша
Acad: же ковчегȣ за .р̅. лѣ̃т. | и повѣдаше
Hypa: же ковчегу | за .р̅. лѣ̃т. и повѣдаше
Khle: же ковчегоу за .р̅. лѣ̃т. и по|вѣдаше

Comm: же ковчегу за 100 лѣт и повѣдаша

Bych: же ковчегу за 100 лѣтъ, и повѣдаше
Shakh: же ковьчегу за 100 лѣтъ, и повѣдаше
Likh: же ковчегу за 100 лѣт, и повѣдаше
Ostr: же ковьчегу за 100 лѣтъ, и повѣдаше

90,23:

Laur: нои. ꙗко быти потопу. и посмѣ|хаху̇са ему.
Radz: нои ꙗко быти | потопȣ. и посмиꙗхоуса емȣ. и
Acad: нои ꙗко быти потопȣ. и посмѣха|хȣса емȣ и
Hypa: но|и ꙗко быти потопу. посм̃ѣхахуса ему. егда и
Khle: нои ꙗко быти потопоу. посмѣхажса | емоу. и

Comm: нои яко быти потопу и посмѣяхуся ему

Bych: Ной, яко быти потопу, и посмѣхахуся ему.
Shakh: Нои, яко быти потопу, и посмѣхахуся ему.
Likh: Ной, яко быти потопу, и посмѣхахуся ему.
Ostr: Нои, яко быти потопу, посмѣхаху ся ему.

90,24:

Laur: егда сдѣла ковчег. и ре̃ч г̃ь ноеви въ|лѣзи
Radz: егда содѣла ковчегъ. ‖ и ре̃ч г̃ь ноеви. влѣзи [51ᵛ]
Acad: егда̀ содѣла ковчегъ. и рече г̃ь ноеви. влѣзи
Hypa: егда сдѣ|ла ковчег. ре̃ч г̃ь б̃ъ ноеви. | влѣзи
Khle: егда̀ съдѣла ковчегъ. и ре̃ч б̃ъ ноеви. влѣзи |

Comm: егда же сдѣла ковчегъ и глагола господь богъ ноеви влѣзѣ

Bych: Егда сдѣла ковчег, и рече Господь Ноеви: "вълѣзи
Shakh: Егда же съдѣла ковьчегъ, рече Господь Богъ Ноеви: "вълѣзи
Likh: Егда сдѣла ковчегъ, и рече господь Ноеви: "Вълѣзи
Ostr: Егда съдѣла ковьчегъ, и рече Господь Богъ Ноеви: "Вълѣзи

90,25:

Laur: ты и жена твоꙗ и с̃нве твои и снохи твои.
Radz: ты. и жена твоꙗ. и с̃нве твои. и | снохи твои. и
Acad: ты и жена твоа. и с̃нве твои. и сно|хи твои. и
Hypa: ты и жена твоꙗ. и | с̃нве твои. и снохы твоꙗ. | и
Khle: ты и жена твоа и с̃нове твои. и снохи твоа, и

Comm: ты в ковчегъ и жена твоя и сынове твои и снохи твои и

Bych: ты, и жена твоя, и сынове твои, и снохи твои, и
Shakh: ты и жена твоя и сынове твои и снѣхы твоя; и
Likh: ты, и жена твоя, и сынове твои, и снохи твои, и
Ostr: ты и жена твоя и сынове твои и снѣхы твоя; и

Повѣсть времєньныхъ лѣтъ

90,26:

Laur: въ|ведн к собѣ по двоєму. ѿ всѣ˟ скотъ н ѿ всѣ˟
Radz: введн к собѣ по двоємȣ ѿ всѣ˟ скотъ. н | ѿ
Acad: введн к собѣ по двоємȣ ѿ всѣ˟ ско|тъ. н ѿ
Hypa: въведн ѧ к сєбѣ. по двоѥму ѿ всѣ˟
Khle: въвє|ᴬⁱ а къ сєбѣ. н по двоємоу ѿ всѣ˟

Comm: введи съ собою по двое от всѣхъ скотъ и от

Bych: въведи к собѣ по двоему отъ всѣхъ скотъ, и отъ всѣхъ
Shakh: въведи къ собѣ по дъвоему отъ вьсѣхъ скотъ и отъ вьсѣхъ
Likh: въведи к собѣ по двоему от всѣх скотъ, и от всѣх
Ostr: въведи къ себѣ по дъвоему отъ вьсѣхъ скотъ и отъ

90,27:

Laur: птнць. н | ѿ всѣ˟ гадъ. н въведе нон ӕже заповѣда
Radz: птнць. н ѿ всѣ˟ га̇. ᴬ н введе нон ӕкоже заповѣда
Acad: птнць. н ѿ всѣ˟ гадъ. н введе нон ӕко | заповѣда
Hypa: гадъ. н въве|де нон ӕко ж̄ заповѣда
Khle: га̇, ско̇ⁿ н птнць. ‖ н въведе нон ӕко ж̄ заповѣда [39ᵛ]

Comm: птиць и от всѣх гад и введе нои якоже заповѣда

Bych: птиць и отъ всѣхъ гадъ"; и въведе Ной, яже заповѣда
Shakh: пътиць и отъ вьсѣхъ гадъ". И въведе Нои, якоже заповѣда
Likh: птиць и от всѣх гадъ". И въведе Ной, яже заповѣда
Ostr: пътиць и отъ вьсѣхъ гадъ". И въведе Нои, якоже заповѣда

90,28:

Laur: ему б҃ъ. на|ведє б҃ъ потопъ на землю.
Radz: емȣ | б҃гъ. н наведе б҃гъ потопъ на землю. н
Acad: емȣ б҃гъ. н наведе б҃гъ потопъ на зє|млю н
Hypa: ему | б҃ъ. н наведе б҃ъ потопъ на | землю. н
Khle: емоу б҃ъ. н наведе б҃ъ по|топъ на зє̇ᵐлю. н

Comm: ему богъ и наведе богъ потопъ на землю и

Bych: ему Богъ. Наведе Богъ потопъ на землю,
Shakh: ему Богъ. И наведе Богъ потопъ на землю, и
Likh: ему богъ. Наведе богъ потопъ на землю,
Ostr: ему Богъ. И наведе Богъ потопъ на землю, и

90,29:

Laur: потопе всака плоть н | ковчегъ плаваше на
Radz: потопе всака пло̇ᵀ н ковчегъ плаваше на
Acad: потопе всака плоть. н ковчегъ плава|ше на
Hypa: потопе всака | пло̇. н ковчегъ плаше на |
Khle: потопе всака пло̇ᵀ. н ковчегъ пла|ваше на

Comm: потопе всяка плоть а ковчегъ плаваше на

Bych: потопе всяка плоть, и ковчегъ плаваше на
Shakh: потопе вьсяка плъть; и ковьчегъ плаваше на
Likh: потопе всяка плоть, и ковчегъ плаваше на
Ostr: потопе вьсяка плъть; и ковьчегъ плаваше на

90,30:

Laur: водѣ. | егда же посяче вода.   нзлѣзе ノон н
Radz: водѣ. еѓда же посяче вода. н нзлѣ|зе ノон. н
Acad: водѣ. еѓ҇а же посяче вода. н нзлѣзе ノон. | н
Hypa: водѣ. егда же посяче во|да.   нзлѣзе ノон н
Khle: водѣ. еѓ҇а же посяче вода.   нзлѣзе ノон н |

Comm: водѣ егда же иссяче вода и излѣзе ノои и

Bych: водѣ; егда же посячe вода, излѣзе Ной, и
Shakh: водѣ. Егда же посяче вода, излѣзе Нои и
Likh: водѣ. Егда же посяче вода, изълѣзе Ной, и
Ostr: водѣ. Егда же посяче вода, излѣзе Нои и

91,1:

Laur: с͞нве его. н жена его. ѿ снх҇ распло|д҇н землꙗ.
Radz: с͞нве е҇. н жена е҇. н ѿ с͞н рас҇плоднсꙗ землꙗ.
Acad: с͞нве его. н жена его. н ѿ с͞н рас҇плоднсꙗ землꙗ. |
Hypa: с͞нве его. | н жена его. н ѿ с͞нх҇ распл͡д҇н землꙗ.
Khle: с͞нове его. н жена его. н ѿ с͞н рас҇пл҇ѽсꙗ з҇елꙗ.

Comm: сынове его и жена его и от сих расплодися земля

Bych: сынове его и жена его; отъ сихъ расплодися земля.   [88,23]
Shakh: сынове его и жена его; и отъ сихъ расплодися земля.   [111,18]
Likh: сынове его и жена его. От сихъ расплодися земля.   [64,4]
Ostr: сынове его и жена его. И отъ сихъ расплоди ся земля.

91,2:

Laur: н бы҇ша ул͞вцн мнозн   едн҇ногл͞снн. н рѣ|ша
Radz: н бы|ша ул͞вцн мнозн. н едн҇ногл͞снн. н рѣша
Acad: н бы҇ша ул͞вцн мнозн. н едн҇ногл͞снн. н рѣша
Hypa: н бы҇ша ул͞вцн | мнозн. н едн҇ногласнн.   рѣша
Khle: н бы҇ша | ул͞цн мnѡзн. н едн҇ногл͞анн. н рѣша

Comm: и быша человѣци мнози и единогласни и рѣша

Bych: И быша человѣци мнози и единогласни, и рѣша
Shakh: И быша человѣци мънози и единогласьни, и рѣша
Likh: И быша человѣци мнози и единогласни, и рѣша
Ostr: И быша человѣци мънози и единогласьни, и рѣша

91,3:

Laur: другъ къ другу. съзн҇жемъ столп҇ до н͞бсе.
Radz: др҇угъ   др҇угоу. со|знже҇ столп҇ до н͞бсн. н
Acad: др҇уг҇ъ   др҇уг҇у. созн҇жемь столп҇ до н͞бсн. н
Hypa: другъ   другу. знжем҇ | столпъ до н͞бсе. н
Khle: дроугъ къ дроугоу. съзнже҇ сталпъ до н͞бсн. н

Comm: другъ   другу сице създижемъ себѣ столпъ до небеси и пакы

Bych: другъ къ другу: "съзижемъ столпъ до небесе".
Shakh: другъ къ другу: "съзижимъ стълпъ до небесе". И
Likh: другъ къ другу; "Съзижемъ столпъ до небесе".
Ostr: другъ другу: "Съзижемъ стълпъ до небесе". И

91,4:

Laur: начаша здати. и ре҃
Radz: начаша здати. и бѣ старѣшина неврѡ҃д. и ре҃гь
Acad: начаша здати. и бѣ старѣшина неврод. и рече г҃ь
Hypa: начаша здати. и бѣ старѣншина имъ невродъ. и ре҃
Khle: начаша здати. и бѣ старѣншина и неврѡ҃д. и ре҃

Comm: начаша здати и бѣ старѣишина имъ неврот и рче

Bych: Начаша здати, и бѣ старешина Невродъ, и рече
Shakh: начаша зьдати, и бѣ старешина имъ Невродъ, и рече
Likh: Начаша здати, и бѣ старешина Неврод, и рече
Ostr: начаша зьдати, и бѣ старешина Невродъ, и рече

91,5:

Laur: б҃ъ се оумножишася ч҃лвци. и помыслн и҃хъ суетьни.
Radz: б҃ъ се оумножиша ч҃лвци. и помыслы и҃хъ соуетны.
Acad: б҃гъ се оумножишася ч҃лвци. и помыслы ихъ су҃етны.
Hypa: б҃ъ оумножишася ч҃лвци. и помыслы ихъ суетн<и>.
Khle: б҃ъ оумножишася ч҃лци. и помыслы и҃хъ сжетни.

Comm: богъ се умножишася человѣци и помысли их суетнии

Bych: Богъ: "се умножишася человѣци и помысли ихъ суетьни";
Shakh: Богъ: "се, умъножишася человѣци, и помысли ихъ суетьни".
Likh: богъ: "Се умножишася человѣци и помысли их суетьни".
Ostr: Богъ: "Се умъножиша ся человѣци, и помысли ихъ суетьни".

91,6:

Laur: и сниде б҃ъ и размѣси язы҃кн на .о҃. и .в҃.
Radz: и сниде б҃ъ и размѣси языкы. на о҃ и в҃.
Acad: и сниде б҃гъ размѣси языки. и на .о҃. и на .в҃.
Hypa: и сънниде б҃ъ и размѣси языкы. на .о҃. и два
Khle: и сниде б҃ъ и размѣсн языкы. на о҃. и на два

Comm: и сниде богъ размѣси языки на 70 языкъ и на два

Bych: И сниде Богъ, и размѣси языки на 70 и 2
Shakh: И съниде Богъ, и размѣси языкы на 70 и на дъва
Likh: И сниде богъ, и размѣси языки на 70 и 2
Ostr: И съниде Богъ, и размѣси языкы на 70 и дъва

91,7:

Laur: языка. адамовъ҃ же бысть языкъ не ѿятъ оу
Radz: языка и адамов же бы҃с языкъ не ѿятъ оу
Acad: языка. адамов же бы҃с языкъ не ѿятъ оу
Hypa: языка. адамовъ же языкъ бы҃с [не] ѿятъ оу
Khle: языка. адамов же язы҃к бы҃с не ѿать оу

Comm: адамовъ же языкъ не отъятъ бысть у

Bych: языка. Адамовъ же бысть языкъ не отятъ у
Shakh: языка. Адамовъ языкъ бысть не отъятъ у
Likh: языка. Адамовъ же бысть языкъ не отятъ у
Ostr: языка. Адамовъ же бысть языкъ не отъятъ у

91,8:

Laur: авера. ты бо единъ приложнса къ безу|мью
Radz: авера. тон бо единъ | не приложи͡с к безаконью
Acad: авера. тон бо единъ не преложнса ко безу҃мїю
Hypa: авера. то бо еді҃нъ не приложн͡с къ безумью
Khle: евера. тъ бо еді҃н не приложнса къ | безоумїю

Comm: аверя тъи бо единъ не приложися къ безумию

Bych: Авера: той бо единъ не приложися къ безумью
Shakh: Авера; тъ бо единъ не приложися къ безумию
Likh: Авера: той бо единъ не приложися къ безумью
Ostr: Авера; тъ бо единъ не приложи ся къ безумию

91,9:

Laur: и҃х. рекъ сн҃це. аще бы ч҃лвкмъ б҃ реклъ
Radz: нхъ. рекын сн҃це. аще бы ч҃лкмъ | б҃ъ реклъ
Acad: нхъ. рекын сн҃це. аще бы ч҃лвкмь б҃гъ ре|клъ
Hypa: нхъ. рѣкъ сн҃це аще бы ч҃лв҃ѣко͡м б҃ реклъ
Khle: и҃. рекъ сн҃це. аще бы ч҃лкω҃ рекль б҃

Comm: их рекъ сице аще бы богъ человекомъ реклъ
Tols: богъ человекомъ реклъ

Bych: ихъ, рекъ сице: "аще бы человѣкомъ Богъ реклъ
Shakh: ихъ, рекъ сице: "аще бы человѣкомъ Богъ реклъ
Likh: их, рекъ сице: "Аще бы человѣкомъ богъ реклъ
Ostr: ихъ, рекъ сице: "Аще бы человѣкомъ Богъ реклъ

91,10:

Laur: на | н҃бо столпъ дѣлати. то повелѣлъ бы самъ б҃ъ
Radz: на н҃бо столпъ дѣлати. то повелѣлъ бы са͡м | б҃ъ
Acad: на н҃бо столпъ дѣлати. то повелѣлъ бы || самь б҃гъ   [46ᵍ]
Hypa: на н҃бо сто||лпъ дѣлати. то пове|лѣлъ бы самъ б҃   [36а]
Khle: на не|бо стлъпь дѣлати. то повелѣ̂ бы б҃ словω̃

Comm: на небо созидати столпъ то повелѣлъ бы самъ богъ
Tols: на небо сзидати столпъ то повелѣлъ бы самъ богъ

Bych: на небо столпъ дѣлати, то повелѣлъ бы самъ Богъ
Shakh: на небо стълпъ дѣлати, то повелѣлъ бы самъ Богъ
Likh: на небо столпъ дѣлати, то повелѣлъ бы самъ богъ
Ostr: на небо стълпъ дѣлати, то повелѣлъ бы самъ Богъ

91,11:

Laur: словомъ. ꙗкоже створи нб҃са   землю   море.   вса
Radz: словоⷨ ꙗкоⷤ. сотвори нб҃са. и землю. и море. и вса
Acad: словомъ. ꙗкоже сотвори нб҃са. и землю. | и море и вса
Hypa: словоⷨ. | ꙗкоже створи нб҃са и землю. | и море. и вса
Khle: сѧ̏. ꙗкоⷤ | сътвори нб҃са и землю. и море и вса

Comm: словомъ своимъ якоже сотвори богъ небо и землю и море и вся
Tols: словомъ   якоже створи богъ небо и землю и море и вся

Bych: словомъ, якоже створи небеса, землю, море, вся
Shakh: словъмь, якоже сътвори небеса и землю и море и вься
Likh: словомъ, яко же створи небеса, землю, море, вся
Ostr: словьмь, якоже сътвори небеса и землю и море и вься

91,12:

Laur: ви|димаꙗ и невидимаꙗ. сего ради того ꙗзыкъ | не
Radz: видим̾аа и невидимаа. сего ради того ꙗзыкъ не
Acad: видимыа и невидимаа. сего ради. | того ꙗзыкь не
Hypa: видимаꙗ и | невидимаꙗ. того раⷣ сего ꙗзыкъ не
Khle: видимаа и невиⷣ|маа. того раⷣі сего ꙗзыкъ не

Comm: видимая и невидѣмая того ради сего языкъ не
Tols: видимая и невидимая того ради сего языкъ не

Bych: видимая и невидимая". Сего ради того языкъ не
Shakh: видимая и невидимая". Того ради сего языкъ не
Likh: видимая и невидимая". Сего ради того языкъ не
Ostr: видимая и невидимая". Того ради сего языкъ не

91,13:

Laur: премѣса. ѿ сего суть еврѣи на .о҃. и единъ
Radz: премениса. | ѿ сего соуⷮ еврѣи. на .о҃. и единъ
Acad: премениса. ѿ сего суⷮ еврѣи. | на .о҃. и единъ.
Hypa: премѣниса. ѿ сего суⷮ еврѣи. на .о҃. и единъ |
Khle: премѣниса. ѿ сего сѫⷮ | еврѣи. на .о҃. и едиⁿ

Comm: измѣнися и от сего же суть   еврѣи на 70 же и на единъ
Tols: измѣнися и от сего же суть и евреи на семждесятъ   и на единъ

Bych: пременися; отъ сего суть Еврѣи. На 70 и единъ
Shakh: премѣнися; отъ сего суть Еврѣи. На 70 и единъ
Likh: пременися; от сего суть еврѣи. На 70 и единъ
Ostr: премѣни ся; отъ сего суть Еврѣи. На 70 и единъ

91,14:

Laur: ꙗзꙑ꙯к | раздѣлиша. и разн̅дoшa сѧ по странамъ.
Radz: ꙗзыкъ раздѣлишасѧ. | и разндошӑ по страна̑м.
Acad: ꙗзыкъ раздѣлишасѧ. и разыдо|шасѧ по странамъ.
Hypa: ꙗзыкъ раздѣлиша꙯с. и разн|дошасѧ по страна̑м.
Khle: ꙗзыкъ раздѣлиша꙯с. и разыдо꙯ш по страна̑м.

Comm: язык҄ раздѣлишася и разидошася по странамъ
Tols: язык҄ раздѣлишася и разыдошася по странамъ

Bych: язык҄ раздѣлишася, и разидошася по странамъ,
Shakh: язык҄ раздѣлишася, и разидошася по странамъ,
Likh: язык҄ раздѣлишася, и разидошася по странамъ,
Ostr: язык҄ раздѣлиша ся, и разидоша ся по странамъ,

91,15:

Laur: и ко|ждо своꙗ норовꙑ приꙗша по дьꙗволу
Radz: ко̅ждо своа норовы приꙗша. | и по дꙗволю
Acad: кождо своа норовы прїꙗша. | и по дꙗволю
Hypa: кождо | свои нравъ приꙗша. и по дьꙗволю
Khle: к̅ждо свои нравь прїаша. и по дїаволю

Comm: и коиждо их своя нравы прияша и по диаволю
Tols: когождо их свои нрав имущи и по дьяволю

Bych: и коиждо своя норовы прияша; по дьяволю
Shakh: и къждо своя нравы прияша. И по диаволю
Likh: и коиждо своя норовы прияша. По дьяволю
Ostr: къждо свои нравъ прияша. И по диаволю

91,16:

Laur: оученью | ѡви рощенье. кладеземъ и рѣкамъ
Radz: наоученью. ѡви рощение̅. и кладаземъ. | и река̑м
Acad: наоученїю. ѡви рощенїемь. и кла̅земь. и рекамъ.
Hypa: наоученню. ѡви ро|щенне̅ и кладазамъ жра|ху и
Khle: наоученїю. ѡвїн рощенїе̅. и кладазе̅ жрахꙋ и |

Comm: научению ови рощениемъ вѣроваша и кладеземъ и рѣкамъ
Tols: научению ови рощениемъ вѣроваша и кладязямъ и рѣкамъ

Bych: научению ови рощениемъ, кладеземъ и рѣкамъ
Shakh: научению ови рощениемъ и кладеземъ и рѣкамъ
Likh: научению ови рощениемъ, кладеземъ и рѣкамъ
Ostr: научению ови рощениемъ и кладеземъ жьряху и

91,17:

Laur: жрѧ҃х н не поȝнаша б҃а. ѿ адама же н до потопа.
Radz: жрахоу. н не поȝнаша бг҃а. ѿ адама же до потопа.
Acad: жрахȣ. н не поȝнаша бг҃а. ѿ ада|ма же до потопа
Hypa: рѣка᷍м. н не поȝнаша б҃а. | ѿ адама же до потопа.
Khle: рѣка᷍м. н не поȝнаша б҃а. ѿ адама᷍ж до потопа.

Comm: и не познаша бога от адама же до потопа
Tols: и не познаша бога от адама же до потопа

Bych: жряху, и не познаша Бога. Отъ Адама же и до потопа
Shakh: жьряху, и не познаша Бога. Отъ Адама же до потопа
Likh: жряху, и не познаша бога. От Адама же и до потопа
Ostr: рѣкамъ, и не познаша Бога. Отъ Адама же до потопа

91,18:

Laur: лѣ҃т ҂в҃.<с҃>.м҃.в҃. | а ѿ потопа до раȝделеньѧ.
Radz: лѣ҃т ҂в҃.с҃.м҃.в҃. а ѿ потопа до раȝделенньа
Acad: лѣ҃т ҂в҃..с҃.м҃.в҃. а ѿ потопа до раȝделенїа
Hypa: лѣ҃т ҂в҃.|с҃.м҃.в҃. а ѿ потопа до | раȝделеньѧ
Khle: лѣ҃т ҂в҃.|с҃.н м҃. н двѣ. а ѿ потопа до раȝ|дѣленїа

Comm: лѣт 2000 и 240 и 2 а от потопа до разделениа
Tols: лѣт двѣ тысячи и двѣсти и сорок два а от потопа до раздѣления

Bych: лѣтъ 2242, а отъ потопа до раздѣленья
Shakh: лѣтъ 2242, а отъ потопа до раздѣления
Likh: лѣт 2242, а от потопа до раздѣленья
Ostr: лѣтъ 2242, а отъ потопа до раздѣления

91,19:

Laur: ѧȝыкъ. лѣ҃т .ф҃.к҃.ѳ҃.·| Посемь же дьѧволъ в
Radz: ѧȝыкъ. | лѣ҃т .ф҃.к҃ ѳ҃. Посем же дьаволъ въ
Acad: ѧȝыкь. лѣ҃т .ф҃.к ѳ҃. Посем же дїѧволь
Hypa: ѧȝыкъ. лѣ҃т .ф҃.|к҃.ѳ҃. посемъ же дьѧволъ | в
Khle: ѧȝыкь. | лѣ҃т .ф҃.к҃. н ѳ҃. посе᷍м же дїаволь в

Comm: языкъ лѣт 500 и 20 и 9 посемь же диаволъ в
Tols: язык лѣт пятьсот дватцать девять и посемь паки диаволъ в

Bych: языкъ лѣтъ 529. Посемь же дьяволъ в
Shakh: языкъ лѣтъ 529. Посемь же диаволъ въ
Likh: языкъ лѣт 529. Посемь же дьяволъ в
Ostr: языкъ лѣт 529. Посемь же диявол въ

91,20:

Laur: болшее прельщенье вверже | ч͞лвкн. н начаша
Radz: болшее прелщенне | вверже ч͞лкы. н начаша
Acad: болшее прелщенΐе вверже ч͞лкы. н начаша
Hypa: болша прелщеннм въве|рже ч͞лкы. н начаша
Khle: бо̑шаа прелщенΐа | въверже ч͞лкы. н начаша
Comm: болшее прелщение вверже въ человѣкы и начаша
Tols: болшее прелщение вверже въ человѣки и начаша

Bych: болшее прельщенье вверже человѣки, и начаша
Shakh: большее прельщение въвьрже человѣкы; и начаша
Likh: болшее прельщенье вверже человѣки, и начаша
Ostr: больша прельщения въвьрже человѣкы; и начаша

91,21:

Laur: кумнръ творнтн. ѡвн древ̾а.н|ы ѡвн мѣданъı.
Radz: кȣмнры творнтн. ѡвн дреѵаны. а ѡвн мѣданы.
Acad: кȣмнры творнтн. ѡвн древены.   ѡвы мѣдены. |
Hypa: кумн͞ры творн. ѡвн древаныа | н   мѣданыа.
Khle: коумнры творнтн. ѡвΐн | древаны н   мѣданы.
Comm: кумиры творити овѣ древяны инѣи мѣдяны
Tols: кумиры творити ови древяны ины мѣдяны

Bych: кумиры творити, ови древяны, ови мѣдяны,
Shakh: кумиры творити, ови древяны, ови мѣдяны,
Likh: кумиры творити, ови древяны, ови мѣдяны,
Ostr: кумиры творити, ови древяны и мѣдяны,

91,22:

Laur: а друзнн мрамараны. а нные | златы н сребренъı.
Radz: а дрȣзнн мормораны. н   златы | н сребраны.
Acad: а дрȣзΐн мароморанъı. н   златы н сребрены. |
Hypa: а друзнн мо|рамораны.   златы н сребра|ны.
Khle: а дроузΐн мрамораны. н | златы н сребраны.
Comm: а друзѣи же мраморянѣ и   златѣи и сребренѣи
Tols: а друзия   мраморяны и   златыя и сребряныя

Bych: а друзии мрамаряны, а иные златы и сребрены;
Shakh: а друзии мраморяны и злати и сьребряны;
Likh: а друзии мрамаряны, а иные златы и сребрены;
Ostr: а друзии мраморяны и златы и сьребряны;

91,23:

Laur: кланахуⷭ҇ и привожаⷯ сн҃ы
Radz: и кланахоуⷭ имъ. и привожаү сн҃ы
Acad: и кланахȣса нмь. и провожахȣ сн҃ы
Hypa: и кланахутьса нмъ. | и привожаху сн҃ы
Khle: и кланахⷨжса и. и привожа|хж сн҃ы

Comm: и кланяхуся имъ и приводяху сыны
Tols: и кланяхуся имъ и приводяху сыны

Bych: и кланяхуся имъ, и привожаху сыны
Shakh: и кланяхуся имъ, и привожаху сыны
Likh: и кланяхуся имъ, и привожаху сыны
Ostr: и кланяху ся имъ, и привожаху сыны

91,24:

Laur: своѩ и дъщери.   и закаху приⷣ ними. и бѣ   [30ᵛ]
Radz: своа и | дщери.   и закалахȣ преⷣ ними. и бѣ
Acad: своа и дще|ри.   и заколахȣ пред ними. и бѣ
Hypa: своѩ. и дъщери своѩ. и закалаху преⷷдъ ними. и бѣ
Khle: своа и дъщери своа. и закалахж преⷣ ними | бѣ

Comm: и дщери своя и заклаху пред ними и бѣ
Tols: и дщери своя и закалаху пред ними и бѣ

Bych: своя и дъщери, и закалаху предъ ними, и бѣ
Shakh: своя и дъщери своя, и закалаху предъ ними; и бѣ
Likh: своя и дъщери, и закалаху предъ ними, и бѣ
Ostr: своя и дъщери, и закалаху предъ ними; и бѣ

91,25:

Laur: вса землѩ ѡсквернена.   началникъ бо бѧше
Radz: вса землѩ ѡскверне|на.   началникъ же
Acad: вса землѩ ѡскве|рнена.   началник же
Hypa: вса землѩ | ѡскве̑рнена. и начални|къ же бѧше
Khle: вса землѩ ѡсквернена. и началник же бѧше |

Comm: вся земля осквернена и началникъ же сеи бяше
Tols: вся земля осквернена и началникъ же бяше сему

Bych: вся земля осквернена. Началникъ бо бяше
Shakh: вься земля осквърнена. Началникъ же бяше
Likh: вся земля осквернена. Началникъ бо бяше
Ostr: вься земля осквърнена. Начальникъ же бяше

91,26:

Laur: кумнротворенью | серукъ. творашь бо
Radz: коумнротворенню сероу͡х. творашє͡т | бо
Acad: кȣмнротворенїю. серȣхъ. | творашеть бо
Hypa: кумнротво|ренню. серухъ. творашє |бо
Khle: коумнрослоуженїю, сероу͡х. н творашє бо

Comm: кумиротворению серухъ творяше бо
Tols: кумиротворению серухъ творяше бо

Bych: кумиротворенью Серухъ, творяшеть бо
Shakh: кумиротворению Серухъ; творяше бо
Likh: кумиротворенью Серухъ, творяшеть бо
Ostr: кумиротворению Серухъ; творяше бо

91,27:

Laur: кумнръ. во нмана м͡ртвы͡х | у͡лвк. ѡвѣмъ бывшнмъ
Radz: кȣмнры. въ нмєна м͡ртвы у͡лкъ. ѡвѣмъ бывш͡н |
Acad: кȣмнры. въ нмєна. м͡ртвы͡х ч̃єловѣкъ. ѡвѣмь бывшнмь
Hypa: кумнры въ нмєна мєръ|твыхъ у͡лвкъ. бывшнм | ѡвѣмъ
Khle: коумн|ры, въ нмєна м͡ртвы͡х у͡лкъ. бывшн͡м ѡвѣмь

Comm: кумиры во имена мертвыхъ человекъ бывшимъ овѣмъ
Tols: кумиры во имена мертвыхъ человѣкъ бывшимъ овѣмъ

Bych: кумиры во имяна мертвыхъ человѣкъ, овѣмъ бывшимъ
Shakh: кумиры въ имена мьртвыхъ человѣкъ, бывъшимъ овѣмъ
Likh: кумиры во имяна мертвыхъ человѣкъ, овѣмъ бывшимъ
Ostr: кумиры въ имена мьртвыхъ человѣкъ, бывъшимъ овѣмъ

91,28:

Laur: ц͡рмъ. другомъ храбр͡ы͡мъ н волъхвомъ
Radz: ц͡рмъ. дроугы͡ храбромъ. н волъхвомъ.
Acad: ц͡ремь дрȣгнмь | храбромъ. н волхвонм.
Hypa: ц͡ремъ. другы͡м | храбрымъ. н волъхвом. |
Khle: ц͡рє͡м || н дроугы͡м. храбры͡м. н влъхвѡ͡м ||

Comm: цесаремъ другымъ же храбрымъ   волхвом
Tols: царемъ другимь же храбрымъ   волхвом

Bych: царемъ, другомъ храбрымъ, и волъхвомъ
Shakh: цѣсаремъ, другымъ храбромъ и вълхвомъ
Likh: царемъ, другомъ храбрымъ, и волхвомъ,
Ostr: цьсаремъ, другымъ храбрымъ и вълхвомъ

91,29:

Laur: и женамъ прлбд͠нцамъ. се же серухъ роди
Radz: и женамъ прелюбодѣнцамъ. се оуже сероу͞х роди [52ᵍ]
Acad: и женамъ прелюбодѣ͞нцамь. сеи же серȣхъ. роди
Hypa: и женамъ прелюбодѣнцамъ. се же серухъ роди [36b]
Khle: и жена͞м прелюбодѣнца͞м. съ же сероу͞х р͞ѡ [40ᵍ]

Comm: и женамъ прелюбодѣицамъ сеи же серух роди
Tols: и женамъ прелюбодѣицамъ сеи же серух роди

Bych: и женамъ прелюбодѣицамъ. Се же Серухъ роди
Shakh: и женамъ прелюбодѣицамъ. Сь же Серухъ роди
Likh: и женамъ прелюбодѣицамъ. Се же Серухъ роди
Ostr: и женамъ прелюбодѣицамъ. Сь же Серухъ роди

92,1:

Laur: фара. фара же ро͞д ·г҃· с͞ны аврама. и нахора.
Radz: фарȣ. фара же ро͞д ·г҃· с͞ны. аврама. и нахора.
Acad: фарȣ. фара же роди ·г҃· с͞ны. аврама. и нахора.
Hypa: фару. фара же роди ·г҃· с͞ны. аврама и нахора.
Khle: фароу. фара же р͞ѡ ·г҃· с͞ны. авраама. и нахора.

Comm: фару фара же роди трие сыны аврама   нахора
Tols: фару фара же роди три сыны аврама   нахора

Bych: Фару, Фара же роди 3 сыны: Аврама, и Нахора, [89,21]
Shakh: Фару, Фара же роди три сыны: Аврама и Нахора [113,7]
Likh: Фару, Фара же роди 3 сыны: Аврама, и Нахора, [64,27]
Ostr: Фару, Фара же роди 3 сыны: Аврама и Нахора

92,2:

Laur: арона. фара же твори кумиръ
Radz: и арона. фар же творяше кȣ миры.
Acad: и арана. фара же творяше кȣмиры.
Hypa: и арана. фара же творяше кумиры.
Khle: и арана. фара же творяше коумиры.

Comm: и арана фара же творяше кумиры
Tols: и арама фара же творяше кумиры

Bych: и Арона. Фара же творяше кумиры,
Shakh: и Арана. Фара же творяше кумиры,
Likh: и Арона. Фара же творяше кумиры,
Ostr: и Арана. Фара же творяше кумиры,

92,3:

Laur: навыкъ оу | ѿца своего. аврамъ же прише
Radz: навыкъ оу ѿца своеᵍ. аврама̅ же прише̅
Acad: навыкь оу ѿца своего. І аврамъ же прише̅ᵃ
Hypa: навыкъ оу ѿца свᵒеᵍ. аврамъ же пришедъ
Khle: на|выкь оу ѿца своего. авраам же прише̅ᵃ

Comm: навыкъ у отца своего аврамъ же пришед
Tols: навыкъ у отца своего аврамъ же пришед

Bych: навыкъ у отца своего. Аврамъ же пришедъ
Shakh: навыкъ у отьца своего. Аврамъ же, пришьдъ
Likh: навыкъ у отца своего. Аврамъ же, пришедъ
Ostr: навыкъ у отьца своего. Аврамъ же, пришьдъ

92,4:

Laur: въ уумъ возрѣ на | н͠бо и видѣ звѣзды и н͠бо. и
Radz: въ оумъ | възрѣ на н͠бо. и видѣ звезды и н͠бо. и
Acad: въ оумъ. бъзрѣ на н͠бѡ. и ви|дѣ звѣᵃзы и н͠бѡ. и
Hypa: въ оуᵐ. | възрѣвъ на н͠бо. и
Khle: въ оуᵐ възрѣ | на н͠бо. и виде sвѣзды и н͠бо. и

Comm: въ умъ възрѣвъ на небо и видѣ звѣзды и небо и
Tols: въ умъ взрѣ на небо и

Bych: въ умъ, возрѣ на небо, и видѣ звѣзды и небо, и
Shakh: въ умъ, възьрѣ на небо, и видѣ звѣзды и небо, и
Likh: въ умъ, возрѣ на небо, и видѣ звѣзды и небо, и
Ostr: въ умъ, възьрѣ на небо, и видѣ звѣзды и небо, и

92,5:

Laur: реᷱ воистину то есть | б͠ъ. а иже творилъ
Radz: реᷱ въистинꙋ то | еᶜ б͠ъ а иже сотворилъ
Acad: рече въистиннꙋ тои есть | б͠гъ. а иже сотворилъ
Hypa: реᷱ воисти|ну то есть б͠ъ. иже створилъ |
Khle: реᷱ въистинноу тъ | еᶜ б͠ъ. иже сътвори̅

Comm: рече воистину то есть богъ   иже се створилъ
Tols: рече воистину то есть богъ   иже се створилъ

Bych: рече: воистину той есть Богъ, иже сотворилъ
Shakh: рече: "въ истину тъ есть Богъ, иже се сътворилъ,
Likh: рече: воистину той есть богъ иже творилъ
Ostr: рече: "Въ истину тъ есть Богъ, иже сътворилъ

92,6:

Laur:	ѿць мои прельщаеть чл҃вки. |
Radz:	ѿць мои. прел҃щаеть чл҃ки.
Acad:	ѿць мои. прельщаеть. || чл҃вкы
Hypa:	н҃бо и землю. а ѿць мои прелы҃щае̃ чл҃вкы.
Khle:	н҃бо и зе͞млю. а ѿць мои прелщае̃ | чл҃кы.
Comm:	а отець мои прелщаеть человѣкы
Tols:	а отецъ мои прелщаетъ человѣкы

Bych: небо и землю, а отець мой прельщаеть человѣки.
Shakh: а отьць мои прельщаеть человѣкы".
Likh: небо и землю, а отець мой прельщаеть человѣки.
Ostr: отьць мои прельщаеть человѣкы".

92,7:

Laur:	и ре҃ч аврамъ искушю б҃а и ц҃ра своего. и ре҃ч
Radz:	и ре҃ч | аврамъ иск̾ш̾ б҃ги ѿца свое҃г. и ре҃ч
Acad:	и рече авраамъ искѹшю. б҃га ѿца своего | и рече
Hypa:	и ре҃ч аврамъ и|скушю б҃ъ ѿца свое̃. и ре҃ч
Khle:	и ре҃ч авраамь. искоушю боги ѿца своего. и | ре҃ч.
Comm:	и рече авраамъ искушю боги отца своего и глагола аврамъ
Tols:	и рече авраамъ искушу богъ отца своего и рече

Bych: И рече Аврамъ: "искушю боги отца своего"; и рече:
Shakh: И рече Аврамъ: "искушю богъ отца своего"; и рече:
Likh: И рече Аврамъ: "Искушю бога отца своего"; и рече:
Ostr: И рече Аврамъ: "Искушю богы отьца своего"; и рече:

92,8:

Laur:	ѿч̾е ч̾то прел|ьщаеши чл҃вки. твора кумиры древаны.
Radz:	ѿч̾е почто прельщаеши | чл҃кы. твора к̾мнры древаны.
Acad:	ѿч̾е почто прельщаеши чл҃вкы твора к̾|миры древаны.
Hypa:	ѿ<ч>е | прельщаеши чл҃вкы твора ку͞миры древаны.
Khle:	ѿч̾е прѣ͡щаеши чл҃кы твора коумиры древаны. |
Comm:	отче почто прелщаеши человѣкы творя кумиры древяны
Tols:	отче почто искушаеши и прельщаеши человѣкы творя кумиры древяныя

Bych: "отче! что прельщаеши человѣки, творя кумиры древяны?
Shakh: "отьче, почто прельщаеши человѣкы, творя кумиры древяны?
Likh: "Отче! Что прельщаеши человѣки, творя кумиры древяны?
Ostr: "Отьче, почьто прельщаеши человѣкы, творя кумиры древяны?

92,9:

Laur: то є|сть бъ̅ иже створи̅ н҃бо и землю.
Radz: то є̅ бъ̅ иже сотворилъ | н҃бо и землю. и
Acad: тои есть бг҃ъ иже сотворилъ | н҃бо и землю. и
Hypa: то есть бъ̅ | иже створилъ н҃бо и землю. | и
Khle: то є̅ бъ̅ иже сътвори̂ н҃бо и землю. и

Comm: тои есть богъ иже сотвори небо и землю и
Tols: тъ есть богъ иже сътвори небо и землю и

Bych: той есть Богъ, иже створи небо и землю".
Shakh: Тъ есть Богъ, иже сътвори небо и землю". И
Likh: той есть богъ, иже створи небо и землю".
Ostr: Тъ есть Богъ, иже сътворилъ небо и землю". И

92,10:

Laur: приим авраамъ | ѡгнь зажьже идолы въ храмин̆ѣ.
Radz: приим авра̅ ѡгнь. заже идолы въ храмин̆ѣ.
Acad: приим авраамъ ѡгнь. зажже и|долы во храмин̆ѣ.
Hypa: приим авраамъ ѡгнь. за|жьже идолы въ храмины. |
Khle: прїимъ авраа̅ | ѡгнь за́же идолы въ храмин̆ѣ.

Comm: приимъ аврамъ огнь зажьже кумиры въ храминѣ
Tols: приимъ авраам огнь и зажже кумиры въ храминѣ

Bych: Приимъ Аврамъ огнь, зажьже идолы въ храминѣ.
Shakh: приимъ Аврамъ огнь, зажьже идолы въ храминѣ.
Likh: Приимъ Аврамъ огнь, зажьже идолы въ храминѣ.
Ostr: приимъ Аврамъ огнь, зажьже идолы въ храминѣ.

92,11:

Laur: видѣвъ же а|ронъ бра̅т̅ аврамовъ ревнуıа
Radz: видѣв же аронъ бра̅т̅ аврамовъ. ревн̆уıа
Acad: видѣвше аранъ братъ аврамовъ. ревн̆уıа
Hypa: видѣвъ же се аранъ братъ | аврамовъ. рѣвнуıа
Khle: видѣв же се аранъ | бра̅т̅ авраамовь ревноуıа

Comm: видѣ же се аранъ братъ аврамовъ ревнуя
Tols: видѣ же се аранъ братъ аврамовъ ревнуя

Bych: Видѣвъ же Аронъ, братъ Аврамовъ, ревнуя
Shakh: Видѣвъ же се Аранъ, братъ Аврамовъ, рьвьнуя
Likh: Видѣвъ же Аронъ, брат Аврамовъ, ревнуя
Ostr: Видѣвъ же Аранъ, братъ Аврамовъ, рьвьнуя

Повѣсть времньныхъ лѣтъ

92,12:

Laur: по нѫолѣ. хотѣвъ вы҄|мѫати нѫолъı. и самъ
Radz: по нѫолѣ͓ | хотѣ вымѫати нѫолы. и самъ
Acad: по нѫолѣ͓. хотѣ вымѫаı|ти. нѫолы и самь
Hypa: по нѫолѣ͓хъ. хотѣ оумьѫати нѫолъ | самъ
Khle: по нѫолѣ. хотѧ оумѫати | нѫолы. и саͫ

Comm: по идолѣхъ хотѣ вымьцати идолы   самъ
Tols: по идолѣхъ хотѣ вымьцати идолы и самъ

Bych: по идолѣхъ, хотѣ вымчати идолы, а самъ
Shakh: по идолѣхъ, хотѣ вымъчати идолы; и самъ
Likh: по идолѣх, хотѣ вымчати идолы, а самъ
Ostr: по идолѣхъ, хотѣ вымъчати идолы, самъ

92,13:

Laur: съгорѣ ту аронъ. и оумре | прѣ҄ ѿцемъ. предъ
Radz: сгорѣ   аронъ. и оумре прѣ҄ | ѿцемъ. прѣ҄
Acad: згорѣ   аранъ. и оумре прѣ҄ ѿцемь. прѣ҄
Hypa: згорѣ ту аранъ. и оу|мре прѣ҄ ѿцмъ. прѣ҄
Khle: нзгорѣ тоу арань. и оумре прѣ҄ ѿцемь. | прѣ҄

Comm: сгорѣ ту аранъ и умре пред отцемь а преже
Tols: згорѣ ту аранъ и умрѣ пред отцемь   преже

Bych: съгорѣ ту Аронъ, и умре предъ отцемь; предъ
Shakh: съгорѣ ту Аранъ, и умьре предъ отьцьмь; предъ
Likh: съгорѣ ту Аронъ, и умре пред отцемъ. Предъ
Ostr: съгорѣ ту Аронъ, и умьре предъ отьцьмь. Предъ

92,14:

Laur: симъ бо не бѣ оумралъ сн҃ъ. | предъ ѿц҃мь но
Radz: сиͫ бо не бѣ оумралъ. сн҃ъ прѣ҄ ѿц҃мъ. но
Acad: симъ бо не бѣ оумралъ сн҃ъ прѣ҄ ѿце҇|мъ но
Hypa: съмъ бо не   оумралъ сн҃ъ предъ ѿцемъ. но
Khle: сиͫ бо не бѣ оумраⷧ сн҃ъ прѣ҄ ѿц҃мь. но

Comm: преже того не тако бысть не бы умиралъ сынъ пред отцемь но
Tols: бо сего   не бѣ умиралъ сынъ пред отцемь но

Bych: симъ бо не бѣ умиралъ сынъ предъ отцемь, но
Shakh: симь бо не бѣ умиралъ сынъ предъ отьцьмь, нъ
Likh: симъ, бо не бѣ умиралъ сынъ предъ отцемь, но
Ostr: симь бо не бѣ умиралъ сынъ предъ отьцьмь, нъ

685

92,15:

Laur: ѡць предъ с͞нмъ. ѿ сего начаша | оумирати
Radz: ѿце | пр͞е҇ с͞нмъ. и ѿ сего начаша оумирати
Acad: ѿць пр͞е҇ с͞номь. и ѿ сего начаша оумир|ати
Hypa: ѡць пр͞е҇ с͞номъ. и ѿ | сего начаша оумирати
Khle: ѡць пр͞е҇ с͞но҇͞ᴹ. | и ѿ сего наша оумирати

Comm: отець пред сыномъ умираше и от сего почаша умирати
Tols: отецъ пред сыномъ   и от сего почаша умирати

Bych: отець предъ сыномъ, отъ сего начаша умирати
Shakh: отьць предъ сынымь; и отъ сего начаша умирати
Likh: отець предъ сыномъ, от сего начаша умирати
Ostr: отьць предъ сынымь; и отъ сего начаша умирати

92,16:

Laur: с͞нве предъ ѡц͞мь. предъ с͞нм бо не | бѣ
Radz: с͞нъ пр͞е҇ ѡц͞мъ.
Acad: с͞нве пр͞е҇ ѿц͞и.
Hypa: с͞но|ве пр͞е҇ ѡц͞мъ.
Khle: с͞нове пр͞е҇ ѡц͞мь.

Comm: сынове пред отци
Tols: сынове пред отцы

Bych: сынове предъ отци.
Shakh: сынове предъ отьци.
Likh: сынове предъ отци.
Ostr: сынове предъ отьцемь.

92,17:

Laur: оумиралъ с͞нъ предъ ѡц͞мь. но ѡць предъ с͞нм͞ъ. |
Radz: omitted
Acad: omitted
Hypa: omitted
Khle: omitted

Comm: omitted
Tols: omitted

Bych:
Shakh:
Likh:
Ostr:

92,18:

Laur: вѡзлюби бъ аврама и ре̄ бъ авраму. изиди
Radz: и възлю́би бг҃ъ аврама. и ре̄ бг҃ъ авраму̑. изыди
Acad: и вѡзлюби бг҃ъ аврама. и ре̄че бг҃ъ авраам̆у. изыди
Hypa: и възлюби б҃ъ | аврама. и ре̄ б҃ъ авраму изни̇ди
Khle: и възлю́би б҃ъ авраама. и ре̄ б҃ъ авраамоу. изыди

Comm: и возлюби богъ аврама и рече богъ авраму изиди от земля своея и
NAca: изыиди от земля твоея и
Tols: и взлюби бог авраама и рече бог аврааму изыиди от земля твоея и

Bych: Возлюби Богъ Аврама, и рече Богъ Авраму: "изиди
Shakh: И възлюби Богъ Аврама, и рече Богъ Авраму: "изиди
Likh: Возлюби бог Аврама, и рече бог Авраму: "Изиди
Ostr: И възлюби Богъ Аврама, и рече Богъ Авраму: "Изиди

92,19:

Laur: из д̆ому ѿца своего.   в землю в нюже ти покажю.
Radz: из домоу ѿца свое̄.   въ землю в нюже ти покажю.
Acad: из дом̆у ѿца своего.   в землю в нюже ти покажю.
Hypa: изъ дому ѿца твое̄. и поиди в землю в нюже ти пока̇жю.
Khle: из дом̆у | ѿца твоего. и поиди въ з̆емлю въ ню ти покажоу. |

Comm: от дому отца твоего и   иди в землю   юже ти   покажю
NAca: от хыжь   своихъ и   иди в землю   юже ти азъ покажу
Tols: от хыжъ   своихъ и   иди в землю   юже ти азъ покажу

Bych: из дому отца своего в землю, в нюже ти покажу,
Shakh: из дому отца твоего, и поиди въ землю, въ нюже ти покажю;
Likh: из дому отца своего в землю, в ню же ти покажу,
Ostr: из дому отца твоего въ землю, въ нюже ти покажю.

92,20:

Laur: и ств̆орю та въ ꙗзыкъ великъ. бл҃гв̄ть та   колѣна
Radz: и сотворю та въ ꙗзы̄ | великъ. и бл҃гословꙗть та   колѣна
Acad: и сотворю та во | ꙗзыкъ великъ.   бл҃гословꙗть та колѣна
Hypa: и створю та въ ꙗзык̆ | великъ. и бл҃гвꙗть та   колѣ̇на
Khle: и сътворю та въ ꙗзыкъ великъ. и бл҃вӑт та всꙗ | колѣна

Comm: и сътворю тя въ язык велик и благословять тя   колѣна
NAca: и сътворю тя въ язык велик и благословять тя   колѣна
Tols: и створю тя въ язык велик и благословять тя   колѣна

Bych: и створю тя въ языкъ великъ, благословять тя колѣна
Shakh: и сътворю тя въ языкъ великъ, и благословять тя колѣна
Likh: и створю тя въ языкъ великъ, благословять тя колѣна
Ostr: И сътворю тя въ языкъ великъ, и благословять тя колѣна

92,21:

Laur: ꙁємьнаꙗ. и створи авраⷨ ꙗкоже ꙁаповѣда ємү
Radz: ꙁємнаꙗ. и сотвори авраⷨ ꙗкоже ꙁаповѣда ємү
Acad: ꙁємнаа. и сотвори авраⷨ. ꙗкоже ꙁаповѣда ємү
Hypa: ꙁємнаꙗ. и створи авраⷨ ꙗкоже ꙁаповѣда ємү
Khle: ꙁємнаа. и сътвори авраамь ꙗкоⷤ ꙁаповѣда ємоу

Comm: земная и створи авраамъ якоже заповѣда ему
NAca: земнаа и сътвори аврамъ якоже заповѣда ему
Tols: земная и створи аврам якоже заповѣда ему

Bych: земьная"; и створи Аврамъ, якоже заповѣда ему
Shakh: земьная". И сътвори Аврамъ, якоже заповѣда ему
Likh: земьная". И створи Аврамъ, якоже заповѣда ему
Ostr: земьная". И сътвори Аврамъ, якоже заповѣда ему

92,22:

Laur: бъ҃. и поꙗ авраⷨ сн҃овца своєго лота. бѣ бо
Radz: бъ҃. и поꙗ авраⷨ сн҃вца своеⷢ҇ лота. бѣ бо
Acad: бг҃ъ. и поꙗ авраⷨ сн҃овца своєго лота. бѣ бо
Hypa: бъ҃. и поꙗ авраⷨ лота сн҃овца своєго. и бѣ бо
Khle: бъ҃. и поꙗ авраамь лота сн҃овца своєго. бѣ бо

[36c]

Comm: и поя аврамъ лота сыновца своего бѣ бо
NAca: господь и поя авраамъ лота сыновца своего бѣ бо
Tols: господь и поя авраамъ лота сыновца своего бѣ бо

Bych: Богъ. И поя Аврамъ сыновца своего Лота, бѣ бо
Shakh: Богъ. И поя Аврамъ Лота, сыновца своего; бѣ бо
Likh: богъ. И поя Аврамъ сыновца своего Лота,—бѣ бо
Ostr: Богъ. И поя Аврамъ Лота, сыновьца своего; бѣ бо

92,23:

Laur: ємү лоⷮт шюрин и сн҃вць. бѣ бо аврамъ поꙗлъ
Radz: ємоу лотъ шоуринъ. и сн҃вець. бѣ бо авраⷨ поꙗлъ
Acad: ємү лотъ шүринъ. и сн҃овець. бѣ бѡ аврамъ поꙗлъ
Hypa: ємү лотъ шюринъ. и сн҃овець. бѣ бо аврамъ поꙗлъ
Khle: ємоу лоⷮ шоуринь и сн҃овець. бѣ бо авраамь поꙗль

Comm: ему лотъ и шюринъ и сыновець бѣ бо понялъ авраамъ
NAca: лотъ ему шуринъ и сыновець поялъ бо бѣ аврамъ
Tols: лотъ ему шуринъ и сыновець поялъ бо бѣ аврам

Bych: ему Лотъ шюринъ и сыновець, бѣ бо Аврамъ поялъ
Shakh: ему Лотъ шюринъ и сыновьць; бѣ бо Аврамъ поялъ
Likh: ему Лотъ шюринъ и сыновець, бѣ бо Аврамъ поялъ
Ostr: ему Лотъ шюринъ и сыновьць; бѣ бо Аврамъ поялъ

92,24:

Laur: братьню тьщерь ароню. сару. и приде в землю
Radz: братьню дщерь. ароню. сарꙋ. и прииде в землю
Acad: братню дщерь. ароню. саррꙋ. и прїиде в <з>емлю
Hypa: братьню дщерь ароню сарру. и приде в землю
Khle: братню дъщерь ар<а>ню, сарроу. и прїиде въ землю

Comm: братню дщерь ароню сарру и прииде въ землю
NAca: братню дщерь ароню сарру и прииде въ землю
Tols: братню дщерь ароню сарру и прииде въ землю

Bych: братьню дщерь Ароню, Сару, и приде в землю
Shakh: братьню дъщерь Ароню Сарру. И приде въ землю
Likh: братьню дщерь Ароню, Сару. И приде в землю
Ostr: братьню дъщерь Ароню Сарру. И приде въ землю

92,25:

Laur: хананѣиску къ дубу высоку. и рече бъ ко авраму.
Radz: хананѣнскꙋ. к доубꙋ высокꙋ. и рече бъ ко аврамꙋ.
Acad: хананѣнскꙋ. к дꙋбꙋ высокꙋ. и рече бгъ ко аврамꙋ. и
Hypa: хананѣискꙋ. къ дубу высоку. и рече бъ къ авраму.
Khle: хананенскоу. к доубоу высокомоу. и рече бъ. къ авраамоу.

Comm: хананѣиску къ дубу высокому и рече богъ ко аврааму
NAca: хананьскую къ дубу высокому и рече богъ ко авраму
Tols: хананьскую къ дубу высокому и рече богъ ко авраму

Bych: Хананейску къ дубу высоку, и рече Богъ ко Авраму:
Shakh: Хананѣиску къ дубу высоку. И рече Богъ къ Авраму:
Likh: Хананѣйску къ дубу высоку, и рече богъ ко Авраму:
Ostr: Хананѣиску къ дубу высоку. И рече Богъ къ Авраму:

92,26:

Laur: сѣмени | твоему дамь землю сию. и поклонися
Radz: сѣмени твоемꙋ да^м землю сию. и поклонися
Acad: сѣмени твоемꙋ дамь землю | сию. и поклонїса
Hypa: сѣмени твоему дамь землю | сию. и поклонися
Khle: сѣмени твоемоу да^м землю сїю, и поклонися

Comm: сѣмени твоему дамь землю сию и поклонися
NAca: сѣмени твоему дамь земьлю сию и поклонися
Tols: сѣмени твоему дамь землю сию и поклонися

Bych: "сѣмени твоему дамь землю сию"; и поклонися
Shakh: "сѣмени твоему дамь землю сию". И поклонися
Likh: "Сѣмени твоему дамь землю сию". И поклонися
Ostr: "Сѣмени твоему дамь землю сию". И поклони ся

92,27:

Laur: авра|мъ б͞у. аврамъ же бѣша. лѣ͞.о. и .е.
Radz: аврамъ б͞г͞ѹ. аврамъ | бѧше лѣ͞.о͞е.
Acad: аврамь б͞г͞ѹ. аврамь бо бѧше | лѣ͞.о͞е.
Hypa: аврамъ | б͞у. аврамъ же бѧше лѣ͞.о. |
Khle: авраа͞м б͞оу. авраа͞м же бѧше лѣ͞.о͞.

Comm: аврамъ богови авраамъ же бѧше лѣто 70 и 5
NAca: аврамъ богови аврамъ же бѧше лѣто 70 и 5
Tols: аврамъ богови аврамъ же бѧше лѣто семидѧсѧть и пѧти

Bych: Аврамъ Богу. Аврамъ же бѧше лѣто 70 и 5,
Shakh: Аврамъ Богу. Аврамъ же бѧше лѣтъ 70 и 5,
Likh: Аврамъ богу. Аврамъ же бѧше лѣто 70 и 5,
Ostr: Аврамъ Богу. Аврамъ же бѧше лѣтъ 70 и 5,

92,28:

Laur: егда изиде ѿ | харашна. бѣ же сара неплоды.
Radz: егда изы͞ѧде ѿ харашна. бѣ же сара неплоды. |
Acad: егда изиде ѿ харашна. бѣ же сарра | неплоды.
Hypa: егда изиде ѿ харашна. бѣ | же сарра неплоды.
Khle: ег͞ѧда | изыде ѿ харана. бѣ же сарра неплѡды

Comm: егда изиде от хараона бѣ же сарра неплоды
NAca: егда изыиде от хараона бѣ же сарра неплоды
Tols: егда изыде от хараона бѣ же сарра неплоды

Bych: егда изиде отъ Хараона. Бѣ же Сара неплоды,
Shakh: егда изиде отъ Хараона. Бѣ же Сарра неплоды,
Likh: егда изиде от Хараона. Бѣ же Сара неплоды,
Ostr: егда изиде отъ Хараона. Бѣ же Сарра неплоды,

92,29:

Laur: болѧщи неплоск͞ы͞и͞мь. р͞е сара авраму. влѣзи къ   [31ᵍ]
Radz: болѧщимъ неплоск͞ѧ͞мы. р͞е сарра авраму. взыди к
Acad: болѧщи н͞е͞плодьскымъ. рече же сарра | авраму взыди к
Hypa: болѧщї | неплотьскы. р͞е сарра авра|му. влѣзи оубо къ
Khle: болѧщи | неплѡ͞с͞к͞мы, р͞е же сарра къ авраамоу. вниди оубо | к

Comm: болѧще неплодствием и рече же сарра къ аврааму влѣзѣ убо к
NAca: болѧще неплодествиемь и рече же сарра ко аврааму влѣзѣ убо к
Tols: болѧще неплодествием и рече же сарра ко аврааму влѣзѣ убо к

Bych: болѧщи неплодскимъ; рече Сара Авраму: "влѣзи къ
Shakh: болѧщи неплодьскымъ. Рече же Сарра къ Авраму: "вълѣзи убо къ
Likh: болѧщи неплодскимъ. Рече Сара Авраму: "Влѣзи къ
Ostr: болѧщи неплодьскымь. Рече Сарра Авраму: "Вълѣзи убо къ